I0031558

NOUVEAU
COMMENTAIRE
SUR L'ORDONNANCE
DE LA MARINE,
Du Mois d'Août 1681.

NOUVEAU COMMENTAIRE SUR L'ORDONNANCE DE LA MARINE,

Du Mois d'Août 1681.

Où se trouve la Conférence des anciennes Ordonnances, des Us & Coutumes de la Mer, tant du Royaume que des Pays étrangers, & des nouveaux Réglemens concernans la Navigation & le Commerce maritime.

Avec des Explications prises de l'esprit du Texte, de l'Usage, des Décisions des Tribunaux & des meilleurs Auteurs qui ont écrit sur la Jurisprudence nautique.

Et des Notes historiques & critiques, tirées la plupart de divers Recueils de Manuscrits conservés dans les dépôts publics.

Dédié à S. A. S. Mgr. le Duc de PENTHIEVRE Amiral de France.

Par M. RENÉ-JOSUÉ VALIN, Avocat & Procureur du Roi au Siege de l'Amirauté de la Rochelle.

TOME SECOND.

A LA ROCHELLE,

Chez JERÔME LEGIER, Imprimeur-Libraire des Fermes Générales du Roi, au Canton des Flamands, près la Comédie.
PIERRE MESNIER, Imprimeur-Libraire du Roi, rue du Temple.

M. DCC. LX.

AVEC APPROBATION ET PRIVILEGE DU ROI.

TABLE

Des Livres & des Titres de l'Ordonnance contenus dans ce Volume.

SUITE DU LIVRE TROISIEME.

LIVRE QUATRIEME.

De la Police des Ports, Côtes, Rades & Rivages de la mer.

LIVRE CINQUIEME.

De la pêche qui se fait en mer.

TABLE

Des Edits, Déclarations, Ordonnances, Arrêts du Conseil & Réglemens rapportés dans ce second Volume par ordre alphabétique des matieres.

Droits des Fermes.

E

Ecluses, V. *parcs & pêcheries.*

Exemption de droits.

F

Feu.

Filets de pêche.

Frai du poisson.

G

Gens morts en mer.

Garde-côte.

H

Hareng (pêche du)

Havre, V. *Ports.*

I

Invalides.

L

Lamaneurs, V. *Pilotes.*

Lestage & Délestage.

1749 10 Juin. REglement de l'Amirauté de la Rochelle sur le lestage & délestage. liv. 4, tit. 4, art. 2, pag. 475.

M

Maître de Quai.

1690 23 Déc. REglement de l'Amirauté de Dunkerque, servant d'instruction au maître de quai. liv. 4, tit. 1, art 1, pag. 418, 419.

1737 7 Sept. Arrêt qui fixe les droits du maître de quai à la Rochelle. Même liv. 4, tit. 2, art. 7, pag. 451.

Matieres d'Or & d'Argent.

1746 1 Févr. Arrêt au sujet des matieres d'or & d'argent trouvées sur les prises liv. 3, tit. 9, art. 31, pag. 328, 329.

1746 7 Mai. Arrêt de la Cour des Monnoyes sur le même sujet. *ibid.* pag. 330.

Morues. (*Pêche des*)

1671 28 Avril. Arrêt concernant la pêche des morues. liv. 5, tit. 6, art. 1, pag. 726.

1702 8 Mars. Ordonnance sur le même sujet. *ibid.* pag. 727.

1684 3 Mars. Arrêt aussi sur le même sujet. art. 2, *ibid.* pag. 728.

1677 2 Janv. Arrêt pour les passe-ports à prendre alors, au sujet de cette pêche. art. 13, pag. 736.

1737 23 Juil. Ordonnance qui défend d'embarquer des paillasses pour cette pêche. *ibid.* pag. 737.

Moules.

1728 18 Déc. Déclaration au sujet de la pêche des moules. liv. 5, tit. 3, art. 21, pag. 705.

N

Naufrages.

1735 15 Juin. Déclaration concernant les naufrages des navires submergés. liv. 4, tit. 9, art. 24, pag. 575.

Pilotes lamaneurs.

Ports & havres, V. *Feu.*

Poudres.

Preuve par l'équipage.

Prises.

Prise des Pirates.

Prises en riviere.

Q

Quais & cales.

Quai

R

Rançons.

ADDITIONS.

Ces Additions sont à la fin de ce second volume, après la table des matieres.

COMMENTAIRE SUR L'ORDONNANCE DE LA MARINE,

Du Mois d'Août 1681.

LIVRE TROISIEME.

Des Contrats maritimes.

TITRE V.

Des Contrats à grosse aventure, ou à retour de voyage.

Le prêt à grosse aventure, est un contrat par lequel le prêteur, en considération de ce qu'il perdra sa somme, si la chose sur laquelle il fait le prêt vient à périr par cas fortuit, est autorisé à stipuler un intérêt, ou profit extraordinaire pour le cas où la chose arrivera à bon port.

Le Commentateur insinuë mal à propos que ce contrat est particulier aux François, & qu'on n'en trouve aucun exemple dans les loix romaines, ni dans les auteurs qui ont traité des Us & Coutumes de la mer. Il n'y a qu'à jetter les yeux sur les titres du droit *de nauticis usuris*, *de nautico fœnore*, & l'on reconnoîtra sans peine que c'est-là que nous avons puisé l'idée de ce contrat qui est également en usage chez les autres nations. Cujas, sur la loi 4. ff. *de nautico fœnore*, & Dumoulin tit. *de usuris*, n. 91. & suivans, en ont établi la légitimité, les propriétés & les conditions.

Dumoulin, au n. 100, dit même avoir donné une consultation en faveur d'un marchand Rochelois qui avoit prêté à la grosse 900 liv. à 40 pour 100 à l'occasion d'un voyage pour les Isles fortunées, attendu que c'étoit alors une navigation extrêmement périlleuse. Il est vrai que la matiére n'a été bien éclaircie que par cette Ordonnance; mais enfin, la substance du contrat n'en étoit pas moins connuë auparavant par les principes du droit romain. Il en est aussi fait mention dans l'art. 45 des ord. de Wuisbuy, de même que dans le 11e. des ord. de la Hanse Teutonique; & le 1er. art. des jugemens d'Oleron n'est pas étranger à la matiére, en ce qu'il permet au maître de *mettre aucuns des apparaux en gage s'il a métier d'argent pour les dépens de la nef.*

En Normandie ce contrat est appellé *Bomerie*, du mot Flamand *Bome*, qui signifie *Quille du vaisseau*, & *Bomerie* est *une Quille équippée, ou vaisseau garni.* Notes sur le Guidon, tit. 18, art. 1 & 2, pag. 330. Kuricke, *ad jus hanseaticum, tit. 6, fol.* 760, 761. Bornier, sur l'art. 2, tit. 7 de l'ordon. de 1673.

C'est qu'anciennement le prêt à la grosse ne se faisoit que sur le corps & quille du vaisseau.

L'art. 58 de l'ord. de la Hanse Teutonique se sert du terme *Bomerie*, & il est usité tout de même dans la mer baltique, Loccenius *de jure maritimo, lib.* 2, *cap.* 6, *n.* 1, *fol.* 186.

La décision du ch. dernier, aux décrétales *de usuris*, n'est pas assez caractérisée pour en faire l'application au contrat dont il s'agit ici. Quoiqu'il en soit, par la raison que le prêteur perd la somme qu'il prête, si la chose sur laquelle le prêt est fait, périt par cas fortuit, l'intérêt ou profit maritime que l'usage lui permet de stipuler est juste & légitime, comme n'ayant rien de contraire à la religion & aux bonnes mœurs. Kurikce, quest. 24, *fol.* 879. Loccenius, *ibid.* n. 3 *fol.* 187 *& seq.* Pereira de Castro, *decis.* 56, n. 3 & 4, & tous les autres auteurs qui ont traité cette matiére.

En tems de paix, cet intérêt est pour l'ordinaire de 15 à 20 pour 100 pour les voyages de long cours aux Isles ou au Canada; pour la Côte de Guinée, de 25 jusqu'à 35; pour le Cabotage, depuis 5 jusqu'à 10; lequel intérêt ou profit maritime, le preneur à la grosse doit payer, outre le principal. Mais en tems de guerre, où les risques sont plus grands à cause des prises, il est à un taux plus fort proportionnellement aux risques & aux circonstances; car enfin, il n'y a rien de réglé sur cela, & la quotité du profit maritime dépend moins de l'usage courant du lieu que de la convention des parties. Loccenius, *loc. cit.* n. 5 & 6, *fol.* 190, *& seq.* Stypmannus, *ad jus maritimum, part.* 4, *c.* 2, n. 122, *fol.* 386 & n. 308, *fol.* 401.

Ce contrat est appellé *à grosse aventure*, ou à la grosse par abbréviation, parce que le prêteur courant risque de perdre sa somme, il la met effectivement à l'aventure.

Il est appellé aussi contrat à retour de voyage, parce que pour l'ordinaire, la somme n'est payable avec le profit maritime, qu'au retour du voyage du navire sur lequel le prêt est fait. Cependant aux termes de l'article second de ce titre, le prêt peut être fait pour un tems limité, aussi bien que pour un voyage entier, ce qui est tiré du droit romain. Cujas sur la même loi, 4. ff. *de nautico fœnore.*

ARTICLE PREMIER.

LES Contrats à grosse aventure, autrement dits contrats à la grosse ou à retour de voyage, pourront être faits *pardevant Notaires ou sous signature privée.*

PArdevant Notaires ou sous signature privée. Le Commentateur conclut de-là que le prêt doit être par écrit, & que la preuve testimoniale ne seroit pas recevable, quand même il s'agiroit d'une somme au-dessous de 100 livres.

C'est ajouter au texte, qui ne dit pas que ces sortes de prêts ne pourront être faits que par écrit; mais seulement qu'ils pourront l'être sous signature privée comme pardevant Notaires; en quoi il a été dérogé à l'Edit du mois de Décembre 1657, qui avoit créé des offices de Notaires Greffiers, pour recevoir les contrats à la grosse & tous autres contrats maritimes, à l'exclusion de tous autres Notaires. Ainsi, sur le point de savoir, si le prêt à la grosse peut valoir sans écrit, il est naturel de recourir au droit commun, & de dire conformement aux ordonnances de Moulins & de 1667, que la preuve par témoins ne peut être rejettée, qu'autant qu'il s'agira d'une somme excédante 100 liv. A la vérité on ne voit point de prêt de cette espèce pour une aussi modique somme, mais enfin, cela peut arriver, surtout dans la navigation au Cabotage.

Le contrat sera donc aussi valable alors, que s'il étoit fait par écrit. Il le seroit tout de même après tout, pour quelque somme que ce fût par rapport au débiteur, qui reconnoîtroit la convention; mais s'il s'agissoit de faire valoir le privilége attaché à ce contrat, au préjudice d'un tiers, ce seroit autre chose, à cause des abus & des fraudes qui en pourroient résulter.

Et comme le même esprit de fraude n'a abusé que trop souvent de la faculté accordée par notre ordonnance de faire les contrats de grosse, aussi bien sous signature privée que par acte passé pardevant Notaires, en supposant des prêts de cette nature, ou en leur donnant une fausse date, tandis qu'au fond ce n'étoient que des prêts simples de sommes pour lesquelles les prêteurs n'avoient couru aucuns risques; il seroit extrêmement à souhaiter, comme il a été observé sur l'art. 26 du tit. des Consuls, & comme on le dira encore sur l'art. 68 du tit. suivant, que pour garantir la foi publique de ces sortes de surprises, il intervint un réglement, non pour supprimer l'usage des contrats à la grosse sous signature privée, à cause de l'intérêt du commerce; mais pour les assujettir à la formalité de l'enregistrement au Greffe de l'Amirauté, aussi-tôt que les risques commenceroient à courir; faute de quoi, ils ne pourroient nuire à de tierces personnes, ni pour l'exercice du privilége, ni pour le payement du profit maritime, le contrat demeurant réduit alors aux termes d'un billet de prêt pur & simple.

Le contrat de grosse, au reste, ne doit pas être confondu avec celui par lequel quelqu'un confie à un marin, une certaine quantité de marchandises pour les vendre à moitié profit dans son voyage, ce qu'on appelle donner à pacotille, quoique le donneur coure le risque de la perte de sa pacotille, comme celui qui prête à la grosse aventure.

ARTICLE II.

L'Argent à la grosse pourra être donné sur le corps & quille du vaisseau, ses agrès & apparaux, armement & victuailles, *conjointement ou séparément*, & sur le tout ou partie de son chargement, *pour un voyage entier, ou pour un temps limité.*

Conjointement ou séparément, par un même contrat ou par différens contrats, dans le moment même ou après coup.

L'argent donné sur le corps & quille du vaisseau, s'entend du prêt d'une somme pour être employée au payement des frais du radoub ; ce qui comprend les bois & autres choses qui y servent ; les journées de charpentiers, calfats & autres ouvriers.

Le prêt fait sur les agrès & apparaux, regarde les voiles, cordages, vergues, poulies & autres ustensiles du navire.

Celui qui est fait sur l'armement & les victuailles, est borné aux canons & autres armes, aux vivres destinés pour la nourriture des gens de l'équipage & passagers, aux munitions de bouche & de guerre.

Dans le cas où il y auroit différens prêts à la grosse, les uns sur le corps & quille du navire, d'autres sur les agrès & apparaux, & les autres sur l'armement & victuailles, & que le navire vint à faire naufrage ; les prêteurs n'exerceroient leur privilége sur ce qui en seroit sauvé que relativement aux objets qui y seroient affectés; & cela pourroit causer de l'embarras. C'est pourquoi, dans l'usage, on ne divise point ces objets, comme on le faisoit anciennement. Lorsqu'on passe un contrat à la grosse sur le navire, on y affecte copulativement le corps & quille du vaisseau, ses agrès & apparaux, l'armement & les victuailles.

Mais rien n'est plus commun que de prêter à la grosse sur le navire &c. sans y joindre le chargement, ou sur le tout, ou partie du chargement, sans y joindre le navire; & l'on en use aussi tout de même en fait d'assurance.

Dans le premier cas, le prêteur comme l'assureur, ne court risque que de la perte du navire, & dans le second, il ne court risque que de la perte des marchandises.

Le chargement, au reste, ne s'entend pas relativement au propriétaire du navire seulement, il s'applique à toute marchandise chargée dans le vaisseau, soit par l'armateur, soit par un marchand chargeur : de maniére que quiconque charge des effets dans un navire, peut librement prendre de l'argent à la grosse sur ces effets.

Tout contrat ou billet de grosse, doit réguliérement énoncer le nom du navire, du propriétaire & du capitaine. Il faut aussi y déclarer si les deniers pris à la grosse, regardent le corps du navire & ses agrès, ou les effets de son chargement. Ainsi, un billet conçu en ces termes : *je payerai dans un tel temps à tel, la somme de tant, valeur reçue de lui en grosse aventure*, n'est pas un billet de grosse en régle : à la vérité il n'est pas nul pour cela ; mais pour avoir son effet, il faut qu'il y ait preuve par ailleurs, que la somme a été réellement prêtée sur le navire ou sur les marchandises qui y ont été chargées. Savari tom. 2. Parère 57, pag. 689.

Au surplus, lorsque le preneur à la grosse n'a aucun intérêt dans le corps du navire, il est évident que le prêt ne peut regarder que les effets du chargement, & cela suffit pour rendre le billet valable, le chargement étant prouvé. Ainsi jugé par Arrêt du Parlement d'Aix, du 24 Janvier 1748.

Le sieur Ravel avoit reçu de Reffay une somme de 400 liv. dont il lui avoit fait son billet, dans lequel il s'étoit ainsi exprimé; *qu'il me donne à retour du voyage que je vais faire en qualité de second, sur le pinque saint Joseph en caravanne, au change de 2 & demi par mois ; à cet effet, ledit Reffay court le risque, péril & fortune de la mer desdites 400 livres.*

Le pinque ayant été pris par les Anglois, Reffay demanda la somme de 400 liv. prétendant que le contrat de grosse étoit nul, faute par Ravel d'avoir déclaré, s'il empruntoit sur le corps du navire ou sur les facultés.

Ravel répondit que l'ord. n'exigeoit point cette déclaration, & que l'application du prêt se fait naturellement à l'intérêt du preneur ; d'ailleurs, tout étoit pris, navire & facultés. Par l'arrêt, Reffay fut débouté de sa demande avec dépens.

Pour un voyage entier ou pour un temps limité. Ce contrat n'est donc pas toujours & nécessairement à retour de voyage. Ainsi, celui qui donne à la grosse sur un navire partant d'ici pour saint Domingue, peut stipuler valablement que la somme lui sera acquise avec les profits, dès que le navire sera arrivé à saint Domingue, sans qu'il soit question de retour dans ce port, ou après tant de mois de navigation heureuse ; mais alors le profit matitime, pour être autorisé, doit être proportionné au temps des risques, attendu que dans l'usage ordinaire, la somme n'est duë qu'au retour du navire à bon port, & qu'alors il y a double risque.

Cependant comme il seroit difficile de trouver des preneurs à la grosse qui se soumissent de payer avant le retour du voyage, les prêteurs usuriers ont imaginé un moyen de se dédommager pour le cas où le navire ne seroit pas de retour dans le temps ordinaire, en stipulant que s'il n'étoit pas arrivé dans un certain temps, l'intérêt leur seroit payé à raison d'un demi pour cent par mois, tant du capital que du profit maritime. Mais un tel contrat, comme manifestement usuraire, ne sauroit se soutenir en justice, même quand il y auroit réciprocité, c'est-à-dire, quand il seroit ajouté en faveur du preneur, que le navire arrivant avant l'expiration du délai, il lui seroit déduit le même demi pour cent par mois ; ne fût-ce qu'à cause que la réciprocité ne seroit qu'apparente ou en idée ; rien n'étant plus rare qu'un vaisseau retourne avant le temps ordinaire, & rien n'étant plus commun au contraire que le retardement de son retour.

ARTICLE III.

Faisons défenses de prende deniers à la grosse sur le corps & quille du navire, ou sur les marchandises de son chargement, au-delà de leur valeur, à peine d'être contraint, en cas de fraude, au payement *des sommes entieres*, nonobstant la perte ou prise du vaisseau.

IL est défendu de prendre deniers à la grosse au-delà de la valeur des choses sur lesquelles le prêt est fait ; parce que d'un côté, á raison de l'excédant de la valeur, le prêt seroit usuraire, le prêteur n'étant responsable de la perte que jusqu'à concurrence de la valeur de l'objet ; & que d'un autre côté ce seroit tromper le prêteur, qui a contracté sur la foi de la déclaration du preneur, & qui sans cela auroit fait un autre usage de son argent.

La valeur doit s'entendre ici, eu égard au temps du contrat, ou au temps que les risques doivent commencer à courir ; & parce que sur la valeur le preneur peut se méprendre de bonne foi, cet article ne le punit qu'en cas de fraude, qui doit être claire, & manifestement prouvée.

Il y aura fraude si le preneur avoit déja donné un prix à son navire, ou s'il avoit par devers lui les factures des marchandises du chargement, & qu'en cumulant tous les emprunts à la grosse, il ait excédé la valeur du tout.

Alors la peine que cet article lui inflige, est de payer les sommes entieres, *nonobstant la perte ou la prise du vaisseau* ; à quoi il faut ajouter, ou des marchandises, le prêt étant fait sur marchandises.

Il n'en sera donc pas quitte pour offrir de payer l'excédant de la valeur des choses perdues ou prises, comme dans l'article XV ci-après, dont l'espece est différente ; il sera tenu de payer les sommes entieres qu'il aura pris à la grosse, sans déduction de la valeur des effets perdus par le naufrage ou par la prise du vaisseau. Au lieu que cessant la fraude, s'il avoit chargé des effets, quoique d'une valeur fort inférieure á celle des sommes empruntées à la grosse, il seroit déchargé à proportion de la valeur des effets perdus, & ne payeroit que le surplus avec le change suivant le cours de la place, relativement audit article XV.

Des sommes entieres. Le Commentateur a raison de dire que cela ne s'entend que du capital des sommes prises à la grosse, & non du profit maritime stipulé ; parce que ce profit ne peut être acquis qu'autant que le navire ou les effets affectés au prêt arrivent à bon port.

Dans le cas de cet article, les prêteurs doivent s'estimer heureux de ce que le preneur a prévariqué, en empruntant au-delà de la valeur de ce qu'il affectoit à ses emprunts, puisque par-là les prêteurs recouvrent leurs sommes, malgré la perte ou la prise du vaisseau qui les en auroit privé, s'il eût procédé de bonne foi. Il est donc naturel qu'ils se contentent de leur remboursement, sans prétendre, ni le profit maritime, ni le change ou interêt au cours de la place, l'article XV ci-après n'ayant, encore une fois, aucune relation à celui-ci, où le prêteur à la grosse ne perd rien, quoique le navire ait péri, & que le preneur y ait chargé des effets.

ARTICLE IV.

DÉfendons aussi *sous pareille peine* de prendre deniers sur le fret à faire par le vaisseau, & sur le profit espéré des marchandises ; même sur les loyers des matelots, si ce n'est en présence & du consentement du Maître, & au-dessous de la moitié du loyer.

SOus pareille peine. C'est-à-dire, de rendre & restituer la somme tout de même, simplement sans profit maritime, ni intérêts; & cette privation de profits est d'autant plus juste que le prêteur est aussi blâmable que le preneur, s'il assigne le prêt sur le fret ou sur le profit espéré des marchandises.

La raison pour laquelle il n'est pas permis de prendre à la grosse sur le fret à faire, ce qui doit s'entendre aussi bien du cas où il y a déja un affretement, que de celui où il n'y en a pas encore, dès que le fret ne pourra être gagné qu'autant que les marchandises arriveront à bon port; c'est que le prêteur seroit à la discrétion du preneur qui s'embarasseroit peu d'un fret dont il ne devroit pas profiter. Autre chose seroit d'un fret déja acquis, comme il arrive quelquefois. Voyez l'article XV du titre suivant.

Et s'il est défendu tout de même de prendre deniers sur le profit espéré des marchandises, c'est qu'il n'y a là rien de réel, ce profit pouvant être imaginaire ou manqué par le fait propre du débiteur propriétaire des marchandises.

Pour ce qui est des matelots, on conçoit de quelle dangereuse conséquence il seroit de leur permettre d'emprunter sur leurs loyers, puisque le gain de leurs loyers les attache autant que la crainte de la mort à la conservation du navire.

Il se peut néanmoins qu'un matelot se trouve dans la nécessité d'emprunter sur ses loyers, & c'est pour cela que cet article lui en donne la faculté : mais à deux conditions; l'une que ce soit en présence & du consentement du Maître, & l'autre que l'emprunt soit au-dessous de la moitié des loyers; afin que cet excédant des loyers soit une sûreté de l'exactitude du service qu'il doit au navire.

Aujourd'hui qu'il est défendu de donner des à-comptes aux matelots, ou de leur faire aucun prêt durant le voyage, si ce n'est de l'aveu des Sieurs Commissaires aux Classes; & cela, tant pour prévenir la désertion des matelots, que leurs débauches, (sur quoi voyez l'article X, titre des loyers des matelots) : il ne suffiroit pas de l'aveu du Maître pour autoriser un pareil prêt qui seroit fait dans nos Colonies. Il faudroit encore le consentement du Commissaire aux Classes : ainsi, sans ce concours, le contrat ne seroit valable, qu'autant qu'il seroit passé dans le lieu de l'armement du navire.

ARTICLE V.

FAisons en outre défenses à toutes personnes de donner de l'argent à la grosse aux matelots sur leurs loyers ou voyages, sinon en présence & du consentement du Maître, à peine de confiscation du prêt & de cinquante livres d'amende.

LA défense du prêt à la grosse sur les loyers des matelots, sans le consentement du Maître, regarde donc plus directement encore le prêteur que le preneur, puisqu'en ce cas le prêteur perd sa somme qui est confisquée, & qu'outre cela il encourt la peine d'une amende de 50 liv.

Sur ces mots, *à peine de confiscation du prêt*, le Commentateur dit, *mais non des loyers.* Sans doute que les loyers ne sont pas confisqués, mais ils sont perdus pour le matelot, jusqu'à concurrence de la somme prêtée, qui, étant confisquée, doit se prendre sur les loyers.

Par l'article CXV de l'Ordonnance de Henri III, du mois de Mars 1584, dans Guenois folio 403, il ne suffisoit pas du consentement du Maître pour autoriser le prêt fait aux mariniers, il falloit encore l'aveu du principal bourgeois du navire. Au surplus les défenses étoient faites tant au preneur qu'au bailleur sur peine de *perdition & de dix écus d'amende*, applicable moitié au dénonciateur & l'autre moitié à l'Amiral.

La confiscation prononcée par cet article est au profit de M. l'Amiral, comme toutes les autres confiscations, avec l'amende en entier, si la condamnation intervient en ce Siége, qui est une Amirauté particuliere. Art. X, tit. premier, du liv. premier.

ARTICLE VI.

LEs Maîtres demeureront responsables en leur nom du total des sommes prises de leur consentement par les matelots, si elles excédent la moitié de leurs loyers; & ce nonobstant la perte ou prise du vaisseau.

LE Maître consentant que son matelot prenne de l'argent sur ses loyers au-delà de la moitié, est seul coupable & punissable aux termes de cet article. La peine qu'il encourt par-là est de payer la totalité de la somme prêtée de son aveu, nonobstant la perte ou la prise du vaisseau : & à cela il n'y a rien à dire. Mais si le navire arrive à bon port, le payement de la somme empruntée ne le regarde pas; ce sera au matelot à la payer sur ses loyers, quelque petite que soit la portion qui lui en restera : car enfin c'est son engagement personnel, au sujet duquel il n'a aucun reproche à faire au Maître. Telle est l'interprétation naturelle de notre article. Mais cela est changé au moyen des défenses de donner aucun à compte aux matelots durant le voyage, sans le consentement des Commissaires aux Classes, comme il a été observé, tant sur l'art. IV ci-dessus, que sur l'art. X, tit. *de l'engagement & des loyers des matelots.*

ARTICLE VII.

LE navire, ses agrès & apparaux, armement & vituailles, même le fret, seront affectés par privilége au principal & intérêt de l'argent donné sur le corps & quille du vaisseau, *pour les nécessités du voyage*; & le chargement au payement des deniers pris pour le faire.

Le

LE privilége accordé par cet article au prêteur à la grosse, conformément à l'art. XLV de l'Ordonnance de Wisbuy, & à l'article premier du chap. XIX du Guidon de la Mer, & au droit commun, tant pour le profit maritime, que pour le principal, le navire étant retourné à bon port, est juste & légitime, puisque ce prêt a mis l'Armateur en état de faire faire le voyage au navire, ou d'en accomplir le chargement. Il est juste tout de même que le fret soit affecté à ce privilége, quoiqu'il ne soit pas permis d'emprunter à la grosse sur le fret à faire, par l'art. IV ci-dessus, parce que c'est le navire affecté au prêt qui a gagné ce fret, & que l'accessoire suit la nature du principal.

Le fret au reste s'entend aussi-bien de celui qui est gagné d'avance au départ du navire, que de celui qui ne doit être payé que sur les marchandises arrivées à bon port ou sauvées; de maniere qu'il doit servir également au payement des deniers pris à la grosse sur le navire. Arrêt d'Aix du 10 Octobre 1733. D'où il s'ensuit que l'abandon étant fait des débris du navire, pour demeurer quitte de la somme empruntée à la grosse, il faut abandonner tout de même le fret, acquis ou non, des marchandises sauvées, comme en fait d'assurance. Sur quoi voyez les art. XV & & XLVII du titre suivant.

Mais parce que le prêt peut avoir été fait séparément sur le corps & quille du navire, ses agrès, apparaux & victuailles, & sur le chargement; il faut distinguer le privilége suivant l'assignat du prêt, & dire qu'au premier cas le privilége est restreint au navire, ses agrès & apparaux, victuailles & fret, sans toucher aux marchandises du chargement; & qu'au second cas, les marchandises seules sont affectées au privilége.

Pour les nécessités du voyage. Il n'est nullement nécessaire que le contrat de prêt à la grosse en fasse mention; il suffit que le prêt soit fait sur le corps & quille du navire, &c. pour qu'on juge que l'argent a été employé pour l'équipement du navire, & que l'Armateur s'en est servi pour payer le radoub, les ouvriers, les voiles, cordages, & généralement ce qu'il a fallu pour la mise hors du navire.

Au surplus, ce privilége ne doit passer qu'à son rang, & est subordonné, suivant l'art. XVI, tit. XIV du liv. premier, 1°. aux loyers dûs aux matelots pour le voyage que le navire vient de faire; 2°. à un autre emprunt à la grosse qui aura été fait sur le navire pendant le cours du voyage, & pour les nécessités du navire. Loccenius, *de jure maritimo, lib. 2, cap. 6, n. 8, fol. 193.* Ces deux objets sont préférables sans difficulté.

Il ne s'ensuit pas néanmoins que le prêteur à la grosse avant le départ, ou au moment du départ, doive être payé avant tous autres créanciers. S'il y en a pour cause de radoub, fourniture de voiles & cordages, victuailles & équipement; s'il reste dû quelque chose aux charpentiers, calfats & autres ouvriers, ou au vendeur; tous étant en concurrence de privilége avec le prêteur à la grosse, ils toucheront tous par concurrence entre eux au sol la livre de leur dû, s'il n'y a pas dequoi suffire à les payer en entier; & c'est ce qui résulte tant dudit article XVI que du XVII qui le suit.

Le privilége du prêteur à la grosse sur le chargement, n'est pas sujet au même concours; il n'a de concurrence à craindre qu'avec le vendeur des marchandises qui ont formé le chargement.

ARTICLE VIII.

CEux qui donneront deniers à la grosse, au maître, dans le lieu de la demeure des propriétaires sans leur consentement, n'auront hypotéque ni privilége que sur la portion que le maître pourra avoir au vaisseau & au fret, quoique les contrats fussent causés pour radoub ou vituailles du bâtiment.

CEt article, mieux conçu que le 58 de l'Ord. de la Hanse Teutonique, & le 95 de l'Ord. de 1584, auquel il se rapporte, & plus régulier que l'art. 4. ch. 18 du Guidon, est si clair & d'une justice si évidente, qu'il n'a pas besoin d'explication. Ce n'est que durant le voyage, ou lorsque le navire est équipé dans un lieu où les propriétaires n'ont pas leur domicile, ou des correspondans, qu'il est permis au maître d'engager la totalité du navire & du fret par un emprunt à la grosse pour radoub ou vituailles. Il oblige alors tous les propriétaires par son fait, sauf leur recours contre lui, s'il n'a pas fait un bon usage des deniers. Art. 57 & 60 de ladit. ord. de la Hanse Teutonique, dont les dispositions se retrouvent dans le titre 6 du droit Hanséatique, *idem.* l'art. 19 des assurances d'Anvers. Loccenius *suprà ibid.* v. les articles 17, 18, 19 & 20, tit. du capitaine ci-dessus. Cependant quoique le capitaine intéressé au navire emprunte dans l'absence de ses co-propriétaires, il n'oblige que sa part, si le contrat ne fait pas mention que c'est pour radoub & vituailles. Sentence de Marseille du 22 Mai 1750. Sans doute il n'y avoit pas de preuve que la somme empruntée eût été employée au radoub ou en vituailles, autrement la sentence ne pourroit pas être regardée comme juridique.

ARTICLE IX.

SEront toutefois affectées aux deniers pris par les maîtres pour radoub & vituailles, les parts & portions des propriétaires *qui auront refusé* de fournir leur contingent pour mettre le bâtiment en état.

I*Dem.* Les art. 11 & 59 de l'ord. de la Hanse Teutonique. *Qui auront refusé.* Il ne suffit pas au maître de leur faire une sommation à cette fin, comme l'insinuë le Commentateur, sans doute d'après l'art. 18 du tit. du capitaine, qui est le tit. 1 liv. 2, ci-dessus; il faut qu'il les assigne pour qu'ils ayent à lui fournir deniers pour leur contingent, sinon pour voir dire qu'il lui sera permis de prendre de l'argent à la grosse, jusqu'à concurrence d'une telle somme. De sorte qu'il ne peut les obliger par son emprunt qu'autant qu'il aura été autorisé par justice à le faire sur leur refus. De même, quoique l'équipement du navire se fasse dans un lieu où l'armateur ne fait pas sa demeure; s'il y a un correspondant, le maître doit se pourvoir contre l'armateur en la personne de son correspondant, ou commissionnaire.

Il faut prendre garde que ces deux articles ne parlent que du maître, & qu'ils ne sont nullement applicables à l'armateur, lequel ne peut jamais emprunter à la grosse à la charge des co-propriétaires, sans l'avoir ainsi fait ordonner sur leur refus. Cela ne peut jamais arriver durant le voyage.

ARTICLE X.

LEs deniers laissés par renouvellement ou continuation, n'entreront point en concurrence avec les deniers actuellement fournis pour le même voyage.

IDem. Le Guidon de la mer, ch. 19, art. 2 & 3, d'où le Commentateur a tiré tout ce qu'il a dit sur cet article.

La raison de la préférence en faveur du prêteur à la grosse pour le dernier voyage, est, qu'il est à présumer que ce sont ses deniers qui ont mis le navire en état de faire le voyage, ce qu'on ne peut dire qu'improprement de ceux qui prêtés à l'occasion d'un premier voyage, ont été laissés par renouvellement ou continuation pour un second.

Il est vrai que le prêteur avoit la faculté de se faire payer & de redonner ensuite les mêmes deniers à la grosse sur le second voyage; mais ne l'ayant pas fait, & s'étant contenté de renouveller l'engagement, il est juste qu'un autre qui aura fourni l'argent avec lequel le navire aura été équipé l'emporte sur lui. Kuricke, quest. 25, *fol.* 880. Casa Regis, *disc.* 18, n. 14 & 23, *& disc.* 62 n. 20.

En matiére de privilége, au reste, c'est toujours le créancier qui a le plus contribué à conserver la chose, qui obtient la préférence. Ainsi, le maçon qui a réparé la maison est préférable à celui des deniers duquel la maison avoit été bâtie d'abord; l'ouvrier employé à la récolte des bleds ou des vignes, au fournisseur de la semence & au laboureur. Ainsi, aux termes de cette ordonnance, les matelots sont les premiers en ordre pour leurs loyers, parce que sans eux le navire ne seroit pas venu à bon port. Ainsi, encore les deniers pris à la grosse durant le cours du voyage, passent devant ceux qui ont été prêtés avant le départ du navire, parce que sans ce secours le navire n'auroit pû continuer son voyage.

Mais il n'y a que ceux qui n'ont pas prévu la conséquence de cet article qui peuvent se trouver dans le cas. Tout autre, au lieu de renouveller le prêt fait pour un premier voyage, & qui voudra prêter encore pour un second, aura soin de faire un nouveau contrat pour le second voyage, après avoir quittancé le premier contrat. Au moyen de quoi, il sera réellement prêteur à la grosse sur le second voyage, à l'effet d'entrer en concurrence avec les autres prêteurs tout de même pour le second voyage. Cependant s'il y avoit preuve de ce renouvellement, à cause de la disposition formelle de cet article, auquel sont conformes les art. 2 & 3 du Guidon, ch. 19. Il faudroit donner la préférence à celui qui auroit réellement fourni les deniers pour le nouveau voyage.

ARTICLE XI.

TOus contrats à la grosse demeureront nuls *par la perte entiere* des effets sur lesquels on aura prêté, pourvû qu'elle arrive *par cas fortuit, dans le tems & dans les lieux des risques.*

TElle est la nature du contrat à la grosse, que si la chose sur laquelle le prêt est fait vient à périr par cas fortuit, le contrat demeure sans effet, & le prêteur n'a rien à prétendre. C'est ce que veut dire cet article, en déclarant que le contrat demeure nul en ce cas. C'est aussi le droit commun des Nations de l'Europe.

Par la perte entiere. Il ne s'en suit pas delà, que si la perte n'est pas totale, le contrat subsiste dans son intégrité, comme l'insinue le Commentateur. La raison veut que celui qui est tenu de supporter la perte lorsqu'elle est entiere, la supporte à proportion lorsqu'elle est moindre. Ainsi, si elle est de moitié, par exemple, ou du tiers, le contrat est réductible à proportion, suivant l'art. 17 ci-après; & cela est si juste qu'une stipulation contraire seroit déclarée usuraire, par conséquent nulle.

Cela doit s'entendre néanmoins distributivement & relativement à chaque objet sur lequel le prêt est fait; de maniere que la perte de l'un en tout ou en partie, n'influe nullement sur l'autre qui est sauvé.

Mais cela s'entend-il de façon, que la perte ne tombe sur le prêteur à la grosse, qu'autant que de l'objet affecté au prêt, il ne reste pas de quoi remplir la somme? Par exemple, le chargement est de 3000 liv. l'emprunt à la grosse n'est que de 1000 liv. Si de ce chargement il reste 1000 livres malgré le naufrage ou les autres pertes arrivées par cas fortuit, le contrat à la grosse conserve-t-il tout son effet, sans réduction au tiers de ce qui est sauvé? ou bien la perte étant tombée sur tout le chargement, doit-elle être supportée concurremment par le prêteur & l'emprunteur? La question paroît décidée par l'art. 18 ci-après, en tant qu'il préfére le donneur à la grosse aux assureurs. Par identité de raison, il est naturel de conclure ce semble, que l'emprunteur en ce cas, supporte toute la perte sur les deux tiers qu'il avoit libres dans le chargement, comme en ayant couru les risques, & comme ne pouvant pas avoir plus de droit que n'en auroient les assureurs, s'il eût fait assurer. Cependant cette décision-là même, portée contre les assureurs, est-elle juste? C'est ce qui s'examinera sur ledit article 18, en reprenant la question du preneur à la grosse dont le chargement excéde la somme qu'il a empruntée.

Par cas fortuit. Le cas fortuit comprend toutes les pertes & dommages qui arrivent par tempête, naufrage, échouement, prise, pillage, &c. suivant l'énumération qui en est faite dans l'art. 26 du tit. suivant, dont l'application est naturelle à celui-ci; car le contrat à la grosse & la police d'assurance, comme dépendans des mêmes principes, sont sujets aux mêmes risques; & c'est pour cela que le prêteur est fondé à stipuler un fort profit maritime pour le cas où le navire arrivera à bon port, & l'assureur une prime proportionnée aux risques qu'il court.

Il est vrai que la condition du prêteur à la grosse semble d'abord beaucoup meilleure que celle de l'assureur, en ce que la prime d'assurance est fort inférieure au profit maritime; mais si l'on fait attention que le tems se compte dans le commerce, la différence disparoîtra aisément. En effet, si la prime d'assurance pour un voyage de saint Domingue n'est communément que de 8 à 10 pour cent, tandis que le profit maritime pour un pareil voyage est de 15 à 20 pour cent ; c'est que l'assureur ne débourse qu'après le malheur arrivé, & qu'à la déduction de la prime ; au lieu que le prêteur à la grosse se dessaisit de son fond dans le moment, & qu'il risque de le perdre en entier. Il n'est donc pas étonnant que le profit qu'il stipule en cas d'heureux événement, excéde de moitié la prime d'assurance, puisqu'il peut être obligé d'attendre son payement pendant 12, 15 ou 18 mois, sans compter que s'il fait assurer son capital, comme l'Ordonnance lui en accorde la faculté, la prime lui enlevera environ la moitié du profit maritime ; ou s'il ne fait pas assurer, devenant son propre assureur, il est juste qu'il gagne lui-même la prime & qu'il la confonde en lui. Il faut pourtant convenir qu'il y a des prêteurs qui sont trop près de leurs intérêts. Aussi voit-on beaucoup moins d'emprunts à la grosse que d'assurances ; & en général un armateur annonce la décadence de ses affaires lorsqu'il fait de fréquens emprunts à la grosse aventure. Mais cela n'empêche pas que les deux contrats ne symbolisent beaucoup, & qu'ils ne soient l'un & l'autre d'une grande utilité pour le commerce maritime, pourvu qu'ils soient renfermés dans leurs justes bornes & que l'un ne l'emporte pas sur l'autre.

Dans le tems des risques. Donc que la perte qui arrive après ce tems, ne regarde pas le donneur quoique le voyage ne soit pas fini. Stypmannus, *part.* 4, *cap.* 2, n. 80 *& seq. fol.* 383 *& seq. idem.* Kuricke, *ad tit.* 6 *juris hanseatici*, *fol.* 763. *Et lieux des risques. Intellige*, s'il n'y a eu force majeure par vent contraire ou autrement.

ARTICLE XII.

NE sera réputé cas fortuit tout ce qui arrive *par le vice propre de la chose*, ou par le fait des propriétaires, maîtres ou marchands chargeurs, s'il n'est autrement porté par la convention.

IL en est de même encore en fait d'assurances, aux termes des articles 28 & 29 du titre suivant.

Par le vice propre de la chose. Comme si le navire a péri par caducité, parce que ses principaux membres étoient viciés & hors de service ; & cela quoique le navire ait essuyé des coups de vent ou de mer capables d'incommoder un meilleur navire. Le vice propre de la marchandise procéde ou de sa mauvaise qualité, ou des déchets auxquels elle est naturellement sujette, comme des soiries qui se piquent, du vin qui s'aigrit, des barriques d'eau-de-vie ou d'huile qui coulent. Tout cela arrivant sans tempête, ou autre fortune de mer, est pour le compte du propriétaire & non du prêteur à la grosse ou de l'assureur. Art. 8, ch. 5 du Guidon, Stypmannus, *ad jus maritimum*, *part.* 4, *cap.* 7 n. 320 *& seq. fol.* 457.

Les déchets qui arrivent aussi par la faute du maître & des gens de l'équipage, pour avoir mal arrimé les marchandises, avoir surchargé le navire, ou autrement par leur malice ou impéritie, ne regardent pas non plus le prêteur à la grosse ni l'assureur ; s'il n'y a convention contraire, ajoute notre article, ce qui s'expliquera sur l'art. 28, tit. suivant, en parlant de la baratterie de patron.

Mais pour ce qui est du dommage causé par le fait propre du propriétaire, c'est néceſſairement lui qui en répond, & toute ſtipulation contraire ſeroit rejettée comme illuſoire & frauduleuſe.

De ſorte que la reſtriction portée par cet article, ne peut pas tomber ſur cet objet. Par la même raiſon elle n'influe pas non plus ſur le vice propre de la choſe, puiſque cela ſuppoſe le fait du propriétaire, ou du moins qu'il n'y a pas là de cas fortuit, s'il ne s'agit pas d'un coulage extraordinaire.

On comprend auſſi que le prêteur à la groſſe ni l'aſſureur ne ſont pas garans de la confiſcation des marchandiſes prohibées. Loccenius, *de jure maritimo*, *lib.* 2 *cap.* 6, n. 9, *fol.* 199. Ce qu'il faut entendre néanmoins ſi la qualité des marchandiſes ne leur a pas été déclarée, & qu'il n'y avoit pas de permiſſion de les charger. V. *infrà*, l'art. 49 du titre ſuivant.

ARTICLE XIII.

SI le tems des riſques n'eſt point réglé par le Contrat, il courra à l'égard du vaiſſeau, ſes agrès, apparaux & victuailles, du jour qu'il aura fait voile, juſqu'à ce qu'il ſoit ancré au port de ſa deſtination, & amarré à quai : & quant aux marchandiſes, ſitôt qu'elles auront été chargées dans le vaiſſeau, ou dans des gabarres pour les y porter, juſqu'à ce qu'elles ſoient délivrées à terre.

IL arrive rarement que le Contrat de groſſe ne détaille pas les riſques, de même que la Police d'Aſſurance : mais enfin, ſi on y a manqué, cet article doit ſervir de règle pour le tems des riſques; & il eſt ſi clair, qu'il n'a pas beſoin d'explication. Il eſt auſſi du droit commun des nations, tant en fait de prêt à la groſſe que d'aſſurance.

L'obligation de délivrer les marchandiſes à terre, eſt remplie lorſqu'elles ſont déchargées ſur le quai. Voyez l'article premier du titre des matelots *ſuprà*, & l'article V, titre des Connoiſſemens.

Il n'eſt point parlé dans ce titre, comme dans celui des Aſſurances, du cas où l'on n'a point de nouvelles du navire après un certain tems. La raiſon eſt que le preneur à la groſſe n'a point d'abandon à faire en ce cas, pour demeurer quitte de ſon engagement, & que le donneur ne peut l'inquiéter qu'en prouvant que le navire eſt arrivé à bon port. Cleirac ſur l'art. II. chap. XVIII. du Guidon, pag. 331.

ARTICLE XIV.

LE chargeur qui aura pris de l'argent à la groſſe ſur marchandiſe, ne ſera point libéré par la perte du navire & de ſon chargement, s'il ne juſtifie qu'il y avoit pour ſon compte des effets juſqu'à concurrence de pareille ſomme.

RIen n'est plus juste que la disposition de cet article. Le prêteur à la grosse comme l'assureur, court le risque de la perte, par cas fortuit, de la chose sur laquelle il prête ou fait l'assurance : mais la perte doit être réelle pour qu'elle soit pour son compte, de même que le risque doit être réel, pour que l'un gagne le profit maritime, & l'autre la prime. Pour cela il faut donc, s'il s'agit d'un prêt sur marchandises, qu'il y ait preuve d'un chargement de marchandises, jusqu'à concurrence de la somme ; & cette preuve doit être la même qu'en fait d'assurance, sans quoi le preneur à la grosse exceptera vainement de la perte du navire & de son chargement, pour se dispenser du payement de la somme par lui empruntée. En effet, n'ayant rien perdu par le naufrage, de quel droit se prétendroit-il quitte d'une somme dont il a fait ailleurs son profit ?

S'il y a eu chargement, mais de moitié seulement, l'obligation de grosse sera éteinte alors pour moitié, & l'autre moitié sera sujette à remboursement avec le change, ainsi du reste.

ARTICLE XV.

SI toutefois celui qui a pris deniers à la grosse, *justifie n'avoir pu charger* des effets pour la valeur des sommes prises à la grosse, le Contrat, en cas de perte, sera diminué à proportion de la valeur des effets chargés, & ne subsistera que pour le surplus, dont le preneur payera le change suivant le cours de la place où le Contrat aura été passé, jusqu'à l'actuel payement du principal : & si le navire arrive à bon port, ne sera aussi dû que le change, & non le profit maritime de ce qui excédera la valeur des effets chargés.

JUstifie n'avoir pu charger. A prendre ceci à la lettre, il s'ensuivroit que l'emprunteur seroit obligé de prouver qu'il lui a été impossible de charger des effets jusqu'à concurrence de la somme par lui prise à la grosse, sur peine d'exécuter en plein le Contrat de grosse, aussi-bien dans le cas de la perte du navire & de son chargement, que dans celui de l'arrivée du navire à bon port.

Cependant cela seroit souverainement injuste dans l'un & l'autre cas, puisque le prêteur retireroit le profit maritime d'une chose dont il n'auroit pas couru les risques, tandis que ce profit maritime ne peut lui être acquis qu'à raison des risques.

Dans le premier cas où le navire est supposé perdu avec son chargement, si l'emprunteur eût chargé des effets jusqu'à concurrence de la somme prise à la grosse, le prêteur auroit tout perdu, principal & profits ; & parce qu'il n'y aura pas eu de chargement, au moyen de quoi le prêteur n'a couru aucuns risques, il faudra que l'emprunteur lui paye non-seulement la somme principale, ce qui est juste, mais encore les profits maritimes ; à moins qu'il ne prouve qu'il a été dans l'impossibilité de charger. C'est ce qui ne seroit pas tolérable, & par conséquent on ne peut pas penser, avec le Commentateur, que ce soit-là le sens de l'article.

Dans le second cas où le navire est supposé arrivé à bon port ; l'injustice ne se fait pas sentir, à la vérité, avec la même force ; & l'on peut dire que si l'emprunteur a pu charger, c'eſt ſa faute de ne l'avoir pas fait, pour en conclure, avec Caſa Regis, *diſc.* 16. *n.* 1. & 4, que le prêteur à la groſſe n'en doit pas ſouffrir. Mais, avec ce raiſonnement, ce ſeroit toujours faire gagner au prêteur le profit maritime, ſans avoir couru les riſques qui en ſont le germe & la cauſe efficiente. Ne pourroit-il point même arriver que cela ſe fît ainſi de concert entre le prêteur & l'emprunteur, & que ce ne fût qu'un Contrat à la groſſe maſqué pour favoriſer une uſure abominable?

Mais qu'on ſuppoſe le prêteur en bonne ſoi tant que l'on voudra, il faut toujours pour la ſolution de la queſtion, recourir au principe de la déciſion. Or la nature du Contrat de groſſe eſt telle, que le prêteur ne peut gagner le profit maritime, qu'autant qu'il a couru les riſques auxquels ce Contrat eſt ſujet. Dans l'eſpece à défaut de chargement, il n'a couru aucun riſque; le profit maritime ne peut donc pas lui être acquis, que l'emprunteur ait pu charger ou non, il n'importe.

Le chargement ne s'étant pas fait, le Contrat de groſſe demeure réſolu de plein droit, *ob cauſam finalem non ſecutam*, ſauf les dommages & intérêts du prêteur, qui conſiſtent aux termes de cet article, dans l'intérêt ou change de la ſomme au cours de la place, à compter du jour du prêt juſqu'à l'actuel payement du principal; à quoi j'ajouterois le demi pour cent de la prime, contre l'emprunteur qui auroit manqué de charger par ſa faute, au cas que le prêteur ait fait aſſurer ſon capital comme l'Ordonnance le lui permet : car on comprend bien que l'aſſurance étant caduque, alors il ne pourroit être queſtion que du demi pour cent pour la ſignature de l'aſſureur.

A cela près, je ne fais aucune différence entre le preneur à la groſſe, qui aura eu le pouvoir de charger, & celui qui ne l'aura pas eu; de ſorte que je conſidere l'article comme s'il diſoit, *ſi toutefois celui qui a pris deniers à la groſſe n'a pas chargé des effets*, &c.

Par-là toute juſtice eſt gardée; & cet article ſe concilie parfaitement avec le précédent. Si, en cas de naufrage, le prêteur à la groſſe ſur marchandiſes ne ſouffre de perte qu'autant que l'emprunteur juſtifiera avoir chargé des effets dans le navire, & juſqu'à concurrence; réciproquement, en cas d'arrivée à bon port, il ne gagnera le profit maritime qu'autant qu'il aura couru des riſques, & juſqu'à concurrence, ſans examiner ſi c'eſt la faute du preneur à la groſſe ou non, de n'avoir pas chargé; parce que ce ſont les riſques réels, ou le défaut de riſques, qu'il faut uniquement conſidérer dans l'un & l'autre cas, tout comme en fait d'aſſurance. Sur quoi voyez les art. VI & XXIII du titre ſuivant.

Du reſte le prêteur à la groſſe trouve ſon dédommagement, auſſi dans les deux cas, pour la portion de marchandiſes qui n'aura pas été chargée, au moyen du change que cet article lui accorde, à proportion de la ſomme pour laquelle il n'a pas couru de riſques. L'art. VIII du chap. XIX du Guidon, faiſoit monter l'intérêt en ce cas à dix pour cent; ce qui étoit l'intérêt de ſon temps.

Du même principe il s'enſuit, que ſi le prêt eſt fait pour le voyage entier; c'eſt-à-dire, tant pour l'aller que pour le retour, il ne ſuffira pas qu'il y ait preuve que le preneur a chargé des effets pour l'aller, il faudra qu'il y ait preuve tout de même qu'il a auſſi chargé pour le retour; ſans quoi le navire venant à périr au retour, le prêteur ne perdra rien, & ſe trouvera même avoir gagné la moitié du profit maritime, comme ayant couru les riſques de l'aller, & réciproquement il faudra qu'il ſe contente de cette moitié du profit maritime, le navire retournant à bon port; puiſqu'il n'aura couru effectivement les riſques que pour moitié, ſauf le rembourſement de la moitié de ſon principal, dans l'un & l'autre cas, avec le change au cours de la place, à compter ſeulement du jour de de l'arrivée du navire au lieu pour lequel il étoit destiné à son départ ; attendu le gain qu'il fait de la moitié du profit maritime, à raison de l'arrivée du navire à bon port dans le même lieu : le tout si mieux il n'aime prendre les deux tiers du profit maritime, pour tout dédommagement, par argument de l'article VI du titre suivant.

Tout cela est juste & de régle, à l'exemple de ce qui se pratique en fait d'assurance, tant pour l'aller que pour le retour, lorsque l'assureur n'a couru de risques que pour l'aller, sans en avoir couru pour le retour.

Il a néanmoins été jugé par deux Arrêts d'Aix, des 7 Août 1736 & 8 Août 1741, suivis d'une Sentence de Marseille du 21 Janvier 1750, au rapport de M. Emerigon, que le profit maritime n'étoit pas moins dû en entier, quoique le preneur n'eût fait aucun retour.

Cette décision paroîtra conséquente à ceux qui tiennent que le preneur à la grosse est tenu tout de même de payer le principal & le profit maritime en plein, quoiqu'il n'ait fait aucun chargement, à moins qu'il ne prouve qu'il lui a été impossible de charger. Mais cela même est inconcevable, puisqu'il est de l'essence du prêt à la grosse, que le donneur coure les mêmes risques que l'assureur, pour gagner le profit maritime, comme il vient d'être observé.

Je comprens néanmoins que, pour soutenir que le profit maritime n'est pas moins dû, quoique le preneur n'ait fait aucun chargement au retour, dès qu'il en a fait pour l'aller, on peut alléguer qu'il suffit que le donneur ait couru les risques de l'aller, à l'exemple de l'assureur, à qui la prime ne laisse pas d'être acquise pour le tout, lorsque le voyage a été racourci, ou que le navire a été conduit, sans force majeure, au-delà du lieu des risques ; en un mot, lorsqu'il y a eu changement de route, de voyage ou de vaisseau, par ordre de l'assuré, sans le consentement des assureurs, aux termes des art. XXVII, XXXV & XXXVI du tit. suivant. Mais en prenant pour régle la comparaison du Contrat d'assurance avec le Contrat de grosse, comme en effet rien n'est plus naturel, les deux Contrats étant si analogues ; s'il est vrai de dire alors, que le profit maritime sera acquis au donneur dans ces trois cas, le preneur ayant réellement chargé jusqu'à concurrence de la somme par lui prise à la grosse, à raison des risques que le donneur aura courus ; il faudra convenir tout de même que si au retour le preneur n'a point chargé, le profit maritime doit être diminué à proportion, puisque l'assureur, pour l'aller & le retour, souffre tout de même une réduction de sa prime, par l'art. VI du même titre suivant, qui porte que dans ce cas l'assureur ne gagnera que les deux tiers de la prime, & qu'il restituera l'autre tiers.

Il est vrai que l'article ajoute, *s'il n'y a stipulation contraire* ; mais comme il sera observé sur ce même article, cette restriction ne doit pas s'entendre de maniere qu'il soit permis à l'assureur de stipuler que la prime lui restera en entier, attendu qu'en aucun cas l'assureur ne peut être contraint de payer le montant de l'assurance, qu'autant que l'assuré prouvera qu'il a chargé des marchandises jusqu'à dûe concurrence, tant pour l'aller que pour le retour, & que la loi doit être égale pour le gain de la prime. Il faudroit du moins pour légitimer la stipulation, que la prime fût moindre qu'à l'ordinaire, en considération de l'incertitude du chargement au retour ; alors ce qu'on appelle une *prime liée* pourroit se soutenir : quoiqu'à dire vrai, il est toujours mieux & plus sûr de se tenir à la règle. Mais qu'il en soit ce que l'on voudra d'une telle stipulation en fait d'assurance, je la croirois toujours illicite & usuraire, en fait de prêt à la grosse ; c'est-à-dire, la clause par laquelle le donneur stipuleroit que le profit maritime lui seroit acquis pour le tout, dans le cas même où le preneur ne chargeroit rien au retour ; & cela quoiqu'il feroit dit, qu'en cette confidération le profit a été diminué. On ne fauroit trop veiller à bannir l'ufure du commerce.

On conçoit que fi le navire a péri en allant au lieu de fa deftination, le prêteur perd fa fomme entiere fur la preuve que fournira le preneur qu'il avoit chargé des effets jufqu'à concurrence de pareille fomme; de même que l'affureur fera tenu de payer la fomme qu'il a affurée, n'étant plus queftion alors de retour pour fcinder le Contrat. D'ailleurs il eft à préfumer que le preneur à la groffe ou l'affuré auroit chargé, pour le retour comme pour l'aller.

ARTICLE XVI.

LEs donneurs à la groffe contribueront à la décharge des preneurs, aux groffes avaries, comme rachats, compofitions, jets, mâts & cordages coupés pour le falut commun du navire & des marchandifes, & non aux fimples avaries ou dommages particuliers qui leur pourroient arriver, s'il n'y a convention contraire.

QUoique le contrat à la groffe foit en tout comparable à la police d'affurance par rapport aux rifques, puifqu'au fond le prêteur eft affureur du chargement jufqu'à concurrence de la fomme qu'il donne; cet article emprunté du Guidon de la mer, ch. 19, art. 5, établit néanmoins de droit une différence très confidérable entre le prêteur à la groffe & l'affureur, en tant qu'il décharge le premier des avaries fimples ou particulieres qui ne font pas moins fréquentes & moins de conféquence que les avaries groffes & communes; tandis que l'affureur en eft tenu indiftinctement par la nature du contrat aux termes de l'art. 26, du tit. fuivant.

Heureufement que notre article ajoute, *s'il n'y a convention contraire*, fans quoi l'ufage des contrats à la groffe auroit été aboli. Auffi n'en voit-on point qui ne dérogent à cet article; c'eft-à-dire, fans une claufe précife par laquelle le prêteur prend fur lui tous les rifques & fortunes de la mer comme l'affureur.

La méprife du Commentateur fur cet article eft remarquable, en ce qu'il applique la reftriction auffi bien à la premiere partie de l'article qu'à la feconde, de maniere que felon lui, le prêteur à la groffe pourroit ftipuler valablement qu'il ne feroit pas tenu, même des avaries groffes & communes, ce qui feroit détruire l'effence du contrat.

La contribution au rachat ne s'impute pas, *ipfò jure*, fur le capital donné à la groffe à l'effet de diminuer le profit maritime; l'imputation ne fe fait que du jour que le donneur a été mis en demeure de contribuer. Sentence de l'Amirauté de Marfeillle du 21 Janvier 1750, au rapport de M. Emerigon. Il en faut dire autant de la contribution qui doit avoir lieu dans les autres cas exprimés dans cet article.

ARTICLE XVII.

SEront toutefois en cas de naufrage, les contrats à la grosse réduits à la valeur des effets sauvés.

CEla s'entend de soi-même; en observant toutefois que si le preneur à la grosse avoit chargé des effets au-delà de la valeur de la somme par lui empruntée, il entreroit en répartition des effets sauvés concurremment avec le prêteur & à proportion de l'intérêt d'un chacun dans la chose, par les raisons qui vont être rapportées sur l'article qui suit.

ARTICLE XVIII.

S'Il y a contrat à la grosse & assurance sur un même chargement, le donneur sera préféré aux assureurs sur les effets sauvés du naufrage pour son capital seulement.

COmme par l'article 16 du titre suivant il est expressément défendu au preneur à la grosse, de faire assurer les deniers, ou les effets affectés au prêt, à peine de nullité de l'assurance & de punition corporelle, cet article ne peut naturellement s'entendre, s'il n'y a pas eu de la méprise dans sa formation ou rédaction, que d'un chargement dont une partie est affectée à un contrat de grosse, & l'autre partie est assurée.

Sur ce plan l'article, en cas de naufrage, préfére sur les effets sauvés le donneur à la grosse à l'assureur; & toute la grace qu'il fait à ce dernier, c'est que la préférence n'a lieu que pour le capital sans profit maritime.

La raison de cette préférence ne se présente point à l'esprit. Tout ce qu'on peut dire pour l'appuyer, c'est que la chose affectée au prêt à la grosse, est censée appartenir au prêteur jusqu'à concurrence de la somme, & que l'assureur n'est que caution. C'est encore que ce sont les deniers prêtés sur le navire qui l'ont mis en état de faire le voyage, ou ceux prêtés sur le chargement qui ont contribué à former la cargaison; avantage que ne donne pas la police d'assurance.

Cela seroit décisif, sans doute, s'il étoit permis au preneur à la grosse de faire assurer, & qu'il fût question d'une assurance faite sur les mêmes effets entierement affectés à la grosse : mais c'est toute autre chose dans l'espéce de cet article, où pour ne pas le mettre en contradiction avec le 16 du tit. suivant, (si encore un coup il n'y a pas eu de méprise,) il faut supposer, par exemple, un chargement de 20000 liv. dont une moitié est affectée à un contrat de grosse, & l'autre est assurée.

Si le Commentateur eût fait attention à cette hypothèse, il n'auroit pas trouvé juste la préférence donnée au prêteur sur l'assureur, ou du moins il auroit été fort embarrassé à la justifier; car enfin, si les deniers prêtés ont servi à completter le chargement des 20000 liv. ils ne l'ont pas formé en entier; ils n'y ont contribué que pour moitié. Ainsi, en considérant le prêteur comme propriétaire des effets achetés de ses deniers, ce ne peut être absolument que jusqu'à concurrence de cette même moitié.

Or, n'ayant que moitié dans ce chargement, sur quel principe lui attribuer tout ce qui sera sauvé du naufrage, si ce qui est sauvé ne compose que la moitié des effets qui ont formé le chargement total? peut-on dire alors que c'est sa chose qui est sauvée en entier, tandis qu'il n'avoit que moitié dans le chargement qui a essuyé le naufrage?

La condition du prêteur à la grosse peut-elle être différente & meilleure, lorsqu'il prête sur un chargement qui excéde de moitié sa somme, que lorsqu'il prête sur un chargement qui ne fait qu'égaler sa somme? Dans ce dernier cas, la perte qui arrivera par naufrage ou autre fortune de mer, tombera nécessairement sur lui, & dans le premier il ne perdra rien, si du naufrage on peut sauver de quoi remplir sa somme; en telle sorte qu'il renverra toute la perte sur l'autre moitié du chargement? Ne sent-on pas qu'il y auroit là une injustice criante?

Lorsqu'une chose périt, elle périt pour le compte de tous ceux qui y ont intérêt; & si l'on en sauve quelque portion, elle doit être distribuée entre eux tous à proportion de l'intérêt d'un chacun. Ainsi dans l'espéce proposée, le chargement ayant péri, ç'a été pour le compte commun du prêteur à la grosse & du preneur, puisqu'ils s'y étoient tous deux intéressés par moitié. Par identité de raison il faut donc dire que ce qui en a été sauvé doit se partager aussi par moitié entre eux.

Envain opposeroit-on, que le prêteur n'a pas entendu contracter de société ou communauté dans le chargement avec le preneur; que c'est un prêt qu'il lui a fait sur ce chargement, & qu'ainsi il faut le payer dès qu'il restera de ce chargement, malgré le naufrage, de quoi le satisfaire.

Afin que ce raisonnement fût valable, il faudroit que tout le chargement eût été fait des deniers du prêteur; & dans notre hypothèse ils n'y ont contribué que pour une moitié. Il y a donc eu par-là de plein droit une société & communauté entre lui & le preneur par rapport à cet objet; d'où il s'ensuit que la perte & le sauvement ont été nécessairement pour leur compte commun.

Pourquoi, encore une fois, les effets du chargement étant réduits à moitié par le naufrage, le prêteur ne perdroit-il rien, tandis que le preneur perdroit la moitié qu'il avoit dans le chargement? Seroit-ce parce qu'il auroit voulu courir les risques de sa moitié? Mais outre qu'à ce compte on ne pourroit pas assigner la perte sur sa moitié, plutôt que sur celle dont le prêteur a couru les risques; c'est qu'on ne voit nullement, pourquoi le preneur à la grosse seroit de pire condition en ce cas, que s'il avoit emprunté encore d'une autre personne de quoi remplir le montant du chargement. Alors tout étant affecté aux deux prêteurs à la grosse, la perte les regarderoit surement tous deux, & ce qui seroit sauvé du naufrage, leur appartiendroit aussi à tous deux.

Le même principe de décision s'applique naturellement à l'espéce, puisqu'il ne peut y avoir aucune raison de différence; le preneur qui a voulu courir les risques de la moitié du chargement, étant à l'égard du prêteur à la grosse sur l'autre moitié, ce que seroit un second prêteur à qui il auroit fait courir les risques de la moitié qu'il s'étoit réservée.

Or, si tout cela est vrai du preneur au donneur à la grosse, cela l'est tout de même entre le prêteur & l'assureur du preneur, puisqu'il n'est pas douteux que l'assureur n'entre dans tous les droits de l'assuré, à l'effet d'exercer les mêmes actions & de former les mêmes exceptions que l'assuré.

Cet article ne doit donc pas être pris à la lettre pour l'espéce que je viens d'établir. Il seroit alors contre les principes aussi bien que contre toute justice, de préférer le prêteur à la groſſe à l'aſſureur, dans un temps qu'ils ſont tous deux co-propriétaires de la choſe ; l'un à cauſe de ſon prêt, l'autre à raiſon de ſon aſſurance qui le met au lieu & place du preneur.

Si l'on veut, au reſte, faire abſtraction de toute idée de co-propriété, il y aura lieu de conſidérer le prêteur à la groſſe comme un aſſureur, & il n'eſt que cela en effet à le bien prendre, à cela près que la prime qu'il ſtipule eſt plus forte, en conſidération de l'avance qu'il fait de ſon argent. Or, entre aſſureurs, nulle préférence. Et afin que l'on comprenne tout d'un coup que la déciſion de notre double queſtion entre le preneur & le prêteur, & ce dernier avec l'aſſureur, doit abſolument être la même ; il n'y a qu'à obſerver que de même que l'aſſureur repréſente le chargeur aſſuré, de même le preneur, chargeur au-delà du prêt à la groſſe, repréſente un aſſureur ou un autre prêteur à la groſſe, dès le moment qu'il court le riſque de cet excédant ; parce qu'alors il devient ſon propre aſſureur, ou bien c'eſt tout comme s'il ſe prêtoit à lui-même la ſomme dont il prend les riſques ſur lui.

En faiſant décider le contraire à notre article, c'eſt-à-dire, que dans tous les cas, le donneur à la groſſe doit être préféré à l'aſſureur, ſans conſidérer ſi le chargement a excédé ou non la ſomme priſe à la groſſe, ce ſeroit donc, encore une fois, lui faire porter une déciſion incompatible avec les principes & les régles de la juſtice.

C'eſt pourquoi afin d'éviter un tel inconvénient, je voudrois le reſtreindre à l'eſpèce que voici.

Le preneur à la groſſe n'a chargé que les effets achetés des deniers par lui empruntés à cette fin. Dans la ſuite il a appris que ſes marchandiſes ont été vendues au lieu de leur deſtination, un prix ſi avantageux, qu'elles ont donné un profit conſidérable. Sur les effets chargés en retour, & dont la valeur excéde la ſomme priſe à la groſſe, il juge à propos de faire aſſurer juſqu'à concurrence de cet excédant. Cette aſſurance eſt licite ſans difficulté, comme n'ayant rien de contraire aux défenſes portées par l'art. 16 du titre ſuivant.

Ceci préſuppoſé, le navire fait naufrage au retour, & il ſe trouve que les marchandiſes ſauvées, ſont avariées de maniere qu'il n'y a pas de quoi remplir le prêt à la groſſe & le montant de l'aſſurance. Dans cette hypothèſe, à la bonne heure, qu'aux termes de notre article, le donneur à la groſſe doive être préféré à l'aſſureur, ſur le prix des effets ſauvés : & la raiſon en eſt plauſible, puiſque tous ces effets proviennent directement de la ſomme par lui prêtée à la groſſe, au moyen de quoi nul n'en peut profiter à ſon préjudice ; encore cela ne ſeroit-il pas ſans queſtion ceſſant la diſpoſition de nòtre article.

Mais auſſi, la préférence ne lui eſt duë que pour ſon capital ſeulement, attendu que la circonſtance du naufrage ne permet pas de dire que les effets ſont arrivés à bon port : il doit même s'eſtimer trop heureux de ce qu'il y a aſſez d'effets ſauvés pour le remplir de ſon capital.

Voilà une façon d'interpréter notre article, qui le concilie avec l'équité & la droite raiſon ; au lieu que ce ſeroit toute autre choſe, ſi l'on en concluoit que le donneur à la groſſe devroit être préféré tout de même quoique le chargement primitif excédât de beaucoup la ſomme empruntée à la groſſe.

Cette interprétation étant toute nouvelle, quelque naturelle qu'elle m'ait paru, après y avoir longtemps réfléchi, j'ai bien compris qu'elle ne paſſeroit pas ſans contradiction. C'eſt ce qui m'a engagé à la communiquer à pluſieurs perſonnes verſées dans la connoiſſance & la pratique des contrats maritimes.

De ces perſonnes, les unes l'ont approuvée ſans héſiter ; les autres l'ont trouvée conforme au droit commun & à la raiſon ; mais en même temps elle leur a paru haſardée contre les termes de notre article, qui ſelon eux ne ſouffrent aucune modification ni reſtriction.

Je n'avois garde de manquer dans cette occaſion, de conſulter ſur un point auſſi intéreſſant, M. Emerigon, célébre Avocat du Parlement d'Aix, & Conſeiller à l'Amirauté de Marſeille ; je n'avois garde, dis-je, d'oublier ce ſavant Juriſconſulte, qui m'a fourni, avec une générosité peut-être ſans exemple, des ſecours ſi abondans pour cet ouvrage, qu'à proprement parler, c'eſt autant le ſien que le mien, ſurtout pour la partie de la Juriſprudence. J'en fais l'aveu avec une ſatisfaction qui répond à la vive reconnoiſſance que je lui dois & qui durera autant que ma vie.

Par malheur il n'a pu ſe réſoudre à être de mon ſentiment, & c'eſt à regret, que ne croyant pas devoir changer, je me vois obligé de combattre les objections qu'il m'a faites, approuvées par ſes confreres Mrs. les Officiers de l'Amirauté de Marſeille. Ces objections les voici.

» Le principe eſt que par le moyen de l'abandon, l'aſſureur eſt mis à la place » de l'aſſuré ; il le repréſente, & il n'a pas plus de droit que lui ſur les effets ſauvés. » *Aſſecurator reſpectu, aſſecurati non poteſt dici tertius, eum repreſentat.* Caſa Regis, » *diſc.* 10, n. 39 & ſuiv.

» Or, l'aſſuré, (reſpectivement preneur) ne pourroit pas venir en concours avec » le donneur, ſuivant la régle du droit qui nous apprend, *que le créancier & le débiteur ne viennent jamais en concours*, & que le créancier eſt préféré même à celui qui » a été ſubrogé à ſon hypothéque, pour la partie du prix déjà payée.

» Donc que l'aſſureur qui eſt ſimplement ſubrogé à l'aſſuré, qui tient ſa place & » qui le repréſente, ne doit point venir en concours avec le donneur qui eſt un » créancier qui ne peut être privé de ſa créance que par la perte de la choſe.

» Il y a plus, les deniers donnés à la groſſe, donnent l'être à la choſe, & ſont » infiniment plus favorables que l'aſſurance, *quæ eſt ſimplex aſſumptio periculi.* Ainſi, » le donneur trouvant des effets ſauvés du naufrage, qui forment en quelque maniere » ſon propre bien, doit être préféré à l'aſſureur, lequel ne peut toucher aux effets » qu'en vertu de l'abandon & comme repréſentant l'aſſuré.

» En un mot, la loi l'a établi de la ſorte, peut-être encore parce que le contrat à » la groſſe eſt infiniment plus utile au commerce que la ſimple aſſurance.

Telles ſont les raiſons dont M. Emerigon me fit part dans ſa lettre du 5 Juillet 1755. J'y répondis ſans différer le 22 du même mois en ces termes.

» J'ai ſi bien compris, Monſieur, que l'aſſureur n'avoit pas plus de droit que » l'aſſuré, que j'ai ſoutenu que le droit du preneur à la groſſe, ſeroit le même, quand » il n'auroit pas fait aſſurer, en conſidérant alors le preneur, comme étant ſon propre aſſureur.

Le créancier & le débiteur, dites-vous, Monſieur, ne viennent jamais en concours, & le créancier eſt préféré même pour le reſte de ſon dû, à un tiers qui lui en a payé une partie quoique avec ſubrogation.

» Cela eſt vrai, *in eodem ſubjecto*, à moins que le créancier n'ait conſenti vo- » lontairement la ſubrogation ſans réſerve de préférence. Mais cela n'a pas d'ap- » plication à l'eſpéce, où il s'agit d'un prêt à la groſſe, ſur un chargement plus » conſidérable que la ſomme empruntée, & d'un navire qui a fait naufrage. *Alors* » *toute idée de créancier & de debiteur en concours, s'évanouit, & ſauve qui peut.* Le

» prêt à la grosse n'a plus d'effet que pour donner droit au prêteur de réclamer » les effets assujettis à son contrat & jusqu'à concurrence seulement.

» Or, dans l'espéce proposée d'un chargement de 20000 liv. sur lequel il n'y a » qu'une somme de 10000 liv. prise à la grosse, peut-on supposer que les 20000 liv. » en entier soient affectées au prêt & que ce prêt *ait donné l'être à la chose*, de » maniere que le prêteur soit fondé à dire que les 20000 liv. sont *son propre bien* ? » Cela n'est vrai réellement, ou par fiction, que jusqu'à concurrence de sa somme » de 10000 liv. C'est donc le cas de ne l'admettre à réclamer les effets sauvés de » ce chargement de 20000 liv. que pour moitié, puisque ce n'est que cette moitié » qui est censée lui appartenir, & que l'autre moitié ne lui doit rien. Autrement » il s'ensuivroit, que si du naufrage on sauvoit la moitié du chargement, il ne » supporteroit aucune portion de la perte contre la nature de son contrat qui le » soumet aux risques & périls de la mer.

» Pourquoi seroit-il de meilleure condition dans l'espéce que si le chargeur eût » emprunté à la grosse, sur le même chargement, une autre somme de 10000 liv. » pour ne courir aucun risque ? Dans ce cas la contribution sur les effets sauvés » du naufrage feroit-elle aucune difficulté entre les deux donneurs à la grosse ? or » que le chargeur, au lieu d'obliger à la grosse cette autre moitié du chargement, » l'ait fait assurer, ou qu'il en ait pris les risques sur lui, n'est-ce pas la même » chose ?

» L'article de l'Ordonnance qui donne la préférence au prêteur à la grosse ne » seroit donc pas réfléchi, s'il falloit appliquer sa disposition à un chargement plus » considérable que le prêt ; car enfin, ce prêteur n'a aucun droit acquis sur la por- » tion excédante ; autrement l'emprunteur seroit bien mal avisé, s'il chargeoit au- » delà de la valeur de la somme, puisque dans ce cas tout le péril seroit pour lui » à la décharge du donneur à la grosse.

» Vous voyez, M. qu'il n'est plus même question ici de l'assureur en concours avec » le prêteur à la grosse. Que sera-ce donc si l'on fait attention à la faveur que mérite » le Contrat d'Assurance ? L'Ordonnance a décidé que le donneur à la grosse étoit » préférable à l'assureur : mais est-ce dans l'espece proposée ? En tout cas, c'est ce » dont je me plains d'autant plus que le Contrat de grosse, loin d'être aussi utile » au commerce que l'assurance, en est au contraire la ruine. Aussi quand nous » voyons ici un Armateur prendre fréquemment de l'argent à la grosse, nous en con- » cluons qu'il est près de manquer ; parce qu'en effet les profits maritimes doivent » l'écraser. Au lieu que l'assurance, dont la prime n'est rien en comparaison, prime » encore qu'il ne paye qu'au retour du navire, est une précaution de sa part qui » annonce qu'il fait son commerce avec prudence & sagesse.

» L'assurance, *est simplex assumptio periculi* ; mais le prêt à la grosse est-il au- » tre chose de sa nature ? La différence que je trouve entre les deux contrats, est » que sans assurance on ne sauroit entreprendre un grand commerce, & qu'avec » le prêt à la grosse on ne sauroit le continuer deux ou trois ans ; parce que l'in- » térêt maritime enléve nécessairement tous les profits, & le plus souvent entame » le capital.

Je finissois en demandant à M. Emerigon, s'il avoit d'autres objections à me pro- poser, attendu que c'étoit-là un point d'une extrême conséquence, & qui méritoit un éclaircissement entier.

Il me répondit par sa lettre du 10 Septembre suivant, » qu'ayant proposé la ques-

» tion au Tribunal de l'Amirauté, l'avis unanime avoit été que notre article XVIII » avoit eu pour fondement unique la faveur du commerce ; que c'eſt l'argent don- » né à la groſſe qui procure les armemens & les chargemens, & qui facilite la na- » vigation ; que c'eſt la raiſon pour laquelle on a donné à de pareils Contrats un » ſi grand privilége. « Il ajoutoit que tous mes raiſonnemens avoient paru exacte-ment conformes au droit commun ; mais que les loix maritimes ont des principes particuliers, ſuivant cette réponſe de l'Empereur Antonin, *ego quidem mundi Dominus, ſed lex maris.*

C'eſt au Public à juger maintenant ſi j'ai eu tort ou non, de ne pas me rendre à cette ſolution.

Je ne parle point de l'Anonyme qui, dans le Mercure de France du mois d'Août 1756, pag. 121, a cru pareillement qu'il falloit prendre notre article à la lettre, parce que les raiſons qu'il donne pour appuyer ſon avis, n'ajoutent rien, & ſont même fort inférieures aux objections ci-deſſus.

Je ne parle point non plus de celui qui, dans un précédent Mercure, avoit feint de croire qu'il pouvoit y avoir une faute d'impreſſion par rapport à cet article, dans les exemplaires qu'il avoit vus ; parce qu'il n'eſt que trop vrai que tous les exemplaires s'accordent en cette partie. Il ne préſentoit ce doute que pour faire faire des réflexions ſur notre article, dont il ne pouvoit pas plus que moi goûter la déciſion, priſe au moins à la rigueur.

TITRE

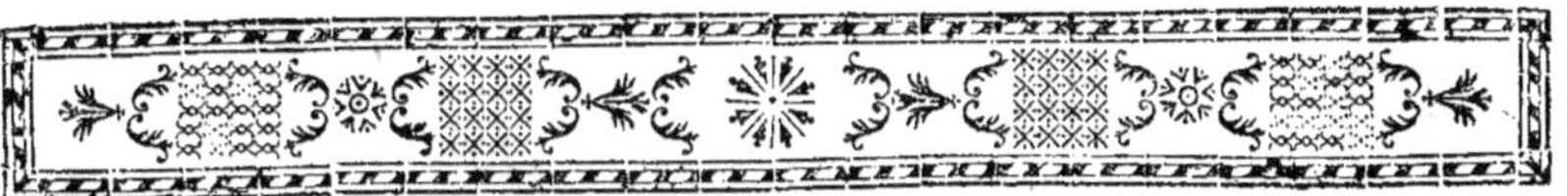

TITRE VI.

DES ASSURANCES.

Les Loix Romaines, comprises sous les titres *de Trajectitia pecunia & de nautico fœnore*, sont applicables au Contrat d'assurance, tout comme au Contrat de prêt à la grosse; puisque tous deux dérivent du même principe, & ont pour base le péril que prennent respectivement sur eux l'assureur & le prêteur.

Aussi la glosse sur la loi, *nihil interest*, 4. *ff. de nautico fœnore*, a-t-elle adapté cette loi au Contrat d'assurance, & Dumoulin, *de usuris*, *n. 93 & 97*, s'y est conformé, après avoir établi la différence qu'il y a entre l'assurance & la gageure.

L'assurance, dit-il, se fait entre le marchand à qui appartient la chose assurée, & l'étranger qui n'ayant aucun intérêt à la propriété & conservation de la chose, en prend néanmoins sur lui le péril; au lieu que la gageure se fait entre deux étrangers, qui n'ont ni l'un ni l'autre aucun intérêt à la chose.

Les Docteurs se sont beaucoup fatigués dans la recherche de la nature de ce Contrat; ils ont demandé à ce sujet, tour à tour, *an sit sponsio*, *an contractus qui re constet*, *an stipulatio*, *an fidejussio*, *an litterarum obligatio*, *an venditio*, *an locatio*, *an societas*, *an mandatum*, *an contractus innominatus vel nominatus?* Mais tout cela est inutile & de pure subtilité. Il suffit de savoir que l'assurance maritime est un Contrat, par lequel un particulier, ou une compagnie, promet à celui qui a un intérêt dans un vaisseau ou dans son chargement, de le garantir de toutes les pertes & dommages qui arriveront, par cas fortuit & fortune de mer, au navire ou au chargement, pendant le voyage, ou durant le temps des risques, moyennant une somme qui doit lui être payée par l'assuré. Loccenius, *de Jure maritimo, lib.* 2. *cap.* 5. *n.* 4 *&* 5, *fol.* 169. Stypmannus, *ad jus maritimum*, *part.* 4. *cap.* 7. *n.* 262. *fol.* 453. Straccha, *de ass. in proëmio*, *fol.* 11. *n.* 46. Bornier, sur l'art. VII. tit. XII. de l'Ordonnance de 1673; en un mot tous les Auteurs qui en ont parlé.

On dit l'assurance maritime, parce qu'il ne doit être ici question que de celle-là, & nullement de celle qui se fait pour les voyages par terre, ou pour garantir les propriétaires de maisons du danger du feu & des autres accidens, comme on le pratique en Angleterre; & comme se propose de le faire la Compagnie d'assurance nouvellement établie à Paris, suivant son Réglement du 29 Mars 1754. Il y a aussi de pareilles Compagnies d'assurances dans les Duchés de Lunebourg, de Zell, de Brême & de Verden. Journal Historique du mois de Mars 1755, pag. 218.

Ce contrat d'assurance maritime, qui des Italiens a passé chez les Espagnols & ensuite en Hollande, au sentiment de Stypmannus, *loc. cit. part.* 4, *cap.* 7. *n.* 9. *& seq. fol.* 438; de Cleirac sur l'art. premier, chap. premier du Guidon, pag. 218, & de quantité d'autres Auteurs, est maintenant en usage chez toutes les Nations commerçantes ; & il eſt ſi favorable que, ſans ſon ſecours, le commerce par mer ne ſauroit ſe ſoutenir. Il ne ſeroit pas naturel en effet qu'un Armateur riſquât toute ſa fortune & même celle d'autrui ; ſans compter qu'il ne pourroit alors faire naviger que très-peu de navires ; au lieu qu'au moyen de l'Aſſurance qui ſe diſtribue ordinairement entre un grand nombre de perſonnes, il eſt en état de faire de grandes entrepriſes ſous le cautionnement de ſes aſſureurs, qui ſe dédommagent des pertes qu'ils eſſuient de temps à autre, par les primes qu'ils gagnent ſur les vaiſſeaux qui arrivent à bon port.

Feu le Sieur Montaudoin de Nantes avoit entrepris un grand ouvrage ſur les aſſurances maritimes & les avaries. Mercure de France, Décembre 1752, ſecond volume, pag. 46 & 47. Ce célébre Négociant étoit effectivement très-habile, & avoit de grandes vues de commerce ; mais il ſe livroit quelquefois à des idées ſingulieres, auxquelles il ne tenoit pas néanmoins dès qu'on lui en faiſoit appercevoir l'illuſion ou le danger.

ARTICLE PREMIER.

PErmettons *à tous nos Sujets*, même aux Etrangers, d'aſſurer & faire aſſurer, *dans l'étendue de notre Royaume*, les navires, marchandiſes & autres effets qui ſeront tranſportés par mer & rivieres navigables ; & aux aſſureurs *de ſtipuler un prix* pour lequel ils prendront le péril ſur eux.

PErmettons à tous nos Sujets, nobles & roturiers ; ſauf les Eccléſiaſtiques, parce que tout commerce leur eſt interdit. Voyez *ſuprà* l'article premier, tit. VIII du liv. II.

Par la raiſon que ce Contrat eſt de toutes les Nations, & qu'il eſt extrêmement favorable, le Commentateur, qui a puiſé une bonne partie de ſes obſervations ſur cet article dans le Guidon de la Mer, art. prem. pag. 218 aux notes, s'eſt trompé en prenant à la lettre ces mots, *dans l'étendue de notre Royaume*, pour en conclure que l'aſſurance doit ſe faire réellement dans l'étendue du Royaume, & non dans les pays étrangers. La vérité eſt au contraire, & l'expérience conſtante des dernieres guerres l'a confirmée, que les aſſurances peuvent ſe faire au profit des François, par toutes ſortes de perſonnes étrangeres ou regnicoles, & auſſi-bien en pays étranger que dans le Royaume ; même chez ceux avec leſquels on eſt en guerre. Et, parce que dans le commerce maritime tout doit être réciproque, il n'eſt pas douteux non plus que les François ne puiſſent auſſi valablement aſſurer des étrangers qu'ils s'en font aſſurer ; pourvu néanmoins que ce ne ſoit pas, en temps de guerre, les ennemis de l'Etat. Il eſt pourtant vrai qu'ils aſſurent très-rarement les étrangers.

De ſtipuler un prix. Ce prix s'appelle prime, parce que naturellement elle doit ſe payer d'avance ; & cela ſe pratique le plus communément en Angleterre. Mais en France, elle ne ſe paye en général qu'au retour du navire, ou après qu'elle eſt gagnée par la ceſſation des riſques. Il y a pourtant quelques places maritimes, comme Rouen & Marſeille, où, ſans convention contraire, la prime ſe paye effectivement d'avance, ſoit en argent, ſoit en billets, qu'on appelle billets de prime, & qui ſont de la compétence de l'Amirauté, comme étant la suite d'un Contrat maritime. Voyez *suprà*, tit. de la Compétence.

A Rouen cet usage est ancien, comme il résulte de l'article XVI, chap. XV du Guidon. Dès-lors l'étranger de la ville devoit payer comptant la prime, où donner caution, ou faire son billet, souscrit par un habitant de la ville, pour sûreté du payement. A l'égard de la ville de Marseille, voyez *infrà* l'art. VI.

Au surplus, la prime est toujours acquise à l'assureur, quoiqu'il arrive; de maniere qu'en cas de perte, il la déduit sur la somme qu'il a assurée : & c'est principalement en quoi l'assurance différe du Contrat de prêt à la grosse, où le prêteur, en cas de perte totale de la chose affectée au prêt, n'a absolument rien à prétendre pour les risques qu'il a courus. Mais aussi le navire arrivant à bon port, le profit maritime qu'il retire, est d'une toute autre conséquence que la prime acquise à l'assureur.

Pour ce qui est du taux de la prime, il dépend absolument de la convention, eu égard à la nature & à la longueur des risques. Puffendorf, Traité du droit de la nature & des gens, liv. V, ch. IX, §. VIII.

Dans la précédente guerre nous l'avons vu monter jusqu'à quarante-cinq & cinquante pour cent; & dans celle-ci, il semble que les assureurs ne veulent pas s'en contenter. Durant la paix, pour un voyage de Saint-Domingue, allant & venant, le prix commun, qui est la règle que Grotius veut que l'on suive, *Tractat. de Jure Belli & Pacis, lib. 2, cap. 12, §. 23*, est de sept, huit ou neuf pour cent, suivant que les navires partent ou retournent en hiver ou en été. Mais enfin, je le répéte, c'est la convention qui en décide, & on se règle toujours sur le plus ou le moins de risques.

Il est a observer, que lorsqu'un étranger assure un François, l'assurance doit être réglée par les dispositions de notre Ordonnance. Argument de cet article & du vingt-neuviéme des Assurances d'Amsterdam, dans Cleirac, pag. 373. C'est une maxime; mais les Anglois ne l'adoptent qu'autant que notre loi leur est plus favorable que la leur : & comme ils n'assurent jamais que la prime ne leur soit payée d'avance, & qu'ainsi n'ayant à plaider qu'en défendant, il faut se pourvoir contr'eux dans leur pays; ils se prévalent alors de leurs loix, lorsqu'ils y trouvent leur avantage, & il y a nécessité d'en passer par-là.

ARTICLE II.

LE Contrat appellé Police d'Assurance *sera rédigé par écrit*, & pourra être fait sous signature privée.

LE Commentateur, qui a encore pris dans le Guidon de la Mer, chap. premier, art. 2, ce qu'il observe en général sur cet article, conclut de ces mots, *sera rédigé par écrit*, que l'assurance doit être par écrit, à peine de nullité, & que la preuve par témoins ne seroit pas recevable, quand même il s'agiroit d'une somme au-dessous de 100 liv.

Il a tout de même rejetté la preuve testimoniale, en fait de prêt à la grosse, sur l'art. premier du tit. précédent, où son avis a été combattu. Ici l'on pense qu'il s'est également trompé, quoique cet article dise positivement, *sera rédigé par écrit*; au lieu que l'autre, parlant des contrats à la grosse, déclare simplement, *pourront être faits* : car enfin l'article n'ajoutant pas, à peine de nullité, l'on ne peut pas l'y suppléer. Ainsi nul doute, conformément au droit commun, que la preuve d'une convention d'assurance, aussi-bien que d'un prêt à la grosse, ne soit recevable par témoins, s'il s'agit d'une somme de 100 liv. & au-dessous.

A quelque somme même qu'elle puisse monter, l'allégation en est recevable; & celui à qui la convention est opposée ne peut s'en défendre qu'en affirmant par serment qu'il ne l'a pas faite : ce qui exclut par conséquent toute idée de nullité, & prouve que l'écriture n'est nécessaire en pareil cas, que pour constater la réalité des conventions, contre ceux qui pourroient avoir la mauvaise foi de les nier.

Aussi, anciennement beaucoup d'assurances se faisoient-elles sans écrit, & à cause de cela on les appelloit assurances *en confiance*, parce que, dit Cleirac, chap. premier, des Contrats maritimes, article 2, pag. 224, celui qui stipuloit l'assurance, » *se confioit en la bonne foi & prud'hommie de son assureur*, supposant qu'il l'écrivoit » sur son livre de raison : mais, ajoute-t-il, les abus & différents qui résultoient » de cet usage, le firent abolir, & l'on a même exigé depuis que les assurances fussent » faites, ou pardevant Notaires, ou par le ministere d'un Greffier des Polices d'Assurances. «

C'est sans doute par ces motifs que, par Edit du mois de Décembre 1657, furent créés deux Offices de Notaires-Greffiers des Assurances, en chacun des Siéges d'Amirauté du Royaume, avec privilége exclusif, en faveur de ces Greffiers, de recevoir & passer tous Contrats maritimes, Polices d'assurances & de chargemens, Charte-parties, Affrétemens, Obligations de grosse aventure, & de tenir Registre & Contrôle des Connoissemens sous signature privée.

Mais le préjudice que le commerce auroit reçu de cet établissement, s'il eût eu lieu, empêcha l'exécution de cet Edit, qui pourtant ne paroît pas avoir été révoqué autrement que par les dispositions contraires de la présente Ordonnance. Cet article, par exemple, y déroge au sujet des assurances, puisqu'il permet de les faire sous signature privée.

Pour le bien public & la plus prompte expédition, il y a eu de tout temps, dans chaque ville où l'on est dans l'usage d'assurer, des modèles imprimés de Polices d'assurances, contenant les clauses les plus usitées en général, ou dans le lieu; de sorte qu'il n'y a qu'à ajouter dans le blanc les clauses extraordinaires.

Cette pratique très-ancienne avoit toujours été reconnue si utile, que personne n'avoit eu garde de s'en plaindre. Mais les Parisiens s'étant mis, depuis quelques années, dans le goût d'assurer, & plusieurs d'entr'eux n'entendant rien à la matiere des assurances, ils se sont élevés, tantôt contre une clause, tantôt contre une autre : là sous prétexte d'ambiguité dans les termes; là parce que telle clause n'étoit pas écrite à la main, quoiqu'on dût mieux la connoître, étant dans le modele imprimé.

Jusques-là néanmoins il n'y avoit pas grand mal : mais il est arrivé que l'Amirauté de France, au Siége général de la Table de Marbre du Palais à Paris, sensible à ces clameurs, a rendu deux Sentences, l'une le 7 Décembre 1757, l'autre le 19 Janvier 1759, par lesquelles, entre autres choses, elle a proscrit l'usage des Polices imprimées. Voyez *infrà* l'art. 20 *in fine*.

Au surplus, que le contrat d'assurance soit fait pardevant Notaires ou autres personnes publiques, ou par sous seing privé, il est également exempt du droit de contrôle, en faveur du commerce, aux termes de l'Arrêt du Conseil du 12 Août 1752, qui suit.

ARREST DU CONSEIL D'ÉTAT DU ROI,

Concernant le Controlle des Contrats & Polices d'Assurance.

Du 12 Août 1732.

Extrait des Registres du Conseil d'État.

LE ROI s'étant fait représenter, en son Conseil, les différens Mémoires remis par les Echevins & députés du Commerce de la Ville de Marseille, les Sindics des Courtiers Royaux de change, & par le Collége des Notaires Royaux de la même Ville; contenant que les Polices d'assurance, quoique comprises dans les Tarifs du Controlle, en avoient cependant été réellement dispensées par l'usage, jusqu'en l'année 1726, que les Sous-fermiers ont voulu les y assujettir; que cette nouveauté a entierement fait tomber ce commerce, qui étoit autrefois fort considerable, les Négocians ayant pris le parti de faire assurer dans les pays étrangers, de sorte que les Sous-fermiers n'ont tiré aucun avantage de cette tentative: Et Sa Majesté voulant de plus en plus donner des marques de la protection qu'elle accorde au commerce, en lui laissant toute la liberté qui lui est nécessaire. Oui le Rapport du Sieur Orry Conseiller d'Etat, & ordinaire au Conseil Royal, Controlleur général des Finances; le Roi étant en son Conseil, a ordonné & ordonne, qu'à commencer du jour de la publication du présent Arrêt, les contrats & polices d'assurance, soit qu'elles soient passées pardevant les Notaires royaux, censaux, courtiers, agens de change, Greffiers des Amirautés & des Jurisdictions consulaires, ou autres qui sont dans l'usage de les recevoir, soit qu'elles soient faites sous signatures privées, ne seront plus sujettes à la formalité ni au payement des droits de controlle des actes, dont Sa Majesté les a dispensées, dérogeant à cet effet à tous Réglemens à ce contraires. Enjoint Sa Majesté aux Sieurs Intendans & Commissaires départis dans les Provinces & Généralités du Royaume, de tenir la main à l'éxécution du présent Arrêt, sur lequel toutes Lettres nécessaires seront expédiées. Fait au Conseil d'Etat du Roi, Sa Majesté y étant, tenu à Marly le douziéme jour d'Août mil sept cent trente-deux. *Signé* PHELYPEAUX.

ARTICLE III.

LA Police contiendra le nom & le domicile de celui qui se fait assurer, *sa qualité de propriétaire ou de commissionnaire*, *les effets sur lesquels l'assurance sera faite*, le nom du navire & du maître, celui du lieu où les marchandises *auront été ou devront être chargées*, du havre d'où le vaisseau devra partir ou sera parti, des ports où il devra charger & décharger, & de tous ceux où il devra entrer, le temps auquel les risques commenceront & finiront, les sommes qu'on entend assurer, *la prime ou coût de l'assurance*, *la soumission des Parties aux arbitres*, en cas de contestation, *& généralement toutes les autres conditions* dont elles voudront convenir.

TOut ce qui est prescrit par cet article est extrêmement juste, pour prévenir les surprises qui pourroient être faites aux assureurs & les contestations qui pourroient s'élever au sujet des véritables clauses & conditions de l'assurance.

Aussi tout cela s'observoit-il long-temps avant cette Ordonnance, comme il résulte du Guidon de la Mer, ch. 2, des Contrats maritimes, art. premier, & de l'art.

3 des Assurances d'Amsterdam; de sorte qu'en cette partie, l'Ordonnance n'a fait que donner force de loi à cette ancienne pratique, tirée des us & coutumes de la mer, qui est du droit commun des nations. Stypmannus, *ad jus maritimum, part. 4, cap. 7, n. 388 & seq. fol. 462.* Kuricke, *Diatrib. de assec. fol. 833.*

Ce que l'on trouve de plus dans le Guidon, c'est qu'il exige qu'il soit marqué dans la Police d'Assurance, si la marchandise sera portée à terre par le navire, ou par des alléges; parce que cela fait une différence pour les risques. Mais notre article y a suffisamment pourvu par ces mots, *le temps auquel les risques commenceront & finiront*; en conséquence desquels, l'usage est de spécifier exactement dans les Polices d'assurances, que les risques ne finiront qu'à l'entiere décharge des marchandises à quai, relativement à l'art. 13 du tit. précédent.

Au surplus, l'intention de l'Ordonnance, en exigeant que la Police contienne, *le nom & le domicile de celui qui se fait assurer, ... les effets sur lesquels l'assurance sera faite, ... le nom du navire, du lieu où les marchandises seront chargées & déchargées*, est encore de connoître en temps de guerre, si malgré l'interdiction de commerce qu'emporte toujours toute déclaration de guerre, les Sujets du Roi ne font point commerce avec les ennemis de l'Etat, ou avec des amis ou alliés, par l'interposition desquels on feroit passer aux ennemis des munitions de guerre & de bouche, ou d'autres effets prohibés : car tout cela étant défendu, comme préjudiciable à l'Etat, seroit sujet à confiscation, & à être déclaré de bonne prise, étant trouvé, soit sur les navires de la nation, soit sur ceux des amis & alliés, comme il sera observé sur le titre des Prises.

Cette interdiction de commerce avec les ennemis, comprend aussi de plein droit la défense d'assurer les effets qui leur appartiennent, qu'ils soient chargés sur leurs propres vaisseaux, ou sur des navires amis, alliés ou neutres. Car assurer les effets de l'ennemi, ou les lui envoyer directement ou indirectement, c'est au fond la même chose. Il est vrai que la loi 11, *ff. de publicanis*, que l'on cite à ce sujet, ne parle que des munitions de guerre & de bouche, qu'il est défendu de nature de chose de faire passer à l'ennemi : mais l'Ordonnance de 1543, art. 42, & celle de 1584, art. 69, que l'on cite aussi, proscrivent absolument tout commerce direct ou indirect avec les ennemis, aussi-bien que le transport que les navires amis ou neutres pourroient faire de munitions de guerre aux ennemis.

Cependant la conduite que les Anglois ont tenue avec nous dans la précédente guerre, a fait voir qu'ils ne regardoient pas l'assurance comme nécessairement comprise dans l'interdiction de commerce, puisqu'ils assuroient constamment nos vaisseaux & leur chargement, comme en temps de paix; qu'ils fussent destinés pour nos colonies, pour quelqu'autre port de France, ou pour des pays amis ou neutres. Cela n'empêchoit pas, à la vérité, que les navires étant pris ne fussent déclarés de bonne prise : mais il arrivoit de-là qu'une partie de la nation nous rendoit, par l'effet de l'assurance, ce que l'autre nous prenoit par le droit de la guerre.

Sa qualité de propriétaire ou de commissionnaire. Tous ceux qui se font assurer n'agissent pas toujours par eux-mêmes; ils se servent assez souvent de commissionnaires.

La régle du mandat est que le commissionnaire doit se renfermer exactement dans les termes du pouvoir qui lui est donné : mais sous prétexte qu'un commissionnaire n'aura eu ordre d'assurer qu'à *tant* de prime, s'il a excédé, l'assurance ne sera pas nulle pour cela ; ce qui arrivera seulement, c'est que l'excédant de la prime demeurera pour son compte, l'assurance tenant pour le surplus contre celui qui a donné l'ordre de faire assurer

C'est ce qui a été jugé à l'Amirauté de cette ville de la Rochelle, par Sentence du 7 Septembre 1754, entre le Sieur Lemoine, Négociant à Rouen, & le Sieur Jacques Bonneau, Négociant de cette ville.

Celui-ci avoit donné ordre au Sieur Lemoine de faire assurer à Rouen une somme 50000 liv. sur son navire la Reine Esther, dont il étoit fort inquiet, avec déclaration qu'il souhaitoit que la prime ne passât pas trois pour cent.

Le Sieur Lemoine n'ayant pu trouver à faire assurer à ce prix, & voyant de quelle conséquence il étoit pour le Sieur Bonneau que l'assurance fût faite, attendu que le navire étoit parti de Saint-Domingue depuis fort long-temps, crut devoir consentir la prime à trois un quart pour cent.

Immédiatement après cette assurance, le Sieur Bonneau ayant eu avis que son navire étoit arrivé, manda au Sieur Lemoine de ne pas faire assurer; mais il n'étoit plus temps.

Sous prétexte que le Sieur Lemoine avoit passé ses ordres, le Sieur Bonneau lui refusa le remboursement de toute prime; ce qui obligea le Sieur Lemoine de se pourvoir en Justice contre lui.

Ex bono & æquo. Ne s'agissant que d'un quart pour cent, on auroit pu condamner le Sieur Bonneau au payement indistinctement; parce qu'il est toujours permis, dans l'usage du commerce, aux commissionnaires d'aller un peu au-delà de leurs ordres, lorsqu'ils ne sont pas précis & absolus : mais pour plus de régularité, & pour éviter un appel, la Sentence ne le condamna qu'aux trois pour cent.

Une autre obligation du commissionnaire, est de faire attention à l'état de la fortune des assureurs, l'ordre de faire assurer supposant de nature de chose que le mandataire ne fera choix que d'assureurs d'une solvabilité connue, & d'une réputation entiere. S'il en usoit autrement, il se rendroit responsable envers son commettant de l'insolvabilité des assureurs; il en seroit garant de plein droit envers lui, comme présumé les avoir choisis de mauvaise foi, pour peu qu'il y eût preuve que leur dérangement lui étoit connu.

Mais les assureurs faisant leur commerce à l'ordinaire, & étant en plein crédit, lors de la signature de la police, leur insolvabilité survenant ensuite, n'oblige le commissionnaire qui a stipulé l'assurance de bonne foi, à rien autre chose qu'à en donner avis à son commettant, & à faire résilier la police d'assurance, si les choses sont encore entieres, c'est-à-dire si les risques sont censés durer encore. Après quoi, c'est à lui à attendre les ordres de son commettant pour sçavoir s'il veut faire faire une nouvelle assurance ou non; car je ne pense pas qu'il puisse de son chef faire assurer de nouveau pour son commettant; l'ordre de faire assurer n'emportant nullement de droit, celui de faire faire une seconde assurance si la premiere se trouve caduque & sans effet. Il n'y auroit en tout cas d'exception à faire par équité, qu'autant que la premiere assurance auroit été promptement annullée & que la seconde seroit au même prix. C'est ce que j'ai répondu le 12 Décembre 1757, à l'occasion d'un parère présenté à la Chambre de Commerce.

On peut faire assurer pour soi, ou pour le compte de qui il appartiendra, ou ce qui revient au même, *pro persona nominanda* alors la personne étant nommée, il n'importe en quel tems, s'il n'est fixé par la police, le contrat est valable, de la même maniere que si la personne eût été nommée d'abord. Casa regis *disc.* 4. n. 10 & *disc.* 5. n. 2. 5. & 26. Stracchia *de assec.* gl. 29. n. 6. Rocus pag. 197. Targa pag. 225.

Une assurance faite dans ces termes, est également bonne en France si le connoissement y est relatif. Il en peut resulter néanmoins des inconvéniens & des friponneries; aussi n'est-elle guere pratiquée qu'en temps de guerre pour les cas de chargemens simulés, c'est-à-dire qui paroissent faits pour le compte d'alliés ou de neutres. Alors la clause pour qui *il appartiendra* designe assez que c'est un chargement masqué.

Casa regis *disc.* 5. n. 26. ajoute que celui qui a stipulé l'assurance, ne se libere pas du payement de la prime, en nommant la personne; *facta nominatione* dit-il, *stipulator non exit è contractu qui erat in eo radicatus ab initio... sed persona nominata accumulatur ipsi contractui. Idem* Ansaldus *disc.* 12. contre l'avis de Targa *loc. cit.*

Pour moi je voudrois distinguer. Ou la personne a été nommée avant tous risques commencés, ou elle ne l'a été que depuis. Au premier cas, si l'assureur ne veut pas accepter la nomination de la personne, en liberant celui qui a stipulé l'assurance, il faut qu'il lui en fasse une signification en régle, avec déclaration qu'il se désiste de l'assurance; & alors l'assurance sera nulle, si celui qui l'a stipulée ne se soumet caution solidaire de la prime. Au second cas l'assureur n'aura besoin d'aucune piéce de formalité pour conserver son action directe pour la prime, contre celui avec qui il aura passé la police d'assurance.

Delà il s'ensuit qu'en point de droit, le commissionnaire qui a nommé dans la police la personne pour laquelle il a stipulé l'assurance, ne peut être obligé au payement de la prime, ni par action directe ni par action subsidiaire, s'il ne s'est pas engagé expressement en son nom propre & privé. Cependant l'usage du commerce est que l'assureur s'addresse au commissionnaire pour le payement de la prime, & que sur son refus il le traduise en justice, où il subit volontairement la condamnation, moyennant sa garantie contre son commettant; ce qui est reconnoître que le commissionnaire, contracte en pareil cas une obligation tacite, personnelle & solidaire; & au fond cela paroît juste, parce que l'intérêt du commerce l'exige; c'est au commissionnaire à prendre ses mesures & ses sûretés avec son commettant.

Réciproquement le commissionnaire de l'assuré est fondé à faire l'abandon aux assureurs & à leur demander le payement de l'assurance, faisant pour l'assuré son commettant, au moins lorsque la somme assurée est payable au porteur de la police, sans qu'on puisse lui opposer *qu'au fond on ne plaide point par procureur.* C'est la Jurisprudence de l'Amirauté de Marseille renouvellée par Sentence du 27 Juillet 1758, rendue en faveur du sieur Benza commissionnaire de Laurent & Jérome Ghiglino.

Les effets sur lesquels l'assurance sera faite. Si quelqu'un fait assurer comme sienne une chose qui lui est commune avec d'autres, l'assurance n'est valable que pour la portion de l'assuré, à moins qu'il ne fût le chef de la société, ou qu'il n'eût le pouvoir de ses associés, ou enfin que les associés ne l'ayent ratifiée, *rebus integris.* C'est l'avis de Stracha *de assec.* gl. 10. n. 9. *& seq.* de Rocus pag. 189. *sic judicatum*, à Marseille le 9 Août 1754.

Kuricke *Diatriba de assec.* n. 13. *in fine fol.* 835. & 836. approuvé par Casa regis, soutient au contraire que l'assurance est valable pour le tout, & que l'assureur n'est pas recevable à la contester; *quum etiam* dit-il, *id quod commune est nostrum esse dici queat.* Je crois qu'il a raison, surtout si l'assuré a stipulé tant pour

pour ses associés que pour lui ; & le seul risque qu'il court alors, c'est leur desaveu, s'il a fait assurer sans leur consentement, ce qui n'empêche pas qu'il ne demeure obligé pour le tout.

Assurance pour Roland seul, déclarée bonne, s'étant trouvé seul intéressé aux marchandises chargées sous le nom de Roland & compagnie. Sentence de Marseille du 9 Août 1754.

Auront été ou devront être chargées. L'assurance ne se référe qu'aux marchandises déjà chargées & non à celles qui l'auront été dans la suite, si l'on n'a stipulé dans la police, *chargées où à charger, ou qui se trouveront chargées.* Stracha de *assec.* gl. 6. n. 9. Rocus pag. 182. Casa regis *disc.* 1. n. 145. & *disc.* 7. n. 16. & 17. *sic judicatum centies* dit M. Emerigon. Mais c'est une clause à laquelle on ne manque jamais.

Le nom du navire. Il faut que l'assuré prenne garde à ne pas désigner un navire pour un autre ; nonseulement à ne pas se tromper sur le nom, mais encore sur la qualité du bâtiment ; de sorte que s'il appelle vaisseau ou navire, ce qui n'est qu'un pinke, une barque, un bateau, l'assurance est nulle ; car quoique sous le nom générique de navire, on entende ordinairement tout bâtiment de mer, cependant, en fait d'assurance, un vaisseau ou navire n'indique absolument qu'un navire à trois mâts, & exclud l'idée de tous autres bâtimens ; d'où s'ensuit la nullité de l'assurance, si ce n'est pas dans la réalité un vaisseau à troit mâts. Casa Regis *disc.* 1. n. 27. 29. & 133. Sentence de Marseille du 10 Fevrier 1747 ; autre du 5 Décembre 1749, confirmée par Arrêt d'Aix du 16 Juin 1752.

Cependant il ne faut pas pointiller sur le nom du navire ; ainsi l'assurance faite sur le brigantin nommé *le Lyon heureux* désigné dans la police sous le nom seulement *de brigantin l'heureux a été déclarée valable*, par Arrêt d'Aix du 2 Mai 1750, *error tamen nominis alicujus navis, non attenditur, quando aliis conjecturis constat de indentitate navis* dit Casa Regis *disc.* 1. n. 159.

La prime ou coût de l'assurance. On conçoit que c'est à quoi l'assureur ne manque jamais, non plus que le donneur à la grosse, par rapport au profit maritime qu'il doit gagner ; & cela est d'autant plus de conséquence, que la prime ou le profit maritime, est plus ou moins considérable suivant les circonstances.

Autre chose est en effet de prendre sur soi les risques en temps de guerre, ou lorsque depuis les dernieres nouvelles du navire, il y a lieu de craindre qu'il n'ait péri ; & autre chose est de s'en charger en pleine paix, ou lors que le navire ne tarde pas encore.

Mais il est des assurances & des prêts à la grosse, qui se font en temps critique & douteux ; je veux dire en des circonstances qui font apréhender une rupture prochaine, des hostilités, la guerre en un mot.

Alors il est d'usage de se précautionner, & en conséquence les assureurs, en stipulant la prime ordinaire, ajoûtent qu'en cas d'événement *de guerre, hostilités* ou *représailles* de la part d'une telle nation ou de quelque autre de l'Europe, la prime augmentera de *tant &c.* je dis de l'Europe, parce que cette clause de précaution, ne regarde jamais les pirates de profession, dont les brigandages sont toujours aux risques des assureurs.

Lorsque le mot *hostilités* est employé dans la clause, & qu'il y a en effet des hostilités commises de la part des nations indiquées ; quoique ces hostilités soient injustes & irrégulieres, comme faites avant toute déclaration de guerre, elles ne donnent pas moins lieu à l'augmentation de la prime, que le navire arrive à bon port ou qu'il ſoit pris; de maniere, qu'au premier cas, l'aſſureur eſt en droit de l'éxiger, & qu'au ſecond il eſt fondé à la déduire ou retenir ſur la ſomme aſſurée qu'il doit payer; & l'aſſuré ne peut s'en défendre, en exceptant que ces hoſtilités irrégulieres, laiſſant l'eſpérance de la reſtitution des navires injuſtement pris, il ne faut les regarder que comme un ſimple arrêt de Prince qui ne doit point influer ſur les vaiſſeaux qui n'ont pas été pris & retenus.

C'eſt auſſi ce qui a été jugé par Sentence de l'Amirauté de Marſeille du 1er. Avril 1756, à l'occaſion des hoſtilités commiſes par les Anglois avant la déclaration de guerre, quoique les vaiſſeaux & les effets par eux pris, n'euſſent pas été confiſqués, mais ſeulement mis en ſequeſtre. V. *infrà* art. 26. une autre Sentence du 18 Avril 1757, contre les aſſureurs & un Arrêt d'Aix conforme du 13 Mai audit an 1757.

A raiſon de cette circonſtance, les aſſurés prétendoient qu'il n'y avoit là qu'un arrêt de Prince; mais l'arrêt de Prince ne s'entend que d'un véritable arrêt qu'un Roi ordonne dans ſes ports ou dans ſes rades, & nullement des priſes faites en mer à coups de canon ou à force ouverte. Ce ſont-là des hoſtilités réelles, qui quoique injuſtes, comme contraires au droit des gens, n'y ayant pas de déclaration de guerre, ne donnent pas moins lieu à l'augmentation de la prime ſtipulée en cas d'hoſtilités, & à l'abandon ou délaiſſement aux aſſureurs.

Mais ſi la clauſe n'eſt que pour le cas de guerre, les ſimples hoſtilités, avant toute déclaration de guerre, ſuffiront-elles pour faire adjuger aux aſſureurs l'augmentation de prime ſtipulée, ou au donneur à la groſſe l'augmentation du profit maritime, que le navire ait été pris ou non?

Les aſſurés ont ſoutenu la négative dans les deux cas, c'eſt-à-dire, auſſi bien dans le cas de la priſe du navire, que dans celui de ſon arrivée à bon port, fondés ſur la maxime qui veut que dans les polices d'aſſurance, de même que dans les autres contrats ſynnallagmatiques, on s'en tienne aux clauſes & conditions qui y ſont inſérées, ſans y rien ajoûter par extenſion d'un cas à un autre; d'où ils ont conclu que l'augmentation de prime n'ayant été ſtipulée que pour le cas de la guerre ou de déclaration de guerre, les ſimples hoſtilités ſans guerre déclarée ne pouvoient donner lieu à l'augmentation, comme étrangéres à la guerre qui ſeule avoit fait l'objet de la ſtipulation.

Les aſſureurs de leur côté ont répondu que l'objection qui leur étoit faite de la part des aſſurés n'étoit qu'une pure ſubtilité; que dans l'hypothéſe, il ne s'agiſſoit point d'étendre la clauſe, mais ſeulement de la prendre dans le ſens que les parties avoient entendu y attacher de part & d'autre; que ſi elles n'avoient parlé que du cas de la guerre, c'eſt qu'elles n'imaginoient pas qu'il y eût des priſes à craindre avant que la guerre fût déclarée; qu'il étoit réſervé aux Anglois d'exercer ſur mer un brigandage inoui juſques là parmi les nations policées; qu'ainſi on ne devoit pas prévoir précíſément un événement de cette nature; mais qu'en prévoyant le cas de la guerre, celui des hoſtilités y étoit compris de nature de choſe, comme ayant les effets de la guerre déclarée, puiſque de la part des Anglois c'étoit une guerre de fait qui, à la formalité près, opéroit autant qu'une guerre déclarée dans les régles, d'où ils concluoient à leur tour que la prime d'augmentation ſtipulée leur étoit due à raiſon des hoſtilités ſurvenues, quoique dans les polices d'aſſurance on n'eût exprimé que le cas de la guerre.

La voye de conciliation n'étant pas praticable sur une question de cette nature, il a falu la faire décider en justice, & le singulier est que les assureurs n'ont plaidé d'abord qu'en défendant. C'étoit après tout la position la plus favorable pour eux. On leur demandoit la totalité des sommes assurées sur les vaisseaux pris, sans avoir égard aux offres par eux faites de payer à la déduction de l'augmentation de prime stipulée : par-là leurs moyens de défense acqueroient un nouveau degré de force. Il paroissoit repugner en effet qu'on leur disputât cette augmentation de prime, sous prétexte qu'elle n'avoit été stipulée qu'en cas de guerre, tandis que le fait de la prise qui autorisoit l'assuré à leur faire l'abandon & à leur demander le payement des sommes assurées, valoit déclaration de guerre à leur égard, & les mettoit dans la même position que si la guerre eût été véritablement déclarée.

Etoit-il question en effet dans la stipulation de la police d'une guerre déclarée dans les formes ? on ne songeoit qu'à la guerre qui paroissoit prochaine & inévitable, qu'aux effets qui en pouvoient résulter par rapport au commerce maritime : on craignoit en un mot la prise des navires. C'étoit donc uniquement cette crainte des prises qui occupoit les assureurs & les assurés ; & par conséquent, les prises, qu'elles fussent injustes ou réguliéres, devoient indistinctement opérer l'augmentation de la prime stipulée au profit des assureurs pour en faire la déduction sur les sommes assurées.

La contestation portée devant le Juge de l'Amirauté de Dunkerque, elle fut préjugée en quelque sorte en faveur des assurés, en ce que le Juge par Sentences du 17 Mai 1756, condamna les assureurs de payer par provision 75 pr. 100. des sommes assurées, & de déposer le surplus jusqu'à la décision du fond de la question, concernant l'augmentation de prime, sur quoi il ordonna que les parties instruiroient.

Il s'agissoit d'assurances faites le 23 Juillet 1755 sur des Eaux-de-vie & autres marchandises chargées au port de *Cette* en Languedoc, dans le navire *l'Union* destiné pour Dunkerque. Il étoit stipulé dans chaque police que la prime augmenteroit de 25 pour cent en cas de déclaration de guerre, avant l'arrivée du vaisseau au port de sa destination.

Le navire fut pris le 18 Septembre de la même année 1755, & conduit en Angleterre avant toute déclaration de guerre. Sous ce prétexte les assurés se crurent dispensés du payement de l'augmentation de prime, alléguans que le cas de la guerre uniquement prévu n'étoit pas arrivé, & conséquemment que les assureurs n'étoient pas en droit de retenir cette augmentation de prime sur les sommes assurées dont ils offroient le payement sous cette déduction.

Les assureurs dont les droits étoient blessés par les Sentences de l'Amirauté de Dunkerque, en ayant déclaré appel, arrêt intervint au Parlement de Paris le 9 Août 1756, qui, en infirmant ces Sentences, évoquant le principal & y faisant droit, ne condamna les assureurs au payement des sommes assurées, qu'à la déduction des 25 pour cent d'augmentation de prime. Au surplus en les assujettissant aux intérêts de l'excédant à compter du jour de la demande, il condamna les assurés de leur remettre les factures, connoissemens & autres piéces nécessaires pour justifier le chargement des marchandises & en tous les dépens tant des causes principales que d'appel.

Ce premier arrêt rendu au profit des Srs. Sindics, Directeurs & intéressés de la compagnie des assurances générales établie à Paris, appellans & demandeurs en évocation contre les Srs. Robert & Pierre Desaunois freres Négocians de Dunkerque, & autres assurés, intimés, a été suivi d'un autre conforme rendu au Parlement de Rouen, le 31 du même mois d'Août 1756. Il s'agissoit tout de même d'une police où l'on n'avoit prévu que le cas de guerre. Le navire avoit été pris avant la déclaration de guerre & l'assuré ne vouloit pas non plus déduire la prime stipulée par augmentation. Par Sentence arbitrale du 19 Juillet précédent, il avoit obtenu gain de cause; mais l'arrêt en infirmant la sentence, l'y condamna avec dépens aussi des causes principales & d'appel.

Par ces deux arrêts il a donc été disertement jugé que les hostilités sont de droit censées comprises dans la clause énonciative simplement de la déclaration de guerre : mais comme dans l'une & l'autre espéce les navires avoient été pris, les assurés imaginerent que leur sort devoit être différent dans le cas où leurs navires étoient arrivés à bon port. Ils disoient que ce qui avoit été jugé en faveur des assureurs dans le cas de la prise du navire, avoit pour fondement le fait même de la prise qui valoit déclaration de guerre à leur égard; qu'alors il étoit naturel de diminuer leur perte : mais qu'il ne s'ensuivoit nullement que l'augmentation de prime leur fût due lorsque le navire étoit arrivé à bon port, parce que alors ce seroit les faire gagner sans qu'ils eussent couru de risque; en un mot leur faire gagner une augmentation de prime qui ne pouvoit leur être acquise qu'en cas de déclaration de guerre ou tout au moins, de prise équivalente à une déclaration de guerre.

Mais cette nouvelle distinction étoit encore plus subtile que la premiere, la régle étant que le sort des assureurs & des assurés doit absolument être le même à l'actif & au passif. De sorte que l'augmentation de prime étant jugée acquise aux assureurs en cas de prise par hostilités, quoique dans la police on n'eût prévu que le cas de la guerre déclarée, c'étoit avoir préjugé que cette même augmentation leur étoit due aussi; quoique les navires fussent arrivés à bon port, parce qu'ils n'avoient pas moins couru le risque de la prise de ces navires que de ceux qui avoient réellement été pris. Ils pouvoient être pris tout de même ; c'en étoit assez. En un mot les engagemens étant réciproques entre l'assureur & l'assuré ; dèsque l'assureur est fondé à prétendre une augmentation de prime pour en faire la déduction en cas de prise du navire; il est fondé tout de même à en demander le payement, le navire étant arrivé à bon port, & l'on ne sçauroit opposer aucune raison valable de différence.

Aussi cette question subsidiaire ayant été portée à l'Amirauté de Marseille, a-t-elle été jugée pareillement, en faveur d'un prêteur à la grosse dont la condition est la même que celle d'un assureur, par Sentence du 30 Janvier 1757, c'est-à-dire que le profit maritime dont il n'avoit stipulé l'augmentation qu'en cas de guerre déclarée, lui fut adjugé à raison des hostilités déjà commencées par les Anglois avant toute déclaration de guerre, quoique le navire ne fût pas rendu à sa destination, l'emprunteur à la grosse ayant jugé à propos de raccourcir le voyage & de faire décharger le navire à Cadix. Arrêt conforme d'Aix du 27 Juin 1758, au rapport de M. de Boades.

La même question en fait d'assurance s'est présentée en 1757, au siége de l'Amirauté de cette Ville de la Rochelle, entre les Sieurs Sindics & Directeurs de la Compagnie d'assurances générales de Paris, demandeurs en payement d'augmentation de prime, contre le Sieur Paul Brossat Négociant de la Rochelle qui avoit fait assurer avant toutes hostilités, les marchandises par lui chargées sur le navire *l'Hélene* de Marseille dont l'arrivée à bon port avoit été précédée d'hostilités de la part des Anglois, mais avant la guerre déclarée.

Dans l'espéce, l'augmentation de la prime n'avoit été stipulée tout de même qu'en cas de guerre, sans parler d'hostilités, & par cette raison le Sieur Brossat refusoit de la payer ; ce qui donna lieu à un appointement en droit à l'audience du 29 Novembre audit an 1757. Mais à la vue des moyens que la compagnie d'assurances lui fit signifier, il se rendit & prevint en payant, la sentence qui indubitablement l'y auroit condamné.

Cette double décision me paroît absolument dans les régles, comme étant fondée sur le même principe que les deux arrêts de Paris & de Rouen ci-dessus cités, ont suivi, en condamnant les assurés de souffrir la déduction de la prime stipulée par augmentation, dans l'hypothèse des navires pris par simples hostilités. Il n'y a en effet aucune différence à faire entre le cas du navire pris, & celui du navire arrivé à bon port, attendu que les risques des assureurs ont absolument été les mêmes dans les deux cas, & que dès qu'ils ont couru le risque de la prise du navire, l'augmentation de la prime ne peut pas plus leur être disputée que lorsque le navire a réellement été pris. Il a plû néanmoins au Parlement de Bordeaux de juger le contraire, & d'en faire même un réglement les Chambres assemblées, par Arrêt du

Depuis les hostilités commises par les Anglois, les assureurs n'ont pas manqué dans les polices, d'étendre la clause concernant la guerre, aux hostilités & aux représailles. Par ce moyen les questions que l'on vient de discuter, n'ont plus eu lieu par rapport à ces polices postérieures : mais tout n'a pas été décidé par là. Comme il est naturel de présumer qu'à la paix les navires injustement pris par les Anglois seront restitués avec dommages & intérêts ; les assurés qui ont prévu ce cas, ont soutenu que les assureurs, en recevant l'augmentation de la prime, devoient s'obliger de les faire participer avec eux aux restitutions qui seront faites par les Anglois ; & cela par une répartition proportionnée à leur intérêt respectif, en se faisant raison de part & d'autre des intérêts des sommes que les uns auroient payé aux autres. Et cela ayant paru juste, parce que dans la supposition de la restitution, les hostilités seront réparées & regardées en conséquence comme non avenues, on a jugé que les assureurs devoient effectivement faire cette soumission. Ce qui pourtant a été rejetté par l'Amirauté de la Table de Marbre de Paris.

Ensuite pour prévenir les discussions qui pourroient naître à ce sujet, on est convenu dans les principales places maritimes d'un réglement préparatoire : mais ce réglement tout sage qu'il est, ne laissera pas de souffrir des difficultés dans son exécution.

Il est à observer avant de laisser cette matiere, que s'il a été jugé que la clause *en cas de guerre*, operoit autant que celle où les simples *hostilités* avoient été prévues, ce n'a été que lors que la police d'assurance, le contrat de grosse, ou le connoissement avoit précédé toutes hostilités connues, par la raison qu'alors on ne pouvoit pas naturellement imaginer qu'il y auroit des hostilités sans une déclaration de guerre qui les autorisât. Mais cette raison cessant par rapport aux conventions postérieures aux hostilités, & l'augmentation de prime, du profit maritime ou du fret, n'étant stipulée que pour le cas de la guerre déclarée ; il étoit tout naturel alors de prendre la clause à la lettre sans aucune extension ; c'est-à-dire de ne faire valoir la stipulation de l'augmentation qu'autant que la guerre se trouveroit avoir été réellement déclarée avant l'arrivée du navire. Et c'est aussi la judicieuse distinction que l'Amirauté de Marseille a suivie dans sa Sentence du 8 Mars 1758. Les raisons en sont rendues dans une consultation de M. Emérigon, du 19 Février 1759, avec tant de justesse, de solidité & de précision que j'ai cru que le public me sçauroit gré de lui en faire part en insérant ici cette docte & élégante consultation.

QUESTION

Sur la Clause *en cas de Guerre.*

FAIT.

LE 19 Janvier 1756, les Sieurs Lioncy & Cartier, Négocians de la Martinique, chargerent pour le compte de Lioncy freres, & Gouffre de Marseille, 100 barriques & 3 quarts Sucre-Terré, sur le vaisseau *la Vierge de bon Rencontre*, Capitaine François-Antoine. Ils dresserent eux-mêmes le connoissement, dans lequel ils insérerent que la marchandise seroit portée *à Marseille, ou à Bordeaux:* & que le Consignataire payeroit 12 deniers par livre, poids net de Marseille; *& en cas que la Guerre soit déclarée*, est-il ajouté, *payera vingt-quatre deniers.*

Le Capitaine refusa de signer le connoissement ainsi dressé, parcequ'il vouloit avoir la liberté indéfinie de désarmer ou à Marseille, *ou en tout autre port ami*, à cause que les hostilités des Anglois annonçoient une Guerre prochaine. Sur cette difficulté, l'Amirauté du Fort-Royal rendit Sentence le 22 du même mois de Janvier 1756, par laquelle le Capitaine fut condamné de signer le connoissement de Lioncy & Cartier, *pour Marseille ou pour Bordeaux*; » Sauf, est-il ajouté, *en cas de guerre & d'évé-* » *nement extraordinaire*, à faire par le Capitai- » ne les choses requises; & sauf aussi les droits » de Lioncy & Cartier, ainsi qu'il appartiendra.»

En conséquence, le Capitaine Antoine signa le connoissement en cette maniere; « Je dis » pour Marseille, Bordeaux; *& en cas de guer-* » *re*, conformément à la Sentence rendue au » Siége de l'Amirauté le 22 de ce mois (de » Janvier 1756.)

Deux mois après, le vaisseau mit à la voile.

Le 9 Mai, se trouvant sur le Cap Trafalgard, le Capitaine fut averti par des bâtimens Catalans, des risques qu'il couroit d'être pris au passage du Détroit. Cet avis le détermina d'aborder à Cadix où il arriva le 15, & où le 17 il fit son consulat par devant le Consul de la Nation.

Le 18 du même mois de Mai, la guerre fut publiée à Londres.

La nouvelle de l'arrivée du vaisseau à Cadix, étant parvenue à Marseille, le connoissement fut envoyé au sieur Jean Vial de Cadix, avec ordre de retirer les marchandises dont il s'agit.

Le Capitaine qui avoit déja desarmé à Cadix, prétendit cependant que le double nolis lui étoit dû.

Le sieur Vial présenta Requête au Consul de la Nation, pour obliger le Capitaine de lui consigner les marchandises, moyennant le fret sur le pied de 12 deniers. Le Capitaine répondit: « Que » le connoissement est pour Bordeaux ou pour » Marseille, & qu'actuellement il se dispose à » faire voile pour Bordeaux où il portera ledit » sucre, aux termes de son Connoissement, à » moins que le sieur Jean Vial, faisant pour le » sieur Rey aîné, ne lui paye 24 deniers.»

Le sieur Vial persista à demander la consignation des marchandises dont il s'agit; il offrit de donner caution pour le payement du double nolis, si cette prétention étoit trouvée légitime par les Juges qui devoient en connoître, & il ajouta qu'il se soumettoit « à ce qui seroit » determiné touchant les autres parties que le » Capitaine a délivrées ici (à Cadix) à divers » porteurs de connoissemens.»

Le 24 Juillet 1756, le Consul de la Nation rendit une Sentence, dont voici le dispositif: » Nous déclarons le Capitaine mal fondé à pré- » tendre porter les 100 barriques 3 quarts sucre » en question à Bordeaux, *puisqu'il est prouvé* » *par son Consulat, qu'il n'y alloit pas*; & d'ail- » leurs, pour éviter à ces marchandises, les » nouveaux risques que le Capitaine ne doit pas » leur faire courir, nous lui ordonnons de les » remettre au Demandeur, en payant audit Ca- » pitaine, comme l'ont fait d'autres chargeurs » à fret qui avoient des marchandises dans » son bord, le fret sur le pied de 12 de- » niers: réservant audit Capitaine son recours » pour les autres 12 deniers, suivant qu'il en » sera décidé par les Juges competens de Mar- » seille, &c.

Le Capitaine Antoine, arrivé à Marseille, présenta Requête par devant le Tribunal de l'Amirauté contre le sieur Rey l'aîné, en payement du double nolis.

Sentence du 8 Mars 1758, qui rejetta cette demande.

OBSERVATIONS PRE'LIMINAIRES.

Les voyes de fait commises par les Anglois dans les mois de Mai, Juin & Juillet 1754, aux environs de la Riviere d'Oyo, annonçoient une guerre prochaine de la part de l'Angleterre, & rendirent les Négocians attentifs à pourvoir, autant qu'il étoit possible, à la sûreté de leur commerce. L'on commença dès-lors de stipuler que la prime, ou le change maritime, ou le nolis, seroient augmentés *en cas de guerre*; & les plus spéculatifs insérérent dans les contrats, la clause : *En cas de guerre, hostilités, ou représailles*.

Bientôt les Anglois donnerent à l'Europe entiere le spectacle étonnant d'un nouveau genre de guerre, inconnu jusqu'alors aux Nations policées. Au mépris des Traités & de la foi publique, l'Alcide & le Lys furent pris le 8 Juillet 1755. Malgré la parole donnée, l'Amiral Boskawen, devenu Chef de Fourbans, s'empara dans le mois d'Août, des vaisseaux des Pêcheurs François, qui étoient répandus sur le grand Banc de Terre-Neuve, & le long des Côtes Septentrionales ; dans ce même temps, l'une & l'autre Mer furent infestées d'Escadres Angloises qui se saisirent de nos vaisseaux Marchands.

Plusieurs Procès furent la suite d'un tel renversement d'ordre, & l'on fut long-temps à pouvoir caractériser pareils brigandages.

Etoit-ce une *Guerre?* Mais, suivant les principes du droit des gens, l'on ne connoissoit d'autre guerre que celle qu'une Nation déclare à l'autre, d'une maniere publique & solemnelle. L. 24. ff. *de Capt. & post*. L. 118. ff. *de Verb. signif.* ibid. Cujac.

Etoient-ce des *hostilités?* Mais l'on croyoit que les hostilités ne pussent être autre chose que l'effet d'une guerre déclarée: *Hostilitas ab hoste*.

Etoit-ce un Arrêt de Prince? Mais l'arrêt est incompatible avec la violence & l'esprit de déprédation.

Etoient-ce des *pirateries*? oui, c'étoient des pirateries ; mais qui étant autorisées par le Gouvernement Britannique, devoient être considérées comme de véritables actes d'hostilités de Nation à Nation, & devoient être comparées à une guerre. En effet, par le Mémoire envoyé à la Cour de Londres le 21 Décembre 1755, Sa Majesté demande la restitution prompte & entiere de tous les vaisseaux François. « Et si contre toute espérance (*est-il ajouté*) » le Roi d'Angleterre se refuse à la réquisition » que le Roi lui fait, Sa Majesté regardera ce dé» ni de justice comme la déclaration de guerre » la plus autentique, & comme un dessein for» mé par la Cour de Londres de troubler le re» pos de l'Europe. »

Dans ces circonstances, il a été décidé 1°. Que le brigandage des Anglois étant assimilé à une guerre donnoit lieu à l'augmentation de prime, stipulée *en cas de guerre, hostilités, ou représailles*. Ainsi jugé par une foule de jugemens, & entr'autres, par l'Arrêt de la Cour du 13 Mai 1757, rendu au rapport de M. de Jouques, contre la veuve Orgeas, en faveur des assureurs sur le Navire le Saint Domingue, Capitaine Eydin.

2°. Il a été décidé en thése générale, que la clause indéfinie *en cas de guerre* ou *en cas de déclaration de guerre*, avoit la même force que la précédente, & donnoit également lieu à l'augmentation de prime. Ainsi jugé par Arrêt du Parlement de Rouen le 31 Août 1756, & par Arrêt du Parlement de Paris le 9 du même mois d'Août. Arrêt semblable rendu par la Cour le 27 Juin 1758, au rapport de M. de Boades, qui condamne Barthelemy Michel, Capitaine en second du vaisseau la Félicité, & Noel Michel, sa caution, de payer au sieur Barthelemy Boule, l'augmentation du change maritime, stipulée *en cas de guerre*. Autre Arrêt rendu le lendemain, au rapport de M. de St. Jean, qui condamne la Veuve Planche à payer aux sieurs Elzear Sibon & Mabily, l'augmentation de prime stipulée *en cas de guerre*. Ces deux Arrêts confirment deux Sentences rendues par le Tribunal de l'Amirauté qui ne s'est jamais écarté de cette jurisprudence, toutes les fois que la Question s'est présentée en thèse générale : témoin encore la Sentence rendue le 30 Janvier 1757 en faveur du sieur Pierre Olive, qui lui adjuge l'augmentation de change maritime, stipulée *en cas de guerre*.

3°. Comme l'augmention de prime, ou de change, devoit être le prix de l'augmentation du risque, l'on a tâché de fixer l'époque des hostilités dans chaque mer.

Ainsi, à l'égard des vaisseaux qui se sont trouvés en risque après le 24 *Août* 1755 dans la Manche, & sur les Côtes de France du côté de l'Océan, l'augmentation stipulée a eu son effet.

L'époque des hostilités dans la Méditerranée, a été le 13 *Octobre* 1755, jour de la prise du Capitaine Boyer conduit a Mahon.

L'époque des hostilités dans les Mers des Isles Françoises, se trouve fixée au 29 du même mois d'Octobre 1755, suivant le Reglement fait a Nantes, qui porte : « Que les navires venant » de Guinée à l'Amérique, où les risques doi» vent finir, & qui se seront trouvés aux atterra» ges des Colonies, depuis le 29 Octobre inclu» sivement : époque de la premiere prise connue » dans les mers des Colonies, doivent une aug» mentation de 28 & demi pour cent, de même » que les navires qui étant partis de la Riviere » de Nantes, avant le 20 Août 1755 pour les » Colonies, auroient eu des traversées assez » longues pour ne s'être pas rendu à leur desti» nation, avant ledit jour 29 *Octobre*. »

De sorte qu'on ne peut douter que depuis le 29 *Octobre* 1755, les hostilités des Anglois ne fussent connues aux Isles-Françoises.

QUESTION DU PROCE'S.

Il a été observé ci-dessus qu'en thése générale, la clause *en cas de guerre*; avoit été considérée comme ayant la même force que celle : *en cas de guerre, hostilités, ou représailles*.

Mais dans l'espèce présente, l'on a mis une grande différence entre ces deux clauses, attendu les circonstances du fait.

Lorsque sur la fin de Janvier 1756, le connoissement dont il s'agit, fut signé a St. Pierre de la Martinique, les pirateries des Anglois y étoient pleinement connues depuis trois mois.

D'où il suit que ces mêmes pirateries ne pouvoient point former l'objet d'une condition, vis-a-vis des Parties qui en avoient connoissance.

1°. Il n'y a proprement de condition que celle qui regarde le temps à venir. *Tunc potestatem conditionis obtinet, cùm in futurum confer-*

tur. L. 39. ff. *de rebus creditis*, fur laquelle Godefroy dit : *Conditio propriè dicitur, quæ futurum tempus respicit.*

2°. Ainfi, la condition qui regarderoit le tems préfent, ou le temps paffé, n'eft pas une condition véritable & proprement dite : *Nulla est conditio quæ in præteritum confertur, vel quæ in præsens* L. 10. §. 1. ff. *de condit. institut.*

3°. Si dans certains cas, l'on appelle *condition*, celle qui regarde le paffé, ou le préfent, ce n'eft là qu'une condition impropre. *Illa quæ confertur in præsens, vel præteritum, dicitur quasi conditio, vel quasi conditionalis stipulatio.* Cujas *ad* L. 39 ff. *de reb. credit. Lib. 1. d fin. Papin.*

Comme cette efpéce de condition eft contraire à la nature des chofes, on ne l'admet à certains égards que lorfque celui qui l'a ftipulée, ou qui l'a appofée, ignoroit la réalité du fait qu'il a eu en vûe ; ce défaut de connoiffance opére alors le même effet que fi la chofe déja arrivée, étoit encore future ; mais le fait dont on connoit l'exiftence & la réalité, ne peut jamais former la matiere d'aucune efpéce de condition.

Le Droit Romain nous en fournit quelques exemples.

Je légue à Titia cent écus, *lorsqu'elle se mariera* : Si lors de mon Teftament elle étoit déja mariée, & que j'en euffe connoiffance, le legs ne feroit dû que lors d'un fecond mariage. *Si ità legatum esset, cùm nupserit ; si nupta fuerit, & hoc Testator scisset, alterum matrimonium erit expectandum.* L. 68. ff. *de condit. & demonst.*

Un pere qui fe trouvoit dans le pays étranger, fit fon Teftament, & légua à fa fille une certaine fomme dans le cas qu'elle fe marieroit, *ubi ea nubsisset* ; lors de ce Teftament, cette fille étoit déjà mariée. Le Jurifconfulte répond : » Que fi le pere ignoroit ce mariage, le legs eft » définitivement dû à la Légataire : *Si Filia nupta sit, cùm Testamentum fit, sed absente Patre & ignorante, nihilhominus legatum debetur* ; mais fi le pere avoit connoiffance de ce mariage, il eft cenfé avoir eu en vue le cas où fa fille pafferoit à de fecondes nôces : *Si enim hoc Pater non ignorabat, videtur de aliis nuptiis sensisse.* L. 45. §. 2. ff. de Legat. 2.

Cujas *ad hanc Leg.* trouve cette diftinction fort belle : car, dit-il, fi lors du Teftament, le pere ne favoit pas que fa fille fût mariée, il eft jufte que le legs foit définitivement acquis à la Légataire ; parceque le pere a regardé comme futur ce qui étoit déjà arrivé. *Quoniam præsentia quæ nesciebat esse Testator, videtur habuisse pro futuris.* C'étoit-là une quafi condition qui opére le même effet que l'accompliffement de la condition véritable. Mais fi le pere, lors du Teftament, favoit que fa fille étoit mariée, le legs ne fera dû que dans le cas qu'elle fe remarie ; parceque le pere n'eft pas cenfé avoir parlé du mariage actuel qu'il n'ignoroit point, mais bien d'un fecond mariage : *Quoniam non videtur sensisse de præsentibus nuptiis quas non ignorabat, sed de aliis in quarum casum filiæ legatur, id est, si iterùm nupserit.*

Cette même diftinction fe retrouve dans les Loix 9. 10. & 11. ff. *de condit. & demonstr.*

Or, dans le temps que le connoiffement dont il s'agit fut dreffé & figné à St. Pierre de la Martinique, les Parties avoient une entiere connoiffance des hoftilités des Anglois, qui avoient déjà fait diverfes prifes aux atterrages des Ifles ; voilà pourquoi le Capitaine Antoine ne vouloit pas figner le connoiffement dans le goût qu'on le lui préfentoit, & qu'il fallut une Ordonnance du Juge pour l'y contraindre.

Il eft donc fenfible que les chargeurs & le Capitaine n'eurent pas en vue pareilles hoftilités, lorfqu'ils ftipulerent le double Nolis *en cas que la guerre feroit déclarée* ; mais leur intention fut d'apofer une condition qui dépendît d'un événement futur & incertain, & qui par conféquent ne pouvoit point être purifiée par un Fait déjà arrivé & déjà connu.

La claufe *en cas de guerre*, a été appliquée au cas des hoftilités, lorfqu'elle avoit été ftipulée avant l'époque des pirateries des Anglois : l'on s'eft alors attaché à l'intention des Parties, plutôt qu'à l'écorce des paroles ; mais ici la volonté des parties & les paroles du Contrat, ne peuvent fe divifer fans qu'on faffe violence à l'un & à l'autre : car s'il eft vrai que l'intention du Capitaine n'ait pas été de ftipuler un double nolis dans le cas que les Anglois exerceroient des hoftilités qu'ils exerçoient déjà, & qu'il n'ignoroit point, il s'enfuit néceffairement que par ces mots ; *en cas que la guerre soit déclarée*, il a entendu une guerre déclarée dans les formes. Si l'on eût eu d'autres idées, l'on auroit ftipulé dès le principe le nolis à 24 deniers, fans avoir recours à un pacte conditionel.

Une feconde preuve de ce que nous avançons ici, fe tire de la Sentence rendue le 22 Janvier 1756, par l'Amirauté du Fort-Royal, qui condamne le Capitaine à figner le connoiffement *pour Marseille ou Bordeaux.* « Sauf » (ajoute la Sentence) en cas de guerre & d'é» venement extraordinaire à faire par le Capi» taine les chofes requifes. » L'on ne regardoit donc pas alors les hoftilités des Anglois, comme auffi dangereufes qu'une guerre déclarée, & l'on diftinguoit ces deux objets fur le fondement qu'on n'avoit à craindre que de la part des vaiffeaux du Roi, au lieu que la guerre étant une fois déclarée, les corfaires qui fortiroient des Ports ennemis, multiplieroient les rifques. En cet état le Capitaine figne le connoiffement en ces termes : « Je dis pour Marfeille, Bor» deaux, & *en cas de guerre* conformement à » la Sentence rendue au Siege de l'Amirauté le » 22 de ce mois. » Il eft donc fenfible que le double nolis n'a été ftipulé *qu'en cas de guerre* déclarée & proprement dite, & non pas au cas des hoftilités qui étant lors actuelles & connues, ne pouvoient former la matière d'aucune condition.

Une troifiéme preuve fe tire de ce qui fe paffa à Cadix. Lorfqu'on demanda au Capitaine la confignation des marchandifes dont il s'agit, il répondit qu'il fe difpofoit à faire voile pour Bordeaux où il porteroit le fucre, à moins qu'on ne lui payât le nolis fur le pied de 24 deniers.

Son fiftême du double nolis n'avoit donc pour fondement qu'une prétendue *disposition à faire* voile

voile pour Bordeaux ; mais il n'eut pas la pensée de dire que le double nolis lui fût dû, à cause des simples hostilités avant la guerre déclarée. Il reconnoissoit qu'il falloit continuer le voyage depuis la déclaration de guerre, pour acquerir le double fret. Tel étoit le pacte de son connoissement, & tel étoit le plan de ses défenses par devant le Consul de la Nation.

Il faut donc tenir pour certain que dans l'espece particuliere, on n'a pas dû donner à la clause *en cas de guerre*, la même force qu'à celles qui parloient des *hostilités* : parceque l'intention des parties a été de distinguer ces deux objets, & que les contrats ne peuvent jamais s'étendre au-delà des bornes que les parties elles-mêmes ont voulu circonscrire.

OBJECTION. La guerre fut déclarée le 18 Mai 1756. Le Capitaine *se disposoit* à faire voile pour Bordeaux. On a cependant voulu recevoir à Cadix les marchandises dont il s'agit ; il est donc juste qu'on paye le nolis, stipulé *en cas de guerre*.

REPONSE. 1°. La véritable destination du Capitaine étoit pour Marseille. La preuve de ce fait est consignée dans la Sentence du Consul de la Nation où l'on trouve ces paroles : » Nous nous sommes fait représenter le Consul t du Capitaine, dans lequel il est fait mention des motifs qui l'ont obligé de relâcher à Cadix, & entre autres choses que le neuf du même mois de Mai, étant sur le Cap Trafalgar, il fut averti par des bâtimens Catalans, des risques qu'il couroit d'être pris au passage du Détroit : *Preuve qu'il ne faisoit pas route pour Bordeaux*, mais pour Marseille, pour où d'ailleurs tout son chargement étoit destiné, n'ayant produit que le seul connoissement desdites cent Barriques, trois quarts Sucre, qui fasse mention de l'alternative des Ports de Marseille ou Bordeaux. »

Il est donc incivil que le Capitaine demande une reduplication de nolis, pour un voyage qu'il n'a ni fait, ni eu intention de faire.

2°. Changeons la thése : si l'on eût voulu contraindre le Capitaine de faire voile pour Bordeaux, l'auroit-il fait, auroit-il pû le faire ?

Il ne l'auroit ni fait ni pû faire, puisque sa destination n'étoit pas pour Bordeaux, & que la Guerre alors déclarée ne lui permettoit pas de mettre en risque le Vaisseau sans un nouvel ordre des armateurs, qu'il n'avoit pas, & que la prudence n'étoit pas de lui donner. En effet ce navire fut de nouveau armé à Cadix, & en partit sous pavillon Espagnol.

Il y a plus : la Sentence de l'Amirauté de Fort-Royal dont le Capitaine étoit porteur, lui auroit fourni une exception victorieuse qui l'eût dispensé d'aller à Bordeaux. Le cas *de guerre* déclarée, prévu par cette sentence, étoit un *événement extraordinaire* qui l'autorisoit d'aborder & de s'arrêter en Europe *au premier port ami*. Ainsi le Capitaine se trouvant à Cadix en sûreté, auroit fait valoir ce Jugement pour ne point s'exposer à de nouveaux risques.

Or la loi doit être égale : s'il est vrai qu'on ne pouvoit point obliger le Capitaine à faire voile pour Bordeaux, en lui offrant le double nolis, il s'ensuit qu'il ne peut prétendre ce double nolis sous prétexte d'une *disposition* imaginaire de faire voile pour Bordeaux, où il n'a jamais eu idée de se rendre ; car les obligations contenues dans un connoissement, lient également les chargeurs & le Capitaine ; ainsi que nous l'apprennent le Consulat de la merch. 83. 87. & 100. l'Ordonnance de la Hanze Teutonique tit. 5 art. 5. *Stypmannus p. 517. Targa p. 104. Cleirac p. 295. n. 11.* qui établissent cette régle : que les chargeurs sont obligés envers le patron, de la même maniere que celui-ci l'est envers eux.

3°. Le double nolis stipulé dans le connoissement devoit être le prix des risques que le Capitaine auroit eu à courir depuis la guerre déclarée, & ce nolis étoit de toute autre nature que celui stipulé en cas qu'il n'y eût point eu de déclaration de guerre. De sorte que pour donner naissance au double fret, il falloit que les nouveaux risques qu'on avoit prévu eussent commencé ; mais tant que le vaisseau étoit dans le port de Cadix, les nouveaux risques n'avoient pas encore commencé, & les choses étoient à cet égard dans leur état primitif.

Avant que de poursuivre le raisonnement que nous faisons ici, & pour rendre nos idées plus sensibles, transportons-nous au Fort-Royal dans le temps que le vaisseau alloit mettre à la voile. Si alors les chargeurs eussent voulu retirer leurs marchandises déja chargées, ils auroient pû les retirer *en payant la moitié du fret*, suivant l'article 6. tit. du fret ou nolis. Mais cette moitié du fret n'auroit été que de six deniers ; & l'on n'auroit pas écouté le Capitaine qui auroit prétendu la moitié du double fret, parce que ce double fret n'avoit pas encore pris naissance.

Or les chargeurs au lieu de retirer leurs marchandises dans le lieu du chargement, les ont rétirées, si l'on veut, *pendant le voyage*. Quelle étoit leur obligation ? L'article 8. du même titre, leur imposoit la nécessité de payer *le fret entier*. Mais ce fret entier étoit celui qui étoit alors actuel & non celui qui n'avoit pas encore reçu l'être, & qui ne pouvoit le recevoir que dans le cas où le vaisseau se fût exposé aux nouveaux risques prévus par le connoissement.

Ainsi, quand même le Capitaine Antoine auroit été dans une sincère disposition d'aller à Bordeaux, il n'auroit pas pû priver les chargeurs du droit que l'Ordonnance leur donnoit de retirer leurs marchandises, en payant *le fret entier* au taux qui étoit alors courant vis-à-vis des parties.

Toutes ces considérations ont porté le Tribunal à débouter le Capitaine de sa demande.

DÉLIBERÉ à Marseille le 19 Février 1759.

Signé EMERIGON, Avocat.

La soumission des parties aux arbitres. Jamais on n'y manque dans les Polices d'assurances ; mais le Commentateur n'en a pas moins eu tort de conclure que sans cela la Police seroit nulle : il n'a pas pris garde à l'article 70 ci-après, qui suppose néceſſairement qu'une Police peut être valable ſans ſoumiſſion à l'arbitrage.

Et généralement toutes les autres conditions, de maniere qu'aucune des parties ne feroit pas recevable à ſoutenir qu'il auroit été fait d'autres conventions que celles portées par la Police, & à demander à en faire preuve par témoins; & cela quand il s'agiroit d'une ſomme ou valeur moindre de 100 liv., à cauſe de la régle de droit. *Contra ſcriptum teſtimonium, teſtimonium non ſcriptum non fertur*, & de la diſpoſition formelle de l'Ordonnance de 1667, tit. 20, art. 2.

Le contrat d'aſſurance eſt donc ſuſceptible de toutes les clauſes & conditions que l'on veut y inſérer; pourvu toutefois qu'elles ne bleſſent point les bonnes mœurs, la nature & l'eſſence de ce contrat, ni le droit public irritant & prohibitif. Ainſi il eſt permis de déroger à notre Ordonnance, par rapport aux articles non négatifs; & c'eſt ce que prouvent pluſieurs articles de ce titre, entr'autres les 6, 18, 28, 33 & 64 : ce qui étoit défendu néanmoins par l'article premier des aſſurances d'Amſterdam, dans Cleirac, pag. 363.

Au rang des clauſes vicieuſes & illicites, on peut mettre celle par laquelle il eſt ſtipulé quelquefois que les effets chargés en retour des iſles, eſtimés ſuivant leur valeur aux iſles, ne feront ſujets à aucune réfraction ou déduction, ſous prétexte qu'ils pourroient valoir moins en France. La raiſon eſt, qu'il eſt extrêmement rare, ſurtout en temps de paix, que les retours des iſles ne perdent pas conſidérablement en France; & qu'en quelque temps que ce ſoit, il eſt de notoriété que ſur les eſpéces d'or & d'argent, il y a un tiers de perte. En cette partie du moins la clauſe n'eſt donc pas ſupportable; & à l'égard des marchandiſes, la légitimité de la clauſe devroit dépendre des circonſtances du commerce.

Au ſurplus, c'eſt ſur les clauſes & conditions de la Police qu'il faut ſe régler, ſans y rien ajouter, par extenſion d'un cas à un autre. *Verba aſſecurationis potiſſimè ſunt ponderanda.* Caſa Regis, *paſſim, præcipuè. diſc.* 1, *n.* 1 *&* 107. Stypmannus, *ad jus maritimum*, *part.* 4, *cap.* 7, *n.* 420, *fol.* 464, *déciſ. Rotæ Genu*, *deciſ.* 102, *n.* 5, *& deciſ.* 129, *n.* 5. Santerna, *Tract. de aſſec. part.* 3, *n.* 38.

Cependant, comme c'eſt un contrat de bonne foi, il faut l'interpréter par l'Ordonnance, & l'uſage reçu dans le commerce; la préſomption étant dans le doute que les parties ont entendu s'y conformer, s'il n'y a été dérogé dans la Police. Caſa Regis, *diſc.* 1, *n.* 2, *& diſc.* 10, *n.* 104. Santerna, *ſuprà n.* 1 *&* 55. Rocus, *pag.* 231.

Quelques Auteurs prétendent que l'on peut revenir contre ce contrat pour cauſe de léſion, comme Santerna, *part* 5, *n.* 6. Caſa Regis & autres : mais l'opinion contraire, qui eſt celle de Stypmannus, *loc. ſuprà cit. n.* 716 *& ſeq.*, eſt la ſeule véritable, à cauſe de l'incertitude de l'événement, & que tout aſſureur eſt maître de n'aſſurer qu'au prix qu'il lui plaît de fixer, comme l'aſſuré de ne pas s'y ſoumettre. Voyez Stracha de *Aſſec. in proœmio*, *n.* 48, & le paſſage où il renvoye.

Conformément à ce principe, jugé au Parlement de Bordeaux le 2 Septembre 1757, qu'un aſſuré qui avoit été condamné par Sentence de payer aux aſſureurs l'augmentation de prime ſtipulée, en cas de guerre, hoſtilités ou repréſailles, & qui avoit acquieſcé à la Sentence, n'étoit pas recevable à en interjetter appel dans la ſuite, & à prendre des Lettres de reſciſion contre les actes qu'il avoit paſſés, approbatifs de ladite Sentence.

Une obſervation importante à faire, eſt que ſi celui qui ſigne le premier la Police d'aſſurance, y met quelque modification ou dérogation à certaines clauſes de la police, imprimée ou écrite à la main, tous ceux qui ſignent enſuite ſont cenſés ne l'avoir fait que relativement à la même modification. Casa Regis, *disc.* 1, *n.* 157. Stracha, *de assec. gloss.* 40, *n.* 2, *fol.* 80.

Au reste, une police d'assurance est un papier négociable comme un billet à ordre. Elle peut même être négociée comme un billet payable au porteur. Sentence de Marseille du 26 Janvier 1752. Ainsi cette négociation ne peut être regardée comme un simple transport qui, pour saisir, a besoin d'être signifié, d'où il s'ensuit qu'elle transfere de plein droit l'assurance à celui en faveur duquel l'ordre est passé, ou qui s'en trouve nanti, l'ordre étant au profit du porteur ; & cela au préjudice de tous les créanciers du cédant, & des saisies qu'ils pourroient avoir faites sur lui. C'est ce qui a été jugé par la même Sentence.

Il en faut dire autant d'un connoissement de marchandises étant au voyage, & d'une facture aussi de marchandises en mer, ou vendues aux colonies, ou autrement éloignées, de maniere que la tradition réelle ne puisse s'en faire aussi-tôt l'endossement. Dans tous ces cas, la remise de la piéce endossée vaut tradition, sans signification. Voyez *suprà* l'art. 3, tit. des navires.

ARTICLE IV.

POurront toutefois les chargemens qui seront faits pour l'Europe, *aux Echelles du Levant, aux Côtes d'Afrique, & aux autres parties du monde,* être assurés sur quelque navire qu'ils puissent être, sans désignation du maître ni du vaisseau, *pourvu que celui à qui ils devront être consignés, soit denommé dans la Police.*

CEt article qui restreint l'obligation prescrite par l'article précédent, de désigner dans la police d'assurance le nom du maître & du vaisseau, présuppose le cas où celui qui veut se faire assurer ignore absolument sur quel navire ses effets pourront être chargés, & par conséquent le nom du maître ; ce qui ne pouvant convenir à un chargement fait en Europe où la correspondance est réglée, prompte & facile, n'est applicable qu'à celui qui sera fait *aux Echelles du Levant, aux côtes d'Afrique, ou aux autres parties du monde*, de marchandises destinées pour l'Europe.

On conçoit aisément en effet qu'une personne qui a des marchandises dans des pays aussi éloignés, & qui en attend le retour, peut ignorer parfaitement sur quel navire elles lui seront envoyées ; & voilà pourquoi cet article dispense alors de l'obligation de désigner le navire & le maître, afin de faciliter l'assurance qui dans ce cas peut être faite valablement, sur quelque navire que les effets se trouvent avoir été chargés.

Il est vrai que l'article ajoute, *pourvu que celui à qui ils devront être consignés, soit dénommé dans la Police ;* ce qui est conforme à l'art. 2, ch. 12 du Guidon de la Mer : mais comme il se peut encore que celui qui veut faire assurer les effets qu'il a dans ces pays éloignés, ignore tout de même à qui ils seront adressés ou consignés, aussi-bien que le port pour lequel le navire est destiné, l'usage a permis de déroger à cette derniere condition de notre article dans la police. De sorte que l'assurance sera valable s'il se trouve que des effets ayent été réellement chargés pour le compte de l'assuré, jusqu'à concurrence de la somme assurée, en quelque navire que le chargement ait été fait, & quel que soit le port d'Europe pour lequel il aura été destiné. Cela a été trouvé juste pour donner un libre cours aux assurances si nécessaires pour le soutien du commerce maritime.

Il est entendu néanmoins, pour prévenir les fraudes ou les surprises, que la police doit exprimer précisément la partie du monde où les marchandises doivent être chargées : par exemple, les Echelles du Levant, si c'est-là qu'elles doivent être chargées; ainsi du reste, si ce doit être aux isles de l'Amérique, au Missisipi ou en Canada, &c.

ARTICLE V.

SI la Police ne régle point le temps des risques, ils commenceront & finiront dans le temps réglé pour les contrats à la grosse par l'article XIII du titre précédent.

IL n'y a point d'observations particulieres à faire sur cet article, puisqu'il se référe absolument à l'art. 13 du tit. précédent. Voyez l'art. 5, chap. 15 du Guidon.

Le temps où commencent & finissent les risques est le même à Amsterdam, suivant le modéle des polices d'assurances inséré dans Loccenius, *de jure maritimo*, *l.* 2, *c.* 5, *n.* 6, *fol.* 171 *& seq. idem.* L'Ordonnance de Rotterdam, art. 11. On la trouve à la suite du Traité des Avaries de Quintin Weytsen.

ARTICLE VI.

LA prime, ou coût de l'assurance, sera payée en son entier lors de la signature de la Police; mais si l'assurance est faite sur marchandises *pour l'aller & le retour*, & que le vaisseau étant parvenu au lieu de sa destination, il ne se fasse point de retour, l'assureur sera tenu de rendre le tiers de la prime, *s'il n'y a stipulation contraire.*

DE droit & par le sens naturel du terme, la prime, qui est le coût de l'assurance, devroit se payer comptant à l'assureur, & en entier lors de la signature de la police. Cela se pratique en effet de la sorte dans les pays étrangers & en quelques endroits du Royaume, comme il a été observé sur l'art. premier. Mais ici & en beaucoup d'autres places, la prime ne se paye qu'après la cessation des risques; c'est-à-dire, qu'après qu'elle est acquise sans retour : & cela est tellement d'usage qu'il n'est pas nécessaire de l'exprimer dans la police.

A Marseille, sans stipulation contraire, la prime est exigible aussi-tôt après la signature. Sentence du 23 Mars 1749.

Pour l'aller & le retour. Anciennement la plupart des assurances se faisoient à temps & par mois; sur quoi on peut voir le Guidon de la Mer, ch. 1, art. 1 & suiv. aux notes. La prime des mois assurés se payoit toujours d'avance; & si le vaisseau n'étoit pas de retour dans le temps fixé par l'assurance, l'assureur n'étoit plus tenu à rien, & conservoit sa prime, sauf la preuve de la perte du navire dans le temps des risques. Mais le plus souvent, par une nouvelle convention entre lui & l'assuré, l'assurance étoit prolongée pour un autre temps, moyennant une nouvelle prime aussi payable d'avance.

D'abord cela parut assez avantageux aux commerçans navigateurs, parce qu'ils ne se faisoient gueres assurer que pour les mois critiques où la navigation est la plus périlleuse : mais les Juifs, usuriers par état, qui avoient inventé la méthode de l'assurance, surent tellement se dédommager, en exigeant des primes exhorbitantes, que l'usage de l'assurance à temps, devenue onéreuse aux assurés, & avec cela sujette à de grandes discussions, s'affoiblit peu à peu, jusqu'à cesser entierement. Et c'est pour cela que cet usage ne subsistant plus, long-temps même avant la présente Ordonnance, elle n'a parlé en général de l'assurance, que sur le pied qu'on avoit dès-lors coutume de la pratiquer ; c'est-à-dire, qu'en présupposant qu'elle ne se faisoit regulierement que pour un voyage entier & déterminé, soit pour l'aller & le retour ensemble, soit pour l'un ou l'autre séparément, sans fixation de temps.

Elle n'a pas néanmoins entendu défendre l'assurance à temps, & la preuve en résulte de l'article suivant : mais malgré cela on ne voit plus d'assurance de cette espece, excepté le cas de la pêche, ou d'un armement uniquement destiné pour courir sur les vaisseaux ennemis de l'Etat. On a soin de fixer alors le temps pour lequel l'assureur prend sur lui les risques de la pêche ou de la course ; de maniere qu'après le terme expiré, les risques postérieurs ne le regardent plus. Et parce qu'il n'y a rien là que de juste ou de licite dans cette sorte d'assurance, c'est la raison pour laquelle on l'a perpetuellement autorisée.

Mais dans les armemens en guerre & marchandise tout à la fois, l'assurance est à l'ordinaire pour tout le voyage, comme en temps de paix, ou simplement pour l'aller, ou pour le retour.

Lorsque l'assurance n'est que pour l'aller, & que le navire est arrivé à bon port au lieu de sa destination, l'assurance est finie, & l'assureur a gagné la prime convenue. Mais si elle est faite pour l'aller & le retour conjointement, la prime n'est acquise en entier à l'assureur, qu'autant qu'il y aura retour du navire ; & si le navire étant arrivé à sa destination pour l'aller, il ne se fait pas de retour, la prime n'est gagnée qu'en partie aux termes de notre article ; & cela est très-juste, l'assureur n'ayant couru qu'une partie des risques.

Il sembleroit que les risques du retour étant les mêmes que ceux de l'aller, l'assureur ne devroit en ce cas gagner que la moitié de la prime, avec le demi pour cent pour sa signature, à l'égard de l'autre moitié ; cependant notre article lui attribue les deux tiers de la prime, en ne l'obligeant d'en rendre que le tiers, s'il l'a perçue d'avance. Mais aussi dans ce cas, il n'est plus question du demi pour cent, dont l'assureur se trouve plus que dédommagé en gagnant les deux tiers de la prime au lieu de la moitié, de laquelle il devroit naturellement se contenter, avec le demi pour cent pour l'autre moitié.

Le retour dont il est parlé dans cet article, où il n'est question que d'une assurance sur marchandises, ne s'entend donc pas du retour du navire simplement ; mais du retour du navire avec un chargement qui représente ou remplace les marchandises assurées pour l'aller. Et cela est si vrai, que si les marchandises en retour ne répondent pas à la valeur de la somme assurée, l'assurance sera caduque & frustratoire, jusqu'à concurrence de ce qui manquera au chargement ; de maniere que la prime ne sera gagnée qu'à proportion du chargement; & de même réciproquement, en cas de perte du chargement, l'assureur n'en payera que la valeur, & non la somme entiere assurée; parce que par la nature de ce contrat, aussi-bien que par celle du prêt à la grosse, tout dépend des risques, *activè & passivè*, & que l'on ne peut gagner ou perdre qu'à raison des risques, & jusqu'à concurrence. Art. 22 des assurances d'Amsterdam. C'est un principe qu'il ne faut jamais perdre de vue.

L'Ordonnance n'a point prévu le cas d'un prêt à la grosse sur marchandises pour l'aller & le retour, dont le retour ne se fait point : faudra t-il régler sur cet article la portion du profit maritime qui sera acquise au prêteur; c'est-à-dire, lui en attribuer les deux tiers comme à l'assureur? Cela paroît tout naturel, les deux contrats ayant beaucoup d'analogie entr'eux, & dépendans pour leurs effets des mêmes principes.

Cependant, par argument de l'article 15 du titre précédent, je croirois qu'il doit être libre au prêteur de prendre les deux tiers du profit maritime, en renonçant au change pour le reste, ou de se contenter alors de la moitié du profit maritime, en demandant l'intérêt de l'autre moitié de la somme principale au cours de la place, suivant que l'un ou l'autre parti lui paroîtra le plus avantageux. Voyez l'art. 15 du titre précédent, où l'on a réfuté l'opinion qui va à faire gagner au prêteur la totalité du profit maritime.

S'il n'y a stipulation contraire. Le Commentateur ne s'est pas entendu à coup sûr, dans ses dernieres observations sur cet article, il y suppose le navire perdu ou pris en allant, tandis que l'article ne parle que du cas où le navire est heureusement arrivé au lieu de sa destination pour l'aller, & qu'il ne se fasse point de retour.

Quoiqu'il en soit, s'ensuit-il de la fin de notre article que l'assureur dans le cas supposé, puisse stipuler valablement que la prime lui sera acquise en entier, ou seulement qu'il peut être réglé qu'il en gagnera moins des deux tiers? Par exemple, qu'il n'en aura qu'une moitié, comme n'ayant couru les risques que pour moitié?

Cette derniere interprétation peut d'autant moins souffrir de difficulté, qu'une pareille stipulation a les principes du droit & l'équité naturelle pour base. Il ne paroît pas qu'il en soit de même de l'autre, parce qu'elle est opposée au principe vrai que j'ai établi en plusieurs endroits; savoir, que la prime ne peut être acquise que jusqu'à concurrence des risques que l'assureur a courus. Cependant il est des personnes qui pensent que cette restriction, *s'il n'y a stipulation contraire*, doit opérer en faveur de l'assureur comme de l'assuré, & en conséquence que l'on peut stipuler valablement dans une police d'assurance, pour l'aller & le retour, une prime liée, avec clause qu'elle demeurera pleinement acquise à l'assureur, que le navire fasse des retours ou non; d'où l'on infére encore que la prime ne sera pas moins sujette à déduction pour le tout, si les effets assurés périssent ou sont pris en allant : ce que je crois véritablement sans difficulté, pour ce dernier cas.

Mais, à cela près, je ne puis m'empêcher de dire qu'une pareille convention est injuste au fond, comme étant contraire à la nature du contrat d'assurance, & qu'elle ne pourroit être légitime en tout cas, qu'autant que dans la réalité la prime liée seroit fixée à un moindre taux que celui qui seroit stipulé naturellement pour l'aller & le retour, si l'assurance étoit faite séparément pour l'un & pour l'autre.

C'est-à-dire, que pour autoriser une pareille clause, il faudroit, par exemple, que la prime liée ne fût que de sept à huit pour cent; tandis que suivant le cours ordinaire elle auroit été de cinq à six pour cent pour l'aller, & d'autant pour le retour; ainsi du reste à proportion.

Après tout, ceux qui font le commerce uniement, ne s'avisent point de ces petites subtilités, qui décélent autant un esprit de cupidité que de tracasserie : ils s'en tiennent bonnement à la disposition de notre Ordonnance, & à l'usage commun, ne croyant pas que la prime liée puisse leur être acquise en plein, lorsqu'il n'y a pas eu de retours, ou que les retours n'ont pas rempli le montant de l'assurance.

S'il s'agit d'une assurance à prime liée, sur la cargaison d'un navire, allant d'abord en Guinée, & de-là à Saint-Domingue, pour retourner ensuite en France, jusqu'à quelle concurrence la prime sera-t-elle gagnée, si le navire revient de Saint-Domingue sans chargement en retour ? Il paroit tout naturel que le gain de la prime excéde les deux tiers que donne cet article dans le cas simple de l'aller dans un seul endroit, & du retour sans chargement. Mais jusqu'à quelle quotité la prime sera-t-elle gagnée alors ? C'est-là où est l'embarras.

ARTICLE VII.

LES assurances pourront être faites sur le corps & quille du vaisseau, vuide ou chargé, avant ou pendant le voyage, sur les vituailles & sur les marchandises, conjointement ou séparément, chargées en vaisseau armé ou non-armé, seul ou accompagné, pour l'envoi ou pour le retour, *pour un voyage entier ou pour un temps limité*.

TOutes ces manieres d'assurer sont licites & d'usage; il ne s'agit seulement que de bien faire attention aux termes de la police d'assurance. Car autre chose est d'assurer le corps & quille du navire, ses agrès, apparaux & vituailles; & autre chose est d'assurer les marchandises qui y sont chargées, puisque l'assurance du vaisseau n'influe nullement sur les marchandises *& vicissim.*

Si l'assurance étoit faite sur le navire & son chargement sans distinction, elle porteroit moitié sur le navire & moitié sur le chargement ; mais cela n'arrive point. On a coutume, en cas d'assurance sur le tout, de spécifier une somme sur le navire, & une autre sur le chargement,

L'assurance n'étant que sur le navire, il importe peu qu'il soit chargé ou vuide, puisque l'assureur & l'assuré n'ont que le navire pour objet. Il importe au contraire à l'assureur de sçavoir, si le vaisseau est armé ou non, & s'il doit faire le voyage seul ou accompagné; parce qu'en temps de guerre la prime est tout autrement considérable, lors que le navire part seul, que lors qu'il est sous convoi & escorte : il y a aussi une différence lorsqu'il est bien armé. Ainsi tout cela doit être déclaré par l'assuré dans la police, & sa declaration doit être conforme à la vérité, sur peine de nullité de l'assurance, suivant les circonstances. Le moins qui en arriveroit, s'il n'y avoit pas lieu à faire déclarer l'assurance nulle absolument, à raison de la surprise faite à l'assureur, ce seroit d'assujettir l'assuré à une augmentation de prime proportionnée aux risques qu'il auroit fait courir de plus à l'assureur, en lui diminuant l'objet par sa fausse déclaration.

Il est assez ordinaire, lorque l'on craint une déclaration de guerre, de stipuler que la prime augmentera d'une telle somme, si la guerre survient à temps pour que le navire puisse être de bonne prise. D'autres assureurs vont même plus loin, & stipulent l'augmentation de la prime, même pour le cas de représailles ou de simples hostilités. Voyez *suprà* art. 2. Lorsqu'on est en guerre, au contraire, & que l'on prévoit le retour de la paix, on peut stipuler tout de même une prime différente. Mais si l'on y manque, la prime telle qu'elle a été stipulée s'exécute sans augmentation, si elle est faite en temps de paix, quoique la guerre survienne (c'est un point de Jurisprudence dont personne ne doute), & de même sans diminution nonobstant le retour de la paix, ayant été stipulée en temps de guerre.

Telle est la régle des corrélatifs; cependant comme la paix qui termina la précédente guerre fut si subite qu'il n'étoit pas naturel de la prévoir, le Roi par Arrêts de son Conseil des 16 Juillet 1748 & 18 Janvier 1749, jugea qu'il étoit de l'équité de modérer les primes d'assurances qui avoient été stipulées immédiatement avant la paix; & cela, sans avoir égard aux représentations faites par les assureurs que pour les assurances qu'ils avoient faites immédiatement avant la guerre, il ne leur avoit point été payé d'augmentation de prime en proportion, à l'occasion de la guerre survenue.

Ils n'étoient pas en effet dans le cas de parité : 1°. parce que la guerre est incomparablement plus aisée à prévoir que la paix. Bien des circonstances assurent pour l'ordinaire une guerre prochaine, & rien n'annonce le retour subit de la paix. Aussi longtemps avant la déclaration de la derniere guerre, avoit-on prévu ce fâcheux événement, tant dans les contrats d'affrétement & de prêt à la grosse, que dans les polices d'assurance : au moyen de quoi les assureurs ne pouvoient pas dire qu'ils avoient été surpris.

2°. Quoique la guerre survienne, les navires, qui partent peu de temps après, courent naturellement peu de risques, à l'occasion de la déclaration de guerre, attendu que les ennemis n'ont encore pas eu le loisir d'équipper des navires en course, ou d'établir des vaisseaux en croisiere. Au lieu qu'en pleine de guerre, les risques étant imminens de tous côtés, la prime augmente avec eux; au moyen de quoi il est naturel que, venant à cesser par le retour d'une paix imprévue, la prime souffre une réduction proportionnée.

Du même principe d'équité devoit s'ensuivre la diminution du prix du fret stipulé dans nos colonies, pour le retour de nos marchandises; mais les chargeurs négligerent de se pourvoir, & ils s'en sont bien mal trouvés, la plupart d'entr'eux ayant été obligés de payer un fret qui excédoit quelquefois la valeur des effets dont la paix avoit fait tomber subitement le prix de près de moitié.

Pour un voyage entier, ou pour un temps limité. L'Ordonnance n'a donc pas proscrit les assurances à temps précisément. Dans l'usage néanmoins, excepté, comme il a été dit, le cas de la pêche & les armemens pour la course, on ne voit point de ces assurances à temps; mais seulement pour un voyage complet, soit de l'aller & du retour ensemble, soit de l'un ou de l'autre séparément.

De droit, l'assurance étant simple, elle n'a lieu que pour un seul voyage, ou pour l'aller seulement, s'il n'est pas parlé du retour. Loccenius, *de jure marit. lib.* 2, *cap.* 5, *n.* 6, *fol.* 170. Rote de Genes, *decis.* 63, *n.* 4. Stracha, *de assec. gloss.* 12, *num.* 3. Santerna, aussi *de assec. part* 3, *num.* 30, & tous les autres Auteurs qui ont écrit sur la Jurisprudence maritime.

ARTICLE

ARTICLE VIII.

SI l'assurance est faite sur le corps & quille du vaisseau, ses agrès, apparaux, armement & vituailles, ou sur une portion, l'estimation en sera faite par la police; sauf à l'assureur, en cas de fraude, de faire procéder à nouvelle estimation.

IL n'est point absolument nécessaire de faire l'estimation du navire par la police, non plus que des marchandises, *infrà* art. 64; & sans cela l'assurance ne seroit pas moins valable, pourvu qu'au fond le navire ne fût pas assuré au-delà de sa valeur. Mais la précaution de l'estimation est bonne & salutaire, pour lever l'incertitude qui resteroit sans cela sur la valeur du navire, pour en faire la comparaison avec les sommes assurées.

Cette estimation après tout ne fait pas loi contre l'assureur, qui, en cas de fraude, est fondé, par cet article, à faire procéder à une nouvelle estimation. *Leg. si quis aliam*, 46, §. 2, *ff. de solutionibus*, *nam estimatio domini non facit verum prætium. Leg. si fundum 81*, §. 4, *ff. de legatis*, 1°; art. 10, des assurances d'Anvers. Stracha, *de assec. gloss. 6*, *n. 3.*

Mais il faut qu'il y ait fraude évidente pour que l'assureur soit reçu à se plaindre de l'estimation; & la fraude sera manifeste si l'estimation excéde du quart, du tiers, & à plus forte raison de la moitié, la véritable valeur de la chose. Art. 13, chap. 2 du Guidon de la mer.

Pour éviter tout inconvénient & toute surprise à cet égard, l'assuré, en donnant l'estimation de son navire, invite les assureurs à le faire visiter, pour juger si l'estimation est juste ou non; & l'on a coutume d'insérer dans la police que les assureurs s'en tiennent à l'estimation, & la reconnoissent sincere: au moyen de quoi suivant Stracha, *ibid.*, ils renoncent à la faculté de requérir une autre estimation, & se rendent non-recevables à la demander dans la suite. Arrêt du 26 Mars 1672, au Journal des Audiences, tom. 3, liv. 6, ch. 21. Du moins est-il vrai que c'est à eux à prouver qu'il y a eu fraude dans l'estimation; & sur ce principe qui est incontestable, on ne peut qu'être étonné de ce que le contraire a été jugé à l'Amirauté de la Table de Marbre de Paris, par Sentence du 29 Décembre 1758, au profit du Sieur Jacques Vermonet, assureur, contre le Sieur Joseph le Bœuf & compagnie, Négocians de cette ville.

En Angleterre, l'assureur n'est jamais recevable à contester la valeur donnée au navire; de même en Portugal, suivant Pereira de Castro, *decis. 56*, *n. 10.* L'assurance y vaut, quoique excédante la valeur du navire & de tout ce qui a été chargé ou promis d'y charger. C'est-à-dire, que ni l'assuré ne peut se défendre du payement de la prime entiere, ni l'assureur de payer la somme entiere assurée, *infrà* art. 23.

Mais, ce qui doit être observé par tout, c'est que l'assuré n'est jamais recevable à dire que la chose assurée valoit plus que l'estimation qu'il en a faite par la police, à l'effet de garantir de nullité les assurances qu'il a fait faire au-delà de la valeur par lui fixée. Sentence de Marseille du 5 Août 1751. Il n'y auroit d'exception à cela, qu'autant que, depuis la premiere police, l'assuré auroit fait reconnoître à tous les assureurs que son vaisseau valoit plus, & qu'il y avoit eu erreur dans l'évaluation.

La surprise ou la fraude n'est pas également à craindre dans l'estimation des marchandises, parce que la valeur en doit être prouvée par des factures, lesquelles avec le connoissement doivent être conformes à la qualité & à la valeur des effets énoncés dans la police. Art. 8 & 9, ch. 2 du Guidon. Sans compter que le grand usage du commerce met chaque assureur bien plus en état de juger du prix de chaque sorte de marchandises, que de la valeur du navire.

L'estimation se trouvant fausse, l'assurance n'est pas nulle pour cela ; elle est seulement réductible à la véritable valeur de la chose, sauf la fraude. *Infrà* art. 22.

Une observation importante à faire est, que dans les polices d'assurance il est assez d'usage de stipuler que l'estimation donnée au navire tiendra & subsistera durant tout le voyage : mais alors l'assuré, étant dans le cas de l'abandon de son navire, ne doit-il pas abandonner le fret en même temps ? Voyez *infrà* art. 15.

ARTICLE IX.

TOus navigateurs, passagers & autres, pourront faire assurer la liberté de leurs personnes ; & en ce cas les polices contiendront le nom, le pays, la demeure, l'âge & la qualité de celui qui se fait assurer ; le nom du navire, du havre d'où il doit partir, & celui de son dernier *reste* ; la somme qui sera payée, en cas de prise, tant pour la rançon, que pour les frais du retour ; à qui les deniers en seront fournis, & sous quelle peine.

CEt article, qui ne peut être gueres d'usage que pour la navigation dans la Méditerranée, est tiré entierement du Guidon de la Mer, ch. 16, art. 3 & 4 ; à cela près que le Guidon, au lieu de dire qu'il sera stipulé une peine dans la police, veut que l'assureur paye le prix convenu pour la rançon, quinze jours après la preuve rapportée de la captivité, sans attendre le temps fixé après l'abandon & délaissement dans les assurances ordinaires.

Cela est juste, & paroît devoir être suppléé de plein droit.

S'il y a une peine stipulée dans la police, faute de payement de la rançon dans le terme fixé, elle servira de règle ; mais s'il n'y a point de stipulation à ce sujet, l'assureur sera tenu des dommages & intérêts résultans de la détention du captif ; lesquels dommages & intérêts seront réglés par des experts, eu égard à la qualité & condition de la personne.

Le Commentateur observe judicieusement, que c'est la faveur de la Religion Chrétienne qui a fait introduire & permettre cette sorte d'assurance, dans la vue de procurer une prompte délivrance aux Chrétiens pris & réduits en esclavage par les Infidéles.

Cela n'empêche pas néanmoins que cette sorte d'assurance ne puisse être pratiquée en temps de guerre ; c'est-à-dire, que quelqu'un ne puisse valablement faire assurer sa liberté, à l'effet de se procurer une prompte délivrance, au cas qu'il soit pris par les ennemis : & alors tout sera réglé conformément à la disposition du présent article, & suivant ce qui vient d'être observé.

Ce mot *reste*, emprunté tout de même du Guidon, signifie la fin & le terme du voyage.

ARTICLE X.

DÉfendons de faire aucune assurance sur la vie des personnes.

CEtte défense conforme à l'article 24 des assurances d'Amsterdam, à l'article 10 de l'Ordonnance de Rotterdam & à l'art. 2 de celle de Middelbourg, de faire assurer la vie des personnes, n'est pas une loi nouvelle pour nous, puisque le même Guidon, art. 5 dudit chap. 16, p. 327 & 328, en observant que cette sorte d'assurance étoit pratiquée chez d'autres nations, déclare qu'elle est prohibée parmi nous, comme contraire aux bonnes mœurs, & capable de donner lieu à une *infinité d'abus & tromperies*; à raison de quoi, ajoute-t-il, ces autres nations ont même été contraintes d'en abolir & défendre l'usage : ce qui n'étoit pourtant pas encore arrivé au temps de l'Ordonnance de Wisbuy, comme il résulte de l'art. 66 *in fine*, non plus qu'actuellement en Angleterre.

Comme la défense portée par cet article, fondée sur ce que *nulla est estimatio hominis liberi*, (Stypmannus, *ad jus marit. part. 4, cap. 7, n. 277, fol. 455*) regarde l'assureur aussi-bien que l'assuré, & que tous deux doivent savoir que le contrat n'est pas licite, il s'ensuit qu'une pareille assurance étant nulle de droit & par sa nature, ce n'est pas le cas du demi pour cent en faveur de l'assureur pour sa signature. *Quod nullum est nullum producit effectum.*

ARTICLE XI.

POurront néanmoins ceux qui racheteront les captifs, faire assurer sur les personnes qu'ils tireront d'esclavage, le prix du rachat, que les assureurs seront tenus de payer, si le racheté faisant son retour est repris, tué, noyé, ou s'il périt par autre voie que par la mort naturelle.

IL faut reconnoître que cet article contient une exception qui déroge formellement, pour le cas prévu, aux défenses portées par l'article précédent, sans s'amuser à chercher des raisons de différence pour les concilier ; car enfin, assurer le prix du rachat du captif, si faisant son retour il est tué ou noyé, c'est au fond assurer sa vie.

Tenons-nous-en donc à dire que cela a paru juste au Législateur, & que cela suffit.

Le Commentateur a raison de soutenir que l'assurance permise par cet article peut être stipulée par quiconque a payé la rançon d'un captif, sans exiger que ce soit par quelques Religieux de l'un des deux Ordres dont l'Institut est de racheter les Chrétiens esclaves, puisque notre article ne distingue point.

Mais il excepte la mort naturelle, afin que l'Assureur ne coure les risques que de la mort violente; & rien n'eſt plus juſte, la garantie de la mort naturelle ne pouvant pas raiſonnablement faire le ſujet d'une police d'aſſurance.

En conſéquence, & par application de la diſpoſition de cet article à un cas ſemblable, l'uſage s'eſt introduit par rapport aux voyages de Guinée, de faire aſſurer les noirs captifs, traités à la côte de Guinée, & embarqués ſur le vaiſſeau qui a fait la traite, pour être conduits à nos colonies.

Dans ces occaſions, la police d'aſſurance s'étend ſur tous les captifs embarqués ſur le navire, appartenans à l'armateur aſſuré, & le plus ſouvent contient leur évaluation, par tête de négres, négreſſes, négrillons & négrites.

Il eſt rare, par rapport à l'armateur, que la police énonce le nombre des captifs; parce qu'il eſt trop difficile qu'il en ſoit inſtruit à temps, & qu'ainſi il ne pourroit faire cette énonciation que par eſtime. Les ſeuls officiers du navire à qui il eſt permis de traiter un certain nombre de noirs, ſeroient en état de la faire au juſte; mais ils ſavent ſe paſſer de la précaution de faire aſſurer, par une manœuvre qu'il n'eſt pas néceſſaire de démaſquer ici. Quoiqu'il en ſoit, que le nombre des captifs ſoit déclaré ou non dans la police, l'aſſureur prend également ſur lui les riſques de leur perte, par mort, priſe, ou autre accident maritime. Mais le cas de la mort naturelle eſt toujours excepté, conformément à notre article. Au reſte on entend par mort naturelle, non-ſeulement celle qui arrive par maladie, mais encore celle que le captif ſe procure lui-même par déſeſpoir; comme il arrive aſſez ſouvent. C'eſt autre choſe néanmoins ſi des captifs ſont tués ou jettés à la mer dans une révolte de leur part; alors l'aſſureur en répond.

ARTICLE XII.

LEs femmes pourront valablement s'obliger & aliéner leurs biens dotaux, pour tirer leur mari d'eſclavage.

ICi concourent tout à la fois, la faveur de la Religion, celle de la liberté & la tendreſſe conjugale, qui doit naturellement & ſi juſtement porter une femme à tirer ſon mari d'eſclavage. C'eſt par tous ces motifs que, quoiqu'en pays de Droit écrit, les dots des femmes ſoient inaliénables, & qu'en pays Coutumier elles ne puiſſent s'obliger en général ſans autoriſation; cet article permet à la femme mariée, tant en pays de Droit écrit, qu'en pays coutumier, d'obliger ſes biens & de les vendre, pour payer la rançon de ſon mari : & en cela au reſte, il ne fait que confirmer la diſpoſition du Droit à cet égard, le ſentiment des Auteurs, & la Juriſprudence des Arrêts.

On eſt même allé plus loin, & l'on a permis tout de même à la femme mariée de s'obliger pour tirer ſon mari de priſon, quoique la rigueur de la priſon n'ait rien de comparable à l'eſclavage; & dans l'un & l'autre cas, il n'importe que la femme ſoit mineure ou majeure. Les autorités à ce ſujet ſont rapportées ſur l'art. 23 de la Coutume de la Rochelle, n. 9.

ARTICLE XIII.

CElui qui, au refus de la femme, & par autorité de Justice, aura prêté deniers pour le rachat de l'esclave, sera préféré à la femme sur les biens du mari, sauf pour la répétition de la dot.

QUelque pressant que soit le devoir qui engage une femme à sacrifier ses biens pour acquitter la rançon de son mari, la loi n'a pourtant pas voulu lui en faire un commandement rigoureux & indispensable. Elle peut donc refuser de faire ce sacrifice, aux risques de se couvrir de honte & d'opprobre, si elle est en état de dégager son mari, sans se mettre trop à l'étroit.

En ce cas, sur son refus, qui doit être constaté par un acte signé d'elle, ou en Jugement sur une assignation qui lui sera donnée à cette fin, par quelqu'un qui s'intéressera au rachat de l'esclave; ce quelqu'un pourra se faire autoriser par Justice à prêter des deniers pour la rançon, ou à la payer lui-même : & pour prix de sa générosité, cet article, par une disposition souverainement juste & équitable, le préfere pour son remboursement à la femme sur les biens du mari, à l'exception toutefois de la dot de la femme, c'est-à-dire, qu'à la dot près, dont la répétition est regardée comme plus privilégiée, la femme n'aura rien à prétendre sur les biens de son mari, pour son augment de dot & ses autres avantages nuptiaux, qu'aprés le remboursement du prix de la rançon.

D'abord, il paroit surprenant qu'en pareil cas la femme conserve le privilège de sa dot, au préjudice de celui qui a payé la rançon, & du privilége attaché à la faveur d'un acte aussi généreux, & qui fait tant d'honneur à l'humanité; sur-tout Mornac sur l'autentique *si captivi*, au Code *de Episcop. & Cleric.* ayant dit, *redemptor captivi prefertur omnibus creditoribus etiam viduæ, quamvis illa sit prior tempore :* mais cela étoit une suite naturelle de la liberté laissée à la femme de refuser de s'obliger pour payer la rançon de son mari, puisque cette liberté lui auroit été indirectement ôtée ou rendue inutile, si un tiers prêtant à sa place avoit été préféré à la dot pour son remboursement.

Au reste, comme la dot n'est pas moins favorable en pays Coutumier qu'en pays de Droit écrit, à cela près que l'aliénation n'en est pas interdite en pays Coutumier; il faut dire qu'en pays Coutumier, la femme, pour ses droits dotaux, reprises de rigueur & remplois, sera également préférable au créancier de la rançon, & que ce ne sera que pour ses autres conventions matrimoniales, dons & avantages, qu'elle passera après ce créancier.

Encore faudra-t-il, aux termes de cet article, que le créancier ait été autorisé par Justice à payer la rançon; autrement, & s'il l'eût fait sans cette précaution, quoique naturellement sa créance seroit toujours privilégiée, il ne pourroit exercer son privilége que contre les autres créanciers, & nullement au préjudice de la femme, tant qu'il lui seroit dû quelque chose pour achever de la remplir de ses conventions matrimoniales, dons & avantages. Cela paroit rigoureux, à la vérité; mais, en pareil cas, le créancier de la rançon doit s'imputer de ne s'être pas conformé exactement à la disposition de cet article.

ARTICLE XIV.

POurront auſſi les mineurs, *par avis de leurs parens*, contracter ſemblables obligations, pour tirer leur pere d'eſclavage, ſans qu'ils puiſſent être reſtitués.

LA cauſe d'une telle obligation eſt trop naturelle & trop légitime pour qu'un enfant mineur fût recevable à s'en faire relever ſous aucun prétexte.

On peut ajouter aux loix citées à ce ſujet, par le Commentateur, l'authentique *ſi captivi* au cod. *de Epiſcop. & Cler.*, qui non-ſeulement déclare majeurs à l'effet de contracter un pareil engagement, le mineur agé de 18 ans; mais encore le ſoumet à l'exhérédation & le prive de la ſucceſſion du Captif, de même que tout autre héritier inſtitué parent ou étranger, s'il néglige de pourvoir au payement de la rançon.

A l'exemple de la femme mariée, ce n'eſt pas ſeulement pour retirer ſon pere de captivité que la juriſprudence des arrêts a permis de tout temps à l'enfant mineur de s'obliger; elle l'a autoriſé à s'obliger tout de même pour le délivrer de priſon; mais on ne peut l'y contraindre, quoique Carondas liv. 4. de ſes reponſes ch. 16. rapporte un ancien arrêt qui ordonna la vente des biens des enfans mineurs pour tirer leur pere de priſon. V. le Commentaire ſur l'art. 24. de la coutume de la Rochelle n. 176.

Par avis de leurs parens. L'avis des parens n'eſt point néceſſaire ſi le mineur eſt émancipé & jouiſſant de ſes droits; il eſt utile ſeulement pour empêcher que dans le réglement du prix de la rançon on n'abuſe de la foibleſſe du mineur & de ſa tendreſſe pour ſon pere.

Si le mineur n'eſt pas émancipé, c'eſt-là qu'il faut néceſſairement un avis de parent, pour autoriſer le tuteur à payer la rançon juſqu'à une certaine ſomme, & à emprunter à cette fin; mais alors cet avis de parens doit être homologué en juſtice pour avoir ſon effet, comme dans tous les autres cas où il faut un avis de parens.

ARTICLE XV.

LEs propriétaires des navires ni les maîtres ne pourront faire aſſurer le fret à faire de leurs bâtimens; les marchands, *le profit eſpéré de leurs marchandiſes*, ni les gens de mer leurs loyers.

IL en eſt de même en cas de prêt à la groſſe aventure, art. 4 du tit. précédent; parce que les raiſons ſont les mêmes.

La ſeule différence qu'il y a par rapport aux loyers des matelots, c'eſt que du conſentement du maître, ils peuvent être affectés à un emprunt à la groſſe juſqu'à la moitié; au lieu que par cet article, conforme à l'art. 9 des aſſurances d'Anvers, au onziéme de celles d'Amsterdam, & à l'avis de Stypmannus, *ad jus marit. part. 4, c. 7, n. 281, fol. 455*, (de même encore à l'Ordonnance de Middelbourg, art. 6, qui est à la suite du Traité des Avaries de Quintin Weitsen) il est défendu d'en faire assurer aucune portion. Sans cela il étoit naturel de penser que l'assurance jusqu'à la moitié auroit pu s'en faire également du consentement du maître.

Comme l'Ordonnance, en défendant de prendre deniers à la grosse sur le fret, ou de le faire assurer, ne parle que du fret à faire précisément; c'est-à-dire, du fret qui ne peut être gagné qu'à l'arrivée du navire à sa destination, & à bon port, qu'il y ait déja un affrétement fait ou non; il s'ensuit que si le fret est déclaré acquis par la charte-partie ou contrat d'affrétement, comme cela est permis par la clause finale de l'art. 18 du tit. 3 ci-dessus, & que cela se pratique quelquefois, sur-tout dans les voyages pour nos isles, le Missisipi & le Canada, quoique les marchandises viennent à périr; il s'ensuit, dis-je, qu'on peut valablement faire assurer ce fret acquis. C'est donc de cette maniere qu'il faut entendre l'art. prem. du chap. 15 du Guidon; c'est-à-dire, qu'il doit être censé ne défendre l'assurance que sur le fret à faire. Aussi la note sur le même article ne convient-elle qu'à un fret à faire, non encore gagné ou acquis.

On conçoit néanmoins que ce n'est que le marchand qui a payé ou promis payer ce fret stipulé acquis, qui puisse le faire assurer, en le joignant aux autres dépenses de son chargement; & qu'à l'égard du propriétaire du navire, il n'est pas question de faire assurer de sa part ce fret acquis, puisqu'il l'a déja gagné, indépendamment du sort du navire, & des marchandises de son chargement. On ne peut faire assurer en effet que ce qui est en risque, & il n'y a plus de risque en cette partie pour lui, si ce n'est qu'ayant reçu des billets pour son fret, il se peut faire que les débiteurs deviennent insolvables. Mais il n'y a pas là matiere à assurance : du moins seroit-il ridicule de se faire assurer par un tel motif.

Ce que le propriétaire & armateur du navire peut faire assurer alors, c'est la valeur de son navire, avec tout ce qu'il lui en a coûté pour la mise hors; & l'avantage qu'il trouve, en stipulant le fret acquis, c'est qu'il n'est point obligé d'en déduire le produit sur la valeur de son navire, à l'effet de ne pouvoir faire assurer que le surplus. Mais s'il arrive ensuite que le navire périsse, & que les marchandises soient sauvées en tout ou en partie, que faudra-t-il penser alors de ce fret acquis?

Je ne doute nullement que cet Armateur assuré, en faisant l'abandon du navire, ne soit tenu d'abandonner tout de même ou de rapporter ce fret jusqu'à concurrence des marchandises sauvées. La raison est que ce fret étant dû au navire comme un fruit qui le suit de nature de chose, jusqu'à un nouveau chargement qui le remplace, est censé faire partie de sa valeur, & que ce n'est qu'en vue du fret qu'il peut faire, que le prix donné au navire à son départ peut légitimement être stipulé toujours subsistant durant tout le voyage.

L'assuré auroit beau dire que le fret lui étant acquis, il n'est pas tenu d'en faire l'abandon avec le navire; l'assureur seroit fondé à lui répondre, ou le rapport du fret est indispensable de votre part, ou je ne dois vous payer que la valeur effective de votre navire au temps qu'il a fait naufrage.

Il seroit en effet contre toute équité que l'assuré exigeât la valeur donnée à son navire qui a nécessairement diminué de prix, par le temps qu'il a resté au voyage, par la consommation des vituailles, & par les gages de l'équipage, sans qu'il fût obligé de faire raison du fret appartenant au navire, jusqu'à concurrence des marchandifes fauvées. C'eft-là une forte d'indemnité due à l'affureur en confidération de l'obligation qu'il contracte de payer la va'eur donnée au navire nonobftant le dépériffement naturel & inévitable auquel il eft fujet ; obligation qui fans cela feroit abfolument injufte & illicite.

Il faut obferver neanmoins, que je n'affujettis l'affuré au rapport du fret, que jufqu'à concurrence des marchandifes fauvées, parce qu'en effet l'affureur n'a pas autre chofe à prétendre ; de forte que fi les marchandifes étoient perdues avec le navire, il n'y auroit aucun rapport de fret à faire. En pareil cas il ne feroit pas recevable à excepter du fret ftipulé acquis & à l'envier à l'armateur affuré, la ftipulation lui étant étrangere & avec cela abfolument indifférente, puifqu'à fon égard les chofes font au même état que fi le fret n'eût été ftipulé qu'à la maniere accoutumée, c'eft-à-dire payable feulement en cas d'arrivée du navire à bon port.

Dans cette fuppofition donc des marchandifes péries avec le navire, comme l'affureur n'a pas de fret à demander, ce n'eft point à lui à examiner fi le fret a été payé d'avance ou non ; il n'eft pas partie capable pour cela. Nul n'eft recevable à fe plaindre d'une convention qu'autant qu'elle bleffe fes intérêts. Ici l'affureur n'en fouffre nullement, puifque c'eft tout de même pour lui que fi elle n'eût pas été faite.

Ce n'eft que lors qu'on a fauvé les marchandifes qu'il peut attaquer la convention, comme n'ayant pû lui préjudicier, parce qu'alors il y a veritablement intérêt ; & c'eft pour cela auffi qu'il eft fondé à demander le rapport du fret à proportion de la quantité des marchandifes fauvées.

Mais fur quel pied ? Sera-ce au taux réglé par la convention, ou eu égard à la valeur ordinaire du fret pour des voyages de la même nature ? Il me paroît hors de doute, que c'eft fur ce dernier taux ; par cette même raifon que la convention n'a pû préjudicier à l'affureur.

Quelqu'un dira peut-être qu'à ce compte, il vaudroit mieux pour l'armateur affuré que tout périt, puifqu'il conferveroit alors fon fret acquis, j'en conviens ; mais la décifion ne doit pas changer pour cela, & fi l'on ajoute qu'il peut arriver delà que les gens de l'équipage pour le favorifer auront moins d'ardeur à fauver les marchandifes ; je reponds que non-feulement la crainte d'un crime ne doit pas empêcher de fe tenir aux regles de la juftice ; mais encore que les gens de l'équipage ont trop d'intérêt à fauver les marchandifes, puifque le fret qu'elles doivent, eft affecté au payement de leurs gages, pour qu'il y ait lieu de craindre qu'ils n'en fauvent pas le plus qu'il fe pourra.

Et qu'on n'oppofe pas, qu'en cas de fret ftipulé acquis, ils n'ont rien à y prétendre & par conféquent plus d'intérêt à fauver les marchandifes ; ce feroit une erreur manifefte, le bon fens ne permettant pas de penfer que l'armateur, par une telle convention, ait pu ravir aux gens de l'équipage, l'une des deux füretés que la loi leur donne pour le payement de leurs gages.

Or fi nonobftant toute ftipulation de fret acquis, le fret doit être rapporté au profit des gens de l'équipage, jufqu'à concurrence des marchandifes fauvées, c'eft un argument de plus pour confirmer la décifion ci-deffus portée en faveur des affureurs, qui en cette partie repréfentent l'équipage & excercent fes droits, comme tenus de lui payer fes gages jufqu'à la concurrence de la valeur des débris du navire & du fret ; en telle forte qu'ils ne peuvent profiter que de l'excédant s'il s'en trouve. V. *infrà* art. 47. *in fine*, où eft cité un arrêt d'Aix du 23 Juin 1734.

Le

Le profit espéré. Parce que ce profit espéré est aussi incertain que le fret à faire : mais si le profit est déja fait & acquis, c'est autre chose. Par exemple, un navire est destiné avec sa cargaison pour Saint-Domingue ; & il est assuré tant pour le retour que pour l'aller. Arrivé à St. Domingue sa cargaison est vendue avec un bénéfice considérable, de maniere que ce qui en est provenu chargé en retour, vaut le double de ce qui avoit été chargé en allant. Rien n'empêche alors de faire assurer cette augmentation survenue & ajoutée au premier fonds de la cargaison, comme formant un nouveau capital jusqu'à concurrence ; c'est aussi ce qui se pratique tous les jours.

Par identité de raison, si c'étoit un navire destiné pour la côte de Guinée, & delà pour St. Domingue, & que l'armateur informé à temps du succès de la traite à la côte de Guinée, en Negres & en poudre d'or, pût juger à peu près du bénéfice de la traite ; rien ne l'empêcheroit tout de même de faire assurer comme un nouveau fond cette augmentation du premier fond de sa cargaison, puisque dans la réalité c'est un profit déjà fait & acquis, & qu'on ne peut pas le considerer comme un profit espéré simplement, sous prétexte que les Negres peuvent mourir de mort naturelle. Cet événement en effet ne peut être mis qu'au rang des avaries auxquelles toutes sortes de marchandises sont sujettes ; ce qui n'empêche pas qu'elles ne soient toutes susceptibles d'assurances, sur le pied de leur véritable valeur, sauf à distinguer les avaries qui sont pour le compte des assureurs de celles qui ne les regardent pas. Ainsi dans l'hypothèse d'une assurance sur une cargaison de Négres, la mort naturelle des Négres ne regardera pas les assureurs ; mais ils répondront de leur mort violente, arrivée par accident, naufrage, révolte, & de même de la prise qui pourra être faite du navire, comme il a été montré sur l'art. 11. ci-dessus.

Les exemples de ces sortes d'assurances sont assez fréquens pour faire juger de leur légitimité. Ces exemples seroient même beaucoup plus communs, si les Armateurs étoient plus souvent instruits du succés de la traite de leurs navires à la côte de Guinée lors qu'ils en partent ; mais il se trouve ordinairement qu'ils ne l'apprennent que par la même voye qui leur annonce l'arrivée de leurs navires à St. Domingue. Cependant il n'en est pas moins vrai de dire que le bénéfice de la traite peut être assuré, non comme un profit simplement espéré, mais comme un profit réellement déjà fait & acquis. Ceci reviendra encore sur l'art. 47. ci-après, où sera discuté le point de sçavoir, si l'assuré est obligé d'abandonner un pareil profit aux assureurs du premier capital seulement.

Ce n'est point au reste faire assurer un profit à faire, que de faire assurer une prise déjà faite, quoique dans la vérité la prise ne soit sûrement acquise que lorsqu'elle est conduite dans un port du Royaume. On peut donc légitimement faire assurer une prise en mer, & alors l'assureur répond de la reprise comme des autres accidents maritimes. Ainsi jugé par arrêt du Parlement d'Aix du mois de Mai 1749, il s'agissoit de 4 navires Anglois pris par le Capitaine Vigoureux commandant le corsaire la Junon de Bayonne, lesquels navires avoient été repris après l'assurance.

ARTICLE XVI.

FAisons défenses à ceux qui prendront deniers à la grosse, de les faire assurer, à peine de nullité de l'assurance, & de punition corporelle.

LA raison d'une défense aussi rigoureuse est sensible. Celui qui prend deniers à la grosse sur un chargement déterminé & jusqu'à concurrence de sa valeur, ne court aucun risque pour ce chargement, puisque tous les risques sont pour le compte du prêteur. L'emprunteur ne peut donc, en pareil cas faire assurer ces mêmes deniers, ou le chargement qui y est affecté, que dans un esprit de fraude.

Mais si le chargement excéde la valeur des deniers pris à la grosse, rien n'empêche l'emprunteur de faire assurer cet excedant. Alors *quid juris* entre le prêteur à la grosse & l'assureur, en cas de naufrage ? *vide* l'art. 18. du titre précédent.

ARTICLE XVII.

DÉfendons aussi sous pareille peine de nullité, aux donneurs à la grosse de faire assurer le profit des sommes qu'ils auront données.

PAr la raison contraire que le prêteur à la grosse court le risque de sa somme principale, il lui est permis de la faire assurer; mais il lui est expressément défendu de faire assurer le profit maritime, parce que ce profit qui est toujours considérable, ne peut être légitime qu'à raison des risques qu'il court de perdre tout.

Delà il s'ensuivroit, ce semble, qu'il ne devroit pas plus lui être permis de faire assurer le capital, puisque par le moyen de l'assurance, la raison fondamentale du gros profit maritime, cesse & ne subsiste plus; mais on a considéré, que l'assurance ne mettant son capital à couvert qu'à la déduction de la prime, & que cette prime, assez souvent allant à la moitié du profit maritime, il n'y avoit pas d'inconvénient ni d'usure à lui laisser l'excédant de ce profit maritime. Quoiqu'il en soit l'assurance du capital est licite, puisque l'Ordonnance l'autorise.

En Italie il est permis de faire assurer le profit comme le principal. Casa Regis *disc.* 1°. n. 123. & *disc.* 14. n. 12. *Idem* Rocus pag. 241. le Commentateur n'a pas mieux entendu cet article que le précédent.

La nullité que l'un & l'autre prononcent, n'empêchera pas l'assureur de gagner le demi pour cent pour sa signature, s'il n'a sçu le vice de l'assurance par l'énonciation de la police ou autrement, art. 14. des assurances d'Anvers.

Au reste la nullité prononcée par cet article, n'est pas absolue comme celle portée par l'art. précédent; elle n'est que rélative au profit maritime, & n'empêche pas que l'assurance ne subsiste pour le capital. Il en est à cet égard comme d'une donation qui excéde ce que la loi permet de donner, la donation n'est pas nulle pour le tout, mais elle est réductible simplement à la portion, dont la disposition est libre ou licite.

ARTICLE XVIII.

LEs assurés courront toujours risque du dixiéme des effets qu'ils auront chargés, s'il n'y a déclaration expresse dans la police, qu'ils entendent faire assurer le total.

CEt article en permettant de faire assurer le total des effets chargés dans un navire ou de chaque chargement particulier, sans déduction du dixiéme, dérogé aux anciennes loix, des us & coutumes de la mer. Art. 11. ch. 2. & art. 3. & 15. du guidon. Ordonnance de Middelbourg art. 3. assurances d'Anvers art. 11, & art. 2. & 15. des assurances d'Amsterdam. Kuricke *Diatriba de assec. fol.* 834. n. 3. Casa Regis *disc.* 1°. *num.* 32; les Ordonnances de Barcelone & d'Espagne vont même plus loin, en ce qu'elles defendent de faire assurer plus des 7 huitiémes en général, & plus des deux tiers pour les voyages des Indes.

Quelques uns prétendent que cet article ne regarde que l'armateur & nullement les autres marchands chargeurs, à l'égard desquels il n'est pas nécessaire qu'ils déclarent dans la police d'assurance, qu'ils entendent faire assurer le total, sans courir risque du dixiéme; mais ils se trompent, cet article ne distinguant point, non plus que les autres autorités que l'on vient de citer. Cette idée d'ailleurs est incompatible avec la disposition de l'article suivant, qui est une exception de celui-ci, & qui suppose des assurés autres que ceux qui sont dans le vaisseau, ou qui en sont propriétaires; par conséquent des marchands chargeurs d'effets indépendans de la cargaison, tenus de droit de courir risque du dixiéme s'il n'y a stipulation contraire.

Dans le cas où l'assuré doit courir le risque du dixiéme, s'il a fait assurer tout à la fois son intérêt dans le navire & les effets qu'il y a chargés, il suffit qu'en réunissant la valeur de sa portion dans le navire à celle des effets du chargement il y ait un dixiéme excédant les sommes assurées. Mais s'il a fait assurer séparement sa portion dans le navire & ses effets; comme ce sont alors deux contrats & deux objets différents, il faut que le dixiéme se trouve libre sur l'un & l'autre objet; de maniere que s'il ne se trouve pas sur l'un, ce qui y manquera, ne pourra être compensé par ce qu'il y aura d'excédant sur l'autre. Ainsi jugé par Sentence arbitrale à Marseille le 11 Septembre 1749.

L'espéce étoit telle. Un propriétaire de navire, avoit d'abord fait assurer, sur le corps du vaisseau, une somme qui n'alloit qu'au tiers de sa valeur. Ensuite il fait assurer sur les facultés, c'est-à-dire sur la cargaison, une somme qui en absorboit absolument la valeur. Le navire pris, les assureurs sont inquietés, & ceux-ci demandent la distraction du dixiéme des effets assurés. L'assuré prétendoit de son côté, qu'il falloit joindre la valeur de son navire à celle de ses marchandises, & que par là il se trouveroit que sur le tout il avoit couru le risque du dixiéme & au-delà; mais parce qu'il s'agissoit de deux assurances qui avoient des objets distincts & séparés, il fut jugé avec raison par la Sentence arbitrale, que les assureurs sur les facultés, ne devoient payer qu'à la déduction du dixiéme du prix de ces mêmes facultés.

ARTICLE XIX.

ET *si les assurés sont dans le vaisseau, ou qu'ils en soient les propriétaires*, ils ne laisseront pas de courir risque du dixiéme, encore qu'ils ayent déclaré faire assurer le total.

ET *si les assurés sont dans le vaisseau.* En ce cas ils courent risque du dixiéme des marchandises, quoi qu'ils ayent déclaré faire assurer le total; afin que cet intérêt du dixiéme les engage à veiller à la conservation du total, soin qui pouroit ne les point occuper du tout s'ils ne couroient aucun risque.

Ou qu'ils en soient les propriétaires. C'est-à-dire du vaisseau en tout ou partie, & alors ceci regarde aussi-bien l'assurance faite sur les marchandises que celle faite sur le corps & quille du navire; de maniere que les propriétaires ne peuvent faire assurer en entier & sans courir risque du dixiéme, qu'ils soient dans le navire ou non.

A la vérité on n'en voit pas la raison lorsqu'ils ne sont pas dans le navire, à moins qu'on ne dise que le maître, qui est nécessairement de leur choix, les représente: mais enfin la décision est portée, & il seroit très-juste de la suivre. L'usage s'est établi néanmoins de déroger à l'ordonnance, même en cette partie dans les polices d'assurance. On va encore plus loin, & il se fait des assurances, aux termes desquelles, les assureurs s'obligent de payer la somme entiere assurée, en cas de perte, sans même aucune déduction de prime. V. l'art. suivant

Le dixieme au reste, dans le cas où l'assuré en doit courir le risque, se régle de maniere, que l'assuré peut joindre le coût de l'assurance au prix de l'achat des marchandises & des frais faits pour le chargement, ou à la valeur donnée au navire; & de ce total on distrait le dixiéme pour le compte & risque de l'assuré. Art. 9. ch. 2. & art. 3 &15. ch. 15. du guidon; art. 2. des assurances d'Amsterdam; ce qui doit avoir lieu que la prime ait été payée d'avance ou non.

Il faut observer encore que dans le cas où l'assuré aura dû nécessairement courir le risque du dixieme, l'assurance qu'il aura fait faire de la totalité ne sera pas nulle pour cela, s'il n'y a fraude, comme la chambre d'assurance de Paris a osé l'avancer avec plusieurs autres propositions aussi erronées, dans le procès qu'elle a soutenu depuis peu contre des assurés de Cadix. Il s'agira seulement de distraire de l'assurance ce dixiéme; & il n'y auroit pas d'autre décision à porter à ce sujet quand bien même l'art. prononceroit, ce qu'il ne fait pas, la nullité de l'assurance en ce cas.

Une autre absurdité que cette chambre soutenoit encore au sujet de ce dixiéme, étoit qu'il devoit rester franc sur chaque partie de marchandises, sans faire attention aux effets que l'assuré pouvoit avoir d'ailleurs dans le vaisseau, & sans distinguer s'il y avoit ou non diverses assurances; parce que disoit-elle, l'objet de la loi est de laisser ce dixiéme aux assureurs pour les indemniser en cas de malheur & diminuer par là leur perte. Elle ne prenoit pas garde que si tel étoit effectivement l'objet de la loi, elle ne permettroit pas en aucun cas de faire assurer le total.

Cette même chambre d'assurance soutenoit aussi, que si un prêteur à la grosse faisoit assurer les profits en même temps que le capital, l'assurance seroit pareillement nulle pour le tout, contre ce qui a été observé sur l'art. 17.

Pour ne pas distinguer tout de même le principe d'où peut partir la nullité, elle prétendoit de plus, que lorsque par diverses assurances, on avoit excedé la valeur effective des choses assurées, toutes les assurances étoient nulles, les premieres comme les dernieres, sans faire attention aux art. 23. 24. & 25. ci-dessous.

Ce n'est pas tout. Selon elle, en fait d'assurance sur effets de chargement, il falloit pour être reçu à faire le délaissement ou abandon, justifier la perte entiere des effets; ce qu'elle inféroit des art. 46, 56 & 57, en abusant de ce mot *perte* inséré dans les deux derniers articles, qui n'exigent autre chose que la preuve du naufrage ou autre accident, & de la perte générique des effets, sans être absolue.

Du même faux principe, elle concluoit que le délaissement ne pouvoit être valable, sans rapporter preuve par des procès verbaux, que tout étoit peri, ou en tout événement, qu'en remettant les pièces justificatives de ce qui avoit été sauvé, même dans le cas où l'assuré n'étoit pas sur le navire. V. à ce sujet l'art. 46. *infrà.*

Tels étoient les moyens qu'elle employoit en point de droit pour se défendre du payement de l'assurance, sans parler d'une infinité de traits de chicane qu'elle avoit réunis avec affectation, pour tâcher de persuader que les assurés qui étoient les Srs. Garnier, Mollet & Dumas Négocians à Cadix, avoient cherché à surprendre tous leurs assureurs par diverses contraventions à l'ordonnance.

De sorte que dans cette occasion elle a donné lieu de penser, ou qu'elle procédoit de mauvaise foi, ou qu'elle n'avoit pas les premiers élémens de la matiere des assurances.

C'est par là seulement que cette affaire a été si fameuse, & a fait tant de bruit dans l'Europe; car au fond il n'y avoit proprement aucune question de droit à décider. Tout se réduisoit à deux points de fait; l'un de sçavoir si les assurances faites en France excedoient ou non la valeur des effets compris dans la facture assurée; l'autre si en tout cas, on n'avoit pas fait entrer dans la valeur donnée à la facture, le profit maritime du prêt à la grosse aventure; deux faits que nioient les assurés, & qui quand ils auroient été vérifiés contre eux, n'auroient rien opéré en faveur de la Chambre, attendu que son assurance étoit la premiere, & qu'en pareil cas il n'y a que les derniers assureurs qui sortent d'assurance.

Au reste cette Chambre jouoit un rolle d'autant plus désavantageux, que sa conduite étoit opposée, non-seulement à celle de quatre compagnies d'assurances de Rouen, qui ayant assuré 200000 liv. sur les mêmes effets avoient enfin payé, malgré les sollicitations qu'elle leur avoit faites de contester comme elle; mais encore à celle même qu'elle avoit déjà tenue, en payant sans difficulté cent autres mille écus qu'elle avoit assuré d'ailleurs à divers particuliers chargeurs sur le même navire. Sans compter encore qu'elle avoit contre elle les paréres de plusieurs chambres de commerce du Royaume, & qu'elle n'en produisoit pas un seul en sa faveur. On ne doit donc pas être surpris si elle a succombé.

ARTICLE XX.

IL sera loisible aux assureurs de faire réassurer par d'autres, les effets qu'ils auront assurés, & aux assurés de faire assurer le coût de l'assurance, & la solvabilité des assureurs.

IL seroit plus court sans doute de se désister de l'assurance ; mais comme cela ne se peut que d'un mutuel consentement, quand la police est signée, il a paru juste de permettre à l'assureur qui craint l'effet des risques qu'il a pris sur lui, de se faire réassurer par d'autres, & à l'assuré qui soupçone la solvabilité de son assureur, d'en faire assurer la solvabilité, lorsque de part & d'autre il y a refus de renoncer à la police d'assurance. *Idem* Stracha, *de assec. in proëmio n.* 49.

Cet article a été formé des 19 & 20 du ch. 2. du guidon, & c'est de là aussi que le Commentateur a tiré tout ce qu'il a dit à ce sujet.

La simple crainte de l'insolvabilité, soit de l'assureur pour répondre de la somme assurée, soit de l'assuré pour le payement de la prime, ne suffit donc pas pour faire résilier ou revoquer l'assurance ; & il ne reste à l'un ou à l autre dans ce cas, que la faculté de se faire réassurer. Mais si cette crainte est réalisée par la faillite notoire survenuë de l'un d'eux, l'autre est sans difficulté en droit de demander la résolution de la police d'assurance, si les choses sont entieres ; c'est-à-dire si les risques ne sont pas finis ; à moins que le failli ou ses créanciers le représentant, n'offrent bonne & suffisante caution pour répondre de l'effet de l'assurance.

Cela est hors de doute si la faillite est du côté de l'assureur, & pourquoi n'en seroit-il pas de même, si c'est l'assuré qui tombe en faillite, puisque le contrat d'assurance est synallagmatique, & que la loi doit être égale entre les contractans ? si l'assuré est fondé à demander la révocation de la police d'assurance dès-que l'assureur n'est pas évidemment en état de lui répondre de la somme assurée, l'assureur doit nécessairement être écouté tout de même, lorsque l'assuré est devenu hors d'état de lui payer la prime. Le plus ou le moins d'intérêt à la chose n'y fait rien ; sans compter qu'il est même des temps où la prime est très-considérable. Il faut donc des sûretés à l'un comme à l'autre, sans quoi leur condition seroit inégale, ce qui ne peut pas être supposé. Mais toujours il faut qu'il y ait encore des risques à courir, lorsque la résolution de la police d'assurance est démandée ; autrement elle ne seroit pas recevable, le contrat ayant déjà eu son exécution par la cessation des risques, & par là le droit étant incommutablement acquis à celui que l'on voudroit forcer de résilier la police.

On comprend néanmoins que l'assureur auroit mauvaise grace à se pourvoir en résiliment de la police, sur le fondement de l'insolvabilité de l'assuré, s'il s'agissoit d'une assurance sur retour simplement, à cause de la sûreté que lui donneroit son privilége pour le payement de la prime, & de la faculté qu'il auroit de saisir les marchandises à leur arrivée. Et comme cette ressource lui manque lors qu'il est question d'une assurance pour l'aller ; c'est pour cela qu'il faut lui donner alors une caution pour éviter le résiliment de la police.

Lorsque l'assureur se fait réassurer, il est évident qu'il ne demeure pas moins obligé envers son assuré, sauf son recours contre son réassureur. Il demeure obligé tout de même envers l'assuré lorsque celui-ci fait assurer sa solvabilité. Ce qui arrive seulement en ce dernier cas, c'est que l'assuré a deux assureurs pour un, avec action pleine, directe & solidaire contre chacun d'eux ; de maniere qu'il n'est point obligé de discuter le premier assureur avant d'attaquer le second, pourvu néanmoins que l'engagement solidaire ait été stipulé dans la police de réassurance ; autrement la discussion seroit nécessaire. Et c'est ainsi qu'il faut entendre ledit art. 20. du guidon avec la loi qui y est citée ; car enfin le réassureur n'est que caution du premier assureur, & la caution si elle n'a pas renoncé au bénéfice de division & de discussion par une promesse solidaire, ne peut être tenue du payement qu'après la discussion du principal débiteur. S'il en est autrement en fait d'endossement de billets de commerce & de lettres de change, c'est que l'Ordonnance y a suppléé de plein droit l'engagement solidaire de tous les endosseurs avec le tireur ou débiteur principal.

Cet article permet de plus à l'assuré de faire assurer le coût de l'assurance ; à quoi est aussi conforme l'art. 9 du ch. 2 du Guidon : & cela est juste, parce que cette prime, qu'il l'ait payée d'avance ou non, augmente d'autant la valeur de la chose, qu'il a intérêt de faire assurer pour courir moins de risque. Il peut par identité de raison, faire assurer la prime de la prime. L'assureur, en se faisant réassurer, ne peut pas de même faire assurer la prime qu'il a stipulée, & dont il a fait crédit ; parce que cette prime lui étant acquise, quelque soit l'événement, il n'y a aucun risque pour lui à courir. Ce ne seroit en tout cas que les risques de l'insolvabilité de l'assuré qu'il voudroit faire assurer : & alors, quel profit pourroit-il trouver à faire assurer cette prime ? Quoiqu'il en soit, cette assurance ne me paroit pas plus licite que celle du profit maritime, en cas de prêt à la grosse. *Suprà* art. 17.

Il est tel cas où la prime se paye avec la prime de la prime, quoiqu'il n'y ait point d'assurance formelle, mais seulement implicite. C'est lorsque quelqu'un confie à un autre une pacotille de marchandises, à vendre à moitié profit, avec stipulation qu'il pourra faire assurer, tant le capital de la facture, que la prime de la prime. Alors, qu'il ait fait assurer ou non, il reprend sur le produit de la vente de la pacotille le principal, la prime, & la prime de la prime ; parce qu'il est censé assureur du tout, comme en ayant voulu courir les risques : de maniere qu'il n'y a que ce qui reste après tout ceci prélevé, qui soit réputé profit, & sujet au partage par moitié.

Il a été observé sur l'article précédent, qu'il est d'usage de faire des assurances, non-seulement avec stipulation que l'assuré ne sera point tenu de courir risque du dixiéme, en quelque cas que ce soit, mais encore avec clause que son capital entier lui sera remboursé, en cas de perte de la chose assurée, sans aucune déduction de prime.

Cette derniere maniere d'assurer est pratiquée sur-tout en temps de guerre, où la prime est beaucoup plus forte qu'en temps de paix, & où aussi les profits sur les marchandises, de même que sur le fret des navires, sont beaucoup plus considérables, en état par conséquent de supporter, tant la prime, que toutes primes de la prime.

Un propriétaire de navire, ou un marchand chargeur, qui veut se faire assurer de façon à recouvrer son capital entier, en cas de perte, à condition de payer aux assureurs la prime & toutes primes de primes, si la chose assurée arrive à bon port ; fait sa proposition aux assureurs, & lorsque ceux-ci l'ont acceptée, on insere dans la police, où les assureurs sont toujours ceux qui parlent, une clause qui, dans sa simplicité, a bien de l'énergie. Ils y disent, ou en termes équivalens : *Vous assurons votre entier capital, sans aucune déduction du dixiéme, renonçons à cet effet à l'Or-*

donnance, & vous permettons de faire assurer la prime & les primes de prime.

Une pareille clause, dans sa briéveté, vaut autant & a la même force que si, d'un côté, les assureurs déclaroient formellement qu'ils assurent, tant le capital entier, que la prime stipulée, & toutes les primes de cette prime, jusqu'à épuisement de toute prime; & que si l'assuré de sa part promettoit expressément de leur payer, en cas d'arrivée à bon port, la prime convenue, & toutes les primes de cette prime.

En vertu de cette convention, si la chose assurée vient à périr, les assureurs sont obligés de payer en entier à l'assuré la somme qu'il a fait assurer, sans aucune déduction de dixiéme ni de prime. Mais aussi, si elle arrive à bon port, l'assuré leur payera la prime, avec toutes les primes de prime; ce qui fait un total de primes assez considérable pour dédommager les assureurs des risques extraordinaires qu'ils ont pris sur eux, en s'exposant à payer le capital entier assuré, sans déduction de primes.

Pour en juger, il n'y a qu'à supposer pour exemple une assurance dans ce goût, de la somme de 3000 liv. à quarante pour cent, il faudra alors que l'assuré paye pour les primes la somme de 2000 liv.; ce qui fait monter les primes de prime aux deux tiers de la premiere prime, & le total des primes aux deux tiers du capital, dont par conséquent il ne lui reste que le tiers : mais aussi il peut fort aisément s'indemniser par le profit qu'il trouvera sur le fret, ou sur la vente des marchandises, tout comme l'assureur trouve dans toutes les primes convenues dequoi se dédommager du risque qu'il a couru de payer la totalité de la somme assurée, sans en rien déduire ou retenir.

Si l'assurance de pareille somme de 3000 liv. est à cinquante pour cent, les primes égaleront alors le capital. Si elle est à vingt-cinq pour cent, les primes iront au tiers, c'est-à-dire, à 1000 liv. Si elle est à vingt pour cent, ce sera 750 l. pour toutes les primes, & par conséquent le quart du capital : ainsi du reste, à proportion du taux de la prime.

On peut voir dans le Mercure de France, Juin 1756, page 90 & suiv. & mieux encore dans celui du mois d'Août de la même année, page 118 & suiv., une méthode pour trouver facilement & sûrement la somme qu'il convient de faire assurer, pour être remboursé de son capital, en cas de perte, avec exemption de toute prime, jusqu'à la plus petite fraction.

En temps de paix, cette maniere d'assurer est peu usitée, parce que la prime est trop peu considérable pour inquiéter l'assuré au point de prendre la précaution de faire assurer son capital exempt de toutes primes.

Quoiqu'il eût toujours été entendu dans le commerce, que cette clause, *& vous permettons de faire assurer la prime & les primes de primes*, valoit autant que si les assureurs eussent déclaré en termes formels assurer effectivement, tant le capital entier, que la prime & toutes primes de prime; il s'est trouvé néanmoins depuis quelques années, des assureurs peu initiés dans la matiere des assurances, qui, sous prétexte que cette clause n'exprimoit qu'une simple permission à l'assuré de faire assurer toutes primes de prime, ont prétendu qu'il ne pouvoit pas en résulter que l'assureur y assurât réellement la prime & les primes de prime : comme si pour juger de la force & du sens des clauses des contrats appartenans au commerce, il ne falloit pas plutôt s'en tenir à l'usage, que s'attacher à la signification des mots pris littéralement, & suivant les régles de la grammaire. L'illusion a été même si loin à ce sujet, que l'on a vu de ces assureurs disputer encore sur l'effet naturel de cette clause, nonobstant qu'ils s'en fussent prévalu dans les cas où les navires étoient arrivés à bon port. C'est-à-dire qu'alors ils avoient bien exigé, tant la prime, que toutes les primes de prime, reconnoissant par-là qu'ils avoient

avoient réellement entendu tout assurer : de sorte qu'ils vouloient bien prendre droit de la clause, lorsqu'elle tournoit à leur avantage, & qu'ils la rejettoient lorsqu'il s'agissoit de payer la perte.

Rien n'étoit plus bisarre & plus injuste en même temps ; cependant, à force de pointiller sur les termes, ils étoient venu à bout de se faire écouter, au mépris de l'usage constant de toutes les places de commerce ; jusques-là que, la question ayant été discutée au Siége de la Table de Marbre de l'Amirauté du Palais à Paris, elle y a été jugée en leur faveur par diverses Sentences.

La premiere dont j'aye eu connoissance, est celle du 7 Décembre 1757, rendue au profit du Sieur Louis Pierre, Marchand Jouaillier à Paris, assureur, contre le Sieur Marc-Antoine Lefêvre, Négociant de cette ville de la Rochelle, assuré. Mais, sur l'appel porté par celui-ci au Parlement, par Arrêt du 6 Septembre 1758, au rapport de M. Bochart de Sarron, la Sentence a été infirmée ; & ainsi, la clause a été jugée devoir opérer son effet de la maniere & dans le sens que tous les Commerçans des villes maritimes du Royaume, de l'Europe même entiere, l'ont toujours entendu. Comme cet Arrêt annonçoit que les autres Sentences de même espece, auroient un pareil sort, il y avoit lieu de présumer que la question ne reparoîtroit plus, ou du moins que l'Amirauté de Paris, abandonnant sa premiere décision, se conformeroit à celle de l'Arrêt. Il en est arrivé autrement néanmoins ; &, par une derniere Sentence du 19 Janvier 1759, rendue entre Pierre Lanouiller pere & consorts, assurés, & les Sieurs Sellon & autres assureurs, non-seulement elle a jugé le contraire de l'Arrêt, mais encore elle a proscrit la clause dont il s'agit, *permis d'assurer l'entier capital, même la prime & les primes de prime, si bon vous semble, & quand bon vous semblera*, comme étant ladite clause *captieuse, équivoque, tendante à surprise, & contraire, tant à la bonne foi, qu'à la sûreté requise dans le commerce* ; avec défenses aux courtiers & agens d'assurances de l'insérer à l'avenir dans les polices : sauf néanmoins aux assurés à faire assurer conformément au présent article 20, la prime, même les primes de prime ; & ce, *par une clause expresse, actuellement obligatoire, & écrite à la main dans lesdites polices, conformément aux articles 2 & 3*.

Il y a eu sur le champ appel de cette Sentence, avec Arrêt en date du 27 du même mois de Janvier, portant défenses de la mettre à exécution. On attend la suite de cette affaire. Selon toute apparence, la clause sera jugée devoir opérer son effet, en conformité de l'Arrêt du 6 Septembre 1758.

Par rapport à la partie de la Sentence en forme de réglement, qu'elle soit suivie au chef qui défend de l'employer à l'avenir dans les mêmes termes, à la bonne heure, puisqu'on ne les trouve pas assez clairs ; mais que ce soit sans effet rétroactif.

Quant à l'autre chef, qui permet de faire assurer la prime & les primes de prime, pourvu que ce soit *par une clause expresse, actuellement obligatoire, & écrite à la main* ; c'est une suite de la Sentence du 7 Décembre 1757, infirmée par l'Arrêt du 6 Septembre 1758, par laquelle il avoit été ordonné que *toutes clauses synallagmatiques seroient écrites à la main*, dans les polices d'assurances.

Par-là on a donc entendu rejetter absolument tous les modéles imprimés des polices d'assurances, puisqu'il n'y a pas une clause dans ces polices qui ne soit synallagmatique ; & c'est ce qui est étonnant qu'on ait voulu proscrire ces modéles imprimés, dont l'usage est si utile, & même indispensable, aussi-bien que ceux des autres contrats maritimes ordinaires, tels que sont les prêts à la grosse aventure, les charte-parties, les connoissemens, &c.

Ces modéles ont été imprimés pour faciliter l'expédition des négociations maritimes, qui, le plus ſouvent, exigent la plus grande célérité. Pour ne point ſortir de la matiere des aſſurances; que l'on ſuppoſe un courtier qui reçoit des ordres pour faire faire une certaine quantité d'aſſurances, ſans perte de temps. Avec le ſecours des modéles imprimés, où il n'y a que quelques blancs à remplir, il pourra accomplir ſes ordres à point nommé; au lieu que, s'il faut tout écrire à la main, il y aura néceſſairement un retardement conſidérable : & alors quels inconvéniens n'en pourroit-il pas réſulter? Gêner ainſi le commerce, ce ſeroit travailler à le ruiner.

A quelle fin d'ailleurs bannir ces modéles imprimés? On craint la ſurpriſe dans les clauſes, ſi elles ne ſont pas écrites à la main : mais quoi! c'eſt préciſément dans les clauſes à la main qu'il y auroit lieu d'appréhender la ſurpriſe, plutôt que dans les modéles imprimés, dont la notoriété met quiconque en état de juger par lui-même ou par le ſecours d'autrui, de la valeur & de la force des clauſes qui y ſont inſérées. Le fréquent uſage qu'on en fait en rend l'idée familiere. Il en ſera autrement d'une clauſe à la main, parce qu'elle ſera nouvelle ou extraordinaire. Il y auroit bien d'autres choſes à dire à ce ſujet; mais en voilà plus qu'il ne faut pour montrer que le réglement dont il s'agit, porté par ces deux Sentences, eſt abſolument inſoutenable, & qu'il ne ſe peut pas qu'il ſoit autoriſé.

ARTICLE XXI.

LEs primes des réaſſurances pourront être *moindres ou plus fortes* que celles des aſſurances.

LE Commentateur pouvoit ſe diſpenſer d'obſerver ſur cet article, comme ſur le précédent, que le prix, ſoit de l'aſſurance, ſoit de la réaſſurance, ne doit pas excéder la valeur des effets aſſurés : car quel ſeroit l'homme aſſez imbécile pour payer une prime ſupérieure à la valeur des effets aſſurés?

Moindres ou plus fortes. Qu'importe en effet au premier aſſureur ou à l'aſſuré que la prime de la réaſſurance ſoit moindre ou plus forte que celle de la premiere aſſurance? La police paſſée entr'eux n'en eſt pas moins valable & obligatoire de part & d'autre.

ARTICLE XXII.

DÉfendons de faire aſſurer ou réaſſurer des effets au-delà de leur valeur, par une ou pluſieurs polices, à peine de nullité de l'aſſurance, & de confiſcation des marchandiſes.

LEs défenſes portées par cet article roulent ſur le même principe que celles de l'article 3 du titre précédent, concernant les emprunts à la groſſe. L'injuſtice eſt la même en effet, ou plutôt le crime eſt le même, d'emprunter à la groſſe une ſomme ſur un chargement dont on ſait que la valeur eſt moindre, & de faire aſſurer une choſe pour une ſomme qui en excéde la valeur.

Dans le cas de l'emprunt frauduleux à la groſſe, l'emprunteur eſt toujours puni de ſa prévarication, au moyen de la diſpoſition de l'art. 3 qui vient d'être cité : mais ici, celui qui ſe fait aſſurer en fraude, ne ſubira la peine de ſon crime, qu'autant que toutes les aſſurances auront été faites par une ſeule & même police.

Alors l'aſſurance ou les aſſurances étant indiviſibles, à cauſe de l'indiviſibilité de l'acte, elles ſeront nulles pour le tout, ſans qu'on puiſſe les faire ſubſiſter juſqu'à concurrence de la véritable valeur des effets ; & cela, que les effets périſſent, ou qu'ils arrivent à bon port. De plus, l'aſſuré ſera ſujet à la confiſcation de la choſe aſſurée, ou de ce qui en ſera ſauvé, en cas de perte ou naufrage.

Mais ſi les aſſurances ſont faites par pluſieurs polices, de façon que celles de la premiere n'excédent pas la valeur des effets aſſurés ; comme la nullité portée par cet article ne peut tomber que ſur les aſſurances poſtérieures, à compter de la police qui la premiere aura excédé la valeur des effets, ſans que les aſſurances des précédentes polices en doivent ſouffrir, puiſqu'elles ont été faites légitimement ; il pourra arriver que l'aſſuré ne ſupportera pas la peine de la confiſcation, ou du moins la confiſcation n'aura pour objet que les marchandiſes qu'il avoit encore droit de faire aſſurer, & dont l'aſſurance ſe trouvera nulle, comme étant faite dans une ſeconde ou troiſiéme police, où la valeur reſtante des effets aura été plus qu'abſorbée ; & que d'ailleurs il en ſera quitte pour payer aux aſſureurs, dont les aſſurances ſeront déclarées nulles, le demi pour cent.

Pour ſuppléer au ſilence de l'Ordonnance ſur ce cas, il ſeroit juſte, la fraude étant bien conſtante & bien prouvée, de condamner l'aſſuré à une amende conſidérable, tenant lieu de confiſcation. Il y auroit lieu même de prendre contre lui la voye extraordinaire, & de lui infliger une peine corporelle, ſa prévarication le rendant encore plus coupable que celle de l'emprunteur à la groſſe, à qui l'art. 16 ci-deſſus défend de faire aſſurer, ſur peine de punition corporelle.

Comme la nullité des aſſurances prononcée par cet article, ne peut venir que du fait propre de l'aſſuré, n'étant pas naturel de préſumer en aucun cas que les aſſureurs colludent avec lui ; la peine doit conſéquemment ne regarder que lui ſeul, & au ſurplus il eſt obligé de payer aux aſſureurs dont l'aſſurance eſt nulle, le demi pour cent pour leur ſignature : à moins qu'ils n'ayent eu connoiſſance de la fraude dans le temps de l'aſſurance. Art. 14 des aſſurances d'Anvers. Mais la ſuppoſition eſt chimérique.

ARTICLE XXIII.

SI toutefois il ſe trouve une police faite ſans fraude, qui excéde la valeur des effets chargés, elle ſubſiſtera juſqu'à concurrence de leur eſtimation ; & en cas de perte, les aſſureurs en ſeront tenus, chacun à proportion des ſommes par eux aſſurées ; comme auſſi de rendre la prime du ſurplus, à la réſerve du demi pour cent.

MAis parce que la fraude, qui de droit ne ſe préſume jamais, encore moins dans une matiere auſſi grave que celle-ci, doit être exactement prouvée, & que la preuve en eſt difficile ; en pareil cas, on doit juger naturellement que c'eſt par erreur ou par inadvertance que les aſſurances ont été demandées au-delà de la valeur des effets chargés, ſoit que le chargement fût déja complet, ſoit que ne l'étant pas encore, l'assuré se fût flaté de placer dans le navire autant d'effets qu'il en falloit pour remplir le montant des assurances.

Alors toutes les assurances subsistent, qu'elles ayent été faites par une ou plusieurs polices, à cause de la bonne foi présumée; mais ce n'est que jusqu'à concurrence de la valeur ou de l'estimation des effets, *activè & passivè*, comme il a été observé au sujet du prêt à la grosse sur l'art. 15. du titre précédent. Stracha de *assec.* gl. 6. n. 6. & 9.

En telle sorte, qu'en cas de perte les assureurs n'en seront tenus que jusqu'à la même concurrence, & à proportion des sommes par eux assurées, à la déduction de la prime aussi jusqu'à concurrence, & du demi pour cent du surplus de chaque assurance; & qu'au cas que le navire arrive à bon port, ils ne gagneront la prime que dans la même proportion, le surplus devant par eux être restitué s'ils l'ont reçue d'avance (ce qui s'appelle ristorne en Italie, Provence & autres côtes de la Méditerranée), à la réserve toutefois du demi pour cent qui leur est toujours acquis, dès que l'assurance n'est pas nulle, par un fait qui leur ait été connu dans le principe, comme à l'assuré. Assurances d'Amsterdam, art. 22. & assurances d'Anvers, art. 14. 15. & 16. *Idem* l'art. 18. de l'ord. de Rotterdam.

Mais afin qu'il y ait ainsi lieu à contribution ou répartition entre les assureurs à perte ou profit, il faut aux termes de notre article, que toutes les assurances soient faites par une seule & même police: car s'il y en a plusieurs, ce sera de l'ordre de leurs dates que dépendra le sort des assureurs; c'est-à-dire, comme il a été observé sur l'art. précédent, que toutes les assurances qui se trouveront avoir été faites avant que la valeur des effets ait été épuisée, seront valables en plein, & que celles qui auront été faites postérieurement, seront regardées comme non avenues, étant caduques & frustratoires; de maniere qu'en cas de perte, ce seront les premiers assureurs qui la supporteront seuls, sans contribution de la part des derniers; & réciproquement qu'en cas d'heureux voyage, les premiers gagneront la prime, à l'exclusion des autres, qui devront se contenter du demi pour cent. Et c'est ainsi qu'il faut entendre les art. 16. & 18. du Guidon, ch. 2, avec l'art. 3. du ch. 3. & l'art. 23. des assurances d'Amsterdam, rélativement à l'art 15 des assurances d'Anvers & à l'art. suivant.

En Angleterre l'assurance vaut, *activè & passivè* sans égard à la valeur des choses assurées, & sans examiner si les marchandises ont été chargées ou non. Il ne s'agit que de l'existence du navire à l'occasion duquel l'assurance est faite: de sorte que tout se réduit à une espéce de gageure que le navire arrivera à bon port. Ainsi en cas d'heureuse arrivée, la prime est gagnée sans autre examen, & au contraire le navire venant à périr, l'assureur est tenu de payer la somme assurée, que l'assuré ait intérêt ou non dans le navire ou son chargement, jusqu'à concurrence. Et sans doute que la même chose a lieu en Portugal, en cas de stipulation *qu'il y ait ou qu'il n'y ait pas d'effets dans le navire jusqu'à concurrence*, puisque Pereira de Castro decis. 56. n. 5. tient qu'une telle stipulation est valable comme n'étant nullement contraire à la nature du contrat d'assurance. Mais notre ordonnance ayant décidé tout autrement, c'est le droit que nous devons suivre, sans aucune distinction ni restriction; c'est après tout le droit commun, conformément à la décision 55. de la Rote de Génes.

ARTICLE XXIV.

Et s'il y a plusieurs polices aussi faites sans fraude, & que la premiere monte à la valeur des effets chargés, elle subsistera seule; & les autres assureurs sortiront de l'assurance, & rendront aussi la prime, à la réserve du demi pour cent.

Après ce qui vient d'être observé, il n'y a plus rien de particulier à dire sur cet article, si ce n'est que telle est la doctrine de Stypmannus *ad jus marit. part.* 4. *cap.* 7. n. 508, pag. 472. de Kuricke *Diatriba*, *de assec. fol.* 834. n. 5. de Loccenius *de jure marit. lib.* 2. *cap.* 5. n. 8. *fol.* 175. de Stracha *de assec. gl.* 3. n. 3. & *seq. & gl.* 6. n. 9. en un mot des autres Docteurs.

ARTICLE XXV.

En cas que la premiere police ne monte pas à la valeur des effets chargés, les assureurs de la seconde répondront du surplus; & s'il y a des effets chargés pour le contenu aux assurances, en cas de perte d'une partie, elle sera payée par les assureurs y dénommés, au marc la livre de leur intérêt.

La premiere partie de cet article est une suite & une conséquence naturelle des deux précédens. La premiere police doit subsister en plein, dès qu'elle est au-dessous de la valeur des effets chargés. Il n'y a que la seconde qui soit sujette à réduction, pour la somme qui excéde la valeur des effets; mais elle vaut constamment pour ce qui restoit à assurer légitimement après la premiere police remplie; & c'est de ce surplus qui pouvoit être valablement assuré que les seconds assureurs doivent répondre, aux termes de cet article en cas de perte, par contribution entre eux au sol la livre, la perte des effets assurés par la premiere police demeurant entierement pour le compte des premiers assureurs.

Mais s'il a été chargé des effets de valeur suffisante pour remplir toutes les assurances, alors il n'y a aucune distinction à faire entre les différentes polices: toutes les assurances doivent être considérées comme si elles avoient été faites par une seule & même police, par la raison que toutes ont été légitimement faites. Au moyen de quoi la condition de tous les assureurs étant égale, en cas de perte d'une partie seulement des effets assurés, tous la supporteront conjointement au marc la livre de leur intérêt. Art. 25. de l'ord. de Middelbourg, que l'on trouve à la suite du Tr. des avaries de Quintin Weitsen.

ARTICLE XXVI.

SEront aux risques des assureurs toutes pertes & dommages qui arriveront sur mer par tempêtes, naufrages, échouemens, abordages, *changemens de route, de voyage ou de vaisseau, jet, feu, prises,* pillage, *arrêt de Prince, déclaration de guerre, représailles, & généralement toutes autres fortunes de mer.*

PAr la nature du contrat d'assurance, l'assureur prend sur lui tous les risques & perils maritimes auxquels sont exposés les effets assurés. Loccenius, *de jure maritimo lib. 2. cap. 6. n. 5.* Casa Regis, *passim;* de même que le prêteur à la grosse par rapport aux effets affectés au prêt : mais l'un & l'autre ne répondent que des dommages arrivés par cas fortuit ou forcé, comme il a déjà été observé, & comme il se verra encore dans la suite.

Changemens de route, de voyage ou de vaisseau. A cause de l'article suivant, cela ne doit s'entendre que de chargemens forcés, tels que ceux qui auroient pour cause la juste crainte d'un naufrage ou échouement, ou de tomber entre les mains des ennemis ou des pirates. Le changement seroit également forcé, s'il étoit causé par les vents contraires, & à plus forte raison par la tourmente, ou si le navire étoit incommodé par les coups de mer, de façon à obliger de gagner un port pour le faire radouber. Art. 7. des assurances d'Amsterdam. Stracha, *de assec. gl.* 14, n. 3. Kuricke *ad jus hanseaticum tit. 9.* art. 15. *fol.* 718. 719. Casa Regis, *disc.* 1. n. 69. Arrêt du Conseil du 6 Avril 1748, en faveur des Sieurs Belin & consors, Négocians à la Rochelle contre les assureurs, sur le Benjamin.

Ce navire étant parti du petit Goave, avoit débouqué par le canal de Baham, en vue d'éviter les corsaires. Mais étant par les quarante-sept degrés & demi de latitude, & trois & demi de longitude, il avoit été pris, après un combat opiniâtre, où le Capitaine avoit perdu la vie. Par Sentence de Marseille du 23 Novembre 1745, les assurés avoient été déboutés, & cette Sentence avoit été confirmée par arrêt du Parlement d'Aix du 30 Juin 1746; mais l'arrêt du Conseil cassa celui du Parlement, comme contraire à l'Ordonnance.

En effet, le changement de route, ou plutôt le choix de la route la plus longue, avoit une cause juste & raisonnable; savoir d'éviter de passer sous le mole de St. Nicolas que l'on savoit être infesté de corsaires. D'ailleurs, les deux débouquemens conduisoient également à la route; & si l'un d'eux allongeoit un peu plus la route; il étoit aussi le moins dangereux. C'étoit donc une pure chicanne de la part des assureurs, non seulement parce que le Capitaine avoit suivi dans cette occasion les régles de la prudence, mais encore parce qu'il n'y a point de loi, qui ordonne que de deux routes à prendre pour se rendre à sa destination, l'on choisisse précisement la plus courte.

Jet. La perte de la chaloupe par le jet, ou autrement, ou le dommage qui y arrive, est à la charge des assureurs, & entre en contribution comme les autres dépendances du navire. Devicq sur le Tr. des avaries de Weitsen n. 26. Et cela quoiqu'en général la chaloupe soit un objet distinct & séparé du navire; de maniere que sans expression formelle, elle n'est pas comprise dans la saisie réelle du vaisseau. Stracha, *de assec. gl.* 8. n. 7. V. *suprà* liv. premier tit. 14. art. 2.

Feu. Il n'est pas question d'examiner, si en conscience, un Capitaine peut mettre le feu à son navire, pour empêcher l'ennemi d'en profiter, aux risques de sauter en l'air, ou autrement, de périr avec les gens de son équipage; il suffit à cet égard de renvoyer à Loccenius *de jure maritimo lib.* 3. *cap.* 9. & à Kuricke, *quest.* 29. *fol.* 888, qui tiennent avec raison, que cela est défendu tant par le droit divin que par le droit naturel; à moins que, mettant le feu au vaisseau, il n'y ait tout lieu d'espérer de se sauver avec la chaloupe.

Mais la question est, si dans ce cas les assureurs sont tenus de la perte du vaisseau & des effets de son chargement, ou s'ils peuvent s'en défendre sous pretexte que ce n'est pas là un cas fortuit.

La solution dépend du point de savoir, si le Capitaine ne pouvoit que par cette voye éviter que son navire ne tombât entre les mains des ennemis ou des pirates, parce que cela étant, la perte a été causée par un cas tout à la fois fortuit & forcé. Du reste la présomption est de droit, qu'il y avoit nécessité de prendre un parti aussi violent, si le contraire n'est prouvé, faute de quoi les assureurs doivent répondre de la perte tout comme si le navire eût peri par le feu du Ciel ou par celui des ennemis.

Ainsi jugé en premier lieu par arrêt de Bordeaux du 7 Septembre 1747, en faveur d'Elie Leyssan, Capitaine, qui avoit brulé son propre navire, contre les assureurs.

En second lieu par arrêt d'Aix du 30 Mars 1748, contre les assureurs du vaisseau *le Modeste*, auquel le Capitaine Artaud, poursuivi par des corsaires vers le Cap Trafalga, avoit mis le feu, & s'étoit sauvé sur la côte avec tout son équipage.

Et en troisieme lieu, par Sentence de Marseille du 27 Avril audit an 1748, au rapport de M. Emerigon, au profit de Jacob Francia, Négociant de Bordeaux contre les assureurs du vaisseau *l'Espérance*, auquel le feu avoit été mis près du Bourg St. Pierre, côte d'Espagne, pour échaper à la poursuite des Anglois. Sa prise étoit inévitable sans cela.

Prise. Les assureurs sont garants, non-seulement des prises faites par des ennemis ou des pirates; mais encore de celles qui sont induement faites par des amis, alliés ou neutres; en un mot de toutes prises justes ou injustes, faites par hostilités, brigandage ou autrement. Casa Regis, *disc.* 1. n. 118. & *disc.* 64. n. 8. Santerna, *de assec. part.* 5. n. 8. Cela est hors de doute. Sentence conforme de Marseille *unâ voce* du 18 Avril 1757, en faveur du Sieur Tiran, propretaire de la corvette *la Marie-Anne*, contre ses assureurs. Ce navire qui, avant toute déclaration de guerre, avoit été pris par les Anglois & conduit à Minorque, fut rendu libre par la glorieuse conquête de Port-Mahon. De retour à Marseille, les assureurs prétendirent qu'il n'étoit point question là d'une prise, mais d'un simple arrêt de Prince. Sans avoir égard à leur exception, ils furent condamnés *& rectè* de payer les sommes par eux assurées, à la déduction du prix de la vente du navire & de la cargaison. Arrêt conforme du Parlement d'Aix, du 13 Mai audit an 1757, au rapport de M. de Jouques.

Ils répondent tout de même des prises induement faites par les ennemis, quoique relâchées dans la suite. Ainsi jugé par Arrêt d'Aix du mois de Juin 1751, confirmatif d'une Sentence de l'Amirauté de Marseille du 3 Août 1750, au rapport de

M. Emerigon, en faveur des créanciers des Sieurs Lemere & Fils, contre les assureurs sur le pinque *le St. Charles*. Le navire avoit été pris par les Anglois depuis la publication de la paix, & ils l'avoient ensuite rélâché.

Arrêt de Prince, déclaration de guerre, représailles. Idem. Loccenius, *de jure maritimo lib.* 2. *cap.* 5. n. 5. & cela sans augmentation de prime le cas arrivant; parce que l'assureur est censé l'avoir prévû, & par conséquent l'avoir pris pour son compte. Mais pour ce qui est de la déclaration de guerre sur-tout, comme il arrive rarement qu'elle surprenne & qu'on n'en ait pas eu des avis ou des soupçons quelque temps auparavant, les assureurs lorsqu'ils ont sujet de la craindre ont accoutumé de stipuler deux primes, l'une à l'ordinaire pour le cas de la paix, & l'autre plus forte, si la guerre survient pendant le voyage, V. *suprà* art. 7.

Et généralement toutes autres fortunes de mer. Divers Auteurs ont prétendu, entr'autres Santerna *de assec. part.* 3. *n.* 72 *& seq.* Casa Regis, Rocus, Stracha, &c. que les assureurs ne sont pas tenus des cas tout-à-fait extraordinaires, à moins que la police ne soit générale pour tous les cas exprimés & non exprimés. Mais cette exception, qui ne pourroit que donner matiere à des discussions fréquentes, n'est pas admissible parmi nous, à la vue de notre article qui comprend absolument *toutes fortunes de mer*, s'il n'y a quelque restriction par une convention expresse.

ARTICLE XXVII.

SI toutefois le changement de route, de voyage ou de vaisseau, arrive par l'ordre de l'assuré, sans le consentement des assureurs; ils seront déchargés des risques; ce qui aura pareillement lieu en toutes autres pertes & dommages qui arriveront, *par le fait ou la faute des assurés*, sans que les assureurs soient tenus de restituer la prime, *s'ils ont commencé à courir les risques.*

VOyez les articles 6. & 7. des assurances d'Anvers & le septiéme des assurances d'Amsterdam.

Il en seroit de même du changement de route arrivé par le fait du maître ou Capitaine; à moins qu'aux termes de l'art. suivant, l'assureur ne se fût chargé par la police, de la baraterie de Patron. Mais c'est à quoi l'on ne manque guere, non plus que de stipuler que l'assureur courra tous les risques maritimes, nonobstant tout changement de route, de voyage, ou de vaisseau, avec déclaration qu'on déroge à l'Ordonnance en cette partie, comme en bien d'autres cas, ce qui est permis pour tous ceux où elle ne s'exprime pas en termes prohibitifs. Mais enfin, sans de pareilles clauses, l'Ordonnance auroit tout son effet. C'est aussi le droit commun, Loccenius, *de jure maritimo lib.* 2. *cap.* 5. n. 10. *fol.* 179.

Par le fait ou la faute des assurés. Ou de leurs préposés, agens, ou facteurs; & cela sans qu'aucune clause, puisse valablement charger les assureurs des dommages qui arriveroient de cette maniere. Une telle clause en effet, seroit absurde, illusoire & frauduleuse. *Pacta non sunt servanda quæ ad delinquendum provocant, leg.* 5. ff. *de pactis doctalibus.*

La perte provient du fait ou de la faute des assurés, si les marchandises sont de mauvaise

mauvaise qualité, si elles sont mal emballées, ou si le commerce en est prohibé. C'est ainsi que la loi, *cum proponas 3. cod. de nauticio fœnore*, parlant du cas où un emprunteur à la grosse a chargé des marchandises *prohibées*, qui par cette raison ont été confisquées, décide comme notre article, que le prêteur n'est nullement tenu de supporter cette perte, comme ne procedant pas d'un cas fortuit maritime, mais purement du fait & de l'extrême imprudence du débiteur.

Si la perte ou le dommage arrive aussi, par le fait ou par la faute du Maître & des mariniers, les assureurs n'en sont pas tenus non plus de droit ; mais par une clause de la police, ils peuvent y être assujettis en se chargeant de la baraterie de patron ; & cette clause est permise par l'art. suivant. Il en seroit autrement, comme on vient de le dire, d'une stipulation qui soumettroit les assureurs à la garantie des faits de l'agent ou du facteur de l'assuré ; & la raison est que le facteur représente essentiellement l'assuré, en telle sorte que c'est tout comme si l'assuré commettoit la faute lui même ; ce qu'on ne peut pas dire absolument, lorsque la faute vient du maître ou Capitaine, quoiqu'il soit du choix du propriétaire ou Armateur du navire assuré.

S'ils ont commencé à courir les risques. Dès-là la prime est acquise en entier aux assureurs, quoique les risques n'ayent pas duré long temps, par quelqu'un des cas exprimés par cet article ou autrement. Cependant cela ne doit s'entendre que de la prime pour l'aller, si les risques ont cessé de courir contre les assureurs en allant ; car il est décidé par l'art. 6 ci-dessus, que si la prime est stipulée pour l'aller & le retour, ce qu'on appelle prime liée, & que le vaisseau ne fasse point de retour, l'assureur ne gagnera que les deux tiers de la prime. Ainsi la décision étant appliquable à notre hypothèse, il faut dire que les assureurs ne gagneront tout de même que les deux tiers de la prime stipulée en général pour l'aller & le retour, ou que celle qui aura été réglée séparement pour l'aller, sans préjudice en ce dernier cas seulement, du demi pour cent de l'autre moitié de l'assurance pour le retour. Cependant si le navire avoit fait naufrage, ou avoit été pris en allant, il seroit juste & naturel de déduire alors aux assureurs la prime liée en plein, que l'événement eût été prévû ou non dans la police.

En vertu de la clause qui est aujourd'hui de stile dans les polices d'assurances, par laquelle clause il est permis de changer de route, *de naviger à droit & à gauche, à dextre & senestre côté, de faire échelles, d'aller & revenir*, &c ; si le navire touche à quelque port dans sa route, que le Capitaine y décharge & vende des marchandises, pour en prendre d'autres en remplacement, ou provenant du prix de celles qu'il a vendues ; ces marchandises sont subrogées aux premieres, à l'effet que les assureurs en courent les risques comme des premieres & de celles qui sont restées dans le navire. Ainsi jugé par Sentence de Marseille du 12 Décembre 1749, au rapport de M. Emerigon, en faveur du Sieur Jean Fiquet Négociant de Marseille, contre les assureurs sur les facultés, c'est-à-dire, sur les effets de la cargaison du vaisseau *la Minerve*.

Pareille Sentence du 30 Janvier 1751, en faveur du Capitaine André-Vincent Fabre, contre les Sieurs Nicolas & Cognié assureurs sur une pacotille chargée dans le navire *le Marquis de Vaudreuil*, dont partie avoit été déchargée au Cap sur la route, & le prix converti en d'autres marchandises. Il fut jugé par là que le peril de ces dernieres étoit pour le compte des assureurs, en vertu de la clause portant pouvoir de faire échelle.

Il s'enſuit encore de cette clauſe, que les marchandiſes qui ſont priſes dans un port ſur la route, pour compléter le chargement, ſont auſſi aux riſques des aſſureurs. Arrêt d'Aix du 15 Juin 1746, en faveur des Sieurs Arnaud & autres Négocians de Bayonne, contre les aſſureurs ſur les facultés du navire *le S. Bernard.* L'aſſurance étoit déclarée faite ſur les marchandiſes qui ſe trouveroient chargées dans le vaiſſeau, à ſa ſortie de Bayonne juſqu'à Cadix. Le vaiſſeau avoit pris ſur ſa route des effets à Saint-Sébaſtien, & c'étoit la cauſe du refus des aſſureurs. Sans avoir égard à leurs exceptions, ils furent condamnés de payer avec dépens, tant des cauſes principales que d'appel.

Mais la permiſſion de changer de route, & de rétrograder, en un mot de dérouter, n'emporte pas la faculté de changer le voyage & la deſtination annoncée du navire; elle donne ſeulement la faculté de détourner un peu de la route, pour toucher à quelque port, étant à droite ou à gauche ſur la route; d'aller & revenir d'un port à l'autre, même en rétrogradant, de maniere toutefois que le navire revienne enfin à ſa route, pour ſe rendre à la deſtination exprimée dans la police.

Mutari iter dicimus, cum capitaneus, retento ſemper primo propoſito, & deſtinatione, in acceſſoriis totaliter illum non ſequitur, mutando viam de recta in indirectam, vel plures ſcalas, pluresque portus attingendo, animo tamen & intentione proſequendi viaggium uſque ad metam deſtinatam. Caſa Regis, *diſc.* 67, *n.* 23 *& ſeq.*

Il dit encore, *diſc.* 1°, *n.* 131, & *diſc.* 134 & 193, que malgré cette clauſe le Capitaine ne doit jamais ſe détourner beaucoup de ſa route & du droit chemin: *verba hæc,* ajoute-t-il, *navigare à dextrâ & ſiniſtrâ, hunc habent expoſitionem & conceptum, ut tantum diverti poſſit iter, quantum inſerviat faciliori & tutiori navigationi, pro deveniendo ad portum deſtinatum, non autem ut in totum divertatur ab incœpto & deſtinato itinere.*

C'eſt auſſi à quoi revient le ſentiment de Stypmannus, *ad jus maritimum, cap.* 7, *n.* 413, *fol.* 463, en ces termes: *hæc clauſula, ad dextram vel ad ſiniſtram navigare permittens, non permittit mutare locum, ſed tantum commoditatem magiſtro navis relinquit, quomodo curſum tenere vel dirigere velit, vel ſi, propter cauſas, littora legere, vel portum intrare velit, hoc ei maneat liberum.*

ARTICLE XXVIII.

NE ſeront auſſi tenus les aſſureurs, de porter les pertes & dommages arrivés aux vaiſſeaux & marchandiſes par la faute des maîtres & mariniers, ſi par la police ils ne ſont chargés de la *baraterie de patron.*

C'Eſt la faute du maître & des mariniers, ſi les marchandiſes reçoivent du dommage lors de leur chargement, faute de bons guindages & cordages, ou parce que la manœuvre eſt mal faite, & que le navire n'eſt pas bien amarré, ou, pendant le voyage, pour n'avoir pas bien fermé les écoutilles. Art. 4 du tit. ſuiv. De même ſi les marchandiſes ont été mal placées dans le navire. Art. 23 de l'Ordonnance de Wisbuy; Loccenius, *de jure marit. lib.* 2, *cap.* 5, *n.* 12, *fol.* 181; Stracha, *de nautis, part.* 3; comme ſi ce ſont des marchandiſes ſéches, miſes ſous des barriques d'huile, d'eau-de-vie, vin, &c; ſi le navire eſt ſurchargé, s'il y a ſouſtraction ou altération d'une partie des effets. Art. 7, 9 & 10, chap. 5 du Guidon ; Stracha, *ibid.* pour tout ceci ; Casa Regis, *disc.* 23, *n.* 65 *& seq.*

La raison pour laquelle les assureurs ne sont pas tenus de la perte en aucun de ces cas, n'est pas celle que donne le Commentateur ; savoir, que, *omnia facta magistri debet præstare is qui eum præposuit, alioquin contrahentes deciperentur*, suivant la loi premiere, *de exercitoria actione ;* ou du moins elle ne seroit applicable que contre l'assuré propriétaire ou armateur du navire, & nullement contre les autres marchands chargeurs. Art. 4 ch. 15 du Guidon, & aux notes.

Il y a donc un autre principe de décision : c'est que, par la nature du contrat d'assurance, l'assureur n'est chargé de droit de répondre que des pertes qui arrivent par cas fortuit, par fortune de mer ; ce qui est tout-à-fait étranger aux fautes que peuvent commettre le maître & les mariniers. Et tel est le droit commun. Rote de Génes, *décis.* 166 ; Loccenius, *de jure maritimo*, *lib.* 2, *cap.* 5, *n.* 5 *&* 10.

La baraterie peut se prouver par enquête, même en y faisant entendre les gens d'équipage. Stracha, *de assec. gloss.* 31, *n.* 5.

Cependant, par convention, les assureurs peuvent être obligés d'en garantir les assurés. Loccenius, *loc. cit. n.* 10, *fol.* 179. Et il ne faut pour cela, aux termes de notre article, conforme à l'usage de la Hollande, que les charger par la police *de la baraterie de patron* ; termes énergiques qui comprennent absolument tout le dommage qui peut résulter du fait du maître & des gens de son équipage, soit par impéritie, imprudence, malice, changement de route, larcin, ou autrement : sauf aux assureurs, comme subrogés de plein droit aux assurés, à se pourvoir en garantie contre le maître, dans tous les cas où les propriétaires ou les chargeurs auroient action contre lui, pour la réparation du dommage. Et cela avoit déja été ainsi jugé par Arrêt du 26 Mars 1672. Journ. des Audiences, tom. 3, liv. 6, chap. 21.

Anciennement en France les assureurs étoient tenus de plein droit de la baraterie de patron ; mais ce n'étoit que subsidiairement, & après avoir fait toutes les diligences convenables contre le maître. Art. 6, chap. 5, & art. premier, chap. 9, du Guidon, & aux notes. Au contraire, par l'art. 4 des assurances d'Anvers, il est défendu de charger les assureurs de la baraterie de patron. Il en est de même à Cadix, aussi-bien qu'à Roterdam. Art. 5 de l'Ordonnance de ladite ville, à la suite de Weitsen ; & véritablement il seroit à souhaiter que cette loi fût par tout observée, si son exécution n'entraînoit pas comme nécessairement des discussions sans nombre.

Pour la peine de la baraterie frauduleuse, voyez l'art. 35, tit. premier, liv. 2 *suprà.*

Quoique par la police d'assurance, les assureurs soient chargés de la baraterie de patron, la clause n'opere rien si c'est le propriétaire lui-même qui monte son navire, & si c'est le maître qui est assuré. *Illud nulla pactione effici potest, ne dolus præstetur*, *leg. si unus*, 27, §. 3 *ff. de pactis. Quid* si le maître est fils de l'assuré ? Quoiqu'en droit *pater & filius*, *una eademque persona censentur*, il ne seroit pas juste de rendre l'assuré responsable des fautes du maître son fils, s'il n'y avoit preuve de collusion ; attendu qu'étant reçu maître à l'Amirauté, il est reconnu capable de commander.

ARTICLE XXIX.

LEs déchets, diminutions & pertes, qui arrivent par le vice propre de la chose, ne tomberont point sur les assureurs.

IL en est aussi de même en fait de prêt à la grosse, suivant l'art. 12 du titre précédent; & cela, parce que ce qui arrive par le vice propre de la chose, ne peut être réputé cas fortuit, art. 8, chap. 5 du Guidon, & art. 7 des assurances d'Amsterdam. L'art. 17 de l'Ordonnance de Roterdam ajoute, si les assureurs n'ont spécialement été chargés desdits risques. *Vide* ce qui a été observé sur ledit art. 12 du tit. précédent, & ce que dit le Commentateur sur celui-ci.

Ce n'est pas non plus un dommage arrivé par fortune de mer, que la perte d'une ancre causée par le frotement du cable sur des roches, qui l'ont rompu & coupé : c'est là une suite naturelle du service des choses destinées à l'usage du navire. Et de même qu'on ne peut demander aux assureurs ce que le navire a perdu de sa valeur, pour avoir plus de service qu'il n'en avoit, ou parce que les cordages & les voiles sont usés; de même, le navire étant à l'ancre, si les cables auxquels les ancres sont attachés, s'usent, rompent ou sont coupés par l'effet seul des courants ou du tangage du navire, les assureurs ne sont pas tenus de cette perte. Autre chose seroit si la violence des coups de vent ou de mer obligeoit de filer les cables, ou en causoit la rupture; & de même, si quelque coup de vent emportoit une voile, une vergue, & que le tout fût bien constaté par un procès-verbal du maître ou capitaine, signé des principaux de l'équipage, confirmé & attesté par une déclaration au Greffe de l'Amirauté, à l'arrivée du navire. Cette distinction au reste est appuyée de la conséquence qui se tire tout naturellement de la premiere partie de l'art. 4 du titre suivant.

Si le navire ne peut achever son voyage & qu'il soit jugé incapable de faire son retour, la question si cet événement est à la charge des assureurs, ou non, dépend de sçavoir si c'est par des coups de mer, ou autre cas fortuit, que le navire est devenu hors d'état de servir, ou si c'est par vétusté & pourriture; ce qui gist en examen & visite du navire pour pouvoir juger, si au départ, il étoit vraiment en état de faire le voyage ou non; parce qu'en ce dernier cas les assureurs n'en doivent pas répondre, s'agissant d'un vice de la chose, quoique en disent Stypmannus *part.* 4, *cap.* 2, *n.* 102, *fol.* 385, *cap.* 7, *n.* 332, *fol.* 458, & Casa Regis *disc.* 1, *n.* 140.

On cite sur ce sujet plusieurs arrêts d'Aix & des Sentences de Marseille contre les assureurs; mais ces préjugés pour être juridiques, doivent avoir été rendus sur des preuves que les navires avoient été rendus innavigables par fortunes de mer. Cependant qu'est-ce que ces preuves pour l'ordinaire ? des procès-verbaux frauduleux de la part des Capitaines, toujours disposés à favoriser les armateurs, sans égard à la vérité & à la justice.

ARTICLE XXX.

NE seront aussi tenus des *pilotages*, *touages*, *lamanages*, des *droits de congé*, *visite*, rapports & d'ancrage, ni de tous autres *imposés sur les navires & marchandises*.

Pilotages, toüages & lamanages. C'est ce que l'art. 8 du titre suivant appelle menues avaries, qui doivent se payer un tiers par le navire & les deux autres tiers par les marchandises.

A l'égard des droits *de congé.* L'art. 9 les retranche du nombre des avaries, & veut qu'ils soient acquités par les maîtres.

Les assureurs sont déchargés de tout cela par le present article; mais cela doit-il s'entendre aussi bien du cas où ces frais & droits deviendront extraordinaires par quelque tempête ou coup de vent qui obligera d'aborder un port ou d'entrer en riviere, que de celui où ces mêmes droits ne seront devenus extraordinaires que par une suite naturelle du voyage, au moyen des escales qu'il devoit faire, ou par le fait particulier du maître?

Ce qui fait penser qu'il n'y a point de distinction à faire à ce sujet, c'est que ces droits sont peu considérables en eux-mêmes, & qu'il est d'usage de stipuler dans les polices d'assurance que les assureurs ne seront tenus d'aucunes avaries qu'en cas qu'elles excedent 3 4 ou 5, pour cent.

Cependant il se peut faire que ces droits étant joints aux avaries, forment un total qui excéde les 3 4 ou 5, pour cent; & alors il seroit naturel qu'ils fissent partie des avaries, étant occasionnés par tempête ou autre fortune de mer: car on comprend bien que jamais les assureurs n'en peuvent être tenus, si ce sont des droits ordinaires, à payer au depart du navire & à son arrivée au lieu de sa destination, ou s'ils ne sont devenus extraordinaires que par le fait particulier du propretaire, ou du maître. V. l'art. 8, du tit. suiv.

Droits de congé, visite, &c. Il ne s'agit point là, comme l'a imaginé le Commentateur « de la confiscation du navire & des marchandises, faute par le maître ou les » assurès d'avoir pris des congés, fait visiter les marchandises, fait leur rapport, ou » payé les droits d'ancrage, &c. » Si c'étoit là l'objet de l'article, il seroit autrement conçu. Tout ce qu'il a entendu décider, c'est que tous ces droits qui doivent être acquittés respectivement par l'Armateur, le Maître & les Marchands chargeurs, ne regardent pas plus les assureurs que les frais de pilotage, toüage & lamanage.

Au reste les droits de congé, sont ceux du congé ou passeport que le maître doit prendre nécessairement chez le Receveur de M. l'Amiral pour chaque voyage qu'il veut faire en mer. Les droits de visite, sont ceux qui sont attribués aux Officiers de l'Amirauté, pour la visite des navires; à l'effet de quoi dans chaque port il y a des Huissiers visiteurs. Les droits de rapport sont ceux dûs pour tous les rapports & déclarations que les maîtres sont tenus de faire à l'Amirauté, soit à leur arrivée, soit en cas de relâche dans chaque port. Les droits d'ancrage sont ceux qui sont dûs à M. l'Amiral pour la permission de mettre le navire à l'ancre, soit dans les rades, soit dans les rivieres; droits qui se levent differemment sur les étrangers & les François, comme il a été observé ci-dessus. Art. 11, tit. premier du liv. premier.

Enfin, les autres *droits imposés sur les navires & marchandises*, sont ceux dûs pour la soumission de ramener le navire au port où il est armé, pour une commission en guerre, pour le lestage & délestage, l'amarrage au quay, le parisis en l'Isle de Rhé, & généralement tous droits locaux, avec ceux d'entrée & de sortie dûs au Bureau des Fermes du Roi, suivant la nature & la qualité des marchandises.

ARTICLE XXXI.

IL sera fait désignation dans la police des marchandises sujettes à coulage; sinon les assureurs ne répondront point des dommages qui leur pourront arriver par tempête, si ce n'est que l'assurance soit faite sur le retour des pays étrangers.

VOyez l'art. 17, des assurances d'Amsterdam.

Que dans la police, celui qui se fait assurer, soit obligé d'exprimer les marchandises sujettes à coulage, il n'y a rien là que de naturel, puisque les risques étant plus grands, c'est une raison pour augmenter la prime, art. 4. ch. 2 du Guidon, & qui peut même ou empêcher d'assurer, ou faire qu'on n'assure que pour une moindre somme. Mais que cette obligation de déclarer les marchandises sujettes à coulage cesse, lorsque l'assurance est faite sur retour des pays étrangers; c'est ce dont on ne conçoit du tout point la raison, à moins qu'on ne dise que dans ce cas, l'assuré est censé ignorer quelles sortes de marchandises lui seront envoyées en retour, & que la présomption est contraire si les retours lui sont faits de quelque port du Royaume ou de nos Colonies.

Quoiqu'il en soit, l'usage est, & c'est aujourd'hui une clause de stile, de stipuler dans les polices d'assurance, que les assureurs courront les risques sur les marchandises qui se trouveront chargées dans le navire, de quelque nature qu'elles soient, sujettes à coulage ou non.

Lorsque les marchandises sujettes à coulage, sont aux risques des assureurs, ils répondent alors du coulage qui arrive, ou qui est censé être arrivé par tempête ou autre fortune de mer, à la déduction néanmoins du coulage ordinaire, tel qu'il est reglé par l'usage; parce que ce coulage ordinaire & inévitable, quelque heureux que soit le voyage, procédant du vice propre de la chose, ne peut être un risque maritime.

Ce coulage naturel & ordinaire, par rapport aux voyages de l'Amérique & autres de long cours, est arbitré, pour les eaux-de-vie, les vins, les guildives & autres liqueurs, les huiles, &c. à 12 ou 15 pour cent; pour les sucres bruts à 13 ou 14 pour cent; pour les indigos de 10 à 20 pour cent & quelque fois au-delà suivant qu'ils ont été chargés plus ou moins secs.

Dans les voyages moins longs, comme de la méditerranée en Flandre, en Hollande, dans la mer Baltique, le coulage ordinaire des liqueurs est de 3 à 4 pour cent; & s'il n'est question que du trajet du golfe d'Aquitaine en Normandie, Picardie & toute la Manche, le coulage n'est estimé que 2 à 3 pour cent; ainsi du reste à proportion, quand il n'y a rien de réglé sur cela par la police.

Mais on y pourvoit assez souvent, & alors les assureurs n'en sont tenus qu'autant que le coulage se trouve excéder celui qui a été stipulé.

Par la raison que le coulage en général est inévitable, il seroit naturel que les assureurs, lors qu'ils en sont tenus, n'en fissent raison qu'à la déduction du coulage stipulé. Cependant l'usage de cette place est qu'ils le payent en plein, lorsqu'il excéde, à l'exemple de ce qui se pratique en fait d'avaries ; en quoi ils sont de pire condition que lorsque le coulage n'est pas stipulé ; puisque comme il a déjà été observé, ils déduisent alors le coulage, tel qu'il est réglé par l'usage.

Il faut bien prendre garde, que quelque considérable que soit le coulage, on ne peut en faire un objet d'avarie, à moins qu'il n'y ait preuve que les futailles ont été endommagées par la tempête, ou autre fortune de mer. Sans cela le coulage ne peut être regardé que comme naturel ou provenant du vice de la chose.

ARTICLE XXXII.

SI l'assurance est faite divisément sur plusieurs vaisseaux désignés, & que la charge entiere soit mise sur un seul, l'assureur ne courra risque que de la somme qu'il aura assurée sur le bâtiment qui aura reçu le chargement, quand même tous les vaisseaux désignés viendroient à périr ; & il rendra la prime du surplus, à la réserve du demi pour cent.

LE Guidon ch. 13, dans une hypothêse afférante à notre article, suppose que les marchandises destinées pour plusieurs navires ayent été chargées dans une seule barque ou allége, pour être renversées dans les navires, & que l'allége perisse ; dans ce cas, il décide que l'assureur n'est tenu de la perte que jusqu'à concurrence de la plus forte somme qui devoit être chargée dans l'un de ces navires ; mais cette décision est tout-à-fait irréguliére, & ne dérive nullement du principe de notre article, sçavoir, que l'assureur a entendu partager les risques sur plusieurs navires. On ne peut pas conclure delà en effet qu'il falloit autant d'alléges qu'il y avoit de navires qui devoient recevoir les marchandises. Il suffisoit que ces marchandises fussent destinées à être reparties sur ces différens navires, aux termes de l'assurance, pour que leur perte tombe sur les assureurs ; car enfin il falloit les porter à bord de chacun des navires, & cela étant, il importe peu qu'elles ayent été chargées dans une seule allège.

La division des marchandises ne regarde que les différens navires destinés à les recevoir. Si tout a été renversé dans un seul & qu'il vienne à périr, c'est alors que l'assureur est fondé à dire qu'il ne peut perdre sur ce bâtiment qui seul a reçu le chargement, que la somme qu'il avoit assurée sur ce même bâtiment ; & cela sans examiner quel a été le sort des autres navires sur lesquels il avoit également assuré, parce que l'assurance est caduque & frustratoire à leur égard, à défaut de chargement réel & effectif dans ces autres navires.

L'assurance ne peut donc avoir d'effet en pareil cas, que par rapport au bâtiment sur lequel seul il y a eu des marchandises chargées, & par conséquent que jusqu'à concurrence de la somme pour laquelle il avoit voulu courir le risque sur ce même bâtiment. Inutilement opposeroit-on à l'assureur que les autres navires ayent péri tout de même, c'est tout comme si les marchandises chargées dans un seul, eussent été distribuées également sur tous ; la vérité est, que la perte de ces autres navires lui est tout-à-fait indifférente, puisqu'il n'y a été rien chargé. C'est un bonheur pour lui qu'il n'y ait eu de chargement que sur un seul navire ; & comme il n'a pris les risques sur ce navire que jusqu'à une certaine somme, il doit être quitte en payant cette somme. Pour le surplus l'assurance est caduque, & il n'est question de sa part que d'en rendre la prime, s'il l'a reçue, à la reserve du demi pour cent pour sa signature.

Mais encore une fois, la décision n'a rien de commun avec le transport des marchandises destinées pour chaque navire, & nul doute qu'elles ne puissent valablement être chargées dans une seule allège aux risques des assureurs.

Sur la question, si la disposition de cet article doit s'étendre au cas, où le Capitaine ou Maître, a chargé sur un autre navire que le sien, les marchandises qui lui avoient été confiées, & s'il en doit répondre, les deux navires venant à périr, V. *suprà* l'art. 9, tit. du Capitaine, qui est le premier du livre 2.

ARTICLE XXXIII.

LOrsque les maîtres & patrons auront liberté de toucher en différens ports ou échelles, les assureurs ne courront point les risques des effets qui seront à terre, quoique destinés pour le chargement qu'ils auront assuré, & que le vaisseau soit au port pour le prendre, s'il n'y en a convention expresse par la police.

DAns le cas où par l'assurance, il est permis à l'assuré de faire différentes escales, les risques des marchandises à prendre dans les escales, se réglent de droit sur ceux que l'assureur a pris sur lui pour le chargement des marchandises dans le lieu du départ du navire. C'est-à-dire, que s'il a pris les risques des barques ou allèges destinées à porter les marchandises au navire, il en sera de même dans les escales. Et comme cela n'a rien de commun avec les effets qui sont à terre, quoique destinés pour le navire, qui est à portée de les recevoir, parce qu'il n'y a pas encore là de risques maritimes ; il s'ensuit que sans une clause formelle & expresse inserée dans la police, l'assureur ne pourra être tenu de répondre du dommage qui arrivera aux marchandises tant qu'elles seront encore à terre. Santerna *de assec. parte* 4, *n.* 49, Stypmannus *ad jus marit. parte* 4, *cap.* 7. *n.* 328, *fol* 457. Cette clause comme exorbitante devroit se trouver rarement dans les polices d'assurances ; cependant elle est assez usitée.

ARTICLE

ARTICLE XXXIV.

SI l'assurance est faite pour un temps limité, sans désignation de voyage, l'assureur sera libre après l'expiration du temps ; & pourra l'assuré faire assurer le nouveau risque.

CEla prouve de nouveau que l'Ordonnance n'a pas entendu abroger l'ancien usage d'assurer pour un temps limité, & étendre nécessairement l'assurance au voyage entier du navire, soit pour l'aller, soit pour le retour. Si donc l'assurance est pour deux ou trois mois seulement, après l'expiration du terme, il n'y a plus de risques pour l'assureur. Sa prime est gagnée, attendu que l'assurance ne subsiste plus, sauf le réglement des pertes & avaries qui auront eu lieu dans le temps des risques. Mais, encore une fois, ces sortes d'assurances ne se pratiquent plus que pour les navires armés en course, ou dans quelques affrétemens faits au Roi. Les derniers affrétemens que nous ayons vu de cette espéce, ont eu pour objet la conquête de Port-Mahon.

ARTICLE XXXV.

MAis si le voyage est désigné par la police, l'assureur courra les risques du voyage entier, à condition toutefois que si sa durée excéde le temps limité, la prime sera augmentée à proportion, sans que l'assureur soit tenu d'en rien restituer, si le voyage dure moins.

IL est question ici d'une assurance singuliére, faite pour un temps limité avec désignation du voyage du navire. On suppose dans ce cas, que l'assurance est pour tout le voyage & que le temps de sa durée n'a été limité que dans l'idée qu'il n'en faudroit pas d'avantage pour que le navire se rendît à sa destination.

Dans cette hypothèse, l'article décide que l'assureur courra les risques du voyage entier ; mais à une condition qui est toute à son avantage, en ce que si le voyage dure plus que le temps limité par la police, sa prime augmentera à proportion, tandis qu'au contraire elle ne souffrira aucune réduction si le voyage dure moins ; en quoi il n'y a pas de réciprocité. Aussi une telle assurance n'est-elle plus en usage.

Avant notre Ordonnance la prime étoit réglée pour le gain, *ad ratam itineris & periculi.* Casa Regis, *disc.* 1, n. 50. V. l'article 12, ch. 9 du Guidon dans Cleirac, pag. 296.

ARTICLE XXXVI.

LEs assureurs seront déchargés des risques, & ne laisseront de gagner la prime, si l'assuré, sans leur consentement, envoye le vaisseau en un lieu plus éloigné que celui désigné par la police, quoique sur la même route; mais l'assurance aura son effet entier, si le voyage est seulement racourci.

QUoi qu'il n'y ait pas non plus de réciprocité dans l'espéce de cet article, il n'en est pas moins juste au fond, parce que c'est uniquement par le fait de l'assuré, que le voyage est allongé ou racourci; au lieu que le précédent suppose que le plus ou le moins de durée du voyage est le pur effet du hasard.

Si donc l'assuré allonge le voyage, en envoyant le navire en un lieu plus éloigné que celui désigné par la police, quoique sur la même route, il est tout naturel que l'assureur gagne sa prime, & qu'il soit déchargé de tous risques, dès que le navire sera parvenu à la hauteur du lieu désigné par la police. Dans le cas contraire l'assureur n'aura pas moins gagné la prime nonobstant le raccourcissement du voyage. C'est l'affaire de l'assuré, s'il a voulu abreger le voyage. Il a pû faire courir moins de risques à l'assureur; mais il ne lui a pas été libre de les augmenter. V. le même art. 12, ch. 9 du Guidon.

En interprétation, ou plutôt à l'occasion de cet article & du 27 ci-dessus, il s'est élevé une difficulté, dont voici l'espéce.

Jean de Marseille s'est fait assurer par Pierre de Rouen à 4 pour cent de prime ordinaire, & 30 pour cent d'augmentation en cas de guerre ou hostilités de la part des Anglois, la somme de 1000 liv. sur les facultés de son vaisseau, les risques à courir du jour du départ du navire de l'Amérique jusqu'à son arrivée à Marseille.

Le vaisseau arrivé à Cadix, Jean qui se trouve y avoir des effets pour 3000 liv., par conséquent pour 2000 liv. au-dela de la somme assurée, & qui à cause des hostilités déjà commises par les Anglois, veut décharger ses effets à Cadix, propose à Pierre son assureur, la cessation des risques à Cadix, moyennant une réfraction raisonnable sur les 30 pour cent d'augmentation de prime; & sur le refus de Pierre, il fait décharger à Cadix de ses effets jusqu'à concurrence de la somme de 2000 liv., c'est-à-dire les deux tiers, laissant aux risques de l'assureur l'autre tiers dans le vaisseau, jusqu'à son arrivée à Marseille.

Pierre prétend que ce tiers resté dans le navire ne peut pas demeurer en entier à ses risques; qu'il a gagné les deux tiers de la prime au moyen de la décharge faite à Cadix des deux tiers du chargement, attendu qu'il étoit assureur du tiers de la totalité de ce chargement, & qu'ainsi au lieu de courir le risque de la somme entiere de 1000 liv. restée dans le navire il ne le doit courir que jusqu'à concurrence du tiers.

Jean répond, que quoique la somme de 1000 liv. qu'il a fait seulement assurer, fasse le tiers de son chargement qui est de 3000 liv., ce n'est pas néanmoins le tiers précisément qu'il a fait assurer, mais simplement la somme de 1000 liv. sur ce chargement; qu'ainsi il lui a été permis de décharger à Cadix pour son compte ce qui excédoit la somme de 2000 liv. uniquement assurée, & de laisser le reste dans le vaisseau aux risques de son assureur, depuis Cadix jusqu'à Marseille, où le voyage doit finir; l'assureur n'ayant rien à dire dès qu'il est resté sur le navire des effets jusqu'à concurrence de la somme de 1000 liv. assurée, & que ce n'est point à lui à demander raison de ce qu'il y avoit de chargé au-delà, comme n'ayant aucun intérêt dans cet excédant.

Cette question proposée dans le Mercure de France, du mois d'Août 1756, pag. 123 & suiv. a été résolue en faveur de Pierre, assureur; dans celui d'Octobre, deuxiéme volume, pag. 106 & suiv. par un Avocat du Parlement de Bordeaux, & au profit de Jean, assuré, par un Anonyme.

L'Avocat de Bordeaux a traité de sophisme les raisons de l'assuré; tandis que l'Anonyme a trouvé que la difficulté formée par l'assureur, n'étoit qu'une pure chicane.

Dans l'espèce particuliere, après les propositions de l'assuré, sur-tout après la déclaration par lui faite qu'il renonçoit à toute demande d'avaries, on ne peut s'empêcher effectivement de regarder l'assureur comme un homme un peu plus que difficultueux : mais cela ne décide pas le point de droit.

Sur quoi portoit l'assurance de Pierre? Voilà le nœud de la question. Pierre, dit son défenseur, en assurant 1000 liv. sur un chargement de 3000 liv., a couru les risques de la totalité du chargement, jusqu'à concurrence du tiers; son assurance en un mot s'étendoit sur l'intégrité du chargement, & en répondoit proportionnellement à l'intérêt qu'il y avoit pris, comme étant au lieu & place de l'assuré : de maniere que si le chargement eut péri, ou souffert des avaries jusqu'aux deux tiers, l'assuré n'eût pas supporté seul cette perte; il y auroit fait contribuer l'assureur à proportion, c'est-à-dire, pour un tiers de ces deux tiers de perte, comme ayant réellement assuré ces deux tiers aussi-bien que le tiers restant, jusqu'à concurrence du tiers du total.

Or si l'assureur eut été tenu du tiers de ce qui auroit péri du chargement en cas de naufrage, ou autre accident maritime, il est juste, par la raison des corrélatifs, qu'il entre en part de ce qui est arrivé à bon port de ce même chargement; en un mot, de ce qui a été déchargé, & par-là mis à couvert de tous risques. D'où il s'ensuit, qu'il a gagné la prime de la partie du chargement qui a été déchargée à Cadix; parce qu'il y avoit réellement intérêt, à raison de son assurance, qu'il en avoit couru nécessairement les risques jusqu'à Cadix, & que c'est l'affaire de l'assuré s'il a voulu y faire finir les risques, en abrégeant d'autant le voyage.

Tel est le précis des moyens allégués par l'Avocat de Bordeaux en faveur de l'assureur; le reste n'est qu'une amplification, plus propre à embarasser l'esprit qu'à le conduire à la décision.

Il faut avouer que ce raisonnement paroît plus conforme aux principes, que celui de l'Anonyme, qui, se croyant obligé de convenir que si l'assurance eut été déclarée faite pour 1000 liv. sur un chargement estimé 3000 liv. l'assuré n'auroit pu faire décharger à Cadix les deux tiers de ce chargement, sans en devoir la prime, prétendant que c'est autre chose dans l'espece. Il se fonde sur ce que l'assurance n'a pas été faite sur un objet déterminé, mais simplement d'une somme de 1000 liv. : d'où il conclut, qu'il suffit à l'assuré d'avoir laissé dans le navire, jusqu'à son arrivée à Marseille, des effets de la valeur de 1000 liv., pour que l'assureur n'ait rien à dire, & soit tenu de courir les risques de cette somme entiére de 1000 liv. dans le trajet de Cadix à Marseille. Mais où seroit la raison de différence? Qu'importe que le chargement soit estimé dans la police, ou qu'il ne le soit pas? Cela peut-il changer la nature & les effets de l'assurance?

Cependant est-il bien vrai que la décision, favorable à l'assureur, doive être prise pour règle absolument ?

Elle n'a pas d'autre appui que cet argument : l'assureur a couru le risque des accidens maritimes qui pouvoient arriver à la totalité du chargement, jusqu'à concurrence de la somme de 1000 liv. par lui assurée : donc qu'il a gagné la prime de ce qui a été déchargé à Cadix.

Qu'en cas de perte d'une partie du chargement jusqu'à l'arrivée du navire à Cadix, l'assureur eût été tenu d'en supporter sa part à proportion de la somme par lui assurée ; cela n'est pas douteux : mais que de-là il s'ensuive qu'il ait gagné la prime de ce qui a été mis à terre à Cadix, la conséquence est trop brusque.

Si Cadix eut été le lieu du dernier reste du navire, & que le navire eut péri dans le port, après que l'assuré en auroit eu retiré pour 2000 liv. de ses effets, sans doute que l'assuré n'auroit pas été recevable alors à dire à l'assureur ; » ce sont mes effets » que j'ai fait mettre à terre, dans lesquels vous n'avez rien à prétendre ; le surplus » qui est resté des effets dans le navire, y est demeuré pour votre compte ; la per- » te survenue vous regarde seul, ainsi vous devez m'en répondre en plein. «

Cette prétention en effet seroit aussi ridicule qu'injuste ; parce que le voyage étant fini, & les risques ayant été courus en commun, tant qu'il a duré, il faut nécessairement que la décharge des marchandises se fasse aussi pour compte commun ; en telle sorte que ce qui sera mis à terre tourne au profit de l'un & de l'autre indistinctement, & que le péril de ce qui reste encore à décharger soit partagé tout de même. Eh ! sur quel fondement après tout l'assuré prétendroit-il que ce seroit ses effets particuliers qu'il auroit mis à couvert, au préjudice de l'assureur, sans que celui-ci fût en droit de lui rétorquer que ces mêmes effets devroient au contraire être regardés comme sauvés à la décharge de son assurance ?

En un mot, la droite raison veut en pareil cas que, comme ils ont tous deux couru les risques des 3000 liv. de marchandises jusqu'à l'arrivée du navire à son dernier reste, le sort heureux ou malheureux de la décharge de ces mêmes marchandises les regarde également en commun.

Mais il en doit être autrement, ce semble, lorsque le voyage n'est pas fini, & qu'ainsi il y a encore des risques à courir. Pourquoi en effet, dans notre hypothèse, ne seroit-il pas permis à l'assuré de retirer pour son compte, du navire qui a abordé un port sur sa route, les effets qu'il y a au-delà de la somme qu'il a fait assurer, & d'y laisser simplement la valeur de la somme assurée aux risques en entier de l'assureur, celui-ci au moins n'ayant pas voulu que tout fût déchargé dans le même endroit, moyennant la réduction de la prime à proportion du voyage avancé ?

On ne manquera pas de faire valoir les risques que l'assureur a couru, jusqu'à ce que le navire eût touché à Cadix. Mais quoi ? ces risques ont-ils été autres que ceux qu'il lui reste à courir encore de Cadix à Marseille ? Ces risques jusqu'à Cadix ont été bornés absolument à la somme de 1000 liv. ; & de Cadix à Marseille n'est-ce pas la même chose ?

La seule différence qu'il y ait, c'est que jusqu'à Cadix la perte du chargement ne l'auroit regardé que pour un tiers ; au lieu que, de Cadix à Marseille, le chargement étant réduit à 1000 liv., la perte qui pourra survenir sera toute pour son compte. Mais, dans l'un & l'autre cas, son assurance ne l'aura jamais exposé à perdre plus de 1000 liv.

Si jusqu'à Cadix son assurance ne l'obligeoit à réparer la perte que pour un tiers, c'eſt qu'elle avoit un objet plus étendu, en ce qu'elle portoit ſur la totalité du chargement, qui, étant de 3000 liv., l'intéreſſoit à la perte de ces 3000 liv. à proportion de la ſomme par lui aſſurée. Mais pour cela il ne couroit ni plus ni moins de riſques que ſi le chargement eut été borné à 1000 liv.; il n'étoit toujours queſtion pour lui que de cette ſomme de 1000 liv. : à cela près que le chargement étant de 3000 l. il répondoit des 3000 liv. Mais comme ce n'étoit qu'à proportion, c'eſt-à-dire, pour un tiers ſeulement, ſa condition étoit la même que ſi l'aſſuré n'eut chargé que pour 1000 liv. d'effets.

Les riſques de l'aſſureur n'ayant donc jamais été plus grands ni moindres dans un temps que dans l'autre, par quelle raiſon n'auroit-il pas été permis à l'aſſuré de faire décharger à Cadix les deux tiers de ſon chargement, avec exemption de toute prime, pour ne la payer, aux termes de la police, qu'en cas d'arrivée à bon port à Marſeille du reſte du chargement laiſſé dans le navire ?

C'eſt, dira-t-on, (du moins ne voit-on pas d'autre objection à faire) que le chargeur aſſuré juſqu'à 1000 liv. profiteroit des deux autres mille livres, après en avoir fait courir les riſques à l'aſſureur, & ſans en avoir lui couru les riſques. Mais la réponſe eſt, que ſi l'aſſureur a couru les riſques de ce qui a été déchargé à Cadix, l'aſſuré chargeur les a couru tout de même, puiſqu'en cas de perte il n'auroit pu demander que le tiers à l'aſſureur.

Si, au lieu de mettre à terre à Cadix les deux tiers de ſon chargement, l'aſſuré l'eut laiſſé aller en entier à Marſeille, lieu de la deſtination du navire, les riſques auroient continué de courir ſur le même pied entre lui & l'aſſureur : mais alors l'aſſureur auroit couru les riſques ſur les 3000 liv. Au lieu qu'au moyen de l'opération faite à Cadix, il ne court plus riſque que des 1000 liv. qu'il a aſſurées. Encore une fois, quel tort eſt fait en cela à l'aſſureur, pour qu'il ait lieu de ſe plaindre ?

Quoi ! parce que le chargement étoit de 3000 liv. & qu'ainſi les parties, ſans le ſçavoir peut-être, ou du moins ſans intention de contracter une ſociété, ont couru les riſques de ce chargement, l'une pour deux tiers, l'autre pour un tiers, il faudra néceſſairement que cet ordre ſoit gardé juſqu'à l'arrivée du navire à ſa deſtination ? eh ! où eſt la loi qui l'ordonne de la ſorte ?

Suppoſons que l'aſſuré après avoir fait aſſurer 1000 liv. ſur ſon chargement de 3000 liv., eût enſuite fait aſſurer le reſte par deux autres perſonnes ; dans la même hypothèſe de l'arrivée du navire à Cadix, ne lui auroit-il pas été libre de concert avec ces deux autres aſſureurs de faire finir leurs aſſurances à Cadix, & en conſéquence d'y faire décharger les deux tiers de ce chargement, ſans que le premier aſſureur des 1000 liv. qui n'auroit pas voulu imiter leur exemple, eût eu rien à dire ? Si cela eſt, comme on n'en peut douter, parce que le grand nombre ne doit pas ſouffrir de l'entêtement & du caprice du nombre inférieur ; pourquoi en ſeroit-il autrement dans le cas qu'il n'y aura eu d'aſſurance que pour 1000 liv., puiſque le chargeur aura été alors ſon propre aſſureur pour la partie du chargement excédante la ſomme de 1000 liv. ſimplement aſſurée ?

Concluons donc que, dans l'eſpéce dont il s'agit, la prétention de l'aſſureur n'eſt pas fondée & que l'aſſuré pouvoit même ne pas conſentir que l'aſſureur fût déchargé de toutes avaries, pourvû que les marchandiſes par lui laiſſées dans le navire, ne fuſſent pas plus ſujettes à avaries, que celles qu'il en avoit retirées.

Je vas plus loin & je penſe auſſi, que l'aſſuré auroit pû faire décharger également à Cadix ſes effets excédans l'aſſurance, quoiqu'ils euſſent été au-deſſous de la valeur de la somme assurée. La raison est, comme il a déjà été observé, que pour avoir couru les risques conjointement avec son assureur jusqu'à Cadix, il ne s'ensuit nullement qu'il puisse être obligé de continuer de les courir, n'y ayant aucune loi qui l'y assujettisse. Il doit donc lui être permis indistinctement de retirer des risques ce qu'il ne veut plus qui y demeure exposé ; & si l'assureur, par singularité, refuse de l'imiter, & en conséquence de résoudre l'assurance, c'est son affaire ; il est juste qu'il coure seul alors les risques de ce qui restera dans le navire pour faire le simple fond de l'assurance.

En tout cas, si la prétention de l'assureur pouvoit l'emporter il en resulteroit de très-fâcheuses conséquences pour tout le commerce qui se fait par escales, sur-tout celui de l'Amérique, par le trouble & la confusion qu'une telle nouveauté jetteroit dans les diverses opérations qui s'y font nécessairement à chaque voyage de navire, & par les discussions sans nombre qu'elle feroit naître ; Car enfin si la décision devoit être portée en faveur de l'assureur, il faudroit la reconnoître pour régle générale, applicable par conséquent à tous les cas semblables. Or cette régle, comment l'assortir à l'usage du commerce de l'Amérique ?

On sçait que la destination d'un navire partant de France pour l'Amérique, n'est presque jamais fixe, c'est-à-dire qu'elle n'est pas plutôt pour un port que pour un autre ; & que lors même qu'un port y est désigné, la liberté est toujours laissée au Capitaine de courir la côte de St. Domingue, pour ne s'arrêter qu'aux endroits qui, eu égard aux circonstances, conviendront mieux au débit de la cargaison. On sçait aussi que le plus souvent l'assurance se fait à prime liée pour l'aller & le retour, tant en ce qui concerne la cargaison que le corps du navire.

Or dans le cas de prime liée, les assureurs sur la cargaison, que les sommes par eux assurées en égalent la valeur, ou qu'elles n'aillent qu'à la moitié, au tiers ou au quart, prétendront-ils avoir gagné la prime à proportion, sur les effets qui auront été déchargés d'escale en escale, jusqu'à ce que le navire soit arrivé au lieu de son reste, sans égard aux pertes qui seront survenues depuis les premiers déchargements de marchandises ? Ne faudra-t-il pas qu'ils attendent le retour du navire en France au port d'où il est parti & qu'ils courent les risques en plein sur les effets chargés pour le retour ?

Dans la supposition même que la prime ne soit pas liée, & que l'assurance pour l'aller soit à part ou distinguée ; si l'assurance ne va par exemple, qu'à la moitié de la cargaison, les assureurs gagneront-ils la prime de ce qui sera déchargé en différentes escales, quoique le tout n'excéde pas la moitié libre & non assurée de la cargaison ? Et si ensuite le reste des marchandises essuye des pertes ou avaries, ces mêmes assureurs ne les supporteront-ils qu'à proportion, quoique ce qui sera resté dans le navire aura rempli & au-delà le montant des assurances ?

Il faudroit décider en leur faveur, si dans l'espèce ci-dessus, entre Jean de Marseille, & Pierre de Roüen, la cause de Pierre assureur étoit la meilleure ; & alors dans quel embarras ne jetteroient pas les distinctions à faire, pour juger quelle quotité de la prime auroit été gagnée, & quels risques auroient encore eu à supporter les assureurs ?

Mais le commerce peut-il s'accommoder de pareilles discussions, si compliquées, si difficiles à démêler ? Et mettant à l'écart ces vaines subtilités, n'est-il pas plus simple, plus uni & plus régulier de dire, qu'indépendamment de ce que le navire aura laissé sur sa route, les assureurs sont demeurés responsables de tout ce qui y aura resté, tant que ce reste aura suffi pour remplir le montant des assurances; moyennant que tout cela soit constaté par des preuves juridiques; c'est-à-dire par des procès-verbaux & des déclarations faites à l'Amirauté, de la quantité des marchandises déchargées, pour en faire la comparaison avec la facture générale du chargement.

Aussi lorsque la question fut proposée aux Negocians de la Rochelle, en parurent-ils extrêmement surpris, ceux qui sont dans l'habitude d'assurer comme les autres.

Le plus grand nombre, que le bon sens & la droiture d'esprit guident dans la solution des difficultés que le commerce maritime fait naître de temps à autre, regarda celle-ci, comme une de ces misérables subtilités qui gagnent en d'autres places, & qui accoutumant les esprits à mettre en problême les questions les plus simples, menaçent le commerce de devenir la victime des ravages que la chicanne exerce, avec tant d'empire, dans les Tribunaux où sont discutées les matiéres de Jurisprudence ordinaire.

Cependant comme cette question pourroit être jugée diversement, & qu'il est de la prudence de prévenir de pareilles contestations; nos Armateurs pour l'Amérique, ont jugé à propos de se mettre à couvert des difficultés qui pourroient leur être faites à cet égard, en prenant la précaution d'ajouter une nouvelle clause dans leurs polices d'assurance, en ces termes ou autres équivalents:

» Nous prenons en tout temps à notre charge le total ou partie des marchandi-» ses de la présente assurance; de maniere qu'en cas de sinistre, il vous suffira de jus-« tifier, que lors de l'accident il y avoit dans le navire assez de marchandises, pour » remplir le montant de nos signatures, sans avoir égard à ce qui auroit pû être pré-» cédemment déchargé dans les diverses escales que le navire aura faites. » Avec une pareille clause, la question élevée par Pierre de Rouen s'évanouit.

ARTICLE XXXVII.

SI le voyage est entierement rompu avant le départ du vaisseau, même par le fait des assurés, l'assurance demeurera pareillement nulle, & l'assureur restituera la prime, à la réserve du demi pour cent.

D'Un autre côté, voici un avantage que l'assuré a sur l'assureur. Dès que la police est signée, l'assureur ne peut plus s'en dédire & se dégager sans le consentement de l'assuré; il n'a que la ressource de se faire réassurer s'il le juge à propos.

A la vérité, l'assuré ne peut tout de même se désister de l'assurance malgré l'assureur: mais ce qu'il n'a pas le pouvoir de faire directement, il le peut indirectement, ou en rompant le voyage avant le départ du vaisseau, ou en n'y chargeant aucunes marchandises. Dans l'un ou l'autre cas, l'assurance est nulle & caduque, & l'assureur doit restituer la prime, s'il l'a reçue d'avance, toujours à la reserve du demi pour cent. V. encore l'art. 12, ch. 9 du Guidon, pag. 296.

Les marchandises ayant été chargées & le navire ayant mis à la voile, l'assuré est lié alors aussi étroitement que l'assureur, & il ne lui reste tout de même que la faculté de faire assurer la solvabilité de son assureur.

Si le voyage étant commencé, le navire relâche peu après dans le port, l'assuré pourra-t-il dans ce cas rompre le voyage, ou retirer les marchandises qu'il avoit chargées dans le vaisseau, à l'effet de rendre l'assurance caduque ? Je ne le pense pas, par la raison que l'assureur a commencé de courir des risques, à l'exemple du fret qui est gagné en entier, lorsque le marchand chargeur retire ses marchandises pendant le voyage, suivant l'art. 8 du tit. 3, ci-dessus.

J'en dis autant du cas où l'assureur aura couru le risque des marchandises chargées dans des alléges, pour être renversées à bord du navire ; & cela quoique le voyage soit rompu avant le départ du vaisseau, ou que le marchand chargeur ait retiré ses marchandises du navire, parce qu'il me paroît que cet article en parlant du départ du vaisseau, suppose que les risques pour l'assureur n'ont dû commencer qu'au moment que le navire aura mis à la voile. Si donc ils ont commencé plutôt, c'est tout comme si le voyage fût commencé.

ARTICLE XXXVIII.

DÉclarons nulles les assurances faites après la perte ou l'arrivée des choses assurées, si l'assuré en savoit ou pouvoit savoir la perte, ou l'assureur l'arrivée, avant la signature de la police.

IDem. L'art. 20, des assurances d'Amsterdam.

Quoiqu'il soit de l'essence de ce contrat, qu'il y ait des risques à courir pour sa validité, l'assurance peut néanmoins être légitimement faite sur des effets perdus ou arrivés à bon port, en considération de la bonne foi des parties. Elles ont cru que les risques n'avoient point cessé, & cela a paru suffisant pour faire subsister l'assurance en pareil cas.

Mais sans cette bonne foi, la convention seroit illicite & frauduleuse, par conséquent nulle. Grotius *de jure belli & pacis lib.* 2, *cap.* 12, § 23. Puffendorf, du droit de la nature & des gens, liv. 5, ch. 9, § 8, & tous les autres auteurs qui ont traité la matiere. Cela est en effet indubitable, si l'assuré sçavoit la perte avant la signature de la police, ou l'assureur l'arrivée des effets : mais comme la preuve de la connoissance du fait, n'est pas facile à rapporter, notre article pour éviter toute surprise, fait dépendre le sort de l'assurance, du point de savoir si l'assuré a pû être instruit de la perte, ou l'assureur de l'arrivée du navire & des effets, avant la signature de la police. Et toute la différence qu'il y a à faire sur cela, c'est que si la connoissance n'est que présumée, il n'en resultera que la nullité de l'assurance avec la peine ou l'indemnité reglée par l'art. 41 ci-après, sans intéresser la probité & la réputation de l'assureur ou de l'assuré ; au lieu que la connoissance certaine du fait, imprimant sur celui qui l'avoit, une note d'infamie, pourra selon la nature des preuves, l'assujettir à des peines dont la moindre sera la dégradation du titre de Négociant.

ARTICLE

ARTICLE XXXIX.

L'Assuré sera présumé avoir sû la perte, & l'assureur l'arrivée des choses assurées, s'il se trouve que, de l'endroit de la perte ou de l'abord du vaisseau, la nouvelle en ait pu être portée avant la signature de la police dans le lieu où elle a été passée, en comptant une lieue & demie pour heure, *sans préjudice des autres preuves qui pourront être rapportées.*

LE ch. 4 du Guidon & l'art. 24, des assurances d'Amsterdam, tant au texte qu'aux notes, d'où le Commentateur a tiré, à son ordinaire & sans en avertir, tout ce qu'il a dit sur cet article & sur le précedent, admettent la même présomption en comptant une lieue & demie par heure. *Idem* Kuricke *Diatriba de assec. fol. 832, n. 4.* Casa Regis, *disc. 6 n. 17 & seq.* Stracha *de assec. gl. 27, n.* 5. Rocus, *pag.* 203.

Ce que le Guidon ajoute simplement, c'est qu'à cause de la difficulté de constater à qu'elle heure du jour la perte sera arrivée, il faut la compter à midi ; mais cela n'a aucun fondement, & c'est par les circonstances absolument qu'il faudra se régler, pour la détermination de l'heure.

Si donc la nouvelle du sort du navire a pû être portée, avant la signature de la police, dans le lieu où elle a été passée, c'en est assez pour annuller l'assurance, que les parties ayent sû la nouvelle ou non; parce que la présomption est de droit, en ce cas que l'un ou l'autre ne l'a pas ignorée.

L'article ajoute, *sans préjudice des autres preuves qui pourront être rapportées ;* c'est-à-dire, que celui qui a intérêt de faire déclarer l'assurance nulle, est recevable à prouver, soit par titres ou par témoins, attendu qu'il s'agit de dol & de fraude, que l'autre a véritablement sçû la nouvelle, quoique depuis l'événement il ne se soit pas écoulé assez d'heures, pour former, à raison d'une lieue & demie par heure, la présomption admise par cet article ; & à l'effet de parvenir à la preuve testimoniale, il n'est pas douteux, comme l'observe le Commentateur, qu'on ne puisse faire entendre les gens de l'équipage, Stracha. *ibid. n.* 6, Rocus, *pag.* 243.

ARTICLE XL.

SI toutefois l'assurance est faite sur bonnes ou mauvaises nouvelles, elle subsistera s'il n'est vérifié par autre preuve que celle de la lieue & demie pour heure, que l'assuré sçavoit la perte, ou l'assureur l'arrivée du vaisseau, avant la signature de la police.

AUtre chose est de savoir la perte d'un navire ou de son chargement en tout ou partie, & autre chose est d'avoir lieu & même un juste sujet de le craindre. C'est pour lors que l'on peut faire l'assurance sur bonnes ou mauvaises nouvelles, comme le permet notre article, d'après l'article 21 des assurances d'Amsterdam déja cité, auquel eſt conforme l'article 9 de l'Ordonnance de Roterdam, que l'on trouve à la ſuite du Traité des avaries de Quintin Weitſen. C'eſt auſſi l'avis de Loccenius, *de jure maritimo, lib. 2, cap. 5, n. 8;* de Kuricke, *ſuprà fol. 832, n. 4*, de Caſa Regis, & de Targa, ſans qu'on trouve aucun Auteur d'avis contraire.

Il importe donc peu, en ce cas, que la perte fût déja arrivée, & qu'aux termes de l'article précédent, l'aſſuré pût être préſumé en avoir eu connoiſſance; l'aſſurance n'en ſeroit pas moins valable : à moins qu'il ne fût vérifié, par toute autre preuve que celle de la lieue & demie par heure, que l'aſſuré ſavoit réellement la perte, ou l'aſſureur l'arrivée du vaiſſeau.

Au ſurplus, à défaut de preuve, dont le mérite dépend des circonſtances, & de la prudence du Juge (Rote de Génes, *deciſ. 36 & 42*; Caſa Regis. *diſc. 6, n. 7 & ſeq.* Stracha, *de aſſec. gl. 27, n. 6*), celui qui demande la nullité de l'aſſurance peut obliger l'autre d'affirmer par ſerment qu'il n'avoit pas réellement connoiſſance de l'événement avant la ſignature de la police : car c'eſt le moment de la ſignature qui décide entierement. *Idem.* Loccenius, *ibid.* & les autres Auteurs ci-deſſus cités.

Il importe peu auſſi que le commettant n'ait pas ſû la perte ou l'arrivée du navire, ſi ſon commiſſionnaire qui a ſtipulé l'aſſurance, la ſavoit. Caſa Regis, *diſc. 8 & 9.* Cela eſt ſûr ſuivant la régle, *qui per alium facit per ſe ipſum facere videtur.*

Mais ſi au contraire le commiſſionnaire ignoroit l'événement, l'aſſurance eſt bonne, quoique le commettant le ſût. Le même Caſa Regis, *diſc. 9, n. 19 & ſeq.* Arrêt d'Aix du mois de Mai 1749. Mais cela ne peut s'entendre que du cas où le commettant ignoroit tout de même l'événement, lors de la date de ſon ordre pour aſſurer; autrement la fraude ſeroit manifeſte. De même, s'il a été informé à temps pour révoquer l'ordre, & qu'il ne l'ait pas fait.

ARTICLE XLI.

EN cas de preuve contre l'aſſuré, il ſera tenu de reſtituer à l'aſſureur ce qu'il aura reçu, & de lui payer double prime; & ſi elle eſt faite contre l'aſſureur, il ſera pareillement condamné à la reſtitution de la prime, & d'en payer le double à l'aſſuré.

DU plus au moins, la friponnerie eſt la même de la part de l'aſſureur qui aſſure un navire qu'il ſait rendu à bon port, & de la part d'un aſſuré qui ſait, avant l'aſſurance, la perte de l'objet qu'il fait aſſurer.

Le crime de l'aſſuré eſt néanmoins beaucoup plus grand, attendu l'extrême différence qu'il y a, au moins en temps de paix, entre la prime & la valeur de la choſe aſſurée. Cependant la peine prononcée par cet article eſt la même abſolument contre l'aſſureur & l'aſſuré.

D'un autre côté, ſi l'article ſuppoſoit une pleine conviction du délit, la peine, qu'il borne à une double prime, ſeroit trop légére. C'eſt pourquoi il ſemble plus naturel de penſer que la preuve dont il parle ne regarde que celle réſultante de la lieue & demie par heure, & que le cas de la fraude bien conſtatée eſt laiſſé dans les termes du droit commun.

Selon l'Auteur des notes ſur le chap. 4 du Guidon, le Conſulat ſoumet à l'amende de 100 liv. celui qui sciemment a fait assurer un navire perdu : mais cette peine est encore trop légere, en la joignant même aux dommages & intérêts de l'assureur ; & je ne doute point qu'en pareil cas il n'y eût lieu de prendre la voye extraordinaire contre l'assuré, pour lui faire infliger des peines proportionnées aux circonstances qui pourroient aggraver ou diminuer son délit. Aussi Stracha, *de assec. gloss.* 27, *n.* 4, veut-il qu'il soit puni comme stellionataire. Voyez Casa Regis, *disc.* 1, *n.* 19 *& seq.* L'art. 9 de l'Ordonnance de Roterdam, ci-dessus cité, dit qu'il sera puni comme faussaire. Voyez *suprà* art. 38.

ARTICLE XLII.

LOrsque l'assuré *aura eu avis* de la perte du vaisseau ou des marchandises assurées, de l'arrêt de Prince, & d'autres accidens, étant aux risques des assureurs, il sera tenu de leur faire *incontinent* signifier, ou à celui qui aura signé pour eux l'assurance, *avec protestation de faire son délaissement en temps & lieu.*

AUra eu avis. Il n'est point nécessaire que cet avis soit certain & bien justifié, pour être en droit de le faire signifier aux assureurs ; à moins que le délaissement ne se fasse en même temps : mais il ne faut pas aussi que cet avis soit léger & frivole.

De l'arrêt de Prince, *infrà* art. 52.

Incontinent. Cela est juste, à cause de la bonne foi du contrat, & que l'assuré ne doit rien laisser ignorer à l'assureur de ce qui concerne l'assurance. Mais ce terme *incontinent* ne doit pas être pris à la rigueur ; & l'assuré sera à couvert, sinon de tout reproche, au moins de toute fin de non-recevoir, s'il se pourvoit dans les délais portés par l'article 48 ci-après.

Avec protestation de faire son délaissement en temps & lieu. Par l'article suivant, au lieu de protestation, le délaissement peut être fait en même temps que la dénonciation de l'avis de la perte : mais cela n'est pas nécessaire. Et parce qu'il importe souvent à l'assuré de ne pas faire un délaissement qui lui fait perdre la propriété de la chose assurée, cet article lui accorde la faculté de protester de faire son délaissement, si besoin est ; afin qu'il puisse prendre connoissance de l'état de toutes choses, & ne se déterminer qu'en connoissance de cause. Tant d'assurés se sont mal trouvés d'avoir fait leur délaissement à la légére, qu'il en est peu aujourd'hui qui tombent dans cette faute.

Cette faculté au reste de protester est ancienne, comme il résulte du Guidon, chap. 7, art. premier & 4, tant au texte qu'aux notes, d'où le Commentateur a encore tiré ce qu'il a dit à ce sujet.

Le temps de faire le délaissement est celui réglé par les articles 48 & 49 ci-après, n'étant pas d'usage d'en parler dans les polices d'assurances.

ARTICLE XLIII.

POurra néanmoins l'aſſuré, au lieu de proteſtation, faire en même temps ſon délaiſſement, avec ſommation aux aſſureurs de payer les ſommes aſſurées dans le temps porté par la police.

L'Article premier du chap. 3, & l'article 2 du chapitre 7 auſſi du Guidon, ſont conformes à cet article.

Le délaiſſement doit être fait & notifié par un Notaire, Huiſſier ou Sergent : mais dans les lieux où il y a un greffe des polices d'aſſurance, le Greffier peut faire la ſignification, avec ſommation aux aſſureurs, ou à ceux qui ont ſigné pour eux, de payer les ſommes aſſurées dans le temps porté par la police, ou à défaut de ſtipulation dans le délai preſcrit par l'Ordonnance.

A Marſeille, la notification ſe fait par une ſimple déclaration à la Chambre de Commerce, & cela vaut ſignification à chacun des aſſureurs. Il ſeroit à ſouhaiter qu'il en fût de même dans toutes les villes où il y a Chambre de Commerce, cela éviteroit bien des frais.

ARTICLE XLIV.

SI le temps du payement n'eſt point réglé par la police, l'aſſureur ſera tenu de payer l'aſſurance trois mois après la ſignification du délaiſſement.

N'Y ayant pas de temps fixé par la police pour le payement, cet article aſſujettit l'aſſureur à payer l'aſſurance trois mois après la ſignification du délaiſſement : en quoi l'article 5 des aſſurances d'Amſterdam a été préféré à l'article 18 de celles d'Anvers, & à l'art. 2 chap. 7 du Guidon, qui ne donnent aux aſſureurs que deux mois de délai.

Ce n'eſt que du jour de la ſignification du délaiſſement que le délai commence à courir, & non pas du jour de la dénonciation de l'avis de la perte, avec ſimple proteſtation de faire le délaiſſement dans la ſuite ; parce qu'il n'y a que le délaiſſement réel & effectif qui transfere aux aſſureurs la propriété de ce qui peut être recouvré des choſes aſſurées, & qui puiſſe par conſéquent les aſſujettir au payement de l'aſſurance.

ARTICLE XLV.

EN cas de naufrage ou échouement, l'assuré poura travailler au recouvrement des effets naufragés, sans préjudice du délaissement qu'il pourra faire en temps & lieu, & du remboursement de ses frais, dont il sera cru sur son affirmation, jusqu'à concurrence de la valeur des effets recouvrés.

LE soin que peut prendre l'assuré de faire travailler au sauvement des effets naufragés, ne le prive donc pas, aux termes de cet article, du droit de faire son délaissement dans la suite, & cela quoiqu'il n'ait aucun intérêt particulier au sauvement; c'est-à-dire, quoique les effets qu'il a fait assurer n'excédent pas la somme assurée : parce que, dans ce cas, il agit au nom des assureurs, dont il est en cette partie procureur né.

Et non seulement il peut faire travailler au sauvement des effets; mais même il le doit en rigueur jusqu'à l'arrivée des Officiers de l'Amirauté, si la chose est en son pouvoir : comme s'il est sur le navire, sur tout s'il en est le Capitaine; il le doit alors, soit avant, soit après avoir donné connoissance aux assureurs du naufrage ou de l'échouement, à peine de tous dépens, dommages & intérêts envers eux; parce que l'inaction en pareil cas seroit frauduleuse, & pouroit être imputée à délit. Du moins en pareilles circonstances, ne sauroit-il trop tôt leur notifier l'accident, afin qu'ils puissent donner leurs ordres pour le sauvement.

Mais en attendant, tout ce qu'il fait pour le recouvrement du navire & des effets, il est censé ne le faire qu'au nom des assureurs; & soit qu'en cas de naufrage il réussisse à retirer une partie des effets, soit qu'en cas de prise il obtienne la main-levée de tout ou de partie, il n'en est pas moins recevable à faire l'abandon aux assureurs, sauf le compte qu'il doit rendre de ce qu'il aura recouvré. Sentence de l'Amirauté de Marseille du 27 Juillet 1758, rendue en faveur du Sieur Barthelemi Benza, commissionnaire du Capitaine Ghiglino, sans égard à l'objection des assureurs, que Benza étoit d'autant moins fondé dans l'abandon par lui fait pour le compte de son commettant Ghiglino, qu'il se pouvoit faire que ce Ghiglino se contentât des effets dont il avoit obtenu la main-levée à la Nouvelle-York. Cette Sentence a été confirmée par Arrêt d'Aix du 3 Mars 1759, au rapport de M. de Coriolis.

L'assuré étant ainsi autorisé à faire travailler au sauvement, il est juste qu'il soit remboursé des frais qu'il aura faits à ce sujet, & que sur cela on n'exige pas de lui des piéces justificatives de sa dépense; mais qu'il en soit cru à son affirmation, suivant cet article. Ainsi jugé par Sentence aussi de l'Amirauté de Marseille du 27 Janvier 1750. Toutefois son remboursement sera borné à la valeur des effets recouvrés; à moins que les assureurs ne lui ayent donné un pouvoir spécial de travailler au sauvement : parce que cela emporte de droit l'obligation de le dédommager de toutes ses mises indistinctement, sans égard à la valeur des effets sauvés.

Il est difficile néanmoins que les frais excédent la valeur des effets sauvés. En tout cas, cela ne feroit pas honneur aux Officiers de l'Amirauté, dans le département desquels le naufrage ou l'échouement seroit arrivé.

ARTICLE XLVI.

NE pourra le délaissement être fait qu'en cas de prise, naufrage, bris, échouement, arrêt de Prince, ou *perte entiere des effets assurés;* & tous autres dommages ne seront réputés qu'avarie, qui sera régalée entre les assureurs & les assurés, à proportion de leurs intérêts.

IL ne seroit pas juste que, pour quelque dommage arrivé au navire ou aux marchandises, l'assuré fût en droit d'en faire l'abandon ou délaissement aux assureurs, à l'effet de les obliger de payer le montant de l'assurance. Tout ce qu'il peut prétendre en ce cas, c'est le payement du dommage que la chose assurée a souffert, ce qui s'appelle avarie, qui, soit particuliere ou commune, est toujours pour le compte des assureurs, dès qu'elle procéde de cas fortuit & de fortune de mer.

C'est pour cela que le présent article veut que le délaissement ne puisse être fait que dans les cas qu'il exprime : mais delà il ne s'ensuit point qu'il soit valable, & nécessairement acceptable dans tous ces cas indistinctement.

Le premier, qui est celui de la prise, ne souffre aucune difficulté, que la prise soit juste ou injuste; attendu que l'article ne distingue point, non plus que le 26 ci-dessus, & que de maniere ou d'autre c'est toujours une fortune de mer. Il n'y a point non plus de distinction à faire à cet égard, entre le navire & les marchandises, tout étant pris; & l'espérance de la restitution, dans le cas d'une prise injuste, n'est point une raison pour exclure ou retarder l'abandon.

Le second & le troisiéme, qui comprennent le naufrage & le bris, sont aussi sans difficulté, par rapport au navire, attendu qu'en pareilles circonstances le navire est perdu sans ressource. Mais il se peut que les marchandises soient sauvées, de maniere qu'elles n'ayent reçu que peu de dommage; & cela étant vérifié, ce n'est pas le cas d'en faire le délaissement, ou du moins de forcer les assureurs de l'accepter. Il ne s'agit que du payement de l'avarie si les assureurs offrent de faire rendre promptement les effets au lieu de leur destination.

Je retoucherai ce point avant de laisser cet article; parce que je sai bien qu'en cela je m'éloigne du sentiment commun des Négocians.

A l'égard du quatriéme cas qui concerne l'échouement simple; non-seulement il en faut dire autant au sujet des marchandises qui ne seront qu'avariées en partie; mais encore du navire, s'il y a moyen de le relever & de le remettre en état de naviger, moyennant un radoub.

On comprend qu'il est de l'intérêt des assureurs de réduire en avaries, autant qu'il se pourra, tous les dommages arrivés au navire & aux marchandises de son chargement, parce que l'assurance ne les oblige pas de faire bon de la valeur donnée au navire, ou aux effets indistinctement; mais seulement de réparer les pertes & les dechets qu'ils pourront souffrir par fortune de mer.

Par rapport au navire, il n'est pas douteux qu'il ne diminue considérablement de valeur dans un voyage de long cours, & cela par une suite nécessaire de la navigation quelque heureuse qu'on la suppose. Or les assureurs n'étant nullement obligés de faire bon à l'assuré de la moins valeur du navire à son arrivée à bon port ; ils ne peuvent pas en être tenus non plus, en cas de simple échouement ; & tout ce qu'on peut exiger d'eux, c'est qu'ils le remettent en état de servir en réparant le dommage qu'il a reçu par son échouement. C'est bien assez qu'en cas de naufrage avec bris, ils soient assujettis au payement de la somme à laquelle le navire a été légitimement estimé par la police, sans aucune déduction pour raison de la diminution que le navire a dû nécessairement souffrir dans sa valeur pendant le voyage jusqu'au jour du naufrage. C'est bien assez, dis-je, qu'ils supportent alors la perte en entier, & l'on ne conçoit pas même, lorsque le navire n'a pas de fret à recouvrer ; comment s'est établi l'usage de ne leur faire aucune déduction en pareil cas, puisqu'ils ne répondent que des cas fortuits & nullement du vice de la chose, ou de la diminution qu'elle souffre par le seul usage. Quoiqu'il en soit, on ne peut toujours argumenter du naufrage à l'échouement, & dès qu'il y aura moyen de radouber le navire & de le remettre en état de servir, les assureurs seront quittes en satisfaisant à cet engagement, chacun pour ce qui les concerne. C'est aussi l'avis de Pereira de Castro *decis.* 56, *n.* 10.

De même en fait de marchandises, l'assureur ne garantit pas qu'elles seront vendues à leur arrivée à bon port, le prix auquel elles auront été estimées par la police ou qu'elles auront été achetées ; il répond simplement des pertes qu'elles auront essuyées par cas fortuit. Ainsi toutes les fois que les marchandises ne sont avariées que jusqu'à un certain point, il lui est libre de refuser le délaissement qui lui en est offert, en déclarant qu'il se soumet au payement de l'avarie.

Le cinquiéme cas est, *l'Arrêt de Prince* par représailles ou autrement, sur quoi voir les art. 49 & 50, ci-après.

Le sixiéme & dernier cas, regarde *la perte entiere des effets assurés*, perte qu'il faut supposer être arrivée par quelque cas, autre que quelqu'un des cinq ci-dessus, comme par jet, feu, pillage, coups de mer, ou autre accident maritime. Il n'est pas douteux alors que l'assuré ne soit fondé à demander le payement de l'assurance.

Mais ces mots, *perte entiere* ; doivent-ils être pris rigoureusement à la lettre ? Ou ne souffrent-ils point interprétation, de maniere, que la perte soit reputée totale, si au moyen de l'avarie, il n'y a plus de proportion entre la valeur des effets au temps de leur chargement & celle qu'ils ont après le dommage qu'ils ont essuyé ?

Je le croirois volontiers, & sur cela je prendrois même pour régle l'article premier ch. 7, du Guidon, qui admet le délaissement lorsque l'avarie cause à la marchandise un dommage qui excéde la moitié de sa valeur. Car enfin si la perte devoit être entiere, il y auroit très-rarement lieu au délaissement effectif, & l'assuré fort souvent ne seroit pas pleinement indemnisé ; car il est des avaries qui augmentent de jour à autre.

Mais cette régle ne peut avoir d'application qu'aux marchandises vraiment avariées par mouillure, ou autre fortune de mer, qu'elles soient restées dans le navire, ou qu'elles ayent été sauvées sur les flots, & nullement à celle dont une partie aura été perdue, par le jet, le feu, le pillage, ou autrement, & dont l'autre partie aura été conservée sans aucun dommage.

Par exemple, de trois balots de marchandises, deux auront été jettés à la mer, auront péri par le feu, ou auront été pillés par un corsaire ; ce n'est pas le cas d'abandonner le troisiéme, il faut que l'assuré le retienne & qu'il se borne à demander le payement de la valeur des deux autres, si l'assureur refuse le délaissement.

De même si la perte procéde d'avarie, & qu'il n'y ait d'avariés que deux des trois balots, l'assuré ne pourra non plus, forcer l'assureur d'accepter le délaissement du troisiéme ; mais si les trois balots sont tellement avariés tous trois que leur valeur actuelle soit inférieure de plus de moitié à leur premiere valeur ; ce sera le cas du délaissement, tout comme si la perte étoit totale.

Les mêmes distinctions auront lieu en fait d'assurances sur des indigo, des sucres, &c. en observant toute fois que quoique l'assureur ne puisse être forcé d'accepter l'abandon des effets non avariés, avec ceux qui le sont, il lui est permis néanmoins d'exiger que le délaissement lui soit fait du total, ou de renvoyer l'assuré à une simple demande en payement d'avaries, par la raison que celui-ci, aux termes de l'article suivant, ne peut pas faire délaissement d'une partie & retenir l'autre.

Dans le fameux procès de la Chambre d'assurance de Paris, dont il a été parlé sur l'article 19 ci-dessus, elle soutenoit absolument que le délaissement ou abandon ne pouvoit être fait sans rapporter la preuve de la perte entiere des effets assurés. Il ne se pouvoit rien de plus absurde, & ses Parties adverses démontroient l'erreur de sa proposition d'une maniere sans réplique. Mais eux de leur côté passoient le but, en ce qu'ils prétendoient qu'il suffisoit qu'il y eût naufrage & même un simple échouement, pour autoriser l'abandon, sans examiner la perte qui s'en étoit ensuivie, parce que disoient-ils, aux termes de cet article, « l'abandon est permis dans ces deux cas, » quels que puissent être les effets sauvés, dont le plus ou le moins de valeur n'en- » tre point en considération pour légitimer l'abandon. »

Ils parloient ainsi, d'après un Parére de la Chambre de commerce, de Marseille, & ne faisoient pas attention néanmoins que ce Parére supposoit un échouement avec bris, cas qui revient au naufrage.

Quoiqu'il en soit, ces principes ne sont pas de nature à pouvoir être adoptés, au moins sans distinction ou modification.

En fait d'assurance sur le navire, que le naufrage ou l'échouement avec bris, puisse autoriser sur le champ l'abandon du navire, cela n'est pas douteux ; mais en simple échouement sans bris, ce sera autre chose, si le navire peut être relevé, radoubé & conduit à sa destination. C'est donc un fait à vérifier pour décider de la validité ou de l'inutilité de l'abandon fait aux assureurs.

Ces deux propositions ne sçauroient être raisonnablement contestées, & delà il s'ensuit que ceux-là s'abusent, qui prétendent que par cet article, l'échouement simple est comparé au bris & naufrage, à l'effet que l'assuré puisse faire son abandon aussi efficacement dans un cas que dans l'autre.

Par Sentence de l'Amirauté de Marseille du 22 Août 1752, il avoit été jugé à l'occasion d'un navire qui avoit taloné sur des roches, & qui avoit été retiré de son échouement par les soins de l'équipage, que l'assuré étoit fondé à demander aux assureurs, *déclarés francs & quittes d'avaries* par la police d'assurance, le payement de ce qu'il lui en avoit coûté pour radouber le navire & le remettre en état de continuer son voyage ; mais par Arrêt du Parlement d'Aix du 6 Juin 1754, la Sentence fut infirmée & les assureurs furent mis hors de Cour & de procès avec dépens, sur ce principe qu'il n'y avoit pas eu d'échouement réel & absolu, puisque le navire en avoit été relevé par les secours de l'équipage ; qu'ainsi il n'y avoit pas eu en aucun temps lieu à l'abandon, & qu'il ne s'agissoit que de simples avaries dont les assureurs ne pouvoient être tenus au moyen de la clause *francs d'avaries* ; ce qui confirme ma proposition, que l'échouement doit être complet pour autoriser l'abandon du navire.

Il

Il en faut dire autant par conséquent, de tout autre cas où le navire ne peut plus continuer sa route sans un radoub, au moyen des coups de vent & autres fortunes de mer qu'il a essuyé.

Mais *quid juris?* Si dans le lieu où le navire a abordé ou échoué, le Capitaine ne peut le faire radouber; est-ce le cas de l'abandon aux assureurs & aux prêteurs à la grosse?

Si dans cet endroit, ou dans le voisinage, il n'y a ni matériaux ni ouvriers pour le radouber, cela n'est pas douteux: c'est une suite nécessaire des fortunes de mer, dont les uns & les autres doivent répondre.

Si au contraire, il y a dans le lieu dequoi radouber le navire & que le radoub ne manque qu'à cause que le Capitaine ne peut y trouver aucun crédit, soit par emprunt à la grosse, ou tout autrement, c'est là où est la difficulté.

L'espéce s'est présentée depuis peu à l'Amirauté de Marseille.

Le 5 Septembre 1754, le Capitaine Candole, de la Ciotat, prit à la grosse, sous le cautionnement de François Candole son frere, une somme de 1000 liv. de Maurice Barratier, sur le corps de la polacre *le St. Etienne*, pour un voyage ou caravanne dans le levant, au change ou profit maritime de 10 pour cent pour six mois, & au *prorata*, jusqu'au retour n'excédant en tout trois ans.

Après un an de navigation, le Capitaine Candole mourut à terre, & le commandement du navire échut à Faudou, son écrivain.

En Janvier 1756, le navire arriva à Chypre. Le 20 du même mois, l'équipage présenta requête au Consul François, & demanda que le navire fût visité par experts, offrant de se rembarquer, s'il étoit jugé navigable.

Les Experts nommés, déclarerent que moyennant un radoub le bâtiment pourroit naviger, même plusieurs années. Le radoub fut évalué 11 à 1200 piastres.

Le 23 du même mois de Janvier, Ordonnance du Consul, qui enjoint à Faudou de faire travailler au radoub sans délai. Remontrance de sa part qu'il ne trouve pas d'argent. Nouvelle Ordonnance conforme à la premiere.

Le 3 Fevrier, Faudou n'ayant pû trouver absolument d'argent à emprunter d'aucune façon, déclare qu'il *abandonne la polacre pour en être disposé par le Consul, ainsi qu'il avisera pour le plus grand avantage des intéressés.*

En conséquence le Consul fait vendre la polacre pour 901 piastres dont il paye l'équipage. L'acheteur du navire le fait radouber & ensuite naviger.

Le 22 Juin de la même année 1756, Jean-Baptiste Ode cessionnaire de Maurice Barratier, donneur à la grosse, assigne les héritiers du Capitaine Candole, & François Candole caution, en payement des 1000 liv. données à la grosse & des profits maritimes jusqu'à l'époque de la vente de la polacre.

Ceux-ci lui opposerent que le navire avoit été déclaré innavigable, & qu'ainsi l'abandon qui en avoit été fait, étoit pour le compte des donneurs à la grosse & des assureurs, lesquels moyennant cela ne pouvoient rien prétendre que sur le prix de la vente.

Le demandeur répliquoit de son côté, 1°. Que le Capitaine n'avoit point fait de consulat, c'est-à-dire, un rapport en forme devant le Consul, qu'ainsi on ne pouvoit pas reconnoître si le mauvais état du navire procédoit de son vice propre, ou de fortune de mer.

2°. Que le navire n'avoit pas été déclaré précisément innavigable, mais seulement avoir besoin d'un radoub, & que si Faudou n'avoit pas trouvé des deniers pour le radoub, c'étoit son affaire, ou en tout cas un fait qui ne pouvoit retomber sur les donneurs & les assureurs.

Dans ces circonstances intervint Sentence le 19 Juillet 1757, qui condamna les héritiers Candole & François Candole caution, au payement des 1000 liv. de prêt à la grosse & du change maritime.

Je ne doute point qu'il n'ait été bien jugé, faute par Faudou subrogé Capitaine, d'avoir fait son rapport en forme, & d'avoir fait constater par les Experts que l'innavigabilité de son navire procédoit du mauvais temps & des coups de mer qu'il avoit essuyés; au moyen de quoi, la présomption étoit que le mauvais état du navire, venoit de son vice propre.

Mais s'il se fût mis en regle, le donneur à la grosse n'auroit pas été en termes d'obtenir ses fins & conclusions, l'impossibilité où Faudou s'étoit trouvé d'emprunter les deniers nécessaires pour le radoub, devant être comparée au cas où, dans le lieu, il n'y auroit pas eu de quoi radouber le navire.

A la vérité il seroit dangereux d'admettre une pareille excuse sans examen, parce qu'un Capitaine pourroit l'alléguer faussement & en abuser au préjudice des assureurs & des donneurs à la grosse. On ne l'écouteroit sûrement pas, s'il avoit eu des marchandises appartenantes au navire dont la vente eût pu se faire dans le lieu. Mais dans l'espéce, ce n'étoit qu'un Capitaine postiche, & d'ailleurs, ce qui merite une attention singuliére, c'est que le navire étant en pays étranger fort éloigné, lieu par conséquent où le Capitaine & le propriétaire n'avoient vraisemblablement aucunes correspondances, il n'étoit pas étonnant que le Capitaine, dénué de marchandises, n'eût pû y trouver aucun crédit.

Or je le repête, en pareil cas, c'étoit tout comme si dans le même lieu, il n'y eût eu ni matériaux ni ouvriers pour le radoud. De sorte que si Faudou subrogé Capitaine, eût fait ce qu'il falloit pour prouver que le mauvais état de son navire ne procédoit pas de son vice propre, le donneur à la grosse auroit dû succomber dans sa demande, sauf à lui à se pourvoir simplement sur les deniers provenans de la vente de la polacre.

Si l'assurance est sur marchandises, il me paroît vrai de dire, soit en cas de naufrage, soit en cas d'échouement, avec bris ou sans bris, que le délaissement des effets assurés ne sera absolu & définitif, qu'autant qu'ils ne seront pas sauvés, & qu'ils ne seront pas en tel état que l'assuré doive se contenter du payement de l'avarie rélativement à ce qui a été observé ci-dessus.

Les partisans de l'opinion contraire, c'est-à-dire, ceux qui tiennent que le délaissement est admissible en pareil cas, quel que soit le sort des marchandises, alléguent 1°. Que l'effet de l'assurance est tel que l'assureur est au lieu & place de l'assuré; 2°. Que la perte est présumée de droit dès qu'il y a naufrage ou échouement.

Mais la premiere raison est fausse; l'assureur par la nature du contrat d'assurance ne se met point au lieu & place de l'assuré; il est seulement garant envers lui du dommage qui pourra arriver par fortune de mer à la chose assurée. A la vérité l'assuré peut le mettre malgré lui en son lieu & place par la voye du délaissement; mais il faut pour cela que l'abandon soit légitime & incontestable.

La seconde raison, fondée sur la présomption de la perte, est également fausse, s'il ne s'agit que d'un simple échouement sans bris, parce qu'il se peut que le navire soit relevé & conduit ensuite à sa destination. Le délaissement en pareille circonstance est donc prématuré, & n'est pas capable par conséquent de faire courir le délai contre les assureurs, quoiqu'il se vérifie dans la suite que l'échouement aura été converti en bris & naufrage.

Ce n'est donc qu'en cas de naufrage, ou d'échouement avec bris, qu'on peut dire que la perte des marchandises est présumée de droit. Eh bien, que s'ensuit-il de là ? Que sans attendre l'éclaircissement du fait de la perte ou du sauvement, l'assuré puisse faire son abandon pour faire courir le délai du payement contre les assureurs, même à l'effet de les faire condamner par provision après le délai expiré, & de les contraindre au payement ? A la bonne heure ; mais au fond, le sort de l'abandon n'en dépendra pas moins de celui qu'auront eu les marchandises. De sorte que pour juger de son effet définitif, il faut consulter les procès-verbaux qui auront été faits à l'occasion du naufrage, afin de reconnoître par là ce qui aura été sauvé & ce qui aura péri, ou aura perdu de sa valeur, pour décider ensuite si l'abandon devra tenir & avoir son plein effet, ou s'il ne sera question que d'une simple contribution aux avaries.

Et d'abord cela me paroît indubitable, si le naufrage est arrivé dans le lieu de la destination du navire ou à peu de distance, puis qu'alors le temps des risques est passé, & qu'il ne s'agit plus de la part des assureurs que de supporter, outre l'avarie les frais de sauvement.

Et en second lieu, j'en dis autant, quoique le naufrage arrivé sur la route ait mis le navire hors d'état de continuer le voyage, si les assureurs offrent de fournir un autre navire pour porter les effets à leur destination. Car enfin c'est tout ce qu'on peut exiger d'eux, lorsque le dommage que les marchandises ont souffert se réduit à de simples avaries.

Reste sur cela de savoir de la part de qui doivent être représentés les procès-verbaux & autres actes justificatifs de ce qui s'est fait après le naufrage ou échouement; sur quoi je pense qu'il faut distinguer. Si l'assuré étoit sur le navire, en quelque qualité que ce fût, & à plus forte raison s'il en étoit Capitaine, ou ce qu'on appelle supercargue ; c'est à lui à rapporter ces procès-verbaux ou autres piéces supplétives pour constater la perte des effets, sans quoi il ne sera pas reçu à faire son abandon, ni en termes d'obtenir une condamnation même provisoire contre les assureurs, d'autant plutôt qu'obligé naturellement & de droit rigoureux de veiller au sauvement des effets autant qu'il étoit en lui, son inaction lui seroit imputée à juste titre, comme une prévarication de sa part.

Si au contraire il n'étoit pas sur le navire, ou autrement à portée de veiller au sauvement ; alors c'est aux assureurs, qui prétendent se défendre du payement, & que ce n'est que le cas de la contribution aux avaries, à justifier leurs prétentions & exceptions.

Par là il me semble que tout à la fois, les principes sont conciliés, & les droits des uns & des autres conservés.

Il est vrai que dans la pratique, le délaissement se fait aux assureurs, dès qu'il y a naufrage ou échouement avec bris, & que ceux-ci l'acceptent pour l'ordinaire sans examiner quel a été le sort des effets du chargement; mais cela ne decide pas en point de droit, & n'empêche nullement qu'il ne soit dans la régle, de dire que l'abandon est inutile & réjettable au fond, lorsque par événement, les effets sauvés sont en tel état que la perte peut se reduire à une simple action en contribution aux avaries.

Pour justifier & autoriser cette pratique, on dit qu'il est de l'intérêt du commerce que les assurés fassent promptement le recouvrement de leurs fonds, afin qu'ils puissent former de nouvelles entreprises, ce qu'ils seroient hors d'état de faire, s'ils étoient obligés d'attendre la vérification du sort des marchandises après le naufrage ou échouement.

Mais n'est-il point également de l'intérêt du commerce qu'il y ait des assureurs? & n'est-il point à craindre qu'en aggravant leur condition, & en les traitant avec tant de rigueur, on ne les dégoute enfin d'un genre de négoce où tous les risques sont pour leur compte, jusqu'à l'infidélité des assurés? Car enfin, dans ce contrat, ils ne peuvent jamais tromper ou surprendre; & eux sont exposés tous les jours à devenir les victimes de leur bonne foi.

Il est d'autres raisons cependant qui ont pu faire introduire cette pratique. Comme les assureurs sont chargés de tous les risques maritimes, jusqu'à ce que les effets assurés soient rendus dans le lieu de leur destination, aux termes de la police d'assurance, & qu'ainsi le navire faisant naufrage dans sa route, ils sont obligés, en refusant le délaissement, de fournir un autre vaisseau pour continuer le voyage; l'extrême difficulté de trouver à coup prêt un autre navire, sur-tout l'accident étant arrivé dans un pays étranger, ayant rendu l'abandon nécessairement acceptable en pareil cas, on aura cru qu'il en devoit être de même dans tous les autres.

D'ailleurs, dans l'incertitude, s'il y auroit lieu en définitive à contester l'abandon ou non, il aura paru à des assureurs qu'il valoit mieux l'accepter, pour donner de meilleurs ordres au sauvement que ne feroient les assurés, & d'y travailler à moins de frais.

Enfin il est arrivé que des assureurs se sont bien trouvés de l'abandon trop précipité de certains assurés, qui, sans autre combinaison, ont préféré le payement de l'assurance, au recouvrement moins prompt des effets échoués ou naufragés.

Mais, je le répéte, cela ne décide point la question en point de droit, & je m'en tiens aux observations ci-dessus.

Hors le cas du délaissement, tout dommage arrivé au navire ou aux marchandises, n'est donc qu'une avarie qui doit être supportée par les assureurs; & cela pour le tout entr'eux, si l'assuré n'a pas d'intérêt dans les marchandises au-delà des sommes assurées, ou s'il en est autrement entre eux & lui, à proportion de leur intérêt respectif dans la chose dont il n'y a qu'une partie d'assurée.

Il n'est pas étonnant que des assureurs sur chargement refusent l'abandon qui leur est offert, même en cas de naufrage, lorsqu'ils croient que la perte ou le dommage peut se réduire en simples avaries: mais ce qui surprend extrêmement, c'est qu'il se soit trouvé des assureurs assez livrés à la chicane, pour oser se défendre du payement des avaries, dans le même cas de naufrage, sous prétexte que l'assuré ne leur faisoit pas l'abandon des effets par lui chargés.

La question néanmoins s'est présentée jusqu'à trois fois à Marseille. Sous prétexte que les assureurs auroient mieux trouvé leur compte à avoir le délaissement des marchandises, parce que leur prix avoit augmenté, que de payer les avaries consistant dans les frais de sauvement & autres dommages, ils soutenoient l'assuré non-recevable dans sa demande, à moins qu'il ne leur fît l'abandon du chargement; prétendant que, dès qu'il y avoit naufrage, l'assuré n'avoit de recours contre eux que par la voye de l'abandon.

Rien de plus misérable. S'il s'agissoit d'exiger des assureurs le montant de l'assurance, sans doute que l'assuré seroit tenu de leur faire l'abandon de son chargement assuré en entier ; & cela sans partage & sans retenue d'aucune portion dans les effets sauvés, à cause de l'article suivant : mais lorsque l'assuré se borne à demander simplement le payement & la contribution aux avaries, sur quel principe peut-on le soutenir non-recevable, à moins qu'il ne fasse l'abandon ou délaissement ?

Notre article, à la vérité, parle du délaissement en cas de naufrage ; mais cette disposition est toute en faveur de l'assuré, pour marquer les cas dans lesquels, sans autre examen, il est autorisé à faire l'abandon ; & il ne s'ensuit nullement de-là que, dans le même cas, il ne puisse réduire sa demande à la simple contribution aux avaries, comme dans les autres cas où il n'y a pas lieu à l'abandon.

Qui peut le plus peut le moins. L'assuré, lorsqu'il y a naufrage, peut faire l'abandon pour demander la totalité de l'assurance dans les délais de l'Ordonnance ; il peut donc, en n'usant pas de tout son droit, ne demander aux assureurs que la réparation du dommage arrivé. Ce n'est point aux assureurs à dire qu'il y a naufrage, & à en excepter pour soutenir que l'abandon doit leur être fait, ou qu'on les laisse tranquilles. L'abandon à leur égard est purement passif ; ils n'ont que le droit de le contester, s'il n'est pas fait comme il convient, ou s'il n'est pas en termes d'être offert, & jamais ils ne peuvent avoir la faculté de le requérir. Il dépend de l'assuré de le faire ou de ne le pas faire ; aucune loi ne l'oblige de le faire, c'est seulement une faculté qui lui est accordée par la loi : il peut donc y renoncer pour ne demander que les avaries. Il est de principe qu'on ne rétorque pas la loi contre celui en faveur de qui elle est portée.

Le procédé des assureurs, en pareil cas, a quelque chose de choquant. S'il étoit question d'une assurance de 30000 liv., par exemple, sur un chargement de 100000 l., & qu'il y eût naufrage, mais avec peu de perte pour les marchandises ; ils prétendroient donc tout de même, qu'à moins de leur abandonner les 100000 liv., l'assuré n'auroit rien à leur demander, & que sans l'abandon ils ne devroient pas contribuer aux avaries avec l'assuré, pour le surplus de son chargement ? Eh ! que leur importe qu'il y ait naufrage ou non, dès qu'on ne leur demande que des avaries ?

Il s'est trouvé des négocians assez mal avisés pour faire l'abandon, sans avoir examiné si les effets sauvés valoient plus ou moins que les sommes assurées, & les assureurs y ont gagné considérablement : mais les négocians habiles s'y prennent autrement. Ils se contentent de dénoncer l'accident aux assureurs, en protestant des avaries, sauf à faire l'abandon s'il y échoit. Les opérations se font ensuite ; & si, par évenement, les effets sauvés valent plus que l'assurance, les assurés réduisent leurs demandes à la simple contribution aux avaries ; ce qui n'a jamais éprouvé la moindre contradiction dans les places où le commerce se fait tout uniment, comme à la Rochelle, sans s'amuser à de vaines subtilités.

La prétention des assureurs, dans le cas proposé, étant donc insoutenable, on comprend d'avance quel en a dû être le succès à l'Amirauté de Marseille. Aussi est-il vrai qu'elle y a été rejettée les deux premieres fois, par Sentences des 30 Août 1750 & 22 Août 1752. Sans doute qu'il en aura été de même de la derniere tentative faite de leur part, en l'année 1755, si tant est néanmoins qu'ils ayent voulu courir les risques d'une nouvelle décision.

ARTICLE XLVII.

ON ne pourra faire délaiſſement d'une partie & retenir l'autre, ni aucune demande d'avarie, ſi elle n'excéde un pour cent.

IL eſt décidé dans la premiere partie de cet article, qu'on ne pourra faire le délaiſſement d'une partie de la choſe aſſurée, & retenir l'autre; & rien n'eſt plus juſte, parce que le contrat d'aſſurance étant individu ne peut ſouffrir aucune diviſion. Caſa Regis, *diſc. 1, n. 109.* L'aſſureur n'a pas aſſuré par parties, mais indiſtinctement, les effets énoncés dans la police; ainſi il faut lui en faire le délaiſſement en entier, ou ſe borner à lui demander ſimplement le payement de l'avarie.

Par cette raiſon, & parce que notre article ne diſtingue point, il ne faut pas non plus diſtinguer, comme le fait le Guidon, chap. 7, art. 7, 8 & 9, le cas où toutes les marchandiſes aſſurées ſont de même nature, d'avec celui où ce ſont des effets de différentes eſpéces. Dès qu'ils ſont tous compris dans la police d'aſſurance, l'abandon ne peut en être fait pour partie.

Ainſi, de même qu'en aſſurance ſur des ſucres ſeulement, l'aſſuré ne peut pas retenir les bariques ſauvées non avariées, & abandonner celles qui ſont avariées ou qui ont coulé en entier; de même en aſſurance ſur des ſucres & des indigos, l'aſſuré ne peut pas retenir les bariques de ſucre : ainſi du reſte.

Mais le délaiſſement que fait l'aſſuré emporte-t-il autre choſe que l'abandon des effets aſſurés par la même police d'aſſurance; de maniére, en premier lieu, qu'il ne puiſſe pas retenir d'autres effets aſſurés par une police différente, qu'elle ſoit ſouſcrite par les mêmes aſſureurs ou par d'autres? Et en ſecond lieu, qu'il ne puiſſe pas non plus retenir ou conſerver, ſoit les effets par lui chargés en particulier pour ſon compte, & ſans aſſurance, ſoit la portion qu'il a dans l'objet aſſuré, excédante la ſomme juſqu'à concurrence de laquelle il a fait aſſurer ſeulement le même objet?

Sur la premiere queſtion, il me paroît ſans difficulté que deux polices d'aſſurances n'ayant rien de commun entre elles, ſur-tout lorſqu'elles roulent ſur différents objets, rien n'empêche auſſi que l'aſſuré, par les deux polices, ne puiſſe faire le délaiſſement aux aſſureurs des effets compris dans l'une des deux polices, & retenir les effets de l'autre, pour ſe borner à cet égard à demander aux aſſureurs le payement des avaries; & cela, que les aſſureurs d'une des deux polices ſoient les mêmes que ceux de l'autre, ou non : parce que c'eſt la diverſité des polices & des choſes qui en ſont l'objet, qu'il faut uniquement conſidérer. Ainſi jugé au reſte par Sentence de l'Amirauté de Marſeille, du 16 Mars 1752, au rapport de M. Emerigon.

Par rapport à la ſeconde queſtion qui a deux membres, je ne doute pas non plus, au ſujet du premier, que le délaiſſement fait aux aſſureurs ne doive ſe borner aux effets compris dans l'aſſurance; & qu'ainſi l'aſſuré ne puiſſe légitimement conſerver les autres effets, étrangers à la police, qu'il a chargé de plus pour ſon compte, & ſans aſſurance; attendu qu'en cette partie il ne doit pas être de pire condition que s'il eût fait aſſurer par d'autres, étant alors ſon propre aſſureur.

Quant au ſecond membre, je diſtingue. Ou il s'agit d'une aſſurance ſur chargement, ou d'une aſſurance ſur le corps & quille du navire, ſes agrès & apparaux. Au premier cas, je penſe encore que le délaiſſement des marchandiſes d'un même chargement, n'emporte rien de plus que l'abandon de la partie du chargement soumise à l'assurance, & que l'assuré conserve sa portion non assurée, à l'effet d'entrer en répartition avec les assureurs, au sol la livre de la valeur des effets qui seront sauvés, suivant l'intérêt d'un chacun dans le chargement. De sorte que, si l'assuré y avoit un intérêt pour moitié, au-delà de la somme assurée, il entreroit en répartition pour moitié avec les assureurs ; & cela est conforme à l'art. 12, chap. 7 du Guidon, au second *alinea.* C'est aussi, selon moi, une conséquence qui se tire naturellement de l'art. 67 ci-après, où il est question du rachat du navire & de sa cargaison.

Il y est décidé que les assureurs pourront prendre la composition à leur profit ; non pour le tout, mais *à proportion de leur intérêt seulement* : ce qui suppose une contribution au rachat entre eux & l'assuré, à proportion de leur intérêt respectif dans la chose.

Cependant le navire ayant été pris, tout étoit perdu dans le moment, comme s'il y avoit eu naufrage. Si donc tout n'est pas acquis aux assureurs, en cas de prise rachetée ; c'est-à-dire, s'ils ne sont pas fondés à prendre la composition pour eux seuls, à la charge de payer le prix du rachat, pourquoi en seroit-il autrement, en fait de naufrage, où les marchandises sont sauvées ; puisque le sauvement des marchandises, par les soins & par les frais qu'il cause, répond à ce qu'il en coûte pour le rachat de la prise ?

En pareille hypothèse, ce n'est donc pas délaisser une partie & retenir l'autre ; puisque l'assuré abandonne aux assureurs tout ce qu'ils ont assuré, en leur faisant l'abandon jusqu'à concurrence des sommes par eux assurées, & que ce qu'il retient est la portion qui lui appartient, sur laquelle les assureurs n'ont aucun droit, comme étant étrangere à la police d'assurance.

Cela s'entend au reste, de quelque maniere que l'assuré se trouve avoir dans la chose une portion excédante le montant de l'assurance ; c'est-à-dire, soit que dans l'origine il n'ait fait assurer qu'une partie de son chargement, soit que ce chargement ait augmenté de valeur par la négociation qui en a été faite.

Par exemple, & c'est une espèce qui s'est présentée depuis peu. Un navire est armé à la Rochelle pour aller à la côte de Guinée faire sa traite, de-là à Saint-Domingue, & retourner ensuite à la Rochelle. La cargaison est assurée en entier au départ, à prime liée, tant pour l'aller que pour le retour ; & il est stipulé qu'en cas d'hostilités de la part des Anglois, la prime augmentera de *tant.*

Le navire arrivé, à la côte de Guinée, y fait sa traite ; &, faisant route pour Saint-Domingue, il est arrêté & pris par les Anglois, à la vue de l'isle, avant toute déclaration de guerre.

Comme la prise est irréguliere & nulle, & qu'ainsi il y a lieu d'espérer qu'à la paix le navire & sa cargaison seront rendus, suivant leur valeur, au temps de la prise, avec dommages & intérêts, l'assuré, qui a dénoncé la capture à ses assureurs, leur déclare ensuite qu'il leur fait abandon de la cargaison, sous la réserve de tous ses droits. En conséquence, il leur demande le payement des sommes par eux assurées, à la déduction de la prime stipulée, avec l'augmentation, sous sa soumission de leur rembourser les sommes qu'ils lui payeront, avec les intérêts à six pour cent, en cas de restitution de la part des Anglois ; sauf, dans le même cas, la répétition des avaries contre les assureurs, à imputer ou compenser sur la prime.

Les assureurs de leur côté sur le fondement de cet art. 47 & du 60 ci-près répudient cet abandon, prétendant qu'il doit être pur & simple, ou que l'assuré doit attendre l'événement de la paix, & jusques-là les laisser tranquilles.

Consulté sur cette difficulté au mois de Janvier 1757, je répondis, que l'abandon étoit effectivement dans le cas d'être répudié par les assureurs, comme étant conditionnel, & qu'aux termes de l'art. 60 du présent titre, qui ne peut souffrir aucune exception, l'effet de l'abandon étant de transmettre aux assureurs la pleine propriété des effets assurés, il falloit nécessairement que l'abandon, pour être valable, fût sans retour; que celui dont étoit question n'étoit pas de cette qualité, puisque dans le même temps que l'assuré l'offroit, il se reservoit la faculté de reprendre à son profit les sommes qui pourroient être restituées par les Anglois, sauf à rendre aux assureurs ce qu'ils auroient été obligés de lui payer; au moyen de quoi il ne leur abandonnoit rien, tout se réduisant à un payement provisionel qu'il leur demandoit.

Mais je pensai en même temps, que les assureurs n'étoient pas fondés à prétendre que le délaissement dût leur être fait de la maniere qu'ils l'entendoient; c'est-à-dire que l'assuré fût obligé de leur abandonner absolument tout ce que les Anglois pourroient être tenus de restituer à la paix.

Ils auroient raison à la vérité, disois-je, si le navire eût été pris avant sa traite à la côte de Guinée, parce qu'alors l'assuré ne pourroit pas supposer que la cargaison valoit plus qu'au départ, le profit espéré des marchandises ne pouvant jamais être mis en considération: mais le navire n'ayant été pris qu'a son arrivèe à la côte de St. Domingue, c'est autre chose. La cargaison n'étoit plus la même: vendue à la côte de Guinée & convertie en Négres & en poudre d'or, sa valeur étoit considérablement augmentée, & cette augmentation acquise de plein droit à l'assuré, est un objet distinct de la valeur du premier fond de la cargaison assuré.

La preuve en résulte de ce que l'assuré auroit pû faire assurer par supplément cette augmentation, s'il eût été informé de l'état des choses. Or s'il pouvoit faire assurer cette augmentation de valeur, comme un profit déjà fait, c'est tout comme s'il eût réellement fait assurer, devant être regardé comme son propre assureur, comme confondant l'assurance en lui-même.

En un mot, cette augmentation de la valeur de la cargaison par le moyen de la traite faite à la côte de Guinée & de l'arrivée du navire près de St, Domingue, étant supposée, par exemple, avoir doublé le premier fond, il n'y a d'abandon à faire aux assureurs que de la moitié de ce qui pourra être restitué par les Anglois, ainsi du reste à proportion de l'augmentation plus grande ou moindre.

Les assureurs quoi qu'ils puissent dire, n'ont pas absolument d'autre abandon à attendre, puisqu'il comprend tout l'intérêt qu'ils avoient dans les effets assurés à leur arrivée à la côte de Guinée, & que le profit survenu par la traite des Négres leur est aussi étranger, que la perte leur auroit été étrangere, si la plus grande partie des Négres eût péri de mort naturelle.

Diront-ils, que les Négres provenant de la traite des effets de la cargaison, représentent ces mêmes effets par subrogation, de maniere que le tout ne doit être considéré que comme un seul & même fond? Cela n'est vrai que jusqu'à concurrence de la valeur des effets dont le navire étoit chargé au départ de France, & nullement en ce qui concerne l'augmentation causée par la traite de Négres & de leur conservation jusqu'au lieu de la prise du navire; autrement il s'ensuivroit que si le navire fût arrivé à St. Domingue, que les Négres y eussent été vendus & que les sucres, indigos, &c. en provenant, eussent été chargés dans le même navire, de maniere que le navire n'eût été pris qu'à son retour en France; il s'ensuivroit disje, je, qu'après toutes ces cascadés, le dernier chargement du navire n'auroit fait que représenter la premiere cargaison ; en telle sorte que dans l'idée des assureurs, il faudroit tout de même leur faire abandon du tout sans aucune restriction.

Il y a plus, & il s'ensuivroit encore, par indentité de raison, que si au lieu de charger tout le produit des Négres dans le même navire, on en eût mis une partie sur d'autres vaisseaux & laissé une autre partie à terre, il faudroit abandonner aussi aux assureurs, non-seulement la totalité des effets chargés en retour sur le navire, mais encore ceux chargés sur d'autres vaisseaux, avec ceux qui auroient été laissés à St. Domingue ; or cela se conçoit-il, & se peut-il rien de plus absurde ?

Pour en juger il ne faut que faire attention à la pratique journaliére du commerce, à l'usage où sont les armateurs de faire assurer par supplément leurs retours de St. Domingue, pour la portion excédante la valeur des premiers fonds qu'ils avoient fait assurer au départ de France ; & cela, soit que leurs navires soient allés directement à St. Domingue, soit qu'ils ayent passé auparavant à la côte de Guinée.

Jusqu'ici personne n'a osé blâmer cet usage ; cependant il seroit vicieux & abusif, s'il étoit vrai que ces retours, nonobstant l'augmentation de leur valeur, ne fissent que représenter absolument le premier fond de la cargaison & ne former qu'un même tout.

Si donc il est permis de faire assurer cette augmentation, comme un profit acquis à l'assuré, tout-à-fait indépendant de la valeur de la premiere cargaison assurée ; il s'ensuit nécessairement que cette augmentation n'ayant pas été assurée, ne tombe pas plus dans l'abandon à faire aux assureurs du premier fond de la cargaison, que si dans le principe, l'armateur, au lieu de faire assurer la totalité de sa cargaison, n'en eût fait assurer que la moitié, ou une autre quotité. Or nul doute, dans ce dernier cas, que l'assuré ne soit en régle, en n'offrant l'abandon que jusqu'à concurrence de la quotité assurée.

Envain opposeroit-on, la disposition de notre article 47, qui ne permet pas de faire le délaissement d'une partie pour retenir l'autre, au moins en fait d'assurance sur la totalité d'une cargaison sans distinction d'objets, pour en conclure qu'il y a nécessité en ce cas d'abandonner toute la cargaison.

L'objection seroit bonne à la vérité, si la cargaison eût été assurée en entier & pour toute sa valeur ; mais si elle ne l'a été que jusqu'à concurrence de la moitié ou du tiers, il suffira que l'assuré fasse son abandon jusqu'à la même concurrence de la moitié ou du tiers. Il répugneroit à la raison, au bon sens, & à l'équité, d'entendre l'article d'une autre maniere.

Dequoi s'agit-il en effet, entre les assureurs & l'assuré ? C'est uniquement des objets assurés. Tous les articles de l'Ordonnance se rapportent à cette idée précise d'effets assurés : il n'y a donc d'abandon à faire que des effets réellement assurés ; c'est-à-dire du total s'ils ont été assurés en entier, ou de la partie simplement assurée s'ils n'ont été assurés qu'en partie.

Ainsi si les assurances sur une cargaison en général ne vont qu'à la moitié de sa valeur au temps du chargement du navire, en quelque cas qu'il y ait lieu à l'abandon, l'assuré est fondé à n'abandonner que la moitié assurée & à retenir l'autre, pour entrer en partage ou répartition avec les assureurs, de tout ce qui pourra être ou sauvé du naufrage, ou recouvré dans le cas d'une prise injuste.

Tel est le principe d'où il faut partir, pour en conclure que toutes les fois que l'armateur ou autre chargeur de marchandises, court des risques au-delà des assurances, il peut borner l'abandon à la valeur du chargement qui répond au montant des sommes assurées, & se reserver le surplus, pour participer avec les assureurs au recouvrement qui se fera, à proportion de l'intérêt d'un chacun.

En cette partie, il ne faut point distinguer le cas où la premiere cargaison n'a été assurée qu'en partie, de celui où ayant été assurée en entier, elle a depuis, par vente ou par troc, formé une autre cargaison avec un profit considérable; parce que ce profit étant une fois acquis à l'assuré, c'est une augmentation qui lui appartient réellement, sans que les assureurs y puissent rien prétendre. Par là, cette augmentation forme sur sa tête un nouveau capital qui rend sa condition égale à celle où il auroit été, si dans l'origine, la premiere cargaison eût été augmentée d'effets non assurés, jusqu'à concurrence de l'augmentation survenue, provenant des profits faits par la négociation des effets chargés en premier lieu.

Ces raisons me déterminerent à conseiller à l'assuré, de faire signifier à ses assureurs un nouvel acte d'abandon, dans lequel, en se désistant du premier, & en leur demandant de nouveau le payement des sommes par eux assurées, à la déduction de la prime & de l'augmentation stipulée en cas d'hostilités, il déclareroit leur faire le délaissement, non de tout ce qui pourroit à la paix être restitué par les Anglois, mais seulement jusqu'à concurrence de l'intérêt que les assureurs pourroient y avoir; c'est-à-dire, jusqu'à concurrence du montant de leurs assurances; pour entrer par lui conjointement avec eux, en répartition de ce qui seroit restitué proportionnellement à leurs intérêts respectifs, eu égard à la valeur totale des effets de la cargaison au temps de la prise.

J'ajoutai qu'en suivant ce parti, il ne seroit plus question d'avaries; parce que tout seroit censé confondu dans la somme que les Anglois restitueroient, & qu'il ne s'agiroit plus que de faire le partage de cette somme entre les assureurs & l'assuré : à l'effet de quoi, & pour régler l'intérêt des uns & des autres, il suffiroit d'une opération toute simple; sçavoir, d'évaluer la cargaison au temps de la prise, & de soustraire de cette évaluation le montant des assurances : de sorte que si l'évaluation excédoit de moitié les assurances, les assureurs & l'assuré toucheroient par moitié ce qui seroit restitué par les Anglois; ainsi du reste, suivant que l'évaluation excéderoit plus ou moins le montant des assurances.

Fondé sur les mêmes principes, je penserois également qu'en fait d'assurance sur le corps & quille du navire, & pour une somme fort au-dessous de sa valeur, l'assuré seroit recevable tout de même à ne faire abandon du navire que jusqu'à concurrence des sommes assurées, en supposant que le navire valût réellement plus que le montant des assurances, au temps de l'arrêt injuste qui en auroit été fait, ou du naufrage qu'il auroit essuyé. Je le penserois, dis-je, sans m'arrêter à cette objection, que le navire étant un objet individu, le délaissement n'en peut être fait pour partie, puisque cette raison ne vaut pas, en matiére d'assurance sur une cargaison en général, quoique ce soit pareillement un objet individu.

Mais il faut avouer que ce cas est difficile à rencontrer; soit parce qu'ordinairement le navire est assuré pour toute sa valeur, ou à peu près; soit parce que, dans la supposition qu'il ne soit assuré que pour la moindre partie, il est comme impossible qu'après plusieurs mois de navigation, sa valeur excéde le montant des assurances, & qu'en cas de naufrage, ce qui pourra être recouvré excéde assez les frais de sauvement pour faire un objet : & c'est pour cela que, lorsqu'il s'agit de l'abandon du navire, on voit que l'assuré le fait toujours purement & simplement.

Mais enfin cela n'empêche pas qu'il ne puisse se trouver en telles circonstances, qu'il ait intérêt de ne faire l'abandon que jusqu'à concurrence des sommes assurées simplement ; & alors il peut le faire de cette maniére.

Cependant il est de la prudence qu'il differe son délaissement ; à moins que la perte ne paroisse entiere, & que tant qu'il restera quelque espoir de sauver le navire, ou de ses débris au-delà de la valeur des frais de sauvement, il se contente de la dénonciation de la perte, avec protestation de faire son abandon en temps & lieu, s'il le juge à propos dans la suite, relativement à l'article 42 ci-dessus. Au moyen de quoi, concourant au sauvement avec ses assureurs, il conservera sans difficulté le droit d'entrer en répartition de ce qui sera sauvé, & celui de leur demander le payement des sommes assurées par forme d'avaries, à la déduction de la prime qui n'aura pas été payée d'avance.

Dans la seconde partie de cet article, il est décidé que l'assuré ne pourra faire aux assureurs aucune demande d'avarie, si elle n'excéde un pour cent. Ce qui est conforme à l'art. 26 des assurances d'Amsterdam, à l'Ordonnance de Roterdam, art. 17, à celle de Middelbourg, art. 18, en un mot au droit commun. Kuricke, *Diatriba, de assec. n. 8, fol. 835.* Loccenius, *de jure maritimo, lib. 2, cap. 5 n. 15, fol. 182.*

On ne s'en tient pas là ordinairement dans les polices d'assurances, & l'on stipule, au lieu d'un pour cent, que les assureurs ne seront point tenus des avaries au-dessous de trois ou cinq pour cent. Ce qui est licite, suivant l'article 9, ch. 20 du Guidon, la clause n'ayant rien de contraire aux bonnes mœurs ni à l'équité : mais enfin, la police ne s'en expliquant pas, ce seroit sur cet article de l'Ordonnance qu'il faudroit se régler.

Dans les polices d'assurance sur la Méditerranée on stipule assez communément que les assureurs seront *francs d'avaries* : mais, parce que cette clause est dangereuse & naturellement injuste, les Auteurs Italiens pensent qu'elle ne doit pas s'étendre aux avaries extraordinaires, encore moins au jet fait pour éviter le naufrage ; de maniére que les assureurs doivent en répondre, d'autant plutôt que c'est-là *seminaufragium.* Targa, *pag. 230, n. 18.* Casa Regis, *disc. 47.*

Malgré cela néanmoins on juge à Marseille & à Aix, que cette clause *franc d'avaries* exempte les assureurs de toutes avaries, même pour mâts & cables coupés & jettés, ancres abandonnées. Arrêt d'Aix du 27 Juin 1716. Sentence de l'Amirauté de Marseille des 26 Juin 1717 & 11 Août 1750. De même un Avis arbitral du 13 Février 1748.

En un mot, on y juge que cette clause met absolument les assureurs à couvert de toutes avaries, de quelque nature qu'elles soient : à moins qu'il n'y ait lieu à l'abandon des choses assurées ; c'est-à-dire, à moins que l'assuré ne soit dans quelqu'un des cas exprimés dans l'article précédent. De sorte que tant qu'il n'est question que d'avaries, il n'a rien à demander aux assureurs.

Mais s'il y a lieu à l'abandon, quoique l'assuré ne le fasse pas, on l'admet à demander raison du dommage par forme d'avaries. Sentence du 3 Août 1750, au rapport de M. Emerigon, confirmée par Arrêt du mois de Juin 1751. Dans l'espéce, il s'agissoit des frais & déboursés faits par l'assuré pour obtenir la main-levée de son navire injustement pris par les Anglois, & des dommages & intérêts qui en résultoient.

Suivant cette distinction, jugée par Arrêt du même Parlement d'Aix du 6 Juin

1754, infirmatif d'une Sentence de Marſeille du 22 Août 1752, que l'aſſuré étoit non-recevable à demander aux aſſureurs le payement des avaries ſouffertes par ſon vaiſſeau, qui avoit talonné & échoué ſur les Caïques; par la raiſon que le navire ayant été relevé de l'échouement par les ſoins & les efforts de l'équipage, il n'y avoit pas eu d'échouement réel & effectif; qu'ainſi il n'y avoit pas lieu à l'abandon, quoique le navire retiré du danger eût été obligé de relâcher à Léogane, pour être radoubé, à l'effet de remettre en mer: lequel raboub, avec les frais de relâche, avoit cauſé une dépenſe de 42800 liv. En tout ceci on conſidéra qu'il n'étoit queſtion que d'avaries, dont les aſſureurs étoient exempts par la clauſe *francs d'avaries.*

Il y a apparence que cette Juriſprudence ne ſera pas adoptée ailleurs, ne fût-ce qu'à cauſe qu'elle pourroit porter au crime; c'eſt-à-dire, engager un capitaine à ne point s'embaraſſer de retirer ſon navire de l'échouement, pour l'empêcher de faire naufrage, dès qu'il pourroit ſe ſauver avec ſon équipage; & cela pour ménager le recours de ſon armateur & le ſien propre, contre les aſſureurs. Recours qu'il perdroit en conſéquence de cette clauſe inſidieuſe, s'il n'avoit que des avaries à demander.

Suivant Caſa Regis, *diſc. 47, n. 4*, cette clauſe a été inventée à l'occaſion des petits bâtimens employés au tranſport des vivres ou effets comeſtibles, d'un lieu à un autre, & de proche en proche. Comme ce ſont des marchandiſes fort ſujettes à avaries, pour peu qu'il ſurvienne du mauvais temps, & qu'à raiſon de la briéveté du trajet, on eſt dans l'habitude d'en charger les bâtimens au-delà de ce que naturellement ils en peuvent porter avec ſûreté; on conçoit combien devoient être fréquentes les conteſtations entre les aſſureurs & les aſſurés, ſur la cauſe & la nature des avaries que cette ſorte de navigation peut occaſionner.

Ce fut donc pour faire ceſſer & prévenir ces conteſtations dans la ſuite, qu'on imagina la clauſe *franc d'avaries*; & véritablement juſques-là il n'y avoit rien à dire. On la voit même en uſage aujourd'hui preſque par tout en pareille hypothèſe, principalement en ce qui concerne les cargaiſons de ſel. Mais c'eſt avoir paſſé le but, que d'avoir étendu la clauſe aux voyages de long cours, & à des marchandiſes moins ſuſceptibles d'avaries. Auſſi n'eſt-elle point pratiquée ailleurs. On s'y contente de ſtipuler que les aſſureurs ne ſeront tenus des avaries qu'autant qu'elles excéderont *tant* pour cent, comme il a été obſervé ci-deſſus.

Mais on demande à ce ſujet, *quid juris*, ſi les avaries excédent un pour cent, ou le taux ſtipulé par la police? Faudra-t-il alors déduire aux aſſureurs ſur les avaries, cet un pour cent de l'Ordonnance, ou le taux réglé par la police?

Cette queſtion reſſemble à celle de ſavoir, ſi la quotité juſqu'à concurrence de laquelle il n'y a pas de garantie à prétendre de la part de l'acquéreur contre le vendeur, lorſque celui-ci a vendu une piéce de terre, &c. *contenant* tant d'arpens *ou environ*, & qu'il ſe trouve qu'elle en contient moins. On a demandé, dans le cas où il manqueroit une quantité ſupérieure à celle qu'emporte l'*environ*, ſi le vendeur pouvoit déduire la quotité juſqu'à laquelle il étoit à couvert de garantie, de maniere qu'il ne fût tenu de l'indemnité que pour l'excédent: & il a été décidé, ſur la Coutume de la Rochelle, art. 19, n. 91, qu'il ne pouvoit alors profiter de ce qu'emporte l'*environ*, & qu'il falloit qu'il payât l'indemnité de tout ce qui manquoit. Voyez *ſuprà* art. 5, tit. du fret ou nolis, pour la fauſſeté de la déclaration du port du vaiſſeau.

Par identité de raiſon, ſi la déciſion eſt bonne, il en faut dire autant dans notre eſpéce, ſauf la convention contraire dans la police. C'eſt auſſi l'uſage de cette place, & peut-être de tous les autres ports du Royaume, excepté Rouen, où l'aſſureur ne paye les avaries qu'à la déduction de la quotité qui, aux termes de la police, ne doit pas être pour ſon compte.

Au reſte, le réglement des avaries entre les aſſureurs & l'aſſuré ſe fait en prenant pour baſe l'eſtimation ou la valeur des marchandiſes au temps de leur chargement, ſans conſidérer ſi ces marchandiſes auroient valu plus ou moins à leur arrivée à bon port. Ainſi, ſi les marchandiſes chargées valoient 6000 liv. au temps de leur embarquement, les frais compris, & qu'après le naufrage, échouement, ou autre accident, elles ne valent que 4000 liv., ce ſera une ſomme de 2000 liv. que les aſſureurs payeront pour les avaries, à la déduction de la prime.

Il en eſt de même du navire, quoiqu'il ſoit évident qu'à ſon retour il vaut beaucoup moins qu'à ſon départ; de ſorte que, ſous ce prétexte, en cas de naufrage, l'aſſureur ne peut prétendre aucune déduction pour raiſon du déchet ou du dépériſſement naturel que le navire auroit néceſſairement ſouffert, en le ſuppoſant arrivé à bon port & ſans accident. Si le navire ſimplement échoué étoit en état d'être radoubé, de maniere à pouvoir faire un autre voyage, l'aſſureur en ſeroit quitte pour le retablir : mais ne pouvant plus ſervir, c'eſt un malheur pour lui, & il faut qu'il en paye la valeur aux termes de la police, qui porte toujours que l'eſtimation qui en eſt faite tiendra lieu de capital en tout temps.

Il faut avouer que cela paroît faire une injuſtice aux aſſureurs ; mais on a conſidéré que ſi le navire a diminué de valeur dans le voyage, cette diminution étoit ordinairement compenſée par le fret qu'il gagne : duquel fret il faut faire l'abandon à l'aſſureur en même temps que du navire. Cependant le naufrage peut être tel que l'aſſureur ne profite, ni des débris, ni du fret, à cauſe des frais & des loyers des gens de l'équipage ; au moyen de quoi plus de compenſation d'aucune eſpéce pour les aſſureurs. Ainſi il eſt vrai de dire, que, dans la pratique actuelle, ils ſont traités trop rigoureuſement. Ajoutez à cela qu'on leur diſpute encore le fret acquis au navire, & déja gagné, dont on prétend que l'aſſuré n'eſt pas tenu de leur faire l'abandon. Ce qui a même été autoriſé par une Sentence de Marſeille du 10 Octobre 1733, confirmée par Arrêt du Parlement d'Aix du 23 Juin 1734, au rapport de M. d'Orcin.

A cela néanmoins il n'y a rien à dire, ſi c'eſt un fret gagné en allant; puiſqu'il ne faudroit pas reſtituer non plus celui qui auroit été payé à l'arrivée du navire auſſi en allant.

Mais s'il s'agit d'un fret ſtipulé acquis pour le retour, il eſt juſte d'en faire l'abandon aux aſſureurs, dans le cas où les marchandiſes dont le fret a été ſtipulé acquis, ſeront ſauvées ; c'eſt-à-dire, que le fret leur en devra être rapporté par l'aſſuré, à la décharge de ceux à qui ces marchandiſes appartiennent ; de même du fret acquis en allant, ſi le navire périt auſſi en allant, & que les marchandiſes ſoient ſauvées. Mais ſi tout périt, ce n'eſt point aux aſſureurs à examiner s'il y a un fret acquis ou non, cette ſtipulation leur étant étrangere, & ne pouvant les intéreſſer en rien, puiſqu'ils ne pouvoient compter ſur le fret des marchandiſes qu'autant qu'elles ſeroient ſauvées. Voyez *ſuprà* art. 15.

Par identité de raiſon, ils ne peuvent pas non plus demander à l'aſſuré l'abandon des marchandiſes qu'il aura déchargées à terre, en faiſant échelle dans le voyage. Sentence de Marſeille du 30 Janvier 1751 ; & le bien jugé eſt d'autant plus ſenſible, qu'il n'eſt queſtion là que d'une aſſurance ſur la cargaiſon, & qu'alors l'abandon de la cargaiſon étant borné à la portion pour laquelle l'aſſurance avoit été faite, il ſuffit que l'aſſuré ait laiſſé dans le vaiſſeau des effets ſuffiſans pour remplir le montant de l'aſſurance.

ARTICLE XLVIII.

LEs délaissemens & toutes demandes en exécution de la police, seront faites aux assureurs dans six semaines, aprés la nouvelle des pertes arrivées aux côtes de la même province où l'assurance aura été faite; & pour celles qui arriveront en une autre Province de notre Royaume, dans trois mois : pour les côtes de Hollande, Flandres ou Angleterre, dans quatre mois : pour celles d'Espagne, Italie, Portugal, Barbarie, Moscovie ou Norvégue, dans un an; & pour les côtes de l'Amérique, Brésil, Guinée & autres pays plus éloignés, dans deux ans : & le temps passé, les assurés ne seront plus recevables en leur demande.

LEs observations du Commentateur sur cet article sont judicieuses; mais il devoit avertir qu'il les avoit tirées des notes sur l'art. 12, chap. 7 du Guidon.

Cet article embarrasse à la premiere lecture, sur-tout quand on le rapproche du 58 ci-après; car s'il entend, comme le sens naturel le fait présumer, que tous les délais dont il parle ne doivent être comptés que du jour de la nouvelle de la perte, on demande pourquoi l'assuré aura un an pour les pertes arrivées en Espagne, &c. & deux ans pour celles arrivées dans les voyages de l'Amérique, &c ? Ou si, au contraire, ces longs délais doivent être comptés du jour du départ du navire, lorsque l'assuré n'en a eu aucunes nouvelles, on demande aussi pourquoi l'article 58, dit qu'alors il pourra faire son délaissement aux assureurs, après un an ou deux ans; au lieu de dire qu'il sera tenu de faire son délaissement en ce cas, aussi-tôt après, sur peine de déchéance de tout recours contre les assureurs?

Pour concilier ces deux articles, on pourroit penser qu'en ce qui concerne les délais de six semaines d'une part, de trois mois d'autre, & de quatre mois encore d'autre, ils ne doivent se compter effectivement & absolument que du jour de la nouvelle de la perte; parce qu'avant la nouvelle, l'assuré n'est pas en état d'alléguer la perte, à l'effet d'avoir droit de se pourvoir contre les assureurs, & que la maxime est certaine, *contra non valentem agere non currit prescriptio.*

Quant aux deux autres délais d'un an & de deux ans, l'embarras vient d'un côté de ce qu'il ne paroit pas naturel de ne les compter que du jour de la nouvelle de la perte; à moins, en tout cas, qu'il ne fût question d'assurances faites dans les lieux mêmes dont il est parlé au sujet de ces délais; ce qui est sans exemple, excepté l'Italie. Car enfin, pour fixer le temps dans lequel il faut agir contre l'assureur, François, Anglois ou Hollandois, qu'importe que le naufrage soit arrivé aux côtes de Guinée ou de l'Amérique, dès que le délai ne doit courir que du jour de la nouvelle du naufrage? Et d'un autre côté, l'embarras vient de ce qu'il n'y a pas d'apparence non plus de compter ces délais d'un an & de deux ans, du jour du départ du navire, ou des dernieres nouvelles qu'on en a eu; à l'effet d'en conclure qu'après ces délais expirés respectivement, l'assuré seroit non-recevable à se pourvoir contre ses assureurs, puisque l'art. 58 non-seulement lui permet de faire son délaissement après ces mêmes délais expirés, mais même par argument très-clair, lui défend de le faire plutôt.

Il faut avouer néanmoins que, dans les termes que cet article est conçu, & parce que d'ailleurs les fins de non-recevoir & les courtes prescriptions ne sont pas favorables, il ne seroit pas possible de déclarer non-recevable un assuré, qui, pour raison d'un voyage d'Espagne, Italie, Portugal, Barbarie, Moscovie ou Norvégue, se pourvoiroit contre les assureurs dans l'an de la nouvelle de la perte apprise sur l'une de ces côtes; ou, à défaut de nouvelles, dans deux ans, à compter du départ du navire, en prenant la fin de la premiere année pour une preuve ou présomption de la perte; & cela, quoique les assureurs fussent demeurans en France : & de même, s'il s'agissoit d'un voyage de l'Amérique, &c, s'il intentoit son action dans les deux ans de la nouvelle de la perte arrivée à l'Amérique, ou, à défaut de nouvelles, dans les quatre ans du départ du navire. De sorte que le plus sûr est de ne compter tous les délais portés par cet article, que du jour de la nouvelle de la perte, & de dire, pour justifier ces longs délais d'un an & de deux ans, que, comme l'assuré a intérêt de ne faire son délaissement qu'en connoissance de cause, il a été trouvé juste de lui accorder un an pour les naufrages arrivés aux côtes d'Italie, &c, & deux ans pour ceux arrivés aux côtes de l'Amérique, &c; afin que, pendant ce temps, il pût prendre les éclaircissemens convenables avant de se déterminer à faire son abandon. Cette raison cesse, à la vérité, en cas de prise ou de naufrage entier & absolu; mais la loi ne peut pas prévoir tous les cas. D'ailleurs il y a des prises injustes, dont par conséquent il importe de savoir le sort.

Après tout, ces questions sont assez rares, n'y ayant point d'assuré qui néglige de se pourvoir aussi-tôt la nouvelle de la perte, ou aussi-tôt que l'an ou les deux ans sont expirés, relativement à l'art. 58 : cependant il se peut faire qu'il y manque, & il faut que les actions ayent un terme.

Toutes demandes en exécution de la police d'assurance doivent donc être formées par les assurés dans les délais fixés par cet article; sans quoi, ils seront non-recevables à inquiéter dans la suite les assureurs. Ainsi il ne suffiroit pas de dénoncer la perte aux assureurs, avec protestation, comme dans l'article 42; il faut nécessairement une demande en Justice, art. 12, chap. 7 du Guidon : non que le délaissement doive s'ensuivre absolument, attendu qu'il est des cas où l'assuré a grand intérêt de ne le pas faire, comme il a été montré ci-dessus; mais la demande aura pour objet le payement du dommage arrivé au navire ou aux marchandises, avec réserve de faire le délaissement dans la suite, si le cas y échoit. Par-là l'assuré sera entiérement en régle, & il n'aura pas à craindre que les assureurs puissent lui opposer raisonnablement aucune fin de non-recevoir. Il est pourtant une voye pour se dispenser d'une demande en Justice; c'est d'engager les assureurs de reconnoître au pied de la police, qu'ils tiennent la nouvelle de la perte pour bien & dûement dénoncée; sauf à l'assuré à faire son délaissement quand il le jugera à propos. Par une telle précaution, l'assuré conserve tous ses droits contre ses assureurs, sans aucune procédure; & c'est ainsi qu'on en use assez communément ici.

Par rapport au premier délai, qui est de six semaines, il reste encore de la difficulté. L'article le fait courir du jour de la nouvelle des pertes arrivées aux côtes de la même province où l'assurance a été faite, & l'on n'en voit point du tout la raison; à moins que l'article ne suppose que l'assuré demeure dans cette même province. Sans cela en effet, qu'importe à l'assuré que la perte soit arrivée aux côtes de Normandie, si l'assurance y a été faite, plutôt qu'en toute autre province du royaume ? Je voudrois donc que ce délai de six semaines, qui est bien court, n'eût lieu absolument que lorsque l'assuré & les assureurs demeurent dans la même province ; & que, dans le cas contraire, le délai fût indistinctement de trois mois, la perte étant arrivée sur quelque côte du royaume, à compter toujours du jour seulement que la nouvelle de la perte seroit parvenue à l'assuré.

Au reste, la nouvelle qui fait courir ce délai de six semaines & tous les autres ne peut s'entendre que d'une nouvelle, non-seulement certaine, mais encore publique & notoire; à moins que l'assuré n'ait fait usage de la nouvelle particuliére qu'il aura eue, en la dénonçant aux assureurs, avec protestation de faire son délaissement ; auquel cas, la rendant lui-même notoire, il se met par-là dans l'obligation de former son action dans les délais fixés par cet article, sur peine de déchéance.

A Marseille & au Parlement d'Aix on n'étoit pas ci-devant scrupuleusement attaché à la fin de non-recevoir portée par cet article : mais en 1713 on y est revenu à la régle, & l'on ne s'en est pas écarté depuis. C'est ce qui résulte des Arrêts des mois de Mai, 10 & 17 Juin audit an 1713, 5 Mai & 30 Juin 1714, Juin 1724, & des Sentences de Marseille des 19 Novembre & 2 Décembre 1748, 31 Janvier & 11 Juillet 1758. Toutefois la moindre reconnoissance par écrit de la part des assureurs, suffit pour écarter la fin de non-recevoir; de même des pourparlers dont ils conviennent. Arrêt d'Aix du 28 Juin 1748, confirmatif d'une Sentence de Marseille du 13 Septembre 1747. Autre Arrêt d'Aix du 27 Mars 1751, au rapport de Monsieur d'Orcin, qui a jugé qu'un certificat du Courtier ou du Notaire, portant attestation de l'avertissement fait dans le temps de droit aux assureurs, & de leur promesse de payer la perte, lorsqu'elle seroit liquidée, suffisoit pour écarter la fin de non-recevoir.

Il est d'usage à Marseille que les assurés fassent à la Chambre de Commerce leur déclaration ; laquelle déclaration tient lieu de la notification à chaque assureur, ordonnée par l'article 42 ci-dessus. Il seroit à souhaiter qu'il en fût par tout de même.

Au sujet de la prescription établie par cet article, & sur la différence qu'il y a entre *l'arrêt de Prince* & *la prise*, j'ai cru qu'on ne seroit pas fâché de voir la Consultation qui suit de M. Emérigon, du 6 Avril 1759.

QUESTIONS

Sur la différence qu'il y a entre l'*arrêt de Prince* & la *prise*, Et sur les prescriptions en matière d'assurance.

FAIT.

DANS le mois de Novembre 1756, les Srs. Anglés d'Antoine & Castagne, firent assurer la somme de 77200 liv. *d'ordre des Srs. Bouteiller pere & fils, de Nantes*, pour compte *de qui il appartiendra*, de sortie des Isles Françoises, jusqu'à Amsterdam, ou autre port neutre, sur les marchandises chargées par Karavagh, Belloc & Compagnie de Leogane, à l'adresse de Jean-Joseph Vanherzéel d'Amsterdam, dans le vaisseau l'*America*, Hollandois, Capitaine Louis Fernet, Hollandois, moyennant la prime de 10 pour cent.

Le connoissement porte qu'il fut chargé 529 barriques Créoles, & trois Bordelaises de sucre brut dans ledit vaisseau l'*America*, Capitaine Fernet, à la consignation de Jean-Jacob Vanherzéel, d'Amsterdam, *pour compte & risque des intéressés dénommés au bas de la facture.*

Les intéressés dénommés au bas de la facture, sont les Srs. Bouteiller pere & fils de Nantes *pour sept huitiémes*, & Jean-Jacob Vanherzéel, d'Amsterdam, pour *un huitiéme.*

Le 14 Juin 1757, les Srs. Bouteiller pere & fils,

fils, écrivirent aux Srs. Anglés d'Antoine & Castagne, que le vaisseau l'*America* avoit été *pris* à la hauteur des *côtes d'Amsterdam*, près de l'embouchure, mais que les Etats-Généraux réclamoient ce navire & sa cargaison.

Le *six Juillet*, on notifia cette lettre aux assureurs. « Et comme (ajoute-t-on) cette *prise* » donnera lieu à l'ouverture des assurances, si » la Cour de Londres n'en fait pas la restitu- » tion, lesdits Srs. Bouteiller pere & fils, dési- » rent mettre en notice à leurs assureurs la *prise* » dudit vaisseau, avec interpellation d'agir, » pour en faire la réclamation & en obtenir » le relâchement ou restitution. *Et faute de ce* » *faire, ils leur feront abandon & délaissement* » *des facultés assurées, jusqu'à la concurrence* » *des sommes prises en risque.*

Le 21 Octobre, jugement de l'Amirauté d'Angleterre, qui confisque le vaisseau & la cargaison.

Le 16 Décembre, les assurés font la déclaration du sinistre, à la Chambre du Commerce.

Le 2 Mars 1758, Requête des Srs. Anglés d'Antoine & Castagne, contre les assureurs, aux fins que ceux-ci fussent condamnés à contribuer aux dépenses nécessaires, pour solliciter la révocation du jugement d'Angleterre.

Le 10, Sentence qui autorise les Srs. Anglés d'Antoine & Castagne, à poursuivre la réclamation, si bon leur semble, pour le compte, & aux frais & risques de qui il appartiendra.

Enfin le *douze Avril* 1758, Requête des Srs. Anglés d'Antoine & Castagne, contre les assureurs, en payement des sommes assurées.

Les assureurs opposent, 1°. la prescription de *quatre mois*, portée par l'art. 48, tit. des assurances. 2°. La prétendue simulation de la Police, où il n'est pas dit que l'assurance fût pour le compte d'un François.

Ce dernier moyen fut rejetté; parce que la clause: *pour compte de qui il appartiendra*, qui a été stipulée dans la police, comprenoit les François, tout comme les Neutres. Elle est générale, & doit être entendue généralement, sur-tout dans les circonstances présentes, où il est sensible que si l'assurance avoit été pour le compte d'un neutre, on n'auroit pas manqué de le déclarer en termes exprès; ainsi les assureurs n'étoient pas fondés à dire qu'ils eussent été trompés.

Mais le moyen tiré de la prescription, parut invincible; & par Sentence du 11 Juillet 1758, * les assurés ont été déclarés *non-recevables* en leur Requête, *attendu la prescription de l'action.*

PREMIERE QUESTION.

Avant l'époque de la confiscation prononcée par l'Amirauté de Londres, le Navire dont il s'agit devoit-il être considéré comme simplement arrêté ?

L'ARREST de Prince est incompatible avec la violence & l'esprit de déprédation; c'est un acte d'un Prince ami; il est toujours *hors le fait de guerre*, ainsi que nous l'apprend le Guidon de la mer, ch. 7 n. 6, p. 282. « Si le » Prince arrête le navire pour s'en servir; s'il » avoit affaire de portion, ou de toute la marchan- » dise; s'il ne veut permettre aux navires de sortir » qu'en flotte, ou redoublement d'équipage, » ou s'il prévoit à plus grands dangers, les ar- » rêtant pour quelque temps.... Si le navire » suivant son voyage étoit arrêté par privilège » ou nécessité de quelque pays, *hors le fait de* » *la guerre*, comme pour avoir vivres, ou au- » tres denrées portées dans le navire, dont » vente se fait pour la provision de la terre. » Tels sont les cas de l'Arrêt qui sont décrits dans le Guidon de la mer, ch. 9 n. 6 & 13. Et comme dit l'Auteur du Dictionnaire de Marine (qui se borne au cas le plus ordinaire) » *Arrêt*, c'est lorsque par l'ordre du Souverain » on retient *dans les ports* tous les vaisseaux » qui y sont, & qu'on les empêche d'en sor- » tir, afin qu'il puisse s'en servir lui-même, » pour les besoins de l'Etat.

La PRISE est lorsqu'on s'empare d'un vaisseau *dans le fait de la guerre*, dans un esprit de déprédation, & avec dessein d'en priver le véritable maître.

1°. Elle est ou juste, ou injuste: la prise *juste* est celle qui est faite par un ennemi déclaré, & suivant les loix de la guerre. La prise *injuste* est celle qui est faite par un pirate, par un ami, par un neutre, ou contre les principes du droit des gens.

2°. Mais soit que la prise soit *juste* ou *injuste*, les assureurs en répondent. Dès qu'un vaisseau est *pris* justement ou injustement, le cas sinistre est arrivé, & l'assurance est ouverte.

Si Navis etiamsi ab amicis injustè capta fuit, præcipuè ob pacta in apocâ apponi consueta, nempè tam ab amicis quàm inimicis, justè vel injustè occuparetur: *assecuratores tenentur.* Casa Regis disc. 1, n. 118.

» L'assureur est responsable des prises faites » par des amis, ou ennemis non déclarés, tout » comme si elles étoient faites par les ennemis » propres & declarés; car quiconque déprede » quelqu'un, est un corsaire, & devient enne- » mi. *Poiche chionque depreda un'altro, è* » *Corsaro, è si fa inimico.* Targa pag. 223.

Telle est la disposition du Guidon de la mer ch. 7 n. 1. « Il est en *liberté* du marchand » chargeur, est-il dit, de faire délais à ses as- » sureurs, c'est-à-dire, quitter & delaisser ses » droits, noms, raisons, & actions de la pro- » priété qu'il a en la marchandise chargée, » dont il est assuré, lors & quand il advient » naufrage..., Quand il y a *prise d'amis ou* » *d'ennemis*, Arrêt de Prince, ou autre tel » *Destourbier* en la navigation, *qu'il n'y ait* » *moyen de naviger à son dernier reste.*

L'Ordonnance de 1681, relative à toutes les loix maritimes s'explique de la sorte en l'art. 26, tit. des assur. « Seront aux risques des as- » sureurs, toutes pertes & dommages qui ar- » riveront sur mer, par tempêtes, naufrages, » échouemens, abordages, changemens de rou- » te, de voyage, ou de vaisseau, jet, feu, » *prise*, pillage, arrêt de Prince, déclaration de

* *Cette Sentence a été confirmée par Arrêt du Parlement d'Aix du 28 Juin 1759, au rapport de M. de Coriolis.*

» guerre, représailles, & généralement toutes » autres fortunes de mer.

L'art. 46 porte, « que le délaissement sera » fait en cas de *prise*, naufrage, bris, échoue-» ment, arrêt de Prince, ou perte entiere des » effets assurés. »

Ce mot de *prise* inséré dans l'Ordonnance sans aucune modification, doit s'entendre généralement de toute *prise*, juste ou injuste; car l'effet de l'une & de l'autre est presque toujours le même; d'ailleurs, il n'est pas permis de faire une distinction que l'Ordonnance ne fait point, & qui feroit contraire aux veritables principes du droit maritime.

Mais pour ne laisser aucun doute, (s'il pouvoit en rester quelqu'un) nos polices d'assurance entrent dans un plus grand détail; & les parties usent du droit que l'art. 2, tit. des assur. leur donne, de stipuler *toutes les autres conditions dont elles voudront convenir*. Voici la clause bannale qui est insérée dans les polices, & qui suppléeroit à l'Ordonnance, s'il en étoit besoin. « Veut que tous ceux qui pren-» dront de cette assureté, passent le même » risque que lui, tant divin qu'humain, *d'a-» mis*, ennemis connus ou *inconnus*, *prises* & » détentions de Seigneuries, soit Ecclésiastiques » ou Temporelles, *justes ou injustes*, bande ou » contrebande, &c.

Il est donc certain que les assureurs repondent de la *prise* juste ou injuste, & que l'abandon a lieu dès qu'un vaisseau est *pris* de quelle maniere que ce soit. Car l'assurance est un contrat conditionnel, par lequel l'assureur s'oblige de payer la somme assurée, s'il y a *prise*, naufrage, bris, échouement, &c. Or la condition qui ne consiste qu'en un événement ou en un fait, étant une fois accomplie, elle se trouve accomplie pour toujours, quand même l'accomplissement ne feroit pas de longue durée: *Sufficit conditionem semel extitisse*. Pour que la *prise* soit caractérisée & consommée, il suffit que le navire qui se trouve en pleine mer, soit *pris* par violence, & que par là il souffre un *destourbier* qui l'empêche *de naviger à son dernier reste*, & de se rendre au lieu de sa destination.

3°. Dès que les assurés ont connoissance d'un pareil sinistre, ils ont *la liberté* de faire le délaissement, dont l'effet remplit l'intérêt légitime de toutes les parties.

D'un côté, les assureurs sont obligés de payer les sommes assurées *dans le temps porté dans la police* (art. 43.) ou, en défaut de pacte, *trois mois après la signification du delaissement* (art. 44.)

D'un autre côté, les *droits*, *noms*, *raisons & actions de propriété* que l'assuré avoit en la chose assurée, passent sur la tête des assureurs qui sont subrogés au lieu & place de l'assuré, *comme si assuré ne fût*, suivant le Guidon de la mer ch. 7 n. 1, & le pacte banal inseré dans les polices. L'Ordonnance de 1681, tit. des assur. art. 60, est précise sur ce point. *Après le délaissement signifié* (dit-elle) *les effets assurés appartiendront à l'assureur*. Et comme dit le Guidon de la mer, ch. 7 art. 12. « Après » que le délaissement sera fait, si le navire ar-» rive par après, à port de salut, l'assureur re-» cueillera à sa part & portion *le profit de la » navigation*, sans que le marchand chargeur » y puisse rien demander; sinon à raison de la » portion dont il ne feroit point assuré.

De sorte qu'il peut arriver que l'abandon procure un gain aux assureurs. L'on ne doit point leur envier un profit si rare, qui est extrêmement balancé par la multiplicité des risques qu'ils courent, & dont il étoit libre à l'assuré de ne pas se priver, s'il n'eût pas fait l'abandon.

4°. Le jugement que le Prince du capteur prononce ensuite sur la *prise*, intéresse ou l'assuré ou l'assureur, suivant que le délaissement a été fait, ou n'a pas été fait.

Ce jugement intéresse le seul assuré, qui, poussé par la flatteuse espérance d'un profit à venir, n'a pas voulu user dans le temps de droit, de la *liberté* qu'il avoit de faire l'abandon. Dans ce cas, si le navire pris est relâché, l'assuré continue d'en avoir le domaine, & il n'est point privé *du gain de la navigation*. Par la raison contraire, si le vaisseau est déclaré de bonne prise, soit justement, soit injustement, cette perte regarde le seul assuré, qui doit s'imputer d'avoir préferé un vain espoir, au simple récouvrement de son capital.

Le jugement prononcé par le Prince du capteur, intéresse les assureurs, à qui l'abandon a été fait dans le temps de droit. Dans ce cas, si le jugement est injuste, c'est-à-dire, que le navire assuré soit déclaré de bonne prise, contre le droit des gens, ou contre les loix de la guerre, les assureurs en répondent; si le vaisseau & la cargaison assurée sont relâchés, le tout leur appartient en vertu de l'abandon.

Mais ce qui fixe la condition des parties, considérée en elle-même, n'est pas le jugement rendu par le Tribunal d'une Monarchie étrangére & ennemie; c'est l'*abandon* fait, ou non fait: ce qui donne lieu à cet abandon, c'est la *prise*.

Ainsi, dans le moment qu'on a connoissance de la prise, l'abandon a lieu, & l'action prend naissance, soit que le Magistrat ennemi ait rendu un jugement, ou qu'il n'en ait point rendu; soit que la confiscation ait été prononcée, ou qu'elle ne l'ait pas été. Témoin l'Arrêt que la Cour vient de rendre le 3 du mois passé, au rapport de M. de Coriolis, en faveur du Sr. Barthelemi Benza, contre les assureurs, sur le corps du vaisseau *l'Immaculée Conception, & St. Ignace de Loyola*, Capitaine Laurens Ghiglino. Ce navire fut pris le 12 Juin 1757, & conduit à la nouvelle York. Le *vingt-trois Août* suivant, le Sr. Benza fit son abandon. Le *vingt-quatre Septembre* après, l'Amirauté de la nouvelle York rendit Sentence qui fait main-levée au Capitaine Ghiglino, du navire, du quint de la cargaison, & des pacotiles, & qui ordonne que le produit des quatre quints restans de la cargaison, feroit déposé jusqu'à ce que les prétendus propriétaires Espagnols, eussent justifié de leur intérêt. Les assureurs présentérent Requête en cassation de l'acte d'abandon; & en premiere instance, ils proposerent un sistême, diamétralement opposé à celui qu'on vient d'établir. Mais par Arrêt confirmatif de la Sentence, ils furent condamnés à payer les sommes assurées. Par où il a été décidé entres autres choses, qu'il suffit que la prise soit faite en mer, pour que l'abandon ait lieu, & que le jugement de confiscation ou de relâche, prononcé ou non prononcé, forme un objet qui n'a rien de commun avec l'action directe de l'assurance.

. La même question a été ainsi décidée, au sujet de tous les vaisseaux détenus à Mahon avant la déclaration de la présente guerre, & auxquels la conquête de Minorque procura la liberté. Ils retournerent à ceux de leurs anciens Maîtres qui n'en avoient pas fait abandon; & ils appartinrent aux assureurs à qui l'abandon en avoit été fait en temps utile; lesquels furent condamnés à payer les sommes assurées, quoiqu'il n'y eût aucun jugement de confiscation, & que l'on soutint que la détention à Mahon n'avoit été qu'un simple *arrêt*.

Le même principe a dicté tous les Arrêts rendus au sujet des autres vaisseaux pris avant la publication de la guerre. Les primes stipulées *en cas de guerre*, ont été adjugées aux assureurs, & par la raison de reciprocité, ils ont été condamnés à payer la perte, malgré le défaut de jugement de confiscation & malgré l'idée d'*arrêt* qu'on ne cessoit de vouloir substituer à celle de *prise*.

La guerre précédente avoit fait naitre la même question. Le Pinque le *St. Charles* fut pris deux jours après que la paix eut été publiée; il fut conduit à la nouvelle York, & sur le champ il fut relâché. Arrêt du mois de Juin 1751, confirmatif de la Sentence de l'Amirauté, qui décida que cet accident avoit été une véritable *prise*, dont les assureurs qui étoient *francs d'avarie*, étoient responsables.

Il faut donc tenir pour maxime certaine, que la *prise* s'opére, dès que *par force* on saisit un vaisseau *en pleine mer*, & que l'empêchant *de naviger à son dernier reste* & au lieu de sa destination, on le conduit dans un autre endroit. Une telle *prise* donne naissance à l'action, soit qu'elle soit juste ou injuste, soit qu'elle soit suivie d'un jugement, ou non, soit que le jugement rendu par le Magistrat étranger soit favorable, ou défavorable.

Dans l'espèce présente, le vaisseau *l'America* n'a pas été détenu *dans un port* Anglois, où il fût allé volontairement; il n'a pas été arrêté *hors le fait de guerre*, soit pour son propre avantage, soit pour les *besoins* momentanés d'un Prince ami, ou *pour la nécessité d'un pays* où il eût touché dans le cours de sa navigation.

Mais il venoit des Isles Françoises; il se trouvoit *en pleine mer*, & *à la hauteur des côtes d'Amsterdam*, c'est-à-dire, dans un endroit où les Anglois, malgré leur titre fastueux & insensé de maîtres de la mer, n'avoient ni jurisdiction ni empire; il alloit à Amsterdam, lieu de sa destination. Un vaisseau de guerre le prend *par force*; il l'empêche *de naviger à son dernier reste*; il le conduit en Angleterre, dans le dessein d'y consommer sa déprédation, & d'en priver pour toujours les véritables propriétaires.

Il ne paroît pas possible de caractériser du nom d'*arrêt* un pareil sinistre; & l'on doit convenir que c'est une *prise* véritable & proprement dite.

Les Srs. Bouteiller pere & fils l'avoient eux-mêmes reconnu dans leur lettre du 14 Juin 1757, où ils marquent que le vaisseau l'*America* a été *pris*, mais que les Etats-Généraux le réclament.

Les Srs. Anglés d'Antoine & Castagne, ne purent s'empêcher de concevoir également une idée qui étoit si naturelle. En effet, dans l'acte qu'ils firent signifier aux assureurs, ils qualifient le sinistre dont il s'agit, du nom de *prise*; ils disent que cette *prise* donnera lieu à l'ouverture des assurances, si la Cour de Londres n'en fait pas la *restitution*. Ils interpellent les assureurs d'agir pour en faire la réclamation, & en obtenir le relâchement ou restitution. Et ils ajoutent que « *faute de ce faire*, on fera » aux assureurs abandon & délaissement des facultés assurées, jusqu'à la concurrence des » sommes prises en risque.

Les assureurs ne voulurent point agir pour obtenir la restitution du navire pris. L'on avoit donc la liberté de leur faire dès-lors *abandon*, & de les poursuivre trois mois après, en payement des sommes assurées, sans qu'ils pûssent opposer, ni le sistême de *l'arrêt*, ni celui que la prise fût *injuste*. La confiscation prononcée dans la suite par le Tribunal Anglois, auroit été pour leur compte; tout comme la main-levée, si elle eût été accordée, auroit tourné à leur avantage.

Au reste, l'on ne voit pas comment dans aucun cas, l'on eût pû se plaindre de *l'injustice* de la prise ou de la confiscation, puisque les sept huitiémes des facultés, qui formoient l'objet de l'assurance, appartenoient réellement *aux Srs. Bouteiller pere & fils de Nantes*, qui sont François : un connoissement *pour compte & risque des intéressés dénommés au bas de la facture*, n'étoit guéres propre à cacher la simulation, si tant est qu'une telle piéce ait été trouvée lors de la prise, entre les mains du Capitaine Louis Fernet.

Dans ces circonstances, & en conformité des principes ci-dessus établis, l'on a cru que depuis le moment que l'Anglois se rendit maître du vaisseau *l'America*, ce navire devoit être considéré *pris*, & non simplement *arrêté*.

SECONDE QUESTION.

Les assurés n'ayant pas fait l'abandon & formé leur demande dans les quatre mois déterminés par l'Ordonnance, leur action est-elle prescrite ?

L'art. 48 tit. des assur. porte que « les délaissemens & toutes demandes en exécution » de la police, seront faites aux assureurs, » dans six semaines, *après la nouvelle des pertes* » arrivées aux côtes de la même Province où » l'assurance aura été faite; & pour celles qui » arriveront en une autre Province de nôtre » Royaume, dans trois mois; *Pour les côtes* » *de Hollande*, Flandres, ou Angleterre, *dans* » *quatre mois*... Et *le temps passé, les assu-* » *rés ne seront plus recevables en leurs de-* » *mandes*.

Cette prescription prononcée par l'Ordonnance maritime, est de rigueur, ainsi que toutes les autres prescriptions qui sont établies dans les affaires mercantilles.

Les mêmes fins de non-recevoir se trouvent à peu près déterminées dans le Guidon de la mer, ch 5, n. 37, *& ledit temps passé*, est-il ajouté, *les assurés ne seront recevables, quelques excuses qu'ils proposent, à donner avaries en compte.*

Quelque précise que fût l'Ordonnance, l'on n'avoit pas cependant été autrefois fort scrupuleux de l'observer en cette Province. Mais en 1713, la question s'étant présentée, la régle fit taire l'usage abusif qui s'étoit glissé sur cette matière. Blaise Marin, avoit fait faire une assurance sur le vaisseau *La Sainte Marguerite*; ce vaiss-au fut pris; la déclaration de la perte fut faite à la Chambre du Commerce le *quatorze Janvier mil sept cent six*; en conséquence tous les assureurs payerent les sommes assurées, à l'exception de François Sabain, qui fut assigné pardevant le Tribunal de l'Amirauté de Marseille le 3 *Février mil sept cent onze*. Sentence qui le condamne à payer. Arrêt rendu dans le mois de Mai 1713, au rapport de Monsieur Le Blanc, qui reforme la Sentence, & déclare l'assuré non-recevable. Le soussigné trouve dans des anciennes remarques qui sont à son pouvoir, que lors de cet Arrêt, Messieurs délibérent « de faire droit doresnavant aux prescriptions prononcées par l'Ordonnance maritime; que si la Chambre du Commerce les trouvoit trop rigoureuses, elle n'avoit qu'à se pourvoir au Roi pour les faire mitiger. »

Cet Arrêt fut suivi de plusieurs autres. Le 10 Juin de la même année 1713, il fut rendu un Arrêt semblable au rapport de Mr. de Valabre en faveur du Sr. Bonnet, contre les Sieurs Hazard. Autre Arrêt du 17 du même mois de Juin 1713, au rapport de Mr. du Chafaut. Quatriéme Arrêt du 5 Mai 1714, contre les Hoirs de la Roque. Cinquiéme Arrêt du 30 Juin 1714, en faveur de Goujon de Nantes. Sixieme arrêt du mois de Juin 1724, au rapport de Mr. de Galice, en faveur des assureurs sur la Tartanne *l'Annonciation*, Capitaine Roussin du Martigues, contre Joseph Vespin & Compagnie.

Depuis lors la Jurisprudence a été certaine, & l'on pourroit citer une foule de jugemens postérieurs qui ont prononcé la fin de non-recevoir contre les assurés qui n'intentent point leur demande dans le temps de droit.

Il est nécessaire de faire ici quelques observations.

1°. La prescription n'a pas lieu, lorsqu'il y a *cedule*, *obligation*, *arrêté de compte*. Ord. de 1681, tit. des prescript. art. 10.

Il en est de même, si les parties ont convenu de prendre des arbitres, pour décider leurs différens, ainsi qu'il fut jugé par l'Arrêt du 28 Juin 1748, rendu au rapport de Mr. de Boades, en faveur du Sr. Boet de St. Leger de Paris, contre les assureurs sur le Corsaire *la Revanche*.

Il en est encore de même, si l'assureur délayant d'un jour à l'autre de remplir son obligation, a promis verbalement de payer les sommes assurées, pourvû que cette promesse soit prouvée d'une maniere évidente : ainsi jugé par l'arrêt du 27 Mars 1751, au rapport de Mr. d'Orcin, contre les assureurs du corsaire *le Grand passe par-tout*.

2°. La simple sommation extrajudiciaire, ne suffit pas pour interrompre la prescription. L'Ordonnance de 1681 tit. des prescrip. art. 10, exige une *interpellation judiciaire*.

L'article 6 du même titre veut que les *protestations* n'ayent aucun effet, si elles ne sont suivies *d'une demande en Justice*.

L'article 42 tit. des assur. dit que lorsque l'assuré aura eû avis de la perte, il le fera signifier aux assureurs *avec protestation de faire son délaissement EN TEMPS & lieu.* De sorte que la *protestation* ne le dispense pas de faire ensuite l'abandon & de former sa demande *en temps* utile. S'il y manque, il est déchu de son action, malgré toutes ses sommations & protestations extrajudiciaires : « les délaissemens & *toutes demandes* en exécution de la police, seront faites aux assureurs dans... (tel & tel temps) *& le temps passé, les assurés ne seront plus recevables en leurs demandes.* C'est l'article 48 déja cité; qui est conforme au Guidon de la mer ch. 7 art. 12, où il est dit que « la demande doit être faite *en jugement contradictoire*, pour ôter les abus des sommations & protestations simples sans assignation. » Cet *abu* des simples sommations est sensible, car les assurés ne feroient le délaissement que lorsqu'ils n'auroient absolument plus aucune espérance de recouvrer les effets assurés; de manière que les assureurs seroient toujours privés de l'avantage de l'abandon, & leur état n'auroit rien de fixe ni de certain.

3°. La prescription ne commence à courir que du jour que les assurés *auront pû agir*, c'est-à-dire, depuis le jour que leur action aura pris naissance, & qu'elle aura pû être exercée, sans qu'aucun empêchement de droit s'y oppose, *sublato juris impedimento*.

Ainsi dans le cas de l'arrêt de Prince, l'abandon ne peut se faire qu'après six mois ou un an. Pendant le cours de ce délai, l'assuré ne peut *agir*, & son action n'est pas encore née. Voila pourquoi suivant l'art. 49 tit. des assur. qui parle de l'arrêt de Prince, « la fin de non-recevoir portée par l'article 48 ne court contre les assurés que *du jour qu'ils auront pu agir.* » Ce qui est conforme à la disposition du droit commun, qui veut que la prescription ne coure que depuis le moment qu'on a eu droit d'intenter l'action : *ex quo jure competere cœperunt actiones* l. 1, § 2, c. *de annal. except* l. *sicut* c. *de præsc. 30, vel 40 ann.* d'où l'on a tiré la régle : *non valenti agere, non currit præscriptio*

Mais en cette matière, l'on ne connoit qu'un seul empêchement *de fait*, qui soit capable de suspendre le cours de la prescription : c'est lorsqu'on ignore la perte; parce que cet empêchement de fait est invincible, & qu'il est impossible d'agir contre les assureurs avant que d'avoir connoissance du sinistre. Voilà pourquoi l'article 48 ne fait courir le temps de l'action, qu'*après la nouvelle des pertes*.

Tout autre prétendu empêchement de fait, tout autre prétexte, toute autre excuse ne servent de rien. Envain les assurés diroient qu'ils ont travaillé pour recouvrer les effets enveloppés dans le sinistre, & que l'espérance de ce recouvrement a suspendu leur *action*, on ne les écouteroit point, & leur demande intentée après le temps de droit seroit rejettée, parce qu'ayant differé de recourir au bénéfice de la loi, ils s'en sont rendus indignes, soit par négligence, soit par cupidité. L'article 45 tit des assur. renferme une décision générale, quoiqu'il semble ne parler que de deux cas particuliers : « en » cas de naufrage, ou échouement, dit-il, l'as» suré pourra travailler au recouvrement des » effets naufragés, sans préjudice du délaisse» ment, qu'il pourra faire *en temps* & lieu. » Ainsi tandis que l'assuré travaille à recouvrer les effets qui font l'objet de l'assurance, son action contre les assureurs est ouverte, elle court, & elle doit être intentée *en temps* utile, & dans les délais déterminés par l'art. 48.

Dans l'espèce présente, les Srs. Anglés, d'Antoine & Castagne eurent nouvelle de la prise *le six Juillet mil sept cent cinquante-sept*, jour qu'ils firent signifier aux assureurs la lettre qu'ils venoient de recevoir des Srs. Boutteiller, pere & fils de Nantes, dès ce jour là, leur action prit naissance.

Le sinistre étoit arrivé *à la hauteur des côtes d'Amsterdam*.

Donc leur délaissement, & leur demande en exécution de la police, devoient être faits dans l'espace de *quatre mois* qui furent terminés le 6 Novembre 1757.

Cependant l'action n'a été intentée que le *douze Avril 1758*. Elle est donc non-recevable.

Si l'on eût été au cas de l'arrêt de Prince, l'action des assurés auroit eu vie jusqu'au 6 Mai 1758, suivant l'article 49. tit. des assur. mais il s'agit ici d'une *prise* véritable & proprement dite : les principes établis ci-dessus, & la jurisprudence constante de la Cour, n'ont pas permis d'en concevoir une idée différente.

OBJECTION. Les assurés ont cru que c'étoit un *arrêt* & non une *prise*. Leur erreur est excusable ; & il seroit cruel de les priver d'une somme de 77200 liv. en capital, sur le fondement d'une fin de non-recevoir toujours odieuse en elle-même.

REPONSE. Ces considérations parurent d'abord très-pressantes ; & si l'on n'eût été dirigé & retenu par la sainteté des loix, on se seroit peut-être laissé entrainer par une prétendue équité qui flatte & qui séduit.

Mais 1°. dès que la loi est claire & précise, il est défendu de la violer, sous prétexte qu'elle semble trop dure : *hoc quidem perquàm durum est, sed ita lex scripta est*. L. 12 ff. *qui & quib. manum*. La conscience de la loi vaut plus que celle de l'homme : *conscientia legis, vincit conscientiam hominis*, dit Straca p. 541. n. 6, en parlant des Juges des marchands ; & si quelquefois il est permis de suivre l'équité, ce doit être cette équité légale qui est la véritable justice, qui est dirigée & éclairée par l'esprit des loix, & qui résulte de l'heureux concert que la droiture du jugement fait donner à la regle, & aux circonstances où l'on se trouve. Toute autre équité, n'en a que l'ombre & l'aparence trompeuse ; *non est æquitas, sed æquitatis simia*... Molin conf. Paris. tit. 1 § 51 gl. n. 86 & 87, *ubi fusè*.

Or, dans le cas présent la loi est écrite, elle ne laisse ni doute ni ambiguité ; on doit donc la suivre sans scrupule, & s'il falloit concilier cette rigueur apparente du droit, avec l'équité qui resulte des circonstances du fait, la chose ne seroit peut-être pas difficile.

Les assurés se promettoient un profit immense sur les marchandises assurées ; ils ne pouvoient se consoler de se voir obligés d'en faire l'abandon : toute idée qui tendoit à flatter leur espérance, leur paroissoit favorable ; & il se peut très-bien, qu'éblouis par l'intérêt, leur maniere de penser fût enfin parvenue à métamorphoser une *prise* en *arrêt* de Prince. Mais les idées particuliéres des Parties, n'ont jamais été capables de changer la nature des choses, ni de bouleverser les loix qui président à la tranquilité publique. Les assurés ont voulu ne pas abandonner le profit qu'ils attendoient ; dès lors ils sont devenus assureurs à eux-mêmes ; & il est aussi juste qu'équitable, qu'ils supportent aujourd'hui la perte réelle, à laquelle ils se sont volontairement exposés, pour courir après un profit incertain.

2°. La prétendue erreur des Assurés, ne seroit excusable en aucun cas, parce que ce seroit une erreur de droit : *Juris ignorantiam in usu capione, negatur prodesse*. I. 4. ff. *de jur. & fact. ignor.* Cette question se présenta en thèse, dans une cause qui est actuellement pendante pardevant la Cour.

Le Sr. Alexis Germond, fit assurer 3150 liv. pour compte de qui il appartiendra, de sortie de Marseille jusqu'à St. Valery, sur les facultés du vaisseau, *le Prince Charles*, Capitaine Clement Bées, Impérial, sous connoissement simulé, pour compte de Vanberblock, d'Ostende, d'entrée à Ostende.

Le 3 Novembre 1756, ce vaisseau fut pris.

Le 31 Janvier 1757, jugement qui en prononce la confiscation.

Le *cinq Février*, avant que la confiscation fut connue à Marseille, l'assuré fit sa déclaration à la Chambre du commerce, de *l'arrêt* de ce vaisseau. C'est ainsi qu'il qualifioit la prise.

Le seize Avril, ayant eû nouvelle de la confiscation prononcée, il fit son abandon.

Le *dixieme Juin*, il présenta Requête contre les assureurs en payement des sommes assurées.

Ceux-ci opposerent la prescription de quatre mois, qui avoit été acquise le *cinquiéme Juin* 1757, cinq jours avant la Requête présentée.

L'assuré répondoit qu'il avoit regardé la prise comme un simple *arrêt* ; qu'il l'avoit ainsi qualifiée dans sa déclaration à la Chambre du commerce ; & qu'il étoit bien dur qu'on voulut dans ces circonstances, lui faire perdre une somme de 3150 liv. pour une simple demeure de cinq jours.

Sentence du 31 Janvier 1758, * qui déclare cet assuré non-recevable en son action.

Il a appellé, & comme il craint que la fin de non-recevoir ne soit fondée en pur droit, il a fait répondre cathégoriquement les assureurs, sur ce qu'ils avoient promis en temps utile, de lui payer les sommes assurées ; ce qui changeroit la thèse & auroit empêché la prescription.

* *Cette Sentence a été aussi confirmée par Arrêt du Parlement d'Aix, du 30 Juin* 1759.

Or, si la fin de non-recevoir a été prononcée dans une hypothèse telle que celle qu'on vient de rappeller, malgré l'erreur évidente de l'assuré, & malgré une simple négligence de cinq jours, qui avoit été occasionnée par l'indolence & un défaut d'attention; il n'étoit guéres possible de relever les Srs. Anglés d'Antoine & Castagne, de l'erreur prétendue dans laquelle ils s'étoient laissé volontairement emporter par l'espoir séduisant de la main-levée dont ils se flattoient contre toute apparence.

3°. Depuis l'année 1755, que les hostilités des Anglois ont commencé, l'on n'a cessé d'entendre dire aux assureurs, que les *prises* étoient des *arrêts de Prince*, & leur systême a toujours été condamné; mais à l'exception du cas particulier de l'assurance faite par le Sr. Germond, les Srs. Anglés, d'Antoine & Castagne, sont peut-être les premiers des assurés, qui ayent tenu un pareil langage. Il faut donc avouer que s'ils se sont trompés, leur erreur est bien extraordinaire, & ne mérite point qu'on invoque une équité imaginaire, pour les mettre à couvert de la disposition de l'Ordonnance, qui est la loi du commerce maritime, & sous les aîles de laquelle les Négocians jouissent de leur état & de leur fortune.

Délibéré à Marseille, le 6 Avril 1759.

EMERIGON, Avocat.

ARTICLE XLIX.

EN cas d'arrêt de Prince, le délaissement ne pourra être fait qu'après six mois, si les effets sont arrêtés en Europe ou Barbarie; & après un an, si c'est en pays plus éloigné, le tout à compter du jour de la signification de l'arrêt aux assureurs: & ne courra en ce cas la fin de non-recevoir, portée par l'article précédent contre les assurés, que du jour qu'ils auront pu agir.

LE simple arrêt de Prince n'emporte pas la perte de la chose arrêtée; c'est pourquoi cet article ne veut pas que le délaissement en puisse être fait aux assureurs avant six mois ou un an, suivant la distance des lieux où l'arrêt aura été fait, conformément à l'art. 12 de l'Ordonnance de Roterdam.

Cela s'entend néanmoins d'un arrêt de Prince étranger fait en temps de paix, ou autrement avant toute déclaration de guerre. Si c'étoit après une déclaration de guerre, ou en vertu de lettres de marque ou de représailles, qu'il y eût confiscation ordonnée du navire & des marchandises, ou non, ce seroit autre chose; c'est-à-dire, qu'il ne faudroit point attendre les six mois. Art. 14, ch. 9 du Guidon. De même en toute prise juste ou injuste: car dès qu'il y a prise, toute idée d'arrêt de Prince doit disparoître. Consultation de M. Emérigon du 6 Avril 1759 rapportée sur l'art. précédent.

Ce délai de six mois ou d'un an suppose en effet qu'il y a lieu d'espérer que l'on obtiendra la main-levée de l'arrêt; & c'est pour donner le temps aux assureurs d'y parvenir, que ce délai leur est accordé: ce qui n'empêche pas toutefois que l'assuré ne soit tenu de faire toutes les diligences convenables à ce sujet, aux termes de l'article 51.

Si l'arrêt de Prince avoit pour objet des marchandises de contrebande ou prohibées, les assureurs n'en seroient nullement garants; à moins qu'ils n'en eussent été informés lors de l'assurance, & que dans la police l'assurance ne fût déclarée faite sur toutes sortes de marchandises. Cleirac, art. 2 & 5, chap. 2 du Guidon, pag. 233 & 234. Et encore cela ne regarderoit-il que les marchandises prohibées dans le lieu du départ ou de la destination du navire, & point du tout celles qui, prohibées par les loix du Royaume, se trouveroient saisies & arrêtées par les Officiers du Roi, faute par le chargeur assuré d'avoir obtenu une permission de Sa Majesté ; parce que ce seroit alors de son fait propre & particulier que procéderoit l'arrêt & la confiscation des marchandises. Cleirac, *ibid. leg. cum propon. 3, cod. de naut. fœnore. Idem* Santerna, *de assec. part. 4, n. 17.* Cette juste distinction se trouve établie dans une Consultation de M. Emérigon du 15 Janvier 1759.

Il en seroit de même de celui qui feroit assurer sous le nom d'un neutre ou d'un ami, des effets appartenans aux ennemis. Ces effets étant pris, les assureurs n'en répondront pas, s'ils n'ont été avertis qu'ils appartenoient effectivement à des ennemis. Cleirac, *ibid.* Santerna, *ibid. de assec. part 15, n. 10 & seq.* Arrêts conformes du Parlement d'Aix des 28 Juin 1747 & 2 Décembre 1749. Loccenius, *de jure maritimo, lib. 2, cap. 5, n. 7, fol. 174.*

Je pense qu'il en seroit de même, quoique l'assuré ignorât lui-même que ce fussent des marchandises de contrebande.

La consultation de M. Emérigon, que je viens de citer, & que j'ai cru devoir insérer ici, a pour objet la justification d'une Sentence de l'Amirauté de Marseille du 31 Juillet 1758, qui a jugé que les assureurs devoient répondre de la confiscation prononcée en Espagne, des soiries chargées dans la tartane *le Saint-Joseph*, Capitaine Gautier; sur ce fondement que l'assurance portoit précisément sur *des soyes sorties des environs de Carthagene*, & qu'ainsi les assureurs ne pouvoient pas ignorer que ce ne fussent des marchandises de contrebande, dont la sortie étoit prohibée en Espagne sous de griéves peines.

Il faut convenir que cette Sentence est juridique & conforme aux principes : cependant il y a une chose qui fait de la peine ; savoir, l'erreur ou la méprise des assureurs, qui n'avoient stipulé qu'une prime de quatre pour cent, pour indemnité de tous risques ; tandis que, dans le même temps, d'autres assureurs, en exigeant une pareille prime, avoient eu la précaution de se faire tenir quittes *de toute confiscation de la part des Espagnols.*

Pourquoi une si grande inégalité de condition entre ces divers assureurs ? Il semble que les premiers auroient été dans le cas de demander au moins une augmentation de prime très-considérable. Mais, d'un autre côté, peut-on rien ajouter aux clauses d'une police d'assurance ? Il faut donc dire qu'il a été bien jugé en rigueur de droit, & que les premiers assureurs sont seulement à plaindre de n'avoir pas mieux veillé à leurs intérêts.

CONSULTATION

Du 15 Janvier Avril 1759.

FAIT.

Dans les mois de Juillet & d'Août 1756, les Srs. Jaume & Lieutaud firent assurer la somme de 87400 liv. pour compte de qui il appartiendra, de sortie *des environs de Cartagenes*, jusqu'à Marseille, sur les facultés consistant en *Soye*, sous telle dénomination que puisse être, qui se trouveront chargées sur la Tartane *St. Joseph*, Capitaine Pierre Gautier du Martigue, moyennant la prime de quatre pour cent.

(Dans le même temps, le Sr. Joseph Amalric, fit faire des assurances sur les facultés consistant *en Soye*, *franc aux assureurs, de confiscation de la part des Espagnols*, chargées sur la même Tartane, & moyennant pareille prime de quatre pour cent.)

Le neuviéme Août, le Capitaine Gautier, mit sous voile, de Cartagenes, pour aller aux Aigles.

Le 17 il partit des Aigles.

Le 28, étant à la hauteur du Cap Palos, il reçut 58 balles de Soye.

Le 26 étant sur le Cap de Loque, un Bâteau envoyé par le Consul d'Alicant, vint l'avertir que l'Escadre Angloise étoit mouillée à la Rade d'Altea. Il se refugia dans celle de Benidor.

Le 29, il envoya sa chaloupe pour faire de l'eau : Le Vice-Consul lui fit dire qu'il avoit à lui parler. Le Capitaine descendit à terre, où sur le champ il fut saisi par une brigade de Gardes, lesquels s'emparerent de son bâtiment.

Le 30, on le reconduisit à son bâtiment, & on le força de faire voile pour Alicant.

Le premier Septembre, on arriva à Alicant; le Capitaine Gautier se jetta dans la mer, & se sauva à la nage sur une tartane Angloise.

Le 22, cet accident fut dénoncé aux assureurs.

Le 27 Janvier 1757, Requête des Srs. Jaume & Lieutaud, contre les assureurs, en payement des sommes assurées.

Ils opposoient qu'ils ne doivent pas repondre de la Contrebande.

Cette exception a été condamnée par la Sentence du 31 Juillet 1758.

PRINCIPES DE DROIT.

1°. Qu'est-ce que le contrat d'assurance, & de quels accidens les assureurs sont-ils responsables ?

Bornier sur l'Ordonnance de 1673, tit. 12, art. 7 pag. 737, dit « que l'assurance est un » contrat par lequel on promet indemnité des » choses qui sont transportées d'un Pays en un » autre, & principalement par mer, moyen- » nant un prix convenu à tant pour cent, en- » tre l'assuré qui fait ou fait faire le transport, » l'assureur qui promet l'indemnité, qui prend » *tout le péril sur soi, & se charge de l'évé-* » *nement.*

Cette définition est tirée du Guidon de la Mer, chap. 1, art. 1, & de la Doctrine de tous nos Auteurs. Kuricke Diatriba *de assecur.* pag. 829, Loccenius, lib. 2. cap. 5, n. 4, pag. 979. Roccus *de assecur.* not. 1 & seq. Straca *de assecur.* in prœm. n. 49. Targa, pag. 221, Lubec, pag. 115. Scacia tom. 1, pag. 24, n. 131, Stypmanus pag. 453. Voici comme parle ce dernier, *Assecuratio est conventio de rebus tuto aliundè transferendis pro certo præmio : Seu est aversio periculi.*

Ces mots, *aversio periculi*, signifient que l'assureur se charge & prend pour lui-même les périls que les choses assurées courent sur la mer, *AVERSIO PERICULI ità dicta quòd aliquis alterius periculum in mari, aversum it, aut in se recipit.* Loccenius, pag. 979.

L'on voit par là, qu'en regle générale les assureurs répondent de toutes pertes & de tous les dommages qui arrivent sur la mer aux choses assurées. *Periculum quod ex navigatione maris, metui solet.* L. 2, C. *de Naut. Fœnore.* Soit par le fait de l'homme, soit sans le fait de l'homme, & par quelle cause que ce soit (sauf certaines exceptions) *omnia damna quæ à vento, vadis, syrtybus, tempestatibus, scopulis, igne, piratarum aut latronum incursibus, VEL ALIA RATIONE navi & mercibus accidere possunt.* Stypm. pag. 457, 385.

Sub nomine periculi, de quo fit cautio, comprehenditur OMNIS CASUS qui accidit IN MARI, à tempestate, ab hostibus, prædonibus, repræsaliis, ALIISQUE MODIS usitatis & inusitatis, citrà fraudem & culpam contrahentium, aut Domini mercium vel navis. Loccenius lib. 2 cap. 5, n. 5 pag. 980.

Carlo-Targa, un de nos meilleurs Auteurs sur les Matières Maritimes, nous apprend également (ch. 52, n. 2, pag. 221,) que « les » assureurs répondent de tout sinistre qui arrive » sur mer : *Ogni sinistro che occore in mare*, » soit qu'il soit solite, ou insolite, soit qu'il pro- » céde d'un accident prévu, ou imprévu, pour- » vu qu'il n'y ait ni fraude, ni faute de la part » de l'assuré.

Et telle est encore la Doctrine expresse de tous les Docteurs déja cités.

Notre Ordonnance de la Marine tit. des assur. art. 26, a adopté ces grands principes. « Se- » ront aux risques des assureurs, *toutes pertes* » *& dommages qui arrivent sur mer* par tem- » pêtes, naufrages, échouemens, abordages, » changemens de route, de voyage, ou de vais- » seau, jet, feu, prise, pillage, arrêt de Prin- » ce, déclaration de guerre, représailles, *Et* » *généralement toutes autres fortunes de mer.*

Ces derniers mots embrassent, dans leur généralité, tous les accidens qui arrivent sur mer aux choses assurées ; mais pour ne laisser aucun doute, nos polices d'assurance entrent dans un plus grand détail, & les parties usent du droit que l'art. 2, du tit. des assur. leur donne de stipuler *toutes les autres conditions dont elles voudront convenir ;* de sorte que chaque pacte forme une loi d'autant plus respectable pour les parties, qu'elles s'y sont soumises volontairement.

Nos Polices s'expliquent en ces termes : » Veut que tous ceux qui prendront de cette » assureté, passent le même risque que lui, tant » divin qu'humain, d'amis, ennemis, connus, » ou inconnus, prises & détentions de Seigneu- » ries, soit ecclesiastiques, ou temporelles, *jus-* » *tes, ou injustes, bande, ou contrebande,* » marque, contre-marque, de vent, foudre, » feu, jet à la mer, & *de tous autres pareils* » *inconvéniens, & cas fortuits qui pourroient* » *arriver, se mettant à son lieu & place, com-* » *me si assuré ne fût.*

2°. De tout ce qui vient d'être observé, ce seroit tirer une mauvaise conséquence que de dire que les assureurs répondent indéfiniment de la prise & confiscation des choses assurées, pour fait de contrebande.

Ceci demande certaines distinctions qui nous sont aprises par les principes des loix.

I. CAS. Toutes les marchandises dont l'importation, ou l'exportation sont défendues en France, ne peuvent point être assurées en France, & les assureurs ne sont jamais tenus de la confiscation faite par l'autorité du Roi, parce qu'alors l'assurance est nulle, suivant le principe de la loi *Cùm proponas* 3. C. *de Nautico fœnore.* Telle est la doctrine de Straca *de assecur.* gl. 5, n. 2, qui dit que les promesses des assureurs, quelques générales qu'elles soient ne comprennent point ce cas, attendu que le commerce ne doit point avoir pour objet des

marchandises

marchandises illicites, *Cum in mercibus illicitis non sit commercium* Les Contrats maritimes, ch. 2, art. 2, *apud* Cleirac, pag. 233, nous apprennent la même verité. « Assurances se peu» vent faire (est-il dit) sur toutes sortes de » marchandises, *pourvu que le transport ne soit » pas prohibé par les Edits & les Ordonnances » du Roi*; c'est-à-dire, *du Roi* de France.

II. CAS. Il n'en est pas de même des marchandises dont la contrebande n'est que vis-à-vis des peuples Etrangers, & non vis-à-vis de la France.

Il étoit défendu aux marchands de transporter de l'or chez les Barbares, mais il étoit permis d'apporter dans l'Empire celui que les Barbares avoient: *Sed si apud eos inventum fuerit, subtili auferatur ingenio.* L. 2, C. *de Commerciis.* Dans ce dernier cas, la contrebande n'est point illicite, & les moyens qu'on employe pour y réussir, sont regardés par la loi, comme une adresse ingénieuse & louable.

Ainsi l'exportation de certaines choses sera défendue en Espagne tant qu'on voudra; mais les loix du Roi Catholique, ne sont pas des règles de conduite pour les François. Il leur est permis & très-permis en France d'y apporter d'Espagne, des Piastres, des Pistoles, des Quadruples & des Soyes, pour alimenter nos Hôtels de Monnoye, nos Manufactures, & notre Commerce.

Pareilles marchandises sont un objet légitime de notre négoce, & rien n'empêche qu'elles ne forment parmi nous la matière des assurances.

Mais il faut ici faire une nouvelle distinction, fondée sur cette grande régle, qui veut que dans les assurances, tout se passe de bonne foi, & qu'il n'y ait ni fraude ni surprise de la part des Assurés. *In isto contractu requiritur bona fides, non dolus, nec fraus, sed solùm æquitas quæ est anima commercii.* Casa Regis disc. 1, n. 2.

Si les assureurs ont ignoré que les facultés par eux assurées, consistoient en des marchandises dont l'exportation est défendue dans les lieux du chargement, ils ne sont pas responsables de la confiscation, parce qu'on les a trompés en leur cachant un risque auquel ils n'avoient pas lieu de s'attendre.

Nec vetitæ & illicitæ pro licitis indicandæ; pro quibus si fortè AB IGNORANTE promissore periculi cautum sit, is cui cautum est ad earum æstimationem agere prohibetur; quia in dolo fuit. Loccenius lib. 2, cap. 5, n. 7, pag. 982.

Assecuratio facta quamtumvis generalis, non comprehendit res vertitas asportari, & quandò Dominus mercium assecuratarum devehi fecerit res prohibitas, IGNORANTE ASSECURATORE, cujus causâ pervenitur ad perditionem mercium vel Navis ... non tenetur assecurator. Rocus de assecurat. not. 21, pag. 167. Il copie les paroles de Santerna, part. 4, n. 17, où l'on trouve les mêmes mots: *Ignorante assecuratore.*

D'où il suit, que si les assureurs ont sçû que l'exportation des marchandises étoit défendue dans le lieu du chargement, ils répondent de la prise & de la confiscation qui s'en fait sur mer; telle est la Doctrine expresse de Straca en l'endroit cité n. 5. Le Grand Seigneur avoit défendu la sortie des bleds; un vaisseau d'Ancone qui en avoit pris un chargement, est rencontré par un navire Turc qui lui saisit le bled. Straca, après avoir fait les distinctions que nous venons de rappeller, décide, que si les assureurs ont ignoré que les Facultés consistoient en bled, ils ne sont pas tenus de la confiscation; n'étant pas vraisemblable, ajoute-t-il, qu'ils eussent assuré au prix ordinaire, dans le cas où on leur eût déclaré que les facultés qu'on leur faisoit assurer étoient du bled; alors ou ils n'auroient pas assuré, ou bien ils auroient exigé une plus haute prime. *Cùm non sit verisimile, quod si fuisset expressum frumentum, pro consueto periculi pretio aliquis rem salvam fore promisisset, sed vel non promisisset, aut valdè periculi pretio aucto, promisisset.*

APLICATON DE CES PRINCIPES A LA CAUSE PRESENTE.

Il ne s'agit pas ici d'une Contrebande défendue par les loix de l'Etat; bien loin de là, l'avantage du Royaume est, que l'on y apporte autant de Soye qu'il est possible, pour alimenter les Manufactures de Lyon, & des autres Villes. Le Ministère favorise une importation qui nous est si utile. Ainsi rien n'empêche parmi nous que les Soyes d'Espagne ne forment la matière du contrat d'assurance.

Les Srs. Jaume & Lieutaud n'ont pas dissimulé la nature de la chose assurée. La police porte qu'ils font assurer *de sortie des environs de Cartagenes jusqu'à Marseille, sur les facultés consistant en Soye.*

Personne n'ignore que depuis longues années l'exportation des Soyes est défendue en Espagne, sous les peines les plus graves. Il faut user d'artifice & d'adresse, pour tromper les surveillans & les Gardes; *Subtili auferatur ingenio*: on charge la Soye, non dans un port, mais en pleine mer; & sur la côte, par le moyen des bâteaux qui l'apportent en cachete pendant la nuit.

Voilà pourquoi l'assurance dont il s'agit ne fut pas faite *de sortie de Cartagenes*, mais bien *de sortie des environs de Cartagenes*, c'est-à-dire, de sortie de la côte où les Soyes seroient chargées clandestinement sur la tartane *Saint-Joseph.*

Les Soyes, ainsi chargées, ont été prises & confisquées par les Espagnols: les assureurs doivent donc en répondre, suivant la nature de leurs engagemens, & en vertu du pacte spécial inséré dans la police.

Inutilement ils opposoient que le Capitaine Gautier ne devoit pas descendre à terre & quitter son navire.

1°. Il descendit à terre pour juste cause & par nécessité, puisque le Vice-Consul lui fit dire qu'il avoit à lui parler. Les Capitaines sont obligés, à peine de désobéissance, d'exécuter les ordres qu'ils reçoivent de la part des Consuls de la Nation, lesquels *représentent le Prince*, ainsi que le dit Decormis tom. 2, Col. 1316.

2°. L'on pourroit abuser de quelques articles de l'Ordonnance qu'il est bon d'expliquer.

L'art. 13, tit. du capit. « porte que les Maî» tres seront tenus sous peine d'amende arbi» traire, d'être en personne dans leurs bâti» mens, lorsqu'ils sortiront de quelque Port,

» Havre, ou Rivière. » Cette disposition a pour objet, de prevenir les naufrages, mais il n'est pas défendu aux Capitaines de descendre à terre, lorsque le vaisseau est dans un port ou dans une rade.

L'Ordonnance de la Hanze teuton. tit. 3 art. 3, défend aux Capitaines de passer la nuit hors de leurs bords, à moins qu'il n'y ait nécessité. *Nauclerus, tempore nocturno, extrà navim ne maneat, sub pœnâ arbitrariâ; si autem id necesse habuerit, idque probare possit, tam impunè id ferat.* Ibique Kuricke, pag. 704. Mais il ne leur est pas défendu de descendre à terre pendant le jour.

L'article *26*, tit. des Capitaines « leur fait » défenses *d'abandonner* leurs bâtimens pendant » le voyage, *pour quelque danger que ce soit* sans » l'avis des principaux Officiers & Matelots. » Mais il est évident que cet article parle du cas où il s'agit *d'abandonner* pour toujours le navire, ainsi qu'on peut encore mieux s'en convaincre en ouvrant Cleirac, pag. 523 (de l'Edition de 1661.) Casa Regis disc. 23, n. 84. Targa pag. 291. Boniface tom. 5. pag. 463. M. de Regusse, tom. 2, pag. 243.

Or, le Capitaine Gautier *n'abandonna* pas son navire, il descendit à terre pour exécuter l'ordre du Vice-Consul.

Il est vrai, que sur le champ il fut saisi par une Brigade de Gardes, lesquels s'emparérent du bâtiment; mais ce fut là un cas imprévû, auquel il ne paroit pas qu'il ait donné lieu par sa faute.

Dans son malheur il se sauva *à la nage*, il évita la peine capitale à laquelle il étoit exposé, & il trouva son réfuge auprès des Ennemis, qui exercérent à son égard les préceptes du droit naturel.

En cet état, on ne voit pas que les assureurs puissent se flatter de faire réformer la Sentence dont est appel, laquelle est soumise aux lumiéres supérieures de la Cour.

DELIBERE' à Marseille, le 15 de Janvier 1759. EMERIGNON.

Cette Consultation a été confirmée par Arrêt d'Aix du 30 Juin suivant, au rapport de M. de Boutassy.

Si le Prince qui fait l'arrêt prend des effets de la cargaison, ou il les paye le prix qu'ils auroient été vendus au lieu de leur destination, ou il n'en donne qu'un prix inférieur. Au premier cas l'assuré n'a rien à demander aux assureurs. Arrêt du Parlement d'Aix du 22 Juin 1746, conforme à la décision 62 de la Rote de Génes. Au second cas, les assureurs sont tenus de suppléer le juste prix. Art. 13, tit. 9 du Guidon, ou des contrats maritimes dans Cleirac, pag. 297. Casa Regis, *disc. 1, n. 49*. Cela est hors de doute.

Le délai de six mois ou d'un an ne court, suivant cet article, que du jour de la signification de l'arrêt aux assureurs; & cela est tout naturel, puisque ce n'est que du jour de cette signification que les assureurs peuvent se pourvoir en main-levée de la saisie de l'arrêt.

Réciproquement, les délais portés par l'article précédent ne courront contre les assurés que du jour qu'ils auront pu agir; c'est-à-dire, que du jour qu'ils auront eu droit de faire leur délaissement. Si on l'entendoit autrement ce seroit rendre inutile l'exception portée par cet article, comme n'ajoutant rien ou ne dérogeant du tout point alors à la disposition de l'article précédent. Et néanmoins on ne conçoit pas pourquoi, dans ce cas, tous les délais de l'article précédent seront augmentés d'un an ou de six mois; à moins que l'on ne veuille borner l'exception que fait celui-ci, à l'arrêt de Prince fait en Hollande, Flandres, Barbarie, ou Angleterre, pour conclure que les quatre mois pour agir, ne courront qu'après les six mois, durant lesquels notre article, pour arrêt de Prince dans ces pays, ne permet pas de faire le délaissement.

ARTICLE L.

SI toutefois les marchandises arrêtées sont périssables, le délaissement pourra être fait après six semaines, si elles sont arrêtées en Europe ou en Barbarie; & après trois mois, si c'est en pays plus éloigné; à compter aussi du jour de la signification de l'arrêt aux assureurs.

PAr rapport aux effets périssables, cet article est tiré du Guidon, chap. 7, art. 6 *in fine*. Mais, au lieu que le Guidon permet indistinctement le délaissement après six semaines, cet article veut qu'il ne soit fait qu'après trois mois, si l'arrêt est fait en pays plus éloigné que l'Europe & la Barbarie.

Au surplus, le délai ne se compte tout de même que du jour de la signification de l'arrêt aux assureurs; ce qui doit rendre les assurés extrêmement attentifs à leur en faire la dénonciation.

ARTICLE LI.

LEs assurés seront tenus, pendant les délais portés par les deux articles précédens, de faire toutes diligences pour obtenir main-levée des effets arrêtés: & pourront les assureurs les faire de leur chef, si bon leur semble.

IL est dit par l'article 45 ci-dessus, qu'en cas de naufrage ou échouement, les assurés *pourront* faire travailler au recouvrement des effets; & ici, en fait d'arrêt de Prince, c'est une obligation pour eux de travailler à obtenir la main-levée. *Idem*. art. 5 & 6, chap. 7 du Guidon. La raison de différence est, que l'arrêt n'emporte pas la perte de la chose, & qu'il y a espérance de la retirer: ainsi l'assuré est tenu de faire toutes diligences, pendant le temps qu'il ne lui est pas permis de faire le délaissement, pour obtenir la main-levée; car enfin c'est sa chose, au recouvrement de laquelle il doit nécessairement travailler autant qu'il est en lui, & par conséquent de faire preuve de ses diligences, pour être en état d'attaquer les assureurs, & de leur faire le délaissement. Mais après le délaissement valablement fait, ce n'est plus son affaire; c'est seulement celle des assureurs, qui, pour reclamer les effets assurés, n'ont pas besoin au reste de procuration de la part de l'assuré, comme il se pratiquoit autrefois, suivant l'Auteur du Guidon, chap. 7, art. 3. Par l'effet du délaissement, ils sont subrogés de droit en son lieu & place, pour exercer tous ses droits sur la chose; & même, dès que la perte leur est dénoncée, ils sont autorisés à veiller à la conservation des effets, comme il résulte de la fin de cet article, qui, quoiqu'il n'y soit parlé que du cas de l'arrêt de Prince, n'est pas moins applicable au cas du naufrage; parce que la raison est la même, & que c'est une conséquence naturelle de l'article 42, qui exige que l'assuré donne avis aux assureurs de la perte aussi-tôt qu'elle est parvenue à sa connoissance. Car à quelle fin leur en faire la dénonciation, si ce n'est pour les mettre en état de veiller au sauvement des effets ? D'ailleurs l'art. 45, en disant simplement que l'assuré pourra travailler au recouvrement, suppose nécessairement que ce soin regarde spécialement les assureurs.

Si l'assuré obtient la main-levée de la saisie & arrêt, & que ses marchandises ayent souffert du dépérissement, ou qu'autrement, par le fait de la détention, elles soient moins vendues qu'elles ne l'auroient été; c'est une avarie qui regarde les assureurs, aussi-bien que les frais & déboursés faits par l'assuré, & la portion dont il est tenu des nourritures & loyers des matelots durant le temps de l'arrêt, aux termes de l'art. 16 du tit. du fret ou nolis, & de l'art. 7 du tit. des avaries.

ARTICLE LII.

SI le vaisseau étoit arrêté, en vertu de nos ordres, dans un des ports de notre Royaume, *avant le voyage commencé*; les assurés ne pourront, à cause de l'arrêt, faire l'abandon de leurs effets aux assureurs.

IL y a cette différence essentielle entre l'arrêt fait par les ordres du Roi, dans un port du Royaume, avant le voyage commencé, & celui fait par un Prince étranger, dans un port de ses Etats, qu'au premier cas l'assuré ne peut, à cause de l'arrêt, faire l'abandon des effets aux assureurs, quelque longue que soit la durée de l'arrêt; à quoi est conforme l'art. 6, chap. 9 du Guidon : au lieu que, dans le second cas, par les articles 49 & 50 ci-dessus, le délaissement peut être fait dans les temps qui y sont marqués.

La raison, est que l'arrêt de Prince étranger fait partie des risques maritimes que les assureurs prennent sur eux de plein droit, & qu'il en est autrement de l'arrêt fait par les ordres du Roi, sous la domination duquel l'assuré vit; nul n'étant garant des faits du Prince sans une stipulation expresse.

Il s'ensuivroit naturellement de-là qu'il n'y auroit point de différence à faire entre l'arrêt fait par l'ordre du Roi, après le voyage commencé, & celui qui seroit fait auparavant; cependant on trouve dans l'article ces mots intéressans, *avant le voyage commencé* : ce qui donne lieu de conclure avec le Commentateur (& cela est aussi décidé de la sorte par l'article 7 dudit chapitre 9 du Guidon), que si après le voyage commencé, le navire relâche soit dans le même port ou dans un autre, & qu'il y soit arrêté par ordre du Roi, l'assurance aura son effet; de manière que l'assuré pourra faire son abandon & délaissement, tout comme si c'étoit un arrêt de Prince étranger : ce qui ne laisse pas pourtant d'être une décision extraordinaire.

Comme l'art. ne dit pas que l'assurance sera nulle, mais seulement que l'assuré ne pourra faire le délaissement des effets; il s'ensuit que l'assurance subsiste nonobstant l'arrêt, en attendant la main-levée : à moins que l'arrêt ne soit fait pour cause de marchandises prohibées, d'où s'ensuive la confiscation; auquel cas, comme il a été observé, il ne peut y avoir aucun recours contre les assureurs : & de même indistinctement si l'arrêt est fait par la faute de l'assuré, art. 8, chap. 9 du Guidon.

L'arrêt dont il est parlé dans cet article, est celui que le Roi ordonne en temps de guerre, ou à la veille d'une guerre. Pour prévenir la prise des navires par les ennemis, le Roi veut que les navires marchands ne partent qu'en compagnie, ou quelquefois même qu'en flotte, sous l'escorte de vaisseaux de guerre, qui tantôt doivent les escorter durant tout le voyage, tantôt ne les convoyent que jusqu'au débouquement, où sont ordinairement les croisiéres des vaisseaux ennemis. Mais par quelque motif que le Roi arrête le départ d'un navire, l'assuré n'est pas en état de faire le délaissement aux assureurs; il faut qu'il attende que Sa Majesté ait levé ses défenses, & les assureurs de leur côté ne peuvent se désister de la police d'assurance, sous prétexte qu'ils courent des risques plus longs. C'est le cas de la force majeure qui doit être comparé à celui où, par des événemens maritimes extraordinaires, le voyage est beaucoup plus long qu'à l'ordinaire.

Si l'arrêt est fait du navire par ordre du Roi, ou c'est parce que le Roi veut prendre le navire pour son service, ou parce qu'il a besoin de quelques-uns des effets qui y sont chargés. Au premier cas l'assurance ne devient caduque qu'autant que l'assuré ne chargera pas les marchandises dans un autre navire, moyennant toutefois qu'il notifie ce chargement aux assureurs, sans quoi l'assurance sera nulle; en telle sorte que le demi pour cent ne sera pas dû alors à l'assureur pour sa signature : & au second cas, l'assurance n'est frustratoire que jusqu'à concurrence de ce que le Roi retient pour son service, & elle subsiste pour le surplus.

Si le navire n'est arrêté qu'à cause que le Roi a besoin du service du maître, l'assurance ne souffrira aucune atteinte, & l'assureur courra les risques sous l'autre maître qui sera nommé par les propriétaires du vaisseau. Et cela n'est pas étonnant, puisque, sans force majeure, le propriétaire peut changer le maître sans le consentement des assureurs; pourvu néanmoins qu'il leur donne avis du changement, s'il se fait dans le port même. Art. 3 & 4 du chap. 9 du Guidon.

Dans nos polices d'assurance, la clause qui fait mention du nom du maître porte toujours, *tel navire commandé par un tel*, avec cette addition, *ou tel autre qu'il appartiendra :* ce qui donne à l'assuré propriétaire du navire la faculté de changer le maître comme bon lui semblera. Arrêts d'Aix des 20 Juillet & 3 Septembre 1748. Sentence de Marseille du 2 Décembre suivant, au rapport de M. Emerigon. Mais, suivant Casa Regis, *disc. 63*, *n. 6*, on ne peut subroger un capitaine d'une autre nation : ce que je crois indubitable.

ARTICLE LIII.

L'Assuré sera tenu, en faisant son délaissement, de déclarer toutes les assurances qu'il aura fait faire, *& l'argent qu'il aura pris à la grosse sur les effets assurés*; à peine d'être privé de l'effet des assurances.

LA condition imposée à l'assuré qui fait son délaissement, de déclarer dans le même temps toutes les assurances qu'il a fait faire, & l'argent qu'il a pris à la grosse, soit sur le navire, soit sur les effets de son chargement, a deux motifs; l'un de découvrir si l'assuré n'a point fait assurer, ou pris à la grosse, au-delà de son intérêt dans le navire & son chargement; l'autre de vérifier si sa déclaration est sincère, c'est-à-dire, s'il n'a point recélé quelque assurance ou emprunt à la grosse.

Quant à la peine prononcée contre lui par cet article, elle n'est pas absolue; c'est-à-dire, encourue de plein droit & sans ressource, pour avoir manqué de faire sa déclaration. Tout ce qui peut résulter de cette omission, c'est que son délaissement ne vaudra que du jour qu'il aura fait sa déclaration dans la suite, & que ce ne sera que de ce jour-là par conséquent, que courra le délai après lequel les assureurs sont tenus de payer.

Si, par cette déclaration, l'assuré se trouve effectivement avoir fait assurer & avoir pris à la grosse au-delà de son intérêt dans le navire ou dans les marchandises, & que cela se soit fait sans fraude, ce sera le cas des articles 23 & 24 ci-dessus; & s'il y a eu fraude, la peine à cet égard est fixée par l'art. 22 aussi ci-dessus.

Enfin, si la déclaration est frauduleuse & faite avec reticence, c'est le cas de l'article suivant.

Et l'argent qu'il aura pris à la grosse sur les effets assurés. Ceci ne peut se concilier avec l'article 16, qui défend à celui qui prend deniers à la grosse de les faire assurer, à peine de nullité de l'assurance, & de punition corporelle : car prendre deniers à la grosse sur des effets assurés, ou faire assurer des deniers empruntés à la grosse, c'est absolument la même chose. Ainsi, au lieu de ces mots, *effets assurés*, il faut lire, *effets par lui chargés, autres que ceux qu'il a fait assurer;* & de même dans l'article suivant.

ARTICLE LIV.

SI l'assuré a recélé des assurances ou des contrats à la grosse, & qu'avec celles qu'il aura déclarées, elles excédent la valeur des effets assurés; il sera privé de l'effet des assurances, & tenu de payer les sommes empruntées, nonobstant la perte ou prise du vaisseau.

LA déclaration faite par l'assuré du montant des assurances & des sommes par lui prises à la grosse, n'étant pas exacte, la présomption est de droit que c'est une infidélité & une fraude de sa part.

Il se peut néanmoins, au sujet des assurances, qu'il y en ait de faites à son insu, quoique par son ordre; comme, par exemple, si, peu de jours avant la nouvelle du naufrage, il a donné ordre de faire assurer à Londres, en Hollande, &c. jusqu'à une certaine somme, & qu'il ne soit pas encore informé de ce qui aura été fait en conséquence au moment de son abandon.

A la vérité, il est de l'exactitude en pareil cas, de faire mention des ordres donnés pour faire faire ces dernieres assurances; mais enfin, pour y avoir manqué, l'assuré ne sera pas regardé comme en ayant fait le recélé, sur-tout si dans la suite, les assurances ayant été faites, il en fait la déclaration aux autres assureurs.

Dans le cas où il aura effectivement recélé quelques assurances ou emprunts à la grosse, que l'on vienne à découvrir dans la suite, & qu'avec ce qu'il a déclaré, il se trouve qu'il ait excédé l'intérêt qu'il avoit dans le navire & dans son chargement ; aux termes de cet article, il sera privé de l'effet des assurances, & tenu de payer les sommes empruntées nonobstant la perte ou prise du vaisseau.

C'est-à-dire, qu'à l'égard des assurances les assureurs retiendront ou gagneront la prime ; & qu'en ce qui concerne les emprunts à la grosse, l'assuré sera tenu de leur payer les sommes qu'il aura empruntées d'eux, avec le change, tout comme s'il n'eût rien chargé, par les raisons alléguées sur les art. 14 & 15 du titre précédent ; & cela en punition de sa fraude : sauf à lui à retirer du naufrage ce qui pourra être sauvé.

Ce n'est donc pas précisément pour avoir fait assurer ou pris à la grosse au-delà de l'intérêt qu'il avoit dans le navire, qu'il doit être ainsi puni, parce qu'il peut l'avoir fait sans fraude, ou que, s'il y a eu fraude, son sort pour ces deux cas est réglé par l'art. 22 ci-dessus, & par l'art. 3 du tit. précédent : c'est uniquement parce qu'ayant fait une déclaration infidéle, il y a là un dol réfléchi, ou en tout cas qui ne peut être pallié ou excusé.

Mais enfin, s'il n'y a pas eu de fraude, il n'est pas dans le cas de cet article. Sentence de Marseille du 16 Décembre 1751, au rapport de M. Emerigon. Autre conforme du 13 Février 1754.

ARTICLE LV.

ET s'il poursuit le payement des sommes assurées au-delà de la valeur de ses effets, il sera en outre *puni exemplairement.*

CEla doit s'entendre de la simple demande, sur-tout si les assureurs, en répondant à sa déclaration, l'ont taxé d'infidélité, ou lui ont reproché qu'il avoit excédé la valeur de ses effets, & que malgré cela il les poursuive ; & à plus forte raison si, sur leurs exceptions contre sa demande judiciaire, il ne laisse pas de continuer ses poursuites contr'eux pour la totalité des sommes assurées.

Puni exemplairement, & non de punition corporelle afflictive, quoiqu'en dise le Commentateur ; parce que la punition exemplaire n'emporte pas naturellement la punition corporelle ; mais seulement une amende avec une sorte de flétrissure, telle que seroit dans l'espéce la dégradation du titre de commerçant, &c. suivant les circonstances. Mais, pour infliger une telle peine à l'assuré, il faut prendre contre lui la voye extraordinaire, & instruire son procès.

ARTICLE LVI.

LEs assureurs sur le chargement ne pourront être contraints au payement des sommes par eux assurées, que jusqu'à concurrence de la valeur des effets dont l'assuré justifiera le chargement & la perte.

L'Article 14 du titre précédent contient la même disposition par rapport au prêt à la grosse aventure ; & rien n'est plus juste, puisqu'à défaut de chargement, il n'y a pas eu de risques pour les assureurs, ou que, si le chargement n'a pas été complet, il n'y a eu de risques que jusqu'à concurrence. C'est pour cela aussi, & par la raison des corrélatifs, que l'assureur ne gagne la prime que jusqu'à concurrence, sauf le demi pour cent qui lui demeure acquis. Loccenius, *de jure maritimo*, *lib.* 2, *cap.* 5, *n.* 16, *fol.* 183. Santerna, *de assec. part.* 3, *n.* 10 *& seq.*

Si l'article ne parle que du chargement des marchandises, c'est qu'à l'égard du navire l'objet est réel, & n'a pas besoin de preuve : il ne peut donner matière à discussion que par rapport à l'estimation que l'assuré en aura faite par la police au-delà de sa juste valeur.

Comme il ne suffit pas à l'assuré de justifier la perte du navire, sans preuve qu'il avoit chargé les effets qu'il avoit fait assurer ; il ne suffit pas non plus qu'il justifie le chargement, s'il ne prouve en même temps la perte arrivée par quelqu'un des cas exprimés dans l'art. 46. Ce n'est que le concours de ces deux preuves qui le met en état de poursuivre les assureurs pour le payement des sommes assurées.

On a vu avec étonnement depuis peu au Siége de l'Amirauté de cette ville, une demande en payement d'assurance, de la part d'un assuré, qui prétendoit n'avoir pas besoin de rapporter la preuve d'un chargement pour son compte à Saint-Domingue, dans le navire dont il étoit question, & que pour appuyer sa demande il lui suffisoit que le chargement eût pu se faire comme il l'espéroit effectivement, alléguant que l'espérance du chargement valoit autant que le chargement effectif. C'est tout ce qu'il convient de remarquer au sujet d'un procès aussi singulier, où, par Sentence du 10 Mai 1754, rendue entre Jean Birot, assuré, demandeur contre le Sieur Serre, négociant, il fut ordonné que l'assuré rapporteroit dans un an la preuve du chargement effectif; sinon seroit fait droit. L'assuré n'ayant pas fourni cette preuve dans le délai qui lui avoit été accordé, par Jugement d'Audience du 29 Décembre 1755, il fut définitivement débouté de sa demande avec dépens.

ARTICLE LVII.

LEs actes justificatifs du chargement & de la perte des effets assurés, seront signifiés aux assureurs, *incontinent après le délaissement*, & avant qu'ils puissent être poursuivis pour le payement des choses assurées.

VOyez l'art. 2, chap. 3 du Guidon.

Les actes justificatifs du chargement sont, le connoissement, (Arrêt d'Aix du 22 Juin 1756, Stracha, *de assec. gl.* 11, *n.* 55); & en cas de perte du connoissement, le tableau général du chargement, les expéditions prises au Bureau des Fermes, la facture particuliere, avec la lettre d'avis du chargeur, ou l'attestation du capitaine & des principaux officiers; ou enfin, si le capitaine, le pilote & autres officiers ont péri, une attestation du reste de l'équipage.

Cependant la facture seule ne suffiroit pas. Sentences de Marseille des 2 Septembre 1748 & 4 Décembre 1751.

Mais

Mais le connoissement est la piéce véritablement probante, & l'on n'admet rien contre sa teneur. *Quid* si c'est un connoissement du capitaine en faveur d'un de ses parens? Voyez les observations sur l'art. 7, liv. 2, tit. 3, de l'écrivain, & sur l'art. premier, tit. des connoissemens.

On demande si, au préjudice de cet article, on peut stipuler valablement que l'assuré ne sera point tenu de prouver le chargement. Casa Regis, Targa & Rocus tiennent l'affirmative. Cela peut être bon pour l'Italie & les autres pays où l'assurance peut se faire par forme de gageure : mais en France, où il en est autrement, je tiens que cette clause est illicite, si ce n'est en fait d'assurance d'une prise, où il est bien évident que l'assuré n'a rien chargé, & où il n'est question que de la valeur donnée à la prise par estime, comme il a été jugé par Arrêt d'Aix du mois de Mai 1749.

On trouve deux autres Arrêts des 23 Juin 1745 & 2 Mai 1748, qui, au sujet des voyages en interlope, ont fait valoir la clause portant dispense de prouver le chargement. Mais sur quoi peut porter la décision? & peut-elle se soutenir, étant contraire à l'Ordonnance sur un point où il n'est pas permis d'y déroger, s'agissant d'une condition essentielle pour faire valider l'assurance?

J'en dis autant d'une Sentence de Marseille du 19 Avril 1755, qui, sur une police d'assurance, portant clause que le donneur à la grosse *ne seroit tenu que de faire apparoir le contrat de grosse*, a condamné l'assureur au payement de la somme contenue au contrat de grosse; quoiqu'il n'y eût aucune preuve que le preneur eût chargé des effets jusqu'à concurrence.

En pareil cas, le donneur a-t-il plus de faveur qu'en auroit le preneur, s'il lui étoit permis de se faire assurer? Dans cette supposition le preneur ne seroit pas recevable à inquiéter l'assureur, sans prouver le chargement. Comment donc en dispenser le prêteur, qui ne fait que le représenter en cette partie?

Mais l'assuré sur le vaisseau peut être valablement dispensé de rapporter la preuve que le vaisseau lui appartient, de même que de justifier la valeur qu'il lui a donnée; sauf la preuve contraire. Ainsi, en cette partie, la Sentence de l'Amirauté de la Table de Marbre à Paris, en date du 29 Décembre 1758, en forme de Réglement, n'est pas fondée.

Les piéces justificatives de la perte que l'assuré doit rapporter, sont, en cas de naufrage ou échouement, l'attestation des gens de l'équipage dans le lieu du naufrage, soit au Greffe de l'Amirauté s'il y en a, soit pardevant Notaires; & mieux encore les procès-verbaux des Officiers de l'Amirauté, qui ont fait travailler au sauvement des effets. Telle est la régle générale. Cleirac, des contrats maritimes, chap. 3, n. 2, pag. 246, chap. 12, n. 3, pag. 280, & chap. 18, n. 2, pag. 331 aux notes. La Rote de Génes, chap. 3, & Stypmannus, *part. 4, cap. 7, n. 474, fol. 470*, exigent bien que l'assuré fasse preuve de la perte par attestations ou autrement, mais sans aucune spécification. Il semble cependant qu'ils se contentent de deux témoins; mais aussi ce nombre leur paroit nécessaire. D'un autre côté, Casa Regis, *disc. 2, n. 4 & 5*, & *disc. 142, n. 9, & seq.*, après avoir dit que la preuve du naufrage doit se faire devant le Juge voisin du lieu où il est arrivé, ajoute qu'il n'est pourtant pas absolument nécessaire de produire un rapport ou attestation devant le Juge, & que l'on peut se contenter d'une déposition de témoins, ou de la voix publique.

On est même allé plus loin à Marseille : par Sentences des 22 Décembre 1747

& 9 Août 1754, on a condamné des assureurs, sans autres preuves que les lettres du capitaine.

En cas de prise, ce sont les lettres d'avis du capitaine & autres gens de l'équipage, ou les nouvelles publiques faisant mention du navire pris, &c. Par Sentence de Marseille du 3 Octobre 1748, pareille condamnation contre les assureurs sur la simple déposition d'un Malthois, qui avoit déclaré avoir vu à Port-Mahon le navire en question, avec d'autres navires pris par les Anglois. Il me semble que ces préjugés ne doivent pas être tirés à conséquence, si ce n'est en tout cas pour une condamnation provisoire.

En cas de naufrage en pleine mer, on conçoit combien la preuve doit être rare par sa difficulté; & c'est pour ce cas principalement que l'article suivant permet à l'assuré, lorsqu'il n'a reçu aucunes nouvelles de son navire, de faire son délaissement après l'an ou les deux ans expirés, à compter du jour du départ; parce qu'après ce temps c'est tout comme s'il y avoit une preuve complette de la perte.

Incontinent après le délaissement, toutefois sans terme fatal, quoique le Guidon même, art. 2, du chap. 3, & l'article 3 *in fine* du chap. 7, dise dans deux mois; parce qu'il est évident que si l'assuré différe la signification des piéces justificatives, c'est qu'il ne les a pas encore pu ramasser. Tout ce qui résulte de ce défaut de signification, c'est que les assureurs ne peuvent être condamnés au payement; parce qu'il faut pour cela qu'il y ait preuve, tant du chargement jusqu'à concurrence des sommes assurées, que de la perte.

Mais je pense que le délai de trois mois réglé par l'art. 44 ci-dessus, ou celui fixé par la police, court contre les assureurs du jour de la signification de la perte & du délaissement, aux termes dudit article, nonobstant que les preuves du chargement ne soient pas encore rapportées; & que quand le présent article dit que jusques-là ils ne pourront être poursuivis pour le payement, cela ne s'entend que de la condamnation & de la contrainte pour le payement. De sorte que les piéces justificatives étant produites durant le délai, les assureurs n'auront plus que le reste du délai, à compter du jour de la dénonciation de la perte; & que si le délai est expiré au temps du rapport des piéces, ils doivent être condamnés de payer sur le champ, & sans aucun retardement.

Il n'est pas douteux que si l'assuré est déja muni des piéces justificatives, il n'ait droit de les signifier conjointement avec son acte de délaissement.

ARTICLE LVIII.

SI néanmoins l'assuré *ne reçoit aucune nouvelle* de son navire, il pourra, après l'an expiré, (*à compter du jour du départ* pour les voyages ordinaires), & après deux ans (pour ceux de long cours), faire son délaissement aux assureurs; & leur demander payement, *sans qu'il soit besoin d'aucune attestation de la perte.*

L'Art. 12, chap. 7 du Guidon est conforme à celui-ci, à cela près que pour les voyages de long cours, il permet le délaissement au bout de dix-huit mois, & que notre article ne l'autorise qu'après deux ans, comme l'art. 5 des assurances d'Amſterdam. Du reſte cette diſpoſition de notre article eſt de droit commun. Stracha, *de aſſec. gloſſ.* 30, Stypmannus, *ad jus marit. part.* 4, *cap.* 7, *n.* 330, *fol.* 458, Kuricke, *Diatriba de aſſec. fol.* 837 *in princ.* Caſa Regis, *diſc.* 1, *n.* 61 *& ſeq. & diſc.* 2, *n.* 2.

Ne reçoit aucune nouvelle. Cela ne ſuffit pas, ſi les aſſureurs en ont reçu, ou quelques tierces perſonnes; pourvu que la nouvelle ne ſoit pas ſuſpecte & tenue ſecrette : car enfin l'aſſuré pourroit taire les nouvelles qui lui ſeroient parvenues, pour avoir occaſion de ſe prévaloir de l'an ou des deux ans.

A compter du jour du départ. Cela s'entend s'il n'y a eu aucune nouvelle du navire depuis ſon départ; autrement s'il y en a eu, le temps ne ſe comptera que du jour des dernieres nouvelles.

Après l'an ou les deux ans expirés, le navire eſt donc cenſé perdu; & ſans aucune atteſtation de perte, l'aſſuré peut faire ſon délaiſſement aux aſſureurs, & leur demander le payement des ſommes aſſurées : moyennant toutefois & non autrement, par rapport aux marchandiſes, qu'il juſtifie en avoir chargé dans le navire juſqu'à concurrence des ſommes aſſurées & priſes à la groſſe. De ſorte que dans l'hypothèſe ce n'eſt que la perte du navire & de ſon chargement qui eſt réputée conſtante par ce laps de temps, & que du reſte l'aſſuré doit obſerver les ſormalités preſcrites par les articles précédens.

De ce que ce laps de temps n'eſt qu'une préſomption qui tient lieu de nouvelle certaine de la perte du navire, il s'enſuit que les aſſureurs n'en ont pas moins pour le payement le délai de trois mois porté par l'art. 44, ou celui réglé par la police, & que ce délai ne doit même courir que du jour que l'aſſuré jugera à propos de leur faire ſignifier ſon délaiſſement.

Mais eſt-il libre à l'aſſuré, dans le cas de cet article, de différer ſon délaiſſement tant qu'il lui plaira, ſans que les aſſureurs puiſſent lui oppoſer aucune fin de non-recevoir ? L'affirmative n'eſt pas propoſable; auſſi l'Auteur du Guidon, *loc. cit.*, eſt-il d'avis que toute action en fait d'aſſurance doit être pourſuivie dans l'an & jour, par demande en Jugement; *pour ôter*, dit-il, *les abus des ſommations & proteſtations ſimples, ſans aſſignation, qui peuvent cauſer une infinité de procès à des héritiers, où jamais il n'y auroit de fin.*

D'un autre côté l'art. 17 des aſſurances d'Anvers, veut que celui qui aura à demander quelque choſe en vertu d'un contrat d'aſſurance, ſoit obligé d'intenter ſon action dans les 4 ans du jour de la datte de la police, faute dequoi il demeurera déchû & fort-clos.

Cette action eſt donc d'une moindre durée que les actions ordinaires, parce que l'intérêt du commerce l'exige; les affaires qui en dependent ne peuvent être trop tôt reglées & terminées.

Notre article n'a point prévû la queſtion : mais elle me paroit décidée par argument naturel & néceſſaire de l'art. 48 ci-deſſus. Cet article fixe les differents délais d'ans l'eſquels l'aſſuré doit former ſa demande ſur peine de déchéance; le tout à compter du jour de la nouvelle de la perte. Celui-ci en lui permettant de faire ſon délaiſſement après un certain temps, s'il n'y a eu aucune nouvelle du navire depuis le départ, ſuppoſe évidemment que ce laps de temps tient lieu de la nouvelle de la perte, ou pour mieux dire, vaut autant que l'entiere certitude de la perte; donc qu'après ce temps, l'aſſuré eſt tenu de ſe pourvoir contre ſes aſſureurs, dans les mêmes délais qu'il lui eſt enjoint de le faire, lors qu'il y a nouvelle de la perte, & cela ſur la même peine d'échéance.

Ainsi en conciliant les deux articles, il faut dire, au sujet des voyages ordinaires, qu'après l'an du départ du navire, sans qu'on en ait aucunes nouvelles, l'assuré doit se pourvoir dans les six semaines suivantes contre ses assureurs demeurant en la même province que lui ; dans trois mois contre ceux demeurans dans quelque autre province du Royaume ; dans quatre mois contre ceux d'Hollande, Flandres ou Angleterre ; dans un an pour les voyages d'Espagne, Italie, Portugal, Barbarie, Moscovie ou Norvégue ; & dans deux ans pour les voyages aux côtes de l'Amérique, Brésil, Guinée & autres pays plus éloignés ; le tout comme si la perte fût arrivée sur quelqu'une de ces différentes côtes, & qu'il y en eût nouvelle.

A la vérité, comme il a été observé sur ledit art. 48, on ne comprend pas pourquoi dans les deux derniers cas, il accorde un ou deux ans, sur-tout si le navire est pris, ou si le naufrage est entier & absolu ; mais cela étant ainsi décidé, il faut s'en tenir là. De sorte que, dans le premier de ces deux derniers cas, l'assuré à défaut de toute nouvelle aura deux ans entiers pour se pourvoir, à compter du jour du départ du navire, & dans le second quatre ans. Au lieu que, s'il y a nouvelle de la perte, il sera tenu de se pourvoir dans l'an ou dans les deux ans suivans : le tout sur peine d'être déclaré non-recevable dans sa demande.

Sans qu'il soit besoin d'aucune attestation de la perte. Quid si l'assurance a été faite pour un temps limité ? Jugé par deux Arrêts d'Aix des 10 & 20 Juin 1747, que c'est à l'assuré à prouver la perte du navire dans le temps fixé. Mais par Arrêt du Conseil du 1749, ces deux Arrêts ont été cassés. Ils étoient en effet insoutenables, puisque les assureurs ne pouvoient se défendre qu'en exceptant que le navire n'avoit fait naufrage qu'après le temps déterminé par la police. Or par-là devenant demandeurs, c'étoit à eux à prouver leur exception, suivant l'axiome, *excipiendo reus fit actor.*

Dans le doute, le vaisseau est censé péri du jour qu'il a disparu, ou des dernieres nouvelles qu'on en a eues, à l'exemple de l'absent qui est réputé mort du jour de son absence. Sur quoi voyez le Commentaire sur la Coutume de la Rochelle, art. 56, n. 32 & suiv.

ARTICLE LIX.

LEs voyages de France en Moscovie, Groënland, Canada, aux bancs & isles de Terre-neuve, & autres côtes & isles de l'Amérique, au Cap-vert, côtes de Guinée, & tous autres qui se feront au-delà du Tropique, seront réputés voyages de long cours.

DAns l'article précédent, les voyages de long cours sont distingués des voyages ordinaires, & dans celui-ci on trouve la désignation des voyages de long cours. Elle avoit déja été faite par l'article premier du Réglement du 20 Août 1673, concernant les droits & vacations des Officiers de l'Amirauté, en ces termes : » Et » seront réputés voyages de long cours ceux qui se feront aux Indes Orientales & » Occidentales, Canada, Terre-neuve, Groënland, & autres côtes & isles de l'A- » mérique méridionale & septentrionale, aux Açores, Canaries, Madere, & en tou-

» tes les côtes & pays situés sur l'Océan au-delà des détroits de Gibraltar & de Sund. « Et comme cette désignation des voyages de long cours est plus nette & plus précise que celle du présent article, elle a été adoptée par l'Ordonnance du 18 Octobre 1740. De sorte que c'est la régle qu'il faut suivre maintenant sur ce point.

D'où il s'ensuit que tous autres voyages pour des lieux moins éloignés ne sont que des voyages ordinaires de cabotage, à l'égard desquels, à défaut de nouvelles du navire depuis son départ, l'assuré ne peut faire son délaissement qu'après un an, sans faire attention au plus ou moins d'éloignement du lieu pour lequel le navire étoit destiné; parce qu'un coup de vent peut l'avoir poussé en pleine mer, ou autrement l'avoir fait changer de route.

ARTICLE LX.

Après le délaissement signifié, les effets assurés appartiendront à l'assureur, qui ne pourra, sous prétexte du retour du vaisseau, se dispenser de payer les sommes assurées.

LA premiere partie de cet article est pour tous les cas où le délaissement peut être légitimement fait, soit sur nouvelle de la perte, soit à défaut de toute nouvelle après le temps marqué par l'art. 58.

Aussi-tôt donc que le délaissement est signifié, les effets assurés sont dévolus & acquis aux assureurs, qui par conséquent en peuvent disposer, comme subrogés à tous les droits de l'assuré, en vertu du présent article, & par la nature du délaissement qui vaut cession & transport, sans qu'il soit besoin d'une procuration de la part de l'assuré, comme il a été observé sur l'art. 51. Mais qu'est-ce qu'emporte le délaissement? Voyez *suprà* art. 15 & 47.

Il s'ensuit de-là que tout délaissement aux assureurs doit être pur & simple, & point conditionnel; autrement il ne seroit pas translatif de propriété: ce qui est de l'essence du délaissement. Mais l'abandon n'en est pas moins pur & simple, & sans condition, quoique l'assuré ne le fasse aux assureurs qu'à proportion & jusqu'à concurrence des sommes par eux assurées, se réservant l'excédent qu'il a dans la valeur des effets assurés en partie seulement, à l'effet d'entrer en répartition avec eux, de ce qui pourra rentrer proportionnellement à l'intérêt de chacun d'eux dans la chose, comme il a été observé ci-dessus.

La seconde partie paroit se rapporter directement au cas du délaissement fait en conséquence de l'art. 58, puisqu'elle suppose le retour du vaisseau qui étoit présumé perdu; nonobstant lequel retour l'assureur ne peut se dispenser de payer les sommes assurées, & réciproquement l'assuré ne peut révoquer le délaissement, pour empêcher l'assureur de profiter de l'abandon qui lui a été fait (ce qui est conforme à la décision de l'art. 12, chap. 7 du Guidon); sauf à l'assuré à entrer en répartition pour raison de la portion qu'il avoit dans les marchandises au-delà des sommes assurées.

Il se peut néanmoins que, nonobstant la nouvelle de la perte qui aura autorisé le délaissement, le navire retourne par les soins des assureurs qui l'auront radoubé & mis en état de naviger comme auparavant. Alors, pour concilier cette fin d'article avec le 46 ci-dessus, je pense que les assureurs seront en droit de contraindre l'assuré de reprendre ſon navire avec ſes marchandiſes, nonobſtant ſon délaiſſement, n'étant plus queſtion que du réglement des avaries, comme il a été obſervé ſur ledit art. 46. Il faudroit pour cela néanmoins qu'ils n'euſſent pas payé volontairement les ſommes aſſurées, & qu'ils n'euſſent agi en conſéquence du délaiſſement que ſous proteſtation de s'en défendre.

ARTICLE LXI.

L'Aſſureur ſera reçu à faire preuve contraire aux atteſtations, & cependant condamné par proviſion au payement des ſommes aſſurées, en baillant caution par l'aſſuré.

DAns les principes du droit, il eſt juſte que l'aſſureur ſoit reçu non-ſeulement à combattre & conteſter les preuves produites par l'aſſuré pour juſtifier ſon chargement dans le navire, & la perte; mais encore à faire preuve contraire, tant par titres que par témoins. Chap. 8 du Guidon, au tit. des contrats maritimes. Cependant comme la proviſion eſt dûe naturellement au titre, ſans attendre la fin de la conteſtation, l'aſſureur doit être condamné proviſionnellement au payement des ſommes aſſurées, en, par l'aſſuré, donnant caution aux termes de cet article. Ce qui s'entend d'une caution bonne & ſolvable, qui ſera reçue, & fera ſa ſoumiſſion à la manière accoutumée.

L'art. 2, chap. 3 du Guidon, veut tout de même que l'aſſureur, malgré les objets qu'il préſente contre les preuves de l'aſſuré, ſoit condamné par proviſion au payement; avec cette différence ſeulement, qu'il ſe contente de la caution juratoire de l'aſſuré, s'il eſt notoirement ſolvable, à moins qu'il ne ſoit étranger; auquel cas il fournira une caution valable. Mais notre article, conforme en cela au trente-troiſiéme des aſſurances d'Amſterdam, exige indiſtinctement la caution : ce qui eſt plus régulier, & doit être ſuivi exactement. De manière que, quoique l'aſſuré ſeroit reconnu pour être de toute ſolvabilité, le Juge s'expoſeroit à la reſtitution en ſon nom, ſi elle étoit ordonnée en fin de cauſe, & que, s'étant contenté de ſa caution juratoire, l'aſſuré ſe trouvât dans la ſuite inſolvable.

Au ſurplus, la condamnation au payement par proviſion n'eſt pas tellement de néceſſité, que le Juge ne puiſſe la différer & même s'en diſpenſer : ce qui doit dépendre des circonſtances; c'eſt-à-dire, du plus ou moins de créance que l'on peut donner aux ſortes de preuves rapportées par l'aſſuré. Arrêt du Parlement d'Aix du 23 Septembre 1745. De même, ſi le connoiſſement, qui eſt la preuve la plus naturelle du chargement, eſt attaqué de fraude & de colluſion par des circonſtances impoſantes. Autre Arrêt d'Aix du 2 Février 1741, & Sentence de Marſeille du 4 Décembre 1751.

De même encore, ſi la ſomme aſſurée n'eſt pas liquide, la condamnation proviſoire ne doit intervenir qu'après la liquidation. Stracha, *de aſſec. gloſſ.* 29, *n. 8*. Ainſi jugé par Sentence de Marſeille du 31 Janvier 1751.

Au fond l'aſſureur n'eſt pas recevable à oppoſer à l'aſſuré que les effets ne lui appartenoient pas, parce qu'il eſt permis de faire aſſurer la choſe d'autrui. Il ſuffit que le connoiſſement ſoit relatif & conforme à l'aſſurance. Sentence de Marſeille du 7 Août 1745, confirmée par Arrêt du 22 Juin 1746. Conſultation de M. Emerigon du 18 Avril 1759. Caſa Regis, *diſc. 4 & 5*, paroit le ſeul Auteur d'avis contraire.

ARTICLE LXII.

LE maître qui aura fait assurer des marchandises chargées dans son vaisseau pour son compte, sera tenu, en cas de perte, d'en justifier l'achat, & d'en fournir un connoissement signé de l'écrivain & du pilote.

LE maître, comme tout autre assuré, qui réclame la somme qu'il a fait assurer sur marchandises, doit faire preuve qu'il en a réellement chargé dans le navire pour son compte, jusqu'à concurrence de la somme : & cette preuve doit être même plus forte que celle d'un autre assuré; en ce que, outre le connoissement qu'il doit rapporter signé de l'écrivain & du pilote, ne pouvant pas se donner un connoissement à lui-même, il est encore obligé de justifier l'achat des marchandises : dont la raison est qu'il se pourroit qu'il eût extorqué par menaces ou par artifice le connoissement signé de l'écrivain ou du pilote. Au lieu que tout autre assuré n'a besoin que du connoissement du maître, qui ne peut pas être naturellement présumé l'avoir signé, sans avoir reçu la marchandise dans son navire, attendu qu'il est obligé de remplir le connoissement.

ARTICLE LXIII.

TOus mariniers *& autres* qui rapporteront *des pays étrangers des marchandises qu'ils auront fait assurer en France*, seront tenus d'en laisser un connoissement entre les mains du Consul ou de son Chancelier, s'il y a Consulat dans le lieu du chargement, sinon entre les mains d'un notable marchand de la Nation Françoise.

ET *autres*, qui retournent dans le navire, soit en qualité de passager ou autrement.

Des pays étrangers; c'est-à-dire, de pays n'étant pas de la domination du Roi.

Des marchandises qu'ils auront fait assurer en France, soit les mêmes marchandises, soit d'autres qu'ils auront prises en troc, ou qu'ils auront achetées pour le retour. *Secùs*, si l'assurance est faite en pays étranger, n'étant question ici que des assurances en France.

La raison pour laquelle il leur est enjoint de remettre un double du connoissement entre les mains du Consul de la Nation Françoise, ou de son Chancelier, ou, s'il n'y a Consulat dans le lieu du chargement, entre les mains d'un notable Marchand François, est la crainte de la collusion entre eux & le maître, pour le cas de prise ou de naufrage. Mais, la collusion étant tout de même à craindre au retour des navires de nos colonies, il auroit donc été bon d'étendre la prévoyance jusques-là, & d'exiger qu'un double des connoissemens, signés au profit des personnes désignées dans cet article, fût déposé au Greffe de l'Amirauté du lieu. Il est vrai qu'en temps de guerre on a pris assez souvent la précaution de faire ce dépôt : mais ceux qui en usoient ne songeoient qu'au danger de la perte des connoiſſemens ; &, pour y avoir manqué, on n'a pas vu que les aſſureurs ſe ſoient prévalu de ce défaut pour ſe diſpenſer de payer l'aſſurance, le chargement étant prouvé par un connoiſſement en bonne forme, ou par d'autres piéces ſupplétives.

ARTICLE LXIV.

LA valeur des marchandiſes ſera juſtifiée par livres ou factures ; ſinon, l'eſtimation en ſera faite ſuivant le prix courant au temps & lieu du chargement, y compris tous droits & frais faits juſqu'à bord, *ſi ce n'eſt qu'elles ſoient eſtimées par la police.*

LE connoiſſement tout ſeul fait la preuve du chargement, s'il n'y a des circonſtances aſſez impoſantes pour le faire préſumer frauduleux ; mais il ne fait pas preuve de la valeur des marchandiſes ; & cependant c'eſt de cette valeur conſtatée que dépend l'effet entier ou limité de l'aſſurance.

Aux termes de cet article, la valeur peut être juſtifiée, ou par un extrait des livres du chargeur, ou par une facture du marchand qui lui a vendu les marchandiſes ; ce qui n'exclud pas néanmoins la preuve contraire.

Faute par l'aſſuré de produire des piéces juſtificatives du prix des marchandiſes, il s'agit d'en faire faire l'eſtimation par experts ; non ſur le pied de leur valeur au lieu de la deſtination du navire, ou au lieu du naufrage : mais uniquement ſuivant le prix courant qu'elles valoient au temps & dans le lieu de leur chargement. Santerna de *aſſec. parte.* 3, *n.* 46, & *ſeq.* Stracha auſſi *de aſſec. gl.* 6, *n.* 1 & 3, en y joignant tous les droits & frais de leur tranſport à bord ; car tout cela entre naturellement dans la formation de leur valeur, art. 9 & 12 ch. 2, du Guidon, & art. 15 du ch. 15, ce qui eſt conforme à notre article.

Si ce n'eſt qu'elles ſoient eſtimées par la police. L'eſtimation du navire eſt toujours faite par la police, & il eſt même d'uſage d'y ſtipuler que le montant de l'eſtimation tiendra lieu en tout temps de capital à l'aſſuré ; ce qui eſt un très grand avantage pour lui, attendu que le navire déperit néceſſairement dans le voyage le plus heureux. Mais comme il a été obſervé ſur l'art. 47 ci-deſſus, le fret que gagne le navire peut compenſer la diminution qu'il ſouffre dans ſa valeur durant le voyage ; & s'il en arrive autrement, c'eſt un malheur pour l'aſſureur.

Par rapport aux marchandiſes, l'uſage étoit autrefois d'en faire l'eſtimation auſſi par la police, comme il reſulte des art. 13 & 14, du même ch. 2, du Guidon : mais on le pratique rarement aujourd'hui ; ſoit pour éviter les ſurpriſes, ſoit parce que la valeur courante des marchandiſes eſt plus connue en général. Quoiqu'il en ſoit, l'eſtimation étant faite par la police, elle doit ſervir de régle, ſans que l'aſſuré ſoit tenu de conſtater, par ailleurs, la valeur des marchandiſes ; non que l'aſſureur ſoit non recévable à conteſter cette eſtimation ſous pretexte qu'il l'a ſoufferte dans la police ; mais c'eſt à lui à prouver qu'elle a été enflée & la ſurpriſe qui lui a été faite par là. Loccenius *de jure maritimo*, *lib.* 2, *cap.* 5, *n.* 7, *fol.* 175.

ARTICLE

ARTICLE LXV.

SI l'assurance est faite sur le retour *d'un pays où le commerce ne se fait que par troc*, l'estimation des marchandises de rapport sera faite sur le pied de *la valeur de celles données en échange*, & des frais faits pour le transport.

D'*Un pays où le commerce ne se fait que par troc.* Le commerce a tellement changé & s'est si fort accrû, depuis notre Ordonnance, qu'il n'est peut-être plus de pays à présent, où le commerce ne se fasse que par troc. Il y en a à la vérité où les marchandises ne se vendent pas argent comptant, mais seulement à un prix qui se paye ensuite en marchandises ou denrées du pays; mais dès que les marchandises apportées dans un lieu, y ont un prix connu en géneral, ou qu'elles y sont cédées à un certain prix par une convention particuliére, en échange d'autres du pays; ce n'est plus un commerce par troc simple, c'est une vente réciproque à prix réglés.

Ainsi on ne peut pas considérer la traite des Noirs ou de la poudre d'or à la côte de Guinée, comme un commerce par troc, sous prétexte que les marchandises y sont négociées en Négres ou en poudre d'or. La raison est qu'il n'est point de marchandise d'Europe qui n'y soit évaluée par les Négres habitans de cette côte en écus ou onces d'or, qui ont une valeur fixe connue, & que lorsqu'ils donnent des Négres en payement des marchandises qu'ils reçoivent, ces Négres sont pareillement évalués à tant d'écus ou d'onces d'or, en quoi consiste la vente réciproque; ce qui exclud par conséquent l'idée d'un échange simple, où de part & d'autre la valeur n'est pas donnée à chaque chose.

De même dans le commerce des marchandises d'Europe qui se fait avec les Sauvages du Canada ou du Missisipi, qui donnent en payement leurs pelleteries. La valeur de ce qui est cédé de part & d'autre, est assez connue, pour exclure l'idée du troc simple, & à plus forte raison ce qui est vendu aux Isles de l'Amérique & qui est payé en indigo, sucre, &c.

Dans tous ces cas il ne doit donc pas être question de l'évaluation portée par cet article, pour fixer l'estimation des marchandises qui viennent en retour de ces pays là. Dès que leur valeur est connue, soit par le prix qui y a été mis spécialement, soit par le prix qui a été attaché aux effets qui ont été livrés à ceux qui ont donné ces marchandises de retour en payement; c'en est assez pour autoriser celui à qui elles appartiennent à les faire assurer sur le même pied sans autre examen.

S'il étoit vrai néanmoins qu'en quelque pays, des marchandises qui y seroient portées, n'eussent pas plus un prix connu, ou réglé par convention, que les marchandises prises en payement, ce seroit alors le cas de notre article : mais comme selon toute apparence sa disposition a été empruntée de l'art. 15, ch. 15, du Guidon, cité sur l'article précédent, il faudroit alors régler cette *valeur des marchandises données en échange*, sur ce qu'elles pourroient naturellement valoir dans le temps & dans le lieu du troc, sans se borner à l'estimation qui en auroit pû être faite au temps de la police d'assurance, ou du départ du navire pour l'aller.

Cette estimation qui auroit pour objet la fixation de leur valeur dans le lieu du troc, ne pourroit être qu'incertaine à la vérité, parce qu'on ne pourroit pas sçavoir dans l'hypotèse, si les marchandises auroient gagné ou perdu dans le troc : mais dans l'incertitude, il seroit naturel de supposer du gain, indépendamment *des frais faits pour le transport ;* & sur ce plan il faudroit joindre à l'estimation des marchandises au temps de leur chargement pour l'aller, tant les frais de leur transport, consistant dans le fret, dans la prime d'assurance & dans les frais du chargement & du séjour, que ceux faits à l'occasion des marchandises, prises en troc ; jusqu'à ce qu'elles eussent été rendues à bord, & en outre 10 pour cent au moins pour les profits présumés faits sur ces marchandises de l'aller ; le tout conformément à la décision de cet art. 15 du Guidon, qui paroit devoir servir de régle en pareil cas.

ARTICLE LXVI.

EN cas de prise, les assurés pourront racheter leurs effets, sans attendre l'ordre des assureurs, s'ils n'ont pu leur en donner avis ; à condition toutefois de les avertir ensuite par écrit de la composition qui aura été faite.

VOyez les articles 3, 7 & 9, ch. 6. du Guidon.

Il en sera de même du rachat que fera le maître, étant pris en mer, sans que le navire soit amené dans un port. Mais en cette partie le maître doit être circonspect, ne composer que de l'avis des principaux de l'équipage, & prendre garde que le prix du rachat n'excéde pas la valeur des effets rachetés ; sans quoi il seroit sujet à désaveu de la part des propriétaires du navire ou autres assurés.

Dans le cas où l'on peut donner avis de la prise aux assureurs, il ne seroit pas naturel que l'assuré, sans leur ordre ou leur aveu, traitât du rachat du navire & de sa cargaison. Cependant ce n'est qu'une précaution que la prudence lui suggére, rien n'empêchant qu'il ne puisse faire la composition à ses risques ; c'est-à-dire, que s'il la fait sans le consentement des assureurs, ils pourront la laisser pour son compte aux termes de l'art. suivant ; au lieu que s'ils y ont consenti, ils sont obligés d'y entrer à proportion de leur intérêt.

S'il a composé seul du rachat, cet article l'oblige d'avertir ensuite par écrit ses assureurs de la composition qu'il a faite ; & cela est tout naturel dès que les assureurs ont la faculté d'acquiescer à la composition, ou de la rejetter.

Au surplus l'avertissement par écrit, ce qui veut dire une signification en bonne forme, n'est nécessaire que pour se garantir de la mauvaise foi que pourroient avoir les assureurs de nier qu'ils en eussent été informés, attendu que la preuve par témoins ne seroit pas admissible en pareil cas, & qu'il faudroit s'en rapporter au serment des assureurs à défaut de reconnoissance par écrit de leur part, qu'ils auroient été avertis de la composition.

ARTICLE LXVII.

LEs assureurs pourront prendre la composition à leur profit, à proportion de leur intérêt; & en ce cas, ils seront tenus d'en faire leur déclaration *sur le champ*, de contribuer *actuellement* au payement du rachat, & de courir les risques du retour; sinon de payer les sommes par eux assurées, sans qu'ils puissent rien prétendre aux effets rachetés.

CEtte faculté accordée aux assureurs, d'entrer ou de refuser de prendre part, dans la composition, suppose nécessairement qu'elle aura été faite sans leur aveu, car s'ils y ont consenti, c'est un contrat qui les oblige absolument, à proportion de leur intérêt dans les choses assurées; de manière que s'ils ont assuré, les trois quarts par exemple, ils contribueront aussi pour trois quarts au payement du rachat.

Mais comme il ne seroit pas juste, qu'ils laissassent l'assuré dans l'incertitude s'ils accepteront ou s'ils répudieront la composition; cet article leur impose l'obligation de faire leur déclaration aussi par écrit, sur le champ ou aussi-tôt après la dénonciation qui leur aura été faite par l'assuré. Et parce que, ces mots, *sur le champ* pourroient donner matière à contestation, il sembleroit naturel qu'ils fissent leur déclaration dans quinzaine, en y ajoutant un jour de plus par 5 lieues, à l'exemple de ce qui se pratique pour le recours contre les tireurs & endosseurs de lettres de change, suivant l'art. 13, du tit. 5 de l'Ord. de 1673, ou tout au plus un jour par dix lieues, conformément à l'Ordonnance de 1667, tit. 8, art. 2, tit. 11, art. prem. tit. 14, art. 14, tit. 22, art. 2 & 31, tit. 27, art. 4 & tit. 31, art. 5. Après lequel temps ils seroient non recevables à prendre la composition à leur profit.

Il ne leur suffit pas au reste, de déclarer qu'ils entendent s'en prévaloir, il faut aussi qu'ils contribuent exactement au payement du rachat. L'article dit, *actuellement*; mais cela suppose que la composition est payable sans délai; car s'il y a terme, il est juste qu'ils en profitent comme l'assuré.

Il faut encore outre cela, qu'ils courent les risques du retour, sans déduction en cas de malheureux événement, de ce qu'ils auront payé pour le rachat.

Le tout si mieux ils n'aiment payer dès-lors les sommes assurées sans pouvoir rien prétendre dans les effets rachetés, attendu que la valeur en est censée payée par le prix du rachat, auquel ils ne veulent pas contribuer.

Il est vrai que le prix du rachat est toujours inférieur à la valeur des effets rachetés, & qu'il ne peut en arriver autrement, qu'autant que l'assuré se sera mépris: mais les assureurs n'ayant pas voulu prendre la composition à leur profit, ils ne sont plus recevables à examiner si les effets rachetés valent plus que le prix de la composition; & sans y avoir égard, il faut qu'ils payent les sommes assurées, parce que tout est censé perdu au moyen de la prise; ce qui a été sauvé par la composition étant aussi réputé acheté sa valeur, du moment que les assureurs refusent de payer le prix convenu pour le rachat.

Rien de plus juste au surplus, que le droit qu'ils ont dans le principe, de prendre la composition à leur profit, puisque par leur qualité d'assureurs, la perte causée par la prise les regarde directement & personnellement. Dans le cas où ils prennent part à la composition, ce qu'ils en doivent payer opére le même effet que si c'étoit une avarie qui fût arrivée & la répartition doit s'en faire de la même manière.

Si au lieu de rachat ou composition en argent, le preneur du navire relâche le navire, moyennant une certaine quantité d'effets dont l'abandon lui est fait ; ce sera une avarie commune, tout comme en cas de rachat absolu. Mais si le corsaire sans composition, pille & prend ce qu'il juge à propos, relâchant le reste, c'est alors une avarie particuliere qui tombe sur le propriétaire seul de la chose ; & néanmoins aux termes de l'art. 26, ci-dessus, qui parle formellement du pillage, l'assureur doit toujours l'en dédommager, comme étant une suite de la prise, dont par la nature du contrat d'assurance, il a pris le péril & les risques sur lui. Art. premier dudit ch. 6 du Guidon. *V. infrà* art. 6 du tit. suivant *& ibi notata.*

Si c'étoit l'assureur qui eût racheté le navire & la cargaison, sans le consentement de l'assuré, il ne seroit pas recevable à offrir à l'assuré la restitution du navire & de ses effets pour se dispenser de lui payer la somme assurée. Rote de Genes décis. 101. La raison est, qu'au moment de la prise, le droit de l'assuré a été ouvert & formé contre l'assureur & qu'il n'a pu être privé de son droit de recours contre l'assureur, qui dans ce cas, n'a pu stipuler le rachat que pour son intérêt particulier, sans engager l'assuré en aucune façon.

ARTICLE LXVIII.

FAisons défenses à tous Greffiers de Police, Commis de Chambre d'Assurances, Notaires, Courtiers & *Censaulx*, de faire signer des polices où il y ait aucun blanc, à peine de tous dommages & intérêts ; comme aussi d'en faire aucunes dans lesquelles ils soient intéressés directement ou indirectement, par eux ou par personnes interposées, & de prendre transport des droits des assurés, à peine de cinq cens livres d'amende pour la premiere fois, & de destitution en cas de récidive, sans que les peines puissent être modérées.

EN plusieurs villes du Royaume il y a des Greffiers dépositaires des polices d'assurances, soit qu'elles se passent devant eux ou devant d'autres personnes publiques, ou sous signature privée. Ici elles se font toutes dans cette derniere forme, suivant la permission qu'en donne l'art. 2 ci-dessus, en dérogeant tacitement à l'Edit du mois de Décembre 1657 ; & jamais on ne les dépose ni au Greffe de l'Amirauté ni ailleurs. Elles demeurent entre les mains des assurés ; &, comme la prime ne se paye jamais d'avance, on conçoit qu'il pourroit en arriver des inconvéniens, les assureurs étant privés de la piéce nécessaire pour exiger sûrement le payement de la prime, & pour convaincre l'assuré d'avoir fait assurer au-delà de son intérêt dans le navire & son chargement, ou d'avoir commis quelque infidélité dans la déclaration des assurances. Cependant, & cela fait un grand honneur aux négocians de cette ville, jamais on ne s'est plaint de la suppression d'aucune police d'assurance. Toutefois cela n'empêche pas qu'il ne fût du bon ordre & de la sûreté publique d'ordonner, par une loi générale, le dépôt & l'enregistrement des polices d'assurance, sans distinguer celles qui seroient sous signature privée, de celles qui seroient passées devant Notaires; & cela au Greffe de l'Amirauté du lieu où le navire a été expédié, en quelqu'autre ville que les assurances fussent faites. Il en devroit aussi être de même des prêts à la grosse aventure, pour éviter la fraude de l'antidate de ces sortes de contrats, ou plutôt de leur supposition.

A la vérité, sur ce dernier objet, il seroit peut être dangereux d'obliger les armateurs de découvrir ainsi le côté foible de leur commerce : inconvénient qui n'est pas à craindre par rapport aux assurances, qui garantissent au contraire la sagesse de leur négoce. Mais la sûreté publique doit l'emporter sur toute autre considération. Voyez *suprà* l'art. 26 du tit. des Consuls, qui est le neuviéme du liv. premier, où cette formalité du dépôt & de l'enregistrement est ordonnée dans les Chancelleries des Consulats. Or si la précaution a paru nécessaire dans ces pays-là, pourquoi le seroit-elle moins dans le Royaume ? Voyez aussi l'art. prémier du tit. précéd.

Les Commis des Chambres d'Assurances sont en certains endroits ce que sont les Greffiers en d'autres.

Par Edit du mois de Mai 1686, relativement à un premier projet formé en 1668, une Chambre d'Assurance fut créée à Paris, avec privilége au Greffier d'en passer les polices à l'exclusion de tous autres : mais cet établissement dura peu.

Depuis il s'est formé successivement, & pour des temps limités, diverses Compagnies d'Assurances, tant à Paris que dans les principales villes maritimes.

Celle de Paris qui subsiste actuellement s'est formée par un acte d'association du 29 Janvier 1750, confirmé par plusieurs délibérations subséquentes; le tout enrégistré à la Table de Marbre le 27 Mai audit an, & à l'Amirauté de la Rochelle le 19 Août de la même année.

Le premier fond de cette Chambre n'étoit d'abord que de quatre millions cinq cens mille livres, il fut porté ensuite à douze millions, dont deux destinés pour le prêt à la grosse, & les dix autres pour répondre des sommes assurées.

Cette Compagnie a été renouvellée en 1753; &, par son réglement général du 24 Mars 1754, elle a fixé son fond par réduction à neuf millions. Elle ne se borne plus aux assurances maritimes, & aux prêts à la grosse; elle assure encore, comme en Angleterre, les maisons & autres bâtimens, suivant son résultat de la même année 1754. Le tout également enrégistré, tant à la Table de Marbre qu'à l'Amirauté.

En 1695, par acte d'association du 10 Septembre, il s'en étoit établi une à la Rochelle, mais pour deux ans seulement.

Il y en a une actuellement, par Société contractée entre les Sieurs Emanuel Weis & compagnie, le 15 Octobre 1751. L'enregistrement en a été fait à l'Amirauté le 23 du même mois.

Cela n'empêche pas qu'il n'y ait aussi, & dans cette ville, & en plusieurs autres, des sociétés secrétes d'assurance, & même que plusieurs personnes n'assurent en particulier. Mais quand on est en société d'assurances, on ne peut assurer que pour le compte de la société; & pour cela encore, il faut y être autorisé par un pouvoir spécial ou général.

Censaulx. Ce mot censal, ou sensal, emprunté des Arabes suivant Savary, & qui du commerce du Levant a passé en Provence, est synonime de courtier, & désigne ceux dont les fonctions sont de négocier pour les marchands qui les employent, des lettres de changes & billets de commerce, des affrétemens; &, pour se borner à ce qui fait le sujet de l'article, des signatures sur des polices d'assurances,

De quelque manière que se fassent les polices d'assurance, il est défendu par cet article d'y laisser aucun blanc; c'est-à-dire, qui ne soit tracé par une ligne qui empêche qu'on n'y fasse aucune écriture après coup.

Comme elles se font toutes ici sous signature privée, & même sans le ministère de courtier le plus souvent, il ne doit point être question des dommages & intérêts dont parle l'article; c'est l'affaire de l'assureur qui signe le premier, ou des autres qui signent ensuite, de remplir les blancs, soit en y écrivant, soit en tirant une ligne ou barre sur ce qui en reste, afin que l'assuré qui demeure le gardien de la police, n'y insére pas des clauses extraordinaires à leur préjudice.

Par les mêmes raisons, il est peu de cas, où quelqu'un soit exclus de la faculté de souscrire la police en qualité d'assureur; cependant, aux termes de l'article, si elle étoit présentée par un courtier pour la signer, il n'est pas douteux qu'il n'encourût la peine qui y est portée, s'il contrevenoit à sa disposition; car enfin un courtier de quelque espéce qu'il soit, ne peut prendre un intérêt personnel dans aucuns des objets dépendans de ses fonctions, suivant la loi citée par le Commentateur, & l'art. 2, du tit. 2, de l'Ordon. de 1673. Il est vrai qu'en matière d'assurance le bien public ne paroit pas exiger précisement que ceux qui s'entremettent pour les faire signer, soient exclus d'y prendre part; mais enfin la loi étant portée contre les dénommés au présent article, il faut l'exécuter à la lettre, de même que l'art. prem. du tit. 2, de l'Ordon. de 1673, concernant les agens de banque & de change.

Un courtier qui avoit souscrit une police d'assurance en qualité d'assureur, fut decrété d'assigné pour être oui, par Arrêt du Parlement d'Aix du 25 Juin 1749.

Il est aussi défendu aux courtiers, à l'exemple des Notaires, de mettre aucuns renvois sur les polices d'assurances qui ne soient paraphés des parties, & d'y faire aucun *avenant* qui ne soit signé des parties tout de même. Sentence de l'Amirauté de Paris, du 18 Juillet 1759.

ARTICLE LXIX.

LEur enjoignons, sous pareilles peines, d'avoir un registre paraphé en chaque feuillet par le Lieutenant de l'Amirauté, & d'y enrégistrer toutes les polices qu'ils dresseront.

CEt article ne s'observe du tout point ici, & à cela il n'y a rien à dire, puisque les assureurs ont assez de confiance dans la probité & dans la bonne foi de l'assuré, pour lui confier la garde de la police qui se fait toujours sous signature privée; mais comme on l'a déjà dit, c'est peut-être un abus, qu'il conviendroit de corriger, en assujettissant l'assuré ou à déposer la police au Greffe de l'Amirauté, ou à l'y faire enregistrer, afin que tous ceux qui pourroient y avoir intérêt, fussent en état d'en prendre connoissance.

ARTICLE LXX.

L*Orsque la police contiendra soumission à l'arbitrage*, & que l'une des parties demandera d'être renvoyée devant des arbitres, *avant aucune contestation en cause*, l'autre partie sera tenue d'en convenir, sinon le Juge en nommera pour le refusant.

L*Orsque la police contiendra soumission à l'arbitrage.* Il n'est donc pas vrai, comme le soutient le Commentateur, sur l'art. 3, que la police seroit nulle si elle ne contenoit pas la soumission à l'arbitrage. Ce qui arriveroit seulement, la clause étant omise, c'est que l'une des parties ne pourroit requerir l'arbitrage malgré l'autre; en quoi le contrat d'assurance a moins de privilége que celui de société; car l'Ordon. de 1673, tit. 4, art. 9; après avoir dit tout de même que l'acte de société contiendra la clause de se soumettre aux arbitres, ajoute, que la clause ayant été omise, un des associés pourra nommer un arbitre, à l'effet d'obliger les autres d'en nommer aussi de leur part, &c.

A la vérité, on ne voit gueres de polices d'assurance, ou de contrats de société, sans la clause portant soumission à l'arbitrage; mais enfin il n'en faut pas conclure, que l'omission de la clause emporteroit la nullité du contrat.

Ce n'est pas assez qu'il y ait soumission à l'arbitrage dans la police d'assurance, il faut encore pour que le renvoi ait lieu devant des arbitres qu'il soit requis par l'une des parties, & cela *avant aucune contestation en cause.*

Il y a contestation en cause suivant l'article 13, tit. 14, de l'Ordon. de 1667, qui sert à expliquer l'art. 104, de la Coutume de Paris, dès le premier réglement, appointement ou jugement intervenu après les défenses fournies, quoiqu'il n'ait pas été signifié. Ainsi, il faut que le renvoi soit requis avant cela, par l'une des parties, soit le demandeur ou le défendeur, pour qu'il ait lieu malgré l'autre partie.

S'il n'en est pas de même en fait de société, c'est-à-dire, s'il n'est pas nécessaire que le renvoi devant des arbitres, soit demandé avant contestation en cause; c'est que le réglement des affaires d'une société, exige des détails & des discussions où l'on ne pourroit entrer en justice réglée sans des frais immenses, & par conséquent sans danger d'embarasser les droits des parties; au lieu qu'en matière d'assurance c'est assez souvent de la décision d'un seul point de droit que tout dépend.

Quoiqu'il en soit, il est décidé par cet article que le renvoi doit être requis avant toute contestation en cause; sans quoi l'autre partie peut s'y opposer, & faire retenir la cause par le Juge. Mais étant demandé avant contestation l'autre partie ne peut l'empêcher sous aucun prétexte; & elle doit nommer un arbitre de son côté, sinon le Juge en nommera un pour elle sur son refus. Cependant les chicaneurs trouvent souvent le moyen d'éluder l'arbitrage en pareil cas, & la Chambre d'Assurance de Paris en a donné depuis peu un exemple trop remarquable.

Par l'Ordonnance de 1673, *loc. cit.*, le Juge nomme de même des arbitres pour les associés qui refusent d'en nommer; & il en faut dire autant en cas de nomination d'experts, sans égard à l'idée de quelques Auteurs, qui prétendent que l'expert nommé par l'une des parties devient inutile si l'autre n'en veut pas nommer, & que c'est au Juge alors à en nommer d'office pour les deux parties. Voyez le Commentaire sur la Coutume de la Rochelle, art. 11, n. 39.

ARTICLE LXXI.

HUitaine après la nomination d'arbitres, les parties produiront entre leurs mains; & dans la huitaine ſuivante ſera donné Sentence contradictoire ou par défaut ſur ce qui ſe trouvera par devers eux.

LEs articles 10 & 12 du même titre 4 de l'Ordonnance de 1673, ne fixent point le délai dans lequel les arbitres pourront juger; parce qu'ils ſuppoſent avec raiſon que ces ſortes d'arbitrages ſont ordinairement de longue haleine : & parce qu'il en eſt autrement en matière d'aſſurance, qui d'ailleurs requiert célérité, notre article veut que, huitaine après la nomination des arbitres, les parties produiſent entre leurs mains, & que les arbitres rendent leur Sentence dans la huitaine ſuivante, contradictoire ou par défaut ſur ce qui ſe trouvera produit par devers eux.

La procédure qui s'obſerve en pareil cas eſt courte. Celle des parties qui a intérêt d'avoir une prompte déciſion produit ſes piéces, dont elle fait ſignifier l'acte à l'autre, avec ſommation de produire de ſa part. Cela fait, que l'autre partie ſatisfaſſe ou non, ſans autre cérémonie, les arbitres peuvent rendre leur Sentence dans la huitaine, après la ſommation de produire : mais pour l'ordinaire ils ont la complaiſance de prolonger le délai, ſans néanmoins trop l'étendre, ſi les circonſtances ne l'exigent.

ARTICLE LXXII.

LEs Sentences arbitrales ſeront homologuées au Siége de l'Amirauté, dans le reſſort duquel elles auront été rendues; défendons au Juge de prendre ſous ce prétexte aucune connoiſſance du fond, à peine de nullité, & de tous dépens, dommages & intérêts des parties.

COmme c'eſt devant les Juges de l'Amirauté que doivent être formées les demandes en exécution des contrats d'aſſurance, il eſt de la ſuite que les parties ayant été renvoyées pardevant des arbitres, les Sentences arbitrales ſoient homologuées au même Siége de l'Amirauté. Par la même raiſon, ſi les parties ſont convenues d'arbitres, ſans aucune demande judiciaire, & que l'une d'elles refuſant d'exécuter la Sentence, il ſoit queſtion de l'y contraindre; l'homologation de la Sentence doit être faite au Siége de l'Amirauté, dans le reſſort duquel elle a été rendue; & cela privativement à tous autres Juges, à la différence des Sentences rendues par des arbitres en fait de ſociété, qui ne doivent néceſſairement être homologuées dans la Juriſdiction Conſulaire, aux termes de l'article 13 du même titre 4 de l'Ordonnance de 1673, qu'autant qu'elles ſont rendues dans un lieu où il y a une Juriſdiction Conſulaire.

L'homologation

L'homologation est nécessaire 1°. pour l'exécution parée de la Sentence, en lui imprimant par-là le caractère d'autorité qui lui manque. 2°. Pour donner hypothéque sur les biens de la partie condamnée : car c'est une maxime que l'hypothéque n'a lieu à cet égard que du jour de l'homologation.

Sous prétexte que l'homologation doit se faire au Siége de l'Amirauté, les Juges ne peuvent pas pour cela prendre connoissance du fond de l'affaire, & examiner si la Sentence a bien ou mal jugé ; autrement il seroit inutile de renvoyer l'affaire devant des arbitres.

Il en est de même toutes les fois que les Juges renvoyent d'office certaines affaires devant des négocians ; parce qu'il est entendu par-là que c'est pour suivre leur avis. Ces négocians sont considérés alors comme des arbitres que les Juges ont donné aux parties, & non comme des experts : à raison de quoi ils ne sont nullement tenus de faire serment, soit avant, soit après leur rapport ou décision ; & si l'on vouloit les assujettir au serment, ils refuseroient la commission que sans cela ils se font un honneur d'accepter.

ARTICLE LXXIII.

L'Appel des Sentences arbitrales & d'homologation ressortira en nos Cours de Parlement ; & ne pourra être reçu que la peine portée par la soumission n'ait été payée.

CE n'est point précisément dans les matières d'Amirauté que l'appel des Sentences arbitrales & d'homologation est dévolu au Parlement, sans passer par les Siéges intermédiaires ; il en est de même absolument de l'appel de toute Sentence arbitrale, par quelque arbitre qu'elle soit rendue, & en quelque Jurisdiction qu'elle soit homologuée. De manière que, quoique le fond de l'affaire n'excédât pas le pouvoir des présidiaux, l'appel ne pourroit être porté au Présidial dans le ressort duquel la Sentence auroit été rendue, suivant la modification portée par l'Arrêt d'enregistrement de l'Ordonnance de François II. du mois d'Août 1560. Neron, tom. premier, fol. 367, 368.

Il est de régle générale pareillement, que l'appel d'une Sentence arbitrale ne doit être reçu qu'après que l'appellant a payé la peine stipulée par le compromis ou autre acte, portant soumission à l'arbitrage, Mais elle est assez mal observée : car, outre qu'il faut, comme le remarque le Commentateur, qu'il n'y ait pas de nullité apparente dans la Sentence, & que la peine soit demandée par l'intimé *in limine litis* ; c'est que la pratique actuelle du Parlement est de regarder cette peine comme purement comminatoire. Voyez le Commentaire sur la Coutume de la Rochelle, article 61, n. 28.

ARTICLE LXXIV.

LEs Sentences arbitrales seront exécutoires nonobstant l'appel, en donnant caution par devant les Juges qui les auront homologuées.

LE Commentateur a raison de dire que cette décision est applicable à toute Sentence arbitrale homologuée : mais comme rien n'est plus commun que les Arrêts de défenses, il faut se presser pour faire recevoir la caution & mettre la Sentence à exécution, avant qu'il soit intervenu un Arrêt de défense, qui ne tarde pas pour l'ordinaire, & qui, quoiqu'il soit toujours rendu sans connoissance de cause, empêche néanmoins de passer outre du moment qu'il est signifié, jusqu'à ce qu'on ait fait lever les défenses par un autre Arrêt.

TITRE VII.

DES AVARIES.

CE titre & le suivant sont des plus intéressans de notre Ordonnance; &, selon moi, le sens des articles dont ils sont composés exige, pour être bien saisi, une attention toute extraordinaire : sans quoi l'on ne sauroit se garantir de méprise.

Plusieurs Auteurs ont traité des avaries & de la contribution : mais on y trouve beaucoup d'inutilités & peu de décisions assorties à notre Jurisprudence, qui, préjugé national à part, est constamment la meilleure, comme étant la plus naturelle & la plus conforme à l'équité & à la droite raison.

ARTICLE PREMIER.

TOute dépense extraordinaire qui se fera pour les navires & marchandises conjointement ou séparément, & tout dommage qui leur arrivera depuis leur charge & départ jusqu'à leur retour & décharge, seront réputés avaries.

CEt article explique très-bien & en peu de mots ce que signifie ce terme *avarie*. Si l'on veut en savoir l'étymologie, ou plutôt quel nom y donnent les autres nations, on peut consulter la note sur l'art. premier, chap. 5 du Guidon, pag. 252; le Dictionnaire de Trévoux; Loccenius, *de jure marit. lib. 2, cap. 8, n. 1*; Vinnius, *in Peckium, lib. 1, ff. ad leg. Rhodiam, fol. 193;* Kuricke, *ad Jus Hanseaticum, tit. 8, fol. 768;* Casa Regis, *disc. 19, n. 5, & disc. 45, n. 2.*

L'avarie est donc tout dommage qui arrive au navire, ou à la marchandise qui y est chargée, jusqu'à leur retour & décharge; de même que toute dépense extraordinaire qui se fait à l'occasion du navire & des marchandises, conjointement ou séparément, durant le voyage.

On dit dépense extraordinaire, par opposition à celle qui peut survenir naturellement, quoiqu'elle ne soit pas ordinaire dans les voyages. Par exemple, si sans nécessité le capitaine conduit le navire dans un port où il y ait des droits à payer; ce n'est point une avarie à supporter en commun par les marchands chargeurs, ni à demander aux assureurs. Mais ce sera autre chose, si c'est par force majeure; de même des pilotages, touages, &c.

Par exemple, encore si le voyage, sans aucun accident maritime, s'allonge de maniere qu'il y ait nécessité de faire de nouveaux vivres; ce n'est point non plus une avarie. *Secus*, si des coups de mer endommagent le navire en telle ſotte qu'il ait beſoin de gagner un port pour ſe radouber, & y prendre un ſupplément de vivres. Alors tout cela eſt avarie, particuliére au navire à la vérité, mais qui eſt pour le compte des aſſureurs.

ARTICLE II.

LES dépenſes extraordinaires pour le bâtiment ſeul; ou pour les marchandiſes ſeulement, & le dommage qui leur arrive en particulier, ſont avaries ſimples & particulieres; & les dépenſes extraordinaires faites, & le dommage ſouffert pour le bien & ſalut commun des marchandiſes & du vaiſſeau, ſont avaries groſſes & communes.

CEtte diſtinction des avaries n'eſt pas nouvelle; elle ſe trouve dans le Guidon, chap. 5, déja cité art. 1, 3, 24 & 25.

Elle eſt auſſi la plus juſte ou du moins la plus préciſe. Toutes les autres diſtinctions que font les Auteurs ſont obſcures & embarraſſantes. Comment démêler ce qu'ils entendent, en diviſant l'avarie *en commune & groſſe*, *en propre & impropre*, *en ordinaire & extraordinaire*; & enſuite la ſubdiviſion *de l'extraordinaire en fortuite, volontaire & mixte?*

Cependant les termes dont ſe ſert notre article pour diſtinguer les avaries, ne préſentent pas d'abord naturellement à l'eſprit l'idée qu'on y attache; ſur-tout ceux-ci, *ſimples & groſſes*. Si l'on n'étoit pas inſtruit de la valeur de ces mots, on penſeroit tout uniment que l'avarie ſimple, miſe en oppoſition avec la groſſe, ne devroit s'entendre que d'une avarie peu conſidérable; & au contraire, que l'avarie groſſe ne pourroit pas ſe borner à un léger dommage. Il en eſt tout autrement néanmoins; l'avarie ſimple eſt ſouvent plus conſidérable que la groſſe.

Dans le ſens de l'Ordonnance, les avaries ſimples ſont celles qui tombent uniquement ſur la choſe qui les a ſouffertes; & c'eſt pour cela qu'à ce mot *ſimples*, l'article ajoute *& particulieres* : & les avaries groſſes ſont le dommage ſouffert pour le bien & le ſalut commun des marchandiſes & du vaiſſeau; à raiſon de quoi l'article les déclare communes, parce qu'elles doivent être ſupportées en commun par le navire & les marchandiſes.

De cette notion il s'enſuivroit que les avaries n'auroient dû être diſtinguées que par deux termes uniques; c'eſt-à-dire, entre avaries *particulieres* & avaries *communes* : mais l'Ordonnance ayant jugé à propos de conſerver l'ancien uſage, il convient auſſi de s'y conformer, en obſervant exactement que l'avarie ſimple ne veut dire qu'avarie particuliere, quelque conſidérable qu'elle ſoit; & que l'avarie groſſe ſignifie toujours une avarie commune, ou autrement une perte qui doit être ſupportée en commun, quelque légére qu'elle ſoit, entre les propriétaires des navires & les intéreſſés au chargement, ou les aſſureurs des uns & des autres.

Il y a auſſi, *infrà* art. 8, des menues avaries qui, quoique déclarées communes, ne ſuivent pas le ſort ordinaire de la contribution; mais, dans le même cas, elles regardent conſtamment les aſſureurs, ſi elles excédent ce qu'on a coutume de leur paſſer pour les avaries.

Les avaries grosses & communes, qui supposent nécessairement un dommage reçu dans le péril qu'ont essuyé ensemble le navire & les marchandises, ou une dépense extraordinaire faite pour leur commune conservation, sont aussi nécessairement & sans exception pour le compte des assureurs.

Il en est le plus souvent de même des avaries simples & particulieres ; mais il en faut excepter non-seulement les dommages arrivés au navire & aux marchandises par leur vice propre, mais encore ceux causés par la faute du maître & des gens de l'équipage, si les assureurs ne se sont pas chargés de la baraterie de patron. Sur quoi voyez *suprà* art. 28 du tit. précédent.

Mais dans tous les cas d'avaries, il faut se ressouvenir que les assureurs n'en sont tenus qu'autant qu'elles excédent le taux fixé par l'art. 47 du titre précedent, ou réglé par la police d'assurance.

ARTICLE III.

LEs avaries simples seront supportées & payées par la chose qui aura souffert le dommage, ou causé la dépense ; & les grosses ou communes tomberont, tant sur le vaisseau que sur les marchandises, & seront réglées sur le tout au sol la livre.

CEt article fait l'application de la distinction établie dans l'article précedent, & décide en conséquence, que les avaries simples & particuliéres seront supportées par la chose qui aura souffert le dommage ou causé la dépense ; & que les avaries grosses & communes tomberont tant sur le vaisseau que sur les marchandises, par une répartition sur le tout, au sol la livre ; opération qui appartient à la matière du jet & contribution dont il est question dans le titre suivant.

ARTICLE IV.

LA perte des cables, ancres, voiles, mâts & cordages, causée par tempête ou autre fortune de mer, & le dommage arrivé aux marchandises par la faute du maître ou de l'équipage, ou *pour n'avoir pas bien fermé les écoutilles*, *amarré le vaisseau*, *fourni de bons guindages & cordages*, ou autrement, sont avaries simples qui tomberont *sur le maître*, *le navire & le fret.*

TOut dommage arrivé au navire, par tempête ou autre fortune de mer, est bien à la charge des assureurs ; mais ce n'en est pas moins une avarie particuliére, qui par conséquent ne regarde que les propriétaires du navire s'ils n'ont pas fait assurer, ou les seuls assureurs sur le navire. Loccenius, *de jure maritimo lib.* 2, *cap.* 8, *n.* 17, *fol.* 226. Casa Regis, *disc.* 19, *n.* 16, *Jus Hanseaticum*, tit. 8, art. 2, *& ibi* Kuricke, *fol.* 773, Ord. de Wisbuy, art. 12, Droit commun.

De même si par quelque accident maritime les marchandises souffrent de la perte, elle ſera bien ſupportée par les aſſureurs ſur le chargement ; mais ce ſera toujours auſſi une avarie particuliére qui ne regardera nullement les propriétaires du navire ou leurs aſſureurs. Art. ſuivant.

Et ſi par tempête, ou par le feu du Ciel, le navire & le chargement ont ſouffert du dommage de part & d'autre, chacun ſupportera ſa perte comme avarie particuliére, le dommage n'ayant pas été ſouffert pour le ſalut commun, comme le veut l'art. 2, pour que ce ſoit une avarie commune. Tout cela eſt conforme aux articles 20, 24 & 25, du ch. 5, du Guidon, & dérive de la maxime, *Res perit Domino. Lege 2, § 1*, & *Lege 6, ff. de Lege Rhodia.*

Pour ce qui eſt du dommage cauſé aux marchandiſes par la faute du maître ou de l'équipage, ſuivant l'explication qu'en donne cet article, à quoi on peut joindre ce qui a été obſervé ſur ce ſujet art. 28, du tit. précédent; non-ſeulement ce ne peut être qu'une avarie particuliére, mais encore les aſſureurs n'en peuvent être tenus qu'autant qu'ils ſe ſeront chargés de la baraterie de patron ; ſauf leur recours alors contre le maître ou patron, comme il a été obſervé ſur le même art. 28, conformément à l'avis de tous les Docteurs.

Pour n'avoir pas bien amarré le navire, *id.* Ord. de Wisbuy, art. 36. *Fourni de bons guindages & cordages.* Par l'art. 10 des jugemens d'Oleron, auquel ſont conformes les art. 22 & 49, de l'Ord. de Wisbuy, c'étoit au maître à faire voir aux marchands chargeurs les guindages & cordages. S'ils ne les trouvoient pas bons, il étoit tenu d'en fournir de meilleurs, ſur peine de répondre du dommage ; & s'ils s'en contentoient le dommage étoit pour eux. Mais cela ne remedioit pas en tout cas à la mauvaiſe manœuvre ; ainſi notre article eſt plus juridique & plus régulier.

Sur le maître. Ceci ne regarde que le dommage cauſé par la faute du maître ou des gens de l'équipage, & il en faut conclure que le marchand chargeur dont les marchandiſes ſont ainſi avariées, peut s'en prendre au maître, & l'obliger de l'en indemniſer, ſoit que l'avarie procéde de ſon fait particulier ou de celui de quelqu'un de l'équipage, parce qu'il eſt tenu de répondre des fautes de ſes gens. *Lege 7. lib. 4, tit. 9, ff. nautæ caupones.* Sauf ſon recours auſſi contre eux. Voyez *ſuprà* art. 5, tit. du Capitaine.

Le navire. Cela peut ſe rapporter d'abord à la premiere partie de l'article, & veut dire alors que la perte des cables, &c. arrivée par tempête, ne regarde que le navire.

Mais cela ſe rapporte principalement au reſte de l'article ; & ſous ce point de vue, l'article décide de plus que le marchand chargeur, dont les marchandiſes ont été gâtées par la faute du maître ou de l'équipage, peut non-ſeulement s'en prendre au maître, mais encore ſe pourvoir contre les propriétaires du navire, comme tenus des faits du maître ou patron, aux termes de l'art. 2, tit. 8 du liv. 2, *ubi vide.*

Comme il eſt des ports ou havres où les vaiſſeaux ne peuvent guere ſans riſque entrer chargés, on demande ſi l'armateur ou ſon capitaine ne peut y faire entrer ſon navire avec une partie de ſon chargement, ſans ſe rendre garant & reſponſable du dommage que les marchandiſes pourront en ſouffrir, de même que le navire, ſoit envers les marchands chargeurs, ſoit à l'égard des aſſureurs ?

La queſtion regarde entr'autres ports celui de la Rochelle.

Il eſt de fait que les navires au-deſſus de 200 tonneaux ne peuvent gueres ſans danger y entrer avec leur chargement entier, ou même réduit à moitié. Par cette raiſon, l'uſage s'eſt introduit depuis long-tems de décharger les marchandiſes en rade dans des alléges ou barques; à raiſon de quoi, pour indemniſer l'armateur de l'augmentation que cette opération apporte aux frais de décharge, ceux à qui les marchandiſes ſont adreſſées lui payent quatre ſols du cent peſant de ces marchandiſes.

Lorſque l'armateur deſtine ſon navire pour aller prendre ſon radoub à Rochefort ou en Seudre, la pratique eſt d'en tirer alors toutes les marchandiſes abſolument : mais lorſqu'il veut le faire entrer dans le havre, il fait laiſſer dans le navire une quantité ſuffiſante de marchandiſes pour le ſoutenir, en ſuppléant au défaut de leſt.

De-là il eſt arrivé quelquefois que, faute par le pilote côtier d'avoir bien ſaiſi l'heure de la marée, des navires ont touché à l'entrée du havre, d'où ſont réſultées des avaries, tant aux navires qu'aux marchandiſes.

Pour l'ordinaire, ces ſortes d'accidens ont été regardés comme des cas fortuits, dont le propriétaire du navire ni le capitaine ne devoit nullement répondre envers les marchands chargeurs; & par identité de raiſon, les aſſureurs n'ont pas balancé à les prendre pour leur compte.

Mais, comme il ſe trouve toujours des gens difficultueux, il y a eu des marchands chargeurs qui ont prétendu faire ſupporter ces avaries à l'armateur; & à cette occaſion, la queſtion s'eſt préſentée juſqu'à deux fois en ce ſiége; ſavoir, en 1745 entre Henriette Eliſabeth Pinſonneau, veuve du Sieur Vivien Bellivier, demandereſſe contre le Sieur Elie Giraudeau, armateur du navire *le Saphir*, & Jacques Billoteau ſon capitaine; & en 1755, entre le Sr. Jacq. Queſnet, négociant, demandeur, contre le Sieur Etienne-Henri Harrouard du Beignon, armateur du navire *la Gloire*. Mais dans l'un & l'autre procès, les armateurs & les capitaines ont été déchargés, le Sieur Giraudeau par Sentence du 6 Mai 1745, & le Sieur Dubeignon, par Sentence du 3 Juin 1756.

Les circonſtances étoient indifférentes, & la queſtion étoit nue. Le principe de la déciſion a été, qu'un armateur ne voudroit pas de gayeté de cœur expoſer ſon navire & ſes marchandiſes à eſſuyer des avaries, ſi le navire ne pouvoit naturellement entrer dans le havre ſans courir un riſque évident de toucher. La preuve au reſte que le danger n'eſt rien moins qu'évident, c'eſt que le plus grand nombre des navires y entrent de cette manière ſans aucune avarie. L'armateur, en pareil cas, n'eſt donc pas tenu de répondre de l'accident; & le marchand chargeur ne pourroit avoir d'action contre lui à ce ſujet, qu'autant qu'il auroit été formellement ſtipulé entre eux que les marchandiſes ſeroient en entier déchargées en rade, & miſes dans des barques ou alléges pour être rendues au quai.

Et *le fret*. Par la même raiſon, le fret que le navire a gagné eſt auſſi affecté à la garantie des faits du maître; & c'eſt parce que le navire & le fret doivent répondre de ſes fautes, qu'on a coutume de diriger l'action en pareil cas, tant contre le propriétaire ou armateur, que contre le maître. Cependant l'action contre le propriétaire n'eſt pas indéfinie; &, aux termes de l'art. 2 qui vient d'être cité, il eſt quitte en abandonnant le navire & le fret.

Mais quel eſt alors le ſort de l'aſſureur qui a pris ſur lui la baraterie de patron ?

Entre lui & le chargeur aſſuré, il n'eſt pas douteux que, nonobſtant l'abandon du navire & du fret de la part du propriétaire, l'aſſureur ne ſoit tenu de faire raiſon à l'aſſuré de toute la perte que la marchandiſe a eſſuyée : ſauf à lui à ſe venger ſur le navire & le fret, & ſur les biens du maître.

Mais *quid* entre l'aſſureur du navire & l'aſſureur du chargement ? Il me paroit naturel de décider que l'aſſureur ſur chargement, comme ſubrogé de plein droit au lieu & place de son assuré, est préférable en pareil cas sur le navire & le fret à l'assureur du navire, par la raison que celui-ci n'ayant pas plus de droit que le propriétaire du navire, ne peut rien prétendre sur le navire & le fret qu'après que l'assureur de la marchandise aura été entiérement indemnisé; & si le propriétaire n'a pas fait l'abandon du navire & du fret, son assureur sera obligé de le faire, à défaut de payement effectif, comme étant des objets spécialement affectés par cet article à l'indemnité du marchand chargeur : & c'est là un cas où il est beaucoup plus avantageux d'être assureur sur la marchandise que sur le navire.

Quant au propriétaire du navire assuré, qui a été obligé d'abandonner le navire & le fret pour se dispenser de répondre en plein des faits du maître; quoique dans l'hypotèse son assureur ne profite pas du navire, il n'est pas moins en droit de lui demander le payement de la somme assurée sur le navire. C'est la suite de l'engagement qu'a contracté l'assureur en prenant pour son compte la baraterie de patron.

ARTICLE V.

LEs dommages arrivés aux marchandises *par leur vice propre*, par tempête, prise, naufrage ou échouement; les frais faits pour les sauver, & les droits, impositions & coutume, sont aussi avaries simples pour le compte des propriétaires.

LE dommage arrivé, *par le vice propre de la chose*, ne peut jamais former qu'une avarie particuliére; & cela est tellement vrai, que l'assureur n'en est pas tenu. Article 29, du tit. précédent, ni le prêteur à la grosse art. 12, du tit. 5.

Ils sont bien obligés de répondre du dommage causé, par tempête, prise, naufrage, ou échouement; mais la perte n'ayant point eu pour objet le salut commun, ce n'est tout de même qu'une avarie particuliére qui ne tombe que sur la chose avariée, & sur ceux qui y ont intérêt comme propriétaires, assureurs ou prêteurs à la grosse. Casa Regis, *disc.* 45, *n.* 7.

Il en est de même des frais faits pour sauver les marchandises, parce que c'est une suite du naufrage ou échouement, comme le pillage est une suite de la prise.

Pour ce qui est des droits auxquels les marchandises sont sujettes, royaux ou seigneuriaux, ou autres de quelque nature qu'ils soient, ce sont des avaries tellement particulieres aux marchandises, que les assureurs n'en peuvent être tenus qu'autant que dans le lieu où le navire est obligé d'aborder & de faire sa décharge, ils se trouveront plus considérables que ceux qu'il y auroit eu à payer dans le lieu de la destination du navire; & alors il n'y aura que l'excédent des droits à leur demander

C'est encore une avarie simple que le dommage arrivé aux marchandises par le vice & mauvais état du navire. Stracha, *de nautis*, *part.* 3, *n.* 11. Sentence de Marseille du 28 Octobre 1749 : mais cela n'empêche pas que l'assureur n'en doive répondre. Du reste, la question si le maître ou le propriétaire du navire est tenu de garantir

garantir le dommage, dépend du point de savoir si le navire à son départ étoit en état de faire le voyage, ou s'il n'est devenu défectueux que par le mauvais temps & les coups de vent & de mer qu'il a essuyés dans la route.

ARTICLE VI.

LEs choses données *par composition aux pirates pour le rachat du navire & des marchandises*; celles jettées dans la mer, *les cables ou mâts rompus ou coupés*, les ancres & autres effets abandonnés pour le salut commun, *le dommage fait aux marchandises restées dans le navire en faisant le jet*, les pansemens & nourriture du matelot blessé *en défendant le navire*, *& les frais de la décharge* pour entrer dans un havre ou dans une riviere, *ou pour remettre à flot* un vaisseau, sont avaries grosses ou communes.

TOut ce qui est énoncé dans cet article est mis au rang des avaries grosses & communes, parce que tout cela a été fait pour le salut commun; il est donc juste que des pertes de cette nature soient supportées au sol la livre, tant par le navire que par le chargement puisque par là ils ont été sauvés, & c'est le droit commun.

Mais si ces objets sacrifiés pour le salut commun, n'ont pas empêché le navire de périr, par une suite naturelle & nécessaire, de la tempête qui a occasionné le jet ou autre dommage, il n'est plus question alors d'avaries communes ni de contribution; de sorte que les marchandises qui pourront être sauvées du naufrage, ne seront nullement tenues du payement de celles qui auront été jettées ou endommagées. C'est la disposition expresse de l'art. 15, du tit. suivant.

Par composition aux pirates. Pirate, ce terme ne doit pas être pris ici dans sa signification rigoureuse & étroite qui ne désigne que les forbans & autres écumeurs de mer, dont le métier est de courir sur tous les navires pour les piller, sans être autorisés par aucune puissance à faire la course. Il faut l'entendre de tout armateur en course avec commission ou sans commission de Prince, & par conséquent appliquer la premiere partie de cet article à tout ce qui est donné par composition en cas de prise, pour engager le preneur à abandonner le reste.

Pour le rachat du navire & des marchandises. Idem Loccenius *de jure marit. lib.* 2, *cap.* 8, *n.* 5, *fol.* 212; *suprà* art. 20, tit. du fret. Casa Regis *disc.* 46, *n.* 22, Quintin Weytsen Traité des avaries, pag. 17 & suiv. Il est entendu que ce qui est ainsi donné, est pour le rachat tant du navire que des marchandises en général; de manière que le maître ni tout autre du navire, ne seroit pas recevable à dire que la composition n'a été faite que pour le navire sans les marchandises, ou pour les marchandises sans le navire, ou pour une certaine espèce de marchandises. Il seroit trop dangereux d'avoir égard à de telles déclarations; c'est là nécessairement une perte qui doit être supportée en commun, que le navire arrive à bon port ou non. De manière que s'il vient à faire naufrage dans la suite, ce qui en sera sauvé & des marchandises, devra contribuer au payement de la valeur des choses données pour le rachat ; de même que dans le cas d'un jet qui a ſauvé le navire, il faut que ce qui eſt ſauvé du naufrage poſterieur, étranger à la cauſe du jet, contribue au payement des choſes jettées aux termes de l'article 16, du tit. ſuivant ; car la raiſon de decider eſt la même pour les deux cas. Et par identité de raiſon tout de même, les choſes données pour le rachat ne contribueront pas plus que les effets jettés, au payement des dommages arrivés depuis le rachat ou le jet, ſuivant l'art. 17.

S'il arrive que ſans compoſition, l'armateur corſaire ou pirate, pille & prenne les effets qu'il juge à propos, abandonnant le reſte ; faudra-t-il alors regarder cette perte, comme une avarie commune ? Tout ce qu'on peut dire pour faire regarder le pillage comme une perte commune, c'eſt que ſi le corſaire, n'eût pas trouvé plus à ſa bienſéance les marchandiſes qu'il a pillées, il en auroit pris d'autres, & qu'il eſt d'autant plus naturel de regarder ce pillage comme une compoſition, que ſans cela on pourroit maſquer une véritable compoſition du nom de pillage, comme s'il eût été fait au hazard ; à quoi on peut ajouter, la crainte du manége & de la connivence dont il eſt parlé dans l'art. 2, ch. 6, du Guidon. *Idem* Loccenius, *infrà fol.* 225, Peckius & Vinnius ad Leg. Rhodiam *fol.* 218, 219, & Weytſen, tr. des avaries, pag. 17, & ſuiv. *Loco ſuprà cit.* ; mais cela ne decide nullement & n'empêche pas l'application de la maxime *res perit domino*. C'eſt un malheur pour celui dont les marchandiſes ont été pillées.

Que le corſaire les ait préférées à d'autres, ou que le hazard les lui ait fait prendre, il ſuffit que cette perte n'ait pas été faite pour le ſalut commun, pour que ce ne ſoit qu'une avarie ſimple & particuliére. C'eſt au reſte la diſpoſition de l'art. prem. du ch. 6, du Guidon, & la déciſion formelle de la loi 2, § 3, *ff.* de *Leg. Rhodia*, où après ces mots, *Si navis à piratis redempta ſit, ſervius offilius & labeo, omnes debere conferre aïunt*, on trouve ceux-ci. *Quod verò prædones abſtulerint eum perdere cujus fuerint, nec conferendum ei, qui ſuas mercedes redemerit.* Arrêt conforme du 8, Avril 1615, cité par Mornac, ſur cette même Loi ; note 5, ſur l'art. 9 des jugements d'Oleron. C'eſt auſſi le ſentiment de Loccenius, *de jure maritimo lib.* 2, *c.* 8, *n.* 5, *fol.* 213 & *n.* 16, *fol.* 225 & la diſpoſition formelle de l'art. 4, tit. 8 du droit hanſéatique, *ubi* Kuricke, *fol* 775, *idem*, Caſa Regis *diſc.* 46, *n.* 20 & 26.

Par là ſe trouve établie bien nettement la diſtinction entre les effets pillés, & ceux qui ont été donnés par compoſition pour le rachat du navire & des marchandiſes ; & comme notre article ne parle que de la compoſition pour le rachat, il eſt tout naturel de penſer, qu'admettant la diſtinction, il a regardé le pillage comme avarie ſimple & particuliére. Mais les aſſureurs des marchandiſes pillées ne ſont pas moins tenus d'en ſupporter la perte ; auſſi l'art. 26, du tit. précédent, met-il préciſement le pillage au rang des périls maritimes qui regardent les aſſureurs. *V. ſuprà* ce qui a été obſervé ſur ce même article.

Les cables & mâts rompus ou coupés. Tout cela doit être pris dans le ſens de l'article, qui eſt que tout cela ſe faſſe pour le ſalut commun, *leg.* 3, ff de *lege Rhodia* ; autrement ce ſeroit le cas de l'art. 4, c'eſt-à-dire que ce ne ſeroit que des avaries particuliéres, quoique cauſées par tempête & autre fortune de mer. Art. 12, de l'Ord. de Wisbuy ; note 5, ſur l'art. 9, des jugemens d'Oleron.

Ce ſera de même, avarie commune, ſi pour éviter de tomber entre les mains des corſaires, il faut couper les cables & abandonner les ancres, jetter des marchandiſes & uſtenciles du navire ; ou ſi faiſant force de voiles pour ſe ſauver de la priſe, les mâts ſe rompent, les voiles & cordages ſont emportés, &c. Art. 21, du ch. 5, du Guidon.

Mais il eſt à remarquer que tout cela doit ſe faire de l'avis de l'équipage, conformément aux art. 1 & 2, du titre ſuivant. Ce qui eſt fondé ſur la loi 2, § 1, *dicto tit.* ff de *leg.* Rhodia. Le tout *ad eum finem, ut vita, navis & reliqua bona ſalva evadant*, dit Caſa Regis *diſc.* 45, *n.* 2, & *diſc.* 121, *n.* 1, en quoi il eſt d'accord avec tous les autres Auteurs.

On conçoit bien que cela n'arrive jamais que dans un cas preſſant. Il y a des auteurs en aſſez grand nombre, qui exigent que le péril ſoit évident & le naufrage, ou la priſe manifeſte : mais cela eſt outré, il ſeroit imprudent d'attendre la derniere extremité, parce qu'on pourroit ſe trouver ſans reſſources. Statut de Lubec ch. 3, n. 3.

Le dommage fait aux marchandiſes reſtées dans le navire en faiſant le jet. Leg. 4, § 2, ff *de leg. Rhodia.* Et cela eſt abſolument de droit commun de l'aveu de tous les auteurs. *Idem* l'art. 22 du ch. 5, du Guidon; mais l'art. 23, porte qu'il en ſera autrement du dommage que le jet aura fait au corps du navire, ſur quoi voir l'art. 14, du titre ſuivant.

En défendant le navire. Ordonnance de la Hanſe Teutonique, art. 35. Kuricke, *ad Jus Hanſeaticum, tit.* 14, *art.* 3, *fol.* 824. C'eſt-à-dire, en combattant pour éviter d'être pris par l'ennemi, ſans diſtinguer en ce cas, ſi le matelot eſt bleſſé les armes à la main, ou s'il ne l'eſt qu'en faiſant la manœuvre. Mais s'il eſt bleſſé hors le combat, en faiſant le ſervice & la manœuvre ordinaire, les frais de ſes panſemens & nourritures ne peuvent paſſer pour avaries communes, attendu qu'il n'a pas reçu ſa bleſſure pour le ſalut commun. Cela n'empêche pas toutefois qu'il ne doive être panſé & nourri aux dépens du navire, ſuivant l'article 11, titre 4 ci-deſſus. *Idem*, l'Ordonnance de la Hanſe Teutonique, article 39. Cette même Ordonnance, art. 35 *ſuprà*, ajoute que ſi le matelot, en défendant le navire, eſt eſtropié de manière qu'il ne puiſſe plus travailler, il aura du pain ſa vie durant.

Et les frais de la décharge, &c. Idem, l'art. 28 dudit chap. 5 du Guidon, & les art. 55 & 56 de l'Ordonnance de Wisbuy, lorſqu'il s'agit de ſoulager un navire trop chargé pour entrer dans un port ou dans une riviere, où il eſt néceſſaire d'arriver pour ſe garantir de naufrage ou de priſe; ou lorſqu'il eſt queſtion de remettre à flot le navire, qui ne ſauroit ſe relever ſans la décharge des marchandiſes. Mais hors le cas de la crainte d'un naufrage ou de priſe; par exemple, ſi le navire eſt arrivé dans la rade du port de ſa deſtination, & que dans ce port il ſoit d'uſage de décharger les marchandiſes dans des alléges, parce que le navire ne peut entrer dans le havre avec ſon chargement, les frais de cette décharge ne regardent que ceux à qui appartiennent les marchandiſes chargées dans les alléges; & non-ſeulement on ne peut les conſidérer comme avaries groſſes & communes, quoique les marchandiſes viennent à périr; mais encore il n'y en a pas de répétition contre les aſſureurs : ſauf à leur demander néanmoins raiſon de la perte de ces marchandiſes dans le tranſport par les alléges, s'ils ont pris ſur eux les riſques juſqu'à ce que les marchandiſes fuſſent deſcendues ſur le quai.

Ou p ur remettre à flot le vaiſſeau. Idem, l'art. 55 de l'Ordonnance de Wisbuy, & Cleirac, ſur l'art. 4, des Jugemens d'Oleron, n. 4, pag. 18.

Il faut ajouter que, ſi, pour éviter une perte totale, le naufrage étant imminent, le capitaine prend le parti de faire échouer le navire, le dommage que le vaiſſeau aura ſouffert & cauſé par là, ſera avarie groſſe & commune. Conſulat, chap. 192, 193; Rocus, p. 62, 234 & 300, Caſa Regis, *diſc. 46, n. 60 & ſeq.*

De même, en cas d'échouement pour éviter d'être pris, les frais pour relever le navire, ou pour le recouvrer, ayant été abandonné; de même encore les frais faits pendant le ſéjour du navire réfugié dans un port ou ſous une citadelle, ſont avaries communes, puiſque tout cela s'eſt fait pour le ſalut commun.

Par identité de raiſon, le dommage ſouffert par le navire & par quelques marchandiſes, en combattant pour éviter la priſe, eſt auſſi avarie commune, quoique Kuricke, *ad Jus Hanſeaticum, art. 3, tit. 14, in fine, fol. 824*, Targa, *pag. 322*, & Caſa Regis, *diſc. 46, n. 43*, ſoient d'avis contraire.

ARTICLE VII.

LA nourriture & les loyers des matelots d'un navire arrêté en voyage par ordre du Souverain, ſeront auſſi réputés avaries groſſes, ſi le vaiſſeau eſt loué par mois; & s'il eſt loué au voyage, ils ſeront portés par le vaiſſeau ſeul, comme avaries ſimples.

A la lecture de cet article on eſt tout étonné de la diverſité des déciſions qu'il renferme, parce que l'eſprit n'en conçoit point la raiſon de différence.

En effet, lorſque le navire eſt loué ou frété au mois, & qu'il eſt arrêté par ordre du Souverain (ce qui ne ſignifie que l'arrêt de prince en général), s'il eſt juſte que la nourriture & les loyers des matelots durant ce temps-là, ſoient ſupportés comme avaries groſſes & communes par le navire & les marchandiſes, pourquoi en ſeroit-il autrement, le navire étant frété au voyage? Cependant il eſt réglé dans la ſeconde partie de cet article, que cette augmentation de dépenſe doit tomber comme avarie ſimple ſur le vaiſſeau ſeul.

La ſurpriſe augmente encore lorſqu'on rapproche de cet article le 16 du titre du fret, où il eſt décidé que ſi le vaiſſeau eſt arrêté pendant le voyage par ordre du Souverain, (ce qui eſt préciſément l'eſpéce de celui-ci), » il ne ſera dû ni fret pour » le temps de ſa détention, s'il eſt affrété au mois, ni augmentation de fret, s'il eſt » loué au voyage; mais que la nourriture & les loyers des matelots pendant le mê» me temps de la détention, ſeront réputés avaries «. Car cette conjonction adverſative *mais*, venant à la ſuite d'une diſpoſition qui rend égale dans les deux cas la condition du propriétaire du navire & du marchand chargeur, porte naturellement à l'eſprit qu'il en doit être de même pour la manière de ſupporter la dépenſe de la nourriture & des loyers des matelots, durant le même temps de la détention du navire; de ſorte que, ceſſant la diſpoſition du préſent article, il n'eſt perſonne qui oſât faire la diſtinction qu'on y trouve.

Qu'importe, dira-t-on? Il n'y a pas pour cela de contradiction entre les deux articles, dès que le 16 du tit. du fret, s'eſt contenté de déclarer que la nourriture & les loyers des matelots, pendant le temps de la détention, dans l'un & l'autre cas, ſeront réputés avaries, ſans ajouter *groſſes & communes*. Ce dont on pourroit ſe plaindre ſeulement, c'eſt que la qualification de l'avarie y ait été omiſe : mais elle eſt marquée & distinguée bien nettement dans le présent article : ainsi cela suffit, & il faut s'en tenir là.

Mais plutôt ne seroit-ce point là une subtilité ? Car enfin, l'art. 16 dont il s'agit, confondant & mettant dans la même catégorie le cas du navire loué au mois, & celui du vaisseau frété au voyage ; & en conséquence décidant par le même principe, qu'au premier cas il ne sera pas dû de fret, & qu'au second il n'y aura pas d'augmentation de fret durant tout le temps de la détention ; il est évident & incontestable que l'avarie dont il parle, par exception, se rapporte aux deux cas ; & par conséquent qu'elle est, ou commune pour les deux cas, ou simple aussi pour les deux cas : & alors, quelque parti que l'on prenne, une des deux décisions de notre article sera indubitablement contradictoire avec ledit article 16.

N'y eût-il même que cet article 7, il ne seroit pas moins vrai de dire que sa derniere disposition est en contradiction avec la premiere, les deux cas dépendans absolument du même principe de décision.

Il est vrai que l'art. 5, tit. de l'engagement des matelots, qui est aussi pour le même cas d'arrêt de Prince, contient une distinction analogue à celle de notre présent article 7 ; en ce qu'il y est décidé que le loyer des matelots engagés au mois, courra par moitié pendant le temps de l'arrêt, & que celui des matelots loués au voyage ne sera payé qu'aux termes de leur engagement ; c'est-à-dire qu'au prix convenu à forfait.

Mais pour justifier la distinction portée par notre article, recourir à celle dudit art. 5, c'est vouloir sauver une contradiction par une autre ; car enfin le matelot n'est ni plus ni moins favorable, lorsqu'il est engagé au voyage que lorsqu'il l'est au mois. On n'a pas crû dans ce cas malheureux devoir charger le propriétaire du navire du payement des gages en plein : & d'un autre côté il n'étoit pas naturel que le matelot servît durant tout le temps de l'arrêt du navire pour sa seule nourriture. Si donc par tempéramment d'équité il a paru convenable de faire gagner au matelot, par forme d'indemnité, la moitié de ses loyers durant la détention, lorsqu'il est engagé au mois quoique le navire ne fasse pas plus de fret étant loué au mois qu'au voyage ; pourquoi ne lui avoir pas accordé tout de même un dédomagement à proportion, lorsqu'il est engagé au voyage ? c'est pour cela aussi que sur ledit article 5, on a dit qu'il y avoit contradiction & qu'il étoit en défaut.

Cependant cette distinction, toute irréguliére qu'elle est ; sur le pied que les choses sont aujourd'ui, intéresse aussi peu les matelots, que celle de notre article 7, est préjudiciable aux propriétaires des navires, en cas d'arrêt de Prince, attendu que l'engagement des matelots au voyage, est aussi rare que l'affrétement au mois.

De cette maniére le matelot n'est plus exposé à souffrir de la disposition dudit article 5, puisqu'il ne s'engage plus au voyage, tandis que le propriétaire de navire, vis-à-vis des marchands chargeurs, ne peut plus au contraire se trouver dans le cas de leur faire supporter une partie de la nourriture & des loyers des matelots, par la raison que l'usage des affrétemens au mois à cessé.

Il faut avouer pourtant, qu'à raison de l'injustice faite aux matelots par l'article 5, lorsqu'ils sont engagés au voyage ; le propriétaire, du navire aussi loué au voyage, souffre moins de la distinction de notre article ; puis qu'alors il n'a aucune augmentation de gages à payer, quoique l'article suppose le contraire, en quoi il est encore en défaut ; mais reste toujours qu'il supporte seul la dépense de la nourriture des mêmes matelots ; tandis que s'il leur étoit dû une augmentation de gages, ce qui se rencontreroit s'ils étoient engagés au mois, les marchands chargeurs contribueroient à ce double objet, comme à une avarie grosse, dans le cas où le navire seroit aussi frété au mois.

Il n'est donc pas possible, quelque combinaison que l'on fasse, de concilier ces trois articles, de maniére à les sauver du reproche de contradiction, aussi bien que d'injustice au fond, tant à l'égard des matelots en opposition avec le propriétaire du navire, que contre celui-ci, en concours avec les marchands chargeurs.

Malgré cela néanmoins la Loi étant portée, & en termes si clairs qu'il n'est pas possible d'en méconnoitre le sens; il faut s'y soumettre & dire en conséquence, que si dans l'espéce, le vaisseau est loué par mois, la dépense pour la nourriture & les loyers des matelots sera supportée comme avarie commune, en observant toutefois qu'alors il n'y aura que la démi-solde, & même qu'il n'y aura aucune augmentation de gages pour les matelots, s'ils sont engagés au voyage.

Si au contraire le vaisseau est frété au voyage, la même dépense sera pour le vaisseau seul comme avarie simple, avec cette différence, que si les matelots sont aussi engagés au voyage, le propriétaire en sera quitte alors pour le payement de leur nourriture; au lieu que s'ils sont engagés au mois, il leur payera outre leur nourriture la démi-solde durant tout le temps de la détention du navire.

Voilà bien des distinctions embarrassantes & compliquées, que l'on auroit pû éviter, en supprimant cet article 7 & en rendant dans l'art. 5, du tit. de l'engagement des matelots leur condition égale, aussi bien dans le cas de leur engagement au voyage que dans celui de leur engagement au mois.

Il y a apparence que dans les trois articles en question, l'on a voulu adoucir la condition du débiteur. Savoir dans l'art. 5, celle du propriétaire du navire débiteur des gages envers les matelots, & dans l'art. 16, de même que dans celui-ci, celle des marchands chargeurs, débiteurs du fret; mais en prenant un tempérament d'équité, pour l'un & l'autre cas, comme cela étoit juste au fond, il falloit donc suivre exactement la régle de proportion aussi dans les deux cas.

ARTICLE VIII.

LEs lamanages, touages, pilotages, pour entrer dans les havres ou rivieres, ou pour en sortir, sont menues avaries, qui se payeront un tiers par le navire, & les deux autres tiers par les marchandises.

LEs frais qui sont le sujet de cet article, sont déclarés menues avaries & toutefois grosses & communes, sans distinguer si ces frais sont ordinaires ou extraordinaires; & il faut s'en tenir là quoique les art. 1 & 2, dans la notion qu'ils donnent des avaries, & dans la distinction qu'ils font entre les avaries particuliéres & les avaries communes, ne parlent que des dépenses extraordinaires, & qu'ainsi ils semblent déterminer le sens des autres articles où il est question de dépenses. Cela est vrai aussi en ce qui concerne les assureurs; mais entre le propriétaire ou maître du navire & les marchands chargeurs, c'est autre chose.

En cette partie, notre article qui a pour objet la répartition de ces menues avaries ou dépenses, sur le navire & les marchandises, abstraction faite de l'intérêt des assureurs, ne suppose donc point que ces frais de lamanage ayent été extraordinaires; c'est-à-dire que ce soit la crainte d'un naufrage ou d'être pris, qui les ait causés, en obligeant le maître de changer de route & d'entrer dans un port ou dans une riviere, en attendant la cessation du danger, pour reprendre ensuite sa route. Il faut au contraire l'entendre dans tous les cas où ces frais sont à payer, aussi bien dans la navigation la plus heureuse que dans celle qui aura été traversée par des accidens.

C'est ainsi, au reste, que s'en explique l'art. 12. ch. 5 du Guidon, dans Cleirac pag. 257. A l'égard de la répartition, il veut aussi qu'on se régle sur la valeur des marchandises, du navire ou du fret, pour faire supporter ces frais, ou par deux tiers, ou par moitié, ou enfin au sol la livre; mais comme cela auroit été trop embarassant, pour un objet de si peu de conséquence, notre article a fort à propos simplifié l'opération, en décidant que les marchandises supporteroient les deux tiers de ces frais, & le navire l'autre tiers, v. l'Ord. de Wisbuy, art. 44, 56 59 & 60, & Casa Regis *disc.* 45. n. 19 *& seq.*

Par rapport aux assureurs, il n'est pas douteux que ces frais ne les regardent nullement, s'ils sont ordinaires; mais s'ils sont extraordinaires suivant la notion qui vient d'en être donnée, ils doivent les supporter; & c'est ainsi qu'il faut interpréter l'art. 30 du tit. précédent, *ubi vide.*

Suivant le même Guidon art. 14. le lamanage est le service que rendent à un navire voulant entrer dans un port ou dans une riviere, les barques ou petits bâtimens qui vont au devant avec des instrumens propres à hâler le navire & à diriger sa marche pour lui faire éviter les dangers qui sont sur sa route.

Les conducteurs de ces barques ou bateaux, sont appellés lamaneurs, suivant l'Auteur des notes sur cet article, à cause du travail de leurs mains, & l'art. 23 des Jugemens d'Oleron, les nomme *locmans*, c'est-à-dire, hommes habitans sur les lieux.

L'art. 16 du même Guidon partant du touage, dit, que c'est proprement ce qui est payé dans les rivieres pour hâler les navires & les conduire toujours au fil de l'eau; mais on toue pareillement les navires en mer, & c'est ce qu'on appelle les remorquer, les mener à la remorque.

Enfin, l'art. 13 parlant du pilotage, dit, que c'est le droit qui se paye aux pilotes que prennent les maîtres de navires pour entrer dans les ports, ou en sortir avec sûreté, & pour éviter les dangers qui se trouvent sur les côtes. Ces sortes de pilotes sont nos pilotes côtiers que l'Ordon. appelle aussi lamaneurs ou locmans, parce qu'ils sont pratiques des côtes de leur district, dont ils connoissent ou sont censés connoître tous les dangers, quoiqu'ils fassent souvent des fautes ou des méprises capitales dans l'exercice de leurs fonctions.

Le maître doit nourrir le pilote lamaneur, tant qu'il le garde à son bord, & cette nourriture n'entre point en avarie, v. les notes sur les art. 23 & 24 des Jugemens d'Oleron, n. 5. p. 90. 91. ce qui s'entend si le pilotage n'entre point en avarie commune.

ARTICLE IX.

LEs droits de congé, visite, rapport, tonnes, balises & ancrages, ne seront réputés avaries, mais seront acquités par les maîtres.

JE pense que cet article ne doit s'entendre comme le précédent, que du cas où ces droits sont ordinaires, c'est-à-dire, lorsqu'ils ne sont pas occasionnés de nouveau par la tempête, ou autre fortune de mer, & que s'ils sont extraordinaires, non seulement ils doivent être supportés par les assureurs, comme les frais dont il est question dans l'article précédent; mais encore qu'ils deviennent avarie commune, l'entrée du navire dans un port ou dans une riviere, ayant pour cause alors le salut commun. Cependant si le navire y faisoit sa décharge, ce seroit au maître à les payer seul, suivant la disposition de cet article, puisque rendu au lieu de sa destination, il auroit fallu qu'il les eut payés tout de même, sans en pouvoir demander la répartition par contribution, ni le remboursement aux assureurs.

Pour prévenir toute discussion entre les propriétaires ou les maîtres de navires & les marchands chargeurs, au sujet des menues avaries dont il est parlé, tant dans cet article que dans le précédent; c'est-à-dire, pour éviter la distinction des cas où ces menues avaries devroient être supportées en commun, de ceux où elles ne devroient tomber que sur les navires, de même que pour se décharger de l'embarras de la répartition des deux tiers entre les marchands chargeurs; l'usage s'est établi depuis long-tems de passer une certaine quotité, outre le fret, aux propriétaires des navires, pour les indemniser de ces menues avaries, sans distinguer si elles sont ordinaires ou extraordinaires; & en plusieurs ports où l'entrée des navires chargés est difficile & dangereuse, l'on y a joint aussi l'indemnité des frais extraordinaires de décharge des marchandises.

En conséquence, la formule des connoissemens est telle par tout, qu'après la stipulation du fret, il est toujours ajouté, *outre les avaries aux us & coutumes de la mer*, ou d'autres termes équivalens. Cet usage est tellement accrédité que si des marchandises étoient chargées dans un navire sans connoissement, je ne doute nullement que le fret n'en fût dû sur le pied des autres marchandises chargées par connoissement, avec les avaries aux us & coutumes de la mer.

Comme les droits à payer par les navires ne sont pas les mêmes dans tous les ports, & qu'il en est où la décharge des marchandises coûte plus qu'en d'autres, il n'est pas étonnant que, suivant la différence des ports, la fixation de l'indemnité accordée au-delà du fret soit aussi différente.

Sur quoi néanmoins il y a assez d'uniformité & de concordance, c'est au sujet du cabotage françois, où il paroît que l'on passe communément pour les avaries dix pour cent du fret, sans autre examen à perte ou gain. Mais les étrangers ne s'en tiennent à cette fixation qu'autant qu'ils y trouvent leur indemnité; autrement ils fournissent leur état de frais & de dépense, dont ils demandent les deux tiers aux marchands chargeurs; dans lequel état de frais ils font entrer, non-seulement les objets énoncés dans le précédent article, mais encore ceux de l'article présent, en

y

y ajoutant encore tout ce qui leur en coûte, excepté pour vituailles, dans tous les ports où ils sont obligés de relâcher sur la route. Il en est même qui sont dans l'usage de stipuler jusqu'à trente-trois pour cent du fret, mais sans convention expresse à ce sujet, leur condition est la même que celle des autres ; c'est-à-dire, qu'ils n'ont que les dix pour cent, si mieux ils n'aiment fournir l'état de leurs mises, pour en prétendre les deux tiers.

Quant aux voyages de long cours, l'usage est à la Rochelle de faire payer par chaque marchand chargeur, outre le fret, quatre sols du cent pesant pour les sucres, cinq sols pour les indigos & les cafés, six sols pour les cotons, &c.

A Bordeaux c'est cinq pour cent du prix du fret, autrement le sol pour livre; & ce qu'il y a de singulier, c'est que l'armateur, indépendamment de cette augmentation du fret, exige les frais de la décharge des marchandises réglés par l'usage *à tant* par barique, caisse ou balot, &c.

On prétend qu'au Havre de Grace il y a, pour les avaries & frais de décharge, dix pour cent du fret, & qu'à Marseille il y a même douze pour cent.

Cela est bien fort pour ces trois endroits ; cependant il n'y auroit rien à dire si les propriétaires des navires de ces ports diminuoient le prix du fret à proportion. Mais quand on voit qu'ils prennent autant de fret que les navires des autres ports où il n'y a pas les mêmes prétendues indemnités à payer, quoique les dépenses soient les mêmes ou à peu près, on ne peut s'empêcher de regarder cet usage comme très-onéreux au commerce, & par conséquent comme injuste & abusif.

Qu'il y soit toléré néanmoins, à la bonne heure, puisque les marchands chargeurs sont censés s'y être soumis en acceptant les connoissemens; mais savoir si, sous prétexte que des marchands ont chargé dans un navire de Bordeaux, avec soumission de payer les avaries aux us & coutumes de la mer, ils sont obligés de payer les cinq pour cent du prix du fret, que le navire fasse sa décharge à Bordeaux ou dans un autre port, ou s'ils sont quittes en payant les avaries suivant l'usage du port où se fait la décharge ?

Cette question s'est présentée tout récemment en ce Siége au sujet du navire *le Fortuné* de Bordeaux, armateurs les Sieurs Risteau. Le navire chargé à Saint-Domingue étoit véritablement destiné pour Bordeaux ; mais comme en temps de guerre on aborde où l'on peut, tous les connoissemens portoient *pour Bordeaux ou autre port où se feroit la droite décharge.*

A l'arrivée du navire dans le port de la Rochelle, les armateurs sans consulter les marchands chargeurs ou leurs correspondans y firent décharger les marchandises ; par conséquent, sans convention formelle pour les cinq pour cent du fret, ne doutant pas, disoient-ils, que le payement ne leur en fût fait sans difficulté, à l'exemple de ce qui s'étoit déja pratiqué pour quatre autres navires Bordelois déchargés de même, ailleurs qu'à Bordeaux.

Après la décharge entiere, ils demanderent aux marchands chargeurs, au nombre de plus de quarante, le payement du fret stipulé, & ils y joignirent les cinq pour cent. Ceux-ci offrirent sur le champ le fret ; mais ils refuserent les cinq pour cent, & soutinrent que la décharge s'étant faite dans ce port, ils ne devoient les avaries que conformément à l'usage de ce même port ; c'est-à-dire, qu'à raison de quatre sols du cent pesant, &c.

La question se réduisoit donc au point de savoir si les avaries étoient dûes suivant l'usage établi dans le port de la décharge, ou en conformité de celui de Bordeaux;

à cauſe que le navire étoit Bordelois, & qu'il devoit retourner à Bordeaux.

Si, dans les cinq pour cent du fret, les frais de décharge des marchandiſes étoient compris à Bordeaux comme à la Rochelle ils le ſont avec les avaries, il n'y auroit peut-être pas eu de difficulté à décider ſuivant l'uſage de notre port, puiſque les armateurs auroient par-là été ſuffiſamment indemniſés, n'ayant pas eu à payer les mêmes frais que s'ils avoient déchargé à Bordeaux. Mais à Bordeaux, les frais de décharge étant portés en compte aux marchands chargeurs, outre les cinq pour cent du fret, c'eſt de-là que partoit la difficulté, attendu qu'on pouvoit conſidérer ces cinq pour cent comme un ſupplément ou acceſſoire du fret, tout à fait indépendant de l'indemnité dûe pour les frais extraordinaires de décharge.

Pour appuyer cette propoſition, on diſoit que le navire étant de Bordeaux & devant naturellement y retourner faire ſa décharge, il étoit évident que le capitaine en ſtipulant les avaries aux us & coutumes de la mer, avoit entendu qu'elles ſeroient payées ſuivant l'uſage de Bordeaux, à raiſon de cinq pour cent du fret, non-ſeulement parce qu'il ſe propoſoit d'y conduire ſon navire, en exécution de l'art. 2 des Lettres patentes de 1717; mais encore parce que ſans cela ſa ſtipulation ſeroit devenue illuſoire ou ſujette à réduction, le cas arrivant qu'il abordât un autre port, qu'il y fît ſa décharge, & que dans ce port il n'y eût rien de réglé à part pour l'indemnité des avaries, ou que la quotité fût au-deſſous de cinq pour cent du fret.

On ajoutoit que quoique dans l'origine la quotité des cinq pour cent du fret n'eût été introduite dans l'uſage que pour tenir lieu des avaries ordinaires, elle étoit devenue néanmoins dans la ſuite une partie acceſſoire du fret, qui par conſéquent n'en pouvoit plus être ſéparée. De maniere qu'en toute ſtipulation de fret pour Bordeaux, il étoit entendu que ce fret étoit compoſé de la ſomme convenue, & des cinq pour cent de cette même ſomme.

De la part des défendeurs, on répondoit que ce raiſonnement ſeroit ſans réplique ſi dans les connoiſſemens la deſtination du navire eût été préciſément & uniquement pour Bordeaux; parce qu'alors le capitaine auroit été cenſé ſtipuler les avaries ſuivant l'uſage particulier de Bordeaux : mais qu'ayant indiqué pour le lieu de la décharge Bordeaux ou tout autre port, & par-là ayant prévu que la décharge pourroit ſe faire dans un autre port que Bordeaux, il devoit être préſumé n'avoir ſtipulé les avaries que conformément à l'uſage du port où ſe feroit la décharge; ou en tout cas que c'étoit ſa faute de ne s'être pas mieux expliqué, étant le maître de le faire; c'eſt-à-dire, de n'avoir pas ajouté que les avaries ſeroient payées aux us & coutumes de Bordeaux, en quelque port que ſe fît la décharge.

Ils ajoutoient que leur refus de payer les cinq pour cent du fret étoit d'autant mieux fondé, qu'en offrant de payer quatre ſols du cent peſant, ſuivant l'uſage du port de la Rochelle, ils offroient tout à la fois les avaries & les frais de décharge, puiſque tout étoit compris dans ces quatre ſols; au moyen de quoi ils exécutoient la clauſe des avaries autant qu'on pouvoit la faire valoir contre eux comme ne devant s'entendre qu'aux us & coutumes du lieu de la décharge; que l'exemple des quatre autres navires Bordelois déchargés ici & ailleurs, dont les marchandiſes avoient payé outre le fret les cinq pour cent, ne pouvoit tirer à conſéquence contre eux, attendu que cela s'étoit fait par convention préciſe avant la décharge, & que dans l'eſpece il n'y en avoit point eu; qu'ainſi les demandeurs n'avoient pour eux ni titre ni convention verbale pour appuyer une prétention injuſte de ſa nature, & qui ne pourroit ſe ſoutenir qu'autant que les marchands chargeurs ſe ſeroient ſoumis au payement des cinq pour cent du fret, ſuivant l'uſage de Bordeaux.

Ils diſoient encore que ſi le navire fût allé faire ſa décharge au Havre de Grace, les demandeurs n'auroient pas manqué d'abandonner alors l'uſage de Bordeaux pour s'en tenir à celui du Havre, comme leur étant plus avantageux : d'où ils concluoient que la clauſe des avaries devoit naturellement être réglée par l'uſage établi dans le port de la décharge. Ils alléguoient enfin que les cinq pour cent du fret ne pouvoient jamais être dûs que dans le cas de la décharge du navire à Bordeaux ; que c'étoit beaucoup même qu'on y tolérât un uſage auſſi injuſte, ſans une convention formelle ; & pour preuve de l'injuſtice, ils demandoient à quel titre & pourquoi l'armateur prétendoit les cinq pour cent d'un fret exhorbitant en temps de guerre ſur les mêmes marchandiſes qui, en temps de paix, ne payoient qu'un fret cinq à ſix fois moins fort.

Les armateurs demandeurs répliquoient de leur côté que leur capitaine ne pouvoit avoir ſtipulé les avaries que relativement à l'uſage de Bordeaux, puiſque le navire étoit deſtiné pour ce port par préférence à tout autre, & qu'il ne connoiſſoit pas l'uſage des autres ports ; qu'il étoit bien plus naturel après tout de ſe conformer, pour le réglement des avaries en queſtion, à l'uſage du port d'où eſt le navire, & où il doit retourner, qu'à celui des ports où il peut aller fortuitement ou par néceſſité faire ſa décharge, ſuivant la permiſſion qui en eſt accordée en temps de guerre, par dérogation aux Lettres patentes de 1717 ; attendu qu'en prenant ce parti, la convention demeuroit fixe, ſans être ſujette aux variations que la cupidité pourroit occaſionner, en préférant pour la décharge un port où l'armateur trouveroit mieux ſon compte ; que ſi la convention par rapport aux avaries devoit dépendre de l'uſage du port où ſe feroit la décharge, tout armateur de Bordeaux, pour conſerver ſes cinq pour cent, ne voudroit plus faire décharger ſon navire ailleurs qu'à Bordeaux, à quoi les marchands chargeurs ne pourroient s'oppoſer, quelque préjudice qu'ils en ſouffriſſent ; qu'ainſi dans cette occaſion les défendeurs, par leur réſiſtance, travailloient contre le bien du commerce, en même temps qu'ils ſe roidiſſoient contre une ſtipulation faite de bonne foi par le capitaine : convention par conſéquent qu'il falloit exécuter de même, en quelque lieu que le navire fît ſa décharge, d'autant plutôt que par événement les marchands chargeurs ne pouvoient jamais y perdre, & qu'au contraire ils devoient y gagner, au moyen de la plus prompte délivrance qui leur étoit faite de leurs marchandiſes.

Enfin que les défendeurs avoient d'autant plus mauvaiſe grace à diſputer les cinq pour cent, qu'au moyen de l'apparition des Anglois ſur nos côtes, au mois d'Avril dernier, il avoit fallu faire remonter le navire dans la rivière, où il avoit reſté un mois ; ce qui avoit cauſé une augmentation conſidérable de dépenſe, dont eux armateurs auroient pu demander les deux tiers comme avarie commune, ou du moins les frais de décharge des marchandiſes, ſuivant le même uſage de Bordeaux, outre & par-deſſus les cinq pour cent : mais que, par condeſcendance, & parce que d'ailleurs, au ſujet des quatre autres navires Bordelois, il n'avoit été queſtion que des cinq pour cent du fret, ils avoient bien voulu auſſi s'en tenir là, dans la vue d'éviter un procès : à quoi néanmoins ils n'avoient pu réuſſir.

Tels étoient à peu près les moyens allégués de part & d'autre ; ſur quoi Sentence eſt intervenue le 19 Juillet 1758, par laquelle les marchands chargeurs, vu leurs offres de payer les avaries & frais de décharge, ſuivant l'uſage de ce port de la Rochelle, ont été renvoyés & déchargés de la demande des cinq pour cent du fret, avec dépens.

Il auroit peut-être été plus régulier de chercher à s'assurer avant faire droit, des motifs de l'usage de Bordeaux, par rapport aux cinq pour cent du fret; mais on a présumé que ces cinq pour cent du fret qui sont d'usage à Bordeaux, ne sont point proprement une augmentation, un accessoire du fret, & qu'ils n'ont été étabis sans le principe que pour indemniser l'armateur des avaries ordinaires outres les frais de décharge des marchandises, d'où l'on a conclu qu'afin que ces cinq pour cent fussent dûs, il falloit que le navire fit sa décharge à Bordeaux, & que s'il la faisoit dans un autre port c'étoit à l'usage de cet autre port qu'il falloit uniquement se conformer, sans que l'armateur eût rien à dire, puisque la rétribution qui lui étoit accordée dans ce port le dédommageoit pleinement de ses frais extraordinaires.

C'est là en effet tout ce qu'il peut prétendre, dans la supposition que les cinq pour cent du fret ne sont point à Bordeaux un acessoire, une condition essentielle & inséparable de la stipulation du fret, mais un simple dédommagement des avaries: à la vérité, il trouveroit un dédommagement bien plus ample à Bordeaux qu'à la Rochelle au moyen des cinq pour cent; mais c'est son affaire, si son capitaine n'a pas stipulé expressement dans le connoissement ces cinq pour cent, ou s'il a déchargé à la Rochellle sans convenir avec les marchands chargeurs que les cinq pour cent lui seroient payés comme s'il eût déchargé à Bordeaux.

En un mot il ne lui faut qu'une indemnité des menues avaries: elle est fixée à la Rochelle lieu où la décharge s'est faite, il faut donc qu'il s'en contente. Ce parti d'ailleurs est plus uniforme & en même tems plus juste, puisqu'il ne s'agit que d'une indemnité, laquelle augmente ou diminue, suivant que la décharge est plus ou moins coûteuse dans un port que dans un autre.

Au fond, à supposer toujours que les cinq pour cent ne soient pas un accessoire du fret, & qu'ils ne soient accordés à Bordeaux que pour indemniser l'armateur des menues avaries, il est même étonnant que l'usage en soit toléré en temps de guerre, où le fret est quatre fois plus considérable qu'en temps de paix. Cependant qu'on l'y autorise à la bonne heure sur les marchandises qui y seront déchargées, mais qu'on ne prétende pas l'étendre aux autres ports qui ont d'autres usages, encore moins au port de la Rochelle dont l'usage est d'autant plus respectable en cette partie, qu'il est plus conforme au bien du commerce, en tant qu'il diminue les droits à payer par les marchands chargeurs, & qu'il n'accorde aux armateurs que le simple dédommagement qu'ils peuvent légitimement demander.

Il y a apparence au reste, que la question ne se présentera plus à l'avenir, & que dorénavant, les capitaines de Bordeaux auront soin de stipuler dans leurs connoissemens les cinq pour cent du fret ou les avaries aux us & coutumes de Bordeaux en quelque port que le navire aille faire sa décharge.

Nota par rapport au loyer des maîtres d'alléges & autres bâtimens du port employés à charger ou décharger les navires, ou autrement transporter des marchandises; comme leurs salaires ne sont fixés par les réglemens qu'à raison de leur travail & du service de leurs bâtimens, abstraction faite des droits & des frais qu'ils ont à payer plus ou moins suivant les voyages; l'usage est de les rembourser outre la somme à eux attribuée, du coût du congé lorsqu'ils sont dans le cas d'en prendre, & des autres droits & frais, ensemble du loyer des prélâts &c. de maniere que leur salaire, tel qu'il est réglé, leur demeure franc & quitte.

ARTICLE X.

EN cas d'abordage de vaisseaux, *le dommage sera payé également par les navires* qui l'auront fait & souffert, soit en route, en rade ou au port.

LE dommage prévû par cet article l'a été aussi par les loix romaines, & par ceux qui ont rédigé par écrit, les us & coutumes de la mer ; & la décision est par tout conforme à la disposition de cet article & du suivant, excepté que sur celui-ci, le droit romain veut que chacun supporte son dommage.

On peut voir à ce sujet la loi *quem ad modum*, 29. § 2. & 4. ff ad *legem aquiliam*, l'art. 14 des Jugemens d'Oleron, l'Ordon. de Wisbuy, art. 26, 50, 67 & 70 ; voir aussi ci-après l'art. 3. tit. 8 du liv 4. des rades. L'article 5 du tit. premier des ports & havres, & l'art. 8 tit. des madragues qui est le quatriéme du liv. 5.

L'exemple rapporté par le Commentateur, d'un maître qui sçachant que son navire est vieux & hors de service, le place sur la route des autres, en vue de le faire aborder, & par-là d'être autorisé à se faire payer son navire, est emprunté desdits articles des Jugemens d'Oleron & de l'Ordon. de Wisbuy. Au surplus il n'est pas fort à craindre, n'étant pas question en ce cas de payer le navire à ce maitre ou au propriétaire ; mais seulement d'estimer le dommage qu'il a souffert par l'abordage, eu égard à la qualité du navire & à la valeur des parties endommagées, pour joindre cette estimation à celle de l'avarie soufferte par l'autre navire, & le tout être supporté également par les deux navires.

De sorte que dans l'hypothése, il ne s'agira point d'acheter à frais communs un navire pour remplacer le vieux qui étoit comme hors de service ; mais seulement de le radouber si la chose est possible, ou d'estimer son avarie, suivant l'état & la valeur du navire au moment de l'abordage. Or on comprend, que des membres pourris d'un navire ne doivent s'estimer que comme tels, & non comme s'ils étoient bons. *Neque enim, dum in casu hoc, pro media parte quisque contribuere tenetur, ullum inde commodum resultare potest*, dit Kuricke, *ad Jus Hanseaticum* tit. 10. art. 2. *fol.* 803.

La décision de notre article est pour tout abordage fortuit & qui n'a pu naturellement être évité, soit en route, en rade, ou au port. Les abordages en route sont fort rares ; ceux en rade le sont un peu moins ; mais au port ils sont assez communs par la quantité de navires qui abordent au quai ou qui le quittent.

Toutes les fois que le dommage causé par l'abordage est jugé avarie commune pour les deux navires, on ordonne que les frais de l'instance & de l'estimation du dommage, seront également supportés en commun, à l'effet de quoi ils feront masse avec l'estimation de l'avarie.

Il est entendu que si l'abordage des deux navires, cause en même temps du dommage à d'autres navires, & que les maitres de ceux-ci s'en plaignent, n'y ayant pas de faute de la part des maitres des deux navires abordés, tout doit passer aussi en avarie commune, qui doit être supportée par tous les navires endommagés, eu égard à leur nombre. Mais si les maitres de ces autres navires ne se plaignent pas du dommage qu'ils ont reçu par contre coup, il n'y a que les deux navires abordés qui contribuent à l'avarie, sans pouvoir obliger les autres d'entrer en contribution avec eux.

Le dommage sera payé également par les navires. Il y a sur cela deux doutes à former.

Le premier, si ce mot, *également*, doit s'entendre par moitié, ou seulement à raison de la valeur de chaque navire.

Et le second, si le dommage que les marchandises ont souffert par l'abordage, doit être joint à celui que les deux navires, ou l'un d'eux, ont reçu; & dans ce cas, si ce dommage doit être supporté par les deux navires en entier, ou par les marchandises conjointement.

Par rapport à la prémiere question, le doute vient de ce que l'art. 67, de l'Ord. de Wisbuy veut que ce soit au *prorata* de la valeur de chaque bâtiment, quoique dans les art. 26, 50 & 70, il décide que ce doit être par moitié. D'ailleurs il est vrai de dire au fonds, que la perte seroit supportée plus également encore par les deux navires, s'ils y contribuoient à proportion de leur valeur.

Cependant l'opinion commune, est que le dommage doit être réparé à communs frais & par moitié, suivant la disposition expresse de l'art. 14, des jugemens d'Oleron. Il est vrai que Stypmannus *ad jus maritimum parte* 4, *cap.* 19, *n.* 44, *fol.* 582, dit simplement *æqualiter* comme notre Ordonnance. Il est vrai encore que le droit hanséatique, ch. 10, art. 1, 2, 3 & 4, se contente de dire que la perte doit être réparée, *æquis sortibus*, *juxta arbitrium virorum bonorum:* mais Kuricke, *fol.* 801, atteste que conformément au droit commun, cela veut dire par moitié, & que c'est ainsi que cela se pratique. *Idem* Vinnius sur Peckius *in Lege* 5, ff. *ad leg. Rhodiam*, *fol.* 263, & 264. C'est aussi notre usage, fondé vraisemblablement, sur ce que cette voye est plus courte que celle d'une estimation de la valeur des deux navires; estimation, non-seulement embarrassante de sa nature; mais encore sujette à inconvénient par les surprises qu'il seroit aisé d'y pratiquer.

D'un autre côté, c'étoit le moyen le plus propre, à rendre les Capitaines ou maîtres de navires extrémement attentifs à éviter tout abordage sur-tout ceux des bâtimens foibles & plus susceptibles d'être incommodés par le moindre choc, en leur rendant toujours présente la crainte de supporter la moitié du dommage qu'ils en pourroient recevoir. Et si l'on dit qu'il auroit été plus simple, & plus court, de laisser pour le compte particulier d'un chacun le dommage qu'il auroit reçu, comme provenant d'un cas fortuit; la réponse est qu'alors les capitaines des gros navires n'auroient plus craint de heurter les bâtimens d'une beaucoup moindre force que les leurs. Rien donc de plus juste que la contribution par moitié.

La seconde question est beaucoup plus compliquée, & avec cela les Auteurs en petit nombre qui en ont parlé, ne l'ont pas discutée ni examinée de près.

Le même Droit hanséatique déja cité paroît supposer qu'il ne doit pas être question du dommage souffert par les marchandises, soit pour procurer aux propriétaires de ces marchandises l'indemnité de leur perte, soit pour faire contribuer au dommage ceux dont les effets n'ont pas souffert par l'abordage; en ce que l'art. 2 porte, *bona verò mercatoris libera maneant;* & l'article 4, *exceptis tamen bonis mercatorum.*

Néanmoins Kuricke, *fol.* 803, dit que si par l'abordage un des navires périt avec les effets dont il étoit chargé, l'autre navire & son chargement doivent contribuer au sol la livre à réparer la perte, comme avarie grosse & commune; ce que Vinnius, *loc. cit. fol.* 264, ſemble approuver en ces termes, *ac reliquum eſt ut & merces in contributionem veniant*. C'eſt auſſi ce que l'on trouve décidé dans l'Ordonnance de Wisbuy, art. 26 & 67, & dans l'art. 4 des Jugemens d'Oleron. Mais Cleirac, dans ſa note 8 ſur cet art. pag. 69, ſoutient que cela eſt injuſte.

Et en effet, ſur quel principe obliger en ce cas les chargeurs des marchandiſes qui n'ont pas ſouffert, de contribuer au dommage reçu, ſoit par les autres, ſoit par les deux navires, puiſqu'il s'agit ici ſimplement d'un cas fortuit, d'une fortune de mer, & que jamais la contribution des marchands chargeurs ne peut avoir lieu que lorſque le dommage a été cauſé ou ſouffert pour le ſalut commun ?

Pourquoi en un mot ce cas-ci ſeroit-il différent de celui où les deux navires auroient échoué ou fait naufrage ? Alors, par la régle *ſauve qui peut*, ceux qui auroient eu le bonheur de ſauver leurs marchandiſes ne ſeroient-ils pas exempts de contribuer au dommage ſouffert par les marchandiſes des autres, & par les navires ?

Il eſt vrai que notre article dit, *le dommage en général*; d'où l'on pourroit inférer que le dommage des marchandiſes y eſt cenſé compris. Mais, outre que cette idée ſeroit contraire aux principes de la même Ordonnance ſur le fait de la contribution, c'eſt qu'elle ne pourroit non plus compatir avec ces termes du même article, *par les navires*, qui exceptent évidemment les marchandiſes de la contribution.

Il ne reſte donc plus que de ſavoir ſi les deux navires doivent ſupporter entre eux le dommage que les marchandiſes ont ſouffert, ſoit dans l'un ou dans l'autre navire, ſoit dans les deux enſemble. Mais, dans le cas de notre article, qui ſuppoſe néceſſairement que l'abordage a été fortuit, comme le prouve l'article ſuivant qui en eſt une exception, ſur quel principe encore rendre ces deux navires reſponſables du dommage arrivé aux marchandiſes ?

Dira-t-on que l'abordage doit être abſolument imputé à faute de la part des deux maîtres ? Mais à ce compte, ce qui pourtant eſt une chimere, puiſqu'il y a conſtamment des abordages inévitables, & qu'ils doivent tous être préſumé tels, s'il n'y a preuve contraire; ce ſeroit donc aux deux maîtres à ſupporter perſonnellement & en leur nom le dommage cauſé par l'abordage, non-ſeulement envers les marchands chargeurs, pour raiſon des marchandiſes avariées, mais encore envers les propriétaires des deux navires. Cependant l'article ne le dit pas, mais ſeulement que le dommage ſera payé par les deux navires; & aux termes de l'article ſuivant, le maître n'eſt reſponſable en ſon nom de l'avarie qu'autant que l'abordage ſera arrivé par ſa faute.

Hors de-là, la perte ne tombe donc que ſur les navires; c'eſt-à-dire, ſur ceux qui en ſont les propriétaires ou armateurs : & cela étant, comment encore un coup leur faire ſupporter les avaries des marchandiſes, l'abordage étant arrivé par cas fortuit, & ſimple accident ?

Ce ne pourroit être que par la voye de la contribution; mais alors, après que les avaries entre les deux navires auroient été réglées, en y comprenant celles des marchandiſes, il faudroit en faire la répartition enſuite entre le propriétaire de chaque navire & les chargeurs, à proportion de leur intérêt reſpectif; & jamais cela n'a encore été propoſé.

Concluons donc que dans l'eſpéce de notre article, on ne doit nullement faire attention aux avaries des marchandiſes, ſoit pour y faire contribuer les chargeurs des marchandiſes non avariées, ſoit pour les faire ſupporter par les navires abordés, ou par les maitres, puiſque ce n'eſt là qu'un cas fortuit & un accident maritime, qui par conſéquent ne peut former qu'une avarie ſimple & particuliere, uniquement à la charge de la chose qui l'a soufferte, & s'il en est autrement du dommage réciproquement reçu par les deux navires, c'est que cela a été ainsi décidé par des raisons de police qui ne peuvent s'appliquer aux avaries des marchandises.

Il ne pourroit y avoir d'exception à cela que pour le cas, où afin d'éviter la perte des deux navires, le maitre de l'un, à la clameur ou requisition de l'équipage de l'autre, auroit coupé ses cables pour se laisser aller au gré du vent, ou fait quelque autre manœuvre, d'où s'en seroit ensuivi l'échouement de ce navire, avec bris & naufrage. Ce seroit alors qu'il y auroit lieu véritablement à la contribution de la perte, tant de la part des navires que des marchandises de leur chargement, puisque le dommage arrivé au navire & à son chargement, auroit eu pour cause une détermination prise pour le salut commun. Casa Regis *disc.* 20. *n.* 12. *& seq.*

J'ai vu depuis peu une interprétation de cet article, suivant laquelle, quoique l'on convienne que le dommage souffert par les marchandises soit une avarie particuliere, non sujette à contribution par conséquent, on y insinue néanmoins, qu'il faut en faire état pour joindre le dommage à celui que les deux navires ont souffert, à l'effet d'en faire supporter une moitié au total par l'un des navires, quoique son chargement n'ait du tout point été endommagé, & l'autre moitié par l'autre navire, à supporter en commun entre le propriétaire de ce navire & celui des marchandises avariées.

Mais, demande-t'on ensuite, comment se doit faire la répartition de cette moitié, de la perte générale entre les propriétaires des navires & celle des marchandises? & la reponse est, que « l'abordage étant une avarie simple qui ne peut donner lieu » à la contribution relative à la valeur tant du navire que des marchandises avariées; » chacun doit supporter son propre dommage, ou du moins ce qui restera à payer » si une partie a déjà été mise sur le compte de l'autre vaisseau qui n'a pas tant souf-» fert, & qui cependant doit payer la moitié de la perte totale. »

Cela s'explique par l'exemple que voici.

Le vaisseau A a été endommagé pour la valeur de 40 liv. & ses marchandises n'ont point reçu d'avaries. L'autre navire nommé B a souffert du dommage pour 20 liv. & ses marchandises pour 60 liv. le total de l'avarie est de 120 liv. dont 60 liv. seront payées par le vaisseau A pour sa moitié & les autres 60 liv. seront supportées par le navire B conjointement avec ses marchandises avariées. Et comme leur dommage respectif va à 80 liv. & qu'ils n'en doivent supporter conjointement que 60 liv. c'est un quart à deduire pour chacun, en sorte que le vaisseau B qui avoit souffert pour 20 liv. de dommage n'en supportera que 15 liv & que le propiétaire des marchandises avariées n'en supportera que 45 liv. au moyen de la somme de 20 liv. qu'ils ont reçue du maitre ou propriétaire du navire A, & qu'ils ont partagée entre eux par quart & trois quarts.

Au surplus, dans le systême de l'Auteur, quoique le navire A supporte dans l'hypothése une portion des avaries souffertes par les marchandises du navire B; s'il fût arrivé que ces marchandises eussent beaucoup moins souffert que le navire A, elles ne contribueroient pas pour cela à son dommage, leur propriétaire en seroit quitte pour supporter son propre dommage, parce qu'elles n'ont rien de commun avec ce navire, & ce seroit à l'autre navire à l'indemniser seul de ce qui excéderoit la moitié de la perte totale.

Dans le cas où il y aura des marchandises avariées dans les deux navires, l'Auteur déclare qu'il faudra suivre les mêmes régles.

Certainement

Certainement, il n'y a qu'un homme d'esprit, & d'un esprit accoutumé aux combinaisons & aux précisions métaphysiques qui ait pu imaginer une interprétation aussi subtile de notre article; mais je demande sur quoi tout cela porte ?

S'il est vrai, comme l'Auteur l'avoue, que ce soit ici une avarie simple qui exclud toute idée de contribution, pourquoi le navire A supporte-t'il une portion du dommage souffert par les marchandises, tandis même que ces marchandises ne peuvent jamais contribuer au payement des avaries souffertes par ce navire ?

Pourquoi aussi, ce qui est encore plus singulier, le navire A supporte-t'il, dans l'exemple proposé, une portion des avaries reçues par ces marchandises, tandis que le navire B, au lieu d'en supporter le surplus, ni même aucune portion, gagne au contraire 5 liv. en ce que son dommage particulier fixé à 20 liv. est réduit à 15 liv. au moyen des 5 liv qu'il a reçues du navire A ? Cela ne se conçoit point, & il n'y a rien là au reste qui ne résiste à ce principe vrai, qu'un abordage fortuit ne peut faire que des avaries simples, qui par conséquent sont pour le compte particulier de chacun de ceux qui les ont reçues. De sorte qu'il en seroit de même absolument de la part des propriétaires des deux navires conformément au droit romain, si notre article n'eut pas décidé le contraire en ordonnant que le dommage des deux navires seroit supporté par eux *également*.

Delà il s'ensuit donc qu'il n'y a d'avaries communes qu'entre les deux navires, & que celles des marchandises ne doivent nullement être comptées, puisque ce ne pourroit être que pour les faire supporter tout de même aux deux navires par moitié, à prendre notre article à la lettre qui ne parle que des navires; mais sur quel fondement ne s'agissant que d'un cas fortuit ?

Ne seroit-il pas absurde en effet, de prétendre qu'un navire, qui, n'ayant que son lest ou un mince chargement, aborderoit un vaisseau richement chargé dont la cargaison se trouveroit extrémement avariée par cet abordage, dût supporter non seulement la moitié de ses avaries personnelles & de celles de l'autre navire, (comme il est de régle,) mais encore la moitié du dommage arrivé à cette cargaison; & que l'autre navire, outre la moitié des avaries des deux vaisseaux, fût tenu de payer l'autre moitié du dommage des marchandises, sans que les propriétaires des deux navires pussent s'en défendre autrement, qu'en abandonnant leurs navires & le fret ? C'est pourtant ce qu'il faudroit admettre, s'il étoit vrai que les avaries des marchandises dussent entrer en ligne de compte.

On ne pourroit en tout cas se tirer de là, qu'en faisant contribuer la cargaison conjointement avec les deux navires au payement de la totalité du dommage; & alors il faudroit que ce fût ou par tierces parties, ou proportionnellement au sol la livre : mais aussi alors quel seroit le principe de cette opération ? que deviendroit au surplus le systême de notre Auteur ? Il est donc insoutenable à tous égards.

Concluons donc, encore une fois, que le dommage dont parle notre article, ne peut s'entendre que du dommage arrivé aux deux navires, abstraction faite des marchandises; c'est-à-dire, sans examiner si les marchandises de part & d'autre ont reçu des avaries ou non; puisque ces avaries ne peuvent être absolument que simples & particulieres, uniquement à la charge des propriétaires de ces marchandises.

ARTICLE XI.

SI toutefois l'abordade avoit été fait par la faute de l'un des maîtres, le dommage sera réparé par celui qui l'aura causé.

L'Exception portée par cet article est toute naturelle, & à plus forte rason s'il paroissoit qu'il y eût de la malice de la part d'un des maitres. Alors le maitre coupable, répondroit non seulement du dommage arrivé aux deux navires, mais encore aux effets de leur chargement; & comme le propriétaire est tenu des faits du maître, il ne pourroit se défendre de la réparation de ce dommage qu'en abandonnant son navire & le fret, suivant l'art. 2. tit. 8 du liv. 2. ci-dessus, sauf son recours contre le maitre.

Rien n'est plus commun, que de voir celui qui se plaint de l'abordage, en rejetter la faute sur sa partie adverse, & celle-ci lui retorquer l'argument; mais par la difficulté de reconnoître de quel côté est la faute, & de juger même si la faute est de nature à mériter que celui à qui elle est imputée supporte le dommage en entier, il arrive presque toujours que le dommage reçu de part & d'autre est jugé avarie commune. C'est aussi ce qu'approuve Grotius, au rapport de Loccenius, *de jure maritimo, lib. 3, cap. 9, n. 11, fol. 312.*

Il y auroit vraiment faute de la part du maître, si étant à l'ancre dans le port ou havre, (*secus* en rade,) il avoit manqué d'y mettre un hoirin, un boüée ou gaviteau, & alors il seroit tenu du dommage causé par l'ancre, art. 15, des Jugemens d'Oleron; art. 28 & 51, de l'Ordon. de Wisbuy, & art. 5, tit. premier des ports & havres *infrà.*

Il y auroit aussi faute de la part du maître, si son navire étoit mal amarré, consulat, ch. 198 & 200, Targa, pag. 341; *jus Hanseaticum*, tit. 10, art. 4.

Il y auroit encore faute de la part du maître qui refuseroit de lever son ancre, étant averti par un autre qu'elle peut lui causer du dommage, suivant la disposition du même article 15 des Jugemens d'Oleron, & de l'art. 27 de l'Ord. de Wisbuy. On en peut dire autant du cas, où le maître requis de larguer son amarre l'aura refusé. Il faut supposer néanmoins que le maître puisse faire l'un & l'autre sans exposer son navire; autrement il n'y aura rien à lui imputer & ce sera encore une avarie commune.

De même, si un navire sans qu'il y ait de la faute du maître ou du pilote, se trouve embarrassé dans les cables d'un autre, ou dans des filets de pêcheurs & qu'il n'y ait pas moyen de le débarrasser autrement qu'en coupant les cables ou les filets. Puffendorf, du droit de la nature & des gens, liv. 2, ch. 6, §. 8.

Quelque fois celui qui a intérêt que son voisin largue son amarre, afin de pouvoir arriver au quay & s'y amarrer, la coupe sur son refus. Cela n'est pas permis, que le refus soit injuste ou fondé; parce que c'est là une voye de fait qui ne peut être tolerée que dans un cas de nécessité absolue. Il faut en pareille circonstance & toutes les fois qu'il s'agit de se placer au quay, s'addresser au capitaine de port ou maître de quays, à qui cette police appartient, sous la direction des officiers de l'Amirauté. C'est à lui à assigner la place à chacun, à ordonner sur cela la manœuvre qui convient ; & en cas de refus, il a droit de couper ou faire couper les amarres & généralement de faire tout ce qui est nécessaire pour maintenir le bon ordre dans le port. v. *infrà* les art. 2 & 7, tit. 2, liv. 4; & pour le temps de former l'action en cas d'abordage, *suprà* liv. premier tit. 12, art. 8.

Par l'Ord. des rivieres de l'année 1415, art. 19 & 20, celui qui descend la riviere, répare le dommage fait à celui qui monte, s'il ne lui a crié *lay gesir lay*. C'est-à-dire va à terre, à quartier ; auquel cas le batteau montant est tenu de se ranger & donner passage, & s'il ne le fait & reçoit dommage ou s'il en cause, ce sera pour son compte, v. la note 5, sur l'art. 15 des Jugemens d'Oleron.

Cet article 15 des Jugemens d'Oleron est d'une tournure qui engage à le transcrire ici ; « *item* deux nefs ou plusieurs, sont en un havre & y a peu d'eau, & s'y » asséche l'ancre de l'une desdites nefs ; lors le maitre de l'autre nef, doit dire à l'autre, » *maître levez votre ancre, car elle est trop près de nous & nous pourroit faire dommage ;* » & si ledit maître ne veut point la lever, ni ses compagnons ; alors l'autre maître » & ses compagnons qui pourroient pâtir au dommage peuvent lever ledit ancre & » l'éloigner d'eux ; & si les autres défendent au lever l'ancre, & l'ancre fait dom» mage, ils sont tenus l'amander tout au long, &c. »

Il est à observer que toutes les dispositions de notre ordonnance sur le fait de l'abordage des navires, regardent aussi bien les vaisseaux du Roi que ceux des particuliers ; c'est-à-dire qu'en cas d'abordage d'un vaisseau du Roi avec un navire marchand, l'Amirauté est fondée à en connoître, & qu'à cet égard tout doit être réglé, comme s'il s'agissoit de l'abordage de deux vaisseaux appartenants à des particuliers.

Pour la contribution aux avaries causées par l'abordage, il n'a jamais été révoqué en doute, que le Roi ne dût y être soumis comme ses sujets, puisque la raison de la Loi est essentiellemenr la même, & qu'il est de la justice du Roi, que la Loi l'oblige dans les mêmes cas d'équité naturelle, où elle oblige ses sujets.

Cela est même d'autant plus juste, qu'il n'y a pas d'apparence que le capitaine d'un navire marchand, ne fasse pas tout ce qui dépendra de lui pour éviter l'abordage d'un vaisseau de Roi, puisque tout l'y invite ; l'intérêt de son armateur, le sort de son voyage, & plus encore la crainte d'être puni sévérement, s'il étoit reconnu que l'abordage procédât de sa faute. La présomption étant donc de droit que l'abordage a été fortuit ou plutôt inévitable de sa part, la conséquence est nécessaire que le Roi contribue au dommage qui en est résulté.

Quant au droit qu'a l'Amirauté d'en connoître, c'est une suite naturelle de l'attribution qui lui a été faite de toute ancienneté, des causes maritimes & de tout ce qui en dépend, desquelles causes, celles en contribution d'avaries pour abordage sont nécessairement partie comme il résulte tant de cet article & du précédent que de l'art. 3, tit. 2, du liv. premier ci-dessus.

C'est donc devant les Juges de l'Amirauté que doivent se pourvoir les propriétaires des navires qui ont souffert des avaries par l'abordage des vaisseaux du Roi ; & c'est aussi de cette maniere qu'il en a toujours été usé en pareille occasion. A la vérité les Juges de l'Amirauté ne se sont jamais crus autorisés à prononcer aucune condamnation contre le Roi ; le respect les en a perpétuellement empêchés. Mais comme Juges de la matiere, ils ont fait l'instruction & les opérations convenables pour constater & faire estimer les avaries souffertes de part & d'autre ; après quoi ils ont fixé la somme qui revenoit à celui qui avoit souffert le plus de dommage.

Pour la régularité, ces procédures ont été faites avec un officier du Roi, nommé par Mr. l'Intendant de la marine ou son représentant ; & lorsque le particulier s'est trouvé avoir souffert plus d'avaries que le Roi, ce qui est comme inévitable, à cause que les navires marchands sont d'un échantillon trop foible pour soutenir le choc des vaisseaux du Roi; compensation faite des avaries souffertes par le vaisseau du Roi, on a fixé l'excédant qui devoit être remboursé, ou pour moitié au particulier, ou par contribution au sol la livre, dans le cas que le dommage avoit été causé ou procuré pour le salut commun; pour raison duquel remboursement, il lui a été sauvé à se retirer par devers sa Majesté pour la supplier de donner les ordres nécessaires à ce sujet.

Encore une fois, voilà ce qui s'est toujours pratiqué, sans aucune contradiction, jusqu'à la difficulté élevée à l'occasion de l'abordage arrivé au mois d'avril 1753, entre la Flute du Roi, *la Chévre* & le navire *la Couronne*, appartenant aux Srs. Théodore de Lacroix & Trézahard Bonfils. Les officiers de l'Amirauté de la Rochelle firent la procédure usitée en pareil cas, les Srs. de Lacroix & Bonfils ayant pour contradicteurs, outre le procureur du Roi, Mr. d'Abadie, Commissaire de la marine à la Rochelle, nommé à cette fin par M. de Givry, Commissaire ordonnateur au port de Rochefort, qui faisoit alors les fonctions d'Intendant. Par l'événement, les avaries souffertes par les Srs. de Lacroix & Bonfils, se trouverent monter fort haut, parce que pour sauver le vaisseau du Roi, le capitaine de leur navire avoit été obligé de couper ses cables, d'où s'étoit suivi l'échouëment du navire avec bris & naufrage. Cela fit croire que les Officiers de l'Amirauté n'y avoient pas regardé d'assez près dans la fixation qu'ils avoient faite des avaries, & en conséquence il intervint un Arrêt du Conseil le 27 juillet 1754, qui en déclarant nulle la procédure faite à l'Amirauté, sous prétexte d'incompétence, renvoya les Srs. de Lacroix & Bonfils devant le Commissaire du Conseil, pour leur être fait droit sur leurs demandes & prétentions.

Il y eut ensuite quelques mouvemens pour faire revoquer cet Arrêt; mais des considérations particuliéres firent abandonner les poursuites; & l'on ignore quelle sorte de Justice a été rendue aux Srs. de Lacroix & Bonfils.

Il pourra arriver, si quelque nouvelle affaire de cette nature se présente, que l'on se prévaudra de cet Arrêt, pour en ôter la connoissance à l'Amirauté. Cependant sa commpétence n'en est pas moins certaine; & il est d'autant plus intéressant pour les particuliers de la lui conserver, que sans cela ils ne pourroient jamais espérer d'obtenir une Justice pleine & entiere, telle que le Roi entend qui leur soit rendue.

Au sujet de cette affaire, il fut dressé dans le temps un mémoire qui pourroit avoir son utilité dans la suite; en voici le précis pour ce qui regarde la compétence seulement.

L'incompétence ne peut venir dans la régle générale, que de la nature de l'affaire, ou de la qualité des parties.

Dans l'espéce, il s'agit d'avarie causée par l'abordage de deux vaisseaux, dont l'un a fait n'aufrage. Or que cet abordage ait été forcé ou volontaire, inévitable ou arrivé par imperitie, l'action qui en résulte est nécessairement de la compétence de l'Amirauté.

» Connoîtront les Juges de l'Amirauté » dit l'art. 3, tit. 2, liv. premier de l'Ordonnance de la marine du mois d'août 1681, » des bris, naufrages & échoue» mens, du jet & de la contribution, des avaries & dommages arrivés aux vaiſ-

» seaux & marchandises de leur chargement, » l'art. 10 ajoute, » de tous crimes » & délits commis sur mer.

S'il faut quelque chose de plus précis pour les avaries résultantes d'abordage, il n'y a qu'à jetter les yeux sur les art. 10 & 11, tit. 7, du liv. 3, qui réglent la maniere de supporter le dommage en pareil cas; & sur l'art. 5, tit. premier du liv. 4, qui, pour prévenir les abordages oblige les capitaines dont les navires sont à l'ancre, d'attacher à leurs ancres « des hoirins bouées ou gaviteaux. »

Cette attribution aureste à la Jurisdiction de l'Amirauté est de toute ancienneté, s'agissant ici d'un fait ou accident maritime, dont par les plus anciennes Ordonnances les juges de l'Amirauté ont eu droit de connoître; & en particulier la contribution aux avaries avoit été formellement déclarée de leur compétence, par l'Édit du 12 février 1576, par les lettres patentes du 2 août 1582, & par l'art. 22, de l'Ord. du mois de mars 1584.

L'affaire dont est question, étant donc de sa nature de la compétence de l'Amirauté, il ne reste plus que de sçavoir, s'il y a une exception à faire à raison de la qualité des parties.

Le doute ne peut être formé par rapport aux Srs. de Lacroix & Bonfils, non-seulement parce qu'ils sont négocians & armateurs du navire pour raison duquel ils sont demandeurs en payement ou contributions d'avaries; mais encore parce qu'aux termes de l'art. premier du tit. 2, déjà cité, il suffit qu'une affaire soit de sa nature de la compétence des juges de l'Amirauté, pour qu'ils ayent droit d'en connoître, entre quelques personnes que ce soit, même privilégiées tant en demandant qu'en défendant.

La difficulté ne peut donc venir que de cette circonstance, que la demande en contribution d'avaries, regarde & intéresse le Roi; mais Sa Majesté n'entent-elle plus rendre justice à ses sujets? & si ce soupçon ne pourroit être formé sans crime, les Sr. de Lacroix & Bonfils pouvoient-ils se pourvoir ailleurs que pardevant les officiers de l'Amirauté, leurs juges naturels, & les seuls établis pour connoître de ces sortes de matieres? Sans distinguer si le Roi y a intérêt ou non, n'y ayant point de Tribunal érigé séparement, pour juger les causes qui pourront concerner Sa Majesté en pareille occurence.

Il falloit dit-on se pourvoir pardevant l'Intendant de la marine à Rochefort. Mais quel est son titre pour connoître de pareilles affaires? Il n'a pas de Jurisdiction contentieuse, civile; il n'est pas même Intendant de justice, & ici il s'agit de procédures à faire en régle, de nommer des experts, de prendre leur serment, & de recevoir l'affirmation de leur rapport; toutes opérations dépendantes de l'ordre judiciaire, & étrangéres aux Intendans de marine.

Opposeroit-on, qu'il y a une sorte d'indécence, à ce qu'une cause qui intéresse le Roi, soit traitée dans une Jurisdiction sujette à appel? La réponse est.

1°. Que devant le Roi tous ses sujets étant égaux, il en est de même de ses officiers de justice; ceux d'un degré plus éminent n'ayant droit de connoître des affaires qui le regardent, qu'autant qu'il leur en a donné le pouvoir. Il n'y a donc pas d'indécence de la part des juges Royaux inférieurs à connoître de ces sortes d'affaires, si le Roi leur en a conferé le pouvoir. Or il l'a donné en cas pareil à celui dont il s'agit, aux officiers de l'Amirauté, puisque n'ayant pas établi d'autre Tribunal pour en connoître, il y a nécessité de se pourvoir devant eux, comme seuls juges de la matiere en premiere instance.

2°. Le Roi n'a pas trouvé indécent que les prises faites par ses vaisseaux fussent soumises aux déclarations à faire par ses capitaines ou leurs représentans dans la Jurisdiction de l'Amirauté, & à l'instruction de la procédure à faire aussi à cet égard par les officiers de cette Jurisdiction. Pourquoi en seroit-il autrement en fait d'avarie par abordage sous prétexte que le Roi y a intérêt?

3°. En cas d'échouement ou naufrage de navires ennemis sur les côtes du Royaume, quoique la confiscation de ces navires & de leur chargement soit déclarée appartenir au Roi seul; l'instruction à faire à ce sujet, n'en appartient pas moins aux officiers de l'Amirauté. Il ne suffit donc pas que le Roi ait intérêt à une affaire pour que l'Amirauté n'en puisse pas connoître.

Une circonstance intéressante qui n'étoit pas oubliée dans ce mémoire, c'est que les officiers de l'Amirauté, quoiqu'ils ne doutassent pas de leur compétence avoient différé de recevoir la requête des Srs. de Lacroix & Bonfils, jusqu'à ce qu'ils sçussent si M. de Givry, faisant les fonctions d'Intendant de la marine à Rochefort, le trouveroit bon. Par respect pour Sa Majesté, ils avoient crû devoir user de cette précaution; de sorte qu'ils ne prirent connoissance de l'affaire qu'après que M. de Givry eût répondu » que le Roi en pareil cas étoit, vis-à-vis de ses sujets, un par» ticulier aussi soumis aux décisions de l'Ordonnance de 1681, que le dernier des » négocians; que cela devoit suffire pour lever les doutes des officiers de l'Amirauté & » les déterminer à aller en avant; qu'il falloit nécessairement le Jugement de l'A» miranté pour la décharge à la chambre des comptes; » c'étoit parler en officier instruit des régles.

Le reste du mémoire étoit employé à justifier les opérations & la décision des officiers de l'Amirauté au fond. Ils n'avoient pas au reste passé les bornes de l'instruction; & enfin ils avoient pour eux l'exemple assez récent de l'échouement du navire *le Barentin*, que le Roi avoit pris à son service.

La conclusion du mémoire étoit que l'Arrêt du Conseil devoit être retiré, non-seulement parce que les officiers de l'Amirauté n'avoient fait que ce qu'ils avoient été autorisés à faire; mais encore parce qu'en laissant subsister l'Arrêt, il en résulteroit des conséquences extrémement dangereuses.

TITRE VIII.

DU JET ET DE LA CONTRIBUTION.

DANS le précédent Titre les avaries ont été caractérisées, en distinguant les simples & particulieres, de celles qui sont grosses ou communes. Dans celui-ci, il est question de la maniere dont se doit faire la contribution aux avaries communes.

Suivant l'intitulé du présent Titre, tout jet seroit sujet à contribution; cependant les articles 12, 13 & 18 prouvent qu'il peut y avoir jet sans contribution, comme il peut y avoir contribution sans jet.

ARTICLE PREMIER.

SI par tempête, ou par chasse d'ennemis ou de pirates, le maître se croit obligé de jetter en mer partie de son chargement, de couper ou forcer ses mâts, ou d'abandonner ses ancres, il en prendra l'avis des marchands & des principaux de l'équipage.

CEt article est incomparablement plus régulier que les art. 8 & 9 des Jugemens d'Oleron, & les art. 20, 21 & 38 de l'Ordon. de Wisbuy, qui se contentent que le tiers de l'équipage donne son consentement au jet que veut faire le maître, & à ce qu'il coupe ses mâts, &c.

Le bon sens veut en effet qu'en pareil cas ce soit l'avis du plus grand nombre qui décide & fasse loi : cependant il ne faut compter que ceux qui sont en état de délibérer en pareilles circonstances; & c'est pour cela que notre article dit, *principaux de l'équipage.* Ce qui exclut les mousses & les novices, mais non les anciens matelots, quoiqu'ils ne soient pas officiers mariniers.

Il est juste aussi de prendre l'avis des marchands chargeurs ou passagers, comme ayant autant d'intérêt à la chose que les gens de l'équipage. *Idem*, Quintin Weytsen, Traité des avaries, pag. 32. Et cela est d'autant plus juste, si, comme il arrive souvent, ces marchands ou passagers sont au fait de la navigation, ou y ont acquis quelque expérience.

Le cas de la chasse des ennemis ou des pirates, est joint ici à celui de la tempête ou des vents forcés; parce que le danger d'être pris fait naturellement autant d'impression sur les esprits que celui du naufrage. *Idem*, art. 21, chap. 5 du Guidon.

De maniere ou d'autre, c'est donc une avarie grosse & commune aux termes de cet article. De même, si, pour éviter la prise, le maître force de voiles, & que les mâts se rompent. Sentence conforme de Marseille du 10 Mars 1751. V. *suprà* art. 6 du tit. préc.

ARTICLE II.

S'Il y a diverſité d'avis, celui du maître & de l'équipage ſera ſuivi.

NOn-ſeulement l'avis du maître & de l'équipage doit être préféré à celui des marchands chargeurs ou paſſagers, (Loccenius, *de jure maritimo lib. 2, cap. 7, n. 3, fol. 204*) même quand ceux-ci ſeroient en plus grand nombre; mais encore en cas de partage entre les marchands ou paſſagers & les gens de l'équipage, le ſentiment du maître doit l'emporter par droit de prépondérance, tant à raiſon de ſon titre de chef du navire, qu'à cauſe que par ce titre même il eſt cenſé avoir plus d'expérience, ou connoître mieux ſon navire qu'aucun autre.

ARTICLE III.

LEs uſtenciles du vaiſſeau, & autres choſes les moins néceſſaires, les plus peſantes & de moindre prix, ſeront jettées les premiéres; & enſuite *les marchandiſes du premier pont* : le tout néanmoins *au choix du capitaine & par l'avis de l'équipage*.

LA diſpoſition de cet article eſt tirée en partie de l'article 34 chap. 5 du Guidon, de même que les notes du Commentateur. *Idem*, Loccenius, *de jure maritimo, lib. 2, cap. 7, n. 4, fol. 205*. Vinnius *in peckium, leg. 2, ff. ad leg. Rod. not. A, fol. 195*; & Caſa Regis, *diſc. 45, n. 29*.

Les marchandiſes du premier pont. Le Guidon dit, *marchandiſes d'entre deux tillacs*, ce qui revient au même; & c'eſt ainſi qu'il faut entendre ces mots de l'art. 38 des loix Rodiennes : *mercator primus jacito, atque ita nautæ rem adgrediuntor.*

Au choix du capitaine, & par l'avis de l'équipage. Non pas pour régler le jet deſpotiquement, mais avec prudence, en ſe conformant à l'eſprit du préſent article, autant que le danger où l'on ſe trouve peut le permettre. Autrement, & ſi le capitaine en uſoit avec malice ou affectation, il ſeroit répréhenſible, & tenu des dommages & intérêts. Vinnius, *ibid.* Kuricke, ſur l'art. 4, tit. 8, du droit hanſéatique, *fol. 777*, & *queſt. 32, fol. 896*. Van Leewen ſur le Traité des avaries de Quintin Weytſen, n. 20.

ARTICLE

ARTICLE IV.

L'Ecrivain ou celui qui en fera la fonction, écrira sur son registre, le plutôt qu'il lui sera possible, la délibération, la fera signer à ceux qui auront opiné, sinon fera mention de la raison pour laquelle ils n'auront pas signé; & tiendra mémoire autant que faire se pourra des choses jettées & endommagées.

VOyez la note 12 sur le huitiéme article des Jugemens d'Oleron.

Dans nos navires marchands il n'y a point d'écrivain, ni personne qui en tienne lieu; à moins, comme il a été observé sur l'art. premier, titre 3, liv. 2, qu'on n'entende sous ce nom le second capitaine ou lieutenant, qui tient ce qu'on appelle le livre de bord, où il fait mention de l'entrée & de la sortie des marchandises.

En cas de jet, on tient une note des choses jettées; & aussi-tôt que le péril est passé, le capitaine dresse un procès-verbal avec son équipage, contenant la résolution prise pour le jet, & l'énumération des choses jettées; lequel procès-verbal il signe & fait signer aux principaux de l'équipage. Ce qui toutefois ne dispense nullement de la déclaration à faire au Greffe de l'Amirauté, aux termes de l'article suivant.

On doit faire mention tout de même, autant qu'il se peut, des choses endommagées par le jet, ou à l'occasion du jet (ce qui s'entend du navire aussi-bien que des marchandises, comme il a été observé sur l'article 6 du tit. précédent); parce que ce dommage fait essentiellement partie de la perte qui est à supporter en commun : sauf à faire contribuer à la perte générale, ces mêmes choses endommagées, jusqu'à concurrence de leur valeur.

ARTICLE V.

AU *premier port* où le navire abordera, le maître déclarera pardevant le Juge de l'Amirauté, s'il y en a, sinon devant *le Juge ordinaire*, la cause pour laquelle il aura fait le jet, coupé ou forcé ses mâts, ou abandonné ses ancres; & si c'est en pays étranger qu'il aborde, il fera sa déclaration devant *le Consul de la Nation Françoise*.

LA déclaration ordonnée par cet article est de nécessité, quoiqu'il eût été dressé à bord un procès-verbal concernant le jet. Cette déclaration au reste doit être attestée, non par deux hommes de l'équipage seulement, comme il se pratique pour les rapports ordinaires au retour du voyage, ou en cas de relâche; mais par la plus grande partie de l'équipage : sans quoi elle ne feroit pas foi, attendu l'importance de l'objet.

Au premier port; & cela pour éviter les fraudes que pourroient faire le capitaine

& l'équipage en mettant à terre secrettement des effets à eux appartenans, ou à des personnes qu'ils voudroient favoriser, pour avoir occasion de dire ensuite que ces effets auroient fait partie du jet. C'est pourquoi encore cette déclaration doit être faite aussi-tôt l'arrivée au premier port, & au plus tard dans les vingt-quatre heures, temps prescrit en général pour tous les rapports; ce qui, à plus forte raison, doit rigoureusement avoir lieu en pareille occurrence.

Le Juge ordinaire. Je pense avec le Commentateur que cela s'entend du Juge subalterne comme du Juge royal; mais je ne crois point avec lui qu'il y ait obligation de réitérer la déclaration devant le Juge de l'Amirauté, parce que l'Ordonnance ne le dit point. Ce qu'il y a seulement, c'est que le maître faisant son grand rapport devant le Juge de l'Amirauté du lieu où se fait la décharge & le désarmement de son navire, doit y faire mention de la déclaration par lui faite touchant le jet, & en représenter une expédition, pour demeurer en dépôt au Greffe de l'Amirauté, avec le procès-verbal qu'il aura fait à bord, ou du moins pour que ces piéces soient visées dans le rapport, & paraphées par le Juge *ne varietur.*

Le Consul de la Nation Françoise. Idem, art. 27, titre 9, liv. premier *suprà.* La déclaration se fait au Greffe de la Chancellerie en présence de deux témoins. *Ibid.* art. 25, & le Consulat venant à vacquer, c'est devant le plus ancien des députés de la nation en exercice, comme étant autorisé à faire les fonctions de Consul. Art. 2 du même titre.

ARTICLE VI.

L'Etat des pertes & dommages sera fait *à la diligence du maître dans le lieu de la décharge du bâtiment*; & *les marchandises jettées & sauvées* seront estimées *suivant le prix courant dans le même lieu.*

NOn-seulement, aux termes de la loi 2, *ff. de lege Rhodia*, c'est au maître à faire faire l'état des pertes & dommages causés par le jet; mais encore ceux qui ont intérêt que la contribution soit payée exactement, peuvent enjoindre au maître de retenir les effets restés dans le navire, jusqu'à ce que ceux à qui ils appartiennent ayent satisfait à la contribution. Et c'est sans doute dans la supposition qu'on ait manqué de lui faire cette injonction, que le §. *si quis 6* déclare que si quelqu'un des contribuables est insolvable, le maître ne répondra point de cet évenement : *nec enim*, est-il dit, *fortunas cujusque nauta excutere debet.*

Quoiqu'il en soit, par l'art. 21 ci-après, nous voyons bien que le maître, en cas de refus de quelques-uns des contribuables, est autorisé à retenir leurs marchandises, même à les faire vendre par autorité de Justice, jusqu'à concurrence de leur part dans la contribution : mais cette obligation ne lui est imposée nulle part. Ainsi, à moins d'une saisie entre ses mains de la part de ceux qui ont le principal intérêt au recouvrement de la contribution, si ceux à qui il aura laissé enlever leurs marchandises deviennent insolvables, il n'en sera nullement responsable. Voyez Loccenius, *de jure maritimo, lib. 2, cap. 8, n. 12, fol. 223.*

A la diligence du maître. Ce n'est donc point à lui à dresser l'état des pertes &

dommages, & à régler la contribution d'un chacun. Il eſt ſeulement obligé de faire ſes diligences pour y parvenir dans l'abſence du propriétaire ou armateur du navire : car ſi le propriétaire eſt préſent, ce ſoin le regarde directement.

Au ſurplus, la contribution doit être réglée avec les parties intéreſſées, qu'elle ſoit judiciaire ou extrajudiciaire; ſans quoi elle n'obligeroit que ceux qui y auroient acquieſcé. Sentence de Marſeille du 30 Janvier 1750.

Dans le lieu de la décharge du bâtiment. Que ce ſoit le port de la deſtination, ou tout autre où il y aura eu néceſſité de faire le déchargement du navire : ce qui ne peut arriver toutefois qu'au cas que le navire n'ait pu être radoubé pour continuer ſa route, & qu'en même temps il ne ſe ſoit pas trouvé d'autre bâtiment pour porter les marchandiſes à leur deſtination. Art. 11, 21 & 22 du tit. du fret ou nolis.

Les marchandiſes jettées & ſauvées. L'eſtimation des unes & des autres doit être faite; ſavoir, de celles qui ont été jettées, pour connoître par-là quelle eſt la perte que ceux à qui elles appartenoient ont ſoufferte; & de celles qui ſont ſauvées, pour ſavoir d'un côté de combien elles ont été endommagées par le jet, & d'un autre côté pour connoître leur valeur entiere : pour laquelle valeur elles doivent contribuer, tant à la perte que le jet leur a cauſée, qu'à celle des marchandiſes jettées.

Suivant le prix courant dans le même lieu. Idem, l'art. 20, titre du fret ou nolis, au ſujet de la contribution pour le rachat; & cela à perte ou à profit, ſans avoir égard au prix qu'elles ont coûté. Loccenius, *de jure maritimo*, *lib.* 2, *cap. 8*, *num. 8*, *fol.* 216. Ce qui eſt conforme à ladite loi 2, *ff. de lege Rhodia*, §. *portio* 4, & à la loi 4, §. 2, *non quanti emptæ ſint*, *ſed quanti venire poſſunt.* Cette loi 2 paroit néanmoins diſtinguer; & il ſemble qu'elle veut qu'on ne les compte que ſur le pied de leur achat : mais notre Ordonnance eſt plus juſte. Au reſte, l'eſtimation eſt la même, lorſque le maître, au lieu de prendre de l'argent à la groſſe durant le voyage pour les néceſſités du navire, vend des marchandiſes. Art. 14, tit. du fret ou nolis.

En ce qui concerne les marchandiſes ſauvées & non endommagées par le jet, non-ſeulement le prix courant qu'elles ſe vendent dans le lieu de la décharge du navire, ſert à en régler l'eſtimation, mais encore à fixer la valeur de celles de la même qualité qui ont été jettées.

Pour ce qui eſt de celles qui ont été endommagées par le jet; comme ſi, dans le trouble du jet, des barriques ont été défoncées ou crévées, & que par-là la liqueur qu'elles contenoient ſe ſoit gâtée, ou qu'en ſe perdant elle ait altéré d'autres marchandiſes, &c. Domat, Loix civiles, liv. 2, tit. 9, ſect. 2, n. 18, *fol.* 187. Loccenius, *de jure maritimo*, *lib.* 2, *cap. 8*, *n. 13*, *fol.* 222. Caſa Regis, *diſc. 46*, *n. 13*. Le prix courant des autres de même qualité ſert tout de même à fixer la valeur qu'elles auroient eue, ſi elles n'euſſent pas reçu de dommage. Aprés quoi on fait attention au prix qu'elles ſont réellement vendues; &, en comparant ce prix avec la valeur qu'elles auroient eue ſans le dommage, on trouve la ſomme pour laquelle celui à qui elles appartenoient eſt en droit de demander raiſon par contribution; dans laquelle contribution il entre lui-même pour toute la valeur qu'auroient eu ſes marchandiſes, ſans le dommage, & non pas ſeulement eu égard à leur valeur actuelle; attendu que ſans cela il ne ſupporteroit pas comme les autres la juſte portion de ſa perte. Loccenius, *ibid.* Par exemple, ſi les marchandiſes n'euſſent pas été endommagées, elles auroient été vendues 6000 liv. : elles ne l'ont été que 4000 liv.; c'eſt donc 2000 liv. qui lui reviennent pour le dommage qu'il a ſouffert. Mais, ſous prétexte qu'il ne ſauve que 4000 liv., il ne faut pas dire qu'il ne doit contribuer que pour cette ſomme avec les autres, tant à sa perte de 2000 liv. qu'à toutes les autres pertes ; il doit nécessairement contribuer pour les 6000 liv., sans quoi il n'y auroit pas d'égalité dans la contribution, & sa condition seroit plus avantageuse que si ses marchandises n'eussent souffert aucun dommage.

Par rapport au navire ; s'il a souffert par le jet, il convient d'estimer cette perte : ce qui ne peut se faire que par experts ; & le prix de cette estimation se joint à la masse générale des pertes, dans lesquelles le propriétaire entre aussi, & en supporte sa portion, conformément à l'art. suivant.

En fait de prêt à la grosse & d'assurance, on ne fait point d'attention à la valeur des effets au temps de leur perte ; mais seulement à ce qu'ils valoient au temps de leur chargement : parce que ce n'est que jusqu'à concurrence de cette valeur que le prêteur à la grosse aventure & l'assureur ont voulu courir les risques. Aussi le profit maritime & la prime d'assurance n'ont-ils lieu que sur le même pied.

S'il en est autrement en matiere d'avaries communes & de jet ; c'est-à-dire, si l'on se régle précisément sur la valeur qu'auroient eu les choses jettées ou avariées au lieu de la décharge du navire, si elles eussent été conservées sans dommage, c'est par un principe d'équité & de justice qu'il est aisé de concevoir.

Seroit-il juste en effet que ceux dont les marchandises ont été sauvées & exemptes de dommage, profitassent de leur bonne fortune aux dépens des autres dont les effets ont été sacrifiés pour sauver les leurs ? Voilà le principe de la contribution ; d'où il s'ensuit qu'il faut la faire de maniere qu'on fasse bon à ceux dont les marchandises ont été sacrifiées pour le salut commun, de la valeur qu'elles auroient eue au lieu de la décharge du navire, si le sort du jet fût tombé sur d'autres plutôt que sur eux. Domat, Loix civiles, liv. 2, tit. 9, sect. 2, n. 6, *fol.* 185, 186.

Sans cela, l'égalité qui doit essentiellement régner entre tous ceux qui se sont trouvés dans le danger de tout perdre, & dont les uns n'ont sauvé leurs effets que parce que les autres ont sacrifié les leurs, seroit trop considérablement blessée ; & c'est ce que la justice ne sauroit souffrir.

Toutefois, s'il étoit prouvé que les effets, avant leur jet, eussent déja été avariés, il faudroit naturellement déduire l'évaluation de ce dommage à dire d'experts, sur la valeur qu'auroient pu avoir ces mêmes effets s'ils fussent arrivés à bon port, comme les autres non-endommagés ; & par-là toute justice sera encore gardée.

Mais toujours, en aucun cas, il ne s'agit du tout point d'examiner le prix de l'achat, soit pour autoriser celui dont les marchandises ont été jettées, à demander le prix qu'elles lui ont coûté, sans égard à celui de la vente qui en auroit pu être faite ; soit pour être en droit de lui offrir le même prix de l'achat & de l'en faire contenter, quoique ses marchandises eussent été vendues un plus haut prix.

Il est vrai que c'est dans ce cas précisément que les Interprétes du Droit posent pour maxime que *in jactu non habetur ratio lucri sed tantum damni*, & que c'est dans ce goût qu'est rédigé l'art. 27, chap. 5 du Guidon. Mais, outre qu'au fond ce n'est rien faire gagner à celui dont les effets ont été jettés, mais seulement lui accorder une juste indemnité, en estimant ses marchandises ce qu'elles auroient été vendues au lieu de la décharge du navire ; c'est qu'encore une fois il n'y auroit pas d'égalité sans cela.

Suivant l'Auteur des notes sur l'art. 8 des Jugemens d'Oleron, n. 14, dans la mer du Levant on distingue, si le jet a été fait avant la moitié du voyage ou depuis. Au premier cas, on se régle sur le prix de l'achat ; au second, sur celui que la marchandise auroit été vendue. Quintin Weytſen, a ſuivi auſſi cette doctrine dans ſon Traité des avaries, pag. 12 & 13; mais la déciſion de notre article eſt plus unie, & tout à la fois plus juridique & plus équitable. Au ſurplus, ledit art. 8 des Jugemens d'Oleron y eſt conforme, de même que le vingtiéme de l'Ordonnance de Wisbuy. *Idem* Stracha, *de aſſec. gloſſ. 6, n. 2 & 3.* Caſa Regis, *diſc. 1, n.134 & ſeq. Jus Hanſeaticum, tit. 8, art. 1, & ibid.* Kuricke, *fol. 770.*

Il eſt entendu néanmoins que, ſur cette eſtimation, le fret doit être déduit en entier, puiſque l'on conſidére les marchandiſes comme ſi elles fuſſent arrivées à bon port. Art. 39 de la même Ordonn. de Wisbuy. *Suprà*, art. 13, tit. du fret ou nolis. Loccenius, *de jure maritimo, lib. 2, cap. 8, n. 8, fol. 216.* Quintin Weytſen, Traité des avaries, pag. 30.

ARTICLE VII.

LA répartition pour le payement des pertes & dommages, ſera faite ſur les effets ſauvés & jettés, & ſur moitié du navire & du fret, au marc la livre de leur valeur.

LA maniere dont le propriétaire où le maître du navire doit contribuer de ſon côté au payement des effets jettés, & en général au payement des avaries groſſes & communes, eſt réglée par cet article.

Par la loi 2, §. 2. *ff de Lege Rhodia*, il paroit bien que le maître du navire doit contribuer pour ſa portion; mais il n'y eſt parlé que du navire, & nullement du fret.

Le huitiéme article des Jugemens d'Oleron porte, que le maître contribuera pour tout ſon navire ou pour tout ſon fret à ſon choix. *Idem* l'art. 21, chap. 5, du Guidon.

L'art. 40, de l'Ordonnance de Wisbuy dit au contraire, que ce ſera au choix des marchands; & ajoute que ſi le maître eſtime ſon navire un trop bas prix, il ſera permis au marchand de retenir le navire pour lui, à ce prix.

Notre article en prenant le milieu, veut que le navire & le fret contribuent tout à la fois, mais pour la moitié de leur valeur ſeulement.

La raiſon de la contribution des deux objets, eſt que tous deux ont été ſauvés par le jet, ou ſont intéreſſés dans l'avarie commune; & la raiſon pourquoi ils ne contribuent chacun que pour moitié, eſt qu'ils ne ſont pas indépendants l'un de l'autre, & qu'en uſer autrement ce ſeroit donner occaſion à la ſurpriſe ou à la lézion de part & d'autre.

En effet s'il étoit permis au maître de ne mettre que le fret en contribution, il ne manqueroit pas de prendre ce parti toutes les fois que ce fret ſeroit moins conſidérable que le navire; *& vice verſâ*, ſi le choix étoit déféré aux marchands chargeurs, ils rejetteroient alors le fret pour demander la contribution de tout le navire.

Il étoit donc juſte, par une régle ſimple & unique, de ne faire contribuer ces deux objets enſemble que pour moitié; car enfin s'il y a un fret, c'eſt aux dépens du propriétaire ou du maître, tant à raiſon des vituailles conſommées & des loyers des matelots, que de la diminution que ſouffre néceſſairement le navire dans ſa valeur durant le voyage, par le depériſſement inévitable de ſon corps & de ſes agrez & apparaux; à quoi il faut joindre l'intérêt de toute la dépenſe de la miſe hors. Ainſi nulle apparence de faire contribuer le fret pour le tout, & le navire en même temps auſſi pour le tout, puiſque le fret ne fait que le remplacement de ce que le navire eſt cenſé avoir perdu de ſa valeur pour le gâgner.

Encore une fois rien de plus juſte que cette contribution des deux objets réunis, pour moitié ſeulement; auſſi ſelon Weytſen, Tr. des avaries, pag. 31, cette maniere de faire la contribution a-t'elle été adoptée en divers pays. Caſa Regis *diſc.* 45, n. 9 & 10.

De là il s'enſuit pour opérer convenablement, que le fret doit être compté en entier au profit du navire, pour toutes les marchandiſes indiſtinctement, tant de celles qui ont été jettées, art. 13, *ſuprà* tit. du fret ou nolis, que de celles qui ont été ſauvées. Et en cela au reſte il n'eſt point fait d'injuſtice à ceux dont les marchandiſes ont été jettées puiſqu'on leur fait valoir leurs effets tout ce qu'ils auroient valu s'ils fuſſent arrivés à bon port; au moyen de quoi leur condition eſt la même que celle des marchands chargeurs dont les effets ont été ſauvés. C'eſt donc de ce fret général que la contribution ſe fera pour moitié.

Par rapport au navire, s'il y a une police d'aſſurance dans laquelle le navire ait été eſtimé, cette eſtimation ſervira de régle, ſinon il s'agira d'en faire faire l'évaluation eu égard au temps du départ; & de maniere ou d'autre la contribution n'aura lieu non plus en cette partie que pour moitié, l'autre moitié cenſée abſorbée par le déperiſſement naturel du navire durant le voyage, étant ainſi réputée remplacée par la moitié du fret qui doit être jointe à la moitié de l'eſtimation du navire, pour former la totalité de la ſomme pour laquelle le propriétaire ou le maître du navire doit ſouffrir la contribution.

Si le navire a ſouffert du dommage par le jet, il s'agira alors de faire faire l'eſtimation de ce dommage; mais cela n'apportera de changement dans l'opération que pour groſſir d'autant l'état général des pertes ſujettes à répartition.

Par exemple. Le fret eſt de 12000 liv. la moitié ſujette à contribution eſt de 6000 liv. & cette ſomme ſera invariablement contribuable.

Le navire a été eſtimé au départ 30000 liv. la contribution en cette partie eſt donc de 15000 liv. Si le navire n'avoit point ſouffert de dommage par le jet, il ne ſeroit pas queſtion d'autre choſe à cet égard.

Mais le dommage qu'il a reçu par le jet de ſes canons, de ſa chaloupe & autres uſtenſiles, ou autrement, a été eſtimé 2000 liv. c'eſt par conſéquent, autant à ajouter à la maſſe des pertes; à l'effet de lui faire trouver l'indemnité de cette ſomme de 2000 liv. par une juſte répartition.

On pourroit dire à la vérité que de cette ſomme de 2000 liv. il y a celle de 1000 liv. à ſupporter par la moitié non contribuable du navire, & 1000 liv. à ajouter au profit du même navire à l'état général des pertes; au moyen de quoi la contribution pour la moitié du navire ſeroit bien de 15000 liv laquelle ſomme étant jointe à celle de 6000 liv. pour la moitié du fret, ce ſeroit en tout pour la moitié du navire & du fret 21000 liv. à faire entrer en contribution avec ceux dont les marchandiſes ont été ſauvées, le tout au marc la livre (ou au ſol la livre, car ce ſont des termes ſynonimes) par laquelle opération le propriétaire du navire, à ſa portion près qu'il confondroit en lui même, trouveroit la ſomme de 1000 liv. faiſant la moitié du dommage que le jet à cauſé à ſon navire.

Mais cette maniere d'opérer seroit vicieuse. Il n'y a pas d'apparence en effet de réduire à moitié la perte qu'il a soufferte, en lui faisant confondre en lui même l'autre moitié, sous prétexte que le navire ne paroit contribuer que pour la moitié de sa valeur. Dès qu'on le fait contribuer en même temps pour la moitié du fret, c'est tout comme s'il rapportoit la valeur entiere du navire; attendu que cette moitié du fret représente l'autre moitié de la valeur du même navire. Ainsi dans l'hypothèse, en contribuant pour la moitié du navire & du fret, montant en tout à 21000 liv., il faut nécessairement lui passer dans la répartition la somme entiere de 2000 liv., à laquelle le dommage reçu par son navire a été estimé.

Notre article porte que la répartition des pertes & dommages se fera sur les effets sauvés & jettés, & sur la moitié du navire & du fret.

Pour ce qui concerne la moitié du navire & du fret, les explications qu'on vient de donner doivent suffire. A l'égard des effets sauvés & jettés, il faut entendre cela distributivement & cumulativement tout ensemble. Distributivement par rapport aux effets jettés, pour en rejetter la perte, tant sur les effets sauvés, que sur la moitié du navire & du fret; & cumulativement, tant les effets jettés, que les effets sauvés, pour les faire contribuer tous au payement du dommage conjointement avec la moitié du navire & du fret: de maniere toutefois que si les effets sauvés ont été endommagés par le jet, l'estimation de leur dommage servira à grossir l'état général des pertes; mais sans diminuer d'autant la somme pour laquelle ils doivent contribuer : parce qu'en pareille occurrence on doit opérer comme si tout étoit existant, sans qu'il y eût aucuns effets perdus.

Et comme les effets, tant jettés que sauvés, doivent également le fret, pour la moitié duquel le maître entre en contribution, il est naturel de déduire le fret sur toutes les parties de marchandises sujettes à contribution; puisque ce fret a grossi d'autant le prix des marchandises à la vente, & que sans cela le fret tomberoit en pure perte aux marchands chargeurs.

Cela doit avoir lieu au reste, non-seulement à l'égard des marchandises non-avariées, ou de celles qui ont été endommagées par le jet, mais encore de celles qui ont été avariées autrement, avant ou après le jet; comme si durant l'effort de la tempête, l'eau ayant pénétré par les sabords, ou par quelque autre endroit, a gâté des marchandises.

Car, quoique ce dommage, qui n'a pas été souffert pour le salut commun, ne puisse former qu'une avarie simple & particuliere, suivant l'art. 22, chap. 5 du Guidon, & quoique l'avarie que souffre la chose en particulier n'empêche pas que le fret n'en soit payé en entier, & sans aucune diminution, aux termes de l'article 25 *suprà*, tit. du fret ou nolis; il ne s'ensuit nullement de-là que, pour régler la contribution, il ne faille pas déduire tout de même le fret à celui dont les marchandises ont été avariées, il n'importe comment, en ce cas de contribution. C'est bien assez qu'il supporte seul l'avarie qu'il a soufferte, sans lui faire mettre en contribution plus qu'il ne retire de ses marchandises. *Alioquin duplici onere gravaretur*, dit Casa Regis, *disc. 46, n. 16*.

Le motif de la contribution est qu'il seroit injuste que ceux dont les marchandises ont été sauvées par le jet, les conservassent sans participer à la perte des effets jettés. Pour garder toute justice à cet égard, la contribution ne doit donc se faire que jusqu'à concurrence de la valeur des choses sauvées, & cette valeur étant diminuée par le fret qu'il faut payer, elle ne doit être comptée que sous la déduction de ce fret;

de même qu'on ne compte la valeur des choſes jettées au prix courant du lieu de la décharge du navire, qu'à la déduction auſſi du fret. Par-là celui qui a perdu par le jet, ne retire en proportion que ce qu'il a réellement perdu ; & celui qui doit contribuer à la perte, ne contribue tout de même que juſqu'à concurrence de ce qu'il a conſervé, tous frais déduits, ſuivant l'art. 20, tit. 3 du fret ou nolis.

ARTICLE VIII.

POur juger *de la qualité* des effets jettés à la mer, les connoiſſemens ſeront repréſentés, même les factures s'il y en a.

DE *la qualité*, & non de leur valeur, laquelle doit être réglée ſur le prix courant des marchandiſes de la même qualité dans le lieu de la décharge du bâtiment. *Suprà* art. 6. Et comme la qualité fait néceſſairement une différence conſidérable, non-ſeulement le connoiſſement doit-être rapporté, mais encore la facture : car enfin, que le connoiſſement énonce des balots de toile, par exemple, la qualité ne ſera pas ſuffiſamment établie par-là, y ayant des toiles de toute eſpéce, & de prix extrêmement diſproportionnés. Il faut donc dans tous les cas, où le connoiſſement ne ſuffira pas pour conſtater la qualité des marchandiſes, que les factures ſoient repréſentées, ou d'autres piéces ſupplétives. Ainſi jugé à Marſeille par Sentences des 14 Juillet & 16 Septembre 1750, au rapport de M. Emerigon, & par autre du 30 Juin 1752. Sur le tout on pourra même encore exiger l'affirmation du marchand chargeur.

ARTICLE IX.

SI la qualité de quelques marchandiſes a été *déguiſée par les connoiſſemens*, & qu'elles ſe trouvent de plus grande valeur qu'elles ne paroiſſoient par *la déclaration du marchand chargeur*, elles contribueront, en cas qu'elles ſoient ſauvées, *ſur le pied de leur véritable valeur ;* & ſi elles ſont perdues, elles ne ſeront payées *que ſur le pied du connoiſſement.*

IL eſt juſte de punir la fraude par tout où elle ſe trouve ; ainſi la déciſion de cet article ne doit pas paroître trop rigoureuſe.

Déguiſée par les connoiſſemens, & la valeur par les factures : car le reſte de l'article fait connoître qu'il a la valeur en vue principalement. Or la valeur n'eſt pas établie par les connoiſſemens, c'eſt ſeulement dans les factures.

La déclaration du marchand chargeur, dans le temps du chargement ou de la charte partie : car s'il s'agiſſoit d'une déclaration après le jet, il eſt évident qu'elle ne ſeroit point inférieure à la véritable valeur des effets ; l'excès ſeroit plutôt à craindre. Mais l'Ordonnance y a pourvu, en voulant qu'on ſe régle ſur le prix courant des marchandiſes

marchandises de la même qualité dans le lieu de la décharge du navire.

Sur le pied de leur véritable valeur. Qui sera réglée, comme il vient d'être dit, par le prix courant au lieu de la décharge.

Que sur le pied du connoissement, ou de la facture s'il y en a ; autrement on se réglera pour l'estimation sur la qualité déclarée par le connoissement. Mais alors ne faudra-t-il pas faire valoir ces marchandises, telles qu'elles seront désignées par le connoissement, le prix courant des autres marchandises de la même qualité au lieu de la décharge ? Il sembleroit que non, aux termes de cet article ; mais cela seroit trop rude, & ne pourroit se concilier avec l'article 6 ci-dessus, qui veut indistinctement que les marchandises jettées & sauvées soient estimées suivant le prix courant du lieu de la décharge. D'où il s'ensuit qu'en aucun cas, en fait de contribution, on ne doit point faire attention à la valeur de l'achat, ni à la valeur déclarée par le marchand chargeur. Ce qui résulte seulement de la fin de notre article, c'est que dans le cas de fraude, l'estimation ne doit se faire que eu égard à la qualité des marchandises déclarées dans le connoissement, quoiqu'il se trouve dans la suite qu'elles étoient d'une qualité supérieure. Telle est la peine que le chargeur doit subir pour l'infidélité de la déclaration, ou le déguisement dont il a usé dans le connoissement.

ARTICLE X.

SI au contraire les marchandises se trouvent d'une qualité moins précieuse, & qu'elles soient sauvées, elles contribueront sur le pied de la déclaration ; & si elles sont jettées ou endommagées, elles ne seront payées que sur le pied de leur valeur.

C'Est dans le même sens que cet article doit être pris, comme étant une suite de l'autre.

Cela veut dire que si les marchandises se trouvent d'une qualité inférieure à celle déclarée dans le connoissement, ou exprimée dans la déclaration du chargeur ; ce marchand chargeur, au cas que ses marchandises soient sauvées, sera tenu de contribuer néanmoins suivant la qualité déclarée, en les évaluant au prix courant des autres de même qualité ; & qu'au cas qu'elles ayent été jettées ou endommagées, elles ne seront payées que sur le pied de leur valeur, réglée tout de même au prix courant ; & rien n'est plus juste. Mais en cas de jet comment reconnoître qu'il y a eu déguisement dans la qualité ? Il faut donc supposer qu'elles soient recouvrées dans la suite en tout ou partie, ou que tout n'ait pas été jetté.

ARTICLE XI.

L*Es munitions de guerre & de bouche, ni les loyers & hardes des matelots*, ne contribueront point au jet ; *& néanmoins ce qui en sera jetté* sera payé par contribution sur tous les autres effets.

LEs *munitions de guerre.* Parce qu'elles sont nécessaires pour la défense du navire, & que l'on peut être de moment à autre dans l'obligation de les employer & de les consumer : en tout cas, ce sera si l'on veut un pur privilége.

Et de bouche. La loi 2, §. 2, *ff. de Lege Rhodia*, citée par le Commentateur, est véritablement applicable à cet objet, qu'il est plus que juste d'exempter de la contribution au jet, puisque les vituailles sont nécessaires pour la nourriture non-seulement des défenseurs & conducteurs du navire, mais encore de tous ceux qui y sont en qualité de marchands chargeurs, facteurs ou passagers.

La même loi qui forme le droit commun en cette partie, étend l'exception aux vivres des passagers, & avec raison, pourvu que ce ne soient effectivement que des vivres & des rafraichissemens qui servent journellement : car si c'étoient des farines, des vins & autres choses commestibles, chargées comme marchandises, & non destinées à l'approvisionnement du navire, qu'elles appartinssent au propriétaire du navire, au maître ou à tout autre, il n'est pas douteux qu'elles ne fussent sujettes à contribution. Domat, Loix civiles, liv. 2, tit. 9, sect. 2, n. 8, *fol.* 186.

Ni les loyers & hardes des matelots. La même décision par rapport aux loyers, se trouve art. 20 *suprà*, tit. 4, des loyers des matelots. Ce n'est pas par la raison qu'en donne le Commentateur, que *his non oneratur navis, nec earum jactus eam levare posset :* car si cette raison étoit la bonne, il s'ensuivroit que les pierreries dont parle le même §. 2 de ladite loi 2, ne devroient pas non plus contribuer, & qu'il en faudroit dire autant des dentelles & autres marchandises aussi légeres, quoique de grand prix, contre l'avis unanime des Auteurs fondé sur la disposition de la même loi en ces termes, *placuit omnes quorum interfuisset jacturam fieri, conferre opportere.*

Mais la raison pour laquelle les loyers des matelots ne contribuent pas au jet, est d'un côté que c'est par leur secours précisément & par leur travail que les effets ont été jettés, par où le navire & le reste du chargement ont été sauvés; & d'un autre côté, qu'au fond le propriétaire ou le maître du navire contribue à leur décharge pour leurs loyers, en contribuant jusqu'à concurrence de la moitié du fret, à raison duquel il est chargé de leur payer leurs loyers.

Cependant cela doit-il s'étendre à leur port permis, c'est-à-dire, aux marchandises que le propriétaire du navire leur permet, de même qu'au maître & autres officiers, d'embarquer jusqu'à une certaine quantité sans en payer le fret? Je ne le crois pas, quoiqu'on puisse dire que c'est pour eux un supplément de gages, d'autant plutôt que l'art. 8 des Jugemens d'Oleron, dans le cas même où les matelots n'ont que le port de quelques tonneaux pour tous gages, ne les exempte de la contribution que pour un seul tonneau. C'est aussi l'avis de Quintin Weytsen, Traité des avaries, pag. 33.

Quant à leurs hardes, ce qui comprend aussi le coffre d'un chacun pour serrer leurs hardes, il est d'autant plus juste de les exempter de la contribution qu'ils n'ont pas même en cela un avantage particulier; puisque, suivant la même loi, tous ceux qui sont sur le navire conservent leurs habillemens & leurs bagues & anneaux, sans être obligés de les faire entrer en contribution. L'Auteur des notes sur le huitiéme article des Jugemens d'Oleron, n. 27.

Toutefois cela ne doit s'entendre que des habits qui se portent journellement, & des linges de rechange pendant le voyage, comme aussi des bagues & joyaux que chacun porte habituellement sur soi, & non ceux que l'on mettroit sur soi, à l'occafion du jet précifément; n'étant pas douteux qu'en ce cas il ne fallût les faire entrer en contribution auffi-bien que l'argent dont on feroit nanti & les billets, de même que les habillemens non journaliers, avec les coffres & malles, & les autres effets qui s'y trouveroient. Art. 26, tit. 5 du Guidon. Voyez les art. 41, 42 & 43 de l'Ordon. de Wisbuy. Loccenius, *de jure maritimo, lib. 2, cap. 8, n. 4 & 21. Idem* Peckius & Vinnius *in Lege 2, ff. ad leg. Rhodiam, §. cum in eadem, fol. 213, not. f.* Et Quintin Weytfen, Traité des avaries, pages 16 & 17. *Et ibi* Devicq & Van Leewen, *n. 31 & 32. Idem* Kuricke, *ad jus maritimum, tit. 8, art. 4, fol. 778 & seq.* avec Cafa Regis, *difc. 45, n. 4 & fuiv.*

Et néanmoins ce qui en fera jetté. Cela fe rapporte auffi-bien aux munitions de guerre & de bouche qu'aux hardes des matelots : mais, par rapport à ce dernier objet, les matelots n'ont aucun avantage, puifque fi les habillemens & linges des marchands chargeurs ou autres paffagers font auffi jettés, il faudra tout de même en faire fupporter la perte par contribution fur tous les autres effets.

La feule diftinction qu'il y a à faire à cet égard eft, que la valeur des coffres & hardes des matelots, qui font cenfés n'avoir jamais que le néceffaire, ne fera comptée que pour en régaler la perte fur les autres effets, fans qu'ils foient tenus d'y contribuer eux pour cette valeur; au lieu que les paffagers dont les hardes auront été jettées, feront obligés d'entrer dans la contribution pour la valeur qui fe trouvera excéder celle de leurs habillemens ordinaires, pour raifon defquels il font exempts de contribution comme les matelots.

Ainfi, fi les hardes jettées des matelots font eftimées par exemple 1000 liv., cette perte fera régalée fur le navire & les effets fauvés, fans que ces matelots foient tenus de contribuer pour cette fomme de 1000 liv.; parce qu'étant difpenfés de toute contribution à cet égard, ils doivent être indemnifés de leur perte en entier, à la différence de ce qui fe pratique au fujet du jet des marchandifes : & en ce qui concerne les hardes des paffagers, comme ils ne font exempts de la contribution que pour leurs habillemens ordinaires, il faudra en faire une évaluation féparée des autres, & dire que fi leurs habillemens ordinaires jettés font eftimés 1500 liv., & les autres 2000 liv., ils ne contribueront à la totalité de la perte que pour ces 2000 liv.; & qu'ils en feront exempts pour les 1500 liv. comme les matelots.

Par la même raifon que ce qui eft exempt de la contribution ne fe compte pas pour fupporter la répartition de la perte, il s'enfuit que fi les munitions de guerre & de bouche jettées valent 1200 liv., il faudra en faire raifon en entier au propriétaire du navire, fans qu'il foit tenu d'y contribuer pour raifon de cette même fomme.

En fait de contribution au rachat du navire & de fon chargement, il y a cette différence que le navire & le fret y entrent pour le tout, déduction faite toutefois des vituailles confommées & des avances faites aux matelots, & que les matelots contribuent auffi à la décharge du fret à proportion de ce qui leur reftera dû de leurs loyers, fuivant l'art. 20 *fuprà*, tit. du fret ou nolis, *ubi vide notata.*

Il faut obferver au furplus que, dans l'efprit de l'Ordonnance, par-tout où il y eft parlé des matelots en général, non-feulement les officiers y font compris, mais encore le maître, & que le maître ne doit être détaché ou confidéré à part, que lorfqu'il eft mis en oppofition avec les matelots, comme lorfqu'il eft dit, *le maître congédiant le matelot*, &c. Alors fous le nom de matelot eft compris tout l'équipage, hors le maître : mais par-tout ailleurs le maître eft cenfé confondu avec l'équipage, fous ce terme générique *matelots.*

ARTICLE XII.

LEs effets, *dont il n'y aura pas de connoiſſement*, ne ſeront point payés, s'ils ſont jettés; *& s'ils ſont ſauvés*, ils ne laiſſeront pas de contribuer.

LA note 22 ſur l'art. 8 des Jugemens d'Oleron, dit, *marchandiſes non manifeſtées, leſquelles auront été chargées en cachette. Idem* Loccenius, *de jure maritimo, lib. 2, cap. 7, n. 4, fol. 205.* Conſulat, ch. 92, 112, 113, 184 & 254.

Dont il n'y aura pas de connoiſſement. C'eſt qu'on ne doit rien embarquer dans un navire ſans l'aveu du maître, & par conſéquent ſans connoiſſement. Et c'eſt ſur ce principe que l'art. 7 du tit. du fret ou nolis, permet au maître de renvoyer à terre les marchandiſes trouvées dans ſon vaiſſeau qui ne lui auront point été déclarées.

Cependant, comme il lui eſt libre, dans le même cas, de les retenir & d'en prendre le fret au plus haut prix que payent les autres marchandiſes de la même qualité; il ſemble que la déclaration qu'il en fera ſur ſon livre de bord, & ſur la facture générale du chargement, doit être ſupplétive à un connoiſſement, & que notre article qui veut que les effets dont il n'y a pas de connoiſſement ne ſoient point payés s'ils ſont jettés, ne doit avoir lieu que pour le cas où le maître ne ſe ſera pas apperçu de ces marchandiſes, & qu'il n'aura pas déclaré ſur ſon livre vouloir en prendre le fret.

Car enfin, s'il a fait cette déclaration, & à plus forte raiſon s'il a ſigné un connoiſſement qu'il ait joint aux autres du chargement reſtés par devers lui, il eſt obligé de livrer la marchandiſe, comme s'il s'en étoit chargé par un connoiſſement en forme délivré au chargeur. En tout cas, le chargement étant conſtaté par-là, il devroit s'imputer ou d'avoir fait jetter ces effets, ou de n'avoir pas averti qu'ils étoient ſous connoiſſement : au moyen de quoi il ſeroit reſponſable de l'évenement, s'il arrivoit que la perte de ces effets ne fût pas répartie à défaut de connoiſſement.

Mais cela ſeroit trop rigoureux. Le cas du défaut de connoiſſement ne pouvant arriver qu'à cauſe que le vaiſſeau aura trop tôt mis à la voile, ou qu'autrement le chargeur n'aura pas eu le temps de faire ſigner le connoiſſement; pourquoi alors ne pas admettre la déclaration du maître comme une preuve ſupplétive au connoiſſement, dès que l'exiſtence des effets a été conſtatée par le jet?

Si, en faiſant le jet des coffres, ceux à qui ils appartiennent exhibent les effets qui y ſont, dont il n'eſt pas d'uſage de prendre des connoiſſemens, quoique les effets qu'on y met ſoient des plus précieux; refuſera-t-on alors de faire raiſon de la valeur de ces effets dans la répartition des pertes, ſous prétexte de défaut de connoiſſement? Non, ſuivant l'Auteur des notes ſur les Jugemens d'Oleron, art. 8, n. 24, & les art. 41 & 43 de l'Ordonnance de Wisbuy. La déciſion doit donc être la même pour les marchandiſes dans notre eſpéce, où la ſuppoſition de marchandiſes qui n'auroient pas exiſté n'eſt point à craindre; ce qui eſt pourtant ce que notre article a eu en vue préciſément.

Pour le cas d'un connoiſſement ſigné par le capitaine en faveur d'un de ſes parens, voyez l'art. 7, tit. 3 du liv. 2.

Et s'ils ſont ſauvés. Par quelle raiſon ſeroient-ils plus exempts de contribuer que les autres effets ſauvés?

Dans le jet des coffres, il faut que ceux à qui ils appartiennent exhibent les effets qui ſont dedans, ſans quoi ils ne pourront demander la contribution que pour la valeur de ce qui paroîtra à l'extérieur. Loccenius, *de jure maritimo*, *lib.* 2, *cap.* 7, *n.* 4, *fol.* 205, *& cap.* 8, *n.* 9, *fol.* 217. Art. 41 & 43 de l'Ordonn. de Wisbuy. *Idem*, Vinnius *in Peckium*, *ad Leg. Rhodiam*, *fol.* 222. Caſa Regis, *diſc.* 46, *n.* 49 *&* 50. Van Leewen ſur Weytſen, n. 85.

ARTICLE XIII.

NE pourra auſſi être demandé contribution pour le payement des effets qui étoient *ſur le tillac*, s'ils ſont jettés ou endommagés par le jet, ſauf au propriétaire ſon recours contre le maître; *& ils contribueront néanmoins*, *s'ils ſont ſauvés.*

SUr le tillac. Cela ne peut arriver que parce qu'il n'y avoit plus de place dans le navire pour mettre ces marchandiſes ailleurs, ou par la négligence du maître qui devoit les placer convenablement; & d'une ou d'autre maniere, c'eſt ſa faute, ne lui étant pas plus permis de ſurcharger le navire que d'expoſer les marchandiſes à tomber dans la mer, par leur mauvaiſe poſition. C'eſt pour cela auſſi que cet article le rend reſponſable de l'événement envers le chargeur de la marchandiſe, & que l'art. 46 de l'Ordonnance de Wisbuy le rend reſponſable tout de même envers l'affréteur, dans le cas de la ſurcharge. Double garantie qui retombe ſur le propriétaire du navire, comme tenu des faits de ſon capitaine, juſqu'à ce qu'il déclare abandonner le navire & le fret, ſuivant l'art. 2, tit. 8 du liv. 2 ci-deſſus.

La raiſon pour laquelle cet article refuſe le payement des effets jettés ou endommagés qui étoient ſur le tillac, eſt que, comme ils ne pouvoient qu'embarraſſer la manœuvre, la préſomption eſt qu'ils auront été jettés avant toute néceſſité de jet, & uniquement parce qu'ils empêchoient & gênoient trop la manœuvre. Et ſi malgré cela le maître n'a pas voulu les faire jetter, & qu'ils ſe trouvent endommagés par le fait du jet des autres marchandiſes, il ſuit du même principe que le payement de l'avarie ne peut entrer dans la maſſe des pertes ſujettes à répartition; le payement de la perte pour partie ne pouvant être exigé où il n'y a pas lieu au payement de la perte lorſqu'elle eſt totale.

Et ils contribueront néanmoins s'ils ſont ſauvés. Par la même raiſon que ſur l'article précédent.

Mais la diſpoſition du préſent article n'a pas lieu à l'égard des batteaux & autres petits bâtimens allant de port en port, où l'uſage eſt de charger les marchandiſes ſur le tillac auſſi-bien que ſous le pont. Voyez *ſuprà*, art. 12, titre du capitaine, qui eſt le premier du livre ſecond.

ARTICLE XIV.

NE sera fait non plus aucune contribution, pour raison du *dommage arrivé au bâtiment*, s'il n'a été fait exprès pour faciliter le jet.

LEs articles 4 & 6 du tit. précédent, ayant déjà réglé que les pertes causées au navire par tempête ou autre fortune de mer, ne sont que des avaries simples & particulieres, à moins qu'elles n'ayent été faites & souffertes pour le salut commun; celui-ci n'ajoute rien à leur décision, en disant qu'il ne sera fait aucune contribution pour raison *du dommage arrivé au bâtiment*, s'il n'a été fait exprès pour faciliter le jet, conformement à la disposition de l'art. 23, chap. 5 du Guidon, & à la loi 2, § 1, *si conservatis ff ad leg. Rhod. Idem* Julius Ferretus *de re navali, lib. 8, n. 33, fol. 83;* puisque pour juger si telle avarie sera sujette à répartition & contribution ou non, tout dépend du point de sçavoir si elle est avarie particuliere ou commune.

A prendre même à la lettre la fin de cet article, le droit du propriétaire du navire se trouveroit fort restreint, & il en faudroit conclure qu'il ne pourroit demander raison du dommage arrivé à son bâtiment, qu'autant qu'il y auroit eu jet, & que le dommage auroit été fait exprès pour le faciliter; mais nulle apparence d'admettre cette interprétation, comme ne pouvant s'accorder, ni avec l'équité naturelle, ni avec la disposition dudit art. 6, du titre des avaries.

Aux termes de cet article 6, en effet, qu'il y ait jet ou non, dès qu'il a fallu couper les cables & les mâts, abandonner les ancres &c. pour le salut commun & éviter le naufrage ou la prise, nul doute que ce ne soit là une avarie commune sujette par conséquent à contribution. Il en faut dire autant de la chaloupe jettée ou abandonnée. de Vicq sur le traité des avaries de Weitsen, n. 26; quoiqu'on tienne en général que la chaloupe n'est pas une dépendance du navire; sur quoi voir l'art. 2, tit. 14, liv. premier *suprà*. D'un autre côté en cas de jet, si dans le trouble de la manœuvre & l'agitation des flots, des cordages ont été coupés, des vergues ont été emportées; ou si en jettant des canons ou autres effets de poids, les bordages du navire ont été endommagés &c. nul doute non plus que ce ne soient encore là des avaries communes, quoique rien de tout cela n'ait été fait exprès.

Ce n'est donc pas à cela aussi qu'on peut faire l'application de notre article; mais seulement au cas d'un naufrage ou échouement effectif, où chacun supporte sa perte comme avaries particulieres, & sauve ce qu'il peut. *Leg. 7, ff de lege Rhodia.* Les Italiens disent à ce sujet, *chi salva, salva, chi perde, perde.* Casa Regis *disc.* 121, n. 17. En pareille occurrence il arrive cependant quelque fois, que pour tirer les marchandises, il faut faire des ouvertures au navire, ce qu'on appelle le *saborder*. C'est bien alors un dommage fait exprès au bâtiment pour faciliter le jet, ou ce qui est la même chose, l'extraction des marchandises; & c'est sans doute cette opération que notre article a eu en vue, quoiqu'il y ait un article exprès sur ce sujet, qui est le dix-huitième du présent titre. Par cette explication simple & naturelle de notre article, on lui fait porter une décision particuliere, qui ne déroge en rien à l'idée générale que l'art. 6 du tit. des avaries a déjà donnée des dommages arrivés au navire, qui doivent être considérés comme avaries grosses & communes, sujettes par conséquent á contribution.

ARTICLE XV.

Si *le jet ne sauve le navire*, il n'y aura lieu à aucune contribution, & les marchandises qui pourront être sauvées du naufrage ne seront point tenues du payement ni dédommagement de celles qui auront été jettées ou endommagées.

Si le jet ne sauve le navire. C'est la disposition formelle de la loi 4, §. 1º, *ff. de lege Rhodia*, en ces termes; *eorum enim merces non possunt videri servandœ navis causa jactœ esse, quœ periit.*

Pour qu'il y ait lieu à la contribution, il faut que le jet ait été fait pour le salut commun & qu'il ait opéré, *jacturœ rerum ex una parte removendi communis periculi causa, & conservatio rerum ex altera*, Duarenus *ad leg. Rhodiam, cap.* 3, & Vinnius *in Peckium ad legem Rhodiam leg.* 2, § *si conservatis*, *fol.* 206 & 207, *n. A & B.* C'est encore là le droit commun.

Par indentité de raison, s'il y a eu jet en vue d'échaper à un corsaire, & que malgré cela le navire ait été pris; quoique dans la suite les gens du navire se soient délivrés par leur bravoure ou leur industrie, il ne sera dû aucun dédommagement à ceux dont les effets ont été jettés. Sentence arbitrale de Mrs. Emerigon & Duquesnay à Marseille du 13 février 1748.

Qu'importe en effet qu'il ait été jetté des effets en vue de sauver le navire, si par là il n'a pas été garanti du naufrage ou de la prise dont il étoit menacé? C'est donc alors comme s'il n'y eût pas eu de jet, & chacun sauvera ce qu'il pourra du naufrage ou du pillage, sans être sujet à aucune contribution, au profit de celui dont les marchandises auront été jettées. Et par la même raison, s'il peut recouvrer ses marchandises, il les conservera tout de même sans en faire la contribution, Domat loix civiles liv. 2, tit. 9, sect. 2, n. 15 & 16, *fol. 187.*

Tout cela est indubitable. Mais que dire du cas, où quelqu'un ayant dans le navire des effets à lui en propre, & d'autres appartenans à un tiers qu'il avoit à sa consignation, en depôt, en pacotille, ou autrement, aura sauvé une partie de ces effets, soit des siens soit de ceux qu'il avoit en garde? Cette partie d'effets sauvée tournera-t-elle au profit du propriétaire seul de ces mêmes effets, ou chacun y prendra-t'il part à proportion de son intérêt dans la totalité des effets par forme de contribution?

Il y a sur cela dans le Code des Visigots, une loi qui merite d'être remarquée. C'est la cinquième du liv. 5, tit. 5 & elle est conçue en ces termes.

Qui commendata vel commodata susceperit, & de ruina, aut de incendio, vel hostilitate seu naufragio, seu quolibet simili casu, sua omnia liberaverit, & aliena perdiderit, quod accepit sine aliqua excusatione cogatur exsolvere.

On suppose là sans doute qu'il y a eu de sa faute, & qu'il pouvoit tout sauver, autrement ce seroit le cas qui suit.

Si verò partem aliquam de rebus propriis liberaſſe cognoſcitur, illi cujus res ſecum habuerat, juxtà modùm perditæ rei vel liberatæ reſtituat, qualem judex, ratione deducta, æſtimaverit portionem. Si autem ſua omnia perdidit, cum liberaret aliena, & de liberatis & de perditis rebus ſimilis ratio deducatur, ut partem arbitriò judicantis qui liberavit accipiat. Juſtum eſt enim in ſimili caſu, ut ille non damnum ſolus excipiat, qui ſe gravibus objecit periculis; & dùm aliena minora conatur liberare, ſua majora perdidiſſe cognoſcitur.

A s'en tenir à cette déciſion, adoptée par Locccenius, *de jure maritimo*, *lib.* 3, *cap.* 3, *n.* 8, *fol.* 249, ce ſeroit le cas de la contribution & de la répartition des effets ſauvés entre ces deux particuliers, à proportion de la valeur de ce que chacun d'eux avoit dans le navire, en faiſant une maſſe des choſes perdues pour la comparer aux effets ſauvés; & effectivement il y a là un air d'équité qui frappe d'autant plus, que c'eſt ôter au dépoſitaire, la tentation de travailler à ſauver ſes propres effets, par préférence à ceux qui lui ont été confiés, ce qui ne lui eſt pas permis, étant tenu ſuivant la loi 32, *ff depoſiti*, d'apporter le même ſoin à les conſerver qu'à la conſervation de ſa propre choſe. C'eſt lui ôter dis-je cette tentation dangereuſe, en lui laiſſant appercevoir qu'il eſt égal pour lui qu'il ſauve les effets du dépoſitaire ou les ſiens propres; puiſque ce qu'il ſauvera des uns ou des autres ſera commun à eux d'eux; & qu'ainſi n'ayant aucun avantage à ſauver les ſiens par préférence, ſon intérêt véritable eſt, de ſauver ce qu'il pourra indiſtinctement, appartenant à l'un & à l'autre, en s'attachant à ce qui ſera le plus précieux.

Cependant cette régle d'équité étant ſubordonnée à la maxime, *res perit domino*, il ne paroit pas qu'on puiſſe en faire l'application au cas d'un naufrage abſolu, où tout étant cenſé perdu, ce qui eſt ſauvé enſuite par des ſecours étrangers, ne peut être qu'au profit des propriétaires de ces mêmes effets ſauvés, ſans partage avec qui que ce ſoit, à moins qu'il ne s'agiſſe d'effets mêlés, & communs à pluſieurs.

Mais où je crois cette régle applicable, c'eſt au cas qu'on ſoit obligé d'abandonner le navire, ſoit pour éviter de tomber entre les mains des ennemis ou des pirates, ſoit après l'échouement, &, qu'en quittant le navire, on a le bonheur de ſauver & d'emporter des effets. Et encore, en pareilles circonſtances, afin que celui qui a ſauvé ces effets ſoit tenu d'en faire part à celui qui lui en avoit mis en dépôt, il faut ſuppoſer qu'il lui auroit été auſſi facile de ſauver le dépôt que ſes propres effets : ce qui dépend des circonſtances.

Par exemple, ſi ce ſont des eſpeces d'or ou d'argent qu'il a ſauvées, des marchandiſes fines, des indigos, &c., & qu'il en eût auſſi appartenantes à autrui; ce ſeroit le cas de partager par contribution entre eux. Mais s'il n'avoit en ſa garde que des marchandiſes groſſieres, d'un grand poids ou d'un gros volume, qu'il ne pouvoit ſauver avec la même facilité que ſes propres effets, ce ſeroit autre choſe, & il garderoit ce qu'il auroit ſauvé à lui appartenant.

Par la régle des corrélatifs il s'enſuivroit auſſi que ſi, n'ayant à lui que des marchandiſes difficiles à ſauver, il en eût ſauvé du nombre de celles qu'il avoit en dépôt, il n'auroit rien à y prétendre : mais du moins ſa généroſité mériteroit une récompenſe que le Juge régleroit convenablement, ſi la partie intéreſſée lui en faiſoit refus.

ARTICLE

ARTICLE XVI.

MAis si le navire ayant été sauvé par le jet, & continuant sa route vient à se perdre, les effets sauvés du naufrage contribueront au jet sur le pied de leur valeur en l'état qu'ils se trouveront, déduction faite des frais du sauvement.

DÈs que le navire a été sauvé & conservé par le jet, soit de ses canons, de sa chaloupe ou autres ustensiles, soit des marchandises, c'en est assez pour l'assujettir avec le reste de son chargement, à la contribution de la valeur des effets jettés, quoique continuant sa route il vienne ensuite à faire naufrage; parce que cet événement postérieur est étranger à la circonstance où il a fallu faire le jet, & qu'il est vrai de dire que sans le jet tout auroit péri dès-lors. Si donc le naufrage postérieur est tel qu'il y ait des effets sauvés, il est juste, puisqu'ils ont été conservés par le jet, qu'ils contribuent avec les débris du navire au payement de la valeur des effets jettés. *Ita*, Loccenius, *de jure maritimo, lib. 2, cap. 8, n. 6, & hoc in quotidiana praxi observari testatur.* Quintin Weytsen. *Idem*, Vinnius *in Peckium. Leg. 4, ff. de Lege Rhodia, fol. 246 & 247.* Mais cette contribution ne doit se faire que jusqu'à concurrence de la valeur effective des effets sauvés dans l'état qu'ils sont, & qu'à la déduction des frais de sauvement; attendu que ces frais indispensables diminuent nécessairement d'autant le produit des effets sauvés, lequel produit net est seulement sujet à contribution. Vinnius *in Peckium ad Leg. Rhodiam, fol. 255 & 258.*

Il faut prendre garde au reste que, dans l'idée de cet article, le navire doit effectivement avoir été sauvé par le jet; de maniére que la tempête appaisée, il a ensuite continué sa route. Car si le navire n'avoit été que soulagé simplement par le jet, & qu'après quelques heures d'interruption ou diminution de la tempête, elle eût recommencé avec la même violence, ou qu'autrement le naufrage s'ensuivit, quoique plusieurs jours après le jet; ce seroit le cas de l'article précédent, suivant lequel il n'y auroit pas lieu à aucune contribution. Domat, *ibid. fol. 187.*

ARTICLE XVII.

LEs effets jettés ne contribueront *en aucun cas* au payement des dommages arrivés depuis le jet aux marchandises sauvées, ni les marchandises au payement du vaisseau perdu ou brisé.

IL est sous-entendu ici que les effets jettés ont réellement sauvé le navire, & que dans la suite le navire ayant continué sa route, a fait naufrage, & s'est perdu ou brisé.

Ceci présupposé, l'article décide que les effets jettés ne contribueront en aucun cas au dommage arrivé depuis le jet aux marchandises sauvées; à quoi il faut ajouter, ni au payement du navire perdu ou brisé, puisque les marchandises sauvées en sont exemptes; attendu qu'en matiére de naufrage, *res perit domino*, tout eſt avarie ſimple ou particuliere, & ſauve qui peut. Quintin Weytſen, Traité des avaries, pag. 26 & 27.

En aucun cas; c'eſt-à-dire, ſoit que les effets jettés ſoient recouvrés dans la ſuite, pourvu toutefois que la répartition n'en ait pas déja été faite, à cauſe de l'art. 22 ci-après, ſoit qu'ils ſoient demeurés perdus.

Si ces effets ont été recouvrés, non-ſeulement le propriétaire ne contribuera pas à cet égard au payement du dommage arrivé au navire & aux marchandiſes depuis le jet; mais encore il ſera fondé à demander ſur les débris du navire & ſur les marchandiſes ſauvées la répartition de l'avarie que ſes effets ont ſouffert, & des frais qu'il lui a fallu faire pour leur recouvrement. Cela eſt une ſuite néceſſaire de la déciſion, tant de cet article que du précédent; bien entendu toutefois que les marchandiſes ſauvées du naufrage & les débris du navire ne contribueront qu'à la déduction des frais de leur ſauvement, & ſur le pied de leur valeur actuelle.

Et ſi les effets jettés n'ont pas été recouvrés, c'eſt préciſément le cas de l'article précédent, puiſqu'il eſt entendu ici que le navire a été ſauvé par le jet.

Il faut prendre garde néanmoins que l'opération ne doit pas ſe faire dans l'un ou l'autre cas de la maniere indiquée ſur l'art. 11, au ſujet des munitions de guerre & de bouche, & des hardes des matelots; mais conformément à ce qui a été obſervé ſur les articles 6 & 7 : c'eſt-à-dire, qu'il faudra eſtimer les effets jettés relativement à l'art. 6, à l'effet que celui à qui appartenoient ces marchandiſes contribue pour leur valeur avec celles des marchandiſes ſauvées du naufrage, & des débris du navire; ſans quoi, & s'il étoit exempt de contribuer à la perte de ſes effets, il ſeroit de meilleure condition, le navire venant à ſe perdre dans la ſuite, que ſi après le jet il arrivoit à bon port. Et comme cela n'eſt pas propoſable, il faut dire que ces mots, *en aucun cas*, ſignifient ſeulement que jamais les effets jettés ne contribuent au payement du dommage arrivé depuis le jet au navire & aux marchandiſes; mais que quand le propriétaire demandera le payement de la valeur de ſes effets jettés, il contribuera pour leur valeur au payement de ſa perte, conjointement avec les marchandiſes ſauvées du naufrage, & avec les débris du navire. Interpréter notre article autrement, ce ſeroit bleſſer toute juſtice, & le rendre contradictoire, non-ſeulement avec leſdits articles 6 & 7; mais encore avec le 19 ci-après, qui par ces mots, *& ſon chargement entier*, fait entendre bien clairement que les marchandiſes perdues doivent faire maſſe avec le reſte du chargement ſauvé.

L'opération ſera la même au reſte, que les effets jettés ayent été recouvrés ou non; & la ſeule différence qu'il y aura, c'eſt que la perte ſujette à répartion ſera plus ou moins grande.

ARTICLE XVIII.

SI toutefois le vaiſſeau a été ouvert par délibération des principaux de l'équipage & des marchands, ſi aucuns y a, pour en tirer les marchandiſes; elles contribueront en ce cas à la réparation du dommage fait au bâtiment pour les en ôter.

CEst le cas qui a été prévu sur l'art. 14, pour l'explication de la clause finale dudit article; au moyen de quoi il n'y a plus rien à dire à ce sujet, si ce n'est que comme cette opération ne peut avoir lieu qu'en cas d'échouement ou naufrage sans bris entier du navire, la délibération des principaux de l'équipage & des marchands, ne suffira, pour autoriser l'ouverture faite au navire, qu'au cas que les officiers de l'Amirauté ne se soient pas encore transportés sur la côte où le naufrage est arrivé; car en leur présence, nulle délibération ne peut être prise que de leur aveu; ou plutôt c'est à eux à ordonnner ce qu'il conviendra de faire pour le salut commun, en prenant toutefois l'avis des parties intéressées.

Il est pourtant vrai que l'article 17 du tit. des naufrages, enjoint aux officiers de l'Amirauté de se retirer, si lors de l'échouement, les propriétaires ou commissionaires auxquels les marchandises sont adressées, se présentent pour mettre ordre par eux-mêmes au sauvement des effets: mais tout ce qu'ils ont ordonné jusques-là doit être exécuté, & ce n'est qu'après qu'ils se sont retirés, que ceux qui se sont chargés de veiller au sauvement, peuvent prendre les délibérations convenables. Au sujet de ces délibérations, pour leur sûreté, ils doivent les faire signer par le plus grand nombre des gens de l'équipage & des parties intéressées, ou bien il en doit être fait mention dans un rapport général qui sera fait au greffe de l'Amirauté, contenant le narré de ce qui se sera fait d'essentiel pour le sauvement. C'est néanmoins une précaution que l'on néglige presque toujours, & sur laquelle les assureurs, prêteurs à la grosse ou autres intéressés ont la complaisance de passer; tant ils redoutent les fraix de Justice, parce qu'il s'est trouvé réellement des officiers d'Amirauté, qui n'étoient pas exempts du reproche de les avoir multipliés à l'excès.

ARTICLE XIX.

EN cas de perte des marchandises mises dans des barques pour alléger le vaisseau entrant en quelque port ou riviere, la répartition s'en fera sur le navire & son chargement entier.

CE cas c'y est avec raison comparé au jet, puisqu'il y a nécessité de décharger une partie des marchandises dans des barques & alléges, pour soulager & alléger le navire, & le mettre en état par ce moyen d'éviter le naufrage en entrant dans un port ou dans une riviere. Il est donc juste, si ces marchandises mises dans ces barques périssent, que la répartition s'en fasse sur le navire & son chargement qui ont été sauvés par là; & c'est aussi la disposition précise de la loi 4, ff. *de leg. Rhodia* & de l'art. 28, ch. 5, du Quidon. *Idem* Loccenius, *de jure maritimo lib. 2, ch. 8, n. 6, fol. 214.* Quintin Weitsen, tit. des avaries, pag. 21, 22. Julius Ferretus, *de re navali, lib. 8, n. 52, fol. 84, verso* & les autres Auteurs.

On comprend que si les marchandises mises dans des barques ou alléges, n'ont pas le salut commun pour objet, & que s'il n'est question que de les rendre à quay pour la décharge ordinaire du navire, leur perte ne peut faire qu'une avarie simple, quoi qu'à la charge des assureurs. Art. 30, dudit ch. 5, du Guidon; Kuricke *ad jus hanseaticum.* Art. 4, tit. 8, *fol. 781 782.*

ARTICLE XX.

MAis si le vaisseau périt avec le reste de son chargement, il n'en sera fait aucune répartition sur les marchandises mises dans les alléges, quoiqu'elles arrivent à bon port.

C'Est la disposition de la même loi & du même art. 28 du Guidon. Et la raison de la décision est claire ; car le navire étant perdu avec le reste de son chargement, il importe peu qu'on ait mis une partie des marchandises dans des barques ou alléges, & qu'elles soient arrivées à bon port. Ce cas n'est nullement different de celui où ces marchandises seroient restées dans le navire, & que le propriétaire auroit eu le bonheur de les sauver du naufrage. Il les conserveroit alors sans être obligé de contribuer à la perte du navire & des autres marchandises ; Il les doit donc conserver tout de même quoi qu'elles ayent été mises dans des alléges, n'y ayant aucune raison de différence pour la décision. Domat loix civiles liv. 2, tit. 9, *sect.* 2, *n.* 14, *fol.* 186. Loccenius, *de jure maritimo lib.* 2, *cap.* 8, *n.* 18, & Weytsen. *Ibid.* Ferretus aussi *ibid* pag. 23 & 24 ; c'est le droit commun en un mot.

On peut ajouter encore, que suivant l'art. 17 *suprà*, les effets jettés quoique recouvrés, ne contribuent pas non plus au dommage arrivé depuis le jet, puisque le cas des marchandises mises dans des alléges pour soulager le navire, est entierement comparable à celui du jet. C'est ce qu'établit fort bien Vinnius in Peckium, *ad leg. Rhodiam. leg.* 4, *fol.* 246.

ARTICLE XXI.

SI aucuns des contribuables refusent de payer leurs parts, le maître pourra pour sûreté de la contribution retenir, même faire vendre par autorité de Justice, des marchandises jusqu'à concurrence de leur portion.

RIen de plus naturel que cette faculté accordée au maître comme procureur né du propriétaire, ou armateur du navire, de retenir & faire vendre par autorité de justice les marchandises de ceux des contribuables aux avaries communes, qui refusent de payer leur contingent de la contribution. Art. 9, des Jugemens d'Oleron avec les notes. Loccenius, *de jure marit. lib.* 2, *c.* 8, *n.* 11, *fol.* 221, Peckius & Vinnius, *in lege* 2 ff *ad legem Rhodiam*, *fol* 201. Mais comme il a été observé sur l'art. 6. ci-dessus, ce n'est point une obligation que cet article lui impose. Ainsi à moins que ceux qui ont le principal intérêt dans la répartition des pertes, n'ayent saisi les effets entre ses mains, il peut delivrer à chacun ses marchandises, sans crainte d'être exposé à aucune recherche, en cas d'insolvabilité de quelques uns d'eux.

Il eſt même ſans exemple qu'on ait fait des ſaiſies en pareil cas ; & la retenue des marchandiſes, feroit d'autant plus déplacée qu'elles pourroient dépérir en attendant l'opération de la contribution, avant laquelle nul n'eſt en demeure de payer.

Il faut avouer cependant que la ſaiſie eſt licite, & que le ſaiſiſſant ne pourroit être obligé d'en conſentir la main-levée que moyennant une bonne caution.

ARTICLE XXII.

SI les effets jettés ſont recouvrés par les propriétaires depuis la répartition, ils ſeront tenus de rapporter au maître & aux autres intéreſſés ce qu'ils auront reçu dans la contribution, déduction faite du dommage qui leur aura été cauſé par le jet, & des frais du recouvrement.

LEs effets jettés ne ſont donc pas cenſés, abandonnés au premier occupant ; & il n'eſt pas douteux que celui à qui ils appartenoient, n'ait droit d'en faire le recouvrement, par des plongeurs & pêcheurs, ou de les réclamer & retirer des mains, de quiconque peut les avoir ſauvés. Art. 28 & 32, ch. 5 du Guidon.

C'eſt ainſi que s'en expliquent le § 8 de la loi 2 & la loi 8, ff *de lege Rhodia.* Il en eſt de ce cas tout comme des effets naufragés. Loccenius, *de jure maritimo. lib. prim. c. 7, n. 6, fol. 70* & *lib. 2, cap. 7, n. 5, fol. 206 207.* Mais il eſt un temps pour en faire la réclamation, après lequel il y a fin de non-recevoir, comme il ſera dit ſur le titre des naufrages.

Si les effets jettés ſont recouvrés avant la répartition, il n'en doit plus être queſtion, ſi ce n'eſt pour raiſon du dommage qu'ils auront ſouffert & des frais du recouvrement.

Si c'eſt après la répartition, le propriétaire de ces effets ſera tenu de rapporter à ceux qui auront contribué, ce qu'il aura reçu par l'opération de la contribution, dit la même loi 2, § 7, ff *de lege Rhodia.* Domat, loix civiles, liv. 2, tit. 9, ſect. 2, *n. 17, fol. 187.* Loccenius, *ibid fol. 226.* Notre article ajoute avec raiſon déduction faite, du dommage cauſé par le jet, & des frais du recouvrement. *Idem* l'Auteur des notes ſur l'art. 9, des Jugemens d'Oleron, n. 10 & 11.

Il ſemble d'abord qu'il n'eſt queſtion pour cela que d'eſtimer le dommage ſouffert par ſes marchandiſes, à l'occaſion du jet, & d'y joindre les frais de recouvrement pour faire la déduction du total, ſur la ſomme par lui reçue, à l'effet qu'il n'ait que le ſurplus à reſtituer. Mais de cette maniere il ne perdroit rien, tandis que dans l'opération de la contribution, il a été obligé de contribuer, pour la valeur que ſes marchandiſes auroient eue ſi elles fuſſent arrivées à bon port ; au moyen de quoi, il faut néceſſairement qu'il ſupporte ſa portion de la perte. Et ſi d'un autre côté on lui faiſoit rapporter ce qu'il a reçu, ſous prétexte que les effets recouvrés en font l'indemnité, il ſe trouveroit qu'il ſupporteroit ſeul, une perte qui regarde tous les contribuables.

Pour éviter donc, toute mépriſe & lézion en pareil cas, le plus court & le plus ſûr, eſt de lui faire rapporter ſimplement la valeur effective des effets recouvrés, déduction faite des frais de recouvrement, & de faire la répartition de la ſomme entre lui & les autres contribuables ſur le même pied & au ſol la livre de la premiere repartition ; ſi mieux on n'aime refaire la premiere opération, en lui laiſſant la valeur des effets recouvrés & ne comptant pour perte à ſon égard, que l'excédant de la ſomme qui avoit d'abord étéſujette à répartition. Par là on verra ce qui lui ſeroit revenu, ſi l'opération eût d'abord été faite de cette maniére ; & ce qu'il ſe trouvera avoir reçu de plus, ſera ce qu'il aura à reſtituer aux autres contribuables.

Au ſurplus dans tous les cas de la contribution, le réglement qui en a été fait judiciairement, parties préſentes ou duement appellées, ou même à l'amiable, avec le plus grand nombre des parties intéreſſées, doit être exécuté par proviſion, du moins en donnant caution, ſauf la réviſion de la part de ceux qui n'ont pas aſſiſté à l'opération, ou qui s'en plaignent, & à faire enſuite décider définitivement.

TITRE IX.

DES PRISES.

IL est du droit de la guerre d'affoiblir son ennemi autant qu'il se peut en le troublant dans ses possessions & dans son commerce. De-là l'usage reçu de tout temps chez les nations en guerre, d'armer des vaisseaux pour s'emparer de ceux des ennemis, ou pour enlever leurs effets en faisant des descentes sur leurs côtes.

C'est à cet objet qu'est dû, pour ainsi dire, l'établissement fixe de la Charge d'Amiral dans ce Royaume. Sa Marine, trop foible alors pour se faire respecter, ce n'étoit que dans des cas extraordinaires que la France mettoit des flotes en mer à l'aide de ses alliés. Hors de-là elle ne faisoit la guerre sur mer, excepté quelques vaisseaux que l'Amiral équipoit à ses frais, qu'avec les navires armés en course par les particuliers. Et comme l'âpreté du gain, d'un côté faisoit négliger la sûreté des armemens pendant la guerre, ce qui exposoit trop souvent le Pavillon François à être insulté; & d'un autre côté entretenoit l'ardeur du pillage jusqu'en pleine paix, au préjudice même des alliés & des sujets du Roi : pour remédier à ces inconvéniens & réprimer ces désordres, le moyen le plus sûr, en rendant continues les fonctions de l'Amiral, fut de lui donner l'inspection sur tous les vaisseaux qui seroient armés dans la suite, & d'assujettir tous les particuliers qui équiperoient des navires en guerre ou en marchandise, à prendre de lui, avant de mettre en mer, une Commission ou un Congé, sur peine de confiscation.

Telle est l'origine des commissions en guerre & des congés de l'Amiral; établissement, qui, perfectionné depuis par divers réglemens, a mis le bel ordre qu'on admire aujourd'hui dans notre navigation & dans nos armemens en course.

Quelque ancienne & autorisée que soit cette maniere de faire la guerre, il est néanmoins de prétendus philosophes qui la désaprouvent. Selon eux ce n'est pas ainsi qu'il faut servir l'État & le Prince; & le profit qui en peut revenir aux particuliers est illicite ou du moins honteux. Mais ce n'est là qu'un langage de mauvais Citoyens, qui, sous le masque imposant d'une fausse sagesse ou d'une conscience artificieusement délicate, cherchent à donner le change, en voilant le motif secret qui cause leur indifférence pour le bien & l'avantage de l'État.

Autant ceux-ci sont blâmables, autant méritent d'éloges ceux qui généreusement exposent leurs biens & leur vie aux dangers de la course. Plus en état en quelque sorte de nuire aux ennemis, que le gouvernement avec l'appareil des Flottes les plus formidables, ils lui rendent encore le service de le décharger du soin d'armer à ses frais un grand nombre de vaisseaux qu'il seroit obligé de destiner à la course sans leur secours.

Il ne faut donc plus s'étonner que la course des armateurs particuliers ait toujours été extrêmement favorisée; mais comme elle peut aisément dégénérer en abus & en brigandage, il a paru nécessaire de l'astreindre à des loix & à des régles de police, ſous diverſes peines, dont la moindre eſt la privation des avantages remportés ſur les ennemis. C'eſt ce qu'il s'agit de développer en diſcutant les différens articles dont ce titre eſt compoſé.

ARTICLE PREMIER.

AUcun ne pourra armer vaiſſeau en guerre ſans Commiſſion de l'Amiral.

LA premiere des régles de la courſe fait le ſujet de cet article. Elle conſiſte à aſſujettir quiconque arme un vaiſſeau en guerre, à prendre une commiſſion de l'Amiral; & en cela l'article n'a rien ſtatué de nouveau : la loi avoit été portée dès le temps de l'établiſſément de la charge d'Amiral, & elle n'a pas varié depuis, comme il réſulte des Ord. de 1400, art. 3, de 1517, art. 2, de 1543, art. 18, de 1584, art. 30, de la déclaration du Roi du prémier Février 1650, art. 3, & de l'Arrêt du Conſeil du 31 Octobre 1662.

La raiſon primitive de cette loi, eſt qu'il n'y a que le Souverain qui ait droit de faire la guerre. Il eſt vrai que les armemens en courſe ne ſe font qu'après une déclaration de guerre publiée dans les formes, & que ces ſortes de déclarations enjoignent aux ſujets *de courre ſus aux ennemis* tant par mer que par terre; mais cela ne s'entend qu'à condition de ſe munir auparavant d'une permiſſion particuliere du Souverain ou des officiers qui le repréſentent en cette partie. Et comme en ce qui concerne les courſes ſur mer, le Roi a attaché ſpécialement, à la charge d'Amiral, le droit de délivrer en ſon nom, les commiſſions néceſſaires pour rendre ces hoſtilités légitimes; c'eſt ce qui fait que nul autre officier que l'Amiral, n'eſt fondé à en accorder. Ainſi jugé contre Mr. de Blenac, Gouverneur général des Iſles de l'Amérique, par Arrêt du Conſeil du 15 Mars 1695, V. ſur l'art. 9, tit. premier, liv. premier, l'Anecdote concernant les commiſſions en guerre données par Jacques II. Roi d'Angleterre, refugié en France.

A cette raiſon qui ſe tire du droit de ſouveraineté, il en faut joindre une autre fondée ſur l'intérêt qu'a l'Etat, que la courſe ſe faſſe dans les régles & ſuivant les loix de la guerre, ſans excès à l'égard des ennemis, comme ſans injure par rapport aux amis & alliés; & c'eſt à quoi il a été pourvu en ſoumettant les armateurs à prendre des commiſſions de l'Amiral, & aux formalités qui en dépendent. Ce ſont là autant de principes que poſe Mr. le Chevalier d'Abreu dans ſon Traité de Juriſprudence politique ſur les armemens en courſe, premiere part. chap 1, §. 11. p. 9 & 10, V. le Journal étranger du mois de Février 1756, pag. 155.

Au reſte la commiſſion de l'Amiral eſt tellement néceſſaire, qu'une permiſſion du Roi n'en diſpenſeroit pas, même quand il s'agiroit d'un vaiſſeau de guerre que Sa Majeſté accorderoit à quelqu'un pour faire la courſe. Ce n'eſt que pour les vaiſſeaux que le Roi fait armer à ſes frais, & dont il donne le commandement à quelques uns de ſes officiers pour faire la courſe, qu'il n'eſt pas néceſſaire d'une commiſſion de l'Amiral. Hors ce cas elle eſt indiſpenſable, dès que l'armement eſt fait aux frais des particuliers.

Notre article ne dit point quelle peine encourroit l'armateur qui mettroit en mer

mer sans commission; & l'art. 3, déjà cité de la déclaration du premier Février 1650, se contente de renvoyer aux peines portées par les Ordonnances. Cependant les anciennes Ordonnances n'ont rien statué précisement sur ce sujet, & tout ce qu'on en pourroit conclure, c'est qu'il s'agiroit d'appliquer à ce cas-ci la peine de la confiscation qu'elles prononcent en général contre ceux qui mettent en mer sans congé de l'Amiral, dans laquelle confiscation seroient enveloppées les prises faites par le vaisseau armé sans commission.

Il me paroît néanmoins, qu'outre cette peine civile, il y auroit lieu d'appliquer à ce même cas, celle qui est attachée à la piraterie, & cela par argument de l'article 3, ci-après; car enfin, qu'un sujet du Roi, sans sa permission, fasse la course avec commission d'un Prince étranger & sous sa bannière, ou qu'il la fasse sans aucune commission, c'est la même chose; il doit donc dans l'un & l'autre cas être traité comme pirate.

Que le vaisseau soit armé entiérement en guerre, ou tout à la fois en guerre & marchandise, il faut également une commission de l'Amiral, au moins à l'effet de légitimer les prises qui pourroient être faites par ce vaisseau; de sorte qu'un simple congé ne suffiroit pas pour cela parce qu'il ne regarde que la navigation de commerce; de même que la commission en guerre n'a pour objet que la course; à raison de quoi elle ne dispense pas de prendre un congé, lorsque outre la course on charge des marchandises.

Cependant, si la commission est en guerre & marchandise tout ensemble, comme il y en a quantité d'exemples, elle suffit alors sans qu'il soit besoin de prendre un congé.

Mais quoiqu'un vaisseau équippé en marchandise soit armé plus qu'en temps de paix, en vuë simplement d'être en état de se mieux défendre, un congé lui suffit pour l'exempter de contravention; & s'il arrive qu'il fasse quelque prise en se défendant, il ne lui sera pas fait un crime de ne s'être pas muni d'une commission en guerre. La prise n'en sera pas moins bonne par rapport à l'ennemi, pourvu qu'elle ait été faite suivant les loix de la guerre. Ce qui en résultera seulement, c'est que cette prise ne sera pas au profit de l'armateur ni de l'équipage; elle demeurera acquise par droit de confiscation au Souverain, ou à celui à qui il a cédé en cette partie ce droit de confiscation, c'est-à-dire à l'Amiral; car il est constant comme on l'a montré sur l'art. 10 du tit. premier liv. premier, que toutes les confiscations maritimes appartiennent à l'Amiral.

Et la raison pour laquelle, l'armateur sans commission en guerre, n'a aucune part dans les prises qu'il fait, c'est qu'il a négligé les formalités dont l'observation est essentielle, pour l'autoriser à s'emparer des effets des ennemis. A la vérité la prise n'est pas moins bonne sur l'ennemi, parce qu'il suffit à son égard qu'il ait été dépouillé par le sujet d'un Prince avec lequel le sien est en guerre: mais dans l'hypotèse, le preneur ayant armé sans commission, il n'a pu acquerir à son profit, comme n'ayant pas le titre nécessaire pour lui transmettre la propriété des biens de l'ennemi qu'il a pris.

Tout cela est la Doctrine de Grotius, fondée sur ce que le profit des prises appartient de droit au Souverain, & qu'il n'est abandonné qu'à celui qui arme au nom de l'Etat, & avec la permission du Souverain, en considération des risques qu'il court & de la dépense extraordinaire qu'il fait à cette occasion: en un mot il est décidé formellement par Arrêt du Conseil du 23 janvier 1706, que les prises faites sur les ennemis sans commission de l'Amiral sont confisquées à son profit pour le tout. Et cette décision est d'autant plus remarquable que l'arrêt a été rendu avec Mr. le Procureur du Roi, qui prétendoit que la confiscation en ce cas appartenoit au Roi. Les mémoires fournis de part & d'autre dans cette affaire importante sont d'une grande beauté. V. *suprà* l'Anecdote concernant cet arrêt, aux notes sur l'art. 10, tit. de l'Amiral.

Il faut avouer néanmoins que M. l'Amiral a la générosité de ne se prévaloir pas toujours du défaut de commission en guerre, lorsque le navire est principalement équippé en marchandises, & qu'en pareil cas, il a coutume d'accorder des gratifications considérables tant à l'armateur qu'au capitaine & aux gens de l'équipage, eu égard à la dépense extraordinaire faite par le premier pour mettre son vaisseau en meilleur état de défense, & à la bravoure des autres. La derniere guerre en a fourni un exemple dans ce port au sujet d'une prise faite par le petit navire *le don de Dieu*, appartenant au Sr. Etienne Denis, négociant, armateur de cette Ville.

On trouve aussi un exemple antérieur dans la guerre de 1689, & c'est une Anecdote extrêmement remarquable. Joseph Patot, commandant la tartane *le St. Genezey*, de Marseille, étant allé à Madere porter un chargement de ris, le Gouverneur de cette Isle le freta pour porter du bled à l'Isle de S. Michel. Dans sa route, le 5 septembre 1693, un vaisseau anglois lui donna chasse & le joignit ; mais Patot, quoiqu'il n'eût que six hommes d'équipage & deux mousses, sauta à bord de l'anglois & l'enleva après un rude combat. Patot continuant sa route avec sa prise, fut encore obligé de combattre des anglois, des hollandois & des flamands ; & enfin il leur échappa quoique tous les gens de son équipage fussent blessés. Ce brave capitaine demanda au Conseil du Roi la confiscation de la prise à son profit ; il étoit non recevable parce qu'il n'avoit pas pris de commission en guerre ; mais M. l'Amiral n'hésita pas à lever l'obstacle, en consentant que ce Capitaine profitât de la prise en considération de son courage, toute fois sans tirer à conséquence. L'arrêt qui intervint le 8 juin 1694, lui adjugea effectivement la prise à la reserve simplement du dixième de l'Amiral. Ce n'est pas là le seul exemple d'une bravoure extraordinaire que les françois ayent donné ; il ne faudroit donc pas toujours craindre la supériorité des forces de l'ennemi

Cette décision au reste, qu'une prise faite sans commission en guerre appartient à M. l'Amiral à titre de confiscation, étant absolument indépendante de son ancien droit de dixième dans les prises, elle ne doit pas varier par conséquent sous prétexte que ce droit de dixième est maintenant supprimé.

Une observation importante à faire, est que dans les armemens en course, aussi bien que dans la navigation simple, il faut que les deux tiers au moins des équipages soient de matelots françois, rélativement à l'art. 8, du réglement de Strasbourg, qui se rapporte au tems de guerre comme au tems de paix. Lettre du Roi Louis XIV. à Mr. le Comte de Toulouse, du premier mars 1710, que l'on trouvera sur l'art. 5 ci-après. Il en est de même en Espagne. Décret de Philippe V. du 16 octobre 1705, art. 14.

DECLARATION DU ROI,

Portant Réglement sur le fait de la Navigation, armement de Vaisseaux, & des Prises qui se font en mer.

Du premier Février 1650.

LOUIS, par la grace de Dieu, Roi de France & de Navarre, à tous ceux qui ces présentes Lettres verront : Salut. Nous avons assez fait connoître depuis notre avénement à la Couronne, que tous nos desseins & nos actions, même l'emploi de nos armées, ne tendoient qu'à la paix, pour faire que non-seulement nos Sujets pussent au plutôt recueillir les fruits de ce bien tant désiré, mais aussi qu'étant rendu général, & toute la Chrétienté se trouvant en repos, les désordres de la guerre venant à cesser, & la paix affermie par le consentement de tous ceux qui y seroient compris, le commerce fût heureusement rétabli par tout; & que, par ce moyen, l'abondance & la félicité qui dérivent toujours de cette source, vinssent aussi à être plus universellement répandues par la communication réciproque entre les Nations. Mais pendant que nous y travaillons avec soin, & que nous attendons l'accomplissement de ce bonheur de la main de Dieu, qui convertira, quand il lui plaira dans l'ordre de sa providence, les cœurs de nos ennemis qui y résistent, & ont empêché jusqu'ici la conclusion de ce bon œuvre, nous avons travaillé de notre part, & contribué de tout ce qui nous a été possible, pour conserver & entretenir de très-bonne foi la paix & la bonne intelligence avec les autres Princes & Etats qui nous sont amis & alliés, selon les Traités & Conventions qui sont entre nous : & croyant que ce louable dessein ne pouvoit mieux être exécuté, qu'en maintenant les ordres anciennement établis au fait de la Navigation & Trafic, & faisant faire justice exacte des contraventions & des fautes, crimes & délits qui s'y commettent; nous avons voulu soigneusement prendre garde à ce que la liberté du commerce des étrangers fût conservée, & en tout & par tout favorisée en tous les pays de notre sujettion & obéissance, tenant pour cet effet nos côtes sûres & la mer nette, par nombre de vaisseaux que nous avons fait armer exprès, & commandé à nos Officiers de l'Amirauté de faire bonne justice & exemplaire de ceux qui entreprennent d'exercer la piraterie, sous divers prétextes, violences & fraudes recherchées, sans souffrir qu'ils eussent retraite en nos ports & havres, ni qu'ils essayassent d'y faire receler leurs vols & pillage, ni prétendre d'y en faire les ventes & débit, par quelque connivence ou participation avec aucun de nos Sujets, que nous ne voudrions nullement supporter en telles mauvaises actions préjudiciables à nos autres bons Sujets & à nos voisins, amis & alliés; ains au contraire, voulant & désirant que tels malfaiteurs soient punis & châtiés, selon que l'énormité de leurs crimes le désire : ce qui a si bien réussi qu'on peut dire qu'il n'y a aujourd'hui lieu au monde où la justice soit administrée aux étrangers trafiquans & négocians, ou qui ont été déprédés sur la mer, avec plus d'humanité, de légalité & de promptitude comme elle est en France : encore que souvent nos Sujets nous ayent fait entendre qu'ils ne reçoivent pas toujours ailleurs un pareil traitement. A quoi néanmoins nous n'avons pas tant d'égard, que nous ne soyons bien aises de commencer par nous-mêmes, en exécutant nos Traités d'alliance, à régler & contenir nos propres Sujets, bien que ce soit aussi notre volonté de les protéger & défendre pour leur faire obtenir ce qu'ils prétendront légitimement, & qu'ils peuvent désirer du fait de nos alliés; mais toujours par les voyes civiles prescrites par les Traités, & ainsi qu'il se pratique entre les Princes & Etats souverains. Et d'autant que les divisions & mouvemens survenus ès pays & royaumes qui nous avoisinent, ont donné lieu par la diversité des partis à faire plusieurs prises de vaisseaux les uns sur les autres, n'entendant participer en aucune maniere à ces désordres & voyes d'hostilité, nous avons fait publier dès l'année 1643, & encore en l'an 1647 diverses Ordonnances & Réglemens portans défenses de vendre les choses qui seroient déprédées à cette occasion par l'un ou l'autre parti, & amenées sur les terres & lieux de notre Royaume, & à tous nos Sujets d'en acheter & retenir : ensemble à nos Officiers de l'Amirauté de prendre aucune connoissance de telles procédures, sinon pour faire restituer à nos Sujets les biens qui se trouveroient leur appartenir, & qu'ils auroient reclamés suivant les formes. Et depuis ayant été averti qu'aucuns de nos Sujets, sous prétexte de faire la guerre à nos ennemis, en vertu des Commissions de la Reine Régente, notre très-honorée Dame & Mere, possédant & exerçant la Charge de Grand-Maître, Chef & Surintendant Général de la Navigation & Commerce de France, prenoient encore Commission d'aucuns Princes étrangers, pour faire la guerre à autres nos alliés avec lesquels ils sont en guerre, arborant à leur plaisir & selon l'occasion, telles bannieres que bon leur semble, pour couvrir leurs mauvais desseins & favoriser leur piraterie, & faisant dresser telles procédures qu'ils veulent par des particuliers étant en leurs vaisseaux & menés avec eux, contre les Ordonnances de la Marine : nous avons voulu faire clairement connoître par le contenu en nos Ordonnances des 7 Septembre & 8 Décembre dernier, que nous ne pouvions souffrir cette maniere de déprédations & pilleries injustes, qui troublant la sureté & liberté de la navigation & du trafic entre nos alliés & Sujets, violent aussi le respect qui nous est dû, & contreviennent directement à la disposition des Loix & Ordonnances anciennes & modernes : & de fait avons réitéré défenses très-expresses à tous Capitaines entretenus à notre service, & tous autres nos Sujets, qui auroient fait leur armement en France, en vertu des Commissions de ladite Dame Reine Régente, notre très-honorée Dame & Mere, & qui seroient sortis des ports du Royaume, de prendre aucune Commission, ni arborer banniere d'aucun Prince étranger, ami ou allié, pour faire des prises sur ceux avec lesquels il seroit en rupture, ni quand ils seront à la mer faire tort ni dommage quelconque aux vaisseaux qu'ils rencontreront de nos amis, alliés ou Sujets, ni prendre & exiger d'eux aucune chose sous quelque prétexte que ce soit, ni de mener, vendre & disposer des marchandises qu'ils prendront dans aucun port étranger, à peine d'être déclarés pirates, & d'être punis extraordinairement. Même aurions député aucuns de nos Conseillers en notre Conseil d'Etat, pour recevoir les plaintes qui seroient faites desdites déprédations : en conséquence de quoi plusieurs Anglois s'y étant adressés, icelles examinées en notredit Conseil, où nous étions présent, nous y aurions pourvu avec toute la justice qu'on sauroit desirer, & fait donner tous les ordres nécessaires pour la restitution des choses mal prises, & réparation du dommage des intéressés. Mais afin que de ces plaintes & affaires particulieres il en puisse réussir un bien plus général pour l'avenir, & que nul ne puisse doresnavant se couvrir d'aucune sorte d'excuse, sous prétexte d'ignorance ou autrement, ni mettre en doute la sincérité de nos intentions en telles matieres ; désirant sur ce déclarer notre volonté, pourvoir de réglement nécessaire contre tels désordres, & renouveller à cette occasion & confirmer les bonnes & saintes Ordonnances des Rois nos prédécesseurs, dans l'observation desquelles consiste la sureté du commerce, qui entretient l'union & l'amitié réciproque des peuples & nations, & faisant fleurir le trafic maritime & la marchandise, remplit en peu de temps les pays & provinces où il est librement exercé de richesses & commodités. A ces Causes, de l'avis de la Reine Régente, notre très-honorée Dame & Mere, & de notre certaine science, pleine puissance & autorité royale, nous avons par ces Présentes signées de notre main, dit & déclaré, disons & déclarons :

ARTICLE PREMIER.

Que notre intention a toujours été d'observer fidélement les Traités & Conventions qui sont entre Nous & nos Voisins & Alliés ; & que nous n'avons jamais entendu y contrevenir en quelque sorte & maniere que ce soit, aussi voulons-nous y persévérer constamment : & pour cet effet, avons ordonné & ordonnons, que suivant & conformément auxdits Traités, le commerce soit & demeure parfaitement sûr & libre à nosdits Alliés, ès mers, côtes, lieux, ports & havres de notre sujettion & obéissance, pour y aller, venir, séjourner, tant par mer que par terre, ainsi qu'ils ont fait par ci-devant ; & comme ils en useront à l'égard de nos Sujets, & qu'il leur soit fait bonne & briéve justice par nos Officiers de l'Amirauté, sur les plaintes qu'ils pourront faire des torts qui leur seront faits, les prenant encore d'abondant & en tant que besoin seroit en notre protection & sauvegarde : enjoignons pour cet effet, à peine de désobéissance, à tous Gouverneurs de nos Places, Lieutenans, Capitaines & Officiers, de leur prêter secours, main-forte & assistance, s'ils en sont requis, ou qu'ils voyent que besoin soit, sans souffrir qu'il leur soit fait aucun dommage ou injustice par aucun de nos Sujets.

II. Aucun Capitaine, soit de nos vaisseaux ou autres appartenans à particuliers, ne pourra arrêter les vaisseaux de nos amis & alliés, après qu'ils auront amené les voiles, sur la semonce qui leur en sera faite, & montré leur charte-partie & police de chargement des marchandises chargées pour le compte de nos amis & alliés : faisant en ce cas défenses auxdits Capitaines & leurs équipages de prendre aucune chose sur lesdits vaisseaux, sous quelque prétexte que ce soit, à peine de la vie ; & ne pourront sortir des ports où ils feront leurs armemens, sans y faire enrégistrer leurs Congés, & se soumettre à y faire leur retour, conformément aux Ordonnances.

III. Aucun de quelque état qu'il soit ne pourra mettre sus, fréter ni équiper aucun navire, pour faire guerre aux ennemis, sans Congé & Commission expresse de la Reine Régente, notre très-honorée Dame & Mere, possédant & exerçant la Charge de Grand-Maître, Chef & Surintendant de la Navigation & Commerce de France, sous les peines portées par lesdites Ordonnances.

IV. Faisons en outre défenses très-expresses, suivant nos Lettres patentes du 7 Septembre dernier, & Ordonnance du 8 Décembre aussi dernier, à tous Capitaines de Marine, nos Sujets domiciliés & non domiciliés en notre Royaume & pays de notre obéissance, de prendre Commissions d'aucuns Rois, Princes ou Républiques étrangers, ni d'arborer autre banniere que la nôtre pour faire la guerre ; & à nos Officiers de l'Amirauté de recevoir les rapports audit cas, ni faire des procédures sur les prises qu'ils pourroient faire en aucune sorte & maniere que ce soit, à peine de suspension de leurs Charges ; & contre lesdits Capitaines nos Sujets, qu'il leur soit couru sus par nos Capitaines, Gardes-côtes & autres nos Sujets, voulant aussi que leur procès leur soit fait & parfait comme pirates, jusques à Sentence diffinitive inclusivement.

V. Et pour obvier aux fraudes qui se commettent pour couvrir les mauvaises prises & pirateries qui ruinent le commerce, nous défendons à tous Gouverneurs des Villes, Places & Châteaux qui sont sous notre obéissance, de souffrir dans leurs ports & rades plus de vingt-quatre heures, aucuns Capitaines de vaisseaux ayant Commission étrangere, qui ayent fait des prises, si ce n'est qu'ils y ayent relâché, & soient contraints d'y demeurer par mauvais temps, & encore à la charge de n'y vendre ou laisser aucunes marchandises par eux prises en quelque sorte & maniere que ce soit. Faisons, comme nous avons fait ci-devant, nouvelles défenses & inhibitions très-expresses à tous nos Sujets d'en acheter à peine de désobéissance contre lesdits Gouverneurs, & de les rendre responsables des dommages & intérêts, & contre nos autres Sujets de confiscation desdites marchandises, de dix mille livres d'amende, & de punition exemplaire : enjoignant toutefois auxdits Gouverneurs de permettre auxdits Capitaines ayant Commissions étrangeres, de mener leursdites prises ailleurs, & où bon leur semblera, excepté les choses & marchandises qui se trouveront en leurs vaisseaux appartenir à nos Sujets, lesquelles nous entendons leur être rendues, étant par eux reclamées, & qui auront été vérifiées leur appartenir.

VI. Si aucune prise avoit été faite par aucuns Capitaines nos Sujets, avec Commission ou sans Commission de Nous & de la Reine Régente, notre très-honorée Dame & Mere, les procédures en seront faites par nos Officiers de l'Amirauté du port où elle arrivera, & envoyées à ladite Dame Reine notre mere, pour être jugées en la maniere accoutumée, & les marchandises qui se trouveront appartenir à nos Amis, Alliés & Sujets, rendues & restituées, & les autres appartenant à nos ennemis confisquées & adjugées à qui il appartiendra, suivant la rigueur de nos Ordonnances.

VII. Et pour obvier aux pilleries & déprédations qui se commettent journellement sur la mer par gens sans aveu, qui poursuivent les vaisseaux, tant de nos Alliés que Sujets, les forcent & détroussent lorsqu'ils les trouvent à leur avantage ; nous ordonnons conformément aux Ordonnances des Rois François I & Henri III, des années 1543 & 1584, que les navires d'aucuns de nos Sujets ne pourront aller hors le Royaume, en voyage de long cours ou autrement, soit en guerre ou marchandise, sans Congé & Commission expresse de la Reine Régente, notredite Dame & Mere, possédant & exerçant la Charge de Grand-Maître, Chef & Surintendant Général de la Navigation & Commerce, & sans avoir auparavant que partir baillé caution de ne méfaire à nos Sujets, Amis & Alliés : tous lesquels Congés & Commissions seront enregistrés és registres de l'Amirauté du lieu d'où ils partiront, sous peine d'être traités comme pirates & écumeurs de mer, & comme tels poursuivis à toute rigueur.

VIII. Et semblablement avant partir, les maîtres, contre-maîtres & quartier-maîtres desdits navires, seront tenus de bailler audit Greffe de l'Amirauté du lieu d'où ils partiront, les noms, surnoms & demeure de ceux de leurs équipages, sans en celer aucun, & à leur retour qui doit être au même port, sinon par excuse légitime du temps ou autre dûement attestée, déclarer s'ils les ont ramenés, ou le lieu où ils les ont laissés, & ce qu'ils sont devenus, ensemble rapporter le registre & journal de leur expédition, suivant les Ordonnances, & sous les peines portées par icelles.

IX. Et encore, réitérant & confirmant d'abondant lesdites Ordonnances de l'an 1584, voulons & ordonnons que des prises qui seront faites par nos Sujets & autres tenant notre parti, tant sous ombre & couleur de guerre, qu'autrement, les prisonniers, ou pour le moins deux ou trois des plus apparens d'iceux, seront amenés à terre, pour au-plutôt que faire se pourra être examinés & ouis par les Officiers de l'Amirauté, avant qu'aucune des choses prises soit descendue, afin de savoir d'où ils seront, & à qui appartiendront lesdits navires & biens étant en iceux, pour la procédure faite par lesdits Officiers être envoyée à ladite Dame Reine, & jugée en la maniere accoutumée, suivant les Ordonnances.

X. Défendons à tous chefs, maîtres, contre-maîtres, patrons, quartier-maîtres, soldats & compagnons, conformément audites Ordonnances, quand une prise sera faite, de rompre ou faire ouverture des coffres, balles, males, bougettes, tonneaux & autres vaisseaux, de quelques prises qu'ils fassent, ni aucunes choses desdites prises transporter, vendre, échanger, ou autrement aliéner : ains leur enjoignons qu'ils ayent à représenter le tout desdites prises, ensemble les personnes conduisans le navire, le plutôt que faire se pourra, pour être fait & disposé ainsi qu'il appartiendra, & comme le contiennent les Ordonnances, sur peine de confiscation de corps & de biens ; & ne seront descendus ni mis en bateau, ou autrement aucuns coffres, barils & autres biens quelconques pris en guerre, qu'en la présence de nos Officiers, après inventaire par eux fait des charte-parties, connoissemens, lettres de cargaison & d'adresses, & marchandises étant auxdits vaisseaux.

XI. Ordonnons comme dessus & suivant lesdites Ordonnances, que les capitaines, maîtres, contre-maîtres & autres qui auront fait lesdites prises, mènent les personnes, navires & marchandises au même port d'où ils seront partis, sinon que par force d'ennemis ou par tempête, ils fussent contraints se sauver autre part : èsquels cas seront tenus, étant arrivés ès ports & havres, avertir les Officiers de l'Amirauté desdits lieux, pour être présens à l'inventaire desdites choses, avant qu'en décharger aucunes & rapporter certificats desdits Officiers au Greffe des havres d'où ils seront partis, pour être délivrés aux propriétaires, armateurs & avitailleurs, ou autres y ayant intérêt, sous les peines portées par lesdites Ordonnances.

XII. Ordonnons aussi suivant lesdites Ordonnances que les maîtres, contre-maîtres & quartier-maîtres, répondront du corps des délinquans qui seront dans leur navire, pour être fait telle justice & réparation par nosdits Officiers de l'Amirauté qu'il appartiendra.

XIII. Défendons sur peine de prison & de confiscation de biens, à tous marchands & autres d'achetter, échanger ou recevoir en don, & sous aucun prétexte, couleur & condition que ce soit, ni de céler ou cacher, par eux ou par autres, directement ou indirectement, les marchandises & biens déprédés, avant que les prises ayent été déclarées bonnes & justes.

XIV. Et au surplus, voulons & entendons que les Ordonnances des Rois nos prédécesseurs sur le fait de la Marine, soient observées & entretenues sous les peines y contenues, & icelles en tant que besoin est nous avons confirmé & confirmons par ces Présentes.

Prions & requérons la Reine Régente, notre très-honorée Dame & Mere, possédant & exerçant la Charge de Grand-Maître, Chef & Surintendant Général de la Navigation & Commerce de ce Royaume; mandons & ordonnons à tous ceux qui lui succéderont en cette Charge, comme aussi aux Officiers de l'Amirauté, de tenir soigneusement la main à l'observation des Présentes, & de les faire enregistrer, publier & afficher par tous les Siéges de l'Amirauté, & autres lieux & endroits que besoin sera. Car tel est notre plaisir; en témoin de quoi nous avons fait mettre notre scel à ces Présentes. Donné à Paris le premier jour de Février, l'an de grace mil six cent cinquante, & de notre Régne le septiéme. *Signé*, LOUIS. *Et plus bas*, Par le Roi, la Reine Régente sa mere présente,

DELOMENIE.

Et scellé du grand Sceau de cire jaune.

ANNE, par la grace de Dieu, Reine Régente de France & de Navarre, Mere du Roi, possédant & exerçant la Charge de Grand-Maître, Chef & Surintendant de la Navigation & Commerce de France: à tous ceux qui ces présentes Lettres verront, Salut. Savoir faisons que vu par Nous les Lettres patentes du Roi, notretrès-honoré Sieur & Fils, cejourd'hui données à Paris, signées, Louis, contresignées, Delomenie, & scellées du grand Sceau de cire jaune, dont copie est ci-dessus transcrite: par lesquelles & pour les causes y contenues, le Roi notredit Sieur & Fils a fait le Réglement y mentionné en quatorze articles, sur le fait de la Navigation, de l'armement des vaisseaux de son Royaume, & des prises qui se font en mer, nous avons consenti & consentons le contenu esdites Lettres patentes, pour avoir lieu selon leur forme & teneur & être observées & entretenues, sous les peines y mentionnées: si mandons & ordonnons à tous Lieutenans & Officiers de l'Amirauté, Chefs d'Escadre, Capitaines de Vaisseaux du Roi notredit Sieur & Fils, & autres qu'il appartiendra, d'observer & faire observer le contenu esdites Lettres patentes, sous lesdites peines. Car tel est notre plaisir. Donné à Paris le premier jour de Février, l'an de grace mil six cent cinquante. Signé par la Reine Régente Mere du Roi, DELOINES, & scellé.

ARTICLE II.

CElui qui aura obtenu Commission pour équiper un vaisseau en guerre, sera tenu de la faire enregistrer au Greffe de l'Amirauté du lieu où il sera son armement, & de donner caution de la somme de quinze mille livres, qui sera reçue par le Lieutenant en présence de notre Procureur.

L'Objet de cet article est de donner une sûreté au public à l'occasion des abus, malversations ou déprédations qui pourroient être commises par les armateurs en course ou par leurs gens.

Les anciennes Ordonnances étoient sur cela en défaut; elles se contentoient de faire jurer l'armateur, le maître & ses quatre compagnons de quartier, *de la gouverner* (le navire) *bien & à droit, sans porter dommage à nos sujets, amis & alliés ou bienveillans*; en un mot de leur caution juratoire de répondre des malversations; Ordon. de 1400, art. 2 & 3, de 1517, art. premier & 2, de 1543, art. 17, & de 1584, art. 29.

Ces deux dernieres Ordonnances, l'une art. 44, & l'autre art. 71, pour donner plus d'activité aux armemens en course, avoient même jugé à propos de décharger les armateurs de l'obligation de répondre des délits de leurs gens, à moins qu'il n'y eût preuve qu'ils eussent été présens ou participans aux déprédations, ou qu'ils en eussent partagé le profit, au quel cas encore ils en étoient quittes pour rendre ce qu'ils en auroient eu ou la juste valeur.

Rien n'étoit plus mal imaginé, quoiqu'en dise Cleirac art. 33, de la Jurisdiction de la marine; & cependant on ne voit pas qu'il y ait été remédié plutôt que par la déclaration du premier février 1650, qui dans l'art. 7, fit revivre l'obligation imposée par le droit naturel & civil à tout armateur, de répondre des faits de ses gens, & l'assujettit à donner caution à cette fin. Mais comme en cette partie, on se référoit aux Ordonnances de 1543 & de 1584, il est vrai de dire que la caution ne s'entendoit encore que de la caution juratoire; ce qui ne signifioit rien à proprement parler, la contrainte par corps étant de droit en pareil cas.

Les choses resterent dans cet état jusqu'à l'Ordonnance du 23 février 1674, qui, pour faire cesser les plaintes contre les armateurs & remédier aux abus, les assujettit à donner à l'avenir bonne & suffisante caution & certificateur, portant soumission de payer les dommages & intérêts & amendes auxquelles lesdits armateurs pourroient être condamnés à l'occasion de leurs courses.

Mais comme ce cautionnement indéfini, même avec certificateur, ralentissoit extraordinairement l'ardeur des armemens en course, il parut nécessaire de prendre un tempérament; & c'est à quoi notre article avoit sagement pourvu en bornant le cautionnement à la somme de 15000 liv. sans certificateur, comme il avoit déja été réglé par l'art. 25 du traité de commerce conclu à Nimégue avec les états généraux des provinces unies le 10 juin 1678.

De sorte qu'en rapprochant la disposition de cet article de celle de l'article 3, titre des propriétaires de navires, qui est le 8 du liv. 2 ci-dessus, il faudroit dire que l'armateur ne seroit responsable des délits & déprédations des gens de son corsaire que jusqu'à concurrence de ladite somme de 15000 liv. à moins qu'il ne fût participant ou complice de ces délits, aux termes dudit article 3, s'il n'y eût été dérogé par les réglemens postérieurs, tels que sont ceux du 23 Juillet 1704, art. 13, & du 21 Octobre 1744, art. 17, où il est décidé expressément, qu'en cas de contravention, par rapport aux vaisseaux des alliés ou des neutres, les armateurs seront condamnés indistinctement en leurs dommages & intérêts.

Telle est aussi la disposition du Réglement fait par le Roi de Dannemark le 5 Avril 1710, dont l'article 3, veut que la caution à fournir par l'armateur soit indéfinie, pour répondre de tous les dommages & intérêts en cas de malversation ou que la prise se trouve vicieuse, & dont l'article 11 soumet en conséquence la caution au payement de toutes les condamnations qui interviendront, la prise étant jugée irréguliére & mal faite.

En conformité desdits Réglemens de 1704 & 1744, il faut donc tenir aujourd'hui, sans égard à la disposition de l'art. 3, du titre des propriétaires, &c. & du présent article, en tant qu'il limite le cautionnement à la somme de 15000 liv. que l'armateur répondra indéfiniment de tous les dommages & intérêts résultans des délits & déprédations des gens de son corsaire, & des prises irréguliéres par eux faites; sans pouvoir même s'en défendre, en payant la somme de 15000 liv. pour laquelle il aura donné caution, & en déclarant en même temps qu'il abandonne outre cela son navire avec tous ses agrés apparaux & autres dépendances, relativement à l'art. 2, du même titre des propriétaires, &c. dont la disposition n'est pas plus applicable en matiere d'armement en course, que celle de l'art. 3, attendu ces mêmes réglemens qui forment une décision particuliere à cet égard.

Et qu'on ne dise pas qu'ils n'ont pour objet que les prises induement faites des vaisseaux amis ou neutres, ou les malversations commises envers eux, pour en conclure qu'ils ne sont pas extensibles ailleurs. Il seroit absurde en effet que la réparation fût moindre par rapport aux vaisseaux François auxquels on auroit fait essuyer de pareilles avanies. Ces réglemens ne peuvent donc souffrir aucune exception, dès qu'il s'agira de quelque délit commis en faisant la course.

Il ne s'ensuit pas néanmoins que l'armateur soit tenu de donner une caution indéfinie ; il suffira qu'il l'a fournisse aux termes de cet article, auquel il n'a nullement été dérogé en cette partie. Ce qu'il y a seulement, c'est que quoique la caution ne soit responsable des dommages & intérêts que jusqu'à concurrence de la somme de 15000 liv. rélativement à son cautionnement, l'armateur ne sera pas moins tenu des dommages & intérêts en plein ; au payement desquels son corsaire demeurera affecté par privilége, après toute fois que les créanciers plus privilégiés encore, tels que ceux indiqués dans les art. 16 & 17, tit. 14 du liv. prem. auront été satisfaits. Tout cela s'entend au reste, sans préjudice du recours des parties lézées contre la caution pour l'obliger au payement des 15000 liv. laquelle pour son indemnité ou garantie contre l'armateur, ne pourra exercer son privilége sur le même corsaire, qu'après que ces mêmes parties lézées auront été entiérement désintéressées.

Au surplus cette caution doit être reçue en présence du Procureur du Roi, parce que chargé de la défense des intérêts du public, lui seul est partie capable pour examiner si la caution offerte, est en termes d'être acceptée ou non. C'est aussi ce qui avoit déjà été réglé par ladite Ordonnance du 23 Fevrier 1674.

Quant à l'enregistrement de la commission en guerre au Greffe de l'Amirauté, la raison de cette formalité essentielle, est la même que celle de l'enregistrement du congé nécessaire pour toute navigation ; c'est-à-dire que cet acte d'enregistrement étant supplétif au défaut de représentation de la piéce originale qui peut se perdre, sert à prouver l'existence de la commission ou du congé, & par conséquent à la conviction de l'accusé ou à sa décharge suivant les circonstances. Aussi la formalité de cet enregistrement prescrite par l'Ord. de 1584, art. 31, avoit-elle été expressément renouvellée & confirmée par la déclaration du premier février 1650, art. 2 & 7.

Outre l'enregistrement de la commission, il faut encore aux termes du réglement du 14 février 1675, que l'armateur en course dépose au greffe de l'Amirauté le rôle de son équipage, & qu'il se soumette de faire retourner son vaisseau dans le même port conformément à l'art. 47, de l'Ord. de 1584, & aux art. 2 & 8, de ladite déclaration. Notre Ordonnance n'a pas parlé à la vérité du dépôt du rôle au greffe par rapport à la course; mais en ayant imposé l'obligation à tout armateur & capitaine, avant de mettre en mer, l'armement en course s'y trouve compris à plus forte raison.

D'ailleurs comment reconnoitre sans cela, si l'équipage est composé de françois pour les deux tiers au moins, aux termes des réglemens postérieurs ? Le dépôt du rôle d'équipage au greffe est donc indispensable à tous égards, & sans cela les expéditions ne seroient pas délivrées à l'armateur ni à son capitaine.

Le rôle d'équipage en fait d'armement en course est composé, outre les officiers qui y sont en beaucoup plus grand nombre que sur les vaisseaux marchands, de matelots, de soldats & de volontaires. Le plus souvent il y a un traité par écrit, entre l'armateur & le capitaine, stipulant tant pour lui que pour son équipage, contenant le tems & les conditions de la course, de même que ce qui reviendra à l'équipage dans le produit des prises : mais il arrive aussi quelque fois qu'il n'y a point de traité, & alors le temps de la course est réglé suivant l'usage à trois mois, & la part de l'équipage est du tiers conformément à l'article 33, ci-après.

L'engagement tant des officiers, que des matelots, des soldats, des volontaires & des mousses, se fait comme pour les armemens en marchandise. On convient du

quantùm

quantum des loyers pour chacun, & ces gages sont plus ou moins considérables suivant le rang des officiers & la capacité des matelots. A l'égard des volontaires & des soldats, la condition est la même entr'eux, & les mousses comme ailleurs ne passent au plus que pour demi hommes.

De ces gages il y en a une portion qui leur est payée sur le champ & sans retour. Elle va ordinairement aux deux tiers, & c'est ce qu'on appelle *avances*. L'autre tiers ou le reste est payable au retour du corsaire ; mais si le navire est pris ou périt, ce dernier tiers ou reste est perdu, art. 3, du réglement du 25 Octobre 1693.

Dans ces sortes d'engagemens, les matelots, les soldats & les volontaires ont presque toujours abusé du besoin que les armateurs avoient d'eux pour compléter leurs équipages. Se prévalant des circonstances qui ne permettoient plus aux armateurs de rompre des armemens pour lesquels ils avoient déjà fait tant de depense, il s'en est trouvé qui ont exigé d'eux des loyers exorbitans, ce qui refroidissoit beaucoup l'ardeur pour ces sortes d'armemens si utiles à l'Etat.

Pour remédier à ce désordre, Louis XIV. rendit d'abord une Ordonnance le 27 Novembre 1689, par laquelle il régla que les loyers des moindres matelots, qui en tems de paix étoient de 4 à 5 écus, ne pourroient excéder 10 écus, & que ceux des meilleurs matelots qui étoient de 8 à 10 écus ne pourroient être portés au-delà de 15, avec défenses aux capitaines & armateurs de leur en donner d'avantage à peine de 3000 liv. d'amende.

Mais ce réglement n'ayant pour objet que les matelots, il en intervint un autre le 25 Novembre 1693, qui est celui-ci dessus cité, non-seulement plus précis à leur égard; mais encore dont les dispositions s'étendirent à tous les gens de l'équipage.

Ce dernier réglement qui est très-intéressant, est composé de 17 articles. Il suffira d'observer ici, que par l'art, premier, il est défendu aux armateurs, sous la même peine de 3000 liv. d'amende, de donner aux matelots plus de 30 s. *de denier à Dieu* outre les gages réglés par l'article 2.

Dans cet article 2 la distribution des gages ou avances est faite en différentes classes; & il est à remarquer que les officiers majors & les volontaires ne doivent avoir aucunes avances, ce qui pourtant ne s'observe plus.

Comme les gens des équipages se plaignoient de leur côté, que les armateurs différoient trop le payement du reste de leurs avances, & le réglement des parts qui leur revenoient dans les prises, il fut réglé par la même Ordonnance du 27 Novembre 1689, que les armateurs seroient tenus à l'avenir de faire vendre les vaisseaux pris & leurs marchandises, quinze jours après avoir reçu les arrêts qui auroient déclaré les prises bonnes, & que le tems passé, soit que la vente eût été faite ou non, ils compteroient avec leurs équipages & les payeroient entiérement, de ce qui se trouveroit leur être dû; mais l'art. 10 du second réglement dudit jour 25 Novembre 1693 a changé quelque chose à ceci, *infrà* art. 33.

En cette partie ces Réglemens ont été exécutés avec assez d'exactitude ; mais par rapport à l'autre, les gens des équipages se sont maintenus en possession de faire lors de leur engagement, leur condition la meilleure qu'ils ont pu, au moyen des avances qu'ils se sont fait payer secrétement, par forme de pot de vin.

Dans la présente guerre, les avances aux gens de l'équipage ont été exorbitantes; mais elles ont été stipulées imputables en entier sur leurs parts dans les prises.

Cependant ce n'est pas l'excès de ces avances, qui a le plus excité les plaintes des armateurs; c'eſt le refus ou le délai du ſervice de la part de ces engagés pour la courſe, en s'abſentant ou ſe cachant lorſqu'il falloit s'embarquer ou travailler à équiper le navire. C'eſt enfin leur déſertion fréquente ſoit avant le commencement de la courſe, ſoit en cas de relâche du corſaire.

Il y a ſur cela un réglement aſſez curieux de l'Amirauté de Dunkerque en date du 18 Novembre 1688. Il contient divers articles concernant la police de la courſe, le ſervice dû par les matelots & les volontaires, leur abſence affectée & leur déſertion, & détermine les différentes peines qu'ils encourront par leurs prévarications. Mais ce réglement, bon pour Dunkerque dans le tems qu'il a été porté, nous doit affecter d'autant moins aujourd'hui, que nous avons une Ordonnance du Roi ſur le même ſujet en date du 31 Octobre 1691, & le réglement dudit jour 25 Novembre 1693.

Par cette Ordonnance il fut défendu » aux matelots engagés pour la courſe, de » quitter leurs bords avant le tems de leur engagement expiré, & de déſerter, à » peine contre ceux qui après avoir reçu des avances ſe retireroient pour prendre » parti avec d'autres, d'être contraints de les reſtituer, d'être mis au carcan pen» dant trois jours & de tenir priſon pendant un mois. A l'égard de ceux qui quit» teroient pour retourner chez eux, de perdre la part qui leur ſeroit acquiſe dans » les priſes & d'être obligés de reſtituer les avances qui leur auroient été faites.

Il eſt évident que dans ce dernier cas la peine étoit trop légére. Il n'y en avoit même pas du tout, ſi le corſaire n'avoit encore fait aucune priſe. Ainſi un matelot engagé pour la courſe étoit traité beaucoup plus favorablement que celui qui s'engage pour un voyage en marchandiſes, *ſuprà*, titre des matelots, article 3.

La raiſon de cette indulgence venoit-elle, de ce que la peur rend excuſable le matelot, qui s'étant engagé pour la courſe, ſe repent de ſon engagement? Mais quelle excuſe pour un françois! Et comment l'admettre ici à la vuë ſur-tout de l'art. 9 du même titre des matelots, qui ſoumet à la peine corporelle tout matelot qui abandonne le maître dans le combat?

Quoiqu'il en ſoit, il fut reconnu effectivement que la peine étoit trop légére pour la déſertion avant l'embarquement, & c'eſt ce qui fut rectifié par ledit réglement du 25 Novembre, 1693, qui art. 11, a infligé pour ce cas la même peine que pour la déſertion durant la courſe.

Du reſte le même réglement art. 4, a fixé les peines que méritent ceux qui s'engagent ſous un faux nom, ou en ſe donnant un autre domicile que le véritable; de même que ceux qui ſe ſeront engagés à deux armateurs; & article 6 & 14, punit d'une peine pécuniaire ceux de l'équipage qui refuſeront de travailler pour le ſervice du navire.

Depuis ce réglement, il y a l'Ordonnance du 25 Mars 1745; mais elle n'y a rien changé au fond: elle a ſeulement, en interprétation des art. 5, 11 & 12, ou plutôt par extenſion, marqué plus en détail les différens cas de déſertion, la maniere de conſtater la déſertion & de faire la recherche des déſerteurs, le tout en faveur des commiſſaires de la marine, au préjudice de la Juriſdiction de l'Amirauté.

Ce qui n'a point varié non plus, c'eſt la permiſſion accordée aux armateurs par l'art. 7, dudit rég., de ſubſtituer un autre navire corſaire à la place du premier qui ſe trouveroit hors d'état de ſervir, ſur lequel navire ſubrogé, l'équipage ſeroit tenu de s'embarquer, aux mêmes conditions, pour achever la course.

Pour ce qui est de la peine des déserteurs des vaisseaux du Roi que Sa Majesté accorde aux particuliers pour la course, elle est des galères perpétuelles, suivant l'art. 3, de la derniere Ordonnance du 15 Novembre 1745.

Au sujet des vaisseaux du Roi cédés aux particuliers pour faire la course; c'est Louis XIV. qui en a introduit l'usage, & il y a eu sur cela divers réglemens.

Le premier est du 5 Octobre 1674. Il portoit que sur le produit des prises, il seroit prélevé avant toutes choses, ce qui seroit nécessaire pour radouber le vaisseau & le remettre au même état qu'il étoit, lorsqu'il avoit été cédé pour remplacer les consommations & les rechanges, & pour rembourser les armateurs des premieres dépenses qu'ils auroient faites pour le radoub; qu'ensuite les frais de Justice & le dixiéme de M. l'Amiral, seroient pris sur la masse du produit des prises, & que de ce qui en resteroit, un tiers appartiendroit au Roi pour son vaisseau, un autre tiers aux armateurs pour les dédommager des munitions, vivres &c. & l'autre tiers à l'équipage.

Par un second réglement du 8 Nov. 1688, le Roi pour encourager la course faite de cette maniere, renonça au tiers qu'il s'étoit réservé dans les prises & en fit la remise absolue aux armateurs.

Par un troisiéme réglement du 20 du même mois de Novembre, le Roi faisant encore meilleure la condition de ces armateurs, ordonna que ses vaisseaux leur seroient livrés radoubés, agréés & carénés, avec les munitions, agrés & rechanges nécessaires, sans aucune répétition à cet égard, dérogeant encore en cette partie au premier réglement dudit jour 5 Octobre 1674. Au surplus Sa Majesté déclara que les armateurs ne seroient point responsables de la perte des vaisseaux, & que les appointemens de ses officiers & des gardes de la marine qui y serviroient ne seroient point à la charge des mêmes armateurs.

Intervint ensuite l'Ordonnance générale du 15 Avril 1689, qui liv. 22, tit. 3, sans rappeller aucune des précédentes dispositions, renouvella tacitement le premier réglement de 1674, & revoqua aussi tacitement les exceptions portées par les deux autres des 8 & 20 Novembre 1688; ce qui est une singularité remarquable par le défaut d'attention des compilateurs de cette Ordonnance.

Mais les choses ne resterent pas longtems sur ce pied-là; en conséquence de la réserve que le Roi avoit faite par l'article 6 du même titre 3, de changer ces dispositions suivant les circonstances, il y eût un nouveau réglement général sur ce sujet en date du 5 Décembre 1691, qui, après avoir rappellé ceux ci-dessus des 5 Octobre 1674, 8 & 20 Novembre 1688, sans faire à son tour aucune mention de ladite Ordonnance de 1689, ordonna.

1°. Qu'il ne seroit point donné pour la course de vaisseau de guerre au dessus de 44 canons.

2°. Que lorsqu'il seroit donné quelque vaisseau pour la course, l'Intendant du port feroit un taité avec les armateurs, lequel seroit envoyé au Ministre de la marine pour servir au jugement des prises.

3°. Que le vaisseau seroit remis radoubé & en état de naviger avec ses agrés & apparaux ordinaires, armes, canons, poudres, munitions & ustenciles nécessaires, dont il seroit fait un inventaire, au pied duquel les armateurs s'obligeroient de rendre le vaisseau au même état & de remplacer les consommations.

4°. Que les armateurs seroient chargés de la fourniture des vivres & de la solde des équipages, au moyen de quoi les prises leur appartiendroient en entier sans que Sa Majesté y pût prétendre aucune chose, nonobstant le réglement du 5 Octobre 1674.

5°. Que le tems pour lequel le vaisseau seroit cédé seroit marqué dans le traité avec soumission de la part des armateurs de le ramener dans le même port.

6°. Que les armateurs ne seroient pas responsables néanmoins de la perte du vaisseau, ni tenus de payer les appointemens des officiers du Roi & des gardes de la marine qui y serviroient.

7°. Enfin qu'au retour du vaisseau, & les armateurs ayant rempli leur engagement, il leur seroit donné une décharge au pied de leur traité.

Le 6 Octobre 1694, nouveau réglement, par lequel le Roi soit pour s'indemniser en partie des pertes que ces sortes de traités lui causoient, soit pour faire cesser les difficultés qui se rencontroient pour le remplacement des consommations des agrés & munitions, reserva à son profit le cinquiéme du produit des prises, déduction faite des frais de Justice, de garde & de vente, & du dixième de l'Amiral; moyennant quoi Sa Majesté se chargea du remplacement des consommations, ou plutôt en déchargea les armateurs.

Par Ordonnance du 9 Juin 1706, il fut décidé que ce cinquième revenant au Roi, seroit exempt de tout droit de commission & des intérêts des avances, & qu'il ne seroit sujet qu'aux frais de Justice & autres portés par le réglement de 1694, concurremment avec le tiers de l'équipage,

Enfin par une derniere Ordonnance du premier Juillet 1709, le Roi voulut bien encore renoncer à ce cinquiéme dans les prises. Et c'est ainsi que plus les besoins de l'Etat deviennent pressans, plus le Roi est obligé de sacrifier ses intérêts.

Louis XV. notre Roi glorieusement regnant, a peu accordé de ses vaisseaux pour la course, & sans doute que les conditions ont été réglées alors par des traités particuliers.

Mais pour favoriser d'autant plus cette course & en faciliter les armemens, Sa Majesté a rendu une Ordonnance le 15 Novembre 1745, pour faire observer sur les vaisseaux, dont elle donnoit le commandement aux officiers entretenus dans la marine qu'elle jugeoit à propos de nommer, la même discipline que celle qui est établie par l'Ordonnance de 1689 à l'égard des vaisseaux qu'elle fait armer pour son compte. En conséquence elle a réglé,

1°. Que les officiers mariniers & matelots nécessaires pour former les équipages de ces vaisseaux, seront levés d'autorité, ainsi qu'il en est usé pour l'armement de ses propres vaisseaux; elle a fixé en même tems la solde qui leur sera payée avec leur *conduite*.

2°. Que ceux des équipages qui ne se rendront pas dans le port avant le départ des vaisseaux, & ceux qui les abandonneront sans congé avant la fin de la campagne, seront traités comme déserteurs des vaisseaux du Roi, & condamnés comme tels aux galères perpétuellles conformement à ladite Ordonnance du 15 Avril 1689, les dispositions de laquelle seront suivies tout de même pour la punition des crimes & délits commis par les gens desdits équipages, qui seront jugés par le conseil de guerre dans les formes ordinaires.

3°. Enfin que les frais nécessaires pour arrêter les déserteurs & les faire conduire dans les ports, seront avancés par les armateurs, auxquels il en sera fait déduction sur la solde duë auxdits déserteurs, & sur ce qui pourra leur revenir pour leur part dans les prises.

Mais quoique la course avec les vaisseaux que le Roi accorde à cettte fin aux particuliers, soit sujette à des loix particulieres, les armateurs ne sont pas moins obligés de remplir les formalités prescrites au sujet de la course en général. De sorte qu'ils ne peuvent se dispenser de prendre une commission en guerre de M. l'Amiral, de la faire enregistrer au greffe de l'Amirauté du lieu où se fait l'armement, d'y déposer le rôle de leur équipage & de fournir caution aux termes du présent article.

Au reste quiconque peut faire le commerce maritime, peut aussi s'intéresser dans un armement en course; mais comme tout chargement de marchandises est défendu sur les vaisseaux du Roi, aux Intendans & Commissaires de marine, il leur est défendu tout de même de prendre aucun intérêt directement ni indirectement dans les bâtimens armés en course, sans la permission expresse du Roi, à peine de cassation & de 1500 liv, d'amende. Ordonnance du 5 Mai 1693, qui suit.

ORDONNANCE DU ROI,

Portant défenses aux Commissaires de la Marine de prendre aucun intérêt directement ni indirectement dans les bâtimens armés en course, à peine de cassation & de quinze cens livres d'amende.

Du 5 Mai 1693.

DE PAR LE ROI.

SA MAJESTE' étant informée que quelques-uns des Commissaires de la Marine, ayant pris intérêt dans les bâtimens armés en course par ses Sujets, ils ont donné dans la distribution des matelots & les expéditions nécessaires pour leur départ, des préférences aux Corsaires avec lesquels ils étoient intéressés, qui ont empêché les autres d'armer, & feroient tomber la course, s'il n'y étoit pourvu; Elle a fait très expresses inhibitions & défenses à tous Commissaires de la Marine de prendre aucune part ni intérêt dans les bâtimens armés en course, directement ni indirectement, sans la permission expresse de Sa Majesté, à peine de cassation & de quinze cens livres d'amende, dont la moitié sera appliquée au profit de celui qui l'aura dénoncé : enjoint aux Intendans de la Marine de tenir la main à l'exécution de la présente Ordonnance, & de la faire publier & enregistrer. Fait à Versailles le cinq Mai 1693. *Signé*, LOUIS. *Et plus bas*,

PHELYPEAUX.

ORDONNANCE DU ROI,

Portant défenses aux Matelots engagés sur les Vaisseaux armés en course, d'abandonner & de quitter leurs bords avant le temps de leur engagement expiré.

Du 31 Octobre 1691.

DE PAR LE ROI.

SA MAJESTE' étant informée que la plupart des Matelots qui s'engagent avec ceux qui arment des Vaisseaux en course, s'absentent après en avoir reçu des avances, & vont s'engager ensuite avec d'autres, ou se retirent chez eux; ce qui met les Armateurs dans l'impossibilité de continuer la course, & leur cause des pertes & des dépenses considérables : à quoi voulant pourvoir, Sa Majesté a fait & fait très-expresses inhibitions & défenses aux Matelots engagés sur ses Vaisseaux armés en course, de quitter leurs bords avant le temps de leur engagement expiré, & de déserter, à peine contre ceux qui, après avoir eu des avances, se retireront pour prendre parti avec d'autres, d'être contraints de les restituer, d'être mis au carcan pendant trois jours, & de tenir prison pendant un mois : & à l'égard de ceux qui quitteront pour retourner chez eux, de perdre la part qui leur étoit acquise dans les prises, & d'être obligés de restituer les avances qui leur avoient été faites.

Enjoint Sa Majesté aux Officiers de l'Amirauté dans tous les Siéges & Jurisdictions du Royaume, de tenir la main à l'exécution de la présente Ordonnance, qu'elle veut être publiée & affichée par tout où besoin sera. Fait à Versailles le trente-un Octobre mil six cent quatre-vingt-onze. *Signé*, LOUIS. *Et plus bas*, PHELYPEAUX. Et scellé.

RÉGLEMENT DU ROI,

Pour tous les Officiers, Matelots & Soldats des Vaisseaux armés en course, concernant les avances qui leur seront faites, & les parts qui doivent revenir à chacun desdits Officiers, des Prises faites sur les Ennemis.

Du 25 Novembre 1693.

DE PAR LE ROI.

SA MAJESTE' ayant été informée que les avances considérables que les Matelots exigent des Armateurs qui équipent des vaisseaux pour la course, en mettent beaucoup hors d'état d'entreprendre des armemens, par la crainte de s'engager dans une dépense excessive, dont il est fort incertain qu'ils puissent s'indemniser, & donnent souvent occasion aux matelots de refuser de combattre, & d'obliger leurs capitaines de rentrer dans les ports avant la fin de la course pour laquelle ils se sont engagés : & voulant y pourvoir, & en même temps ôter aux matelots tout prétexte de se plaindre du retardement qu'apportent les armateurs au payement des parts qui leur reviennent dans les prises, Elle a ordonné & ordonne ce qui suit.

PREMIEREMENT.

Aucun armateur ne pourra donner aux matelots de plus fortes avances que celles qui seront ci-après spécifiées, ni plus de trente sols de denier-à Dieu, sous quelque prétexte que ce soit, à peine de 3000 liv. d'amende; & s'il en emploie dans les comptes qu'il rendra à ceux qui seront associés avec lui, l'excédent sera rayé.

II. Il sera payé pour avances aux maîtres premier & second, cent cinquante livres.

Aux pilotes, contre-maîtres, maîtres canonniers, maîtres charpentiers, maîtres de prises, capitaines de matelots & capitaines d'armes, cent livres.

Aux seconds canonniers, charpentiers, bossemans, calfats, maîtres de Chalouppes, voiliers, armuriers, quartier-maîtres, & second chirurgien, quatre-vingts livres.

Aux sergens & aux matelots, lesquels ont la plus haute paye sur les vaisseaux de Sa Majesté, soixante-six livres.

Aux matelots qui ont une paye moindre, soixante livres.

A ceux qui n'ont point encore servi, & n'ont fait qu'un voyage ou campagne, & aux soldats, quarante-cinq livres.

Aux mousses forts qui ont navigué, vingt-sept livres.

Aux nouveaux mousses, dix-huit livres.

A l'égard des officiers majors, ils n'auront aucunes avances, de même que les volontaires.

III. Les avances seront payées aux équipages, les deux tiers comptant avant le départ du navire, & l'autre tiers cinq jours après son retour : s'il est pris ou perdu, le tiers restant ne sera point acquitté.

IV. Les matelots ou soldats qui prendront un faux nom, ou qui supposeront un domicile autre que celui qu'ils ont effectivement, ce qu'ils ne font que dans le dessein de voler les avances qui leur sont faites, seront mis au carcan pendant trois jours, & resteront en prison pendant un mois à leurs frais; & s'ils sont convaincus d'avoir reçu des avances de deux armateurs, ils seront punis du fouet, & gardés en prison jusqu'à ce qu'ils les ayent restitués, à moins qu'ils ne soient demandés par le premier armateur ou capitaine avec lequel ils se feront engagés; auquel cas il sera obligé de les représenter au retour pour être contraints de restituer les avances qu'ils auront reçu des autres. Et pour ôter aux matelots toute occasion de tomber dans cette faute, Sa Majesté fait défenses aux armateurs & capitaines d'en engager aucuns qu'ils ne leurs ayent représenté le congé à eux accordé par le Commissaire du département qu'ils ont quitté, & la permission du Commissaire de celui dans lequel ils sont, à peine de cinq cens livres d'amende. Fait pareillement Sa Majesté défense, sous la même peine, d'engager aucuns de ceux qu'on nomme volontaires, s'ils n'ont un certificat de leur véritable nom & qualité, certifié par le Juge du lieu où ils sont nés, à la réserve du port de Dunkerque, où l'usage établi de recevoir les matelots étrangers, sera souffert jusqu'à ce qu'autrement par Sa Majesté en ait été ordonné.

V. Les engagemens pour la course ordinaire ne pourront être de plus de quatre mois, à compter du jour que le vaisseau mettra à la voile, compris le temps des relâches, à l'exception de celles qui se feront pour amener des prises, prendre des vivres, faire de l'eau, espalmer, & pour d'autres nécessités pressantes, pour lesquelles on ne pourra employer plus de quinze jours; & le temps qui excédera ce terme, sera compté sur les quatre mois, pendant lesquels Sa Majesté fait défenses à tous officiers, mariniers & matelots de quitter le navire sous quelque prétexte que ce soit, à peine de restitution des avances qu'ils auront reçu; à laquelle ils seront contraints par corps, d'être exposés au carcan pendant trois jours, & d'être privés des parts qui leur reviendroient dans les prises qu'ils auront faites.

VI. L'équipage sera obligé de travailler à ce qui sera nécessaire & ordonné par le capitaine, pour le service du navire, lorsqu'il sera de relâche; & il sera retenu trente sols par jour à ceux qui y manqueront, pour autant de jours qu'ils y auront manqué, sur le certificat de l'écrivain, visé par le capitaine, & le tiers de ce qui aura été ainsi retenu, sera distribué à ceux qui auront travaillé.

VII. Il ne sera rien déduit à l'équipage, en cas que le vaisseau désarme par l'ordre des armateurs, avant la course finie: mais si pendant l'armement ou avant le temps de la course expiré, le vaisseau se trouve hors d'état de servir, les armateurs pourront en substituer un autre en sa place, & l'équipage sera obligé de s'y embarquer aux mêmes conditions pour continuer la course.

VIII. Fait Sa Majesté défenses à tous armateurs, capitaines, officiers & autres, de régler ni stipuler aucunes parts dans les prises aux officiers majors, officiers mariniers, matelots, volontaires & soldats, avant l'embarquement, ainsi qu'il s'est pratiqué jusques à présent, voulant qu'elles ne soient réglées qu'au retour des vaisseaux par le capitaine & les officiers majors, à proportion du mérite & du travail de chacun, huitaine après le désarmement, & plutôt s'il est possible, en présence de l'écrivain du bord.

IX. Le capitaine en chef ne se pourra taxer, & prendre plus de douze parts, le capitaine en cond dix, les deux premiers lieutenans huit, les autres lieutenans, l'écrivain & le premier maître six, les enseignes, le maître chirurgien & les deux maîtres quatre, les maîtres de prises, pilotes, contremaîtres, capitaine de matelots, capitaines d'armes, maîtres canonniers & maîtres charpentiers trois parts, les seconds canonniers, charpentiers, calfats, bossemans, maîtres de chaloupes, voiliers, armuriers, quartier-maître & second chirurgien deux parts, les volontaires une ou deux parts au plus, les matelots à proportion de leur travail & capacité, les soldats demie-part, trois quarts de part & jusques à une part, suivant leurs mérites & services, & les mousses un quart de part ou demi-part, suivant leurs forces. Et à l'égard des veuves & héritiers de ceux qui feront morts dans les combats, & de ceux qui y auront été blessés ou estropiés, les capitaines & officiers majors pourront leur donner outre leurs parts la somme qu'ils jugeront à propos, pourvu qu'elle n'excede pas la valeur du double desdites parts, laquelle somme sera prise sur le total du provenu desdites prises.

X. Veut Sa Majesté que les armateurs soient tenus de remettre au Greffe de l'Amirauté dans le ressort de laquelle les prises auront été amenées, les Arrêts du Conseil qui les auront déclaré bonnes, dans six semaines du jour de la date desdits Arrêts, pour y être enregistrés, & ensuite procédé à la vente, si elle n'a été faite, & à la liquidation du produit des prises; à l'effet de quoi les armateurs en remettront les comptes pardevant les Officiers de l'Amirauté, avec l'état en détail des avances faites aux équipages, & le réglement des parts quinzaine après la livraison des marchandises, qui commencera dès le lendemain de la vente, & se fera sans aucune discontinuation; de sorte que chacun puisse connoître promptement ce qui lui revient, & le tiers appartenant aux équipages, être payé sur le champ. Et faute par les armateurs de satisfaire au contenu au présent article, Sa Majesté permet aux Officiers de l'Amirauté d'adjuger par maniere de provision aux matelots une somme pareille à celle qu'ils auront reçu pour leurs avances.

XI. L'équipage sera tenu de se rendre à bord lorsque le vaisseau sera prêt, vingt-quatre heures après l'avertissement qui en aura été fait avec le tambour, à peine de tenir prison, & d'être mis aux fers jusques au départ; & si quelques-uns laissent partir le vaisseau sans s'y embarquer, ils seront punis comme déserteurs, & comme tels condamnés à rapporter les avances qu'ils auront reçues, à tenir un mois de prison, & à être mis au carcan pendant trois jours; seront encore obligés les officiers mariniers & matelots de travailler à bord lorsqu'ils en seront requis par les armateurs & capitaines, en payant vingt sols par jour à chacun.

XII. Fait Sa Majesté défenses à tous officiers, matelots, soldats, volontaires & mousses, de quitter le vaisseau pendant sa course, en quelque lieu, & sous quelque prétexte que ce puisse être, sous les peines portées au précédent article.

XIII. Tout officier, matelot, volontaire ou soldat qui exitera sédition, portera les autres à la révolte, qui fera faire de l'eau au navire, perdre le pain, ou couler les boissons, sera puni de mort; ceux qui couperont ou léveront les cables des vaisseaux, se rendront maîtres du gouvernail, ou de quelque autre maniere que ce soit, forceront les capitaines d'entrer dans le port avant le temps de leur engagement expiré, seront punis du fouet, & l'équipage solidairement condamné à la restitution des avances qui auront été faites, à la réserve du capitaine & des officiers qui s'y seront opposés. Et à l'égard de ceux qui rompront les caisses, coffres ou balots dans les prises, ou en auront enlevé quelques marchandises, qu'ils n'auront point déclaré vingt-quatre heures après leur arrivée, ils seront condamnés au carcan, même privés de leur part dans les prises, suivant l'exigence des cas.

XIV. L'équipage sera obligé de désarmer le navire lorsqu'il sera de retour de la course, & de l'amarrer à quai, ce qui se fera en quatre jours, & le cinquiéme les armateurs payeront aux matelots le tiers restant de leurs avances, quand même il n'y auroit aucunes prises, sur lequel tiers il sera déduit trente sols par jour à chacun de ceux qui auront manqué de travailler au désarmement, sur le certificat des capitaines, premier lieutenant, & de l'écrivain, pourvu toutefois qu'ils n'en ayent point été empêchés par maladies.

XV. Aussi-tôt qu'il y aura quelques prises faites, l'écrivain prendra l'ordre du capitaine pour aller à bord se saisir des clefs, mettre le sceau sur les écoutilles, chambres, coffres, armoires, balots, tonneaux, & autres choses fermantes à clef, ou emballées, sans en excepter le coffre du capitaine pris, qui sera gardé à bord du vaisseau preneur, & remis entre les mains de l'armateur, lequel après en avoir fait l'ouverture en présence des officiers de l'Amirauté, le rendra au capitaine, pourvu qu'il n'excéde pas la valeur de cinq cens écus, & s'il l'excede, il lui payera cette somme, & le surplus fera partie du produit de la prise.

XVI. Le capitaine en second qui sera envoyé à bord du vaisseau pris, ou l'écrivain, se rendront maîtres de tous les papiers qu'ils y trouveront, dont il sera fait un inventaire en présence des officiers du vaisseau pris, qui le signeront, ou seront interpellez de ce faire; & en cas de refus, en sera fait mention au bas de l'inventaire, lequel sera signé de l'officier qui aura été envoyé à bord de la prise, & d'un autre officier du vaisseau preneur : après quoi ils seront remis dans le sac cacheté, à celui qui sera choisi par le capitaine pour conduire la prise, qui les remettra au même état entre les mains des officiers de l'Amirauté du port où elle abordera.

XVII. Permet Sa Majesté aux Officiers de l'Amirauté de condamner ceux qui contreviendront au présent Réglement, aux peines pécuniaires qui y sont portées, & jusqu'à celle du carcan inclusivement en dernier ressort, pourvu qu'ils soient au nombre de sept Officiers ou Gradués, lorsqu'ils jugeront les cas pour lesquels il écherra de condamner à la restitution des avances, & en un mois de prison, ou au carcan, leur en attribuant à cet effet toute Cour & Jurisdiction. Voulant au surplus que ledit Réglement soit lû, publié & affiché par tout où besoin sera, & particulierement sur le port, à ce qu'aucun n'en prétende cause d'ignorance; & enjoignant ausdits Officiers de tenir la main à ce qu'il soit ponctuellement exécuté. Fait à Versailles le vingt-cinq Novembre mil six cent quatre-vingt-treize. *Signé*, LOUIS. *Et plus bas*,

PHELYPEAUX.

ORDONNANCE DU ROI,

Portant Réglement pour la punition des officiers, mariniers & matelots déserteurs des navires armés pour la course.

Du 25 Mars 1745.

DE PAR LE ROI.

SA MAJESTE' s'étant fait représenter le Réglement du 25 Novembre 1693, concernant les équipages des navires armés en course, & étant informée qu'il se trouve dans l'exécution des dispositions contenues dans ledit Réglement, à l'égard des gens de mer qui désertent desdits navires, des difficultés qui ne permettent pas d'y remédier aussi promptement qu'il est nécessaire pour maintenir le bon ordre & la discipline; à quoi désirant de pourvoir, Sa Majesté interprétant les articles 5, 11 & 12 dudit Réglement du 25 Novembre 1693, a ordonné & ordonne ce qui suit.

ARTICLE PREMIER.

Les officiers mariniers, matelots & autres gens qui auront reçu des avances pour s'embarquer sur des navires armés pour la course, seront tenus de se rendre à bord, lorsque lesdits navires seront prêts, ving-quatre heures après l'avertissement qui en aura été donné. Il sera fait perquisition des défaillans par les archers de la Marine, suivant les ordres qui en seront donnés sur la demande des armateurs, par les commissaires de la Marine, ou autres officiers chargés du détail des classes des gens de mer, lesquels pourront même dans les cas où ils l'estimeront nécessaire, faire établir des soldats ou des archers de la Maréchaussée en garnison dans les maisons desdits défaillans pour les obliger de se présenter.

II. Ceux qui après avoir été ainsi poursuivis se rendront d'eux-mêmes à bord du navire, payeront seulement les frais de la poursuite, sans subir d'autre punition; & ceux qui seront arrêtés & conduits par les soldats ou archers dans lesdits navires, seront, outre ledit payement, mis & retenus aux fers jusqu'au départ. Enjoint Sa Majesté aux capitaines desdits navires, d'y tenir exactement la main, à peine de répondre en leur propre & privé nom de l'évasion des matelots & autres gens de l'équipage qui auront été ainsi conduits à bord des navires, & des frais qui pourront en résulter au préjudice des armateurs, tant pour les avances qui leur auront été données, que pour les poursuites.

III. Les matelots & autres gens de l'équipage qui ne se seront pas rendus à bord, lorsque le navire sera parti, seront réputés déserteurs dudit navire, à moins qu'il ne soit justifié par des certificats du Curé de leurs paroisses & d'un maître Chirurgien juré, qu'ils ont été & sont actuellement détenus chez eux, pour cause de maladie, au défaut de quoi la désertion sera, dans ledit cas, valablement constatée, en vertu de la dénonciation qui en sera donnée par écrit, signée du capitaine & de l'armateur du navire, laquelle sera reçue sans frais par les officiers du Siége de l'Amirauté; & il sera remis par l'armateur un double

double de ladite dénonciation au Commissaire de la Marine ou autre Officier chargé du détail des classes des gens de mer.

IV. Les officiers, mariniers, matelots & autres gens qui auront ainsi déserté des navires expédiés pour la course, seront contraints de restituer les avances qu'ils auront reçûes, & détenus pour la premiere fois en prison pendant un mois, & le double en cas de récidive. Les mêmes peines de prison & restitution des avances seront imposées à ceux qui déserteront après le départ des navires des ports de l'armement dans les lieux où lesdits navires relâcheront; & ils perdront en outre les parts qui leur reviendroient dans les prises que lesdits navires pourroient avoir faites, dont le montant sera déposé aux Bureaux de classes, pour en être ensuite disposé, suivant les ordres de Sa Majesté. La désertion sera, dans ledit cas, valablement constatée, en vertu d'une dénonciation donnée par écrit par ledit capitaine, signée de lui & de trois principaux officiers du navire, laquelle sera reçue sans frais par les officiers du Siége de l'Amirauté, & il sera remis un double de ladite dénonciation au commissaire de la Marine, ou autre officier chargé du détail des classes des matelots.

V. Lesdites peines seront censées encourues par le seul fait de la désertion, & sans qu'il soit fait aucune autre procédure ni informations pour les faire subir aux délinquans. Enjoint Sa Majesté, pour l'exécution de l'article ci-dessus, aux commissaires de la Marine, ou autres officiers chargés du détail des classes des matelots, de faire arrêter le plus promptement qu'il sera possible, en vertu des dénonciations qui leur auront été remises par les armateurs ou capitaines des navires, les officiers, mariniers & matelots déserteurs des bâtimens armés pour la course, & de les faire constituer dans les prisons pour y être détenus pendant le temps réglé par ledit article, aux frais desdits officiers, mariniers & matelots. Enjoint pareillement Sa Majesté ausd. commissaires & autres officiers, de commander lesdits déserteurs pour le service de ses vaisseaux, après qu'ils auront subi la peine de la prison, & de les envoyer pour cet effet dans les ports où Sa Majesté fait armer ses vaisseaux, afin qu'ils se forment à la discipline par la pratique de celle qui est observée dans lesdits vaisseaux.

VI. Si parmi le nombre d'officiers, mariniers, matelots & autres gens dénommés dans les dénonciations remises par les capitaines ou armateurs, il s'en trouve qui soient d'autres départemens ou quartiers que celui où sera établi le commissaire ou autre officier chargé du détail des classes qui aura reçu la dénonciation, ledit commissaire sera tenu d'en envoyer sans délai des extraits collationnés par lui, à chacun des officiers des classes préposés dans les différens quartiers d'où se trouveront les officiers mariniers & matelots déserteurs des navires expédiés pour la course; & seront lesdits officiers, en vertu desdits extraits, tenus d'exécuter à l'égard desdits déserteurs, ce qui est porté par les articles 4 & 5 du présent Réglement.

Mande & ordonne Sa Majesté à M. le Duc de Penthievre, Amiral de France, Gouverneur & Lieutenant Général en la Province de Bretagne, aux Intendans de la Marine & des Classes, Commissaires Généraux & Ordinaires de la Marine & autres officiers qu'il appartiendra, de tenir la main, chacun en droit soi, à l'exécution du présent Réglement, lequel sera registré dans les Siéges d'Amirauté, lû, publié & affiché par tout où besoin sera. Fait à Versailles, le vingt-cinquiéme jour de Mars mil sept cent quarante-cinq. *Signé*, LOUIS. *Et plus bas*, PHELYPEAUX.

ORDONNANCE DU ROI,

Pour faire observer parmi les équipages des vaisseaux de Sa Majesté, accordés à des particuliers pour faire la course, la même police & discipline établie à l'égard des vaisseaux armés pour le service de Sa Majesté.

A Fontainebleau le 15 Novembre 1745.

DE PAR LE ROI.

SA MAJESTE' ayant bien voulu à l'occasion de la présente guerre, accorder à différens particuliers plusieurs de ses vaisseaux & autres bâtimens pour faire la course contre les ennemis de l'Etat, & ayant destiné pour le commandement desdits vaisseaux, des officiers entretenus dans la Marine, ou d'autres personnes qu'Elle a autorisées à faire pendant la campagne les fonctions desdits officiers, & à tenir le même rang, Elle a estimé nécessaire de faire observer parmi les équipages desdits vaisseaux, la même discipline établie à l'égard des armemens faits par Sa Majesté, par l'Ordonnance du mois d'Avril 1689, afin d'assurer l'expédition des susdits vaisseaux & autres bâtimens qu'Elle a déja accordés ou qu'Elle pourra encore accorder par la suite à des particuliers pour faire la course, & de maintenir leurs équipages dans l'ordre & la régularité qui convient à la qualité des vaisseaux & à leur destination: à l'effet de quoi Sa Majesté a ordonné & ordonne ce qui suit.

ARTICLE PREMIER.

Les officiers-mariniers & matelots nécessaires pour former les équipages des vaisseaux & autres bâtimens accordés par Sa Majesté à des particuliers pour faire la course, seront levés d'autorité par les Commissaires de la Marine & les autres officiers chargés du détail des Classes par ordre des Intendans de la Marine ; ainsi qu'il en est usé à l'égard des armemens faits par Sa Majesté.

II. La solde desdits officiers-mariniers & matelots levés pour servir sur des vaisseaux de Sa Majesté armés pour la course, sera réglée, sçavoir, pour les officiers-mariniers, à proportion de la qualité qu'ils auront, depuis trente jusqu'à soixante livres au plus ; celle des matelots depuis dix-huit livres jusqu'à vingt-quatre, suivant leur capacité & le nombre de campagnes ou voyages qu'ils auront faits ; celle des novices depuis douze jusqu'à dix-huit livres; & celle des mousses depuis huit jusqu'à dix livres. La conduite sera payée aux officiers-mariniers, sur le pied de quatre sols par lieue, & aux matelots, novices & mousses, à trois sols aussi par lieue, conformément au Réglement du premier Août 1743.

III. Lesdits officiers-mariniers, matelots & novices, levés pour le service desdits vaisseaux, qui ne se rendront pas dans le port où ils seront armés, avant le départ desdits vaisseaux, & ceux qui les abandonneront sans congé avant la fin de la campagne, seront traités comme les déserteurs des vaisseaux de Sa Majesté, & condamnés comme tels aux galeres perpétuelles, conformément à ce qui est porté par l'Ordonnance du 15 Avril 1689, pour la police des ports & arsenaux de Marine.

IV. Veut Sa Majesté que toutes les autres dispositions portées par ladite Ordonnance sur la police qui doit être observée dans ses vaisseaux, & pour la punition des crimes & délits commis par leurs équipages, soient exécutées à l'avenir à l'égard des officiers-mariniers, matelots, soldats & autres gens de mer, embarqués dans les vaisseaux & autres bâtimens qu'elle aura accordés à ses Sujets pour faire la course ; à l'effet de quoi Elle autorise les Conseils de Guerre qui seront assemblés dans les ports & arsenaux de Marine, à juger les déserteurs desdits vaisseaux & autres bâtimens, & ceux qui seront prévenus d'autres crimes & délits ; leur attribuant pour lesdits Jugemens, toute Cour, Jurisdiction & connoissance, & icelles interdisant à toutes ses Cours & autres Juges.

V. Enjoint Sa Majesté aux Commissaires de la Marine & autres officiers chargés du détail des classes, de faire arrêter sans délai les officiers-mariniers, matelots & autres gens de mer, déserteurs desdits vaisseaux, & de les faire conduire incessamment dans le plus prochain port ou arsenal de Marine, pour qu'ils soient jugés par le Conseil de Guerre qui y sera pour cet effet assemblé.

VI. Les frais nécessaires pour arrêter lesdits officiers-mariniers & matelots, & pour les faire conduire dans lesdits ports ou arsenaux, seront avancés par les armateurs sur les ordres des Intendans de la Marine, & le montant en sera déduit sur la remise qu'ils feront dans les Bureaux des classes, de la solde dûe ausdits déserteurs & de ce qui peut leur revenir sur le produit des prises.

Mande & ordonne Sa Majesté, à M. le Duc de Penthievre, Amiral de France, Gouverneur & Lieutenant Général en la Province de Bretagne, aux Vice-Amiraux, Lieutenans Généraux, Intendans, Chefs d'Escadre, Commissaires Généraux, & tous autres Officiers qu'il appartiendra, de tenir la main à l'exécution de la présente Ordonnance, qui sera lue, publiée & affichée par tout où besoin sera. Fait à Fontainebleau, le quinze Novembre mil sept cent quarante-cinq. *Signé*, LOUIS. *Et plus bas*, PHELYPEAUX.

ARTICLE III.

DÉfendons à tous nos Sujets de prendre Commissions d'aucuns Rois, Princes ou Etats étrangers, pour armer des vaisseaux en guerre, & courir la mer sous leur banniere, si ce n'est par notre permission, à peine d'être traités comme pirates.

CEs défenses générales & indéfinies ne souffrent aucune exception. Elles s'étendent aux commissions qui seroient prises des Princes amis ou alliés, comme à celles des Princes neutres ou suspects ; elles regardent aussi le temps de paix comme le temps de guerre.

La raison générale pour tous ces cas, est que c'est une sorte de désertion avec engagement au service d'une Puissance étrangere, que d'implorer sa protection pour courir la mer & combattre sous sa bannière, par préférence à celle de son Souverain.

L'alliance du Souverain avec le Prince dont on prendroit la commission, ne sauroit tenir lieu d'excuse, parce que ce n'en est pas moins une Puissance étrangere. Ainsi je ne saurois être de l'avis de M. le Chevalier d'Abreu dans son Traité des prises en mer, deuxième part. chap. premier, où il prétend que si les deux Princes suivent le même parti, le sujet d'un d'eux peut licitement prendre une commission aussi de chacun d'eux; sur quoi voir le Journal étranger du mois de Février 1756; page 203 : d'ailleurs si la commission du Prince étranger étoit pour courir sur ses ennemis alliés du Souverain, ou avec lesquels il entend garder la neutralité, ce seroit donner lieu à de justes plaintes de leur part, qui pourroient enfin conduire à une rupture.

Il est donc évident que cela ne se peut faire sans la permission du Roi, & qu'une pareille contravention mérite la peine dûe aux pirates, comme le décide cet article d'après l'art. 4, de la Déclaration du premier Février 1650, l'Arrêt du Conseil du 26 Août de la même année, & celui du 31 Octobre 1662.

Cette même Déclaration au surplus, à ces mots, *tous nos sujets*, ajoûte, *domiciliés & non domiciliés en notre royaume & pays de notre obéissance*, & cette addition doit être sous-entendue dans notre article; parce que des François pour être allés s'habituer dans un pays étranger, n'en sont pas moins François & sujets du Roi, jusques-là que s'ils prennent les armes contre le Roi, ou s'ils font la course contre les vaisseaux François, ils sont dignes de mort, comme rébelles à leur Roi & traitres à la patrie.

Quant à la peine dûe aux pirates & forbans, elle est du dernier supplice suivant l'opinion commune, parce que ce sont des ennemis déclarés de la société, des violateurs de la foi publique & du droit des gens, des voleurs publics à main armée & à force ouverte.

Une réflexion à faire à ce sujet, est qu'il est étonnant de voir depuis plusieurs siécles, des Etats en forme de République ou autre Gouvernement, qui ne subsistent que de rapines, & qui toujours en guerre, courent perpétuellement sur les vaisseaux qu'ils rencontrent sans respect même pour les pavillons des Princes, ou en état de les châtier, ou à qui ils ont fait payer le privilége d'épargner leurs sujets. Il est étonnant, dis-je, que les Princes Chrétiens, & sur-tout ceux qui ont le plus à craindre des déprédations de ces ennemis du genre humain, n'ayent pas encore songé à s'unir pour exterminer ces barbares.

Quoiqu'il en soit les vrais pirates méritent la mort, & c'est le droit commun des nations. Stypmannus, *ad jus maritimum, parte quartâ cap. 18, n. 85, & seq. fol. 578. nec enim aliud meruerunt publicæ fidei violatores, & innocentium sanguinis ac fortunarum prædones*, dit Loccenius, *de jure maritimo, lib. 2, cap. 3, n. 9, fol. 153*. Il assujettit avec raison à la même peine les receleurs des pirates & ceux qui leur donnent retraite. Cependant l'Ord. du 5 Septembre 1718, en même temps qu'elle prononce la peine de mort contre les forbans & pirates, n'assujettit leurs fauteurs, complices & adhérans qu'à la peine des galères perpétuelles, avec confiscation de leurs biens. On la trouvera sur l'art 10 ci-après.

Par cette raison, il est permis à quiconque de les arrêter pour leur faire subir la peine que mérite leur crime. Mais il n'est pas permis de les tuer autrement que dans le combat, & il faut nécessairement les déférer à la Justice; *salvâ tamen magistratui loci jurisdictione criminali & instructione de modo persequendi piratas*, dit le même Loccenius, *ibid. n. 1, fol. 141*.

L'article 47 des Jugemens d'Oleron, en cas de naufrage d'un vaisseau de pirates, permettoit de les piller & de les *spolier* de leurs biens : ce que Cleirac pag. 158, s'efforce d'appuyer d'autorités auxquelles on peut joindre celles de Peckius & de

Vinnius, *ad rem nauticam fol 370 & 372*, & de Stracha, *de nautis. Parte 3, n. 31, & de navibus. Parte 2, n. 16.* Mais aujourd'hui le pillage n'eſt pas moins défendu à leur égard que par rapport à tous autres navigateurs.

1°. Parce que tout navire naufragé eſt indiſtinctement mis ſous la protection & ſauve garde du Roi.

2°. Parce qu'il n'appartient pas aux particuliers de décider ſi un navire exerce la piraterie ou non, ce ſeroit entreprendre ſur les droits de la Juſtice.

3°. Enfin parce que ſi le vaiſſeau & les biens d'un pirate ſont ſujets à confiſcation, ce ne peut être qu'au profit du Roi ou de M. l'Amiral; au moyen de quoi, s'emparer des biens d'un pirate ce ſeroit entreprendre ſur le droit de confiſcation.

C'eſt ce qui réſulte au reſte de la diſpoſition des articles premier & 18 du titre des naufrages, aux termes deſquels il n'appartient qu'aux officiers de l'Amirauté *de s'aſſurer des hommes, vaiſſeaux & marchandiſes*, en cas de naufrage ou échouement des navires ennemis ou pirates.

Reſte de ſçavoir, ſi parce que notre article veut que les contrevenans ſoient traités comme pirates, il y auroit lieu effectivement à la condamnation à mort. Il me ſemble que cela dépendroit des circonſtances ou des ſuites plus ou moins fâcheuſes qu'auroit eu la courſe.

ARTICLE IV.

SEront de bonne priſe tous vaiſſeaux appartenans à nos ennemis, ou commandés par des pirates, forbans, ou autres gens courans la mer, ſans Commiſſion d'aucun Prince ni Etat Souverain.

QUiconque navige, qu'il ſoit armé en guerre ou en marchandiſe, ſans commiſſion, congé ou paſſeport, d'aucun prince ou état ſouverain, eſt de bonne priſe, parce que dès-là il eſt réputé pirate ou forban, quoiqu'il n'en faſſe pas réellement le métier, & quoiqu'il n'y ait pas de guerre avec ſa nation.

S'il en étoit autrement en effet, on ne pourroit pas quelquefois reconnoître ſi le vaiſſeau ſeroit ennemi ou neutre. Il eſt donc naturel de le regarder comme forban ou comme ennemi; & de maniere ou d'autre, il eſt néceſſairement de bonne priſe, s'il n'eſt muni d'un paſſeport du Roi : ce qui n'eſt pas fort extraordinaire en temps de guerre. En ce cas, il eſt défendu de l'arrêter, de quelque nation étrangere qu'il ſoit, à peine de tous dépens dommages & intérêts, de priſon & de plus grande peine s'il y échoit. Ord. des 5. Août 1676, & 7 Décembre 1689, confirmées par une autre du 18 Mars 1705, qui a ajouté la peine corporelle contre le Capitaine en cas de récidive.

On comprend que ces défenſes s'étendent aux vaiſſeaux ennemis comme aux autres étrangers; mais il faut, non-ſeulement que le paſſeport du Roi ſoit repréſenté, mais encore que le capitaine qui en eſt porteur ſoit en termes de pouvoir s'en ſervir, eu égard aux temps, aux lieux, & aux objets pour leſquels il a été accordé, ſans quoi l'arrêt eſt bon & le vaiſſeau de bonne priſe. Lettres de Louis XIV. à M. le Comte de Toulouſe des 26 Octobre 1707, & 27 Juin 1708. Ordon. conforme du 19 Novembre 1710.

ORDONNANCE DU ROI,

Qui défend aux Corsaires d'arrêter les vaisseaux Ecossois, qui sont porteurs de passeports de France.

Du 18 Mars 1705.

DE PAR LE ROI.

SA MAJESTE' étant informée que les Armateurs François arrêtent tous les jours, sans aucun égard pour ses passeports, les bâtimens Ecossois qui en sont munis : & voulant les traiter favorablement, & réprimer cette contravention à ses ordres, qui, en exposant les marchands à la ruine de leur commerce, fait aussi souvent perdre aux armateurs le fruit de leur course, Sa Majesté a fait & fait très-expresses inhibitions & défenses à tous Corsaires & Armateurs François d'arrêter aucuns bâtimens Ecossois munis de ses passeports, lorsqu'ils suivront les conditions & la destination qui y sont portées; à peine de tous dépens, dommages & intérêts, & de punition corporelle contre le capitaine qui sera tombé en récidive. Mande Sa Majesté à M. le Comte le Toulouse, Amiral de France, de tenir la main à l'exécution de la présente Ordonnance; & aux Officiers de l'Amirauté, de la faire lire, publier & afficher par tout où besoin sera. Fait à Versailles le dix-huitiéme Mars mil sept cent cinq. *Signé*, LOUIS. *Et plus bas*, PHELYPEAUX.

ORDONNANCE DU ROI,

Portant révocation des passeports accordés aux Hollandois, & qu'on ne doit pas avoir égard aux passeports à la teneur desquels il y a contravention, & dont le délai est expiré.

Du 19 Novembre 1710.

DE PAR LE ROI.

SA MAJESTE' étant informée que les passeports qu'Elle a bien voulu jusqu'à présent accorder aux Hollandois pour faire venir leurs navires dans les ports du Royaume, charger les marchandises & denrées dont ils ont besoin, n'ont produit que leur avantage particulier, sans le communiquer au Royaume par une réciprocité toute juste & toute naturelle; que l'abus même qu'ils en ont fait, en prêtant leurs noms à ceux à qui le Roi avoit refusé pareille faveur, a rendu presque sans fruit les armemens en course, & n'a servi qu'à rendre plus libre & plus facile le commerce qu'ils ont fait, au préjudice même du Royaume, dans les pays étrangers, dont les avantages infinis qu'ils en ont retiré, retournent aujourd'hui contre l'Etat même de qui ils tiennent ces avantages. Sa Majesté a jugé à propos de les priver d'une utilité si considérable pour eux, & si dommageable à ses Sujets; & a résolu & arrêté de ne leur accorder à l'avenir aucuns passeports. Voulant cependant Sa Majesté, pour ne manquer en rien à ce qu'exigent d'elle les engagemens de ses paroles & de ses permissions, que les passeports qui ont été délivrés jusqu'à présent, ayent leur exécution jusqu'au jour de leur expiration, en satisfaisant aux clauses & conditions y mentionnées. Permet S. M. à ses sujets de courre sur les navires Hollandois qui n'auront point de passeports, qui en auront d'expirés, ou qui se trouveront en contravention, & de les arrêter en quelques endroits qu'ils les rencontrent; même les bâtimens Hollandois munis de passeports du Roi d'Espagne, qui seront dans ces cas. Veut aussi Sa Majesté, que ceux qui, au préjudice des clauses des passeports, ne seront pas retournés chez eux dans le temps marqué, & seront restés dans les ports du Royaume, après l'expiration de leurs passeports, y soient arrêtés & confisqués.

Mande & ordonne Sa Majesté à M. le Comte de Toulouse, Amiral de France, aux Vice-Amiraux, Lieutenans Généraux, Intendans, Chefs d'Escadre, Capitaines de vaisseaux, Commissaires de la Marine, Officiers de l'Amirauté, & tous autres qu'il appartiendra, de tenir chacun en droit soi, la main à l'exécution de la présente Ordonnance, qu'Elle veut être lue, publiée & affichée par tout où besoin sera. Fait à Versailles le dix-neuvième jour de Novembre mil sept cent dix. *Signé*, LOUIS. *Et plus bas*,

PHELYPEAUX.

ARTICLE V.

TOut vaiſſeau combattant ſous autre pavillon que celui de l'Etat dont il a Commiſſion, ou ayant Commiſſions de deux différens Princes ou Etats, ſera auſſi de bonne priſe ; & s'il eſt armé en guerre, les capitaines & officiers ſeront punis comme pirates.

TOut capitaine de navire qui combat ſous un autre pavillon que celui de l'Etat dont il a commiſſion, commet un crime, qu'il ſoit armé en guerre ou en marchandiſe ſeulement. C'eſt un dol & une fauſſeté dont il ſe rend coupable, ſans compter l'injure qu'il fait au Prince dont il a pris la commiſſion, en mépriſant ſon pavillon pour combattre ſous un autre.

Ainſi étant pris en pareil cas, non-ſeulement il eſt de bonne priſe ; mais encore il eſt puniſſable ſuivant les loix de la guerre. Notre article à la vérité ne le ſoumet à être traité comme pirate, qu'au cas qu'il ſoit armé en guerre ; mais la raiſon eſt la même pour le cas de l'armement ſimple, dès qu'il y a combat.

Par les anciennes Ordonnances, tout navire françois étoit obligé de porter les banniéres, étendars & enſeignes de l'Amiral ; c'eſt-à-dire le pavillon françois. Ordon. de 1517, att. 19, de 1543, art. 15, & de 1584, art. 28 ; de maniere qu'il étoit défendu d'en arborer d'autre pour faire la guerre, comme le porte l'art. 4 de la Déclaration du premier Février 1650, confirmée par l'Arrêt du Conſeil du 13 ou 17 Août 1658,

Cette franchiſe naturelle à la nation, a ſubſiſté longtems encore après, quoique les ennemis n'en uſaſſent pas de même par rapport au pavillon de leur Souverain ; juſques-là que Louis XIV. par ſon Ordon. du 23 Février 1674, voulut qu'en cas de priſe d'un vaiſſeau allié ou neutre, ſans raiſon apparente & légitime, les armateurs qui ſe trouveroient ſaiſis de pluſieurs pavillons, fuſſent pourſuivis comme voleurs publics & forbans, & que leur procès leur fût fait ſuivant la rigueur des Ordonnances, comme préſumés s'être ſervis d'un pavillon étranger pour tromper le vaiſſeau pris & l'engager au combat.

On ne voit point préciſément quand cet uſage, qui donnoit aux ennemis un ſi grand avantage ſur nous, a changé ; mais on peut dire du moins que cet article le ſuppoſoit abrogé dès-lors, puiſqu'il ne parle que du combat ſous pavillon étranger.

Auſſi depuis ce tems-là a-t-il toujours été permis aux armateurs en courſe d'avoir à bord tels pavillons qu'ils jugent à propos, & de s'en ſervir au beſoin ; ſoit pour reconnoître par-là plus aiſément les vaiſſeaux qu'il rencontrent, ſoit pour éviter la pourſuite de ceux qu'ils croyent plus forts qu'eux. Ce qu'il leur eſt défendu ſeulement, c'eſt de tirer le coup d'aſſurance ou de ſemonce ſous pavillon étranger, à peine d'être privé du provenu de la priſe qui ſera confiſquée au profit du Roi, ſi le vaiſſeau eſt reconnu ennemi ; & en cas que le vaiſſeau pris ſoit jugé neutre, à peine de tous dépens, dommages & intérêts, tant contre le capitaine que contre l'armateur. C'eſt la diſpoſition de l'Ord. du 17 Mars 1696 ; de maniere qu'il ne ſeroit plus temps d'arborer le pavillon françois après avoir tiré le coup de canon d'aſſurance ou de femonce *v. infrà art.* 12, *in fine*, & le tr. des prises de M. le Chevalier d'Abreu, part. 2, chap. 8, pag. 86, & suiv.

Cependant, comme le présent article n'assujettit à la peine de la contravention qui y est portée, que les capitaines & officiers, sans y envelopper l'équipage qui ne peut pas être censé avoir part à la faute, par indentité de raison, il est intervenu une autre Ordonnance, en interprétation de celle du 17 Mars 1696, en date du 18 Juin 1704, portant, » que les équipages des vaisseaux corsaires qui auront » fait quelque prise, après avoir tiré le coup d'assurance ou de semonce sous pavil- » lon autre que celui de France, ne seront point privés de la part qu'ils doivent avoir » dans la prise, suivant la convention faite avec les armateurs, & seront traités de » même que si la prise étoit adjugée auxdits armateurs ; » de maniere que la confiscation ne tombe que sur l'armateur & le capitaine : laquelle derniere Ordonnance a été confirmée par Arrêt du Conseil du 23 Janvier 1706, en même temps qu'il y a été réglé que la confiscation ordonnée au profit du Roi appartiendroit désormais à M. l'Amiral, de même que celle des rançons excédantes la somme prescrite par les Ordonnances. Cet arrêt est rapporté *suprà* tit. de l'Amiral art. 10.

Effectivement ces confiscations n'avoient pu être attribuées au Roi sans donner atteinte aux prérogatives de la Charge d'Amiral, à qui sont dévolues de plein droit toutes les confiscations procédantes de délits maritimes & de contraventions aux Ordonnances.

Pour ce qui est du capitaine qui se trouvera avoir deux commissions de différens Princes; s'il est armé en guerre, nul doute qu'étant pris il ne soit de bonne prise, sans avoir égard à la distinction de M. le Chevalier d'Abreu *suprà* art. 3 ; & que s'il a combattu, il ne soit sujet à la peine portée par cet article, qui au surplus regarde absolument les François aussi-bien que les étrangers. Mais s'il n'est équipé qu'en marchandises, en doit-il être de même indistictement pour la prise, n'ayant pas combattu ?

C'est le sujet d'une lettre de Louis XIV. à M. le Comte de Toulouse, en date du premier Mars 1710. Il y est question en même temps de l'art. 8 du Réglement de Strasbourg : la voici.

» Mon Fils, je suis informé de la diversité des avis qui se rencontrent devant » vous, en exécution de l'article 5, des prises de mon Ordonnance de 1681, qui » veut que tout vaisseau qui se trouvera porteur de commissions de deux Princes ou » Etats, soit déclaré de bonne prise, & du huitième article du réglement fait à Stras- » bourg de la même année, où il est ordonné qu'au moins les deux tiers des équi- » pages des vaisseaux françois seront composés de mes sujets ; & que ce qui cause » des difficultés & de l'embarras dans le Jugement des prises qui se trouvent dans » ces cas, vient de ce qu'il semble que le cinquième article de l'Ordonnance ne re- » garde que les vaisseaux étrangers & non ceux de France, & que le huitième ar- » ticle du Réglement n'est que pour les vaisseaux qui navigent en tems de paix. Sur » quoi je vous écris cette lettre, pour vous dire que mon intention a toujours été » que les vaisseaux de mes sujets ne puissent jamais naviger que sous pavillon de » France, & que les deux tiers au moins de leurs équipages soient composés de » matelots François, en temps de paix comme en tems de guerre ; que ceux qui y con- » treviennent, s'ils sont arrêtés par les armateurs, soient déclarés de bonne prise, & » que ceux qui leur échappent soient saisis dans les ports, & confisqués comme » appartenans aux ennemis : étant certain que si un pareil abus subsistoit, ils ne man-

» queroient pas de faire tout le commerce de port en port, sous le nom de mar» chands françois, & priveroient par-là nos matelots des moyens qui les font sub» sister.

» A l'égard des bâtimens ennemis, auxquels j'accorde des passeports, & sur les» quels il se trouve de doubles connoissemens, les uns pour les ports de mon Ro» yaume & les autres pour ceux de mes ennemis ; ce qui arrive presque à tous les » Irlandois, sous prétexte que s'ils étoient rencontrés par les armateurs de leur na» tion, ils seroient confisqués s'ils paroissoient chargés pour France ; quoique cet » usage soit sujet à de grands abus, étant difficile par ce moyen de découvrir leur » véritable destination : je suis bien aise de vous dire que je me remets entiérement » à vous & aux Commissaires du Conseil des prises, de déclarer de bonne prise, les » bâtimens où il se trouvera de doubles connoissemens, ou d'en faire main-levée » suivant les circonstances & autres éclaircissemens qui résulteront des procédures qui » vous seront envoyées. Et la présente n'étant à autre fin, je prie Dieu, mon Fils, » qu'il vous ait en sa sainte & digne garde.

Il résulte de cette lettre pour l'interprétation de la seconde partie du présent article, 1°. Que la circonstance de deux congés ou passeports, ou de deux connoissemens, d'ont l'un est de France & l'autre d'un pays ennemi, ne suffit pas seule pour faire déclarer le navire ennemi de bonne prise, & que cela doit dépendre des circonstances capables de faire découvrir sa véritable destination.

2°. Que cet article regarde les françois comme les étrangers ; de maniere que si sur un navire françois il y a une commission d'un Prince étranger avec celle de France, il sera de bonne prise, quoiqu'il n'ait arboré que le pavillon françois.

3°. Enfin que nul vaisseau, quoique muni d'expéditions françoises, ne sera réputé françois, soit en temps de paix, soit en temps de guerre, si son équipage n'est composé de François au moins jusqu'aux deux tiers : en telle sorte que s'il en est autrement, il sera déclaré de bonne prise en tems de guerre, s'il est arrêté par quelque armateur, ou sujet à être saisi dans les ports & confisqué, comme censé appartenant à l'ennemi.

ORDONNANCE DU ROI,

Portant défenses aux Capitaines commandans les vaisseaux de Sa Majesté, ou à ceux de ses Sujets armés en course, de tirer le coup de semonce ou d'assurance sous autre pavillon que sous celui de France.

Du 17 Mars 1696.

DE PAR LE ROI.

SA MAJESTE' étant informée que plusieurs Capitaines de ses vaisseaux armés en course se font un usage de tirer le coup de semonce ou d'assurance sous pavillon étranger, quoique ce procédé soit contraire à la foi publique, à l'honneur du pavillon françois, & aux Ordonnances, particuliérement à celle de 1681 ; à quoi Sa Majesté désirant pourvoir, ensorte que les vaisseaux des Princes neutres ou de leurs Sujets ne puissent être induits en erreur par cette manœuvre, ni les corsaires françois s'en faire un moyen pour les engager au combat, en vue de les faire déclarer de bonne prise ; Sa Majesté a ordonné & ordonne que tous Capitaines commandans ses vaisseaux, ou ceux armés en course par ses Sujets seront tenus d'arborer pavillon françois avant de tirer le coup d'assurance ou de semonce. Leur fait Sa Majesté très-expresses inhibitions & défenses de tirer sous pavillon étranger, à peine d'être privés eux & leurs

leurs armateurs de tout le provenu de la prise qui sera confisqué au profit de Sa Majesté si le vaisseau est jugé ennemi; & en cas que le vaisseau pris soit jugé neutre, les capitaines & armateurs seront condamnés aux dépens, dommages & intérêts des propriétaires. Mande & ordonne Sa Majesté à M. le Comte de Toulouse, Amiral de France, & aux Officiers de l'Amirauté de tenir la main à l'exécution de la présente Ordonnance, qui sera lûe, publiée & registrée par tout où besoin sera, à ce qu'aucun n'en ignore. Fait à Versailles le dix-sept Mars mil six cent quatre-vingt-seize. *Signé*, LOUIS.

Et plus bas, Phelypeaux. Et scellée.

ORDONNANCE DU ROI,

Pour les matelots des corsaires, au sujet des prises qui seront faites après avoir tiré le coup d'assurance sous pavillon étranger.

Du 18 Juin 1704.

DE PAR LE ROI.

SA MAJESTE' s'étant fait représenter l'Ordonnance du 17 Mars 1696, par laquelle Elle a enjoint aux capitaines des vaisseaux armés en course par ses Sujets, d'arborer le pavillon françois avant de tirer le coup d'assurance ou de semonce, à peine contre les contrevenans, leurs armateurs & équipages, d'être privés de la prise qui seroit confisquée à son profit, Elle auroit estimé juste de dispenser les équipages de la peine, attendu qu'ils n'ont aucune part à la faute, & qu'ils sont obligés d'obéir à leur capitaine. Et voulant y pourvoir, Sa Majesté en interprétant ladite Ordonnance du 17 Mars 1696, a ordonné & ordonne, veut & entend, que les équipages des vaisseaux corsaires qui auront fait quelques prises, après avoir tiré le coup d'assurance ou de semonce sous un pavillon ennemi, ou quelqu'autre que ce soit que celui de France, ne seront point privés de la part qu'ils auroient à la prise, suivant leur convention avec les armateurs, & seront traités de même que si elle étoit adjugée ausdits armateurs : voulant qu'au surplus ladite Ordonnance soit exécutée selon sa forme & teneur. Mande Sa Majesté à M. le Comte de Toulouse, Amiral de France, de tenir la main à l'exécution de la présente Ordonnance; & aux Officiers de l'Amirauté de la faire publier & afficher par tout où besoin sera, à ce que personne n'en ignore. Fait à Versailles le dix-huitiéme de Juin mil sept cent quatre. *Signé*, LOUIS.

Et plus bas, Phelypeaux.

ARTICLE VI.

SEront encore de bonne prise les vaisseaux avec leur chargement, dans lesquels il ne sera trouvé *charte-parties*, *connoissemens ni factures* : faisons défenses à tous capitaines, officiers & équipages des vaisseaux preneurs de les soustraire, à peine de punition corporelle.

EN temps de guerre rien n'est plus commun que de masquer les navires & leurs chargemens, soit de la part des ennemis, soit de la part des sujets des Puissances neutres; & ce sont ces déguisemens que notre article a en vuë pour s'en garantir & les punir.

Il décide en conséquence, d'après l'Ord. de 1543, art. 43, & de celle de 1584, art. 70, que les vaisseaux dans lesquels il ne sera trouvé charte partie, connoissemens ni factures, seront de bonne prise avec leur chargement ; & cela est juste parce qu'alors la destination du navire & de son chargement est évidemment déguisée; d'où naît une présomption nécessaire que le tout appartient à l'ennemi, ou est pour ſon compte. On trouve une pareille diſpoſition dans l'art 8, de l'Ordonnance d'Eſpagne de l'année 1718 concernant les courſes maritimes.

Ainſi dans ce cas la priſe eſt bonne tant pour le navire que pour ſon chargement ; & cela quelque preuve qu'il y ait que le navire appartient réellement à un ſujet d'un Prince neutre ou allié, parce qu'il ſuffit que le chargement ſoit reputé appartenir à l'ennemi en tout ou partie, pour opérer la confiſcation du navire, aux termes de l'article ſuivant ; il y a néanmoins été dérogé par l'art. 5, du rég. du 21, Octobre 1744.

Au ſurplus, ces mots, *charte-parties*, *connoiſſemens*, *ni factures*, s'entendent ſelon moi diſtributivement & non collectivement, quoique M. le Chevalier d'Abreu ſoit d'avis contraire dans ſon Traité ſur cette matiere, part. premiere, chap. 2, §. 17, p. 32, on le peut voir encore dans le Journal étranger du mois de Février 1756, pag. 162 & ſuiv., de maniere qu'une charte-partie portant affrétement entier du navire, ſuffit, quoiqu'il n'y ait ni connoiſſemens ni factures ; de même à défaut de charte-partie, des connoiſſemens ou des factures en bonne forme ſuffiſent, ſi tout le chargement y eſt compris ; autrement tout ce qui n'y ſera pas énoncé ſera de bonne priſe & ſujet à confiſcation, tandis que tout le reſte ſera relâché, ſi le navire eſt conſtamment ami ou neutre.

Mais il n'y a que les piéces indiquées par cet article qui puiſſent faire preuve que les marchandiſes réclamées par des françois, alliés ou neutres leur appartiennent, & un livre de ſous-bord n'en tiendroit pas lieu, ne ſeroit pas admis comme preuve ſupplétive, ſuivant la déciſion formelle de l'Arrêt du Conſeil du 21 Janvier 1693, rendu au profit du capitaine Cabarrus contre Antoine Guadagny, marchand de Ligourne, qui réclamoit deux balles de drap & cinq de fayelle, qu'il prétendoit avoir été chargées pour ſon compte dans le navire *le redempteur du monde*.

Il ſe fondoit ſur un connoiſſement dont il étoit porteur ; mais ce connoiſſement étoit inutile, le double ne s'en étant pas trouvé à bord ; il ſe prévaloit, ſubſidiairement du livre de ſous-bord, mais il fut jugé qu'une telle piéce n'étoit pas admiſſible, comme n'étant pas de la nature de celles avouées par l'Ordonnance.

Le même arrêt a décidé comme on le voit, que les piéces énoncées dans cet article doivent ſe trouver à bord du navire, ſans quoi on ne doit avoir aucun égard aux doubles prétendus qui en ſeroient repréſentés ; & la raiſon en eſt claire, c'eſt que rien ne ſeroit plus facile que de fabriquer ces piéces après coup. M. le Chevalier d'Abreu, *loc. cit.* eſt du même avis, pag. 29.

C'eſt encore pour prévenir toute ſurpriſe à cet égard, que par l'article 5. du rég. du 17 Février 1694, confirmé par l'article 9, du rég. du 21 Octobre 1744, il a été décidé que les connoiſſemens trouvés même à bord, mais non ſignés, ſeront nuls & regardés comme des actes informes.

Il y a plus, & parce que les piéces en forme trouvées à bord peuvent encore avoir été concertées en fraude, il a été ordonné par Arrêt du Conſeil du 26 Octobre 1692, que les dépoſitions contraires des gens de l'équipage pris, prévaudroient à ces piéces.

Tout ceci au reſte ne regarde que les effets du chargement, & nullement le corps du navire, à l'égard duquel, pour empêcher qu'il ne ſoit déclaré de bonne priſe avec ſon chargement, il faut que l'on trouve à bord, non-ſeulement le congé & les autres expéditions qu'il a dû prendre dans le lieu de ſon départ ; mais encore l'acte de propriété en bonne forme, & même ſi le navire eſt de fabrique ennemie, ou s'il a appartenu originairement à un propriétaire ennemi, cet acte de propriété doit être d'une authenticité capable de lever tout soupçon.

A cet effet, il faut pour que le navire soit censé neutre, qu'il en ait été fait une vente par devant les officiers publics ayant le pouvoir de passer ces sortes d'actes, & que le contrat se trouve à bord avec un pouvoir authentique du premier propriétaire lorsqu'il n'a pas vendu lui-même. Article 4, du Réglement du 17 Février 1694 ; réglement confirmé tant par celui du 12 Mai 1696, que par celui du 23 Juillet 1704, art. 7, qui ajoûte que la vente doit être antérieure à la déclaration de guerre, & que le contrat doit avoir été enrégistré devant le principal officier du lieu du départ du navire ; ce qui a été renouvellé par l'art. 10, du rég. dudit jour 21 Octobre 1744.

Il en est de même, en cas d'échouement d'un vaisseau aussi de fabrique ennemie ou ayant appartenu à un propriétaire ennemi, suivant le réglement dont il vient d'être parlé du 12 Mai 1696.

A l'égard des navires de fabrique ennemie qui auront été pris par des vaisseaux françois ou alliés & qui auront ensuite été vendus aux sujets des Etats alliés ou neutres, le même art. 10. dudit rég. de 1744, veut qu'ils ne puissent être réputés de bonne prise s'il se trouve à bord des actes en bonne forme passés par des officiers publics à ce préposés, justificatifs tant de la prise, que de la vente qui en aura été faite aux sujets desdits états alliés ou neutres, soit en France soit dans les ports des alliés ; & qu'au contraire la prise soit bonne, si ces piéces justificatives ne sont pas trouvées à bord, sans que dans aucun cas on doive faire attention à celles qui pourroient être rapportées dans la suite.

Et parce que, plus on est rigide sur la nature des preuves de la neutralité du vaisseau & des marchandises, plus les armateurs corsaires pourroient être tentés de détourner ou soustraire ces preuves en tout ou partie ; il étoit tout naturel, de les prémunir contre cette tentation, par l'objet de la crainte des peines attachées à une infidélité aussi criminelle. C'est à quoi il a été pourvu par cet article, en soumettant à une punition corporelle, ceux qui oseroient soustraire les piéces de la prise ; ce qui emporte, outre les dommages & intérêts qui sont de droit en pareil cas, la dégradation infâmante des officiers coupables du crime.

Quant à la preuve de la soustraction des papiers, on comprend que les dépositions des gens de l'équipage du vaisseau pris peuvent beaucoup servir ; mais il seroit trop dangereux de faire dépendre de-là uniquement la preuve du délit. C'est par les circonstances qu'il convient de se régler en pareille occurrence ; & toutefois la preuve sera complette, si un certain nombre de gens du corsaire atteste la même chose que ceux du navire pris.

ARREST DU CONSEIL D'ÉTAT DU ROI,

Qui ordonne l'exécution des articles VII & XXIV du tit. des prises de l'Ordonnance de 1681, & que foi soit ajoutée aux dépositions des gens des équipages pris.

Du 26 Octobre 1692.

Extrait des Registres du Conseil d'État.

LE ROI étant informé, que par Arrêt du 20 Septembre 1692, il auroit été fait main-levée du vaisseau *la Notre-Dame du Pilier*, & des marchandises de son chargement, fondé sur ce qu'il s'y est trouvé un passeport du Roi de Portugal, & un connoissement qui porte, que les marchandises dont il y est fait mention ont été chargées à Lisbonne pour le compte & risque d'un marchand Portugais, quoique par l'interrogatoire des officiers principaux dudit vaisseau, il parût que lesdites marchandises sont pour compte des marchands Ostendois ou Hollandois; ce qui donnoit lieu d'adjuger aux armateurs la cargaison & le vaisseau, suivant les articles 7 & 24 de l'Ordonnance de 1681, au titre des prises. Et comme cette main-levée est également contraire aux intentions de Sa Majesté & au bien de son service; que même il ne seroit pas juste que des connoissemens & autres actes souvent concertés pour favoriser le commerce des ennemis, prévalussent aux dépositions des officiers & matelots des vaisseaux pris, qui seuls peuvent éclaircir la vérité & découvrir la fraude. Vû ledit Arrêt du 20 Septembre 1692, & lesdits articles 7 & 24 de l'Ordonnance de 1681. S.M. étant en son Conseil, sans s'arrêter audit Arrêt du 20 Septembre 1692, en ce qu'il a donné main-levée dudit vaisseau & de partie des marchandises de son chargement, a déclaré le tout de bonne prise; ordonne qu'il sera vendu, & le prix en provenant délivré au sieur de la Bardeliere & consorts, à la réserve du dixiéme du Sieur Comte de Toulouse, Amiral de France, qui sera payé au Receveur de ses droits, & qu'à la délivrance les dépositaires seront contraints, & moyennant ce bien & valablement déchargés. Veut Sa Majesté que les article 7 & 24 de l'Ordonnance de 1681, au titre des prises, soient exécutés sans aucune modification ni restriction, & que pleine & entiere foi soit ajoutée aux dépositions des capitaines, matelots & officiers des vaisseaux pris, s'il n'y a contr'eux aucun reproche valable proposé par les réclamateurs, ou quelque preuve de subornation & de séduction. Défend Sa Majesté aux capitaines des vaisseaux preneurs & aux armateurs leurs consorts & tous autres, d'user d'aucunes menaces, voies de fait, ni violences contre les officiers & matelots des vaisseaux pris, sous peine de punition corporelle. Enjoint aux Officiers des Amirautés d'en informer, sur la plainte qui leur en sera faite par les réclamateurs, sous peine d'interdiction. Et sera le présent Arrêt lû, publié & enregistré aux Siéges des Amirautes à la diligence du Procureur de Sa Majesté en icelles, à eux enjoint d'en certifier dans le mois le Sécretaire d'État ayant le Département de la Marine. Fait au Conseil d'Etat du Roi, tenu à Versailles le vingt-sixiéme jour d'Octobre mil six cent quatre-vingt-douze.

Signé, PHELYPEAUX.

RÉGLEMENT DU ROI,

Concernant les passeports qui seront accordés aux vaisseaux ennemis par les Princes neutres.

Du 17 Février 1694.

DE PAR LE ROI.

SA MAJESTE' étant informée qu'au préjudice de toutes les précautions que prennent les Princes neutres, pour empêcher que les ennemis de la France ne se servent de leur banniere & de leurs passeports pour continuer librement leur commerce, & se mettre à couvert des armateurs françois, il s'y commet journellement beaucoup d'abus, auxquels il est nécessaire de pourvoir pour soutenir la course, rompre entierement s'il se peut le commerce des ennemis, faciliter celui des alliés, & assurer en même temps les égards dûs à leurs pavillons & à leurs patentes; Sa Majesté a ordonné & ordonne ce qui ensuit.

ARTICLE PREMIER.

Qu'on n'aura aucun égard aux passeports des Princes neutres, auxquels ceux qui les auront obtenus, se trouveront avoir contrevenu, & que ces vaisseaux seront considérés comme étant sans aveu.

II. Qu'un même passeport ne pourra servir que pour un seul voyage.

III. Que les passeports seront considérés comme nuls, quand il y aura preuve que le navire pour lequel ils sont expédiés n'étoit alors dans aucun des ports du Prince qui l'a accordé.

IV. Que tout vaisseau qui sera de fabrique ennemie, ou qui aura eu originairement un propriétaire ennemi, ne poura être censé neutre, s'il n'en a été fait une vente pardevant les officiers publics qui doivent passer cette sorte d'actes, & si cette vente ne se trouve à bord, & n'est soutenue d'un pouvoir autentique donné par le premier propriétaire, lorsqu'il ne vend pas lui-même.

V. Que les connoissemens trouvés à bord non signés seront nuls, & régardés comme des actes informes.

Veut Sa Majesté que le présent Réglement sorte son plein & entier effet, pour les prises faites ci-devant, & qui pourront être faites dans la suite; & enjoint aux Sieurs Commissaires nommés pour le Jugement des prises, de tenir la main à son exécution. Fait à Versailles le 17 Février 1694. *Signé*, LOUIS. *Et plus bas*, PHELYPEAUX.

ORDONNANCE DU ROI,

Touchant la maniere de juger les vaisseaux qui échouent, ou qui sont portés aux côtes de France, par tempête ou autrement.

Du 12 Mai 1696.

DE PAR LE ROI.

SA MAJESTE' étant informée qu'il est survenu quelques contestations à l'occasion du Jugement des vaisseaux échoués, soit à l'égard de ceux qui étant de fabrique ennemie, ne se sont trouvés munis d'aucun contrat d'achat, soit par rapport aux marchandises sans connoissemens, sous prétexte que le Réglement du 17 Février 1694 paroît n'avoir été fait que pour les vaisseaux pris, & que l'article de l'Ordonnance de 1681, qui confisque les marchandises sans connoissement, est inséré dans le titre des prises; à quoi Sa Majesté désirant pourvoir, en sorte que les vaisseaux masqués, & les marchandises véritablement ennemies, mais souvent réclamées par des Sujets des Princes neutres, ne puissent être soustraites en aucun cas à la juste confiscation établie par les loix de la guerre, & par les Ordonnances anciennes & nouvelles. Sa Majesté a ordonné & ordonne que les vaisseaux qui échoueront sur les côtes, & qui seront portés par la tempête ou autrement, seront jugés suivant les articles de l'Ordonnance de 1681 insérés dans le titre des prises, & le Réglement du 17 Février 1694; ce faisant, que tout vaisseau échoué qui sera de fabrique ennemie, ou qui aura eu originairement un propriétaire ennemi, ne pourra être censé neutre, mais sera confisqué en entier au profit de Sa Majesté, s'il n'en a été fait une vente pardevant les officiers publics, qui doivent passer ces sortes d'actes, & si cette vente ne se trouve à bord, & n'est accompagnée d'un pouvoir authentique donné par le premier propriétaire, lorsqu'il ne vend pas lui-même. Ordonne pareillement Sa Majesté que les marchandises chargées sur les vaisseaux échoués, dont il ne se trouvera à bord aucun connoissement, seront & demeureront entierement confisquées à son profit; n'entend néanmoins S. M. comprendre dans la présente Ordonnance les vaisseaux échoués, dont les papiers se feroient perdus à l'occasion de la tempête, & par le malheur du naufrage, en cas que le capitaine ou le commandant en fassent d'abord leur déclaration, & que l'état du vaisseau & les circonstances de l'échouement le puissent faire présumer ainsi, auquel cas Sa Majesté ordonne que les réclamateurs seront seulement tenus de rapporter une nouvelle expédition du contrat d'achat, & le double des connoissemens. Mande & ordonne Sa Majesté à M. le Comte de Toulouse, Amiral de France, de tenir la main à l'observation de la présente Ordonnance, qui sera lûe, publiée & affichée dans tous les Siéges de l'Amirauté. Enjoint aux Officiers desdits Siéges de tenir la main à son exécution en ce qui les concerne. Fait à Versailles le 12 Mai 1696. *Signé*, LOUIS.

Et plus bas, PHELYPEAUX. Et scellée.

RÉGLEMENT DU ROI,

Pour les prises faites en mer, & pour assurer la navigation des Etats neutres & alliés pendant la guerre.

Du 23 Juillet 1704.

DE PAR LE ROI.

SA MAJESTÉ ayant été informée que le commerce des négocians du Royaume avec les nations neutres, pourroit s'établir avantageusement pendant la présente guerre, nonobstant les efforts continuels que les ennemis de la France font pour le détruire; si Sa Majesté avoit agréable d'assurer d'un côté par sa protection ce commerce réciproque, & de prendre de l'autre des précautions suffisantes pour prévenir les abus que ses ennemis font du pavillon & des passeports des Princes neutres, par collusion & intelligence avec quelques-uns de leurs Sujets, contre leurs intentions, & contre l'intérêt de leurs Etats. Sa Majesté, après avoir fait examiner en son Conseil les propositions qui lui ont été faites dans ces vues, par les Députés au Conseil de Commerce, se seroit portée d'autant plus volontiers à les approuver, qu'Elle y auroit trouvé les moyens qu'Elle a toujours recherchés, de procurer également les avantages des Sujets des Princes neutres & des armateurs François. Les Sujets des Princes neutres y reconnoîtront le soin que S. M. a eu de leur conserver la même étendue & la même liberté de commerce, dont ils ont accoutumé de jouir pendant la paix, nonobstant les restrictions que l'Angleterre & la Hollande y ont apportées, & dont Sa Majesté auroit pu suivre l'exemple avec justice. Et à l'égard des armateurs françois, il auront des régles certaines, par le moyen desquelles ils ne seront plus trompés comme ils l'ont été jusqu'à présent, par les déguisemens & les artifices des ennemis de Sa Majesté, ni exposés au hasard des événemens douteux de leur course, qui les consommoient presque toujours par des procès longs & de difficile discussion, souvent infructueux, & quelquefois ruineux, par les dommages & intérêts auxquels ils succomboient envers les réclamateurs; par toutes lesquelles considérations, Sa Majesté a ordonné & ordonne ce qui s'ensuit.

ARTICLE PREMIER.

Fait Sa Majesté défense aux armateurs françois d'arrêter ni amener dans les ports de son Royaume, les vaisseaux appartenans aux Sujets des Princes neutres, sortis d'un des ports de leur domination, & chargés pour le compte des propriétaires ou autres Sujets desdits Princes neutres, de marchandises du crû ou fabrique de leur pays, pour les porter à droiture en quelqu'autre Etat que ce soit, même en ceux avec qui Sa Majesté est en guerre, pourvu néanmoins qu'il n'y ait sur lesdits vaisseaux aucune marchandise de contrebande.

II. Leur fait pareillement défenses d'arrêter les vaisseaux appartenans aux Sujets des Princes neutres, sortis des ports de quelqu'autre Etat que ce soit, même de ceux avec lesquels Sa Majesté est en guerre, & chargés pour le compte des propriétaires ou autres Sujets desdits Princes neutres, de marchandises qu'ils auront prises dans le même pays ou Etat d'où ils seront partis pour s'en retourner à droiture dans l'un des ports de la domination de leur Souverain.

III. Comme aussi leur fait défenses d'arrêter les vaisseaux appartenans aux sujets des Princes neutres, partis des ports d'un des Etats neutres ou alliés de Sa Majesté, pour aller dans un autre Etat pareillement neutre ou allié de Sa Majesté, pourvu qu'ils ne soient pas chargés des marchandises du crû ou fabrique de ses ennemis, auquel cas les marchandises seront de bonne prise, & les vaisseaux seront relâchés.

IV. Défend pareillement Sa Majesté aux armateurs d'arrêter les vaisseaux appartenans aux sujets des Princes neutres, sortis des ports d'un Etat allié de Sa Majesté ou neutre, pour aller dans un Etat ennemi de Sa Majesté, pourvu qu'il n'y ait sur lesdits vaisseaux aucune marchandise de contrebande, ni du crû & fabrique des ennemis de Sa Majesté, dans lesquels cas les marchandises seront de bonne prise, & les vaisseaux seront relâchés.

V. Et néanmoins, si dans les cas portés par les quatre premiers articles du présent Réglement il se trouvoit sur les vaisseaux neutres des effets appartenans aux ennemis de Sa Majesté, les vaisseaux & tout le chargement seront de bonne prise, conformément à l'article 7 du titre des prises, de l'Ordonnance du mois d'Août 1681.

VI. Les vaisseaux appartenans aux sujets des Etats neutres, qui seront sortis des ports d'un Etat ennemi de Sa Majesté, & y auront pris leur chargement en tout ou en partie, pour aller dans les Etats d'un autre Prince que le leur, soit qu'il soit allié de Sa Majesté, neutre ou ennemi, pourront être arrêtés & amenés dans le Royaume, & seront déclarés de bonne prise avec leur chargement, encore qu'ils fussent chargés pour le compte des Sujets de Sa Majesté, ou d'un Etat allié ou neutre.

VII. Tout vaisseau qui sera de fabrique ennemi ou qui aura eu un propriétaire ennemi, ne pourra être censé neutre, s'il n'en a été fait une vente avant la déclaration de la présente guerre, pardevant les officiers publics qui doivent passer cette sorte d'acte, & si cette vente ne se trouve à bord enregistrée devant le principal officier du lieu du départ, & n'est soutenue d'un pouvoir authentique donné par le propriétaire, lorsqu'il n'a pas vendu lui-même.

VIII. On n'aura aucun égard aux passeports accordés par les Princes neutres, tant aux propriétaires, qu'aux maîtres des vaisseaux sujets des Etats ennemis de Sa Majesté, s'ils nont été naturalisés, & n'ont transferé leur domicile dans les Etats des Princes neutres, avant la déclaration de la présente guerre, auquel cas même ils ne pourront jouir de l'effet des lettres de naturalité, si depuis qu'elles ont été obtenues, ils sont retournés dans lesdits Etats ennemis de Sa Majesté, pour y continuer leur commerce.

IX. Seront aussi de bonne prise, tous vaisseaux étrangers sur lesquels il y aura un subrecargue, marchand, commis ou officier marinier d'un pays ennemi de Sa Majesté, ou dont l'équipage sera composé de matelots sujets des Etats ennemis de Sa Majesté, au-delà du tiers, ou qui n'auront pas à bord le rolle de l'équipage arrêté par les officiers publics des lieux neutres d'où les vaisseaux seront partis.

X. N'entendons comprendre dans la disposition du précédent article, les vaisseaux dont les capitaines ou les maîtres justifieront par actes trouvés à bord, qu'ils ont été obligés de prendre des officiers-mariniers ou matelots dans les ports où ils auront relâché, pour remplacer ceux du pays neutrequi seront morts pendant le cours de leur voyage.

XI. Les quatre articles immédiatement précédens, n'auront lieu, & ne seront exécutés que quatre mois après la publication du présent Réglement.

XII. Tous vaisseaux qui seront sortis des ports du Royaume, qui n'auront à bord d'autres denrées & marchandises que celles qu'ils y auront chargées, & qui se trouveront munis de congés de l'Amiral de France, ne pourront être arrêtés par les armateurs françois, ni ramenés par eux dans les ports du Royaume, sous quelque prétexte que ce puisse être.

XIII. En cas de contravention par les armateurs françois, aux défenses à eux faites par le présent Réglement: veut Sa Majesté qu'il soit fait main-levée aux Sujets des Princes neutres, des vaisseaux à eux appartenans, & des marchandises du chargement, dans les cas où elles ne sont pas sujettes à confiscation, & que les armateurs soient condamnés en leurs dommages & intérêts.

XIV. Et au surplus, le titre des prises de l'Ordonnance du mois d'Août 1681, & le Réglement du 17 Février 1694, & autres intervenus sur le fait des prises, seront exécutés suivant leur forme, en ce qu'il n'y est dérogé par ce présent Réglement. Mande & ordonne Sa Majesté à M. le Comte de Toulouse, Amiral de France, de tenir la main à son exécution, & aux Officiers de l'Amirauté de le faire publier, afficher & enrégistrer par tout où besoin sera à ce que nul n'en ignore. Fait à Versailles le 23 Juillet 1704.

Signé, LOUIS. *Et plus bas*, PHELYPEAUX.

RÉGLEMENT

Concernant les Prises faites sur mer, & la navigation des vaisseaux neutres pendant la guerre.

Du 21 Octobre 1744.

DE PAR LE ROI.

LE ROI s'étant fait représenter le Réglement du 23 Juillet 1704, concernant les prises faites en mer, & la navigation des vaisseaux neutres & alliés pendant la guerre, Sa Majesté auroit reconnu que les dispositions de ce Réglement étoient alors également sages & convenables, & que même il seroit à désirer pour le bien de son Royaume, qu'elles pussent toutes être renouvellées pendant la présente guerre : mais comme il en est plusieurs qui ne sauroient s'accorder avec les traités & conventions qu'Elle a faits avec les différentes Puissances depuis son avénement à la Couronne, & que Sa Majesté s'est toujours fait une loi d'observer ses engagemens avec la fidélité la plus exacte, Elle croit devoir faire céder ses intérêts à la foi qu'Elle doit aux traités. D'un autre côté, Sa Majesté ne pouvant pas douter que ses ennemis ne se servent du pavillon & des passeports de quelques Etats neutres, contre la volonté & les engagemens de ces mêmes Etats; & Sa Majesté considérant que des conventions faites entre des Souverains, uniquement pour l'avantage & la sureté de leurs Sujets respectifs, ne peuvent avoir jamais eu pour objet de faciliter des fraudes dont le préjudice ne peut être douteux, Elle se croit d'autant plus fondée à empêcher ces fraudes, qu'il n'est pas moins contre l'honneur & la dignité, que contre les intérêts des Etats neutres, que des sujets téméraires compromettent leur droit, en abusant de leur pavillon & de leurs passeports.

Dans ces circonstances, Sa Majesté a jugé à propos de rappeller dans le présent Réglement les dispositions de celui de 1704, en distinguant celles qui ne doivent être exécutées qu'à l'égard des Etats avec lesquels il n'a point été fait de conventions, d'y en ajouter de nouvelles conformes aux traités qu'Elle a faits avec d'autres Etats, & d'y joindre même celles du Réglement du 17 Février 1694, afin que ceux de ses sujets qui armeront pour la course, soient pleinement informés des régles qu'ils doivent observer. Par ces considérations Sa Majesté a ordonné & ordonne ce qui suit.

ARTICLE PREMIER.

Fait Sa Majesté défenses aux armateurs françois d'arrêter en mer & d'amener dans les ports de son Royaume, les navires appartenans aux sujets des Princes neutres, sortis d'un des ports de leur domination, & chargés pour le compte des sujets desdits Princes neutres, de marchandises du crû ou fabrique de leur pays, pour les porter en droiture en quelqu'Etat que ce soit, même en ceux avec qui Sa Majesté est en guerre : pourvu néanmoins qu'il n'y ait sur lesdits navires aucunes marchandises de contrebande.

II. Leur fait pareillement défenses d'arrêter les navires appartenans aux sujets des Princes neutres, sortis de quelqu'autre Etat que ce soit, même de ceux avec lesquels Sa Majesté est en guerre, & chargés pour le compte desdits sujets des Princes neutres, de marchandises qu'ils auront prises dans le pays ou Etat d'où ils seront partis, pour s'en retourner en droiture dans un des ports de la domination de leur Souverain.

III. Comme aussi leur fait défenses d'arrêter les navires appartenans aux sujets des Princes neutres, partis des ports d'un Etat neutre ou allié de Sa Majesté, pour s'en aller en un autre Etat pareillement neutre ou allié de Sa Majesté; pourvu qu'il ne soit pas chargé de marchandises du crû ou fabrique de ses ennemis, auquel cas les marchandises seront de bonne prise, & les navires relâchés.

IV. Défend pareillement Sa Majesté auxdits armateurs d'arrêter les navires appartenans aux sujets desdits Princes neutres, sortis des ports d'un Etat allié de Sa Majesté ou neutre, pour aller dans un port d'un Etat ennemi de Sa Majesté; pourvu qu'il n'y ait sur ledit navire aucunes marchandises de contrebande, ni du crû ou fabrique des ennemis de Sa Majesté, dans lequel cas lesdites marchandises seront de bonne prise, & les navires seront relâchés.

V. Si dans les cas expliqués par les articles I, II, III, IV de ce Réglement, il se trouvoit sur lesdits navires neutres, de quelque nation qu'ils fussent, des marchandises ou effets appartenans aux ennemis de Sa Majesté, les marchandises ou effets seront de bonne prise, quand même elles ne seroient pas de fabrique du pays ennemi, & néanmoins les navires relâchés.

VI. Veut Sa Majesté que tous vaisseaux pris, de quelque nation qu'ils soient, ennemie, neutre ou alliée, desquels il sera constaté qu'il y a eu des papiers jettés à la mer, soient déclarés de bonne prise, avec leur cargaison, sur la seule preuve constante des papiers jettés à la mer, & sans qu'il soit besoin d'examiner quels étoient ces papiers, par qui ils ont été jettés, ni s'il en est resté suffisamment à bord pour justifier que le navire & son chargement appartient à des amis ou alliés.

VII. On n'aura aucun égard aux passeports des Princes neutres, auxquels ceux qui les auront obtenus se trouveront avoir contrevenu, & les vaisseaux qui navigueront sur lesdits passeports seront déclarés de bonne prise.

VIII. Un passeport ou congé ne pourra servir que pour un seul voyage, & sera considéré comme nul, s'il est prouvé que le navire pour lequel il auroit été expédié, n'étoit lors de l'expédition dans aucun des ports du Prince qui l'a accordé.

IX. Tous connoissemens trouvés à bord, non signés, seront nuls & regardés comme actes informes.

X. Tout navire qui sera de fabrique ennemie, ou qui auroit eu un propriétaire ennemi, ne pourra être censé neutre ni allié, s'il n'est trouvé à bord quelques piéces authentiques passées devant les officiers publics, qui puissent en assurer la date, qui justifient que la vente ou cession en a été faite à quelqu'un des sujets des Puissances alliés ou neutres, avant la déclaration de guerre, & si ledit acte translatif de propriété de l'ennemi au sujet neutre ou allié n'a été dûement enregistré devant le principal officier du lieu du départ, & n'est soutenu d'un pouvoir authentique donné par le propriétaire, dans le cas où il n'auroit pas fait lui-même ladite derniere vente. A l'égard des navires de fabrique ennemie qui auront été pris par nos vaisseaux, ceux de nos alliés & de nos sujets pendant la présente guerre, & qui auroient ensuite été vendus aux sujets des Etats alliés ou neutres, ils ne pourront être réputés de bonne prise, s'il se trouve à bord des actes en bonne forme, passés par des officiers publics à ce préposés, justificatifs tant de la prise que de la vente ou adjudication qui en auroit été faite ensuite aux sujets desdits Etats alliés ou neutres, soit en France, soit dans les ports de nos alliés; faute desquelles piéces justificatives, tant de la prise que de la vente, lesdits navires seront de bonne prise, sans que dans aucun cas les piéces qui pourroient être rapportées par la suite, puissent faire aucune foi, ni être d'aucune utilité, tant aux propriétaires desdits navires, qu'à ceux des marchandises qui pourroient y avoir été chargées.

XI. On n'aura aucun égard aux passeports accordés par les Princes neutres ou alliés, tant aux propriétaires qu'aux maîtres des navires sujets des Etats ennemis de Sa Majesté, s'ils n'ont été naturalisés, & n'ont transféré leur domicile dans les Etats desdits Princes avant la déclaration de la présente guerre : ne pourront pareillement lesdits propriétaires & maîtres des navires ou sujets des Etats ennemis, qui auront obtenu lesdites lettres de naturalité, jouir de leur effet, si depuis qu'elles ont été obtenues ils sont retournés dans les Etats ennemis de Sa Majesté, pour y continuer leur commerce.

XII. Seront de bonne prise tous navires étrangers sur lesquels il y aura un subrecargue, marchand, commis ou officier-marinier d'un pays ennemi de Sa Majesté, ou dont l'équipage sera composé au-delà du tiers de matelots sujets des Etats ennemis de Sa Majesté, ou qui n'auront pas à bord le rôle de l'équipage, arrêté par les officiers publics des lieux neutres d'où les navires seront partis.

XIII. N'entendons comprendre dans la disposition du précédent article, les navires dont les capitaines ou les maîtres justifient par actes trouvés à bord, qu'ils ont été obligés de prendre des officiers-mariniers ou matelots dans les ports où ils auront relâché, pour remplacer ceux du pays neutre, morts dans le cours de leur voyage.

XIV. Les navires appartenans aux sujets du Roi de Dannemark, & ceux appartenans aux sujets des Etats Généraux des Provinces-unies, pourront

pourront naviguer librement pendant la présente guerre, soit de leurs ports à des ports d'autres Etats neutres ou ennemis, ou d'un port neutre à un port ennemi, ou d'un port ennemi à un autre port ennemi, pourvu que ce ne soit pas à une place bloquée, & que dans ces deux derniers cas ils ne soient pas chargés en tout ou en partie de marchandises réputées de contrebande par les traités, & ce nonobstant ce qui est porté par les quatre premiers articles du présent Réglement, duquel néanmoins les articles 6, 7, 8, 9, 10, 11 & 12, seront exécutés à leur égard : & dans le cas qu'ils se trouveroient chargés en tout ou partie desdites marchandises de contrebande, allant à un port ennemi, soit qu'ils fussent partis d'un autre port ennemi ou d'un port neutre, lesdites marchandises seront de bonne prise, sans que les navires & le surplus de leur cargaison, ni leurs biens & effets puissent être retenus, quand même ils appartiendroient aux ennemis.

XV. Il en sera usé de même à l'égard des navires appartenans aux sujets du Roi de Suéde, & de ceux appartenans aux habitans des villes hanséatiques, dans lesquels néanmoins toutes marchandises sans distinction, appartenantes aux ennemis, quand même elles ne seroient pas de contrebande, seront de bonne prise; sans toutefois que les navires & le surplus de leur cargaison, ni leurs autres biens & effets puissent être retenus.

XVI. Tous navires sortis des ports du Royaume, qui n'auront à bord d'autres denrées & marchandises que celles qu'ils y auront chargées, & qui se trouveront munis de congés de l'Amiral de France, ne pourront être arrêtés par les armateurs françois, ni ramenés par eux dans les ports du Royaume, sous quelque prétexte que ce puisse être.

XVII. En cas de contravention par les armateurs françois aux défenses à eux faites par le présent Réglement, veut Sa Majesté qu'il soit fait main-levée aux sujets des Princes neutres, des navires à eux appartenans, & des marchandises du chargement, dans les cas où elles ne seroient pas sujettes à confiscation, & que lesdits armateurs soient condamnés en leurs dommages & intérêts.

XVIII. Veut au surplus Sa Majesté que le titre des prises, de l'Ordonnance de la Marine du mois d'Août 1681, soit exécuté suivant sa forme & teneur, en ce qui n'y est dérogé par le présent Réglement. Mande & ordonne Sa Majesté à M. le Duc de Penthievre, Amiral de France, de tenir la main à son exécution, & aux Officiers de l'Amirauté de le faire publier, afficher & enregistrer par tout où besoin sera, à ce que nul n'en ignore. Fait au Camp devant Fribourg le 21 Octobre 1744. *Signé*, LOUIS.

Et plus bas, PHELYPEAUX.

ARTICLE VII.

TOus navires qui se trouveront chargés d'effets appartenans à nos ennemis, & les marchandises de nos Sujets ou Alliés qui se trouveront dans un navire ennemi, seront pareillement de bonne prise.

AInsi les marchandises appartenantes à l'ennemi rendent le navire qui les porte, ennemi, & le soumettent à la confiscation aussi bien que le reste de son chargement, à qui que ce soit que le navire & les autres marchandises appartiennent, soit amis, alliés, neutres, ou François, & réciproquement le navire ennemi rend toute sa cargaison ennemie, de maniere que le tout est sujet à confiscation, sans distinction des effets appartenans aux François ou aux alliés. On trouve la même disposition dans l'Ord. du Roi d'Espagne du 21 Août 1702, art. 11, aussi bien que dans celle du 17 Novembre 1718, art. 9, excepté qu'il n'y est pas parlé des amis & alliés; mais dit M. le Chevalier d'Abreu, dans son Traité des prises sur mer, part. prem. ch. 8, pag. 108 & suiv., & ch. 9; les amis & alliés sont nécessairement sous entendus dans cette disposition; ce qu'il appuye d'ailleurs par divers traités de paix & de commerce, principalement par celui des Pyrennées & celui d'Utrecht. Sur quoi voir le Journal étranger du mois de Fevrier 1756, pag. 184, & suiv.

Par rapport à la premiere hypothèse, il sembloit resulter de l'art. 42 de l'Ord.

de 1543, & du 69 de celle de 1584, qu'il n'y avoit que la marchandise des ennemis trouvée dans un navire ami, qui fût sujette à confiscation sans toucher au navire ni au reste de son chargement ; du moins c'est ainsi que Cleirac avoit interprété ces deux Ordonnances dans son Traité de la Jurisdiction de la Marine art. 25, pag. 443.

Mais aux termes de cet article, tout est soumis à la confiscation, sans distinguer si le navire a été chargé en entier d'effets appartenans aux ennemis, ou s'il ne l'a été qu'en partie ; parce que de maniere ou d'autre, c'est favoriser le commerce de l'ennemi & faciliter le transport de ses denrées & marchandises, ce qui ne peut convenir aux Traités d'Alliance ou de Neutralité, encore moins aux Sujets du Roi, auxquels toute communication avec l'ennemi est étroitement défendue, sur peine même de la vie. Et ce qui ne permet pas de douter, que ce ne soit là le sens de cette premiere partie de l'article, c'est la disposition de l'Arrêt du Conseil du 26 Octobre 1692, & de l'art. 5, du Reglement du 23 Juillet 1704, qui porte en termes formels que, *s'il se trouve sur les vaisseaux neutres des effets appartenans aux ennemis de Sa Majesté, les vaisseaux & tout le chargement seront de bonne prise, conformément* au présent article 7.

Cependant il y a été dérogé par l'art. 5 du Réglement du 21 Octobre 1744, qui veut qu'en ce cas, la confiscation n'ait lieu que pour les effets ennemis, & que le navire neutre soit relâché ; mais comme ce nouvel arrangement n'a été fait que relativement aux traités conclus avec quelques Puissances amies ou neutres, & que cela peut changer dans la suite, il ne faut pas perdre de vuë le principe établi par notre article, suivant lequel, dès qu'il y a des effets ennemis dans un navire, tout est sujet à confiscation. L'Observateur Hollandois, dans sa trente & uniéme lettre pag. 37, pense qu'il seroit plus conforme à l'équité, que les marchandises des ennemis fussent même exemptes de confiscation ; mais cette réflexion politique ne peut tenir contre les raisons ci-dessus apportées. Voir aussi la quarante-sixiéme lettre du mê- Auteur, pag. 36 & suiv.

Il ne faut point au reste distinguer si le propriétaire ou le maître du navire ami ou neutre, a su ou non qu'il y avoit dans le chargement des effets appartenans aux ennemis, comme le veulent Loccenius, *de jure maritimo*, *lib.* 2, *cap.* 4, *n.* 11, & Grotius, liv. 3, chap. 6, §. 6, & aux notes, par argument de la loi *cotem ferro*, 11, §. 2, *ff. de publicanis* ; Grotius prétendant même que c'est ainsi qu'il faut entendre nos Ordonnances : car, outre que notre article, non plus que le cinquiéme dudit Réglement du 23 Juillet 1704, ne font aucune distinction, c'est que ce seroit ménager au capitaine du navire une défaite ou excuse, avec laquelle il ne manqueroit jamais d'éluder la confiscation de son navire, & du surplus de son chargement.

Il est pourtant vrai que cette Jurisprudence nous est particuliere & à l'Espagne, & qu'ailleurs il n'y a que les marchandises de l'ennemi qui soient sujettes à confiscation. L'usage est même d'en payer le fret au capitaine du navire, ami ou neutre, suivant l'article 275 du Consulat de la Mer, excepté lorsqu'il s'agit de marchandises de contrebande : auquel cas la confiscation est inévitable, tant du navire que des marchandises.

Pour ce qui est de la seconde partie de notre article, elle est juste, malgré l'avis contraire de ces deux Auteurs, *ibid.*, qui n'assujettissent en ce cas à la confiscation les effets des amis, qu'autant que ce sont des munitions de guerre : car enfin, dès qu'ils chargent dans un vaisseau ennemi, ils se soumettent de droit au sort qu'aura le vaisseau; à joindre qu'en cela ils favorisent la navigation & le commerce de l'ennemi.

Aussi les articles des Ordonnances de 1543 & 1584, déja cités, avoient-ils décidé en cette partie la même chose que le présent article. Cependant l'article 6 de la Déclaration du premier Février 1650 sembloit y avoir donné atteinte en ces termes, *& les marchandises qui se trouveront appartenir à nos amis, alliés & sujets, rendues & restituées, & les autres appartenantes à nos ennemis, confisquées.* Mais la disposition de notre article ne laisse plus le moindre doute sur ce sujet, encore moins après l'Arrêt du Conseil dudit jour 26 Octobre 1692, qui en a ordonné l'exécution pleine & entiere, sans aucune distinction, modification ni restriction, sinon ès cas auxquels Sa Majesté y aura pourvu par des ordres particuliers. Cet Arrêt est rapporté sur le présent article. Telle est aussi la doctrine de M. le Chevalier d'Abreu, *loc. cit.* page 186. Comment en effet les marchandises des alliés & amis trouvées dans un navire ennemi ne seroient-elles pas sujettes à confiscation, tandis que celles des sujes mêmes y sont soumises?

ARREST DU CONSEIL D'ÉTAT DU ROI,

Qui confisque le vaisseau le Saint-Jean-Baptiste, *Capitaine Sugliasich, & ordonne que l'article VII. de l'Ordonnance de 1681, au titre des Prises, sera exécuté.*

Du 26 Octobre 1692.

Extrait des Registres du Conseil d'Etat.

LE ROI étant informé que, quoique par les anciennes & nouvelles Ordonnances, & nommément celle de 1681, art. 7, du titre des prises, il soit expressément porté que les vaisseaux des Sujets ou alliés de Sa Majesté, où il se trouvera quelques effets appartenans à ses ennemis, seront déclarés de bonne prise, aussi-bien que les marchandises de sesdits Sujets ou alliés, qui se trouveront chargées sur des vaisseaux ennemis, on a prétendu apporter à cette disposition des modifications contraires à l'intention de Sa Majesté; que même il auroit été donné main-levée de quelques vaisseaux chargés de marchandises ennemies; & de divers effets appartenans aux amis, alliés & sujets de Sa Majesté, qui se sont trouvés chargés sur des vaisseaux de ses ennemis, sous prétexte qu'il y avoit lieu de s'éloigner en certains cas de l'exacte observation de cet article. Sur ce principe, les réclamateurs du vaisseau *le Saint-Jean-Baptiste*, Capitaine Sugliasich, en auroient obtenu main-levée par Arrêt du 15 Mars 1692, quoiqu'il y eût sur ledit vaisseau des marchandises qui appartenoient au nommé Glux, marchand hollandois, contre lequel Arrêt les armateurs s'étant pourvus en révision, lesdits réclamateurs auroient par un dernier Arrêt du 18 Septembre 1692, obtenu une seconde fois la main-levée dudit vaisseau: & comme cette contravention audit article de l'Ordonnance, est également contraire aux intentions de Sa Majesté, & au bien de son service. Que même cette nouvelle distinction favoriseroit le commerce des ennemis, & leur faciliteroit les moyens de le continuer, en se servant des vaisseaux neutres en apparence. S. M. s'étant fait représenter lesdits Arrêts des 15 Mars, 9 Août, & 18 Septembre 1692, ensemble l'article 7 de ladite Ordonnance de 1681, au titre des prises, & voulant y pourvoir, Sa Majesté étant en son Conseil, sans s'arrêter auxdits Arrêts des 15 Mars & 18 Septembre 1692, en ce qu'ils font main-levée dudit Vaisseau *le Saint-Jean-Baptiste*, capitaine Sugliasich l'a déclaré de bonne prise au profit du sieur de Grenonville & consorts; ensemble les marchandises appartenantes aux propriétaires & au capitaine d'icelui, ordonne que le tout sera vendu; & les deniers en provenans, à eux délivrés, à la réserve du dixiéme du Sieur Comte de Toulouse, Amiral de France, qui sera délivré au Receveur de ses droits: & qu'à ce faire, les gardiens & dépositaires seront contraints; & moyennant la délivrance, bien & valablement déchargés. Veut Sa Majesté que lesdits Arrêts ayent au surplus leur pleine & entiere exécution. Ordonne en outre que l'article 7 de l'Ordonnance de 1681, au titre des prises, sera exécuté selon sa forme & teneur, sans aucune distinction, modification, ni restriction, sinon ès cas auxquels Sa Majesté y a pourvu par des ordres particuliers; & que le présent Arrêt sera lu, publié & enregistré aux Siéges des Amirautés, à la diligence des Procureurs de Sa Majesté en icelle; à eux enjoint d'en certifier dans le mois le Sécretaire d'Etat ayant le Département de la Marine. Fait au Conseil d'Etat du Roi, Sa Majesté y étant, tenu à Versailles le 26 Octobre 1692.

Signé, PHELYPEAUX.

ARTICLE VIII.

SI aucun navire de nos Sujets est repris sur nos ennemis, après qu'il aura demeuré entre leurs mains pendant vingt-quatre heures, la prise en sera bonne : & si elle est faite avant les vingt-quatre heures, il sera restitué au propriétaire avec tout ce qui étoit dedans, à la réserve du tiers qui sera donné au navire qui aura fait la recousse.

TOut ce que le Commentateur a observé sur cet article, il l'a tiré des notes de Cleirac, art. 34, de la Jurisdiction de la Marine, pag. 452 & 453 : mais il s'en est servi si mal, que ne s'entendant pas lui-même, il s'est mépris d'une étrange sorte, en disant que si la recousse est faite avant les vingt-quatre heures, le navire *sera restitué à l'ennemi qui l'avoit pris*, &c. Se peut-il rien de plus absurde ?

Notre article n'a fait que renouveller le soixante-uniéme de l'Ordonnance de 1584, à cela près qu'il n'a pas pas parlé de la recousse faite par les vaisseaux du Roi ; & ce renouvellement étoit d'autant plus nécessaire, que les Parlemens de Bordeaux & de Rouen suivoient une Jurisprudence contraire, au rapport du même Cleirac, sous prétexte qu'ils n'avoient pas enregistré cette Ordonnance de 1584.

Il s'est trompé néanmoins pour l'enregistrement, par rapport au Parlement de Rouen, puisqu'il a réellement enregistré cette Ordonnance du mois de Mars 1584, comme il résulte de son Arrêt du 17 Avril de la même année, sans aucune modification au sujet dudit article 61, quoiqu'il y en ait sur beaucoup d'autres.

De sorte qu'il a eu tort de donner en preuve de sa Jurisprudence contraire du Parlement de Rouen, son Arrêt du 14 Février 1553, cité par Guenois sur l'article 6 de l'Ordonnance de 1400, & plus au long par Carondas dans ses réponses, liv. 7, chap. 223 ; puisque cet arrêt est antérieur à ladite Ordonnance de 1584, & qu'il ne paroit pas que ce même Parlement ait depuis jugé en conformité dudit Arrêt de 1553, au mépris de l'Ordonnance.

Cette Jurisprudence contraire ne pouvoit donc être attribuée qu'au Parlement de Bordeaux. Il l'avoit établie en effet par ses Arrêts des 11 Décembre 1628 & 15 Février 1629, cités par le même Cleirac : mais au fond elle ne portoit sur rien ; car les loix sur lesquelles on l'appuyoit ne regardoient que les captifs recous, ou rachetés, & il n'y a pas d'argument à tirer du recouvrement de la liberté à celui d'un navire ou d'autres effets.

Quoiqu'il en soit, ce délai de vingt-quatre heures adopté par ladite Ordonnance de 1584 & par celle-ci, passé lequel la prise par recousse est bonne, & exclut la reclamation du propriétaire du vaisseau pris & repris, ne peut être regardé que comme un sage réglement, puisqu'il est du droit commun de l'Europe, comme Loccenius l'atteste, *de jure maritimo*, *lib.* 2, *cap.* 4, *n.* 4 & 8, *fol.* 157, 162 & 163 : où il dit que c'est l'usage observé en France, en Espagne, en Hollande, & chez les autres nations commerçantes par mer. Par rapport à l'Espagne en particulier, ce point de Jurisprudence a été confirmé par l'article 12 de l'Ordonnance rendue à Bruxelles le 21 Août 1702, & par l'article 10 de celle du 17 Novembre 1718. Voyez le Traité de M. le Chevalier d'Abreu, part. 1, chap. 3, & part. 2, chap. 5.

Grotius, du Droit de la Guerre & de la Paix, liv. 3, chap. 6, §. 3, n. 3, en dit autant : il ajoute néanmoins que cette régle est du nouveau Droit des gens, & qu'auparavant il falloit que la prise eût été mise en sureté, pour que le propriétaire sur qui elle avoit été faite eût perdu le droit qu'il y avoit, & que sans cela il pouvoit la reclamer sur celui qui en avoit fait la recousse.

Mais cela même étoit sujet à inconvénient, comme trop capable de réfroidir l'ardeur des armateurs en course, qui en effet ne se porteroient pas volontiers à aller à la recousse, aux risques de se faire prendre eux-mêmes, si l'appât du gain ne les y invitoit. C'est bien assez que leur récompense soit bornée au tiers de la valeur de la prise, si la recousse en est faite avant les vingt-quatre heures. Ainsi notre article est souverainement juste. Sa décision au reste est applicable au cas d'un navire rançonné par un ennemi, qui est ensuite repris avec le billet de rançon & l'ôtage, parce que la rançon représente le navire rançonné : au moyen de quoi le corsaire qui a pris l'ennemi qui avoit rançonné un François, profite de la rançon en même temps que du navire ennemi.

Il a été observé que l'article 61 de l'Ordonnance de 1584, attribuoit le profit de la recousse, soit en total ou pour le tiers, aussi-bien aux vaisseaux du Roi qu'aux armateurs corsaires, & que le présent article n'a pas rappellé cette disposition particuliere, favorable aux vaisseaux du Roi.

L'omission, selon toute apparence, a été faite à dessein, puisque depuis ce temps-là le Roi a toujours été dans l'usage de faire la remise du profit de la recousse faite par ses vaisseaux, que le navire pris ait resté plus de vingt-quatre heures ou non en la possession de l'ennemi ; Sa Majesté ne voulant point profiter du malheur de ses Sujets. La même chose s'observe depuis long-temps en Espagne, suivant la remarque de Cleirac, *loc. cit.* pag. 453 ; & M. l'Amiral, jaloux de se conformer aux intentions du Roi, a eu tout de même la générosité de faire la remise de son dixiéme en pareil cas, tant que ce droit a subsisté.

Entre autres exemples, il y en un mémorable du 7 Juin 1696, au sujet du navire *la Sainte-Trinité d'Olonne*, pris par un corsaire de Saint-Sébastien, & repris sur lui quelques jours après par le Sieur Durand, commandant la frégate du Roi *l'Entreprenante*.

Il y a aussi par rapport à la rançon un autre exemple assez récent. Un corsaire de Guernezey avoit rançonné une barque françoise venant de Bayonne, pour la somme de 3800 liv. Ce corsaire fut pris ensuite par la corvette du Roi l'*Amaranthe*, & l'on trouva à bord l ôtage & le billet de rançon. M. l'Amiral, en déclarant bonne la prise du corsaire, adjugea en même temps au Roi la rançon, comme faisant partie de la prise : mais le Roi, par son Ordonnance du 9 Août 1748, annulla le billet de rançon, & déchargea les propriétaires de la barque, du payement de la somme de 3800 liv. pour laquelle elle avoit été rançonnée.

En interprétation de cet article, il s'est présenté une question également curieuse & extraordinaire : voici l'espéce.

Un navire anglois a été pris par un armateur françois, qui l'a gardé trois jours; ces deux vaiſſeaux ſont pris enſuite par un anglois, qui, après ſeize heures, eſt repris par un ſecond armateur françois.

Conteſtation entre les deux armateurs françois, non pour le vaiſſeau françois pris & recous, à l'égard duquel nul doute que le ſecond armateur ne ſoit borné au tiers pour ſon droit de recouſſe; mais pour la premiere priſe angloiſe. le premier armateur prétendant qu'elle lui appartient, & que le ſecond n'en peut avoir tout de même que le tiers pour la recouſſe.

Le ſecond armateur ſoutient au contraire que la premiere priſe angloiſe lui appartient entier comme la ſeconde, & que le premier n'y a aucun droit.

Raiſons pour le premier armateur. Dès qu'il a gardé la priſe plus de vingt-quatre heures, elle lui a été pleinement acquiſe; en telle ſorte qu'après ce délai le vaiſſeau anglois a dû être conſidéré comme vaiſſeau françois. D'où il s'enſuit que dans la recouſſe il n'y a aucune différence à faire entre ce navire & le françois, l'anglois qui les avoit pris tous deux ne l'ayant pas gardé vingt-quatre heures.

Inutilement oppoſeroit-on que l'armateur qui fait une priſe n'en eſt véritablement propriétaire qu'autant qu'il la conſerve, & qu'après qu'elle a été jugée valable. Ce n'eſt pas-là ce qui forme ſon droit à la priſe, c'eſt ſeulement ce qui le confirme: le droit eſt acquis dès l'inſtant de la priſe.

Raiſons en faveur du ſecond armateur. Il n'eſt pas douteux que celui qui poſſede une choſe en vertu d'un titre qui lui a donné droit de s'en emparer, n'en ait acquis dès-lors la propriété: ainſi l'armateur ayant été autoriſé à faire la priſe, & par la déclaration de guerre, & par ſa commiſſion, il a acquis véritablement la propriété du navire; mais cette propriété n'eſt pas incommutable.

Comme il a pu acquérir dans un quart d'heure, il a pu également perdre; & c'eſt ce qui eſt arrivé par la repriſe faite ſur lui en quelque temps qu'elle ait été faite.

L'effet de la repriſe eſt tel, que ce qui étoit auparavant en ſon pouvoir, & qu'il poſſédoit légitimement, a ceſſé dans l'inſtant de lui appartenir, comme s'il n'y avoit jamais eu aucun droit. Ainſi le ſecond armateur qui reprend le premier avec la priſe qu'il avoit faite, devient réellement propriétaire du vaiſſeau ennemi que l'ennemi avoit recouvré, & dans lequel le premier armateur françois n'avoit plus aucun droit.

Ce n'eſt pas le cas au reſte d'examiner ſi l'ennemi a gardé ſa repriſe plus ou moins de vingt-quatre heures; la diſtinction n'eſt bonne que par rapport au vaiſſeau françois. Non que, dans la régle générale, le délai de vingt-quatre heures décide de la validité ou de l'inefficacité de la priſe en ſoi; car il n'eſt pas douteux que dans l'inſtant de la priſe il ne ſe faſſe un vrai changement de propriété: mais c'eſt qu'en faveur des François il a paru juſte de tempérer la régle par une modification, & un arrangement de convenance, en bornant le droit de recouſſe au tiers, la repriſe étant faite avant les vingt-quatre heures.

Que cet arrangement ſoit obſervé avec exactitude, à la bonne heure; mais il ne peut influer ſur la repriſe du vaiſſeau ennemi que l'armateur françois avoit pris d'abord: parce que dans la régle il avoit perdu tout droit ſur cette priſe, dans l'inſtant même que l'ennemi la lui avoit arrachée, en le prenant lui-même. Dans ces circonſtances, il doit s'eſtimer heureux que le ſecond armateur ſoit venu faire à ſon tour une repriſe qui lui fait recouvrer ſon navire qu'il avoit perdu, ſans autre charge que de payer le tiers de ſa valeur pour droit de recouſſe.

Il étoit naturel que ces raisons du second armateur prévalussent, & en effet la question fut décidée en sa faveur le 2 Janvier 1695, au Conseil des Prises. Arrêts du Conseil conformes des 17 Octobre 1705, 5 Juin 1706 & 14 Juin 1710. Cependant la question ayant été renouvellée vers la fin de la derniere guerre, elle fut jugée en premiere Instance en faveur du premier armateur : mais par Arrêt du Conseil du 5 Novembre 1748, la prise fut adjugée en entier au second ; & pour empêcher que la difficulté ne reparut dans la suite, Sa Majesté a rendu l'Arrêt en forme de Réglement, avec ordre de l'enregistrer dans toutes les Amirautés du Royaume.

S'il arrivoit que l'équipage se délivrât lui-même de l'ennemi qui l'auroit pris, ce ne seroit pas une recousse en vertu de laquelle il pût prétendre le vaisseau après les vingt-quatre heures, ou le tiers avant les vingt-quatre heures. Il ne lui seroit dû qu'une simple récompense. Sentence de Marseille du 8 Janvier 1748. A cela il n'y a rien à dire, l'équipage ayant travaillé autant pour lui, en se procurant la liberté & le recouvrement de ses gages, que pour les intéressés au navire & dans son chargement. Cependant la récompense qui lui est dûe doit être proportionnée à l'importance de l'objet. On conçoit au reste qu'elle doit être supportée comme une avarie grosse & commune, à l'exemple du rachat, ou des frais faits pour la délivrance d'un ôtage.

ORDONNANCE DU ROI,

Qui annulle un billet de rançon & décharge les propriétaires d'une barque du payement de la somme de 3800 liv. pour laquelle elle avoit été rançonnée.

Du 9 Août 1748.

DE PAR LE ROI.

SA MAJESTE' étant informée que le sieur Foucault, enseigne de vaisseau, commandant la corvette *l'Amaranthe*, s'est emparé d'un corsaire de Guernesey nommé *le Prince de Galles*, a bord duquel s'est trouvé un ôtage pour une rançon d'une barque françoise venant de Bayonne & allant à Nantes, lequel ôtage a été mis en liberté ; & voulant S. M. que le billet de rançon de ladite barque, montant à la somme de 3800 l. soit annullée, Elle a dispensé & dispense les propriétaires de ladite barque de payer ladite rançon, nonobstant l'Ordonnance du Conseil des Prises, du neuf Juin dernier, Sa Majesté leur en faisant pleine & entiere main-levée. Mande & ordonne Sa Majesté, à M. le Duc de Penthievre, Amiral de France, de faire exécuter le présent Ordre. Fait à Compiegne le 9 Août 1748.

Signé, LOUIS. *Et plus bas*, PHELYPEAUX.

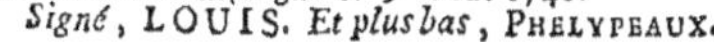

ARREST DU CONSEIL D'ÉTAT DU ROI,

Qui ordonne que les navires ennemis, pris par ses vaisseaux ou par ceux de ses Sujets armés en course, recous par les ennemis, & repris ensuite sur eux, appartiendront en entier au dernier preneur.

Du 5 Novembre 1748.

Extrait des Registres du Conseil d'État.

VU par le Roi, étant en son Conseil, la requête présentée par les capitaine & armateurs du corsaire *le Prince de Conti*, tendante à ce qu'il plaise à Sa Majesté les recevoir appellans de l'Ordonnance du 7 Février 1748, qui a déclaré le navire anglois *le Mogué Landardez* de bonne prise, en a adjugé les deux tiers à l'armateur du corsaire *la Reine*, & l'autre tiers a l'armateur *du Prince de Conti*, pour droit de recousse; faisant droit sur ledit appel, sans avoir égard à ladite Ord. déclarer ledit navire d bonne prise au profit de l'armateur du corsaire *le Prince de Conti* seul; en conséquence, ordonner que le prix provenu de la vente d'icelui, ensemble de ses agrêts, apparaux & marchandises de son chargement, lui sera restitué : la requête de Jacques Perée du Coudray, négociant à Saint-Malo, armateur du corsaire *la Reine*, tendante à ce qu'il plaise à Sa Majesté déclarer l'armateur *du Prince de Conti* non-recevable, & subsidiairement mal fondé dans son appel, dont il sera débouté; ce faisant, ordonner que ladite Ordonn. sera exécutée suivant sa forme & teneur, avec dommages, intérêts & dépens : la procédure faite par les Officiers de l'Amirauté de Saint-Malo, commencée le 10 Novemb. 1747 : l'Ordonnance dont est appel, dudit jour 7 Février 1748, & tout ce qui a été remis par les parties respectivement. Vu aussi les Arrêts du Conseil des 17 Octobre 1705, 5 Juin 1706, & 14 Juin 1710, qui ont jugé que les vaisseaux ennemis pris par des françois, repris sur eux, & ensuite repris par d'autres françois, appartiennent en entier aux derniers preneurs; & que l'art. 8 du titre des prises de l'Ordonnance de 1681, qui rend le vaisseau françois, recous dans les vingt-quatre heures, au propriétaire, n'a point d'application aux navires appartenans aux ennemis de l'Etat. Oui le rapport du Sieur Comte de Maurepas, Sécretaire d'Etat ayant le Département de la Marine, le Roi étant en son Conseil, ayant égard à la requête des capitaine & armateurs du corsaire *le Prince de Conti*, faisant droit sur l'appel par eux interjetté de l'Ordonnance dudit jour 7 Février 1748, & sans s'y arrêter, en ce qu'elle adjuge ledit navire *le Mogué Landardez*, & les marchandises de son chargement audit armateur du corsaire *la Reine*, en payant à celui du corsaire *le Prince de Conti* le tiers du produit pour la recousse, ni a la requête dudit Perée du Coudray, a ordonné & ordonne que le tout appartiendra auxdits capitaine & armateurs dudit corsaire *le Prince de Conti* seuls, & que le prix provenant de la vente dudit bâtiment & de son chargement leur sera remis, à la réserve du dixième appartenant a l'Amiral, qui sera délivré au receveur de ses droits; à ce faire les séquestres & dépositaires contraints, quoi faisant déchargés. Enjoint Sa Majesté aux Officiers de l'Amirauté de Saint-Malo, de tenir la main à l'exécution du présent Arrêt. Veut & entend Sa Majesté que les prises des navires ennemis, faites par ses vaisseaux ou par ceux de ses sujets armés en course, recousses par les ennemis, & ensuite reprises sur eux, appartiennent en entier au dernier preneur : & en conséquence, ordonne S. M. que le présent Arrêt sera registré aux Greffes des Amirautés du Royaume, imprimé, lû, publié & affiché par-tout où besoin sera. Mande & ordonne S. M. à M. le Duc de Penthievre, Amiral de France, de tenir la main à son exécution. Fait au Conseil d'Etat du Roi, Sa Majesté y étant, tenu à Fontainebleau le cinq Novembre 1748. *Signé*, ROUILLE'.

ARTICLE IX.

SI le navire, sans être recous, est abandoné par les ennemis, ou si par tempête ou autre cas fortuit, il revient en la possession de nos Sujets, avant qu'il ait été conduit dans aucun port ennemi, il sera rendu au propriétaire qui le reclamera dans l'an &

& jour, quoiqu'il ait été plus de vingt-quatre heures entre les mains des ennemis.

CEci rappelle l'ancienne pratique remarquée par Grotius dans l'endroit cité sur l'article précédent; mais cela n'a rien de commun avec le droit de recousse, puisqu'il s'agit simplement d'un navire françois pris par l'ennemi, qu'il a ensuite abandonné au gré des flots, ou qui lui a échappé par tempête ou autre cas fortuit.

En pareilles circonstances, notre article, auquel est entierement conforme le treizieme de l'Ordonnance du Roi d'Espagne du 21 Août 1702, de même que l'art. 11 de celle du 17 Novembre 1718, veut que le navire soit regardé comme épave de mer; qu'il soit recueilli par quelqu'un sur les flots, ou qu'il soit jetté à la côte par la force du vent, ou par les courans. Desorte que c'est la Jurisprudence établie sur la matiere des naufrages & échouemens qui doit servir de régle dans cette occasion, le navire étant retourné dans la possession du propriétaire, sans faire attention à la prise qui en avoit été faite, ni s'il étoit resté plus de vingt-quatre heures entre les mains des ennemis.

C'est sur ce principe que le propriétaire est autorisé à réclamer le navire dans l'an & jour, à compter ce délai comme en matiere de naufrage, à la charge de payer le tiers de sa valeur à celui qui l'aura sauvé sur les flots, si le navire étoit sans équipage, ou avec un équipage trop foible pour le conduire; ou les frais simples de sauvement, s'il a été poussé à la côte & jetté sur les gréves. Pour le partage de ce profit entre l'armateur & les gens de l'équipage, voyez l'article 27, titre des naufrages.

Il faut convenir néanmoins que ce retour du propriétaire dans son ancien droit de propriété, est plutôt une grace que le Prince lui accorde, qu'un acte de justice qu'il eût droit d'en attendre : car enfin le navire ayant réellement appartenu à l'ennemi, comme l'ayant gardé plus de vingt-quatre heures, il devoit dans la régle être regardé comme ennemi, & comme tel être sujet à confiscation par le droit de la guerre.

Mais le Roi ayant jugé à propos de se relâcher de son droit, comment n'a-t-il pas fait la grace toute entiere? & pourquoi l'avoir restreinte au cas où le navire n'aura pas encore été conduit dans un port de l'ennemi, l'ennemi n'ayant pas plus acquis de droit sur le navire par cette circonstance, qu'il en avoit après les vingt-quatre heures de la prise? Qu'importe en effet que le navire conduit dans un port, en ait été chassé ensuite par la tempête ou autre cas fortuit, ou qu'il lui ait échappé de même en pleine mer, en un mot avant d'avoir atteint un port?

Cependant la loi étant écrite, il faut l'observer, & dire en conséquence que si le navire françois a été conduit dans un port ennemi, quoiqu'il en soit chassé ensuite par la tempête, & poussé sur les côtes de France, le propriétaire sur qui il avoit été pris, ne sera pas en droit alors de le réclamer. Ce navire sera jugé nécessairement un vaisseau ennemi, sujet par conséquent à confiscation.

ARTICLE X.

LEs navires & effets de nos Sujets ou alliés repris ſur les pirates, & réclamés dans l'an & jour de la déclaration qui en aura été faite en l'Amirauté, ſeront rendus aux propriétaires, en payant le tiers de la valeur du vaiſſeau & des marchandiſes, pour frais de recouſſe.

LE contraire avoit été jugé au Parlement de Paris, en la Grand'-Chambre, ſéant M. de Verdun, Premier Préſident, contre les concluſions de M. l'Avocat Général Servin, par Arrêt du Mardi 22 Avril 1624, rapporté dans la Bibliothéque de Bouchel, *verbo* recouſſe; c'eſt-à-dire, que ce qui avoit été repris ſur les pirates algériens n'étoit pas ſujet à réclamation. C'eſt ce que remarque Grotius, du Droit de la Guerre &c, liv. 6, chap. 9, §. 19 & dernier, édition de 1729. Sur quoi Barbeyrac obſerve que Cocceïus a trouvé cette déciſion irréguliere & injuſte; mais il ſoutient lui qu'elle peut être juſtifiée par les raiſons qu'il a rapportées ſur le §. 17, note premiere.

Véritablement ſans la diſpoſition de notre article, il y auroit lieu de douter; car ſi d'un côté, il eſt vrai dans les principes du droit, que les pirates n'ont pas de titre pour acquérir, ce qui a fait dire à Loccenius, *de jure maritimo, lib.* 2, *cap.* 4, *n.* 4, *ea quæ piratæ nobis eripuerunt, non opus habent poſtliminio, quia jus gentium illis non concedit, ut jus dominii mutare poſſint, arg. leg.* 24 *&* 27, *ff. de captivis;* la politique & l'intérêt public perſuadent d'un autre côté qu'il eſt juſte d'abandonner aux armateurs tout ce qu'ils peuvent enlever aux pirates.

Auſſi étoit-ce autrefois l'uſage obſervé en Eſpagne & chez les Vénitiens, ſuivant le même Grotius, *ibid.* §. 17, & la note ajoute qu'il en eſt de même en Hollande. On y juge que les vaiſſeaux repris ſur les pirates appartiennent en entier à ceux qui en ont fait la recouſſe; & cela, eſt-il dit, afin d'animer les armateurs à courir ſur les pirates, & à braver le péril, ſur l'aſſurance qu'ils ont de conſerver tout ce qu'ils prendront ſur eux.

Ce point avoit donc beſoin d'une déciſion préciſe. Celle de notre Ordonnance, renouvellée par une autre Ordonnance du 5 Septembre 1718 (à laquelle eſt conforme celle de l'art. 12 de l'Ordonnance du Roi d'Eſpagne, du 17 Novembre 1718: ſur quoi voir le Traité de M. le Chevalier d'Abreu, part. 2, chap. 6,) eſt conſtamment la plus réguliere, ſi elle n'eſt pas la plus conforme à la politique. Après tout elle fait plus d'honneur à la nation, puiſqu'elle ſuppoſe dans les François une ardeur à courir ſur les pirates, excitée plutôt par l'amour de la gloire & du bien public, que par l'intérêt & l'attrait du gain.

Sur ce plan, il importe peu que la repriſe ſur les pirates ait été faite avant ou après les vingt-quatre heures; la réclamation eſt également ouverte en faveur du propriétaire, & cela durant l'an & jour qui ſuivra la déclaration qui en aura été faite au Greffe de l'Amirauté du lieu où l'armateur aura conduit ou envoyé le vaiſſeau ou les effets repris: mais après l'an & jour, il y aura fin de non-recevoir abſolument, quoiqu'il en ſoit autrement en fait de naufrage & d'effets de gens morts en mer, comme il ſera obſervé dans la ſuite.

Et ce droit de réclamer, l'article l'accorde tout de même aux alliés : ce qu'il faut étendre aussi aux sujets des Princes neutres ; parce que tout cela dérive du même principe ; savoir que la prise faite par les pirates n'a pu opérer le changement de propriété. Tous les propriétaires seront donc d'égale condition, s'ils ne sont ennemis, & ils en seront quittes pour payer le tiers de la valeur du vaisseau & des marchandises pour droit de recousse.

Mais pour l'effet de cet article, il faut que le navire ait été repris sur les pirates par un François. Si c'étoit par un étranger après les vingt-quatre heures, la reprise seroit toute à son profit, si la loi de son pays n'étoit semblable à la nôtre. Arrêt du Parlement de Bordeaux du 8 Mars 1635, confirmatif d'une Sentence de l'Amirauté de Guyenne, en faveur d'un armateur hollandois qui avoit repris sur les corsaires d'Afrique un navire breton.

Ce préjugé que rapporte Cleirac, art. 34 de la Jurisdiction de la Marine, pag. 453 & 454, & qui me paroit fort judicieux, s'agissant d'une recousse faite par un Hollandois, attendu qu'en Hollande l'usage est d'abandonner aux armateurs tout ce qu'ils prennent sur les pirates ; me feroit penser que les alliés, qui, aux termes de notre article, ont droit de réclamer leurs effets repris sur des pirates par des François, ne doivent s'entendre que de ceux qui suivent la même Jurisprudence que nous ; autrement il n'y auroit pas de réciprocité : ce qui blesseroit l'égalité de justice que les Etats se doivent les uns aux autres.

Au surplus, si le navire pris par les pirates, sans être recous, est par eux abandonné, ou s'il leur échappe par tempête ou autre cas fortuit, ce sera le cas de l'article précédent ; de manière que s'il aborde quelque port ou rivage du Souverain, ou d'un allié, il sera rendu au propriétaire ; *& hoc*, ajoute Loccenius, *loc. cit. n. 5, commune jus gentium esse, ait Cunæus, in causâ postliminii.*

Et il ne sera point question alors d'examiner, comme dans l'article précédent, si les pirates ont conduit le navire dans quelqu'un de leurs ports, parce que ce ne seroit nullement un obstacle à la réclamation. La raison en a déja été rendue ; c'est qu'en aucun cas les pirates n'ayant pu acquérir la propriété de la chose par eux prise, ils n'ont pû conséquemment faire perdre le droit du propriétaire.

ORDONNANCE DU ROI,

Portant amnistie pour les Forbans,

Du 5 Septembre 1718.

DE PAR LE ROI.

SA MAJESTE' étant informée que plusieurs de ses Sujets, matelots, soldats & habitans qui ont quitté le Royaume & les Colonies soumises à son obéissance, commettent journellement dans les mers des Indes Occidentales différentes pirateries & voleries, prennent sans distinction les navires de différentes nations, & causent un grand préjudice au commerce de l'Europe, Elle a fait armer le nombre de vaisseaux qu'elle a cru suffisant pour donner la chasse à ces forbans, pour réprimer leurs pirateries : mais ayant su que plusieurs de ses sujets qui navigent avec ces pirates, ont été engagés par force ; que d'autres qui s'y sont laissés entraîner par une légereté criminelle, se sont repentis de leur faute, & souhaiteroient pouvoir revenir en leur patrie, s'il leur étoit permis d'y rentrer sans être exposés aux peines portées par les loix. Sa Majesté voulant mettre en usage tous les moyens qui peuvent faire cesser un si grand désordre, & dans le dessein de favoriser le retour de sesdits sujets, que la crainte des peines retient, Elle a crû devoir préférer la clémence à la rigueur & à la sévérité de la justice ; à cet effet, S. M. de l'avis de M. le Duc d'Orléans Régent, a ordonné & ordonne, veut & entend que ceux de ses sujets de la Religion Cathol. Apostolique & Romaine, ou ceux qui ayant été élevés dans les erreurs de la Religion Prétendue Réformée auroient dessein de se convertir, qui se trouvent présentement engagés dans le nombre desdits pirates & forbans jouissent de l'abolition, pardon & amnistie des vols & pirateries par eux exercés, pourvu que dans un an, à compter du jour & date de l'enregistrement de la présente Ordonnance, touchés du sincere repentir, ils rentrent dans le nombre de ses bons & fidéles sujets, & viennent de bonne foi s'habituer dans ses Colonies de l'Amérique, après avoir fait leur déclaration à ceux qui commandent en son nom dans lesdites Colonies ; veut Sa Majesté qu'ils ne puissent être inquiétés ni recherchés en quelque maniere que ce soit, pour raison desdites pirateries ; impose silence à ses Procureurs Généraux & autres ses Procureurs, fait défense à tous ses sujets de leur faire aucuns reproches à cet égard, sous peine de réparation & de dommages & intérêts. A l'égard de ceux de ses sujets qui se trouvent parmi les forbans, & qui après ladite année expirée, continueront leurs vols & brigandages ou qui pendant icelle seront pris les armes à la main, Sa Majesté ordonne qu'ils soient punis de mort suivant la rigueur des Ordonnances, & leurs biens confisqués aussi-bien que ceux de leurs fauteurs, complices & adhérans, qui seront condamnés aux galeres à perpétuité. Ordonne S. M. à tous Gouverneurs généraux & particuliers, & autres ses Officiers servant en ses Colonies, à ses Officiers généraux & Capitaines commandans ses vaisseaux & généralement à tous autres sujets de courre sus, saisir, prendre & arrêter ceux desdits Forbans qui n'auront point profité de la présente amnistie : & pour engager & exciter ceux de ses sujets qui voudront armer contre lesdits pirates, S. M. a déclaré & déclare de bonne prise tous les vaisseaux & bâtimens de mer que lesdits Sujets pourront prendre sur lesdits forbans, ensemble leurs chargemens à telles sommes qu'ils puissent monter, à l'exception néanmoins des navires & effets repris sur lesdits forbans qui se trouveront en nature lors de ladite prise, & qui seront vérifiés appartenir à ses sujets ou à ses alliés, qui leur seront restitués pourvu qu'ils soient réclamés dans l'an & jour, en payant le tiers de la valeur desdits navires & effets, pour tenir lieu des frais de recousse ; le tout conformément aux articles 4, 5 & 10 du titre des prises de l'Ordonnance du mois d'Août 1681, laquelle par rapport auxdites prises sera exécutée selon sa forme & teneur, ainsi que le Réglement de *1669*. Mande & ordonne Sa Majesté à M. le Comte le Toulouse, Amiral de France, aux Gouverneurs & Lieutenans Généraux en l'Amérique, Gouverneurs Particuliers, Officiers des Conseils supérieurs des Colonies, & autres Officiers qu'il appartiendra de tenir la main chacun en droit soi à l'exécution de la présente Ordonnance, qui sera registrée auxdits Conseils supérieurs, lue, publiée & affichée par tout où besoin sera, à ce que personne n'en ignore. Fait à Paris le cinquiéme jour de Septembre 1718. *Signé*, LOUIS. *Et plus bas*, PHELYPEAUX.

ARTICLE XI.

LEs *armes*, *poudres*, boulets, & autres munitions de guerre, même les chevaux & équipages qui seront transportés pour le service de nos ennemis, seront confisqués en quelque vaisseau qu'ils soient trouvés, & à quelque personne qu'ils appartiennent, soit de nos Sujets ou alliés.

LEs *armes*, *poudres &c*, c'est ce qu'on appelle, en temps de guerre, marchandises ou effets de contrebande, qu'il n'est pas permis de porter aux ennemis, & dont la confiscation est inévitable, en quelque vaisseau qu'on les trouve, cette façon de commercer avec les ennemis d'un allié ne pouvant compatir avec la neutralité. Cela avoit déja été ainsi réglé tant par l'Ord. de 1543, art. 42, que par celle de 1584, art. 69.

Et tel a été de tout temps le droit des gens relatif à la guerre. Loccenius, *de jure maritimo, lib. 1°, cap. 4°, n°. 9°, fol. 41°, & seq.* étend même la prohibition aux vivres & munitions de bouche, de même que l'art. 5, du Réglement du Roi de Dannemark, en datte du 5 Avril 1710 ; mais par nos loix & de droit commun, elle n'a lieu en cette partie que par rapport aux places assiégées ou bloquées ; & c'est à quoi l'on s'est conformé dans le Traité de commerce conclu avec le Roi de Dannemark le 23 Août 1742, art. 27. C'est aussi ce qui a été renouvellé par l'art. 14, du Rég. du 21 Octobre 1744. *Idem* M. le Chevalier d'Abreu, part. premiere, chap. 10, p. 136 & suiv. & l'Observateur Hollandois, lettre quarante-sixiéme, pag. 21 & suiv.

Dans la guerre de 1700, le goudron y fut compris, parce que les ennemis le déclarerent de contrebande, excepté celui qui étoit trouvé sur les vaisseaux Suedois, parce que c'est une production de leur crû. Lettre de M. de Pontchartrain du 25 Juillet 1703. Dans le Traité de commerce conclu avec le Roi de Dannemark le 23 Août 1742, le goudron a aussi été déclaré de contrebande, avec la poix résine, les voiles, chanvres & cordages, les mâts & bois de construction pour les navires. Ainsi en cette partie, il n'y auroit point à se plaindre de la conduite des Anglois, sans leur contravention aux Traités particuliers; car de droit ces choses sont de contrebande aujourd'hui & depuis le commencement de ce siécle; ce qui n'étoit pas autrefois néanmoins, comme il résulte des anciens Traités & notament de celui de St. Germain en Layë, du 24 Février 1677, conclu avec l'Angleterre, l'art. 4 portant expressement que toutes ces choses demeureroient libres & permises, de même que tout ce qui pourroit servir à la sustentation de la vie; le tout sauf les places assiégées ou bloquées.

Notre article comprend dans la défense, & soumet tout de même à la confiscation, les chevaux & équipages qui seroient transportés pour le service des ennemis, parce que cela a beaucoup d'analogie avec les munitions de guerre. Mais il faut observer qu'il n'y a que ces effets prohibés qui soient sujets à confiscation, sans y comprendre le navire qui doit être relâché aux termes de l'art. 4, du Rég. du 23 Juillet 1704, & de l'art. 4 aussi dud. Rég. du 21 Octobre 1744, ce qui est encore repété dans l'art. 14.

Ces objets exceptés, les sujets des Puissances amies ou neutres peuvent commercer librement avec nos ennemis, leur porter leurs denrées & marchandises & prendre en échange ou payement des effets du pays ennemi; pourvu néanmoins que ce soit pour retourner à droiture chez eux, & que du reste ils se conforment aux Réglemens faits à ce sujet.

On a pensé un peu tard en France à se précautionner contre les moyens que trouvoient les ennemis de continuer leur commerce, comme en pleine paix, à la faveur du pavillon & des passeports des Puissances neutres dont ils abusoient, soit à leur insçu, soit par collusion ou intelligence secrete. Le Royaume en a souvent essuyé de grandes pertes, & ce n'est gueres que depuis qu'on y a reconnu de quelle importance est le commerce dans un Etat, qu'on a songé sérieusement à régler les conditions sous lesquelles, les sujets des Princes neutres, pourroient commercer avec nos ennemis, & à les assujettir à des formalités capables de garantir la sincerité de leurs dispositions à observer la neutralité.

Jusqu'à cette Ordonnance on n'avoit point imaginé d'autre moyen que celui de faire délivrer des passeports aux ennemis qui voudroient trafiquer dans le Royaume, en payant un écu par tonneau. Cela fut ainsi réglé par une Ordonnance particuliere du 19 Décembre 1673, dont le motif étoit que les ennemis se servant des vaisseaux neutres pour faire le commerce, il étoit naturel que le Roi au moyen de cet écu par tonneau, se procurât les avantages que retiroient les nations neutres en prêtant leurs vaisseaux.

Mais ce n'étoit pas là corriger l'abus de la navigation neutre.

Notre Ordonnance est donc, à vrai dire, la premiere Loi qui ait commencé d'y pourvoir, principalement dans les art. 6 & 7 ci-dessus, & dans celui-ci ; mais l'expérience ayant fait voir que ces dispositions ne suffisoient pas pour se garantir des suites d'une feinte neutralité, intervint d'abord le Réglement du 17 Février 1694 ; & cela ne suffisant pas encore, intervint enfin un autre Réglement en datte du 23 Juillet 1704, qui depuis a toujours fait Loi sur cette matiere, sauf quelques legers changemens qui y ont été faits par le dernier Réglement du 21 Octobre 1744.

La partie qui concerne la preuve de la propriété des vaisseaux que l'on prétend neutres, premier objet essentiel. Car où seroit la neutralité, si les sujets des Princes neutres se servoient de navires que l'on pourroit présumer ne pas leur appartenir, mais aux ennemis ? Cette partie, dis-je, a déja été traitée sur l'art. 6 ci-dessus, où tous ces Réglemens ont été rapportés ; il ne s'agit plus que des autres dispositions de ces Réglemens.

Celles du premier, qui sont encore subsistantes sans avoir reçu aucune atteinte ou modification, font le sujet des articles 1, 2, 3 & 5.

Le premier porte » qu'on n'aura aucun égard aux passeports des Princes neutres » auxquels, ceux qui les auront obtenus, se trouveront avoir contrevenu, & que ces » vaisseaux seront considérés comme étant sans aveu » en conséquence déclarés de bonne prise ajoûte l'art. 7, du Réglement du 21 Octobre 1744.

Le second » qu'un même passeport ne pourra servir que pour un seul voyage. »

Le troisiéme » que les passeports seront considérés comme nuls, quand il y aura » preuve que le navire pour lequel ils sont expédiés, n'étoit alors dans aucun des ports » du Prince qui l'a expédié. » Ces deux articles sont confirmés par l'article 8 dudit Réglement de 1744.

Et le cinquiéme » que les connoissemens trouvés à bord, non signés, seront nuls, » & regardés comme des actes informes. » La même disposition se trouve dans l'art. 9, du Réglement dudit jour 21 Octobre 1744. Il est à observer que ceci ne déroge point à l'Arrêt du Conseil du 26 Octobre 1692, cité sur l'art. 6 ci-dessus, suivant lequel Arrêt, on peut faire preuve de la collusion des connoissemens & autres piéces par les dépositions des gens de l'équipage.

Les dispositions du second Réglement, qui est du 23 Juillet 1704, sont en beaucoup plus grand nombre, & expliquent différens cas dans lesquels il est défendu ou permis d'arrêter les vaisseaux neutres.

L'article premier est pour le cas d'un vaisseau sorti d'un port neutre & chargé de marchandises du crû ou fabrique du pays, pour les porter à droiture en quelqu'autre Etat que ce soit, même en ceux avec qui Sa Majesté est en guerre ; il n'est pas permis alors aux armateurs françois de s'en emparer, si ce n'est que le chargement soit pour le compte des ennemis, ou qu'il y ait dans le navire des marchandises de contrebande.

Il en est de même du cas de l'art. 2, où il s'agit de navires neutres sortis des ports de quelqu'autre Etat que ce soit, même des ennemis, & chargés pour le compte d'autres que des ennemis, quoique ce soient des marchandises prises chez l'ennemi ; pourvu que ces navires s'en retournent à droiture dans l'un des ports de la domination de leur Souverain.

Dans le troisiéme article, il est question d'un vaisseau neutre parti d'un port neutre pour aller dans un autre port aussi neutre. Il n'est pas permis non plus de l'arrêter, s'il n'est chargé de marchandises du crû ou fabrique du pays ennemi, auquel cas les marchandises seront de bonne prise ; mais le navire sera relâché.

De même par l'article 4, d'un navire neutre sorti d'un des ports d'un Etat allié de Sa Majesté ou neutre, sur lequel navire il y a des marchandises de contrebande ou du crû & fabrique du pays ennemi. Les marchandises en ce cas seront aussi de bonne prise, & le vaisseau sera tout de même relâché. Le seul changement que l'art. 4 du Réglement du 21 Octobre 1744 a fait à cet article, est qu'il a ajouté, qu'il en seroit de même quoique le navire, sorti d'un port neutre, allât dans un port ennemi de Sa Majesté.

Dans ces quatre cas néanmoins, s'il se trouvoit dans les navires neutres, des effets appartenans aux ennemis, les vaisseaux & toutes les marchandises seroient de bonne prise. C'est la disposition formelle de l'ar. 5, relative à l'art. 7 ci-dessus. Mais il y a été dérogé par l'art. 5 du Réglement de 1744, qui veut qu'il n'y ait que les effets appartenans aux ennemis qui soient de bonne prise, & que les navires soient relâchés. V. *notata.* sur ledit article 7.

L'article 6, toujours du Réglement de 1704, en ajoutant à l'art. 2 & l'expliquant de maniére à lever tout doute, porte, que les vaisseaux neutres sortis d'un port ennemi, & qui y auront pris leur chargement en tout ou partie, pour aller dans les Etats d'un autre Prince que le leur, que cet autre Prince soit allié de Sa Majesté, neutre ou ennemi, pourront être arrêtés & amenés dans le Royaume, & seront déclarés de bonne prise avec leur chargement, encore qu'ils fussent chargés pour le compte des sujets de Sa Majesté ou d'un Etat allié ou neutre.

Cette disposition a été passée sous silence dans le dernier Réglement de 1744, sans doute pour ne pas la faire contraster avec celles des articles 14 & 15 qui font des exceptions en faveur des Danois, des Hollandois & des Suédois : mais elle ne doit pas moins être regardée comme toujours subsistante à l'égard des autres Etats neutres, & même des Hollandois depuis la révocation ou suspension du Traité de Commerce du 21 Décembre 1739. Par rapport aux Suédois, l'exception avoit déja été admise en leur faveur par l'Ordonnance du 4 Avril 1712.

Dans l'atticle 7, il est question de la nature & qualité des piéces justificatives de la propriété des vaisseaux, à l'effet d'être reconnus neutres ; il en a été fait mention sur l'art. 6 de la présente Ordonnance.

Aux termes de l'art. 8 dudit Réglement, on ne doit avoir aucun égard aux passeports accordés par les Princes neutres, tant aux propriétaires qu'aux maîtres des vaisseaux, sujets des Etats ennemis de Sa Majesté, s'ils n'ont été naturalisés & n'ont transféré leur domicile dans les Etats des Princes neutres avant la dédclaration de guerre ; & dans ce cas là même, ils ne pourront jouir du bénéfice des lettres de naturalité, si depuis qu'ils les auront obtenues, ils sont retournés dans les Etats ennemis de Sa Majesté, pour y continuer leur commerce : de même l'art. 11 du Réglement de 1744.

Par l'art. 9, sont déclarés de bonne prise tous vaisseaux étrangers sur lesquels il y aura un subrecargue, marchand, commis ou officier marinier d'un pays ennemi de Sa Majesté, ou dont l'équipage sera composé de matelots ennemis au-delà du tiers, ou qui n'auront pas à bord le rôle de l'équipage, arrêtés par les officiers publics des lieux neutres d'où les vaisseax seront partis.

Il y a une exception dans l'article suivant, pour le cas où les capitaines justifieront par des actes trouvés à bord, qu'ils ont été obligés de prendre des officiers mariniers ou matelots, dans les ports où ils auront relâché, pour remplacer ceux du pays neutre qui seront morts pendant le cours de leur voyage. Les art. 12 & 13 du Réglement de 1744 sont entiérement conformes à ces deux-ci.

A l'égard des vaisseaux qui seront sortis des ports du Royaume, qui n'auront à bord d'autres denrées & marchandises que celles qu'ils y auront chargées, & qui se trouveront munis de congés de l'Amiral de France, ils ne pourront être arrêtés par les armateurs françois, sous quelque prétexte que ce soit; c'est à dire, que ces vaisseaux soient alliés, neutres ou ennemis. C'est la disposition de l'art. 12 & celle de l'art. 16 dudit Réglement de 1744.

Le treizieme article veut, qu'en cas de contravention de la part des armateurs françois aud. Réglement, il soit fait main-levée aux sujets des Princes neutres, des vaisseaux à eux appartenans & des marchandises de leur chargement, s'il n'y en a aucunes qui soient sujettes à confiscation, & que lesdits armateurs soient condamnés en leurs dommages & intérêts. *Idem* l'art. 17 du Réglement de 1744.

L'article quatorzieme & dernier, de même que le dix-huitiéme dudit Réglement de 1744, confirme pour le surplus le titre des prises de la présente Ordonnance, le Réglement du 17 Février 1694, & autres intervenus sur le fait des prises, autant qu'il n'y a pas été dérogé par ceux-ci : ce qui laisse l'art. 6 de la présente Ordonnance dans toute sa force.

Rien ne rend un navire plus suspect d'appartenir à l'ennemi ou de receler ses effets, que le jet des papiers à la mer. C'est pour cela que l'Ordonnance de 1543, art. 43, & celle de 1584, art. 70, avoient déclaré de bonne prise le navire dont » le maître ou les compagnons auroient jetté la charte-partie à la mer, pour en celer la vérité; » & comme dans les mêmes articles, il étoit parlé aussi des » autres » lettres concernant le chargement du navire « on étendit dans l'usage leur disposition pour la confiscation, au jet de tous papiers aussi-bien que de la charte-partie; & en effet il n'y avoit aucune raison de différence, dès qu'on supposoit des papiers utiles.

Cependant il restoit des doutes, l'orsqu'il se trouvoit assez de papiers dans le navire pour en faire connoître le propriétaire, & la destination du chargement. C'est ce qui donna lieu à l'Ordonnance du 5 Septembre 1708, qui levant toutes difficultés à ce sujet déclara » que tout vaisseau pris duquel on auroit jetté des papiers » à la mer, seroit de bonne prise avec son chargement, sur la seule preuve des pa» piers jettés à la mer, & sans qu'il fût besoin d'examiner quels étoient ces papiers, » par qui ils auroient été jettés, ni s'il en restoit suffisamment à bord pour justifier » que le vaisseau & son chargement appartînt à des amis ou alliés. »

Cette décision étoit nette & précise, de maniere qu'il n'y avoit pas moyen de l'éluder; mais elle parut trop rigoureuse aux Commissaires du Conseil des Prises. Louis XIV, dont l'équité & la justice régloient toujours les sentimens, étant informé des scrupules des Commissaires, écrivit à ce sujet à Mr. le Comte de Toulouse la lettre suivante dattée du 2 Février 1710.

» Mon Fils, je suis informé de la diversité des avis qui se rencontrent devant » vous en exécution de l'Ordonnance que j'ai rendue le 5 Septembre 1708 au sujet » des papiers des bâtiments qui sont jettés à la mer. Ce qui cause des difficultés » & de l'embarras dans le jugement des prises, vient de ce que cette Ordonnance » est générale, & porte confication de toutes les prises, dont on aura jetté des » papiers de quelque nature qu'ils puissent être; ensorte qu'il paroit qu'on ne peut » se dispenser d'ordonner la confiscation d'une prise dont il aura été jetté des pa» piers, même absolument inutiles & indifférens ; *ce qui cependant n'a jamais été » mon intention dans cette Ordonnance, ayant toujours au contraire pensé que la » confiscation*

» *confiscation ne doit être ordonnée que pour les papiers qui pourroient donner quel-* » *que preuve de propriété ou de destination ennemie.* Pour lever donc ces difficultés, » & vous laisser & aux Commissaires du Conseil des Prises, dans les Jugemens, toute » la liberté que j'ai toujours eu intention de vous donner ; je vous écrits cette lettre » pour vous dire que je me remets entiérement à vous & à ces Commissaires, d'ap- » pliquer la rigueur de cette Ordonnance, ou de l'interpréter suivant l'exigence des » cas & des circonstances, qui auront obligé de jetter des papiers des prises, à la » mer. Et la présente n'étant à autre fin, je prie Dieu qu'il vous ait, Mon Fils, en » sa sainte & digne garde. »

Je ne sais si l'on s'est rappellé cette lettre de Louis XIV, lorsqu'on a dressé le Réglément du 21 Octobre 1744 dont l'art. 6 est absolument conforme à l'Ordonnance du 5 Septembre 1708 ; mais cette même lettre ne m'en paroit pas moins applicable à ce Réglement pour en tempérer la rigueur suivant les circonstances.

Telles sont les loix qui ont réglé en général, la maniére dont on doit en user à l'égard du commerce maritime des sujets des Princes alliés ou neutres.

En différens temps, & par des considérations particuliéres, il y a eu des exceptions en faveur de quelques Puissances neutres. Par exemple, dans la guerre terminée par la paix d'Utrecht, en faveur des Suédois & des Danois, avec différence néanmoins, suivant les lettres du feu Roi à Mr. l'Amiral en date des 22 Octobre & 17 Décembre 1704, & 28 Janvier 1705, auxquelles étoient conformes les lettres de M. de Ponchartrain aux Amirautés, de mêmes dates ; & dans la précédente guerre, en faveur tant des mêmes Suédois & Danois & des Villes Anséatiques, que des Hollandois, sans aucune différence, jusqu'à la révocation ou suspension, par rapport à ces derniers, du traité du commerce conclu avec eux en 1739.

Ces exceptions très étendues, & par-là d'autant plus avantageuses à ces nations, sont constatées tant par les articles 14 & 15 dudit Réglement du 21 Octobre 1744, que par les lettes du Roi à Mr. l'Amiral des 7 Décembre aud. an 1744 & 25 Janvier 1745, mais par-là même que ce sont des exceptions fondées sur des considérations ou conventions particuliéres, elles peuvent cesser, & la régle qu'elles confirment subsistera toujours dans sa généralité.

Un point au reste qui n'a jamais varié, c'est la défense faite par une Déclaration de Louis XIII du 22 Septembre 1638, à tous étrangers aussi bien qu'aux françois, d'apporter & vendre dans le Royaume, aucunes marchandises prises sur les françois, à peine de confiscation, tant des marchandises que des navires ; & cela pour ôter aux ennemis le moyen de tirer un aussi bon parti de leurs prises qu'ils le pourroient, si l'entrée des marchandises qui en proviennent, & le débit dans le royaume étoient libres. Voyez tom. 1 liv. 1 tit 5 art. 5.

ARTICLE XII.

TOut *vaisseau* qui refusera d'amener ses voiles, après *la semonce* qui lui en aura été faite par nos vaisseaux, ou ceux de nos Sujets armés en guerre, pourra y être contraint par artillerie ou autrement ; & en cas de résistance & de combat, il sera de bonne prise.

CEci n'eſt que le renouvellement & la confirmation de l'art. 65 de l'Ordonnance de 1584, auquel eſt conforme l'art. 13 de l'Ordonnance d'Eſpagne de 1718, concernant les courſes en mer. Voyez le traité de Mr. le Chevalier d'Abreu, premiere partie chap. 7 pag. 99 & ſuivantes.

Le Commentateur a traité cet article comme s'il y étoit queſtion du ſalut que les vaiſſeaux marchands & les corſaires françois doivent aux vaiſſeaux du Roi ; en un mot du ſalut d'honneur qu'un vaiſſeau eſt en droit d'éxiger d'un autre. Cependant il ne s'agit nullement de cela ici ; mais ſeulement de la faculté accordée en temps de guerre à tout capitaine de vaiſſeau du Roi ou de vaiſſeau armé en courſe, d'obliger les navires qu'il rencontre, d'amener leurs voiles & d'exhiber leurs papiers, afin de reconnoître s'ils ſont amis, neutres ou ennemis.

C'eſt ce qu'explique fort bien ledit art. 65 de l'Ordonnance de 1584, en permettant en conſéquence, à tout navire armé en guerre » découvrant à vuë ou plus » près d'autres navires, amis, alliés ou autres, de courir ſur eux, & les ſemondre » d'amener leurs voiles, & en cas de refus de les y contraindre par artillerie &c.

Tout vaiſſeau. Même françois, dit Cleirac, art. 23 de la juriſdiction de la marine pag. 441 ; & cela eſt vrai par argument de l'article ſuivant, qui ne fait défenſe d'arrêter les vaiſſeaux françois & autres, qu'autant qu'ils auront amené leurs voiles, &c.

La ſemonce, ſe fait ou à la voix ou par un coup de canon tiré à poudre. Dès que la ſemonce eſt faite, il faut que le capitaine du navire qu'elle regarde, amene ſes voiles & qu'il ſe laiſſe approcher, qu'il ſoit ami, allié, neutre, ou françois ; ſans quoi il peut y être contraint par le droit de la guerre, ſans aucun dédommagement pour raiſon des avaries qui lui arriveront par ſon refus, ſi après avoir enfin été reconnu, il eſt dans le cas d'être relâché pour continuer ſa route ou ſa croiſiére.

Rien ne peut le diſpenſer de l'obligation de ſe laiſſer reconnoître, & il s'excuſeroit vainement ſur la nature de la conſtruction de ſon navire, de même que ſur la qualité de ſon pavillon ; ſoit parce que ces ſignes ſont trompeurs & n'empêchent nullement que le navire ne puiſſe être ennemi, ſoit parce qu'il eſt intéreſſant de vérifier ſi dans les vaiſſeaux amis ou neutres, il n'y a point de marchandiſes de contrebande ou d'autres effets appartenants à l'ennemi.

De-là il s'enſuit que dans tous les cas il doit ſouffrir la viſite de ſon navire & de ſes papiers ; vérification qui ſe fait, tant ſur l'exhibition de ces mêmes papiers qu'il apporte ou qu'il envoye à bord du vaiſſeau de guerre, que par l'officier & les gens de l'équipage, que le capitaine du vaiſſeau de guerre envoye à bord du navire ; après quoi, s'il ne reſte aucun juſte ſoupçon au ſujet de ce navire, il doit être relâché ; & tout cela doit ſe faire d'une maniére *civile & modeſte*, dit l'art. 6 du Réglement du Roi de Dannemarck en date du 5 Avril 1710. Voyez le Traité des Priſes de Mr. le Chevalier d'Abreu, part. 2, ch. 10, pag. 92 & 93.

Et ſi le capitaine de ce navire, par opiniâtreté, engage le combat plutôt que d'amener ſes voiles, & qu'il ſoit pris, il ſera alors de bonne priſe aux termes de notre article ; ſans préjudice de la punition que devra ſubir le capitaine françois, ſur tout ſi c'eſt à un vaiſſeau du Roi qu'il a oſé réſiſter.

Au reſte, quoique notre article ne parle que d'un vaiſſeau armé en guerre, il en faut dire autant d'un vaiſſeau armé tout à la fois en guerre & marchandiſe, puiſqu'il eſt muni d'une commiſſion qui l'autoriſe à attaquer les ennemis ; mais il en eſt autrement d'un navire équipé ſimplement en marchandiſe, attendu qu'il n'a pas droit de courre ſur les vaiſſeaux ennemis & de s'en emparer : il n'a que la voye de ſe défendre, & quoique la priſe qu'il fera en ſe défendant, ſoit bonne, il n'a cependant rien à y prétendre à défaut de commiſſion en guerre, comme il a été obſervé, ſur l'art. premier. Or s'il n'eſt pas autoriſé à courre ſur les ennemis, il n'a pas conſéquemment la faculté de ſemoncer les navires qu'il rencontre, pour reconnoître s'il ſont amis ou ennemis, neutres ou alliés. Ce ſeroit s'expoſer à ſe faire traiter comme un pirate s'il étoit pris ou convaincu du fait. Auſſi les capitaines des navires marchands, qui ſavent leur métier, ne s'expoſent-ils pas à pareille avanture ; & s'il y a des exemples qu'ils ayent pris des navires, ce n'a jamais été qu'en ſe défendant.

Obſerver que le coup de ſemonce ou d'aſſurance, ne peut être tiré que ſous pavillon du Roi, ſans s'expoſer aux peines portées par les réglemens cités ſur l'art. 5 ci-deſſus. Cependant à l'imitation des Anglois, l'uſage contraire s'eſt introduit dans les deux derniéres guerres, & en conſéquence on prétend aujourd'hui que c'eſt un moyen licite de ſurprendre les vaiſſeaux en mer, pourvû que l'on ne combatte pas ſous un autre pavillon que celui de la nation. Si l'uſage, & ſurtout un uſage qui intéreſſe l'honneur & la probité, pouvoit l'emporter ſur la loi je n'aurois rien à dire : mais ici je ne vois qu'un trait de lâcheté & de perfidie, que l'exemple des ennemis ne ſauroit juſtifier.

ARTICLE XIII.

DÉfendons à tous capitaines de vaiſſeaux armés en guerre, d'arrêter ceux de nos Sujets, amis ou alliés, qui auront amené leurs voiles, & repréſenté leur charte-partie ou police de chargement, & d'y prendre ou ſouffrir être pris aucune choſe, à peine de la vie.

LA même déciſion avoit auſſi déja été portée par l'Ordonnance de 1584 art. 64 & par la Déclaration du premier Février 1650 art. 2.

Il ne ſuffit donc pas que le capitaine du navire ſemoncé amene ſes voiles, il faut encore qu'il repréſente *ſa charte-partie ou police de chargement* ; à quoi il convient d'ajouter le contrat de propriété du navire, s'il eſt de fabrique ennemie, les expéditions qu'il a dû prendre dans le lieu de ſon départ ; en un mot toutes les piéces juſtificatives que les effets de la cargaiſon appartiennent à des amis ou à des Sujets de Puiſſances neutres : ſans quoi il peut être arrêté légitimement, & amené dans un port du Royaume.

Mais auſſi, ayant ſatisfait à tout, il doit être relâché ſans offenſe ; & ſi le capitaine du vaiſſeau dont il eſt obligé de ſouffrir la viſite, y prend ou ſouffre que ſes gens y prennent la moindre choſe, il ſera puni de mort avec les autres coupables.

Cette punition à la vérité peut paroître rigoureuſe en certains cas ; mais le penchant naturel des corſaires pour le pillage, a fait penſer qu'il étoit néceſſaire de le réprimer dans ces occasions par la sévérité des peines. Après tout, c'est faire alors le métier de pirates & d'écumeurs de mer : & c'est pour cela que l'article 64 déja cité de l'Ordonnance de 1584 avoit ordonné le supplice de la roue.

L'article 2 de la Déclaration du premier Février 1650, en défendant tout de même *de prendre aucune chose* dans le navire qui a amené ses voiles, ajoute *sous quelque prétexte que ce soit ;* ce qu'il faut entendre même des vivres ou rafraichissemens dont on auroit besoin, quoiqu'on offrît d'en payer la valeur, si ce n'étoit du consentement libre du maître du navire & du plus grand nombre de son équipage.

ARTICLE XIV.

AUcuns vaisseaux pris par capitaines ayant commission étrangere, ne pourront demeurer plus de vingt-quatre heures dans nos ports & havres, s'ils n'y sont retenus par la tempête, ou si la prise n'a été faite sur nos ennemis.

QUoiqu'en dise le Commentateur, la premiere de nos loix qui ait prévu ce cas-ci, c'est la Déclaration du Roi du premier Février 1650, qui article 5 » défend à tous Gouverneurs & Commandans de souffrir dans leurs ports & rades, » plus de vingt-quatre heures, aucuns capitaines de vaisseaux ayant commission » étrangére & ayant fait quelque prise, si ce n'est qu'ils y ayent relâché, & soient » contraints d'y demeurer par mauvais temps, en quelque sorte & maniere que ce » soit. « Le même article défend pareillement » aux Sujets du Roi d'en achetter, à » peine de désobéissance, de tous dommages & intérêts, de confiscation desdites mar» chandises, de 10000 liv. d'amende & de punition exemplaire.

Notre article ne rappelle pas toutes ces dispositions; mais il faut les y suppléer, & parce qu'elles sont justes, & parce que c'est une conséquence naturelle de l'article suivant.

Il est du droit naturel & des gens de donner asyle dans un port à tout vaisseau que la tempête & le mauvais temps obligent de s'y jetter ; & il ne faut point examiner alors s'il est ami ou ennemi.

Mais le droit de la guerre permet de saisir & confisquer l'ennemi dans cet asyle, où il s'est réfugié pour éviter le naufrage. A cela il n'y a rien à dire, & les raisons ne manquent pas pour justifier la saisie en pareille occurrence ; n'y eût-il même que la crainte que l'ennemi ne prétextât le danger du naufrage pour avoir occasion de reconnoître le port, & voir ce qui s'y passe. c'en seroit assez. De sorte que la loi contraire portée depuis quelques années par le Roi de Dannemark, dans sa déclaration de guerre contre le Roi d'Espagne, à la supposer exempte de politique ou d'ostentation, est plus louable qu'imitable.

L'asyle plein n'est donc dû qu'à ceux avec qui l'on n'est pas en guerre. Aux ennemis on ne doit que leur sauver la vie ; aux autres on doit de plus l'hospitalité & le bon traitement, avec la liberté de se retirer quand ils le jugeront à propos.

Cependant, comme la neutralité avec deux Puissances en guerre ne permet pas de favoriser l'une au préjudice de l'autre; pour concilier cet objet avec le droit d'aſtyle, les nations ſont convenues tacitement, & l'uſage en a fait le droit commun, que l'aſyle ſeroit donné aux vaiſſeaux de guerre étrangers avec leurs priſes; ſavoir, étant entrés dans un port par tempête, tant que le mauvais temps ne permettroit pas de remettre en mer, & pour vingt-quatre heures ſeulement, s'ils l'avoient abordé pour toute autre cauſe.

Ainſi, hors le cas de la tempête, les vaiſſeaux étant en état de faire voile, il y a obligation de les faire retirer & de remettre en mer après les vingt-quatre heures, quelque danger qu'il y ait pour eux d'être repris par leurs ennemis; autrement ce ſeroit violer la loi de la neutralité. C'eſt la raiſon déciſive, & non pas celle que le Commentateur a imaginée, qui n'a du tout point entendu cet article.

Mais il faut prendre garde que cela ne regarde que les vaiſſeaux pris introduits dans un port neutre, & nullement les vaiſſeaux amis ou neutres qui s'y ſont réfugiés ſans priſes, pour échapper aux pourſuites des ennemis, ou pour quelque autre cauſe. Alors ils peuvent reſter dans le port tant que l'on voudra les y ſouffrir, & ce n'eſt pas le cas de les renvoyer après les vingt-quatre heures.

D'un autre côté, l'obligation de renvoyer le vaiſſeau avec ſa priſe après les vingt-quatre heures, n'eſt que pour le cas de l'alliance ou de la neutralité avec l'Etat ſur les Sujets duquel la priſe a été faite. Si c'étoit un vaiſſeau pris par un confédéré ſur l'ennemi commun, ce ſeroit autre choſe; & c'eſt ce que décide formellement notre article. Par identité de raiſon, il en ſeroit de même quand il n'y auroit pas d'alliance avec le Prince dont le Sujet auroit fait la priſe, dès qu'il s'agiroit d'une priſe ennemie; & c'eſt ce que décide évidemment, ſelon moi, l'article 15 de l'Ordonnance d'Eſpagne du 17 Novembre 1718, concernant la courſe : du moins, je me trouve en ceci d'accord avec M. le Chevalier d'Abreu, dans ſon Traité ſur cette matiere, comme on peut le voir dans le Journal Etranger du mois d'Avril 1756, p. 7.

AXTICLE XV.

SI dans les priſes amenées dans nos ports par les navires de guerre armés ſous commiſſion étrangere, il ſe trouve des marchandiſes qui ſoient à nos Sujets ou alliés, celles de nos Sujets leur ſeront rendues, & les autres ne pourront être miſes en magaſin, ni achetées par aucune perſonne, ſous quelque prétexte que ce puiſſe être.

ON trouve une pareille déciſion abſolument dans l'art. 16 de ladite Ordonnance d'Eſpagne de 1718.

Si par tempête, ou par quelqu'autre cas forcé, une priſe eſt introduite dans un port du Royaume par un vaiſſeau armé ſous commiſſion étrangere, & qu'il s'y trouve des marchandiſes appartenantes aux Sujets du Roi, elles leur ſeront rendues aux termes de notre article, *s'ils les réclament, & qu'il ſoit vérifié qu'elles leur appartiennent,* ajoute l'art. 5 déja cité de la Déclaration du premier Février 1650.

On ne voit point d'autre motif de cette déciſion qu'une raiſon de convenance qui a fait regarder cette reſtitution d'effets comme une juſte récompenſe du ſervice rendu au preneur, en lui donnant un asyle. Car enfin si c'étoit une prise faite par un allié ou confédéré sur l'ennemi commun, même par un étranger sur son ennemi particulier, & qu'elle fût amenée volontairement dans un de nos ports, ce ne seroit pas plus le cas de rendre aux Sujets du Roi les effets qui se trouveroient leur appartenir, que si le preneur eût conduit sa prise dans l'un des ports de son Souverain.

Pour se convaincre de la vérité de cette proposition, il n'y a qu'à se rappeller la seconde partie de l'article 7 ci-dessus, qui déclare de bonne prise, & sujettes à confiscation, toutes les marchandises trouvées dans un navire ennemi, à qui que ce soit qu'elles appartiennent, aux Sujets du Roi, aux alliés comme à tous autres. Or si les Sujets du Roi ne sont pas recevables à réclamer les effets qui leur appartiennent dans un navire ennemi pris même par un François, comment le seroient-ils la prise étant faite par un étranger, allié ou neutre, sur son ennemi ? Si donc les effets des Sujets du Roi doivent leur être rendus, lorsque la prise est forcée de gagner un port du Royaume, soit pour éviter la reprise, soit par tempête ou autrement, il est évident que ce ne peut être qu'à titre de récompense ou de rétribution pour l'asyle donné, puisque hors ce cas il ne peut y avoir lieu à la réclamation.

Ceci conduit à penser, contre le sentiment du Commentateur & celui de M. le Chevalier d'Abreu, seconde par. chap. 2, §. 15, pag. 24, que, dans l'espece de notre article, il n'y a effectivement que les Sujets du Roi qui puissent réclamer leurs marchandises, en vertu du droit d'asyle, & que les alliés ne sont pas recevables à revendiquer les leurs, comme n'ayant pas cette raison à alléguer.

Il est vrai que l'article est conçu de maniere à laisser du doute sur ce point, & qu'après ces mots, *il se trouve des marchandises qui soient à nos Sujets ou alliés*, l'exactitude du discours & du raisonnement exigeoit qu'au lieu d'ajouter simplement, *celles de nos Sujets leur seront rendues*, on dît, *celles de nos Sujets & alliés*, pour ne pas rendre inutile & sans effet, ce mot *alliés* employé immédiatement auparavant. Mais cette irrégularité dans le discours ne peut pas faire supposer dans notre article une décision qui ne doit pas y être, & qui effectivement n'y est pas, puisqu'il ne déclare formellement sujets à restitution que les effets appartenans aux Sujets du Roi, sans en dire autant des alliés; & tout ce qui résulte de la construction de l'article, c'est que le mot *alliés* y est de trop, demeurant absolument sans emploi. Aussi ne le trouve-t-on point dans ledit article 5 de la Déclaration du premier Février 1650, auquel celui-ci doit naturellement être rapporté.

Et qu'on ne dise pas que dans l'espéce de l'article 10 ci-dessus, la décision est la même pour les vaisseaux & effets des alliés, que pour ceux des Sujets du Roi. Il n'y a pas en effet d'argument de parité à en tirer, attendu qu'il s'agit là d'une reprise faite sur les pirates, qui, suivant le droit commun, n'ayant pu, par la prise qu'ils avoient faite, acquérir la propriété du navire & de sa cargaison, n'ont pu par conséquent faire perdre la propriété de ces choses à ceux à qui elles appartenoient. Or ceux-ci ayant toujours conservé leur droit de propriété, ils sont fondés à réclamer leurs effets, sans distinguer s'ils sont françois, alliés ou neutres, comme il a été observé sur ledit article 10, en payant simplement le droit de recousse; & il ne peut y avoir d'exception qu'à l'égard des ennemis, à qui toute réclamation est absolument interdite, la reprise devant nécessairement avoir l'effet d'une prise ordinaire par rapport à eux.

Au lieu que dans le cas du présent article, s'agissant d'une prise faite par un tiers sur son ennemi, & ce tiers ayant par le droit de la guerre acquis la propriété de la chose, il est naturel qu'il la conserve exempte de toute réclamation; & s'il est obligé de rendre aux François les effets qui leur appartenoient au temps de la prise, c'est par une disposition particuliere, & par un privilége résultant du droit d'asyle. Or encore une fois, cette raison étant étrangere aux alliés, le privilége ne peut pas s'étendre jusqu'à eux, & ils ne sont pas en termes d'être admis à réclamer. C'est aussi l'avis de Loccenius, *de jure maritimo*, *lib.* 2, *cap.* 4, *n.* 6 *& seq.*

Au reste, notre article combiné avec celui qui le précéde, ne concerne absolument que le cas d'un vaisseau étranger qui, ayant fait des prises sur d'autres que nos ennemis, est obligé de se réfugier dans un de nos ports par tempête ou autrement; & c'est pour ce cas uniquement aussi, qu'obligé de rendre aux Sujets du Roi les effets qu'ils prouvent leur appartenir, il ne peut rester dans le port plus de vingt-quatre heures, si le danger de la tempête ne dure encore; sans qu'il lui soit permis au reste de mettre les autres marchandises en magasin, ni aux Sujets du Roi d'en acheter sous quelque prétexte que ce soit, relativement audit article 5 de la Déclaration du premier Février 1650 : tout cela fondé sur les loix réciproques de la neutralité.

Cependant par rapport à la défense de mettre les marchandises en magasin, il faut l'entendre avec cette exception, si le mauvais état de la prise ne rend nécessaire la décharge de sa cargaison : auquel cas nul doute que les effets qui la composent ne puissent être mis en magasin. Mais ce sera à la charge de les reprendre, à moins que la prise ne soit hors d'état d'être radoubée pour remettre en mer, & que le vaisseau armé en guerre ne puisse s'en charger sans être trop embarrassé : ce qu'il sera nécessaire de constater par des procès-verbaux en bonne forme.

Tel est le sens propre & véritable de notre article. S'il s'agit d'un vaisseau entré avec sa prise dans un de nos ports, volontairement, sans y être contraint, ou uniquement pour y prendre quelques rafraichissemens; il sera bien dans le cas de la défense de mettre aucunes marchandises en magasin, ou d'en vendre : mais il ne sera point obligé alors de rendre aux François les effets qui leur appartiennent; parce que, comme il a été dit ci-dessus, il n'y a plus la raison du droit d'asyle.

D'un autre côté, s'il est question d'une prise faite sur l'ennemi commun, non-seulement il n'y aura point non plus de restitution à faire aux François de leurs marchandises, comme on l'a montré pareillement, contre l'avis de M. le Chevalier d'Abreu, sur quoi voir le Journal étranger du mois d'Avril 1756, p. 8 & 9; mais encore tous les effets de la prise pourront être mis librement en magasin, même vendus & achetés sans danger, que l'entrée dans le port ait été volontaire ou forcée. La raison est que notre article n'est que pour le cas de la neutralité, & que toute idée de neutralité disparoît dès qu'il s'agit d'une prise faite sur nos ennemis. Et cette interprétation, qui me paroît si naturelle, dérive même de la fin de l'article précédent : car s'il est vrai, comme on n'en peut douter, que l'armateur étranger qui, ayant fait une prise sur l'ennemi commun, entre dans un de nos ports, par quelque motif que ce soit, a droit d'y rester, sans pouvoir être forcé d'en sortir après les vingt-quatre heures, ou après que la tempête est passée; il est évident que la défense portée par cet article de décharger & de vendre les marchandises de sa prise, ne le regarde pas.

Il en seroit autrement à la vérité d'un armateur françois qui entreroit avec sa prise dans un port de nos alliés; parce que nos loix l'obligent de conduire ou envoyer sa prise dans le lieu où il a armé, ou du moins dans un port du Royaume, pour la conservation des droits du Roi, l'avantage des armateurs, & le bien du commerce de la nation. Mais notre police particuliere n'influe nullement sur la conduite que l'étranger peut tenir dans nos ports en cette partie, ni sur la maniere dont nous devons en user à son égard dans le cas dont il s'agit.

Au surplus dans la guerre terminée par la paix d'Utrecht, en vertu d'une convention entre Louis XIV & le Roi d'Espagne son petit-fils, il étoit permis aux François de mener & vendre leurs prises dans tel port d'Espagne que bon leur sembloit; & réciproquement aux Espagnols d'amener & vendre leurs prises dans les ports de France. C'est ce qui résulte d'un Décret du Roi d'Espagne du 13 Avril 1704. Mais ce n'étoit là qu'un arrangement particulier, d'autant moins proposable pour régle générale que les deux Rois avoient réciproquement renoncé à percevoir aucuns droits sur les marchandises de ces prises amenées dans leurs Etats. Renonciation toutefois qui ne dura que quelques années, à cause de l'abus qu'on en faisoit, comme le prouve un autre Décret du premier Décembre 1709.

Il paroit néanmoins par une lettre de feu M. le Comte de Toulouse du 18 Avril 1712, que les François continuerent de vendre leurs prises en Espagne, dont le dixiéme revenant à M. l'Amiral étoit payé entre les mains des Consuls; & comme ceux-ci n'en avoient pas rendu bon compte à M. l'Amiral, c'est ce qui l'engagea de donner ses ordres à ses Receveurs de ne plus délivrer de commissions en guerre, ou en guerre & marchandise, sans une soumission de la part de ceux à qui elles seroient délivrées de payer dans le lieu de l'armement le dixiéme de toutes les prises qu'ils feroient, quoique conduites & vendues en pays étranger.

ARTICLE XVI.

AUssi-tôt que les capitaines des vaisseaux armés en guerre se seront rendus maîtres de quelques navires, ils se saisiront des congés, passe-ports, lettres de mer, charte-parties, connoissemens, & de tous autres papiers concernant la charge & destination du vaisseau, ensemble des clefs des coffres, armoires & chambres, & feront fermer les écoutilles & autres lieux où il y aura des marchandises.

IL n'y a rien de nouveau dans cet article; le fond s'en trouve du moins dans l'Ordonnance de 1543, art. 43, & dans celle de 1584, art. 70 : mais il est beaucoup plus developpé & mieux conçu. Depuis il n'y a point eu de changement à cet égard non plus qu'aux articles suivans, qui réglent la conduite que doivent tenir les armateurs en course dans les prises qu'ils font. Il a seulement été ajouté par l'article 16 du Réglement du 25 Novembre 1693, que l'officier qui seroit envoyé à bord de la prise avec l'écrivain, seroit tenu de faire un inventaire des papiers en présence des officiers du vaisseau pris, qui seroient interpellés de le signer; après quoi les papiers seroient mis dans un sac cachetté pour être remis au même état aux officiers de l'Amirauté : ce qui n'a jamais été rigoureusement pratiqué.

ARTICLE

ARTICLE XVII.

ENjoignons aux capitaines qui auront fait quelque prise, de l'amener ou envoyer *avec les prisonniers* au port où ils auront armé, à peine de perte de leur droit & d'amende arbitraire; si ce n'est qu'ils fussent forcés par la tempête ou par les ennemis, de relâcher *en quelqu'autre port;* auquel cas ils seront tenus d'en donner incessamment avis *aux intéressés à l'armement.*

LE fond de cet article se trouve tout de même dans les anciennes Ordonnances de 1543, art. 28, & de 1584, art. 43, & dans l'Arrêt du Conseil du 31 Juillet 1666, à la peine de la perte du droit dans la prise & d'amende arbitraire, le tout au profit de l'Amiral : elles ajoutoient même la punition corporelle.

Le motif de cette rigueur étoit autant l'intérêt de l'Amiral pour son dixième que celui des armateurs. C'est qu'alors les droits de l'Amiral n'étoient pas reconnus sur toutes les côtes du Royaume. Outre la Bretagne entiere dont le Gouverneur s'attribuoit l'Amirauté avec tous les droits en dépendans, il y avoit encore des Seigneurs particuliers qui avoient usurpé les droits d'Amirauté dans leurs Terres.

Il est vrai que pour remédier à cet inconvenient & sauver le dixième de l'Amiral dans le cas où la prise seroit conduite dans un port non soumis à son autorité, ces mêmes Ordonnances art. 29 & 44, avoient réglé que son dixième lui seroit payé tout comme si l'armateur fût retourné avec sa prise au port où il avoit armé : mais, outre que ce payement n'étoit pas toujours exempt de contestation, c'est que la prise alors n'en demeuroit pas moins soustraite à l'autorité de l'Amiral & au droit qu'il avoit de la juger.

Aujourd'hui qu'il n'y a plus de distinction à faire par rapport à M. l'Amiral, dont l'autorité & la Jurisdiction s'étendent sur tous les ports & sur toutes les côtes du Royaume; il est évident que l'obligation imposée de nouveau, tant par les art. 2, 8 & 11, de la Déclaration du premier Février 1650, que par le présent article, aux capitaines des vaisseaux armés en course, d'amener ou envoyer leurs prises avec les prisonniers, au port où ils auront armé, n'a plus d'autre motif que l'intérêt des armateurs & de leurs associés.

Avec les prisonniers. Ce qui s'entend naturellement sans en relâcher aucun, pour épargner la dépense de leur nourriture ou pour quelqu'autre cause que ce soit; parceque plus on fait de prisonniers, plus on affoiblit l'ennemi : & d'ailleurs c'est un moyen de racheter par voye d'échange nos gens prisonniers chez les ennemis.

Aussi de tout temps a-t-il été enjoint aux corsaires d'amener tous les prisonniers avec la prise. Ordonnance de 1400 art. 4, de 1543 art. 20, de 1584 art. 33; & s'il y est dit simplement, de même que dans l'art. 9 de la Déclaration du premier Février 1650, qu'il suffira d'amener à terre deux ou trois des plus apparens, ce n'est que pour fixer le nombre de ceux qui doivent être interrogés par le Juge sur le fait de la prise.

Cependant lorsqu'entre deux Etats en guerre, il est convenu qu'on relâchera de part & d'autre les prisonniers qui seront faits sur mer, il est permis alors de ne se charger que des prisonniers nécessaires pour reconnoître le fait de la prise, & de renvoyer les autres par toutes les occasions qui se présentent, soit par des vaisseaux neutres ou par terre; mais quand entre les deux Etats en guerre, il n'y a d'échange que d'homme à homme, il y a obligation alors de retenir tous les prisonniers; ou si cela ne se peut, à défaut de vivres ou pour autre juste cause; il faut, ou en relâchant les prisonniers, les faire soumettre de faire faire leur remplacement par les commissaires de marine de leur nation, ou les amener en quelque port ami, pour les remettre au consul françois qui se chargera de les faire passer en france. Ordonnances des 7 Novembre 1703 & 11 Mars 1705.

En quelque autre port; soit du Royaume, soit d'un Prince allié & confédéré, soit d'une puissance neutre simplement; car quoique dans ce dernier port, le corsaire n'y puisse rester que vingt-quatre heures ou qu'autant que la tempête durera, parcequ'en cette partie notre article 14 ci-dessus est du droit commun des nations, il n'est pas moins de son devoir d'en donner avis, s'il le peut *aux intéressés à l'armement*, pour les instruire de ses dispositions & les mettre en état de faire assurer.

Mais c'est sur-tout en cas de relâche dans un autre port du Royaume, ou dans celui d'un allié, que le capitaine du corsaire est obligé d'en donner avis; & il satisfait en cela à son obligation, en informant de sa position, l'armateur du vaisseau avec lequel seul il lui suffit de correspondre, en quelque nombre que soient les autres intéressés ou associés à l'armement; sauf à l'armateur à prendre de son côté l'avis de ses cointéressés présens ou à portée d'être consultés.

Tout cela a pour objet de donner aux intéressés, le moyen de prendre la résolution qui leur paroîtra la plus convenable, soit pour envoyer sur le lieu quelqu'un d'entre eux, ou autre chargé de leurs pouvoirs, soit pour donner ordre au capitaine d'amener la prise ou de la décharger en observant les formalités requises.

Si c'est dans un port du Royaume que la prise a relâché, nul doute que les intéressés à l'armement n'ayent la faculté d'y faire décharger le navire, nonobstant la disposition de la premiere partie de cet article; & tel a été l'usage constamment pratiqué durant les deux dernieres guerres, fondé sur le danger qu'il y auroit que la prise, remettant en mer pour gagner le port où l'armement a été fait, ne tombât entre les mains des ennemis.

Mais sous prétexte de ce danger, pour la conservation des droits de M. l'Amiral, ou pour toute autre cause, il n'est pas permis aux officiers de l'Amirauté du port où la prise a relâché, de l'y retenir. Après que le capitaine leur aura fait sa déclaration, ils doivent lui laisser la liberté de conduire la prise où bon lui semblera, en observant néanmoins, afin d'empêcher le divertissement des effets, tant que la prise sera en rade, d'y établir un gardien sûr, dont les vacations seront payées par les armateurs; & ensuite d'envoyer au Sécrétaire Général de la Marine, une copie de la décaration du capitaine ou du chef de la prise. Lettre de M. le Comte de Toulouse, Amiral, dont copie sans datte est au dépôt du Greffe de ce Siége: autre lettre absolument conforme de M. le Duc de Penthiévre du 3 Avril 1745, elle sera rapportée ci-après sur l'article 32.

Si c'est dans un port d'un allié, quoique la raison du danger soit la même, & peut-être plus pressante encore, suivant la situation du port & les circonstances, je croirois à cause de l'uniformité de nos loix sur ce point, qu'il y auroit nécessité de faire revenir la prise au lieu de l'armement, ou du moins dans le premier port du Royaume; & qu'à moins d'une dispense ou permission particuliere du Roi, la prise ne pourroit être déchargée & vendue dans le port où elle a été obligée de relâcher.

Mais s'il n'étoit question que de mettre les marchandises en sûreté tant que le péril dureroit, rien n'empêcheroit l'armateur de le faire, moyennant toute-fois que la décharge se fît par des procès-verbaux en bonne forme, avec une désignation suffisante de la qualité & quantité des effets ; & à condition encore de recharger la prise & de la ramener dans un port du Royaume, si l'on ne pouvoit obtenir la permission du Roi de la vendre dans celui du relâche ; permission en tout cas dont l'on ne pourroit user qu'en observant les formalités prescrites par notre Ordonnance pardevant le Consul François du lieu, qui seroit alors chargé de faire la procédure requise ; sur laquelle procédure il s'agiroit ensuite de faire juger la prise dans le Royaume à la maniere accoutumée.

Et ce qui me confirme dans cette idée, que sans la permission du Roi, la prise forcée de relâcher dans un port allié, ne peut pas plus y être déchargée & vendue, que dans un port neutre ; c'est qu'un vaisseau armé en course faisant une prise vers le Tropique, mais en-deçà, il y a obligation tout de même d'amener ou envoyer la prise dans un port du Royaume, & qu'il n'est pas permis de la conduire à nos Isles de l'Amérique, si elle n'a été faite au-delà du Tropique.

C'est-ce qui fut décidé pour la premiere fois par Arrêt du Conseil du 12 Novembre 1688, à l'occasion de la guerre avec les Hollandois ; & cela fût ainsi réglé pour les prises qui seroient faites tant sur les Hollandois que sur les forbans & interlopes.

A l'égard de celles qui seroient faites sous les tropiques & au-delà ; en même temps qu'il fut permis aux corsaires de les conduire à l'Amérique, il leur fut enjoint de les mener ou envoyer à la Martinique, pour y être la procédure faite par l'Intendant de ladite isle ; & la prise jugée par lui avec les trois plus anciens Conseillers au Conseil souverain, & le Juge de la même isle ; le tout conformément aux Ordonnances de la Marine & Réglemens faits à ce sujet. Au surplus défenses furent faites par le même Arrêt du Conseil du 12 Novembre 1688, de mener les prises dans aucune autre isle de l'Amérique.

C'est qu'alors notre établissement à Saint-Domingue étoit peu de chose, & n'étoit pas assez affermi ; c'est pourquoi il n'y avoit pas d'autre Intendant que celui de la Martinique. Depuis, les choses ont tellement changé de face, qu'il y a eu nécessité d'établir un Intendant à Saint-Domingue, dont le district est tout autrement considérable que celui de la Martinique ; & depuis ce temps-là aussi, il a été permis aux armateurs corsaires de conduire ou envoyer les prises qu'ils feroient au-delà du tropique, ou à la Martinique, ou à Saint-Domingue, suivant l'occurence.

Quant au droit de juger ces prises, l'Ordonnance de 1689, liv. 22, tit. prem. art. 9, en confirmant l'attribution à l'Intendant, avoit ajouté pour condition, que si la prise étoit jugée bonne, la procédure en seroit envoyée au Ministre de la Marine pour être examinée de nouveau, & jugée par les Commissaires nommés par Sa Majesté. Mais cela fut changé par le Réglement du 9 Mars 1695, art. 13, aux termes duquel l'Intendant ne pouvoit plus juger les prises, mais seulement faire la procédure & donner son avis, qui toutefois étoit exécutoire par provision, moyennant caution reçue par l'Intendant, en attendant le Jugement de M. l'Amiral & des Commissaires. Enfin cette attribution a cessé par l'établissement des Siéges d'Amirauté aux isles de l'Amérique, ayant été décidé depuis, que l'instruction des prises qui y seroient amenées, feroit faite par les Officiers de ces Amirautés, de la même maniere que dans celles du Royaume. Ils ont même cet avantage, à cause de l'éloignement, qu'ils peuvent donner leur avis fur la validité ou invalidité de la prife, & le faire exécuter par provifion, fi une des parties le demande, en donnant bonne & fuffifante caution, qui fera reçue par eux, & à condition que la partie qui aura demandé l'exécution fera refponfable des dommages & intérêts, s'il en échoit. C'eft la difpofition des Réglemens des 3 Novembre 1733 & 23 Avril 1744, art. 11.

Au refte, ce n'eft pas feulement aux capitaines des vaiffeaux corfaires qu'il eft enjoint d'amener les prifes dans le port de l'armement, ou dans un autre port du Royaume, & qu'il leur eft défendu de les envoyer en pays étranger; cela regarde tout de même les capitaines des vaiffeaux du Roi (Ordonnance du 6 Juin 1674), s'il n'y en a une néceffité abfolue. Ordonnance confirmée par celle de 1689, liv. 22, titre premier, art. 8, qui ajoute la défenfe de laiffer les prifes à la mer. Il faut les brûler lorfqu'on ne peut pas s'en charger.

Il eft bien extraordinaire qu'en Dannemark il foit défendu, fous peine de la vie, de mener les prifes ailleurs que dans un port du Royaume. Art. 8 du Réglement du 5 Avril 1710.

ARTICLE XVIII.

FAifons défenfes à peine de la vie à tous chefs, foldats & matelots de couler à fond les vaiffeaux pris, & de defcendre les prifonniers en des ifles ou côtes éloignées, pour céler la prife.

DEs défenfes auffi juftes & auffi naturelles n'avoient pas non plus échappé à nos anciennes Ordonnances, comme on le peut voir dans celles de 1400, art. 7, de 1517, art. 5, de 1543, art. 22, & de 1584, art. 35. La peine de la vie n'y éoit pas à la vérité prononcée diftinctement, quoiqu'on y fuppofât des prifonniers noyés; mais en difant, *juftice & punition telle qu'elle foit exemple à tous autres*, cela revenoit au même.

Il faut prendre garde néanmoins qu'il ne s'agit point ici du vol qui feroit fait par les gens du corfaire, de quelques effets de la prife, foit en les cachant dans leur vaiffeau, foit en les mettant furtivemenr à terre en quelqu'endroit écarté ou fecret. C'eft bien un crime qui mérite punition, & que les anciennes Ordonnances femblent confondre avec les deux cas exprimés par notre article; mais il n'en doit pas moins être diftingué, pour n'être fujet qu'à la peine portée par l'article 20 ci-après, dès qu'il ne fera pas accompagné de circonftances capables de convaincre les gens du corfaire d'avoir tenté de faire périr les preuves de la prife, foit en coulant à fond le navire pris, foit en fe défaifant des prifonniers, & en les mettant à terre, en des ifles ou côtes éloignées. Car ce n'eft qu'en ces deux cas que la peine de mort eft prononcée; mais auffi elle eft dûe, fans examiner fi les prifonniers ont péri ou non, & à plus forte raifon fi on leur a ôté la vie en les noyant ou les tuant autrement que dans la fureur du combat.

En un mot, notre article n'a pour objet que le recelé de la prife, abftraction faite du fort des prifonniers; & c'eft à ce crime de recelé qu'il attache la peine de la vie. Ainfi de quelque maniere que ce recelé foit commis, la peine fera encourue, quoique les moyens indiqués par l'article n'ayent pas été mis en usage. Par exemple, si, au lieu de couler la prise à fond, l'armateur corsaire l'a vendue en mer ou à terre, ou si, au lieu de descendre les prisonniers sur une côte éloignée, il les a remis à quelque capitaine de navire de leur nation ou d'une autre.

ARTICLE XIX.

Et où les preneurs, ne pouvant se charger du vaisseau pris ni de l'équipage, enléveroient seulement les marchandises, ou relâcheroient le tout par composition, ils seront tenus de se saisir des papiers, & d'amener au moins les deux principaux officiers du vaisseau pris, à peine d'être privés de ce qui leur pourroit appartenir en la prise, même de punition corporelle s'il y échoit.

Il est des cas où la prise embarrasse de maniere qu'il n'est pas possible de s'en charger avec les prisonniers, pour la conduire ou l'envoyer en lieu de sûreté, & il en est d'autres où il convient mieux de relâcher la prise pour ne pas interrompre la course.

Les cas de la premiere espéce sont par exemple, lorsque la prise est si délabrée par le combat ou par le mauvais temps, qu'elle fait assez d'eau pour faire craindre qu'elle ne coule bas; lorsque le navire pris, marche si mal qu'il expose l'armateur corsaire à la reprise; ou lorsque le corsaire ayant apperçu des vaisseaux de guerre ennemis, se trouve obligé de prendre la fuite, & que sa prise la retarde trop, ou fait craindre une révolte.

Les cas de la seconde espéce sont, outre le péril de la reprise par l'éloignement du corsaire de tout port du Royaume, lorsque la prise est de peu de valeur, ou qu'elle n'est pas assez considérable pour mériter d'être envoyée dans un lieu de sûreté; surtout s'il falloit pour cela affoiblir l'équipage du corsaire au point de ne pouvoir plus continuer la course avec succès.

Dans tous ces cas & autres semblables, il est permis aux preneurs, ou d'enlever les marchandises de la prise, en relâchant le navire, ou en y mettant le feu, après en avoir retiré tous les prisonniers, comme il en a été usé dans la derniere guerre de la part de quelques officiers du Roi commandans des frégates armées en course; ou de rançonner le navire & sa cargaison par composition avec le capitaine & l'équipage du navire pris. Mais d'une ou d'autre maniere, il faut, aux termes de cet article, se saisir des papiers de la prise, & amener au moins les deux principaux officiers du vaisseau pris; le tout sur peine de privation de tout droit dans la prise, même de punition corporelle s'il y échoit.

On ne voit dans nos anciennes Ordonnnnces aucune trace de l'usage des rançons; il n'y en est parlé que relativement aux avanies qui étoient faites par les corsaires tant aux françois qu'aux amis & alliés, en les rançonnant & les mettant à contribution; & cela ne présente que l'idée d'un crime. De sorte que notre Ordonnance est la premiere Loi que je connoisse, qui ait permis de rançonner une prise au-lieu de l'amener. C'est qu'avant ce temps-là le commerce avoit des bornes fort étroites, & qu'il n'étoit pas encore bien établi entre les nations en guerre, que de part & d'auon exécuteroit les billets de rançon comme dettes légitimes.

Au fond cette pratique de traiter & composer de la prise avec l'ennemi, est moins avantageuse à l'Etat & aux intéressés dans l'armement, que celle d'amener la prise. A l'Etat, parce qu'il est privé par-là de tous les prisonniers qui sont relâchés, ce qui en diminuant les échanges, l'affoiblit, & entretient d'autant les forces de l'ennemi ; à l'Etat & aux intéressés dans l'armement, tout ensemble, parce que le prix de la rançon est toujours fort au dessous de la valeur de la prise. Et cela est évident de nature de chose, autrement le capitaine du navire pris ne trouvant pas un certain avantage dans la stipulation de la rançon, ne s'y soumettroit pas.

Cependant parce qu'il est des cas, où comme il a été montré, le capitaine corsaire ne peut pas faire mieux; c'est la raison pour laquelle il lui a été permis de rançonner, ce qu'il ne peut faire néanmoins que de l'aveu de ses principaux officiers & du plus grand nombre de son équipage.

Mais parceque cette faculté de rançonner est naturellement sujette à abus, il est intervenu depuis notre Ordonnance divers Réglemens pour y remédier.

Le premier est une Ordonnance du Roi du premier Octobre 1692, » portant » défenses à tous corsaires de donner à aucuns bâtimens ennemis qu'ils rançonneront » pêcheurs ou autres, la permission de continuer leur pêche ou leur navigation, pour » quelque temps & sous quelque prétexte que ce soit ; mais seulement un sauf-conduit » aux maîtres des bâtimens pêcheurs, de huit jours au plus pour retourner chez eux, » & aux autres, pour le temps absolument nécessaire pour aller aux lieux de leur des- » tination, lequel passé, & si les bâtimens sont trouvés pêchant, ou dans une autre » route que celle qui leur a été prescrite par le sauf-conduit, ils seront déclarés de » bonne prise au profit des corsaires qui les prendront.

La même Ordonnance veut » que ceux qui y contreviendront soient condamnés en » cent livres d'amende pour la premiere fois, & à la restitution de la rançon qu'ils au- » ront reçuë, qui sera partagée entre les corsaires qui auront repris lesdits bâtimens, & » les hôpitaux des lieux, & outre cette peine, à un mois de prison en cas de ré- » cidive.

Ce qui donna lieu à ce Réglement, fut l'usage où s'étoient mis les corsaires françois, en rançonnant les bâtimens des pêcheurs ennemis & autres faisant le commerce, de leur donner, par leurs sauf-conduits, le temps nécessaire pour continuer leur pêche ou leur commerce, quoique le plus souvent ils ne tirassent par-là que le quart ou le tiers de la valeur des bâtimens ; ce qui étoit un avantage considérable pour les ennemis, qui, par une rançon modique, trouvoient le moyen d'assurer leur pêche ou leur commerce.

Je crois cette premiere Ordonnance toujours subsistante, quoiqu'elle n'ait point été rappellée dans le dernier Réglemement du 27 Janvier 1706, d'autant plutôt qu'on y trouve en substance les mêmes dispositions au fond ; à cela près, que pour les pêcheurs, le delai pour leur retour chez eux est de quinzaine au liéu de huit jours ; & qu'à l'égard des autres bâtimens le délai y est fixé à six semaines, ce qui est moins exact peut-être que ce qui avoit été réglé sur ce dernier objet par ladite Ordonnance du premier Octobre 1692.

Le second Réglement, est une autre Ordonnance du 30 Septembre 1693, portant » aussi défenses aux corsaires & armateurs françois de mettre à rançon aucuns bâti- » mens chargés de bléd, à peine de perte de la rançon & de 3000 liv. d'amende » contre les armateurs ; & contre le capitaine corsaire d'être privé de la faculté de

» commander des vaisseaux pendant un an, & de la part qui lui auroit appartenu » dans les prises qu'il auroit faites depuis sa sortie du port.

En cette année-là le bled étoit excessivement cher en France, & au moyen des rançons, toujours modiques, par la crainte de la reprise, les ennemis conservoient à bon marché des bleds qui auroient été d'un grand secours pour le Royaume.

Par cette raison, je regarderois ce Réglement comme passager, bon pour le temps où il a été fait, à cause des circonstances; mais qui, pour être tiré à conséquemce, à présent auroit besoin d'être renouvellé.

Une autre Ordonnance du 2 Décembre audit an 1693, avoit fait défenses encore » aux corsaires françois, en premier lieu, de rançonner aucuns bâtimens, au-dessous » de la somme de 1000 liv. avec injonction à eux de brûler & couler à fonds tous » ceux dont les maîtres & patrons ne voudroient pas convenir de cette somme; & » en second lieu de rançonner aussi aucuns bâtimens au-dessus de 10000 liv. Sa Ma- » jesté voulant que ceux dont les rançons excederoient cette somme fussent amenés » dans les ports pour y être jugés à l'ordinaire. » Mais par une autre Ordonnance rendue le 17 Mars 1696, sur les remontrances faites au Roi, ces defenses furent levées, & il fut permis tant aux commandans des vaisseaux de Sa Majesté qu'aux corsaires, non seulement de rançonner au-dessous de 1000 liv. les petits bâtimens; mais encore de rançonner les vaisseaux jusqu'à la somme de 15000 livres, avec defenses toutefois de stipuler une plus grande somme, à peine nullité & de confiscation de la rançon au profit du Roi. Ordonnance à laquelle il fut donné un effet rétroactif par Arrêt du Conseil du 7 Avril suivant, en déchargeant les armateurs & capitaines des vaisseaux armés en course, des peines par eux encourues pour contravention à la premiere Ordonnance du 2 Décembre 1693.

Depuis ce tems-là le Réglement porté par la derniere Ordonnance du 17 Mars 1696, a encore varié : 1° en faveur des armateurs faisans la course dans les mers de l'Amérique, auxquels, par autre Ordonnance du 6 Février 1697, il a été permis de rançonner les prises jusqu'à la somme de 30000 liv. 2° en faveur de M. l'Amiral, à qui le droit de confiscation en cette partie a été rendu par Arrêt du Conseil du 23 Janvier 1706, en dérogeant à ladite Ordonnance du 17 Mars 1696 qui l'avoit attribué au Roi. 3° enfin, en faveur encore des armateurs en course, à qui, par le Réglement du 27 Janvier 1706 art. 3, il a été laissé définitivement une liberté entiere de rançonner les navires ennemis, à quelque somme que la rançon pût monter, sauf les conventions contraires entre eux par leur acte d'association.

Mais sans déroger à cette derniere disposition, il est défendu par l'article 14 de la Déclaration du 15 Mai 1756 à tout capitaine corsaire d'admettre à rançon aucun navire ennemi, qu'apr's avoir envoyé dans les ports trois prises effectives depuis la derniere sortie; je doute fort que cela eût été avantageux à la course si dans l'usage l'on s'y fut conformé : aussi le Roi en a-t-il dispensé suivant sa lettre à M. l'Amiral du 21 Août audit an.

Il est encore défendu aux armateuts en course » de rançonner aucuns bâtimens » ennemis lorsqu'ils seront entrés dans les rades & ports du Royaume, & aux juges » de l'Amirauté de les relâcher, à peine d'en repondre en leur propre & privé nom. Jugement de M. le Comte de Toulouse Amiral du 8 Février 1696.

Enfin si, outre le billet de rançon, le capitaine corsaire stipule quelque autre somme à son profit particulier, ou retire du navire pris, des effets & marchandises, il lui eſt auſſi enjoint « d'en faire mention exactement, dans ſon rapport à l'Amirauté, » à peine de reſtitution du quadruple de ce qu'il aura ſupprimé & de privation de ſa » part dans la priſe » & pour prévenir toute rèticence à cet égard, il eſt auſſi enjoint » aux officiers de l'Amirauté d'interroger les maîtres des bâtimens rançonnés, ou au- » tres gens de leurs équipages retenus pour ôtages, pour ſavoir ſi, outre les billets de » rançon qu'ils repréſenteront, il n'a point été exigé des billets particuliers, ou s'il n'a » point été enlevé des marchandiſes, dont ils feront énoncer l'eſpéce & la quantité, » à peine d'interdiction. » Autre Jugement de M. le Comte de Toulouſe, du 25 Avril 1697.

Quant à la preuve du rançonnement, elle réſide ſpécialement dans le billet de rançon, qui ſe fait double entre le capitaine preneur & le maître du navire pris, & dont chacun garde un corps double pardevers lui. Pour prévenir les abus ou les mépriſes, il a été imprimé des modeles de billets de rançon, dont le Greffier de l'Amirauté délivre un certain nombre à chaque capitaine de corſaire à ſon départ pour la courſe ; ſur leſquels billets le Greffier doit marquer la date du jour qu'il les a délivrés, & au dos un acte d'enregiſtrement contenant le nom du corſaire & du capitaine. Il doit auſſi tenir un regiſtre ſur lequel il fait mention du nombre des billets de rançon qu'il a délivrés ; & enfin le capitaine à ſon retour doit remettre aux officiers de l'Amirauté les billets dont il n'aura pas fait uſage. Tout cela eſt preſcrit par le Réglement déja cité du 27 Janvier 1706 art. premier, 2 & 9. Ce qu'ajoute ce dernier article eſt un peu bien rigoureux ; c'eſt la défenſe faite à tout capitaine de rançonner aucun navire lorſqu'il n'aura pas pris à l'Amirauté des billets de rançon, à peine de perte de la rançon qui ſera confiſquée au profit de M. l'Amiral. On comprend en tout cas que cette peine n'auroit pas lieu ſi le capitaine eût trouvé plus de navires à rançonner qu'il n'avoit de billets de rançon.

Sur le refus fait par des capitaines pris de ſigner nos billets de rançon ſous prétexte qu'ils ne ſavoient pas la langue françoiſe, il y eut ordre du Roy de faire mettre au dos des modeles des billets de rançon, des traductions en anglois ou autre langue étrangere, avec les mêmes blancs que ſur les modeles françois. Lettre de M. de Pontchartrain du 2 Mai 1708. Cela a toujours été pratiqué depuis. Ces modeles ſont délivrés aux capitaines avec des traductions dans la langue des nations avec leſquelles il y a guerre & ſur leſquelles il y a à eſpérer de faire des priſes.

Outre cela, aux termes de notre article, le capitaine corſaire doit emmener au moins les deux principaux officiers du navire pris ; & l'Ordonnance du 2 Décembre 1693, en interprétation, vouloit qu'il ſe ſaiſit du maître & du premier matelot, mais cela a été changé par ledit Réglement du 27 Janvier 1706, qui art. 6, ſe contente d'un ou deux des principaux officiers, ſans parler du maître ; ſans doute parcequ'étant néceſſaire pour la conduite du navire & la direction de ſa cargaiſon, on a reconnu qu'il y avoit une ſorte d'injuſtice, ou du moins trop de dureté à l'emmener & à priver par là ſon navire de ſon ſecours.

La pratique de la derniere guerre a été de ſe contenter d'un ôtage moyennant que ce fût un des principaux officiers du navire après le maître.

Quelque fois on a amené avec l'ôtage d'un moindre rang, quelque autre homme de l'équipage ; mais le plus ſouvent on s'eſt borné à l'ôtage dont l'aveu du rançonnement, ſoutenu de la repréſentation du billet de rançon, & du rapport du capitaine corſaire, atteſté par deux de ſes principaux officiers, a ſuffi pour la preuve complette de la priſe, & pour faire déclarer en conſéquence la rançon de bonne

bonne prise, sans qu'il ait été question de la représentation des papiers du navire en ce cas.

Et en effet, lorsqu'un navire est rançonné, ne s'agissant plus que du payement de la rançon, il seroit inutile de se saisir des papiers de la prise, puisque le billet de rançon fait preuve qu'elle a été légitimement faite ; & en même temps il seroit injuste de priver le maître du bâtiment rançonné, de ses papiers qui lui sont absolument nécessaires. Ce sont là sans doute les raisons qui ont fait permettre par l'art. 6 dudit Réglement du 27 Janvier 1706, aux capitaines des corsaires de laisser sur les vaisseaux rançonnés les papiers qu'ils y auront trouvé, le Roi ayant dérogé en cette partie à la disposition du présent article.

Mais lorsque le corsaire, ne pouvant garder la prise, en enleve toutes les marchandises qu'il peut, sans composition ; c'est le cas où, conformément à notre article, il doit absolument se saisir de tous les papiers, & amener avec lui au moins les deux principaux officiers du navire, le capitaine compris, sous les peines qui y sont portées ; & cela parcequ'autrement il n'auroit pas une preuve complette & suffisante de la légitimité de sa prise.

L'effet du billet de rançon est, par rapport au preneur, de lui donner droit, s'il n'est pas pris lui-même avec ce billet, car alors il perd sa rançon avec son propre navire ; & le tout passe au preneur dont il est la conquête ; l'effet, dis-je, du billet de rançon, par rapport au preneur qui le conserve, est de lui donner droit d'exiger le payement de la somme qu'il contient, & en attendant de retenir l'ôtage pour sûreté du payement. Et, comme l'ôtage pourroit s'échapper, il est permis, à l'arrivée, de le mettre en prison jusqu'à ce qu'il ait trouvé quelque personne solvable qui se soumette de le représenter toutefois & quantes. De maniere ou d'autre, comme il faut que le preneur lui fournisse la nourriture au taux de l'ordonnance, ou au pris convenu, la dépense en cette partie doit être remboursée en même temps que le prix de la rançon sera payé, avant tout élargissement.

En ce qui concerne le capitaine du bâtiment pris & rançonné, le billet de rançon dont il doit lui rester un double, lui sert de sauf-conduit, à l'effet de le garantir d'être pris ou rançonné par un autre armateur françois ou allié des françois qui le rencontrera ; pourvu néanmoins qu'il soit dans les termes des Réglements ci-dessus cités des premier Octobre 1692 & 27 Janvier 1706 ; c'est-à-dire, qu'il soit encore dans le délai, qui lui a été accordé par le billet de rançon, ou dans la route qui lui a été prescrite. Autrement il pourra être arrêté & sera déclaré de bonne prise ; art. 7 & 8 du dernier Réglement de 1706 ; & pourvu encore que le corsaire qui l'a rançonné ne soit pas contrevenu aux autres Réglemens aussi ci-dessus rapportés, sans quoi il pourra être arrêté tout de même & jugé de bonne prise. Mais dans l'un & l'autre cas, il sera quitte de la rançon, laquelle déduite sur le montant de la prise, sera payée dans le premier cas à l'armateur qui l'a stipulée, & au second cas, demeurera confisquée suivant les mêmes Réglemens, & cela au profit de M. l'Amiral, aux termes de l'Arrêt du Conseil du 23 Janvier 1706, qui a dérogé en cette partie à l'Ordonnance du 17 Mars 1696 qui avoit attribué cette confiscation au Roi.

On pourroit dire qu'au premier cas, le capitaine du navire ranconné d'abord, & pris ensuite, pour être contrevenu au billet de rançon, devroit payer la rançon indépendemment de la confiscation de son navire, puisque c'est par sa faute qu'il a été repris ; mais cela seroit trop rigoureux pour être juste. C'est assez qu'il perde son navire ; dès-là il doit être quitte de la rançon, sauf à l'armateur qui l'avoit stipulée à s'en faire payer sur le montant de la vente de la prise ; & il n'y a que le surplus dont puisse profiter le second armateur qui a amené le navire.

Il est de toute justice que les ôtages donnés pour sûreté de la rançon, soient retirés le plutôt qu'il est possible par le payement effectif de la rançon ; & parcequ'il étoit arrivé quelquefois que les propriétaires des navires rançonnés avoient négligé de dégager les ôtages, il y eut ordre du Roi aux Officiers d'Amirauté d'obliger ces propriétaires injustes de retirer les ôtages ; & pour prévenir leur mauvaise intention à leur égard, de dresser à l'arrivée de ces vaisseaux rançonnés, un procès-verbal de la quantité & qualité des rançons, dans lequel procès-verbal, les noms des ôtages seroient indiqués ; après quoi ces navires demeureroient saisis avec leur cargaison, jusqu'à ce que les rançons eussent été payées, ou que lesdits propriétaires eussent donné caution solvable à ce sujet. Lettre de M. de Pontchartrain du 13 Mai 1705.

Au surplus l'ôtage n'a point de récompense ou gratification à prétendre contre le propriétaire du navire ou ses compagnons, parceque c'est-là ce qu'on appelle fortune de guerre ; mais il doit être remboursé de la dépense légitime qu'il a faite, & être indemnisé de la perte de son travail jusqu'à son retour. Arrêt d'Aix du 27 Juin 1714, au rapport de M. de Galice.

Il n'est pas sans exemple, sur tout depuis l'établissement de la Société des Francs-maçons, qu'un capitaine preneur, ait relâché des effets au capitaine pris ; sur quoi on a demandé à qui appartenoit cette remise ? Jugé à Marseille le 9 Février 1748, que la restitution en devoit être faite au propriétaire du navire pour éviter les abus. Mais du moins il faudroit excepter les propres effets du capitaine, puisque la crainte de l'abus cesse alors.

J'ai vû dans la présente guerre un billet de rançon accordé par M. de la Touche de Tréville, commandant la frégate du Roi le *Zéphir*, à un capitaine de bâtiment, chargé de 200 hommes de troupes du Roi d'Angleterre pour l'Amérique septentrionale, dans lequel billet il étoit stipulé que la rançon seroit nulle si le bâtiment, continuant sa route dans le temps fixé, venoit à périr en pleine mer, & qu'il en seroit autrement si le bâtiment alloit à la côte. La raison de différence est qu'en ce dernier cas les ennemis seroient présumés avoir procuré volontairement l'échouement ou le naufrage à la côte, en vue d'éluder le payement de la rançon, & avoir retiré du naufrage bien au-delà de la valeur de la rançon.

Mais cette convention en elle même doit-elle faire régle, & servir de modéle pour le cas de la submersion en mer du navire rançonné ? C'est-à-dire, doit-on admettre en point de droit, que la perte accidentelle du navire en mer annulle le billet de rançon ?

Pour l'affirmative, on peut alléguer que la rançon représente le navire, & que le capitaine pris & rançonné ne s'est obligé de la payer que dans l'espérance que son navire arriveroit à bon port à sa destination ; qu'au surplus, le navire auroit péri en mer aussi-bien sous la conduite du preneur corsaire ou du chef de prise, qu'en continuant sa route.

Pour la négative au contraire, on répond que la rançon toujours fort au-dessous de la valeur de la prise, est un traité à fort-fait, qui par conséquent la rend pleinement acquise au corsaire preneur, quel que puisse être dans la suite le sort du navire rançonné ; & qu'il est d'autant plus juste de le décider de la sorte, que ce seroit donner à l'ennemi le moyen d'éluder le payement de la rançon, s'il étoit admis à prouver la perte de son navire en pleine mer, par les occasions qu'il pourroit trouver de passer sur un autre vaisseau de sa nation ou d'une autre, avec toute sa cargaison.

Par ces raisons, je pense que la perte qui peut s'ensuivre du navire rançonné n'est pas capable en point de droit, ni d'arrêter le payement de la rançon, ni d'en opérer la restitution ; & qu'ainsi une pareille clause ne doit pas naturellement être employée. Aussi est-il à présumer qu'elle ne le fut dans l'espéce dont il s'agit, qu'à cause que le bâtiment rançonné faisoit beaucoup d'eau, & qu'il étoit fort à craindre qu'il ne se rendît pas à sa destination. Du reste M. de Treville ne pouvoit rien faire de mieux que de rançonner, n'étant pas en état de recevoir dans son bord une si grande quantité de prisonniers, tant parcequ'il en avoit déjà plus de 80, que parcequ'il manquoit de vivres.

Il a été observé ci-dessus que par le Réglement du 27 Janvier 1706, art. 7 & 8, il est défendu à tous capitaines & armateurs d'arrêter sous quelque prétexte que ce soit, les vaisseaux ennemis munis de billets de rançon, à peine de tous dépens, dommages & intérêts ; à moins que le vaisseau rançonné ne soit rencontré hors de sa route, ou au-delà du temps qui lui aura été accordé pour se rendre à sa destination.

Cependant on a prétendu que l'usage s'est introduit dans la précédente guerre & dans celle-ci, d'arrêter & prendre les navires ennemis sans respect pour les billets de rançon, à la charge toutefois par le preneur de payer la rançon stipulée au profit de l'armateur & de l'équipage du navire qui, au lieu d'emmener sa prise, l'avoit rançonnée.

Je ne sai ce que c'est que cet usage ; mais il faut bien qu'il n'ait jamais été autorisé au conseil des prises, puisque tout récemment, & par Jugement du 4 Mai 1759, une pareille prise a été déclarée mal & induement faite, & qu'il a été ordonné en conséquence que le navire avec son chargement, ou leur produit seroit rendu au propriétaire anglois sauf la rançon.

Ce jugement est intervenu à l'occasion de la prise angloise nommée *le Phœnix* ou *la Fanney de Pool*, capitaine Robert d'Uncan, amenée dans ce port par l'ordre du Sr. Pierre Gautier, commandant le navire *le Lévrier* de Bordeaux, qui s'en étoit emparé au mépris du billet de rançon que le Sr. Godineau, capitaine du navire *la Paix couronnée* de cette ville, avoit délivré peu de jours auparavant au capitaine anglois.

A l'arrivée de cettte prise, les esprits s'exercerent ici sur la question de savoir si elle étoit légitime ou non. Les uns disoient qu'il falloit faire à l'ennemi tout le mal que l'on peut, & que dès qu'un capitaine rencontre un vaisseau ennemi qui ne lui paroît pas avoir été rançonné pour sa valeur à beaucoup près, il est en droit de s'en emparer, sans être obligé de déférer au billet de rançon ; parceque sans cela l'ennemi profiteroit de la supercherie qu'il auroit faite en cachant la valeur de sa cargaison, pour se faire rançonner moyennant une modique somme.

Les autres se tenant attachés aux régles, condamnoient hautement toute prise faite sans égard à la rançon, comme étant contraire, non-seulement aux Ordonnances du Royaume, mais encore au droit de la guerre & des gens observé chez toutes les nations policées. Cela est décisif, ajoutoient ils ; de maniere que quand il seroit vrai, comme on le prétend, que les anglois nous auroient donné l'exemple de ne pas respecter les billets de rançon, ce ne seroit pas plus une raison de les imiter sur ce point que dans le reste de leur conduite, tout usage contraire aux loix ne pouvant être qu'abusif.

Ce parti l'a en effet emporté, comme étant le plus régulier, & faisant aussi plus d'honneur à la nation, qui, par-là donne un exemple éclatant de son amour pour la justice, en la rendant exactement à ses ennemis dans les cas mêmes où ils la lui refusent.

Après tout, à ne considérer même que l'intérêt de la course, il seroit dangereux de permettre d'arrêter des navires rançonnés. Un capitaine, pour se faire valoir auprès de ses armateurs, sur la simple idée vraie ou fausse, que le navire n'auroit pas été rançonné convenablement, prendroit sans discretion tous navires rançonnés, aux risques de perdre sa prise, & de charger outre cela, par son imprudence, ses armateurs de payer la rançon; car il n'est pas douteux que, nonobstant la reprise faite par l'ennemi, l'armateur qui n'auroit pas respecté la rançon, ne fût obligé de la payer au premier preneur. Ainsi la politique & la police de la course s'accordent avec la loi dans cette occasion, pour maintenir la défense d'arrêter sous aucun prétexte, un navire rançonné.

RÉGLEMENT

Concernant les rançons des bâtimens pris en mer.

Du 27 Janvier 1706.

DE PAR LE ROI.

SA MAJESTE' étant informée de l'abus qui se fait tous les jours de l'usage des billets de rançon par les ennemis de l'Etat, qui en supposent de contrefaits, & des difficultés qui naissent de la disposition de l'Ordonnance de 1681, au titre des prises, qui enjoint à ceux qui rançonnent un vaisseau de se saisir des papiers, & d'amener deux des principaux officiers qui s'y trouvent; & voulant non-seulement prescrire une forme certaine aux billets de rançon qui en assure la foi, & qui en renferme l'effet dans de justes bornes; mais encore donne aux armateurs une liberté entiere de rançonner les vaisseaux ennemis, sans la restreindre comme Elle l'avoit fait par les précédentes Ordonnances, Elle a ordonné & ordonne :

ARTICLE PREMIER.

Que les officiers de l'Amirauté délivreront à l'avenir aux capitaines & armateurs qui partiront pour la course, des billets de rançon imprimés, dans lesquels les noms & les sommes seront laissés en blanc, & qui seront conformes au modéle qui sera mis au bas du présent Réglement, sur lesquels billets qui seront numérotés, & pourront être en papier non timbré: le Greffier sera tenu de marquer la date du jour qu'ils auront été délivrés, en l'écrivant tout du long & non en chiffre, & de mettre audos un acte d'enregistrement, contenant le nom du vaisseau & du capitaine auquel ils auront été délivrés.

II. Les Greffiers des Amirautés tiendront à l'avenir un registre exact, dans lequel ils feront mention du nombre des billets de rançon qui seront délivrés, pour chacun desquels ils ne pourront exiger plus de 2 s., sous quelque prétexte que ce puisse être; à peine de 300 liv. d'amende.

III. Les armateurs pourront à l'avenir convenir des rançons par rapport à la valeur des vaisseaux qu'ils auront arrêtés, à quelque somme qu'elle puisse monter, s'ils n'ont des ordres contraires des intéressés dans l'armement, auxquels ils seront obligés de se conformer, dérogeant Sa Majesté aux Ordonnances des 2 Décembre 1693 & 17 Mars 1696.

IV. Enjoint Sa Majesté à tous capitaines & armateurs de marquer dans le traité de rançon, le port auquel le bâtiment rançonné se doit rendre, & le temps dans lequel il doit y arriver; qui ne pourra être plus long de quinzaine pour tous les vaisseaux pêcheurs, & de six semaines pour les autres bâtimens: faisant Sa Majesté défense à tous lesdits capitaines & armateurs de permettre aux vaisseaux qu'ils auront rançonnés, d'aller dans un autre port que celui dans lequel ils auront pris leur chargement.

V. Pourront néanmoins lesdits capitaines & armateurs permettre aux maîtres des vaisseaux qu'ils auront rançonnés, de se rendre au lieu de leur destination, s'ils en sont plus proches que de celui de leur départ; & donner la liberté à un maître de vaisseau venant de l'Amérique ou des côtes d'Italie, arrêté au-deçà des tropiques ou du détroit; ou à un maître de vaisseau parti du Nord pour l'Amérique ou le Levant, rencontré au-delà des tropiques ou du détroit, de continuer son voyage.

VI. Seront lesdits capitaines & armateurs tenus de prendre pour ôtage de la rançon, & d'amener dans les ports du Royaume un ou deux des principaux officiers du vaisseau rançonné, sur lequel ils pourront laisser les papiers qu'ils y auront trouvés; dérogeant Sa Majesté à cet égard à l'article 19 du titre des prises de l'Ordonnance de 1681.

VII. Fait Sa Majesté très-expresses défenses à tous capitaines & armateurs d'arrêter les vaisseaux ennemis, munis de billets de rançon en la forme ci-dessus, sous quelque prétexte que ce puisse être, à peine de tous dépens, dommages & intérêts.

VIII. Permet cependant Sa Majesté aux armateurs d'arrêter une seconde fois le vaisseau rançonné, s'ils le rencontrent hors de la route qu'on lui aura permis de faire, ou au-delà du temps qui lui aura été prescrit; & de l'amener dans les ports du Royaume, où il sera déclaré de bonne prise.

IX. Ordonne Sa Majesté à tous capitaines & armateurs de remettre à leur retour aux officiers de l'Amirauté, sans frais, les billets de rançon qui leur auront été délivrés, & dont ils ne se seront point servis; leur faisant défenses de rançonner aucun vaisseau, lorsqu'ils n'auront pas pris des billets de rançon au Greffe desdites Amirautés; à peine de privation de la rançon, qui sera confisquée au profit de l'Amiral.

Mande Sa Majesté à M. le Comte de Toulouse, Amiral de France, de tenir la main à l'exécution du présent Réglement; & enjoint aux Officiers de l'Amirauté de le faire enrégistrer, publier & afficher par tout où besoin sera, à ce que nul n'en ignore. Fait à Marly le 27 de Janvier 1706. *Signé*, LOUIS. *Et plus bas*, Phelypeaux. Et scellé.

Modéle du Traité de Rançon.

Nom du port d'où l'armateur doit partir.	DUNKERQUE, *ou autre Amirauté.*
Nom du Capitaine.	Nous soussignés . . . .
Nom du vaisseau preneur,	Commandant le Vaisseau l . . .
Nom du Port d'où il est parti.	. . . .
Nom du Maître du Vaisseau pris, de son pays, de son domicile & de son Vaisseau.	de . . . .
	& . . . . Maître du Vaisseau
	le . . . .
	sommes convenus de ce qui suit, c'est à savoir que moi . . . .
	reconnois avoir rançonné ledit vaisseau
Noms des propriétaires du Vaisseau.	le . . . .
	appartenant à . . . .
leur pays,	Bourgeois de . . . .
marquer la capacité du Vaisseau	du port de . . . .
le mois,	le . . . . du présent mois
& l'année,	de . . . . l'année . . . . . .
marquer le lieu,	à la hauteur de . . . .
le port du départ,	allant de . . . .
le port de la destination,	à . . . . sous pavillon
le pavillon,	de . . . .
& passeport,	& passeport . . . .
la qualité du chargement,	chargé de . . . .
Noms des propriétaires des marchandises.	pour le compte de . . . .
leur pays,	Bourgeois de . . . .
	Lequel Vaisseau je suis convenu de rançonner moyennant la somme de . . . . .
qualité de la rançon,	pour laquelle j'ai remis ledit vaisseau en
lieu où on permet d'aller,	liberté, pour aller au port de . . . .
	où il sera tenu de se rendre dans le temps
les jours & semaines,	& espace de . . . .

après l'expiration duquel temps le présent traité ne pourra le garantir d'être arrêté par un autre armateur : pour sûreté de laquelle rançon j'ai reçu en ôtage . . . . . . sur ledit vaisseau, priant tous amis & alliés de laisser passer surement & librement ledit vaisseau le . . . . pour aller audit port de . . . . sans souffrir qu'il lui soit fait pendant ledit temps & sur ladite route aucun trouble ou empêchement.

Nom de l'ôtage, sa qualité.

Et moi . . . . . . tant en mon nom que celui desdits . . . . . propriétaires dudit vaisseau & des marchandises, me suis volontairement soumis au payement de ladite rançon de . . . . pour sureté de laquelle j'ai donné ledit . . . . en ôtage; promettant de ne point contrevenir aux conditions du présent traité, dont chacun de nous a retenu un double, que nous avons signé avec ledit . . . . reçu pour ôtage. Fait à bord du Vaisseau le . . . . . . le . . . . de l'année . . . . .

Répéter le nom des propriétaires du vaisseau & des marchandises.

Si l'Ecrivain signe, il en faut faire mention, & de la déclaration de ceux qui ne savent pas signer.

ARTICLE XX.

DÉfendons de faire aucune ouverture *des coffres, balots*, sacs, pipes, bariques, tonneaux & armoires, de transporter ni *vendre aucunes marchandises de la prise*; & à toutes personnes d'en acheter ou receler, jusqu'à ce *que la prise ait été jugée*, ou *qu'il ait été ordonné par Justice, à peine de restitution du quadruple & de punition corporelle.*

CEs défenses sont de toute ancienneté, & ont perpétuellement été renouvellées; parceque dans tous les temps les équipages des armateurs corsaires ont succombé à la tentation de piller les prises.

La preuve s'en tire, tant de l'Ordonnance de 1400, la plus ancienne que nous ayions sur le fait des prises, aussi-bien que sur les autres matiéres maritimes, qui, art. 10, contient les mêmes défenses *de rompre les coffres, balles, pipes*, &c. sur peine de perdre la part du butin, & sur telle autre peine *selon le mérite*, que des ordonnances postérieures de 1517, art. 8, de 1543, art. 24, de 1584, art. 37 & 38, & de la Déclaration du Roi du premier Février 1650, art. 10, qui toutes prononcent en ce cas la peine corporelle comme notre article. Il en est même qui disent à peine de confiscation de corps & de biens; mais ce n'étoit-là qu'une peine comminatoire, à moins qu'il ne fût question d'un vol ou d'une soustraction de la totalité de la prise ; ce qui alors auroit rentré dans l'espéce de l'article 18 ci-dessus.

Le pillage autrefois en fait de prises étoit si commun & si effréné, que les équipages en étoient venus » jusqu'à jurer sur le pain, le vin & le sel, devant un prêtre, que » de tout ce qu'ils pourroient prendre & dérober des prises, soit or, argent monnoyé » ou autre, perles, bijoux & autres choses de valeur, ils n'en revéleroient ni diroient » aucune chose à justice, aux propriétaires armateurs ni autres, & qu'ils en feroient le » partage entre eux. » Serment abominable, qui fut enfin proscrit par l'Ordonnance de 1543, art. 26, & par celle de 1584, art. 40, avec injonction à tous corsaires de représenter tout ce qui seroit de la prise aux officiers de l'Amirauté, sur ladite peine de confiscation de corps & de biens, & défenses aux Prêtres de plus recevoir pareil serment, sur peine de prison & d'être poursuivis extraordinairement.

Cependant, par condescendance, *& pour donner*, est-il dit, *meilleure volonté aux gens des corsaires, d'eux vertueusement employer aux effets de la guerre*, ces mêmes Ordonnances, chacune dans l'article suivant, leur accorderent » *toute la dépouille des » habillemens, harnois & bâtons* des ennemis, avec l'or & l'argent qu'ils trouveroient » sur eux jusqu'à la somme de dix écus, le surplus rapportable à la masse du butin. » Elles leur accordérent aussi » les coffres & communs habillemens des ennemis, excepté ceux de grande valeur ou qui auroient été destinés à être vendus, & toutes » les marchandises avec l'argent qui se trouveroient dans lesdits coffres ou ailleurs, » dont ils n'auroient tout de même que lesdits dix écus.

Enfin ces mêmes Ordonnances, l'une art. 30 & l'autre art. 45, déclarerent que *nulle chose ne pourra être dit pillage qui excéde la valeur de dix écus ;* ce qui ne vouloit pas dire, que chacun des gens des corsaires pût prendre ce qui se trouveroit sous sa main, dans le navire pris, jusqu'à concurrence de dix écus, de maniere qu'il ne seroit coupable qu'autant qu'il auroit excédé la somme ; mais seulement, comme l'expliquent ces mêmes articles, que même dans les choses sujettes à pillage (relativement sans doute aux art. 27 & 41) de tout ce qu'en auroient pris les gens du corsaire, ils n'en pourroient garder à titre de pillage licite, que la valeur des dix écus, art. premier tit. 11 du Guidon, & art. 32 de la Jurisdiction de la marine.

On ne voit rien de semblable ni d'afférant à ceci pour & contre, dans les Ordonnances postérieures. Cependant il est passé en usage, aprouvé par Grotius du droit de la guerre liv. 3, chap. 6, §, 24, n. 4, & confirmé par plusieurs exemples dans la derniere guerre, que la dépouille des ennemis, leurs coffres, hardes & tout ce qui y est, avec leurs armes, ustencilles & instrumens de leur profession, appartiennent à l'équipage du corsaire, en gardant néanmoins la différence de leurs grades. De maniere qu'au capitaine corsaire, appartient la dépouille du capitaine du navire pris avec son coffre ; au pilote, la dépouille du pilote avec les instrumens du pilotage ; au charpentier, les outils du métier ; ainsi du reste des officiers mariniers ; & aux matelots, la dépouille des matelots pris, chacun pour ce qu'il en peut attraper, & sans aucun rapport, soit au profit de l'armateur soit entre'eux.

Il n'y a d'exception que par rapport au coffre du capitaine dont la valeur ne lui est acquise que jusqu'à concurrence d'une certaine somme, le surplus étant rapportable à la masse ; à l'effet de quoi ce coffre doit être visité & inventorié séparement par les officiers de l'Amirauté, en présence de l'armateur, après que la prise a été jugée bonne. S'il paroît évident que la valeur du coffre & de tout ce qu'il contient, n'excéde pas la ſomme fixée, la délivrance en eſt faite ſur le champ au capitaine du corſaire pour en diſpoſer à ſa volonté. S'il en eſt autrement, on en ordonne la vente, ſur le prix de laquelle le capitaine eſt payé de la ſomme qui lui en revient, & l'excédant eſt joint au produit des marchandiſes de la priſe. C'eſt la diſpoſition de l'art. 15, du Réglement du 25 Novembre 1693, qui a fixé la valeur du coffre à 500 écus.

A l'occaſion de ce droit accordé aux gens du corſaire de s'emparer de la dépouille des ennemis, il ſe fait dans la chaleur de la priſe bien des choſes contraires à l'honneur & même à l'humanité.

Que le capitaine du corſaire s'empare de l'epée & des bijoux que peut avoir ſur lui le capitaine pris, cela peut ſe tolérer entre roturiers; mais qu'il lui faſſe changer d'habit pour lui en faire prendre un mauvais; c'eſt ce qui ne peut que revolter. Il en faut dire autant, proportion gardée des autres officiers.

A l'égard des matelots, que celui qui rencontrera un matelot ennemi mieux vêtu que lui, l'oblige de lui ceder ſon habillement pour prendre le ſien, c'eſt déjà un peu dur; mais que le matelot après avoir fait ce troc forcé, ſoit expoſé à la même avanie de la part de tout autre matelot qui voudra changer d'habit avec lui; de maniere qu'à la fin il ne lui reſte plus qu'un miſérable haillon, c'eſt ce que l'humanité ne peut ſouffrir.

Auſſi, tout capitaine corſaire qui a des ſentimens, ſait-il, & ſe préſerver lui-même de tout trait d'avarice qui bleſſeroit l'honneur, & empêcher ſes gens d'en venir à ces excès; ou s'il n'a pu les prévenir, il a ſoin de les reparer, en faiſant remettre au matelot ennemi un habillement convenable proportion gardée avec celui qu'il avoit d'abord.

Revenons au pillage de la priſe. On s'en eſt rendu coupable, non-ſeulement ſi on a *rompu ou ouvert les coffres, balots* &c.; mais encore, ſi l'on a *tranſporté ou vendu aucune marchandiſe de la priſe*: de ſorte qu'il ſuffit d'en avoir tiré ſécretement & mis à terre quelque portion, ſans l'ordre & l'aveu des officiers de l'Amirauté, quoiqu'on n'en ait rien vendu, pour être ſujet à la peine portée par cet article. Et en cela il n'a fait auſſi que renouveller les anciennes Ordonnances notamment celles de 1543, art. 24 & 32, de 1584, art. 37 & 48, & la Déclaration du Roi du premier Février 1650, art. 10 & 13, portant défenſes tout de même à toutes perſonnes de receler les effets ſouſtraits des priſes & de les acheter, échanger, recevoir en don ou autrement.

Avant que la priſe ait été jugée par M. l'Amiral, qui ſeul a droit aujourd'hui de juger les priſes en premiere inſtance, par le pouvoir excluſif attaché à ſa charge, comme il ſera dit ſur l'article ſuivant.

Ces mots au ſurplus, *avant que la priſe ait été jugée*, ne regardent que l'achat des effets, & nullement les recelés, que rien ne peut couvrir ni excuſer; & encore les achats ne ſont-ils licites que par adjudication aux ventes faites publiquement, ou après le jugement de la priſe, qu'autant qu'on eſt dans la bonne foi, ſans indice que ce ſont des effets recelés.

Ou qu'il ait été ordonné par juſtice. Alors les marchands pourront ſe rendre adjudicataires à la vente publique ſi elle ſe fait par proviſion, avant le jugement de la priſe, ſur quoi voir l'article 28 ci-après.

A peine de reſtitution du quadruple; ce qui s'entend outre & par-deſſus le rapport à faire de la valeur du ſimple. Cela tombe au reſte ſur tous les objets de cet article, parceque d'un côté il y a vol, & de l'autre recelé. Or la peine civile de l'un & l'autre

tre délit est la restitution du quadruple de la valeur de la chose, suivant les loix citées sur l'article 5, tit. des naufrages ci-après.

Et de punition corporelle. l'Article 13 du Réglement du 25 Novembre 1693, ne parle que du carcan & de la privation de la part dans la prise, faute d'avoir déclaré le pillage dans les vingt-quatre heures de l'arrivée; mais il faut s'en tenir à notre article. Cette peine qu'il prononce paroît regarder pareillement les coupables de tous les cas qui y sont énoncés, sauf à l'aggraver suivant les circonstances contre les plus coupables, & principalement contre ceux qui auroient rompu & ouvert les coffres, caisses, balots *&c.*, lesquels coupables, comme ne pouvant s'échapper du vaisseau doivent être représentés par les maîtres, contre-maîtres & quartier-maîtres, pour subir la peine qu'ils méritent, aux termes desdites Ordonnances de 1517 art. 7, de 1543 article 31 de 1584 art. 46 & de la Déclaration du premier Février 1650, art. 12; à quoi s'applique tout naturellement la disposition de l'article 23, tit. du capitaine ci-dessus.

En Dannemarck, aux termes de l'article 7 du Réglement du 5 Avril 1710, la peine prononcée pour les cas de notre article, est bornée à la privation de la part dans la prise, tandis que l'article 8 prononce la peine de mort contre le corsaire qui conduira la prise dans un port étranger.

Je viens de dire que ces deux peines, l'une *corporelle*, & l'autre *de la restitution du quadruple*, résultent naturellement de cet article pour tous les cas qu'il exprime, de maniére à ne devoir pas être séparées, & c'est aussi ce que Louis XIV reconnut par sa lettre à M. le Comte de Toulouse Amiral, en date du 25 Septembre 1709 : mais en même-temps, trouvant qu'il pouvoit y avoir là trop de rigueur, eu égard aux circonstances, il jugea à propos de la tempérer en interprétation de ce même article.

Cette lettre, qui est très belle & très-intéressante, est conçue en ces termes.

» Mon Fils, je suis informé de la diversité des avis qui se rencontrent tous les jours » devant vous, en exécution ou interprétation de l'article 20 de mon Ordonnance de » 1681, concernant la Marine, qui porte, *défendons de faire aucune ouverture des cof-* » *fres* &c.; & que cette diversité de sentimens, qui ne peut que causer des difficultés » & de l'embarras dans le Jugement des prises, vient de ce que les deux peines, l'une » du *quadruple* & l'autre *corporelle*, paroissent si unies & si jointes ensemble par la » construction des termes, qu'on les peut croire inséparables, ensorte qu'on ne les » puisse prononcer que l'une avec l'autre ; ce qui cependant *n'a jamais été mon inten-* » *tion* dans cette Ordonnance, ayant au contraire toujours pensé que chaque peine » devoit être ordonnée suivant chacun cas particulier; ensorte qu'en certains cas dans » lesquels la contravention *se trouveroit légére*, la punition ne fût que *du quadruple ou-* » *tre la restitution*, & que dans d'autres cas au contraire dans lesquels la contravention » se trouveroit plus grande, & pourroit être regardée comme un crime plus punissa- » ble, *la peine corporelle pût être ajoutée* à la peine civile de la restitution & à celle du » quadruple. Pour lever donc ces difficultés, & vous laisser dans les Jugemens toute » la liberté que j'ai toujours eu intention de vous donner, je vous écris cette lettre pour » vous dire, que je me remets absolument à vous à décider & à déterminer chacun de » ces deux cas, ensorte que dans ceux *où vous jugerés que la peine du quadruple suffit*, » outre la restitution, vous l'ordonnerez sans parler de la peine coporelle; & que dans » l'autre cas où vous jugerez que la peine du quadruple outre la restitutioon ne suffira » point pour la punition de la contravention, vous puissiez après avoir condamné les » contrevenans à ces peines pécuniaires, *renvoyer le procès aux officiers de l'Amirauté*, » pour procéder extraordinairement contre les coupables, & les condamner aux pei-

» nes corporelles qu'ils croiront qu'ils méritent, suivant la qualité du crime & de la » contravention, *& sans qu'en aucun cas les officiers des Amirautés puissent prétendre » avoir droit de prendre la voye extraordinaire quand vous ne la leur aurez pas renvoyée » par vos Jugemens.* Et la présente, n'étant à autre fin *&c.*

Il résulte de-là 1°, qu'en exécution de cet article, il est laissé à la prudence de M. l'Amiral de déterminer & distinguer les cas où la peine civile suffit, de ceux où la peine corporelle doit y être ajoutée.

2° Que dans ce dernier cas M. l'Amiral ne peut prononcer que la peine civile, & que pour *la corporelle* il doit renvoyer l'affaire aux officiers de l'Amirauté, en les chargeant de la poursuivre à l'extraordinaire.

3° Enfin que, quoiqu'il soit du devoir des officiers de l'Amirauté de s'informer s'il y a eu du pillage dans les prises & de travailler à constater le fait, il ne leur est pas permis néanmoins de prendre d'office la voye extraordinaire, & qu'ils ne le peuvent qu'autant qu'ils en reçoivent l'ordre de M. l'Amiral dans les Jugemens qu'il rend sur le fait des prises.

C'est ainsi que sur ce dernier objet il faut entendre le Jugement rendu par M. l'Amiral le 7 Juin 1697, portant » injonction aux Lieutenans des Amirautés, lorsqu'ils feront l'instruction des prises, & qu'il leur apparoîtra de quelque pillage, soit par l'inspection des coffres ou ballots qui auront été ouverts, soit par les dépositions des » équipages de la prise, ou ceux du vaisseau preneur, qu'ils interrogeront toujours sur » ce sujet, ou par la comparaison des papiers du chargement avec les effets qui se » trouveront à bord, ils ayent soin d'en informer d'office, & sans qu'il soit besoin » d'aucune requisition des parties sur la simple requête du Procureur du Roi, pour sur » les informations, conclusions du Procureur du Roi avec leur avis & le reste de la » procédure qui seront envoyées dans le mois au Sécretaire Général de la Marine, » être *par nous* ordonné ce qu'il appartiendra.

De maniere que, quoiqu'il y soit parlé d'informations, de conclusions du Procureur du Roi & d'avis du Lieutenant, tout cela ne se rapporte qu'à la procédure civile tendante à constater le pillage par voye d'interrogatoires subis, tant par les gens du corsaire que du navire pris, & d'audition d'autres témoins, sur un simple réquisitoire de la part du Procureur du Roi; tous lesquels éclaircissemens doivent être envoyés, avec l'avis tant du Procureur du Roi que du Lieutenant, pour savoir de M. l'Amiral, s'il sera passé outre ou non à la procédure extraordinaire, puisqu'aux termes de cette Lettre du Roi, les officiers de l'Amirauté *ne peuvent en aucun cas prétendre avoir droit de prendre la voye extraordinaire* sans l'ordre de M. l'Amiral.

Il y a pourtant encore à cela même, une exception portée par un autre Jugement de M. l'Amiral du 18 Novembre 1709, en ces termes, *sans néanmoins prétendre empêcher ceux qui voudront se plaindre des pillages, de le faire, soit en donnant leur requête, ou en se rendant parties s'ils le jugent à propos.* D'où il s'ensuit que les défenses faites aux officiers de l'Amirauté de prendre la voye extraordinaire, ne sont que pour le cas où ils le voudroient faire d'office, & ne regardent nullement celui où l'armateur se plaignant du pillage, en donneroit sa plainte en forme, & se rendroit partie civile. Mais alors, selon le même Jugement du 18 Novembre 1709, il faudroit encore en rester aux termes de l'information, suivie des conclusions du Procureur du Roi, & attendre l'ordre de M. l'Amiral pour passer outre; parceque c'est à lui qu'il est réservé de décider, si le procès sera fait & parfait aux accusés, ou non.

Ce dernier point n'a pas même souffert aucun changement par l'Ordonnance du 31

Août 1710. Il n'y en a eu que sur le reste, en ce qu'il y a été réglé que l'orsqu'il y aura des preuves du pillage par les dépositions ou interrogatoires des gens du navire pris, & par d'autres indices, il sera procédé à la requête du Procureur du Roi par voye extraordinaire ; ce faisant que les prisonniers & autres, ayant déposé du pillage, seront répétés sur leurs interrogatoires, à la suite desquelles répétitions, ceux qui s'y trouveront chargés seront décrétés, & la procédure suivie par interrogatoire des accusés, recolement & confrontation, ou par contumace, le tout suivant l'Ordonnance Criminelle de 1670 ; après quoi, & le Procureur du Roi ayant donné ses conclusions, toute la procédure, tant criminelle que civile, sera envoyée au Sécretaire Général de la Marine, afin que M. l'Amiral puisse en jugeant la prise, décider en même temps de la peine que le pillage pourra mériter. En telle sorte que s'il paroît que, outre la restitution des choses pillées, la peine du quadruple soit suffisante, eu égard à la qualité du délit, M. l'Amiral pourra s'en tenir à cette peine civile & la prononcer sans autre instruction, & condamner en outre les accusés aux dommages & intérêts envers la partie ; au moyen de quoi il ne sera plus question de la suite de la procédure criminelle.

Et si, au contraire, il est jugé qu'il y a lieu à peine afflictive, le procès alors sera renvoyé aux officiers de l'Amirauté pour prononcer tant la peine corporelle que la restitution des effets, le quadruple & les dommages & intérêts, sans que M. l'Amiral puisse en ce cas y statuer, mais seulement juger la validité de la prise. Toutes lesquelles dispositions ont été renouvellées par la Déclaration du Roi du 5 Mars 1748, art. 9, & par l'article 15 de celle du 15 Mai 1756.

Notre article ne dit point comme les anciennes Ordonnances, que ceux qui seront reconnus & déclarés coupables de pillage demeureront privés & déchus de leurs portions dans la prise ; & d'un autre côté, ces anciennes Ordonnances ne prononcent point comme notre article, la peine du quadruple ; elles portent seulement, qu'outre la peine de la privation de tout intérêt dans la prise, il sera infligé aux coupables telle autre peine que le cas le requerra.

Sur quoi l'on peut demander, si cette peine ancienne de la privation des parts dans la prise est sous-entendue dans notre article, de sorte qu'elle doive avoir lieu conjointement avec celle du quadruple, ou s'il ne faut infliger que l'une des deux aux coupables, & dans ce dernier cas, à laquelle il convient de se fixer ?

Il y a sur ce sujet un premier Jugement de M. l'Amiral du 5 Juillet 1696, pour le cas d'un pillage d'or & d'argent, mais sans effraction, dans lequel tous les gens du corsaire établis sur la prise avoient trempé, à l'exception d'un seul que ses blessures avoient empêché d'y participer. Par ce Jugement, ceux qui avoient pillé furent condamnés de rapporter à la masse la valeur de ce qu'ils avoient pris, & du reste furent privés de leurs portions dans la prise, lesquelles furent déclarées confisquées au profit de M. l'Amiral, sans autre peine.

Par un second Jugement du 12 du même mois de Juillet 1696, dans le cas d'un pillage effréné, fait avec fracture & violence exercée contre ceux des compagnons mêmes qui s'y étoient opposés, il n'y eut point non plus de plus grande peine civile prononcée ; mais il fut ordonné en même-temps que le procès seroit fait & parfait aux coupables par l'Amirauté de Vannes suivant la rigueur des Ordonnances, sauf l'appel au Parlement de Rennes.

Il y a enfin un dernier Jugement déjà cité du 18 Novembre 1709, qui en condamnant les nommés Tanqueray & Fret solidairement de rapporter à la masse les huit marcs de poudre d'or qu'ils avoient détourné de la prise ; ajouta non-seulement la peine du quadruple desdits huit marcs de poudre d'or au profit de M. l'Amiral *en ce non compris le simple ;* mais encore celle de la privation de leurs parts dans la prise, lesquelles seroient pareillement remises à la masse. A l'égard des autres convaincus d'avoir fait quelque pillage peu considérable, & des marchands qui avoient acheté d'eux, ils en furent quittes chacun pour une amende de dix livres envers M. l'Amiral, outre la restitution des effets.

De sorte que l'on peut conclure de ces différens Jugemens, rapprochés de la lettre du Roi ci-devant rapportée, en général, que M. l'Amiral est le maître de régler la peine civile que méritent ceux qui sont coupables de pillage ; & en particulier,

1° Qu'il peut s'en tenir à la peine du quadruple, outre le rapport des effets pillés ou recélés, qui est indispensable dans tous les cas.

2° Qu'il peut, au lieu du quadruple, prononcer simplement la privation des parts dans la prise, contre les coupables, conformement à l'article 13 du Réglement du 25 Novembre 1693.

3° Qu'il peut cumuler les deux peines & appliquer l'une ou l'autre à son profit par droit de confiscation, l'autre à réunir à la masse par forme d'indemnité.

4° Enfin qu'il peut, dans les pillages légers, modérer la peine à une simple amende modique : sans préjudice toujours du rapport de la valeur des effets pillés, pour en faire la réunion à la masse.

Il sembleroit peut-être plus régulier, aux termes de cet article & de la lettre du Roi, de n'admettre d'autre peine civile que celle du quadruple, & de la prononcer toujours sans modération : Mais d'un côté, la peine de la privation des parts dans la prise est si naturelle, qu'on doit la juger aussi bien sous-entendue dans notre article, que l'obligation de rapporter à la masse les effets pillés dont il ne parle pas non plus, & qui est pourtant tellement de droit qu'elle ne peut-être remise ; & d'un autre côté, il est tel pillage si peu criminel par sa modicité & dans ses circonstances, qu'une légére amende est la seule peine qu'il puisse mériter.

Le pillage, interressant encore plus les armateurs que M. l'Amiral, sur les plaintes réitérées qui en furent faites à M. le Comte de Toulouse, au sujet des pillages considérables qui se commettoient sur les prises par les matelots & par les officiers mêmes des corsaires, S. A. S. crut devoir chercher à y remédier, plus encore pour l'avantage des armateurs, que pour son utilité particuliére.

Le reméde qui parut le plus propre, & auquel on s'arrêta d'autant plus volontiers qu'il prévenoit des prévarications qu'il auroit fallu punir sans cela, fût de faire revivre la disposition des anciennes Ordonnances de 1543 art. 19 & de 1584 art. 32, qui autorisoient l'Amiral *à mettre sur chaque navire armé en guerre un homme habillé à sa devise pour en ses mains mettre les chartes-parties & autres enseignemens qui seroient trouvés dans le navire pris.*

Cette disposition, quoique extrêmement sage & sans aucun inconvénient, étoit demeurée sans exécution depuis long-temps, & il n'en restoit plus de vestiges que dans la Province de Bretagne, où M. le Duc de Chaulnes Amiral de cette Province par sa qualité de Gouverneur, l'avoit remise en vigueur d'abord avec succès, du consentement entre-autres des armateurs de Saint Malo.

En conséquence il étoit dans l'usage d'établir, par le ministére de son receveur, sur chaque navire armé en course, un homme faisant partie du corps des volontaires ; mais avec titre de commis pour veiller à la conservation des prises & à empêcher qu'il ne s'y fît du pillage. Ce commis faisoit les fonctions d'écrivain sur le corsaire, tenoit un journal des événemens de la course, faisoit l'inventaire sommaire de chaque prise, se saisissoit des papiers *&c.* Malgré cela il combattoit avec les volontaires, à raison de quoi il avoit part aux prises à proportion de son mérite ; on lui donnoit quelque fois jusqu'à deux ou trois parts.

Mais les capitaines & les gens des équipages des corsaires, qui ne s'accommodoient pas de l'exactitude de ces surveillants, ne tardèrent gueres à les dégouter en les chagrinant de toute maniére. Les capitaines en vinrent jusqu'à les faire maltraiter de coups après les avoir fait manger à la gamelle. Cela n'abolit pas néanmoins l'usage des écrivains ; mais M. l'Amiral trouvant difficilement des sujets qui voulussent se charger d'une commission aussi désagréable, il falut avoir recours aux Commissaires de la Marine, auprès desquels les capitaines se comportoient de maniére, qu'ils les engageoient de nommer ceux qu'ils leur présentoient eux-mêmes ; & alors c'étoit tout comme s'il n'y eût point eu d'écrivains sur les corsaires, parcequ'ils étoient dévoués aux capitaines.

Tel étoit l'état des choses à cet égard, lorsque M. le Comte de Toulouse, devenu Gouverneur de Bretagne, se trouva Amiral de tout le Royaume, & parconséquent en état de faire un Réglement général, qui, en rétablissant uniformement les fonctions des écrivains sur les corsaires, apportât un remede efficace aux plaintes des armateurs, par le soin qu'auroit M. l'Amiral de protéger ces écrivains contre les insultes des capitaines & des équipages.

Ce Réglement si utile parut enfin en datte du 20 Avril 1697 ; mais il seroit inutile de le rapporter ici, puisqu'il demeura sans effet, la Paix de Riswik étant survenuë peu de temps après.

Au commencement de la guerre suivante en 1702, il en fut question ; mais les armateurs qui ne trouvoient pas des capitaines d'humeur de s'ouffrir des contrôleurs de leur conduite, ayant substitué aux plaintes qu'ils avoient déjà faites ci-devant au sujet des pillages, des remontrances à M. l'Amiral, pour qu'il lui plût de renoncer à l'établissement des écrivains sur les vaisseaux corsaires ; S. A. S. voulut bien déférer à ces remontrances, & dès le mois de Mars 1703, elle donna ordre à ses Receveurs de ne plus nommer d'écrivains pour veiller aux prises. Ce n'est pas la seule occasion où les armateurs des navires ont été obligés d'en passer par les conditions dures & injustes qu'il a plu à leurs capitaines de leur imposer. Les voyages de Guinée entre autres en fournissent des exemples aussi humilians qu'onéreux pour les armateurs. Il semble qu'ils soient trop heureux de trouver des capitaines à qui ils fournissent le moyen de s'enrichir lorsqu'ils sont sages, & que par leur luxe ils ne prétendent pas égaler les officiers des vaisseaux du Roi.

RÉGLEMENT DU ROI,

Pour informer des pillages des prises.

Du 31 Août 1710.

DE PAR LE ROI.

SA MAJESTE' étant informée que quelque soin qu'on ait pris par les Ordonnances anciennes & nouvelles sur le fait de la Marine, quelques précautions qu'on ait apportées jusqu'à présent pour empêcher les pillages, déprédations d'effets, divertissemens & autres malversations semblables qui se commettent souvent dans les prises faites par les armateurs, quelques séveres qu'ayent été les peines prononcées par ces loix, & notamment par l'article 20 du titre des prises de l'Ordonnance de 1681 ; cependant tous ces Réglemens n'ayant pu arrêter une licence qui augmente tous les jours par l'impunité des coupables, par le peu d'attention des Officiers des Siéges de l'Amirauté à en procurer la punition, & par les difficultés qui empêchent souvent qu'on n'ait une preuve certaine & juridique de ces délits : Sa Majesté connoissant la nécessité d'en arrêter le cours, tant par rapport au bon ordre de la Marine, & à la discipline que doivent observer les officiers, soldats & matelots, que par la considération de l'utilité que l'Etat peut retirer des armemens, auquel rien n'est plus préjudiciable que la continuation de ce désordre. S.M. voulant y pourvoir, & désirant pareillement que la preuve de ces malversations puisse être assurée par une procédure réguliere, afin que l'amiral jugeant selon le pouvoir attribué à sa Charge de la validité des prises & de tout ce qui leur est incident avec les Commissaires nommés avec lui pour y statuer, & que les Officiers de l'Amirauté puissent aussi prononcer juridiquement les peines proportionnées à la qualité des délits, suivant la disposition des Ordonnances, & selon les cas différens dont la connoissance doit être portée devant eux. Sa Majesté a ordonné & ordonne.

ARTICLE PREMIER.

Qu'à l'avenir aussi-tôt qu'une prise aura été amenée en quelques rades ou ports du Royaume, & que le capitaine qui l'aura faite, s'il y est en personne ou celui qu'il en aura chargé, auront fait leur rapport & représenté les papiers & les prisonniers, les Officiers de l'Amirauté les interrogeront, & ceux de l'équipage qu'ils jugeront à propos, sur le fait & les circonstances de la prise, conformément aux articles 21 & 24 du titre des prises de l'Ordonnance de 1681.

II. Si par les dépositions ou interrogatoires de l'équipage pris, par la visite du vaisseau & des marchandises, & par l'examen des papiers du chargement, les Officiers de l'Amirauté ont lieu de présumer qu'il y ait eu des pillages faits, des effets recelés ou divertis, ou d'autres malversations semblables commises, ils ordonneront qu'à la requête du Procureur de Sa Majesté au Siége de l'Amirauté, les prisonniers ou les gens de l'équipage seront répétés sur leurs interrogatoires & déclarations, pourront lesdits Officiers de l'Amirauté, sur ces répétitions, décréter contre ceux qui se trouveront chargés, & procéder à l'interrogatoire des accusés.

III. Les Officiers de l'Amirauté ordonneront ensuite que les témoins seront recolés & confrontés aux accusés, s'ils sont présens, & s'il paroît qu'ils ne soient pas revenus dans les ports du Royaume, ou qu'ils se soient absentés pour se soustraire à l'instruction, & pour empêcher ou détourner les preuves ; il sera ordonné que le recolement des témoins vaudra confrontation.

IV. Si l'accusé se présente, il sera interrogé, & les témoins lui seront confrontés, s'ils sont encore dans le Royaume, lorsqu'il sera de retour, mais s'ils en sont sortis, ou en cas de contumace de l'accusé, le procès sera continué sur la procédure qui aura été faite pendant son absence ; il pourra néanmoins en tout état de cause proposer des reproches, s'ils sont justifiés par écrit.

V. Fait Sa Majesté très-expresses défenses aux Officiers de l'Amirauté d'admettre ni ordonner la preuve d'aucuns faits justificatifs, ni d'entendre aucuns témoins pour y parvenir, à moins que le procès ne leur ait été renvoyé par l'Amiral pour le juger définitivement, ainsi qu'il sera expliqué ci-après, & ne pourront l'ordonner en ce cas qu'après la visite du procès, & en la forme prescrite par le titre 28 de l'Ordonnance de 1670.

VI. Lorsque les Officiers de l'Amirauté auront fait les procédures marquées ci-dessus, & que le Procureur de Sa Majesté aura donné ses conclusions, le tout sera envoyé au Sécretaire Général de la Marine, afin que l'Amiral avec les Commissaires nommés pour juger avec lui, puisse procéder au Jugement de la validité des prises & en même temps de la peine que méritent lesdits pillages & malversations.

VII. Si la preuve des pillages, déprédations & malversations est suffisamment établie par ces procédures, & que l'Amiral & lesdits Commissaires estiment que la restitution des choses pillées, & la peine du quadruple soient suffisantes pour la qualité du délit, ils pourront la prononcer sans qu'il soit besoin de nouvelles conclusions, ni d'un nouvel interrogatoire de l'accusé, & le condamner encore aux dommages & intérêts envers la partie s'il y échoit ; ensorte qu'après le Jugement ainsi rendu par l'Amiral, l'accusé ne puisse plus être poursuivi criminellement pour raison du même fait.

VIII. Si l'Amiral & lesdits Commissaires estiment qu'il y a lieu de prononcer peine afflictive, ils renverront le procès aux Officiers de l'Amirauté pour juger les coupables, & les condamner à la punition corporelle qu'ils mériteront suivant la qualité du délit, & de la contravention aux Ordonnances, à la restitution des effets, à la peine du quadruple, & aux dommages & intérêts de la partie, sans que l'Amiral puisse dans ce cas y statuer, mais seulement juger de la validité de la prise. Mande Sa Majesté à M le Comte de Toulouse, Amiral de France, de faire exécuter le présent Réglement, & enjoint aux Officiers de l'Amirauté de le faire lire, enregistrer & afficher par tout où besoin sera. Fait à Marli le 31 Août 1710. *Signé,* LOUIS.

Et plus bas, PHELYPEAUX.

ARTICLE XXI.

Aussi-tôt que la prise aura été amenée en quelques rades ou ports de notre Royaume, le capitaine qui l'aura faite, s'il y est en personne, sinon celui qu'il en aura chargé, sera tenu de faire son rapport aux Officiers de l'Amirauté, de leur représenter & mettre entre les mains les papiers *& prisonniers*, & de leur déclarer le jour & l'heure que le vaisseau aura été pris, en quel lieu ou à quelle hauteur, si le capitaine a fait refus d'amener les voiles, ou de faire voir sa commission ou son congé, s'il a attaqué ou s'il s'est défendu, quel pavillon il portoit, *& les autres circonstances de la prise & de son voyage.*

Ici commence la procédure qui doit être faite par les Officiers de l'Amirauté, au sujet des prises qui sont amenées dans les ports de leur Jurisdiction. Elle est substantiellement la même en Dannemark. Art. 9 & 10 du Réglement du 5 Avril 1710.

Anciennement ils n'avoient pas seulement l'instruction des prises, ils avoient encore le droit de les juger en premiére instance, sauf l'appel. Il ne faut pour s'en convaincre que jetter les yeux sur les anciennes Ordonnances de 1400, art. 4, 6, 7, 10, 12 & 14, de 1517, art. 2, 3, 5, 8 & 9, de 1543, art. 19, 20 & suivans, & de 1584, art. 32, 33 & suivans, en grand nombre.

Par tout, il y est dit, l'Amiral ou son Lieutenant, & quelquefois même il n'y est parlé que des Officiers de l'Amirauté; preuve évidente qu'ils jugeoient les prises comme les autres affaires de l'Amirauté, au moins dans l'absence de l'Amiral; mais toujours en son nom. Or étant le plus souvent absent, ce qui est indubitable, le Jugement des prises restoit donc à ses Officiers; sauf à eux, ajoute l'article 14 de l'Ordonnance de 1400, *à renvoyer devant l'Amiral les matiéres de grand prix, èsquelles ils verroient qu'ils ne pourroient pas être obéis.*

Si cet usage a changé dans la suite, c'est à cause de l'inconvénient des appels, soit à la Table de Marbre, soit au Parlement. Rien n'étoit plus capable en effet de refroidir l'ardeur pour les armemens en course que les lenteurs des procédures ordinaires & les frais immenses que les armateurs avoient à essuyer de la part des réclamateurs, & des autres opposants, avant de pouvoir faire juger les prises.

Tous les délais sont préjudiciables dans ces occasions. Un armateur ne sauroit trop-tôt être instruit du sort de sa prise, soit pour en retirer le profit si elle est bonne, & par-là se trouver encouragé à continuer la course; soit pour avoir moins de dommages & intérêts à payer si elle est mauvaise. Les armateurs ont donc un intérêt pressant à ce que les prises soient promptement jugées; & c'est un avantage dont ils étoient nécessairement privés, dans le temps que les appels etoient reçus dans cette matiére comme pour les affaires ordinaires.

Ce seroit bien autre chose aujourd'hui, que l'esprit de chicanne est si prodigieusement répandu, s'il n'y eût été remédié.

Le moyen qui parut d'abord le plus simple & le plus naturel, fut d'attribuer à M. l'Amiral personnellement, le droit exclusif de juger les prises. Sans doute que cet arrangement n'a été pris dans le principe qu'avec le concours de l'autorité royale : Cependant on ne voit point l'origine de cet établissement, quoiqu'il n'ait pu avoir lieu que depuis l'Ordonnance de 1584 ; & la premiere loi que nous trouvons qui ait reconnu le pouvoir de juger les prises comme un attribut de la charge d'Amiral, est la Déclaration du Roi du premier Février 1650 portant, art. 6 & 9, que les procédures concernant les prises seront faites par les officiers de l'Amirauté des lieux où elles arriveront, & ensuite *envoyées à la Reine Mere*, exerçant alors la charge de Grand-Maître Chef & sur-intendant Général de la navigation & commerce de France, *pour être jugées en la maniére accoutumée suivant les Ordonnances.*

Cela suppose, comme on le voit, un droit antérieur attribué à l'Amiral de juger les prises privativement aux Officiers de l'Amirauté. Il ne paroît pas néanmoins qu'aucun Amiral en ait joui avant Henri de Montmorency ; mais il n'est pas douteux qu'il n'en fût en pleine & paisible possession, même à l'égard des prises amenées dans les ports de Bretagne, malgré les prétentions contraires du Gouverneur de cette Province.

C'est ce qui résulte d'un jugement par lui rendu le 3 Octobre 1624, au sujet d'une prise conduite à Brest. Il est même à observer que la formule de ce jugement est précisément celle qui est aujourd'hui en usage ; *nous en vertu du pouvoir attaché à notre charge d'Amiral, avons déclaré* &c.

Deux ans après ce jugement, la charge d'Amiral ayant vacqué par la mort du Duc de Montmorency, Louis XIII en supprima le titre, pour créer celle de Grand-Maître Chef & sur-intendant de la navigation & commerce de France en faveur du Cardinal de Richelieu ; & l'on pense bien que ce Cardinal Ministre, vraiment Amiral sous le titre de Grand-Maître &c. ne négligea pas l'exercice d'un droit aussi flatteur que celui de juger les prises.

Après lui M. de Brézé son neveu & son successeur, quoique avec beaucoup moins de crédit, sçut aussi se maintenir dans cette prérogative ; & à plus forte raison la Reine Mere, qui posséda après M. de Brézé, la même charge de Grand-Maître de la navigation *&c.* Si l'on en pouvoit douter après tout, il n'y auroit qu'à recourir aux articles 6 &9 déjà cités de la Déclaration du premier Février 1650.

Ce qui prouve au reste, que la Reine Mere, ne jugeoit pas les prises en qualité de Régente du Royaume, mais seulement comme exerçant la Charge de Grand Maître de la navigation, c'est que les jugemens qu'elle rendoit en cette partie, n'étoient signés que du Secrétaire Général de la Marine, à qui les procedures étoient envoyées suivant l'usage.

Aussi M. le Duc de Vendosme, ayant succédé à cette Charge sur la démission de la Reine Mere, continua-t-il de juger les prises. Ce droit lui fut même confirmé par Arrêt du Conseil du 19 Août 1650. Lorsque les affaires étoient difficiles, il faisoit prier, avec l'agrément du Roi, quelques uns de Mrs. les Conseillers d'Etat ou Maîtres des Requêtes d'assister au jugement. On s'assembloit dans un appartement de l'Hotel de Vendosme qu'il avoit fait préparer à cette fin, & qui s'appelloit l'appartement de l'Amirauté. Le Prévôt de la marine ou son Lieutenant avec ses Archers en gardoient la porte & servoient d'Huissiers pendant la tenue des Scéances.

Après M. de Vendosme, M. le Duc de Beaufort en usa de même. Il tenoit son Conseil, tantôt à l'Hôtel de Vendosme, tantôt dans son Hôtel à St. Germain en Laye.

On conçoit que durant le ministére du Cardinal de Richelieu, & la Régence de de la Reine Mere, les appels des jugemens des prises ne pouvoient guere être d'usage, & que les raisons d'acquiescement aux décisions dans ce genre, n'étant plus les mêmes du temps de M. de Vendosme, il en dut être autrement.

Il fallut donc arrêter ces appels devenus trop fréquens, & non moins préjudiciables aux parties, qu'injurieux à l'autorité de la charge d'Amiral représentée par celle de Grand Maître de la navigation. Pour cet effet il fut résolu d'établir une commission en forme, composée de Conseillers d'Etat & de Maîtres des Requêtes, qui s'assembleroient à l'avenir près de la personne de M. le Duc de Vendosme, pour tenir le conseil des prises & y juger celles qui seroient faites, de même que les affaires concernant les bris & échouemens des vaisseaux ennemis, privativement à tous autres Juges; pour être les jugemens qui interviendroient, exécutés par provision, en baillant caution par la partie intéressée, l'appel reservé au Conseil d'Etat du Roi; & c'est ce qui fut exécuté par des Lettres-Patentes données à Toulouse le 20 Décembre 1659.

Telle est l'époque fixe du premier établissement du Conseil des prises. Avant ce temps là & même durant le ministère du Cardinal de Richelieu, il étoit bien d'usage d'appeller au jugement des prises, des Conseillers d'Etat & des Maîtres des Requêtes, à raison de quoi on regardoit les assemblées de ces Magistrats, comme formant le Conseil des prises; mais ce n'étoit pas une commission réglée; elle ne devint telle qu'au moyen desdites Lettres-Patentes du 20 Décembre 1659; ce qui n'empêcha pas néanmoins que les jugemens ne continuassent d'être rendus au nom de M. le Duc de Vendosme comme auparavant. C'est aussi là l'époque de l'attribution des appels en matiere de prises, au Conseil d'Etat du Roi.

Cet ordre subsista sans variation pendant l'exercice de M. le Duc de Beaufort successeur de M. le Duc de Vendosme. Mais après le decès de M. de Beaufort arrivé en l'année 1669, Louis XIV ayant jugé à propos de rétablir la charge d'Amiral en faveur de M. le Comte de Vermandois; & la minorité de ce Prince ne lui permettant pas de présider au Conseil des prises, les jugemens qui y furent rendus dans la suite, cesserent d'être intitulés du nom de l'Amiral, le Roi ayant établi en 1672 une commission du Conseil, où les prises devoient être jugées & les Arrêts expédiés au nom de Sa Majesté.

Cependant le Roi pour prévenir les conséquences qui en pourroient résulter, jugea à propos de faire un réglement le 23 Septembre 1676, par lequel il ordonna entre autres choses, que les assemblées des Commissaires se tiendroient toujours dans la maison de l'Amiral de France, lorsqu'il seroit en âge d'y assister pour y tenir la premiere place, & qu'en attendant qu'il fût en âge, elles se tiendroient dans un appartement de sa maison, au cas qu'il y en eût un commode, ou dans le même lieu où se tenoit le Conseil de Sa Majesté dans ses maisons royales, ou dans la maison de celui qui présideroit à l'assemblée.

M. le Comte de Vermandois étant mort en minorité, & M. le Comte de Toulouse ayant été pourvu de la charge d'Amiral aussi en minorité, il intervint le 21 Octobre 1688, un nouveau réglement entiérement conforme en cette partie au précédent du 23 Septembre 1676.

Cette derniere alternative ayant été préférée par M[rs]. les Commissaires, & en conséquence les assemblées, pour le jugement des prises, s'étant tenues réguliérement dans la maison du plus ancien des Commissaires Conseillers d'Etat; lorsque M. le Comte de Toulouse eut atteint l'âge requis pour présider au Conseil des prises, il s'eleva une difficulté, non précisement sur le point de sçavoir si les assemblées se tiendroient dans sa maison, puisque ce point étoit décidé expressément par les réglemens de 1676 & 1688, conformément à l'usage pratiqué de tout temps; mais sur l'intitulé des jugemens, M. l'Amiral prétendant qu'ils devoient porter son nom, comme ayant seul droit de les rendre, par un privilége attaché à sa charge aussi de toute ancienneté; & M[rs]. les Commissaires qui avoient perdu cet usage de vue, depuis plus de 25 ans, qu'ils n'avoient vû un Amiral les présider, soutenant de leur côté, que par leur qualité de Commissaires nommés pas le Roi, ils étoient Juges conjointement avec M. l'Amiral, de maniere que les jugemens sur le fait des prises ne devoient être rendus qu'au nom du Roi.

Cette contestation devenue sérieuse, étoit trop intéressante pour M. le Comte de Toulouse, pour qu'il négligeât rien de tout ce qui pouvoit servir à appuyer son droit. Il donna donc des Mémoires au Roi, dans lesquels il fit voir que depuis l'établissement de sa Charge, l'Amiral avoit toujours eu le privilége de juger les prises, soit par lui même, soit par ses Officiers; que ce privilége étoit consigné dans toutes les anciennes Ordonnances, & que s'il n'étoit pas aussi expressément désigné dans les nouvelles, il n'y en avoit aucune absolument qui y eût dérogé; que ce même privilége n'avoit reçu aucune atteinte depuis qu'il avoit été nommé des Conseillers d'Etat & des Maîtres des Requêtes pour assister aux jugemens des prises, puisque, quoique cet usage eût été pratiqué dès le temps du Cardinal de Richelieu, premier Grand Maître Chef & sur-Intendant de la navigation, les jugemens des prises n'en avoient pas moins été rendus en son nom & des Grands Maîtres ses Successeurs, de même qu'ils l'avoient été au nom du Duc de Montmorency & des Amiraux ses prédécesseurs; & que s'il en avoit été autrement depuis le rétablissement de la Charge d'Amiral en 1669, c'est que cette charge ayant toujours été possédée en minorité, & pendant ce temps là l'Amiral n'ayant pas eu droit de présider au Conseil des prises, il n'y avoit pas de conséquence à tirer de ce que les jugemens n'avoient pas été rendus en son nom dans cet intervalle.

Le droit de M. le Comte de Toulouse ainsi fondé sur les Ordonnances & sur la possession non interrompue de ses Prédécesseurs majeurs, il en concluoit que M[rs]. les Commissaires n'étoient à son égard que des assesseurs que le Roi lui donnoit pour l'aider dans le jugement des prises, à *l'instar* des Commissaires que le Roi nommoit aussi dans les commissions adressées aux Intendans pour juger certaines affaires; & que comme la qualité de Commissaires qu'avoient ceux-ci n'empêchoit pas que les jugemens ne fussent rendus au nom des Intendans; de même celle de Commissaires du Conseil des prises ne devoit pas empêcher que les jugemens de ce Conseil ne portassent le nom de l'Amiral, comme ayant éminemment par le titre de sa charge, le privilége de juger seul les prises & tout ce qui en dépend; d'où il s'ensuivoit par identité de raison, que les requêtes des parties devoient lui être adressées, & que c'étoit à lui aussi qu'il appartenoit de charger les Officiers de l'Amirauté de tenir la main à l'exécution des jugemens.

Ce n'est là qu'un foible crayon des moyens employés par M[r]. le Comte de Toulouse pour soutenir ses prétentions, qui parurent si justes à sa Majesté, qu'elle n'hésita pas à porter en conséquence le réglement du 9 Mars 1695, qui depuis a été une loi inviolablement observée, ayant été confirmée chaque fois, que depuis ce temps là, la guerre a donné lieu à l'établissement d'un nouveau Conseil des prises, comme il résulte des réglemens postérieurs des 12 Mai 1702, 12 Fevrier 1719, 3 Novembre 1733 & 23 Avril 1744.

Par ce réglement, le Roi ordonna que « les Officiers des Siéges d'Amirauté éta- » blis dans les ports du Royaume, feroient les instructions concernant les prises & » les échouemens, circonstances & dépendances, jusqu'au jugement définitif exclusi- » vement, & qu'elles seroient jugées en premiere instance par le Sr. Comte de Tou- » louse Amiral de France & les Srs Commissaires qui seroient nommés & choisis par » Sa Majesté, *pour tenir conseil près de lui*, & par appel au Conseil Royal des Fi- » nances, au rapport du Secrétaire d'Etat ayant le département de la Marine.

Au fond ce n'étoit que renouveller les Lettres Patentes du 20 Décembre 1659, portant l'établissement originaire du conseil des prises, & remettre les choses dans leur premier état; mais une interruption de 25 ans durant laquelle Mrs. les Commissaires s'étoient regardés comme vrais Juges des matieres des prises au nom du Roi, n'étoit pas un foible obstacle au retour de M. l'Amiral dans l'exercice des droits de sa charge en cette partie.

Le jour même de ce nouveau réglement du 9 Mars 1695, le Roi nomma les Commissaires qui devoient s'assembler *près la personne de Mr. le Comte de Toulouse, & en son absence dans sa maison, pour y tenir Conseil & juger les prises, &c.* le tout en conformité dudit réglement.

Ces Commissaires étoient dix Conseillers d'Etat, & six Maîtres des Requêtes, sans compter M. de Valincourt Sécretaire Général de la Marine qui n'avoit pas alors voix délibérative, mais qui l'obtint enfin par Arrêt du Conseil d'Etat du 13 Août 1707, prérogative dont avoient joui ses Prédécesseurs avant le Réglement du 23 Septembre 1676, ou plutôt avant l'établissement d'une Commission pour les prises en 1672, & qui a passé ensuite à ses Successeurs.

Depuis cet Arrêt de 1707, les Sécretaires de la Marine ne signent plus les Jugemens des prises; il a été nommé un Greffier pour les signer & les expédier. Réglemens des 3 Novembre 1733 & 23 Avril 1744.

Au surplus c'est M. l'Amiral qui nomme à cette Charge de Sécretaire Général de la Marine, & qui en fait expédier les provisions. Celles de M. de Valincourt sont du 2 Janvier 1695, celles de M. l'Enfant son successeur sont du 25 Janvier 1730, celles de M. de Romieu, sont du 2 Mai 1738, & celles de M. de Grand-bourg actuellement en place, sont du 3 Octobre 1757. V. l'article 14 du tit. de l'Amiral.

La premiére scéance de ce nouveau Conseil des prises fût tenue peu de jours après par M. le Comte de Toulouse, dans son appartement au château de Versailles. Le récit du cérémonial observé à ce sujet ne paroîtra peut-être pas déplacé ici.

On avoit fait préparer dans une Chambre de l'appartement de M. le Comte de Toulouse, une grande table, couverte d'un tapis de velours vert avec une frange d'or au bas, autour de laquelle étoient des fauteuils pour Mrs. les Conseillers d'état, & des chaises à dos pour Mrs. les Maîtres des Requêtes, le tout garni d'un pareil velours.

Mrs. les Commissaires, invités à la scéance par des billets de M. le Comte de Toulouse, s'étant rendus dans le lieu de l'assemblée; M. Boucherat, Chancellier, vint avant qu'on eût pris scéance, & dit à ces Messieurs, que l'intention du Roi étoit que l'on prît place dans ce Conseil, de même qu'aux Conseils du Roi, suivant le rang d'ancienneté; mais que comme M. de Pontchartrain, depuis Chancelier, étoit Ministre d'Etat, ce seroit faire plaisir à Sa Majesté que de lui donner la premiere place après M. l'Amiral. Ce qui fut ainsi arrêté, & M. le Chancelier s'étant retiré, on prit scéance.

Aussi-tôt après, les Huissiers du Conseil vinrent en députation supplier M. le Comte de Toulouse de leur laisser la garde de la porte de son Conseil, attendu qu'il n'étoit composé que des mêmes Juges que ceux qui étoient aux Conseils du Roi; mais S. A. S. les remercia en leur disant qu'elle y avoit pourvu. En effet elle avoit commis un de ses Officiers, le S[r]. Louvet, pour garder la porte, l'épée au côté, ce qui s'est toujours pratiqué depuis.

M. l'Amiral étoit au haut-bout de la table ou du bureau, dans un fauteuil un peu plus large & plus élevé que ceux de M[rs]. les Conseillers d'Etat, M. de Pontchartrain avoit la premiere place après S. A. S. & les autres Commissaires étoient placés selon leur rang d'ancienneté.

Chacun ayant pris sa place, M. le Comte de Toulouse ouvrit la séance par le discours suivant.

» Messieurs, le Roi m'a commandé de vous assembler ici pour juger avec vous les » prises qui se font sur les ennemis.

» Comme il n'y a rien de plus important dans cette matiere que de procurer une » prompte expédition aux parties, je ne doute point que vous n'y apportiés tous vos soins.

» De mon côté, je donnerai de si bons ordres aux Officiers des Amirautés, & je » les ferai exécuter si exactement, que j'ai lieu de croire qu'ils feront leur devoir.

» J'espére aussi, Messieurs, que vous voudrez bien suppléer par vos lumieres, à » mon peu d'expérience; & je suis fort aise que ceci me donne occasion d'assurer cette » Compagnie de l'estime particuliere que j'ai pour tous ceux qui la composent.

Ensuite on rapporta les affaires.

Depuis, le Conseil des prises s'est toujours tenu chez M. l'Amiral. Dans l'absence de M. le Comte de Toulouse, M[rs]. les Commissaires s'assembloient dans son appartement à l'Arcenal à Paris; son fauteuil restoit vuide à sa place, & l'Huissier gardoit la porte à l'ordinaire.

M. Pussort, le plus ancien des Commissaires, étant trop incommodé pour se rendre à l'Arcenal, M. le Comte de Toulouse, lui écrivit pour lui permettre de tenir le Conseil chez lui; & depuis ce temps-là il accorda la même permission au plus ancien Conseiller d'Etat; mais toujours par écrit. L'Huissier de garde ne se trouvoit point alors à la porte du lieu de l'Assemblée, & l'ancien Commissaire prenoit aussi alors la premiére place en qualité de Président; c'est à-dire, la même que prenoit M. l'Amiral, lorsque le Conseil se tenoit dans sa maison.

Dans tous les cas, les Jugemens étoient rendus au nom de M. l'Amiral comme s'il eût jugé seul, & c'étoit lui aussi seul qui en ordonnoit l'éxécution.

Tout cela s'observe encore aujourd'hui.

Il n'est donc resté aux Officiers des Amirautés que le droit de faire l'instruction de la procédure des prises, & de faire exécuter les Jugemens rendus par M. l'Amiral à ce sujet au Conseil des prises. Il est vrai que sur les remontrances des armateurs en course qui se plaignoient des pertes que leur causoit la lenteur de l'expédition des affaires au Conseil des prises, par Arrêt du Conseil d'Etat du 2 Octobre 1689, le pouvoir de juger les prises avoit été rendu aux Officiers de l'Amirauté, lors qu'elles paroîtroient constamment légitimement faites, avec faculté d'en faire vendre provisoirement les effets, pour les deniers en provenans rester en dépôt jusqu'à ce que leurs Sentences eussent été confirmées au Conseil, le tout nonobstant le Réglement du 21 Octobre 1688, auquel il étoit dérogé à cet égard. Mais, sous prétexte des abus qui pouvoient résulter de ce nouvel arrangement, qui rendoit, disoit-on, les Officiers de l'Amirauté maîtres de juger & faire vendre des prises comme évidemment bonnes, tandis qu'elles seroient sujettes à main-levée en tout ou partie ; & sous prétexte encore que l'expédition, loin d'être plus prompte par cette voye, étoit au contraire retardée ; l'Arrêt n'eut qu'une exécution passagére & assez courte, sans qu'il paroisse néanmoins qu'il ait été révoqué expressément par aucun autre.

Avant le Réglement du 9 Mars 1695, on voit seulement des Mémoires tendans à sa révocation, & contenans au surplus les moyens d'accélérer le Jugement des affaires au Conseil des prises, aussi-bien que de réprimer les chicanes, soit des réclamateurs mal fondés, soit des armateurs lorsqu'ils avoient lieu de craindre la main-levée de la prise : mais tout cela n'étoit qu'un projet.

Ce que l'on voit de plus, c'est un Arrêt du Conseil du 30 Octobre 1689, qui, en ordonnant qu'à l'avenir les affaires concernant les prises seroient jugées par les Commissaires nommés à cet effet, réservoit aux parties qui voudroient revenir contre les Arrêts, la faculté de se pourvoir, par requête en revision ou cassation s'il y avoit lieu, devant les mêmes Commissaires, pour leur être fait droit par Sa Majesté ainsi qu'il appartiendroit, au rapport d'un des Commissaires autre que le rapporteur de l'Arrêt contre lequel on se pourvoiroit ; & un autre Arrêt aussi du Conseil d'Etat du 20 Janvier 1691, donnant pouvoir aux dits Commissaires » de juger à l'avenir les » contestations concernant les partages des prises & autres qui en dépendent, ensem» ble les réclamations qui pourront survenir au sujet des vaisseaux ennemis qui relâ» chent par mauvais temps dans les ports du Royaume, ou qui y viennent sans passe» port du Roi. »

Mais ce nétoit pas-là une révocation de l'Arrêt attributif aux Officiers de l'Amirauté du droit de juger en premiére instance les prises évidemment bonnes, & de les faire vendre provisoirement, en attendant la confirmation de leurs Sentences.

Aussi continuerent-ils de juger ces sortes de prises, comme il résulte de plusieurs Sentences des années 1690 & suivantes. Ils y furent même autorisés de nouveau par la seconde instruction concernant la procédure des prises, en date du 16 Août 1692 ; de sorte qu'il est vrai de dire que l'exécution de cet Arrêt du 2 Octobre 1689 dura & demeura sans atteinte jusqu'au Réglement notable du 9 Mars 1695, dont il a été parlé, & qu'on a dit avoir toujours été observé depuis très exactement, ayant été confirmé successivement & sans aucune modification par divers Arrêts du Conseil en date des 12 May 1702, 12 Février 1719, 3 Novembre 1733 & 23 Avril 1744.

En conséquence de celui du 12 May 1702, & deux jours après, M. le Comte de Toulouse écrivit à chacun de Mrs. les Commissaires du Conseil des prises un billet conçu en ces termes.

» Le Roi m'ayant bien voulu donner pour juger les prises durant la guerre où l'on » va entrer, le même secours qu'il m'avoit donné durant la guerre précédente, je me » suis fait, Monsieur, un fort grand plaisir de vous en donner la nouvelle, & de vous » prier de vous trouver au Conseil des Prises, suivant les avis que vous en aurez. *Signé*, L. A. DE BOURBON.

Il résulte de-là que Mrs. les Commissaires étoient avertis de la part de M. l'Amiral chaque fois que l'on devoit tenir le Conseil des Prises, & cela s'est toujours pratiqué depuis.

Il a été observé que dès l'établissement primitif du Conseil des Prises, la connoissance des affaires concernant les prises avoit été attribuée à ce Conseil privativement à tous autres Juges, & que l'appel des Jugemens qui y seroient rendus, avoit été réservé au Conseil d'Etat du Roi, & ensuite au Conseil Royal des Finances, sans variation depuis. Cependant cela n'a pas empêché qu'en différent temps, les Parlemens n'ayent entrepris de connoître de ces matieres par appel ou autrement ; mais ces entreprises ont toujours été réprimées, comme il résulte de quantité d'Arrêts du Conseil d'Etat, qui ont cassé ceux des Parlemens, avec défenses à eux de connoître de pareilles affaires, & aux parties d'y faire aucunes procédures, à peine de nullité, cassation d'icelles & de tous dépens dommages & intérêts.

Du nombre de ces Arrêts du Conseil, sont celui du 15 Novembre 1689 par rapport au Parlement d'Aix ; ceux des premier Novembre 1698, 25 Janvier 1699 & 9 Avril 1707, concernant le Parlement de Bordeaux ; & celui du 18 Juillet 1708, au sujet du Parlement de Paris. Ces deux derniers ont ajouté la peine de 10000 liv. d'amende contre les parties qui contreviendroient à ces défenses.

Revenons maintenant à la disposition de notre article, qui, comme on l'a annoncé d'abord, contient le début de la procédure à faire par les Officiers de l'Amirauté au sujet des prises amenées dans les ports du Royaume.

Cette procédure commence par le rapport ou déclaration que doit faire le chef établi sur la prise ou le capitaine du corsaire, si c'est lui qui a amené la prise ; & notre article prescrit en détail la forme de ce rapport, avec les conditions qui doivent l'accompagner, le tout d'après l'Arrêt du Conseil du 31 Juillet 1666 & le Réglement du 6 Juin 1672, qui est la premiere instruction qui ait été dressée pour la procédure des prises. Ce Réglement confirmé par Arrêt du Conseil du 27 Janvier 1674, fut fait par l'ordre de la Reine Marie Therése d'Autriche, épouse de Louis XIV, qu'il avoit déclarée Régente du Royaume à son départ pour la conquête de la Hollande.

Le rapport doit être fait *aussi-tôt* l'arrivée de la prise, c'est-à-dire sans aucun délai, & sans attendre les 24 heures accordées en général aux capitaines des vaisseaux marchands pour faire au Greffe de l'Amirauté leur déclaration d'arrivée ou de relâche ; & cela de peur que dans l'intervalle, les gens du corsaire établis sur la prise ne trouvassent le moyen de mettre secrettement des marchandises à terre.

Si le corsaire n'a pas été armé dans le port de l'Amirauté où la prise a été amenée, il faut que le capitaine avant d'être reçu à faire son rapport, représente sa commission en guerre, ou si c'est un vaisseau du Roi armé par des particuliers, le capitaine doit remettre entre les mains du Lieutenant de l'Amirauté une copie du traité fait avec Sa Majesté, ou de l'ordre en vertu duquel l'armement aura été fait. Instruction du 16 Août 1692.

A l'égard des vaisseaux du Roi armés en course aux frais & pour le compte de Sa Majesté, comme les capitaines commandans ses vaisseaux sont tous connus, il suffit pour admettre le chef de la prise à faire son rapport à l'Amirauté, qu'il produise l'ordre du capitaine qui l'a chargé de la conduite de la prise.

On comprend par là, que les Capitaines des vaisseaux du Roi sont sujets à faire les rapports de leurs prises devant les Officiers de l'Amirauté, de même que les Capitaines des corsaires ; & cela est vrai en effet aujourd'hui indistinctement. Autrefois l'Amirauté ne connoissoit pas de toutes les prises faites par les vaisseaux du Roi ; celles faites sous le Pavillon d'une armée navale ou d'une escadre composée au moins de 4 vaisseaux, étoient exceptées, & la procedure en devoit être faite par les Intendans & Commissaires Généraux de la Marine. Cela avoit été déjà réglé de la sorte par Ordonnances des 23 Fevrier 1674 & 4 Mars 1684, & l'Ordonnance générale du 15 Avril 1689, liv. 22 tit. 1er. art. 1er. & 3 qui les avoit confirmées avoit été suivie de l'instruction du 16 Août 1692 qui y étoit absolument conforme. Mais cela fut changé par l'art. 10 du Réglement du 9 Mars 1695, portant que l'instruction des prises faites par les vaisseaux du Roi, seroit faite par les Officiers de l'Amirauté, en quelque nombre que fussent les vaisseaux qui auroient fait les prises; & cette attribution n'a point varié depuis, ayant constamment été renouvellée par les Réglemens postérieurs des 12 Mai 1702, 12 Fevrier 1719, 3 Novembre 1733 & 23 Avril 1744.

Le rapport doit contenir non-seulement tout ce qui est compris dans cet article distinctement, mais encore *les autres circonstances de la prise & de son voyage*, addition naturelle qui a fait introduire l'usage de faire déclarer au Capitaine dans son rapport, le temps auquel il a commencé sa course, s'il lui est arrivé avant la prise quelque chose de remarquable, s'il a fait d'autres prises & ce qu'elles sont devenues, de quelle maniere il s'est comporté au sujet de la prise, s'il y a été commis du pillage, s'il n'a point été jetté des papiers ou autres choses à la mer, s'il a amené tous les prisonniers, ou ce qu'il a fait des autres; & s'il a armé dans un autre Amirauté, il doit déclarer les raisons qui l'ont empêché de retourner au port de son armement. Réglement ou instruction du 16 Août 1692.

Cela fait, il doit représenter les papiers de la prise, ou s'il n'en a pas, non plus que de prisonniers, il faut qu'il en dise les raisons. Ce n'en seroit pas une valable pour les papiers s'il les avoit jettés à la mer ou brulés, sous prétexte qu'ils lui paroissoient inutiles, l'intention du Roi étant que les papiers inutiles pour faire déclarer la prise bonne, mais utiles aux particuliers pour leurs affaires de famille ou de commerce, leur soient rendus après la prise jugée, à raison de quoi il est défendu à tous Capitaines de corsaire de jetter à la mer ou de bruler aucuns papiers des prises. Lettre de M. de Pontchartrain du 11 Juillet 1708.

Pour ce qui est des lettres trouvées sur les prises, comme elles sont inutiles lorsque le navire est constamment ennemi, parce qu'alors tout est de bonne prise, il y eut ordre du Roi dans la derniere guerre de les adresser à M. le Comte de Maurepas Ministre de la Marine, aussi-tôt l'arrivée de chaque prise évidemment bonne. A l'égard des prises suspectes, il fut prescrit aux Officiers de l'Amirauté de ne garder que les lettres qui pourroient donner quelques éclaircissemens sur sa validité, pour les joindre à la procédure, & d'envoyer les autres. Lettre de M. de Maurepas du 4 Septembre 1744. Il est à observer qu'il n'étoit pas défendu d'ouvrir les lettres; c'est pourquoi les Officiers de l'Amirauté les ouvroient pour la plûpart tant pour en retirer les connoissemens relatifs au chargement de la prise, qu'en vue de découvrir par ces lettres les projets des ennemis pour en informer le Ministre.

Représentant les papiers, avec déclaration qu'il n'y en a pas d'autres, il en est dressé un état sommaire par le Juge qui en ordonne ensuite le dépôt au Greffe après les avoir paraphés & numérotés par prémier & dernier, & les avoir fait parapher aussi par ledit Capitaine en conformité dudit Réglement du 16 Août 1692. Tout cela se fait en présence du Procureur du Roi, partie nécessaire dans tout ce qui a rapport à la procédure concernant les prises.

Il est encore prescrit de faire élire domicile dans le lieu, ou à la suite du Conseil des prises, au Capitaine ou autre Officier qui fait le rapport, & en cas de refus il lui est déclaré que les significations qui lui seront faites au Greffe, vaudront comme si elles étoient faites à son domicile. Arrêt du Conseil du 26 Octobre 1692.

Si le Capitaine du corſaire, au lieu d'amener la priſe, la rançonne, il fera tout de même ſon rapport circonſtancié, & dépoſera au Greffe le billet de rançon après l'avoir paraphé, en déclarant ce qu'il a fait de l'ôtage que l'on a coutume de prendre dans ces occaſions.

Quant aux *priſonniers* que notre article veut qui ſoient remis aux Officiers de l'Amirauté avec les papiers de la priſe, cela eſt conforme à toutes les anciennes Ordonnances, aux termes deſquelles la garde des priſonniers appartenoit à l'Amiral ou à ſes Lieutenans, avec faculté de ſe ſervir à ce ſujet des priſons du Roi, ou des Seigneurs, le tout pour la conſervation tant de ſon dixième de la rançon de ces priſonniers, que de ſon droit de ſauf-conduit pour leur retour. En conſéquence il étoit défendu aux Capitaines de corſaires de relâcher aucuns priſonniers des priſes qu'ils faiſoient, ſans le conſentement de l'Amiral.

On peut voir ſur tout ceci les Ordonnances de 1400, art. 4 & 18, de 1517, art. 3 & 14, de 1543, art. 20, 40 & 48, & de 1584, art. 25, 33, 51, & 56, avec la déclaration du Roi du 1er. Fevrier 1650, art. 9.

Il ne paroît point que ces diſpoſitions ayent été révoquées par aucune autre Ordonnance; il eſt prouvé même, en ce qui concerne les ſauf-conduits en particulier, par un certificat de pluſieurs bourgeois & armateurs de Dunkerque en date du 15 Juin 1691, que, durant la guerre avec la Hollande depuis 1670, juſqu'en 1678, en vertu de la convention ſuivant laquelle les priſonniers faits ſur mer devoient être relâchés de part & d'autre, le Lieutenant de l'Amirauté de Dunkerque étoit en poſſeſſion de délivrer au nom de M. l'Amiral les ſauf-conduits néceſſaires à tous les Hollandois priſonniers, pour retourner dans leur pays ſans crainte d'être arrêtés.

Cependant cet uſage changea quelque temps aprés, les Commandans des Places où les priſonniers étoient amenés, s'étant attribués, à la faveur de la minorité de M. le Comte de Toulouſe, le droit de les garder & d'en diſpoſer ſuivant les ordres qu'ils en recevroient immédiatement du Roi; ce qui donna occaſion à M. le Comte de Toulouſe devenu majeur, de réclamer ſon droit, & de demander qu'à tout le moins, les ordres que le Roi voudroit donner pour échanger ou relâcher les priſonniers, lui fuſſent adreſſés à lui, pour les faire paſſer enſuite aux Commandans des Places, ſans préjudice du droit de rançon à l'égard des priſonniers qui ſeroient dans le cas d'en payer, pour être la rançon attribuée aux armateurs ſauf ſon droit de dixième. Mais les remontrances qu'il fit à ce ſujet furent ſans ſuccès, & depuis, les Commandans des Places ſe ſont toujours maintenus dans le droit de garder les priſonniers. Il en eſt pourtant qui le laiſſent uſurper par les Commiſſaires de Marine.

A l'égard des priſonniers amenés dans les ports qui ne ſont pas places de guerre, il fut réglé par Ordonnances des 7 Novembre 1703, & 11 Mars 1705, qu'ils ſeroient remis à l'Intendant ou au Commiſſaire de Marine du port où le corſaire conduiroit ou enverroit la priſe. Il eſt des Commiſſaires de Marine qui ſans égard à la diſtinction entre les ports qui ſont places de guerre & ceux qui ne le ſont pas, s'emparent de tous les priſonniers faits ſur mer.

Aujourd'hui, il ne s'agit donc plus de remettre les priſonniers entre les mains, c'eſt-à-dire au pouvoir des Officiers de l'Amirauté, puiſque notre article ne ſubſiſte plus en cette partie. Ce qui ſe pratique maintenant à ce ſujet, c'eſt qu'à l'arrivée du corſaire & de la priſe, les priſonniers ſont livrés au Commandant de de la Place ou au Commissaire de la Marine, qui les fait mettre en prison pour les y garder en attendant les ordres du Roi.

Et comme pour l'instruction de la prise, il y a quelquefois nécessité de prendre l'interrogatoire de tous les prisonniers, & toujours du Capitaine avec deux de ses gens au moins; lorsqu'il est question de les entendre à l'Amirauté on en previent le Commandant ou le Commissaire, qui, à l'heure marquée, fait conduire les prisonniers indiqués; &, après qu'ils ont subi l'interrogatoire, ils sont reconduits en prison : ce qui se réitére toutes les fois qu'il s'agit de les interroger de nouveau.

Les cas où les corsaires sont obligés de se charger de tous les prisonniers sans en relâcher aucun, & ceux où il leur est permis de n'amener que ceux qui sont nécessaires pour constater la prise, ont été distingués sur l'article 17 : mais aujourd'hui que, par la Déclaration du Roi, du 5 Mars 1748, art. 3, confirmée par celle du 15 May 1756, il y a des récompenses promises par tête de prisonniers; il y a apparence que dorénavant ils ameneront le plus de prisonniers qu'il leur sera possible.

RÉGLEMENT

FAIT PAR LE ROI,

Sur le fait de la procédure des prises qui se font en mer.

Avec l'Arrêt du Conseil d'Etat qui ordonne que ledit Réglement sera exécuté par les Officiers des Siéges de l'Amirauté, à peine d'interdiction.

Du 6 Juin 1672.

ARTICLE PREMIER.

AUssi-tôt que les vaisseaux appartenans aux ennemis de l'Etat, pris par les vaisseaux de Sa Majesté, ou par ceux qui sont armés par sa permission sur les commissions de M. l'Amiral, seront arrivés aux rades, ports & havres du Royaume, le Lieutenant de l'Amirauté, ou autres Officiers qui en feront la fonction, accompagnés du Procureur du Roi & du Greffier, recevront la déclaration du capitaine qui aura fait la prise, s'il y est en personne, sinon de celui qu'il en aura chargé.

II. La déclaration contiendra le lieu, le jour & l'heure que le vaisseau a été pris; si le capitaine a fait refus d'amener les voiles, de faire voir sa commission, ou son congé; s'il a attaqué, ou s'il s'est défendu; quel pavillon il portoit; ce qui s'est passé lors de la prise; si dans la chambre du capitaine il a été trouvé quelques papiers, chartes-parties & connoissemens, & autres circonstances de tout ce qui s'est passé lors de la prise; s'il n'a été rien jetté à la mer, & si le capitaine a satisfait à tout ce qu'il doit faire en ces occasions, suivant les Réglemens & Ordonnances.

III. Après la déclaration reçue, le Lieutenant de l'Amirauté donnera l'ordre pour faire entrer le vaisseau dans le port; & en cas qu'il soit demeuré à la rade, le Lieutenant avec le Procureur du Roi & Greffier, se transporteront sur le vaisseau pris, & feront procès-verbal de l'état auquel ils le trouveront, dans lequel ils feront mention si les écoutilles, chambres, caisses & ballots ont été ouverts ou non; si le fond de calle aura été pillé, visité ou endommagé en quelque sorte & maniere que ce soit : ensuite il fera ouverture de la chambre du capitaine, fera ouvrir ses coffres & armoires, pour trouver les piéces justificatives concernant le chargement du vaisseau.

IV. En cas que le capitaine ou maître du vaisseau pris ait été amené avec la prise, les Officiers feront la procédure entiere en sa présence; ou en son absence, en la présence de deux principaux officiers ou matelots de l'équipage dudit vaisseau, ensemble du capitaine ou autre officier du vaisseau preneur, auquel ils feront signer le procès-verbal.

V. Les officiers ne quitteront point le vaisseau pris qu'après avoir fait fermer & sceller du sceau de l'Amirauté les écoutilles & chambres, & qu'ils n'ayent mis sous le sceau tout ce qui peut être pris & enlevé, & établi des gardiens, qui en feront responsables, dont ils feront mention dans ledit procès-verbal.

VI. S'il se trouve des réclamateurs ils feront la procédure en leur présence, & les feront signer.

VII. Après que le procès-verbal aura été clos & arrêté, les officiers feront l'information, dans laquelle ils entendront les capitaines, propriétaires, officiers & matelots qui se trouveront sur le vaisseau pris, ensemble ceux qui se seront trouvés sur le vaisseau preneur.

VIII. Ils procéderont incessamment à l'inventaire de toutes les marchandises qui se trouveront sur le vaisseau; se feront représenter les livres du capitaine, maître ou écrivain, sur lesquels ils vérifieront les quantités & qualités desdites marchandises; & en cas qu'ils y trouvent quelque différence, ils s'informeront d'où elles pourront provenir.

IX. L'inventaire fait, ils remettront le tout sous la charge d'un gardien, qui sera établi par eux, en donnant bonne & suffisante caution. La procédure achevée, l'expédition en sera promptement faite en forme, & envoyée au Sécretaire Général de la Marine, à la diligence du Procureur du Roi, qui y tiendra soigneusement la main.

X En cas que par l'inventaire il se trouve des marchandises qui ne puissent être conservées, le Procureur du Roi en requerra la vente, qui sera ordonnée par led. Lieut., qui y procédera ensuite en présence du Procureur du Roi & des réclamateurs, s'il s'en trouve, & des maîtres de l'équipage dudit vaisseau preneur; dans laquelle vente il observera d'en faire les publications, & de poser les affiches aux endroits ordinaires, & en la forme accoutumée. Les encheres seront reçues à trois remises consécutives, de trois en trois jours, pour en être l'adjudication publiquement faite dans le lieu & à l'heure de l'Audience du Siége de l'Amirauté.

XI. La prise sera jugée au Conseil; & en cas que les réclamateurs en obtiennent main-levée, les officiers enregistreront l'Arrêt, & le feront exécuter sans aucun retardement, sous quelque prétexte que ce soit.

XII. Si la prise est déclarée bonne, ils feront la délivrance des marchandises en nature aux armateurs, s'ils en font la demande; sinon ils en feront faire la vente ainsi qu'il est dit ci-dessus; & sera la distribution des deniers faite aux intéressés en la maniere & sous la condition de leurs traités ou sociétés, en cas qu'ils ne le pussent faire volontairement, & de gré à gré.

XIII. Le dixiéme de l'Amiral sera premierement pris, & mis ès mains du receveur de ses droits, ensuite les frais de Justice, suivant le Réglement fait par Sa Majesté; & le surplus sera partagé en trois égales portions, dont le tiers sera délivré au propriétaire du vaisseau, un autre tiers aux armateurs, & le tiers restant à l'équipage. En cas que le vaisseau preneur appartienne au Roi, toute la prise sera adjugée à Sa Majesté, déduction faite du dixiéme de l'Amiral & des frais de Justice.

XIV. Les Officiers observeront étroitement les défenses portées par les Ordonnances & Réglemens, de ne se rendre adjudicataires des marchandises des vaisseaux pris, ni sous leur nom, ni sous celui de personnes interposées.

XV. Il sera mis au Greffe en dépôt, des échantillons des marchandises qui auront été vendues, pour y avoir recours en cas de besoin.

XVI. Les gardiens établis èsdites marchandises, & qui en auront le prix de la vente, n'en pourront faire restitution & délivrance que sur les Ordonnances du Juge, & conclusions du Procureur du Roi.

Fait au Conseil d'Etat du Roi, tenu à Saint-Germain-en-Laye le sixiéme jour de Juin 1672. *Signé*, MARIE-THERESE.

Et plus bas, COLBERT.

EXTRAIT DES REGISTRES du Conseil d'Etat.

LE Roi étant en son Conseil s'étant fait représenter le Réglement fait par Sa Majesté le 6 Juin 1672, contenant les procédures qui doivent être faites par les Officiers de l'Amirauté, sur le fait des prises sur les ennemis de Sa Majesté. Et considérant que lesdits Officiers des Siéges de l'Amirauté du Royaume, ont négligé jusqu'à présent à se conformer audit Réglement, dont il est né divers inconvéniens préjudiciables au service de S. M. & au bien de ses Sujets. A quoi étant nécessaire de pourvoir, S.M. étant en son Conseil, a ordonné & ordonne que ledit Réglement sera exécuté selon sa forme & teneur par les Officiers des Siéges de l'Amirauté, à peine d'interdiction. Veut Sa Majesté que ledit Réglement, ensemble le présent Arrêt, soient lûs, publiés & enregistrés dans tous lesdits Siéges, l'Audience tenant. Fait au Conseil d'Etat du Roi, Sa Majesté y étant, tenu à Saint-Germain-en-Laye le 27 Janvier 1674. *Signé*, COLBERT.

INSTRUCTION

Que le Roi veut être observée dans les procédures des prises qui seront faites en mer.

Du 16 Août 1692.

LA procédure sera uniforme dans toutes les Amirautés, & les Intendans de Marine s'y conformeront à l'égard des prises dont l'instruction leur est attribuée par les Ordonnances de Sa Majesté.

Le capitaine du vaisseau preneur fera, aussi-tôt son arrivée dans le port, son rapport, dans lequel il declarera le temps & le lieu de son départ, & la date de la commission qu'il aura obtenu pour armer en guerre, laquelle il représentera.

Il déclarera pareillement les motifs de chaque prise qu'il aura faite, & remettra aux Officiers de l'Amirauté les piéces trouvées à bord du vaisseau pris, dont il marquera le nombre & les paraphera par premiere & derniere, en présence du Lieutenant de l'Amirauté, qui les paraphera pareillement de son seing, aussi-bien que le capitaine ou le principal officier du vaisseau pris. Et faute par lesdits capitaines preneurs de remettre lesdites piéces, ils seront privés du profit qui leur auroit appartenu dans la prise, qui sera confisquée au profit de Sa Majesté. Et en cas que par leur engagement ils ne doivent point avoir de profit dans les prises, ils seront privés de la moitié de leurs gages.

Celles qui seront écrites en langue étrangere, seront traduites par un interpréte pris d'office du nombre de ceux qui sont établis en titre.

Le procès-verbal du Lieutenant de l'Amirauté qui ordonnera la traduction & le rapport de l'interprete qu'il aura nommé, désignera le numero de chaque piéce translatée, & de celles qui auront paru inutiles.

Si le capitaine du vaisseau preneur ne retourne pas au port où il a été armé, & qu'il n'y conduise pas les prises qu'il aura faites, il en expliquera les raisons dans son rapport, où le Lieutenant de l'Amirauté l'interpellera de les déclarer, & lui fera représenter sa commission.

Lorsque la prise aura été faite par un des vaisseaux de Sa Majesté armé par des particuliers, le capitaine preneur le déclarera par son rapport, & remettra entre les mains du Lieutenant de l'Amirauté copie du traité qu'il aura fait, ou de l'ordre en vertu duquel il est armé pour son compte; & à faute d'y satisfaire la prise sera confisquée au profit de Sa Majesté, sans que ledit capitaine ni ses associés puissent y avoir aucune part.

Lorsque le rapport du capitaine contiendra plusieurs prises, les Officiers de l'Amirauté en feront séparément les procédures; mais ils observeront d'employer au commencement de chacune le rapport du capitaine, sans en rien tronquer, sans qu'ils puissent se taxer plus grands droits que pour un seul rapport, & les autres seront seulement payés au Greffier comme copies.

Les capitaines des vaisseaux de Sa Majesté feront à leur retour le rapport des prises qu'ils auront faites, & de celles auxquelles ils auront été présents, aux Intendans, si les prises ont été faites par une escadre de quatre vaisseaux, ou par des vaisseaux détachés de l'armée navale, ou aux Officiers de l'Amirauté, si elles ont été faites par des vaisseaux seuls, ou en moindre nombre que quatre, à peine d'être privés de leurs appointemens pour trois mois.

Lorsque les capitaines preneurs ne représenteront pas, conformément à l'Ordonnance, les capitaines ou les deux principaux officiers des vaisseaux pris, ils en expliqueront les raisons dans leur rapport; & si elles ne sont pas valables, Sa Majesté veut que leur contravention à l'Ordonnance soit punie, & qu'ils soient condamnés en trois cens livres d'amende, qui sera prise sur leur part du profit dans le provenu de la prise, ou sur leurs gages.

Si les rapports contiennent des faits particuliers sur le pillage des prises, sur la maniere dont elles se seront rendues, sur les pieces trouvées à bord, & sur la fuite des équipages pris, ils seront vérifiés par l'audition de deux principaux officiers mariniers du vaisseau preneur.

Aussi-tôt que les Intendans ou Officiers de l'Amirauté auront reçu le rapport, ils se transporteront à bord des vaisseaux pris, s'ils sont entrés dans le port, & dresseront un procès-verbal qui contiendra l'état auquel ils les auront trouvé; & s'ils sont entierement chargés, à mi-charge, ou au tiers, & s'il y a quelque apparence qu'il y ait eu du pillage, ils en feront mention pour s'en servir dans la suite de l'instruction à en découvrir les auteurs. Ledit procès-verbal contiendra aussi autant qu'il sera possible l'état & la qualité des marchandises qui en composent le chargement, & il sera fait en présence du capitaine ou de deux principaux officiers mariniers desdits bâtimens pris, de même que l'apposition du scellé, & l'établissement des gardiens.

Les capitaines & principaux officiers mariniers des vaisseaux pris seront interrogés séparément, & il leur sera fait les demandes qui suivent, outre celles qui sont de l'usage & des formalités ordinaires: savoir, de quel pays ils sont originaires, où ils font leur résidence actuelle, eux & leurs familles, depuis quel temps, s'ils ont des lettres de bourgeoisie, dans quelle intention ils les ont obtenues, s'ils ont donné caution de résider dans la ville dont ils ont été faits bourgeois, quelle est leur caution, s'ils ont à bord des connoissemens, chartes-parties, ou factures, si ces connoissemens désignent pour le compte de qui les marchandises ont été chargées, ou pourquoi ils ne l'expriment pas, à qui appartiennent ces marchandises, qui en sont les chargeurs & les propriétaires, à qui elles doivent être consignées, à qui appartient le vaisseau pris, combien de voyages il a fait, quel jour & de quel port il est parti, quel est le lieu de sa premiere destination, & quelle route il devoit tenir ensuite, sous quelle commission, passeport & banniere ils naviguent, si le capitaine a part dans la cargaison, en quoi elle consiste, si quelqu'autre vaisseau a contribué ou assisté à la prise, ou étoit en vue, si le capitaine ou les autres officiers, matelots & passagers du vaisseau pris, n'ont point jetté à la mer quelques papiers, s'il y a eu du pillage, s'ils savent par qui il a été commencé, & s'ils ont été maltraités. Outre lesquelles demandes lesdits Intendans & Officiers pourront faire celles qu'ils estimeront nécessaires, suivant l'exigence des cas.

En cas que les équipages entiers des vaisseaux pris ayent été amenés, les matelots & mousses pourront être interrogés après les principaux officiers mariniers, si lesdits Intendans & Officiers de l'Amirauté l'estiment nécessaire pour mieux éclaircir les circonstances de la prise, mais tous ensemble, & seulement sur les faits desquels ils peuvent avoir connoissance, & les lieux où ils ont été pris pour servir sur les vaisseaux.

Aussi-tôt que les interrogatoires & la traduction des piéces auront été achevés, lesdits Officiers de l'Amirauté jugeront la prise, conformément à l'Arrêt du Conseil du 2 Octobre 1689, si elle paroît sans difficulté appartenir aux ennemis, & l'enverront au Sécretaire d'Etat ayant le département de la Marine, sans aucun retardement, en sorte que dans un mois au plus tard les procédures soient achevées & envoyées; & faute par lesdits Officiers d'y satisfaire, ils seront privés de leurs salaires & vacations pour les prises dont ils auront retenu les procédures plus d'un mois, & interdits en cas de récidive, à moins qu'ils n'ayent quelque excuse légitime procédante du fait des armateurs, ou des réclamateurs, dont ils auront soin d'informer le Sécretaire d'Etat ayant le département de la Marine, & envoyant les procédures qui auront été retardées.

Si dans le cours de la procédure les armateurs ou réclamateurs demandent le déchargement des bâtimens pris pour éviter le dépérissement des marchandises, lesdits Intendans & Officiers de l'Amirauté joindront aux procédures le procès-verbal & l'inventaire des marchandises, & le procès-verbal de vente, s'il y en a eu de vendues; & s'il n'y en avoit qu'une partie de déchargées, il sera fait mention dans le procès-verbal de la qualité de celles qui seront restées à bord.

Avant d'ordonner la vente des marchandises qu'on prétendra sujettes à dépérissement, il sera fait un procès-verbal de l'état auquel elles sont, & ensuite de leur vente en présence du capitaine preneur & du capitaine pris, ou s'il n'a pas été amené, en celle des principaux Officiers des vaisseaux pris, & il en sera fait mention dans le procès-verbal, & que les autres formalités prescrites par l'Ordonnance y auront été observées.

Fait Sa Majesté défenses de remettre les papiers entre les mains de l'armateur ou du réclamateur, & de leur confier la procédure qui sera remise au Greffe de l'Amirauté, & la grosse avec les piéces trouvées à bord envoyées par le Greffier au Sécretaire d'Etat ayant le département de la Marine.

Les Juges marqueront leurs taxes au bas des minutes, & le Greffier en fera mention sur la grosse envoyée.

Veut Sa Majesté que l'Ordonnance de la Marine de 1681, soit au surplus exécutée en tout ce qui n'est point expliqué par la présente Instruction.

Faite au Conseil d'Etat du Roi, tenu à Versailles le 16 Août 1692. *Signé*, LOUIS.

Et plus bas, PHELYPEAUX.

LETTRES PATENTES

Portant nomination des Commissaires pour tenir le Conseil des Prises sous l'Amiral de France.

Du 9 Mars 1695.

LOUIS, par la grace de Dieu, Roi de France & de Navarre, à nos amés & féaux Conseillers ordinaires en nos Conseils, les Sieurs Pussort, Bernard de Rezé, de Pommereu, Bignon, de Marillac, d'Aguesseau, de Ribere, de Harlay, de Ponchartrain, Sécretaire d'Etat ayant le département de la Marine, & Phelypeaux, aussi Sécretaire d'Etat ayant ledit département, & nos amés & féaux Conseillers en nos Conseils, Maîtres des Requêtes ordinaires de notre Hôtel, les Sieurs Maton de Bercy, de Jassaud de Fourcy, de Fieubet de Reveillon, Bignon de Blanzy & d'Argenson, & le Sieur de Valincourt, Sécretaire Général de la Marine, Salut. Ayant par le Réglement que nous avons fait aujourd'hui, établi l'ordre que nous voulons être observé à l'avenir dans l'instruction & le Jugement des prises qui seront faites en mer, tant par nos vaisseaux, en quelque nombre qu'ils soient, que par ceux de nos Sujets qui seront armés en course, & ordonné qu'elles seront jugées par notre très-cher Fils le Comte de Toulouse, Amiral de France, & par les Commissaires qui seront par Nous choisis pour tenir Conseil près de lui; & nous confiant en votre capacité & suffisance, dont vous nous avez donné des preuves en toutes rencontres. A ces causes, & autres à ce nous mouvans, nous vous avons ordonné & ordonnons de vous assembler à l'avenir près la Personne de notredit Fils le Comte de Toulouse, & en son absence dans sa Maison, pour y tenir Conseil, & à juger les prises qui seront faites ès mers de Levant & de Ponant, tant par nos vaisseaux & galeres, que par ceux de nos Sujets, les partages d'icelles & autres incidens qui y surviendront, & même les échouemens des vaisseaux ennemis, circonstances & dépendances; le tout conformément aux Arrêts, Réglemens & Ordonnances rendus sur ce sujet, & au Réglement de cejourd'hui : & de ce vous avons attribué & attribuons par ces Présentes toutes jurisdiction & connoissance, & icelles interdisons à tous autres Juges; voulons & ordonnons que les appellations des Ordonnances qui seront par vous rendues, soient portées en notre Conseil Royal des Finances, pour y être par Nous jugées au rapport du Sécretaire d'Etat ayant le département de la Marine. Car tel est notre plaisir. Donné à Versailles le 9 Mars, l'an de grace 1695, & de notre Regne le 52. *Signé*, LOUIS.

Et plus bas, Par le Roi, PHELYPEAUX.

RÉGLEMENT

Que le Roi veut être observé dans l'Instruction & le Jugement des Prises.

Du 9 Mars 1695.

LA minorité de M. le Comte de Vermandois & celle de M. le Comte de Toulouse ensuite, ayant suspendu jusques à sa réception dans la Charge d'Amiral de France, une partie des fonctions les plus honorables attachées à cette Charge, au sujet des prises qui se font à la mer, soit par les vaisseaux de Sa Majesté, soit par les vaisseaux de ses Sujets qui ont commission pour armer. Et Sa Majesté désirant maintenir l'Amiral de France dans son ancienne Jurisdiction, à présent que Monsieur le Comte de Toulouse est en état de l'exercer par lui-même; après s'être fait représenter les Ordonnances, tant anciennes que nouvelles, Arrêts & Réglemens rendus sur la maniere d'instruire & de juger les prises, a résolu le présent Réglement, qu'Elle veut être exécuté, dérogeant à tous autres, en ce qu'ils n'y seroient pas conformes.

ARTICLE PREMIER.

Les prises seront jugées par les Ordonnances qui seront rendues par M. le Comte de Toulouse, Amiral de France, & par les Sieurs Commissaires qui seront choisis & nommés de nouveau par Sa Majesté, pour tenir Conseil près de lui, sans qu'il y ait un Procureur pour Sa Majesté dans cette commission.

II. Les Commissaires s'assembleront à cet effet dans la Maison de M. l'Amiral, soit qu'il soit présent ou absent; & les assemblées se tiendront aux jours & heures qui seront par lui indiqués, & le Sécretaire de la Marine y assistera sans voix délibérative.

III. M. l'Amiral présidera à ce Conseil, &, lorsque les avis seront partagés, sa voix prévaudra; & si les avis sont partagés en son absence, il y aura ordonnance de partage.

IV. Il distribuera tous les procès à ceux des Commissaires qu'il jugera à propos, même les simples Requêtes, & en son absence le plus ancien des Sieurs Commissaires présidera & distribuera comme lui.

V. M. l'Amiral & les Commissaires connoîtront aussi des partages des prises, & de tout ce qui leur est incident, même des échouemens des vaisseaux ennemis qui arriveront pendant la guerre, circonstances & dépendances.

VI. Lorsqu'il y aura lieu de condamner les parties à des dommages & intérêts, ou d'ordonner des estimations, M. l'Amiral & les Commissaires les pourront régler & arbitrer à une somme fixe & certaine, suivant l'exigence des cas: & lorsqu'ils jugeront à propos que lesdites estimations ou liquidations soient faites par experts, ils commettront les Officiers de l'Amirauté pour recevoir leur rapport, & donner leur avis, sur lequel M. l'Amiral & les Commissaires ordonneront ce que de raison.

VII. Toutes les Requêtes seront adressées à M. l'Amiral seul, & les Ordonnances seront intitulées de son nom.

VIII. Elles seront signées de M. l'Amiral & des Commissaires, & les Commissaires signeront tous au-dessous du Rapporteur, & sur la même colonne; ensorte qu'il n'y ait sur la premiere colonne que la seule signature de M. l'Amiral.

IX. En son absence les Ordonnances seront signées en la maniere ordinaire, toujours intitulées du nom de M. l'Amiral.

X. Les instructions qui concernent les échouemens ou les prises, partages d'icelles, circonstances & dépendances, seront faites par les Officiers de l'Amirauté dans le ressort desquels elles seront amenées, suivant les formalités prescrites par les Ordonnances, Arrêts & Réglemens, soit que les prises ayent été faites par des armateurs particuliers, soit qu'elles ayent été faites par des navires de Sa Majesté, en quelque nombre qu'ils puissent être, sans que les Officiers de l'Amirauté puissent les juger en aucun cas.

XI. Pourront néanmoins les Officiers de l'Amirauté, lorsque les prises seront constamment ennemies, suivant les piéces du bord, & les interrogatoires des prisonniers, & lorsque les marchandises pourroient dépérir, ordonner que les marchandises de la cargaison seront judiciairement vendues, pour empêcher le dépérissement, & prévenir la diminution du prix.

XII. Les Greffiers des Siéges de l'Amirauté enverront exactement & diligemment au Sécretaire général de la Marine les instructions qu'ils auront faites des affaires ci-dessus spécifiées, faute de quoi ils seront responsables des dommages & intérêts des parties, & le Sécretaire général de la Marine tiendra un registre exact & fidéle de toutes les procédures qui lui seront envoyées, & du jour qu'il les aura reçues.

XIII. Les procédures & instructions des prises qui seront faites sous les Tropiques & au-delà, pourront être faites dans les isles Françoises de l'Amérique à la maniere accoutumée, sans que l'Intendant, & autres à qui la connoissance en est conjointement attribuée, puissent les juger à l'avenir; ils donneront seulement leurs avis, dont ils enverront une expédition au Sécretaire général de la Marine, avec une grosse de la procédure, pour y être fait droit par M. l'Amiral & les Commissaires. Leurs avis néanmoins seront exécutés par provision, en baillant bonne & suffisante caution, qui sera reçue par l'Intendant.

XIV. Le Sécretaire général de la Marine expédiera les Ordonnances qui seront données par M. l'Amiral & les Commissaires, & il signera les expéditions qui seront délivrées aux parties.

XV. Les appellations des Ordonnances ainsi rendues par M. l'Amiral & les Commissaires seront portées & jugées au Conseil Royal des Finances, & M. l'Amiral y assistera, & y prendra le rang que sa Naissance & sa Charge lui donnent.

XVI. Le Sécretaire d'Etat ayant le département de la Marine rapportera seul dans le Conseil Royal les affaires qui s'y porteront par appel ou autrement, ensemble les oppositions ou autres incidens qui pourront survenir, & les Arrêts qui interviendront seront expédiés en commandement par le même Sécretaire d'Etat ayant le département de la Marine.

XVII. Seront au surplus les Ordonnances, Arrêts & Réglemens, même les Ordres que S. M. a donnés depuis la guerre sur le fait des prises; tant par rapport à la maniere de les instruire, que pour celle de les juger en certains cas, exécutés selon leur forme & teneur, en tout ce qui n'est point contraire au présent Réglement, lequel sera lû, publié & enregistré dans tous les Siéges de l'Amirauté.

Mande & ordonne Sa Majesté à M. le Comte de Toulouse, Amiral de France, de tenir la main à son entiere observation.

Fait à Versailles le 9 Mars 1695. *Signé*, LOUIS. *Et plus bas*, PHELYPEAUX.

RÉGLEMENT DU ROI,

Pour l'établissement du Conseil des Prises.

Du 23 Avril 1744.

LE ROI voulant pourvoir à l'instruction & au jugement des prises qui pourront être faites sur les Sujets du Roi d'Angleterre, en conséquence de l'Ordonnance de Sa Majesté du 15 Mars dernier, portant déclaration de guerre contre le Roi d'Angleterre, Electeur d'Hannover, tant par ses vaisseaux, que par ceux de ses Sujets armés en course, & s'étant fait représenter les Réglemens des 9 Mars 1695, 12 Mai 1702, 12 Février 1719 & 3 Novembre 1733, pour l'établissement d'un Conseil des prises, ensemble l'Arrêt du 13 Août 1707, Sa Majesté a résolu le présent Réglement, & veut qu'il soit exécuté, dérogeant à tous autres en ce qu'ils s'y trouveroient contraires.

ARTICLE PREMIER.

Les prises seront jugées par les Ordonnances qui seront rendues par M. l'Amiral & par des Commissaires qui seront choisis, & nommés par S. M. pour tenir Conseil près de lui, sans qu'il y ait de Procureur pour S. M. dans cette Commission.

II. Les Commissaires s'assembleront à cet effet dans la Maison de M. l'Amiral, soit qu'il soit présent ou absent : les assemblées se tiendront aux jours & heures qui seront par lui indiqués, & le Sécretaire Général de la Marine y aura scéance & voix délibérative.

III. M. l'Amiral présidera à ce Conseil; si les avis sont partagés, sa voix prévaudra : s'ils le sont en son absence, l'affaire lui sera rapportée à l'un des Conseils suivans; & en cas de voyages ou de maladie, il sera rendu une Ordonnance de partage, & l'affaire sera portée au Conseil Royal des Finances pour y être fait droit, comme sur les appels.

IV. M. l'Amiral distribuera tous les procès à ceux des Commissaires qu'il jugera à propos, même les simples Requêtes, & en son absence le plus ancien des Commissaires présidera, & distribuera comme lui.

V. M. l'Amiral & les Commissaires connoîtront aussi des partages des prises & de tout ce qui leur est incident, même des liquidations, & comptes des dépositaires lorsqu'ils le jugeront à propos, comme aussi des échouemens des vaisseaux ennemis qui arriveront pendant la guerre, circonstances & dépendances.

VI. Lorsqu'il y aura lieu de condamner les parties à des dommages & intérêts, ou d'ordonner des estimations, M. l'Amiral & les Commissaires les pourront régler & arbitrer à une somme fixe & certaine, suivant l'exigence des cas, & s'ils jugent à propos que les estimations ou liquidations soient faites par des experts, ils commettront les Officiers de l'Amirauté pour recevoir le rapport desdits experts, & donner leur avis, pour sur le tout être par M. l'Amiral & les Commissaires ordonné ce que de raison, à moins qu'ils ne trouvent plus convenable pour la prompte expédition de nommer des Experts à Paris, auquel cas ils en pourront nommer d'office, & sur l'avis desdits experts ordonner ce qu'il appartiendra.

VII. Toutes les Requêtes présentées au Conseil des prises seront adressées à M. l'Amiral seul, les Ordon. seront intitulées de son nom, chacun des Commissaires écrira de sa main ce qui aura été jugé dans les affaires dont il aura fait rapport; les minutes des Ordon. seront signées sur la premiere colonne par M. l'Amiral, & elles seront signées sur la seconde colonne par tous les Commissaires au-dessous de la signature du Rapporteur, ensorte qu'il n'y ait sur la premiere colonne que la signature de M. l'Amiral, en l'absence duquel les Ordonnances seront signées en la maniere ordinaire, mais toujours intitulées de son nom, le tout conformément au Réglement du 9 Mars 1695.

VIII. Les instructions concernant les échouemens, les prises, partages d'icelles, circonstances & dépendances, seront faites par les Officiers des Amirautés dans le ressort desquelles les échouemens seront arrivés, & les prises seront amenées suivant les formalités prescrites par les Ordonnances, Arrêts, Réglemens, soit que les prises ayent été faites par des armateurs particuliers, soit qu'elles ayent été faites par les vaisseaux de Sa Majesté, en quelque nombre qu'ils puissent être, sans que les Officiers de l'Amirauté puissent les juger en aucun cas.

IX. Pourront néanmoins les Officiers de l'Amiraut lorsque les prises seront constamment ennemies, suivant les piéces du bord, & les interrogatoires des prisonniers, & quand les marchandises seront sujettes à dépérissement, ordonner qu'il sera fait une vente judiciaire desd. marchandises pour en empêcher le dépérissement & prévenir la diminution du prix.

X. Les Greffiers des Siéges des Amirautés enverront exactement & diligemment au Sécretaire Général de la Marine les instructions qui auront été faites des affaires ci-dessus spécifiées, faute dequoi ils seront responsables des dommages & intérêts des Parties, & le Sécretaire général de la Marine tiendra exactement un Registre de toutes les procédures qui lui seront envoyées, & du jour qu'il les aura reçûes.

XI. A l'égard des prises qui seront conduites dans les Colonies Françoises, & dans les autres établissemens dépendans de la France, où il y a des Siéges d'Amirautés, les instructions & procédures en seront faites par les Officiers de l'Amirauté, en la même maniere que dans les Amirautés du Royaume; ils enverront avec toute la diligence possible, la grosse de chaque procédure & les piéces originales au Sécretaire général de la Marine, pour y être fait droit par M. l'Amiral & les Commissaires, sans qu'ils puissent les juger en aucun cas. Pourront seulement donner leur avis sur la validité ou invalidité de la prise, circonstances & dépendances, dont ils joindront une expédition à la grosse de la procédure; & en cas de besoin, sera ledit avis exécuté par provision, si une des parties le demande, & non autrement, en donnant bonne & suffisante caution, qui sera reçue par lesdits Officiers, & à condition que la partie qui aura demandé l'exécution sera responsable des dommages & intérêts, s'il en échoit; & attendu que la grosse de la procédure, & les piéces originales, pourroient être perdues par naufrage, ou prise des bâtimens sur lesquels les Officiers de l'Amirauté les auroient envoyées, ils seront obligés de garder des copies collationnées desdites piéces originales, & les joindre aux minutes de la procédure, pour y avoir recours en cas de besoin.

XII. Celui qui sera commis pour Greffier au Conseil des prises, dressera les Ordonnances, en signera les expéditions en parchemin, & fera toutes les fonctions concernant le Greffe, sans néanmoins avoir entrée & séance audit Conseil, conformément à l'Arrêt du 13 Août 1707.

XIII. Les Ordonnances qui seront données par M. l'Amiral & les Commissaires, seront expédiées & signées, ainsi qu'il est porté par le présent Réglement, & envoyées aux Amirautés en exécution desdites Ordonnances: s'il survient des incidens de quelque nature qu'ils puissent être, les Officiers de l'Amirauté en dresseront procès-verbal, qu'ils enverront avec leur avis, au Sécretaire Général de la Marine, pour y être fait droit par M. l'Amiral & les Commissaires.

XIV. Les appellations des Ordonnances ainsi rendues par M. l'Amiral & les Commissaires, seront portées & jugées au Conseil Royal des Finances: M. l'Amiral y assistera, & y prendra le rang que sa Naissance & sa Charge lui donnent.

XV. Le Sécretaire d'Etat ayant le département de la Marine rapportera seul dans le Conseil Royal, les affaires qui s'y porteront par appel ou autrement, ensemble les oppositions ou autres incidens qui pourront survenir, & les Arrêts qui interviendront, seront expédiés en commandement par le même Sécretaire d'Etat ayant le département de la Marine.

XVI. Veut au surplus Sa Majesté que les Ordonnances, Arrêts & Réglemens, même les ordres qu'elle a donnés pendant les dernieres guerres sur le fait des prises, & auxquels il n'a pas été dérogé, tant par rapport à la maniere de les instruire, que pour celle de les juger en certains cas, soient exécutés selon sa forme & teneur, en tout ce qui n'est point contraire au présent Réglement, lequel sera lû, publié & enregistré dans tous les Siéges d'Amirauté. Mande & ordonne Sa Majesté à M. le Duc de Penthiévre, Amiral de France, de tenir la main à son entiere observation. Fait à Versailles le 23 Avril 1744. *Signé*, LOUIS.

Et plus bas, PHELYPEAUX.

ARREST DU CONSEIL D'ÉTAT DU ROI,

Portant que le Sécretaire général de la Marine aura séance & voix délibérative dans les assemblées qui se tiendront pour juger les prises, & commet le Sieur Peletier pour dresser les Ordonnances, & en signer les expéditions en parchemin.

Du 13 Août 1707.

Extrait des Registres du Conseil d'État.

VU par le Roi étant en son Conseil la Requête présentée par le Sieur de Valincour, Sécretaire général de la Marine, contenant que ses prédécesseurs en ladite Charge, ont toujours été nommés pour avoir séance & voix délibérative avec les Sieurs Commissaires choisis pour juger les prises dans la maison des Amiraux de France, Chefs & Surintendans de la Navigation, que cet usage n'a été suspendu en 1672 qu'à cause de la minorité de l'Amiral, qui donna lieu à l'établissement d'une Commission du Conseil, où les prises étoient jugées & les Arrêts expédiés au nom de Sa Majesté, & que cette Commission a cessé lorsque M. le Comte de Toulouse, par sa majorité, a été rétabli dans le droit de juger les prises; mais comme le Sécretaire général de la Marine a été chargé par le Réglement du 9 Mars 1695, d'expédier les Ordonnances qui seroient rendues, & de signer les expéditions qui seroient délivrées aux parties, ce qui paroît être incompatible avec le droit de voix délibérative, il supplie Sa Majesté de vouloir bien lever cet empêchement, en commettant une personne capable pour faire lesdites fonctions. Sa Majesté a ordonné & ordonne, que ledit Sieur de Valincour aura à l'avenir séance & voix délibérative dans les assemblées qui se tiendront pour juger les prises; & a Sa Majesté nommé pour Greffier de ladite assemblée le Sieur Peletier, & pour en cette qualité dresser les Ordonnances, en signer les expéditions en parchemin, & faire toutes les fonctions nécessaires, sans toutefois avoir entrée ni séance dans ladite assemblée, en laquelle chacun desdits Sieurs Commissaires écrira de sa main ce qui aura été jugé sur chacune des affaires dont il aura fait le rapport, dérogeant à l'égard de ce que dessus seulement au Reglement du 9 Mars 1695, que Sa Majesté veut au surplus être exécuté selon sa forme & teneur. Fait au Conseil d'Etat du Roi, Sa Majesté y étant, tenu à Versailles le treize Août mil sept cent sept.

Signé, PHELYPEAUX.

ARTICLE XXII.

APrès la déclaration reçue, les Officiers de l'Amirauté se transporteront incessamment sur le vaisseau pris, soit qu'il ait mouillé en rade, ou qu'il soit entré dans le port; dresseront procès-verbal de la quantité & qualité des marchandises, & de l'état auquel ils trouveront les chambres, armoires, écoutilles & fond de cale du vaisseau, qu'ils feront ensuite fermer & sceller du sceau de l'Amirauté; & ils y établiront des gardes pour veiller à la conservation du scellé, & pour empêcher le divertissement des effets.

CEt article & les deux qui suivent sont aussi tirés, tant de l'Arrêt du Conseil du 31 Juillet 1666, que du Réglement en forme d'instruction du 6 Juin 1672, dont il a été parlé sur l'article précédent.

C'est ici le second acte de la procédure concernant les prises. Aussi-tôt après le rapport fait aux Officiers de l'Amirauté, ils sont obligés de se transporter avec leur Greffier, sur le vaisseau pris, pour y dresser leur procès-verbal relativement à cet article, qui n'a pas besoin d'explication. Ce qui se pratique en conséquence, le voici.

On fait la visite du navire; on examine l'état des marchandises; si le chargement est entier ou incomplet, à moitié, au tiers ou à autre proportion; s'il n'y a point des marques ou indices de pillage. Autant qu'il se peut on indique la qualité & quantité des marchandises; on fait ouvrir les armoires & les coffres tant du capitaine que d'autres, pour inventorier ce qui s'y trouvera; on fait aussi l'inventaire des agrès & apparaux du navire, après quoi on fait fermer les écoutilles & l'on y appose les sceaux de l'Amirauté par tout où il convient. Le tout est mis sous la garde d'un homme de confiance pour veiller à la conservation des scellés, & empêcher le divertissement des effets. Instructions des 6 Juin 1672, & 16 Août 1692.

Quoique l'article dise, qu'il sera établi *des gardes*, l'usage est de n'en mettre qu'un pour épargner les frais; & cela est venu sans doute, de ce que dès qu'il arrive une prise dans les rades, deux commis des Fermes y sont envoyés, qui n'en sortent

sortent point jusqu'à ce que la prise soit déchargée, parce que des marchandises des prises, il en est dont la consommation ne peut se faire dans le Royaume, & que toutes les autres sont sujettes à des droits. Or ce sont-là des surveillans sur lesquels on peut compter.

A raison des droits que les fermiers-généraux ont sur les marchandises, ils crurent en 1697 qu'il leur convenoit d'avoir la garde des prises & de leurs effets. Dans cette idée ils surprirent un Arrêt du Conseil en date du 5 Mars, qui entr'autres dispositions autorisoit les commis des fermes à apposer les scellés sur les prises, & à déposer les effets & marchandises dans les magasins de la ferme.

Mais sur les représentations des officiers de l'Amirauté de Brest, appuyées par M. l'Amiral, il intervint un autre Arrêt du Conseil le 2 Juillet de la même année 1697, qui » faisant droit sur lesdites représentations, & pour conserver en même » temps les sûretés nécessaires aux droits des fermes, ordonna que les sceaux ne » pourroient être apposés sur les prises que par les officiers de l'Amirauté, avec dé- » fenses aux commis des Fermes d'en plus apposer aucuns, voulant néanmoins Sa Majesté » que lesdits commis ou gardes qui seroient employés sur les prises par les fermiers, » en la maniere accoutumée, affistassent au procès-verbal de l'état de la prise & à » l'apposition du sceau des officiers de l'Amirauté sur les écoutilles, lequel procès- » verbal seroit signé par lesdits commis comme présens, sans que lesdits sceaux puf- » sent être levés en aucun cas, qu'en présence desdits employés, ou eux duëment » appellés, auxquels commis il seroit délivrè copie dudit procès-verbal, *aux frais* » *de la ferme.* » Au surplus il fut ordonné que l'arrêt du 5 Mars précédent seroit exécuté principalement au chef qui portoit, » que les effets des prises seroient mis » dans un magasin sous trois *clefs* dont une resteroit auxdits commis, une autre à » l'Amirauté & la troisiéme à l'Inspecteur des manufactures ou à l'armateur, à dé- » faut de marchandises non prohibées; sauf à l'armateur ou à l'adjudicataire à re- » querir une quatriéme clef. » Ce qui avoit toujours continué depuis comme ayant été confirmé par tous les réglemens postérieurs concernant les marchandises des prises, & des vaisseaux échoués sur les côtes du Royaume, même par l'Arrêt du Conseil du 7 Août 1744, contenant un Réglement général sur la matiere des prises & des échouemens des vaisseaux ennemis. Mais par un dernier Arrêt du Conseil du 15 Mars 1757 art. 4, il n'y a plus que deux clefs de nécessité, dont l'une doit être remise au Juge de l'Amirauté, & l'autre au commis des fermes, sauf à l'armateur à en requerir une troisiéme.

ARREST DU CONSEIL D'ÉTAT DU ROI,

Portant que les Sceaux ne seront apposés sur les prises que par les Officiers de l'Amirauté, en présence des Commis des Fermes; & que lesdits Sceaux ne seront levés qu'en leur présence, ou eux dûement appellés.

Du 2 Juillet 1697.

Extrait des Registres du Conseil d'Etat.

SUr ce qui a été représenté au Roi en son Conseil par les Officiers de l'Amirauté de Brest, que par Arrêt du Conseil du 5 Mars 1697, il leur a été fait défenses, & aux Officiers des autres ports, de rompre ni briser les Sceaux apposés par les commis des Fermes sur les prises, qu'en présence desdits commis, & de prendre connoissance de saisies faites par les commis desdites Fermes ou par l'Inspecteur des Manufactures, & ordonné que la confiscation desdites saisies sera poursuivie devant les Juges des Fermes. Qu'il est en outre ordonné par ledit Arrêt que les marchandises des prises seront mises dans un magasin sous trois clefs différentes, pour y demeurer jusques à ce qu'elles soient envoyées hors le Royaume, & que les marchandises énoncées audit Arrêt, & saisies les 15 Décembre & 8 Janvier 1697, seront remises au Bureau des Fermes à Brest. Que la disposition dudit Arrêt qui donne la faculté aux commis des Fermes d'apposer des Sceaux, est une entreprise sur la jurisdiction & fonction desdits Officiers, ainsi que le dépôt desdites marchandises de prises dans lesdits magasins, & est contraire à l'Arrêt du Conseil du 15 Décembre 1691, & à la charge aux armateurs; qu'il est encore contre la disposition dudit Arrêt du 15 Décembre 1691, qui ne laisse aux Juges des Traites que la connoissance des saisies des marchandises venues par terre, de leur attribuer la connoissance sans distinction de ce qui a rapport aux marchandises provenant des prises & échouemens, & d'avoir ordonné sur ce fondement que les neuf pieces d'étoffes & autres marchandises saisies sur le nommé Lucas, seroient remises au Bureau des Fermes, sauf à se pourvoir sur ladite saisie pardevant le Juge des Traites a Brest, vu que les Fermiers ont affecté de cacher que ces marchandises saisies étoient des échantillons dont les Juges de l'Amirauté avoient chargé la partie saisie en présence de leurs commis, par procès-verbal, pour les représenter en l'Auditoire de l'Amirauté, où tout le chargement de la prise devoit être vendu: & qu'ayant sur la remontrance dudit Lucas, décerné contrainte contre le commis des Fermes, il rapporta les effets qui furent vendus & délivrés avec le reste à l'adjudicataire de la prise. A ces causes, requéroient les Supplians qu'il plût à Sa Majesté sur ce leur pourvoir: vû ladite Requête, les Arrêts du Conseil des 15 Décembre 1691 & 5 Mars 1697; la réponse de Me. Pierre Pointeau, Fermier Général des Fermes-unies, contenant que l'apposition du Sceau n'est qu'une précaution pour empêcher le divertissement des effets, qui fait la sûreté de toutes les parties intéressées, & non un acte judiciaire; que le dépôt dans les magasins est la seule assurance qu'on puisse donner à la Ferme, avec les précautions portées par ledit Arrêt; que les prises étant jugées, la fonction des Officiers de l'Amirauté doit cesser, & qu'ainsi les effets saisis sur ledit Lucas doivent être remis au Bureau des Fermes, & l'Arrêt de 1697 être exécuté selon sa forme & teneur pour cette partie, ainsi que pour les autres; & vu pareillement les remontrances du Sieur Comte de Toulouse, Amiral de France, sur les demandes des Officiers de l'Amirauté de Brest, & sur les réponses dudit Pointeau: ouï le rapport du Sieur Phelypeaux de Ponchartrain, Conseiller ordinaire au Conseil Royal, Controlleur Général des Finances. Le Roi en son Conseil, ayant aucunement égard à la Requête des Officiers de l'Amirauté de Brest, & désirant conserver les sûretés nécessaires aux droits des Fermes, a ordonné & ordonne, que les Sceaux ne pourront être apposés sur les prises que par lesdits Officiers de l'Amirauté; fait Sa Majesté défenses aux commis des Fermes d'en plus apposer aucuns. Veut néanmoins Sa Majesté que lesdits commis ou gardes qui seront envoyés sur lesdites prises par lesdits Fermiers en la maniere accoutumée, assistent au procès-verbal qui sera fait de l'état de ladite prise, & à l'apposition du Sceau des Officiers de l'Amirauté sur les écoutilles, & que lesdits commis signent comme présens audit procès-verbal, sans que lesdits Sceaux puissent être levés en aucun cas, & sur quelque prétexte que ce soit, qu'en présence desdits employés, ou eux dûement appellés, à peine d'interdiction contre les Officiers de l'Amirauté, auxquels commis il sera délivré copie dudit procès-verbal aux frais de la Ferme; & pour le surplus des dispositions dudit Arrêt du 5 Mars 1697, ordonne S. M. qu'il sera exécuté selon sa forme & teneur. Fait au Conseil d'Etat du Roi, tenu à Versailles le deuxiéme jour de Juillet 1697. Collationné.

Signé, RANCHIN.

ARTICLE XXIII.

LE procès-verbal des Officiers de l'Amirauté sera fait en présence du capitaine ou maître du vaisseau pris, & s'il est absent, en la présence de deux principaux officiers ou matelots de son équipage; ensemble du capitaine ou autre officier du vaisseau preneur, & même des réclamateurs s'il s'en présente.

QUe la prise soit évidemment bonne ou qu'elle soit douteuse, il n'est pas moins de la régle que le procès-verbal qui en est dressé, soit fait en présence du capitaine ou maître du vaisseau pris; ou s'il est absent, en présence de deux principaux officiers, ou matelots de son équipage, à défaut d'officiers; car enfin il est partie nécessaire, & toujours censé avoir droit à son vaisseau, jusqu'à ce que la prise soit jugée bonne. Par cette raison, il faut donc que le procès-verbal soit signé de lui ou de ceux qui le représentent, ou qu'il soit fait mention, soit du refus de signer, soit de la cause pour laquelle ils n'auront pas signé, de ce interpellés.

De même, parce que le capitaine du corsaire, ou l'officier conducteur de la prise, l'armateur s'il est sur le lieu, & les réclamateurs s'il s'en présente, sont aussi parties nécessaires, à raison de leurs intérêts respectifs; il faut également qu'ils soient appellés au procès-verbal & qu'ils le signent, ou qu'il soit fait mention de la cause pour laquelle ils n'auront pas signé.

Il a été observé sur l'article précédent que le même procès-verbal doit encore être signé par les commis des fermes employés sur la prise; mais dans l'usage, s'ils ont un officier à leur tête, sa signature seule suffit. Voyez l'art. 5 du Réglement & Arrêt du Conseil du 7 Août 1744 & l'art. 3 du dernier Arrêt du 15 Mars 1757.

Si la prise, au lieu d'avoir été amenée dans le port ou havre, est restée en rade, les officiers de l'Amirauté, avant de clore leur procès-verbal, ordonnent qu'elle sera mise en sûreté, & pour menager les frais de la décharge qu'elle sera introduite dans le havre; ou si cela n'est pas praticable, qu'elle en sera approchée le plus qu'il se pourra.

ARTICLE XXIV.

LEs Officiers de l'Amirauté entendront sur le fait de la prise le maître ou commandant du vaisseau pris, & les principaux de son équipage, même quelques officiers & matelots du vaisseau preneur, s'il est besoin.

CE n'est point lorsque les officiers de l'Amirauté sont à bord pour faire leur procès-verbal de l'état de la prise, qu'ils doivent entendre sur le fait de la prise, le capitaine du navire pris & les principaux de son équipage, comme le Commentateur l'a pensé; non-seulement, parce que l'opération, d'ailleurs trop longue à cause des papiers qu'il faut exhiber au capitaine pour les lui faire reconnoître & parapher, seroit le plus souvent impraticable à défaut d'interpréte à bord ; mais encore parce que suivant l'instruction du 6 Juin 1672, à laquelle notre article se rapporte, l'audition du capitaine & de ses gens doit se prendre par voye d'information, qui est une piéce secrete.

De tout temps la pratique a été d'entendre les prisonniers sur le fait de la prise, pour en savoir les circonstances & juger si elle étoit bien ou mal faite. Ordonnance de 1400 art. 4, de 1543, art. 20, de 1584, art. 33 ; & Déclaration du premier Février 1650 art. 9.

La raison seule après tout, auroit exigé cette formalité comme essentielle, non-seulement pour s'assurer de la légitimité de la prise en soi, comme faite sur l'ennemi, ou sur un sujet d'une Puissance neutre qui aura été trouvé en contravention aux loix de la neutralité ; mais encore pour découvrir des circonstances, qui sans empêcher que la prise ne fût légitime au fond, rendroient la conduite des preneurs repréhensible & punissable.

La prise seroit illégitime si elle étoit faite dans un port étranger ami ou neutre, ou sous le canon d'une Forteresse d'une Puissance aussi amie ou neutre. Journ. de commerce, Mai 1759, p. 41. Elle le seroit tout de même si elle étoit faite dans une riviere du pays ennemi, car la loi doit être égale & réciproque en ce cas. Or par Edit du mois de Juillet 1691, vérifié au Parlement, il est défendu aux corsaires ennemis d'entrer dans aucune riviere du Royaume, sur peine au cas qu'ils y soient pris, d'être condamnés aux galéres tant les capitaines que les gens de l'équipage, qu'ils ayent une commission en guerre ou non. La procédure à ce sujet est des plus simples : il ne faut qu'un procès-verbal des Juges de l'Amirauté du lieu, portant attestation qu'ils ont été pris & arrêtés en riviere, sans qu'il soit besoin d'aucune autre instruction, *forme ni figure de procès*. Le prix du bâtiment corsaire est adjugé à ceux qui l'auront découvert & fait prendre ; & outre cela il y a pour eux une gratification de 30 liv. pour chaque matelot du corsaire pris.

L'audition du capitaine pris & de ses gens a donc plus d'un objet, l'on en jugera par les interrogats, qu'il est d'usage de leur faire.

On leur demande d'abord, leur nom, âge, demeure ordinaire, & qualité ou profession, ce qui est de droit & d'Ordonnance ; mais il est tout à fait superflus de s'informer s'ils ont femme & enfans, & quelle religion ils professent, puisque cela ne mene à rien comme ne pouvant apporter aucun changement à leur condition. Ainsi c'est une vieille formule à abandonner, de même que ces autres questions, quoique prescrites par le Réglement du 16 Août 1692, s'ils ont obtenu des lettres de Bourgeoisie dans le pays de leur demeure, depuis quel temps & à quel dessein ? s'ils ont donné caution ou non d'y résider ; à moins en tout cas qu'il n'y eût lieu de soupçonner que ce fussent des françois refugiés ou déserteurs.

On leur demande ensuite, à qui appartient le vaisseau pris, s'ils y ont intérêt ainsi que dans la cargaison ? à qui appartiennent les marchandises du chargement, par qui elles ont été chargées & à qui elles sont adressées ? s'il y a des connoissemens ou factures, & s'il y a une charte-partie ?

On leur demande encore en quelle qualité ils se sont embarqués sur le navire ; de combien d'hommes l'équipage est composé ; le nombre des canons & autres armes, de quel port le navire est parti & quelle étoit sa destination ? quelle route a été tenue depuis le départ, sous quelle commission & banniere ils ont navigé ; &

au cas que ce soit un navire neutre, si son passeport est précisément pour le voyage actuel ?

Après cela on leur demande, par qui ils ont été pris, à quelle hauteur, le jour & l'heure & comment ? s'il y a eu combat ou non ; si quelque autre vaisseau a contribué à la prise ? s'il n'a point été jetté des papiers à la mer ? s'il y a eu du pillage, & en ce cas par qui & qui l'a commencé ? s'il y avoit de l'argent monnoyé ou autres effets précieux à bord & en quelle quantité ?

Enfin on leur demande, indépendemment des autres questions que les circonstances peuvent faire naître, s'ils nont point été maltraités, après s'être rendus, par les gens du corsaire ; & tout cela est conforme à l'instruction du 16 Août 1692.

Par rapport au capitaine en particulier, en lui représentant les papiers de la prise déposés au Greffe pour les lui faire reconnoître & parapher conformément au Réglement du 16 Aout 1692 ; on lui demande s'il y en avoit d'autres à bord que ceux qui lui sont exhibés, & s'il veut élire domicile dans le lieu ou à la suite du Conseil, comme à l'égard du capitaine preneur. Arrêt du 26 Octobre 1692.

C'est par lui que commence l'interrogatoire, après quoi on entend aussi séparément deux de ses principaux officiers, ou à leur défaut deux matelots ; ce qui suffit lorsque la prise est évidemment bonne. Si elle paroît équivoque, non-seulement on peut interroger d'autres gens de l'équipage du vaisseau pris ; mais encore faire subir au capitaine d'autres interrogatoires suivant les circonstances ; mais il faut alors faire mention dans les nouveaux interrogatoires, des raisons qui y ont engagé, suivant l'article 12, tit. 2, liv. 22, de l'Ordonnance du 15 du mois d'Avril 1689.

Si parmi les papiers de la prise, il y a des piéces écrites en langue étrangére, le juge en ordonne la traduction en recommandant à l'interpréte de se borner aux piéces essentielles. Instruction du 16 Août 1692. L'interpréte chargé des piéces par un procès-verbal, les remet ensuite par un autre procès-verbal, avec les traductions qu'il a faites, & qu'il certifie véritables, avec affirmation par serment s'il n'a pas serment à Justice.

Les Officiers de l'Amirauté de Brest ayant fait faire des traductions de piéces en leur présence pour avoir occasion de se taxer des épices & vacations à ce sujet ; par Jugement de M. l'Amiral du 25 Août 1695, il leur fut enjoint de restituer les épices qu'ils avoient reçues pour raison de ces traductions, avec défenses d'en prendre à l'avenir pour le même sujet.

De même, qu'outre le capitaine du vaisseau pris, il faut entendre deux des gens de son équipage, il faut aussi, outre le capitaine du corsaire ou l'officier qui a amené la prise, entendre deux des hommes de l'équipage qui lui ont été donnés pour la conduite de la prise. Il est vrai que notre article dit, *s'il est besoin*, mais cela ne doit s'entendre que pour recevoir l'audition d'un plus grand nombre que de deux. S'il n'est question que de deux, il ne faut point de raison particuliére pour prendre leur interrogatoire, parceque ce n'est alors qu'une vérification du rapport du capitaine, & que sans cette vérification son rapport ne feroit pas foi suivant l'article 8 tit 10 des congés & rapports du liv. premier ci-dessus.

En cas de rançon, la procédure est la même, excepté que du côté du navire rançonné il n'y a à prendre d'interrogatoire que de l'ôtage, à la fin duquel interrogatoire on lui fait reconnoître & parapher le billet de rançon.

ÉDIT DU ROI,

Qui ordonne que les corsaires ennemis qui entreront dans les rivieres du Royaume, & y seront pris, soient condamnés aux galeres par les Juges des Amirautés.

Donné à Versailles au mois de Juillet 1691.

Vérifié en Parlement.

LOUIS, par la grace de Dieu, Roi de France & de Navarre, à tous présens & à venir, Salut. Les petits corsaires ennemis qui osent entrer dans les rivieres de notre Royaume, interrompant entierement la navigation de nos Sujets, par les désordres qu'ils font, & leur ôtant tout moyen de le continuer, par l'incendie de leurs bâtimens, & la crainte d'être à tout moment attaqués par ces corsaires, dont il est difficile de se défendre; parce que pour éviter d'être reconnus, ils naviguent comme pêcheurs, jusques à ce qu'ils ayent occasion de surprendre les bâtimens de nos Sujets; nous avons estimé nécessaire pour rétablir la sûreté dans la navigation de nos rivieres, de ne plus traiter ces corsaires, qui naviguent tous sans commission, comme prisonniers de guerre, mais comme pirates & forbans, pour les empêcher, par la crainte d'une peine sévere, de continuer les désordres qu'ils y causent depuis quelque temps; à quoi nous aurions été excités par l'exemple même de nos ennemis qui les punissent de mort. A ces causes, de l'avis de notre Conseil, & de notre certaine science, pleine puissance & autorité royale, nous avons par ces Présentes signées de notre main, dit, ordonné & déclaré, disons, ordonnons & déclarons, voulons & nous plaît, que les corsaires ennemis qui entreront à l'avenir dans les rivieres de notre Royaume, & y seront pris, soient condamnés aux galeres, tant les capitaines que les équipages, soit qu'ils ayent commission ou qu'ils n'en ayent pas, & sans que sous quelque prétexte que ce soit ils puissent être dispensés de subir cette peine, sur le procès-verbal des Juges de l'Amirauté, contenant leur déclaration, & sans autres procédures, forme ni figure de procès, dérogeant pour ce regard à toutes Ordonnances à ce contraires, sans tirer à conséquence dans les autres matieres criminelles. Voulons que le prix du bâtiment soit adjugé à ceux de nos Sujets qui découvriront ces corsaires, & donneront moyen de les surprendre dans les endroits où ils se retirent, ou qui en prendront, & qu'il leur soit outre ce payé trente livres par chacun des mâtelots qui composeront l'équipage du bâtiment pris. Si donnons en mandement à nos amés & féaux Conseillers les Gens tenans notre Cour de Parlement à Paris, que ces Présentes ils ayent à enregistrer, & le contenu en icelles faire exécuter de point en point selon leur forme & teneur: car tel est notre plaisir. Et afin que ce soit chose ferme & stable à toujours, nous avons fait mettre notre scel à cesdites Présentes. Donné à Versailles au mois de Juillet, l'an de grace 1691, & de notre Regne le quarante-neuviéme. *Signé*, LOUIS.

Et sur le repli, Par le Roi, PHELYPEAUX.

Regîstré, oui, & ce requérant le Procureur Général du Roi, pour être exécuté selon sa forme & teneur, suivant l'Arrêt de ce jour. A Paris en Parlement le Août 1691.

Signé, DU TILLET.

ARTICLE XXV.

SI le vaisseau est amené sans prisonniers, charte-parties ni connoissement, les officiers, soldats & équipage de celui qui l'aura pris, seront séparément examinés sur les circonstances de la prise, & pourquoi le navire a été amené sans prisonniers, & seront le vaisseau & les marchandises visités par experts, pour connoître s'il se peut sur qui la prise aura été faite.

IL est rare qu'une prise soit amenée sans prisonniers, & plus rare encore qu'elle le soit tout-à la fois sans prisonniers, charte-parties, ni connoissemens, ni autres piéces capables de faire reconnoître si la prise a été faite sur un ennemi ou non; mais enfin cela peut arriver, & c'est ce qui fait le sujet de cet article.

Dans ce cas il faut entendre ſéparément le capitaine preneur, ſes officiers, ſoldats & gens de ſon équipage, & les interroger de maniére à pouvoir s'aſſurer des circonſtances de la priſe, de même que des raiſons pour leſquelles le navire a été amené ſans priſonniers & ſans papiers. Outre cela il faut faire viſiter exactement le navire & ſa cargaiſon par des experts que le Juge nommera d'office, & qu'il fera travailler en ſa préſence, après avoir pris d'eux le ſerment accoutumé, *pour connoître s'il ſe peut, ſur qui la priſe aura été faite.*

Tout cela eſt ſimple & naturel, & avoit déjà été ainſi réglé par les Ordonnances de 1543, art. 21, & de 1584, art. 34. Dans ce temps-là le cas étoit aſſez commun à cauſe des violences & même des cruautés auxquelles les corſaires s'abandonnoient le plus ſouvent. Il eſt devenu plus rare dans la ſuite, à meſure qu'on a fait la guerre & la courſe ſans renoncer aux ſentimens d'humanité & de compaſſion naturelle.

C'eſt pourquoi, ce cas arrivant aujourd'hui, il en réſulteroit contre les gens du corſaire de grands ſoupçons, qui obligeroient à examiner ſévérement leur conduite, & à donner une ſérieuſe attention aux circonſtances.

ARTICLE XXVI.

SI par la dépoſition de l'équipage, & la viſite du vaiſſeau & des marchandiſes, on ne peut découvrir ſur qui la priſe aura été faite, le tout ſera inventorié, apprécié, & mis ſous bonne & ſûre garde, pour être reſtitué à qui il appartiendra, s'il eſt réclamé dans l'an & jour, ſinon partagé comme épave de mer également entre Nous, l'Amiral & les armateurs.

CEtte déciſion paroît d'abord nouvelle, comme ajoutant à la diſpoſition des articles des Ordonnances que l'on vient de citer; cependant elle ne l'eſt pas, parceque, aux termes de notre article, le cas eſt réduit à celui d'une épave de mer, trouvée & ſauvée ſur les flots: au moyen de quoi, à défaut de réclamation dans l'an & jour, le partage en doit être fait relativement aux articles 26 & 27 du titre des bris & naufrages ci-après.

Mais il faut prendre garde eſſentiellement que notre article ſuppoſe qu'il n'y ait pas moyen de découvrir par la dépoſition des gens de l'équipage du corſaire, ni par la viſite du vaiſſeau & des marchandiſes, à qui le tout appartient; c'eſt-à-dire, ſi c'eſt à un ennemi, ou à un ami, allié, ou neutre.

Car s'il étoit reconnu que ce fût à un ennemi, nul doute que ce ne fût une priſe, ſujette par conſéquent aux régles des priſes, quoiqu'elle auroit été faite ſans combat & ſans danger réel; ſoit parceque le corſaire s'eſt expoſé véritablement à trouver le navire armé, lorſqu'il lui a couru ſus; ſoit parceque rien n'eſt plus commun que de prendre des vaiſſeaux, ſans coup ferir pour ainſi dire. Mais afin que la priſe ſoit bonne, il faut qu'elle ait été faite en pleine mer, ou autrement qu'à la faveur d'un échouement du navire ſur les côtes du Royaume, parceque dans ce dernier cas, ce ſeroit la régle établie ſur le fait d'échouement des vaiſſeaux ennemis qu'il faudroit ſuivre; à moins que l'armateur, en chaſſant le vaiſſeau ennemi ne l'eût forcé de s'échouer & qu'il n'eût trouvé le moyen de le relever de l'échouement avant l'arrivée des Officiers de l'Amirauté.

Un navire trouvé en pleine mer par un armateur corsaire, est donc une prise véritable, quoique abandonné & laissé à la merci des flots, s'il est reconnu ennemi; & il ne peut être considéré comme épave de mer qu'autant qu'on ne pourra pas découvrir à qui il appartient.

Ce n'est donc aussi qu'à ce dernier cas, que l'on peut appliquer la disposition de notre article pour la conservation, & le partage ensuite de l'épave, à défaut de réclamation.

Il est vrai que dans le partage, *l'armateur* y est compris pour un tiers, sauf la subdivision de ce tiers entre lui & les gens de son équipage, aux termes de droit; mais, en cette partie, *l'armateur* est pris génériquement pour l'armateur du navire qui a rencontré l'épave, de quelque maniére que ce navire ait été armé, en guerre ou en marchandise seulement, parcequ'en effet il n'y a aucune distinction à faire à cet égard pour le gain du tiers de l'épave.

Au surplus, quoique cet article semble décider que les armateurs n'auront le tiers de l'épave que de la même maniére & dans le même temps que les deux autres tiers seront dévolus & acquis au Roi & à M. l'Amiral, c'est-à-dire qu'à défaut de réclamation dans l'an & jour, & qu'à la déduction des frais de justice; il faut néanmoins le rapprocher de l'article 27 du titre des naufrages, & dire en conséquence de la disposition de ce dernier, que l'armateur ayant rencontré le navire en pleine mer, aura sur le champ & sans frais la troisiéme partie de sa valeur & de son chargement; de maniére qu'il n'y aura que les deux autres tiers qui seront sujets à réclamation, le tout suivant les observations qui seront faites à ce sujet, tant sur ledit article 27, que sur le 26 & autres du même titre des naufrages, où seront tracées pareillement la procédure qu'il convient de faire & les régles qu'il faut suivre, par rapport aux épaves de mer en général.

ARTICLE XXVII.

S'Il est nécessaire avant le Jugement de la prise de tirer les marchandises du vaisseau, pour en empêcher le dépérissement, il en sera fait inventaire en présence de notre Procureur & des parties intéressées, qui le signeront si elles peuvent signer, pour ensuite être mises sous la garde d'une personne solvable, ou dans des magasins fermans à trois clefs différentes, dont l'une sera délivrée aux armateurs, l'autre au Receveur de l'Amiral, & la troisiéme aux réclamateurs, si aucun se présente, sinon à notre Procureur.

SI la prise est douteuse & équivoque, on ne peut la décharger avant qu'elle ait été déclarée bonne, sans nécessité absolument; c'est-à-dire si la décharge ne peut être différée sans que les marchandises dépérissent de maniere à perdre considérablement de leur valeur. Si au contraire la prise est évidemment bonne, quoique les Officiers de l'Amirauté n'ayent plus le droit de la juger, on n'y regarde pas

pas de si près ; & la crainte du moindre dépérissement suffit pour en faire la décharge, même la vente, comme il sera observé sur l'article suivant.

Mais de maniere ou d'autre, les Officiers de l'Amirauté ne l'ordonnent jamais d'office, & le Procureur du Roi se garde bien de la requérir, nonobstant l'instruction du 6 Juin 1692, à moins que le dépérissement ne soit manifeste, ou qu'il ne s'agisse d'une prise faite par un vaisseau du Roi. Hors de là elle ne s'ordonne que sur le requisitoire de l'armateur du corsaire, ou du Capitaine, dans l'absence de l'armateur, ou d'un Commissionnaire qui le représente, & alors on se détermine selon les circonstances.

Dans tous les cas, que le Capitaine du navire pris, consente ou non à la décharge, il est de la régle de l'appeller pour y assister. Il faut aussi y appeller les Commis des Fermes aux termes de l'Arrêt du Conseil du 2 Juillet 1697, cité sur l'article 22 ci-dessus, confirmé par l'Arrêt du Conseil du 7 Août 1744, art. 4, & par celui du 15 Mars 1757, art. 3 ; & cela que la décharge se fasse avant ou après le jugement de la prise. Enfin il faut y appeller toutes les parties interessées, du nombre desquelles sont les réclamateurs qui se sont présentés.

L'inventaire des marchandises lors de la décharge a été prescrit de tout temps. Ord. de 1400, art. 6, & 12, de 1517, art. 9, de 1543, art. 34 & de 1584, art. 50 & 51. Il se fait en même temps que la décharge, à l'effet de quoi on leve les sceaux, autant qu'il est nécessaire ; & à la fin de chaque séance, on remet les sceaux, ce qui continue de se pratiquer jusqu'à ce que la décharge soit finie.

A mesure que l'on tire les marchandises du navire on les fait porter dans un magasin choisi pour les recevoir, & il ne seroit pas permis aujourd'hui de les mettre sous la garde d'une personne, quelle que fût sa solvabilité. On les donne par compte à chaque traîneur, crocheteur, ou portefais qui en est chargé, avec un billet qu'il doit représenter pour être reçu au magasin, afin que ceux qui y sont, tant de la part de l'Amirauté, que des commis des Fermes puissent vérifier, si chaque voiturier remet bien la charge qui lui a été confiée. En un mot on prend à cet égard les mêmes précautions que l'on prend en cas de naufrage ou échouement, lesquelles précautions seront marquées sur les art. 8, 9, 10 & 11, du tit. des naufrages.

A bord du navire, on tient, chaque séance, un état des marchandises qui en sortent, & au magasin on tient pareillement un état de ce qui y entre. Sur l'un & l'autre on établit le nom de chaque voiturier & la qualité & quantité des effets qui lui ont été confiés. Les commis des Fermes tiennent de pareils états, & à la fin de chaque séance, du bord du navire on se transporte au magasin pour vérifier sur les billets que les voituriers y ont déposés, de même que sur les états d'entrée, si tout ce qui a été envoyé a bien été porté au magasin. La séance, signée de tous ceux qui doivent & peuvent signer, on se retire aprés avoir fermé le magasin sous trois clefs différentes, dont l'une est délivrée à l'armateur, l'autre au Procureur du Roi de l'Amirauté, au lieu du Receveur de M. l'Amiral, & la troisiéme aux commis des Fermes, qui représentent aussi l'Inspecteur des manufactures. S'il y avoit des réclamateurs, & qu'ils voulussent aussi avoir une clef, on ne pourroit se dispenser de la leur accorder aux termes de cet article. La même chose se pratique tant que la décharge dure ; après quoi l'on fait la vérification générale des marchandises, que l'on a eu soin de distinguer dans le magasin suivant leurs différentes espéces, & c'est ce qui fait la cloture du procès verbal de décharge ou inventaire qui est aussi signé de toutes parties.

Si dans le nombre des marchandises, il y en a d'avariées, on y remedie autant qu'il se peut à la sortie du navire ou dans le magasin ; en un mot on en use à cet égard comme en cas de naufrage, sur quoi voir les observations sur l'art. 14 du même titre ; & du tout il en est dressé des procès-verbaux en présence de toutes parties ou elles duement appellées.

ARTICLE XXVIII.

LEs marchandises qui ne pourront être conservées seront vendues sur la requisition des parties intéressées, & adjugées au plus offrant, en présence de notre Procureur, à l'issue de l'Audience, après trois remises d'encheres de trois jours en trois jours, les proclamations préalablement faites, & affiches mises en la maniere accoutumée.

IL faut entendre cet article, qui suppose toujours que la prise n'est pas jugée, dans le sens de l'article 15 du titre des naufrages, qui est pour le cas où le dommage arrivé aux marchandises *ne peut être réparé*, ou pour celui où elles ne peuvent être *gardées sans perte considérable*, qu'elles ayent souffert des avaries ou non, telles que sont par exemple les oranges & les citrons, les figues, &c.

Il est permis alors de vendre ces sortes de marchandises, quoique la prise soit douteuse ; non toute-fois d'office, mais seulement *sur la requisition des parties intéressées*, ce qui comprend tout à la fois & distributivement, l'armateur du corsaire, le Capitaine du navire pris, & les réclamateurs ; de maniere que quoique la vente ne soit requise que de la part d'un d'eux, cela suffit pour qu'elle puisse être ordonnée, vérification préalablement faite par experts de la nécessité de vendre, en cas de contradiction. Instruction du 16 Août 1692, mais quoiqu'en dise le Commentateur, d'après l'instruction du 6 Juin 1672, déjà citée plus d'une fois, le Receveur de M. l'Amiral & le Procureur du Roi n'auroient pas bonne grace à requérir la vente ; ils ne peuvent que la consentir ; & s'il en est autrement en fait de naufrage, c'est qu'alors ils sont proprement les parties intéressées.

Cette vente au reste, comme toutes celles qui se font par les Officiers de l'Amirauté, doit être aussi autentique que s'il s'agissoit de la vente générale de la prise, après avoir été déclarée bonne ; c'est-à-dire qu'elle doit être précédée de trois publications, affiches & remises d'encheres ; à cela près que comme il s'agit d'effets qui dépérissent, il suffira que les publications soient faites de trois jours en trois jours ; au lieu que quand rien ne péricline les trois delais ne sont jamais moindres de huitaine, pour peu que l'objet soit de conséquence.

Dans ce dernier cas, & à plus forte raison lorsqu'il s'agit de prise d'une valeur considérable, on fait imprimer l'état général des effets de la cargaison, aussi bien que l'inventaire des agrés & apparaux & ustensiles du navire ; & le procureur du Roi en envoye des exemplaires tant au Ministre qu'au Secraitaire général de la

Marine. Il en envoye pareillement aux Procureurs du Roi des Amirautés voisines, en les priant de les faire afficher sans frais, le tout assés à temps pour que ceux qui auroient intention de se rendre adjudicataires, puissent se trouver au jour de la vente, ou envoyer leurs ordres à quelqu'un. Lettre de M. de Valincourt du 9 Juin 1696, & de M. l'Amiral du 21 Mars 1705. Pareille lettre de M. de Romieu au nom de M. l'Amiral du 18 Novembre 1746.

Quoique notre article ne permette, avant le jugement de la prise, que la vente des effets périssables, l'intérêt des armateurs en course a exigé néanmoins que son exécution fût restreinte aux prises équivoques, & que dans le cas où la prise seroit évidemment bonne, l'armateur fût autorisé à faire vendre tant le navire que les marchandises, sans attendre le jugement, pourvu néanmoins qu'il n'y eût pas de reclamation. Lettres de M. l'Amiral des 21 Mars 1696, & 14 Janvier 1703, relatives au réglement du 9 Mars 1695, art. 11, confirmé par ceux des 3 Septembre 1733, & 23 Avril 1744.

On conçoit que toutes les parties intéressées, & toutes les personnes qui ont assisté à l'inventaire, sans excepter les commis des Fermes, art. 5 dudit Arrêt du Conseil du 7 Août 1744, & art. 3 de celui du 15 Mars 1757, doivent aussi être appellées à la vente, particuliére ou générale. Ce n'est qu'à celle qui se fait après la prise jugée & déclarée bonne, qu'il seroit inutile d'y appeller le capitaine du vaisseau pris, puisqu'il n'a plus d'intérêt à la chose.

L'article porte que la vente sera faite à l'issue de l'audience, ce qui indique naturellement que ce doit être dans le lieu même où se tiennent les audiences; & cela se trouve en effet formellement décidé par ladite instruction du 6 Juin 1672, de même que pour l'adjudication des navires saisis réellement, dans les art. 8, 9, & 12, tit. 14, du liv. prem. ci-dessus; mais comme il a été observé sur ledit article 8, l'adjudication qui se fait à l'audience en ce siége n'est jamais définitive, elle se remet à l'issue de l'audience, au canton où s'assemblent les négocians, & cela par les raisons qui y ont été expliquées.

En matière de prises, ou d'effets naufragés, non-seulement les officiers de ce siége d'Amirauté ont la complaisance d'en faire les ventes au canton & à l'heure ordinaire où s'assemblent les négocians; mais encore d'y recevoir les premiéres & secondes encheres. Là on fait porter des montres des sucres ou autres marchandises à vendre; & à l'égard de celles dont on ne peut juger sur l'échantillon, on avertit le public par les affiches, que le magasin où elles sont, demeurera ouvert tel jour, depuis telle heure jusqu'à telle autre, afin que chacun de ceux qui ont des vues sur ces effets puissent les visiter. Enfin suivant les circonstances on indique la vente dans le magasin même; de maniére que l'on prend toutes les précautions convenables pour exciter la chaleur des enchéres, & pour tirer de la vente le meilleur parti qui se puisse, en distribuant les objets à vendre en plusieurs lots, tels, que sans être ni trop forts ni trop foibles, chacun puisse être invité à enchérir. Lettre de M. l'Amiral du 26 Fevrier 1696.

Pour les remises d'encheres, quand elles se peuvent faire, l'enchere tenant, & sur le point de savoir si le tiercement est admis dans ces sortes d'adjudications, voir les observations sur ledit art. 8 tit. 14 du liv. prem.

Il faut observer néanmoins que si le Procureur du Roi voit que les marchandises ne sont pas portées à leur juste valeur, il est fondé à requérir pour l'intétêt de l'équipage, aussi bien que de M. l'Amiral, que l'adjudication soit différée, ce qui ne peut lui être refusé. Même lettre de M. l'Amiral du 26 Fevrier 1696. A plus forte raison si c'est une prise faite par un vaisseau du Roi.

En faveur des réclamateurs, l'instruction du 6 Juin 1672, veut au sujet des ventes provisoires, qu'il soit déposé au Greffe, des échantillons des marchandises qui auront été vendues, pour y avoir recours au besoin; mais cela ne s'observe plus, la formalité ayant été reconnue inutile.

En ce qui concerne les prises faites par les vaisseaux du Roi, toute la procédure doit être faite à la requête du Procureur du Roi & à la diligence du Controlleur de la Marine. Ord. de 1689, liv. 22 tit. 1er. art. 3, conforme à une précédente du 25 Août 1674.

Les Officiers de l'Amirauté sont obligés de communiquer la procédure à l'Intendant & au Controlleur, toutes les fois qu'ils en seront requis. Ord. du 23 Fevrier 1674; & lorsqu'elle sera achevée, de la remettre à l'Intendant pour être envoyée au Ministre de la Marine; art. 4 de ladite Ord. de 1689; mais cela ne se pratique plus, l'envoi de la procédure se fait aujourd'hui au Secrétaire général de la Marine, comme celle de toute autre prise.

Après le jugement de la prise, les Officiers de l'Amirauté doivent remettre à l'Intendant ou au Controlleur, sur les certificats du garde magasin, les vaisseaux & marchandises qui leur seront demandés pour le service du Roi, après que l'estimation en aura été faite; & à l'égard des autres ils en feront la vente dans la forme ordinaire en présence & du consentement du Controlleur de la Marine qui en signera le procès-verbal. Art. 5 de la même Ord. de 1689, qui n'a fait en cela que renouveller celle dudit jour 23 Fevrier 1674.

Cela n'a point changé depuis; mais sur le point de sçavoir si le dixiéme est dû à M. l'Amiral de ce qui est retenu pour le service du Roi, v. l'art 9 tit prem. du liv. prem. ci-dessus.

ARTICLE XXIX.

LE prix de la vente sera mis *entre les mains d'un bourgeois solvable*, pour être délivré après le Jugement de la prise à qui il appartiendra.

ENtre les mains d'un bourgeois solvable. L'art. 10 tit 14 liv. prem., dit entre les mains, *d'un notable bourgeois, ou au Greffe de l'Amirauté.* L'art. 6 du tit. suivant dit simplement *au Greffe*, & l'art 15 du tit. des naufrages, *en main sûre dont ils* (les Officiers de l'amirauté) *demeureront responsables. Ubi vide.*

L'usage est, par rapport à cette vente provisionnelle, avant le jugement de la prise, d'ordonner que les deniers en provenans seront déposés au Greffe, ou entre les mains de l'armateur du corsaire, & nullement entre les mains du receveur des consignations, dont la charge n'a aucune influence sur les deniers des ventes faites à l'Amirauté, qu'il s'agisse d'effets de prises ou de tous autres, comme on l'a montré sur l'art. 10, tit. 14, liv. prem. contre l'avis du Commentateur.

Lorsque la vente ne se fait qu'après que la prise a été déclarée bonne, c'est toujours entre les mains de l'armateur que les deniers en provenans sont remis, à la charge d'en compter; & afin qu'il en fût autrement, il faudroit que sa solvabilité fût bien suspecte.

C'est à la vente provisoire des effets périssables que finit l'instruction de la procédure antérieure au jugement de la prise. Mais à l'effet de l'envoi de la procédure au Conseil des prises, elle peut finir avant toute décharge ou vente. Il n'y a de nécessaire en effet pour le jugement d'une prise, que le rapport du capitaine corsaire, soutenu de l'attestation de deux des principaux officiers de son équipage, le procès-verbal de transport des Officiers de l'Amirauté à bord de la prise, l'interrogatoire du capitaine pris & de deux de ses gens, & les piéces trouvées dans le vaisseau pris, avec les traductions de celles qu'on a jugé devoir être translatées. C'est ce qu'il faut essentiellement envoyer au Conseil des prises, savoir des expéditions en bonne forme de la procédure, & non les minutes, & les papiers de la prise avec les traductions, en original.

Cela n'empêche pas néanmoins, que si avant l'envoi, la décharge & la vente se font, on ne joigne aux piéces, une copie des procès-verbaux faits à ce sujet; de toutes lesquelles piéces, il est dressé un état en forme de bref inventaire par le Greffier.

L'envoi de la procédure, aux termes de l'instruction du 6 Juin 1672, confirmée par l'art. 3 du Réglement du 21 Octobre 1688, doit se faire promptement au Secrétaire général de la Marine, à la diligence du Procureur du Roi qui y tiendra soigneusement la main. Cela n'a point varié depuis, il a seulement été ajoûté, que l'envoi seroit fait par le Greffier dans le mois de l'arrivée de la prise au plus tard; à moins qu'il n'y ait quelque cause légitime de retardement, qu'il faut déclarer alors en envoyant les piéces de la procédure. Réglement des 16 Août 1692, & 9 Mars 1695, auxquels sont conformes deux jugemens de M. l'Amiral des 8 Février 1696, & 18 Avril 1697. En ce siége, les Officiers de l'Amirauté envoyent eux-mêmes la procédure, au lieu du Greffier, & l'envoi est accompagné d'une lettre d'avis de leur part au Secretaire Général de la Marine. Tel est l'usage observé constamment.

Mais c'est au Greffier à préparer le dossier contenant la procédure. Il doit cotter & numéroter toutes les pièces, avec une note ou apostille au haut de chacune, qui en indique sommairement la qualité; il doit aussi y joindre un bref état ou inventaire du tout, avec un état ou mémoire des frais de justice faits jusqu'à l'envoi. Lettres de M. l'Amiral des 27 Mai 1708 & 20 Août 1710. On ne voit pourtant pas quelle peut être l'utilité de cet état des frais de justice, puisqu'il en reste beaucoup plus à faire.

Si un même corsaire amenoit ou envoyoit plusieurs prises, il faudroit faire séparement l'instruction de chacune de ces prises; à cela près que si c'étoit lui qui les amenât, il n'auroit qu'un seul rapport à faire pour toutes. Instruction du 16 Août 1692.

Par rapport aux papiers de la prise, ce n'est point aux Officiers de l'Amirauté à en faire le triage, pour n'envoyer que ceux qui leur paroîtront nécessaires ou utiles, il faut absolument qu'ils les envoyent tous, sans en retenir un seul, quelque inutile qu'il puisse être. Jugement de M. l'Amiral du 25 Avril 1697.

Dans une prise qui fut amenée dans ce port durant la précédente guerre, il se trouva un si grand nombre de papiers, qu'ils composérent quantité de gros paquets, qu'il fallut envoyer successivement par la poste, pour ne pas trop charger la malle d'un seul courier. On savoit bien que de ces papiers il y en avoit les neuf dixiémes d'inutiles; mais on ne crut pas pouvoir se dispenser de les envoyer tous, attendu ce Ré-

ARREST DU CONSEIL D'ÉTAT DU ROI,

Qui ordonne que, sans avoir égard à la Requête du maître & de l'armateur du vaisseau les deux Freres, *les Avocats seront payés par les parties pour lesquelles ils ont occupé, & que les frais de Justice, de garde, & autres faits pour raison de la prise, seront pris sur la chose même.*

Du 28 Mars 1705.

Extrait des Registres du Conseil d'État.

VU par le Roi, étant en son Conseil, les Requêtes présentées, la premiere par Jean Sengestad, Suédois, maître du vaisseau *les deux Freres*, tendante à ce qu'il plaise à Sa Majesté décharger le nommé Gohon, marchand du Havre, du cautionnement pour lui prêté de la somme de 852 liv. 11 s. prétendue par Jean Tilly, commandant la barque *le Dauphin*; pour le remboursement des frais par lui faits à l'occasion de la prise dudit vaisseau *les deux Freres*, & condamner ledit Tilly en 1800 liv. de dommages & intérêts. Ladite Requête contenant que l'armateur ayant arrêté ce bâtiment, il a été déclaré de bonne prise par Ordonnance du 11 Février 1704. Mais par l'Arrêt intervenu sur l'appel le 23 Juin suivant, il en a été fait main-levée par grace; ce qui auroit donné lieu à Tilly de répéter contre le suppliant les frais par lui faits pour parvenir au Jugement, en quoi il n'est aucunement recevable, puisque la grace n'étant point limitée, elle doit avoir le même effet qu'une main-levée pure & simple; & ainsi il n'y a pas eu lieu à la saisie du vaisseau faite à sa requête pour raison de ces frais. La seconde Requête présentée par ledit Jean Tilly, commandant la barque *le Dauphin*, tendante à ce qu'il plaise à Sa Majesté condamner ledit Gohon caution de Sengestad à lui payer la somme de 852 liv. 11 sols, pour le montant des frais par lui faits à l'occasion de la prise dudit vaisseau *les deux Freres*, sans préjudice de ceux de la saisie, sur ce que l'Ordonnance qui a déclaré ledit vaisseau de bonne prise est réguliere, & que l'Arrêt qui l'a suivi en faisant main-levée par grace, justifie la conduite dudit Tilly; que l'Arrêt du 6 Mars 1696, portant que les frais tomberont sur la partie qui succombera; il est sans difficulté que Sengestad, qui est censé dans le cas, puisqu'il n'est relevé que par grace, doit les acquitter. Vû aussi les pieces jointes à la requête dudit Sengestad, consistant en une Ordonnance du Lieutenant Général de l'Amirauté du Havre, du 23 Juillet 1704, portant renvoi au Conseil de la contestation sur la saisie faite à la requête de Tilly du vaisseau *les deux Freres*, pour le payement de 852 liv. 11 sols, pour les frais par lui faits au sujet de sa prise: le mémoire desdits frais, la saisie du 14 Août suivant; l'acte de cautionnement dudit Gohon du 26 dudit mois; la Sentence dudit Juge de l'Amirauté du même jour, portant main-levée du vaisseau, sur la soumission de la caution; ensemble tout ce qui a été remis par les parties respectivement. Oui le rapport du Sieur Comte de Ponchartrain, Sécretaire d'Etat ayant le département de la Marine, & tout considéré: le Roi étant en son Conseil, sans avoir égard à la requête dudit Sengestad, maître du vaisseau *les deux Freres*, ni à celle dudit Tilly, armateur, a ordonné & ordonne que les frais faits par les Avocats, tant dans l'Instance principale que d'appel, seront payés par les parties pour lesquelles ils ont occupé, & que ceux de Justice, de garde & autres faits pour raison de la prise, seront pris sur la chose même. Enjoint Sa Majesté aux Officiers de l'Amirauté du Havre, de tenir la main à l'exécution du présent Arrêt. Fait au Conseil d'Etat du Roi, Sa Majesté y étant, tenu à Versailles le 28 Mars 1705.

ARREST

ARREST DU CONSEIL D'ÉTAT DU ROI,

Qui ordonne que les frais faits pour les marchandises des prises, & pour la subsistance du maître, & des officiers, & matelots, seront pris sur le bâtiment, & payés par le réclamateur.

Du 23 Décembre 1705.

Extrait des Registres du Conseil d'État.

SUr ce qui a été représenté à Sa Majesté étant en son Conseil, qu'il est survenu différentes contestations entre les armateurs & ceux qui réclament les prises amenées dans les ports du Royaume, lorsqu'ils en ont obtenu la main-levée, au sujet des frais qui se font pour la conservation des prises, & la subsistance des équipages; les armateurs prétendant que les autres en sont tenus, parce que ces frais ne sont faits que pour maintenir les prises, en attendant le Jugement: & les réclamateurs de leur part, que c'est aux armateurs à en être chargés, puisqu'ils ont arrêté mal-à-propos leurs bâtimens, & sans un juste motif. Sur quoi S. M. voulant pourvoir, après s'être fait représenter l'Arrêt du 28 Mars 1705, qui ordonne que dans les prises dont il est fait main-levée par grace, les frais des Avocats seront payés par les parties qui les auront employés; & que ceux de Justice, de garde & autres seront pris sur la chose même. Oui le rapport du Sieur Comte de Ponchartrain, Sécretaire d'Etat ayant le département de la Marine: le Roi étant en son Conseil a ordonné & ordonne qu'à l'avenir tous les frais faits, tant pour la conservation ou la vente des marchandises des prises dans les cas où elle sera permise, que pour la subsistance du maître & autres officiers mariniers ou matelots, qui y seront restés, seront pris sur le bâtiment, & payés par le réclamateur qui en aura obtenu la main-levée, lorsqu'il en sera remis en possession. Enjoint aux Officiers de l'Amirauté de tenir la main à l'exécution du présent Arrêt. Fait au Conseil d'Etat du Roi, Sa Majesté y étant, tenu à Versailles le 23 Décembre 1705.

ORDONNANCE DU ROI,

Qui fait défenses à toutes personnes de réclamer aucunes prises, sans être au préalable porteurs de procurations des propriétaires des navires pris, & de leurs cargaisons, à peine de 1000 liv. d'amende.

Du 23 Avril 1745.

SA MAJESTE' s'étant fait représenter l'Ordonnance du 18 Avril 1708, qui fait défenses à toutes personnes de réclamer aucunes prises faites par ses vaisseaux de guerre, ou par ceux des armateurs particuliers, sans être porteurs de procurations des propriétaires des navires, & des marchandises des prises, & étant informée que différens particuliers, dans le dessein de s'attirer des commissions, ou par d'autres voyes d'interêt, retardent les Jugemens des prises, & empêchent les armateurs de tirer toute l'utilité & l'avantage qu'il seroit à désirer pour leur donner moyen d'augmenter le nombre des bâtimens de courses; à quoi étant nécessaire de pourvoir, Sa Majesté a ordonné & ordonne que ladite Ordonnance du 18 Avril 1708 soit exécutée selon sa forme & teneur, & en conséquence a fait & fait très-expresses inhibitions & défenses à toutes sortes de personnes de réclamer aucunes prises faites par ses vaisseaux de guerre, ou par ceux des armateurs particuliers, ni faire aucunes procédures, sans être au préalable porteurs de procurations en bonne forme des propriétaires des navires pris, & de leurs cargaisons, lesquelles procurations ils seront tenus de représenter à ceux des Sieurs Commissaires nommés pour juger les prises, auxquels les procédures dont il sera question auront été distribuées, à peine de 1000 liv. d'amende. Mande Sa Majesté à M. le Duc de Penthiévre, Amiral de France, de tenir la main à l'exécution de la présente Ordonnance. Fait à Versailles le 23 Avril 1745. *Signé*, LOUIS. *Et plus bas*, PHELYPEAUX.

ARTICLE XXXI.

SEra prise avant partage la somme à laquelle se trouveront monter les frais du déchargement, & de la garde du vaisseau & des marchandises, suivant l'état qui en sera arrêté par le Lieutenant de l'Amirauté, en présence de notre Procureur & des intéressés.

LA prise étant jugée bonne & sans appel, il ne s'agit plus que d'en attribuer le bénéfice à qui il appartient, & c'est ce qui fait le sujet du présent article & des deux suivans.

Dans les termes qu'ils sont conçus, le partage dont il y est parlé, s'entend d'une division réelle & effective en nature, d'autant plutôt que l'article 28 ne permet de vendre avant le Jugement de la prise *que les marchandises qui ne pourront être conservées*, & qu'aucun autre article ne fait point mention de vente après que la prise a été jugée.

Il est certain d'ailleurs, que même avant cette Ordonnance, l'armateur étoit fondé à demander la délivrance du navire & de son chargement en nature, si mieux il n'aimoit que la vente en fût faite publiquement par les Officiers de l'Amirauté. C'est ce qui résulte du Réglement déjà tant de fois cité, en date du 6 Juin 1672.

On ne voit point quand a cessé cette faculté accordée aux armateurs de demander la délivrance des prises en nature : on voit seulement que lorsque M. l'Amiral prétendit que son dixième dans les prises lui fût délivré en nature, comme il sera observé sur l'article suivant, l'usage étoit établi généralement dans tous les ports du Royaume de faire vendre judiciairement tous les effets des prises.

Sans doute que ce qui fit introduire ce dernier usage, ce furent les plaintes, tant des intéressés aux armemens des corsaires, contre ceux qui en avoient la direction principale, que des capitaines, officiers & autres gens des équipages des corsaires, à qui doit appartenir le tiers du produit des prises, s'il n'y a réglement contraire dans l'acte de société.

Quoiqu'il en soit, il est depuis long-temps d'une pratique constante & universelle, de faire vendre judiciairement les navires jugés de bonne prise, & toutes les marchandises de leur chargement. Ainsi le partage dont il est question dans cet article, ne doit plus s'entendre que de la répartition des deniers provenans de la vente, entre ceux qui y ont part.

Et d'abord il faut prélever sur toute la masse, *les frais du déchargement & de la garde du vaisseau & des marchandises* ; ce qui comprend par conséquent les loyers du magazin où les marchandises ont été mises, & les droits de quai & calle de l'endroit où le navire a été amarré ; le tout suivant la taxe qui en sera faite par le Juge en présence du Procureur du Roi. L'article ajoute, *& des intéressés* ; ce qui se rapportoit ci-devant & à l'armateur ou son commissionnaire, & au Receveur de M. l'Amiral. Mais depuis la suspension du dixiéme de M. l'Amiral, cela ne se pratique plus autrement qu'en communiquant à l'armateur ou à son commissionnaire, l'état des frais avant de l'arrêter, pour savoir de lui s'il y a quelque chose à retrancher des articles qui y sont employés, sur quoi on n'a jamais vu d'altercation en ce Siége.

Il n'est point question ici des frais de justice, parceque aux termes de l'article ſuivant, le dixiéme de M. l'Amiral doit ſe prendre ſans aucune diſtraction à cet égard; & cette régle établie de toute ancienneté a ſubſiſté encore long-temps après; mais dans la derniere guerre M. l'Amiral a eu la générosité de renoncer à cet avantage; il a fait même de plus grands ſacrifices par rapport à ſon dixiéme dans les priſes, comme on le verra ſur ledit article ſuivant.

Toutes les marchandiſes des priſes, depuis le tarif de 1664, étant ſujettes à des droits plus ou moins conſidérables envers le Roi, & d'ailleurs y en ayant qui ne peuvent être venduës qu'à la charge par l'adjudicataire de les faire paſſer à l'étranger ou à l'Amérique, dans un temps limité, pour l'intérêt des manufactures du Royaume; il y a eu ſur ce ſujet ſous le Regne de Louis XIV, divers Réglemens à commencer par l'Ordonnance du mois de Février 1687. Ces Réglemens ſont datés des 15 Décembre 1691, 21 Juin 1692, 25 Mai 1695, 16 Octobre 1696, 6 Septembre 1701, 20 Juin 1702, 24 Mars 1703 & 9 Juillet 1709; & tous ont toujours eu pour but de favoriſer les armemens en courſe, en donnant des facilités aux armateurs pour la ſortie des marchandiſes prohibées, en diminuant le nombre des marchandiſes de cette eſpéce, & en modérant les droits dûs ſur les autres.

Mais le plus avantageux à la courſe & au commerce qui en dépend, eſt le Réglement porté à ce ſujet dans la derniere guerre, par l'Arrêt du Conſeil du 7 Août 1744. C'eſt actuellement la loi ſubſiſtante ſur cette matiére, à quelques changemens près qui y ont été faits au préjudice des armateurs en courſe, par le dernier Réglement du 15 Mars 1757.

Un changement remarquable que celui de 1744 a fait aux anciens, concerne l'attribution de Juriſdiction par rapport aux vols & aux divertiſſemens des marchandiſes des priſes. Auparavant, les Intendans ne connoiſſoient avec droit de les juger en dernier reſſort, en y appellant les Officiers de l'un des préſidiaux de leur département, ou le nombre de gradués requis par les Ordonnances; au lieu que par cet Arrêt de 1744, ils n'en connoiſſent plus ſuivant l'article 29, qu'à condition de les juger avec les Officiers de l'Amirauté & autres gradués au nombre requis; au moyen de quoi la Juriſdiction de l'Amirauté a recouvré cette portion de ſa compétence dont elle avoit été privée ſi long-temps, & dans la poſſeſſion de laquelle toutes les repréſentations de feu M. le Comte de Toulouſe, en 1702 & 1703, n'avoient pu la faire rétablir.

Il y a plus, & par un autre Arrêt du Conſeil du 24 Décembre de la même année, l'attribution aux intendans a été bornée aux vols & divertiſſemens qui ſeroient faits depuis l'appoſition des ſceaux ſur les écoutilles des navires, autres néanmoins que les vols des agrès & apparaux » deſquels » eſt-il-dit » enſemble de ceux qui ſeront faits » en mer ou dans les ports avant l'appoſition deſdits ſceaux ſur les écoutilles, les Offi» ciers des Amirautés continueront de connoître ſeuls, ſauf l'appel à l'ordinaire. »

Il ne s'enſuit pas de-là néanmoins, que, par un droit nouveau, la faculté de juger les cas de pillage ſur les priſes, ait été rendue en plein aux Officiers de l'Amirauté; cela ne doit s'entendre que relativement à l'Ordonnance du 31 Août 1710 rapportée ſur l'article 20 ci-deſſus, & dont les diſpoſitions ont été renouvellées par l'article 9 de la Déclaration du Roi du 5 Mars 1748, de même que par l'art. 15 de la Déclaration du 15 Mai 1756.

Par la raiſon donc que des marchandiſes des priſes, il y en a dont la conſommation n'eſt pas permiſe dans le Royaume, & que toutes les autres ſont ſujettes à des droits envers le Roi, il y a néceſſité d'appeller les commis des Fermes à la vente qui s'en fait, provisionnelle ou définitive, de même qu'aux procès-verbaux d'apposition & levée des scellés, de déchargement du navire & à l'inventaire ; de tous lesquels procès-verbaux, qui doivent être signés d'eux, il faut leur délivrer copie, mais aux frais de la ferme. C'est la disposition des articles 2, 3, 4 & 5 du Réglement du 7 Août 1744. La peine d'interdiction y avoit été prononcée contre les Officiers de l'Amirauté ; mais par autre Arrêt du 24 Décembre audit an, elle a été restreinte au Greffier. Il n'en est même plus question aujourd'hui ; mais par l'article 3 de l'Arrêt du Conseil du 15 Mars 1757, les Officiers de l'Amirauté sont assujettis aux dommages & intérêts s'ils y manquent.

Par rapport aux poudres provenant des prises, il est permis de les vendre publiquement comme les autres effets ; mais aux termes de l'Arrêt du Conseil du premier Décembre 1744 relatif, avec modification, à celui du 13 Novembre 1708, il faut à leur arrivée, les déposer dans les magazins du fermier ou dans ceux de Sa Majesté, dont le commis du fermier doit avoir une clef ; & les adjudicataires, soit armateurs ou autres, sont obligés de les laisser dans les magazins, jusqu'à ce que l'occasion se présente de les employer en armement ou de les faire passer à l'étranger. Il est défendu sous peine de confiscation & de 300 livres d'amende, aux armateurs & propriétaires desdites poudres d'en faire aucun commerce directement ni indirectement pour la consommation intérieure du Royaume, sans le consentement du Fermier. Au surplus la permission de les employer en armement ou de les envoyer à l'étranger, n'a lieu qu'autant que le Roi ne jugera pas à propos de les employer pour son service ; auquel cas Sa Majesté les fera payer aux armateurs ou autres propriétaires sur le pied de dix sols la livre y compris le baril.

A l'égard des matiéres d'or & d'argent, en espéces ou en vaisselle, la vente en étant interdite par la Déclaration du Roi du 14 Décembre 1689, qui enjoint de les porter aux Hôtels des monnoies ou aux Changes les plus proches, pour en être la valeur payée sur le pied des tarifs, avec défenses à tous officiers publics d'en faire aucunes ventes sous peine de l'amende du quadruple, & de confiscation contre les propriétaires ; il n'en doit pas plus être question dans les ventes des prises qu'en toute autre, la faveur de la course n'ayant pas fait admettre d'exception en cette partie.

Les Officiers de l'Amirauté de Calais, pour contravention à cette Déclaration & aux Réglemens intervenus en conséquence, sous prétexte que l'exécution n'en avoit pas été ordonnée expressément par rapport aux Amirautés, ayant été condamnés en l'amende du quadruple montant à 6632 liv. 5 sols, par Arrêt de la Cour des Monnoies du 19 Octobre 1745, & s'étant pourvûs au Conseil d'Etat du Roi par Requête tendante à obtenir la décharge de cette amende ; tout ce qu'ils purent obtenir, c'est que par grace l'amende fût modérée à la somme de 300 livres, par Arrêt du premier Février 1746, qui au surplus leur enjoignit, & en leur personne à tous Officiers d'Amirauté, de se conformer exactement auxdits Réglemens, sous les peines y portées.

Le 7 Mai audit an 1746, un autre Arrêt de la Cour des Monnoies, fit défenses aux Officiers de l'Amirauté du Havre & à tous autres, de procéder à la proclamation, réception d'enchéres & adjudication d'aucunes matiéres d'or & d'argent &c.

Ainsi soit en matiére de prises, soit en cas de succession de gens morts en mer, ou en toute autre occasion, les Officiers de l'Amirauté doivent se garder de comprendre aucunes matiéres d'or & d'argent dans les ventes qui se font pardevant eux ; & leur devoir est de charger leur Greffier de les porter à l'Hôtel de la Monnoie, conjointement avec la partie intéressée, après en avoir pris le poids, pour en joindre la valeur au produit général de la vente, laquelle valeur doit être constatée par un certificat du Directeur de la Monnoie.

Mais si ces exceptions par rapport à quelques effets des prises sont un peu désavantageuses à la course, les armateurs en sont bien dédommagés par l'exemption du dixiéme de M. l'Amiral, & par la diminution qui a été faite en leur faveur sur les droits auxquels les autres marchandises ont été assujetties de tout temps, de même que par la réduction de la liste des effets prohibés.

Ils le sont encore par l'exemption qui leur a été aussi nouvellement accordée des droits des Fermes du Roi sur les choses nécessaires à l'avictuaillement des vaisseaux armés en course.

Depuis l'Arrêt du Conseil du 4 Octobre 1672, les armateurs en course jouissoient de l'exemption des droits d'Octrois des Villes, pour raison de tout ce qui étoit nécessaire à l'avictuaillement de leurs vaisseaux ; mais il n'en étoit pas de même des droits des Fermes du Roi, & elle leur a enfin été accordée par Arrêt aussi du Conseil du 6 Avril 1745, confirmé par l'article 9 de la Déclaration du 15 Mai 1756, & par l'Arrêt du Conseil du 15 Mars 1757.

Cette exemption nouvelle est de tous droits de sortie des traites sur les vivres, vins, eaux-de-vie & autres boissons servant à l'avictuaillement des navires uniquement armés pour la course.

Il est vrai que les Fermiers Généraux qui ne cessent jamais dans tous les cas d'exemption, de faire valoir la crainte de la fraude, ont fait apposer à celle-ci des conditions tout à fait gênantes ; mais enfin c'est toujours une exemption dont il dépend des armateurs de profiter.

Ces conditions sont exprimées dans les articles 3, 4 & suivans. Il seroit inutile de les rappeller ici : il suffira de remarquer que par l'article 2, l'exemption n'a pas lieu s'il est embarqué des marchandises ou toute autre chose que des victuailles, munitions de guerre & ustensiles servants aux vaisseaux destinés pour la course ; que par l'article 10 tous avictuaillemens pour quelque destination que ce soit, hors la course, sont sujets aux droits ordinaires des Fermes, à l'exception seulement des genres de commerce, qui par les Edits, Lettres patentes, Déclarations & Arrêts du Conseil qui leur sont propres, en ont été expressément exceptés ; ce qui se rapporte principalement aux Lettres patentes de 1717.

Enfin que par l'article 9, en cas de fraude reconnue, l'armateur ou capitaine est soumis à une amende de 1000 livres sans modération, au payement de laquelle le navire, avec ses agrès & apparaux demeurera affecté, sans préjudice de la contrainte par corps contre le capitaine. Tout cela a encore été renouvellé par un dernier Arrêt du Conseil du 15 Mars 1757, art. 29, 30 & suivans.

ARRESTS DU CONSEIL D'ÉTAT DU ROI,

Portant Réglement sur le fait des marchandises provenant des prises faites en mer sur les ennemis de l'Etat.

Des 7 Août & 24 Décembre 1744.

Extrait des Registres du Conseil d'Etat.

LE ROI s'étant fait représenter en son Conseil les différens Réglemens faits dans les précédentes guerres, concernant la conduite qui devoit être tenue dans les ports & bureaux des Fermes de Sa Majesté, sur les marchandises des prises faites en mer sur les ennemis de l'Etat : & Sa Majesté voulant accorder à ceux de ses Sujets qui armeront en course pendant la présente guerre, toute la faveur que l'intérêt des manufactures du Royaume, celui du commerce ordinaire de ses Sujets, & la sûreté des droits des Fermes, pourront permettre, Elle a jugé nécessaire d'expliquer ses intentions par un Réglement. Sur quoi, oui le rapport du Sieur Orry, Conseiller d'Etat ordinaire, & au Conseil Royal, Controlleur Général des Finances, le Roi étant en son Conseil, a ordonné & ordonne ce qui suit.

ARTICLE PREMIER.

Les marchandises des prises, de quelque qualité qu'elles soient, pourront entrer & être déchargées dans tous les ports du Royaume où les vaisseaux armés en course aborderont, nonobstant les Arrêts & Réglemens suivant lesquels l'entrée de différentes espéces de marchandises est prohibée ou fixée par certains ports & bureaux.

II. A l'arrivé de chaque prise dans le port où elle sera amenée, l'adjudicataire général des Fermes de Sa Majesté ou son préposé, aura la faculté d'envoyer des commis & gardes sur le vaisseau pour le surveiller en la maniere accoutumée.

III. Les Officiers de l'Amirauté seront tenus d'appeller ledit préposé, pour assister au procès-verbal de l'état de la prise, & à l'apposition des sceaux de l'Amirauté sur les écoutilles, lequel procès-verbal ledit préposé & autres commis des Fermes signeront comme présens ; sans que lesdits sceaux puissent être levés en aucun cas & sous quelque prétexte que ce soit, qu'en présence desdits commis ou eux dûement appellés, à peine d'interdiction contre les Officiers de l'Amirauté, qui demeureront responsables de tous dommages & intérêts : & il sera délivré audit préposé copie du procès-verbal aux frais du Fermier.

IV. Il ne sera déchargé aucune marchandise de prises ni des vaisseaux armés en course, qu'en présence des commis des Fermes & de l'inspecteur des manufactures, ou de celui qui sera par lui commis en son absence ; lesquelles marchandises de prises seront mises dans un magasin ou lieu sûr, sous trois clefs différentes, dont l'une sera remise au Juge de l'Amirauté, l'autre au commis du Fermier, & la troisiéme à l'inspecteur des manufactures ; & au cas que les propriétaires ou adjudicataires desdites marchandises requierent qu'il leur soit remis une quatriéme clef, elle sera en ce cas remise au syndic qui sera par eux nommé.

V. Les Officiers de l'Amirauté seront tenus, sous les peines portées par l'article 3, d'appeller le Fermier ou son préposé, pour assister à l'inventaire, vente & adjudication, dont ledit préposé signera comme présent les procès-verbaux, desquels il lui sera délivré copie aux frais de la Ferme.

VI. N'entend Sa Majesté assujettir aux formalités portées par les articles 2, 3, 4 & 5 du présent Réglement, les ports de Dunkerque & Marseille, qui seront maintenus dans leurs franchises, en observant ce qui est prescrit à leur égard par l'article 27.

VII. Les marchandises dénommées au présent article continueront d'être prohibées, & l'adjudication n'en pourra être faite qu'à condition d'être renvoyées à l'étranger, savoir, café de Moka, castor en peau & en poil, étoffes de soie des Indes, de la Chine ou du Levant, écorces d'arbres, glaces de miroirs, mousselines & toiles de coton blanches, de toutes espéces, mouchoirs des Indes, sel étranger, & tout sel de salpêtre & de verrerie, tabacs, toiles peintes ou teintes.

VIII. Pourra néanmoins la Compagnie des Indes, dans les cas où elle se seroit rendue adjudicataire des marchandises dont elle a le commerce ou privilége exclusif, faire vendre à son profit les cafés de Moka & les castors en peau & en poil ; comme aussi faire transporter en *transit* au travers du Royaume, dans ses magasins à l'Orient, les marchandises des Indes, pour y être vendues dans ses ventes publiques ; à la charge de marquer de ses plombs & bulletins, les mousselines, toiles de coton blanches & mouchoirs, qui pourront être vendus pour être consommés dans le Royaume ; & à la charge par les adjudicataires de renvoyer à l'étranger les étoffes de soie des Indes, écorces d'arbres & toiles peintes ou teintes, le tout ainsi qu'il est usé pour les marchandises des Indes provenant du commerce de ladite Compagnie.

IX. Pourra aussi le Fermier général, comme ayant le privilége exclusif du tabac, disposer à son profit des tabacs des prises dont il se sera rendu adjudicataire : & quant aux tabacs qui seront adjugés à d'autres, les adjudicataires seront tenus de les renvoyer à l'étranger directement par mer, du port où l'adjudication en aura été faite, & dans les ports de Dunkerque & Bayonne seulement, aussi directement par mer.

X. Les adjudicataires du sel étranger seront pareillement tenus de le renvoyer directement par mer à l'étranger, l'introduction en étant défendue dans tout le Royaume.

XI. Les draps, étoffes & couvertures de toutes sortes de laines, fil, soie, poil ou coton, les brocards, velours, taffetas, & autres étoffes & rubans d'or, d'argent & de soie, les bas & autres ouvrages de bonneterie de toutes sortes, les chapeaux de toutes sortes, ne pourront pareillement être vendus & adjugés, qu'à la charge d'être renvoyés à l'étranger; si ce n'est que sur les demandes qui pourroient être faites à Sa Majesté par les armateurs avant l'adjudication desdites marchandises, & sur lesquelles elle s'est réservé de statuer sur le compte qui lui en sera rendu par le Sieur Controlleur Général des Finances, elle n'ait jugé à propos en faveur desdits armateurs seuls, d'en permettre l'entrée & la consommation dans le Royaume.

XII. Les adjudicataires des marchandises prohibées par l'article 7, auront un an de délai, à compter du jour de l'adjudication, pour les faire passer à l'étranger; & cependant elles demeureront renfermées dans les magasins du dépôt sous trois clefs, comme il est dit à l'article 4, & après le terme d'un an il y sera pourvû par Sa Majesté, ainsi qu'il appartiendra.

XIII. Les adjudicataires desdites marchandises prohibées, autres que le sel & tabac, auront la faculté de les envoyer par terre à l'étranger, par forme de *transit* au travers du Royaume, sans payer aucuns droits; à la charge de passer & sortir par les ports & bureaux ci-après dénommés, à l'exclusion de tous autres, savoir, pour ce qui sortira du Royaume par mer, par Dunkerque, Calais, Saint-Valery, Dieppe, le Havre, Honfleur, Saint-Malo, le Port-Louis, Painbœuf, la Rochelle, Bordeaux, Bayonne, Cette, Agde & Marseille; & à l'égard de ce qui sortira par terre pour l'Espagne, par les bureaux de Bayonne, Pas de Béobie, Ascaing & Dainhoa; pour la Savoye, par les bureaux du Pont-de-Beauvoisin & Champarillan; pour Genève & la Suisse, par les bureaux de Seissel & Coulonges, ou par le bureau d'Auxonne; & d'Auxonne par l'un des bureaux de Gex ou de Pontarlier, suivant la destination; pour les Pays-bas & pays de Liége, par les bureaux de la basse ville de Dunkerque, Lille, Valenciennes, Maubeuge & Givet; dans lesquels bureaux les commis désigneront, en visant les acquits à caution de *transit* qui leur seront représentés, le dernier bureau de la frontiere par où les marchandises devront sortir suivant la route; & pour le côté de Luxembourg, par Torcy, & de-là par Sedan.

XIV. Les marchandises prohibées ne pourront sortir des ports où elles auront été amenées, pour être envoyées à l'étranger, qu'en présence du commis du Fermier & de l'Inspecteur des Manufactures, pardevant lesquels elles devront être reconnues & conduites au vaisseau si elles sortent par mer, ou chargées sur les voitures si elles sont transportées en *transit* par terre; & les sels & tabacs qui devront être envoyés directement par mer, seront pareillement reconnus & conduits au vaisseau.

XV. Les adjudicataires des marchandises prohibées, qui les expédieront en *transit* dans le cours de l'année d'entrepôt accordé par l'article 12, seront tenus de rapporter dans les six mois du jour de l'expédition, le certificat de sortie du dernier bureau, à peine de payer par forme de confiscation de la marchandise & de l'équipage, le double de l'adjudication, & en outre l'amende portée par les Ordonnances & Réglemens.

XVI. Toutes les marchandises de prises, autres que celles dénommées en l'article 7, auront la faculté de pouvoir être envoyées, tant à l'étranger, qu'aux isles & colonies françoises, soit directement du port de l'adjudication, par mer ou autrement, sans payer aucuns droits; & elles jouiront du bénéfice du *transit* au travers du Royaume, à la charge de passer & sortir par les mêmes bureaux désignés en l'article 13, à l'exclusion de tous autres : & en attendant qu'elles soient destinées & expédiées, elles demeureront enfermées dans les magasins du dépôt sous différentes clefs, comme il est dit en l'article 4.

XVII. Les marchandises permises ne pourront demeurer déposées au magasin sans destination & expédition, plus de six mois, à compter du jour de l'adjudication, après lequel terme les droits en seront acquis & payés au Fermier par les adjudicataires; & en cas que dans le cours desdits six mois ils les expédient en *transit* pour l'étranger, ils seront tenus de rapporter dans six mois du jour de l'expédition, le certificat du dernier bureau de sortie, à peine du quadruple des droits.

XVIII. Les marchandises tant permises que prohibées, qui seront expédiées en *transit*, seront déclarées, visitées & plombées au bureau du port de l'enlévement, & il sera pris un acquit à caution, portant soumission, sous les peines portées par les articles 15 & 17 du présent Réglement, de rapporter dans le délai de six mois le certificat de sortie du dernier bureau désigné suivant la route, qui justifie que les plombs se seront trouvés sains & entiers; & que les marchandises contenues aux acquits à caution y auront été vérifiées & trouvées conformes, & qu'elles sont réellement sorties pour l'étranger; & seront lesdits acquits à caution visés dans tous les bureaux de la route, & par les Directeurs des Fermes dans les villes où il y en a d'établis, après qu'ils auront eux-mêmes reconnu les plombs sains & entiers, & sauf, en cas de soupçon, à en faire faire la vérification dans lesdits bureaux de passage.

XIX. Les marchandises dénommées au présent article, déclarées pour la consommation du Royaume, payeront pour tous droits d'entrée des traites dans tous les bureaux des ports où l'adjudication en aura été faite, deux & demi pour cent du prix de leur adjudication, savoir, acier non ouvré, chairs salées de toutes espéces, chanvre, charbon de terre, cire jaune non ouvrée, cuirs verds ou en poil non salés, cuivre non ouvré, étain non ouvré, laines non filées, lin, plomb non ouvré, & suifs.

XX. Les marchandises dénommées au présent article, déclarées pour la consommation du

Royaume, payeront pour tous droits d'entrée des traites dans tous les bureaux des ports où l'adjudication en aura été faite, dix pour cent du prix de leur adjudication, savoir, bouteilles ou flacons de verre, buffles, café autre que celui de Moka, cire jaune ou blanche ouvrée, cuirs apprêtés ou tannés, cuirs dorés, cuivre ouvré, drogueries de toutes sortes, étain ouvré, fer ouvré, fer-blanc ou tôle ouvré, linge de table ouvré ou non ouvré, merceries, morue verte ou séche, & toute sorte de poisson sec ou salé, papiers de toutes sortes, clincaillerie de toutes sortes, rubans de fil, toiles, futaines & coutils, tapis & tapisseries, & verres de toutes sortes : à l'égard des marchandises dénommées dans l'article 11 du présent Réglement, elles payeront aussi dix pour cent du prix de leur adjudication, dans le cas où la vente en seroit permise pour la consommation du Royaume, conformément à ce qui est porté par ledit article 11, auquel cas seront les étoffes permises, plombées par l'Inspecteur des Manufactures, & à son défaut par le commis du Fermier, d'un plomb particulier, qui servira à faire connoître que lesdites étoffes proviennent des prises; & quant aux sucres de toutes espéces, ils acquitteront les droits du Tarif de 1667.

XXI. Toutes les marchandises de qualité permise, qui seront déclarées pour la consommation du Royaume, autres que celles dénommées aux articles 19 & 20 du présent Réglement, payeront pour droits d'entrée des traites dans tous les bureaux des ports où l'adjudication en aura été faite, autres que Dunkerque, Marseille & Bayonne, cinq pour cent du prix de leur adjudication; à l'exception néanmoins des soies de toutes sortes, qui acquitteront les droits d'entrée de quatorze sols par livre pesant, imposés par l'Edit de Janvier 1722, & aliénés à la ville de Lyon, où lesdites soyes des prises seront dispensées d'être envoyées.

XXII. Dans les cas où les droits des marchandises des prises, réglés par le présent Arrêt à deux & demi ou à cinq pour cent du prix de l'adjudication, pourroient se trouver plus forts que les droits d'entrée ordinaires qui seroient dûs pour aller à la destination déclarée, suivant les Tarifs & Réglemens, entend Sa Majesté que les droits desdites marchandises soient réduits à ceux portés par lesdits Tarifs & Réglemens; sans que ladite clause puisse avoir lieu pour les marchandises dénommées en l'article 20 du présent Réglement, lesquelles demeureront assujetties aux droits portés par ledit article, pour quelque destination que ce soit dans le Royaume.

XXIII. Les droits des marchandises des prises devant être acquittés suivant le prix de leur adjudication, veut Sa Majesté que la vente & adjudication en soient faites par les Juges de l'Amirauté, par parties d'une même sorte & qualité de marchandises, & que les négocians & autres qui auront à en acquitter les droits, soient tenus de rapporter au bureau, avec leur déclaration, un certificat de l'Amirauté, du prix de l'adjudication de la marchandise déclarée, avec le numéro, la date & le nom de l'adjudicataire, portés par l'inventaire : ce qui sera vérifié sur le double dudit inventaire, qui doit être remis au commis du Fermier, suivant l'article 5 du présent Réglement; & faute par lesdits négocians & autres de rapporter certificat dans la forme ci-dessus prescrite, les droits seront acquittés à la valeur sur le pied du plus haut prix qui se trouvera porté audit inventaire sur des marchandises de même espéce.

XXIV. Les acquits de payement des droits de deux & demi, de cinq ou de dix pour cent, suivant l'espéce de marchandise, tiendront lieu, tant des droits d'entrée & droits locaux des traites, dûs dans la province où l'adjudication aura été faite, que de tous autres droits des traites qui pourroient se trouver dûs au passage par terre d'une province à l'autre, même des vingt pour cent dûs sur les marchandises du Levant, pourvû néanmoins que le transport s'en fasse dans les trois mois de la date de l'acquit de payement pris au bureau du lieu de l'adjudication : n'entend Sa Majesté exempter les marchandises qui se trouvent sujettes à d'autres droits indépendans des traites ou cinq grosses Fermes, lesquels droits seront payés sur les marchandises des prises destinées pour le Royaume, dans les cas où ils seront dûs, indépendamment des droits d'entrée portés par le présent Réglement.

XXV. Sa Majesté a déchargé & décharge les marchandises des prises, des quatre sols pour livre des droits portés par les articles 19, 20, 21 & 22 du présent Réglement.

XXVI. Les droits des marchandises ne seront payés que lorsqu'elles seront enlevées du lieu de l'adjudication pour être transportées dans un autre lieu du Royaume, ou pour être consommées dans le même lieu de l'adjudication; & en cas que les adjudicataires veuillent les tirer du dépôt, & les avoir en leur disposition avant d'en avoir fait la destination, ils seront tenus d'en payer les droits.

XXVII. Les marchandises des prises amenées dans les ports de Dunkerque & de Marseille, qui seront destinées pour l'intérieur ou pour passer en *transit* au travers du Royaume à l'étranger, seront représentées au bureau de la basse ville de Dunkerque ou à celui de Septemes, ou au premier bureau d'entrée près de Marseille, où la déclaration en sera faite à l'ordinaire, & elles seront accompagnées d'un certificat de l'Amirauté, qui fera foi qu'elles proviennent de telle prise, lequel sera dans la forme prescrite par l'article 23, & sera vérifié dans lesdits bureaux sur le double de l'inventaire qui y sera remis à cet effet; & sur lesdits certificats vérifiés, elles seront visitées, pour être ensuite acquittées ou expédiées en *transit*, & plombées, avec acquit à caution & soumission de remplir les conditions prescrites par le présent Réglement.

XXVIII. Les marchandises des prises amenées au port de Bayonne, payeront après l'adjudication, les droits ordinaires de la coutume dans le cas où les adjudicataires y seroient sujets, & elles ne seront assujetties aux droits de deux & demi, de cinq & dix pour cent, qu'à la sortie du coûtumat pour la destination du Royaume, & en justifiant, comme il est dit ci-dessus, du prix de leur adjudication : elles jouiront au surplus du bénéfice du *transit*, tant pour les marchandises prohibées qui devront être renvoyées à l'étranger, que pour les marchandises permises que les négocians & autres voudront faire passer à l'étranger, le tout en observant les formalités prescrites en pareil cas par le présent Réglement.

XXIX.

XXIX. En cas de vols & divertissemens des marchandises des prises, le procès sera fait & parfait aux coupables par les Sieurs Intendans & Commissaires départis, & icelui jugé en dernier ressort conjointement avec les Juges de l'Amirauté & autres gradués au nombre requis par les Ordonnances, Sa Majesté leur attribuant à cet effet toute cour, jurisdiction & connoissance; & quant aux fraudes & contraventions au présent Réglement, la connoissance en demeurera aux maîtres des ports & Juges qui ont coutume d'en connoître, sauf l'appel à l'ordinaire.

XXX. Le présent Réglement dans tout son contenu aura également lieu pour les marchandises provenant des échouemens des vaisseaux ennemis pendant la présente guerre.

XXXI. Les Juges de l'Amirauté enverront au Sieur Controlleur Général des Finances, aussitôt après les adjudications ou jugemens de confiscation des marchandises étrangeres, provenant des prises ou échouemens, des extraits ou copies en bonne forme desdites adjudications ou jugemens de confiscation; ensemble des procès-verbaux des prises ou échouemens, & des certificats de reconnoissance, conduite & rechargement des marchandises; ils informeront aussi ledit Sieur Controlleur Général des diligences qu'ils auront faites contre les adjudicataires ou autres intéressés aux prises ou échouemens, à peine d'interdiction de leurs charges.

XXXII. Le contenu aux articles ci-dessus aura pareillement lieu pour les prises faites par les vaisseaux de Sa Majesté, & les droits ordonnés par le présent Réglement seront perçus sur les marchandises de toutes les prises faites avant sa publication, comme sur celles qui pourront se faire à l'avenir. Enjoint Sa Majesté aux Sieurs Intendans & Commissaires départis dans les provinces, aux Officiers des Amirautés, maîtres des ports, Juges des traites, & tous autres qu'il appartiendra, de tenir la main, chacun en droit soi, à l'exécution du présent Réglement, sur lequel toutes lettres nécessaires seront expédiées. Fait au Conseil d'Etat du Roi, Sa Majesté y étant, tenu à Metz le septiéme jour d'Août 1744.

Signé, PHELYPEAUX.

EXTRAIT DES REGISTRES du Conseil d'Etat.

LE ROI s'étant fait représenter l'Arrêt de son Conseil d'Etat du 7 Août 1744, portant Réglement sur les marchandises provenant des prises faites en mer sur les ennemis de l'Etat, Sa Majesté auroit reconnu que les dispositions des articles 3, 5 & 29 dudit Arrêt pourroient donner lieu à des difficultés, soit pour les ventes desdites marchandises, soit par rapport aux formalités à observer avant lesdites ventes; & voulant y pourvoir. Vu lesdits articles 3, 5 & 29 dudit Réglement, oui le rapport du Sieur Orry, Conseiller d'Etat ordinaire & au Conseil Royal, Controlleur Général des Finances, le Roi étant en son Conseil, a ordonné & ordonne ce qui suit.

ARTICLE PREMIER.

La peine d'interdiction portée par les articles 3 & 5 du Réglement du 7 Août 1744, n'aura lieu dans les cas y exprimés, qu'à l'égard du Greffier de l'Amirauté dans chacun des ports ou les prises seront conduites; lequel sera tenu sous ladite peine d'interdiction, d'appeller le Directeur des Fermes, s'il y en a un, ou à son défaut le Receveur de ladite Ferme, pour être présent tant à l'apposition des sceaux sur les écoutilles, & au procès-verbal de l'état de chaque prise, qu'à la levée desdits sceaux, aux inventaires, ventes & adjudications des prises, & à la signature des procès-verbaux qui en seront dressés, desquels il sera délivré des copies au directeur ou au receveur, ou autre préposé des Fermes, aux frais du Fermier; sans que, sous quelque prétexte que ce soit, les sceaux puissent être levés qu'en présence des commis des Fermes, ou eux dûement appellés, ainsi qu'il est prescrit par ledit article III dudit Réglement. Permet Sa Majesté audit Directeur ou Receveur, dans le cas où il ne pourroit assister à l'apposition des sceaux & autres procédures ci-dessus prescrites, de commettre à cet effet tels commis des Fermes qu'il jugera à propos, lesquels commis des Fermes signeront auxdits procès-verbaux comme présens, au lieu & place du Directeur ou Receveur. Ordonne au surplus Sa Majesté que les Officiers des Amirautés, autres que le Greffier, seront & demeureront déchargés de la peine d'interdiction & autres portées par lesdits articles 3 & 5 dudit Réglement; leur enjoignant néanmoins de tenir exactement la main à l'exécution du présent article, en ce qui concerne leur Greffier.

II. L'attribution donnée aux Sieurs Intendans & Commissaires départis, pour connoître conjointement avec les Juges des Amirautés & autres gradués requis par les Ordonnances, des vols & divertissemens des marchandises & autres effets des prises, n'aura lieu qu'à l'égard de ceux qui seront faits depuis l'apposition des sceaux sur les écoutilles des navires, autres néanmoins que les vols & divertissemens des agrès & apparaux, desquels, ensemble de ceux qui seront faits en mer ou dans les ports avant l'apposition desdits sceaux sur les écoutilles, les Officiers des Amirautés continueront de connoître seuls, sauf l'appel à l'ordinaire: dérogeant Sa Majesté pour raison de ce que dessus, à la disposition dudit article 29, en ce qui n'est pas conforme au présent.

III. Ordonne au surplus Sa Majesté que ledit Réglement du 7 Août 1744, sera exécuté selon sa forme & teneur. Mande & ordonne Sa Majesté à M. le Duc de Penthiévre, Amiral de France, d'y tenir la main, de même qu'à l'exécution du présent Arrêt; & enjoint auxdits Sieurs Intendans & Commissaires départis, & à tous autres qu'il appartiendra, de tenir aussi la main à l'exécution du présent Arrêt, qui sera lû, publié & affiché par tout où besoin sera, & sur lequel toutes lettres nécessaires seront expédiées. Fait au Conseil d'Etat du Roi, Sa Majesté y étant, tenu à Versailles le 24 Décembre 1744.

Signé, PHELYPEAUX.

ARREST DU CONSEIL D'ÉTAT DU ROI,

Concernant les poudres provenant des prises faites en mer.

Du premier Décembre 1744.

Extrait des Registres du Conseil d'État.

LE ROI s'étant fait représenter en son Conseil, l'Arrêt rendu en icelui le 13 Nov. 1708, qui prescrit ce qui sera observé pour empêcher le versement des poudres qui seront amenées dans les ports du Royaume, appartenant aux armateurs ou autres particuliers, même de celles provenant des prises faites sur les ennemis, dont Sa Majesté permet aux armateurs de disposer pour les armemens qu'ils pourront faire, ou pour les emporter hors du Royaume, même de les vendre pour être portées à l'étranger; sauf à les laisser dans les magasins de l'adjudicataire général de la Ferme desdites poudres, jusques à l'embarquement qui en sera fait: & Sa Majesté étant privée par ces simples dispositions du secours qu'elle pourroit tirer desdites poudres, soit pour les armemens qu'elle ordonne, soit pour remplir ses magasins, elle a jugé nécessaire de faire connoître ses intentions à cet égard, sans rien changer aux dispositions contenues audit Arrêt: oui le rapport du Sieur Orry, Conseiller d'Etat ordinaire, & au Conseil Royal, Controlleur Général des Finances, Sa Majesté étant en son Conseil, a ordonné & ordonne, que l'Arrêt de son Conseil du 13 Novembre 1708, continuera d'être exécuté selon sa forme & teneur; & en conséquence, que conformément à icelui toutes les poudres provenant des prises faites ou à faire, ou autres appartenant aux armateurs & aux particuliers, seront déposées à leur arrivée dans les magasins du Fermier, ou dans ceux de Sa Majesté, dont le commis dudit Fermier aura une clef, sans qu'elles puissent être mises ailleurs, sous quelque prétexte que ce soit; permet Sa Majesté aux armateurs de disposer desdites poudres pour les armemens qu'ils pourront faire, ou pour les emporter hors du Royaume, même de les vendre, soit par traité particulier ou par adjudication; à la charge par ceux qui les acheteront ou s'en rendront adjudicataires de les porter à l'étranger, & jusques à l'embarquement de les laisser dans lesdits magasins, sans qu'elles puissent être transportées ni entreposées ailleurs, à peine de confiscation, & de 300 liv. d'amende. Fait Sa Majesté défenses sous les mêmes peines de confiscation, & de 300 liv. d'amende auxdits armateurs & propriétaires desdites poudres, d'en faire aucun commerce directement ni indirectement pour la consommation intérieure du Royaume, sans le consentement du Fermier, dont les commis qui auront les clefs desdits magasins, seront tenus de les ouvrir toutes fois & quantes qu'ils en seront requis; ensorte que les propriétaires qui voudront les en tirer, soit pour l'armement des vaisseaux, ou pour les porter à l'étranger, n'en souffrent aucun retardement; le tout en cas que Sa Majesté ne juge pas à propos de les employer pour son service, auquel cas elle les fera payer aux armateurs ou autres propriétaires sur le pied de dix sols la livre, y compris le baril. Enjoint S. M. aux sieurs Intendans & Commissaires départis dans les provinces & généralités, de tenir la main à l'exécution du présent Arrêt, privativement à tous autres Juges auxquels Sa Majesté en interdit la connoissance. Fait au Conseil d'Etat du Roi, Sa Majesté y étant, tenu à Versailles, le premier Décembre 1744. *Signé*, PHELYPEAUX.

LETTRE du Roi à M. le Duc de Penthiévre, Amiral de France, en date du 5 Février 1745.

MON COUSIN, ayant jugé à propos par Arrêt de mon Conseil d'Etat du premier du mois de Déc. dernier, de régler ce qui doit être observé par rapport aux poudres provenant des prises qui sont faites en mer sur mes ennemis, je vous fais cette Lettre pour vous dire que mon intention est, que vous donniez connoissance dudit Arrêt qui est ci-joint, aux Officiers des Amirautés, afin qu'ils se conforment, en ce qui les concerne, aux dispositions qu'il contient, & la présente n'étant à autre fin: je prie Dieu qu'il vous ait, Mon Cousin, en sa sainte & digne garde. Ecrit à Versailles le 5 Février 1745.

Signé, LOUIS. *Et plus bas*, PHELYPEAUX.

ARREST DU CONSEIL D'ÉTAT DU ROI,

Servant de Réglement pour empêcher l'abus dans l'exemption des droits des cinq grosses Fermes, accordée sur les vivres, vins, eaux-de-vie & autres boissons servant à l'avitaillement des vaisseaux armés en course, ainsi que sur les munitions de guerre & ustensiles nécessaires pour lesdits armemens : & assujettit aux droits tous avitaillemens & équipemens de navires pour quelque destination que ce puisse être, autres que les armemens en course & les genres de commerce qui ont été exemptés des droits par les Réglemens qui leur sont propres.

Du 6 Avril 1745.

Extrait des Registres du Conseil d'État.

VU par le Roi, étant en son Conseil, les Requêtes présentées par différens armateurs du Royaume, tendantes à ce qu'il plaise à Sa Majesté exempter ceux qui armeront en course pendant la présente guerre, de tous droits de sortie sur les vivres, vins & eaux-de-vie servant à l'avitaillement de leurs navires : le Mémoire en réponse des Fermiers Généraux, contenant qu'il est de la connoissance du Conseil, qu'ils se sont déja portés à consentir que les farines, légumes, fromages, beurres, lards & chairs salées, qui seront embarquées sur les navires armés en course, ne payassent aucuns droits de sortie des traites ; qu'à l'égard des vins & eaux-de-vie ils ont représenté qu'outre la perte que les Fermes souffriroient par la consommation des équipages, il y auroit encore plus à craindre de l'abus qu'on pourroit faire d'une exemption sur tous les vins & eaux-de-vie qui seroient embarqués sous prétexte de la course, & qui seroient employez à toute sorte de commerce : que cependant si le Conseil juge qu'il soit aisé d'établir à cet égard des formalités & des conditions assez étroites pour diminuer l'objet de l'abus, ils sont prêts à donner encore de nouvelles marques de leur zéle, en consentant à l'exemption demandée pour les droits de sortie des traites, sur les vins, eaux-de-vie & autres boissons destinées pour les navires armés pour la course uniquement ; mais que pendant qu'ils veulent bien se prêter à la faveur que peut exiger la course, ils espérent que le Conseil trouvera juste de remédier en même temps à l'usage abusif qui s'est introduit dans quelques ports du Royaume par la facilité des commis, de ne faire payer aucuns droits sur ce qui leur est déclaré servir à l'avitaillement des navires pour quelque destination que ce soit ; d'où il résulte une différence dans la régie, & un préjudice considérable aux droits du Roi : que cet abus est d'autant plus évident, qu'il n'y a que certains genres de commerce utiles & privilégiés, comme ceux de la Compagnie des Indes, des isles & des colonies françoises, qui, par les différens Réglemens qui leur sont propres, ayent été expressément exemptés des droits de sortie dûs sur les denrées qui s'embarquent pour l'avitaillement des navires, ce qui prouve que toutes les autres sortes de commerce y demeurent assujetties, à quoi ils supplient très-humblement Sa Majesté de pourvoir. Vû aussi l'avis des Députés au Bureau du Commerce, oui le rapport du Sieur Orry, Conseiller d'Etat ordinaire & au Conseil Royal, Controlleur Général des Finances, le Roi étant en son Conseil, a ordonné & ordonne ce qui suit.

ARTICLE PREMIER.

Les navires qui seront uniquement armés pour la course pendant la présente guerre, jouiront de l'exemption des droits de sortie des traites des ports où ils seront armés, sur les vivres, vins, eaux-de-vie & autres boissons servant à leur avitaillement, & ce sous les conditions ci-après réglées.

II. S'il est embarqué dans les navires qui seront armés en course, aucunes marchandises & autres choses que vituailles, munitions de guerre & ustensiles servant auxdits navires, l'exemption accordée par le premier article n'aura point lieu.

III. Chaque armateur pour la course sera tenu de représenter au Bureau des Fermes, la commission en guerre qui lui aura été accordée par M. l'Amiral, & d'y remettre un *duplicata* du rolle de son équipage, certifié par le Commissaire de la Marine, ou autre Officier chargé du Bureau des classes.

IV. Il ne pourra être embarqué en exemption des droits sur chaque navire armé en course, une plus forte provision de vins & eaux-de-vie que pour trois mois, & dans la proportion établie par l'article suivant.

V. Il sera passé en exemption pour chaque homme d'équipage pendant lesdits trois mois, ou trois quarts de pinte de vin mesure de Paris par jour, ou l'équivalent en eau-de-vie, à raison du quart de ce qui est accordé en vin ; chaque volontaire sera réputé homme d'équipage, & deux mousses ne seront comptés que pour un homme.

A l'égard des officiers-mariniers, il leur sera passé en exemption pendant le même temps, une ration & demie de vin par jour, ou l'équivalent en eau-de-vie à raison du quart de ce qui est accordé en vin.

VI. Au retour du navire dans le port d'où il sera parti, il sera fait par le Fermier ou ses préposés, un recensement de tous les vins & eaux-de-vie qui s'y trouveront encore en nature, dont il sera dressé procès-verbal; & ce qui aura été consommé au-delà de la quantité ci-dessus réglée, à proportion du temps que le navire aura été dehors, sera sujet aux droits de sortie, sans que pour raison du déchet ou coulage, & sous quelqu'autre prétexte que ce soit, il puisse être fait aucune diminution, de quoi il sera pris soumission & caution au Bureau des Fermes avant le départ.

VII. Les vins & eaux-de-vie qui auront été embarqués en exemption de droits pour la course, & qui n'y auront point été consommés, ne pourront demeurer à bord plus de trois jours après le retour dans le port du départ, lequel temps passé ils seront déchargés, si mieux n'aime l'armateur faire sa déclaration de la quantité qui lui en restera au jour de l'arrivée de son navire, & lorsqu'il remettra en mer, laquelle déclaration le Fermier pourra faire vérifier par ses commis, pour être ladite quantité imputée sur celle dont l'armateur pourroit avoir besoin pour un nouveau voyage.

VIII. Les navires qui reviendront dans un autre port que celui où ils auront été armés en course, ne pourront y décharger aucuns vins ni eaux-de-vie, qu'en payant par l'armateur ou capitaine les droits de sortie des traites dûs au lieu du départ, & ceux d'entrée & autres dûs au port où ils auront abordé, si ce n'est dans les cas forcés d'une visite ou d'un radoub, dans lesquels l'armateur ou capitaine sera tenu de faire sa déclaration au Bureau des Fermes, & d'entreposer ses boissons sous la clef du Fermier, si le commis l'exige.

IX. En cas de fraude reconnue, faite sous l'apparence de la course, soit par un commerce de vins & eaux-de-vie, soit par un versement sur les côtes du Royaume ou autrement, l'armateur ou le capitaine sera condamné à une amende de trois mille livres, qui ne pourra être remise ni modérée, & au payement de laquelle le navire, agrès & apparaux seront affectés par privilége, sans préjudice à la contrainte par corps contre le capitaine.

X. Entend au surplus Sa Majesté que tous avitaillemens & équipemens de navires, pour quelque destination que ce puisse être, soient assujettis aux droits ordinaires des Fermes, à l'exception seulement des genres de commerce qui, par les Edits, Lettres-patentes, Déclarations & Arrêts du Conseil qui leur sont propres, en ont été expressément exemptés, Sa Majesté déclarant abusif tout usage contraire.

Mande & ordonne Sa Majesté à M. le Duc de Penthièvre, Amiral de France, aux Intendans & Commissaires de la Marine, Juges des Amirautés, Maîtres des Ports & Juges des Traites, de tenir, chacun en droit soi, la main à l'exécution du présent Réglement, sur lequel toutes Lettres nécessaires seront expédiées. Fait au Conseil d'Etat du Roi, Sa Majesté y étant, tenu à Versailles le 6 Avril 1745.

Signé, PHELYPEAUX.

ARREST DU CONSEIL D'ÉTAT DU ROI,

Portant Réglement pour les marchandises des prises faites en mer sur les ennemis de l'État.

Du 15 Mars 1757.

Extrait des Registres du Conseil d'Etat.

LE ROI s'étant fait représenter en son Conseil la Déclaration de Sa Majesté du 15 Mai dernier, portant la suspension du dixiéme de l'Amiral de France, & autres encouragemens pour la course contre les ennemis de l'Etat, les Arrêts rendus en son Conseil les 7 Août & 24 Décembre 1744, portant Réglement pour les marchandises des prises faites en mer sur lesdits ennemis, & celui du 6 Avril 1745, servant de Réglement pour empêcher les abus dans l'exemption des droits des Cinq-grosses-Fermes, accordée par ledit Arrêt, Sa Majesté auroit considéré qu'étant également juste & nécessaire de concilier les faveurs que méritent les armemens en course, avec l'intérêt des Manufactures du Royaume, & la sûreté des droits des Fermes, le seul moyen de remplir ces différens objets est d'une part, de faciliter par le *transit* le passage à l'étranger des marchandises des prises, & d'imposer sur celles qui se consommeront dans le Royaume, des droits qui, sans nuire à leur débit, soient néanmoins capables d'empêcher qu'elles ne portent préjudice aux marchandises originaires; & d'autre part, de prendre toutes les précautions convenables pour prévenir les abus qui pourroient naître des exemptions que Sa Majesté n'a entendu accorder qu'à ce qui est uniquement destiné pour la course: sur quoi, oui le rapport du Sieur Peirenc de Moras, Conseiller ordinaire & au Conseil Royal, Controlleur Général des Finances; le Roi étant en son Conseil, a ordonné & ordonne:

ARTICLE PREMIER.

Les marchandises des prises, de quelque qualité qu'elles soient, pourront entrer & être déchargées dans tous les ports du Royaume où aborderont les vaisseaux armés en course, nonobstant les Arrêts & Réglemens qui ont prohibé ou fixé par certains ports & bureaux, l'entrée des différentes espéces de marchandises.

II. A l'arrivée de chaque prise dans le port où elle sera conduite, l'adjudicataire général des Fermes de Sa Majesté, ou son préposé, aura la faculté d'envoyer des commis & gardes sur le navire, pour le surveiller en la maniere accoutumée.

III. Le directeur des Fermes, s'il y en a un, ou à son défaut le receveur desdites Fermes, sera appellé pour assister au procès-verbal de l'état de la prise, & à l'apposition des sceaux sur les écoutilles, de même qu'à la levée desdits sceaux, aux inventaires, ventes & adjudications des prises, & à la signature des procès-verbaux qui en seront dressés, desquels il sera délivré des copies au Directeur ou au Receveur ou autre préposé des Fermes, aux frais du Fermier; Sa Majesté faisant très-expresses inhibitions & défenses aux Officiers des Amirautés, de procéder, sous quelque prétexte que ce soit, à la levée des sceaux, auxdits inventaires, ventes & adjudications des prises, & à la signature desdits procès-verbaux, qu'en présence des commis des Fermes, ou eux dûement appellés, à peine d'en demeurer responsables en leur propre & privé nom, & de tous dommages & intérêts. Permet Sa Majesté audit Directeur ou Receveur, dans le cas où il ne pourroit assister à l'apposition des sceaux & autres procédures ci-dessus prescrites, de commettre à cet effet tels commis des Fermes qu'il jugera à propos, lesquels commis signeront aux procès-verbaux, au lieu & place du directeur ou receveur.

IV. Il ne sera déchargé aucune marchandise des prises, ni des vaisseaux armés en course, qu'en présence des commis des Fermes. Lesdites marchandises seront mises dans un magasin ou lieu sûr, établi aux dépens des armateurs, sous deux clefs différentes, dont l'une sera remise au Juge de l'Amirauté, & l'autre au commis du Fermier; & au cas que les propriétaires ou adjudicataires desdites marchandises, requiérent qu'il leur soit remis une troisiéme clef, elle sera délivrée à l'armateur du navire qui aura fait la prise, ou à son préposé.

V. N'entend Sa Majesté rien changer à ce qui se pratique dans les ports de Marseille & Dunkerque, lesquels seront maintenus dans leurs franchises, en observant ce qui est prescrit à leur égard par l'article 24 du présent Réglement. N'entend aussi Sa Majesté que les navires françois repris sur les Anglois, & conduits directement dans les ports du Royaume, sans avoir touché à aucun port étranger, soient sujets aux dispositions du présent Réglement.

VI. Les marchandises dénommées au présent article, continueront d'être prohibées, & l'adjudication n'en pourra être faite qu'à condition d'être renvoyées à l'étranger, sans pouvoir être expédiées pour Dunkerque ni pour les colonies françoises: savoir, étoffes de soie des Indes, de la Chine ou du Levant, écorces d'arbres, glaces de miroirs de toute espece, mouchoirs des Indes, sel étranger, & tout sel de salpêtre & de verrerie; tabacs, toiles peintes ou teintes; les draps, étoffes & couvertures de toutes sortes de laines, fil, soie, poil ou coton; les brocards, velours, damas, taffetas & autres étoffes, & rubans d'or, d'argent & de soie; les bas & autres ouvrages de bonneterie de toutes sortes, & les chapeaux de toutes sortes.

VII. A l'égard des marchandises dont la Compagnie des Indes a le commerce ou privilége exclusif, telles que le café de Moka, le castor en peau & en poil, les mouchoirs, les mousselines & toiles de coton blanches; elle pourra faire vendre à son profit les cafés de Moka, & les castors en peau & en poil dont elle se sera rendue adjudicataire, comme aussi faire transporter en *transit* au travers du Royaume, dans ses magasins à l'Orient, les marchandises des Indes dont l'adjudication lui aura été faite, pour y être vendues dans ses ventes publiques; à la charge de marquer de ses plombs & bulletins les mousselines, toiles de coton blanches & mouchoirs qui pourront être vendus pour être consommés dans le Royaume, & à la charge par les adjudicataires de renvoyer à l'étranger les étoffes de soie des Indes, écorces d'arbres, & toiles peintes ou teintes: le tout ainsi qu'il en est usé pour les marchandises des Indes provenant du commerce de ladite Compagnie.

VIII. Pourra aussi l'adjudicataire général des Fermes, comme ayant le privilege exclusif du tabac, disposer à son profit des tabacs des prises dont il se sera rendu adjudicataire; & quant aux tabacs qui seront adjugés à d'autres, les adjudicataires seront tenus de les renvoyer à l'étranger directement par mer, ou à Dunkerque, du port où l'adjudication en aura été faite, sans pouvoir les faire voiturer par terre.

IX. Les adjudicataires du sel étranger seront pareillement tenus de le renvoyer directement par mer à l'étranger, l'introduction en étant défendue dans tout le Royaume.

X. Les adjudicataires des marchandises prohibées par l'article 6, auront un an de délai, à compter du jour de l'adjudication, pour les faire passer à l'étranger; & cependant elles demeureront renfermées dans les magasins du dépôt, sous deux clefs, comme il est dit à l'art. 4; & après le terme d'un an, il y sera pourvû par Sa Majesté, ainsi qu'il appartiendra.

XI. Les adjudicataires desdites marchandises prohibées, autres que le sel & le tabac, auront la faculté de les envoyer par terre à l'étranger, par forme de *transit*, au travers du Royaume, sans payer aucuns droits, à la charge de passer & sortir par les ports & bureaux ci-après dénommés, à l'exclusion de tous autres; savoir, pour ce qui sortira du Royaume par mer, par Dunkerque, Calais, Saint-Vallery, Dieppe, le Havre, Honfleur, Saint-Malo, le Port-Louis, Painbeuf, la Rochelle, Bordeaux, Bayonne, Cette, Agde & Marseille; & à l'égard de ce qui sortira par terre pour l'Espagne, par les bureaux de Bayonne, Pas-de-Behobie, Ascain & Ainhoa: pour la Savoye, par les bureaux du Pont-de-Beauvoisin & Chaparillan; pour Genéve & la Suisse, par les bureaux de Seissel & Colonges, ou par le bureau d'Auxonne : & d'Auxonne, par l'un des bureaux de Gex ou de Pontarlier, suivant la destination : pour les Pays-Bas & Pays de Liége, par les bureaux de la basse ville de Dunkerque, Lille, Valenciennes, Maubeuge & Givet : dans lesquels bureaux les commis désigneront, en visant les acquits à caution de *transit* qui leur seront représentés, le dernier bureau de la frontiere par où les marchandises devront sortir, suivant la route; & pour le côté de Luxembourg, par Torey, & de-là par Sedan.

XII. Les marchandises prohibées ne pourront sortir des ports où elles auront été amenées, pour être envoyées à l'étranger, qu'en présence du commis du Fermier, pardevant lequel elles devront être reconnues & conduites au vaisseau, si elles sortent par mer ou chargées sur les voitures; sans que celles qui sortiront par mer puissent être entreposées dans aucun port intermédiaire. A l'égard des sels & des tabacs, qui ne pourront être envoyés à l'étranger que par mer, ils seront pareillement reconnus & conduits au vaisseau.

XIII. Les adjudicataires des marchandises prohibées, qui les expédieront en transit dans le cours de l'année d'entrepôt accordée par l'article X, seront tenus de rapporter dans les six mois du jour de l'expédition, le certificat de sortie du dernier bureau; à peine de payer, par forme de confiscation de la marchandise & de l'équipage, le double de l'adjudication, & en outre l'amende portée par les Ordonnances & Réglemens.

XIV. Toutes les marchandises de prises, autres que celles dénommées à l'article VI, auront la faculté de pouvoir être envoyées, sans payer aucuns droits, tant à l'étranger qu'aux isles & colonies françoises, directement du port de l'adjudication, pour celles qui sortiront par mer; & elles jouiront du bénéfice du transit au travers du Royaume, à la charge de passer & sortir par les bureaux désignés en l'article XI, à l'exclusion de tous autres; & en attendant qu'elles soient destinées & expédiées, elles demeureront enfermées dans les magasins du depôt sous différentes clefs, comme il est dit en l'article IV.

XV. Les marchandises permises ne pourront demeurer déposées au magasin sans destination & expédition, plus de six mois, à compter du jour de l'adjudication, après lequel terme les droits en seront acquits & payés au Fermier par les adjudicataires; & en cas que dans le cours desdits six mois ils les expédient en transit pour l'étranger, ils seront tenus de rapporter dans six mois du jour de l'expédition, le certificat du dernier bureau de sortie, à peine du quadruple des droits. Veut néanmoins Sa Majesté que celles desdites marchandises permises qui seroient déclarées pour les colonies françoises, avant l'expiration de six mois d'entrepôt, jouissent encore de six autres mois sans être sujettes à aucuns droits; mais que si, après avoir été déclarées pour lesdites colonies, la destination en étoit changée ou pour l'étranger ou pour le Royaume, dans le cours des six derniers mois, les propriétaires desdites marchandises soient tenus de payer les droits d'entrée & moitié de ceux de sortie de celles qui passeroient à l'étranger, & les droits d'entrée avec moitié en sus, pour celles qui seroient destinées à la consommation du Royaume.

XVI. Les marchandises, tant permises que prohibées, qui seront expédiées en transit, seront déclarées, visitées & plombées au bureau du port de l'enlevement, & il sera pris un acquit à caution portant soumission, sous les peines portées par les articles XIII & XV du présent Réglement, de rapporter dans le délai de six mois le certificat de sortie du dernier bureau désigné suivant la route, qui justifie que les plombs se seront trouvés sains & entiers, & que les marchandises contenues aux acquits à caution y auront été vérifiées & trouvées conformes, & qu'elles sont réellement sorties pour l'étranger; & seront lesdits acquits à caution visés dans tous les bureaux de la route, & par les Directeurs des fermes dans les Villes où il y en a d'établis, après qu'ils auront eux-mêmes reconnu les plombs sains & entiers, & sauf, en cas de soupçon, à en faire la vérification dans lesdits bureaux de passage.

XVII. Les marchandises dénommées au présent article, déclarées pour la consommation du Royaume, payeront pour tous droits d'entrée des traites dans tous les bureaux des ports où l'adjudication en aura été faite, deux & demi pour cent du prix de leur adjudication, savoir; acier non ouvré, chairs salées de toute espèce, cire jaune non ouvrée, cuirs verts ou en poil non salés, cuivre non ouvré, étain non ouvré, plomb non ouvré, & suifs.

XVIII. Les marchandises dénommées au présent article, déclarées pour la consommation du Royaume, payeront pour tous droits d'entrée des traites, dans tous les bureaux des ports où l'adjudication en aura été faite, dix pour cent du prix de leur adjudication, savoir, *charbon de terre*, bouteilles ou flacons de verre, busles, café, autre que celui de Moka, cire jaune ou blanche ouvrée, cuirs apprêtés ou tannés, cuirs dorés, cuivre ouvré, drogueries de toutes sortes, étain ouvré, fer ouvré, fer-blanc ou tole ouvrée, linge de table ouvré ou non ouvré, mercerie, morue verte ou seche, & toute sorte de poisson sec ou salé, papiers de toutes sortes, quincaillerie de toutes sortes, rubans de fil, toiles, futaines & coutils, tapis & tapisseries, & verres de toutes sortes; & quant aux sucres de toute espèce, ils acquitteront les droits du tarif de 1667.

XIX. Toutes les marchandises de qualité permise, qui seront déclarées pour la consommation du Royaume, autres que celles dénommées aux articles XVII & XVIII du présent Réglement, payeront pour tous droits d'entrée des traites des ports où l'adjudication en aura été faite, autres que Marseille, Bayonne & Dunkerque, cinq pour cent du prix de leur adjudication, à l'exception néanmoins des soies de toutes sortes, qui acquitteront les droits d'entrée de quatorze sols par livre pesant, imposés par l'Edit de Janvier 1722; & seront lesdites soies de prises, dispensées d'être envoyées à Lyon.

XX. Dans le cas où les droits des marchandises des prises, réglés par le présent Arrêt, à deux & demi ou à cinq pour cent du prix de l'adjudication, pourroient se trouver plus forts que les droits d'entrée ordinaires qui sesoient dûs pour aller à la destination déclarée, suivant les tarifs & réglemens ; entend Sa Majesté que les droits desdites marchandises soient réduits à ceux portés par lesdits tarifs & réglemens, sans que ladite clause puisse avoir lieu pour les marchandises dénommées en l'article XVIII du présent réglement, lesquelles demeureront assujeties aux droits portés par ledit article, pour quelque destination que ce soit dans le Royaume.

XXI. Les droits des marchandises des prises devant être acquittés suivant le prix de leur adjudication, veut Sa Majesté que la vente & adjudication en soient faites par les juges de l'Amirauté, par parties d'une même sorte & qualité de marchandises, & que les négocians & autres qui auront à en acquitter les droits, soient tenus de rapporter au bureau des Fermes, avec leur déclaration, un certificat de l'Amirauté, du prix de l'adjudication de la marchandise déclarée, avec le numero, la date & le nom de l'adjudicataire portés par l'inventaire ; ce qui sera vérifié sur le double dudit inventaire qui doit être remis au commis du Fermier, suivant l'article III du présent réglement ; & faute par lesdits négocians & autres de rapporter certificat dans la forme ci-dessus prescrite, les droits seront acquittés à la valeur, sur le pied du plus haut prix qui se trouvera porté audit inventaire sur les marchandises de même espèce.

XXII. Les acquits de payement des droits de deux & demi, de cinq ou de dix pour cent, suivant l'espèce de marchandise, tiendront lieu, tant des droits d'entrée & droits locaux des traites dûs dans la province où l'adjudication en aura été faite, que de tous autres droits des traites qui pourroient se trouver dûs au passage par terre d'une province à l'autre, même des vingt pour cent dûs sur les marchandises du Levant ; pourvu néanmoins que le transport s'en fasse dans les trois mois de la date de l'acquit de payement pris au bureau du lieu de l'adjudication. N'entend Sa Majesté exempter les marchandises qui se trouvent sujettes à d'autres droits indépendans des traites ou cinq grosses fermes, lesquels droits seront payés sur les marchandises des prises destinées pour le Royaume, dans les cas où ils seront dûs, indépendamment des droits d'entrée portés par le présent Réglement.

XXIII. Les droits des marchandises ne seront payés que lorsqu'elles seront enlevées du lieu de l'adjudication pour être transportées dans un autre lieu du Royaume, ou pour être consommées dans le lieu de l'adjudication ; & en cas que les adjudicataires veuillent les tirer du dépôt & les avoir en leur disposition avant d'en avoir fait la destination, ils seront tenus d'en payer les droits.

XXIV. Les marchandises des prises conduites dans le port de Dunkerque, qui seront destinées pour l'intérieur, ou pour passer en transit au travers du Royaume à l'étranger, seront représentées au bureau de la basse Ville de Dunkerque, où la déclaration en sera faite à l'ordinaire, & elles seront accompagnées d'un certificat de l'Amirauté, qui fera foi qu'elles proviennent de telle prise, lequel sera dans la forme prescrite par l'article XXI, & sera vérifié dans ledit bureau sur le double de l'inventaire qui y sera remis à cet effet ; & sur lesdits certificats vérifiés, elles seront visitées pour être ensuite acquittées ou expédiées en transit & plombées, avec acquit à caution & soumission de remplir les conditions prescrites par le présent Réglement. Il en sera usé de même au bureau de Septême ou autres premiers bureaux d'entrée près de Marseille, pour les marchandises des prises conduites dans ce port, & qui de-là seront envoyées dans l'intérieur du Royaume, ou à l'étranger par transit : réservant néanmoins Sa Majesté à l'Adjudicataire général des Fermes, & à ses commis établis à Marseille, la faculté de prendre connoissance des marchandises desdites prises qui y seront amenées, & de s'opposer à l'introduction de celles qui y sont défendues par les Réglemens. Entend Sa Majesté que les tabacs de prise qui entreront dans la Flandre Françoise par le bureau de la basse Ville de Dunkerque, acquittent audit bureau le droit de trente sols par livre de tabac imposé par la Déclaration du 4 Mai 1749.

XXV. Les marchandises des prises amenées au port de Bayonne, payeront après l'adjudication, les droits ordinaires de la coûtume dans le cas où les adjudicataires y seroient sujets, & elles ne seront assujetties aux droits de deux & demi, de cinq & de dix pour cent, qu'à la sortie du coûtumat pour la destination du Royaume, & en justifiant, comme il est dit ci-dessus, du prix de leur adjudication : elles jouiront au surplus du bénéfice du *transit*, tant pour les marchandises prohibées qui devront être renvoyées à l'étranger, que pour les marchandises permises, que les négocians & autres voudront faire passer à l'étranger ; le tout en observant les formalités prescrites en pareil cas par le présent Réglement, pourvu néanmoins que lesdites marchandises permises n'ayent pas été en la disposition desdits négocians ou autres non privilégiés, en sorte que l'exemption des droits d'entrée & de sortie ne porte que sur celles desdites marchandises qui passeront directement en *transit* à l'étranger, sans avoir été en la disposition des adjudicataires. Veut Sa Majesté que les tabacs provenant des prises, & destinés pour la consommation de ladite ville de Bayonne, acquittent le droit de 30 s. par livre de tabac imposé par la Déclarat. du 4 Mai 1749.

XXVI. La connoissance des fraudes & contraventions au présent Réglement, demeurera aux Maîtres des Ports & Juges qui ont coutume d'en connoître, sauf l'appel, ainsi que de droit.

XXVII. Le présent Réglement dans tout son contenu sera exécuté pour les marchandises provenant des échouemens des navires pendant la présente guerre.

XXVIII. Le contenu aux articles ci-dessus, aura pareillement lieu pour les prises faites par les vaisseaux de Sa Majesté, & les droits ordonnés par le présent Réglement, seront perçus sur les marchandises de toutes les prises faites avant sa publication, comme sur celles qui pourront se faire à l'avenir.

XXIX. Les navires uniquement armés pour la course pendant la présente guerre, jouiront conformément à l'article 9 de la Déclaration du 15 Mai 1756, de l'exemption des droits de traires sur les vivres, vins, eaux-de-vie & autres boissons servant à leur avitaillement, ainsi que sur les bois, goudrons, cordages, ancres, voiles, armes, munitions de guerre, ustensiles, & toutes marchandises généralement servant à la construction, équipement & armement desdits navires, & s'il est embarqué dans lesdits navires destinés pour la course d'autres marchandises que celles ci-dessus mentionnées, ladite exemption n'aura pas lieu.

XXX. Chaque armateur pour la course, sera tenu de représenter au bureau des Fermes du port de l'armement, la commission en guerre qui lui aura été accordée par M. l'Amiral, & d'y remettre un *duplicata* du rolle de son équipage, certifié par le Commissaire de la Marine ou autre Officier chargé du bureau des Classes.

XXXI. Il ne pourra être embarqué en exemption des droits, sur chaque navire armé en course, une plus forte provision de vins & eaux-de-vie que pour trois mois, & dans la proportion établie par l'article suivant.

XXXII. Il sera passé en exemption pour chaque homme d'équipage pendant lesdits trois mois, ou trois quarts de pinte de vin mesure de Paris par jour, ou l'équipolent en eau-de-vie, à raison du quart de ce qui est accordé en vin : chaque volontaire sera réputé homme d'équipage, & deux mousses ne seront comptés que pour un homme ; à l'égard des officiers-mariniers, il leur sera passé en exemption pendant le même temps une ration & demie de vin par jour, ou l'équivalent en eau-de-vie, à raison du quart de ce qui est accordé en vin.

XXXIII. Au retour du navire dans le port d'où il sera parti, il sera fait par le Fermier ou ses préposés un recensement de tous les vins & eaux-de-vie qui s'y trouveront encore en nature, dont il sera dressé procès-verbal, & ce qui aura été consommé au-delà de la quantité ci-dessus réglée, à proportion que le navire aura été dehors, sera sujet aux droits, sans que pour raison du déchet ou coulage, & sous quelqu'autre prétexte que ce soit, il puisse être fait aucune diminution, de quoi il sera pris soumission & caution au bureau des Fermes avant le départ.

XXXIV. Les vins & eaux-de-vie qui auront été embarqués en exemption des droits pour la course, & qui n'y auront point été consommés, ne pourront demeurer à bord plus de trois jours après le retour dans le port du départ, lequel temps passé, ils seront déchargés, si mieux n'aime l'armateur faire sa déclaration de la quantité qui lui en restera au jour de l'arrivée de son navire, & lorsqu'il remettra en mer : laquelle déclaration le Fermier pourra faire vérifier par ses commis, pour être ladite quantité imputée sur celle dont l'armateur pourroit avoir besoin pour un nouveau voyage.

XXXV. Les navires qui reviendront dans un autre port que celui où ils auront armé en course, ne pourront y décharger aucuns vins ni eaux-de-vie, qu'en payant par l'armateur ou capitaine tous les droits dûs au lieu du départ & ceux dûs au port où ils auront abordé, si ce n'est dans les cas forcés d'une visite ou d'un radoub, dans lesquels cas l'armateur ou capitaine sera tenu de faire sa déclaration au bureau des Fermes, & d'entreposer ses boissons sous la clef du Fermier si le commis l'exige.

XXXVI. En cas de fraude reconnue faite sous l'apparence de la course, soit par un commerce de vins & eaux-de-vie, soit par un versement sur les côtes du Royaume ou autrement, l'armateur ou le capitaine sera condamné à une amende de trois mille livres, qui ne pourra être remise ni modérée, & au payement de laquelle le navire, agrès & apparaux seront affectés par privilége, sans préjudice à la contrainte par corps contre le capitaine. Mande & ordonne Sa Majesté à M. le Duc de Penthièvre, Amiral de France, aux sieurs Intendans & Commissaires départis dans les provinces, aux Officiers des Amirautés, Maîtres des ports, Juges des traites, & tous autres qu'il appartiendra, de tenir la main, chacun en droit soi, à l'exécution du présent Réglement. Fait au Conseil d'Etat du Roi, Sa Majesté y étant, tenu à Versailles le quinze Mars mil sept cent cinquante-sept. *Signé*, PEIRENC DE MORAS.

ARREST DU CONSEIL D'ÉTAT DU ROI,

Qui, en confirmant un Arrêt de la Cour des Monnoies du 19 Octobre 1745, ordonne l'exécution des Réglemens concernant les matiéres & vaisselles d'or & d'argent ; enjoint à tous Officiers de Justice, & aux Officiers des Amirautés de s'y conformer.

Du premier Février 1746.

Extrait des Registres du Conseil d'État.

SUR la requête présentée au Roi en son Conseil, par les Officiers de l'Amirauté de Calais, & par le sieur Joseph Fossecave négociant en ladite Ville de Calais, contenant que par Arrêt de la Cour des Monnoies du 19 Octobre dernier, ledit sieur Fossecave a été condamné à restituer & rapporter une somme de 1658 l. un s. 3 d. pour le montant du prix & valeur des matiéres & ouvrages d'argent dont il étoit dépositaire, qui ont été vendus à l'encan suivant le Procès-verbal

Verbal de vente qui en a été fait le 5 Juillet précédent, laquelle somme demeurera acquise & confisquée au profit de S. M., & lesd. Officiers de l'Amirauté ont été condamnés en 6632 liv. 5 s. d'amende, faisant le quadruple du montant desdites matiéres & ouvrages d'argent par eux vendus; pour raison desquelles condamnations ils sont poursuivis à la requête du Procureur Général de Sa Majesté en ladite Cour des Monnoies. Et comme les supplians se flattent de n'être tombés en aucune contravention, parce que les Réglemens qui défendent la vente publique des ouvrages d'Orfévrerie, & qui veulent que ces matiéres & ouvrages soient portés aux Hôtels des Monnoies, ne regardent que les officiers des justices ordinaires créés pour la vente des meubles, & ne peuvent concerner les Officiers des Amirautés qui font seulement & sans intérêt la vente des prises faites en mer sur les ennemis de l'Etat : Que d'ailleurs les Réglemens Généraux ne leur sont point connus, ne leur ayant été envoyés ni adressés, & que les Amirautés ont toujours été distinguées des autres justices quant à l'exactitude des Réglemens Généraux, dans lesquels le Roi a souvent déclaré n'avoir point entendu les comprendre, étant régies par des loix *ad hoc*, que M. l'Amiral leur fait passer à chaque renouvellement de guerre, & sur lesquelles leur jurisprudence est fondée en matiére de prises : Que le sieur Fossecave n'étoit point dépositaire de la prise, mais seulement de l'armement ; & qu'enfin le sieur Fortin qui avoit fait signifier au sieur Fossecave une opposition à cette vente, n'avoit point pris la qualité de changeur, mais seulement celle d'agent de change, qui ne lui donnoit aucun droit, qu'il n'étoit point connu pour changeur, & qu'au moins il auroit dû réitérer cette opposition aux officiers lorsque la vente de ces ouvrages a été affichée comme celle des autres marchandises. A ces causes, requéroient les supplians qu'il plût à Sa Majesté les décharger desdites condamnations, chacun à leur égard, aux offres qu'ils font de se soumettre à exécuter par la suite les Réglemens intervenus à ce sujet, lorsque l'exécution leur en aura été ordonnée par M. l'Amiral. Vû ladite Requête, ensemble la réponse du Procureur Général de Sa Majesté en ladite Cour des Monnoies, auquel elle a été communiquée, contenant que tous les officiers de justice dans les Provinces sont dans une contravention manifeste & habituelle à cet égard ; que les Officiers de l'Amirauté de Calais ont d'autant plus de tort en cette occasion, que sur l'opposition du sieur Fortin, dans laquelle il avoit pris la qualité d'agent de change pour le Roi, ils devoient commencer par l'appeller & prononcer sur son opposition ; que les Réglemens Généraux obligent également tous les officiers, lorsqu'ils ont été registrés au Greffe des Cours & Juges qui en doivent connoître ; que le sieur Fossecave chargé de l'armement & dépositaire de la prise, n'avoit pû livrer toutes les argenteries, ni passer outre à l'opposition qui avoit été formée entre ses mains, sans la faire juger ; que d'ailleurs, les Officiers de l'Amirauté de Calais sont tombés dans une double contravention, par ladite indication qu'ils ont faite de ces mêmes matiéres & vaisselles à plus haut prix que celui porté par les tarifs ; & que pour parvenir à faire observer les Réglemens au sujet de ces matiéres, il étoit nécessaire de faire supporter quelques peines à ceux qui y contreviennent si formellement. Oui le rapport du sieur de Machault Conseiller ordinaire au Conseil Royal, Controlleur Général des finances, le Roi en son Conseil, sans avoir égard à ladite Requête, a ordonné & ordonne que les Edits, Déclarations, Ordonnances, Arrêts & Réglemens concernant les matiéres & vaisselles d'or & d'argent, seront exécutés selon leur forme & teneur, fait défenses à tous Juges & officiers de justice d'y contrevenir, sous les peines y portées ; enjoint auxdits Officiers de l'Amirauté de Calais de s'y conformer expressément. Et cependant, par grace, & sans tirer à conséquence a modéré & modére la condamnation de restitution portée par ledit Arrêt de la Cour des Monnoies du 19 Octobre dernier contre ledit Fossecave, à la somme de 400 livres, & la condamnation d'amende aussi portée par le même Arrêt contre lesdits Officiers de l'Amirauté de Calais, à la somme de 300 livres ; au payement desquelles sommes ils seront contraints dans les termes & par les voies portées audit Arrêt de la Cour des Monnoies, quoi faisant ils en demeureront & seront bien & valablement quittes & déchargés. Fait au Conseil d'Etat du Roi, tenu à Versailles le premier jour de Février 1746. Collationné. *Signé* de Vougny *avec paraphe.*

ARREST DE LA COUR DES MONNOIES,

Qui ordonne que les matiéres, argenteries & vaisselles d'or & d'argent qui se trouveront sur les prises faites en mer, seront portées aux Hôtels des Monnoies, ou aux Changes les plus prochains, pour en être la valeur rendue sur le pied des tarifs.

Du 7 Mai 1746.

Extrait des Registres de la Cour des Monnoies.

LOUIS par la grace de Dieu, Roi de France & de Navarre : Au premier des huissiers de notre Cour des Monnoies, ou autre notre huissier ou sergent sur ce requis, Salut. Savoir faisons, que sur ce qui a été représenté à notredite Cour par notre Procureur général en icelle, que par la déclaration de l'année 1689, & par la disposition de tous les réglemens intervenus à ce sujet, il est expressement porté que tous les ouvrages & vaisselles d'or & d'argent qui sont dans le cas d'être vendus, seront portés aux hôtels des monnoies auxquels ils doivent servir d'aliment, ou aux changes les plus prochains, avec défenses à tous officiers publics d'en faire aucunes ventes, sous peine contr'eux de l'amende du quadruple, & de restitution à notre profit contre les propriétaires ou dépositaires ; que notredite Cour des monnoies a toujours assuré l'exécution de ces réglemens toutes les fois que les officiers de justice y ont contrevenu ; que même par Arrêt du 19 Octobre dernier elle avoit condamné les officiers de l'Amirauté de Calais en six mille six cens trente-deux livres cinq sols d'amende, faisant le quadruple de seize cens cinquante-sept livres un sol trois deniers de restitution qu'elle avoit prononcée par le même Arrêt à notre profit, contre le dépositaire de différentes pièces & ouvrages d'orfévrerie provenant de la prise qui avoit été faite d'un navire Anglois, dont la vente avoit été faite publiquement, & à l'enchére, par lesdits officiers de l'Amirauté de Calais : que cet Arrêt de la Cour a été confirmé par Arrêt de notre Conseil d'Etat du premier Février dernier, rendu sur la requête desdits officiers, par lequel nous aurions par grace, & sans tirer à conséquence, modéré les condamnations portées par ledit Arrêt, & ordonné que les Edits, Déclarations, Ordonnances, Arrêts & Réglemens concernant les matiéres & vaisselles d'or & d'argent, seront exécutez selon leur forme & teneur, & fait défenses à tous juges & officiers de justice d'y contrevenir, sous les peines y portées, & enjoint auxdits officiers de l'Amirauté de Calais de s'y conformer expressément : que néanmoins il vient d'être informé par des placards imprimez & affichez depuis deux jours dans cette Ville de Paris, que nonobstant la disposition de ces réglemens il doit être procédé les 17 & 24 Mai présent mois, & premier Juin prochain, en la Ville du Havre, pardevant les Officiers de l'Amirauté d'icelle, en exécution de différentes Sentences qu'ils ont rendues, à la proclamation & réception d'enchéres pour parvenir à l'adjudication qui sera commencée le 7 dudit mois de Juin, au plus offrant & dernier enchérisseur, de différens effets & marchandises provenant du navire Anglois le Farnley qui a été pris par un navire François, & parmi lesquels effets & marchandises qui doivent être criées & adjugées à l'enchére, lesdits placards annoncent différens ouvrages & vaisselles d'argent. Et attendu que cette vente & adjudication seroient contraires à la disposition de ces mêmes réglemens, auxquels les Officiers de l'Amirauté du Havre doivent se conformer comme les autres, & qu'en suivant l'exécution de leurs Sentences ils s'exposeroient à la rigueur des peines portées par les Edits & Réglemens ; requeroit notre Procureur général qu'il lui fût sur ce pourvû, & qu'il plût à notredite Cour ordonner que les matiéres & vaisselles d'or & d'argent qui peuvent se trouver parmi les effets provenant dudit navire Anglois le Farnley, ou de toute autre prise, seront portées aux hôtels de nos Monnoies, ou aux Changes les plus prochains, pour en être la valeur payée sur le pied des tarifs, & icelle remise ès mains du dépositaire desdits effets, ou de tous autres qui seront commis à cet effet ; faire défenses aux Officiers de l'Amirauté du Havre & à tous autres, de procéder à la proclamation, réception d'enchéres & adjudication au plus offrant & dernier enchérisseur, desdites matiéres & vaisselles, & à tous dépositaires de s'en dessaisir autrement que pour les porter auxdits hôtels des Monnoies, ou aux Changes les plus prochains, dont ils seront tenus de justifier toutes fois & quantes, le tout sous les peines portées par lesdits Réglemens ; & ordonner que l'Arrêt qui interviendroit, seroit imprimé, lû publié & affiché par-tout où il appartiendroit, & envoyé dans tous les siéges du ressort de la Cour, pour y être enregistré & exécuté selon sa forme & teneur. Lui retiré, la matiére mise en délibération : Vû ledit Arrêt de notre Conseil du premier Février dernier, le relevé qui a été fait desdits placards imprimez & affichez, en ce qui concerne les ouvrages & matières d'or & d'argent : Oui le rapport de Me. Charles-François le Conte de Gersan notre Conseiller à ce commis, tout vû & considéré : Notre dite Cour, faisant droit sur le réquisitoire, a ordonné & ordonne que les matières, argenteries & vaisselles d'or & d'argent qui peuvent se trouver parmi les effets provenant dudit navire Anglois le Farnley, ou de toutes autres prises, seront portées aux hôtels de nos Monnoies, ou aux Changes les plus prochains, pour en être la valeur payée sur le pied des tarifs, & icelle remise ès mains du dépositaire desdits effets, ou de tous autres qui seront commis à cet effet : Fait défenses aux Officiers de l'Amirauté du Havre, & à tous autres, de procéder à la proclamation, réception d'enchères & adjudication au plus offrant & dernier enchérisseur, desdites matières, argenteries & vaisselles d'or & d'argent, & à tous dépositaires, de s'en dessaisir autrement que pour les porter auxdis hôtels des Monnoies, ou aux Changes les plus prochains, dont ils seront tenus de justifier toutes fois & quantes ; le tout sous les peines portées par lesdits Réglemens. Ordonne que le présent Arrêt sera imprimé, lû, publié & affiché par-tout où il appartiendra, & envoyé dans tous les siéges du ressort de la Cour, pour y être enregistré & exécuté selon sa forme & teneur. Si te mandons mettre le présent Arrêt à dûe & entière exécution, selon sa forme & teneur, de ce faire vous donnons pouvoir. Donné en notre Cour des Monnoies, le septième jour de Mai, l'an de grace mil sept cens quarante-six, & de notre regne le trente-uniéme.

Signé, Gueudre', *avec grille & paraphe.* Et scellé.

ARTICLE XXXII.

Après les distractions ci-dessus, le dixiéme de la prise sera délivré à l'Amiral, & les frais de Justice seront pris sur le restant, qui sera ensuite partagé entre les intéressés, conformément aux conditions de leur société.

Le Dixiéme de M. l'Amiral dans les prises, est comme il a été montré sur l'art. 9 du tit. premier livre premier, un émolument attaché à cette importante charge de toute ancienneté ; cest-à-dire, que l'établissement de ce droit n'ayant point d'époque distincte, on doit juger qu'il est aussi ancien que l'institution de cette charge.

Il paroit même dans l'origine que c'en étoit le principal attribut lucratif ; aussi n'en est il point qui ait été plus souvent rappellé & confirmé dans nos Ordonnances, tant anciennes que modernes ; & loin d'avoir souffert quelque altération dans la suite, on voit au contraire que la décision a toujours été en faveur de ce droit, jusque dans les cas où il sembloit y avoir lieu de douter. Les preuves en ont été rapportées sur ledit article 9 ; il ne s'agît ici que de la maniere de lever ce Dixiéme ; & ce qui sera observé à ce sujet, ne doit pas être jugé inutile (quoique ce dixieme ait été suspendu dans la présente guerre, comme dans la précédente, & qu'actuellement il soit supprimé, comme je le dirai dans la suite,) non-seulement à cause de l'indemnité que le Roi a promise à M. l'Amiral pour le passé arpès l'avoir déjà réglée pour l'avenir, & que d'ailleurs il se pourroit que ce droit fût rétabli quelque jour, aumoins sur le pied de l'Edit du mois d'Août 1743 ; mais encore parceque ce détail, considéré simplement comme un morceau historique, peut avoir de quoi picquer la curiosité.

Cet article, conformément à l'ancien usage, n'ordonne de distraction sur le produit de la prise, au préjudice du dixiéme de M. l'Amiral, que des objets compris dans l'article précédent, qui sont, *les frais du déchargement & de la garde du vaisseau & des marchandises.* Ce sont-là les seules dépenses préférables au dixiéme de l'Amiral. Il n'est point question à son égard de celles faites pour l'armement du corsaire, ni d'aucuns frais de Justice, pas même de ceux de la vente des marchandises : son dixiéme eſt exempt de tout cela, aux termes de cet article, dont la diſpoſition a toujours ſervi de régle juſqu'à la derniere guerre.

Il étoit de même d'ancien uſage, que l'Amiral prit ſon dixiéme en nature ou eſpéce, ſans être obligé de ſouffrir la vente des marchandiſes. Cet uſage s'étoit établi en interprétation de l'article 4 de l'Ordonnance de 1517, portant, que l'Amiral, *fera la délivrance des priſes ſon dixiéme rabattu*, ſans parler de vente; & plus particulierement ſur la diſpoſition des Loix Romaines qui permettent à quiconque *qui a une certaine portion dans une choſe ſujette à diviſion*, de prendre cette portion en nature ou eſſence par un partage effectif.

La preuve de cet uſage au reſte ſe tire d'une ſentence de l'Amirauté de Rouen, du 13 Mars 1596; de ce qui ſe pratiquoit du temps du Cardinal de Richelieu, comme il réſulte d'une commiſſion, entre autres, par lui donnée au nommé Lépicard pour la recette de ſes droits en Provence, où il eſt expreſſément marqué, qu'il prendra le dixiéme en eſſence; de ce qui s'eſt pratiqué tout de même du temps de M. le Comte de Vermandois, auſſi-bien que de M. le Comte de Toulouſe dans les 20 premiéres années de ſon exercice; enfin de la pratique conſtamment obſervée à ce ſujet en Bretagne durant tout le temps que M. le Duc de Chaulnes en avoit été Gouverneur, & qu'en cette qualité il avoit les droits de l'Amiral dans cette Province.

En un mot, cet uſage confirmé tacitement par l'article 12 de l'inſtruction du 6 Juin 1672, en ce qu'il y étoit décidé, qu'après la priſe déclarée bonne, l'Amiral feroit *la délivrance des marchandiſes en nature aux armateurs s'ils en faiſoient la demande*, étoit demeuré ſans atteinte juſqu'à l'année 1704, que les armateurs de St. Malo s'en plaignirent pour la premiére fois.

Il y eut à ce ſujet des mémoires fournis de part & d'autre. Les armateurs de St. Malo ſe fondoient principalement ſur ce même article 12 de l'inſtruction de 1672, d'où ils inferoient qu'il dépendoit d'eux de demander la délivrance des marchandiſes en nature, & qu'en renonçant à ce droit, ils avoient la faculté parconſéquent de requerir la vente.

A quoi M. l'Amiral répondoit que par la régle des corrélatifs, il devoit avoir comme les armateurs le droit de prendre ſon dixiéme en eſſence, & qu'en cette partie il avoit le même droit qu'eux d'empêcher la vente des marchandiſes.

Quant aux inconvéniens du partage, M. l'Amiral fit voir auſſi qu'il ne pouvoit en réſulter aucun; mais qu'il n'en étoit pas de même de la vente par rapport à ſon dixiéme, à raiſon de la facilité que trouveroient les armateurs de ſe faire adjuger à vil prix les marchandiſes des priſes.

Enfin la prétention de M. l'Amiral n'étoit pas ſeulement ſoutenue de l'uſage, mais encore de deux conſultations parfaitement raiſonnées des 15 & 27 Mars 1704, ſignées des plus fameux Avocats de ce temps-là, c'eſt-à-dire, de MM. de Riparſon, Baille, Airault, Chardon & Braquet.

Mais en tout ceci, M. le Comte de Toulouſe prétendoit uniquement prouver que ſon droit étoit inconteſtable. Dès qu'il en eut convaincu les armateurs de St. Malo, & en leurs perſonnes tous les armateurs en courſe, il ne balança pas à s'en déſiſter, puiſqu'on le trouvoit ſujet à inconvénient; pour donner par cette marque de complaiſance, aux armateurs, une preuve de ſes diſpoſitions à favoriſer les armemens en courſe autant qu'il ſeroit en lui.

En 1715 les armateurs de Nantes firent naître une autre difficulté au ſujet du droit de commiſſion qu'ils payoient à leurs correſpondans, qui, chargés de leurs pouvoirs, vacquoient à l'armement ou au radoub des navires armés en course, de même qu'à la vente & au compte du produit des prises. Ils prétendoient que ces frais de commission devoient être prélevés sur les prises avant le dixiéme de l'Amiral, & que c'étoit ainsi qu'il falloit interpréter cet article & le précédent.

La contestation portée deux fois au Parlement de Rennes, par un premier Arrêt du 16 Avril 1715, leur prétention fut rejettée, & par un second du 6 Mai suivant elle fut autorisée. Cette contrariété d'Arrêts engagea le Roi à rendre une Déclaration le 12 Août de la même année, par laquelle Sa Majesté cassa & annulla le dernier Arrêt du 6 Mai, & interprétant entant que besoin, l'article précédent & celui-ci, ordonna que sur les deniers provenans des prises, il ne seroit pris avant le dixiéme que la somme à laquelle se trouveroient monter les frais du déchargement & de la garde du vaisseau & des marchandises, après lesquelles distractions le dixiéme seroit immédiatement levé sur le restant, sans pouvoir être chargé d'aucune autre distraction ni dépense sous quelque prétexte que ce pût être.

Telle a été la régle constamment observée au sujet du dixiéme de M. l'Amiral jusqu'au commencement de la derniere guerre, que M. l'Amiral voyant de quelle importance il étoit d'encourager les armemens en course, & jugeant qu'un des plus sûrs moyens pour y réussir, étoit de faire par rapport à son dixiéme dans les prises, la condition des armateurs meilleure qu'elle n'avoit été jusque là; offrit de lui-même au Roi, *pour donner une nouvelle preuve de son attachement au service de Sa Majesté & de son zele pour le bien de l'Etat*, de se contenter à l'avenir de percevoir son dixiéme sur le bénéfice net des prises, au lieu de le prendre sur leur produit total & sans autre déduction que des frais de déchargement & de la garde des vaisseaux & marchandises, ainsi qu'il lui étoit attribué par les divers Réglemens, notamment par l'article précédent & celui-ci, & que ses prédécesseurs en avoient joui.

Rélativement à ces offres, qui, pour être fondées sur la nécessité où se trouvoient les armateurs de faire des dépenses plus considérables que par le passé en armant des corsaires, en état par leur force, de faire tête à ceux des ennemis, & de troubler leur commerce avec plus de succès, n'en étoient pas moins généreuses, intervint l'Edit du mois d'Août 1743, qui, après avoir dans l'article premier confirmé M. l'Amiral & ses successeurs dans la possessioin & jouissance du droit attribué à sa charge, du dixiéme sur les prises & conquêtes faites à la mer; ordonne art. 2, conformément aux offres de S. A. S. que ledit droit *ne pourra être pris à l'avenir ni par lui ni par ses successeurs en ladite charge que sur le bénéfice net revenant aux armateurs.*

Et afin de lever toute équivoque sur le sens de cet article, il est ajouté dans l'article suivant, qu'à cet effet, avant le partage des prises, il sera prélevé la somme à la quelle se trouveront monter non-seulement les frais du déchargement & de la garde des vaisseaux & marchandises, *mais encore les frais de justice & généralement toutes les dépenses de l'armement.*

Il est dit dans l'article 4, sans autre nécessité que de prévenir de mauvaises difficultés, que sous prétexte que l'Amiral ne pourra prendre son dixiéme, que déduction faite de toutes les dépenses concernant lesdits armemens, & sur le bénéfice net des prises, il ne sera pas tenu de contribuer auxdites dépenses lorsque le produit des prises ne se trouvera pas suffisant pour y satisfaire, ni dans aucun autre cas.

Enfin, pour ce qui concerne les prises faites par les vaisseaux & les galéres du Roi, l'article 5 porte, que dans la liquidation de ces prises, le dixiéme sera délivré à l'Amiral sur ce qui restera de leur produit, déduction faite seulement des frais de déchargement, de garde & de justice, y compris ceux de la vente & le dixiéme des équipages, lequel sera également prélevé avant celui de l'Amiral, mais sans aucune autre déduction pour raison des autres dépenses.

Telle est la premiére loi qui, au préjudice du dixiéme attribué de tout-temps à la charge d'Amiral, a apporté un si grand changement dans la maniére de le percevoir, sur-tout par rapport aux prises faites par les particuliers armateurs.

A peine cette loi avoit elle commencé d'avoir son exécution que quelques armateurs présentérent un mémoire à M. l'Amiral tendant à ce qu'il fût passé à leur profit dans leurs comptes.

1° Le droit de commission, 2° les frais de relâche, 3° enfin, les primes d'assurance.

Par rapport au droit de commission, M. l'Amiral le consentit quant à l'armement, & le rejetta pour le désarmement, relativement à la Déclaration du Roi ci-dessus citée du 12 Août 1715, fondée sur ce qu'il y a dans chaque port un receveur qui assiste pour M. l'Amiral aux ventes & à toutes les autres opérations dépendantes des prises & de leur liquidation, auquel receveur M. l'Amiral attribuë des droits qui diminuent d'autant le produit de son dixiéme.

Quant aux frais de relâche, M. l'Amiral y consentit purement & simplement, comme étant des dépenses accessoires de l'armement, dont le coût devoit être prélevé sur le produit des prises avant son dixiéme.

Mais ce fut toute autre chose des primes d'assurance, attendu que cette dépense n'est point une suite nécessaire de l'armement & mise hors du corsaire, & que ce n'est qu'une précaution que prennent les armateurs pour ne pas courir le risque de la perte ou de la prise de leur vaisseau. Or cette précaution n'intéressant en rien M. l'Amiral, il étoit juste que les armateurs qui vouloient la prendre pour leur intérêt particulier, en suportassent le coût aussi en particulier, sans pouvoir en faire le prelévement sur le produit des prises. Lettre de M. de Romieu du 29 Mai 1745. Autre chose auroit été s'il eût été question de l'assurance de la prise même à liquider, puisque ç'auroit été alors une dépense faite à l'occasion de la prise directement, dans laquelle M. l'Amiral prendroit part, & qu'en cas de perte de la prise M. l'Amiral auroit pris son dixième dans le recouvrement de l'assurance.

Dès le 3. Avril précédent, M. l'Amiral avoit réglé la maniére de procéder à la liquidation des prises en conséquence du nouvel Edit du mois d'Août 1743, lorsqu'il s'agiroit de prises amenées dans un port autre que celui de l'armement. La nouvelle méthode prescrite pour ce cas, fut que les Officiers de l'Amirauté du lieu où la prise seroit amenée ou envoyée, se contenteroient d'en faire une liquidation simple, qui en fixeroit le produit, déduction faite des frais de justice & autres relatifs aux prises, sans en tirer le dixième, dont la fixation seroit renvoyée à la liquidation générale qui devoit être faite par les Officiers de l'Amirauté du lieu où le corsaire avoit été armé, comme étant seuls en état de régler les frais de l'armement & autres à prélever avant le dixième. Du reste il fut ordonné que dans ce même cas de liquidation simple & particuliére, les armateurs ou leurs commissionnaires seroient tenus de fournir caution pour sûreté du payement du dixiéme de M. l'Amiral dans le lieu où se feroit la liquidation générale.

Cette précaution de faire donner caution pour sûreté du payement du dixième de M. l'Amiral, pourroit faire douter que M. l'Amiral eût pour raison de son dixième, quelque privilége ou hypothéque à exercer sur les biens de l'armateur, la vérité est néanmoins que son dixième emporte privilége sur les deniers & effets mobiliers de l'armateur, & hypothéque sur ses immeubles à compter au moins du jour de l'enregistrement de la commission en guerre.

Ce double avantage est fondé sur ces deux principes inséparables, l'un que la charge d'Amiral est un office de la couronne, & une portion de son domaine ; l'autre que les droits qui y sont attachés sont droits royaux.

Que la charge d'Amiral soit un office de la couronne, c'est ce qui ne peut être révoqué en doute, les preuves au reste en ont été rapportées sur le titre de l'Amiral.

D'un autre côté, que les droits attachés à l'office d'Amiral soient des droits royaux, c'est une conséquence nécessaire & inévitable de la premiere proposition. C'est aussi ce que porte expressement l'Ordonnance de Louis XI du 2 Octobre 1480.

En effet l'office étant de la couronne & faisant partie du domaine de la couronne, les droits qui en dépendent sont nécessairement droits de la couronne. Comme tels ils sont imprescriptibles, de maniere que l'Amiral n'a pas le pouvoir d'y renoncer ni d'y donner la moindre atteinte, parce qu'ils ne sont pas attachés à sa personne, mais à son office dont il n'est qu'usufruitier; comme tels par conséquent il faut leur attribuer les priviléges & prérogatives attachés aux droits royaux.

Or aux termes de l'Edit du mois d'Août 1669 & des réglemens postérieurs, il y a privilége pour les droits royaux sur les deniers comptans & sur le produit des meubles & effets de ceux qui en sont redevables; d'où il s'ensuit qu'on ne peut refuser à l'Amiral le même privilége pour son dixième des prises, de même que pour ses autres droits, sur les meubles & effets de ceux qui lui en sont débiteurs.

Si ce privilége ne peut lui être contesté, il en doit être de même aussi par identité de raison de l'hypothéque, puisque suivant le même Edit art. 4, le Roi a hypothéque sur les immeubles des comptables du jour de leurs provisions & du commencement de leur régie ou exercice.

Tout ce qu'on peut objecter sur cela, c'est que la commission en guerre, délivrée par M. l'Amiral à l'armateur, n'a pas le même caractère d'autenticité ou du moins d'autorité que les provisions du Roi ; mais si cette circonstance étoit capable d'établir une différence essentielle entre les provisions du Roi & la commission de M. l'Amiral, du moins faudroit-il reconnoître l'hypothéque en faveur de l'Amiral du jour de l'enregistrement de la commission au greffe de l'Amirauté, puisque cet enregistrement est un acte judiciaire qui soumet l'armateur à remplir tous les engagemens résultans de l'acceptation par lui faite de la commission en guerre, desquels engagemens le dixième de M. l'Amiral fait naturellement partie.

La caution dont il vient d'être parlé n'étoit donc qu'une sûreté de plus pour le payement du dixième de M. l'Amiral.

Indépendemment du droit de M. l'Amiral sur les prises, il y a encore celui de six deniers pour livre attribué aux invalides de la marine, par l'Edit du mois de Mars 1713, confirmé par celui du mois de Juillet 1720, outre les six deniers aussi pour livre qui sont retenus à leur profit sur les gages des équipages. Voyez l'origine & les progrès de cet établissement sur l'art. XI tit. des loyers des matelots.

Par l'article 3 de l'Edit de 1720, il étoit réglé que la retenue de ces six deniers pour livre seroit faite sur le montant total des prises, déduction faite seulement des frais faits pour la conservation & la vente des marchandises & du dixième de l'Amiral ; de sorte qu'alors ils n'entroient pas plus que M. l'Amiral dans la dépense de l'armement ni du désarmement du corsaire.

Quoique l'opération qu'il convenoit de faire pour le réglement tant du dixième de l'Amiral que des six deniers pour livre des invalides, fût simple & sans embarras; il étoit arrivé néanmoins qu'en certaines Amirautés elle se faisoit d'une maniere, & en d'autres d'une façon toute différente. Pour y remédier par l'établissement d'une régle générale & fixe, le Roi rendit un Arrêt dans son Conseil le 30 Août 1745 ; mais ce n'étoit pas le seul motif de l'Arrêt, il y en avoit un autre plus important sans doute ; c'étoit celui de donner aux armateurs en course une nouvelle marque de l'attention de Sa Majesté en leur faveur.

Il fut donc réglé par cet Arrêt, que désormais les invalides, pour leurs six deniers pour livre, de même que M. l'Amiral pour son dixième, souffriroient la déduction sur le produit des prises, du montant de tous les frais de justice & des dépenses de l'armement & du désarmement, en conformité de l'art. 3 de l'Edit du mois d'Août 1743, donné précisement pour la réduction du dixième de M. l'Amiral ; de maniére que ce ne seroit que sur le produit net & liquide des prises que seroient retenus les six deniers pour livre des invalides, aussi bien que le dixième de M. l'Amiral.

Jusques-là la condition de M. l'Amiral, fixée par l'Edit de 1743, n'éprouvoit aucun changement ; mais comme s'il eût dû dédommager les invalides de la réduction qu'ils souffroient par ce nouvel arrangement, tout en faveur des armateurs ; au lieu qu'auparavant & toujours, son dixième avoit été pris avant les six deniers pour livre des invalides, il fut réglé au contraire, qu'à l'avenir la retenue de ces six deniers pour livre seroit faite avant son dixième ; & la même chose fut ordonnée par rapport aux prises qui seroient faites par les vaisseaux & galéres de Sa Majesté armés pour son compte. Ces six deniers pour livre ont été conservés aux invalides quoique les déclarations de 1748 & 1756, n'en ayent pas fait mention comme on le dira dans la suite.

Des avantages aussi considérables accordés aux armateurs en course, ne suffirent pas néanmoins pour les exciter à multiplier ces sortes d'armemens. Soit qu'ils sentissent le besoin qu'on avoit de leur secours, soit que la course fût devenue effectivement plus dangereuse que jamais par la supériorité des forces maritimes des ennemis ; il fallut les animer à mieux servir l'Etat, eux & leurs équipages, par l'attrait d'un gain nouveau.

Dans cette idée le Roi, ayant fait connoître à M. l'Amiral qu'il souhaittoit que son dixième sur les prises qui seroient faites dans la suite par les particuliers, fût suspendu pour le reste du temps de la guerre lors présente, & M. l'Amiral s'étant prêté aussi-tôt à cet arrangement, *pour donner de nouvelles preuves de son zele pour le bien de l'Etat*, Sa Majesté rendit une déclaration le 5 Mars 1748, portant art. prem., la suspension du dixième de l'Amiral pour le reste de la durée de la guerre, le Roi se réservant de pourvoir au dédommagement de M. l'Amiral pour raison de ladite suspension. Il en est arrivé de même par rapport à la présente guerre, suivant la déclaration du 15 Mai 1756 aussi art. prem.

A ce nouvel avantage accordé aux armateurs, il en fut ajouté un autre par l'art. 6 ; dans lequel pour les engager à faire construire des corsaires d'une certaine force, le le Roi promit de prendre pour son compte sur le pied de l'estimation, tous ceux de 24 canons & au dessus qui, ayant été armés neufs, se trouveroient en bon état de service lors de la cessation des hostilités, laissant néanmoins aux propriétaires de ces vaisseaux la liberté de les garder pour eux pourvu qu'ils fissent leur option avant qu'il fût procédé à l'estimation. L'article 5 de la nouvelle déclaration du 15 Mai 1756 est encore plus favorable en cette partie aux armateurs.

D'un autre côté pour exciter l'ardeur des capitaines, officiers & équipages des corsaires, il leur fut attribué par l'art. 3 des gratifications; sçavoir de la somme de 100 liv. par chaque canon pris de quatre livres de bale & au dessus jusqu'à douze, & de 150 liv. pour chaque canon de douze livres & au dessus; celle de 30 liv. par tête de prisonniers, & lorsqu'il y auroit eu combat, pareille somme pour chaque homme étant à bord du navire pris, au commencement de l'action. Lesquelles gratifications assignées sur le trésor royal, devoient être payées aux termes de l'article 4 par le garde du trésor royal, en conséquence des Ordonnances qui seroient expediées à cet effet, sur les procès-verbaux & autres piéces propres à constater les causes desdites gratifications. Ces avantages ont aussi été augmentés par l'art. 2 de ladite déclaration du 15 Mai 1756. Voyez *infrà*.

Outre cela par l'art. 5 qui attribuoit en entier ces gratifications aux capitaines, officiers & équipages, le Roi se reservoit de donner auxdits capitaines & officiers d'autres recompenses particuliéres, suivant la force des vaisseaux de guerre & corsaires ennemis dont ils se seroient emparés, & selon les autres circonstances des combats qu'ils auroient soutenus. Cela a encore été confirmé avec augmentation dans l'art. 4. de ladite déclaration du 15 Mai 1756.

Par rapport à la gratification pour chaque piéce de canon, l'exemple en avoit été donné par Louis XIV dans son Ordonnance du 5 Decembre 1672, & la recompense qu'il y avoit attachée étoit même excessive, puisqu'elle étoit de 500 liv.; mais aussi elle n'avoit lieu que pour les vaisseaux ennemis armés en guerre ou en course.

Enfin par l'art. 8 de ladite déclaration, pour inviter les corsaires à se joindre aux vaisseaux de guerre du Roi, il est dit, qu'ils auront part dans les prises qui seront faites durant la jonction; & cela par proportion & relativement au nombre de canons desdits vaisseaux corsaires, sans avoir égard à la différence du calibre, à la grandeur des bâtimens, ni à la force des équipages. Pareille disposition aussi dans l'art. 8 de la déclaration de 1756.

Mais en cela il n'y a eu rien de nouveau, que la généralité de la décision; la même chose avoit déjà été réglée par Ordonnance du prem. Octobre 1705, en faveur des armateurs de Dunkerque. Auparavant on faisoit attention à la différence du calibre des canons & de la force des bâtimens, aussi bien que de leurs équipages, comme il sera plus précisement observé sur l'art. suivant.

Jusqu'à cette même déclaration du 5 Mars 1748, la part attribuée dans les prises aux équipages des vaisseaux du Roi armés pour le compte de Sa Majesté, n'étoit que d'un dixième, & cette attribution ne leur avoit pas même été faite avant l'Ordonnance du 3 Septembre 1692.

Par cette Ordonnance il fut réglé qu'ils auroient désormais le dixième du produit des prises qu'ils feroient, après que les frais de justice & de garde des marchandises auroient été prélevés, de même que le dixième de M. l'Amiral; & ce dixième devoit être distribué entre eux, de maniére que le capitaine en auroit un quart, le capitaine en second, les lieutenans, enseignes & autres officiers composans l'état major, un autre quart à eux tous; ensorte néanmoins que de ce quart le capitaine en second, en auroit 6 parts, le lieutenant 3, l'enseigne 2, l'aumônier, le chirurgien & l'écrivain chacun une part, le tout formant 12 parts.

L'autre moitié faisant les deux autres quarts, étoit distribuable de maniére, que le maître en eût 3 parts, les officiers mariniers, du nombre desquels sont les capitaines d'armes & des compagnies franches, chacun 2 parts, & chaque matelot, garde-marine & soldat chacun une part; le tout suivant le rolle qui en seroit fait par l'Intendant, & en son absence, ou par le Commissaire général de la Marine, ou par le commissaire que l'Intendant auroit chargé de ce détail.

Mais la déclaration dont il s'agit a accordé dans l'art. 7 auxdits officiers & équipages des vaisseaux du Roi & des galéres, un tiers dans le produit net des prises des navires marchands, au lieu du dixième seulement qui leur avoit été civant attribué; lequel tiers sera partagé, entre lesdits officiers & équipages, suivant le réglement qui sera fait à ce sujet. Ce réglement, toute-fois, quoiqu'il ait été annoncé tout de même dans l'art. 7 de la nouvelle déclaration du 15 Mai 1756, portant confirmation de l'attribution du tiers dans les prises avec d'autres avantages s'est fait assez attendre; mais enfin il a paru dans l'Ordonnance du 15 Juin 1757, au moyen de quoi il n'est plus question en cette partie, de celle dudit jour 3 Septembre 1692, qui avoit fait régle jusques là, attendu les changemens considérables qui y ont été faits. On trouvera cette nouvelle Ordonnance du 15 Juin 1757 à la suite du présent article.

Le même article 7 de la déclaration de 1748, accorde aussi aux officiers & équipages des vaisseaux & galéres du Roi, des gratifications semblables à celles portées par l'art. 3 en faveur des corsaires particuliers, & fait espérer tout de même aux capitaines & officiers des recompenses particuliéres suivant leurs grades, la force des vaisseaux de guerre ou corsaires pris, & les autres circonstances des combats qu'ils auront soutenus, relativement à l'Ordonnance déjà citée du 3 Septembre 1692; au moyen de quoi il ne doit plus être question de la gratification de 2000 liv. accordée par une autre Ordonnance du 10 du même mois de Septembre 1692 à ceux qui enleveroient un pacquebot d'Espagne en Angleterre, & de 1000 liv. pour tout autre pacquebot destiné pour un pays également en guerre, à condition néanmoins d'amener le pacquebot dans un port du Royaume, & de remettre les malles & lettres qui y seroient trouvées.

Ce n'étoit là en effet qu'un réglement passager occasionné par les circonstances; au lieu que les gratifications promises par cette déclaration tant aux officiers & équipages des vaisseaux du Roi, qu'à ceux des corsaires particuliers, devoient être fixes & permanentes.

Aussi le Roi par sa derniere déclaration du 15 Mai 1756, loin d'y avoir dérogé, y en a-t-il ajouté de nouvelles, & de telle nature, que s'il étoit vrai, que l'amour de la patrie & de la gloire, ne fût plus le même dans le cœur des François, le seul motif de l'intérêt suffiroit pour exciter à la course.

Ces nouveaux avantages par rapport aux officiers & équipages des navires armés en course consistent,

1°. Dans une augmentation considérable, faite par l'art. 2, des gratifications à eux accordées par l'art. 3 de la déclaration 1748.

Cette augmentation regarde les corsaires & vaisseaux de guerre ennemis dont ils s'empareront. Il leur est attribué à cet égard 150 liv. par chaque canon de 4 liv. jusqu'à 12, pris sur un corsaire, & 200 liv. pour chaque canon de même calibre sur un vaisseau de guerre; 225 liv. pour chaque canon de 12 liv. & au dessus sur un corsaire, & 300 liv. pour chaque canon de pareil calibre pris sur un vaisseau de guerre.

A l'égard des prisonniers, la gratification est de 40 liv. par tête pour ceux faits sur les corsaires, & de 50 liv. pour ceux des vaisseaux de guerre.

Outre cela « lorsqu'il y aura combat lesdites gratifications seront accordées pour » le nombre d'hommes effectifs qui se seront trouvés sur les prises au commence» ment de l'action; le Roi voulant même qu'elles soient augmentées d'un quart en » sus, tant pour les vaisseaux & frégates de guerre, que pour les corsaires particu» liers qui auront été enlevés à l'abordage. »

2°. L'article 4 de ladite déclaration, en ajoutant à l'art. 5 de celle de 1748, promet, ce qui est extrêmement remarquable, aux capitaines & officiers des corsaires qui se seront distingués, *des emplois dans la Marine Royale.* La promesse a été effectuée; il y en a plusieurs exemples.

3°. Par l'art. 11, Sa Majesté déclare que « suivant les témoignages qui lui se» ront rendus de la conduite des officiers & volontaires qui serviront sur les cor» saires, Elle les dispensera d'une, ou même des deux campagnes (qui sont d'o» bligation) sur ses vaisseaux pour être reçu capitaine » à quoi il faut ajouter, ou Pilote, la raison étant la même.

4°. Et rien plus juste, l'art. 12 porte que, les officiers & matelots des équipages des corsaires qui, par des blessures qu'ils auront reçues dans les combats, se trouveront invalides, seront compris dans les états des demi-soldes accordées aux gens de mer; & qu'il sera accordé des pensions aux veuves de ceux qui auront été tués dans les combats. Les enfans mineurs de ces mêmes hommes tués, sembleroient devoir jouir du même avantage durant leur minorité, leur mere étant morte.

En ce qui concerne les officiers & les équipages des vaisseaux du Roi, les nouveaux avantages qui leur sont accordés par cette derniere déclaration, les voici.

1°. Outre le tiers qui leur est assuré dans le produit des prises qu'ils feront des navires marchands, ils ont l'expectative d'une plus grande part dans les prises, suivant les circonstances.

2°. Des gratifications leur sont accordées semblables à celles réglées par l'art. 2 en faveur des équipages des navires armés en course par les particuliers, à l'occasion des canons & des prisonniers.

3°. D'autres gratifications leur sont promises encore pour raison des prises qu'ils feront des vaisseaux & frégates de guerre; lesquelles gratifications nouvelles consistent en la somme de 300 liv. pour chaque canon de 4 livres & au dessus jusqu'à 12, & en celle de 450 liv. aussi pour chaque canon de 12 liv. & au dessus, avec augmentation d'un quart en sus en cas de prise par abordage.

C'est la disposition de l'art. 7 de ladite déclaration. Mais parce que ces avantages, comme purement pécuniaires, auroient pu ne pas faire une égale impression sur tous les officiers de marine; le Roi pour les animer par un motif plus puissant à courir sur les navires corsaires ennemis comme sur les vaisseaux de guerre, a bien voulu leur promettre des recompenses particulieres, suivant leurs grades, la force des vaisseaux de guerre & corsaires dont ils se seront emparés, & les autres circonſtances des combats qu'ils auront livrés ou ſoutenus. L'heureuſe expérience qu'ils font chaque jour de l'attention du Roi à recompenſer libéralement leurs ſervices, leur eſt un ſûr garant de l'exactitude avec laquelle, un maître auſſi généreux & auſſi digne d'être ſervi avec zele, remplira ſes promeſſes.

Une derniere Ordonnance du 15 Juin 1757, en confirmant tous ces avantages, leur en a accordé encore de nouveaux.

Par rapport aux vaiſſeaux & frégates de guerre ennemies, outre les gratifications déjà promiſes, ſuivant le nombre des canons & des priſonniers, avec augmentation d'un quart en ſus en cas de priſe par abordage, qui font le ſujet de l'art. prem., l'art. 2 leur accorde le tiers des matiéres & eſpèces d'or & d'argent, des pierreries, marchandiſes & autres effets qui ſeront trouvés ſur leſdits vaiſſeaux & frégates de guerre.

En ce qui concerne les corſaires ennemis dont juſques là, ils n'avoient eu que le dixième; outre les gratifications réglées ſur le nombre des canons & des priſonniers, l'art. 3 leur en attribue le tiers, comme dans les priſes des navires marchands; ce qui eſt répété dans l'art. 6.

L'art. 4 renouvelle la promeſſe des gratifications par canons & priſonniers, avec augmentation d'un quart en ſus auſſi en cas d'abordage.

L'art. 5 concernant les navires marchands, ajoute au tiers du produit net des priſes qu'ils feront, 100 liv. de gratification pour chaque canon du calibre de 4 liv. & au deſſus juſqu'à 12; 150 liv. pour chaque canon de 12 liv. & au deſſus; & 30 liv. pour chaque priſonnier.

Dans le cas où le Roi retiendra pour ſon ſervice quelque bâtiment corſaire ou navire marchand pris ſur les ennemis, il ſera fait eſtimation de ſa valeur, pour leur être tenu compte du tiers de cette eſtimation. C'eſt la diſpoſition de l'art. 7. De même des munitions & marchandiſes deſdits navires que le Roi jugera auſſi à propos de retenir pour le ſervice des arſenaux de ſa marine art. 8.

Les autres articles de cette Ordonnance ont pour objet la répartition à faire entre les officiers & les gens de l'équipage des vaiſſeaux preneurs, du produit de leur tiers dans les priſes & des gratifications à eux accordées.

L'art. 9 eſt pour le cas des priſes faites par un ſeul vaiſſeau. Le plan général eſt celui de l'Ordonnance du 3 Septembre 1692; mais dans le détail de la ſubdiviſion, il y a été fait d'aſſez grands changemens, principalement en faveur de l'écrivain, du commiſſaire de la marine & de l'écrivain principal qui y ſont fort bien traités. A l'égard des officiers mariniers au deſſous du grade du maître canonier, & des gardes de la marine, ſi par l'Ordonnance de 1692, on ne leur avoit pas rendu juſtice en les confondant avec les matelots & les ſoldats, ils ſont bien favoriſés aujourd'hui, par l'attribution qui leur eſt faite de 3 parts à chacun.

Si pluſieurs vaiſſeaux du Roi ont part à une même priſe, tels que ſont ceux qui ſe trouvent enſemble & à vue de la priſe lorſqu'elle eſt faite, ou ceux dépendans d'une même eſcadre; ce qui leur en reviendra, ſera réparti entre tous les vaiſſeaux à proportion du nombre de leurs canons, & de leur calibre à commencer par celui de 4 livres, & du nombre d'équipage étant à bord de chaque vaiſſeau: après quoi la portion attribuée à chaque vaiſſeau, ſera diſtribuée conformément audit art. 9. C'eſt ce que décide l'art. 10.

C'eſt-à-dire que pour régler cette répartition entre tous les vaiſſeaux preneurs, il ne faut plus ſuivre précisément l'opération tracée par le jugement de l'Amirauté de Dunkerque du 15 Decembre 1695, dont il sera parlé sur l'art. suivant; mais on doit du moins s'y conformer, dans la partie, où lorsqu'il est question de comparer équipage à équipage, on ne compte les officiers que pour hommes comme le reste de l'équipage; sauf à en user autrement dans la subdivision pour chaque vaisseau.

L'opération sera la même, que les vaisseaux ayant tous part dans les prises soient commandés par des Chefs d'Escadre, ou simplement par des capitaines de vaisseau. Art. 11 de cette derniere Ord. du 15 Juin 1757.

Mais par l'art. 12, si c'est un Vice-Amiral ou un Lieutenant-Général qui commande, le Commandant aura pour sa part, le dixième du produit net des prises avant tout partage entre les vaisseaux; c'est-à-dire le dixième du tiers des prises, & le dixième des gratifications en général; & si dans une armée commandée par un Vice-Amiral, il y a un ou plusieurs Lieutenans-Généraux; le Vice-Amiral aura les deux tiers du dixième du produit net des prises, & le Lieutenant-Général ou Lieutenans-Généraux auront l'autre tiers dudit dixième, les 9 autres dixièmes restans, devant former le partage de tous les vaisseaux de l'Escadre; & alors le capitaine de pavillon aura le quart de ce qui reviendra au vaisseau du Commandant comme les capitaines en pied.

Par l'art. 13 & dernier, il est décidé que le tiers net des prises attribué aux officiers & équipages, sera sujet à la retenue des 6 den. pour liv. au profit des invalides de la marine; mais qu'il ne sera fait aucune retenue sur les gratifications, quoique la distribution doive en être faite de la même maniére que le tiers des prises.

Cette décision paroît applicable aux gratifications que le Roi accorde aux officiers & équipages des navires corsaires armés par les particuliers.

En exécution de cette Ordonnance de 1757, par une derniére du 3 Janvier 1760, il a été enjoint à tous officiers commandant les vaisseaux de Sa Majesté, qui auront fait ou amariné des prises, d'en faire leur déclaration circonstanciée, dans les vingt-quatre heures, aux Greffes des Amirautés des ports où ils auront conduit lesdites prises, & d'y faire exactement mention des vaisseaux ou autres bâtimens, en présence desquels les prises auront été faites, sur peine d'être privés de leurs parts dans lesdites prises.

Enfin pour ce qui regarde les armateurs en course, outre l'exemption du dixiéme de M. l'Amiral, qui, par renouvellement leur est commune avec les officiers & les gens de leurs équipages, la réitération de la promesse du Roi de prendre pour son compte les frégates ou vaisseaux de 24 piéces de canon & au dessus qu'ils auront employés pour la course, & la confirmation tant du droit de prendre part aux prises qui seront faites pendant la jonction de leurs corsaires avec les vaisseaux du Roi, par proportion & relativement au nombre de canons, sans égard à la différence du calibre, ni à la grandeur des bâtimens & à la force des équipages, que de l'exemption de tous droits pour raison des vivres, artillerie, munitions, &c, tous avantages particuliers auxdits armateurs en course; outre, dis-je tous ces avantages, ceux qui nouvellement & surabondamment leur sont offerts par cette même Ordonnance, sont,

1°. Que par l'art. 6, Sa Majesté déclare que son intention est de donner des marques particuliéres & honorables de sa satisfaction à ceux qui se distingueront par des armemens & entreprises considérables; voulant même que pour les indemniser & leurs intéressés, des dommages que leurs corsaires auront pu souffrir dans les combats, où ils se seront rendus maîtres de quelques vaisseaux ou frégates de guerre, il leur soit payé des deniers du trésor Royal, 100 liv. par canon de 4 liv. jusqu'à 12 & 200 liv. par chaque canon de 12 liv. & au dessus, & en outre 20 liv. par chaque homme effectif qui se sera trouvé au commencement du combat sur les vaisseaux pris.

2° Aux termes de l'article 13, les salaires & parts des matelots déserteurs des corsaires de 24 canons & au-dessus, appartiendront & seront acquis aux armateurs desdits corsaires, au lieu qu'auparavant le tout étoit acquis indistinctement aux invalides de la Marine, donataires du Roi en cette partie.

Il est à observer que le Roi, toujours attentif à la conservation de ses sujets, ne voulant pas qu'on mît à la mer des corsaires dont la foiblesse exposât trop les équipages, a fait défenses d'expédier des corsaires dont l'équipage fût au-dessous de 50 hommes les officiers compris. Lettre de M. Machault du 23 Juillet 1756.

En ce qui concerne la suspension du dixiéme de M. l'Amiral, comme les circonstances de la précédente guerre devoient naturellement la faire considérer plutôt comme une grace accordée à l'importunité des armateurs, que comme une faveur par eux méritée, il y avoit lieu de présumer qu'on n'en verroit pas renouveller l'exemple. Il l'a été cependant à l'occasion de la guerre présente ; mais il n'en faut pas conclure que ce soit une régle pour l'avenir. Le soin que prend le Roi de fortifier sa Marine, de maniére à la rendre aussi redoutable qu'autre-fois, mettra Sa Majesté en état de faire trembler ses ennemis sur mer comme sur terre, sans avoir besoin d'inviter ses sujets à armer en course, autrement que par l'attrait des avantages indépendans de la suspension du dixiéme de l'Amiral. Ce sera bien assés de réduire ce dixiéme aux termes de l'édit du mois d'Août 1743, & il y aura en cela de quoi satisfaire les armateurs qui ne seront point dominés par un intérêt sordide.

Cette conjecture étoit toute naturelle en effet ; cependant par Edit du mois de Septembre 1758, registré au Parlement en vacations le 26 Octobre suivant, ce droit de dixiéme, attaché de tout temps à la charge d'Amiral, a été supprimé à perpétuité, moyennant une indemnité pour l'avenir attribuée aussi à perpétuité à ladite charge d'Amiral, d'une somme de 150000 liv. assignée sur les Fermes Générales unies, payable ladite somme annuellement, à compter du premier Janvier 1759. Du reste Sa Majesté en déclarant que cette suppression n'apporteroit aucun changement aux formalités prescrites par la présente Ordonnance sur le fait des prises & conquêtes faites en mer, & en confirmant de nouveau S. A. S. M. l'Amiral & ses successeurs dans la jouissance de tous les autres droits attribués à ladite charge, s'est engagée de pourvoir à son indemnité pour le passé depuis la Déclaration du 15 Mars 1756 jusqu'au dit jour premier Janvier 1759.

Dans la Déclaration du 15 Mai 1756, il n'a pas plus été fait mention des six den. pour livre des invalides, que dans celle du 5 Mars 1748 ; mais le Roi n'a pas entendu pour cela déroger à ce droit pour en dispenser les armateurs. Son intention au-contraire est, que la retenue des six den. pour livre, soit faite au profit des invalides de la Marine, comme ci-devant, en conformité de l'Arrêt du Conseil du 30 Août 1745 ci-dessus cité, & du Réglement du 2 Juin 1747 dont il sera parlé sur l'article suivant. Lettre de M. Machault, du 30 Juin 1756 : c'est-à-dire que ces six deniers pour livre doivent se prendre sur le produit net des prises, à la déduction seulement des frais de garde, de charge & de Justice ; & c'est ce qui vient tout récemment d'être confirmé par l'Ordonnance du 15 Juin 1757 art. 13, par rapport au tiers dans les prises, accordé aux officiers & équipages des vaisseaux de Sa Majesté, sans préjudice de la retenue à faire tout de même de ces six deniers pour livre, sur les deux autres tiers revenans au Roi. Lettre de M. de Moras, du 16 Août 1757.

Les opérations concernant la retenue de ces six deniers pour livre au profit des invalides, ont fort varié depuis la suspension du dixiéme de M. l'Amiral, & depuis qu'il a été réglé que ces six deniers pour livre ne seroient plus retenus que sur ce qui resteroit net du produit des prises, après tous les frais prélevés compris ceux d'armement &c., excepté les prises faites par les vaisseaux du Roi.

Voici de quelle maniére il faut opérer aujourd'hui.

S'il s'agit de prises faites par les vaisseaux du Roi, l'opération est simple, parcequ'il n'y a alors à prélever sur le produit de chaque prise, que les frais de décharge, magasinage & de Justice, avec les droits des Fermes, si les adjudicataires des marchandises en ont été tenus quittes, ce qui n'arrive guere toutefois ; après-quoi les six den. pour livre de ce qui reste sont dûs, tout y étant assujetti, aussi-bien les deux tiers qui reviennent au Roi, que le tiers attribué aux Officiers & à l'équipage. Au moyen de quoi n'y ayant point de distinction à faire, il est plus court de tirer les six deniers pour livre du total restant, que de les prendre séparément sur le tiers revenant à l'équipage & sur les deux tiers du Roi.

C'est aussi de cette maniére qu'on a toujours opéré dans l'Amirauté de la Rochelle ; & cette méthode qui a été préférée, a été rendue uniforme dans toutes les Amirautés par Arrêt du Conseil du 23 Juin 1759 art. premier.

EXEMPLE.

Produit de la prise.	40000 liv.
Déduire pour les frais de décharge & autres concernant la garde & les droits des marchandises	1200 liv.
Plus pour les frais de Justice	400 liv.
	1600 liv.
Reste	38400 liv.
Dont il revient pour les 6 den. pour liv. des invalides	960 liv.
Reste net au Roi & à l'équipage	37440 liv.
Tiers pour l'équipage	12480 liv.
Deux tiers pour le Roi	24960 liv.

S'il est question d'une prise faite par un armateur en course, outre les frais ci-dessus de décharge, &c. & de Justice qu'il faut d'abord prélever, il y a encore à déduire au profit de l'armateur contre les invalides, les frais d'armement & de relâche du corsaire, dans lesquels frais entre la commission ou provision duë à l'armateur, soit qu'il ait travaillé par lui-même, soit qu'il l'ait payée à un commissionnaire, parceque cela dérive du même principe ; savoir que les six den. pour livre ne sont dûs aux invalides, que de ce qui reste net tous frais déduits. Or la commission fait partie des frais, & parconséquent il faut en tenir compte à l'armateur. Et cela doit s'entendre aussi-bien de la commission pour le recouvrement du produit de la prise, que de celle du compte d'armement & des frais de relâche.

Il est vrai qu'avant la suspension du dixiéme de M. l'Amiral il y avoit une distinction établie au sujet de la commission, suivant laquelle distinction on passoit la commission pour l'armement & les relâches, tandis qu'on la refusoit pour le recouvrement du produit des prises : mais ce refus étoit fondé sur ce que M. l'Amiral avoit son Receveur pour veiller à son intérêt dans les prises, lequel Receveur, assistoit à toute la procédure, avoit des droits qui diminuoient d'autant le dixiéme ; & les invalides n'ont pas une pareille raison à opposer quoiqu'ils ayent un Trésorier, puisqu'il n'assiste à aucune des opérations des prises. Ainsi il est juste d'allouer à leur égard la commission aussi-bien pour le recouvrement des deniers de la prise que pour le reste.

D'un autre côté, dans la présente guerre, les capitaines corsaires se sont mis sur le pied d'éxiger des armateurs, des gratifications extraordinaires, n'étant pas satisfaits des 12 parts à eux attribuées dans les prises par le Réglement du 25 Novembre 1693, outre le coffre du capitaine pris jusqu'à concurrence de 1500 livres, en conséquence ils ont stipulé non-seulement que l'armateur leur payeroit une certaine somme au cas qu'ils fussent pris ; mais encore qu'ils auroient jusqu'à deux & demi pour cent des prises qu'ils feroient, indépendemment des avantages à eux accordés par ledit Réglement du 25 Novembre 1693.

Sur quoi on a demandé, si cette gratification extraordinaire de deux & demi pour cent devoit leur être allouée, ou être déduite à l'armateur, au préjudice, soit des invalides, soit de l'équipage du corsaire.

Quant aux invalides, je n'ai jamais douté qu'ils ne dûssent souffrir cette déduction sur la prise, vis-à-vis de l'armateur, de même que des autres déboursés par lui faits. La raison est que les six deniers pour livre ne leur sont plus dûs, toujours eu égard à l'armateur, que sur ce qui lui revient net de la prise, & ceci est certainement un objet qui diminuë d'autant ses deux tiers dans la prise.

Cependant au fond, la chose est indifférente aux invalides puisqu'ils n'y doivent rien perdre, en ce que dans le même-temps qu'ils sont obligés de souffrir que cette gratification extraordinaire du capitaine soit prélevée sur la prise, ils sont fondés à en exiger les six deniers pour livre contre lui ; ce qui est sans difficulté, que l'on considére cette gratification, soit comme un supplément de gages pour le capitaine, soit comme une augmentation de sa part dans la prise. A leur égard ce n'est donc qu'une question de nom.

Il n'en est pas de même des gens de l'équipage, & je pense que cette convention qui a fait la condition de capitaine meilleure qu'elle ne doit être aux termes du Réglement de 1693, ne peut en aucune façon leur préjudicier ; de maniére que sans y avoir égard, chacun doit avoir sa portion dans la prise conformément audit Réglement, qui ne permet pas d'aggraver la condition des uns en faisant un meilleur sort aux autres. Que la convention soit valable, à la bonne heure ; mais ce ne peut-être qu'entre l'armateur & le capitaine ; c'est-à-dire qu'elle n'aura d'effet que sur les deux tiers de l'armateur sans aucune influence sur le tiers attribué à tout l'équipage.

Ce même tiers ne doit pas non plus selon moi, souffrir aucune diminution à l'occasion de la commission prétenduë par l'armateur pour le recouvrement du produit de la prise. La raison est que l'équipage ne supporte aucuns frais d'armement ni de désarmement ni de relâche, & qu'il ne doit entrer que dans ceux de décharge & de Justice,

tice ; en un mot que dans les dépenses qui diminuent nécessairement le produit de la prise. Or la commission au recouvrement du prix de la vente de la prise, est un objet étranger aux frais qu'elle exige ; le tiers en doit donc revenir à l'équipage franc & quitte de toute commission ; & cela est d'autant plus naturel que les deniers de la vente doivent être regardés comme déposés au Greffe, au-moins pour le tiers qui en appartient à l'équipage, à l'effet qu'il puisse toucher ce tiers par les soins du procureur du Roi, chargé par état de soutenir ses droits, & qui le représente dans toutes les opérations des prises. En un mot si l'armateuur reçoit le tout, c'est à la charge de lui en rendre le tiers comme le tenant en dépôt ; & ce tiers il doit le restituer sans retenue d'aucun droit de commission, parcequ'il ne convient pas qu'il gagne sur lui. Je ne crois pas même qu'il y ait d'exception á faire pour le cas ou l'armateur auroit payé la commission entiére à un commissionnaire, quoiqu'on puisse dire alors qu'il ne s'agit pas de le faire gagner, mais de l'exempter de perdre : La raison de décider est en effet la même. S faisant personnellement la recette il n a pas de commission à prétendre, il s'ensuit qu'il en doit garantir l'équipage s'il la fait faire par un tiers ; j'avoue néanmoins qu'il y a des personnes qui inclinent à allouer la commission à l'armateur contre l'équipage.

Il résulte de tout ceci que les invalides étant obligés de souffrir sur les prises bien des objets de déduction dont les gens de l'équiqage sont exempts, les opérations à faire dans les liquidations des prises faites par des corsaires, doivent nécessairement varier suivant les circonstances, & que dans tous les cas, pour fixer les six den. pour livre, ou pour juger s'il en revient aux invalides ou non, il faut distinguer l'opération qui regarde l'armateur, de celle concernant l'équipage, pour éviter les erreurs & la confusion ; ce qui ne laisse pas d'être embarrassant & d'exiger beaucoup d'attention.

Supposons une prise dont le produit donne du bénéfice à l'armateur, toutes ses mises déduites. Voici alors la façon d'opérer,

Produit de la prise		80000 liv.
Déduire pour les frais de décharge, &c. commission comprise	2000 liv.	
Plus pour les frais de justice	1000 liv.	
Plus pour les frais d'armement aussi commission comprise & 10000 liv. d'avance à l'équipage	30000 liv.	
Plus pour les fraits de relâche & commission	1400 liv.	34400 liv.
Reste net		45600 liv.

Si l'opération entre l'armateur & l'équipage ne devoit pas essentiellement différer, il n'y auroit pour régler les six deniers pour livre des invalides qu'à les tirer tout de suite de cette somme de 45600 livres, ce qui feroit pour eux une somme de 1140 liv. sans déduction même des six deniers pour livre, déja par eux ci-devant touchés pour les avances à l'équipage, attendu que ces mêmes avances leur sont ici portées en dépense, comme faisant partie des frais de l'armement : mais comme dans l'opération entre l'armateur & l'équipage, il n'y a de déduction à faire que pour raison des frais de décharge & de justice, & qu'il faut retrancher ceux d'armement & de relâche ; ce qui en augmentant le tiers de l'équipage, diminue parconséquent les deux tiers revenans net à l'armateur ; il convient, quoique au fond les deux opérations donnent le même produit aux invalides, de remettre à tirer leurs six deniers pour livre après l'opération entre l'équipage & l'armateur, au lieu de les prendre sur 30400 liv. faisant les deux tiers de ladite somme de 45600 livres ; parcequ'en opérant de cette façon l'armateur seroit lêzé, attendu que par l'événement de l'opération entre lui & l'équipage il ne retire pas net cette somme de 30400 livres, & qu'il ne doit payer les six d. pour livre que de ce qui lui reste net absolument.

Ainsi dans l'espéce proposée, au lieu de dire de 45600 liv. il revient à l'armateur pour ses deux tiers 30400 liv. dont les six deniers pour livre s'élévent à 760 liv que l'armateur payera au Trésorier des invalides, il faut passer tout de suite à l'opération entre l'armateur & l'équipage, & dire

Sur le produit de la prise qui est de 80000 liv. cy		80000 liv.
Déduisant 2000 liv. pour les frais de décharge sauf la distraction encore de la commission, cy	2000 liv.	
Plus pour les frais de justice, comme ci-dessus,	1000 liv.	3000 l.
Reste la somme de		77000 liv.
Tiers pour l'équipage 25666 liv. 13 s. 4 d. mais comme il a reçu 10000 liv. pour avances dont il doit faire raison à l'armateur, & dont le Trésorier des invalides a reçu les six den. pour liv., il ne lui reste plus dû net que 15666 l. 13 s. 4 d. cy		15666 liv. 13 s. 4 d.
Dont les six den. pour liv. au profit des invalides reviennent à 391 liv. 13 s. 4 d., cy		391 liv. 13 s. 4 d.
Les deux tiers de l'armateur dans ladite somme de 77000 liv. vont à 51333 liv. 6 s. 8 d. sur quoi il convient de lui déduire ses frais d'armement & de relâche comme ci-dessus. Mais dans les frais d'armement, la somme de 10000 liv. pour avances à l'équipage étant comprise, laquelle somme il a déduite ou précomptée audit équipage, il s'ensuit qu'il faut en faire la distraction sur ses frais d'armement & de relâche, & parconséquent ne lui allouer ici en déduction que le surplus montant à 21400 l. cy		21400 liv.
Au moyen de quoi il ne lui revient net pour ses deux tiers que 29933 liv. 6 s. 8 d. cy		29933 liv. 6 s. 8 d.
Ainsi il ne doit les 6 den. pour liv. que de cette derniere somme, lesquels six deniers pour livre produisent 748 liv. 6 s. 8 d. cy		748 liv. 6 s. 8 d.

A cette somme joignant celle de 391 liv. 13 s. 4 d. que doit l'équipage pour les six deniers pour livre de son tiers net, on voit que par rapport aux invalides, l'opération est la même que si on leur eût d'abord attribué les six den. pour livre de la somme de 45600 livres, à payer un tiers par l'équipage & les deux autres tiers par l'armateur, puisque ces deux sommes font juste celle de 1140 livres à quoi reviennent les six den. pour livre de ladite somme de 45600 livres. Mais il y a une différence entre l'armateur & l'équipage : à la vérité elle va à peu de chose ici ; mais elle seroit toute autre, si les frais de l'armement étoient plus considérables.

En effet que les frais de l'armement soient de 40000 livres au lieu de 30000 livres seulement, alors il ne restera de la prise en bénéfice que 35600 liv. & parconséquent les invalides n'auront que 890 liv. pour leurs six deniers pour livre.

De cette somme l'équipage en payera bien tout de même 391 livres 13 sols 4 den.

parcequ'il retirera auſſi tout de-même 15666 liv. 13 ſ. 4 den. pour ſon tiers net ; mais l'armateur n'en payera que 498 liv. 6 ſ. 8 d. au lieu de 748 liv. 6 ſ. 8 d. parcequ'aulieu de 29933 liv. 6 ſols 8 deniers il ne retirera net, dans cette nouvelle ſuppoſition, que 19933 livres 6 ſ. 8 deniers pour ſes deux tiers.

Du reſte il eſt égal pour les invalides qu'ils prennent leurs ſix deniers pour liv. ſur les 25666 liv. 13 ſ. 4 d. revenants à l'équipage, à la charge de déduire les ſix deniers pour livre qu'ils ont reçu des avances à lui faites, ou qu'ils ne les ayent que des 15666 liv. 13 ſ. 4 d. reſtantes, compenſation faite avec l'armateur de ces mêmes avances montant à 10000 livres, puiſque tout cela revient au même. Mais encore une fois entre l'armateur & l'équipage il eſt eſſentiel de diſtinguer les opérations.

La preuve que les ſix deniers pour livre des invalides ſont toujours les mêmes, eu égard au produit liquide de la priſe, de quelque maniére que l'opération ſe faſſe ; c'eſt que dans notre ſeconde ſuppoſition, en cumulant les deux ſommes ci-deſſus de 391 l. 13 ſ. 4 d. que doit payer l'équipage, & celle de 498 liv. 6 l. 8 d. que doit l'armateur, cela fera tout juſte la premiere ſomme de 890 liv. à quoi reviennent les ſix den. pour liv. de la ſomme totale de 35600 liv. ſuppoſée reſtante net du produit de la priſe. Il en ſera toujours de même au reſte, de toute opération bien faite.

Si l'armateur a promis au capitaine une gratification de 2 ; 2 & demi ou 3 pour cent ou toute autre ſur le produit de la priſe ; l'opération ne changera pas pour cela, & l'armateur n'en payera pas moins les ſix den. pour liv. aux invalides comme ci-deſſus ; ſauf à lui à retenir au capitaine les ſix deniers pour livre de cette gratification, comme les ayant payés à ſon acquit.

Dans notre hypothèſe, la courſe eſt ſuppoſée toujours exiſtante ; ainſi pour juger du reſte, il faut attendre la fin de la courſe & quel ſera le ſort du navire corſaire. Si ſans faire d'autre priſe, il eſt pris lui même, il n'eſt plus queſtion d'autre choſe. Mais s'il retourne à la fin de ſa courſe avec une nouvelle priſe ou ſans priſe, il s'agira alors de faire l'évaluation du corſaire & dépendances, dans l'état où le tout ſe trouvera pour en attribuer les ſix deniers pour livre aux invalides, auſſi-bien que de la nouvelle priſe, attendu que les frais de la miſe hors du corſaire leur ont été portés en compte ; & comme cela donneroit lieu à un double proces-verbal de liquidation, il vaut mieux différer la liquidation générale de toutes les priſes faites par un corſaire, juſqu'à la fin de la courſe.

On conçoit que ſi le produit des priſes faites par un corſaire, eſt au-deſſous des dépenſes de l'armateur, les invalides n'ont pas de ſix deniers pour livre à prétendre contre lui : mais ils peuvent en avoir à exercer contre l'équipage ; & cela arrivera toutes les fois que ſa part dans les priſes excédera les avances qui lui auront été faites. Hors de-là, il ne leur ſera rien dû n'étant pas naturel, qu'ils prennent les ſix den. pour liv. deux fois ſur le même objet.

Au ſurplus quoique la courſe ſoit tout à fait infructueuſe, il n'y a point de leur par de reſtitution à faire des ſix deniers pour livre qu'ils ont reçu des avances faites à l'équipage, parceque quoiqu'il arrive, ces avances ſont toujours acquiſes à l'équipage ; de maniére que la courſe étant abſolument malheureuſe, c'eſt une perte de plus qui tombe ſur l'armateur, qui ne peut jamais répéter ces avances contre aucun de l'équipage ſi ce n'eſt en cas de déſertion ; mais ſeulement en faire l'imputation ſur le tiers de ce même équipage dans les priſes.

Cependant par rapport aux ſix deniers pour livre des invalides, il peut ſe faire que te de l'équipage aura reçu pour ſes avances au-dela de ſa part dans la priſe, & que tel autre aura reçu moins, tandis que le total des avances, dont les six deniers pour liv. auront été payés, absorbera le tiers revenant à l'équipage en général. Alors indépendemment de l'opération ci-dessus, qui ne doit pas changer par cette circonstance, il s'agira de faire un relevé des parts de ceux de l'équipage qui auront moins reçu en avances, à l'effet de leur faire payer les six deniers pour livre de ce qu'ils retireront de la prise au-dela de leurs avances.

Il convient d'observer que sous prétexte, qu'il faut déduire de la part des invalides, sur les six deniers pour livre de la prise, ceux qu'ils ont reçus pour raison des avances faites à l'équipage, dans les armemens en course faits par les particuliers, il ne s'agit du tout point d'opérer de même en fait de prise faite par les vaisseaux du Roi. La raison de différence est que le Roi ne donne point d'avances aux gens de l'équipage à valoir sur les prises qu'ils feront; mais que ce sont des gages simplement qu'il leur paye, lesquels gages courent tout le temps du voyage, qu'il se fasse quelque prise ou non: & s'il leur fait compter deux mois d'avance à leur embarquement, ce n'est pas encore une fois à valoir sur la course, comme on en use à présent sur les navires armés par les particuliers, ce sont seulement deux mois qu'ils reçoivent d'avances sur leurs gages, ce qui fait une différence absolument décisive. Ainsi dans les liquidations des prises faites par les vaisseaux du Roi, il n'est nullement question des six deniers pour livre des deux mois de gages payés aux gens de l'équipage; c'est-à-dire qu'il ne s'agit point d'en faire la déduction sur ceux de leurs parts dans les prises. Et il en seroit de même des liquidations de prises faites par les corsaires, s'il n'étoit pas passé en usage, de ne plus donner de gages aux gens de l'équipage, mais seulement des avances sur leurs parts des prises à faire.

J'ai observé que lorsque le produit des prises faites par un corsaire est au-dessous des dépenses de l'armateur, cet armateur n'a pas alors à payer de son chef les six deniers pour livre aux invalides; mais que ceux-ci pourront en prétendre contre l'équipage; ce qui arrivera toutes les fois que sa part dans la prise surpassera les avances qu'il aura reçues; auquel cas il faudra qu'ils lui tiennent compte des six den. pour liv. qu'ils auront reçu de ces mêmes avances.

Cette hipothèse se rencontrera, si en retenant l'exemple ci-dessus, la mise hors du corsaire est de 78000 liv. au lieu de 30000 liv. Alors on dira dans l'opération de la liquidation, que comme l'armateur est en perte au lieu d'avoir du bénéfice, les invalides n'ont rien à prétendre contre lui, sauf à lui faire compter dans la suite de la valeur du corsaire & dépendances à son retour à la fin de la course, reserve dont on se dispensera néanmoins, s'il y a nouvelle qu'il a été pris ou coulé à fond.

Après quoi on passera à la liquidation entre l'armateur & l'équipage, laquelle sera la même que ci-dessus; c'est-à-dire que y ayant 77000 liv. à partager entre eux; on en attribuera à l'équipage 25666 liv. 13 f. 4 d. pour son tiers; sur quoi on déduira au profit de l'armateur les 10000 liv. par lui payées à ce même équipage pour avances; au moyen de quoi il ne reste net à l'équipage que la somme de 15666 liv. 13 f. 4 d. de laquelle somme on tirera les six deniers pour liv. en faveur des invalides, dont ils devront se contenter, attendu que s'ils vouloient les prendre des 25666 livres 13 sols 4 deniers, il faudroit alors qu'ils tinsent compte des six deniers pour livre des avances, ce qui reviendroit au même comme il a déjà été observé.

Toute-fois s'il se trouve que quelques uns de l'équipage ayent moins reçu en avances que ce qui leur revient pour leurs parts de la prise, rien n'empêchera alors que es six deniers pour livre ne soient éxigibles pour raison de ce que chacun d'eux aura à toucher au-de-là de ses avances.

Au reste les opérations relatives à la retenuë des six deniers pour livre ne se font que dans les liquidations générales où il est question du compte de toutes les dépenses de l'armateur ; & ces liquidations ne doivent se faire qu'au Siége de l'Amirauté du lieu où l'armement a été fait, ou au Siége dans le ressort duquel l'armateur est domicilié, suivant la nouvelle décision portée à ce sujet.

Si les prises sont conduites en d'autres ports, on y fait simplement des liquidations particuliéres & provisionnelles, dans lesquelles on ne doit régler que le produit de la prise, déduction faite des frais de décharge & de justice. Ensuite on renvoye à la liquidation générale à faire où il convient. V. à ce sujet l'article suivant.

La liquidation d'une rançon, est sujette aux mêmes régles & n'a rien de particulier.

En cas de prise faite par un vaisseau armé en guerre & marchandise tout ensemble, il ne s'agit point de passer en compte à l'armateur, la valeur de son navire & tous les frais de la mise hors, comme dans un armement uniquement fait pour la course : mais il est juste de lui allouer ce qu'il aura dépensé de plus qu'il n'auroit fait, s'il eût équipé simplement son navire en marchandise, à l'effet de régler les six den. pour livre des invalides.

Pour revenir maintenant à notre article, il reste à observer au sujet du reste du produit de la prise dont il ordonne le partage entre les intéressés conformément aux conditions de leur société, que cela regarde indistinctement les intéressés dans l'entreprise de l'armement & les gens de l'équipage du corsaire, à l'effet que les uns & les autres soient tenus, ou collectivement ou distributivement, d'exécuter les conventions arrêtées entre eux aux sujet du partage du profit des prises, pourvu néanmoins que ces conventions soient justifiées par un écrit en forme, la preuve testimoniale n'étant pas admissible en pareil cas.

ÉDIT DU ROI,

Concernant le dixiéme de l'Amiral de France, sur les prises & conquêtes faites en mer.

Donné à Versailles au mois d'Août 1743.

Registré au Parlement de Paris le 26 du même mois.

LOUIS, par la grace de Dieu, Roi de France & de Navarre : A tous présens & à venir, Salut. Dans les différens objets qui occupent les soins & l'attention que nous donnons continuellement à tout ce qui peut contribuer au progrès du commerce & de la navigation de nos Sujets, nous avons remarqué que les armemens particuliers qu'ils font en temps de guerre, méritent une protection particuliére : & quoique nous persévérions dans le dessein où nous avons toujours été, d'éviter, autant qu'il nous sera possible, les occasions de faire usage de ces sortes d'armemens, il nous a paru convénable de prendre dès-à-présent des mesures pour exciter nos sujets à les multiplier dans les cas où nous serons obligés de les autoriser. Nous nous proposons à cet effet de faire examiner les Ordonnances, Arrêts & Réglemens qui ont été rendus jusqu'à présent sur cette matiére, afin de simplifier les procédures, d'en diminuer les frais, & de mettre ceux de nos sujets qui feront de pareils armemens, en état de profiter le plus promptement que faire se pourra, du fruit des dépenses qu'ils feront & des risques auxquels ils s'exposeront. Mais notre très-cher & très amé cousin le Duc de Penthièvre Amiral de France, instruit de nos vues à cet égard, & voulant y concourir, nous auroit représenté qu'un des meilleurs moyens d'exciter les armateurs, pourroit être de reduire le droit de dixième attribué à la charge d'Amiral sur les prises faites à la mer ; & pour nous donner une nouvelle preuve de son attachement à notre service &

de son zèle pour le bien de l'Etat, il nous auroit offert de se contenter à l'avenir de percevoir son dixième sur le bénéfice net de ces prises, au lieu de le prendre sur leur produit total & sans autre déduction que des frais du déchargement & de la garde des vaisseaux & marchandises, ainsi qu'il lui est attribué par les divers réglemens, notamment par les articles XXXI & XXXII du titre 9 de l'Ordonnance de la Marine du mois d'Août 1681, & que ses prédécesseurs en ont joui. Nous avons lieu de croire en effet qu'un semblable arrangement doit procurer l'avantage qui a porté notredit cousin à nous le proposer, puisqu'il remplira l'objet des représentations que nous savons que les armateurs ont faites en différens temps. Et après nous être fait représenter, en notre Conseil, l'Edit du mois de Novembre 1669, portant suppression de la charge de Grand-Maître, Chef & sur-Intendant de la navigation & commerce de France, & rétablissement de celle d'Amiral, le Réglement fait le 12 du même mois de Novembre, sur les pouvoirs, fonctions, autorités & droits de ladite charge d'Amiral, les articles XXXI & XXXII du titre 9 de ladite Ordonnance de 1681, ensemble les Réglemens & Arrêts rendus en conséquence, nous avons résolu d'expliquer nos intentions sur ce sujet. A ces causes & autres à ce nous mouvant, de l'avis de notre Conseil, & de notre certaine science pleine puissance & autorité Royale, nous avons par le présent Edit perpétuel & irrévocable, dit, statué & ordonné, disons, statuons & ordonnons, voulons & nous plaît ce qui suit.

ARTICLE PREMIER.

Nous maintenons, gardons, &, en tant que de besoin, confirmons notre très-cher & très-amé cousin le Duc de Penthievre & ses successeurs en la charge d'Amiral de France, dans la possession & jouissance du droit attribué à ladite charge, du dixième sur les prises & conquêtes faites à la mer.

II. Ordonnons néanmoins, en agréant, acceptant & approuvant l'offre de notredit cousin, que ledit droit ne pourra être pris à l'avenir, ni par lui ni pas ses successeurs en ladite charge, que sur le bénéfice net revenant aux armateurs.

III. Voulons à cet effet qu'avant le partage des prises il soit prélevé la somme à laquelle se trouveront monter non-seulement les frais du déchargement & de la garde des vaisseaux & marchandises, mais encore les frais de justice, & généralement toutes les dépenses de l'armement; & qu'après la distraction ci-dessus le dixième des prises soit délivré à l'Amiral sur le restant, lequel sera ensuite partagé aux équipages & aux intéressés, conformément aux conditions de leur société.

IV. N'entendons que sous prétexte que l'Amiral ne pourra prendre son dixième que déduction faite de toutes les dépenses concernant lesdits armemens, & sur le bénéfice net des prises, il puisse être tenu de contribuer auxdites dépenses lorsque le produit des prises ne se trouvera pas suffisant pour y satisfaire, ni dans aucun autre cas.

V. N'entendons pareillement que dans la liquidation des prises qui seront faites par nos vaisseaux & galères armés pour notre compte, toutes les dépenses soient prélevées avant le dixième de l'Amiral; & voulons que ledit dixième lui soit délivré sur ce qui restera du produit *desdites prises, déduction* faite seulement des frais de déchargement, de garde & de justice, y compris ceux de la vente & le dixieme des équipages, lequel sera également prélevé avant celui de l'Amiral. Si donnons en mandement à nos amés & féaux les gens tenans notre Cour de Parlement à Paris, que notre présent Edit ils ayent à faire lire, publier & registrer, & le contenu en icelui garder & observer selon sa forme & teneur, nonobstant tous Edits, Déclarations, Arrêts, Réglemens & autres choses à ce contraires, auxquels nous avons dérogé & dérogeons par le présent Edit: Car tel est notre plaisir. Et afin que ce soit chose ferme & stable à toujours, nous y avons fait mettre notre scel. Donné à Versailles au mois d'Août mil sept cens quarante-trois, & de notre regne le vingt-huitième. *Signé* LOUIS. *Et plus bas*, Par le Roi, PHELYPEAUX. *Visa*, DAGUESSEAU. Et scellé du grand sceau de cire verte.

Registré, oui ce requérant le Procureur général du Roi, pour être exécuté selon sa forme & teneur, sans approbation des Réglemens autres que ceux portés par les Ordonnances, Edits, Déclarations & Lettres-Patentes enregistrées à la Cour, ni d'autres Arrêts que ceux de ladite Cour; & copies collationnées envoyées dans les Bailliages & Sénéchaussées du ressort, pour y être lû, publié & registré: Enjoint aux Substituts du Procureur général du Roi, d'y tenir la main, & d'en certifier la Cour dans le mois, suivant l'Arrêt de ce jour. A Paris, en Parlement, le vingt-six Août mil sept cent quarante-trois.

Signé YZABEAU.

DECLARATION DU ROI,

Portant la suspension du dixiéme de l'Amiral sur les prises faites en mer, & autres encouragemens pour la course.

Donnée à Versailles le 5 Mars 1748.

Regiſtrée en Parlement.

LOUIS, par la grace de Dieu, Roi de France & de Navarre : A tous ceux qui ces présentes lettres verront, Salut. Par notre Edit donné à Versailles au mois d'Août 1743. nous aurions, sur la proposition de notre très-cher & très-amé Cousin le Duc de Penthiévre Amiral de France, ordonné que le droit de dixiéme attribué à la charge d'Amiral sur les Prises faites à la mer, ne pourroit être perçu à l'avenir pour les Prises qui seroient faites par des corsaires particuliers, que sur le bénéfice net revenant aux armateurs, déduction faite de toutes les dépenses généralement quelconques ; & nous aurions réglé en même-temps, par rapport aux prises faites par nos vaisseaux & nos galeres, armés pour notre compte, que le dixiéme de l'Amiral seroit perçû, déduction faite seulement des frais de déchargement, de garde & de justice, y compris ceux de la vente & le dixiéme de l'équipage, lequel seroit également prélevé avant celui de l'Amiral. Nous nous étions déterminés d'autant plus volontiers à ordonner cette réduction dans la perception de ce droit, qu'elle remplissoit l'objet des représentations que nous savions que les armateurs avoient faites en différens temps : Mais l'expérience de la présente guerre nous ayant fait connoître qu'elle ne remplit pas entiérement celui de la protection particuliére que nous avons toujours entendu donner aux armemens en course, nous avons résolu de faire de nouveaux arrangemens pour les favoriser encore plus efficacement. C'est dans cette vûë que nous avons accepté l'offre que notre très-cher & très-amé Cousin le Duc de Penthiévre, toujours prêt à nous donner de nouvelles preuves de son zèle pour le bien de l'Etat, nous a encore faite de suspendre la perception du dixiéme sur les prises qui pourront être faites dans le cours de cette guerre : C'est dans la même vûë qu'en assurant de nouveaux avantages aux armateurs, nous voulons régler des récompenses particuliéres pour les capitaines & les équipages des vaisseaux corsaires. Et comme il est juste en même-temps que nous donnions aux officiers & équipages de nos vaisseaux armés pour notre compte, des marques publiques de la satisfaction que nous ressentons du zèle & de la valeur qu'ils font paroître en toute occasion, nous nous sommes proposés de faire aussi un Réglement nouveau par rapport aux prises qu'ils pourront faire. A CES CAUSES & autres à ce nous mouvant, de l'avis de notre Conseil & de notre certaine science, pleine puissance & autorité Royale, nous avons dit, déclaré & ordonné, & par ces présentes signées de notre main, disons, déclarons & ordonnons, voulons & nous plaît ce qui suit.

ARTICLE PREMIER.

La perception du droit de dixiéme attribué à la charge d'Amiral de France, sera & demeurera suspendue durant la présente guerre ; & toutes les prises & conquêtes qui pourront être faites à la mer dans le cours d'icelle, à compter du jour de l'enregistrement des présentes, seront totalement exemptes dudit droit, suivant l'offre à nous faite par notredit Cousin, laquelle nous avons acceptée, agréée & approuvée : dérogeons à cet effet par ces présentes à notredit Edit du mois d'Août 1743, & nous réservons cependant de pourvoir au dédommagement que nous jugerons être dû à notredit Cousin pour raison de ladite suspension.

II. Dans deux mois pour toute préfixion & délai il sera par des Commissaires de notre Conseil, que nous nommerons à cet effet, procédé à l'examen des Ordonnances, Arrêts & Réglemens rendus jusqu'à présent concernant les procédures des Amirautés pour l'instruction des prises ; pour, sur le compte qui nous en sera rendu, être par nous pourvû à un Réglement Général sur tout ce qui a rapport auxdites procédures.

III. Outre le produit des prises qui seront faites par les bâtimens armés en course par nos sujets, & desquelles le partage se fera en entier sans perception du dixiéme de l'Amiral, voulons qu'il soit payé des deniers de notre Trésor Royal, les gratifications suivantes pour raison desdites prises, savoir, la somme de 100 liv. pour chaque canon des calibres de 4 livres de balles & au-dessus jusqu'a douze, des navires pris ; celle de 150 livres pour chaque canon de 12 livres & au-dessus, & celle de 30 l. par tête de prisonniers ; & lorsqu'il y aura eu Combat, ladite gratification sera accordée pour le nombre d'hommes effectifs qui se seront trouvés sur les prises au commencement de l'action.

IV. Lesdites gratifications seront payées par le Garde de notre Trésor Royal en exercice, suivant les Ordonnances que nous ferons expédier à cet effet sur l'extrait du Procès-verbal d'inventaire de la prise, pour constater le nombre & le calibre des canons, & sur le certificat de nos officiers dans les ports auxquels les prisonniers auront été remis, ainsi que sur les autres piéces qui seront jugées nécessaires pour constater le nombre d'hommes effectifs qui se trouvoient dans la prise au commencement du com-

combat.

V. Lesdites gratifications appartiendront en entier aux capitaines, officiers & équipages des navires preneurs, pour être partagées entr'eux suivant le Réglement qui sera arrêté à cet effet dans notre Conseil. Voulons que le payement en soit fait au capitaine, ou autre ayant charge de lui, & que pour preuve honorable de sa conduite, il lui soit délivré par le Garde du Trésor Royal, une ampliation de sa quittance, au bas de copie de notre Ordonnance; nous réservant au surplus de donner auxdits capitaines & Officiers, d'autres récompenses particuliéres, suivant la force des vaisseaux de guerre & corsaires ennemis dont ils se seront emparés & selon les autres circonstances des combats qu'ils auront soutenus.

VI. Déclarons que toutes les frégates ou vaisseaux de vingt-quatre piéces de canon & audessus, qui seront armés pour la premiére fois du jour de la publication des présentes, & qui se trouveront en bon état de service lors de la cessation de la course, soit par un traité de paix, soit par une suspension d'armes avec nos ennemis, demeureront pour notre compte, & que le prix en sera payé des deniers de notre Trésor Royal, aux propriétaires, sur le pied de l'estimation qui en sera faite en la maniére accoutumée. Et à l'effet de distinguer les bâtimens neufs qui seront armés après la publication des présentes, les armateurs seront tenus d'en faire mention dans leurs déclarations aux Greffe de l'Amirauté, & d'y joindre un certificat en forme, du maître constructeur, & pareille mention sera faite dans les commissions en guerre qui leur seront délivrées. Voulons néanmoins & entendons que les propriétaires des vaisseaux & frégates qui seront dans le cas du présent article; ayent la liberté de les garder, si bon leur semble, pour leur compte; ce qu'ils seront tenus d'opter avant qu'il soit procédé à lad. estimation.

VII. A l'égard des prises qui seront faites par nos vaisseaux & galeres armés pour notre compte durant la présente guerre, nous voulons qu'il appartienne aux officiers & équipages de nosdits vaisseaux & galeres, un tiers dans le produit net des prises des navires marchands, au lieu d'un dixiéme qui leur a été ci-devant attribué; & qu'en outre il leur soit payé des deniers de notre Trésor Royal, pour raison de toutes les prises qu'ils feront, des gratifications semblables à celles que nous avons réglées par l'art. III des présentes, pour les corsaires particuliers; nous réservant de leur accorder aussi des récompenses particulieres, suivant leurs grades, la force des vaisseaux de guerre & corsaires ennemis dont ils se seront emparés, & les autres circonstances des combats qu'ils auront soutenus; & le partage tant du tiers desdites prises des navires marchands, que desdites gratifications, se fera entre nosdits officiers & équipages, conformément au Réglement qui à cet effet sera par nous arrêté.

VIII. Les corsaires particuliers qui sortiront de nos ports avec nos vaisseaux, ou qui les joindront à la mer, auront part, tant dans le produit des prises qui seront faites durant lesdites jonctions, que dans les gratifications ci-dessus ordonnées, par proportion & relativement au nombre de canons desdits vaisseaux & corsaires, sans avoir égard à la différence de calibre desdits canons, à la grandeur des bâtimens, ni à la force de leurs équipages.

IX. Les dispositions du titre des prises de l'Ordonnance de 1681, seront exécutées selon leur forme & teneur; & enjoignons expressément, tant aux officiers commandans nos vaisseaux, qu'aux corsaires particuliers, d'y tenir la main, & de s'y conformer: voulons que dans le cas de soupçon de pillage, divertissement d'effets, déprédation & autres malversations, il soit procédé par les Officiers de l'Amirauté, & à la requête de nos Procureurs, par voie de dépositions ou interrogatoires des équipages, récolemens & confrontations, contre ceux qui seront coupables desdits pillages, divertissement d'effets, déprédations ou autres malversations; pour être lesdites procédures, ensemble les conclusions de nos Procureurs, envoyées au Sécretaire Général de la Marine, & être par l'Amiral, avec les Commissaires du Conseil des Prises, procédé au Jugement de la validité des prises, & en même temps de la peine que mériteront les accusés, en exécution de l'article 20 dudit titre de l'Ordonnance de 1681. Lorsque l'Amiral & lesdits Commissaires estimeront que la restitution des choses pillées, & la peine du quadruple, ordonnées par ledit article, seront suffisantes, ils pourront prononcer l'une & l'autre sans qu'il soit besoin de nouvelles conclusions, ni d'un nouvel interrogatoire de l'accusé, & le condamner encore aux dommages, intérêts envers la partie, s'il y échoit; ensorte qu'après le Jugement ainsi rendu par l'Amiral, l'accusé ne puisse plus être poursuivi criminellement pour le même fait: & dans le cas ou l'Amiral & lesdits Commissaires estimeront qu'il y aura lieu de prononcer peine afflictive, ils renverront le procès aux Officiers de l'Amirauté, pour juger les coupables, & les condamner à la punition corporelle qu'ils mériteront suivant la qualité du délit & de la contravention aux Ordonnances, à la restitution des effets, à la peine du quadruple, & aux dommages intérêts de la partie, sans que l'Amiral puisse dans ces cas y statuer, mais seulement juger de la validité de la prise. Si donnons en mandement à nos amés & féaux Conseillers les gens tenant notre Cour de Parlement à Paris, que ces présentes ils ayent à faire lire, publier & registrer, & le contenu en icelles garder & observer selon leur forme & teneur, nonobstant tous Edits, Déclarations, Arrêts, Réglemens & autres choses à ce contraires, auxquels nous avons dérogé & dérogeons par les présentes: car tel est notre plaisir. En témoin de quoi nous avons fait mettre notre scel à celdites présentes. Donné à Versailles le cinquiéme jour de Mars mil sept cens quarante-huit, & de notre Régne le trente-troisiéme. *Signé*, LOUIS. *Et plus bas*, Par le Roi, PHELYPEAUX.

Registrée, oui & ce requérant le Procureur Général du Roi, pour être exécutée selon sa forme & teneur; & copies collationnées envoyées aux Bailliages & Sénéchaussées du ressort, pour y être lue publiée & registrée. Enjoint aux Substituts du Procureur Général du Roi d'y tenir la main, & d'en certifier la Cour dans le mois, aux charges, clauses & conditions portées par l'Arrêt de ce jour. A Paris en Parlement le 30 Mars 1748. Signé, YSABEAU.

DÉCLARATION

DÉCLARATION DU ROI,

Portant la suspension du dixiéme de l'Amiral de France, & autres encouragemens pour la course.

Donnée à Versailles le 15 Mai 1756.

Et enregistrée au Parlement de Paris le 20 du même mois.

LOUIS, par la grace de Dieu, Roi de France & de Navarre, à tous ceux qui ces présentes Lettres verront, Salut. Parmi les divers objets dont nous sommes obligés de nous occuper dans les conjonctures présentes, nous avons cru devoir donner une attention particuliere aux armemens de mer, qui se font pour la course sur les ennemis de l'Etat; & il nous a paru convenable de faire de nouveaux arrangemens, tant pour exciter nos Sujets à multiplier ces sortes d'armemens, dans le cas où nous jugerons nécessaire de les autoriser, que pour assurer dès-à-présent aux officiers & équipages de nos vaisseaux armés pour notre compte, des marques publiques de la satisfaction que nous sommes en droit d'attendre de leur zèle & de leur valeur dans toutes les occasions. C'est dans cette vue que nous nous proposons de faire examiner les Ordonnances, Arrêts & Réglemens rendus jusqu'à présent, concernant les procédures des Amirautés, pour l'instruction des prises faites à la mer, afin de simplifier par un nouveau Réglement ces procédures, d'en diminuer les frais, & de procurer à tous les intéressés aux armemens les moyens de profiter le plus promptement que faire se pourra, du fruit des dépenses qu'ils feront, & des risques auxquels ils s'exposeront: & c'est aussi dans la même vue qu'après nous être fait représenter notre Déclaration du 5 Mars 1748, par laquelle nous aurions ordonné la suspension du dixiéme de l'Amiral de France sur les prises, durant la guerre qui subsistoit alors, avec d'autres encouragemens pour la course, nous nous sommes déterminés à en renouveller les principales dispositions, à en ajouter de nouvelles, & à faire connoître plus particulierement la résolution où nous sommes de protéger la course, & de la favoriser par toutes sortes de moyens. A ces causes, & autres à ce nous mouvant, de l'avis de notre Conseil, & de notre certaine science, pleine puissance & autorité royale, nous avons dit, déclaré & ordonné; & par ces présentes signées de notre main, disons, déclarons & ordonnons, voulons & nous plaît ce qui suit:

ARTICLE PREMIER.

En conséquence de l'offre qui nous a été faite par notre très-cher & très-amé Cousin le Duc de Penthiévre, Amiral de France, & que nous avons agréée, acceptée & approuvée, de suspendre de nouveau le droit de dixiéme attribué à la Charge d'Amiral, sur les prises & conquêtes faites à la mer; voulons & ordonnons que jusqu'à ce qu'il en ait été par nous autrement ordonné, la perception dudit droit soit & demeure suspendue, & que les prises & conquêtes qui seront faites à la mer en soient totalement exemptes; dérogeons à cet effet, par ces présentes, à notre Edit du mois d'Août 1743, & à tous autres Edits, Déclarations, Ordonnances & Réglemens à ce contraires, nous réservant cependant de pourvoir au dédommagement que nous jugerons être dû à notredit Cousin, pour raison de ladite suspension.

II. Outre le produit des prises qui seront faites par les bâtimens armés en course par nos Sujets, & desquelles le partage se fera en entier, sans perception du dixiéme de l'Amiral; voulons qu'il soit payé des deniers du Trésor Royal les gratifications suivantes pour raison desdites prises; savoir, la somme de 100 liv. pour chaque canon des calibres de quatre livres & au-dessus jusqu'à douze livres, des navires qui seront pris chargés en marchandises; celle de 150 liv. pour chaque canon desdits calibres des navires particuliers armés en course, & celle de 200 liv. pour chaque canon des mêmes calibres des vaisseaux & frégates de guerre; celle de 150 liv. pour chaque canon de douze livres & au-dessus, des navires chargés en marchandises; de 225 liv. pour chaque canon desdits calibres de corsaires particuliers, & de 300 liv. pour chacun de ceux des vaisseaux & frégates de guerre; celle de 30 liv. pour chaque prisonnier des navires marchands qui seront pris; de 40 liv. pour chacun des prisonniers des corsaires particuliers, & de 50 liv. par tête de ceux des frégates de guerre; & lorsqu'il y aura combat, lesdites gratifications seront accordées pour le nombre d'hommes effectifs qui se seront trouvés sur les prises au commencement de l'action; voulons même qu'elles soient augmentées d'un quart en sus, tant pour les vaisseaux & frégates de guerre, que pour les corsaires particuliers qui auront été enlevés à l'abordage.

III. Lesdites gratifications seront payées par le Garde de notre Trésor Royal en exercice, suivant les ordres que nous ferons expédier à cet effet sur l'extrait du procès-verbal d'inventaire de la prise, pour constater le nombre & le calibre des canons, & sur les certificats de nos Officiers dans les ports auxquels les prisonniers auront été remis, ainsi que sur les autres piéces qui seront jugées nécessaires pour constater le nombre d'hommes effectifs qui se trouvoient dans la prise au commencement du combat.

IV. Lesdites gratifications appartiendront en entier aux capitaines, officiers & équipages des navires preneurs, pour être partagées entr'eux proportionnément aux quotités respectives revenantes aux capitaines, officiers & équipages dans le produit des prises, suivant les conditions faites par l'acte d'engagement : voulons que le payement en soit fait au capitaine, ou autre ayant charge de lui ; & que pour preuve honorable de sa conduite, il lui soit délivré par le Garde de notre Trésor Royal une ampliation de sa quittance au bas de copie de notre Ordonnance ; nous réservant au surplus de donner en outre auxdits capitaines & officiers d'autres récompenses particulieres, même des emplois dans notre service de la Marine, suivant la force des vaisseaux de guerre & corsaires ennemis dont ils se seront emparés, & selon les autres circonstances des combats qu'ils auront soutenus.

V. Déclarons que nous prendrons pour notre compte les vaisseaux ou frégates de vingt-quatre canons & au-dessus qui auront été construits pour la course, soit sur le pied des factures s'ils n'y avoient pas été employés, soit sur le pied de l'estimation s'ils y ont été employés, lorsque ladite course cessera d'être autorisée. Déclarons pareillement que nous prendrons pour notre Marine les vaisseaux & frégates de vingt-quatre canons & au-dessus, qui seront pris par les corsaires particuliers, & qui se trouveront en état de servir, suivant l'estimation qui en sera également faite ; & le prix de tous lesdits vaisseaux & frégates sera payé des deniers de notre Trésor Royal, aussi-tôt après que la livraison en aura été faite aux officiers qui seront par nous commis pour les recevoir. Le tout néanmoins, si mieux n'aiment les propriétaires les garder pour leur compte, ou en faire faire la vente comme des autres effets des prises.

VI. Déclarons aussi que notre intention est de donner des marques particulieres & honorables de notre satisfaction aux armateurs qui se distingueront par des armemens & entreprises considérables. Voulons même que pour indemniser les intéressés auxdits armemens, des dommages que les vaisseaux corsaires auront pu souffrir dans les combats où ils se seront rendus maîtres de quelques vaisseaux ou frégates de guerre, il leur soit payé des deniers de notre Trésor Royal, sur la représentation des piéces mentionnées en l'article 3 des présentes, les sommes ci-après ; savoir, 100 liv. par chaque canon du calibre de quatre livres & au-dessus jusqu'à douze livres, & 200 liv. par chaque canon du calibre de douze livres & au-dessus, des vaisseaux qui auront été pris dans lesd. combats, & en outre 20 l. par chaque homme effectif qui se sera trouvé au commencement du combat sur lesdits vaisseaux pris.

VII. A l'égard des prises qui seront faites par nos vaisseaux armés pour notre compte, nous voulons qu'il appartienne aux officiers & équipages desdits vaisseaux le tiers dans le produit net des prises des vaisseaux marchands, sauf à leur donner une plus grande part suivant les circonstances ; & qu'en outre il leur soit payé des deniers de notre Trésor Royal, pour raison de toutes les prises qu'ils feront, des gratifications semblables à celles que nous avons réglées par l'article 3 des présentes, en faveur des corsaires particuliers, à l'exception néanmoins des prises des vaisseaux & frégates de guerre, pour raison desquels nous voulons qu'il soit payé auxdits officiers & équipages la somme de 300 liv. pour chaque canon de quatre livres & au-dessus jusqu'à douze livres, & celle de 450 liv. pour chaque canon des calibres de douze livres & au-dessus, & que lesdites sommes soient augmentées d'un quart en sus lorsque lesdits vaisseaux & frégates auront été enlevés à l'abordage ; nous réservant de leur accorder aussi des récompenses particulieres suivant leurs grades, la force des vaisseaux de guerre & corsaires ennemis dont ils se seront emparés, & les autres circonstances des combats qu'ils auront livrés ou soutenus ; & le partage, tant du tiers desdites prises de navires marchands que desdites gratifications, se fera entre nosdits officiers & équipages conformément au réglement qui en sera par nous arrêté en notre Conseil.

VIII. Les corsaires particuliers qui sortiront de nos ports avec nos vaisseaux, ou qui les joindront à la mer, auront part tant dans le produit des prises qui seront faites durant lesdites jonctions, que dans les gratifications ci-dessus ordonnées, par proportion & relativement au nombre de canons desdits vaisseaux & corsaires, sans avoir égard à la différence du calibre desdits canons, à la grandeur des bâtimens, ni à la force des équipages.

IX. Les navires qui seront armés en course jouiront de l'exemption de tous droits généralement quelconques, sur les vivres, artillerie, munitions & ustensiles de toutes espéces, servant à leur construction, avitaillement & à leur armement.

X. Il sera par nous statué sur les espéces & qualités des marchandises provenantes des prises qui pourront être vendues & consommées dans le Royaume.

XI. Suivant les témoignages qui nous seront rendus de la conduite des officiers & volontaires qui serviront sur les corsaires, nous les dispenserons d'une ou même de deux campagnes sur nos vaisseaux pour être reçus capitaines.

XII. Les officiers & matelots des équipages des corsaires qui, par des blessures qu'ils auront reçues dans les combats, se trouveront invalides, seront compris dans les états des demi-soldes que nous accordons aux gens de mer ; comme aussi nous accorderons des pensions aux veuves de ceux qui auront été tués dans les combats

XIII. Les salaires & parts des matelots déserteurs des corsaires de vingt-quatre canons & au-dessus, appartiendront & seront acquis aux armateurs desdits corsaires.

XIV. Ne pourront les capitaines-corsaires admettre à rançons aucun navire ennemi, sous quelque prétexte que ce puisse être, qu'après qu'ils auront renvoyé dans les ports trois prises effectives depuis leur derniere sortie.

XV. Les dispositions du titre des prises de l'Ordonnance de 1681 seront exécutées selon leur forme & teneur ; enjoignons expressément, tant aux Officiers commandant nos vaisseaux qu'aux corsaires particuliers, d'y tenir la main & de s'y conformer. Voulons que dans les cas de soupçon de pillage, divertissement d'effets, déprédation & autres malversations, il soit procédé par les Officiers de l'Amirauté, & à la requête de nos Procureurs, par voie de dépositions & interrogatoires des équipages, recollemens & confrontations contre ceux qui seroient prévenus desdits pillages, divertissement d'effets, déprédations on autres malversations, pour être lesdites procédures, ensemble les conclusions de nos Procureurs, envoyées au Sécretaire général de la marine, & être par l'Amiral, avec les Commissaires du Conseil des prises, procédé au jugement de la validité des prises, & en même temps de la peine que mériteront les accusés, en exécution de l'article 20 dudit titre de l'Ordonnance de 1681. Lorsque l'Amiral & lesdits Commissaires estimeront que la restitution des choses pillées, & la peine du quadruple, ordonnées par ledit article, seront suffisantes, ils pourront prononcer l'un & l'autre, sans qu'il soit besoin de nouvelles conclusions, ni d'un nouvel interrogatoire de l'accusé, & le condamner en outre aux dommages-intérêts envers la partie, s'il y échet; & après le jugement ainsi rendu par l'Amiral, l'accusé ne pourra plus être poursuivi criminellement pour le même fait; & dans les cas où l'Amiral & lesdits Commissaires estimeront qu'il y aura lieu de prononcer de plus grandes peines, ils renverront le procès aux Officiers de l'Amirauté pour juger les coupables, & les condamner à la peine qu'ils mériteront, suivant la qualité du délit & de la contravention aux Ordonnances, à la restitution des effets, à la peine du quadruple & aux dommages-intérêts de la partie, sans que l'Amiral puisse dans ces cas y statuer, mais seulement juger de la validité de la prise. Si donnons en mandement à nos amés & féaux Conseillers les gens tenant notre Cour de Parlement à Paris, que ces Présentes ils ayent à faire lire, publier & registrer; & le contenu en icelles, garder & observer selon leur forme & teneur, nonobstant tous Edits, Déclarations, Arrêts, Réglemens, & autres choses à ce contraires, auxquels nous avons dérogé par les présentes : car tel est notre plaisir. En témoin de quoi nous avons fait mettre notre scel à cesdites Présentes. Donné à Versailles le quinzième jour de Mai, l'an de grace mil sept cent cinquante-six, & de notre Régne le quarante-unième. *Signé*, LOUIS.

Et plus bas, Par le Roi, MACHAULT.

LETTRE DE M. L'AMIRAL,

Au sujet des liquidations des prises, & de celles qui ne seront que de relâche.

Du 3 Avril 1745.

MESSIEURS les Officiers de l'Amirauté de la Rochelle, les armateurs m'ont porté leurs plaintes sur l'obligation qu'on leur impose de faire décharger leur prises, & de souffrir qu'on en fasse l'instruction, & la vente dans les ports où ils n'entrent que par relâche, quoiqu'ils ayent fait leur armement dans un autre port, & qu'ainsi non-seulement ils soient en droit d'y conduire leurs prises; mais même qu'ils y soient obligés par les Ordonnances : j'ai été aussi informé, que pour autoriser cette contrainte, on se sert du prétexte de la sûreté de mon droit de dixième. Comme mon intention est de concourir en tout ce qui peut dépendre de moi au bien de la course sur les ennemis de l'Etat, & à l'avantage des armateurs; je vous fais la présente lettre pour vous dire, que je souhaite que doresnavant vous ne puissiez retenir, sous quelque prétexte que ce puisse être, les prises qui ne seront entrées dans vos ports que par relâche suivant les déclarations qui en seront faites par les capitaines, ou conducteurs desdites prises; & qu'au contraire lesdits capitaines, ou conducteurs ayent pleine & entiere liberté de les conduire dans tel autre port de France que bon leur semblera, relativement aux instructions de leurs armateurs, observant seulement de donner avis au Secrétaire général de la marine de la déclaration qui vous aura été faite, & afin qu'il ne soit rien enlevé desdites prises de relâche tant qu'elles seront dans vos ports, vous aurez soin d'y établir un gardien, de la probité duquel vous serez assuré, & qui sera payé par les armateurs à qui vous ferez entendre le contenu de cette lettre, pour qu'ils avertissent leurs capitaines, ou conducteurs des prises de la nécessité, lorsqu'ils entreront dans un port purement par relâche, d'en faire mention expresse dans leur déclaration, afin qu'il n'y ait à cet égard par la suite aucun équivoque, ni sujet de difficulté par rapport à l'exécution de mes intentions.

Il est encore question de pourvoir à un autre objet qui devient quant à présent fort intéressant, & qui procéde du nouvel Edit de 1743, comme il résulte de cet Edit, que mon dixième ne doit être pris que sur les profits de la course pendant la durée de chaque armement, & non sur chaque prise, il convient par conséquent d'établir une nouvelle forme de procéder aux liquidations, & pour cet effet mon intention est, que les différentes prises conduites, & vendues dans votre port, & qui auront été faites par des corsaires qui auront été armés dans un autre ressort, soient purement, & simplement liquidées par vous en ce qui regarde les frais de justice, & autres relatifs à ces prises, en renvoyant pour la liquidation de mon dixième, à la liquidation générale que j'entends qui soit faite par les officiers de l'Amirauté où le corsaire aura été armé, comme seuls en état de pouvoir y statuer en connoissance de cause, & que le produit de mon dixième soit remis à mon Receveur du lieu où aura été fait l'armement; bien entendu, que lorsque vous procéderés à ces liquidations pures & simples des prises dans le cas ci-dessus expliqué, vous obligerez les armateurs, ou leurs commissionnaires à fournir caution pour assurer le payement de mon dixième dans le lieu où se fera la liquidation générale : cette liquidation ne m'intéresse pas seul, elle regarde encore ce qui revient à l'équipage, ensorte que pour abréger toutes les opérations, & accélerer les partages des prises, il convient de se conformer de point en point à ce que je vous marque ici ; je vous recommande particuliérement de donner vos soins à faire promptement les liquidations, recevant journellement des plaintes de ce que rien n'avance, ce qui prive les équipages de ce qui leur doit revenir, & ralentit l'émulation où paroissoient être les gens de mer de s'embarquer pour faire la course. Je suis, Messieurs les Officiers de l'Amirauté de la Rochelle, Votre bien affectionné.

L. J. M. DE BOURBON.

ARREST DU CONSEIL D'ÉTAT DU ROI,

Concernant la liquidation de la retenue des six deniers pour livre, qui se fait au profit des invalides de la Marine, sur les prises faites en mer.

Du 30 Août 1745.

Extrait des Registres du Conseil d'État.

LE ROI étant informé que dans les liquidations des prises faites à la mer depuis la présente guerre, il s'est introduit des usages différens par rapport à la retenue qui se fait au profit des invalides de la marine, des six deniers pour livre sur les prises, ladite retenue n'étant faite dans certains siéges d'Amirauté, qu'après le dixième de l'Amiral, & se faisant dans d'autres après les frais de garde & de justice, sur les dépenses de l'armement, & sur le produit net après le dixième de l'Amiral : Et Sa Majesté s'étant fait représenter l'Edit du mois de Juillet 1720, concernant les invalides de la marine, par l'article III duquel il est dit que ladite retenue sera continuée sur le montant total des prises, déduction préalablement faite des frais & dépenses nécessaires pour parvenir à la vente, & pour la conservation des marchandises trouvées sur les prises, & du dixième de l'Amiral : ensemble l'Edit du mois d'Août 1743, dont l'article II porte que le dixième de l'Amiral ne pourra être pris à l'avenir, que sur le bénéfice net revenant aux armateurs. Sa Majesté auroit reconnu qu'il étoit nécessaire d'établir une règle générale & uniforme, à laquelle tous les siéges d'Amirauté seroient tenus de se conformer, tant pour la retenue des six deniers pour livre attribués auxdits invalides, que pour la perception du dixième de l'Amiral sur les prises faites, soit par les corsaires, soit par les vaisseaux de Sa Majesté armez pour son compte ; à quoi voulant pourvoir, & donner en même temps aux armateurs en course une nouvelle marque de sa protection, en réglant que la retenue du droit attribué aux invalides de la marine, ne se fera qu'après la déduction de toutes les dépenses des armemens, mais avant le dixième de l'Amiral, lequel ne doit effectivement se percevoir que sur le bénéfice net revenant aux armateurs, conformément audit article II de l'Edit du mois d'Août 1743. Oui le rapport, le Roi étant en son Conseil, a ordonné & ordonne ce qui suit.

ARTICLE PREMIER.

Les Officiers de l'Amirauté, en procédant aux liquidations des prises faites par les corres particuliers, déduiront & préleveront avant le partage d'icelles, non-seulement les frais de déchargement & de la garde des vaisseaux & marchandises, mais encore les frais de justice, & généralement toutes les dépenses de l'armement, conformément à l'article III de l'Edit du mois d'Août 1743.

II. Après la distraction des sommes ci-dessus, dans laquelle seront comprises les sommes que les armateurs auront payées lors de l'armement & du désarmement de leurs navires pour le montant des six deniers pour livre sur les gages des équipages, comme faisant partie des dépenses des armemens, la retenue des six deniers pour livre attribuez aux invalides, se fera sur le restant du produit desdites prises, avant le dixième de l'Amiral, de maniére que ledit dixième ne se prenne que sur le bénéfice net revenant aux armateurs, en conformité de l'article II de l'Edit du mois d'Août 1743.

III. Dans les liquidations des prises faites par les vaisseaux & galéres de Sa Majesté, armez pour son compte, il sera préalablement fait déduction, en exécution de l'article V du même Edit, des frais de déchargement, de garde & de justice, y compris ceux de la vente : on prélevera ensuite les sommes revenant aux officiers & équipages des vaisseaux preneurs ; & après lesdites distractions, la retenue des six deniers pour livre des invalides se fera avant le dixième de l'Amiral, lequel lui sera délivré sur le restant du produit desdites prises appartenant à Sa Majesté.

IV. Veut Sa Majesté que les officiers d'Amirauté se conforment aux dispositions ci-dessus, dans toutes les liquidations qui ne se trouveront point faites au jour de l'enregistrement du présent Arrêt au greffe desdits sièges, confirmant, en tant que de besoin, par rapport à la retenue du droit des invalides, les liquidations qui auront été faites jusqu'alors. Fait au Conseil d'Etat du Roi, Sa Majesté y étant, tenu au camp de Melis le trentième Août mil sept cens quarante-cinq.

Signé PHELYPEAUX.

ORDONNANCE DU ROI,

Portant qu'il appartiendra aux Capitaines, Officiers & Equipages des vaisseaux de Sa Majesté un dixième dans les prises des vaisseaux marchands ennemis qu'ils feront pendant la présente guerre.

Du 3 Septembre 1692.

DE PAR LE ROI.

SA MAJESTE' voulant exciter les officiers commandans ses vaisseaux à garder leurs croisieres avec plus d'application, & chercher les occasions de faire des prises sur les ennemis de l'Etat, & interompre leur commerce; elle a estimé qu'il n'y avoit point de moyen plus sûr que de leur accorder une part dans les prises qu'ils feront, étant persuadée qu'ils réussiront dans leur course avec plus de succès, lorsqu'ils y seront engagés par les vues de leur devoir & de leur intérêt particulier, & qu'ils retiendront aussi les équipages, & les empêcheront avec plus de facilité de divertir les marchandises des prises; pour cet effet, elle a ordonné & ordonne, veut & entend, que pendant le cours de la présente guerre, il appartiendra un dixième aux capitaines, officiers & équipages des vaisseaux de Sa Majesté dans les prises des bâtimens marchands qu'ils feront pour son compte; lequel sera pris sur ce qui en sera provenu, les frais de justice, dépenses pour parvenir à la vente des marchandises, ou pour les conserver, & le dixième appartenant à l'Amiral déduits, suivant le compte qui en sera arrêté par l'Intendant de la marine du port où elles auront été amenées, ou s'il n'y en a pas, par le Commissaire général ou le Commissaire qui s'y trouvera ordonnateur, & distribué, savoir, un quart au capitaine commandant le vaisseau, un autre quart au capitaine en second, lieutenant, enseigne, & autres officiers composans l'Etat-Major, & le reste aux gardes de la marine, matelots & soldats. Veut Sa Majesté que les portions appartenantes à l'Etat Major & à l'équipage soient réparties, savoir pour le quart de l'Etat-Major, au capitaine en second quatre parts, au lieutenant trois, à l'enseigne deux, & à l'aumônier, chirurgien & écrivain, chacun une, & pour la moitié de l'équipage, au maître trois parts, à chacun des officiers mariniers, dans lesquels sont compris les capitaines d'armes des compagnies franches, deux, & à chaque matelot, garde de la marine, & soldat, une; le tout suivant le rolle qui en sera arrêté par l'Intendant ou par le commissaire qu'il aura chargé de ce détail. Et à l'égard des vaisseaux de guerre qui seront pris, Sa Majesté se reserve de donner aux capitaines & équipages, des recompenses proportionnées à la force des vaisseaux & à la défense qu'ils auront fait. Mande Sa Majesté aux Intendans de la marine ou autres Ordonnateurs dans chacun des ports, de tenir la main à l'exécution de la présente Ordonnance, qu'elle veut être publiée & affichée par-tout où besoin sera. Fait à Versailles le 3 Septembre mil six cent quatre-vingt-douze.

Signé LOUIS, *Et plus bas*, PHELYPEAUX.

ORDONNANCE DU ROI,

Concernant les prises faites par les vaisseaux, frégates & autres bâtimens de S. M.

Du 15 Juin 1757.

DE PAR LE ROI.

SA MAJESTE' ayant par sa Déclaration du 15 Mai de l'année derniére, accordé aux Officiers & équipages de ses vaisseaux le tiers du produit net des prises qu'ils feroient des navires ennemis, & diverses gratifications relativement au nombre & au calibre des canons étant sur les vaisseaux de guerre & autres bâtimens ennemis dont ils s'empareroient : Et voulant expliquer plus particuliérement ses intentions, tant sur lesdites récompenses & gratifications, que sur le partage à en faire aux vaisseaux preneurs & la répartition de ce qui doit revenir à chacun des officiers & gens d'équipage ; Elle a ordonné & ordonne ce qui suit :

ARTICLE PREMIER.

Tous les vaisseaux & frégates de guerre ennemis qui seront pris par les vaisseaux, frégates & autres bâtimens de Sa Majesté, seront retenus pour son service, ensemble leur artillerie, agrêts & apparaux, & les munitions de guerre & vivres qui s'y trouveront ; mais il sera payé des deniers du Trésor Royal, aux officiers & équipages des vaisseaux preneurs, la somme de 300 livres de gratification pour chaque canon des calibres de 4 livres & au-dessus jusques à 12 livres ; celle de 450 liv. pour chaque canon de 12 livres & au-dessus ; & enfin celle de 50 livres pour chaque prisonnier étant à bord desdites prises : & lorsqu'il y aura eu combat, ladite gratification de 50 livres par tête sera allouée sur le pied du nombre d'hommes effectifs qui se seront trouvés à bord de la prise au commencement de l'action ; voulant Sa Majesté que lesdites gratifications, tant pour le nombre des canons & leur calibre que pour les prisonniers, soient augmentées d'un quart en sus lorsque les vaisseaux & frégates de guerre auront été enlevées à l'abordage.

II. S'il se trouve des matiéres & des espéces d'or & d'argent, des pierreries, des marchandises & autres effets sur les vaisseaux & frégates de guerre ennemis, leur valeur en sera répartie, ainsi qu'il sera porté ci-après à l'égard du produit des prises des corsaires & navires de commerce.

III. Tous les corsaires & navires ennemis qui seront pris par les vaisseaux, frégates & autres bâtimens de Sa Majesté, ensemble les effets & marchandises de leur cargaison, comme aussi les effets & marchandises trouvés à bord des vaisseaux & frégates de guerre ennemis appartiendront, les deux tiers à Sa Majesté, & l'autre tiers aux officiers & équipages des vaisseaux preneurs.

IV. Outre le tiers dans le produit net des corsaires, il sera payé des deniers du Trésor Royal, aux officiers & équipages des vaisseaux preneurs, la somme de 150 livres de gratification pour chaque canon de 4 livres & au-dessus jusques à 12 livres, celle de 225 livres pour chaque canon de 12 livres & au-dessus, & enfin celle de 40 livres pour chaque prisonnier étant à bord desdits corsaires ; & lorsqu'il y aura eu un combat, ladite gratification de 40 livres par tête sera allouée sur le pied du nombre d'hommes effectifs qui se seront trouvés à bord de la prise & au commencement de l'action, & le quart en sus desdites sommes quand les corsaires auront été enlevés à l'abordage.

V. Et également il sera payé aux officiers & équipages des vaisseaux preneurs, outre le tiers du produit net des prises des navires marchands, la somme de 100 livres de gratification pour chaque canon des calibres de 4 livres & au-dessus jusques à 12 livres, celle de 150 livres pour chaque canon de 12 livres & au-dessus, & enfin celle de 30 livres pour chaque prisonnier étant à bord desdits navires.

VI. Les bâtimens corsaires & navires marchands pris par les vaisseaux, frégates & autres bâtimens de Sa Majesté, ensemble les munitions & marchandises se trouvant à leur bord, comme aussi les marchandises & effets provenant des prises des vaisseaux & frégates de guerre, seront vendus en la maniére accoûtumée, & leur produit, sur lequel les frais de garde, magasinage, de justice & autres, auront été prélevés, sera partagé, deux tiers pour être porté en recette extraordinaire dans la caisse du Trésorier Général de la Marine ; & l'autre tiers pour être réparti aux officiers & équipages des vaisseaux preneurs.

VII. Cependant s'il étoit jugé convenable de retenir pour le service de Sa Majesté quelque bâtiment corsaire ou navire marchand, de ceux qui auront été pris par les vaisseaux, frégates & autres bâtimens de Sa Majesté, il sera fait estimation de leur valeur par les officiers du port où lesdits bâtimens & navires seront entrés, pour être tenu compte du tiers de ladite valeur aux officiers & équipages des vaisseaux preneurs.

VIII. Il sera fait estimation de la même maniére de la valeur des munitions & marchandises provenant des prises faites par les vaisseaux de Sa Majesté, qui seront jugés propres au service des Arsenaux de la Marine, pour être pareillement tenu compte du tiers de leur valeur aux officiers & équipages des vaisseaux preneurs.

IX. La répartition à faire du produit des prises revenant à un vaisseau, sera faite ainsi qu'il suit :

SAVOIR.

Un quart au Commandant du vaisseau.

Un autre quart aux Officiers de l'Etat-Major, qui sera partagé entr'eux suivant le nombre de parts à allouer à chacun selon son grade, & sur le pied ci-après :

Au capitaine de vaisseau en second, & à chacun des Capitaines de vaisseau, s'il y en avoit plusieurs embarqués, quatre parts.

A chacun des Lieutenans de vaisseau, trois parts.

A chacun des Enseignes de vaisseau, deux parts.

A l'Ecrivain, deux parts.

A l'Aumônier & au Chirurgien-Major à chacun une part.

A un Commissaire de la Marine, quatre parts.

A un Ecrivain principal, trois parts.

A un Aide de port, une part.

A un Brigadier ou Sous-brigadier des gardes de la Marine, une part.

Et s'il y avoit des Officiers de grades interrompus, qui fussent embarqués, les capitaines de frégate auront trois parts, comme les lieutenans de vaisseau ; les capitaines de brûlot & lieutenans de frégate, deux parts, comme les enseignes de vaisseau, & enfin les officiers-bleus volontaires, chacun une part, comme les aides de port.

Et une moitié à l'équipage, laquelle sera distribuée suivant le nombre de parts revenant à chacun selon son état, & sur le pied ci-après

Au premier maître, aux capitaines d'armes des compagnies franches de la marine, au premier pilote & au maître canonnier, à chacun quatre parts.

Aux gardes de la marine, à tous les officiers-mariniers autres que ceux dénommés ci-dessus, aux sergens & caporaux des compagnies-franches de la marine, aux seconds & aides-chirurgiens, au maître & à l'aide-armurier, aux pilotins sur-numéraires, à chacun trois parts.

Aux autres officiers non mariniers, aux commis du munitionnaire & aux domestiques des officiers, à chacun deux parts.

Au boucher, au boulanger & à tous les matelots & soldats, à chacun une part.

Aux mousses, à chacun une demi-part.

X. Si plusieurs vaisseaux ont part à une même prise, & par vaisseaux preneurs sont entendus ceux qui se seront trouvés ensemble & à vue de la prise lorsqu'elle aura été faite, ou faisant partie d'une même escadre, le montant de ce qui reviendra à chaque vaisseau, frégate & autre bâtiment de Sa Majesté, sera constaté sur la proportion du nombre de leurs canons en batterie & de leur calibre, à commencer par celui de quatre livres & au dessus, & du nombre d'équipage étant à bord de chaque vaisseau; & cette proportion ainsi établie, la répartition de ce qui reviendra à chaque vaisseau, sera faite sur le pied qui est prescrit dans l'article précédent.

XI. Ce partage, pour constater ce qui reviendra à chacun des vaisseaux, frégates & autres bâtimens de Sa Majesté ayant part à une même prise, aura lieu sur la totalité du tiers du produit net des prises, quant aux escadres ou vaisseaux se trouvant ensemble commandés par des chefs d'escadre, capitaines de vaisseau ou autres officiers de la marine du Roi.

XII. Mais si l'armée navale ou escadre est commandée par un vice-Amiral ou un Lieutenant-général des armées navales de Sa Majesté, ledit Commandant prendra le dixième du produit net des prises avant aucun partage pour les autres vaisseaux; & si, dans une armée commandée par un vice-Amiral, il s'y trouve un ou plusieurs Lieutenans-généraux sous ses ordres, le vice-Amiral aura les deux tiers du dixième du produit net des prises, & le Lieutenant-général ou Lieutenans-généraux l'autre tiers dudit dixième; les neuf dixièmes restans devant former le partage de tous les vaisseaux de l'escadre, les capitaines de pavillon de vaisseaux commandés par des vice-Amiraux ou Lieutenans-généraux, ayant le quart de ce qui reviendra au vaisseau, comme les capitaines en pied.

XIII. Sur tous les payemens qui seront faits aux officiers & équipages sur le produit net des prises, seront déduits six deniers pour livre attribués à l'entretien des invalides de la marine; mais il ne leur sera fait aucune retenue sur les gratifications payées du trésor royal, dont le partage, répartition & distribution sera faite dans la même proportion & aux mêmes parts portées ci-dessus à l'égard du produit des prises. Mande & ordonne Sa Majesté à M. le Duc de Penthievre Amiral de France, aux vice-Amiraux & Lieutenans-généraux commandans dans les ports, Intendans, Chefs-d'escadre, Commissaires-généraux, capitaines de vaisseau, lieutenans, enseignes & autres officiers, de tenir la main, chacun en droit soi, à l'exécution de la présente Ordonnance. Fait à Versailles le quinzième Juin mil sept cent cinquante-sept. *Signé* LOUIS. *Et plus bas*,

Peirenc de Moras.

EDIT DU ROI,

Portant suppression à pertuité du droit de dixième sur les prises & conquêtes faites en mer, attribué à la charge d'Amiral de France.

Donné à Versailles au mois de Septembre 1758.

LOUIS, par la grace de Dieu, Roi de France & de Navarre: A tous présens & à venir, Salut. La protection que nous avons dans tous les temps accordée aux armemens maritimes que nous permettons en temps de guerre à nos Sujets de faire contre les ennemis de l'Etat, nous a porté à faire en faveur des armateurs divers changemens aux dispositions des anciennes Ordonnances sur les prises & conquêtes faites en mer, & nous avons, ainsi que nos sujets, éprouvé pendant la présente guerre & la précédente, l'utilité de ces changemens & des autres encouragemens, que nous avons accordé à la course au préjudice de notre très-cher & très-amé Cousin le Duc de Penthiévre, Amiral de France, qui s'y est offert avec tout le zèle que son attachement aux intérêts de notre Etat pouvoit lui inspirer. Nous avons en conséquence par notre Edit du mois d'Août 1743, réduit le droit de dixième desdites prises & conquêtes, appartenant à ladite charge d'Amiral de France, au bénéfice net revenant aux armateurs, déduction faite de toutes les dépenses des armemens, & par nos déclarations des 5 Mars 1748 & 15 Mai 1756, Nous en avons suspendu la perception, en nous reservant de pourvoir au dédommagement que nous jugerions être dû à notredit Cousin. Voulant nous assurer & à nos Sujets pour toujours les avantages de cette suspension, nous avons résolu de supprimer à perpétuité ledit droit pour nous menager avec certitude, pour l'avenir ainsi que dans le présent, la ressource des armemens particuliers dans les occasions où nous jugerons à propos de l'employer; & comme notredit Cousin & ses Successeurs en ladite charge d'Amiral de France se trouveront par cette suppression privés du plus considérable des droits attachés à ladite Charge par Edit du mois de Novembre 1669, portant suppression de la charge de grand-Maître, chef & sur-Intendant de la navigation & commerce de France, & rétablissement de celle d'Amiral, le réglement fait le douze dudit mois de Novembre sur les pouvoirs, fonctions, autorité & droits qui y sont attribués, & les articles 31 & 32 du titre IX de l'Ordonnance de 1681, & autres Réglemens & Arrêts rendus en conséquence, nous avons trouvé d'autant plus juste d'en prendre sur nous le dédommagement, que nous avons reçu en cette occasion dans le désintéressement de notredit Cousin, de nouveaux témoignages tant de son affection à notre service que de sa soumission à notre volonté, & que d'ailleurs nous nous sommes obligés à cette indemnité par nosdites déclarations des 5 Mars 1748 & 15 Mai 1756. A ces causes & autres, à ce nous mouvans, nous étant fait rendre compte du produit dudit droit non-seulement pendant que notredit Cousin en a joui, mais aussi pendant la jouissance qu'en a eu notre très-cher & très-amé Oncle le Comte de Toulouse son Pere & son Prédécesseur en ladite Charge, de l'avis de notre Conseil & de notre certaine science, pleine puissance & autorité Royale, nous avons par le présent Edit perpétuel & irrévocable dit, statué, & ordonné, disons, statuons & ordonnons, voulons & nous plait ce qui suit.

ARTICLE PREMIER.

Avons éteint & supprimé, éteignons & supprimons à perpétuité le droit de dixième sur les prises & conquêtes faites en mer, attribué à la charge d'Amiral de France, & en conséquence avons déchargé & déchargeons aussi à perpétuité de la retenue & déduction dudit droit les prises & conquêtes qui seront faites en mer, tant par les vaisseaux & galères armés pour notre compte, que par les bâtimens armés en course par nos sujets, lorsqu'ils y auront été par nous autorisés, sans que ledit droit puisse jamais être rétabli pour quelque cause & sous quelque prétexte que ce soit, & sans qu'à raison de ladite suppression il puisse être rien changé aux formalités prescrites par l'Ordonnance de 1681 sur le fait des prises & conquêtes faites en mer.

II. Maintenons, gardons, & en tant que de besoin est ou seroit, confirmons notredit Cousin le Duc de Penthiévre & ses Successeurs en ladite charge d'Amiral de France dans les dignités, prééminences, prérogatives, fonctions, & dans tous les autres droits dont lui & ses Prédécesseurs ont joui ou dû jouir en vertu dudit Edit du mois de Novembre 1669 dudit réglement fait le 12 du même mois, de ladite Ordonnance sur le fait de la marine de l'année 1681 & des Réglemens & Arrêts intervenus depuis.

III. Et pour dédommager notredit Cousin & ses Successeurs en ladite charge d'Amiral de France du produit dudit droit, nous leur avons attribué, & attribuons à perpétuité à titre d'indemnité annuelle, la somme *de cent cinquante mille livres*, dont ils jouiront pour chaque année, tant en ladite qualité qu'en celle de Gouverneur de notre Province de Bretagne, à compter du premier Janvier de l'année prochaine 1759, & pour laquelle ils seront employés dans l'état des charges de nos fermes générales unies, nous reservant de pourvoir, ainsi qu'il appartiendra, à ce qui est ou pourra être dû à notre Cousin depuis notredite Déclaration du 15 Mai 1756, jusqu'au dit jour premier Janvier prochain, pour raison de la suspension de la jouissance & perception dudit droit. Si donnons en mandement à nos amés & feaux Conseillers les Gens tenans notre Cour de Parlement à Paris, que ces Présentes ils ayent à faire lire, publier & registrer, (même en vacations) & le contenu en icelles garder, observer & exécuter selon leur forme & teneur, nonobstant tous Edits, Déclarations, Arrêts, Réglemens, & autres choses à ce contraires, auxquels nous avons dérogé par ces Présentes: car tel est notre plaisir. En témoin de quoi nous avons fait mettre notre scel à cesdites Présentes. Donné à Versailles au mois de Septembre l'an de grace 1758 & de notre regne le quarante-quatriéme. *Signé* LOUIS. *Et plus bas* par le Roi, PHELYPEAUX. *Visa* LOUIS. Vu au Conseil, BOULOGNE. Et scellé du grand Sceau de cire verte, en lacs de soye rouge & verte.

Registré, ce requérant le Procureur-Général du Roi, pour être exécuté selon sa forme & teneur, & copies collationnées envoyées aux Bailliages, Sénéchaussées & Amirautés du Ressort, pour y être lû, publié, & registré: Enjoint aux Substituts du Procureur-Général du Roi d'y tenir la main, & d'en certifier la Cour dans le mois, à la charge que ledit enrégistrement sera réiteré au lendemain de St. Martin, suivant l'Arrêt de ce jour. A Paris en Parlement, en vacations, le 26 Octobre 1758.

Signé YSABEU.

ORDONNANCE

ORDONNANCE DU ROI,

Concernant les prises faites par les vaisseaux & autres bâtimens de Sa Majesté.

Du 3 Janvier 1760.

DE PAR LE ROI.

SA MAJESTE' étant informée que les Officiers commandans ses vaisseaux & autres bâtimens, ne rapportent pas dans les déclarations qu'ils sont obligés de faire aux Greffes des Amirautés, toutes les circonstances dont on a besoin, pour connoître si les prises qu'ils ont faites l'ont été par un ou par plusieurs vaisseaux, ou en présence de quelque autre que de ceux de l'escadre ou de la division dont ils faisoient partie; & voulant qu'une pareille circonstance ne soit jamais oubliée, parce que si elle l'étoit, il en résulteroit que les officiers & équipages des vaisseaux, en présence desquels les prises ont été faites, seroient privés des parts qui leur sont accordées par l'Ordonnance du 15 Juin 1757; Sa Majesté, a ordonné & ordonne à tous officiers commandans ses vaisseaux & autres bâtimens, de même qu'à ceux qui seront détachés pour amariner des prises, d'en faire dans les vingt-quatre heures aux Greffes des Amirautés des ports où ils conduiront lesdites prises, une déclaration en forme & circonstanciée, sous peine contre ceux desdits officiers qui ne déclareront pas les vaisseaux ou autres bâtimens, en présence desquels les prises auront été faites, d'être privés de la part qui leur reviendra desdites prises. Mande & ordonne Sa Majesté à M. le Duc de Penthiévre, Amiral de France, aux Vice-Amiraux, Lieutenans-généraux, Intendans, Chefs-d'escadres, Commissaires-généraux, capitaines de vaisseaux, lieutenans, enseignes & autres officiers, de tenir la main, chacun en droit soi, à l'exécution de la présente Ordonnance. Fait à Versailles le 3 Janvier 1760. *Signé* LOUIS. *Et plus bas*, BERRYER.

ARTICLE XXXIII.

S'Il n'y a aucun contrat de société, les deux tiers appartiendront à ceux qui auront fourni le vaisseau, avec les munitions & victuailles, & l'autre aux officiers, matelots & soldats.

ANciennement les armateurs & avitailleurs des corsaires, n'avoient pour leurs parts dans les prises qu'un huitiéme, comme il résulte de l'article 25 de l'Ordonnance de 1543, & du trente-neuviéme de celle de 1584. Cette injustice fut corrigée par ces mêmes Ordonnances, qui réglerent qu'à l'avenir les propriétaires auroient un quart, & les avitailleurs un quart & demi, (car dans ce temps-là ce n'étoient pas ordinairement lespropriétaires des navires qui fournissoient les vivres & les munitions,) l'autre quart & demi réservé *aux mariniers & autres compagnons de guerre*, pour en faire le partage *entre eux à la manière accoutumée*. La même régle se trouve établie dans l'article premier, chap. 11 du Guidon, aussi-bien que dans l'article 31 de la Jurisdiction de la Marine.

Notre article ne fait aucune distinction entre les propriétaires du corsaire & les avitailleurs, parceque la méthode d'armer les navires de cette maniére n'étoit plus en usage. En supposant donc que les intéressés à la propriété du navire sont les mêmes que ceux qui fournissent les vivres & les munitions, il leur attribue les deux tiers du profit de la prise, & l'autre tiers aux officiers, matelots & soldats; le tout sauf les conventions contraires établies dans un acte de société: ce qui revient à peu près à la même proportion admise par lesdites Ordonnances de 1543 & 1584.

Cette distribution au reste, par deux tiers au profit de ceux qui ont fourni le navire avec les munitions & vituailles, & par tiers en faveur de l'équipage, avoit déjà été suivie par le Réglement du 5 Octobre 1674, concernant les vaisseaux de guerre que le Roi cédoit alors à des particuliers pour faire la course. Il est vrai que depuis, les conditions sous lesquelles le Roi cédoit ainsi ces vaisseaux, ont beaucoup varié à l'égard des armateurs de ces vaisseaux, & toujours à leur avantage; mais le tiers a toujours appartenu à l'équipage outre ses avances, aussi-bien dans les prises faites par les corsaires particuliers que par les armateurs des vaisseaux du Roi, relativement à cet article, confirmé par le dixiéme du Réglement du 25 Novembre 1693, & par divers autres Réglemens postérieurs : desorte que c'est la régle toujours subsistante. Elle a été aussi adoptée par Philippes V. Roi d'Espagne suivant l'article 35 de son Ordonnance en forme de Réglement du 21 Août 1703.

L'usage s'est néanmoins introduit dans la présente guerre de stipuler que les avances faites aux gens de l'équipage seroient imputées en entier sur leurs parts dans les prises. C'est l'excès des avances qu'ils ont exigées, qui a donné lieu à la stipulation de cette condition.

Que la prise ait été faite par un navire armé tout à la fois en guerre & marchandise, mais avec commission de M. l'Amiral, ou par un vaisseau uniquement armé pour la course; le droit de l'équipage doit toujours être le même, c'est-à-dire qu'il lui revient également le tiers du produit de la prise, puisque l'Ordonnance ne fait aucune distinction à ce sujet. Il est vrai que dans le premier cas il a été jugé par un Arrêt du Parlement de Bordeaux du 6 Février 1714, cité par la Peyrere, lettre P. n°. 128, *Fol.* 339, que l'équipage ne devoit avoir que le dixiéme de la prise; mais cette décision ne peut être regardée que comme singuliére & erronée. La matiére n'étoit pas même de la compétence du Parlement, suivant les preuves qui en ont été rapportées sur l'article 21 ci-dessus.

La singularité de la décision de cet Arrêt l'auroit fait oublier vraisemblablement, si les armateurs étoient moins attentifs en général à tout ce qui peut flatter leur cupidité. Dans la précédente guerre & dans celle-ci, plusieurs d'entre-eux ont donc rappellé cette décision hétéroclite, & il est arrivé de-là que quelques Amirautés l'ont adoptée pour le partage des prises faites hors la course, tandis que d'autres constamment attachées aux principes, ont toujours continué d'accorder aux gens de l'équipage le tiers de toutes les prises, de quelque maniére qu'elles fussent faites.

Les choses en étoient-là, & les parties intéressées, quoique jugées diversement ne se plaignoient pas, attendu la modicité du produit des prises en général, lorsqu'elles sont faites hors la course; mais l'année mil sept cent cinquante-huit, une prise de plus de huit cens mille livres faite par le navire *le Titon l'Affriquain* de Bordeaux excita également l'attention des armateurs & des gens de l'équipage. Les premiers prétendirent hautement que les autres ne devoient avoir qu'un dixième, & ceux-ci soutinrent qu'il leur revenoit absolument le tiers.

Il est à observer au sujet de cette prise, non-seulement que l'ennemi ne s'étoit rendu qu'après une longue & vigoureuse résistance, de maniére qu'une si riche capture n'étoit dûe qu'à l'intelligence à la bonne conduite & à la bravoure extraordinaire du capitaine du navire preneur & de son équipage; mais encore que sans cette ressource les armateurs auroient perdu quatre vingt mille livres sur leur armement. Aussi leur prétention étoit-elle assez généralement blâmée. Cependant comme la cupidité ne dit jamais, c'est assez, ils consideroient moins les deux cent mille écus que cet heureux événement leur apportoit que le profit qui revenoit à l'équipage.

Ils entreprirent donc d'enlever à l'équipage le tiers qu'il réclamoit, & de le réduire au simple dixième, en se prévalant de la décision de cet Arret du Parlement de Bordeaux. Sur cela le capitaine Raboteau tant pour lui que pour son équipage s'étant retiré par devers M. de Rostang, Commissaire Ordonnateur de la Marine à Bordeaux, pour le prier de prendre leur cause en main; ce Commissaire après en avoir reconnu la justice, écrivit en leur faveur à Mgr. de Massiac, alors Ministre de la Marine, lequel lui marqua en réponse que la prétention de l'équipage étoit si juste & si conforme aux régles, qu'il ne concevoit pas comment on osoit la disputer.

Après une décision aussi précise il sembloit que les armateurs devoient se soumettre sans aucune difficulté; cependant ils prirent le parti de faire dresser un Mémoire conforme à leurs intérêts & de l'addresser à Mgr. Berryer nouvellement nommé Ministre de la Marine; sur lequel Mémoire intervint l'Arrêt du Conseil du 10 Janvier 1759, dont il sera parlé dans la suite.

A la vue de cet Arrêt du Conseil, les armateurs des différents ports ayant prétendu en général que la question étoit décidée en leur faveur, c'est-à-dire, que dans toutes les prises faites hors la course, les gens de l'équipage ne devoient avoir qu'un dixième, trouverent mauvais qu'à la Rochelle & dans quelques autres Amirautés, l'on pensât différemment. D'un autre côté les gens de mer du département de la Rochelle, craignant, qu'en interprétation de ce même Arrêt, l'usage dans lequel on avoit toujours été à l'Amirauté de cette Ville de leur accorder indistinctement le tiers des prises ne changeât, eurent recours aux officiers de cette Amirauté pour les engager à faire valoir leurs droits auprès du Ministre de la Marine.

Ces officiers y consentirent d'autant plus volontiers, que dans leur idée ils ne faisoient qu'embrasser le parti de la justice; & comme ils trouverent M. Dabbadie, Commissaire de la Marine, dans les mêmes sentimens, ils dresserent conjointement en faveur des gens de mer, un Mémoire qu'ils addresserent à Mgr. Berryer au mois de Mars audit an.

Voici le précis de ce Mémoire.

Comme l'art. 33 du titre des prises de l'Ordonnance de la Marine de 1681, qui, à défaut de contrat de société, attribue aux gens de l'équipage le tiers de la prise, ne distingue point l'armement uniquement destiné pour la course, de celui qui est fait en guerre & marchandise tout ensemble, & qu'au fonds il n'y a aucune raison de différence pour régler le partage autrement dans ce cas que dans l'autre; il avoit toujours été entendu & observé que le partage dans l'un & dans l'autre cas devoit se faire aux termes de l'Ordonnance, de maniére qu'un tiers de la prise revînt aux gens de l'équipage, & que les deux autres tiers restassent aux armateurs.

On ne voit pas en effet qu'il se soit élevé de difficulté à cet égard avant l'année 1714, que le Parlement de Bordeaux jugea à propos d'admettre une distinction entre les armemens en course & les armemens en marchandise avec commission en guerre; suivant laquelle distinction ce Parlement par son Arrê du 6 Février audit an 1714, attribua aux armateurs en guerre & marchandise les neuf dixièmes des prises, & n'en accorda aux gens de l'équipage que l'autre dixième.

Cet Arrêt qui dans le temps fit du bruit, & que la paix avoit fait oublier, a été rappellé avec soin par les armateurs durant la précédente guerre & dans celle-ci. Il est arrivé de-là que quelques Amirautés ont adopté cette décision purement arbitraire, tandis que d'autres, attachées aux principes, s'en sont tenues à l'Ordonnance, aux dispositions de laquelle un Arrêt de Parlement pouvoit d'autant moins donner atteinte, que les affaires des prises ne sont pas de la competence des Parlemens, & ne peuvent être jugées souverainement qu'au Conseil d'État du Roi, sur un appel du Conseil des Prises.

Telle a été la source de la diversité des liquidations des prises dans les Amirautés; mais il n'est pas difficile de montrer que celles qui se sont écartées de cette décision de l'Arrêt du Parlement de Bordeaux, ont pris le parti le plus conforme à la raison & au bien de l'Etat.

A la raison. Sur quel fondement en effet, vouloir faire contenter l'équipage du dixième seulement dans les prises, lorsque le navire n'est armé qu'en marchandise avec commission en guerre, tandis que l'on convient que le tiers lui est dû, lorsque le même navire est armé en course? Quelle pourroit être la raison de disparité?

S'il y a de la différence dans les deux armemens, relativement à l'objet des prises, c'est que celui pour la course est tout autrement coûteux que celui qui n'est qu'en guerre & marchandise; car il ne faut pas mettre en ligne de compte l'équipement du navire & la valeur de la cargaison; on ne doit faire attention qu'aux frais de l'armement en guerre. Or ces frais ajoutés à ceux de la cargaison, ne vont pas au dixième de ce que coûte un armement uniquement destiné pour la course.

A ce compte un armateur en course devroit donc avoir une plus grande part dans la prise, que lorsqu'il n'a armé qu'en guerre & marchandise; & c'est précisement ici tout le contraire, puisque dans ce dernier cas, on veut lui attribuer les neuf dixièmes de la prise, tandis que dans l'armement en course, on reconnoit qu'il est borné aux deux tiers. Quoi! lorsqu'il lui en coûte infiniment moins, on prétendra qu'il doit être plus avantagé dans les prises, que lorsqu'il dépensera beaucoup plus, & que tout lui demeurera en perte si la course est infructueuse? Cela peut-il se soutenir dans les regles de la justice & aux yeux de la raison?

La seule objection qui ait été faite jusqu'ici, est que dans les armemens en marchandise avec commission en guerre, l'armateur paye des gages à l'équipage; charge qu'il évite lorsqu'il arme entierement en course.

A quoi l'on repond, 1°. que si dans les armemens en course l'armateur ne donne pas des gages à l'équipage, il lui fait du moins des avances assez considérables, qui excedent souvent les deux ou trois mois de gages qui se payent d'avance aux gens des équipages engagés pour un voyage de long cours. Il est vrai que ces avances pour la course sont imputables sur la part de chacun des corsaires dans les prises; mais aussi s'il ne se fait point de prise, ces mêmes avances demeurent acquises à l'equipage, sans que les armateurs puissent lui en demander la restitution. Or le risque qu'ils courent de perdre ces avances en même temps que le surplus des frais de leur armement pour la course, qui ne doit durer que trois ou quatre mois, forme un objet bien plus considérable que celui des gages qu'ils payent hors la course pendant le même temps de trois ou quatre mois : ce qui suffiroit pour écarter la conséquence qu'ils veulent tirer de ce que dans les voyages de longs cours ils payent des gages à l'équipage.

2°. Ces gages qu'ils payent n'ont pour motif que le service du navire, considéré simplement comme équipé en marchandise, & le travail de l'équipage pour la conservation de la cargaison : ils n'ont absolument aucun rapport avec les prises que pourra faire le navire. La preuve en résulte de ce que si le navire ne fait aucune prise, l'équipage ne sera pas moins payé de ses gages en entier, sans aucune réduction. Si donc il se fait une prise, comme c'est là un événement tout-à-fait étranger à la stipulation des gages de l'équipage, il s'ensuit que, pour le partage de cette prise, il faut se conformer à l'Ordonnance, & en conséquence en accorder le tiers à l'équipage, s'il n'y a convention contraire ; d'autant plutôt que la prise est son ouvrage, & que par là l'armateur, qui, sans augmentation de dépense, trouve un profit considérable au moyen des deux autres tiers qui lui restent, n'a absolument aucun titre pour prétendre rien de plus.

3°. Cela peut faire d'autant moins de difficulté que si, au lieu d'une prise, l'équipage avoit rencontré en mer un navire abandonné, dont il se fût emparé, ce navire épave seroit constamment partagé comme prise entre l'armateur & l'équipage ; c'est-à-dire le tiers qui leur en reviendroit en commun. De maniére que l'équipage auroit un tiers dans ce tiers, sans qu'on pût lui opposer, qu'il est aux gages de l'armateur, parce que le sauvement d'une épave sur les flots est indépendant du service dû au navire & à la cargaison ; & qu'ainsi le profit de l'épave est un évenement heureux qui doit, à titre de bonne fortune, appartenir à ceux qui, ayant trouvé l'épave sur les flots, l'ont sauvée & amenée à bon port. Or si cela est hors de doute, pourquoi en seroit-il autrement d'une prise, puisque s'il n'a fallu que se montrer pour la faire rendre, c'est tout comme si le navire eût été trouvé abandonné sur les flots, & qu'au contraire, s'il a fallu livrer combat, l'équipage a précisement seul couru tous les risques ?

La décision défavorable à l'équipage seroit donc contraire aux principes & à la raison. Elle le seroit également au bien de l'Etat ; en ce que, hors l'armement en course, les gens de l'équipage qui sauroient qu'il ne leur seroit accordé qu'un dixième de la prise au lieu du tiers, refuseroient de s'exposer aux perils d'un combat, pour enrichir un armateur, assez avide pour ne pas se contenter des deux tiers, dans un temps que la prise qui ne lui coûte aucuns frais nouveaux, lui apporte un profit considérable que l'équipage n'étoit du tout point obligé de lui procurer, n'étant pas engagé pour faire des prises, mais seulement pour le service du navire & de la cargaison. Opposera-t-il que s'il y a combat, son navire peut en souffrir, même être pris, & qu'ainsi il a intérêt que l'équipage ne soit pas si entreprenant ? Mais, outre qu'en cela même il iroit contre le bien de l'Etat ; c'est qu'ayant pris une commission en guerre il a eu sûrement intention que les gens de son équipage fissent des prises, s'il s'en présentoit quelque occasion favorable. Or le cas arrivant, il faut donc qu'il abandonne à l'équipage le tiers des prises, sans quoi, encore une fois, l'équipage ne s'exposera pas au hazard d'un combat pour un misérable dixième. Et quand on dit que l'attrait du gain pourroit engager les gens de l'équipage à quelque coup de témérité ; si l'intérêt de l'armateur les touchoit peu, ils craindroient du moins la perte de leurs gages, de leur liberté & de leur vie même. Ce qui seroit bien plus à apprehender pour l'Etat, c'est que les armateurs, par esprit de cupidité, ne voudroient plus armer en course & se contenteroient d'armer en guerre & marchandise, pour se ménager avec beaucoup moins de frais le produit presque entier des prises.

Mais encore sur quel principe a-t-on imaginé ce dixième auquel on veut réduire la part de l'équipage ? Ou il ne doit avoir rien dans la prise, par la raison qu'il est gagé, ou il lui en faut absolument le tiers, puisque l'Ordonnance ne distingue point entre les prises.

Après avoir bien réfléchi sur l'Arrêt du Parlement de Bordeaux de 1714, on croit en avoir enfin trouvé le motif. C'est que dans ce temps là, le Roi n'accordoit aux officiers & équipages de ses vaisseaux qu'un dixième dans les prises qu'ils faisoient. On se persuada sans doute que cela devoit servir de régle pour les prises faites par les navires marchands, & l'on se félicita selon toute apparence, d'avoir imaginé cet expédient pour favoriser les armateurs au préjudice des gens de mer.

Mais, en premier lieu, quelle comparaison y a-t-il à faire entre un vaisseau du Roi, armé avec des frais immenses, & un navire équipé en guerre & marchandise par un de ses sujets ? Quelle comparaison tout de même entre les équipages ? Dans le vaisseau du Roi ce sont des sujets rigoureusement obligés au service du Prince & de l'Etat ; au lieu que dans les navires marchands, les gens de l'équipage ne doivent le service au navire qu'à raison de leur engagement, toujours volontaire dans le principe. Quelle comparaison encore du côté des officiers ? D'une part ce sont des personnes qui se sont dévouées au service de l'Etat, par amour pour le Prince, par l'attrait de la gloire, & par l'espoir des honneurs & des recompenses d'éclat. Entretenus au service de la marine, ils sont aux ordres du Roi, dès qu'il lui plaît de les employer ; & d'autre part, les officiers des navires marchands ne tiennent aux armateurs que par les conventions qu'ils ont faites avec eux, & n'ont d'autre récompense à en attendre que les gages qu'ils ont stipulé.

Nulle apparence donc d'en user avec eux & avec les gens de l'équipage, de la maniére que le Roi en usoit ci-devant pour ses vaisseaux par rapport aux prises ; autrement il faudroit dire, que si la question se fût présentée dans le temps que le Roi ne donnoit aucune part dans les prises aux officiers & équipages de ses vaisseaux (car autrefois ils n'y avoient effectivement rien, ce qui a duré jusqu'à l'Ordonnance du 3 Septembre 1692,) l'armateur en marchandise, avec commission en guerre, auroit profité seul des prises ; ce qui seroit absurde, non-seulement en soi, mais même à la vue de notre Ordonnance de 1681, qui sans distinction a attribué à l'équipage le tiers des prises.

En second lieu quand il seroit vrai que, sans une méprise étonnante, on auroit pu en rigueur se régler en 1714, sur le sort des équipages des vaisseaux du Roi par rapport aux prises, pour réduire le droit des équipages des vaisseaux marchands au dixième, sous prétexte que le Roi n'accordoit qu'un pareil dixième aux Officiers & équipages de ses vaisseaux ; du moins auroit-il fallu revenir de cette idée & pousser la comparaison jusqu'au bout, depuis qu'il a plu à Sa Majesté de leur accorder le tiers dans toutes les prises qu'ils feroient, indépendemment des magnifiques récompenses qu'elle leur a promises, pour exciter d'autant plus leur zéle à son service.

En effet pourquoi, abandonnant la comparaison, a-t-on voulu rendre différente la condition des équipages des navires marchands, après l'exemple du Roi qui avoit détruit tout prétexte de différence? Il ne devoit donc plus y avoir de difficulté absolument à leur accorder le tiers des prises comme dans les armemens en course.

Cependant quelques Amirautés qui avoient déjà adopté la décision arbitraire de l'Arrêt du Parlement de Bordeaux de 1714, ayant continué de s'y conformer, tandis que les autres accordoient constamment le tiers aux équipages; des armateurs qui souffroient impatiemment que leur prétendu droit ne fût pas universellement reconnu, se sont pourvus au Conseil d'Etat du Roi, où il est intervenu Arrêt le 10 Janvier dernier (1759) par lequel Sa Majesté a déclaré « que » lorsque par sa déclaration du 15 Mai 1756, art. 7, elle avoit bien voulu ac- » corder aux officiers & équipages de ses vaisseaux, le tiers dans les prises qu'ils » feroient, elle n'avoit pas entendu rien statuer en cela par rapport aux prises » qui seroient faites par les navires équipés par ses sujets en guerre & marchan- » dise, & que son intention étoit à cet égard *qu'il en fût usé comme par le passé.* »

On ajoutoit dans ce Mémoire, que cet Arrêt avoit besoin d'explication, puisque sans cela, chaque Amirauté, se croiroit autorisée à régler le partage des prises comme par le passé; ce qui entretiendroit la diversité des opérations; qu'ainsi pour établir l'uniformité, il étoit nécessaire qu'il intervînt un nouvel Arrêt qui fixât la jurisprudence à cet égard; que pour cela il s'agissoit d'opter entre les armateurs & les gens de mer; sur quoi l'on observoit, que les uns & les autres méritoient que l'État s'intéressât en leur faveur, puisque les uns sans les autres ne pourroient armer, soit en guerre, soit en marchandise seulement; mais qu'on croyoit pouvoir dire que, dans le concours, les gens de mer méritoient la préférence à tous égards.

Le désir de faire fortune, entretiendra toujours en effet l'ardeur des armateurs; mais on n'attirera des gens au pénible service de la mer qu'autant qu'on leur fera trouver la juste récompense de leur travaux & des périls auxquels ils s'exposent. Les gages qu'on leur donne ne sont que le salaire du service quils doivent au navire, & ce service n'a rien de commun avec les prises. C'est-là un nouveau genre de péril qu'on ne peut exiger d'eux dans une navigation marchande, & parconséquent qu'on n'en doit attendre que par l'attrait d'un gain raisonnable. Un dixiéme seulement n'aura pas de quoi les contenter, sur tout l'Ordonnance leur ayant accordé de tout temps le tiers; & plutot que de souffrir que ces neuf autres dixiémes passent à l'armateur, qui, tranquille dans son comptoir devroit leur savoir gré du bénéfice des deux tiers qu'ils lui procurent suivant la même Ordonnance; ils aimeront mieux laisser échapper toute occasion de faire des prises, soit par la crainte de s'exposer à la mort ou au danger d'être pris, pour un si mince dédommagement que celui d'un dixiéme, soit par jalousie même contre l'armateur qu'ils refuseront d'enrichir à leurs dépens. Or si cela arrive, dans combien de rencontres le service de l'Etat n'en souffrira-t-il pas?

L'armateur lui même y perdra, & il n'aura à s'en prendre qu'à son avarice; car enfin s'il n'étoit pas livré en proye à cette passion, prétendroit il les neuf dixiémes des prises ? Quel est son titre pour cela ? Pourquoi veut-il être de meilleure condition lorsqu'il n'a armé qu'en guerre & marchandise, que lorsqu'il a armé totalement en course ? Ce devroit même être tout le contraire, puisque dans ce dernier cas, il lui en coûte incomparablement plus que dans le premier.

Après tout, & c'est ce qui tranche toute difficulté, l'équipage d'un navire marchand n'est nullement obligé d'attaquer les ennemis de l'Etat ; il n'est pas engagé pour cela comme celui d'un corsaire : si donc il a le courage d'attaquer un vaisseau ennemi & le bonheur de s'en rendre maître, sur quel principe lui refuser la part qu'il auroit si le navire eût précisément été armé pour la course ? Il a fait ce qu'auroit fait un corsaire ; il faut donc lui attribuer nécessairement la rétribution dûe au corsaire. Il la mérite d'autant plus qu'il a fait plus que remplir son devoir.

On ajoutoit encore, en finissant ce Mémoire, que la façon de penser sur cet objet important, n'étoit pas uniforme même parmi les armateurs ; qu'il y en avoit plusieurs qui blâmoient hautement la prétention de ceux qui ne veulent pas se contenter des deux tiers des prises, & qu'ils en donnoient pour raison qu'il est intéressant d'exciter & soutenir l'émulation des gens de mer.

Après l'envoi de ce Mémoire, les objections des armateurs opposés au droit légitime des gens de l'équipage, ayant été communiquées aux Officiers de l'Amirauté de la Rochelle, ils y répondirent par une addition à leur premier Mémoire en ces termes.

» De toutes les raisons alléguées par les armateurs pour s'attribuer les neuf dixié-»mes des prises faites par des bâtimens armés en guerre & marchandise, celle qui a »le plus surpris, c'est l'assurance avec laquelle ils ont avancé qu'il en avoit été usé de »la sorte de temps immémorial.

Il leur seroit impossible de prouver qu'avant l'Arrêt du Parlement de Bordeaux, en date du 6 Février 1714, leur prétention ait jamais été autorisée par aucun Tribunal ; ils ne prouveront pas même qu'elle ait été formée avant cette époque.

Jusques-là en effet, on avoit toujours pensé & reconnu que le tiers des prises étoit dû aux officiers & équipages des navires, sans distinction absolument de ceux armés en course, d'avec ceux équipés en marchandise avec commission en guerre.

La raison est que, par l'Ordonnance de la Marine de 1681, & par les Réglemens postérieurs, ce tiers leur avoit été effectivement attribué sans aucune distinction ni restriction, & que suivant la régle de droit, où la loi ne distingue point, l'on ne doit pas non plus distinguer.

Mais puisque les armateurs invoquent un usage immémorial en leur faveur, c'est-à-dire antérieur de beaucoup à l'Ordonnance de 1681, d'où ils inférent sans doute, que cette Ordonnance & ces Réglemens postérieurs n'ont eu pour objet que les armemens en course, sans toucher aux autres armemens, à l'égard desquels il étoit entendu qu'on se régleroit comme par le passé ; ils permettront qu'on leur dise que cet usage qu'ils alléguent est imaginaire, & que dans la réalité leur droit dans les prises étoit anciennement fort au-dessous de celui que l'Ordonnance de 1681 leur a accordé. Pour en être convaincu il n'y a qu'à jetter les yeux sur les Ordonnances de 1543, art. 25, & de 1584 art. 39 ; on y verra qu'originairement les bourgeois & avitailleurs des navires n'avoient pour tout droit qu'un huitiéme dans les prises, & que ce fut par un droit nouveau que le partage fut réglé autrement par ces deux Ordonnances. En conséquence il fut attribué au bourgeois du navire le quart de la prise, aux avitailleurs un quart & demi ; (car dans ces temps-là ce n'étoit pas toujours

toujours le propriétaire du navire qui fournissoit les vivres & les munitions ;) & à l'égard de l'autre quart & demi il fut réservé aux gens de l'équipage.

Depuis ce temps-là, jusqu'à l'Ordonnance de la Marine de 1681, on ne trouvera certainement pas aucun Réglement qui ait plus attribué aux armateurs des navires & moins aux gens de l'équipage ; de sorte que cette Ordonnance de 1681 est la premiere qui ait réduit le droit de l'équipage au tiers au lieu du quart & demi qu'il avoit toujours eu depuis 1543.

Et qu'on ne dise pas que cela n'étoit bon que pour les armemens en course, sans aucune influence sur les armemens en marchandise, avec commission en guerre ; car outre que cette distinction auroit besoin d'être soutenue de preuves claires & précises, preuves que les armateurs sont hors d'état de rapporter ; c'est que Cleirac, Auteur françois & le seul que nous ayons qui ait écrit sur la matiére ; s'exprime de maniére à écarter absolument cette subtile distinction.

Voici comme il s'explique dans son traité des contrats maritimes chap. 11 art. premier.

» Si les maîtres des navires combattent contre les maures, pirates, écumeurs de » mer, ou contre les ennemis *POUR SE DEFENDRE OU POUR EVITER LE* » *PERIL ; & en se défendant* ils conquêtent par force navires, ou marchandises, ou s'ils » trouvent quelques marchandises flottantes, droit d'Amirauté levé & payé, qui est » le dixiéme sur le tout de ce qui est conquête dans la mer, le reste sera partagé, à savoir » *un quart pour le bourgeois, quart & demi pour les victuailleurs, & autre quart & demi pour* » *le maître & compagnons mariniers* ; en outre les mariniers auront pour leur abordage » les dépouilles, habillemens, harnois & bâtons des ennemis qui seront forcés, avec » l'or & l'argent qu'ils trouveront sur eux jusqu'à la somme de dix écus ; si plus y en » avoit, demeurera pour partager tout au butin & pour être partagé comme dessus.

Il résulte manifestement de-là qu'on n'avoit pas encore imaginé la distinction des armemens en course de ceux en guerre & marchandise, & que la loi accordoit indistinctement aux gens de l'équipage ce quart & demi des prises de quelque maniére qu'elles fussent faites.

En effet cet auteur qui écrivoit il y a environ cent ans, parle évidemment du cas d'un armement hors la course, puisqu'il s'agit dans cet endroit de gens qui combattent *en se défendant, & pour éviter le péril d'être pris*, ce qui ne peut convenir à un armement pour la course, dont l'objet est d'attaquer sans se borner à se défendre. Il est d'autant moins permis de douter, qu'il ne parle effectivement d'un armement hors la course, que dans l'article suivant, il exhorte l'équipage qui *n'a rien dans la cargaison, à ne pas hazarder le bien d'autrui au combat.* Cependant le même auteur en conformité des Ordonnances de 1543 & de 1584, attribue aux gens de l'équipage le quart & demi des prises par eux faites *quoiqu'en se défendant seulement.* Bien loin donc qu'il y ait un usage immémorial en faveur des armateurs, c'est précisément tout le contraire ; & s'ils prétendent que l'Ordonnance de 1681, n'a entendu régler le partage des prises par tiers & deux tiers, que relativement aux prises faites en course, sans toucher aux prises faites hors la course ; il faut donc qu'ils s'en tiennent aux précédentes Ordonnances qui alors subsisteront pour toutes les autres prises, & qu'en conséquence ils abandonnent à l'équipage le quart & demi de chaque prise ; mais aussi alors trouveroient-ils leur compte ? Qu'ils reconnoissent donc qu'à ne consulter que les Ordonnances & l'ancien usage, le tiers ne peut être disputé aux gens de l'équipage en quelque prise que ce soit.

Reste de savoir si l'Arrêt singulier rendu au Parlement de Bordeaux en 1714, depuis lequel temps seulement les armateurs ont prétendu faire valoir la distinction des prises faites en course de celles faites par des navires armés en guerre & marchandise simplement, a pu déroger aux Ordonnances & introduire une jurisprudence contraire à ce qui s'étoit pratiqué jusques là ; car on défie les armateurs de rien produire en leur faveur avant cette époque. Or il n'est pas douteux que tout ce qui peut être jugé contre les Ordonnances ne soit nul & rejettable. Dans cette matiére, cela peut même d'autant moins faire difficulté que depuis l'année 1672, jusqu'à présent il a été défendu aux Parlemens de connoître des prises & de tout ce qui en dépend.

Si depuis cet Arrêt extraordinaire du Parlement de Bordeaux, quelques Amirautés, pour n'y pas regarder d'assez près, ont adopté sa décision, il en est beaucoup d'autres qui constamment attachées aux vrais principes l'ont rejettée, & ont toujours adjugé aux équipages le tiers de toutes les prises indistinctement.

Ainsi depuis même cet Arrêt, l'usage est pour le moins autant contre les armateurs qu'en leur faveur; avec cette différence, que celui qui leur est favorable heurte les principes établis par les Ordonnances.

Les autres raisons qu'ils alléguent sont aussi faciles à détruire que leur prétendu usage immémorial. Ils disent, en premier lieu, qu'ils ne prennent des commissions en guerre que pour assurer leur navigation & uniquement pour se défendre des petits corsaires ennemis ; que cette précaution fait non-seulement la sûreté du bâtiment, mais encore rend l'équipage plus certain de sa liberté & de ses salaires, qu'il perdroit probablement sans cela.

A quoi l'on répond, qu'en tout ceci ils ne travaillent que pour leur propre intérêt, puisqu'en garantissant leurs navires d'être pris par les petits corsaires, ils diminuent d'autant leurs risques, la prime d'assurance & les salaires des gens de l'équipage. Mais enfin il en étoit de même anciennement, & cependant les Ordonnances n'en accordoient pas moins aux équipages le quart & demi de toutes les prises qu'ils faisoient, lequel quart & demi, par l'Ordonnance de 1681, a été réduit au tiers, sans que depuis, ce taux ait varié jusqu'à l'année 1714 que le Parlement de Bordeaux s'avisa pour la premiere fois de ne leur donner qu'un dixième des prises faites hors la course.

Ils opposent en second lieu, que leurs armemens pour nos colonies en temps de guerre leur coûtent considérablement en artillerie & munitions ; que les salaires des équipages augmentent de moitié, & que les assurances sont excessives ; d'où ils concluent qu'étant surchargés, il est juste qu'ils profitent des prises que le hazard leur procure, d'autant plutôt qu'il est très-rare que les équipages courent des risques pour faire les prises.

Mais à ce compte ils devroient donc avoir la totalité des prises sans en faire part aux gens de l'équipage. D'ailleurs tous les armemens ne sont pas destinés pour nos colonies, & cependant ils n'entendent pas moins réduire le droit de l'équipage au dixième en toute prise faite hors la course. D'un autre côté les dépenses qu'ils font en artillerie & munitions pour la navigation marchande ne vont jamais au dixième de ce qu'il leur en coûte dans les armemens en course.

A l'égard des salaires qui doivent nécessairement augmenter en temps de guerre, il n'est jamais arrivé qu'ils ayent doublé, & l'augmentation dont-ils se plaignent, a toujours été moindre à proportion du nombre des gens de l'équipage, parce que plus l'équipage eſt nombreux moins le ſervice du navire eſt rude, le travail étant plus partagé, & les riſques de l'équipage moins grands.

Pour ce qui eſt des primes d'aſſurances, leur taux ou quotité dépend auſſi de la foibleſſe ou de la force de l'armement; & au fond cela ne fait rien aux armateurs, parce que plus les aſſurances coûtent, plus la valeur des marchandiſes augmente lorſqu'elles arrivent à bon port. Cela eſt ſi vrai, & le profit ſur ces marchandiſes eſt tel, qu'il eſt quantité d'armateurs qui font aſſurer non-ſeulement la valeur de leur navire & de la cargaiſon, mais encore la prime & les primes de la prime, au moyen de quoi c'eſt de leur part une objection inſidieuſe qu'ils préſentent ici.

C'eſt donc vainement qu'ils ſe diſent ſurchargés & par conſéquent, contre toute juſtice, qu'ils veulent s'attribuer les neuf dixièmes des priſes par forme d'indemnité. Et lorſqu'ils ajoûtent pour attenuer le droit des équipages, que rarement ceux-ci courent des riſques pour faire ces priſes; non-ſeulement ils démentent des exemples en grand nombre qu'on ſeroit en état de leur oppoſer; mais encore, à ne faire attention qu'aux priſes faciles qu'ils ſuppoſent, à l'égard deſquelles même il y a toujours des riſques à courir, parce qu'il n'y a que l'événement qui en decide; c'eſt que ſi les priſes ſont faciles à faire par un navire équipé ſimplement en guerre & marchandiſe, elles le ſont à beaucoup plus forte raiſon pour un corſaire armé à grand frais, à l'équipage duquel on ne diſpute pas le tiers. Pourquoi donc le refuſer dans l'autre cas où les riſques ſont évidens de nature de choſe, parceque juſqu'à ce que la priſe ſoit faite on ignore néceſſairement à qui l'on a affaire.

Enfin les armateurs alléguent, qu'il eſt plus avantageux en général au matelot de n'avoir que le dixième des priſes en conſervant ſes gages en plein, que s'il obtenoit le tiers à la charge de rapporter ſes mois de ſalaires.

Effectivement cela pourroit être vrai le plus ſouvent dans la ſuppoſition: mais ſur quel principe les armateurs prétendent-ils que l'équipage ne peut avoir le tiers de la priſe qu'à la déduction de ſes gages? il n'y a que les avances pour la courſe qui ſoient ainſi ſujettes à rapport ou imputation, encore cela n'avoit-il pas lieu autrefois; & ici ce ſont des gages ordinaires ſtipulés uniquement pour le ſervice du navire & la conſervation de la cargaiſon. Les armateurs en conviennent eux-mêmes en avouant que s'ils prennent des commiſſions en guerre & marchandiſe, ce n'eſt pas pour ſe battre & en vue de faire des priſes: ces gages n'ont donc rien de commun avec les avances payées aux corſaires, & par conſéquent il n'y a pas d'imputation à en faire ſur les priſes. D'ailleurs les voyages de long cours durent aſſez ſouvent douze & quinze mois, & le temps de la courſe n'eſt ordinairement que de trois mois. Ainſi de ce que les avances pour la courſe qui à préſent équivalent à trois mois de gages ſur les navires marchands, ſont imputables ſur les parts de priſes, on n'en peut pas conclure qu'il faudroit également imputer des gages de douze ou quinze mois, qui même ne ſont gagnés qu'à condition de travailler gratuitement à l'armement & au déſarmement, ce qui emporte d'ordinaire une perte de temps de plus de deux mois. A joindre comme il a déjà été obſervé que ces gages n'ont pour objet que le ſervice du navire, abſtraction faite de toute idée de priſe.

Tous les prétextes des armateurs ainſi détruits, il ne reſte plus entre eux & les gens de l'équipage que la queſtion de droit. Décidée depuis plus de deux cens ans en faveur de ces derniers par les Ordonnances, elle n'auroit jamais été agitée, ſi le Parlement de Bordeaux ne se fut avisé en 1714 de favoriser les armateurs à leur préjudice, en imaginant une distinction toute nouvelle ; suivant laquelle il jugea à propos, malgré son incompétence, de réduire le droit des équipages armés en guerre & marchandise au dixiéme, au lieu du tiers qui leur avoit constamment été accordé sans aucune restriction. Tel est l'unique titre des armateurs, ils ne sauroient en produire aucun autre antérieur ni postérieur ; mais un pareil titre peut-il changer les loix ? Il est arrivé néanmoins que cette décision singuliére a fait illusion dans quelques Amirautés, tandis que d'autres s'en sont écartées pour demeurer toujours attachées aux véritables regles.

» C'est pour faire cesser cette différence de jurisprudence, & en vue de la fixer suivant les principes, que nous avons dressé le précédent mémoire. Si les raisons que nous y avons exposées pour soutenir la cause qui nous a toujours paru la seule juste, avant même que d'avoir vu les objections des armateurs, n'ont pas encore opéré leur effet ; nous osons nous flatter que rien ne s'y opposera plus maintenant que nous avons dissipé les prétextes & les subterfuges auxquels les armateurs ont eu recours. Nous espérons du moins que le zele qui nous anime, fera excuser notre importunité. Les gens de mer n'ont pour appui que les Commissaires de la Marine & les Amirautés pour se garantir des injustices trop fréquentes que leur font les armateurs. Nous n'aurions pu sans manquer à notre devoir & à la justice, les abandonner dans une conjoncture aussi critique. Il est vrai que les intérêts des armateurs ne nous doivent pas être moins chers ; mais pour les soutenir, il faut qu'ils nous paroissent fondés, & dans l'occurrence nous ne voyons rien qui ne combatte leur prétention. »

Dans l'intervalle de l'envoi des deux mémoires, il fut fait au premier, une réponse favorable aux armateurs.

On s'attendoit que la décision définitive interviendroit sur le second mémoire. Mais jusqu'ici il n'a rien paru, ce qui a engagé l'Amirauté de la Rochelle à continuer d'adjuger aux gens de l'équipage le tiers de toutes les prises indistinctement.

S'il arrive que la question soit enfin décidée contre eux, ce sera à eux, pour se mettre à couvert de l'injustice des armateurs, à stipuler dans leurs contrats d'engagement, qu'en cas de prise, ils en auront le tiers suivant l'Ordonnance ; aussi-bien dans les armemens en guerre & marchandise, que dans ceux qui n'ont que la course pour objet. Ce sera l'unique ressource qui leur restera ; & même dès à présent ils doivent avoir soin de faire cette stipulation, pour se garantir de l'événement de la décision qui pourroit intervenir.

Mais afin que l'équipage d'un navire marchand ait part à la prise qu'il a faite, il faut qu'il y ait une commission en guerre de M. l'Amiral outre le congé ; ou pour tenir lieu de l'un & de l'autre, une commission en guerre & marchandise tout ensemble, sans quoi la prise appartient en entier à M. l'Amiral à titre de confiscation, & l'armateur ni l'équipage n'ont rien à y prétendre, comme il a été observé sur l'art. premier du présent titre.

Une prise quoique bonne en soi, n'est pas toujours adjugée en entier au vaisseau corsaire ou autre qui l'a faite. Il est des cas où d'autres vaisseaux sont fondés à y prendre part ; mais il faut pour cela, ou qu'ils ayent contribué à faire rendre le navire ennemi, ou qu'il y ait eu une société entre les capitaines de ces corsaires & celui qui a fait la prise, aux termes de laquelle ils soient convenus de se communiquer réciproquement les prises qu'ils feroient chacun de son côté, tant en absence que présence.

Pour être cenſé avoir contribué à la priſe, & à ce titre être fondé à y demander part, il ne ſuffit pas de s'être trouvé à la vue de l'ennemi, ſoit pour être accouru au bruit du canon ou autrement; il faut ou avoir combattu, ou avoir contribué réellement à faire rendre l'ennemi, ſur quoi en cas de conteſtation, ce ſont les dépoſitions des priſonniers qui doivent décider. Article 62 de l'Ordonnance de 1584, conforme au ſixiéme de celle de 1555. Réglement du 27 Janvier 1706 rapporté ſur l'article 19 ci-deſſus, article 2 & 6.

Le cas de la ſociété entre deux ou pluſieurs capitaines de vaiſſeaux armés en courſe, a auſſi été prévu & approuvé par le même article 62 de l'Ordonnance de 1584; mais cette ſociété n'eſt valable qu'entre les armateurs ou les capitaines des corſaires, & nullement avec un capitaine de vaiſſeau du Roi armé pour le compte de Sa Majeſté. Arrêt du Conſeil du 29 Octobre 1695, qui a déclaré nulles pour l'avenir de pareilles aſſociations, verbales ou par écrit ſans une permiſſion expreſſe du Roi.

Il faut même aux termes de l'article 3 du Réglement du 27 Janvier 1706, pour qu'elles ſoient valables entre des capitaines de corſaires, qu'il y en ait preuve par un écrit qui en contienne les conditions, ſigné d'eux ou de leurs écrivains en leur préſence, s'ils ne ſavent pas ſigner; Sa Majeſté défendant d'avoir aucun égard aux ſociétés verbales, qu'elle déclare nulles & de nul effet.

Il y a pourtant une exception à cela dans l'article 4, elle eſt pour le cas où des armateurs donnant chaſſe à un vaiſſeau ennemi, en apperçoivent d'autres; » ils peuvent » alors en ſe ſéparant pour les pourſuivre tous en même-temps, convenir par des ſignaux » de s'admettre réciproquement au partage des différentes priſes qu'ils feront, enſorte » que celui qui ſe ſéparera en faiſant un ſignal de pavillon rouge, ſera admis à partager » la priſe dont il aura abandonné la pourſuite, & ſera auſſi obligé de conſentir au par- » tage du vaiſſeau qu'il aura pris, ſi les autres armateurs qui continuent leur chaſſe lui » répondent par un ſignal ſemblable; & au cas que les autres faſſent un ſignal de pa- » villon blanc, ce ſignal ſera une marque de refus & exclura la ſociété.

Indépendemment de toute ſociété formée par écrit, ou par les ſignaux dont il vient d'être parlé; ſi deux ou pluſieurs corſaires donnent en même-temps dans une flotte, il y aura alors une ſociété tacite entre eux, qui rendra commune à eux tous, toutes les priſes qu'ils feront reſpectivement dans cette occaſion, comme ayant tous également contribué à ces priſes. C'eſt la diſpoſition de l'article 5 du même Réglement.

En cette partie il n'y a point de diſtinction à faire par rapport aux vaiſſeaux du Roi; c'eſt-à-dire que les armateurs corſaires qui auront donné dans la flotte & fait des priſes, pendant que les vaiſſeaux du Roi combattoient ceux de l'eſcorte, auront part à toutes les priſes; & de même dans tous les cas où par leur jonction aux vaiſſeaux du Roi, ils auront véritablement contribué à faire rendre l'ennemi. Mémoire fourni au nom du Roi par M. le Procureur Général, viſé dans l'Arrêt du Conſeil du 29 Octobre 1695. Ordonnance du Roi du premier Octobre 1705 en faveur des armateurs de Dunkerque.

Il y a plus; il ſuffira même à l'avenir que les corſaires ſortent des ports avec les vaiſſeaux du Roi ou qu'ils les joignent à la mer, pour avoir part dans toutes les priſes qui ſeront faites durant leſdites jonctions, de même que dans les gratifications accordées pour les canons pris & par tête de priſonniers. Art. 8 de la Déclaration du 5 Mars 1748, confirmée par autre Déclaration du Roi du 15 Mai 1756 auſſi article 8, elles ont été rapportées ſur l'article précedent.

Quant à la répartition à faire du produit des priſes, entre les vaiſſeaux des particuliers qui sont jugés y avoir part conjointement, la regle est de les y faire participer à proportion de la force de leurs frégates & de leurs équipages, du nombre & du calibre de leurs canons. Arrêt du Conseil du 29 Octobre 1695, conforme au Jugement rendu par M. l'Amiral le 25 Août de la même année, & suivi d'un autre Jugement semblable en date du 12 Juillet 1696. Et cette régle a été expressément confirmée par l'article 5 du Réglement déja cité du 27 Janvier 1706.

L'opération de la distribution se fait de la maniére suivante. Conformément à un Jugement de l'Amirauté de Dunkerque, du 13 Décembre 1695, chaque pied de quille est compté pour une part. Au sujet du calibre des canons on en fait la division par trois livres de balle, & l'on compte chaque nombre de trois livres de balle pour une part, de maniére qu'un canon de 6 liv. vaut deux parts, ainsi du reste. Trois pierriers valent une part, chaque homme est compté aussi pour une part, & chaque mousse pour une demie part.

Alors on ne fait point attention au nombre & à la qualité des Officiers, on ne les compte que pour hommes, comme le reste de l'équipage, sauf à faire la subdivision entre les équipages de chaque navire suivant la regle établie à cet égard.

Il est entendu que la répartition ne se fait que du net produit de la prise commune, déduction faite de tous frais, des droits des Fermes, & des six deniers pour livre des invalides; de maniére que ce n'est que de ce qui en reste qu'on attribue à chaque corsaire la part qu'il y doit avoir relativement à l'opération qui vient d'être indiquée.

Mais cette opération ne se pratique plus qu'entre les corsaires; & lorsqu'il s'agit du partage des prises entre les vaisseaux du Roi & des corsaires qui sont jugés devoir y avoir part, on n'a plus d'égard à la différence du calibre des canons, à la grandeur des bâtimens, ni à la force de leurs équipages. Cela avoit d'abord été ainsi réglé par exception, en faveur des armateurs de Dunkerque, par Ordonnance du 1er. Octobre 1705, mais depuis, l'exception est devenue générale en faveur de tous les corsaires par l'art. 8 de la Déclaration du Roi du 5 Mars 1748, confirmé aussi par l'art. 8 de la Déclaration du 15 Mai 1756.

Il est pourtant à observer que le partage, entre des vaisseaux du Roi, ayant tous part dans une ou plusieurs prises, doit toujours se faire, eu égard au nombre & au calibre de leurs canons de 4 liv. & au dessus, & à la force de chaque équipage. Art. 10 de l'Ord. du 15 Juin 1757 rapportée sur l'art. précédent.

La distribution du produit de la prise étant faite entre tous les corsaires qui ont été admis à y prendre part; il s'agit ensuite de la subdivision de la portion attribuée à chaque corsaire, entre les gens de l'équipage & l'armateur. On conçoit qu'il en est à ce sujet tout comme lorsque la prise a été faite par un seul corsaire; c'est-à-dire qu'aux termes de notre article il en revient les deux tiers à l'armateur, & l'autre tiers aux gens de l'équipage pour le partager & subdiviser entr'eux.

La régle de ce partage est établie par l'art. 9 du Rég. du 25 Novembre 1693, rapporté sur l'art. 2 ci-dessus, elle est telle. C'est le capitaine qui en fait la division avec les officiers majors aux termes de l'art. 8, dans laquelle il peut prendre 12 parts & rien plus, (outre le coffre du capitaine pris qu'il a hors part jusqu'à la valeur de cinq cent écus, qui n'entre point dans la fixation générale du produit de la prise, comme il a été observé sur l'art. 20 ci-dessus,) il doit attribuer ensuite au capitaine en second 10 parts; aux deux premiers lieutenans 8 parts; aux autres lieutenans, à l'écrivain & au premier maître 6; aux enseignes, au maître chirurgien & aux deux maîtres 4; aux maîtres des prises, pilotes, contre-maîtres, capitaine des matelots, capitaines d'armes, maîtres canonniers & maîtres charpentiers 3 parts; aux seconds canonniers, charpentiers, calfats, bossemans, maîtres de chaloupes, voiliers, armuriers, quartier-maître & second chirurgien 2 parts; aux volontaires une ou deux suivant leur mérite & leur service; aux matelots à proportion de leur travail & capacité, mais pour l'ordinaire une part au moins; aux soldats, demie part, trois quarts de part & même une part suivant leurs services, & aux mousses un quart de part ou demie part suivant leur force.

Il ne doit pas oublier ceux qui sont morts dans le combat d'où la prise s'est ensuivie, ni ceux qui sont morts de maladie durant la course après les prises faites, parce que leurs parts dans ces prises doivent passer à leurs veuves & héritiers. A l'égard de ceux qui auront été blessés ou estropiés dans les combats contre les ennemis, il peut leur attribuer outre leurs parts, telle somme qu'il jugera à propos, *pourvu* néanmoins *qu'elle nexcéde pas le double de la valeur de leurs parts; laquelle gratification sera prise sur le total du provenu desdites prises*, aussi bien que les frais de leur pansement & guérison.

Aux termes de l'Arrêt du Conseil du 9 Juin 1706, il doit aussi être attribué une récompense aux veuves de ceux qui seront tués dans la course; mais c'est à prendre sur la retenue des 3 den. pour livre ordonnée par ce même Arrêt, sur le produit net des prises.

Par la nouvelle Déclaration du Roi du 15 Mai 1756, art. 12, Sa Majesté promet la demie solde à ceux des équipages des corsaires, qui au moyen des blessures qu'ils auront reçues dans les combats se trouveront invalides, & des pensions aux veuves de ceux qui auront été tués aussi dans les combats.

Pour obvier au retardement que les armateurs pourroient apporter au payement du tiers dû à l'équipage, l'art. 10 du même réglement du 9 Juin 1706, leur enjoint de remettre au greffe de l'Amirauté les Arrêts du Conseil qui auront déclaré les prises bonnes, & cela dans six semaines à compter du jour de leur date pour y être enregistrés, & ensuite procédé à la liquidation du produit des prises; à l'effet de quoi ils produiront les procès-verbaux de la vente, avec l'état au détail des avances par eux payées à l'équipage & le réglement des parts, quinzaine après la livraison des marchandises, qui commencera le lendemain de la vente, afin que chacun puisse connoître promptement ce qui lui revient; & faute par les armateurs de satisfaire à ce que dessus, pourront les Officiers de l'Amirauté, adjuger par maniére de provision aux matelots, une somme pareille à celle qu'ils auront reçue pour leurs avances.

Dans l'opération à faire entre l'armateur & l'équipage, il ne doit nullement être question des frais d'armement, de relâche & de désarmement du corsaire, quoiqu'il en ait été fait objet ci-devant pour réduire le dixième de M. l'Amiral, en conséquence de l'Edit du mois d'Août 1743, & qu'on y ait actuellement égard pour régler les 6 den. pour livre des invalides, relativement à l'Arrêt du Conseil du 30 Août 1745; parce que, vis-à-vis de l'equipage, ce sont-là des frais que l'armateur doit supporter en particulier, & que ce n'est qu'à raison de ces dépenses qu'il a les deux tiers dans les prises. Dans l'opération donc qui est à faire entre l'équipage & lui, il n'y a de distraction à faire que des frais de décharge &

de justice, tant pour la vente que pour la liquidation de la prise, des droits des fermes, suivaut l'explication ci-dessus, & des 6 den. pour livre des invalides; après quoi tout le reste doit être partagé, de maniére qu'il y en ait un tiers pour l'équipage, sans que l'armateur puisse lui faire supporter aucune autre dépense. Mais il a droit de déduire & précompter à chacun des gens de l'équipage ce qu'il leur a payé pour avances sur les prises à faire.

Toutes ces opérations au reste sont du ressort des officiers de l'Amirauté & ce n'est que par eux qu'elles doivent être faites sur les états & les piéces justificatives que l'armateur leur présente à cette fin. Il en est de même par rapport au capitaine du corsaire, pour ce qui concerne la distribution des parts afférantes aux gens de l'équipage dans le tiers du produit de la prise.

Les liquidations particuliéres se font toujours faites & se font encore actuellement par les officiers de l'Amirauté où les prises ont été déchargées & vendues.

A l'égard de la liquidation générale des prises faites par un même corsaire, la regle a toujours été qu'elle fût faite au siège de l'Amirauté du lieu de l'armement du corsaire; mais aujourd'hui il est libre aux armateurs de rendre leurs comptes d'armement & de faire faire la liquidation générale des prises de leurs corsaires, au siége de l'Amirauté du lieu de leur résidence, quoique leurs corsaires ayent été construits ou armés ailleurs. Lettre de M. l'Amiral du 9 Juin 1758.

Il a été parlé assez au long, sur l'article précédent, de ces liquidations générales & de la maniére d'y procéder, principalement en ce qui concerne le réglement des 6 den. pour livre des invalides *ubi vide.*

Après la liquidation définitive, l'armateur doit payer sans delai à chaque part-prenant dans la prise, & au plus tard dans trois jours, ce qui lui a été attribué, s'il est présent ou représenté par quelqu'un porteur de sa procuration en bonne forme. Quant aux parts des morts ou des absens, il est obligé d'en déposer le montant entre les mains du trésorier des invalides qui lui en donnera une décharge au pied du rolle de répartition. C'est la décision formelle de l'art. 1er. du réglement du 2 Juin 1747, qui en cela est une suite de l'arrangement qui avoit déjà été pris, par rapport aux gages & loyers des gens morts en mer ou absens, lors du décompte fait par le commissaire aux classes.

L'article 2 du même réglement du 2 Juin 1747, porte que le trésorier des invalides sera tenu d'avoir un registre sur lequel il inscrira les noms des particuliers dont il aura reçu les portions dans les prises, avec les sommes dues à chacun pour n'en faire la délivrance qu'aux réclamateurs dont le droit aura été reconnu par les officiers de l'Amirauté, conformément à ce qui se pratique au sujet des gages & des effets des gens morts en mer. Les vacations des officiers de l'Amirauté sont fixées à l'égard des réclamateurs, à raison de 6 den. pour livre par l'art. 3.

Le temps de la réclamation est tout de même de deux années, à l'expiration desquelles sans qu'il se soit présenté de réclamateur, il sera délivré un tiers de tout ce qui n'aura pas été réclamé, au receveur de M. l'Amiral, & le trésorier se chargera en recette des deux autres tiers au profit des invalides. Telle est la disposition de l'article 4, conforme tout de même à ce qui s'observe pour les effets des gens morts en mer; & l'art. 5 ordonne que tout cela soit exécuté dans les Colonies, comme dans tous les ports du Royaume.

Au surplus ce délai pour la réclamation n'est pas plus fatal dans ce cas que dans l'autre, *vide notata* sur l'art. 36 du tit. des naufrages.

Pour

Pour ce qui est des déserteurs voir l'article précédent.

ARREST DU CONSEIL D'ÉTAT DU ROI,

Faisant défenses aux Capitaines des vaisseaux du Roi de faire aucune société, verbale ni par écrit, sans permission de Sa Majesté, avec les capitaines ou maîtres des bâtimens armés en course pour le compte des particuliers.

Du 29 Octobre 1695.

Extrait des Registres du Conseil d'État.

VU par le Roi étant en son Conseil, la Requête des armateurs de la frégate l'Entreprenante de Bayonne tendante à ce que faisant droit sur l'opposition, à l'Arrêt du 16 Novembre 1694, leur soit adjugé part dans la prise du vaisseau l'André de Bilbao, laquelle a été faite par la frégate de Sa Majesté la Jolie, en conséquence de l'acte de société passé à la mer entre les capitaines, le 6 Juin 1694, ladite Requête signée Fleureau, contenant que cet acte de société a été passé dans un temps non-suspect, & par des officiers qui par leurs ordres étoient obligés de croiser de compagnie, ce qui emportoit une société nécessaire; joint que les opposans sont obligés par les conditions de leur armement à entretenir la frégate l'Entreprenante de toutes réparations, radoubs, agrés, & rechanges necessaires; qu'ils ne disconviennent pas que Sa Majesté, n'ait un tiers dans la part qui doit revenir à cette même frégate, mais qu'ils en prétendent les deux tiers; que le succès de la société pouvoit être avantageux à Sa Majesté, si la frégate l'Entreprenante eût fait des prises de son chef, il est juste de les rendre participans de celle qu'a fait la Jolie; que l'Ordonnance de la marine autorise les sociétés sans aucune différence de personnes, que les capitaines des vaisseaux du Roi & les maîtres des vaisseaux des particuliers peuvent également obliger leurs bâtimens lorsqu'ils sont à la mer, & dans le cours de leur navigation; qu'ainsi les uns & les autres peuvent former & contracter entr'eux des sociétés dans les mêmes termes que les vaisseaux particuliers qui sont à vue, ont leur part dans toutes les prises faites par ceux du Roi, & que l'on ne peut autoriser ces sociétés tacites que forme la présence, sans admettre à plus forte raison les sociétés qui sont fondées sur des conventions respectives; le mémoire donné au nom de Sa Majesté tendant à ce que les armateurs de la frégate l'Entreprenante de Bayonne soient déboutés de leur Requête, & ledit Arrêt du 16 Novembre 1694 exécuté selon sa forme & teneur, ledit mémoire contenant que le capitaine de la frégate la Jolie n'avoit pu s'associer avec celui de l'Entreprenante sans un ordre exprès & précis, & que du moins cette société ne pouvoit avoir lieu que par rapport aux portions des deux capitaines; que la frégate l'Entreprenante étoit entretenue par le Roi de ses agrès, armement, loyers d'équipage & vivres; qu'elle étoit payée pour servir de convoi, qu'il étoit libre aux propriétaires d'y charger telles marchandises que bon leur sembleroit pour leur propre compte, qu'il étoit convenu par le même traité que si cette frégate faisoit quelques prises, les deux tiers en appartiendroient aux propriétaires, & seulement le tiers au Roi; que quand les capitaines des vaisseaux du Roi pourroient les obliger en certains cas, ce seroit seulement pour empêcher leur perte ou pour acheter ce qui peut être nécessaire pour continuer leur navigation; mais que ce pouvoir ne leur donne pas celui de contracter des sociétés ni verbales ni par écrit; que si Sa Majesté a bien voulu partager les prises faites par ses vaisseaux avec ceux qui sont à la vue, c'est parce que cette présence présuppose un concours d'action qui peut mériter recompense, mais que ces sociétés passagères qui naissent d'une assistance réciproque, ne sont d'aucune conséquence pour les sociétés par écrit; qu'ainsi dans les régles, les opposans n'ont aucun droit dans la prise dont il s'agit; vû aussi la procédure faite par les Officiers de l'Amirauté de Bayonne au mois de Juillet 1694, l'acte de société du 6 Juin de la même année, une copie de l'Arrêt du 16 Novembre 1694 & les autres piéces; oui le rapport du Sr. Phelypeaux de Pontchartrain Secrétaire d'Etat & des commandemens de Sa Majesté ayant le département de la marine: Le Roi étant en son Conseil ayant aucunement égard à la Requête d'opposition des armateurs de la frégate l'Entreprenante, leur a, par grace & sans tirer à consequence, adjugé part dans la prise dudit vaisseau l'André de Bilbao, ordonne que les deniers provenans de la vente dudit bâtiment & des marchandises de sa cargaison seront partagés à proportion de la force des frégates & suivant les conditions de leur armement, le tout néanmoins à la reserve du dixième du Sr. Comte de Toulouse Amiral de France qui sera payé au receveur de ses droits; *fait Sa Majesté défenses pour l'avenir aux capitaines de ses vaisseaux, de faire aucunes sociétés ni verbales ni par écrit avec les capitaines ou maîtres des bâtimens armés en course pour le compte des particuliers, sans son ordre exprès, le tout à peine de nullité & d'interdiction contre les contrevenans*; ordonne que le présent Arrêt sera lû, publié & enregistré dans les Siéges de l'Amirauté, à ce qu'aucun n'en ignore; enjoint à ceux de l'Amirauté de Bayonne de tenir la main à son exécution en ce qui concerne la prise dont il s'agit. Fait au Conseil d'Etat du Roi, Sa Majesté y étant; tenu à Versailles le vingt-neuf Octobre mil six cent quatre vingt-quinze. *Signé* PHELYPEAUX.

RÉGLEMENT DU ROI,

Concernant les parts, portions d'intérêts & dixièmes non réclamés, appartenans aux officiers & équipages des bâtimens armés en course, dans les prises qu'ils ont faites sur les ennemis de l'Etat.

Du 2 Juin 1747.

DE PAR LE ROI.

SA MAJESTE' ayant fait don aux Invalides de la Marine, par ses Edits des mois de Décembre 1712 & Juillet 1720, de tous les deniers & effets appartenans aux officiers mariniers, matelots, passagers & autres, en quelque sorte & maniére que ce soit, qui n'auront pas été réclamés dans les deux années de l'arrivée des vaisseaux armés pour le commerce, à compter du jour & date des déclarations qui seront faites au Greffe des Amirautés; comme aussi de la solde, dixiémes & portions d'intérêts qui pourroient appartenir aux officiers-mariniers, matelots, volontaires & autres, armés en course, qui ne les auroient pas réclamé dans les deux années, à compter du jour de la liquidation des prises. Et voulant prévenir toutes les contestations qui pourroient naître au sujet du recouvrement à faire de ces parts & portions d'intérêts, & dixiémes non réclamés dans les prises, sous prétexte que les Edits ci-dessus cités n'ont point statué sur la maniére dont le recouvrement en devoit être fait, Sa Majesté a résolu le présent Réglement, qu'elle veut être exécuté ainsi qu'il suit.

ARTICLE PREMIER.

Le recouvrement des parts, portions d'intérêts & dixiémes sur les prises, revenans aux équipages des bâtimens armés en course, & qui ne seront pas réclamés dans les délais de l'Ordonnance, sera fait en faveur des Invalides de la Marine, de la même maniére que celui des soldes & produits d'inventaires non réclamés des morts à la mer sur les bâtimens de commerce; à l'effet de quoi les armateurs ou dépositaires des armemens en course seront tenus de remettre entre les mains des Trésoriers des Invalides de la Marine dans les ports où ces armemens auront été faits, les montans desdites parts, portions d'intérêts & dixiémes dans les prises, appartenans aux morts ou absens faisant partie des équipages des bâtimens preneurs, lors de la répartition qui en sera faite par les Officiers des Amirautés, trois jours après la liquidation faite des prises; il en sera donné décharge valable par les Trésoriers des Invalides, au pied du rôle de répartition qui en sera faite.

II. Il sera tenu un registre par le Trésorier des Invalides, dans lequel seront inscrits les noms des particuliers auxquels ces parts, portions d'intérêts & dixiémes appartiendront, avec les sommes qui lui seront remises par les dépositaires de ces armemens: ceux qui les réclameront, seront tenus de justifier de leurs droits & qualités pardevant les Officiers des Amirautés, qui ne leur donneront main-levée des sommes réclamées qu'après avoir ordonné la communication desdites demandes & piéces justificatives d'icelles, à l'Officier des Classes & au Receveur des droits de l'Amiral, pour contredire ou consentir à ladite main-levée par de simples mémoires; & le Trésorier des Invalides fera mention de leur consentement en marge de l'article d'un chacun, sur le registre qu'il tiendra à cet effet, & que les réclamateurs émargeront pour servir d'acquit au Trésorier.

III. Les salaires dûs aux Officiers de l'Amirauté par ces réclamateurs, leur seront payés à raison de six deniers pour livre sur le montant de la réclamation, à quoi Sa Majesté a fixé lesdits salaires pour tous droits.

IV. Après le délai de deux années accordées aux réclamateurs de ces parts, portions d'intérêts & dixiémes, à compter du jour de la liquidation des prises, il sera dressé un état par l'Officier des Classes du port où ces liquidations auront été faites, il l'enverra au Sécretaire d'Etat ayant le département de la Marine, signé de lui & du Receveur de l'Amiral, auquel il en sera délivré copie pour recevoir le tiers sur ces parts, portions d'intérêts & dixiémes non réclamés, qui revient à l'Amiral, duquel tiers ce Receveur donnera son reçu par ampliation au pied de la copie dudit état; & le Trésorier des Invalides de la Marine fera recette des deux autres tiers à leur profit, sur les Ordonnances du Roi qui en seront expédiées.

V. L'intention de Sa Majesté est que le présent Réglement soit exécuté dans les Colonies sujettes à son obéissance, de même que dans tous les ports du Royaume, pour les parts, portions d'intérêts & dixiémes non réclamés des équipages, sur le produit des prises qui y seront amenées.

Pour l'exécution du présent Réglement, mande Sa Majesté à M. le Duc de Penthiévre, Amiral de France, aux Intendans de la Marine & Ordonnateurs dans ses ports, aux Intendans départis dans ses colonies françoises, & à tous autres Officiers qu'il appartiendra, de tenir la main à ce que le présent Réglement soit exécuté selon sa forme & teneur, lequel sera enregistré au Greffe des Amirautés, tant du Royaume que des colonies, lû, publié & affiché par tout où besoin sera, à ce que personne n'en prétende cause d'ignorance. Fait à Bruxelles le deux Juin 1747. *Signé*, LOUIS. *Et plus bas*, Phelypeaux.

LETTRE DE M. L'AMIRAL,

Sur le fait des liquidations.

Du 9 Juin 1758.

MESSIEURS les Officiers de l'Amirauté de la Rochelle, sur les différentes représentations qui ont été faites par divers armateurs des ports, j'ai cru conformement aux intentions du Roi, dont je me suis assuré, devoir révoquer les dispositions de ma Lettre du 3 Avril 1745, concernant les liquidations générales des prises. C'est pour entrer dans l'esprit de la Déclaration de Sa Majesté du 15 Mai 1756, pour l'encouragement de la course, qu'il a été décidé, que les armateurs auroient dorésnavant, la liberté de rendre leurs comptes d'armement, & de faire faire les liquidations générales des prises de leurs corsaires, aux Sièges des Amirautés du lieu de leur résidence, nonobstant que les corsaires ayent été construits ou armés dans d'autres ports. Telle est aujourd'hui l'intention du Roi, pour ne point gêner les armateurs dans leurs opérations. Je suis Messieurs les Officiers de l'Amirauté de la Rochelle, votre bien affectionné.

Signé L. J. M. DE BOURBON.

ARREST DU CONSEIL D'ÉTAT DU ROI,

Qui ordonne qu'il en sera usé comme par le passé pour le partage des prises ou rançons que pourroient faire les bâtimens armés en guerre & marchandise par les Sujets de Sa Majesté.

Du 10 Janvier 1759.

Extrait des Registres du Conseil d'Etat.

VU par le Roi, étant en son Conseil, la Déclaration du 15 Mai 1756, portant différens encouragemens pour la course sur les ennemis de l'Etat, par l'article VII de laquelle, Sa Majesté auroit accordé aux officiers & équipages des vaisseaux armés pour son compte, le tiers dans le produit net des prises des vaisseaux marchands qui seroient par eux faites: & Sa Majesté étant informée qu'à la faveur de cette disposition, qui ne regarde que ses vaisseaux, les officiers & équipages des bâtimens appartenans à ses sujets, qui sont armés en guerre & marchandise, prétendent avoir le tiers dans le produit des prises, & qu'il s'est élevé à ce sujet différentes contestations dans les Sièges d'Amirautés; qu'il y auroit même eu une diversité de jugemens à l'occasion de cette prétention, & sur l'interprétation de l'article VII de ladite déclaration. A quoi Sa Majesté voulant pourvoir: Oui le rapport, le Roi étant en son Conseil, a ordonné & ordonne que sa Déclaration du 15 Mai 1756, & son Ordonnance rendue en conséquence le 15 Juin 1757, concernant l'une & l'autre les prises faites par les bâtimens armés pour son compte, seront exécutées selon leur forme & teneur; & qu'à l'égard des officiers & équipages des navires armés en guerre & marchandise, par ses sujets, il en sera usé pour le partage des prises ou rançons qui pourroient être faites par lesd. navires, comme par le passé, s'il n'y a stipulation ou convention dans l'engagement fait entre les armateurs & les équipages, sans qu'à l'occasion, ou sous prétexte du présent Arrêt, on puisse attaquer les jugemens intervenus, & les liquidations faites en conséquence. Mande & ordonne Sa Majesté à M. le Duc de Penthievre, Amiral de France, de tenir la main à l'exécution du présent Arrêt, qui sera enregistré aux Greffes des Amirautés. Fait au Conseil d'Etat du Roi, Sa Majesté y étant, tenu à Versailles le dix Janvier mil sept cent cinquante-neuf.

Signé BERRYER.

ARTICLE XXXIV.

FAisons défenses aux Officiers de l'Amirauté de se rendre adjudicataires, directement ou indirectement, des vaisseaux, marchandises & autres effets provenant des prises, à peine de confiscation, quinze cens livres d'amende, & d'interdiction de leurs Charges.

ON trouve les mêmes défenses dans l'art. 10 tit. 3 du liv. 1er. par rapport aux baux dont l'adjudication se fait par les officiers de l'Amirauté, & dans l'art. 16 du tit. des naufrages pour les ventes d'effets naufragés.

Cependant quoique la prévarication soit la même dans tous ces cas, les peines y sont exprimées diversement, ce qui selon toute apparence ne vient que d'un manque d'attention de la part des rédacteurs de cette Ordonnance. C'est pourquoi je pense qu'il s'agit de réunir ces différentes peines, pour faire supporter ce qu'elles ont de plus rigoureux à l'officier prévaricateur, & cela par les raisons qui en seront apportées sur ledit art. 16 du tit. des naufrages.

Par rapport à la privation des charges sur tout, je vois d'autant moins de difficulté à lui faire prendre la place de l'interdiction prononcée simplement par cet article, qu'il a encheri sur l'amende ou peine pécuniaire; au moyen de quoi jugeant que la tentation de prévariquer pourroit être plus pressante & plus vive dans les ventes des prises, & voulant que la sévérité des peines servît à la faire surmonter; il est tout naturel d'en inférer, qu'au lieu de la simple interdiction, ou sous ce terme interdiction, il a entendu la privation des charges, à l'exemple des deux autres articles cités, n'y ayant absolument aucune raison de différence, ou plutôt cette peine devant suivre nécessairement l'augmentation que cet article a faite de la peine pécuniaire. Et ce qui me paroit achever de lever tout doute à ce sujet, c'est l'Ordonnance de Philippes V Roi d'Espagne, sur le fait des prises, en date du 21 Août 1702; Ordonnance presque en tout conforme aux dispositions du présent titre, comme ayant été faite sous les yeux de Louis XIV; jusque là même que la plûpart des articles y sont copiés mot à mot. Or cette Ordonnance art. 36 en faisant les mêmes défenses aux officiers de l'Amirauté sous peine de 1500 florins d'amende, ajoûte précisement la peine *d'être destitués de leurs charges*, au lieu de la simple interdiction.

Tout ce qui est défendu directement l'est aussi indirectement, puisque sans cela rien ne seroit plus aisé que d'éluder la loi. Ainsi, la prévarication étant la même de la part des officiers de l'Amirauté, s'ils se rendoient adjudicataires sous des noms interposés, & qu'il y en eût preuve, la punition seroit aussi la même.

En cette partie au reste, sous le nom d'officiers de l'Amirauté, doivent être compris le greffier en chef, les commis greffiers & l'huissier de service employé pour publier les enchéres, comme il a été observé sur l'art. 10 tit. 3, liv. 1er. déjà cité, & comme il sera dit encore sur ledit art. 16 du tit. des naufrages.

Dans le réglement du 6 Juin 1672, en forme d'instruction sur le fait de la procédure des prises, il étoit simplement recommandé aux officiers de l'Amirauté » d'observer étroitement les défenses portées par les Ordonnances & réglemens, » de ne se rendre adjudicataires des marchandises des vaisseaux pris, ni sous leur » nom ni sous celui de personnes interposées. » Mais cela étoit trop simple, & ne se rapportoit qu'aux défenses faites en général aux juges de se rendre adjudicataires des choses qui se vendent par leur autorité. Il falloit donc, portant la prévoyance plus loin, prévenir le mal par la crainte des peines; & c'est ce que notre Ordondance a fait de maniére à ne pouvoir être taxée de rigueur que par ceux qui ne savent pas avec quelle pureté de sentimens il faut exercer la magistrature.

TITRE X.

DES LETTRES DE MARQUE OU DE REPRÉSAILLES.

ON ne voit pas pourquoi ce titre a été paſſé ſous ſilence dans l'Ordonnance de 1684, concernant la Bretagne.

Le droit de repréſailles eſt celui qu'a tout Potentat de ſe faire juſtice lui-même, du tort qui lui a été fait par un autre Prince, ou par ſes Sujets, & dont il ne lui a pas été donné ſatisfaction.

C'eſt encore la faculté qu'ont les Souverains d'accorder à leurs Sujets des lettres pour les autoriſer à ſaiſir les biens qu'ils trouveront appartenans aux Sujets d'un autre Prince, pour s'indemniſer du tort qu'ils en auront reçu, & qu'on aura refuſé de réparer.

En conſéquence de ce double droit, qui eſt admis par toutes les Nations, ſi un Prince s'empare d'une des places d'un autre, s'il lui refuſe la reſtitution de quelques-uns de ſes biens ou de ſes Sujets; enfin s'il lui fait quelqu'autre injuſtice, celui-ci eſt fondé à ſon tour à s'emparer d'une des places de l'autre à ſa bienſéance, à ſaiſir ſes biens ou ceux de ſes Sujets, même à les arrêter priſonniers, juſqu'à ce que la juſtice qu'il a droit d'attendre lui ait été rendue.

Tout cela convient à la définition que donne Loccenius du droit de repréſailles, *de jure maritimo*, *lib. 3*, *cap. 5*, *n. 2*, *fol. 258*, en ces termes, *eſt jus præhendendi ac detinendi bona aut corpora ſubditorum etiam exterorum, in compenſationem injuriæ & læſionis quæ in publicum detrimentum præcipuè vergit.*

Selon le même Auteur *ibid.* ce terme *repréſailles*, uſité preſque par tout, les uns le font dériver du mot françois *repriſe* ou *reprendre*, *à reprehenſione aut reprehendere;* d'autres du mot latin *reprimere*, & d'autres du mot italien *priſa*, qui ſignifie *capture* : mais, ajoute-t-il, tout cela revient au même.

Le mot italien cependant eſt *repreſaglia*, ſuivant le Dictionnaire de Trévoux ; & du reſte il ne faut point, ce ſemble, chercher l'étymologie de ce terme ailleurs que dans ce mot de la baſſe latinité *repreſalia*, qui, comme l'obſerve Grotius, a paſſé dans les langues vulgaires.

Dans les principes du droit des gens, pour légitimer l'exercice des repréſailles, il n'eſt nullement néceſſaire que le Prince contre qui ce remède eſt employé ni ſes Sujets, ayent uſé de violence, ou ayent fait quelque ſaiſie ou autre entrepriſe irrégulière ſur les biens de l'autre ou de ſes Sujets ; il ſuffit qu'il y ait déni de juſtice, ou refus de payement d'une dette légitime, que cette dette ſoit dûe par le Souverain lui-même ou par ſes Sujets.

Outre les Auteurs indiqués par le Commentateur ſur l'article premier, d'après le Guidon de la mer, chap. 10, art. premier, pag. 301, on peut voir à ce ſujet Bouchel dans ſa Bibliothéque, *verbo* repréſailles; Stypmannus, *ad jus maritimum*, *part. 5*, *cap. 1*, *n. 22*, *fol. 637*; Jacobus à Canibus, *Tractat. de repreſaliis*, *part. 1*, *à n. 1*, *uſque ad* 22; Martinus Laudenſis, *tit. eodem*, *n.* 3 *& ſeq.*, & Jullius Ferretus, *de re navali*, *lib.* 5, *n.* 22 *& ſeq.* Grotius, du Droit de la Guerre & de la Paix, liv. 3, chap. 2 tout entier, où il démontre la juſtice des repréſailles, quoique de droit nul ne ſoit tenu des dettes d'autrui, ou de réparer les torts d'autrui. On y peut joindre les notes de Barbeyrac, *ibid.* de même que Pufendorf, du Droit de la nature & des gens, liv. 8, chap. 6, §. 13.

Ce dernier entrant dans un certain détail, dit :

„ C'eſt encore un uſage établi entre les peuples que les biens de chaque Sujet „ répondent pour ainſi dire des dettes de l'Etat dont il eſt membre, comme auſſi du „ tort qu'il peut avoir fait, en ne rendant pas juſtice aux étrangers; enſorte que les „ intéreſſés peuvent ſe ſaiſir des biens de tous les Sujets de cet Etat qui ſe trouvent „ chez eux, & de leurs perſonnes même. Ces ſortes d'exécutions s'appellent *repré-* „ *ſailles*, & elles ſont ſouvent un prélude de guerre.

Pour en faire voir la juſtice au fond, il ajoute » que, comme tout le corps de l'Etat „ prend ſur ſon compte les injures faites par des étrangers à quelqu'un de ſes ci- „ toyens, on a trouvé qu'il n'étoit point injuſte de ſuppoſer d'autre part que chaque „ citoyen s'oblige ſubſidiairement pour les dettes de l'Etat, qui, en cas de repréſailles, „ eſt tenu de le dédommager de la perte qu'elles lui ont cauſée : que ſi quelque peu „ de citoyens, continue-t-il, en ſouffrent en certaines circonſtances, il faut mettre „ cela au nombre des inconvéniens inévitables dans une ſociété civile, mais qui ſont „ bien peu de choſe en comparaiſon de ceux où l'on auroit été continuellement ex- „ poſé dans l'indépendance de l'état de nature.

Cependant ce raiſonnement de Pufendorf n'eſt pas exact, en ce qu'il ſuppoſe que chaque particulier lézé peut d'autorité uſer de repréſailles, tandis qu'il eſt paſſé en coutume depuis longtemps, qu'il faut pour cela qu'il y ſoit autoriſé par ſon Souverain; & c'eſt ce que Barbeyrac établit ſolidement dans ſa note ſur cet endroit d'après Buddeus. Voici comment il s'exprime :

„ Les repréſailles étant une eſpéce d'acte d'hoſtilité, ou du moins le prélude de „ la guerre, il eſt clair que perſonne ne ſauroit légitimement uſer de ce droit, qu'au „ nom & par l'autorité du Souverain, qui, avant que d'en accorder la permiſſion, „ doit bien examiner ſi l'intérêt public permet de ſe porter à cette extrêmité. Il faut „ auſſi que le ſujet pour lequel on uſe de repréſailles ſoit bien clair, & la choſe dont il „ s'agit de grande conſéquence. Mais quelque ſujet que l'on ait d'uſer de repréſailles, „ on ne peut que garder les perſonnes dont on ſe ſera ſaiſi, ſans les maltraiter, juſ- „ qu'à ce que l'on ait obtenu ſatisfaction; de ſorte que pendant tout ce temps-là ils „ ſont comme en ôtage.

„ Pour les biens ſaiſis par droit de repréſailles, il faut en avoir ſoin juſqu'à ce que „ le terme auquel le payement devoit ſe faire ſoit expiré. Après quoi on peut les ad- „ juger au créancier, ou les vendre pour l'acquit de la dette, en rendant à celui ſur „ qui on les a pris ce qui reſte, tous frais faits. Mais il n'eſt permis d'uſer de repréſail- „ les qu'à l'égard des Sujets proprement dits, & de leurs biens; car, pour ce qui eſt „ des étrangers, qui ne ſont que paſſer, ou qui viennent ſeulement pour demeurer quel- „ ques temps dans le pays (ſur quoi voir Grotius, Jacobus à Canibus & Martinus Lau- „ denſis, *Tract. de repreſaliis*), ils n'ont pas une aſſez grande liaiſon avec l'Etat, „ dont ils ne ſont membres qu'à temps, & d'une maniére fort imparfaite, pour que „ l'on puiſſe ſe dédommager ſur eux du tort que l'on a reçu de quelque citoyen per- „ pétuel, ou du refus que le Souverain a fait de rendre juſtice.

Je n'ai rapporté tout ceci que pour montrer dans un ſeul tableau en racourci, que notre Ordonnance, dans tout ce titre, où il ne s'agit que des repréſailles dont les particuliers peuvent uſer par mer, & auxquelles par conſéquent je dois me borner, eſt non-ſeulement conforme au droit des gens reçu chez toutes les nations, mais encore qu'elle l'a perfectionné par les ſages précautions qu'elle a priſes, & qu'elle a ajouté à celles qu'exigeoit déja l'Auteur du Guidon, chap. 10, pour en bannir les excès, & en tempérer la rigueur.

Venons maintenant au détail.

ARTICLE PREMIER.

CEux de nos Sujets dont les vaiſſeaux ou autres effets auront été pris ou arrêtés hors le fait de la guerre, par les Sujets des autres Etats, ſeront tenus, avant que d'avoir recours à nos lettres de repréſailles, de faire informer de la détention de leurs effets pardevant le plus prochain Juge de l'Amirauté du lieu de leur deſcente, & d'en faire faire l'eſtimation par experts nommés d'office, entre les mains deſquels ils mettront les charte-parties, connoiſſemens & autres piéces juſtificatives de l'état & qualité du vaiſſeau & de ſon chargement.

CEux de nos Sujets, non-ſeulement naturels & regnicoles, mais encore devenus tels par des lettres de naturaliſation, comme le Commentateur l'obſerve fort-bien, mais d'après l'Auteur du Guidon, *ibid.* art. 2, pag. 301, ſans le citer, ce qui lui arrive toujours. C'eſt auſſi l'avis de Jacobus à Canibus, *Tract. de repreſaliis*, *part.* 1, *n.* 29.

Dont les vaiſſeaux & autres effets auront été pris ou arrêtés. L'article ſuivant & le quatriéme ne parlent que d'effets déprédés, & le troiſiéme dit, *effets retenus ou enlevés ;* expreſſions qui toutes ſuppoſent naturellement des voyes de fait relatives à la navigation, telles que ſont des priſes faites en mer, ou des ſaiſies & arrêts dans des ports étrangers, ſoit de navires, ſoit de leur chargement, en tout ou partie.

Il ne s'enſuit pas de-là néanmoins que les repréſailles ne puiſſent être permiſes en général aux particuliers que dans ces cas-là ; les autorités ci-deſſus rapportées ſont une preuve du contraire : & d'ailleurs la raiſon ſeule fait aſſez comprendre qu'il y a en effet d'autres cauſes de repréſailles. Mais c'eſt que les lettres de repréſailles ne s'accordent ordinairement aux particuliers qu'en pareille circonſtance, comme l'obſerve le même Auteur du Guidon, *ibid.* art. 3, & que notre Ordonnance a dû néceſſairement ſe borner à ces mêmes cas, comme étant ſeuls de la compétence de l'Amirauté.

Hors le fait de la guerre. C'eſt d'un côté que la guerre autoriſant les hoſtilités, il n'y a à s'en plaindre qu'autant qu'elles auront été commiſes contre les loix mêmes de la guerre, ou au préjudice des conventions particulieres ; & d'un autre côté, que pour ſe dédommager des pertes que l'on aura ſouffertes à l'occaſion de la guerre, il ſeroit ſuperflu de recourir à des lettres de repréſailles, qui ne peuvent être accordées que

que par le Roi, avec des formalités; tandis qu'il est plus simple & plus avantageux d'armer en course, avec commission en guerre de l'Amiral.

Ces mots signifient encore qu'on peut user de représailles pour se dédommager d'une injustice qu'on aura soufferte, sans pour cela rompre la paix & ouvrir la guerre.

Seront tenus avant que d'avoir recours à nos lettres de représailles. Dans tous les autres articles de ce titre, ces lettres ne sont appellées tout de même que lettres de représailles. Cependant, suivant la rubrique du titre, c'est la même chose que des lettres de marque; de sorte que ce sont des termes qu'il faudroit regarder comme synonimes.

S'il est vrai néanmoins que les lettres de marque ne soient ainsi appellées, au sentiment des Docteurs, que parce qu'elles attribuent, *jus transeundi in alterius principis marchas seu limites, & bona eorum occupare, qui nostra usurparunt;* sur quoi voir le Glossaire de du Cange au mot *marcha*; il sembleroit que les lettres de marque n'auroient d'application qu'aux représailles à faire sur terre, & dans l'Etat dont le Prince ou les Sujets auroient commis l'injustice, & que, dans le sens restreint de notre Ordonnance, qui n'a de rapport qu'aux faits maritimes, on ne devroit leur donner que la dénomination simple de lettres de représailles.

Quoiqu'il en soit, ceux qui désirent d'en obtenir aux termes de cet article, *doivent faire informer de la détention de leurs effets pardevant le plus prochain Juge de l'Amirauté du lieu de leur descente, & en faire faire l'estimation*, &c.

Rien n'est plus naturel; celui qui se plaint d'une injustice qui lui a été faite, est obligé d'en rapporter la preuve, & de justifier en quoi elle consiste.

Que cette justification au reste doive se faire devant le Juge de l'Amirauté, cela est tout clair, puisqu'il s'agit là d'un délit maritime, ou d'une injustice relative à la navigation. Mais, comme il a été observé, il est d'autres cas pour lesquels des lettres de représailles peuvent être obtenues; & il convient d'ajouter ici, que pour ces autres cas les lettres peuvent autoriser des représailles sur mer ou dans les ports, quoique l'injustice soufferte fût étrangere à la navigation. Ce qu'il y a seulement alors, c'est que la preuve de l'injustice doit se faire pardevant d'autres Juges que ceux d'Amirauté; & cela n'empêchera pas néanmoins que si, en conséquence des lettres de représailles, il est fait quelque prise en mer, ou quelque saisie dans les ports maritimes, ce ne soit aux Officiers de l'Amirauté d'en connoître, à l'exclusion de tous autres Juges, même de ceux devant lesquels la vérification du délit aura été faite.

Du lieu de leur descente. Soit que le navire ait été relâché, & qu'il n'y ait eu que des effets du chargement retenus, soit que tout ayant été retenu & arrêté, les parties lézées soient retournées sur un autre navire. Mais pourquoi dans l'un & l'autre cas exiger que l'information soit faite devant le Juge de l'Amirauté du lieu de la descente, plutôt que devant le Juge de l'Amirauté du lieu du domicile, ou du port dans lequel le navire avoit été équipé? Sur-tout *les piéces justificatives de l'état & qualité du vaisseau & de son chargement*, devant être représentees pour faire procéder à l'estimation; & ces piéces ne pouvant être produites dans le lieu de la descente, en cas d'arrêt du navire, qu'autant qu'elles seront tirées par *duplicata*, ou par seconde expédition du lieu du départ du vaisseau?

Cela feroit penser que le lieu de la descente seroit ici indiqué sans conséquence, ou seulement pour l'avantage de la partie lézée, en supposant qu'il lui seroit plus facile d'y trouver des témoins. Par exemple, ceux qui auroient été mis en liberté avec elle, & nullement qu'elle fût non-recevable à demander des lettres de représailles, pour n'avoir fait constater ses sujets de plaintes que pardevant le Juge de l'Amirauté de son domicile, ou du port d'où le navire seroit parti. Après tout les lettres de représailles dépendent de la pure grace & volonté du Roi : quelques formalités qui eussent été observées, Sa Majesté pourroit en exiger d'autres, de même qu'elle pourroit dispenser de celles qui auroient été omises.

Mais une formalité sûrement essentielle, est que toute cette opération se fasse avec le Procureur du Roi, puisqu'il s'agit d'une chose qui peut occasionner la guerre, & qui par conséquent intéresse le Roi & l'Etat; sans compter que le ministére du Procureur du Roi est toujours nécessaire dans toutes les causes où il s'agit de la défense des droits des absents, soit françois, soit étrangers.

ARTICLE II.

SUr l'information faite, & le procès-verbal justificatif de la valeur des effets pris & retenus, pourront nos Sujets se retirer par devers nous, pour obtenir nos lettres de représailles, qui ne leur seront néanmoins accordées qu'après avoir fait faire par nos Ambassadeurs les instances, en la forme & dans les temps portés par les Traités faits avec les Etats & Princes dont les Sujets auront fait les déprédations.

PAr le droit de nature & des gens, il est permis à quiconque a reçu une injure, ou souffert une injustice, d'user de représailles : mais, par le droit civil, cette faculté trop dangereuse a été restreinte avec raison. Desorte qu'aujourd'hui, du consentement de toutes les nations policées, nul particulier n'a droit d'en user qu'avec la permission de son Souverain, expresse ou tacite; laquelle permission tacite résulte de celle accordée par les Magistrats. Grotius, *loc. cit.* liv. 3, chap. 2, §. 7, n. 4, *& ibi* Barbeyrac.

Parmi nous il faut essentiellement des lettres du Roi; parce que, comme le remarque l'Auteur du Guidon, chap. 10, art. premier, pag. 301, *cetui droit est de puissance absolue, qui ne se communique ni délégue aux Gouverneurs des provinces, villes & cités, Amiraux, Vice-amiraux ou autres Magistrats.*

A la vérité, il n'en a pas toujours été de même; & autrefois les Parlemens étoient en possession d'accorder ces sortes de lettres. C'est ce qu'atteste Ferriere, sur la décision 32 de Guy Pape; & Chopin, *de domanio, lib. 3, tit. 25, n. 1 & 5*, en rapporte deux Arrêts du Parlement de Paris, des 12 Juillet 1345 & 14 Février 1392. Mais cet usage fut abrogé par Charles VIII, qui dans son Ordonnance de l'an 1485, déclara se réserver expressément ce droit; depuis lequel temps il a toujours été mis effectivement au nombre des droits régaliens.

Mais, pour être en état de se présenter au Roi pour lui demander des lettres de représailles, il faut que la supplique soit accompagnée de l'information ordonnée par l'article précédent, & du procès-verbal justificatif de la valeur des effets pris & retenus.

Avec cela néanmoins les lettres de représailles ne seront pas accordées aussi-tôt, parce qu'il se peut que le Souverain du pays où l'injustice a été commise, la répare en plein; auquel cas elle sera regardée comme non-avenue. Tous les Auteurs qui ont écrit sur cette matiére, conviennent unanimement que le délit d'un sujet ne doit être imputé au Souverain, à l'effet d'autoriser des représailles, qu'autant qu'il refuse d'en faire une satisfaction convenable.

Il faut donc auparavant la lui demander; & c'est ce que nos Rois ont toujours fait, sans jamais se prévaloir de la supériorité de leur puissance, quoique à ce titre ils eussent moins à craindre les suites des représailles; je veux dire la guerre. C'est que la justice & la modération leur ont toujours paru préférables à l'intérêt de leur gloire, quelque atteinte que semblât y donner la lenteur de la satisfaction.

Notre article porte que les lettres ne seront accordées qu'après des instances inutilement faites par les Ambassadeurs auprès des Princes dont les Sujets auront fait les déprédations.

Alors, en cas de refus sans cause légitime, ou de délais trop affectés, un Roi manqueroit à sa gloire & à la justice qu'il doit à ses Sujets, s'il ne leur accordoit pas des lettres de représailles, sous prétexte que la guerre peut s'ensuivre; & les exemples que Loccenius rapporte des Princes & des Républiques qui en ont refusé constamment, sont moins des preuves de leur modération & de leur amour pour la paix, que de leur foiblesse ou de leur pusillanimité.

Cependant, que dans un Traité, tel que celui cité par le même Loccenius, *fol. 261*, conclu entre les François & les Flamands en 1596, il soit stipulé qu'à l'avenir il ne sera accordé aucunes lettres de représailles, & que la partie lézée n'aura recours qu'à la Justice, *represaliæ nullæ inposterum concedantur, sed ordinariâ juris viâ quisque suum repetat*, à la bonne heure; mais il doit toujours demeurer sous-entendu que si, par la voie de la justice, on ne peut obtenir la satisfaction dûe, ce sera le cas de recourir aux représailles, puisque le seul déni de justice y donne lieu de plein droit.

Reste de savoir après cela, si la réparation du tort doit être demandée plusieurs fois, comme la République de Pologne en fit un Décret dans la Diete dont parle le même Loccenius en ces termes : *nullæ represaliæ aut arresta, tàm terra quàm mari ratione cujuscumque injuriæ, nisi justitia pluribus vicibus repetita non administretur, admittantur.*

Sur cela il n'y a certainement point de régle à prescrire aux Souverains; & si le Parlement en 1443 ordonna que ces lettres ne seroient accordées qu'à ceux à qui le Prince étranger auroit refusé la justice par trois fois, il ne prétendit pas sans doute en faire une loi; ou du moins cette condition ne pouvoit regarder que les lettres qu'il étoit encore en possession de faire expédier. Quoiqu'il en soit, il n'en dût plus être question après l'Ordonnance de Charles VIII, par laquelle il se réserva le droit d'accorder des lettres de représailles, comme un attribut essentiel de la Souveraineté. Et en effet, comme elles sont presque toujours le prélude de la guerre, le droit de les accorder ne peut appartenir absolument qu'à la Puissance qui a droit de déclarer la guerre.

C'est donc la prudence du Roi qui doit régler la nature & la qualité des instances qu'il juge à propos de faire faire par ses Ambassadeurs, ou autrement, si par les Traités il n'y a rien de statué sur ce point d'une maniére positive.

Par l'article 16 du Traité de paix conclu à Utrecht le 11 Avril 1713, entre la France & l'Angleterre, conforme à l'art. 9 du Traité de Riswik, il est stipulé qu'à l'avenir l'une des deux Puiſſances » ne délivrera aucunes lettres de repréſailles » contre les Sujets de l'autre, s'il n'apparoit auparavant d'un délai, ou d'un déni » de juſtice manifeſte ; ce qui ne pourra être tenu pour conſtant à moins que la re- » quête de celui qui demandera des lettres de repréſailles, n'ait été rapportée ou re- » préſentée au Miniſtre ou Ambaſſadeur qui ſera dans le pays, de la part du Prince » contre les Sujets duquel on pourſuivra leſdites lettres ; afin que dans l'eſpace de qua- » tre mois, il puiſſe s'éclaircir du contraire, ou faire enſorte que le défendeur ſatisfaſſe » inceſſamment le demandeur. Et s'il ne ſe trouve ſur le lieu aucun Miniſtre ni Am- » baſſadeur du Prince, on n'expédiera encore les lettres qu'après quatre mois expirés, » à compter du jour que la requête aura été préſentée au Prince contre les Sujets du- » quel on les demandera, ou à ſon Conſeil privé. «

Cela ſe trouve auſſi rappellé en ſubſtance dans l'article 3 du Traité de Commerce conclu entre les mêmes Puiſſances, le même jour 11 Avril 1713 ; & dans les autres Traités d'Utrecht conclus avec les autres Puiſſances. De ſorte qu'en cette partie, c'eſt le droit commun des nations.

ARTICLE III.

LEs lettres de repréſailles *feront mention de la valeur* des effets retenus ou enlevés, porteront *permiſſion d'arrêter & ſaiſir* ceux des Sujets de l'Etat qui aura refuſé de faire reſtituer les choſes retenues, *& régleront le temps* pendant lequel elles ſeront valables.

TElle étoit auſſi anciennement la forme des lettres de repréſailles, comme il réſulte du Guidon, chap. 10, article premier & 4, & du modéle qu'en donne Bouchel, *verbo* repréſailles.

Feront mention de la valeur, relativement au procès-verbal d'eſtimation des effets. C'eſt que les lettres de repréſailles n'ayant pour objet que de procurer à l'impétrant un juſte dédommagement du tort qui lui a été fait ; & en conſéquence, ne devant toucher du produit des priſes, ou des ſaiſies qu'il fera, que la ſomme qui lui eſt dûe, il eſt tout naturel qu'elle ſoit exprimée dans les lettres, afin qu'il n'abuſe pas du pouvoir qui lui eſt donné.

Permiſſion de ſaiſir & arrêter. Le Guidon dit, *permiſſion d'appréhender, ſaiſir par force ou autrement les biens & marchandiſes des Sujets de celui qui a toléré ou paſſé ſous ſilence le premier tort.*

En vertu des lettres de repréſailles, l'impétrant eſt donc autoriſé à armer en courſe contre les Sujets de l'Etat qui a refuſé de lui rendre juſtice, & à faire ſur eux des priſes en mer, en obſervant les formalités preſcrites à ce ſujet. Il peut, à plus forte raiſon, ſaiſir & arrêter les effets qu'il trouvera appartenans aux Sujets de ce même Etat, ſoit dans le Royaume ou en des pays amis ; mais alors je penſe que la ſaiſie doit être faite *viâ juris :* par Ordonnance de Juſtice, & nullement par voie de fait ; à moins qu'il n'y eût du péril dans la demeure.

Et régleront le temps. Hors lequel elles ſeront preſcrites, dit le Guidon. Rien n'eſt plus juſte à tous égards ; ſauf à obtenir de nouvelles lettres, ſuivant les circonſtances.

ARTICLE IV.

Les impétrans des lettres de représailles seront tenus de les faire enregistrer au Greffe de l'Amirauté du lieu où ils feront leur armement, & de donner caution *jusqu'à concurrence de moitié de la valeur des effets déprédés* pardevant les Officiers du même Siége.

Ces conditions sont de nouvelles précautions sagement prises par notre Ordonnance.

Quoiqu'il ne soit parlé ici que du cas où l'impétrant des lettres arme en course, l'enregistrement au Greffe de l'Amirauté n'est pas moins nécessaire, s'il s'agit d'effets à saisir & à arrêter dans un port de mer; & alors l'enregistrement doit se faire au Greffe de l'Amirauté de chaque lieu où l'on saisit. La raison est qu'il importe également de savoir quel usage l'impétrant fait de ses lettres, par-tout où il entend s'en servir, & par quelle voie il peut se procurer son dédommagement. Mais pour la caution qu'il doit donner aux termes de cet article, il suffit qu'il l'ait fournie pardevant les Officiers de l'Amirauté du lieu où il a d'abord fait enregistrer ses lettres; de sorte qu'en rapportant la preuve qu'il l'a effectivement fournie, il sera dispensé d'en donner une nouvelle dans le lieu où il fera ensuite enregistrer les mêmes lettres.

Cette caution au reste, qui est exigée *jusqu'à concurrence de moitié de la valeur des effets déprédés*, n'a point de relation à la valeur des prises ou des saisies à faire, en conséquence des lettres de représailles. Cette moitié de la valeur des effets déprédés ne peut s'entendre absolument que de la moitié de la somme exprimée dans les lettres; parce que ces mots, *effets déprédés*, se rapportent nécessairement aux causes de représailles déclarées & répétées dans les articles précédens : savoir, des vaisseaux & autres effets pris ou arrêtés, des déprédations, des effets enlevés, pris ou retenus; à joindre qu'on ne peut pas regarder comme effets déprédés, ceux qui peuvent être pris ou saisis en conséquence des lettres de représailles.

Ainsi quoique la caution doive répondre des abus & malversations, que l'impétrant pourra commettre en vertu des lettres de représailles, aussi-bien que des dommages & intérêts auxquels l'impétrant sera sujet; si l'exposé de ses lettres ne se trouve pas véritable, suivant la disposition de l'art. 8; ce ne sera toujours que jusqu'à concurrence de la moitié de la somme pour raison de laquelle les lettres de représailles auront été accordées, & il n'est pas possible d'inférer autre chose du présent article par rapport à la caution.

Mais en cas d'armement en course pour l'exécution des lettres de représailles, outre l'enregistrement des lettres & la caution à fournir de la part de l'impétrant, il faudra de plus qu'il prenne une commission en course de M. l'Amiral qui lui tiendra lieu de congé, à peine de confiscation : car il n'est pas permis à quiconque de sortir d'un port du Royaume sans commission ou congé de l'Amiral, quelque permission ou passeport qu'il ait obtenu du Roi, parce que Sa Majesté en les accordant, n'entend pas affranchir des formalités établies pour la navigation en général, comme il a été observé sur l'art. 1er. du tit. des congés qui est le dixiéme du livre 1er.

ARTICLE V.

LEs prises faites en mer, en vertu de nos lettres de représailles, seront amenées, instruites & jugées en la même forme & maniére que celles qui auront été faites sur nos ennemis.

C Est-à-dire que ces prises devant être absolument considérées de la même maniére que celles qui sont faites en pleine guerre sur les ennemis de l'Etat, il faut y appliquer toutes les regles établies & les formalités prescrites par rapport aux prises faites sur les ennemis, sur quoi voir ce qui a été remarqué sur la plupart des articles du tit. précédent.

Ainsi le dixiéme en étoit dû à M. l'Amiral tant que ce droit a subsisté, quoiqu'il n'y ait pas de confiscation à prononcer en pareil cas. Aussi l'article 32 du tit. précedent ne fait-il aucune distinction entre les prises, dès qu'elles sont légitimes & déclarées bonnes & valables. Au surplus c'est la décision formelle de l'Ordonnance du 6 Août 1582; & c'est ce qui confirme encore la proposition que j'ai avancée, que l'impétrant qui arme en course doit nécessairement prendre une commission de M. l'Amiral.

Mais en ce qui concerne la caution, au moyen de celle que l'impétrant est obligé de fournir aux termes de l'article précédent, je pense qu'il est exempt de donner celle prescrite par l'art. 2 du tit. des prises, jusqu'à concurrence de la somme de 15000 liv. puisque c'est pour le même sujet. Et que l'on ne dise pas que celle-ci seroit indispensable si la responsion de l'autre n'alloit pas à la même somme; car il seroit ridicule d'imaginer que le Roi accordât des lettres de représailles pour un objet aussi peu considérable.

ARTICLE VI.

S*I la prise est déclarée bonne, la vente en sera faite pardevant le Juge de l'Amirauté, & le prix en sera délivré aux impétrans* sur & tant moins, ou jusqu'à concurrence de la somme pour laquelle les lettres auront été accordées, & le surplus demeurera déposé au Greffe, pour être restitué à qui il appartiendra.

P Ar le droit des gens, les effets pris par représailles appartiennent de plein droit à celui qui s'en est emparé, jusqu'à concurrence de son dû, & des frais qu'il a été obligé de faire, sans avoir besoin de recourir à la justice pour se faire adjuger ces effets, dit Grotius *loc. cit. n.* 5 : mais ajoute-t-il « selon les regles du » droit civil, on cite premiérement les intéressés, ensuite on vend, ou l'on adju» ge au créancier par autorité publique, les effets saisis; & ce qu'il y a de surplus » est restitué.

Notre Ordonnance sur tout ceci est dans la plus exacte justice. Après avoir marqué les conditions qui doivent précéder, accompagner & suivre l'octroi des lettres de représailles, elle veut que les prises soient sous la main du Roi & de justice, sans les laisser à la disposition des impétrans ; qu'ils ne reçoivent rien que par autorité judiciaire & qu'à la charge de mettre leur reçu au dos des lettres ; enfin qu'ils ne touchent que leur dédommagement.

Si la prise est déclarée bonne. Or elle ne peut être déclarée telle, qu'autant qu'elle aura été faite dans les regles, & sur des sujets de l'Etat qui aura refusé de réparer le tort à l'occasion duquel les lettres de représailles auront été accordées.

Ce n'est aussi qu'au conseil des prises, où préside M. l'Amiral, que la prise peut être jugée ; mais l'instruction se fera par les Officiers de l'Amirauté du port où la prise aura été amenée, comme cela s'observe à l'égard des prises en guerre.

La vente en sera faite. De même en prise ordinaire la vente ne doit se faire qu'après qu'elle a été déclarée bonne, à moins qu'il n'y ait des effets sujets à dépérissement & qui ne puissent être conservés sans trop perdre de leur valeur, auquel cas la vente doit s'en faire provisionnellement.

Par devant le Juge de l'Amirauté. Lui seul en effet est compétent d'en connoître, puisqu'il s'agit d'une prise faite en mer, en conséquence de lettres de représailles enregistrées au Greffe de l'Amirauté. Il en seroit de même s'il étoit question d'une saisie d'effets dans quelque bâtiment du port, ou sur le quai, & d'une saisie & arrêt entre les mains d'un débiteur envers quelque sujet de l'Etat contre lequel les lettres de représailles auroient été accordées, si toutefois la dette procédoit de commerce maritime ; mais la dette ou les effets ayant une autre cause, il me semble qu'il faudroit en poursuivre la délivrance ou la vente, devant les Juges qui naturellement seroient fondés à en connoître.

Et le prix en sera délivré aux impétrans, &c. Le véritable objet des lettres de représailles, est de procurer aux impétrans un juste dédommagement du tort qu'ils ont reçu ; mais aussi ils ne peuvent prétendre rien de plus ; c'est pourquoi la délivrance du prix des effets ne doit leur être faite que *sur & tant moins ou jusqu'à concurrence de la somme pour laquelle les lettres auront été accordées.*

Cependant il faut prendre garde que sur le prix de la vente il y a à deduire tant les frais de déchargement & de la garde du vaisseau & des marchandises, que de justice, le dixiéme de M. l'Amiral, & enfin la dépense de l'armement fait par les impétrans d'où la prise s'est ensuivie ; le tout suivant le réglement qui en sera fait par le Juge de l'Amirauté ; de maniére que ce n'est que ce qui reste après toutes ces déductions, qui doit être imputé sur la somme portée par les lettres, & que les impétrans ne seront censés satisfaits, qu'autant qu'ils auront reçu la somme entiere quitte de tous les frais qu'ils auront été obligés de faire en conséquence des lettres de représailles. Autrement il seroit vrai de dire qu'ils ne seroient pas pleinement dédommagés.

Par cette raison je penserois même que l'intérêt de leur dû & de toutes leurs mises, leur devroit être adjugé par forme de dommages intérêts, s'il y avoit dequoi suffire à tout.

Après tout cela, l'excédant, s'il y en a, doit être déposé au Greffe, pour être restitué, dit notre article, à qui il appartiendra. C'est-à-dire à celui sur qui les représailles auront été exercées, comme étant le propriétaire de la chose qui ne doit plus rien, dèsque le tort qui a occasionné les lettres de représailles a été réparé.

Cela est même du droit naturel & des gens, auquel le droit civil n'a fait de changement que pour mieux régler l'usage des représailles. Ainsi le propriétaire des effets saisis seroit fondé à réclamer en justice cet excédant du prix déposé au Greffe, & le Juge seroit en droit d'en accorder la délivrance, sans qu'il fût besoin pour cela d'un ordre du Roi, à moins que la guerre ne fût survenue, parce qu'alors la somme restée en depôt pourroit être sujette à confiscation : le tout sauf son recours contre celui qui a donné lieu aux représailles pour le faire condamner en tous ses dépens, dommages & intérêts.

ARTICLE VII.

LEs impétrans seront tenus, en recevant leurs deniers, d'endosser les lettres de représailles des sommes qu'ils auront reçues, & d'en donner bonne & valable décharge, qui sera déposée au Greffe de l'Amirauté, pour demeurer jointe à la procédure.

PUisque les impétrans ne peuvent faire usage des lettres de représailles que pour se procurer le payement des sommes pour lesquelles elles leur ont été accordées, il est tout naturel qu'ils mettent au dos des lettres, le reçu des deniers dont ils obtiennent la délivrance en justice, en même temps qu'ils en donnent leur quittance en forme pour être déposée au Greffe de l'Amirauté, & demeurer jointe à la procédure.

A la vérité comme ils ne peuvent recevoir sans quittance, & que chaque quittance qu'ils doivent donner doit être déposée au Greffe, il suffiroit pour leur conviction, au cas qu'ils reçussent par ailleurs en d'autres Jurisdictions, quelque chose au-delà de la somme portée par les lettres, de réunir leurs différentes quittances; mais il se pourroit aussi qu'on n'auroit pas connoissance de ce qui leur auroit été adjugé dans quelque autre Jurisdiction. Et c'est pour prévenir toute surprise à ce sujet, qu'il leur est enjoint par cet article d'endosser les lettres originales de toutes les sommes qu'ils recevront, afin qu'à l'inspection de ces lettres qu'ils sont obligés de représenter toutes les fois qu'ils entendent en faire usage, on puisse reconnoître tout d'un coup s'il leur reste dû quelque chose, & en quoi ce reste consiste.

Il est donc du devoir du Procureur du Roi, dont le ministére est indispensable dans toute cette procédure, de veiller à ce que les impétrans ne touchent aucunes sommes, qu'à la charge d'en mettre leur reçu au dos des lettres, & d'en délivrer en même temps leur quittance pour demeurer déposée au Greffe.

ARTICLE VIII.

SI l'exposé des lettres ne se trouve pas véritable, les impétrans seront condamnés aux dommages & intérêts des propriétaires des effets saisis, & à la restitution du quadruple des sommes qu'ils auront reçues.

Il

IL feroit difficile que l'expofé des lettres fût totalement contraire à la vérité, puifqu'aux termes de l'art. 1er., il doit être appuyé d'une information qui conftate la détention des effets ou la réalité de tout autre fait fervant de fondement à la fupplique, & d'un procès-verbal d'eftimation de la valeur des effets pris, enlevés ou retenus; à moins qu'on ne fuppofe le cas où des lettres feroient expédiées fur le fimple expofé de l'impétrant fans preuve, ce qui dépend de la pure volonté du Roi.

D'une ou d'autre maniére, fi l'expofé étoit entiérement faux, c'eft-à-dire s'il n'étoit pas vrai qu'on eût enlevé ou retenu des effets à l'impétrant; en un mot qu'on lui eût fait le tort dont il fe feroit plaint; il n'en feroit pas quitte vraifemblablement pour la peine prononcée contre lui par cet article. Son impofture mériteroit fûrement une punition exemplaire, & le Roi ne manqueroit pas d'ordonner que fon procès lui fût fait à l'extraordinaire.

De même dans le cas d'une information, où des témoins auroient fauffement attefté les faits contenus dans la fupplique, ces témoins mériteroient auffi une punition proportionnée à la griéveté de leur prévarication, attendu les fuites qu'ont ordinairement les repréfailles.

Sur ce plan, j'entendrois cet article, dans ce fens, que pour faire encourir aux impétrans la peine qu'il prononce, il n'eft nullement néceffaire qu'ils ayent fait un expofé totalement faux; mais qu'il fuffit qu'ils ayent tellement exagéré ou déguifé les faits, qu'il n'y ait plus de proportion entre le tort qu'ils ont réellement reçu, & celui dont ils fe font plaint; en un mot entre la fomme qui leur eft effectivement due, & celle pour laquelle ils ont demandé les lettres de repréfailles. J'obferverai toutefois que la reftitution du quadruple n'auroit lieu que par rapport aux fommes qu'ils auroient reçues au-delà de celles qui fe trouveroient leur avoir été dues légitimement; & cette peine du quadruple tiendroit lieu alors des dommages & intérêts, fans qu'il fût queftion d'autre chofe à cet égard. Mais dans l'hypothèfe, je fuppofe que fi la fupplique eût été renfermée dans les bornes de l'exacte vérité, les lettres n'en auroient pas moins été expédiées; car s'il en eût été autrement à raifon de la modicité de l'objet (parce qu'on comprend bien qu'elles ne peuvent s'accorder que pour quelque fujet important fuivant Jacobus à Canibus *loc. cit. n.* 36 & Julius Ferretus *de re navali lib. 5 n. 27 fol. 56.*) Ce feroit le cas fans doute des dommages & intérêts en plein, outre la reftitution du quadruple. Loccenius *de jure maritimo lib. 3*, cap *5*, *n. 9*, *fol. 265*, Martinus Laudenfis *tract. de repreſalliis.* n°. 55.

Mais, comme les délits font perfonnels, fi de plufieurs impétrans il n'y en a que quelques-uns qui ayent expofé faux, il n'y aura auffi que ceux-là qui feront fujets à la peine portée par cet article.

Cette peine du quadruple au refte, fi elle eft empruntée de la Loi *ab his*, au Code *de navicularîis*, comme l'a penfé le Commentateur d'après Cleirac, ce n'eft pas que cette loi parle en aucune façon des repréfailles; mais c'eft qu'elle affujettit à la reftitution du quadruple ceux qui volent les navigateurs, & à l'exemple des autres loix qui ordonnent que tout vol foit puni de la même maniére, lefquelles loix font citées fur l'art. 5, du tit. *des Naufrages* ci-après.

Or, comme celui qui, fous prétexte de repréfailles, fe fait payer des fommes qui ne lui font pas dûes, ou au-delà de ce qui lui eft dû, commet réellement un vol; il étoit tout naturel que notre Ordonnance lui infligeât la peine que les Loix Romaines ont attachée à ce crime ; d'autant plutôt que depuis long-temps notre Jurisprudence l'avoit déjà adoptée, comme il résulte du Guidon, ch. 10. ci-dessus cité, art. 5, pag. 303, & des observations de Bouchel dans sa Bibliothéque, *verbo* représailles.

Le Commentateur observe en finissant, que ce titre de l'Ordonnance ne regarde point la Bretagne, suivant la Déclaration du Roi du mois de Novembre 1684.

On ne sait ce qu'il a voulu dire par-là ; s'il a entendu que la Bretagne avoit une Ordonnance particuliere indépendante de celle-ci, qui lui est absolument étrangére, il n'a pas dit assez en déclarant que ce titre ne regarde pas cette Province, puisqu'il en est de même de tous les autres titres. S'il a entendu au contraire que les lettres de représailles n'avoient pas lieu dans la Bretagne, ou qu'elles n'étoient pas sujettes à de pareilles formalités, il s'est trompé ; parce que le droit d'accorder des lettres de représailles étant essentiellement royal, & aussi inséparablement attaché à la Souveraineté que celui de déclarer la guerre ; le Roi peut sans difficulté en donner aux Bretons comme à ses autres Sujets, à l'exclusion du Gouverneur de Bretagne ; & cela, quoique l'Ordonnance faite pour cette Province ait passé cette matiére sous silence. En effet, tout ce qu'on en peut conclure, c'est qu'en cette partie les choses sont restées dans les termes du droit commun. Or, à supposer que le présent titre eût été omis tout de même dans notre Ordonnance, qui oseroit dire que le Roi n'auroit pas la faculté d'accorder des lettres de représailles à ses Sujets ? L'observation du Commentateur n'est donc pas réfléchie ; & il faut dire, non-seulement que le Roi peut ordonner des représailles en Bretagne comme ailleurs ; mais encore que les lettres qu'il y accordera seront sujettes aux formalités prescrites par le présent titre, comme ayant réuni & perfectionné les régles adoptées par toutes les nations sur cette matiére.

TITRE XI.

DES TESTAMENS ET DE LA SUCCESSION DE CEUX QUI MEURENT EN MER.

I*N classibus omnes nautæ milites sunt, & jure militari testari posse nulla dubitatio est. Lege unica, §. 1°, ff. de bonorum possessione ex testamento militis.* Loccenius, *de jure maritimo, lib. 3, cap. 2, n. 5, fol. 237.*

Il y auroit donc eu de la dureté à priver ceux qui meurent en mer de la faculté de tester, sous prétexte qu'il dépendoit d'eux de se précautionner à cet égard avant leur embarquement.

D'un autre côté, il auroit été d'une dangereuse conséquence d'attribuer aux testamens faits en mer, le même effet indistinctement qu'à ceux qui sont faits avec les solemnités requises en général.

Ainsi il étoit juste de remédier à l'un & à l'autre inconvénient; & c'est à quoi il a été pourvu par les trois premiers articles du présent titre, dont les dispositions sont toujours subsistantes, n'ayant reçu aucune atteinte par les Ordonnances & les Réglemens intervenus depuis.

Quant à la succession de ceux qui meurent aussi en mer durant le cours de leur navigation, il n'est point question ici de l'universalité de leurs biens, pas même de leurs meubles & effets; il ne s'agit absolument que de ceux qu'ils avoient avec eux dans le navire, ou qui étoient réputés y être, pour n'avoir été mis à terre qu'en vue de les rembarquer, & des sommes qui pouvoient leur être dûes pour leurs gages, ou par des cédules & obligations trouvées avec leurs autres papiers dans le navire. De sorte que la succession, qui fait le sujet de ce titre, ne comprenant que les objets que l'on vient d'indiquer; ce qui est réglé à cet égard, tant par cette Ordonnance que par le Réglement du 23 Août 1739, n'a aucune influence sur les autres biens du défunt, soit qu'il s'agisse de l'interêt de ses héritiers, soit que sa succession en général soit sujette au droit d'aubaine, ou de bâtardise, ou de deshérence.

ARTICLE PREMIER.

L*Es testamens faits sur mer par ceux qui décéderont dans les voyages, seront réputés valables, s'ils sont écrits & signés de la main du testateur, ou reçus par l'écrivain du vaisseau*, en présence de trois témoins, qui signeront avec le testateur; & si le testateur ne peut ou ne fait signer, il sera fait mention de la cause pour laquelle il n'aura pas signé.

Les *teſtamens faits ſur mer*, & non ſur terre, quoique dans le cours du voyage, à moins que le navire n'eût abordé une terre étrangere ou une terre de la domination françoiſe, où il n'y auroit pas eû d'officier public : auquel cas ce ſeroit tout comme ſi le teſtament eût été fait en mer. Mais ſi, dans le lieu où le navire a abordé, il y avoit quelque officier public, le teſtament qui ſeroit fait dans ce lieu, ſoit à terre ou dans le port ſur le navire, ne ſeroit valable qu'autant qu'il ſeroit revêtu des formalités uſitées dans le pays ; à l'exemple de ce qui eſt preſcrit par l'Ordonnance du mois d'Août 1735, au ſujet du teſtament militaire, art. 27 & ſuivans. A plus forte raiſon en faudroit-il dire autant d'un teſtament fait ſur le vaiſſeau, étant de retour du voyage, & dans le port.

Par ceux qui décéderont dans les voyages, ſoit gens de l'équipage ou paſſagers, puiſque l'article ne diſtingue point, & que le motif de la loi eſt le même. Il eſt vrai que l'article ſuivant, parlant des gages, ſemble ne convenir qu'aux gens de l'équipage ; mais auſſi il n'exclut pas les paſſagers qui ont des effets dans le vaiſſeau. Et au ſurplus, le préambule du Réglement du 23 Août 1739, prouve manifeſtement que les paſſagers ont droit de teſter en mer, tout comme le capitaine & les autres gens de l'équipage. Mais il faut que ces paſſagers ſoient régnicoles, & non aubains ; autrement ils ne pourroient teſter à la différence du matelot. Voyez *infrà*, art. 5.

Ces mots au reſte, *dans les voyages*, s'entendent auſſi-bien des voyages au cabotage que de ceux au long cours, ſans excepter même ceux du petit cabotage qui ſe font de port en port ; du moins je ne vois à cet égard aucune raiſon de différence.

Seront réputés valables, c'eſt-à-dire, qu'ils vaudront, étant faits dans la forme indiquée ci-après, de la même maniére que s'ils étoient faits avec toutes les formalités requiſes pour la validité des teſtamens en général ; avec cette différence, toutefois, qu'ils n'auront d'effet que juſqu'à concurrence de ce qu'il eſt permis de donner en teſtant de cette maniére, relativement à l'article ſuivant, & qu'autant que la diſpoſition ne ſera pas contraire à l'article 3 ci-après.

A quoi il faut bien prendre garde, c'eſt qu'il eſt eſſentiellement requis pour la validité du teſtament fait en mer, que celui qui l'a fait *ſoit décédé dans le voyage ;* de ſorte que, ſi au retour du voyage, le teſtateur deſcend à terre, ſon teſtament dans l'inſtant même devient nul & caduc, ſans examiner s'il a eu le temps ou non de le confirmer ou d'en faire un autre ; en quoi le teſtament maritime eſt moins favoriſé que le teſtament militaire, ou celui fait en temps de peſte, qui vaut pendant ſix mois, aux termes des art. 32 & 37 de l'Ordonnance du mois d'Août 1735. Ce qui s'entend néanmoins à l'égard de celui qui a teſté en mer, avec cette reſtriction, s'il ne s'agit d'un teſtament olographe qu'il ait eu droit de faire, auſſi-bien à terre que ſur le vaiſſeau ; parce qu'alors ce ne ſeroit plus un teſtament maritime, mais un teſtament ordinaire, revêtu des formalités requiſes.

Mais c'eſt être décédé dans le voyage, ſi le teſtateur eſt mort dans le navire ſans avoir pris terre, quoique le navire fût en rade & même dans le havre. Cela me paroit indubitable, ſans examiner tout de même ſi le teſtateur a eu le temps ou non de faire venir deux notaires ou un notaire & deux témoins à bord, pour renouveller & confirmer ſon teſtament.

S'ils ſont écrits & ſignés de la main du teſtateur. C'eſt-là le teſtament olographe ; mais reſte de ſavoir ſi, pour ſa validité, il faut qu'il ſoit daté ; c'eſt-à-dire, qu'il contienne la date *des jours, mois & an*, comme le requiert ladite Ordonnance de 1735, art.

20, 29, 35 & 38 ? Je le croirois volontiers, parce que cette derniere Ordonnance n'a en cela rien statué de nouveau, & que de tout temps la date a été regardée comme essentielle aux testamens olographes. On y a même ajouté la date du lieu, pour reconnoitre par-là si le testateur avoit eu droit ou non de tester de cette maniére; sur quoi voir le Commentaire sur l'art. 41 de la Coutume de la Rochelle, n. 24. Ainsi je pense que le testament olographe fait en mer doit effectivement, pour être valable, énoncer qu'il est fait en mer, à bord de tel navire, & contenir la date, tant de l'année que du mois & du jour où il est fait.

Malgré cela néanmoins le testament ne vaudra & n'aura d'effet que relativement à l'article suivant, s'il est fait par quelqu'un qui, par la Coutume de son domicile, n'avoit pas droit de tester dans cette forme, parce qu'alors il n'aura fait qu'un testament maritime, qui parconséquent ne peut valoir qu'en vertu du présent article, qui le dispense en cette partie de la rigueur de la loi de son pays. Mais si au contraire le testateur étoit autorisé, par la loi de son domicile, à disposer par testament olographe, aussi efficacement que par un testament solemnel, & qu'il ait disposé d'autre chose que ce qu'il avoit avec lui dans le vaisseau; nul doute que sa disposition ne soit valable, sauf le retranchement ordonné par la loi de son domicile, ou par celle de la situation des immeubles qu'il aura donnés; parce que, encore une fois, ce ne sera pas à son égard un testament maritime, mais un testament tel qu'il pouvoit le faire par-tout ailleurs que sur mer, & que notre Ordonnance n'a pas entendu ôter aux navigateurs le droit qu'ils ont de tester suivant les loix générales; mais seulement suppléer à la faculté de tester qui pourroit leur manquer.

Relativement à ce dernier point de vuë, il sembleroit que, quoique par la Coutume de son domicile, le testateur n'auroit pas l'âge requis pour disposer de son mobilier, il pourroit néanmoins, par le privilége de notre Ordonnance, léguer les effets qu'il auroit avec lui dans le navire, & ses gages; &, pour appuyer cette idée, on pourroit se fonder non-seulement sur ce que c'est-là un pécule, à l'égard duquel il est réputé majeur; mais encore sur ce que, notre Ordonnance n'éxigeant point que le testateur ait un certain âge, elle doit être réputée se contenter de la qualité de navigateur. Mais il est plus sûr de dire avec le Commentateur, que cet article n'ayant pour objet que la forme du testament maritime, il ne dispense nullement de l'âge que le testateur doit avoir par la loi ou par la Coutume de son domicile, pour tester; que n'ayant point parlé de l'âge auquel le testament maritime pourroit être fait, il a laissé ce point dans les termes du droit commun, & par une conséquence naturelle, qu'il a supposé un sujet capable de tester, sans prétendre lui conférer cette capacité.

C'est aussi le sentiment auquel je m'arrête d'autant plus volontiers qu'il en doit être à cet égard du testament maritime comme du testament militaire, ou de celui fait en temps de peste. Or, sous prétexte que l'Ordonnance de 1735 n'a point parlé de l'âge auquel pourroit être fait le testament militaire, ou celui fait en temps de peste, oseroit-on soutenir qu'il peut l'être par quelqu'un qui n'a pas l'âge requis par la loi de son pays pour tester ? Il est vrai que ces deux autres sortes de testamens ne sont pas bornés à certains biens comme le testament maritime: mais cette différence ne fait rien à la décision, parce qu'elle est étrangere à l'essence du testament, qui exige nécessairement un sujet capable de tester.

Ou reçus par l'écrivain du vaisseau. Idem art. 5 tit. de l'écrivain. Mais il a été observé sur le même titre de l'écrivain, qu'il n'y en a plus sur les vaisseaux marchands; mais seulement sur les vaisseaux du Roi, sur ceux de la Compagnie des Indes, & sur ceux qui sont armés en course.

S'ensuit-il delà que sur les navires marchands on ne puisse plus tester que par testament olographe ? Mais à ce compte ceux qui ne sçauroient pas écrire, seroient privés de la faculté de tester, contre l'intention du Législateur. Il est donc naturel de répondre que comme depuis long-temps, c'est le capitaine ou maître du navire qui représente l'écrivain & en fait les fonctions, les testamens reçus par lui seront aussi valables que ceux qui l'étoient par les écrivains tant que l'usage en a subsisté.

Je croirois aussi par identité de raison, que s'agissant du testament du capitaine, qui seroit hors d'état d'écrire, à raison de sa maladie, il pourroit être reçu par le premier officier du navire après lui; le tout néanmoins en observant les formalités prescrites par le présent article, qui sont d'appeller au testament trois témoins qui signent avec l'officier représentant l'écrivain, & avec le testateur s'il sçait ou peut signer, sinon il doit être fait mention de la cause pour laquelle il n'aura pas signé.

Pour ce qui est de la signature du testateur il n'y a rien là qui ne soit également de regle & d'usage en tout testament public & solemnel; mais par rapport au nombre de trois témoins sachants signer, cela est tout-à-fait extraordinaire; non-seulement parce que le testament maritime a son exécution bornée aux effets que le testateur a dans le vaisseau, & aux gages qui lui sont dûs; mais encore parce que au temps de cette Ordonnance, il suffisoit de deux témoins en tout testament authentique, & même, de ces deux témoins, c'étoit assez que l'un d'eux signât. Cependant comme notre article est précis sur le fait de la signature des trois témoins, & qu'il n'y a point été dérogé par aucune Loi postérieure, il n'y a pas d'apparence de s'en écarter. Ainsi il faut tenir absolument que le testament reçu par l'officier représentant l'écrivain, ne sera valable qu'autant qu'il aura été fait en présence de trois témoins qui ayent signé avec lui, quelque difficulté qu'il puisse y avoir à trouver sur certains navires, un pareil nombre de témoins qui sachent signer.

Ces témoins au reste doivent être idoines, c'est-à-dire mâles, âgés de 20 ans & non-légataires, conformément à l'art. 289 de la Cout. de Paris. A quoi il faut joindre les autres conditions requises par les art. 40, 41 & 42, de l'Ord. du mois d'Août 1735. Voyez le Commentaire de la Cout. de la Rochelle art. 41, n. 38 & suiv.

Mais il en est autrement des testamens maritimes faits sur les vaisseaux du Roi, puisque aux termes de l'art. 47 tit. 3 liv. 4 de l'Ord. de 1689, il suffit que les dernieres volontés des officiers ou gens de l'équipage qui y veulent tester, soient reçues & écrites par l'écrivain sur son registre, & signées par l'officier principal de quart, sans autre formalité; ce qui n'empêche pas que les dispositions ne doivent être *exécutées en cas de mort, comme si le testament avoit été fait dans les formes prescrites & qui s'observent dans les Villes du Royaume.*

ARTICLE II.

AUcun ne pourra, par testament reçu par l'écrivain, disposer que des effets qu'il aura dans le vaisseau, & des gages qui lui seront dûs.

A Défaut d'écrivain, le teſtament reçu par le capitaine, ſera valable comme il a été obſervé ſur l'art. précédent; mais un pareil teſtament ne peut avoir ſon exécution que pour les effets que le teſtateur avoit avec lui dans le navire, & pour les gages qui lui étoient dûs, reſtriction toutefois qui n'a lieu qu'à l'égard des teſtamens faits ſur les navires marchands, & non pour ceux faits ſur les vaiſſeaux du Roi, comme le prouve l'art. 47, qui vient d'être cité de l'Ordonnance de 1689.

Je dis qu'il avoit avec lui dans le navire durant le voyage & à ſon retour; ce qui comprend non-ſeulement ſes billets & obligations, même les contrats de conſtitution de rentes qu'il avoit auſſi avec lui dans ſes papiers; attendu que ce ſont-là des droits actifs perſonnels, quoique les rentes puiſſent être reputées immeubles par la loi de ſon domicile; mais encore les effets venus avec lui, indiſtinctement, quoique à ſon retour il en eût été mis à terre, ſans qu'il y fût deſcendu lui; parce que ces effets font néceſſairement partie de ſa ſucceſſion maritime, & doivent être regardés comme s'ils fuſſent toujours reſtés dans le navire.

Puiſque l'article ne parle que du teſtament reçu par l'écrivain, il s'enſuit par la regle *incluſio unius eſt excluſio alterius*; que ſi c'eſt un teſtament olographe en bonne forme il vaudra pour toutes les diſpoſitions qu'il contiendra, en quelque lieu que les biens ſoient ſitués, ſauf les retranchemens à faire en vertu de la loi du domicile du teſtateur ou des coutumes des lieux où les immeubles ſe trouveront ſitués, Furgole, tom. 1, pag. 59.

Je penſe néanmoins comme ſur l'art. précédent, que la faculté de diſpoſer par teſtament olographe d'autres effets que ceux que le teſtateur avoit avec lui dans le vaiſſeau, ne peut convenir qu'à celui qui pouvoit teſter de cette maniére en quelque endroit que ce fût; & nullement à celui qui par la loi de ſon domicile n'avoit pas ce pouvoir. C'eſt auſſi le ſentiment du même Furgole *ibid.* En effet le ſtatut en cette partie eſt perſonnel, puiſqu'il s'agit de la capacité ou incapacité de teſter dans une forme déterminée. Il faut donc ne conſulter, pour en juger, que la Coutume du domicile. Boullenois queſt. mixtes ch. 1er. pag. 3 & 4.

ARTICLE III.

NE pourront les mêmes diſpoſitions valoir au profit des officiers du vaiſſeau, s'ils ne ſont parens du teſtateur.

CEci regarde le teſtament olographe, comme le teſtament reçu par l'écrivain ou par l'officier du navire qui le repréſente, à cauſe de ces mots, *les mêmes diſpoſitions* qui ſe réferent évidemment aux deux précédents articles.

La raiſon d'ailleurs eſt la même pour les deux eſpèces de teſtament, puiſqu'il s'agit également d'un teſtament fait ſur mer, où le teſtateur, ſoit paſſager, ſoit faiſant partie de l'équipage, n'eſt pas en état de ſe défendre des inſinuations, des ſuggeſtions, ni des violences même auxquelles pourroient ſe porter des officiers qui auroient la lâcheté d'extorquer de lui un teſtament en leur faveur.

Il leur ſeroit en effet auſſi facile de le contraindre de faire un teſtament tout écrit de ſa main, que d'en faire un devant l'écrivain ou le capitaine. Et ſi l'on dit qu'il pourroit le révoquer secretement par un autre écrit ; je réponds en premier lieu que la même crainte qui l'auroit obligé de tester malgré lui l'empêcheroit tout de même de révoquer ; & en second lieu que la précaution qu'il auroit prise de révoquer, deviendroit inutile, parce que ceux qui auroient intérêt de faire valoir le testament, ne manqueroient pas de supprimer la piéce contenant la révocation.

Il doit donc demeurer pour constant aux termes de cet article, & à prendre son esprit, que le testament, soit olographe, soit reçu par le capitaine au lieu de l'écrivain, sera nul, si ses dispositions sont au profit de quelqu'un des officiers du vaisseau ; car la crainte de la séduction ou de la violence, est la même pour un d'eux que pour tous ou pour plusieurs.

Je croirois même qu'il en faudroit dire autant de toute disposition faite au profit de quelqu'un de l'équipage, quoique fort au-dessous du grade d'officier, du moins pour peu qu'il y eût lieu de soupçonner que ce fût un prête-nom, une personne interposée. Car toute disposition qui ne peut être valable étant faite directement, ne peut valoir non-plus par voye indirecte.

Tout cela néanmoins doit s'entendre avec la restriction portée par notre article, si les légataires *ne sont parens du testateur*, parce qu'alors le lien de parenté est une circonstance qui en écartant la présomption que la disposition a été extorquée, ou autrement n'a pas été libre, forme une présomption contraire supérieure, qui persuade que c'est par une affection particuliére pour son parent que le testateur l'a fait son légataire.

Et c'est ainsi que quoique par les Ordonnances générales les curateurs ou autres administrateurs, les pédagogues, les medécins, chirurgiens & apothicaires, soient déclarés incapables de recevoir aucuns dons ou legs de ceux qu'ils ont sous leur direction, ou qu'ils traitent durant leurs maladies ; la Jurisprudence des Arrêts a excepté ceux d'entre eux qui étoient parens des testateurs.

Toutefois la validité de semblables legs a toujours dépendu des circonstances, de maniére qu'ils n'ont jamais été confirmés qu'autant qu'ils ont paru exempts de tout soupçon légitime, indépendamment de la parenté. Il en faut donc dire autant dans l'espéce de notre article, & conclure que ce qu'il contient de positif c'est l'incapacité des officiers de recevoir aucun legs d'un homme qui fait son testament dans le vaisseau, & que l'exception qui y est faite en faveur de la parenté, suppose qu'il n'y aura pas de circonstances d'où l'on puisse induire raisonnablement que la disposition n'aura pas été volontaire & parfaitement libre.

Au surplus comme dans les testamens ordinaires l'incapacité d'un des légataires n'empêche pas l'exécution des autres legs, il s'ensuit que si dans le testament maritime contenant quelques legs en faveur du capitaine, ou de quelque autre officier du vaisseau, directement ou indirectement, il y a d'autres legs au profit de personnes non prohibées ; rien n'empêchera que les autres legs n'ayent leur exécution, tandis que ceux faits en faveur des officiers seront déclarés nuls.

ARTICLE

ARTICLE IV.

INcontinent après le décès de ceux qui mourront sur mer, l'écrivain fera l'inventaire des effets par eux délaissés dans le vaisseau, en présence des parens, s'il y en a, *sinon de deux témoins qui signeront*, & à la diligence du maître.

DEpuis qu'il n'y a plus d'écrivain sur les navires marchands, ç'a été au maître ou capitaine à faire l'inventaire des effets des gens morts en mer sur son vaisseau, ou à terre durant le voyage : & en cela ce n'est point une obligation nouvelle qui lui ait été imposée, puisqu'il en avoit déjà été chargé expressément par l'art 76 de l'Ord. du mois de Mars 1584.

La succession des gens morts en mer n'appartenant pas au premier occupant, mais à leurs héritiers ou légataires, ou à défaut des uns & des autres, au fisc par droit de dèshérence ; il étoit en effet de la regle de veiller à la conservation de cette succession, en chargeant quelqu'un du soin de constater les effets par un inventaire fidéle pour s'en rendre gardien & dépositaire, avec obligation de les représenter ou d'en compter ; & ce soin ne pouvoit regarder naturellement que le maître ou capitaine, comme responsable par état de tout ce qui est dans son navire.

Ainsi lorsque cet article avoit ordonné que l'inventaire seroit fait par l'écrivain relativement à l'art. 5 du tit. qui le concerne, ce n'étoit qu'un scribe qu'il avoit fourni en cela au capitaine, sans le décharger en aucune maniére de l'obligation de veiller à la conservation des effets, & d'en faire la représentation dans le temps. C'est ce qui résulte tant de la fin du même article, qui veut que l'inventaire soit fait à sa diligence, que des articles suivans qui le chargent expressément des effets du défunt. C'est aussi dans ce même sens qu'il faut prendre l'art. 6 du tit. du pilote, qui permet au capitaine d'employer le pilote au défaut d'écrivain pour faire l'inventaire en sa présence, &c.

Quoi qu'il en soit, aujourd'hui à défaut d'écrivain, c'est au capitaine précisément à faire l'inventaire suivant l'usage, à peine de tous dépens, dommages & intérêts, suivant l'art. 76 de l'Ord. de 1584, & d'amende arbitraire, outre la restitution de la valeur des effets, suivant qu'elle pourra être constatée par le témoignage des gens du vaisseau, & des passagers, sans préjudice de toute autre preuve.

L'inventaire pour être valable & régulier doit être fait *incontinent après le decès* & le plutôt que faire se pourra, pour empêcher le divertissement des effets. Il doit aussi être fait en présence *des parens* si le défunt en a dans le vaisseau, *sinon de deux témoins qui signeront.*

L'art. 76 déjà cité de l'Ord. de 1584, exigeoit aussi la présence des parens, même des voisins, & en outre celle de 4 des principaux de l'équipage ; & c'est vraisemblablement de là qu'est venu l'usage où sont encore actuellement les capitaines de navire de faire les inventaires en présence de tous ou presque tous leurs principaux officiers. Quoiqu'il en soit, aux termes de notre article, qui en cela a formé un droit nouveau, il suffit que l'inventaire soit fait en présence des parens ou de deux témoins : mais auſſi il faut qu'ils ſignent abſolument, qu'ils ſoient parens ou non, car ces mots qui *ſigneront* ſe rapportent aux parens tout comme aux témoins. Et en effet il n'y a aucune raiſon de différence dès que les parens ſervent de témoins, & que ſans leur ſignature il n'y auroit pas d'aſſurance qu'ils euſſent été appellés à l'inventaire, à moins que le fait ne fut conſtaté d'ailleurs par la ſignature de deux témoins. Dans tous les cas il faut donc que l'inventaire ſoit ſigné par deux témoins avec le capitaine, en préférant les parens pour témoins s'ils ſçavent ſigner ; ſans préjudice encore de l'obligation de faire l'inventaire en leur préſence, quoiqu'ils ne ſachent pas ſigner, & d'y appeller deux autres témoins qui ſigneront.

Du reſte comme la premiere & la plus eſſentielle condition d'un inventaire eſt d'être fidéle & exact, il faut que le capitaine y comprenne tous les effets du défunt, & qu'il en faſſe une deſcription ſuffiſamment circonſtanciée, de même que des papiers ; ſans quoi il manque à ſon devoir, & ſuivant les circonſtances peut ſe rendre coupable d'un récelé formel.

Notre article auſſi-bien que le 76 de l'Ord. de 1584, ne parle que des biens & effets du défunt étant dans le navire ; mais c'eſt qu'on y ſuppoſe un homme mort en mer, plutôt que dans une rade ou dans un port ; au moyen de quoi il n'y a d'inventaire à faire abſolument que des effets appartenants au défunt dans le navire. Ainſi il ne faut pas en conclure indiſtinctement, que le capitaine peut ſe contenter de faire entrer dans l'inventaire les effets étant dans le navire, ſans ſe mettre en peine d'autre choſe.

L'eſprit de notre Ordonnance eſt que le capitaine veille à la conſervation des biens & effets de ceux qu'il a embarqués ſur ſon vaiſſeau pour le voyage ; & cela qu'ils meurent en pleine mer, en rade, dans un port, ou même à terre, tant que le voyage n'eſt pas fini. D'où il s'enſuit que ſi le défunt embarqué pour l'aller & le retour, après être arrivé au lieu de la deſtination pour l'aller, y a fait décharger des marchandiſes, & qu'enſuite il ſoit mort ſur le navire ou à terre, il n'importe ; il eſt du devoir du capitaine, après avoir fait l'inventaire de ce que le défunt a laiſſé dans le vaiſſeau, de ſe charger à la ſuite de cet inventaire des autres effets étant à terre appartenants auſſi au défunt, & de les faire porter dans le navire pour en rendre compte à qui il appartiendra ; parce qu'en cette partie tout ce qu'avoit le défunt dans le navire en arrivant dans le lieu, eſt cenſé y être encore comme dépendant de ſa ſucceſſion maritime. Par cette raiſon le capitaine étant fondé à réclamer ces autres effets, il y eſt réellement obligé ; & il ne peut s'excuſer ſur cela qu'en produiſant des preuves qu'il n'a pu ſe charger de ces effets.

Il n'y a d'exception à cela que pour les hardes de ceux qui ſont morts à l'hôpital, & qui les y ont portées, parce que l'uſage des hôpitaux eſt que leur dépouille y reſte en cas de mort, pour dédommagement de leur dépenſe & des frais de leur enterrement.

Suivant le Conſulat ch. 115, 116 & 118, le meilleur habit du défunt appartenoit au nocher ; un autre habit & le lit auſſi-bien que les proviſions de bouche appartenoient au patron.

Aux termes du ch. 117 le maître de chaloupe, avoit les ſouliers, l'épée & le ceinturon, & le gardien les culotes. Nous avons rejetté ces ſingularités.

ARTICLE V.

LE maître demeurera chargé des effets du défunt, & *sera tenu* après son retour, *de les remettre avec l'inventaire entre les mains des héritiers, légataires, ou autres qu'il appartiendra.*

IL a été déjà observé sur l'art. précédent, que le maître demeure chargé des effets du défunt, & qu'il en doit répondre, même de ceux que par sa négligence, il n'auroit pas compris dans l'inventaire.

Cet article ajoute qu'à son retour, & son voyage fini, *il sera tenu de remettre les effets avec l'inventaire entre les mains des héritiers, légataires, ou autres qu'il appartiendra*; sur quoi il est à observer que ci-devant & en conformité de cet article, les capitaines au retour de leurs voyages, ou delivroient les effets des défunts à leurs héritiers connus, & aux légataires du consentement des héritiers, ou les déposoient entre les mains des propriétaires & armateurs des navires, pour en compter à leur décharge, en même temps que des gages qui pouvoient être dûs aux défunts.

C'étoit ensuite à ces propriétaires & armateurs, que ceux qui avoient intérêt à la délivrance de ces effets & des gages s'adressoient, soit héritiers, légataires, ou créanciers. Il résultoit delà des inconvéniens tant pour les particuliers, que pour le Roi & M. l'Amiral. Pour les particuliers en ce que souvent tantôt on éloignoit par des délais affectés & par de mauvaises difficultés, la satisfaction qui leur étoit due; tantôt par des préférences injustes ou erronnées, on blessoit les droits des uns ou des autres; à quoi il ne pouvoit être remédié que par des procès que l'insuffisance des facultés mettoit quelque fois hors d'état de soutenir. Pour le Roi & M. l'Amiral, intéressés à la chose par leur droit de deshérence à défaut de réclamation, en ce que rarement les propriétaires & armateurs des navires remettoient les effets & les gages non-réclamés après le temps de la réclamation, passé.

Le Roi ayant fait don aux invalides de la marine des deux tiers revenants à Sa Majesté, des soldes dues aux gens de mer, & des effets & hardes tant desdits gens de mer que des passagers morts sans héritiers & sans tester pendant leurs voyages sur les navires marchands; il fût ordonné par l'art. 26 tit. 6 de l'Edit du mois de Juillet 1720, que les maîtres & capitaines de navires seroient tenus à l'avenir de déposer au Greffe de l'Amirauté du lieu du désarmement, les inventaires des effets & hardes des gens morts en mer, & de délivrer des copies desdits inventaires aux Commissaires de la marine ou Officiers des classes.

Mais cela ne rémédiant pas à tout, il a été enjoint de plus aux maîtres ou capitaines, par les articles 2 & 3 du Réglement du 23 Août 1739, de remettre entre les mains du trésorier des invalides lors du désarmement, le montant de la solde des gens de mer décédés, ensemble le produit de leurs hardes & effets qui auront été vendus dans le cours du voyage, avec défenses aux officiers des classes de délivrer auxdits maîtres ou capitaines aucun nouveau rolle d'équipage, qu'ils n'ayent satisfait à cet engagement; & à l'égard des effets des gens de mer qui n'auront pas été vendus & de ceux des passagers, d'en faire le dépôt avec l'inventaire au Greffe de l'Amirauté.

Par ce nouvel arrangement, les choses ont été mises en regle à cet égard; de maniére que l'on n'a pas tardé à en ressentir les effets les plus avantageux, tant pour les particuliers auxquels il a été rendu une prompte justice, que pour les invalides donataires des droits du Roi, & pour M. l'Amiral, qui depuis ce temps-là ont profité exactement de ce qui n'a pas été réclamé, comme sujet au droit de deshérence. De sorte qu'il y a toute apparence que cet ordre subsistera sans aucune variation dans la suite.

Ce n'est donc plus par les mains du capitaine, ni du propriétaire ou armateur, que les créanciers, les héritiers ou les légataires des gens morts en mer doivent avoir la délivrance des effets & des gages des défunts; c'est à l'Amirauté qu'ils doivent se pourvoir pour obtenir cette délivrance, en justifiant le droit qu'ils ont de la demander.

A l'égard des héritiers, ou des veuves des défunts en communauté avec eux, il ne s'agit de leur part que de rapporter les piéces justificatives de leur qualité.

Il n'est nullement nécessaire au reste que ces veuves & héritiers soient regnicoles, s'il s'agit de la succession d'un étranger faisant partie de l'équipage du navire, l'intention du Roi étant, pour engager les étrangers à entrer au service de notre marine, que leur succession soit affranchie du droit d'aubaine. *V. suprà* l'art. 10 du tit. des matelots. D'où il s'ensuit qu'ils peuvent tester comme les regnicoles, à la différence des passagers étrangers, puisque sans cela ils ne seroient pas affranchis du droit d'aubaine. Et il ne s'agit point d'examiner, s'ils ont servi cinq ans ou non sur les vaisseaux du Roi, parce que l'art. 8 tit. 1er. liv. 8 de l'Ord. de 1689, qui exige ces cinq ans de service, n'est que pour le cas où ces matelots étrangers voudront, après ce temps, s'établir dans le Royaume.

Pour ce qui est des créanciers, non-seulement ils doivent produire les preuves de leurs créances; mais encore faire ordonner la délivrance en leur faveur, avec les héritiers, ou rapporter leur consentement en bonne forme. Dans les cas néanmoins où les héritiers sont inconnus, on admet les créanciers des défunts à toucher provisionnellement, lorsque leurs créances n'ont rien de suspect; à la charge toutefois d'affirmer que les sommes leur sont dues, & de se soumettre de les rapporter si faire se doit, même de donner caution à ce sujet suivant les circonstances.

Quant aux légataires, la regle est qu'ils fassent entériner le testament avec l'héritier, ou qu'ils rapportent son consentement pour toucher. Mais si l'héritier est inconnu, on les traite comme les créanciers, après que le Procureur du Roi a reconnu le testament en regle & exempt de contestation.

La forme ordinaire de procéder sur ce point, est que celui qui a intérêt à la délivrance, présente Requête au Juge de l'Amirauté, tendante à main-levée. Cette Requête est communiquée avec les Piéces Justificatives, tant au Procureur du Roi, qu'à l'Officier des Classes & au Receveur de M. l'Amiral, aux termes de l'art. 8 dudit Régl. de 1739; & suivant que les Piéces Justificatives sont ou ne sont pas de la qualité réquise par l'art. 7, le Juge sur la réponse par écrit de ceux à qui le tout a été communiqué, rend son Ordonnance pour accorder ou rejetter la délivrance demandée. Mais rarement il y a lieu au débouté, par le soin qu'a le Procureur du Roi de demander avant de donner ses conclusions, les Piéces qui peuvent manquer pour fonder suffisamment la réclamation, ce qui abrege & évite des frais.

Lorſque c'eſt l'héritier qui demande la délivrance, elle lui eſt faite des effets en nature dépoſés à l'Amirauté; & de même au légataire, ſi le défunt les lui a légués auſſi en nature, & que le teſtament ſoit entériné. Mais ſi ce n'eſt qu'une délivrance proviſoire, comme il eſt obligé de ſe ſoumettre d'en rapporter la valeur, on ordonne la vente pour régler cette valeur. Ce qui s'obſerve également en cas de délivrance au profit des créanciers; & cela, quoique les circonſtances d'ailleurs n'exigeroient pas la vente proviſionelle autoriſée par le dernier article du préſent titre, renouvellé en cette partie par l'article 3 du Réglement de 1739.

ARTICLE VI.

SI les effets délaiſſés par ceux *qui n'auront point teſté*, *ſont chargés pour les pays étrangers*, *le maître pourra* les négocier, & *en rapporter le provenu ou retour*; auquel cas, outre *ſon fret*, il ſera payé *de ſa proviſion*.

Qui n'auront point teſté. De même, ſi ayant teſté, ils n'ont pas légué les effets en nature; parce qu'alors il n'y a aucune différence à faire entre les légataires & les héritiers. Dans le cas même où les effets ont été légués en nature, on ne voit du tout point la raiſon de différence pour préférer le légataire à l'héritier, en donnant moins de pouvoir au capitaine, lorſqu'il s'agit de l'intérêt d'un légataire, que lorſqu'il eſt queſtion de celui de l'héritier. Il faudroit du moins que le légataire fût dans le vaiſſeau; parce qu'on pourroit conclure de cette circonſtance, qu'il ne ſeroit pas naturel que le capitaine eût droit de diſpoſer des effets ſans le conſentement du légataire: quoique, à vrai dire, tout legs étant ſujet à délivrance de la part de l'héritier, le légataire n'eſt fait vrai propriétaire que par l'entérinement du teſtament à l'amiable ou en Juſtice.

Sont chargés pour les pays étrangers. Pourquoi cette exception par rapport aux pays étrangers? On a ſuppoſé apparemment que le débit de ces effets n'étoit pas permis dans le Royaume, ou qu'il étoit tout autrement avantageux dans le pays étranger que dans le Royaume. Mais aujourd'hui le premier motif ceſſe, au moyen de la faculté de l'entrepôt accordé au Commerce par les Lettres-patentes de 1717; & à l'égard du ſecond, ſi le débit des marchandiſes chargées pour nos colonies eſt auſſi avantageux que celui des effets deſtinés pour les pays étrangers, pourquoi ne pas permettre de les négocier également?

Le maître pourra. Ce n'eſt donc pas une obligation qui lui eſt impoſée à ce ſujet; mais ſeulement une faculté qui lui eſt accordée pour le bien de la choſe. Ainſi c'eſt à lui à ſe régler dans ces occaſions avec circonſpection & prudence, pour ne pas s'attirer des reproches, ou même un procès, ſi ſa négociation n'eſt pas heureuſe: de maniére que le plus ſûr pour lui eſt de ne diſpoſer des effets qu'autant qu'il ſera à préſumer que le défunt en auroit uſé de la même façon, s'il eût vécu; & que s'il en eſt autrement, il doit rapporter les effets dans ſon navire au retour, attendu qu'alors il n'y aura rien à lui imputer, n'étant point chargé expreſſément de les négocier.

Mais s'il en diſpoſe, il eſt tenu d'*en rapporter le provenu ou retour*, par l'action *negotiorum geſtorum*. D'où il s'enſuit qu'il ne doit pas vendre à crédit; ou que, s'il le fait, ce sera à ses risques, n'étant pas recevable à faire contenter les héritiers ou autres intéressés des billets ou reconnoissances des acheteurs.

S'il rapporte les retours, il sera payé *de son fret*, non-seulement sur ces retours, mais encore sur les marchandises de l'aller; & s'il rapporte les effets en nature, le fret lui en sera dû tout de même.

Au premier cas, il sera en outre *payé de sa provision*, c'est-à-dire, de son droit de commission, tant pour la vente que pour les marchandises qu'il aura prises en troc, le tout suivant l'usage courant du commerce.

ARTICLE VII.

POurra aussi vendre les hardes & meubles des mariniers & passagers, les faire apporter pour cet effet *au pied du mât*, & les délivrer au plus offrant, dont sera tenu état par l'écrivain, & compté par le maître.

POurra aussi vendre. Cela est encore de pure faculté, sans contrainte pour le maître, qui doit tout de même en user avec prudence, & ne faire vendre que ce qui est périssable; parce que ces sortes de ventes se font presque toujours à vil prix. C'est pourquoi il seroit fort à souhaiter qu'elles ne fussent pas si communes. Du reste, quoique l'article n'en dise rien, le procès-verbal de vente doit être fait avec les mêmes formalités que l'inventaire, y ayant parité de raison.

Les hardes & meubles des mariniers. Ces meubles ne doivent s'entendre que des choses qui étoient à l'usage du défunt, & nullement de ses autres effets, encore moins de ses marchandises.

Et passagers. C'est-là qu'il est essentiel, même pour les hardes, de ne vendre que ce qui ne pourroit pas être gardé sans un dépérissement manifeste; sur-tout si les passagers, comme gens à leur aise, & d'un certain état, avoient des hardes & des meubles de prix; parce qu'alors n'y ayant que les officiers qui pourroient les acheter, il seroit trop à craindre qu'ils ne se les fissent adjuger à bas prix; & que par-là ils ne devinssent en quelque sorte légataires des défunts, contre l'intention de l'article 3 ci-dessus.

Au pied du mât, sur le tillac, afin que tout l'équipage puisse être témoin de la vente, & être en état de certifier qu'elle a été faite avec fidélité, en laissant à chacun la liberté d'enchérir.

A ces sortes de ventes, ce ne sont guere que les matelots qui se rendent adjudicataires; & c'est presque la seule voie qui leur reste aujourd'hui de contracter des dettes durant le voyage. Toutefois pour concilier ce reste de liberté de s'engager, avec la loi nouvelle qui leur en a si utilement & si sagement fait la défense en général, il faut dire que c'est au capitaine à veiller à ce que ceux-là seuls qui peuvent avoir besoin de hardes, soient reçus à se rendre adjudicataires : ce qui dépend de sa prudence combinée avec les intérêts des héritiers du défunt.

Du reste, il doit être tenu un état de chaque article vendu, pour les rapporter tous exactement dans un procès-verbal en forme; & c'est lui que ce soin regarde, comme représentant l'écrivain qui n'est plus d'usage sur les navires marchands. Lequel procès-verbal de vente, doit, comme il a été dit, être fait avec les mêmes formalités que l'inventaire.

Et comme il est assez rare que des matelots payent comptant durant le voyage, les hardes qu'ils achetent à ces sortes de vente, le capitaine en doit faire note en marge de chaque article non payé, afin que le montant en soit retenu au retour du navire sur la solde des adjudicataires, conformément à l'article 16 du Réglement de 1739. Article qui, joint aux 2 & 3, est une preuve que la faculté de vendre, accordée au capitaine par le présent article de notre Ordonnance, est toujours subsistante.

De cette maniére, le capitaine ne compte en deniers que des autres articles de la vente, au produit desquels le Trésorier des Invalides doit joindre les sommes qui auront été retenues sur la solde des adjudicataires, & dont le montant lui aura sur le champ été remis en dépôt, avec le reste.

ARTICLE VIII.

FAisons défenses, à peine de punition exemplaire, à tous Officiers de Guerre & de Justice établis dans les isles & pays de notre obéissance, de se saisir des effets des mariniers & passagers décédés sur les vaisseaux, & d'en empêcher la disposition ou le transport, sous quelque prétexte que ce soit.

CEs défenses n'ont pas été faites par précaution seulement; il n'y avoit que trop d'exemples d'entreprises déja faites par les Officiers de Guerre & de Justice dans les colonies, sur les effets des gens de mer & des passagers décédés durant les voyages; & la prévarication étoit si commune, que le législateur ne crut pas pouvoir mieux l'arrêter que par la crainte d'une punition exemplaire, qui emporte nécessairement la flétrissure.

Depuis ce temps-là les plaintes ont été assez rares sur ce sujet. On a pourtant eu à reprocher depuis peu à un Commissaire aux Classes aux isles françoises, la témérité d'avoir obligé un capitaine de lui remettre tant les effets que les gages de ceux qui étoient morts sur son navire.

ARTICLE IX.

LEs hardes des mariniers ou passagers décédés sans héritiers & sans avoir testé, seront employées à faire prier Dieu pour eux: & de leurs autres effets étant sur le vaisseau, il en sera délivré un tiers au Receveur de notre Domaine, un tiers à l'Amiral, & l'autre tiers à l'Hôpital du lieu où le navire fera son retour, les dettes du défunt préalablement payées sur le tout.

LEs dispositions les plus remarquables de cet article ne sont plus en usage, depuis que le Roi a fait don aux invalides de la marine de son droit de deshérence en cette partie, qui consiste dans les deux tiers, l'autre tiers appartenant à M. l'Amiral en vertu de sa haute justice. A ce titre, la succession maritime tombée en dèshérence auroit dû naturellement être dévolue en entier à l'Amiral, de même que la totalité des effets naufragés & non-réclamés ; mais comme le Roi est le maître de ses dons, que la charge d'Amiral n'a de droits qu'autant qu'il a plu à nos Rois d'y en attribuer ; & qu'ainsi la même autorité qui les y avoit annéxés a pu les supprimer, les restreindre ou les modifier ; il faut s'en tenir pour le droit de M. l'Amiral, par rapport aux naufrages, à la moitié qui lui a été conservée par l'art. 26 du titre concernant cette matiére ; & à l'égard des effets des gens morts en mer, au tiers, à quoi son droit en cette partie a été reduit par le présent article & par les Réglemens postérieurs, renouvellés & confirmés par celui du 23 Août 1739.

Mais aussi ce tiers, est acquis à M. l'Amiral en toute succession non-réclamée d'un homme mort en mer, sans distinguer, s'il est aubain ou regnicole, bâtard ou né en légitime mariage, puisque l'Ordonnance ne distingue point. Par rapport au droit de M. l'Amiral dans les successions des bâtards, il y en a un exemple mémorable, dans le don que M. le Comte de Toulouse fit en 1697, à M. l'Abbé de Grancey, premier Aumônier de M. le Duc d'Orléans, du tiers qui lui revenoit dans les effets du Chevalier de la Ferriere capitaine de brulot, tué à la prise de Cartagene, faite par M. de Pointis ; lequel Chevalier de la Ferriere étoit frere naturel dudit Abbé de Grancey. Or ce don supposoit le droit de M. l'Amiral ; & du droit de batardise au droit d'aubaine, le passage est naturel, puisque en cette partie ils dépendent du même principe, c'est-à-dire de la même concession du Roi.

A cela près que le droit de l'Amiral a été conservé ; il ne reste plus d'existant de notre article, que ce qu'il contient de conforme au droit commun, savoir en 1er. lieu, qu'il n'y a pas ouverture à la dèshérence lorsque le défunt a laissé des héritiers, ou qu'il a disposé de ses biens par testament, le fisc n'ayant pas droit de faire réduire les dispositions, pour demander les reserves coutumiéres ; & en second lieu, que la dèshérence n'a d'effet sur les biens qui y sont sujets, qu'après toutes les dettes payées, suivant l'axiôme, *bona non dicuntur nisi deducto ære alieno.*

Quant aux hardes & habillemens des mariniers ou passagers, dont le produit par préférence au fisc, devoit être employé à faire prier Dieu pour les défunts, aux termes de cet article, il n'en est plus question depuis long-temps ; & ce qui a fait abolir cette pratique, c'est que cet emploi ne pouvoit être fait qu'après l'expiration du délai accordé aux héritiers pour réclamer, parce qu'on ne peut pas dire jusque-là qu'il n'y a point d'héritiers. Or depuis notre Ordonnance, non-seulement le délai d'un an a été prorogé à deux ; mais encore il a été décidé que ce delai n'étoit pas fatal, & qu'en quelque temps que des héritiers se présentassent, ils devoient être admis à réclamer, suivant les observations *infrà* sur l'art. 36 du tit. des naufrages ; au moyen de quoi, il n'y a plus eu lieu à l'emploi prescrit par cet article.

Pour ce qui est des corps noyés trouvés sur le rivage, l'art. 35 du même tit. des

des naufrages, attribue les vêtemens qui seront trouvés sur les cadavres à ceux qui les auront tirés sur les gréves & qui les auront portés au cimetiére ; disposition qui n'a jamais reçu d'atteinte & qui subsiste dans toute sa force.

Enfin, en ce qui concerne le partage des effets non-réclamés, dont un tiers étoit dévolu par cet article à l'hôpital général du lieu; dès l'année 1712, cette disposition fut changée, le Roi, par son Edit du mois de Décembre de la même année, ayant fait don aux invalides de la marine, comme méritant encore plus de faveur que les hôpitaux, non-seulement de ce tiers, mais encore de l'autre tiers qu'il avoit réservé au profit de son domaine ; & ce nouvel arrangement ayant été confirmé tant par un autre Edit du mois de Juillet 1720, que par une Déclaration du 30 Décembre suivant, & par une autre du 12 Juillet 1722, l'a encore été de nouveau par le dernier Réglement intervenu sur ce sujet en date du 23 Août 1739. De sorte que depuis ce temps-là, les deux tiers des effets non-réclamés, des gens morts en mer sur les navires durant le cours de leurs voyages, ont constamment été attribués aux invalides, & l'autre tiers à M. l'Amiral, déduction faite sur le tout des dettes & des frais de justice. V. *suprà* l'art. 11 tit. des loyers des matelots.

ARTICLE X.

LE partage ci-dessus ordonné ne pourra être fait qu'après l'an & jour, à compter du retour du vaisseau, pendant lequel les effets seront déposés entre les mains d'un bourgeois solvable.

TOut cela a encore été changé. Au lieu d'un an seulement que cet article accordoit aux héritiers ou autres intéressés, pour réclamer, à compter du jour du retour du vaisseau, le Réglement de 1739, d'après l'Edit du mois de Juillet 1720, leur a donné deux ans, par les articles 3, 5, 6 & 11. Il y a plus; &, comme il vient d'être observé sur l'article précédent, ce nouveau délai n'est pas même fatal : de sorte que, quoique le partage ait été fait après les deux années expirées, sans qu'aucun réclamateur se soit présenté; si dans la suite il en survient dont le droit soit bien fondé, il est admis à l'Amirauté ; &, sur l'Ordonnance rendue en sa faveur, le Ministre de la Marine donne un ordre au nom du Roi, pour retirer des mains du Trésorier des Invalides les deux tiers qu'il a touché pour eux, tandis que M. l'Amiral en donne aussi un de son côté à son Receveur, pour restituer l'autre tiers.

Quant au dépôt des effets, que cet article vouloit qui fût fait pendant le temps de la réclamation, entre les mains d'un bourgeois solvable; c'est aujourd'hui entre les les mains du Trésorier des Invalides, pour les deniers comptans provenans, soit des gages des défunts, soit de la vente de leurs hardes faite sur le navire pendant le voyage, rélativement à l'article 7 ci-dessus; & pour les hardes & autres effets restés en nature, au Greffe de l'Amirauté. Tel est le nouvel arrangement qui a été pris par le Réglement du 23 Août 1739, art. 2 & 3.

ARTICLE XI.

SI les effets délaiſſés ne peuvent être conſervés pendant l'an & jour ſans diminution conſidérable, ils ſeront vendus par autorité des Officiers de l'Amirauté, *& le prix dépoſé comme deſſus.*

C'Eſt faire le bien de la choſe que de vendre des effets qui ne pourroient être gardés plus long-temps, ſans les expoſer à dépérir, & à ſouffrir une diminution conſidérable de leur valeur. Il étoit donc juſte d'autoriſer les Officiers de l'Amirauté à en faire la vente en ce cas, pour la conſervation des droits des réclamateurs, ou de la ſucceſſion ſujette à tomber en deshérence à leur défaut. C'eſt auſſi par le même principe d'équité, qu'il a également été permis aux Officiers de l'Amirauté de vendre les effets naufragés ſujets à déperiſſement, *infrà* art. 15, tit. des naufrages, qui leur en fait même un devoir préciſément.

Tout cela a été renouvellé par le Réglement du 23 Août 1739; mais il y a été enjoint aux Officiers de l'Amirauté d'appeller à ces ventes, ſoit proviſoires ou autres, tant l'Officier des Claſſes, que le Tréſorier des Invalides, & le Receveur de M. l'Amiral, par l'art. 4 du titre premier, & par l'art. 2 du tit. des bris, naufrages & échouemens : ce qui a été obſervé depuis avec beaucoup d'exactitude.

Et le prix dépoſé comme deſſus. C'eſt-à-dire, entre les mains d'un bourgeois ſolvable indiqué par l'article précédent, pour recevoir le dépôt des effets en nature. Mais comme cela a été changé, ainſi qu'il a été obſervé ſur le même article, & que par le Réglement de 1739, il a été ordonné que les effets ſeroient dépoſés à l'avenir au Greffe de l'Amirauté; c'eſt auſſi au même Greffe que demeurent dépoſés les deniers provenans de ces ventes proviſoires, comme repréſentans les mêmes effets, juſqu'à ce que les deux années de la réclamation ſoient expirées. Après quoi, s'il reſte des effets qui n'ayent pas été vendus, la vente s'en fait avec les mêmes formalités que pour la premiere; & les deniers en provenans ſont remis par le Greffier entre les mains du Tréſorier des Invalides. Enſuite les Officiers de l'Amirauté font la liquidation du produit de chaque ſucceſſion des décédés, & dont les effets n'ont pas été réclamés, en diſtinguant les objets pour éviter la confuſion; ne fût-ce que pour le cas où des réclamateurs ſe préſenteroient dans la ſuite, puiſqu'il n'y a pas de fin de non-recevoir à leur oppoſer pour ne s'être pas préſentés dans les deux ans. Sur ce procès-verbal de liquidation, enſemble ſur les Ordonnances de délivrance rendues au profit des réclamateurs, le Tréſorier des Invalides forme les états que, par l'art. 11 dudit Réglement, il eſt tenu d'envoyer chaque année au Sécretaire d'Etat ayant le département de la Marine.

Tel eſt le bel ordre qui a été établi à ce ſujet, & qui, comme il a été obſervé ſur l'article 5 ci-deſſus, a produit des avantages ſi conſidérables.

RÉGLEMENT DU ROI,

Pour la recherche des soldes & produits d'inventaires des gens de mer qui meurent sans tester pendant leurs voyages sur les bâtimens marchands ; des effets & hardes des passagers qui meurent sur lesdits bâtimens ; & des produits des bris & naufrages, revenant aux Invalides de la Marine.

Du 23 Août 1739.

SA MAJESTE' ayant fait don aux invalides de la marine, des deux tiers des soldes dûës aux gens de mer, & des effets & hardes, tant desdits gens de mer, que des passagers qui meurent sans tester pendant leurs voyages sur les navires marchands, ensemble de la moitié des bris & naufrages lorsque lesdits effets, hardes, bris& naufrages ne sont point réclamés, ainsi qu'il est porté par les Edits des mois de Décembre 1712 Juillet 1720. & par la Déclaration du 30 Décembre suivant, & celle du 12 Juillet 1722. concernant lesdits invalides : & voulant Sa Majesté que le recouvrement du produit de ces soldes, effets & hardes, & autres dons faits aux invalides soit fait exactement par ceux qui en sont chargés, Sa Majesté a résolu le présent Réglement, quelle veut être exécuté ainsi qu'il suit.

Soldes des gens de mer, & produits d'inventaires desdits gens de mer & passagers morts sur les bâtimens sans tester.

ARTICLE PREMIER.

Les inventaires des effets & hardes appartenant aux gens de mer & passagers morts sur les vaisseaux ou bâtimens pendant le cours de leurs voyages, seront déposés par les capitaines, officiers, maîtres ou patrons desdits bâtimens, au Greffe de l'Amirauté où lesdits bâtimens désarmeront ; desquels inventaires il en sera délivré des copies par lesdits capitaines, maîtres ou patrons, aux Comissaires de Marine, ou officiers des classes, conformément à l'Article XXVI. titre VI. de l'Edit du mois de Juillet 1720.

II. Le montant de la solde des gens de mer décédés, ensemble le produit de leurs effets & hardes qui auront été vendus dans le cours du voyage, seront remis lors du désarmement, aux Trésoriers des invalides, comme dépositaires de ces sommes, par les capitaines ou Commandans des bâtimens, auxquels il en sera donné une décharge valable au bas du rolle de désarmement du navire : & il ne sera délivré par les officiers des classes, aux capitaines, patrons ou Commandans de ces bâtimens, aucun nouveau rolle d'équipage, qu'au préalable ils n'ayent satisfait à cet article.

III. Les effets des gens morts en mer, & leurs hardes, qui n'auront pas été vendus à bord des vaisseaux ou bâtimens, ensemble ceux des passagers morts en mer, seront déposés au Greffe de l'Amirauté. Il sera marqué sur ceux de chaque particulier, le nom de celui à qui ils appartenoient, le folio & le numéro de l'article du régistre que le Greffier de l'Amirauté sera obligé de tenir pour ces sortes d'effets ; lesquels effets & hardes seront mis en vente lorsqu'il sera jugé nécessaire, de l'avis des Officiers de l'Amirauté, de l'officier des classes, & du Receveur de l'Amiral, conjointement. Et à l'égard des effets non sujets à dépérir, ils resteront en dépôt, pour être vendus à l'échéance des deux années, s'il n'y a point de réclamateurs.

IV. La vente de ces hardes & effets, sera faite au plus offrant & dernier enchérisseur, par les Officiers de l'Amirauté, conformément à l'article 11. titre des testamens, de l'Ordonnance de 1681. les officiers des classes, le Trésorier des invalides, & le Receveur de l'Amiral, présens ou dûement appellez, dont il sera dressé par les Officiers de l'Amirauté, un procès-verbal distingué par articles, lequel sera signé d'eux, & de ceux qui auront été présens à ladite vente, & des acheteurs ; dont il sera délivré des copies en forme, aux officiers des classes, au Trésorier des invalides, & au Receveur de l'Amiral : ledit procès-verbal restera déposé au Greffe de l'Amirauté, & le Trésorier des invalides sera mention des sommes provenant desdits effets & hardes, lesquelles sommes il portera hors ligne du régistre qu'il tiendra à cet effet.

V. A l'égard des frais de procédures qu'il conviendra de faire pour parvenir à la vente des hardes & effets qui n'auront point été réclamés dans les deux années, ainsi que de ceux qui auront été vendus à cause de leur dépérissement, les Officiers de l'Amirauté prendront ; savoir ;

Pour les sommes au-dessous de cent livres du produit de ces ventes, le dixiéme.

Pour celles depuis cent livres jusqu'à trois cens livres, quinze livres.

Pour celles depuis trois cens livres jusqu'à mille livres, le vingtiéme.

Et pour celles au-dessus de mille livres, & à quelques autres sommes que ces ventes puissent se monter, celle de soixante livres : desquelles sommes le Greffier aura le tiers du total, y compris les expéditions, & les deux autres tiers seront partagés entre le Lieutenant & le Procureur du Roi ; sans que lesdits officiers puissent sous quelque prétexte que ce soit, exiger de plus fortes sommes que celles mentionnées au présent article, à peine de concussion.

VI. Les sommes provenant de la solde des gens de mer décédés, de leurs effets & hardes, & de ceux des passagers morts en mer, pourront être réclamées dans le terme de deux années, à compter du jour de l'arrivée des navires dans le port où ils désarmeront, conformément à l'Edit du mois de Juillet 1720.

VII. Les Réclamateurs desdites soldes & effets, seront tenus de rapporter à leurs frais, des actes judiciaires pour justifier de leur qualité; & au défaut desdits actes, des certificats en bonne forme, des Juges des lieux de leur demeure; & en cas qu'il n'y ait point de Juge, des certificats des Curés desdits lieux, lesquels seront visés par l'officier des classes, s'il y en a, ou légalisés par le Juge de l'endroit le plus proche.

VIII. Les pieces justificatives de la qualité des héritiers, ensemble les Requêtes qui seront par eux présentées aux Officiers de l'Amirauté, à fin de main-levée des effets déposés, ou du prix d'iceux, seront communiquées tant aux officiers des classes, qu'au Receveur de l'Amiral; pour sur leurs réponses, être statué par les Officiers de l'Amirauté ainsi qu'il appartiendra.

IX. Lorsque le montant desdites soldes, & la valeur des effets vendus, n'excédera pas en total la somme de cent livres, ceux auxquels la délivrance en sera faite, en donneront seulement leur reçû en marge du Régistre qui sera tenu par le Trésorier des invalides, dans la forme ci-après prescrite; & s'ils ne savent pas signer, ils ne pourront recevoir qu'en présence du Curé, ou de deux notables du lieu, qui certifieront en marge la délivrance ou le payement.

X. Lorsque les soldes & effets réclamés excéderont la somme de cent livres, ils ne pourront être délivrés que sur des quittances passées pardevant Notaires, que les Trésoriers des invalides garderont pour leur décharge, & dont ils feront mention sur leurs Régistres, en marge de chaque article; en observant de marquer sur chaque quittance, le folio du Régistre, & le numéro où cet article sera inscrit, afin de faciliter en cas de besoin, la vérification de chaque partie.

XI. Après les deux années de délai accordées aux réclamateurs des soldes & produits d'inventaires des gens de mer morts pendant leurs voyages, il sera dressé un état à la fin de chaque année, par l'officier des classes, desdites soldes & produits d'inventaires non réclamés, lequel sera envoyé au Secretaire d'Etat ayant le Département de la Marine; & il en sera délivré copie au Receveur des Droits de l'Amiral, pour recevoir le tiers qui lui appartient sur ces soldes & produits d'inventaires non réclamés, duquel tiers le Receveur de l'Amiral donnera son reçû au pied dudit état, par ampliation.

Le Trésorier des invalides fera recette des deux autres tiers, au profit des invalides, sur les Ordonnances du Roi qui seront expédiées à cet effet; de laquelle recette il sera fait mention en marge de chaque article de ce Régistre, & de la date de cet état.

Il sera fait dans la suite, au commencement de chaque année, un pareil état de dépouillement de ce Régistre, tant des parties qui auront été délivrées aux Réclamateurs, que de celles dont le Trésorier des invalides sera resté dépositaire: cet état contiendra les émargemens des sommes payées aux Réclamateurs, & les parties qui n'auront pas été réclamées; il sera pareillement envoyé au Secrétaire d'Etat ayant le Département de la marine, par l'officier des classes, lequel le certifiera conjointement avec le Procureur du Roi de l'Amirauté, & le Receveur de l'Amiral.

XII. Le Trésorier des invalides de la Marine dans chaque Amirauté, tiendra à l'avenir un Régistre des dépôts qui auront été faits desdites soldes & produits d'inventaires non réclamés, dans lequel ils seront enrégistrés, & des pieces justificatives sur lesquelles la délivrance & le payement en auront été faits aux Réclamateurs; lequel Régistre sera cotté & paraphé par premier & dernier, par le Commissaire de la Marine, ou Commissaire aux classes, chef du Département: il en donnera communication toutesfois & quantes qu'il en sera requis par le Receveur des Droits de l'Amiral, qui en pourra prendre copie.

XIII. Il sera écrit sur ledit Régistre, par ordre de numéro, les noms, surnoms, demeures & qualités de tous les gens de mer qui seront morts pendant leurs voyages, & ce sur la vérification que les Trésoriers des invalides seront tenus d'en faire sur les rolles d'équipages, au désarmement de chaque navire. Il sera expliqué à chaque article, le nom du navire sur lequel ces gens de mer seront morts, celui du capitaine ou patron, la date & le numéro de l'expédition du rolle d'équipage, celui du désarmement, le temps & le lieu du décès du navigateur, le nombre de mois & de jours qui lui seront dûs de sa solde, jusq'au jour de sa mort, la solde qu'il gagnoit par mois, & le montant de ladite solde, lequel sera porté hors ligne de ce Régistre.

XIV. A l'égard des navigateurs morts au commencement du voyage, auxquels il ne sera point dû de solde, ils seront employés pour mémoire seulement, sur ledit Régistre.

XV. Il sera aussi fait mention dans ledit Régistre, à l'article de chacun de ces navigateurs morts pendant la campagne, de l'inventaire de leurs effets & hardes, remis par les capitaines maîtres ou patrons; lesdits inventaires seront numérotés par les officiers des classes, à mesure qu'ils leur seront remis; ils seront communiqués ensuite auxdits Trésoriers, & mis en liasse année par année.

XVI. Le Trésorier des invalides portera hors ligne sur ledit Régistre, les sommes qui lui seront remises par les capitaines, maîtres ou patrons provenant de la vente qui aura été faite à leurs équipages, des hardes des gens de mer morts pendant leurs voyages. Lesdits capitaines, maîtres ou patrons donneront une note des gens de mer qui n'auront pas payé lesdites hardes, pour leur en faire la retenue sur leur solde, au désarmement du navire.

XVII. Pour exécuter avec exactitude tout ce qui est contenu dans le présent Réglement, & faciliter aux armateurs, aux capitaines, maîtres ou patrons des bâtimens, les payemens & remises qu'ils doivent faire, les Trésoriers des invalides de la Marine seront réguliers à se présenter journellement au bureau des classes du port de leur résidence, pour y faire à l'avenir toutes leurs recettes, tant des six deniers pour livre sur la solde des équipages des navires marchands, que des soldes des morts & produits de leurs inventaires, & leurs autres opérations concernant leurs fonctions.

Des bris, naufrages & échouemens

ARTICLE PREMIER.

Les Officiers des Siéges d'Amirauté seront tenus de faire avertir les officiers des classes, le Trésorier des invalides & le Receveur de l'Amiral, des bris, naufrages & échouemens arrivés sur les côtes de leur ressort, avant de s'y transporter, afin qu'ils en puissent prendre connoissance.

II. En cas que les effets sauvés desdits naufrages, bris & échouemens, n'ayent pas été réclamés dans l'an & jour de délai accordé aux réclamateurs par l'article 26, titre 9, du livre 4, de l'Ordonnance du mois d'Août 1681, il sera procédé à la vente de ces effets, qui sera faite par les Officiers de l'Amirauté, les officiers des classes, le Trésorier des invalides, & le Receveur de l'Amiral, présens ou dûement appellez.

III. Le produit de ladite vente sera remis, moitié au Receveur des droits de l'Amiral, & moitié au Trésorier des invalides, les frais de Justice préalablement levés.

IV. Les officiers des classes, le Trésorier des invalides, & le Receveur des droits de l'Amiral, prendront connoissance desdits effets sauvés: ils s'informeront exactement s'ils ont été réclamés dans l'an & jour, & si la délivrance en a été faite aux réclamateurs; à l'effet de quoi les Officiers de l'Amirauté seront tenus de donner sans frais, aux officiers des classes, & au Receveur de l'Amiral, la communication des procès-verbaux, actes & Jugemens rendus au sujet desdits réclamateurs.

V. Seront tenus les officiers des classes, d'envoyer au commencement de chaque année, au Secrétaire d'Etat ayant le Département de la Marine, un état certifié d'eux du produit desdits effets sauvés des échouemens, bris & naufrages, qui n'auront pas été réclamés dans l'an & jour; lequel état sera aussi envoyé à l'Amiral, par le Receveur de ses droits.

Pour l'exécution du présent Réglement, mande Sa Majesté à M. le Duc de Penthiévre, Amiral de France, aux Intendans de Marine, & Ordonnateurs dans ses ports, aux Intendans départis dans les Colonies Françoises, & à tous autres officiers qu'il appartiendra, de tenir la main à l'exécution du présent Réglement. Fait à Versailles, le vingt-trois Août mil sept cent trente-neuf. *Signe* LOUIS. *Et plus bas* PHELYPEAUX.

LIVRE QUATRIÉME.

De la Police des Ports, Côtes, Rades & Rivages de la Mer.

TITRE PREMIER.

DES PORTS ET HAVRES.

CES termes ne font pas abfolument fynonimes, comme l'a penfé le Commentateur. Le port comprend bien le havre, mais il peut s'étendre plus loin. Tel eft par exemple celui de la Rochelle, qui ne finit qu'à la Digue; au lieu que le havre eft un endroit clos & fermé ordinairement par une chaîne, tel qu'eft auffi celui de la Rochelle.

Suivant cette diftinction, la définition que la loi 59, *ff. de verb. fignif.* donne du port en ces termes, *portus eft conclufus locus quo importantur merces, indè exportantur; eft ftatio conclufa, atque munita, indè angiportum dictum eft;* convient plus particuliérement au havre.

Tous les ports de mer de l'Aunis font royaux, excepté celui d'Efnandes qui appartient au Seigneur du lieu, lequel en conféquence eft autorifé à y percevoir les droits réglés par l'Arrêt du Confeil du 8 Août 1730. Il y avoit autrefois le port de Châtellaillon, dont il ne refte plus de veftiges; & celui de Queue-de-vache ou Marfilly, qui eft comblé & abandonné depuis bien des années.

ARTICLE PREMIER.

LEs ports & havres feront entretenus dans leur profondeur & netteté : faifons défenfes d'y jetter aucunes immondices, à peine de dix livres d'amende, payables par les maîtres pour leurs valets, même par les peres & meres pour leurs enfans.

LA police des ports & havres eft un objet extrêmement important; c'eft pourquoi notre Ordonnance y a fait dans ce titre & en plufieurs autres une ferieufe attention. Mais comme il eft des ports qui, par leur difpofition, exigent plus de précautions & de vigilance encore que d'autres, il y a été fait des Réglemens particuliers, qui, antérieurs ou poftérieurs à l'Ordonnance, n'en doivent pas moins être exécutés, l'Ordonnance n'ayant nullement entendu déroger aux premiers; mais feulement ſuppléer ce qui pouvoit y avoit été omis, ni empêcher qu'il ne fût pris dans la ſuite d'autres précautions que celles qu'elle avoit indiquées.

Un des premiers ſoins que l'on doit donner à la conſervation d'un port, eſt de l'entretenir dans ſa profondeur & netteté; ſans quoi il ſe combleroit peu à peu, & deviendroit inutile.

C'eſt bien aſſez d'avoir à ſe garantir des vaſes & du limon que la marée y apporte continuellement, & qu'elle y dépoſe d'une maniére aſſez ſenſible, ſans qu'on ſoit ſurchargé de la dépenſe d'en enlever les immondices qui pourroient y être jettées par les particuliers, ou entrainées par les égouts de la ville.

Par rapport à ce dernier objet, il y a été pourvu par l'article 22 ci-après, & celui-ci a remédié au premier, en faiſant défenſes à quiconque de jetter aucunes immondices dans le havre, à peine de dix livres d'amende, payables même par les maîtres pour leurs domeſtiques, & par les peres & meres pour leurs enfans; ce qui avoit déja été expreſſément décidé pour le port de la Rochelle, par le Réglement de M. d'Herbigny du 30 Juin 1676, art. 20; & ce qui a été confirmé par l'Ordonnance de 1689, liv. 11, tit. 4, art. 2. M. d'Herbigny étoit Commiſſaire nommé par le Roi pour la viſite des ports & havres du Ponant, & la réformation des abus gliſſés dans la Marine, &c.

Et parce que ſi l'on ſouffroit près du quai des tas d'ordures, de décombres ou de bouriers, ce ſeroit une occaſion pour les jetter furtivement dans le havre durant la nuit, indépendamment des incidens qui pourroient en procurer la chute, ſoit par le paſſage des voitures, ſoit par les pluyes abondantes; le même art. 20 dudit Réglement a étendu les défenſes à cet objet, & ſous pareilles peines. On trouve les mêmes diſpoſitions dans l'art. 20, auſſi du Réglement concernant la police du havre de Saint-Martin de Ré, en date du 19 Juin 1685; lequel Réglement, qui porte le caractere de l'autorité royale, eſt copié preſque mot à mot de celui de M. d'Herbigny.

C'eſt auſſi par le même motif que le Réglement de l'Amirauté de Dunkerque du 23 Décembre 1690, enjoint art. 13, au maître de quai » de ne pas ſouffrir qu'on » décharge ſur les quais aucunes pierres ou autres choſes qui puiſſent tomber » dans le port, plus près du bord que de dix pieds. « Mais cette précaution eſt peut-être exceſſive; il ſuffit que le maître de quai, au cas que quelques pierres tombent dans le havre, dans le temps de la décharge ou après, ait ſoin d'avertir qu'on les enleve; & que ſur le refus qui en ſera fait, il les faſſe enlever lui-même aux frais des contrevenans.

Pour ce qui eſt des bouriers & décombres ſur le quai, l'art. 15 eſt conforme au Réglement de M. d'Herbigny, & ajoute qu'en cas de contravention ceux qui y tomberont ſeront aſſignés pour le payement de l'amende, & pour être condamnés à l'enlévement des bouriers dans les vingt-quatre heures, après lequel délai le maître de quai les fera ôter à leurs dépens.

RÉGLEMENT

Pour la police du quai de la Rochelle.

Du 30 Juin 1676.

HEnri Lambert Chevalier Seigneur d'Herbigny, Marquis de Thibouville, Conseiller du Roi en ses Conseils, Maître des Requêtes ordinaires de son Hotel, Commissaire départi par Sa Majesté, pour la visite des ports & havres des mers du Ponant; & Honoré Lucas Chevalier Seigneur de Demuin, & de Courselles Conseiller du Roi en ses Conseils, Commissaire départi par Sa Majesté dans les pays d'Aunis, Gouvernement de la Rochelle, & Isles adjacentes, & Intendant Général de la Marine, du Ponant & Département de Rochefort; étant nécessaire pour faire cesser les plaintes des négocians par mer, & des maîtres & capitaines de navires, fréquentant le havre de la Rochelle, de pourvoir à la sûreté des vaisseaux dans le bassin & des marchandises de leurs cargaisons lors de la charge & décharge sur les quais, en y établissant une bonne police: Nous avons sous le bon plaisir de Sa Majesté fait le Réglement qui suit.

ARTICLE PREMIER.

Le maître du quai sera tenu de se rendre chaque jour sur le port à l'heure de la marée, & de faire sa ronde chaque nuit sur les quais & cales, à peine de cinquante livres d'amende pour la premiere fois, & de destitution en cas de récidive

II Indiquera aux maîtres de navires, barques & chaloupes, qui entreront au port, les lieux destinés pour leurs bâtimens, & les y fera placer vingt-quatre heures au plus tard après leur arrivée.

III Faisons défense au maître du quai d'avoir aucunes barques, chaloupes ni gabarres sous son nom, ou de personnes interposées & de s'y intéresser directement ou indirectement, à peine de destitution.

IV. Les bateaux passagers, & les barques chargées de bois à brûler, fruits & autres provisions journalieres seront placés depuis la porte du pont St. Sauveur jusqu'au poids du Roi.

V Faisons défense d'amarrer dans la place ci-dessus aucun grand navire, ni même du côté de la petite rive de puis le pont de St. Sauveur jusqu'à la premiere cale, à peine de cinquante livres d'amende.

VI. Les barques chargées de chaux seront rangées incontinent après leur entrée, sur la petite rive au-devant du quai du sieur Berchaud, près le coin qui tourne au canal des aboteaux.

VII. Et pour les grands vaisseaux, & les navires chargeants ou déchargeants des marchandises, seront placés du côté de la grande rive, depuis la chaîne jusqu'au quai de la poterie, & du côté de la petite rive depuis la premiere cale, jusqu'au quai du sieur Berchaud.

VIII. Après la décharge des marchandises, les maîtres seront tenus de faire passer leurs vaisseaux derriere les bâtimens en charge, en sorte néanmoins que l'amarrage aux quais & cales soit libre aux vaisseaux qui se présenteront pour faire leur décharge.

IX. Les œuvres de marée, seront données dans le chenal du bassin, & les vaisseaux carennés sur les vases du havre, & pour ce, éloignés de quatre brasses du moins de tous autres bâtimens.

X. Tous maîtres & capitaines de navire, placeront leurs bâtimens dans l'ordre ci-dessus, & en cas de refus ou négligence, le maître du quai les y fera mettre à leurs frais, dont exécutoire lui sera délivré sur son affirmation.

XI. Pendant que les navires seront au quai, ils seront amarrés avant & arriere & debout à cale, à l'effet de quoi seront posés & entretenus, aux dépens de la Ville, des corps morts dans le chenal avec des anneaux flottans, pour y attacher les amarres.

XII. Faisons défense de laisser aucunes ancres, au port dans le chenal, & passage ordinaire des vaisseaux, à peine de cinquante livres d'amende, confiscation desdites ancres, & de réparer par les propriétaires toutes les pertes & dommages qu'ils auront faits & causés.

XIII Les maîtres de navire qui auront des poudres dans leurs bords, seront tenus sous pareilles peines de les mettre à terre avant que d'entrer dans le havre, & les déposer dans la tour de David Jacob, qui est hors la Ville, & de lui payer dix sols par baril pour la garde.

XIV. Les brais & goudrons, pour goudronner les vaisseaux & funins, seront allumés derriere les anciennes murailles, sinon dans des gabares ou sur des rats, ou bien dans les bateaux des navires.

XV. Défendons à toutes personnes de petuner dans les vaisseaux étant au quai, & dans le bateau, & d'y porter ou allumer du feu de nuit, sinon en cas d'urgente nécessité, & en présence du maître de quai, à peine de vingt-cinq livres d'amende.

XVI. Le feu ne pourra être mis ni laissé aux foures, que hors la chaîne & à quatre brasses au moins des autres bâtimens

XVII. Les marchands commissionnaires, maîtres de navire, & autres particuliers, ne pourront laisser sur les quais aucunes ancres ni cables, canons ni marchandises, telles quelles puissent être, pour leur compte ou celui de leurs amis, plus de trois jours après l'entiere décharge; lesquels passés, le maître du quai sera tenu de de les faire enlever aux dépens de la chose.

XVIII. Ne seront néanmoins compris dans lesdites marchandises les bois à brûler, qui sont apportés pour la provision journaliere des habitans. Lesquels pourront être exposés en vente tant dans le bord que sur le quai, jusqu'à leur entier débit.

XIX. Tous les bâtimens qui seront hors d'état de pouvoir jamais naviguer, & ceux que les propriétaires voudront faire rompre, seront tirés hors du havre à peine de confiscation, après trois sommations verbales de la part du maître du quai.

XX. Faisons défense de jetter dans le bassin ou sur les quais, aucunes ordures, fanges, fumiers, boues ou autres immondices; à peine de dix livres d'amende, payable par les maîtres pour les valets & servantes, & par les peres & meres pour leurs enfans.

XXI. Les maîtres de navires & tous autres, qui auront besoin de gabares pourront les prendre dans le port, & s'en servir en payant par chacun jour de vingt-quatre heures, ouvrable, vingt sols, ou trente sols en cas que le maître de la gabare l'amene à bord & la ramene.

XXII. Les proprietaires des gabares seront tenus sous peine d'amende arbitraire, de les faire marquer des premieres lettres de leurs noms au lieu le plus apparent, & de faire déclaration du nombre, & de la marque de leurs dites gabares au Greffier de l'Amirauté, qui les recevra sans frais.

XXIII. Les maîtres charpentiers & calfateurs ouvriront leurs atteliers, & commenceront leur travail en toutes saisons au lever & les finiront au coucher du soleil, & seront payés à raison de vingt sols par jour pour les ouvrages de charpente, & trente sols pour les œuvres de marée & carenes, dont les apprentifs auront moitié, & ne seront réputés compagnons qu'après deux années de travail en qualité d'apprentifs.

XXIV. Faisons défense auxdits charpentiers & calfateurs dexiger outre leurs salaires du vin & eau-de-vie, ou autres breuvages, à peine de vingt-cinq livres d'amende, & aux bourgeois de leur en fournir ou payer plus grande somme que celle ci-dessus par chacun jour sous pareille peine, dont en cas de contravention sera informé à la diligence du maître du quai & aux frais des contrevenants.

XXV. Lesdits ouvriers ne pourront quitter leurs atteliers, que pour leurs repas qu'ils prendront, savoir leur déjeuné depuis huit heures jusq'à neuf, & leurs dînés depuis une heure jusqu'à deux, depuis le premier Avril jusqu'au dernier Octobre; & depuis le premier Novembre jusqu'au dernier Mars, depuis onze heures jusqu'à midi & demi.

XXVI. Leur faisons défense de travailler pendant les heures destinées pour leurs repas, à d'autres ouvrages que ceux par eux entrepris, à peine de perte de leurs salaires

XXVII. Enjoignons à tous ceux qui perçoivent des droits de calage, d'entretenir chacun en droit soi leurs quais & cales en bon état, étant garnis de boucles pour l'amarrage des vaisseaux, & au maître de quai en cas de négligence de la part des propriétaires, d'y mettre ouvriers à leurs frais, ensorte que la descente des marchandises y soit facile, & l'amarrage des vaisseaux assuré.

XXVIII. Prendront les propriétaires des quais & cales, pour la descente des marchandises un sol par tonneau, en fournissant les cables & bois, & moitié seulement quand ils ne les fourniront pas; cinq sols pour l'amarrage de chaque barque & navire, & quinze sols par maline en cas de séjour.

XXIX. Enjoignons au meûnier de maubec d'arrêter son moulin toutes les fois qu'il en sera requis pour donner les œuvres de marée à quelque vaisseau, à la charge de lui payer pour le dommage, la somme de six livres par marée.

XXX. Il y aura toujours dans le port de la Rochelle du moins trente pilotes lamaneurs & côtiers, pour conduire les bâtimens venant de la mer aux lieux où ils voudront aller faire leur charge ou décharge, tant au dedans qu'au dehors des courans.

XXXI. Aucun ne pourra s'immiscer de faire ledit pilotage, qu'il n'ait été examiné par deux des maîtres pilotes côtiers, en présence de quatre des plus anciens capitaines dudit lieu, & des Lieutenant & Procureur du Roi au Siége de l'Amirauté; lesquels recevront ceux qui en seront jugés capables.

XXXII. Sera payé au pilote lamaneur qui conduira un navire en la riviere de Seudre, dix livres; en Charente pareille somme, aux Balizes du port ou l'Aiguillon six livres, & pour entrer de Chef-de-Baye un navire dans le havre, une écu; de la Palice quatre livres, & pareille somme pour la sortie.

XXXIII. Faisons défense aux pilotes & mariniers desdites rivieres de Charente, Seudre & Marans, qui auront amené des bâtimens au port & rades de la Rochelle, d'y en prendre d'autres pour les piloter dans aucun desdits lieux, comme aussi aux pilotes de la Rochelle qui auront conduit quelques bâtimens dans lesdites rivieres, d'y en prendre d'autres pour amener au port & rade de la Rochelle ou ailleurs, sinon en cas de flotte ou de nécessité pressante.

XXXIV. Les pilotes feront leur domicile actuel en cette Ville, & seront tenus de se rendre tous les jours à midi au canton des flamans, pour y recevoir les ordres des maîtres & marchands, tant du lieu que forains, & étrangers qui y tiennent journellement leurs assemblées; lesquels ils seront tenus de servir quand ils en auront touché les arrhes à peine de dix livres d'amende

XXXV. Les égouts de la Ville ayant leur décharge dans le havre, ou dans les canaux y affluants, seront grillés à fer maillé, aux frais de la ville, & à la diligence du maître du quai qui aura soin de faire ôter les immondices qui se trouveront proche lesdites grilles.

XXXVI. Seront aussi mis aux dépens de la Ville, des boucles hautes & basses, & en nombre suffisant, tant le long de l'éperon qui est au dehors de la tour de la chaîne que du réduit de la tour de Saint Nicolas, pour l'amarrage des vaisseaux de pleine & basse mer.

XXXVII. Faisons défense conformément à la baillette du quatrième Février 1547. de construire aucune maison, ou autre édifice dans la place appellée le gan, qui demeure libre pour y ranger les pierres, bois & autres grosses marchandises qui se déchargeront à la grande rive, en payant cinq sols par mois pour quinze pieds en quarré, le jour faisant le mois.

XXXVIII. Faisons aussi défense de laisser les pieces de bois, & autres semblables denrées éparses en ladite place, avec injonction à ceux à qui elles appartiennent de les assembler & ranger par piles quinzaine après la sommation verbale qui leur en sera faite par le maître du quai, à peine de 50 liv. d'amende & de confiscation.

XXXIX. Le maître du quai fera assigner les contrevenants au présent réglement, pardevant les Officiers de l'Amirauté, pour se voir condamner aux peines & amendes y portées, qui ne pourront être remises ni modérées.

XL. Enjoignons auxdits Officiers de l'Amirauté de tenir la main à l'exécution dudit réglement, faire leur visite sur le quai & bassin & veiller à la conduite du maître du quai, à peine d'en répondre en leurs noms.

Fait à la Rochelle, le trentième jour de Juin 1676 *signé* LAMBERT & de Demuin.

INSTRUCTION

Des Officiers de l'Amirauté de Dunkerque, au Maître de Quai de ladite Ville.

Du 23 Décembre 1690.

PRemierement il aura soin de faire ranger & amarrer les vaisseaux dans le port, & veillera à tout ce qui concerne la police d'icelui & des quais, & fera donner les assignations nécessaires, à ceux qui contreviendront, par l'huissier visiteur.

II. Il assistera l'huissier visiteur dans ses fonctions, lequel a pareil ordre d'assister le maître de quai, soit pour donner les assignations requises ou arrêter les vaisseaux ou personnes lorsqu'il sera nécessaire.

III. Il aura soin avec beaucoup d'application, qu'il ne se fasse aucun feu sur les quais proche des vaisseaux & ailleurs, que dans les cheminées établies à ces fins sur les quais, & qu'en aucune maniére il ne s'en fasse soit de nuit ou de jour dans les vaisseaux marchands étant dans le port & dans le canal, soit en fumant, en allumant de la chandelle ou autrement, si ce n'est qu'il fût autrement jugé nécessaire, auquel cas il sera toujours présent.

IV Il aura soin de faire ranger les vaisseaux dans le port, de maniére qu'un vaisseau sitôt qu'il sera chargé ou déchargé, se retire du quai pour faire place à ceux qui pourront arriver.

V. Il doit savoir que les plus grands vaisseaux doivent faire leur décharge dans les quinze jours ouvrables qu'ils sont à quai, les autres à proportion, & leur chargement au plus dans le mois, quand même ils seroient à cueillette, les autres de même à proportion, après quoi soit qu'ils soient déchargés, ou chargés il les doit obliger à quitter le quai pour faire place à d'autres

VI. Si aucun Maître ou gardien de vaisseau refuse de lui obéir & de démarrer, il a le pouvoir de couper les cables & amarres, pourquoi il doit toujours porter une petite hache ; mais il observera de ne le faire qu'après avoir au-moins averti deux fois les maîtres & gardiens de démarrer, après quoi & leur refus formel ou tacite, il pourra les couper & fera en outre assigner les contrevenans pour l'amende.

VII. Il observera que les propriétaires des vaisseaux qui sont dans le port, y doivent avoir toujours un gardien à peine d'amende, & ainsi lorsqu'il en trouvera sans personne, il doit faire donner assignation aux propriétaires pour y être condamnés.

VIII. Il prendra soin de ne laisser aucun vaisseau à l'entrée & embouchure du port, qui puisse en boucher le passage, & causer du dommage ou empêchement à ceux qui entrent.

IX Il aura soin aussi de faire exactement observer le réglement du port, qui veut que chaque vaisseau ait toujours sur le pont deux pipes ou bariques remplies d'eau.

X. Il veillera avec grand soin à ce que le lestage & délestage des vaisseaux se fassent promptement, sans qu'il en puisse tomber aucune chose dans le port, & que pour cela ceux qui lesteront ou délesteront ayent toujours une grande voile qui couvre le quai & le bord du vaisseau.

XI. Il ne souffrira point que les vaisseaux s'amarrent les uns aux autres, ni ailleurs qu'aux anneaux & pieux à ce destinés.

XII. Il observera de ne préférer personne pour metre à quai, que ceux qui auront fait les premiers leur déclaration ; tout vaisseau ne pouvant décharger auparavant.

XIII. Il ne souffrira point qu'on décharge sur les quais aucunes pierres ni autres choses qui puissent tomber dans le port plus près du bord que de dix pieds, & qu'elles restent sur les quais aussi-bien que toutes autres sortes de marchandises plus de trois jours ; & en cas qu'après avoir averti les propriétaires de les ôter, ils ne le fassent point, il les fera ôter à leurs dépens, & pour le remboursement des frais qu'il aura faits pour cela, il lui sera pourvu par exécutoire, au moyen duquel partie des marchandises pourra être vendue, & en outre fera assigner les contrevenants pour l'amende.

XIV. Lorsque les vaisseaux déchargeront, il fera observer que les marchandises se déchargent sur le quai de telle maniére que le milieu du quai reste toujours vuide, à pouvoir passer un traineau, ou un chariot chargé de marchandises ; & au cas que cela s'observe autrement par les déchargeurs ou chargeurs, il fera enlever les marchandises aux dépens des propriétaires & en outre les fera assigner pour l'amende.

XV. Il empêchera qu'on ne laisse ou jette sur les quais aucunes ordures ou décombres, & fera assigner ceux qui y contreviendront pour être condamnés à l'amende, & cependant, vingt-quatre heures après qu'il aura sommé ceux qui les y auront laissées, il les fera ôter à leurs dépens.

XVI. Il ne souffrira point que les ancres restent aux cotés des vaisseaux, en sorte qu'elles puissent nuire ou faire dommage aux bordages des quais & autres vaisseaux qui seront à bord d'eux ; mais il les fera mettre dans les vaisseaux sur le pont, & en cas de refus & après avoir averti deux fois les maîtres & gardiens il les fera assigner pour l'amende.

XVII. Il aura grand soin, si quelques vaisseaux entrent dans le port, avec des poudres, de les faire débarquer incessamment & sans perte de tems, préférant cela à toutes autres choses, & ne souffrira point pour quelques raisons que ce soit, qu'il s'embarque de la poudre dans les vaisseaux étant dans le port.

XVIII. Il veillera à ce que les pilotes sortent sans perdre de tems du port, lorsqu'il se présentera des vaisseaux pour entrer, & en cas de refus ou de négligence, il en donnera avis.

XIX. Il ne doit laisser sortir aucunes chaloupes pour aller en rade, si ce n'est celles des vaisseaux qui y seront à l'ancre, si les conducteurs n'en ont la permission ; & observera d'empêcher que ces chaloupes ne portent aucunes autres personnes que celles de l'équipage, si ce n'est qu'il lui paroisse du passeport, & lorsqu'il trouvera dans lesdites chaloupes autres personnes que ceux des équipages, & qui n'auront point de passeport, il les arrêtera avec les chaloupes & conducteurs d'icelles.

XX. Il se fera représenter par chacun des Maîtres desdits vaisseaux qui voudront sortir, les passeports & congés qui leur auront été délivrés, dûement enregistrés, & si lesdits vaisseaux vouloient sortir sans avoir lesdits congés & passeports, ou sans les avoir fait enregistrer, il les arrêtera & en donnera avis.

XXI. Il observera de remarquer & rechercher avec soin, si dans les vaisseaux qui sortent, il n'y a point d'autres personnes que celles mentionnées dans les rôles des équipages, & en cas qu'il en trouve & qui n'ayent point de passeport, il les arrêtera & en donnera avis.

XXII. Il fera arrêter tous ceux qu'il trouvera voler dans les vaisseaux, sur le port, ou y faire aucun désordre, & en dressera son procès-verbal, qu'il remettra au Greffe.

XXIII. Il s'informera avec grand soin des exactions qui se pourroient faire dans le port & sur le quai, soit à l'égard des pêcheurs, des vaisseaux, lestage & délestage ou autrement ; il sera continuellement sur les quais, aumoins depuis le tems du jusant jusqu'à ce que la marée soit retirée des deux tiers.

XXIV. Il fera tous les soirs avant la porte fermante, la ronde & visite sur les quais, & fera éteindre le feu qui pourroit avoir été fait le jour dans les cheminées qui sont sur lesdits quais.

XXV. S'il étoit nécessaire la nuit, d'aller avec chandelles allumées dans les vaisseaux, il ne le souffrira qu'en sa présence & avant d'en sortir il aura soin de les faire éteindre.

XXVI. Il aura soin tous les soirs en faisant sa ronde de faire fermer les petites maisonnettes étant sur les quais & jéttées, où se vend de l'eau-de-vie ou autre chose, ensorte que personne ne s'y puisse retirer la nuit, & n'en laissera point établir d'autres, non plus que des boutiques, sans permission.

XXVII. Il n'exigera des maîtres des vaisseaux ni des pêcheurs, aucunes marchandises ni poissons ni autres droits pour son salaire, que ce qui est porté dans le Réglement fait par M. de Bercy, à peine de concussion.

XXVIII. Il fera observer au surplus la police du port suivant les Réglemens ci-devant faits, & qui pourront être faits à ce sujet par la suite.

XXIX. Il tiendra un registre cotté & paraphé, où il écrira tous les jours les noms des maîtres des vaisseaux qui entreront & sortiront, & le nombre d'équipage que chacun d'eux aura, ensemble le nom des passagers, tant de ceux qui débarqueront que de ceux qui auront la permission de s'embarquer.

XXX. Il aura soin de donner tous les jours avis de tout ce qui arrivera sur les quais & dans le port, tant au sujet de l'entrée & sortie des vaisseaux, que des contraventions à la police du port qu'autrement. Fait & arrêté à Dunkerque au parquet Royal du Siége général de l'Amirauté de Flandre, par Nous Jean le Pottier, Ecuyer, Seigneur de la Hestray, Conseiller du Roi, Lieutenant-Général de ladite Amirauté, en présence de M^e. Charles Costé, Ecuyer, Seigneur de la Motte, Procureur du Roi audit Siége, pour servir d'instruction à celui qui exercera l'office de maître des quais, le vingt-troisiéme jour de Décembre 1690.

ARTICLE II.

IL y aura toujours des matelots à bord des navires étant dans le port, pour faciliter le passage des vaisseaux entrant & sortant, larguer les amarres, & faire toutes les manœuvres nécessaires, à peine de cinquante livres d'amende contre les maîtres & patrons.

UN capitaine de navire n'eſt pas toujours obligé de ſe tenir à ſon bord; cela ne lui eſt enjoint expreſſément que lorſque ſon navire eſt entierement chargé, & dans les cas marqués ſur l'article 8, tit. premier, du liv. 2, ci-deſſus; ou lorſqu'il eſt queſtion de ſortir de quelque port, havre ou riviere, ſuivant l'art. 13 du même titre : & il s'agit ici des bâtimens étant dans le port.

Mais ſi la préſence du capitaine ou patron n'eſt pas toujours néceſſaire à ſon bord, il faut du moins qu'il y laiſſe des matelots pour faciliter le paſſage des vaiſſeaux entrant ou ſortant, en larguant les amarres, & faiſant les manœuvres convenables aux circonſtances, & cela ſur peine de 50 liv. d'amende; ce qui s'entend ſans eſpérance de s'en faire indemniſer par le propriétaire, parce que c'eſt-là une faute qui lui eſt perſonnelle. Et ſuppoſé qu'il ait effectivement laiſſé des matelots à bord qui s'en ſoient abſentés, il demeurera toujours reſponſable de leur prévarication, & des ſuites qu'elle a eu; ſauf ſon recours contre eux. Mais alors, en cas d'inſolvabilité de leur part, il ſera indemniſé par le propriétaire.

A l'égard des vaiſſeaux dont l'équipage a été congédié, ils doivent avoir chacun un gardien aux frais des propriétaires; & s'ils manquent d'y en établir, ils ſont amendables aux termes de l'art. 7 du Réglement de Dunkerque déja cité.

Le devoir du gardien eſt de veiller à la conſervation du navire, & des agrès, apparaux & uſtenſiles dont la garde lui a été confiée. Il doit auſſi, à l'occaſion, larguer l'amarre, ſur peine de l'amende prononcée par cet article, comme repréſentant alors le capitaine ou patron.

Au ſujet des gardiens des navires, Mgr. Rouillé alors Miniſtre de la marine, ayant marqué aux Officiers de l'Amirauté par ſa lettre du 12 Mars 1754, « qu'il étoit » informé qu'il y avoit à la Rochelle des armateurs qui n'obſervoient aucune atten- » tion dans le choix des ſujets qu'ils établiſſoient pour gardiens des navires; qu'il » arrivoit quelque fois que l'on deſtinoit à cette fonction des particuliers qui n'avoient » aucune habitude de la marine, ce qui étoit ſuſceptible d'abus & d'inconveniens; » que dans ces circonſtances il paroiſſoit abſolument néceſſaire pour la conſervation » des navires, que les fonctions de gardien ne fuſſent commiſes qu'à d'anciens offi- » ciers mariniers ou matelots, d'autant plutôt qu'ils étoient dans le cas d'être choi- » ſis par préférence de la part des armateurs qui devoient avec juſtice ſe porter à » les favoriſer, après avoir profité de leurs ſervices pendant qu'ils étoient en état de » naviger; & que ſur tout ceci il convenoit d'en conférer avec les principaux né- » gocians, afin d'examiner de concert avec eux ce qu'il y auroit à faire ſelon ces » principes. » Les Officiers de l'Amirauté après en avoir effectivement conferé avec la Chambre de Commerce, répondirent à Mgr. Rouillé le 31 du même mois, que le réſultat de la conférence avoit été que Mrs. de la Chambre du Commerce auroient l'honneur de lui repréſenter, qu'il n'étoit point venu à leur connoiſſance qu'aucun armateur eût fait choix pour la garde des navires, d'autres gens que d'anciens marins hors d'état de continuer la navigation, & qu'ils le ſupplioient de laiſſer jouir les armateurs, comme par le paſſé, de la liberté de préférer ceux qui leur paroiſſoient mériter plus leur confiance; qu'ils y avoient en effet le principal intérêt & que le ſervice à tour de rolle, en pareil cas, ne pourroit être que dangereux; que la vie oiſive des marins les portant aiſément à la crapule, & delà à l'infidélité, ils ne ſongeroient guere à s'en défendre s'ils étoient aſſurés d'être employés comme ceux qui ſçavent éviter ces deux écueils.

Les Officiers de l'Amirauté ajoutérent qu'il ne leur avoit jamais été porté de plaintes par rapport à cet usage observé de tout temps, sur le fait des gardiens, quoique ce fût là une matiére de police entiérement de la compétence de l'Amirauté. Sur cette réponse, les choses en sont restées là & l'usage a continué.

ARTICLE III.

NE pourront les mariniers amarrer leurs vaisseaux qu'aux anneaux & pieux destinés à cet effet, à peine d'amende arbitraire.

DAns tous les ports il y a effectivement des anneaux ou boucles de fer, dans le mur de revêtement du quai. Il y a aussi près du bord du quai des pieux, des canons ou des pattes d'ancres, le tout destiné pour l'amarrage des navires & bâtimens de mer.

C'est-là précisement qu'il faut amarrer les vaisseaux, à peine d'amende arbitraire, & le maître de quai ne doit pas souffrir qu'ils soient amarrés ailleurs; c'est-à-dire qu'ils s'amarrent les uns aux autres, ajoute l'art. 11 dudit Réglement de Dunkerque. La raison est que cet amarrage des uns aux autres, n'est d'aucune sûreté, & que les avaries seroient inévitables en cas de vent forcé ou d'agitation extraordinaire de la mer.

Au port de la Rochelle, tant que les navires sont à quai, ils doivent être amarrés en avant & en arriere, debout à quai ou calle, & non en travers pour ne pas occuper inutillement une place bonne pour d'autres. A l'effet duquel amarrage par derriere, il doit y avoir dans le havre des pieux appellés corps morts, entretenus aux dépens de la Ville; auxquels corps morts doivent être appliqués des anneaux flottants pour y attacher les amarres. C'est la disposition de l'art. 11 du Réglement de M. d'Herbigny. On conçoit que des navires amarrés de la sorte sont dans la position la plus favorable pour prevenir les chocs & les abordages.

ARTICLE IV.

LEs vaisseaux dont les maîtres auront les premiers fait leur rapport, seront les premiers rangés à quai, d'où ils seront obligés de se retirer incontinent après leur décharge.

LA premiere partie de cet article a pour objet d'empêcher la préférence que le maître de quai pourroit être tenté de donner à quelque capitaine de navire au préjudice des autres. Ainsi rien de plus sage que cette disposition, qui a été renouvellée par l'article 12 du Réglement de Dunkerque.

Ce ne sont pas pourtant les navires qui seront entrés les premiers dans le havre qui doivent être les premiers rangés à quai: ce sont ceux dont les maîtres auront été les plus diligens à faire leur rapport au Greffe de l'Amirauté, parce que comme le déclare ledit article 12 du Réglement de Dunkerque, ce sont eux qui se sont mis les premiers en état de décharger, n'étant pas permis de mettre aucunes marchandiſes à terre avant le rapport au Greffe.

Cependant au port de la Rochelle, tous bâtiments indiſtinctement n'ont pas droit de ſe préſenter pour être placés au même quai. La diſtribution des quais du havre eſt faite de maniére, qu'il y en a une partie deſtinée uniquement pour les bâtimens chargés de bois à brûler, de fruits & autres proviſions journaliéres; une autre partie pour les barques chargées de chaux, pierres, tuiles & autres matériaux de conſtruction; une autre enfin pour les vaiſſeaux & grands navires chargeant & déchargeant des marchandiſes. Art. 4, 5, 6, 7 & 10, du Réglement de M. d'Herbigny.

L'art. 2 veut que chaque capitaine ou maître de bâtiment ſoit placé où il a droit de l'être, 24 heures au plus tard, après ſon arrivée; & l'art. 10 donne pouvoir au maître de quai de placer de ſon autorité les maîtres de bâtiment qui refuſeront d'occuper les places qu'il leur aura aſſignées; ce qu'il pourra faire à leurs frais, dont exécutoire lui ſera délivré ſur ſon affirmation.

Au moyen de cette diſtribution, toute confuſion eſt évitée. Ce n'eſt pas que lors qu'il y a quelque place vacante, un bâtiment ne puiſſe l'occuper, quoique ſuivant cet arrangement il en ſoit naturellement exclus; mais il ne le peut qu'à condition de ſe retirer auſſitôt qu'il ſe préſentera un autre navire, ayant le privilége excluſif de ſe placer à cette partie du quai.

Le reſte de notre article auquel ſe rapportent le quatriéme dudit Réglement de Dunkerque & le 8 dudit Réglement de M. d'Herbigny, ſuppoſe comme eux, qu'il y ait d'autres navires prêts à décharger ou à prendre leur chargement; autrement il y auroit de l'humeur à faire retirer ſans néceſſité un navire, ſous prétexte qu'il auroit fait ſa décharge, ſur-tout s'il ne devoit pas tarder à ſe mettre en chargement.

Tout cela au reſte dépend des circonſtances, & en général les diſpoſitions du maître de quai à cet égard doivent être ſuivies, à les ſuppoſer même peu convénables, ſi l'on n'a pas le temps d'en porter des plaintes aux officiers de l'Amirauté pour les arrêter; ſauf à s'en plaindre dans la ſuite. L'ordre de la police exige que l'on obéiſſe par proviſion à celui qui a droit de commander, quoique ſubalterne. Voir pour le ſurplus ce qui ſera obſervé ſur l'art. 2 du tit. ſuivant.

L'article 5 du Réglement de Dunkerque eſt remarquable. Il ne donne aux plus grands vaiſſeaux que 15 jours ouvrables pour faire leur décharge, & qu'un mois pour leur chargement quoiqu'à ceuillette; après quoi, qu'ils ſoient chargés ou déchargés, il veut qu'ils ſoient obligés de quitter la place à d'autres.

ARTICLE V.

LEs maîtres & patrons de navires qui voudront ſe tenir ſur leurs ancres dans les ports, ſeront obligés d'y attacher hoirin, bouée ou gaviteau pour les marquer, à peine de cinquante livres d'amende, & de réparer tout le dommage qui en arrivera.

CEt article est tiré du 15me. des jugemens d'Oleron, & des art. 28 & 51 de l'Ord. de Wisbuy, à cela près qu'il ajoute l'amende de 50 liv. à l'obligation de réparer le dommage causé par ce manquement, de même que l'art. 8 tit. 4 liv. 12 de l'Ord. de 1689.

L'article 12 du Réglement de M. d'Herbigny, soumet aux mêmes peines, & en outre à la confiscation des ancres, ceux qui en laisseront au port dans le chenal & passage ordinaire des vaisseaux ; ce qui paroît devoir s'entendre avec cette exception, s'il n'y a été laissé un *hoirin, bouée ou gaviteau*, quoiqu'on puisse dire ce semble que ce n'est pas dans le passage ordinaire des vaisseaux qu'il faut jetter l'ancre. Mais comme il n'est guere moins dangereux de laisser des ancres en rade, & que par l'art. 2 tit. 8 ci-après, les capitaines sont exempts de tout blâme, lorsque forcés de quitter leurs ancres, ils y laissent des hoirins, bouées ou gaviteaux; il est naturel d'en dire autant de ceux qui en quittent dans les ports, s'ils usent des mêmes précautions. Et cela paroit devoir souffrir d'autant moins de difficulté, que le présent article permet de se tenir sur ses ancres dans le port, ce qui suppose naturellement que les ancres peuvent porter dans des endroits de passage pour les vaisseaux, & que l'on peut se trouver dans la nécessité de les y abandonner.

Cependant s'il s'agissoit d'une ancre jettée ou laissée dans le chenal du bassin du havre, ou à son entrée entre les deux tours, nul doute qu'il ne fallût appliquer à cette prévarication la rigueur du Réglement de M. d'Herbigny sans aucune exception.

Du reste parce que les ancres pourroient causer des avaries si elles étoient laissées aux côtés des navires, l'art. 16 du Réglement de Dunkerque, enjoint au maître de quai de ne pas les souffrir dans cet état, & d'obliger les capitaines de les mettre sur le pont. Mais cette précaution, peut-être excessive, qui doit nécessairement gêner les opérations pour le chargement & déchargement du navire, paroît ne devoir pas être pratiquée ailleurs. On peut en effet relever les ancres & les placer devant le navire, de maniére qu'elles ne soient pas en termes de causer aucun dommage.

Pour l'obligation de lever son ancre, & le dommage qui peut résulter du refus de la lever, voir les observations sur l'art. 11 tit. des avaries qui est le septiéme du liv. 3.

ARTICLE VI.

CEux qui auront des poudres dans leurs navires seront tenus aussi à peine de cinquante livres d'amende, de les faire porter à terre incontinent après leur arrivée, sans qu'ils puissent les remettre dans leur vaisseau qu'après qu'il sera sorti du port.

L'Article 17 du Réglement de Dunkerque, ne contient rien de plus; mais le Réglement de M. d'Herbigny pour la Rochelle a porté son attention plus loin, en ordonnant art. 13 à tous maîtres de navires qui auront des poudres à bord, de les mettre à terre, avant d'entrer dans le havre, & de les déposer dans une tour indiquée hors de la Ville, sous la même peine de 50 liv. d'amende.

Depuis plusieurs années à la Rochelle, on a construit un magasin sur le bord de la mer vis-à-vis la fameuse digue, dans lequel magasin l'on dépose toutes les poudres appartenantes aux navires ou destinées pour leur armement.

On a pourtant eu plus d'une fois occasion de se plaindre des contraventions à un Réglement aussi sage ; & c'est ainsi que des téméraires ou des étourdis exposent toute une Ville aux derniers malheurs, sans que personne aime assez le bien public pour dénoncer les prévaricateurs. L'excuse est vaine, & c'est mal entendre le précepte de la charité fraternelle. Le Procureur du Roi ayant été informé par hazard en 1741, que le nommé Desnoyers maître d'allége, avoit chargé des poudres dans son allége étant dans le havre, pour les porter à bord du vaisseau *l'Alexandre* ; cette prévarication fut punie d'amende par jugement du 21 Octobre audit an ; qui en renouvellant les défenses portées tant par cet article que par le Réglement de M. d'Herbigny, permit au Procureur du Roi de le faire imprimer, lire, publier & afficher par-tout où besoin seroit, ce qui fut exécuté.

Pour la maniére d'en user, lorsque dans les ports de la marine il entre des vaisseaux marchands dans lesquels il y a des poudres ou de la chaux vive ; voir les art. 4 & 5, tit. 1er. liv. 11 de l'Ord. de 1689.

Et pour les précautions à prendre contre la peste au sujet des vaisseaux ou autres bâtimens, soupçonnés de venir d'endroits infectés du mal contagieux. Voir le tit. 2, même liv. 11 de ladite Ord. de 1689.

ARTICLE VII.

LEs marchands, facteurs & commissionaires, ne pourront laisser sur les quais leurs marchandises plus de trois jours, après lesquels elles seront enlevées à la diligence du maître de quai, où il y en aura d'établi, sinon de nos Procureurs aux Siéges de l'Amirauté, & aux dépens des propriétaires, lesquels seront en outre condamnés en amende arbitraire.

QUelle confusion, & quel embarras pour le commerce, si ceux à qui appartiennent les marchandises débarquées sur les quais, pouvoient les y laisser autant qu'ils le jugeroient à propos !

Il a donc fallu fixer un temps pour en faire l'enlévement, afin de faire place à d'autres marchandises. Un delai de 3 jours a paru suffisant pour cela, & le Réglement de M. d'Herbigny l'avoit déjà décidé de la sorte art. 17.

Au surplus ce ne sont pas seulement les marchandises, dont il ordonne l'enlevement dans 3 jours; il en dit autant des ancres, des canons, des cables & autres choses déposées sur le quai, pour prévenir toute équivoque.

D'un autre côté, l'obligation d'enlever les effets dans le temps, ne regarde pas seulement les propriétaires, les marchands facteurs & commissionnaires ; mais encore les capitaines & maîtres de navires, & généralement tous ceux qui ont la disposition des marchandises, qu'elles leurs appartiennent ou à leurs correspondans.

Mais l'art. 18 contient une exception très-judicieuse ; c'est au sujet du bois à brûler apporté pour la provision journaliére des habitans, qu'il permet d'exposer en en vente tant dans la barque que sur le quai jusqu'à l'entier débit.

Tout le reste doit donc être enlevé dans trois jours après la décharge sur le quai; faute dequoi, notre article veut que l'enlévement en soit fait à la diligence du maître de quai, ou à son défaut à la diligence du Procureur du Roi de l'Amirauté; & cela aux dépens des propriétaires, lesquels seront en outre condamnés *en amende arbitraire.*

Sur quoi il est à observer, que comme c'est ici un fait de police, l'enlévement des marchandises & autres effets ayant resté plus de 3 jours sur le quai, peut être ordonné *de plano*, par les Officiers de l'Amirauté en faisant leur visite sur le havre, & exécuté sur le champ. L'usage est néanmoins à la Rochelle de ne pas procéder avec cette précipitation, & c'est peut-être une indulgence abusive.

Au lieu de cette exécution provisoire, à l'égard des effets dont les propriétaires ou les commissionnaires sont connus, la pratique est de les assigner de jour à autre à la Requête du Procureur du Roi, pour se voir condamner d'enlever dans 3 jours au plus tard, les effets en question, faute dequoi l'enlévement en sera fait à leurs frais, par les soins du maître de quai.

Ce jugement est signifié avec commandement, & faute de satisfaire, le maître de quai fait enlever les marchandises & autres effets. Les frais de l'enlévement sont ensuite réglés, pour le payement desquels, ainsi que des dépens, il lui est délivré exécutoire.

Pour ce qui est des effets dont les propriétaires ou commissionnaires ne sont pas connus; l'on fait publier à son de trompe que tous ceux à qui ils appartiennent ayent à les faire enlever aussi dans trois jours; après lesquels le maître de quai en fera faire l'enlévement aux frais de la chose; desquels frais il lui est pareillement délivré exécutoire. En conséquence sur son requisitoire appuyé par le Procureur du Roi, il lui est permis par une Ordonnance de faire vendre publiquement par un huissier la quantité d'effets nécessaires pour satisfaire aux frais dont il s'agit, & à ceux de la vente.

On s'écarteroit sans doute de cette pratique, qui marque un peu trop de condescendance, si l'affluence des navires dans le havre exigeoit que les quais fussent débarassés plus promptement. Il seroit même à souhaiter que cela arrivât, pour le retablissement de la régle sans toutes ces formalités. Je dis de la régle, car notre article paroît exclure toute procédure dans ce cas ci; & c'est ce qui résulte encore plus précisément de la disposition de l'art. 13 du Réglement de Dunkerque, à moins qu'il ne s'agisse de condamner les contrevenans à l'amende, ce que nous n'avons encore jamais pratiqué.

Le même motif de débarasser les quais & d'en rendre le service libre, a dicté aux Officiers de l'Amirauté de Dunkerque l'art. 14 de leur Réglement; suivant lequel le maître de quai doit observer que les marchandises, lors de leur déchargement ou de leur chargement, soient placées sur le quai, de maniére que le milieu du quai reste toujours vuide, à l'effet qu'un traineau ou un chariot chargé de marchandises, puisse y passer commodément. Si l'on y manque il est autorisé alors sans autre formalité à faire enlever les marchandises qui embarrassent le passage, aux frais des propriétaires, lesquels il peut faire assigner en outre, pour l'amende.

Notre article dit tout de même *aux dépens des propriétaires*, quoiqu'il ait parlé d'abord des marchands, facteurs & commissionnaires; ce qui signifie en général & à tous égards, que c'est toujours la chose qui en répond, que le propriétaire soit connu ou non; & en particulier que le propriétaire étant connu, on peut s'en prendre toujours à lui, sauf son recours contre ses facteurs ou commissionnaires.

Au surplus on peut attaquer tout de même les facteurs ou commissionnaires en leur nom propre & privé, & les condamnations prononcées contr'eux, s'exécuteront avec privilége & préférence sur la chose. Cela vérifie la premiere proposition qui est que dans tous les cas la chose répond toujours des frais de son enlévement.

Une derniere observation à faire sur cet article, est que quoique ce soit le premier du titre qui parle du maître de quai, les précédens & ceux qui suivent ne sont pas moins du ressort de ses fonctions, puisque tout se rapporte à la police du havre & des quais, dont l'inspection lui est spécialement attribuée par l'art. 2 du titre suivant; sous la direction & l'autorité toutefois des Officiers de l'Amirauté, auxquels il doit communiquer tout ce qui est relatif à cette police, aussi-bien dans les choses qu'il a droit de faire de son propre mouvement que pour celles qu'il ne peut entreprendre sans le concours de leur autorité. A Bordeaux, c'est aux Jurats à l'exclusion des Officiers de l'Amirauté, qu'appartient la police du port & des quais. V. *suprà* art. 6 tit. 2 du liv. 1er. & l'art. 23 ci-après.

ARTICLE VIII.

IL y aura dans chaque port & havre des lieux destinés, tant pour travailler aux radoubs & calfats des vaisseaux, que pour goudronner les cordages; à l'effet de quoi les feux nécessaires seront allumés à cent pieds au moins de distance de tous autres bâtimens, & à vingt pieds des quais, à peine de cinquante livres d'amende, & de plus grande en cas de récidive.

IL faut joindre à cet article le neuviéme du Réglement de M. d'Herbigny, aux termes duquel les œuvres de marée, dans le port de la Rochelle, doivent être données dans le chenal du bassin, & les vaisseaux doivent être carénés sur les vases du havre à la distance de quatre brasses au moins, de tous autres bâtimens. Il a fallu se contenter d'une aussi petite distance à cause du peu de largeur du havre.

Par rapport aux feux nécessaires pour le brai & le goudron destiné à goudronner les navires & les cordages, l'art. 14 porte qu'ils seront allumés, ou derriere l'ancienne muraille, ou dans des gabarres & batteaux, ou sur des rats, ce qui s'entend à pareille distance pour le moins.

Enfin l'art. 16 porte, que le feu ne pourra être mis aux soutes que hors du havre & cela à la même distance des autres bâtimens.

ARTICLE IX.

LEs maîtres & propriétaires des navires étant dans les ports où il y a flux & reflux, seront tenus sous mêmes peines d'avoir toujours deux poinçons d'eau sur le tillac de leur vaisseau, pendant qu'on en chauffera les foutes ; & dans les ports d'où la mer ne fe retire point, d'être munis de faffes ou pelles creufes propres à tirer l'eau.

CEt article auquel eft conforme le neuviéme du Réglement de Dunkerque, n'a pas befoin d'explication ni d'obfervations. On dira feulement que quoique les propriétaires y foient compris avec leurs capitaines ou maîtres, la peine de la contravention ne doit naturellement tomber néanmoins que fur les maîtres ou capitaines, parce que le foin de prendre ces précautions les regarde directement. A la vérité la condamnation peut porter également contre les propriétaires, comme tenus des faits de leurs capitaines ; mais leur recours contre eux ne peut leur être refufé.

ARTICLE X.

IL y aura pareillement des places deftinées pour les bâtimens en charge, & d'autres pour ceux qui feront déchargés, comme auffi pour rompre & dépecer les vieux bâtimens, & pour en conftruire de nouveaux.

INdépendemment de la police particuliére au port de la Rochelle, pour la diftribution des différentes parties du quai, où les marchandifes doivent être déchargées fuivant leurs différentes efpéces ; police particuliére remarquée fur l'art. 4 ci-deffus ; il faut toujours reconnoître que dans chaque partie du quai, il eft de l'ordre que les bâtimens qui y ont fait leur déchargement, fe retirent pour faire place aux autres, qui font en termes d'y décharger auffi, ou d'y prendre leur chargement. Et c'eft ce que veut dire la premiere partie de notre article, en exécution duquel, & conformément à l'art. 8 du Réglement de M. d'Herbigny, il faut que les maîtres des bâtimens qui auront déchargé leurs marchandifes fe retirent derriere ceux qui font en état de charger ou décharger, afin que le commerce conferve fon activité.

L'article 5 du Réglement de Dunkerque va même plus loin, comme il a été obfervé fur ledit article 4 puifqu'il veut que les bâtimens en charge ou décharge fe retirent, après un certain temps, quoiqu'ils n'ayent pas achevé leurs opérations.

A l'égard des vaiffeaux hors d'état de fervir qu'il convient de rompre & dépecer, & des vaiffeaux à conftruire, il eft de l'ordre tout de même, comme l'exige notre article, qu'il y ait dans le port des places qui y foient affectées.

Mais à la Rochelle, à caufe de la petiteffe du port, eu égard au nombre de bâtimens qui y arrivent, l'article 19 du Réglement de M. d'Herbigny porte, que les vaiffeaux hors de fervice & qu'il fera queftion de démolir & dépecer, feront à cette fin tirés hors du havre, à peine de confifcation, après trois fommations verbales de la part du maître de quai.

Il feroit à fouhaiter que l'on tint un peu plus la main à l'exécution de ce Réglement, & que l'on ne fe laiffât pas amufer quelquefois, par les propriétaires de ces navires, qui tantôt font entendre que leur deffein eft de les faire radouber, & tantôt promettent de les faire ſortir du havre ; & qui à force de répéter ce manége, gagnent tellement du temps, que les navires ſe rempliſſent de vaſes ; de maniére que n'étant plus poſſible de les tirer hors du havre, il y a néceſſité de leur permettre de les dépecer dans la place qu'ils occupent, à condition néanmoins d'uſer de diligence, & d'enlever inceſſamment les débris conformément à l'art. qui ſuit.

Il eſt vrai que dans le port de la Rochelle, on ne ſouffre pas aux quais où ſe fait habituellement la décharge des marchandiſes, les navires que l'on déſarme & déſempare, parce que l'on n'a pas intention de les faire naviger de quelque temps, & qu'alors on les fait paſſer en des endroits où ils ne peuvent nuire à la navigation journaliére : mais le motif du Réglement de M. d'Herbigny a été de préſerver le havre, des ordures & encombremens qui ſont une ſuite inévitable du dépécement des navires : & cette précaution ſalutaire eſt trop intéreſſante, pour qu'on ne doive pas manquer de faire ſortir du havre tout navire que l'on reconnoit n'être plus bon qu'à dépecer.

On conçoit que lors qu'on tire un vaiſſeau hors du havre pour le dépecer, il faut le placer de maniére qu'il ne ſoit pas ſur le paſſage des navires ; encore moins à l'entrée du port, & le ſoin d'y veiller regarde le maître de quai, ſuivant l'art. 8 du Réglement de Dunkerque.

ARTICLE XI.

LES propriétaires des vieux bâtimens hors d'état de naviger, ſeront tenus de les rompre, & d'en enlever inceſſamment les débris, à peine de confiſcation & de cinquante livres d'amende, applicable à la réparation des quais, digues & jettées.

LE dépécement d'un navire, ſe faiſant dans le port, on ne ſauroit y procéder avec trop de diligence, de même qu'à l'enlevement des débris. Tel eſt le fondement de notre article.

Du reſte la confiſcation dont il parle n'a pas lieu de plein droit, il faut qu'elle ſoit prononcée, ce qui ne ſe peut qu'après des ſommations inutiles de pouſſer les travaux avec vigueur, & ſur une aſſignation donnée à la requête du Procureur du Roi. Alors il intervient un jugement qui fixe un tems pour la perfection du travail, & qui, faute par le défendeur de ſatisfaire, ordonne la confiſcation, en prononçant en même tems l'amende de 50 liv.

Si la confiſcation ne paroît pas ſuffiſante, pour indemniſer des frais qui reſtent à faire il n'eſt pas douteux que le Procureur du Roi, au lieu de la requérir, ne puiſſe demander qu'il lui ſoit permis de faire achever l'opération à la diligence du maître de quai & aux frais du défendeur, deſquels frais il lui ſera délivré exécutoire.

Pour le dépécement des vieux navires des particuliers dans les ports du Roi, voir l'art. 5, tit. 4, liv. 11, de l'Ord. de 1689.

ARTICLE XII.

SEront tenus sous pareille peine de cinquante livres d'amende, ceux qui feront des fosses dans les ports pour travailler au radoub de leurs navires, de les remplir vingt-quatre heures après que leurs bâtimens en seront dehors.

LA raison de cet article est sensible. Ces fosses seroient capables de faire tomber un navire sur le côté, ce qui ne pourroit arriver qu'il n'en fût considérablement endommagé. Dans ce cas après le délai fixé par cet article, il y auroit donc lieu aux dommages & intérêts outre l'amende; & quoiqu'il n'en résultât aucun inconvénient, l'amende seroit toujours encourue par le seul fait de la contravention.

ARTICLE XIII.

ENjoignons aux maçons & autres employés aux réparations des murailles, digues & jettées des canaux, havres & bassins, d'enlever les décombres, & faire place nette incontinent après les ouvrages finis, à peine d'amende arbitraire, & d'y être pourvu à leurs frais.

CEla s'entend sans qu'il soit besoin d'explication, & n'est pas susceptible d'observations. L'art. 4, tit. 4, du liv. 11, de l'Ord. de 1689, contient une pareille disposition, & fixe l'amende à 100. liv, mais il y est question des ports de la marine Royale.

ARTICLE XIV.

FAisons défenses à toutes personnes de porter & allumer pendant la nuit du feu dans les navires étant dans les bassins & havres, sinon en cas de nécessité pressante, & en la présence ou par la permission du maître de quai.

L'Article 4, du tit. suivant, enjoint au maître de quai d'empêcher qu'il soit fait, de jour comme de nuit, aucuns feux dans les navires ancrés ou amarrés dans le port; mais ce n'est que lorsqu'il y aura des vaisseaux du Roi.

Ici qu'il n'est question que des navires marchands, sans voisinage d'aucun vaisseau du Roi, la défense de porter ou allumer du feu dans les navires étant dans le havre, n'est que pour la nuit, ce qui laisse par conséquent la liberté d'en user autrement le jour; en quoi on peut dire que l'article est un peu en défaut, ne fût-ce qu'à cause que c'est ici une loi générale, & qu'il y a des ports où le feu est beaucoup plus à craindre qu'en d'autres.

Comme celui de la Rochelle est de ce nombre, à raison de son peu d'étendue, & des vaisseaux qui y arrivent, en telle quantité quelquefois, qu'ils se touchent presque tous; & enfin de ce que la partie la plus fréquentée du quai est bordée de petites boutiques & maisons voisines extrémement combustibles; c'est la raison pour laquelle il n'a jamais été permis de faire du feu dans les navires étant dans le havre, ni le jour ni la nuit; & ç'a toujours été à terre, dans les endroits destinés à cette fin, qu'on a obligé les maîtres & patrons des bâtimens, de faire bouillir leurs marmites; usage qui a enfin été muni de l'autorité Royale, par l'Ord. du 21 Janvier 1722, portant défense à tous maîtres de bâtimens de faire du feu, soit le jour soit la nuit, à leur bord, dans le port de la Rochelle, à peine de 60. liv. d'amende.

Quant á la faculté d'y porter du feu ou une chandelle allumée, le Réglement de M. d'Herbigny, art. 15, ne le défendoit comme notre article, que pour la nuit, aussi bien que d'y *petuner* ou fumer la pipe, à moins qu'il n'y eût une nécessité pressante d'y porter du feu; auquel cas même, on ne pouvoit le faire qu'en présence du maître de quai.

Notre article ajoute ou par sa permission; mais le maître de quai seroit extrémement blâmable s'il n'alloit pas au vaisseau où il est nécessaire de porter du feu, & s'il en sortoit sans avoir eu soin de faire éteindre le feu; c'est aussi ce que porte précisément l'art. 25, du Réglement de l'Amirauté de Dunkerque.

L'article 3, est encore d'une sagesse à devoir le faire adopter par-tout; il charge le maître de quai d'avoir soin « qu'il ne se fasse aucun feu sur les quais, proche des » vaisseaux & ailleurs que dans les cheminées établies à ces fins sur les quais, & » qu'en aucune maniére il ne s'en fasse soit de nuit soit de jour dans les vaisseaux marchands étant dans le port & dans le canal; soit en fumant, en allumant de la » chandelle ou autrement, si ce n'est qu'il fût autrement jugé nécessaire, auquel cas » il sera toujours présent. »

Cela se pratique ainsi à la Rochelle depuis plusieurs années, & les Officiers de l'Amirauté par leur Réglement du 1er. Février 1729, ont même porté leur attention plus loin, en faisant défenses à tous capitaines & maîtres de navires, tant François qu'étrangers, d'entrer leurs bâtimens dans le havre avec leurs canons, fusils, pistolets & autres armes à feu, chargées, comme aussi d'y tirer ou faire tirer aucun coup de canon, fusils, pistolets ni autre arme à feu, sous quelque prétexte & à quelque occasion que ce puisse être, à peine de 500. liv. d'amende pour la premiere fois, & de punition corporelle en cas de récidive; avec injonction aux courtiers, d'avertir les capitaines de ces défenses, sur peine d'être privés de leurs fonctions. Tant il est vrai qu'on ne sauroit trop prendre de précaution pour se garantir des terribles accidens du feu. Ce Réglement a eu pourtant aussi un autre motif, savoir, de prévenir les malheurs volontaires, ou indélibérés qui pourroient résulter des armes à feu sans ces défenses.

Le Réglement de Dunkerque art. 24, a pris aussi une autre précaution non moins sage, en enjoignant au maître de quai de faire tous les soirs avant la porte fermante, sa ronde & visite sur les quais, & de faire éteindre le feu qui pourroit avoir été fait le jour dans les cheminées établies sur lesdits quais.

ORDONNANCE DU ROI,

Pour empêcher qu'il ne soit allumé du feu dans les vaisseaux qui sont dans le Havre.

Du 21 Janvier 1722.

DE PAR LE ROI.

SA MAJESTE' étant informée que les navires qui viennent à la Rochelle, sont obligés de mouiller dans un endroit du port où ils sont fort pressés les uns contre les autres, & qu'ils font du feu à leur bord le jour & la nuit, de maniére que s'il arrivoit un incendie, ils seroient brûlés : que le vent pourroit porter la flamme aux maisons prochaines, & que la Ville courroit risque d'être embrasée. Et Sa Majesté jugeant à propos de renouveller les défenses prescrites par l'Ordonnance de la Marine de 1681, de faire du feu pendant la nuit dans les vaisseaux, & même de pourvoir à une entiére sûreté par de plus grandes précautions : SA MAJESTÉ, de l'avis de M. le Duc d'Orleans Régent, a fait très-expresses inhibitions & défenses à tous capitaines & maîtres des navires qui mouilleront dans le port & havre de la Rochelle, d'allumer, ni souffrir qu'il soit fait par leurs équipages du feu à leur bord pendant le jour ni la nuit, sous quelque prétexte que ce soit, à peine de soixante livres d'amende. Mande & ordonne Sa Majesté à M. le Comte de Toulouse, Amiral de France, de tenir la main à l'exécution de la présente, qui sera enregistrée, lûe, publiée & affichée par-tout où besoin sera, afin que personne n'en ignore. FAIT à Paris le vingt-un Janvier mil sept cent vingt-deux.

Signé, LOUIS. *Et plus bas*, FLEURIAU.

ORDONNANCE DE L'AMIRAUTÉ DE LA ROCHELLE.

Du premier Février 1729.

LOUIS-ALEXANDRE DE BOURBON, Comte de Toulouse, Amiral de France, A tous ceux qui ces présentes Lettres verront, Salut ; sçavoir faisons que, sur ce qui Nous a été représenté par le Procureur du Roi, que par les anciennes Ordonnances & les Réglemens de la Marine, rendus au sujet du havre de cette Ville, & notamment par le Réglement de M. d'Herbigny, du 30. Juin 1676, il est défendu aux maîtres des bâtimens qui arrivent en ces rades d'entrer dans le port avec leurs poudres, & qu'il leur est enjoint de les décharger & mettre dans le magasin qui leur est indiqué par ce même Réglement, & cela pour prévenir les accidens qui pourroient arriver par le feu ; que quoi que par cette disposition il doit être entendu, qu'aucun navire ne doit pas non-plus entrer dans le havre avec des canons, fusils, pistolets, & autres armes à feu chargées ; cependant sous prétexte qu'elles n'y sont pas nominativement énoncées, il est informé que les maîtres des bâtimens se contentent d'exécuter le Réglement en ce qui concerne la poudre seulement, & qu'ils négligent de faire décharger leurs canons & autres armes à feu, dequoi il a pensé arriver de fâcheux accidens dans le mois de Janvier dernier, ayant été tiré nombre de coups de fusils & pistolets, en différentes occasions & sur divers prétextes ; qu'il y a eu un coup de fusil chargé à balle qui a donné dans la boutique du nommé Camus, ferblanquier, qui demeure sur le port, & un autre coup de fusil chargé à gros plomb, qui a donné dans la boutique du nommé Ganet, & cela sur les deux heures après midi ; que peu s'en est fallu qu'il n'y aye eu des personnes de tuées ; lesquels coups sont sortis des bâtimens qui étoient ou qui sont encore dans le havre : à quoi étant nécessaire de remédier pour le bien & la sûreté du public, ledit Procureur du Roi

A CES CAUSES, requeroit que les anciens Réglemens & Ordonnances rendues à ce sujet, & notamment le Réglement du havre ci-dessus daté, fussent exécutés selon leur forme & teneur, & en y ajoutant, qu'il fût fait défenses à tous capitaines de navires & autres bâtimens, tant François qu'Etrangers, d'entrer dans le havre avec leurs poudres ni avec leurs canons, fusils, pistolets & autres armes à feu chargées ; de tirer ou faire tirer pendant qu'ils seront dans le port aucuns coups de fusils, pistolets, canons, ni autres armes sous quelque prétexte & à quelque occasion que ce soit, à peine de 500. livres d'amende pour la première fois, & de punition corporelle en cas de récidive ; qu'il fût même enjoint aux courtiers d'en informer les maîtres & capitaines qui feront à leur adresse, & que Notre Ordonnance seroit lûe, publiée & affichée sur le port & par-tout ailleurs où besoin seroit, afin que personne n'en ignorât.

NOUS FAISANT DROIT sur le Requisitoire du Procureur du Roi, Ordonnons que les Ordonnances & Réglemens rendus sur le fait du havre, & notamment celui de M. d'Herbigny du 30. Juin 1676, seront exécutés selon leur forme & teneur, & en conséquence, faisons défenses à tous capitaines & maîtres de navires, barques & autres bâtimens, tant François qu'étrangers, d'entrer leurs vaisseaux dans le havre avec leurs poudres & leurs canons, fusils, pistolets & autres armes à feu chargées, de tirer ou faire tirer étant dans le port aucuns coups de canons, fusils, pistolets, ou autres armes à feu, sous quelque prétexte & à quelque occasion que ce puisse être, à peine de 500. livres d'amende pour la premiere fois, & de punition corporelle en cas de récidive; enjoignons aux courtiers à qui seront adressés les bâtimens, d'avertir les capitaines qu'ils ayent à décharger leurs poudres & toutes leurs armes avant que d'entrer dans le havre, & y étant entré, de n'y faire tirer aucuns coups d'armes à feu, à peine d'être privés de leurs fonctions; ordonné que Notre présente Ordonnance sera lue, publiée & affichée, tant sur le port que par-tout ailleurs où besoin sera, exécutée nonobstant oposition ou appellation quelconque, & sans préjudice d'icelle. Fait & donné par Nous Nicolas Regnaud, Conseiller du Roi au Siége de l'Amirauté de la Rochelle, la charge de Lieutenant dudit Siége vacante, le premier Févrîer 1729.

Signé, REGNAUD.

ORDONNANCE

de l'Amirauté de la Rochelle.

Du 31 Décembre 1757.

DE PAR LE ROI.

AUjourdh'ui trente-un Décembre 1757, a comparu, pardevant Nous Louis Theodore Beraudin, Ecuyer, Conseiller du Roi, Lieutenant, Juge ordinaire civil & criminel, commissaire enquêteur, examinateur & garde-scel du Siége de l'Amirauté de la Ville de la Rochelle, le Procureur du Roi de ce Siége, qui nous a dit que la sûreté des ports & havres a été dans tous les temps un objet qui a pu mériter la plus grande attention; qu'à cet effet il a été jugé nécessaire de prendre toutes les précautions convenables pour garantir d'incendie, & les navires étant dans les havres & les maisons voisines des quais: que c'est dans cet esprit qu'il faut prendre les dispositions des articles 6, 8, 9, 14, & 15, titre premier, & des articles 4 & 5, titre 2 du livre 4, de l'Ordonnance du mois d'Août 1681. que par rapport au havre de cette Ville, on a crû devoir user de plus grandes précautions encore, à cause de son peu d'étendue, & que ses quais, du côté sur-tout de la grande rive, sont extrêmement resserrés par le trop grand voisinage des maisons qui le bordent, & dont la plûpart ne consistent qu'en échopes & boutiques ou habitations construites de bois & planches simplement, plus exposées par conséquent au danger du feu & à s'embraser promptement; que ce sont ces motifs qui ont donné lieu d'abord au Réglement de M. d'Herbigny, faisant défenses à tous capitaines & autres gens de mer de petuner dans leurs navires, de même que de faire chauffer le brai ou goudron nécessaire pour le carenage de leurs bâtimens, ailleurs que dans les endroits indiqués, ensuite à l'Ordonnance du Roi du 21 Janvier 1722, portant défenses à tous maîtres de bâtiment de faire du feu de jour ou de nuit à leur bord dans ledit havre, à peine de 60 liv. d'amende, & enfin au Réglement de ce Siége du premier Février 1729. qui fait défenses à toutes personnes de tirer des coups de fusils ou autres armes à feu, dans les bâtimens étant dans le même havre; que malgré tant de précautions, toutes les petites maisons qui bordent la grande rive prés la tour de la chaîne, viennent de courir risque d'être consumées par le feu, danger qui a menacé en même temps tous les vaisseaux du port, au moyen du feu qui a pris avec violence dans une de ces petites maisons, tout prés de laquelle étoient des navires qui ne pouvoient s'éloigner, la mer étant basse, & dont le beaupré touchoit presque aux flammes; que sur l'avis qu'il a eu que le feu a pris à cette maison de bois, par l'imprudence qu'a eu un maître de navire d'y faire chauffer sa chaudiere de goudron, il se réserve de se pourvoir ainsi que de droit; mais qu'étant informé que plusieurs de ceux qui occupent ces petites maisons faisant face au havre, sont dans l'habitude de recevoir chez eux des maîtres de navires pour y faire chauffer leur goudron & bouillir leur marmite; il estime qu'il convient de rendre sans perte de temps, une Ordonnance qui puisse réprimer de pareils abus, & prévenir de nouveaux accidens: en conséquence requiert le Procureur du Roi, qu'il nous plaise, en conformité du Réglement de M d'Herbigny & de l'Ordonnance de la marine du mois d'Août 1681, faire défenses à tous maîtres de navires, gens de leur équipage & toutes autres personnes, de faire chauffer du brai ou goudron ailleurs que dans les endroits permis ou autres qui

seront

seront indiqués par le maître des quais; défendre pareillement à tous propriétaires & locataires de boutiques & maisons voisines des quais & y faisant face, de souffrir qu'on y en fasse chauffer, sous quelque prétexte que ce soit, ni toute autre matiére sujette à s'enflammer subitement, le tout à peine de soixante livres d'amende contre les uns ou les autres pour la premiere fois, & de plus grande en cas de récidive, même d'être poursuivis extraordinairement; comme aussi faire défenses aux propriétaires & locataires des échopes & maisons de bois voisines des quais, de souffrir que les maîtres ou patrons de bâtimens y fassent bouillir leur marmite, à moins qu'entre la cheminée & toute cloison, il n'y ait au moins quatre pieds de distance, & encore à la charge de veiller au feu durant tout le temps que la marmite y sera, sur peine de pareille amende, & de répondre de tous les accidens, lequel feu au surplus ne pourra être allumé que le jour & demeurera interdit la nuit, à l'effet de quoi le maître de quai sera autorisé en faisant sa ronde sur le port, à se faire ouvrir les portes desdites maisons pour en visiter les cheminées, & en cas de contravention il sera tenu d'en faire son rapport pour y être pourvû.

Sur quoi faisant droit du requisitoire dudit Procureur du Roi, nous avons fait très-expresses inhibitions & défenses à tous maîtres ou patrons de navires ou autres bâtimens de mer, aux gens de leur équipage & à toutes autres personnes de faire chauffer du brai ou goudron ailleurs que dans les endroits permis par le Réglement de M. d'Herbigny, ou autres emplacemens vagues qui seront indiqués par le maître des quais; défendons pareillement à tous propriétaires & locataires des boutiques & maisons voisines des quais & y faisant face, de souffrir qu'on y fasse chauffer du goudron sous quelque prétexte que ce soit, ni toute autre matiére sujette à s'enflammer subitement, le tout à peine de 60 livres d'amende contre les uns & les autres pour la premiere fois, & de plus grande en cas de récidive, même d'être poursuivis extraordinairement; comme aussi faisons défenses aux propriétaires & locataires des maisons de bois voisines des quais, de souffrir que lesdits maîtres de navires & autres gens de mer, y fassent bouillir leur marmite, à moins qu'entre la cheminée & toute cloison il n'y ait au moins quatre pieds de distance, & encore à la charge de veiller au feu durant tout le temps que la marmite y sera, sur peine de pareille amende & de répondre de tous les accidens, lequel feu au surplus ne pourra être allumé que le jour, & demeurera interdit la nuit; à l'effet de quoi avons autorisé le maître de quai, en faisant sa ronde sur le port, à se faire ouvrir les portes desdites boutiques & maisons pour en visiter les cheminées, & en cas de contravention, lui enjoignons de nous en faire son rapport pour y être pourvû suivant l'exigence du cas.

Et sera la présente Ordonnance imprimée, lûe, publiée & affichée à la diligence dudit Procureur du Roi, par-tout où besoin sera, afin que personne n'en ignore. Fait & donné par Nous Louis-Theodore Beraudin, Ecuyer, Conseiller du Roi, Lieutenant & Juge susdit, les jour & an que dessus. *Signé à la minute*, BERAUDIN, GRIFFON, & VALIN, Procureur du Roi.

ARTICLE XV.

ENjoignons très-expressément aux hôteliers, cabaretiers, vendeurs de tabac, cidre, biére & eau-de-vie, ayant maisons & cabarets sur les quais, de les fermer avant la nuit ; & leur défendons d'y recevoir & d'en laisser sortir qui que ce soit avant le jour, à peine de cinquante livres d'amende pour la premiere fois, & en cas de récidive d'être expulsés du lieu.

L'Article 12 tit. premier, liv. 11. de l'Ord. du 15 Avril 1689, contient une pareille disposition.

Comme ces hôteliers, cabaretiers & vendeurs d'eau-de-vie ou autres boissons, sont les premiers à attirer & entretenir les mariniers dans la débauche, on ne sauroit les veiller de trop près pour les contenir dans les termes de cet article, par la crainte des peines qu'il prononce contr'eux, & pour y faire condamner ceux qui seroient surpris en contravention.

Et c'est dans cette vue que le Réglement de Dunkerque art. 26, charge le maître de quai, « du soin, en faisant sa ronde tous les soirs, de faire fermer les petites mai» sonnettes étant sur les quais & jettées, où il se vend de l'eau-de-vie ou autres

» choſes; enſorte que perſonne ne puiſſe s'y retirer la nuit » il lui eſt auſſi recommandé « de n'en point laiſſer établir d'autres non plus que des boutiques ſans per» miſſion » ; derniere précaution aſſez inutile, ces permiſſions étant ſi aiſées à obtenir.

Il convient d'obſerver ici que lorſque ces petits logemens ſervant de cabaret, ne ſont pas établis ſur le revers du quai, la manutention de la police réglée par cet article, n'appartient pas aux Officiers de l'Amirauté, privativement à ceux de la police ordinaire, mais aux uns & aux autres concurremment, ou par prévention ; à la charge de juger néanmoins, & de prononcer les peines en conformité.

ARTICLE XVI.

CElui qui aura dérobé des cordages, ferrailles ou uſtenſiles des vaiſſeaux étant dans les ports, ſera flétri d'un ſer chaud, portant la figure d'une ancre, & banni à perpétuité du lieu où il aura commis le délit ; & s'il arrive perte du bâtiment, ou mort d'homme pour avoir coupé ou volé les cables, il ſera puni du dernier ſupplice.

LA facilité qu'il y a de commettre des vols dans les navires étant dans les ports, & de trouver des receleurs des choſes dérobées, jointe à la néceſſité de pourvoir autant qu'il eſt poſſible à la ſûreté des propriétaires & maîtres des vaiſſeaux qui entrent dans les havres, juſtifie la ſévérité des peines portées par cet article, & la prévoyance du Légiſlateur dans les deux articles qui ſuivent.

Les hommes en effet ſont devenus ſi mauvais, qu'il n'y a plus que la crainte des peines qui ſoit capable de les empêcher de commettre le crime ; & encore l'eſpérance de l'impunité par le défaut de preuves, rend-elle ce frein aſſez ſouvent inutile.

Cela même exige une attention ſuivie à découvrir les auteurs & complices des crimes qui troublent la ſociété & deshonorent en même-temps l'humanité, & à leur faire ſubir ſans compaſſion, les peines qu'ils méritent.

Ici la peine du vol des cordages, ferrailles & uſtenſiles des vaiſſeaux étant dans un port, eſt la flétriſſure du coupable avec un fer chaud, & le banniſſement à perpétuité du lieu où il aura commis le délit. Et ſi pour avoir coupé ou volé les cables, il a cauſé la perte du bâtiment, ou la mort de quelque homme, il doit être puni du dernier ſupplice. *Ita Loccenius de jure maritimo lib. 1 cap. 7, n. 12, fol. 81.* Il en faut dire autant du vol des ancres.

Il n'y a là rien de trop rigoureux : il n'eſt pas même néceſſaire pour encourir la peine capitale, d'avoir coupé ou volé les cables d'un navire étant à l'ancrre ; il ſuffit d'en avoir fait autant des ſimples cordages avec leſquels le navire étoit amarré au quai, ſi par là le bâtiment étant allé à la dérive, s'eſt perdu, ou s'il s'eſt enſuivi mort d'homme, puiſque la raiſon eſt la même & le crime égal.

Quant au ſimple vol, ſans autre ſuite fâcheuſe, la peine prononcée par cet article, ſera également encourue, ſi au lieu de cordages, ferrailles, ou uſtenſiles des vaiſſeaux, on a volé des marchandiſes ou des vituailles, ſoit ſur le quai ou dans les navires, & soit de jour ou de nuit, sans distinction des gens de mer, d'avec toutes autres personnes, comme charpentiers, portefaix, voituriers, &c.

Mais la matiére étant du grand criminel, il s'agit d'une instruction & d'une procédure en regle, conformément à l'Ord. criminelle de 1670, à la diligence & poursuite du Procureur du Roi.

Cependant l'arrêt des coupables peut-être fait, sans decret préalable de prise de corps; c'est lorsque le maître de quai les prend sur le fait : il est autorisé alors à les arrêter, de même que ceux qu'il trouve faisant du désordre, à la charge d'en dresser son procès-verbal & de le déposer au Greffe, conformément à la sage disposition de l'art. 22 du Réglement de Dunkerque; afin que le procureur du Roi puisse agir en conséquence & mettre la procédure en regle.

Pour ce qui est du fer chaud portant l'empreinte d'une ancre, au lieu d'une fleur de lys, ou de toute autre marque; il n'y a rien là de particulier pour le crime dont il s'agit; la même chose se pratique pour tout autre délit maritime qui mérite flétrissure.

Notre article ne parle que de la peine corporelle sans rien dire de la peine civile; mais elle est prononcée par l'art. 5 du tit. des naufrages ci-après, & elle est du quadruple de la valeur des choses volées outre la restitution.

Il y faut joindre la réparation de tout le dommage qui s'en est ensuivi, mais non au double, comme l'ordonne l'article premier des loix Rhodiennes en ces termes. *Si navis in portum vellitus adpellat, & anchoris spoliata fuerit, fure comprehenso & confesso, lex eum tormentis subjici jubet, ac damnum quod indè accidit, induplum sarcire.*

L'art. 2 assujettit à la même peine du double & par action solidaire, l'armateur ou le capitaine du navire qui a consenti au vol fait par les gens de l'équipage; & celá qu'il s'agisse d'un vol d'ancres ou simplement d'ustensiles du navire, du nombre de ceux qui lui sont nécessaires ou utiles, tels que sont les cordages, les voiles, &c.

Et s'il s'agit d'un vol fait aux marchands chargeurs par l'ordre du capitaine, l'art. 3 en le soumettant tout de même au payement du double de la valeur, veut que le matelot, coupable pour lui avoir obéi en cela, reçoive cent coups de verges; *nauta verò qui furtum commisit, centum plagas fuste verberatus accipiat.* Et si ce matelot a fait le vol de son propre mouvement, l'article ajoute, *acriter tormentis subjicitur, maximè si aurum surreptum erit, & rem spoliato restituito.*

Les proportions sont assez mal gardées dans la distribution de ces peines. Celles que prononce notre Ordonnance sont plus régulieres & plus uniformes. Du reste nul doute qu'elles ne soient communes à tous les complices du vol, avec action solidaire : mais hors le cas de complicité, en ce qui concerne même la restitution & la réparation du dommage, le capitaine n'en sera tenu par action civile, comme responsable des faits de ses gens, qu'autant que le vol aura été fait à bord, ou qu'ayant été fait ailleurs, & en ayant eu connoissance, il n'aura pas fait ce qui aura dépendu de lui pour faire rendre & restituer les choses volées.

De même du propriétaire ou armateur du navire, à l'égard du vol commis par le maître ou par ses gens; à moins qu'il n'ait profité de la chose volée, auquel cas il en rendra la valeur quoiqu'il n'ait pas eu connoissance du crime.

La garantie soit de l'armateur soit du capitaine ne s'étend pas au-delà en pareil cas, attendu qu'il s'agit d'un délit. Ce seroit autre chose, s'il n'étoit question que d'un fait ſimple d'enlevement ſans deſſein de vol. Par exemple, ſi le capitaine ou ſes gens s'emparoient de la chaloupe d'un autre navire, ſoit pour en avoir beſoin ou pour leur plaiſir ſimplement. Alors le capitaine & le propriétaire répondroient, non-ſeulement de la valeur de la chaloupe ſi elle venoit à périr, ou du dommage qu'elle eſſuyeroit, quoique le maître du navire & de la chaloupe eût conſenti, ſans rétribution, que l'on s'en ſervît ; mais encore de tous ſes dommages & intérêts, ſi l'on s'en fût emparé à ſon inſu. La raiſon de différence eſt qu'en matiére de délit, de crime, il n'y a point de recours & garantie, *niſi actione de in rem verſo*, & que délit à part, le capitaine répond des faits & des fautes de ſes gens, comme le propriétaire ou l'armateur répond des fautes de ſon capitaine.

Par la Loi Salique tit. 24, art. 1, 2, 3 & 4, celui qui ſe ſervoit de la chaloupe d'un autre, ſans ſon aveu, étoit ſujet à une amende de 120 den. ou 3 ſ.; celui qui la voloit devoit payer 15 ſols d'amende ; & ſi elle étoit volée dans le navire même, l'amende étoit de 45 ſols.

ARTICLE XVII.

FAiſons défenſes à toutes perſonnes d'acheter des matelots & compagnons de bateaux, des cordages, ferrailles & autres uſtenſiles de navires, à peine de punition corporelle.

IL ne s'agit point là des receleurs, qui étant convaincus, ſont ſujets aux mêmes peines que les voleurs, comme étant leurs complices ; mais ſeulement de ceux, qui ne ſe font point de ſcrupule d'acheter des choſes qui peuvent avoir été volées, & qu'on doit naturellement ſoupçonner de l'avoir été ; tels que ſont des cordages, ferrailles & uſtenſiles de navires, que des matelots ou autres mariniers de pareille étoffe, cherchent à vendre par eux-mêmes ou par leurs femmes & enfans, & autres perſonnes interpoſées.

L'achat de pareilles choſes, préſentées par des gens de cette eſpéce, ne pouvant être que ſuſpect, il étoit juſte d'y pourvoir, en aſſujetiſſant les acheteurs à la même peine corporelle. Mais comme l'article ne parle que des matelots & compagnons de navires, on ne doit pas l'étendre aux capitaines & autres officiers des vaiſſeaux, même aux officiers mariniers, parce qu'à leur égard, la préſomption eſt que ces effets leur appartiennent légitimement : deſorte que ſans preuve de colluſion en pareil cas, il n'y auroit pas lieu d'inquiéter ceux qui auroient acheté d'eux.

Au ſurplus s'agiſſant ici d'une peine corporelle, la procédure ne peut ſe faire tout de même qu'à l'extraordinaire par voye d'information.

Quoique ſur l'art. précédent, on ait comparé le vol des marchandiſes, à celui des cordages, ferrailles & uſtenſiles des vaiſſeaux ; il ne s'enſuit pas qu'il faille tout de même appliquer le préſent article à l'achat des marchandiſes. La raiſon eſt qu'il eſt aſſez ordinaire que les matelots ayent des marchandiſes en propre au retour des navires ; comme du caffé, du ſucre, de l'indigo même. Ce ne ſeroit en tout cas, que eu égard à la quantité, que les acheteurs pourroient être ſuſpects, le tout ſauf les preuves de colluſion.

ARTICLE XVIII.

FAisons auſſi défenſes, ſous même peines, à toutes perſonnes de faire ou vendre des étoupes de vieux cordages de vaiſſeaux, ſi ce n'eſt par ordre des maîtres ou propriétaires des navires, leſquels pourront ſeulement débiter celles qui proviendront de leurs bâtimens.

CEt article a ſa ſource de même que le précédent, dans les art. 99 & 100, de l'Ord. de 1584. Ce n'eſt pas, comme l'a imaginé le Commentateur, pour conſerver l'étoupe néceſſaire pour calfater les navires & autres bâtimens de mer, que ces défenſes ont été faites; car on ne manque jamais d'étoupe, & le prix n'en varie guére. C'eſt préciſément pour prévenir le vol des cables & autres cordages dont ſe fait l'étoupe, qu'il a été réglé que nul ne pourroit en faire ou en vendre ſans l'aveu des maîtres ou propriétaires des navires; c'eſt-à-dire ſi ceux-ci n'ont livré de vieux cables pour en faire de l'étoupe, & la vendre pour leur compte; ou s'ils n'ont vendu ces cables à quelqu'un pour en faire ſon profit. Deſorte que lorſque quelqu'un eſt trouvé faiſant ou vendant de l'étoupe, on eſt fondé à lui demander où il a pris les cables qui l'ont produit, & qu'il eſt obligé de déclarer de qui il les a acheté, ſauf la vérification du fait.

Du reſte la fin de notre article eſt ſuperflue, ſi elle ſignifie ſeulement que les maîtres ou propriétaires des navires ne pourront vendre d'étoupes que celles provenant de cables à eux appartenants: ou ſi elle veut dire qu'ils n'en pourront vendre qu'autant qu'elles proviendront des cables de leurs bâtimens, elle n'eſt pas réfléchie. Car enfin qui peut les empêcher d'acheter de vieux cables, quoi qu'incapables de ſervir à leurs navires, s'ils ne leur ſont pas vendus par des matelots.

ARTICLE XIX.

DEfendons à peine de concuſſion de lever aucuns droits de coutume, quayage, baliſage, leſtage, déleſtage & ancrage, qu'ils ne ſoient inſcrits dans une pancarte approuvée par les Officiers de l'Amirauté, & affichée dans l'endroit le plus apparent du port.

AUcuns droits ne peuvent être levés ſur le public, qu'ils ne ſoient tout enſemble pleinement autoriſés & ſuffiſamment connus.

C'eſt ſur ce principe que, par l'art. 14, tit. 4, liv. premier ci-deſſus, concernant le Greffier, il lui eſt enjoint de mettre dans le lieu le plus apparent du Greffe un tableau dans lequel ſeront écrits les droits de chaque expédition; que, par l'art. 94 de l'Ordonnance du mois de Mars 1584, il a été ordonné qu'il y auroit un tableau placé dans un lieu éminent de chaque Juriſdiction de l'Amirauté, contenant l'énumération des droits maritimes appartenans tant au Roi qu'aux Seigneurs; & qu'enfin il a été réglé par diverses Ordonnances, entre autres par celle du mois de Janvier 1629, article 445, que tous Seigneurs ayant des droits de péage, coutume, ou autres, seroient tenus de les faire inscrire dans des pancartes exposées aux yeux du public, dans les lieux de la perception de ces mêmes droits.

Le présent art. n'ordonne donc rien de nouveau à ce sujet. Il faut avouer néanmoins que l'obligation d'exposer la pancarte dans l'endroit le plus apparent du port, n'est pas exactement remplie : mais il y est suppléé par rapport aux droits de M. l'Amiral, par le tableau qu'on en trouve, tant dans le Bureau de son Receveur, qu'au Greffe de l'Amirauté ; & pour ce qui est des autres droits, par les différens tableaux qu'on en trouve aussi au Greffe de l'Amirauté. Desorte qu'il n'est personne qui ne soit suffisamment instruit, ou à portée de s'instruite, des droits qui sont à payer aux différens particuliers à qui ils sont attribués.

Au port de la Rochelle, les droits de coutume appartenoient ci-devant au Gouverneur des Tours, qui les faisoit percevoir à titre de ferme ou de régie par le Garde de la Chaîne du port ; mais ces droits ont été supprimés par Arrêt du Conseil du 13 Septembre 1754. Ceux de quayagé appartiennent aux particuliers qui entretiennent les quais & cales. Pour les droits de balisage, lestage, délestage & ancrage, ils appartiennent à M. l'Amiral, qui en abandonne une partie aux personnes qu'il prépose pour y veiller & en faire la recette. Les droits de quais & cales ont été fixés par le Réglement de M. d'Herbigny du 30 Juin 1676, art. 28, à un sol par tonneau, à condition par les propriétaires desdits quais & cales de fournir les bois & cables nécessaires pour la charge & décharge, & à six deniers seulement lorsqu'ils ne les fourniroient pas ; à cinq sols pour l'amarrage de chaque bâtiment, & à quinze sols par maline, en cas de séjour. Réglement dont l'exécution a été expressément renouvellée par Ordonnance de l'Amirauté du 7 Septembre 1720, avec défenses aux propriétaires d'exiger de plus grands droits, à peine de cinquante livres d'amende pour la premiére fois, & de plus grande peine en cas de récidive.

ORDONNANCE

de l'Amirauté de la Rochelle.

Pour la Perception des Droits des Quais & Cales.

Du 7 Septembre 1720.

DE PAR LE ROI.

SUR la Remontrance à nous faite par le Procureur du Roi de ce Siége, qu'encore bien qu'il soit dit par le Réglement fait pour le havre, par feu M. d'Herbigny le 30 Juin 1676. art. 28, que les propriétaires des quais & cales ne prendront qu'un sol par tonneau des marchandises qui se déchargeront ou chargeront à leurs quais, en fournissant par eux les bois & cables nécessaires pour la charge & décharge, & moitié lorsqu'ils ne les fourniront pas, cinq sols pour l'amarrage des bâtimens ; & quinze sols par maline en cas de séjour, néanmoins il est informé que depuis quelque tems-en-ça il se glisse un abus dans la perception de ces droits, qui tend à la concussion, en ce que les propriétaires des quais & cales ne fournissent jamais des bois & cables pour les charges & décharges des marchandises, que ce sont d'autres particuliers qui en louent, & que cependant les propriétaires desdits quais & cales, se font payer un sol par tonneau, comme s'ils les avoient fournis : & que quoiqu'un bâtiment ne reste qu'un jour ou deux à leur quai, ils se font payer quinze sols, comme s'ils y avoient resté une maline ; & comme c'est une concussion qui ne peut être soufferte ni tolérée NOUS FAISANT DROIT, sur sa Remontrance & Requisitoire, Nous avons Ordonné que le Réglemement de M. d'Herbigny ci-dessus daté, sera exécuté selon sa forme & teneur, ce faisant, avons fait défenses à tous propriétaires des quais & cales du havre de cette Ville, de prendre plus de six deniers par tonneau des marchandises qui se chargeront ou déchargeront à leur quai, quand ils ne fourniront pas de bois & de cables, & lorsqu'ils en fourniront un sol; cinq sols pour l'amarrage de chaque bâtiment, & quinze sols par maline en cas de séjour; défenses à eux d'exiger de plus grands droits, à peine cinquante livres d'amende pour la premiére fois, & de punition corporelle en cas de récidive; & afin que personne n'en n'ignore de Notre présente Ordonnance, Ordonné qu'elle sera lûe, publiée & affichée par-tout où besoin sera, & exécutée nonobstant opposition ou appellation quelconque, & sans préjudice d'icelles. Fait & donné par Nous Vincent Bouzitat, Ecuyer Sieur de Selines, le 7. Septembre mil sept cent vingt. *Signé à la minute*, BOUZITAT DE SELINES, ET NECTOUX.

ARTICLE XX.

LEs pieux, boucles & anneaux destinés pour l'amarrage des vaisseaux, & les quais construits pour la charge & décharge des marchandises, seront entretenus des deniers communs des villes, & les Maires & Echevins obligés d'y tenir la main, à peine d'en répondre en leur nom.

CEla est bon pour les ports où il n'y a point de droits de quay & cale au profit des particuliers; car alors c'est à eux à entretenir les quays & cales convenablement, & c'est aussi ce que décide l'article suivant en termes formels.

Si cet entretenement étoit aux frais de la Ville, il n'est pas douteux que les Maire & Echevins ne fussent autorisés à faire percevoir au profit de la Ville, ces mêmes droits de quays & cales.

ARTICLE XXI.

SEront néanmoins tenus des réparations & entretiens des quais, boucles & anneaux, ceux qui jouissent des droits de coutume ou quayage sur les ports & havres, à peine de privation de leurs droits, qui seront appliqués au rétablissement des ruines qui s'y trouveront.

IL est juste que ceux qui retirent un salaire, pour l'usage d'une chose destinée au service du public, d'autrui en un mot, entretiennent cette chose de maniére qu'elle soit utile suivant sa destination; ainsi notre article est de toute équité.

Cela au reste avoit déja été décidé de la sorte par l'article 27 du réglement de M. d'Herbigny pour le port de la Rochelle, avec injonction au maître de quay, en cas de négligence de la part des propriétaires, de réparer & entretenir leurs quays & cales, d'y mettre des ouvriers à leurs frais.

Notre article, dit, à peine de privation de leurs droits, qui seront appliqués au rétablissement des ruines qui s'y trouveront; ce qui en revenant à peu près au même, est néanmoins plus doux pour les propriétaires. Car il ne s'agit pas ici d'une privation abſolue & perpétuelle de leurs droits ; mais ſeulement d'une ſuſpenſion ou privation accidentelle qui ne durera que juſqu'à ce qu'on ait retiré de ces droits, de quoi payer le coût des réparations qui auront été faites à leur défaut. Et c'eſt en cela que leur ſort eſt plus doux, que ſi l'on mettoit des ouvriers à leurs frais pour faire ces réparations, & qu'auſſi-tôt après il fût délivré exécutoire contre eux, du montant de la dépenſe faite à ce ſujet.

Mais tout cela ſuppoſe une procédure, n'étant pas naturel qu'ils ſoient dépouillés par voye de fait de la perception de leurs droits. Il eſt donc queſtion, lorſqu'ils ſont en demeure de faire des réparations, de les appeller à la Requête du Procureur du Roi, après avoir conſtaté les réparations par un Procès-verbal, pour ſe voir condamner de ſatisfaire en tel délai qui ſera fixé par le Juge, & qui ſera plus ou moins bref ſelon la nature dés réparations. Ce Jugement ſignifié, ſans qu'il ait eu ſon effet, il convient de les aſſigner de nouveau, pour voir dire qu'ils ſeront tenus de faire les réparations dans un autre délai, ſi non & à faute de ce faire, qu'il ſera permis au Procureur du Roi & à la diligence du maître de quay, de les faire faire à leurs frais ; à l'effet de quoi il ſera autoriſé à ſaiſir les droits de quay & cale à eux appartenans, & d'en faire faire la régie juſqu'à concurrence de ce qui ſera néceſſaire pour le rembourſement du coût des réparations & pour le payement des dépens.

S'il arrivoit néanmoins, que les réparations fuſſent ſi conſidérables que le produit des droits qui ſont aſſés modiques, ne fût pas capable d'y ſuffire de pluſieurs années ; ce ſeroit un embarras, par la difficulté de trouver quelqu'un qui voulût faire les avances même avec intérêts. En ce cas il ſemble qu'on pourroit faire condamner ces propriétaires de faire les réparations abſolument, ſur peine de privation pour toujours de leurs droits, dont la réunion ſe feroit alors au profit du corps de Ville, à la charge du rétabliſſement des lieux & de les entretenir à l'avenir relativement à l'article précédent.

Cela ne ſeroit pourtant pas ſans difficulté ; c'eſt pourquoi & pour prévenir tout inconvénient à cet égard, il convient que les Officiers de l'Amirauté veillent aux réparations des quays & cales, de maniére à ne pas les laiſſer groſſir, & qu'ainſi le reméde puiſſe être également prompt & facile.

ARTICLE XXII.

ENjoignons aux Maires, Echevins, Syndics, Jurats, Capitouls & Conſuls des villes dont les égouts ont leur décharge dans les ports & havres, de les faire inceſſamment garnir de grilles de fer, & aux officiers de l'Amirauté d'y tenir la main, à peine d'en répondre en leurs noms.

CEla avoit déjà été ordonné par larticle 7 de l'Arrêt du Conſeil du 29 Mars 1670, & en particulier pour le port de la Rochelle par l'article 35 du réglede M. d'Herbigny. Depuis, cela a été auſſi confirmé par l'art. 3 tit. 4 liv. 11 de l'Ordonnance du 15 Avril 1689.

Ces grilles de fer que les Officiers de l'Amirauté ſont chargés de faire mettre aux frais de la Ville, aux égouts qui ont leur dècharge dans le havre, ne doivent s'entendre,

tendre naturellement que de l'iſſuë de ces égouts dans le port, & point du tout de leur entrée qui eſt dans l'intérieur de la Ville, puiſque leur Juriſdiction ne s'y étend pas.

En cette partie, c'eſt donc à la police ordinaire de la Ville à y pourvoir, & à faire garnir de grilles de fer l'entrée de chaque égout, parce que ſans cela, non-ſeulement, ce pourroit être une occaſion de cacher des meurtres; mais encore, ce ſeroit manquer l'objet de l'Ordonnance, qui eſt d'empêcher les immondices de la Ville d'entrer dans le havre.

Que ſerviroit en effet que l'iſſuë de l'égout dans le port fût grillée, ſi la partie extérieure ne l'étoit pas? Cette grille de l'iſſuë ſeroit bientôt bouchée, ſans autre remède, que de l'enlever pour faire tomber les matiéres d'encombrement dans le havre. Opération nuiſible par elle même & qu'il faudroit encore répéter ſouvent; au lieu qu'en fermant l'entrée de l'égout par une grille, rien n'eſt plus facile que de la tenir libre pour l'écoulement des eaux, & d'empêcher que rien ne s'y inſinue, capable d'embarraſſer le paſſage.

A Bordeaux les Officiers de l'Amirauté n'ont pas cette inſpection, ni ſur aucune autre partie de la police du port, ce ſont les jurats. V. *ſuprà* art. 6 tit. 2 du liv. premier.

ARTICLE XXIII.

N'Entendons toutefois par la préſente Ordonnance, faire préjudice aux Réglemens particuliers faits pour la police d'aucuns ports, qui ſe trouveront duement autoriſés, ni aux Jurats, Echevins & autres Juges qui en auront la connoiſſance; à l'effet de quoi les Réglemens & les piéces juſtificatives de leur compétence, ſeront par eux miſes entre les mains du Secretaire d'Etat ayant le département de la Marine, ſix mois après la publication de la préſente Ordonnance; faute de quoi elle ſera exécutée à leur égard ſelon ſa forme & teneur.

AInſi tous les articles de cette Ordonnance concernant la police des ports, ne ſont des loix que pour les ports & havres qui n'étoient pas déjà aſſujettis à des réglemens particuliers. A l'égard de ceux qui en avoient de ces réglemens particuliers, notre Ordonnance n'a point entendu y toucher, pourvu que ces réglemens fuſſent duement autoriſés; du nombre deſquels eſt celui du 30 Juin 1676, fait pour le port de la Rochelle par M. d'Herbigny, Commiſſaire du Conſeil, conjointement avec M. de Muin Intendant du Pays d'Aunis & des Iſles adjacentes.

De ſorte que quoique ces réglemens particuliers ayent quelques diſpoſitions contraires à celles de la préſente Ordonnance, elles ne doivent pas moins être ſuivies, comme étant fondées ſur des raiſons de convenance propres & particulieres à l'état de chaque port; & à plus forte raiſon, ſi elles ne font qu'ajouter d'autres précautions à celles priſes par l'Ordonnance. Mais par rapport aux objets prévus par l'Ordonnance, ſur leſquels ces réglemens ne ſe ſont pas expliqués, nul doute qu'en cette partie l'Ordonnance ne doive être exécutée dans ces mêmes ports comme dans les autres, puiſqu'à cet égard il eſt vrai de dire qu'ils n'ont pas de réglemens particuliers.

D'un autre côté comme l'Ordonnance n'a pas pu tout prévoir, rien n'a empêché qu'il n'y ait été ſuppléé par des réglemens particuliers, poſtérieurement faits par les Officiers d'Amirauté. Et ces réglemens doivent ſans difficulté être ſuivis, dès que ſans avoir rien de contraire à l'Ordonnance, ils n'ont fait que l'étendre ou l'expliquer; tel qu'eſt entr'autres le célébre Réglement de l'Amirauté de Dunkerque, du 23 Décembre 1690.

Quant à l'attribution de Juriſdiction ; le droit de connoître de tout ce qui regarde la police des ports & havres, de même que de tout ce qui a rapport à la navigation & aux contrats maritimes, a de tout tems appartenu ſi naturellement aux Officiers de l'Amirauté, qu'il eſt étonnant que dans quelques ports, il ait pu s'établir un uſage contraire, en faveur des Jurats, Echevins, ou autres Juges.

Cependant c'eſt ce que le préſent article a ſuppoſé ; & non-ſeulement il l'a ſuppoſé ; mais encore il a préſumé, que cet uſage pouvoit être exempt d'uſurpation, comme étant fondé ſur des réglemens & autres titres particuliers, attributifs de la compétence à d'autres Juges que ceux de l'Amirauté.

Mais auſſi comme cela formoit une exception contraire à la régle générale, le Légiſlateur ne voulant approuver cette même exception, qu'autant qu'elle ſe trouveroit légitimement établie ou pleinement autoriſée ; ordonna que ceux qui prétendroient la conſerver & s'y faire maintenir, ſeroient tenus de mettre dans ſix mois entre les mains du Secretaire d'Etat ayant le département de la Marine, les réglemens & les piéces juſtificatives de leur compétence ; faute de quoi la préſente Ordonnance ſeroit exécutée ſelon ſa forme & teneur ; c'eſt-à-dire qu'ils ſeroient déchus de leur prétendu droit de compétence, ſans pouvoir déſormais diſputer la compétence aux Officiers de l'Amirauté, nonobſtant tout uſage & toute poſſeſſion contraire, qu'on ne pourroit regarder, à défaut de titres pour l'appuyer, que comme une uſurpation.

D'où il s'enſuit, qu'il n'y a que les Jurats ou autres Juges, maintenus depuis cette Ordonnance, dans le droit & poſſeſſion de connoître de ces ſortes de matiéres au préjudice des Officiers de l'Amirauté, qui ayent effectivement aujourd'hui droit d'en connoître. De ſorte que toute nouvelle tentative, de la part des Jurats, Maires & Echevins, des Officiers des Eaux & Forêts, & de tous autres Juges, ſeroit abſolument inutile & rejettable ſans autre examen, faute par eux de s'être pourvus dans le temps fixé par cet article, pour faire valoir leurs prétentions.

De tous les oppoſans à l'exécution de cette Ordonnance, les plus conſidérables par l'étendue de leurs prétentions, furent les Jurats de Bordeaux. Ils ne ſe contentérent pas de réclamer toute la police du port, ils demanderent encore à être maintenus dans le droit & poſſeſſion de connoître du leſtage & déleſtage des vaiſſeaux; de la vente & achat du poiſſon dans les bateaux & ſur les gréves; des corps noyés, & des crimes commis ſur le port & dépendances; de faire les fonctions de maître de quai, de recevoir les maîtres charpentiers, &c; de veiller à l'entretien des tonnes & baliſes. Ils formerent enfin diverſes autres prétentions, à l'occaſion deſquelles il intervint un Arrêt du Conſeil du 7 Juillet 1687, qui, en les déboutant de quelques-unes, leur adjugea les autres; au moyen de quoi la Juriſdiction de l'Amirauté dans le port de Bordeaux a été fort reſſerrée. Voyez à ce ſujet *ſuprà* l'art. 6, tit. 2, du livre premier.

Par rapport au droit de nommer le maître de quai, la ville de Bordeaux n'eſt pas la ſeule où M. l'Amiral n'en jouit pas. Voyez à ce ſujet l'art. 1 du tit. qui ſuit.

TITRE II.

DU MAISTRE DE QUAI.

LE maître de quai, pour ce qui appartient à la police, est dans un port de commerce ce qu'est le capitaine de port dans un port de marine royale & militaire.

C'est à M. l'Amiral qu'il appartient de donner la commission de maître de quai, de même que toutes les autres commissions concernant la Marine dans les ports de commerce. Les Officiers de l'Amirauté ne peuvent y pourvoir que par provision, en attendant la commission de M. l'Amiral, afin que le service n'en souffre pas. Ils en usent aussi de la sorte, même pour les emplois qui ne sont pas de nature à être recherchés, & auxquels par cette raison M. l'Amiral ne juge pas à propos de nommer ; tels que sont ceux de gardes-côtes, pour veiller à ce qui se passe sur le rivage, & aux effets que la mer y jette, des compteurs de morue, &c ; parce qu'ils n'ont droit de délivrer ces sortes de commissions qu'au nom de M. l'Amiral, & en attendant qu'il veuille y pourvoir.

Celle de maître de quai est trop importante pour être négligée. Ce ne sont pourtant pas les émolumens de cet emploi qui le rendent considérable ; c'est le pouvoir qui y est attaché, par l'inspection qu'il donne sur tout ce qui regarde la police du port. C'est pourquoi dans le nombre d'aspirans qui se présentent d'ordinaire pour occuper cette place, lorsqu'elle vient à vacquer, il conviendroit que le choix ne fût balancé qu'entre ceux qui, aux connoissances requises pour la remplir avec intelligence, joindroient non-seulement une réputation de probité bien établie, mais encore une certaine aisance de facultés, accompagnées d'une naissance exempte de mépris, ou du moins qui fût rachettée par de long services dans la navigation : car enfin, en tout poste qui donne droit de commander, il faut rendre le commandement respectable ; & le commun des hommes, même parmi le peuple, ne respecte que ceux qu'il estime. Dès qu'il croit avoir des raisons de ne plus estimer, quoiqu'entraîné & subjugué par la crainte des peines, il obéit moins qu'il ne céde à la nécessité.

Si l'on trouve que ces réflexions sont de trop, étant faites à l'occasion de la place du maître de quai, on n'aura pas une juste idée de cet emploi, qui, tout subalterne qu'il est, ne peut être regardé comme méchanique, qu'autant que les fonctions en seront mal remplies. Quoiqu'il en soit, M. l'Amiral a toujours été jaloux d'y nommer suivant le pouvoir qui lui en est attribué par l'article 4, tit. 1, liv. 1, ci-dessus, relativement aux Arrêts du Conseil des 14 Octobre 1650, & 6 Septembre 1661.

ARTICLE PREMIER.

LE maître de quai prêtera serment entre les mains du Lieutenant, & fera enregistrer sa commission au Greffe de l'Amirauté du lieu de son établissement.

TOutes les commissions de maître de quai accordées par M. l'Amiral, exigent de ceux qui les obtiennent, qu'ils soient de bonne vie & mœurs, qu'ils professent la Religion Catholique, Apostolique & Romaine ; qu'ils soient âgés de 25 ans accomplis ; qu'ils ayent la capacité & l'expérience requises au fait de la Marine ; & du reste conformément à cet article, qu'ils prêtent serment entre les mains du Lieutenant de l'Amirauté, & que leurs commissions soient enregistrées au Greffe de l'Amirauté du lieu de leur établissement, le tout avant de pouvoir faire aucunes fonctions.

De sorte que les pourvus de ces commissions ne peuvent être reçus que sur une information ou attestation de vie & mœurs, sur des preuves tant de catholicité que de l'âge de vingt-cinq ans accomplis, & sur des certificats de la capacité & expérience requises.

Il en est de même après tout des autres commissions que donne M. l'Amiral, excepté, à l'égard de la preuve de catholicité, les commissions d'interprêtes des langues étrangéres, lorsque dans le lieu on ne peut pas trouver d'interprétes catholiques.

Quoique le droit de l'Amiral, de nommer à la place de maître de quai, fasse partie des plus anciennes prérogatives de sa Charge, & que confirmé par Arrêts du Conseil des 14 Octobre 1650 & 6 Septembre 1661, il ait été expressément renouvellé par la présente Ordonnance, il y a pourtant quelques ports dans lesquels il ne l'exerce pas.

Au Havre-de-grace c'est le Gouverneur qui y commet, en conséquence d'une ancienne possession, qui, quoique usurpée dans l'origine, lui a été confirmée par Arrêt du Conseil du 5 Septembre 1686.

A Bayonne ce sont les Maire & Echevins qui y nomment, en vertu aussi d'un Arrêt du Conseil du 7 Juillet 1687.

Par autre Arrêt du même jour, les Jurats de Bordeaux ont pareillement été confirmés & maintenus dans la possession où ils étoient de faire par eux-mêmes les fonctions du maître de quai, de même que dans la jouissance de plusieurs autres droits qui appartiennent naturellement à M. l'Amiral ou à la Jurisdiction de l'Amirauté. Sur quoi voir l'art. 6, tit. 2, du liv. premier ci-dessus.

A leur exemple les Echevins de la Ville de Rouen ayant prétendu faire valoir la possession où ils s'étoient mis, de commettre un officier pour avoir soin de la police des quays, auquel officier ils donnoient la qualité de *superviseur*, & en conséquence s'étant opposés à ce que le S[r]. François Stalkener, pourvu par M. le Comte de Toulouse, de la commission de maître de quay à Rouen, en exerçât les fonctions, ils n'eurent pas le même succès. Par autre Arrêt du Conseil du 5 Février 1691, il fut ordonné que ledit Stalkener jouiroit de la charge de maître de quay dont il avoit été pourvu par M. l'Amiral ; en conséqunce qu'il en feroit toutes les fonctions ſans aucune exception, avec défenſes auxdits Echevins & à tous autres de le troubler, à peine de tous dépens dommages & intérêts.

S'il eſt quelques autres ports où M. l'Amiral ne jouiſſe pas de cette prérogative, ce ne peut être qu'en vertu de quelque exception portant l'empreinte de l'autorité Royale. L'uſage ſeul ne feroit pas capable de le priver d'un droit inhérent à ſa charge, & d'autant moins ſujet à preſcription, que tous les droits de cette importante charge ſont Royaux, & comme tels ne peuvent être poſſédés légitimement, qu'en vertu d'une conceſſion du Roi bien juſtifiée, ou du moins raiſonnablement préſumée.

Ceci reçoit ſon application à tous les autres attributs de l'Office d'Amiral.

ARTICLE II.

IL aura ſoin de faire ranger & amarrer les vaiſſeaux dans le port; veillera à tout ce qui concerne la police des quais, ports & havres, & fera donner pour raiſon de ce toutes aſſignations néceſſaires.

UNe des fonctions du maître de quay, eſt de faire ranger & amarrer les vaiſſeaux dans le port, parce que cela concerne ſpécialement la police des quays, à laquelle il eſt chargé de veiller. C'eſt auſſi la diſpoſition de l'article premier du Réglement de Dunkerque.

On conçoit en effet quelle confuſion ce feroit, & le trouble qui en pourroit réſulter, ſi les capitaines ou conducteurs des navires étoient les maîtres de ſe placer en tel endroit du port ou du quai qu'ils jugeroient à propos de choiſir; ou ſi une fois placés il leur étoit libre de garder toujours la même place.

D'un autre côté ſi les vaiſſeaux n'étoient pas amarrés convenablement, à chaque marée ils ſe heurteroient & ſe cauſeroient des avaries les uns aux autres. Il falloit donc établir un ordre à ce ſujet, & c'eſt au maître de quai à y préſider.

Mais parce qu'il pourroit favoriſer des capitaines au préjudice des autres, ſi la préférence des places eût été laiſſée abſolument à ſa diſpoſition, il y a été pourvu par l'article 4 du tit précédent; aux termes duquel les vaiſſeaux dont les maîtres auront les premiers fait leur rapport, c'eſt-à-dire, ſe ſeront préſentés les premiers avec la preuve de leur rapport, ſeront auſſi les premiers rangés à quai, pour être plus à portée d'y décharger leurs marchandiſes; après quoi ils peuvent être contraints de ſe retirer pour faire place à d'autres qui ont des marchandiſes à décharger, ſauf à reprendre la même place ou une autre convenable au quai, lorſqu'ils ſeront en état de prendre leur chargement pour s'en retourner.

Par cet arrangement chacun eſt ſervi à ſon tour, & le commerce conſerve ſon activité, qui eſt l'ame de ſes opérations. Pour quelques particularités concernant le port de la Rochelle, voir ce qui a été obſervé ſur ledit article 4 du titre précédent.

Pour ce qui eſt de l'amarrage, l'art. 3 du même tit précédent, veut qu'il ſoit fait aux anneaux & pieux deſtinés à cette fin, à peine d'amende arbitraire; de ſorte que ſur l'un ou l'autre objet, il n'eſt pas libre au maître de quai d'en ordonner autrement; s'il s'en aviſoit néanmoins, il faudroit lui obéir proviſionnellement, ſauf à en porter des plaintes aux Officiers de l'Amirauté pour y remédier; car le Commentateur n'y a pas pensé, lorsqu'il a dit que le maître de quai exerçoit la police à l'exclusion des Officiers de l'Amirauté. C'est à ceux-ci spécialement qu'appartient la police du port & des quays; & si le maître de quai l'éxerce, ce n'est que sous leur direction : il est à leur égard comme les commissaires de police par rapport au Lieutenant Général de police.

C'est par une suite de la même erreur, que le Commentateur a ajouté au sujet des assignations à donner pour contravention à la police, qu'elles doivent être données à la requête du maître de quai, en son nom, & non à la Requête du Procureur du Roi. Il est vrai que de la maniére que notre article est conçu, le maître de quai paroît autorisé à faire donner les assignations en son nom ; mais il n'est pas douteux qu'il ne soit mieux de les donner à la Requête du Procureur du Roi, après l'en avoir prévenu, & en avoir obtenu son agrément. Aussi est-ce la pratique constante, parce que le soin de veiller à la manutention de la police le regarde essentiellement, & ce ne seroit que dans le cas où il refuseroit d'entrer dans les vues du maître de quai, que celui-ci pourroit, par extraordinaire, se pourvoir en son nom. Autre chose seroit si le maître de quai avoit quelque demande à former pour le payement de ses droits, ou pour quelque trouble à lui fait dans l'exercice de ses fonctions, quoique relatives à l'exercice de la police. Alors les assignations devroient effectivement être données à sa requête & en son nom, sauf au Procureur du Roi, en donnant ses conclusions, à appuyer ou à improuver ses demandes.

ARTICLE III.

SEra tenu au défaut du capitaine du port, lorsqu'il y aura de nos vaisseaux dans le havre, de faire les rondes nécessaires autour des bassins, & de coucher toutes les nuits à bord de l'Amiral.

CEt article qui n'a d'application qu'aux ports de marine Royale, où se fait aussi le commerce maritime, est devenu inutile, depuis l'Ordonnance du 15 Avril 1689. En effet le capitaine de port, étant représenté en son absence par le Lieutenant, & l'un & l'autre par l'enseigne, il seroit difficile que le maître de quai fût dans le cas de faire ce qui est prescrit par cet article ; & d'autant plus qu'à supposer que tous ces officiers fussent absens, l'Intendant de la marine ne manqueroit pas de charger quelque autre officier de ce soin.

ARTICLE IV.

EMpêchera qu'il soit fait de jour ou de nuit aucun feu dans les navires, barques & bateaux, & autres bâtimens marchands ancrés ou amarrés dans le port, quand il y aura de nos vaisseaux.

IL n'eſt queſtion ici que de l'intérêt des vaiſſeaux du Roi. En ce qui concerne la police générale à cet égard, tendante à préſerver du feu les bâtimens marchands étant dans les ports & havres, il faut recourir à l'art. 14 du tit. précédent, *ubi vide notata.*

On y verra que ce n'eſt plus ſeulement par rapport aux vaiſſeaux du Roi qu'il eſt défendu de faire aucun feu de jour comme de nuit, ſur les bâtimens marchands étant dans les ports.

ARTICLE V.

INdiquera les lieux propres pour chauffer les bâtimens, goudronner les cordages, travailler aux radoubs & calfats, & pour leſter & déleſter les vaiſſeaux ; & il aura ſoin de poſer & entretenir les feux, baliſes, tonnes ou bouées aux endroits néceſſaires, ſuivant l'uſage & la diſpoſition des lieux.

LE droit d'indiquer les lieux propres à chauffer les bâtimens, &c. dans le port, eſt une dépendance naturelle des fonctions du maître de quai, puiſque c'eſt à lui à veiller à ce qu'il ne ſe faſſe du feu dans le havre qu'autant qu'il y a néceſſité. Du reſte il faut rapprocher de cet article, le huitiéme du titre précédent.

Par rapport au leſtage & déleſtage des vaiſſeaux, le maître de quai n'indique les lieux pour le faire, qu'autant que M. l'Amiral n'a pas pourvu quelqu'autre d'une commiſſion particuliére pour y veiller. Mais cela n'empêche pas qu'il n'ait inſpection ſur le déleſteur, à l'effet d'avertir les officiers de l'Amirauté des prévarications dont il auroit connoiſſance. Il y eſt même obligé par l'art. 8 du tit. 4 ci-après, ſur peine d'en répondre en ſon nom, & d'amende arbitraire.

Il eſt pourtant vrai que cette peine n'a lieu contre lui, qu'autant qu'un autre n'eſt pas commis au leſtage & déleſtage, & que lors qu'il y a un commis particulier, c'eſt celui-là ſeul que cette peine regarde. Ce qui n'empêche pas encore une fois, que le maître de quai n'ait droit de ſe plaindre des contraventions qui peuvent être commiſes à ce ſujet. Au ſurplus l'un & l'autre ne peuvent indiquer que les lieux marqués & deſtinés pour le leſtage & déleſtage. Il ne leur eſt pas permis d'en indiquer d'autres de leur chef, que les Sindics & Echevins des Villes y ayent intérêt ou non, relativement à l'art. 2 du tit. 4 ci-après déjà cité. Ce droit n'appartient qu'aux Officiers de l'Amirauté, qui n'en uſent après tout, qu'en prenant l'avis des perſonnes expérimentées dans ce genre, ſur le choix des lieux les plus convenables.

Pour la maniére de leſter & déleſter, voir le même tit. 4.

Quant au ſoin de poſer & entretenir les feux, baliſes &c, de droit, il regarde le maître de quai ; mais cela dépend de l'uſage de chaque port. Ce qui eſt généralement obſervé par tout, c'eſt qu'il a inſpection ſur tous ces objets, pour avertir les Officiers de l'Amirauté des manquemens des adjudicataires, aux engagemens de leurs adjudications reſpectives.

Il a déjà été obſervé qu'à Bordeaux, tout ce qui regarde la police du port & les fonctions du maître de quai, appartient au jurats, en conſéquence de l'Arrêt du Conſeil du 7 Juillet 1687, rapporté ſur l'article 6 tit. 2 du livre premier ci-deſſus.

ARTICLE VI.

LUi enjoignons de viſiter une fois le mois, & toutes les fois qu'il y aura eu tempête, les paſſages ordinaires des vaiſſeaux, pour reconnoître ſi les fonds n'ont point changé, & d'en faire ſon rapport à l'Amirauté, à peine de cinquante livres d'amende pour la premiere fois, & de deſtitution en cas de récidive.

LA même injonction eſt faite aux pilotes lamaneurs par l'article 15 du titre qui les concerne, & de donner avis tant aux Officiers de l'Amirauté qu'au maître de quai, des changemens qu'ils auront remarqués dans les fonds, & les paſſages ordinaires des vaiſſeaux; de même que des tonnes & baliſes qu'ils auront trouvées déplacées. Tout cela en effet eſt de grande conſéquence pour la ſûreté de la navigation; mais il eſt des ports où cela eſt beaucoup plus intéreſſant qu'en d'autres; & de là dépend le plus ou le moins de vigilance à cet égard. Toûjours eſt il vrai, que le maître de quai ſeroit répréhenſible & puniſſable, aux termes de cet article, s'il ſe rendoit coupable de négligence ſur ce point, & qu'il en réſultât quelque inconvénient.

En certains ports, les paſſages des vaiſſeaux ſeroient toujours les mêmes & ne ſeroient ſujets à aucun embarras, ſi des maîtres de bâtimens, étrangers ſur tout, par avarice & par envie de nuire tout à la fois, ne dépoſoient pas, furtivement à la faveur des ténébres, une partie de leur leſt aux approches de l'entrée du havre ou du canal qui y conduit.

On ne peut douter qu'ils n'en uſent de la ſorte; & cependant la difficulté de les convaincre de leur prévarication, les ſouſtrait preſque toujours à la rigueur des peines qui y ſont attachées.

ARTICLE VII.

IL pourra couper en cas de néceſſité les amarres que les maîtres ou autres étant dans les vaiſſeaux, refuſeront de larguer, après les injonctions verbales qu'il leur en aura faites & réitérées.

IL eſt des opérations pour la manœuvre des vaiſſeaux, lorſqu'il s'agit de les faire ſortir du port ou de les y ranger, ſoit pour les placer au quai, ſoit pour les en éloigner, & leur faire prendre place ailleurs; il eſt dis-je des opérations de cette nature qui ne ſouffrent aucun retardement à cauſe de la marée dont il faut

faut profiter. Et c'eſt le cas de néceſſité dont parle notre article, où le maître de quai eſt autoriſé à enjoindre verbalement à tous ceux qui ſont ſur les navires dont les autres gênent les opérations, de les larguer, & ſur leur refus, à couper lui-même ces amarres par voye de fait, & ſans aucune formalité de procédure, attendu la circonſtance qui exige célérité.

Il eſt pourtant vrai qu'une ſeule injonction ne ſuffit pas même alors, & que l'article veut qu'elles ayent été réitérées; mais comme il n'en fixe pas le nombre, le doute reſte ſur la quantité.

Pour le lever ce doute, on ne peut mieux faire que d'avoir recours au célébre Réglement fait par l'Amirauté de Dunkerque le 23 Décembre 1690, pour ſervir d'inſtruction au maître de quai de ladite Ville. L'art. 6 porte qu'il pourra couper les cables & amarres qui nuiront à ces opérations, après avoir averti deux fois au moins de les larguer, & qu'il n'y aura pas été ſatisfait; que le refus ait été formel ou tacite. L'article ajoute qu'il fera en outre aſſigner les contrevenans pour l'amende; ce qui, quoique rigoureux, paroît juſte au fond pour maintenir l'ordre & la ſubordination.

On comprend qu'il réſulte de-là, par une conſéquence néceſſaire, que ceux dont les amarres ont ainſi été coupées par leur faute, n'en peuvent demander la valeur en tout ni en partie. Mais ſi le maître de quai avoit agi ſans néceſſité ou avec trop de précipitation, de maniére qu'il fût vérifié par l'audition ſommaire des témoins qu'il eût tort, il ſeroit ſans difficulté tenu du payement du prix des amarres coupées à dire d'experts: & d'un autre côté, s'il étoit reconnu, qu'il n'étoit pas au pouvoir de ceux dont les amarres auroient été coupées d'obéir aux injonctions, par quelque embarras ſervant d'excuſe raiſonnable, ce ſeroit le cas de réputer avarie commune la perte de ces amarres, de la même maniére qu'on en uſe en fait d'abordage fortuit, ou dont la faute ne peut être imputée à une perſonne plutôt qu'à une autre.

Les fonctions & les obligations du maître de quai, ne ſont pas à beaucoup près toutes exprimées dans les ſix derniers articles de ce titre. Comme par l'article 2 il eſt chargé de tout ce qui concerne la police des quays, il s'enſuit que l'exécution de preſque tous les articles du titre précédent le regarde, ſinon directement pour quelques uns du moins à l'effet d'avertir de leur infraction les Officiers de l'Amirauté. Outre cela il eſt dénommé dans l'article 16 du tit. ſuivant, & dans le huitiéme du tit. 4; ſans compter que tout ce qui appartient au leſtage & déleſtage des vaiſſeaux fait partie de ſes devoirs, lorſqu'un autre n'eſt pas chargé de ce ſoin par une commiſſion particuliére.

Mais notre Ordonnance n'a pas pourvu à tout ce qui le concerne; & comme elle n'a point dérogé, art. 23 du tit. précédent, aux réglemens antérieurs, duement autoriſés, en les ſuppoſant même contraires, elle n'a pas empêché non plus qu'il n'en fût ajouté d'autres par des réglemens poſtérieurs. Ainſi c'eſt dans les réglemens particuliers à chaque port, qu'il faut prendre le ſupplément de l'Ordonnance.

Celui du port de la Rochelle fait par M. d'Herbigny Commiſſaire du Conſeil, en date du 30 Juin 1676, porte art. 1er. que le maître de quai ſera tenu de ſe rendre chaque jour ſur le port à l'heure de la marée, & de faire ſa ronde chaque nuit, ſur les quais & cales, à peine de 50 liv. d'amende pour la premiére fois, & de deſtitution en cas de récidive.

L'art. 23 du Réglement de Dunkerque du 23 Décembre 1690, ajoute, qu'il ſera continuellement ſur les quais, au moins depuis le tiers du juſant juſqu'à ce que la marée ſoit retirée des deux tiers.

Par l'art. 3 du Réglement de M. d'Herbigny, il eſt fait défenſe au maître de quai d'avoir aucunes barques, chaloupes ni gabarres, ſous ſon nom ou de perſonnes interpoſées, & d'y prendre aucun intérêt directement ni indirectement à peine de deſtitution.

Rien de plus ſage que cette diſpoſition qui ne ſe trouve pas néanmoins dans le Réglement de Dunkerque. On s'eſt contenté d'y défendre dans l'art. 27 au maître de quai, d'exiger des maîtres de navires & des pêcheurs aucune marchandiſes, ni poiſſon ni autre choſe, pour ſon ſalaire que ce qui lui eſt attribué par le tarif dreſſé à ce ſujet. Défenſes qui quoique de droit, ont été faites tout de même dans le Réglement de l'Amirauté de la Rochelle du 21 Octobre 1730, art. 6, confirmé par l'Arrêt du Conſeil du 7 Septembre 1737, dont il ſera parlé dans peu.

Mais d'ailleurs, ce Réglement de Dunkerque, contient quantité d'articles bien digérés, qui expliquent l'Ordonnance ou qui y ajoutent. Ils ont été adaptés à divers articles du titre précédent, ceux qui n'ont pu y trouver place, ſont:

L'art. 20 qui ordonne au maître de quai de ſe faire repréſenter par chacun des maîtres ou patrons des navires, qui voudront ſortir, les paſſeports & congés qui leur auront été délivrés duement enregiſtrés, faute de quoi il doit les arrêter & en donner avis.

L'art. 29 qui lui enjoint d'avoir un regiſtre cotté & paraphé, où il écrira tous les jours les noms des maîtres des vaiſſeaux qui entreront & ſortiront (ce que l'on trouve tout de même dans le Réglement de l'Amirauté de la Rochelle dudit jour 21 Octobre 1730, art. 4) & le nombre d'équipage que chacun d'eux aura, enſemble le nom des paſſagers, tant de ceux qui débarqueront que de ceux qui auront la permiſſion de s'embarquer.

L'art. 30 enfin, lui impoſe une obligation qui eſt encore de droit, ſavoir d'avertir de tout ce qui arrivera d'intéreſſant ſur les quais & dans le port, & des contraventions à la police; de même auſſi l'art. 5 du Réglement de la Rochelle du 21 Octobre 1730.

Les droits & vacations du maître de quai ne ſont pas uniformes dans le Royaume. Leur taux dépend des différents Réglemens faits à ce ſujet pour chaque port. Partout on a cherché à les modérer autant qu'il étoit poſſible, en les proportionnant néanmoins à la peine & au travail du maître de quai. C'eſt ce qui a donné lieu à la différence des Réglemens, les uns ayant égard à la qualité des bâtimens, les autres à leur jauge; d'autres diſtinguant les bâtimens François des bâtimens étrangers, & ceux du cabotage d'avec ceux navigeants au long cours. Mais ces Réglemens n'ont été faits que pour les ports où le Roi n'a pas fixé les appointemens du maître de quai à une certaine ſomme, à prendre annuellement ſur les octrois & deniers communs des Villes.

A la Rochelle les droits du maître de quai ſont réglés ſans diſtinction à tant par tonneau de chaque bâtiment. Ci-devant, il ne lui étoit attribué que trois deniers par tonneau, par le Réglement de l'Amirauté dudit jour 21 Octobre 1730; mais comme cette rétribution ne rapportoit pas un produit ſuffiſant au maître de quai, pour le mettre en état de ſe ſoutenir avec honneur dans les fonctions de ſon emploi; elle fut augmentée de l'avis des Officiers de l'Amirauté & portée à 5 deniers par tonneau, par Arrêt du Conſeil du 7 Septembre 1737, qui pour le surplus confirma en plein ledit Réglement de l'Amirauté du 21 Octobre 1730; aux termes duquel, la rétribution dudit maître de quai doit lui être payée par tous les maîtres de bâtimens portants mâts, voiles & gouvernail tant François qu'étrangers entrants dans le port & havre de la Rochelle, à l'exception toutefois des allèges & gabarres du port, des traversiers faisant la pêche du poisson frais, des barques des pêcheurs de sardines & des passagers de l'Isle de Ré, la Tremblade & de l'Isle d'Oleron; lesquels néanmoins quoique exempts, le maître de quai est tenu de faire ranger & mettre à cale dans les lieux accoutumés.

ARREST DU CONSEIL D'ÉTAT DU ROI,

Qui augmente les droits attribués au maître de quai de la Rochelle, & ordonne qu'ils seront levés à l'avenir sur les bâtimens françois & étrangers, qui entreront dans le port & havre de ladite ville, à raison de cinq deniers par tonneau.

Du 7 Septembre 1737.

Extrait des Registres du Conseil d'État.

VU par le Roi, étant en son Conseil, le Réglement fait par les Officiers de l'Amirauté de la Rochelle, du 21 Octobre 1730, concernant les fonctions & droits attribués à la place de maître de quai en ladite Ville; par l'article II, duquel il a été ordonné qu'il lui seroit payé pour ses droits par les maîtres de tous les bâtimens portant mâts, voiles & gouvernail, qui entreroient dans le port & havre de la Rochelle, tant françois qu'étrangers, de quelque nation qu'ils soient, trois deniers par tonneau de leur port; ce qui seroit réglé sur les passeports & congés dont chaque maître est porteur, qui seroit obligé de les représenter audit maître de quai, pour en tirer son droit; au payement duquel seroient lesdits maîtres, ou leurs courtiers, contraints par toutes voyes dues & raisonnables, & que ledit maître de quai seroit tenu d'en donner quitance: & par l'article III. que les allèges & gabarres de la Rochelle, non plus que les traversiers qui font la pêche du poisson frais, les pêcheurs de sardines, ni les passagers de l'Isle de Ré, la Tremblade & Oleron, ne seroient tenus de payer aucuns droits au maître de quai, qui cependant les feroit ranger & mettre à cale dans les lieux où ils ont accoutumé de se mettre. Et ayant été représenté à Sa Majesté par Pierre Pinson, maître de quai à la Rochelle, que les droits attribués à ladite place, ne produisent que trois cens soixante livres par an, ce qui n'est pas suffisant pour le faire subsister, & qu'il ne peut s'occuper à autre chose pour suppléer à la médiocrité desdits droits, attendu qu'il est employé, sans qu'il lui reste aucun intervalle, à remplir les fonctions de son emploi, qui demandent beaucoup de soins & d'attentions; à quoi il auroit supplié très-humblement Sa Majesté de vouloir bien avoir égard, en lui permettant de percevoir six deniers par tonneau sur les bâtimens énoncés audit article, II, du Réglement des Officiers de l'Amirauté de la Rochelle, au lieu des trois deniers portés par icelui. Et Sa Majesté ayant été informée par les Officiers de l'Amirauté de la Rochelle, que le droit de trois deniers par tonneau n'est pas proportionné aux peines & soins que ledit emploi exige, & que pour donner moyen audit maître de quai d'en remplir avec honneur les fonctions, il seroit nécessaire de l'autoriser à lever sur lesdits bâtimens cinq deniers par tonneau, au lieu des trois deniers qu'il perçoit; à quoi voulant pourvoir. Vu l'avis desdits Officiers de l'Amirauté de la Rochelle, oui le rapport, Sa Majesté étant en son Conseil, a ordonné & ordonne qu'il sera payé à l'avenir audit Pinson, & à ses successeurs en la place de maître de quai à la Rochelle, par les maîtres des bâtimens portant mâts, voiles & gouvernail, tant françois qu'étrangers, lesquels entreront dans le port & havre de la Rochelle, cinq deniers par tonneau du port desdits bâtimens, au lieu des trois deniers par tonneau, à lui accordés par ledit Réglement des Officiers de l'Amirauté de la Rochelle, du 21 Octobre 1730, à condition par lui & ses successeurs, de remplir les fonctons attribuées aux maîtres de quai par les Ordonnances de Sa Majesté, Ordonnances & Réglemens particuliers rendus pour le port & havre de la Rochelle; lesquels 5. deniers par tonneau seront perçus & levés de la maniére & ainsi qu'il est porté par ledit Réglement, lequel sera au surplus exécuté selon sa forme & teneur. Veut Sa Majesté que, conformément audit Réglement, les allèges & gabarres de la Rochelle, les traversiers qui font la pêche du poisson frais, les pêcheurs de sardines, & les passagers de l'Isle de Ré, la Tremblade & Oleron, soyent exempts du payement dudit droit ; & cependant que ledit maître de quai soit tenu de les faire ranger & mettre à cale dans les lieux accoutumés. Défend Sa Majesté audit maître de quai, de percevoir d'autres & plus grands droits que ceux ci-dessus mentionnés, & d'exiger ou recevoir des maîtres de navires & autres bâtimens, aucunes marchandises, ou autres choses telles, & sous quelque prétexte que ce puisse être, à peine de concussion. MANDE & ordonne Sa Majesté à Monf. le Comte de Toulouse Amiral de France, de tenir la main à l'exécution du présent Arrêt, lequel sera registré au Greffe de l'Amirauté de la Rochelle, lû, publié & affiché par-tout où besoin sera. FAIT au Conseil d'état du Roi, Sa Majesté y étant, tenu à Versailles le sept Septembre mil sept cent trente-sept.

Signé, PHELYPEAUX.

TITRE III.

DES PILOTES LAMANEURS OU LOCMANS.

ON a cru mal-à-propos ci-devant qu'il falloit être pourvu d'une commission de M. l'Amiral, pour faire les fonctions de pilote lamaneur ou locman, autrement pilote côtier. En cette partie il n'y a aucune différence à faire entre ces sortes de pilotes, & ceux qu'on appelle hauturiers ; c'est-à-dire, destinés pour le grand cabotage, ou pour la navigation au long cours.

Il suffit aux uns & aux autres, de même qu'aux capitaines, maîtres, ou patrons, d'avoir l'âge requis, d'avoir navigué un temps convenable, & d'être reconnus capables lors de l'examen qu'ils doivent subir, différemment toutefois, pour être reçus par les Officiers de l'Amirauté, & par-là être autorisés à en faire les fonctions.

Il est vrai que par l'article 9, du Réglement du 1er. Juin 1566, fait pour les lamaneurs de Quillebœuf, il fut défendu à tout capitaine de prendre quiconque pour le conduire *& lamaner, qui n'eût été admis & pouvu par l'Amiral ou Vice-amiral audit état, portant sa commission.*

Mais cette disposition rapprochée des art. 86, 87 & 88 de l'Ordonnance de 1584, ne vouloit rien dire autre chose, sinon que nul ne pourroit piloter & lamaner les navires qu'il n'eût été examiné & reçu en cette qualité, avec prestation de serment devant les Juges de l'Amirauté, qui lui feroient expédier en conséquence ses lettres de réception.

Il est vrai encore que l'Arrêt du Conseil du 14 Octobre 1650, renouvellé par celui du 6 Septembre 1661, porte qu'à l'Amiral seul appartient de pourvoir aux emplois de maître de quai, *pilotes*, balifeurs &c. Avec défenses à tous Seigneurs Gouverneurs & Commandans d'entreprendre d'y nommer ; mais en ceci il ne faut considérer que les défenses faites aux Seigneurs & Gouverneurs, pour en conclure simplement qu'ils n'avoient pas droit de pourvoir à ces emplois, sans en inférer en même temps, que les pilotes avoient besoin d'être munis de commissions de M. l'Amiral, sous prétexte qu'ils ne pouvoient exercer le pilotage qu'après y avoir été autorisés par les Officiers de l'Amirauté.

Quoiqu'il en soit, depuis la présente Ordonnance ; on n'a pu sans s'abuser, mettre ceci en question pour en faire un doute raisonnable, puisque dans l'art. second de ce titre, les formalités de la réception des pilotes lamaneurs, ne sont pas différentes de celles de la réception du capitaine, maître ou patron, de même que du pilote hauturier, à l'égard desquels on n'a jamais prétendu qu'ils eussent besoin de commission de la part de M. l'Amiral.

Pour appuyer ce systême, se fonderoit-on sur ce que les lamaneurs doivent être sédentaires, & avoir une demeure fixe dans le lieu de leur établissement, ce qui les rapproche des autres emplois maritimes, qui exigent résidence & commission ?

Mais outre qu'ils étoient sédentaires tout demême dès le temps de nôtre Ordonnance, ou pour mieux dire qu'ils l'ont été de tout temps, suivant la signification propre & naturelle de ce mot *locman* synonime de lamaneur; c'est qu'en tous cas, toute difficulté a dû cesser sur ce point à la vuë du Réglement du 15 Août 1725, qui a absolument assujetti aux mêmes régles les réceptions des capitaines, maîtres ou patrons, des pilotes & des lamaneurs ou locmans. Il n'y a donc pas plus de commissions à prendre pour les uns que pour les autres, & tout gît dans la réception à l'Amirauté.

Mais quoique M. l'Amiral ne donne pas de commission aux pilotes côtiers, il n'en a pas moins le droit de les interdire & de les rétablir ensuite dans leurs fonctions. Entre autres exemples, il y a celui de Martin du Peyrat, pilote de Bordeaux, à qui M. le Comte de Toulouse fit défense de continuer ses fonctions le 20 Mars 1697. & qu'il rétablit le 23 Août 1700.

ARTICLE I.

DAns les ports où il sera nécessaire d'établir des pilotes, locmans ou lamaneurs pour conduire les vaisseaux à l'entrée & sortie des ports & des rivieres navigables, *le nombre en sera réglé* par les Officiers de l'Amirauté, de l'avis des Echevins & des plus notables Bourgeois.

NOtre article n'a pas entendu laisser en question, s'il falloit dans les ports des pilotes locmans ou lamaneurs; il est évident qu'en général ils sont nécessaires, & qu'on ne peut s'en passer; ce qu'il a laissé à décider seulement, c'est en quels ports obliques, il seroit utile ou nécessaire d'en établir pour la facilité du commerce & la sûreté de la navigation, & en quel nombre.

Par rapport aux ports obliques où il est utile qu'il y en ait, on comprend que ce sont ceux dont les rades sont les plus fréquentées, & qui servent de passage ordinaire aux vaisseaux.

A l'égard du nombre de ces pilotes, il étoit juste qu'il fût fixé & borné, afin que leur salaire fût capable de fournir à chacun d'eux une honnête subsistance; car c'est uniquement ce que l'Ordonnance s'est proposée à ce sujet. Elle a donc entendu que le nombre déterminé pour chaque port ne pourroit être augmenté dans la suite, & nullement qu'il y auroit toujours le même nombre de pilotes dans les ports. On sent en effet qu'autant il est facile de se tenir dans les termes d'un nombre limité, autant il est difficile de le compléter, s'agissant d'un service libre, tel que celui-ci, au moins par rapport à l'engagement primitif.

Aussi l'Ord. de 1584, art. 87, avoit-elle dit simplement, seront les lamaneurs *réduits*, en chacun port à nombre compétant, ce qui sert a déterminer le sens de ces mots de notre article, *le nombre en sera réglé.*

Après tout, ceci n'étant que de police, on conçoit qu'il peut y être fait des changemens, relativement aux besoins ou à la convenance de la navigation & du commerce maritime; & c'est ainsi que, quoiqu'il eût été ordonné par le Réglement de M. d'Herbigny art. 30, qu'il y auroit toujours dans le port de la Rochelle du moins 30 pilotes lamaneurs, sans parler des ports obliques de St. Martin, & de la Flotte en l'Isle de Ré, nonplus que de celui de Rochefort, il n'y en a actuellement à la Rochelle que 6, à Rochefort que 4, à St. Martin que 2; tandis qu'à la Flotte ils sont au nombre de 24. Mais ces changemens qui, après tout, se sont faits d'eux-mêmes, sont indifférens de leur nature, puisque les pilotes des ces quatre ports, sont également au service de tous les vaisseaux qui viennent dans les rades de la Rochelle & de l'Isle de Ré, soit qu'ils ayent leur destination pour quelqu'un des ports de l'Aunix, soit qu'ils aillent en d'autres provinces. Au surplus l'intention du Roi est qu'on n'admette à remplir cet emploi, que des gens de mer, qui par un âge avancé ou quelque infirmité, soient hors d'état d'être commandés pour le service des vaisseaux de Sa Majesté. Lettre de M. de Maurepas, du 26 Juillet 1742. De-là il s'ensuit que de droit, les pilotes lamaneurs sont exempts du service sur les vaisseaux du Roi. La même exemption vient d'être accordée pour l'avantage du commerce, aux maîtres d'alléges.

ARTICLE II.

AUcun ne pourra faire les fonctions de lamaneur, qu'il ne soit âgé de vingt-cinq ans, & n'ait été reçu pardevant les Officiers de l'Amirauté, après avoir été examiné en leur présence & celle de deux Echevins ou notables Bourgeois, par deux anciens Lamaneurs, & deux anciens Maîtres de navires.

AVant cette Ordonnance on recevoit des pilotes lamaneurs à l'âge de 18 & 20 ans; ce qui étoit un grand abus, en mettant ainsi la vie & les biens des sujets du Roi sous la conduite de gens si peu expérimentés, comme le déclare l'Ord. particulière du 3 Octobre 1683, confirmée par celle du 27 Janvier 1688.

Depuis est intervenue l'Ord. du 15 Avril 1689, qui, art. 11, tit. 1er. du livre 8, en conformité de celle ci, a fait défenses aux Officiers de l'Amirauté de recevoir aucuns pilotes lamaneurs avant l'âge de 25 ans; ce qui a encore été renouvellé par le dernier Réglement du 15 Août 1725.

Pour l'obligation de la réception par les Juges de l'Amirauté, après un examen subi en leur présence, elle avoit déjà été prescrite par l'Ord. de 1584, art. 86 & 87; ce qui n'a jamais varié depuis

Ce qui doit faire la matiére de cet examen est expliqué dans l'art. suivant.

Celui-ci veut que cet examen soit fait en présence de deux Echevins ou notables bourgeois, par deux anciens lamaneurs & deux anciens maîtres de navires; ce qui a été répété *in terminis* dans le Réglement du 15 Août 1725, art. 1er. du tit. 3. Cépendant cela ne s'est jamais pratiqué en ce Siége pour ce qui concerne la présence de deux Echevins ou notables bourgeois; on s'est toujours contenté de deux anciens lamaneurs & de deux anciens maîtres de navires. Et cela vient sans doute de ce que le Réglement de M. d'Herbigny, qui art. 31, parle de la réception des pilotes côtiers, ne fait nulle mention des deux Echevins ou notables bourgeois.

Notre Ordonnance, non plus qu'aucune autre postérieure, n'a point déclaré, pendant combien de temps il falloit avoir navigué, pour pouvoir être reçu pilote lamaneur, comme elle l'a fait à l'égard du capitaine, maître ou patron, & du pilote hauturier. Ce que l'on trouve seulement, c'est que le pilote lamaneur est assujetti comme les autres à faire deux campagnes de trois mois chacune au moins, sur les vaisseaux du Roi, pour être en état d'être reçu, s'il n'en a obtenu dispense, de-même que de l'âge; formalité ou condition prescrite pour la premiere fois par l'Ord. du 3 Octobre 1683, confirmée tant par celle du 27 Janvier 1688, que par l'Ord. générale de 1689, liv. 8, tit. 1er. art. 11, ci-dessus cité, & qui, sursise par une autre Ordonnance du 27 mai 1716, puis remise en vigueur par une autre du 12 Décembre 1724, a encore été renouvellée par le dernier Réglement du 15. Août 1725. tit. 3, art. 1er, aussi déjà cité.

Le reste du temps de la navigation nécessaire pour être admis à l'emploi de pilote lamaneur, est donc laissé à l'arbitrage; & dès que l'aspirant est reconnu capable par les examinateurs, il ne doit plus y avoir de difficulté à le recevoir, s'il a l'âge de 25 ans, & si outre cela il a fait les deux campagnes sur les vaisseaux du Roi. Je n'en ai pourtant jamais vû se présenter qui n'eussent beaucoup plus de 5 ans de navigation sur les côtes.

Une derniére condition à laquelle les Officiers de l'Amirauté doivent bien prendre garde, c'est de ne recevoir aucun pilote lamaneur qu'il ne soit domicilié dans leur ressort. Il est vrai que la même chose est ordonnée par rapport aux capitaines, maîtres ou patrons & pilotes ordinaires, pour la navigation au long cours; mais en même temps il leur est permis d'en recevoir d'externes, sur un certificat des Juges de l'Amirauté de leur demeure, portant, qu'ils ont toutes les qualités nécessaires pour être reçus: art. 12, de ladite Ord. de 1689, & art. 3, tit. commun dud. Réglement de 1725. Au lieu qu'à l'égard des pilotes lamaneurs ou locmans, cette exception ne peut être admise, l'art. 4, dud. Réglement, défendant absolument aux Officiers de l'Amirauté d'en recevoir aucuns qui ne soient de leur Amirauté, à peine d'interdiction; défenses qui, venant à la suite de l'article précédent ne permettent pas de penser qu'ils puissent en recevoir d'externes, sur un certificat des Officiers de l'Amirauté de leur domicile.

En effet, ces Officiers peuvent bien attester dans leur certificat, que celui à qui ils le délivrent, a la capacité requise pour être reçu maître ou pilote, même pilote lamaneur dans leur district; mais il ne peuvent pas certifier de même qu'il est propre à être reçu en cette derniére qualité dans une autre Amirauté, où le gisement des côtes est nécessairement différent. Le remede à cela à la vérité, seroit d'examiner le sujet à la maniére accoutumée; mais en tout cas, pour être admis, il faudroit qu'il transferât son domicile dans le district de l'Amirauté où il voudroit se faire recevoir.

Le Commentateur observe qu'il seroit bon de leur faire prêter serment (aux pilotes lamaneurs), de bien & fidélement remplir leurs fonctions, & faire leur devoir. Il ignoroit sans doute que nul n'est admis en Justice à faire quelques fonctions publiques, soit en titre d'office, ou par commission de quelque nature que ce puisse être, qu'à la charge de s'engager par serment à s'en bien acquitter.

ARTICLE

ARTICLE III.

LE Lamaneur sera examiné sur la connoissance & expérience qu'il doit avoir des manœuvres & fabrique des vaisseaux, ensemble des cours & marées, des bancs, courans, écueils & autres empêchemens qui peuvent rendre difficiles l'entrée & sortie des rivieres, ports & havres du lieu de son établissement.

CE que le pilote lamaneur doit avoir de commun avec les autres pilotes, & avec les capitaines maîtres ou patrons, c'est la connoissance de la manœuvre & de la fabrique des vaisseaux. En cette partie l'examen que doivent subir les uns & les autres est donc le même: mais du reste il différe essentiellement. Tout ce qu'on exige de plus de ceux qui se présentent pour être reçus pilotes lamaneurs se borne, aux termes de cet article, & de l'art. 2, tit. 3, du Réglement de 1725, à la connoissance des côtes de leur district, des cours & marées, des bancs, courans & écueils, enfin des empêchemens qui peuvent rendre difficiles l'entrée & la sortie des riviéres, ports & havres du lieu de leur établissement. Or cette science est assez bornée, en comparaison de celle que doivent avoir les maîtres & pilotes ordinaires; sur quoi voir l'art. 1er, de chacun des titres qui les concernent. Pour l'examen des pilotes lamaneurs, on peut voir aussi l'Auteur de la Jurisdiction de la Marine, Cleirac, art. 54, n°. 21; pag. 490 491.

Ce n'est pas qu'on n'exige des lamaneurs, qu'ils connoissent quelque chose de plus que les dangers des côtes de leur district; par exemple, à l'égard de ceux de la Rochelle, qu'ils ayent quelque connoissance des côtes du Poitou & de la Bretagne d'un côté, & de celles de Saintonge de l'autre, demême que de l'entrée & des passages de la riviére de Bordeaux. Mais enfin l'objet essentiel est qu'ils ayent acquis une expérience suffisante par rapport aux côtes du lieu de leur établissement; & moyennant cela ils ont ce qu'il faut pour être admis, sauf certaines limitations ou restrictions suivant l'occurrence.

Et parce qu'ils sont censés ne bien connoître effectivement que leurs côtes, c'est la raison pour laquelle, s'ils passent leur district, & qu'ils soient rencontrés par des pilotes côtiers du lieu, ils peuvent être congédiés & renvoyés par ceux-ci sans que les capitaines des navires soyent recevables à s'y opposer pas plus qu'eux.

A la vérité, il est des pilotes externes, qui en savent incomparablement plus, & qui connoissent même beaucoup mieux le local que les lamaneurs du lieu, qui quelquefois font périr des vaisseaux par ignorance autant que par inattention; mais il a paru nécessaire de considérer le droit de piloter & lamaner les navires, comme un droit réel; c'est-à-dire, attaché aux pilotes de chaque département, privativement à tous autres, afin d'occuper par-là chacun dans son district. Si cette police n'est pas exempte d'inconvéniens, une méthode contraire en produiroit bien d'avantage. Le véritable moyen d'y remédier, est d'un côté d'être sévére dans l'examen de ceux qui se présentent pour être reçus pilotes lamaneurs, & d'un autre, d'être attentif à punir ceux qui commettront des fautes ou des imprudences considérables dans le pilotage.

ARTICLE IV.

LES lamaneurs feront obligés de tenir toujours leurs chaloupes garnies d'ancres & avirons, & d'être en état d'aller au fecours des vaiffeaux au premier ordre ou fignal, à peine de dix livres d'amende, & de plus grande peine s'il y échoit.

LE bien du fervice l'exige de la forte, & c'eft à quoi l'on ne fauroit tenir trop exactement la main. C'eft auffi par le même motif que l'art. 34 du Réglement de M. d'Herbigny, enjoint aux pilotes de la Rochelle de fe rendre tous les jours à midi, au canton où s'affemblent les négocians, pour y recevoir les ordres des maîtres, & marchands tant du lieu que forains & étrangers, & les fervir lorfqu'ils en auront touché les arrhes, à peine de 10 liv. d'amende. Au refte un pilote côtier ne doit pas attendre qu'il lui foit ordonné d'aller au fecours d'un navire qui en a befoin; dès qu'il apperçoit quelque fignal qui avertit qu'un vaiffeau demande du fecours, il doit y aller en diligence à peine d'amende ou de punition arbitraire, fuivant les circonftances, & les événemens plus ou moins fâcheux, qui s'en feront enfuivis.

Ces fortes de gens forment une claffe d'hommes affez difficiles à foumettre à la régle. Envieux & avides, comme dans tous les autres états mercenaires, il y en a toujours eu qui malgré les défenfes portées par l'art. 10 ci-après, font allés audevant des navires avec un tel fuccès, qu'ils ont rendu les autres, finon comme inutiles, du moins d'une condition fi inégale qu'ils ne pouvoient plus en quelque forte pourvoir à leur fubfiftance.

Sur les plaintes réitérées de ceux-ci, principalement contre leurs collégues établis à la Flotte en l'Ifle de Ré, on a imaginé à la Rochelle, tantôt l'expédient de les faire fervir exactement tour à tour, fans toutefois bleffer le choix des capitaines, maîtres ou patrons; tantôt celui de leur faire faire bourfe commune. Mais dans l'un ou l'autre arrangement, on a toujours rencontré des difficultés & des obftacles.

Dans le premier, il arrivoit fouvent que ceux qui étoient en tour de fervir, manquoient de courage ou d'activité pour aller fecourir des navires en danger, ne voulant piloter que ceux dont les maîtres n'avoient befoin que d'être mis en bonne route.

Dans l'autre les fainéans laiffoient porter aux travailleurs tout le poids du fardeau; ils n'étoient jamais prêts pour fervir & pour partager les fatigues, quoiqu'ils fuffent les plus ardens à demander le partage des profits. En vuë de les exciter à faire leur devoir par leur propre intérêt, on prit le parti enfuite de régler que ceux qui les remplaceroient, auroient, à leur exclufion, une certaine portion des profits hors part; leur émulation ne fut point échauffée par-là, & les diffentions n'en devinrent que plus vives entr'eux.

Cependant les commerçans fe plaignoient que les navires demeuroient fréquemment fans fécours, par la méfintelligence de ces pilotes côtiers. Il fallut donc chercher un nouveau tempérament capable de tout concilier autant qu'il feroit poffible; & ce tempérament qui fubfifte encore aujourd'hui, a été, en revenant à la régle, de leur faire exercer le pilotage tour à tour & de faire bourſe commune, excepté les navires qui feroient des ſignaux d'incommodité, à l'égard deſquels il eſt enjoint à tous pilotes lamaneurs, à portée de les ſecourir, d'aller à leur ſecours avec toute la diligence poſſible, ſans pouvoir s'en diſpenſer ſous prétexte qu'ils ne ſeroient pas en tour de ſervice; à peine contre les contrevenans d'amende arbitraire & d'être pourſuivis extraordinairement ſuivant les circonſtances. Dans ce cas de navire en danger, il a été ordonné, que le pilote le plus diligent qui arrivera le premier au navire, ſera préféré pour le piloter, & la rétribution qui lui ſera payée à ce ſujet, lui appartiendra en entier, ſans être obligé de la mettre en bourſe commune; à eux tous enjoint au ſurplus, de faire le ſervice convenablement, chacun à ſon tour & ordre, ſur peine d'amende & d'interdiction.

ARTICLE V.

FAiſons défenſes ſous peine de punition corporelle, à tous mariniers qui ne ſeront point reçûs pilotes lamaneurs, de ſe préſenter pour conduire les vaiſſeaux à l'entrée & ſortie des ports & rivieres.

CEt article eſt tiré du quatre-vingt-huitiéme de l'Ord. de 1584, qui ajoute » bien pourront les maîtres de navires ſe ſervir de tels mariniers qu'ils » jugeront à propos pour la manœuvre; mais il n'y aura que les pilotes jurés qui » y commanderont.

Le Comte du Daugnion en vertu du pouvoir qu'il en avoit de M. le Duc de Brezé Grand Maître de la Navigation, avoit réitéré les mêmes défenſes dans les ports de la Rochelle, d'Aunix & de Saintonge dont il étoit Gouverneur, par ſon Ordonnance du 4 Octobre 1644, à peine tout de même de punition corporelle.

ARTICLE VI.

POurront toutefois les maîtres de navires, au défaut de pilotes lamaneurs, ſe ſervir de pêcheurs pour les piloter.

IL ſeroit comme inutile qu'il y eût des pilotes lamaneurs reçûs dans les formes, après examen, ſi les maîtres de navires avoient la liberté d'en prendre d'autres qu'eux pour les piloter; ainſi il étoit tout naturel que les défenſes fuſſent reſpectives & réciproques.

Cependant ſi tous les pilotes d'un port étoient occupés à piloter d'autres navires, ou qu'autrement ils fuſſent abſens ou hors d'état de ſervir, dans le moment où le maître en auroit beſoin, rien de plus juſte auſſi, qu'il lui fût permis alors de ſe ſervir du miniſtére de quelque pêcheur pour le piloter. Mais cela doit ſe faire ſans affectation; autrement le pêcheur ſeroit amendable, & ſujet à payer par forme d'indemnité, au pilote qui auroit pu ſervir s'il eût été averti, ſon droit de pilotage comme s'il eût fait le ſervice.

ARTICLE VII.

SI le lamaneur se présente au maître qui aura un pêcheur à bord avant que les lieux dangéreux soient passés, il sera reçu, & le salaire du pêcheur sera déduit sur celui du lamaneur.

CEci suppose que le pêcheur aura légitimement été pris par le maître pour le piloter, relativement à l'article précédent; & alors c'est une grace & un privilége que celui-ci accorde au pilote lamaneur, en lui permettant de démonter le pêcheur & de le renvoyer. Il est vrai que ce n'est qu'autant qu'il y aura encore des lieux dangéreux à passer; mais comme à proprement parler, il y a toujours du danger vers les côtes, l'exception ne sera jamais utile au pêcheur, à qui néanmoins on ne peut rien imputer, s'il s'est chargé du pilotage dans l'hypothese.

Quoiqu'il en soit, la décision étant portée en faveur du pilote lamaneur, il n'y a rien à dire. Mais comme cet événement ne doit pas aggraver la condition du maître du navire, il en sera quitte pour le simple droit de pilotage, qui sera partagé en ce cas, entre le pilote & le pêcheur, à proportion du travail d'un chacun; c'est-à-dire, eu égard à la distance du lieu où le pêcheur aura été congédié.

ARTICLE VIII.

LE lamaneur qui entreprendra étant yvre, de piloter un vaisseau, sera condamné en cent sols d'amende, & interdit pour un mois du pilotage.

DAns le vrai, si cet article étoit pris à la lettre, les interdictions seroient si fréquentes & si multipliées, qu'il n'y auroit presque jamais de pilotes en exercice, tant les hommes de mer sur les ports, sont sujets à s'enyvrer. Mais il est différents degrés d'yvresse; & ce qu'il y a de singulier, c'est qu'il est des pilotes & autres mariniers, qui ne montrent jamais plus d'habileté, de courage & de prévoyance tout à la fois, que lorsqu'ils sont yvres à un certain point.

Le meilleur est néanmoins de ne pas s'y fier; ne fût-ce qu'à cause de la difficulté de distinguer le degré d'yvresse qui ne seroit pas dangéreux; & à cela le reméde est facile, le maître ayant la liberté de refuser tout pilote qui sera reconnu yvre. Si ensuite il le laisse enyvrer à son bord, ce sera uniquement sa faute.

ARTICLE IX.

ENjoignons aux lamaneurs de piloter les bâtimens qui se présenteront les premiers, & leur défendons de préférer les plus éloignés aux plus proches, à peine de vingt-cinq livres d'amende.

ON comprend que le salaire du pilotage augmente à proportion de la distance des lieux pour lesquels les navires sont destinés, & qu'ainsi de deux navires, dont l'un seroit destiné pour un port voisin, & l'autre pour un port éloigné, le pilote préféreroit sans hésiter le dernier s'il étoit le maître de choisir.

Le bien du commerce & l'activité de la navigation exigoient donc que l'on prévînt cet événement; & c'est à quoi il a été pourvu par cet article, en défendant aux pilotes de préférer les bâtimens les plus éloignés aux plus proches, & en leur enjoignant de piloter les maîtres de navires qui se présenteroient les premiers; le tout à peine de 25 liv. d'amende; à quoi il faut ajouter, & de tous dommages & intérêts envers le maître qu'ils auront mal à propos refusé de piloter.

ARTICLE X.

LEur faisons aussi défenses d'aller plus loin que les rades, audevant des vaisseaux qui voudront entrer dans les ports & havres, de monter dans les navires contre le gré des maîtres, & de quitter les bâtimens qui entreront, qu'ils ne soient ancrés ou amarrés au port; & ceux qui sortiront, qu'ils ne soient en pleine mer, à peine de perte de leurs salaires, & de trente livres d'amende.

LEs articles 89 & 90 de l'Ord. de 1584, ont fourni la matiére de celui-ci.

Ce n'est donc pas indistinctement qu'il est défendu aux pilotes lamaneurs, d'aller audevant des bâtimens qui voudront entrer dans les ports & havres; les défenses sont simplement d'aller plus loin que les rades audevant des vaisseaux.

Le motif de ces défenses n'est pas vraisemblablement de laisser par-là aux maîtres de navires la liberté de se passer de pilotes, puisque ce même article leur assurant ensuite cette liberté, en défendant expressément aux pilotes de monter dans les navires contre le gré des maîtres, ce seroit une répétition. C'est donc précisément pour maintenir l'ordre entre les pilotes, & empêcher que les uns n'entreprennent sur le service des autres, soit du même port, soit des ports voisins, de la même Amirauté ou d'une autre.

Rien n'est plus juste en effet, & c'est sur ce principe, que pour conserver les droits des lamaneurs des différens ports, le Réglement de M. d'Herbigny art. 33, fait défenses aux pilotes des riviéres de Charente, Seudre & Marans, qui auront amené des bâtimens au port de la Rochelle, d'y en prendre d'autres pour les piloter à leur retour; de même qu'aux pilotes de la Rochelle qui auront conduit des bâtimens dans ces riviéres, d'y en prendre d'autres pour les amener au port & aux rades de la Rochelle, ou ailleurs, sinon en cas de flotte ou de nécessité pressante.

C'est aussi pour mettre chaque pilote en état d'exercer ses fonctions, en partageant les travaux entre-eux, que par des Réglemens particuliers, il a été ordonné qu'ils piloteroient les navires à tour de rolle; & qu'en conséquence, en ajoutant à la disposition du présent article, il leur a été défendu d'aller audevant des navires, même dans les rades, excepté les cas où les navires seroient en danger, ou qu'ils réclameroient du secours, comme il a été observé sur l'art. 4 ci-dessus. Tout cela s'entend néanmoins, sans préjudice à la liberté accordée par l'art. 17 ci-après, aux maîtres de navires de choisir entre les pilotes lamaneurs, & à cet effet de renvoyer ceux qui se seront présentés les premiers, qu'ils veuillent se passer de pilotes ou non ; pourvu qu'à leur place, ils ne prennent pas de pêcheurs ou autres mariniers pour les piloter, comme n'étant pas alors dans le cas de l'art 6.

Quant aux défenses faites aux lamaneurs de monter dans les navires malgré les maîtres, on les trouve également dans l'art. 90, de l'Ordonnance de 1584 ; de même que celles de quitter les bâtimens qu'ils auront entrepris de piloter pour entrer dans un port, qu'ils ne soient ancrés ou amarrés à quai, & ceux qui sortiront, qu'ils ne soient en pleine mer ; mais c'est sur peine de punition corporelle & de tous dépens, dommages & intérêts payables par corps, au lieu que notre article se contente de la perte des salaires & de 30 liv. d'amende.

Cette amende au reste est encourue dans tous les cas de notre article ; mais la perte des salaires ne regarde que les deux derniers ; c'est-à-dire celui de monter dans le navire malgré le maître, &c.

Quoiqu'il soit libre à tout maître de navire françois où étranger (contre la disposition dudit art. 90 de l'Ordonnance de 1584, par rapport à l'étranger) de prendre un pilote côtier, ou de s'en passer ; il est néanmoins de la prudence qu'il en prenne, quelque connoissance qu'il ait du port & de ses rades, & des riviéres où il veut entrer, ou dont il doit sortir. Sans quoi, prenant les dangers sur son compte, il se rend responsable de tout le dommage qui en pourra résulter, tant envers le propriétaire du navire, que des marchands chargeurs. C'est la disposition expresse de la loi *item quæritur*, 13, §. *si magister*, *ff. locati* ; & celle de l'Ordonnance de Philippe II. Roi d'Espagne, tit. des avaries, art. 9, qui le soumet outre cela à une amende de 100, liv. sans examiner s'il a été requis ou non par son pilote ou son équipage de prendre un lamaneur, comme l'Ordonnance de Wisbuy semble le désirer articles 44 & 59.

On ne peut donc que blâmer un capitaine ou maître, qui, par vanité ou autrement, refusera de prendre un pilote lamaneur ; & s'il en résulte quelques fâcheux événemens, il ne mérite pas même qu'on le plaigne.

Mais cette liberté de prendre ou de ne pas prendre de pilote, n'a pas lieu lorsqu'il s'agit d'entrer dans les ports ou riviéres où il y a des vaisseaux du Roi entretenus ; alors il y a nécessité pour les bâtimens marchands de cent tonneaux & au-dessus, de prendre des pilotes pour les conduire, & éviter les abordages, à peine de cinquante livres d'amende contre les contrevenans, applicable aux Hôpitaux de Marine ; & en cas d'abordage, de réparation du dommage. Art. 3, tit. premier, liv. 11 de l'Ordonnance de 1689. Les deux articles suivans sont pour le cas où il y a sur les navires marchands des poudres ou de la chaux vive.

ARTICLE XI.

LE maître de navire ſera tenu auſſi-tôt que le pilote lamaneur ſera à bord du vaiſſeau, de lui déclarer combien ſon bâtiment tire d'eau, à peine de vingt-cinq livres d'amende au profit du lamaneur, pour chacun pied recelé.

NOn-ſeulement il faut que le maître déclare au lamaneur combien ſon bâtiment tire d'eau; mais il convient encore qu'il l'inſtruiſe de la marche de ſon navire, & de ſa maniére de porter la voile, afin qu'il puiſſe ſe régler ſur tout cela.

Mais l'eſſentiel eſt qu'il ſache le nombre de pieds d'eau que tire le bâtiment; parce qu'il eſt des bas-fonds ſur leſquels tel navire peut paſſer ſans danger, tandis qu'un autre touchera, & courra riſque d'y échouer.

Cependant à moins que le maître du navire ne déclare par écrit combien ſon bâtiment tire d'eau, comment le pilote lamaneur pourra-t-il le convaincre de fauſſe déclaration, ſoit pour le faire condamner en l'amende de vingt-cinq livres à ſon profit, pour chaque pied recelé, ſoit pour ſe diſculper à la faveur de cette déclaration, ſi effectivement elle l'a induit en erreur, d'où il ſoit réſulté quelque avarie ou autre événement plus fâcheux? Car enfin le pilote lamaneur ne ſera pas cru au préjudice du maître ſur ſa ſimple affirmation, & il ſeroit bien extraordinaire que l'équipage dépoſât contre le maître, en pareil cas comme en tout autre, ſi la paſſion ne le guidoit.

ARTICLE XII.

SEra fait en chaque port par le Lieutenant de l'Amirauté, à la diligence de notre Procureur, & de l'avis des Echevins, ou de deux notables Bourgeois, un réglement du ſalaire des lamaneurs, qui ſera écrit dans un tableau, mis au Greffe & affiché ſur le quai.

SI le ſalaire des pilotes lamaneurs n'étoit pas réglé, les maîtres de navires ſeroient en quelque ſorte livrés à leur diſcrétion; ou pour le moins il s'éleveroit chaque jour des diſcuſſions entre eux; ce qui cauſeroit une confuſion étrange dans la navigation.

Il en ſeroit de même des maîtres de barques ou alléges deſtinées au chargement ou au déchargement des navires, des bateaux paſſagers, des porte-faix, traîneurs, crocheteurs, charpentiers, en un mot de tous les ouvriers dont on ne peut ſe paſſer, ſi leurs ſalaires n'étoient pareillement réglés.

Auſſi la police, toujours attentive au bien public, n'a-t-elle jamais manqué d'y pourvoir.

Par rapport aux lamaneurs, notre article dit que leur ſalaire ſera réglé en chaque port, c'eſt-à-dire en chaque Siége d'Amirauté, par le Lieutenant, à la diligence du Procureur du Roi; & cela ne pouvoit être autrement en effet, une taxe de cette nature n'étant pas susceptible d'un Réglement général pour tout le Royaume; non-seulement à cause de la différence du prix des vivres & des autres choses nécessaires à la vie, qui se fait sentir d'une province à l'autre; mais encore à raison de la diversité de la situation des ports, de leurs rades, des courans, des passages plus ou moins difficiles ou éloignés, & des dangers des côtes.

Le Réglement de M. d'Herbigny pour le port de la Rochelle, avoit déja fixé dans l'art. 32 le salaire des pilotes côtiers, de même que celui des charpentiers dans l'art. 23. Mais les choses ayant changé considérablement depuis ce temps-là, par l'augmentation du prix des denrées, &c; il a fallu en venir à de nouveaux Réglemens, tant sur ces objets que sur tous les autres relatifs au Commerce maritime & à la navigation. Et ces Réglemens toujours concertés avec la Chambre de Commerce, & avec les principaux armateurs, qui représentent en cette partie les Echevins & les notables Bourgeois dont il est parlé, tant dans cet article que dans le premier, ont cet avantage qu'ils n'ont jamais éprouvé la moindre contradiction. Le dernier concernant les pilotes lamaneurs est du 18 Août 1745.

Ce ne sont pas au reste les seuls Réglemens qui ont été dressés de la sorte au Siége de l'Amirauté de la Rochelle; & il en sera toujours usé de même dans la suite, les Officiers qui le composent ayant pour régle invariable de leur conduite le désir d'assortir l'exactitude du service au bien & à l'avantage du commerce.

RÉGLEMENT

Pour les pilotes côtiers.

Du 18 Août 1745.

LOUIS-JEAN-MARIE DE BOURBON, Duc de Penthiévre, de Château Villain, & de Rambouillet, Lieutenant Général des armées du Roi, Gouverneur & Lieutenant Général de la Province de Bretagne, Pair & Amiral de France, à tous ceux qui ces présentes lettres verront Salut, savoir faisons que

Sur la remontrance à Nous faite par le Procureur du Roi, qu'ayant été informé que les pilotes côtiers de ce port percevoient des capitaines tant des bâtimens françois qu'étrangers, des droits plus forts que ceux qui leur sont attribués par le Réglement fait en ce Siége le 2, Janvier 1721, soit pour la sortie des navires du port & pour les piloter dans les endroits qui y sont indiqués, soit pour les entrer dans le havre; il auroit interrogé lesdits pilotes côtiers sur le fait de cette prévarication dont ils étoient accusés, lesquels lui auroient avoué qu'effectivement ils prenoient, en certaines occasions, quelque chose au-dessus de la taxe, mais que cette rétribution excédante, qui étoit toujours volontaire, avoit pour fondement, ou le travail extraordinaire dont ils étoient chargés par les circonstances, ou la proportion de la distance des lieux, laquelle proportion n'avoit pas été exactement gardée lors dudit Réglement; & au surplus ils lui auroient observé qu'il ne leur étoit plus possible de piloter les navires sur le pied dudit Réglement, parce que depuis on a établi des fascines qui commencent à la sortie du havre, & vont jusques à la digue, ce qui forme un chenal qui rend cette sortie, ainsi que l'entrée, extrêmement dangereuse; qu'avant que les fascines fussent établies, en sortant un vaisseau du havre quoique souvent le vent fût contraire pour se rendre en la rade, on louvoyoit au dedans de la digue d'un bord à l'autre, & l'on gagnoit la rade; mais qu'à présent quelque bon que soit le vent on ne peut s'en servir qu'après être sorti des fascines, entre lesquelles il faut haller les vaisseaux par des touées entre les deux bords, à quoi l'on passe souvent plusieurs marées, ce qui allonge leur travail & le rend très-pénible par la crainte qu'ils ont de faire toucher les vaisseaux sur les fascines, où il ne s'en est déja que trop perdu; que d'ailleurs les fonds des entrées des rivieres & des rades ayant changé & le pilotage étant devenu plus difficile par les bancs de sable qui s'y forment tous les jours, il leur faut par conséquent employer plus de tems à piloter les vaisseaux qu'ils ne faisoient cy-devant, à quoi ils requeroient qu'il nous plût avoir égard. Sur lesquelles représentations, le Procureur du Roi leur ayant sauvé à se pourvoir, & cependant fait défenses d'excéder le taux dudit Réglement, ils nous ont présenté leur requête le 16 Juin dernier

dernier tendante à une augmentation proportionnée à leur travail, au tems qu'ils employent à chaque vaisseau qu'ils pilotent, & à la distance des lieux; qu'ayant ordonné que cette requête seroit communiquée à Mm. les directeur & sindics de la chambre du commerce, ils auroient donné leur avis en conséquence, par lequel ils reconnoissent qu'il y a véritablement lieu d'augmenter la taxe desdits pilotes sur tous les articles dudit Réglement, & qu'il convient de fixer leurs salaires pour les navires qu'ils pilotent dans les lieux qui n'y sont pas désignés, ensorte qu'étant nécessaire, par toutes ces considérations, de changer & d'étendre ledit Réglement il requéroit qu'il nous plût d'en faire un nouveau, dans lequel en gardant les proportions, la rétribution desdits pilotes côtiers fût établie de maniére à prévenir tous abus & tout sujet de plainte, avec défenses auxdits pilotes côtiers d'exiger & recevoir des sommes plus considérables que celles qui leurs seroient attribuées, sur peine de 50, liv. d'amende; & afin que tous ceux que ledit Réglement nouveau intéresseroit pussent en avoir connoissance, ordonner qu'à sa diligence il seroit imprimé, lû, publié & affiché à la maniére accoutumée.

Sur quoi, vû ladite requête, l'avis desdits Sieurs Directeur & Sindics de la Chambre du Commerce, & oüi ledit Procureur du Roi. Nous faisant droit sur le tout, avons fait le Réglement qui suit.

ARTICLE PREMIER.

Pour tous les vaisseaux qui seront pris dans le havre de cette Ville, soit françois ou étrangers, de quelque grandeur qu'ils soient, pour les conduire dans les endroits ci-après indiqués, il sera payé au pilote côtier les sommes suivantes, savoir;

Pour le dedans de la digue. . . . . . 6 liv.
Pour la rade de chef de-baye. . . . . 9 liv.
Pour la rade de la palice.. . . . . . 12 liv.
Pour les rades, de la Flote, St. Martin, l'Eguillon & l'Isle-daix. . . . . 15 liv.
Pour le port des barques, Loix & le Braud. . . . . 18 liv.
Pour Brouage, les couraux d'Oleron & la riviere de Seudre. . . . . . 24 liv.
Pour la Tremblade & Rochefort. . . 27 liv.
Pour Chailvette. . . . . 30 liv.
Pour Mornac. . . . . 33 liv.
Pour Bordeaux. . . . . 42 liv.

II. Il sera payé pareil droit auxdits pilotes qui prendront les vaisseaux dans les endroits ci-dessus indiqués pour les entrer dans le havre, & s'ils n'entrent les navires qu'au-dedans de la digue, sans les conduire dans le havre, il leur sera déduit la somme de 3 liv.

III. Si les navires sont pris en la rade de la Palice, ou de Chef-de-Baye, pour les conduire aux autres endroits indiqués par le premier article, il leur sera aussi diminué la somme de 3 liv. de la taxe portée audit article.

IV Si au contraire les pilotes prennent les navires en les rades de la Flotte, St. Martin, Fosse de Loyx ou l'Eguillon, pour aller dans les couraux d'Oleron, riviere de Seudre & de Rochefort, il leur sera payé 3 liv. d'augmentation.

V. Faisons défenses auxdits pilotes, de piloter, & conduire les vaisseaux qui se diront de relâche, pour quelque endroit qu'ils soient destinés, à moins que les capitaines desdits vaisseaux n'ayent fait leur déclaration de relâche à notre greffe, à peine de 50, liv. d'amende.

VI. Faisons pareillement défenses auxdits pilotes de prendre ni exiger des capitaines des vaisseaux ou des armateurs, autres ni plus grands droits que ceux ci-dessus, à peine aussi de 50, livres d'amende pour la premiere fois, & en cas de récidive, d'être déchus du pilotage; leur enjoignons au surplus de garder & observer les Ordonnances & Réglemens de la marine, sous les peines y contenues, & avons permis au Procureur du Roi, de faire imprimer, lire, publier & afficher le présent Réglement par-tout où besoin sera. Fait & donné par Nous, Louis Theodore Beraudin, Ecuyer, Conseiller du Roi, Lieutenant & Juge ordinaire, Civil & Criminel, Commissaire Enquêteur, Examinateur & Garde-Scel du Siége de l'Amirauté de cette Ville de la Rochelle, de l'avis de M. Pierre-Jean-Baptiste Griffon - Conseiller du Roi en ce Siége, le dix-huit Août 1745, *Signé a la minute*, Beraudin, Griffon, Valin Procureur du Roi, & Regnaud, Greffier.

ARTICLE XIII.

NE pourront les lamaneurs & mariniers exiger plus grandes sommes que celles portées au Réglement, sous peine de punition corporelle, si ce n'est en temps de tourmente & de péril évident; auquel cas leur sera fait taxe particuliere par les officiers de l'Amirauté, de l'avis de deux marchands, eu égard au travail qu'ils auront fait & au danger qu'ils auront couru.

CE n'étoit pas la peine que le Commentateur s'appliquât à définir la tourmente, & à en marquer la cause & les effets, en y opposant la bonace. Il convenoit mieux d'observer que s'il est défendu aux pilotes lamaneurs, & à tous autres dont les salaires sont taxés, de rien exiger au-delà de la taxe, puisque sans cela les Réglemens seroient inutiles; il ne leur est pas permis pour cela d'offrir de servir pour un moindre salaire, à cause que l'ordre seroit troublé par-là, que ce seroit rendre arbitraire le prix inférieur à la taxe, & qu'enfin ce seroit une source intarissable de discussions & de querelles entre ces mercenaires, qui par envie, pour se faire donner la préférence, affecteroient de s'offrir au rabais.

Aussi la police est-elle également attentive à mulcter d'amende ceux qui sont convaincus de cette sorte de prévarication, qu'à infliger la peine portée par cet article à ceux qui exigent quelque chose au-dessus de la taxe. Par cette raison, un capitaine ou maître de navire n'est pas recevable à faire preuve que le lamaneur est convenu avec lui à une somme au-dessous de la taxe. Ainsi jugé *& recté* par Sentence de l'Amirauté de Marseille du 12 Novembre 1748.

Il est pourtant des cas où il ne seroit pas juste de borner les lamaneurs absolument à la taxe; & notre article qui l'a pensé de la sorte, en fait l'exception pour le temps de tourmente & de péril évident. Exception qui a lieu, soit que le péril fût évident dès le temps que le pilote lamaneur est allé au secours du navire, soit que la tourmente ne soit venue que depuis.

En effet, quoique la taxe soit faite sans distinction des saisons ni des circonstances qui peuvent allonger ou accourcir le temps du pilotage, elle n'est jamais censée porter sur des cas extraordinaires, tels que ceux d'une tourmente & d'un péril manifeste. Il est donc naturel alors d'accorder au lamaneur une taxe particuliere & extraordinaire, eu égard à son travail aussi extraordinaire, & au danger qu'il a couru. Mais ce n'est pas à lui à fixer la rétribution qui lui est dûe; & si le maître n'en convient pas à l'amiable avec lui, après le péril passé, à cause de l'article suivant, c'est au Juge à la régler, de l'avis de gens experts, tels que sont des armateurs & des capitaines de navires.

Il est rare néanmoins de voir porter en Justice ces sortes de discussions; elles se terminent presque toutes extrajudiciairement par des conciliateurs.

ARTICLE XIV.

DEclarons nulles toutes promesses faites aux lamaneurs & autres mariniers, dans le danger du naufrage.

SAns qu'il soit besoin de lettres de rescision, comme le Commentateur l'a pensé mal-à-propos; attendu que la nullité est prononcée par l'Ordonnance.

Cette disposition au reste, qui est dans les vrais principes du droit, & qui se trouve dans l'art. 89 de l'Ordonnance de 1584, de même que dans l'art. 31, chap. 5 du Guidon de la mer, avoit aussi été adoptée par l'art. 4 des Jugemens d'Oleron, & justifiée par l'Auteur des notes n. 7, d'où notre Commentateur a tiré toutes les autorités dont il a fait parade sur le présent article.

Toutes ces promesses faites dans le danger d'un naufrage sont donc nulles; &, sans y avoir aucun égard, c'est au Juge à taxer le salaire du pilote lamaneur & de tous les autres qui ont donné du secours, eu égard à la nature & à la difficulté du travail. Ce qui amene aussi la considération des risques qu'il leur a fallu courir. *Vide infrà* l'art. 11, tit. 9 des naufrages.

Que le danger du naufrage se soit manifesté avant de demander du secours, ou qu'il ne se soit déclaré que depuis, c'est toute la même chose, puisqu'il s'agit toujours de promesses faites dans le danger, ou par la crainte du danger; & s'il étoit question de promesses exigées par le lamaneur, hors de tout danger, il seroit alors dans le cas de la contravention à l'art. précédent, relatif au 89 de l'Ordonnance de 1584.

ARTICLE XV.

ENjoignons aux lamaneurs de visiter journellement les rades des lieux où ils seront établis, de lever les ancres qui y auront été laissées, & d'en faire vingt-quatre heures après, leur déclaration au Greffe de l'Amirauté.

IL est enjoint au maître de quai, par l'art. 6 du tit. précédent, de visiter une fois le mois, & toutes les fois qu'il y aura eu tempête, les passages ordinaires des vaisseaux pour reconnoître si les fonds n'ont point changé.

Ici il y a injonction aux pilotes lamaneurs de visiter journellement leurs rades; ce qui ne doit rien leur coûter, puisque l'exercice continuel de leurs fonctions les met à portée de reconnoître s'il y a des changemens ou non dans les fonds.

A l'égard de l'injonction qui leur est aussi faite de lever les ancres qui auront été laissées dans les rades, il faut l'entendre de celles qui seront trouvées sans bouées, hoirins ou gaviteaux, & non de celles qui en auront, s'il ne leur est ordonné spécialement par les Officiers de l'Amirauté de les lever, relativement à ce qui sera observé à ce sujet sur l'art. 28 du tit. des naufrages ci-après.

Pour ce qui est de l'obligation qui leur est imposée de déclarer dans vingt-quatre heures, au Greffe de l'Amirauté, les ancres qu'ils auront levées, il n'y a rien en cela de particulier. Tout ce qui est trouvé en mer ou sur les côtes, est sujet tout de même à déclaration dans les vingt-quatre heures, sur peine de recelé. Art. 19 & 20 du même titre des naufrages.

ARTICLE XVI.

S'Ils reconnoissent quelques changemens dans les fonds & passages ordinaires des vaisseaux, & que les tonnes ou balises ne soient pas bien placées, ils seront tenus à peine de dix livres d'amende, d'en donner avis aux Officiers de l'Amirauté & au maître de quai.

TOut cela eſt à ſa place, & rien n'eſt plus juſte. Mais comment convaincre les pilotes lamaneurs d'avoir remarqué ces changemens, & que les tonnes & baliſes ne ſont pas bien placées, pour leur infliger la peine de l'amende dont il s'agit, faute par eux d'en avoir donné avis ? Après tout, on n'a point de reproche à leur faire à ce ſujet : auſſi ont-ils un intérêt perſonnel à avertir de ce qui peut rendre la navigation plus difficile & plus dangereuſe : ce qui, outre les choſes exprimées dans cet article, comprend encore le mauvais entretien des feux.

Il eſt tout naturel auſſi qu'ils en donnent avis aux Officiers de l'Amirauté & au maître de quai. A celui-ci, afin qu'il aille vérifier le fait ; & aux Officiers de l'Amirauté, afin que ſur ſon rapport ils prennent les précautions convenables aux circonſtances, ſur-tout pour le rétabliſſement des tonnes & baliſes, & pour l'entretien des feux, dernier objet ſi important pour la ſûreté de la navigation pendant la nuit.

ARTICLE XVII.

IL ſera libre aux maîtres & capitaines de navires françois & étrangers, de prendre tel lamaneur que bon leur ſemblera pour entrer dans les ports & havres ; ſans que pour en ſortir, ils puiſſent être contraints de ſe ſervir de ceux qui les auront fait entrer.

AU premier coup d'œil, cette liberté accordée à tout maître ou capitaine de navire françois & étranger, de choiſir entre les pilotes lamaneurs, & de prendre celui d'entre eux que bon lui ſemblera, ſans être obligé de ſe ſervir de celui qui eſt en tour de ſervice, paroît contraire au bon ordre, comme étant capable de fomenter des brigues entre les pilotes lamaneurs, pour ſe ménager reſpectivement la préférence, & de les entretenir dans des diviſions, des querelles & des haines interminables.

Cependant réflexion faite, ces inconvéniens doivent céder à la ſatisfaction qu'il eſt juſte de donner à un maître de navire, de choiſir un lamaneur en qui il a mis ſa confiance, ſoit pour l'avoir éprouvé, ſoit parce qu'il a une réputation établie.

Quoique tous les pilotes lamaneurs ſoient cenſés ſavoir leur métier, puiſqu'ils ont tous été reconnus capables lors de leur examen ; il en eſt néanmoins, comme dans tous les autres états, qui ne s'attirent aucune ſorte de conſidération. D'ailleurs dans ce métier-là il faut, outre la capacité requiſe, de la prudence, de la ſobriété, un caractère pacifique ; en un mot, ſavoir en bien uſer avec les maîtres de navires ; & l'on ne peut pas dire aſſurément que tous les lamaneurs ayent ces qualités.

Il eſt donc juſte au fond que les maîtres & capitaines puiſſent choiſir ceux qui leur conviennent le mieux ; & cette liberté de choix eſt peut-être le moyen le plus ſûr pour corriger ceux des lamaneurs que leurs défauts font laiſſer à l'écart. Il n'eſt pas nouveau, en effet, ni extraordinaire que l'intérêt agiſſe plus efficacement ſur le cœur des hommes, pour réprimer leurs paſſions, que la Religion, ou cette orgueilleuſe raiſon que nos Philoſophes modernes s'efforcent de lui ſubſtituer, avec une indécence qui met le comble à leur aveuglement.

De cette même liberté donnée aux maîtres & capitaines de navires, de choiſir pour entrer dans les ports & havres tel lamaneur qu'il leur plairoit, devoit s'ensuivre tout naturellement celle de ne pas se servir du même pilote pour en sortir; & c'est aussi ce que notre article décide expressément d'après le 90 de l'Ordonnance de 1584. De sorte que le seul changement de volonté de la part du maître ou patron, suffit sans qu'il soit obligé d'en dire les raisons. Tout est libre de son côté. Il peut se passer de pilote, s'il le juge à propos, soit pour entrer, soit pour sortir; & s'il en veut un, il prend celui qu'il lui plaît, sans que le choix qu'il en a fait pour l'entrée l'oblige de s'y tenir pour la sortie. Il en est autrement du pilote : exclus de préférer un maître à un autre, il faut qu'il serve celui qui le demande le premier.

Tout cela néanmoins s'entend, pourvu que le choix du maître n'ait pas pour motif une convention secrete, moyennant laquelle le salaire du pilote sera payé au-dessous de la taxe; & cela, par les raisons alléguées sur l'art. 13.

ARTICLE XVIII.

Les lamaneurs qui, par ignorance, auront fait échouer un bâtiment, seront condamnés au fouet, & privés pour jamais du pilotage; & à l'égard de celui qui aura malicieusement jetté un navire sur un banc ou rocher ou à la côte, il sera puni du dernier supplice, & son corps attaché à un mât planté près du lieu du naufrage.

L'Ignorance ne s'entend pas ici d'un défaut de capacité ou d'intelligence en général de la part du pilote lamaneur. En effet, on ne peut pas supposer qu'il ne sache pas son métier, puisqu'il n'a été reçu qu'après un long exercice dans la navigation sur les côtes de son département, & qu'après un examen sévere.

Ce terme *ignorance* ne doit donc être pris ici que dans une signification restreinte; c'est-à-dire, qu'il énonce simplement une faute, un défaut d'application des régles & de la pratique de l'art du pilotage, d'où s'est ensuivi l'échouement du navire.

Mais de maniére ou d'autre, le pilote qui cause un tel malheur est extrêmement coupable, qu'il ait agi par ignorance pure, ou par défaut d'attention, ou enfin par caprice ou entêtement. S'il n'est pas assez expert dans son art, c'est à lui à le quitter & à se retirer; sans quoi il trompe la foi publique. S'il se conduit étourdiement, méprisant le danger, en ne prenant pas les précautions convenables pour l'éviter, il abuse de la confiance qu'on a en lui. Enfin si, par obstination, il est sourd aux avis qu'on lui donne, il mésuse du pouvoir que son poste lui attribue; & ce sont-là autant de crimes qui méritent une punition exemplaire.

Les articles 23 & 24 des Jugemens d'Oleron tirés du chap. 247 du Consulat, sont remarquables sur cela, autant par leur sévérité que par la maniére dont ils permettent de l'exercer.

L'article 23 dit « si un locman prend une nef à mener à St. Malo ou autre lieu, « s'il manque, & ladite nef s'empire par sa faute qu'il ne sache conduire, & par « ce les marchands reçoivent dommage, il est tenu de rendre lesdits dommages, « & s'il n'a de quoi *doit avoir la tête coupée.*

L'article 24 ajoute « & si le maître ou un des mariniers, ou aucun des marchands

« lui coupe la tête, ils ne seront pas tenus de payer l'amendement : mais toute-fois « l'on doit savoir avant le faire, s'il a de quoi.

Cette singularité n'a été remarquée que pour faire connoître que de tout temps on a regardé comme un grand crime, la faute d'un pilote lamaneur qui par imprudence & par sa mauvaise manœuvre, fait périr ou échouer le navire dont la conduite lui est confiée.

La punition que notre article lui inflige, loin de paroître excessive, doit donc au contraire passer pour être trop douce eu égard à l'intérêt qu'a l'état d'avoir des pilotes lamaneurs bien versés dans leur art, & attentifs à assurer la navigation.

Cependant quoi qu'il ne se passe point d'année que quelques navires ne périssent par leur faute, on ne voit point qu'il en soit fait d'exemple ; & cela faute de dénonciation par une charité mal entendue.

Il ne se peut rien de plus contraire au bien public. Ce qui en résulte le voici. 1° les mal-adroits & les étourdis continuent leurs fonctions sans travailler à se corriger, & font périr d'autres navires. On assure qu'il en est un des côtes de Bretagne qui en a fait perdre jusqu'à trois.

2°. Le défaut de punition donnant une sorte d'assurance que les fautes ne seront point recherchées, peu de pilotes s'appliquent à se perfectionner dans leur art ; & ce qui est pire encore, ils négligent d'apporter l'attention requise à éviter les dangers, en multipliant & variant les manœuvres suivant les circonstances. Ils ne songent qu'à se rendre par la voie la plus courte, aux risques de ce qui pourra en arriver, pour être en état de piloter quelque autre navire.

3°. Enfin le peu de sûreté que par-là l'on croit trouver à prendre des pilotes, fait qu'un grand nombre de capitaines, maîtres ou patrons s'en passent : ce qui ne sert qu'à augmenter les accidens maritimes. Mais quand cette méthode ne feroit que rendre le service des lamaneurs plus rare, eux qui ont besoin d'un exercice continuel pour acquérir plus d'expérience, ce seroit toujours un grand mal ; sans compter que l'ardeur à s'engager dans un métier diminue à mesure que les aspirans s'apperçoivent qu'il ne peut plus fournir une honnête subsistance.

Toutes ces considérations devroient donc faire souhaiter que l'on punît réguliérement tout pilote lamaneur, à qui l'on seroit fondé à reprocher d'avoir causé par sa faute la perte ou l'échouement de quelque navire.

A l'égard de celui qui malicieusement aura jetté un navire sur un banc ou rocher, ou à la côte, notre article veut qu'il soit puni du dernier supplice, & que son corps soit attaché à un mât planté près le lieu du naufrage, » en mémoire perpétuelle, dit » l'art. 25 des Jugemens d'Oleron, & pour faire balise aux autres qui viendront là.

La même peine de mort est prononcée pour pareil cas contre le capitaine, par l'art. 36, tit. premier du liv. 2 ci-dessus, par l'art. 7 du tit. 4 contre le pilote, & par l'art. 44 & 45 du tit. des naufrages ci-après, tant contre les Seigneurs des Fiefs voisins de la mer, & tous autres qui auront forcé les pilotes & locmans de faire échouer les navires aux côtes qui joignent leurs terres, que contre ceux qui allumeront la nuit des feux trompeurs sur les gréves de la mer, & dans les lieux périlleux, pour y attirer & faire perdre les navires ; *ubi vide notata.*

Au reste le pilote lamaneur sera jugé avoir malicieusement fait échouer ou périr le navire, s'il a été averti du danger par le capitaine & l'équipage du navire, & si au lieu en ce cas d'avoir fait la manœuvre convenable, ou celle qui lui aura été indiquée, il a suivi son caprice & son entêtement. Il en sera de même, si l'écueil sur lequel le navire aura été jetté étoit un écueil notoirement connu, & s'il n'a pas fait la manœuvre requise pour l'éviter. En un mot, c'est par les circonstances qu'il faudra se décider pour la faute simple ou pour la malice.

Il est tel cas où l'échouement devient indispensable, pour éviter une perte totale & un naufrage absolu : mais le pilote lamaneur ne doit jamais s'y déterminer de son chef. Il faut qu'il le propose au capitaine & à l'équipage, par voie de conseil simplement, & qu'il attende sur cela leur résolution pour s'y conformer; sans quoi il se rend responsable de l'évenement, & coupable nécessairement d'une faute capitale.

On comprend par-là que le pilote côtier étant à bord, est le chef & le conducteur du navire; que c'est à lui à diriger la route, & à faire exécuter toute la manœuvre : de maniére que le capitaine n'en a plus la direction. Et c'est pour cela que l'art. 11 lui enjoint de déclarer au lamaneur combien son navire tire d'eau, à peine de vingt-cinq livres d'amende pour chaque pied recelé.

Ce n'est pas qu'il n'ait le droit de donner ses avis au pilote, & de lui faire les remontrances qu'il jugera à propos; mais après cela il doit le laisser faire, si évidemment il ne manœuvre mal, & que son équipage en juge comme lui; sans quoi il est sujet à réprimande & à punition, en s'exposant d'ailleurs aux dommages & intérêts qui en pourroient résulter.

Que serviroit en effet qu'il y eût des pilotes lamaneurs, si la conduite des navires ne leur appartenoit pas spécialement, & s'ils n'étoient-là que pour donner simplement des conseils? On peut se passer d'eux, à la vérité; mais quand on s'est déterminé à en prendre, il faut les laisser dans toute la liberté de leurs fonctions, si encore une fois il n'est évident au capitaine & aux principaux de l'équipage qu'il opére mal.

Le Commentateur a encore emprunté de Cleirac tout ce qu'il dit assez inutilement sur cet article comme sur quantité d'autres, & toujours sans en avertir.

TITRE IV.

DU LESTAGE ET DELESTAGE.

On sent de quelle conséquence il est que le lest soit jetté dans des endroits où il ne puisse encombrer les rades, les ports & les entrées des riviéres.

C'est pour cela que dans tous les temps il y a eu des endroits marqués pour y déposer le lest; mais aussi dans tous les temps les capitaines ou maîtres de navires, pour épargner la dépense que cause la décharge du lest, ont conservé la criminelle habitude de jetter leur lest, en tout ou en partie, en arrivant dans les ports & rades.

En vain, par l'art. 458 de l'Ordonnance de 1629, leur avoit-il été fait défenses d'en user de la sorte, à peine de confiscation de leurs navires & de leur chargement: en vain, par Lettres patentes du 9 Janvier 1640, & par un Réglement conforme de M. le Duc de Vendôme du premier Octobre 1660, avoit-il été prononcé des peines extrêmement séveres contre ceux d'entre eux qui manqueroient d'observer les régles prescrites pour le lestage & délestage: en vain encore, par Arrêt du Conseil du 24 Janvier 1665, avoit-il été pris de nouvelles précautions à ce sujet; le désordre étoit venu à tel point, suivant l'énoncé de l'Arrêt du Conseil du 29 Mars 1670, » que les grands vaisseaux qui abordoient auparavant avec facilité les ports & havres, » n'y pouvoient plus entrer, au préjudice du service de Sa Majesté & du commerce » général du Royaume.

A quoi le Roi, jugeant qu'il étoit nécessaire de pourvoir, ordonna que toutes concessions faites à des particuliers ou communautés, pour raison des fonctions de délesteur, & des droits de délestage, sous quelque prétexte & en quelque maniére que ce pût être, seroient & demeureroient révoquées & annullées, avec défenses à toutes personnes de s'immiscer au fait dudit délestage ou lestage de toutes sortes de vaisseaux françois ou étrangers; à la réserve de ceux qui seroient commis & pourvus par lettres de Sa Majesté.

Par le même Arrêt du Conseil, il fut réglé en dix articles de quelle maniére il seroit procédé au lestage & délestage des navires; & l'exécution en fut ordonnée sous des peines, non-seulement pécuniaires, mais même corporelles; avec attribution de Jurisdiction aux Commissaires départis dans les provinces pour les ports ordinaires, & aux Intendans de Marine pour les ports de Sa Majesté.

Cependant plusieurs des dispositions de ces articles sont demeurées sans effet, comme ayant été tacitement révoquées, tant par la présente Ordonnance, que par celle de 1689, qui n'en ont conservé qu'une partie; & sur lesquelles seules, comme étant les derniéres loix faites sur ce sujet, il faut maintenant se régler, soit pour la nature des peines, soit pour la Jurisdiction, qui par-là a été rendue aux Officiers de l'Amirauté comme auparavant; à l'exception des ports royaux, où les Intendans de la Marine continuent de connoître du lestage & délestage, relativement à ladite Ordonnance de de 1689, art. premier, tit. 3 du liv. 11, confirmative en cette partie dudit Réglement de 1670, & de celui du 6 Octobre 1674, tit. 12.

Il n'est donc plus question de délesteurs avec commission ou provisions du Roi, en conséquence dudit Arrêt du Conseil du 29 Mars 1670; puisque M. l'Amiral a été rétabli dans son ancien droit à cet égard, par l'art. 4, titre premier du livre premier ci-dessus, relativement aux précédens Arrêts du Conseil des 14 Octobre 1650, & 6 Septembre 1661; c'est-à-dire, dans le droit de commettre les délesteurs, de même que les sujets propres à remplir les autres fonctions relatives à la navigation, au commerce maritime, & à la police des ports & havres: droit dont il a toujours usé depuis sans aucune interruption.

ARTICLE PREMIER.

TOus capitaines ou maîtres de navires venant de la mer, seront tenus en faisant leur rapport aux Officiers de l'Amirauté, de déclarer la quantité de lest qu'ils auront dans leur bord, à peine de vingt livres d'amende.

CE que cet article prescrit aux capitaines ou maîtres de navires, les Lettres patentes du 9 Janvier 1640, & le Réglement de M. le Duc de Vendôme du premier Octobre 1660, le leur avoient déja ordonné, & sous des peines tout autrement rigoureuses.

L'objet de cette déclaration, qui doit être faite dans les vingt-quatre heures de l'arrivée, suivant l'Ordonnance de l'Amirauté de la Rochelle du 10 Juin 1749; Ordonnance fondée sur ce que cette déclaration doit accompagner le rapport au Greffe, que tout maître est obligé aussi de faire dans les 24 heures, *suprà* art. 4, tit. 10 du liv. premier; l'objet, dis-je, de cette déclaration est non-seulement de pourvoir au délestage dès qu'il en sera question; mais encore & principalement de vérifier, par la visite du navire, si le maître a accusé juste, s'il a bien à son bord la quantité de lest par lui déclarée, & si, eu égard au port de son bâtiment, il ne devoit point avoir une plus grande quantité de lest: parce que, dans tous ces cas, il seroit en contravention, & réputé avoir jetté frauduleusement une partie de son lest en arrivant dans les rades; ce qui l'exposeroit aux peines portées par l'art. 6 ci-après.

Dans les ports de la Marine du Roi, c'est au capitaine de port que la déclaration doit être faite, sous peine de pareille amende; art. 2 de l'Ord. de 1689, déjà citée, liv 11 tit. 3. Le délai n'y est pas fixé, surquoi il faut prendre pour régle la présente Ordonnance, qui veut que tout rapport soit fait dans les 24 heures de l'arrivée, comme il vient d'être observé.

A Bordeaux, c'est aux Jurats qu'appartient le droit de veiller au lestage & délestage des navires. V. l'art. 6 tit. 2 du liv. 1er. *suprà.*

A Nantes les droits de lestage & délestage appartiennent à l'Hôpital général, par adjudication du Commissaire du Roi, en date du 28 Octobre 1693, confirmée par Arrêt du Conseil du 20 Décembre 1694. Le tarif des droits fut ensuite réglé le 7 Juillet 1695.

Le premier Réglement qui paroisse avoir été fait sur les droits de lestage & délestage, est celui de M. de la Thuillerie, Intendant de la Rochelle, en date du 22 Septembre 1631. Les droits y sont fixés à 15 sols pour les navires du port de 30 tonneaux & au-dessous; à 30 sols pour ceux depuis 30 tonneaux jusqu'à 60; à 48 sols, pour ceux de 60 à 100 tonneaux, & à 3 liv. pour tous autres navires de 100 tonneaux & au-dessus indistinctement.

Ce Réglement fait d'abord pour la seule Amirauté de la Rochelle fut approuvé & ratifié par M. le Cardinal de Richelieu le 12 Avril 1632; & ensuite M. le Duc de Vendôme en fit un Réglement général par son Ord. du 1er. Octobre 1660. Mais cela n'exclud pas les usages contraires autorisés par des Réglemens particuliers, tels que sont celui de Nantes du 7 Juillet 1695. & celui de Marennes du 31 Juillet 1700.

On conçoit en effet, que les droits doivent être plus ou moins forts, suivant le plus ou le moins de difficultés qui se rencontrent pour le lestage & délestage. Il est pourtant vrai que comme la différence ne doit influer que sur le salaire des ouvriers employés à ces sortes d'opérations, elle ne se fait aussi remarquer que dans les endroits, où, avec les droits sont confondus les salaires de ces ouvriers; de maniére que les maîtres de navires n'ont rien de plus à payer à ce sujet; au lieu que dans les ports où les salaires ne sont pas mêlés avec les droits dûs pour la permission de lester ou délester, aux visiteurs commis pour veiller à ce que ces opérations se fassent conformément aux régles, les maîtres de navires sont obligés de payer à part, les salaires dûs aux maîtres des gabarres ou autres bâtimens qui y sont employés; au moyen de quoi tout paroit revenir au même.

ARTICLE II.

LEs Sindics & Echevins des Villes & communautés seront tenus de désigner, & même de fournir si besoin est, les lieux ou emplacemens nécessaires & suffisans pour recevoir le lest, *en sorte qu'il ne puisse être emporté par la mer.*

S'Il étoit quelque port, où il n'y eût pas des emplacemens publics propres à y déposer commodément le lest des vaisseaux, il faudroit bien, aux termes de cet article, que les Maires & Echevins de la Ville, en fournissent à leurs frais; à l'effet de quoi ils seroient tenus de faire l'acquisition de ceux qui seroient choisis pour ce sujet, sans égard à la désignation qu'ils pourroient faire d'autres emplacemens, quoique ce même article semble leur laisser la liberté du choix par ce môt *désigner*. Mais il ne faut l'entendre que dans le sens, que la désignation des lieux sera de nature à être acceptée; car c'est précisément aux Officiers de l'Amirauté à fixer les endroits du lestage & du délestage. Aussi ceux de l'Amirauté de la Rochelle ont-ils toujours usé de ce droit, comme il résulte de plusieurs de leurs Ordonnances, entre autres de celles des 4 Avril 1702, 19 Juin 1725 & 10 Juin 1749.

Après tout, cela avoit déja été ainsi réglé par les Lettres patentes du 9 Janvier 1640, par le Réglement de M. de Vendôme du premier Octobre 1660, & par celui de M. de Beaufort du 28 Mai 1669. On conçoit bien néanmoins que les Officiers de l'Amirauté ne font jamais ces indications de leur seule autorité, & qu'ils ne font en cela que se conformer à l'avis des principaux armateurs, capitaines & pilotes du port. Ils ne le feroient pas non plus sans consulter les Maire & Echevins, s'il étoit question de la part de ceux-ci de fournir les emplacemens; puisqu'étant alors parties intéressées, il y auroit nécessité d'entendre leurs raisons. Du moins cela me paroit tout naturel, quoique en cette partie, dans les ports de commerce, les Officiers de l'Amirauté ayent le même droit que les Intendans de Marine dans les ports royaux, & que l'art. 4 de l'Ordonnance de 1689 donne tout pouvoir aux Intendans de Marine de régler & fixer les lieux où le lest doit être déposé, & de contraindre les villes & communautés d'en fournir au besoin.

Sur ces mots, *en sorte qu'il ne puisse être emporté par la mer*, le Commentateur a raison d'ajouter, » & qu'on puisse le trouver quand on en aura besoin pour lester les » navires. « Par où il fait entendre qu'il n'est pas permis aux maîtres de navires de prendre du lest où ils le jugent à propos; & en effet, s'il n'y avoit pas des endroits désignés pour cela, aussi-bien que pour le délestage, on pourroit en dégarnissant trop la côte en certains lieux, ouvrir un passage à la mer, & lui donner le moyen de se répandre sur les terres voisines, où elle causeroit des dommages considérables aux propriétaires de ces terres.

C'est par le même motif qu'il est défendu à quiconque, non-seulement de rompre la banche où la mer vient se briser, mais encore d'enlever les pierres, grisons ou cailloux qui bordent le rivage, sous quelque prétexte que ce soit, sans une permission des Officiers de l'Amirauté. A la vérité, ils la refusent rarement; mais aussi ils ne l'accordent jamais qu'après avoir fait visiter les endroits où l'on demande à prendre de la pierre, & qu'après avoir reconnu que cela peut se faire sans inconvénient.

M. Begon, Intendant de la Généralité de la Rochelle, rendit à ce sujet le 7 Août 1704 une Ordonnance portant défenses d'enlever les pierres du rivage de la mer (avec une certaine restriction toutefois), à peine de dix livres d'amende, applicable moitié à l'Hôpital des Orphelines de Rochefort, & l'autre moitié au dénonciateur. L'Ordonnance étoit juste au fond, à l'application près de l'amende; mais ce n'en étoit pas moins une entreprise sur la Jurisdiction de l'Amirauté : aussi n'en a-t-il jamais été fait usage.

ORDONNANCE DE L'AMIRAUTÉ DE LA ROCHELLE.

Pour le lestage & délestage.

Du 10 Juin 1749.

DE PAR LE ROI.

LOUIS-JEAN-MARIE DE BOURBON, Duc de Penthiévre, de Château-Villain & de Ramboüillet, Gouverneur & Lieutenant-Général de la Province de Bretagne, Pair & Amiral de France; à tous ceux qui ces présentes lettres verront Salut; savoir faisons que : Sur la remontrance à Nous faite par le Procureur du Roi, que dans tous les tems il a été rendu nombre d'Ordonnances, Arrêts & Réglemens sur le fait du lestage & délestage des vaisseaux, & entr'autres une déclaration du Roi du 9 Janvier 1640, qui régle de quelle maniére il se doit faire, & ordonne que ceux qui y contreviendront soient condamnés en deux mille livres d'amende, & cela pour empêcher que les capitaines des vaisseaux, tant françois qu'étrangers ne jettent leur lest dans les rades, ports & riviéres où ils abordent; ce qui est de la derniere conséquence pour la navigation; que quoiqu'on ait tenu la main à l'exécution de cette Ordonnance, par celles qui ont été rendues depuis, & notamment par celle de 1681, & par celles rendues en ce Siége sur différentes contraventions, & qu'il semble que la maniére avec laquelle se doit faire le lestage & délestage, ne doit plus être révoquée en doute; néanmoins il est informé qu'il se commet encore journellement un abus sur le délestage qui se fait en ce port des vaisseaux qui y arrivent, & qui ont leur lest de sable, en ce que plusieurs particuliers de cette Ville qui ont des tombereaux, en donnant quelque piéce d'argent à l'équipage pour en faire la décharge, l'enlevent sans la participation du maître des quais à qui seul appartient de faire observer les précautions qu'il faut prendre pour cette décharge, & d'indiquer les endroits où il le faut porter, & par-là privent le public de l'utilité qu'il pourroit trouver dans la distribution de ce sable, s'il passoit par les mains du maître des quais. A CES CAUSES, requéroit le Procureur du Roi qu'il nous plût y pourvoir.

Sur quoi faisant droit de sa remontrance, Nous avons ordonné que les Ordonnances & Réglemens rendus sur le fait du lestage & délestage, seront exécutés selon leur forme & teneur, & en conséquence avons enjoint à tous maîtres de bâtimens tant françois qu'étrangers, qui arriveront en ces rades & dans le port, de faire dans les 24 heures de leur arrivée leur Déclaration à notre greffe, & à ceux qui auront du lest d'en déclarer l'espece & la quantité: leur faisons défenses de délester ou lester, qu'ils n'en ayent obtenu la permission du Receveur de M. l'Amiral, & payé ses droits, conformément au Réglement fait par M. de la Thuillerie Intendant, le 22, Septembre 1631, confirmé par M. le Cardinal de Richelieu le 12, Août 1632: lequel lestage & délestage ils ne pourront faire qu'en présence du maître des quais ou des personnes par lui préposées pour le voir faire, qui leur indiquera l'endroit où il faut prendre le lest dont ils auront besoin, & celui où il faudra porter celui qu'ils déchargeront; le tout à peine de 100. liv. d'amende pour chaque contravention. Faisons aussi défenses sous les mêmes peines à toutes personnes de s'ingérer de faire décharger & enlever le lest des vaisseaux, à l'effet de quoi avons ordonné que ceux qui auront besoin de lest, soit de pierres ou de sable, s'adresseront au maître des quais qui leur en fera délivrer; & afin que personne n'ignore notre présente Ordonnance, ordonné qu'elle sera imprimée, lûe, publiée & affichée par-tout où besoin sera. Fait & donné par Nous Louis-Théodore BERAUDIN, Ecuyer, Conseiller du Roi, Lieutenant & Juge Ordinaire, Civil & Criminel, Commissaire Enquêteur, Examinateur & Garde-Scel du Siége de l'Amirauté de la Rochelle; le 10, Juin 1749. *Signé* BERAUDIN. VALIN, Procureur du Roi, & REGNAUD Greffier.

ARTICLE III.

APrès le délestage des bâtimens, les maîtres de bateaux ou gabares qui y auront été employés, seront tenus, à peine de trois livres d'amende, de faire leur déclaration aux Officiers de l'Amirauté, de la quantité de tonneaux qui en auront été tirés.

ON trouve la même disposition *in terminis* dans l'art. 5 de l'Ordonnance de 1689; à cela près qu'au lieu des Officiers de l'Amirauté, il est dit que la déclaration sera faite *au capitaine de port.*

Cette déclaration au reste est exigée, pour la comparer avec celle du maître ou capitaine du navire, & pour reconnoître par-là s'il avoit bien la quantité de lest par lui déclarée.

Il est inutile peut-être d'avertir que toutes les déclarations qui se font à l'Amirauté, sont accompagnées du serment de ceux qui les font: mais, ce que l'on pourroit ignorer, c'est que nul maître de bateau ou gabarre ne peut travailler au lestage ou au délestage, sans une permission par écrit du maître de quai, ou de la personne commise à cet effet par M. l'Amiral (à la Rochelle c'est le Receveur de M. l'Amiral), qui signe & délivre ces permissions, & qui perçoit les droits de lestage & délestage, qui au surplus doit être fait en présence du commis, ou à défaut de commis en présence du maître de quai. Ordonnance de l'Amirauté de la Rochelle du 10 Juin 1749. Il est dû à cette occasion au commis ou au maître de quai, dix sols par navire pour toute rétribution à cet égard, de quelque grandeur ou capacité que soit le bâtiment.

ARTICLE IV.

TOus bâtimens embarquant ou déchargeant du lest, auront une voile qui tiendra aux bords, tant du vaisseau que de la gabarre, à peine de cinquante livres d'amende solidaire contre les maîtres des navires & gabarres.

C'Est pareillement la disposition de l'art. 6 de l'Ordonnance de 1689, & de l'art. 10 du Réglement de Dunkerque, en date du 23 Décembre 1690.

Sans la précaution en effet d'avoir une voile ou *prélat* qui tienne aux bords, tant du vaisseau à lester ou à délester, qu'au bateau ou à la gabarre, il seroit de toute impossibilité qu'il ne tombât pas une partie du lest dans l'eau; ce qui est précisément l'inconvénient à éviter. La même précaution avoit aussi été indiquée par l'Arrêt du Conseil du 29 Mars 1670 art. 3; & l'amende pour la contravention étoit de 1500 l. Ici elle n'est que de 50 livres; mais elle est payable solidairement par le maître du navire & par celui de la gabarre, parce que la contravention leur est commune, & qu'en matiére de délit, la peine pécuniaire doit réguliérement être supportée solidairement par les coupables, sauf le recours de l'un contre l'autre pour le remboursement de sa portion, ou pour l'y faire contribuer.

En tout ceci au reste il n'y a point de distinction à faire entre les maîtres ou capitaines françois & les étrangers, pour dire que ceux-ci seroient en quelque sorte excusables d'ignorer nos loix & nos usages; ou du moins qu'ils devroient avoir leur recours & garantie contre les maîtres des bateaux ou gabarres : car, outre qu'en cette partie nos loix n'ont rien de particulier & qui ne soit observé ailleurs, ce qui exclut par conséquent toute excuse d'ignorance; c'est qu'en matiére de délit on n'admet point de garantie.

ARTICLE V.

TOus mariniers pourront être employés au lestage & délestage des vaisseaux, avec les gens de l'équipage.

CEla veut dire qu'il n'y a point de gens préposés en titre ou par commission, dont il y ait nécessité de se servir pour travailler au lestage & délestage, comme il y en a pour le pilotage; & qu'ainsi il est libre aux maîtres de navires de prendre pour les lester & délester tels maîtres de bateaux ou gabarres qu'ils jugeront à propos; & de même de choisir entre les mariniers ceux qu'ils voudront pour aider les gens de leur équipage dans le travail, avec pleine faculté de s'en passer si l'équipage suffit pour l'opération.

Il étoit d'autant plus juste de leur laisser cette liberté, qu'en leur donnant par-là le moyen d'épargner les frais, il n'en peut résulter aucun inconvénient, ce travail au fond n'exigeant point d'expérience, & se faisant d'ailleurs sous les yeux du commis au lestage & délestage.

ARTICLE VI.

FAisons défenses à tous capitaines & maîtres de navires de jetter leur lest dans les ports, canaux, bassins & rades, à peine de 500 l. d'amende pour la premiere fois, & de saisie & confiscation de leurs bâtimens, en cas de récidive; & aux délesteurs de le porter ailleurs que dans les lieux à ce destinés, à peine de punition corporelle.

L'Ordonnance de la Hanse Teutonique dit seulement, art. 38, » le lest sera porté » & jetté sur les lieux destinés, & en cas de contravention seront les réfrac» taires punis par les Magistrats des villes. «

D'un autre côté, par les Lettres patentes du 9 Janvier 1640, & par le Réglement de M. de Vendôme du premier Octobre 1660, il y avoit pour la premiere fois amende de 2000 liv., confiscation du navire pour la seconde fois, & peine corporelle pour la troisiéme.

L'Arrêt du Conseil du 29 Mars 1670, avoit déja modéré l'amende à 1500 liv.; & enfin elle a été réduite par cet article à 500 liv. : ce qui a été confirmé par l'art. 7 de l'Ordonnance de 1689.

Cette derniere Ordonnance prononce tout de même la confiscation des navires, en cas de récidive; & du reste, la punition corporelle ne regarde non plus que les délesteurs qui porteront le lest ailleurs que dans les lieux à ce destinés. Aussi n'y a-t-il qu'eux que l'on puisse rendre naturellement responsables de cette prévarication, à moins qu'il n'y eût preuve de connivence & de collusion entr'eux & les maîtres de navires, qui à cette occasion seroient convenus d'un salaire moindre que celui qu'on a accoutumé de payer pour porter le lest dans les endroits indiqués : auquel cas, ces maîtres de navires étant réellement complices du délit, seroient par conséquent sujets tout de même à punition corporelle.

Du reste on ne sauroit tenir trop sévérement la main à l'exécution d'une police aussi salutaire, & à la punition des prévaricateurs.

ARTICLE VII.

FAisons aussi défenses, *sous pareilles peines*, aux capitaines & maîtres de navires de délester leurs bâtimens, & aux maîtres & patrons de gabarres ou bateaux lesteurs, de travailler au lestage ou délestage d'aucuns vaisseaux pendant la nuit.

MÊme décision absolument dans l'art. 8 de l'Ordonnance de 1689. Par l'Arrêt du Conseil du 29 Mars 1670, il y avoit 1500 liv. d'amende, sans parler de peine corporelle.

Ces mots, *sous pareilles peines*, s'entendent distributivement; c'est-à-dire, de l'amende pour la premiere fois, & de la confiscation en cas de récidive, contre les maîtres ou capitaines de navires ; & indistinctement de la punition corporelle à l'égard des lesteurs & délesteurs qui auront ainsi prévariqué ; sans préjudice de l'amende néanmoins : car toutes les fois qu'à l'occasion d'un délit commis par deux personnes, il y a amende prononcée contre l'une, & punition corporelle contre l'autre, la peine corporelle de celle-ci emporte nécessairement en même temps pareille amende.

La raison pour laquelle le lestage & le délestage sont défendus *pendant la nuit*, n'est pas précisément la crainte que dans l'obscurité ceux qui y travailleroient ne se méprissent, & ne laissassent tomber du lest dans l'eau par mégarde. Il faudroit avoir bien de la bonne foi pour s'imaginer comme le Commentateur, qu'il n'y auroit pas d'autre sujet de crainte. C'est bien plutôt que ces gens-là n'ayant point de témoins de leur travail, ne manqueroient pas pour l'abréger, de jetter autant de lest qu'ils le pourroient ; & qu'ensuite, à défaut de preuve contre eux, ils en seroient quittes pour dire qu'ils auroient observé les régles.

Il est donc de la derniére importance que ces opérations se fassent en plein jour, & que le public en puisse être témoin, pour contenir ceux qui seroient d'humeur de prévariquer.

ARTICLE VIII.

ENjoignons au maître de quai de tenir la main à ce que le lestage ou délestage des vaisseaux soit fait conformément à la présente Ordonnance, à peine d'en répondre en son nom & d'amende arbitraire.

UNe des fonctions du maître de quai est donc de veiller à ce que le lestage & délestage des navires soit fait en conformité des régles prescrites à ce sujet. L'article 5 du titre qui le concerne y conduisoit déja tout naturellement. Ses autres fonctions sont marquées, tant dans les autres articles du même titre, que dans plusieurs autres du titre des ports & havres.

Cependant ce soin, par rapport au lestage & délestage, ne le regarde, sous les peines portées par cet article, qu'autant que M. l'Amiral n'a pas commis quelqu'autre pour y veiller, comme il en a le droit, & qu'il en a usé en plusieurs occasions. En effet, ce n'est plus son affaire si la commission en a été donnée à un autre ; & c'est celui-là seul qui, chargé de veiller à ce qu'il ne se commette pas de contraventions dans ce genre, en doit répondre aussi seul, & supporter l'amende que mérite sa négligence.

Mais quoique le soin de veiller au lestage & délestage, ait été détaché de sa commission, le maître de quai n'en est pas moins en droit, par l'inspection générale que lui donne son emploi sur la police du havre, du port & de la rade, de se plaindre des contraventions qui viennent à sa connoissance, & de dénoncer les contrevenans au Procureur du Roi de l'Amirauté, pour qu'il leur fasse infliger les peines qu'ils méritent.

Du reste, dans le cas même où il demeure chargé de veiller au lestage & délestage, par le titre de sa commission, il n'a pas naturellement d'autre voie à prendre pour la punition des réfractaires aux régles ; attendu, comme le remarque fort bien le Commentateur, qu'il n'a pas le droit de ſtatuer ni de prononcer aucune condamnation, en quelque cas que ce ſoit. Il ne peut que dreſſer des procès-verbaux des contraventions, & enſuite ſe pourvoir par une demande en Juſtice, s'il le juge à propos, en requérant la jonction du Procureur du Roi. Mais le plus court & le plus régulier eſt qu'il s'en tienne à la dénonciation, la pourſuite des contraventions à la police & au bon ordre appartenant eſſentiellement au miniſtére public.

A Bordeaux ce ſont les Jurats qui ſont maîtres de quai, & qui en cette qualité ſont chargés du ſoin de veiller au leſtage & déleſtage des vaiſſeaux; l'Amirauté n'y a aucune inſpection, ni aucun droit de Juriſdiction à ce ſujet. V. *ſupra* art. 6 tit 2 du liv. premier.

Par Edit du mois Janvier 1692, il fût créé dans ladite Amirauté de Bordeaux, trois offices de viſiteurs leſteurs & déleſteurs; dans celle de Bayonne, deux, dans celle de Brouage, aujourd'hui Marennes, un, & un auſſi dans le nouveau Siége d'Amirauté érigé à Libourne par le même Edit. Mais par celui du mois de Mai 1711, ces offices & quantité d'autres créés par Edit du mois d'Avril 1691, ont été éteints & ſupprimés, excepté ceux qui avoient été levés, & auxquels il avoit été pourvu ſur la nomination de M. l'Amiral.

Au ſurplus, il eſt une ſorte de leſt utile au public, & dont, par cette raiſon, on n'exige pas au port de la Rochelle que les maîtres des navires faſſent le dépôt dans les endroits déſignés pour recevoir le leſt ordinaire. Ce leſt eſt celui qui conſiſte en pierres ou ſable propres à bâtir, ou en gravier bon pour ſabler des allées. Il eſt donc permis de décharger cette ſorte de leſt ſur les quais, pour être diſtribué aux perſonnes qui peuvent en avoir beſoin. Mais comme il ne doit pas embarraſſer les quais, & que d'ailleurs il convient de veiller à ſa décharge, pour empêcher qu'il n'en tombe dans le havre, l'opération ne doit ſe faire qu'avec la permiſſion & ſous les yeux du maître des quais; & c'eſt à lui que doivent s'adreſſer les perſonnes qui en ont beſoin, en lui payant une rétribution que l'uſage a fixé à dix ſols par tomberée. Ordonnance de l'Amirauté de la Rochelle du 10 Juin 1749, rapportée art. 2 ci-deſſus.

TITRE

TITRE V.

DES CAPITAINES GARDES-COSTES.

LES capitaines & autres officiers gardes-côtes dont il est parlé ici, sont ceux qui sont connus aujourd'hui sous le titre de capitaines généraux, majors, & aides-majors ou lieutenans gardes-côtes, & qui forment l'état-major de chaque capitainerie.

Ce n'est pas que dès le temps même de notre Ordonnance, il n'y eût comme à présent d'autres officiers dans les capitaineries gardes-côtes, quoique la garde-côte fût resserrée alors dans les bornes d'une demi-lieue; au lieu qu'elle a été étendue depuis jusqu'à deux lieues : mais ils n'étoient pas reconnus, pas plus qu'à présent, pour officiers gardes-côtes commandans; cette dénomination n'ayant jamais appartenu qu'aux premiers que l'on vient de désigner, & encore les aides-majors n'ont-ils plus aujourd'hui droit de commander dans leurs capitaineries.

Anciennement ces capitaines & autres officiers gardes-côtes étoient à la nomination & provision de l'Amiral, & ce droit lui fut confirmé par l'art. 8 de l'Ordonnance de 1584; de manière que ceux qui avoient été pourvus par le Roi, ses Gouverneurs ou Lieutenans Généraux dans les Provinces, furent assujettis à prendre l'attache de l'Amiral dans trois mois, faute de quoi, il lui fut permis d'en nommer d'autres à leur place.

Cet ordre subsista jusqu'à l'Edit de rétablissement de la Charge d'Amiral en 1669, que le Roi se réserva expressément la nomination de ces officiers gardes-côtes, aussi-bien que de tous les autres officiers de Marine; ce qui ayant été confirmé par l'art. 14 du titre de l'Amiral ci-dessus, n'a jamais varié depuis : à cela près que, par l'art. 2, tit. premier du Réglement du 28 Janvier 1716, il a été ordonné que ces officiers prendroient l'attache de l'Amiral, sur les commissions que le Roi leur accorderoit à l'avenir : disposition renouvellée par la dernière Ordonnance concernant le service des milices gardes-côtes, du 5 Juin 1757, art. 10 & 11.

ARTICLE PREMIER.

LEs capitaines gardes-côtes, leurs lieutenans & enseignes, prêteront serment devant l'Amiral ou ses Lieutenans aux Siéges dans le détroit desquels ils seront établis, & y feront enregistrer leurs lettres.

CE qui a toujours été observé sans variation, aussi-bien avant cette Ordonnance que depuis, nonobstant que les commissions d'officiers gardes-côtes, eussent [illegible]gées en titre d'office, par les Edits de Février 1705, Juillet 1707, Septembre

1709 & Avril 1713, c'eſt l'obligation impoſée à ces officiers, en titre ou par commiſſion, de prêter ſerment devant les Officiers de l'Amirauté, & de faire enregiſtrer leurs lettres au Greffe de l'Amirauté du lieu de leur établiſſement. Obligation jugée ſi eſſentielle, que feu M. le Comte de Toulouſe, par ſon Ordonnance du 2 Septembre 1696, rendue en exécution du Réglement du 12 Mai précédent, déclara que, faute par ces officiers d'y ſatisfaire, ils ne pourroient être reconnus pour tels, ni faire aucunes fonctions.

Et en effet, une formalité de cette nature eſt de l'eſſence de la commiſſion, ou, ce qui revient au même, en eſt une ſuite néceſſaire; tout office étant ſujet à inſtallation, comme à une condition ſans laquelle l'officier pourvu, ne peut avoir le caractére public dont il a beſoin pour exercer ſes fonctions.

Mais il faut prendre garde qu'il n'y a que les officiers pourvus par Sa Majeſté, par brevet ou par commiſſion, qui ſoient ſujets à prêter ſerment devant les Officiers de l'Amirauté, & à faire enregiſtrer leurs commiſſions à leur Greffe.

Dans le temps de cette Ordonnance, cela ne regardoit que les officiers déſignés dans cet article; ſavoir, les capitaines généraux, leurs lieutenans & enſeignes. Dans la ſuite un plus grand nombre d'Officiers y fut aſſujetti, le Roi, par ſon Edit du mois de Février 1705, & par les autres dont il a été parlé, ayant créé en titre d'office des capitaines généraux, lieutenans généraux, majors, aides-majors, commiſſaires & archers gardes-côtes. Mais tous ces offices furent ſupprimés par autre Edit du mois de Janvier 1716; & par Réglement du 28 du même mois, les officiers gardes-côtes remis en commiſſion, furent reduits au nombre de trois dans chaque capitainerie, relativement à cet article, ſans autre changement que du côté de la dénomination, le grade de lieutenant ayant été converti dans celui de major, & le grade d'enſeigne en celui de lieutenant : ce qui a ſubſiſté juſqu'à l'Ordon. du 5 Juin 1757, qui a converti encore le titre de lieutenant garde-côte en celui d'aide-major, art. 4.

Ce ne ſont donc que ces officiers qui ſeuls ſont appellés officiers gardes-côtes, & qui forment l'état-major de chaque capitainerie, qui ſont aſtreints à la double formalité preſcrite par cet article. Pour ce qui eſt des capitaines des compagnies détachées, & des capitaines généraux du guet, comme étant pourvus de commiſſion du Roi, ils ſont bien ſujets à la formalité de l'enregiſtrement de leur commiſſion au Greffe; mais ils ne prêtent point ſerment devant le Lieutenant de l'Amirauté. A l'égard des ſimples capitaines des compagnies du guet, & de tous autres officiers, ils ſont exempts même de la formalité de l'enregiſtrement; parce que le Roi n'y pourvoit point, & que c'eſt le capitaine général qui les nomme, comme il ſera obſervé ſur l'article ſuivant.

En ce qui concerne les capitaines des compagnies détachées, le Roi s'en étoit déja réſervé la nomination par ſon Ordonnance du 4 Novembre 1734, confirmée par celle du 16 Juillet 1737. Aſſujettis comme les officiers majors à prendre l'attache de M. l'Amiral ſur leurs commiſſions, il ſembloit qu'ils devoient prêter le ſerment comme eux devant les Officiers de l'Amirauté, en faiſant enregiſtrer leurs commiſſions à leur Greffe : cependant, par une diſtinction ſinguliére que l'on ne comprend pas, l'Ordonnance du 16 Juillet 1737, qui vient d'être citée, s'eſt contentée de l'enregiſtrement par extrait de leurs commiſſions au Greffe de l'Amirauté, ſur la ſimple remiſe qu'ils y en feroient, ſans qu'il fût beſoin d'aucune autre formalité, en payant ſeulement vingt ſols pour tous droits d'enregiſtrement. Cette diſtinction a néanmoin[illegible] conſervée par la derniére Ordonnance du 5 Juin 1757, art. 10 & 11. Les droits [illegible] regiſtrement y ſont réduits tout de même à vingt ſols; & cette réduction s'é[illegible] brevets d'aides-majors, auſſi-bien qu'aux commiſſions des capitaines généraux du guet. Quant aux capitaines généraux & aux majors gardes-côtes, les droits ſont comme ci-devant ; ſavoir de 6 liv. pour les capitaines généraux, & de 5 liv. pour les majors.

Pour ce qui eſt du rang & du commandement de ces officiers de compagnies détachées entre eux ; outre l'art. 2 tit. 4 du Réglement du 28 Janvier 1716, il faut voir les Ordonnances des 9 Juillet 1729 & 31 Janvier 1735 ; ce qui n'empêche pas qu'ils ne ſoient toujours aſſujettis au commandement du capitaine général ou du major en ſon abſence. Ils prenoient auſſi l'ordre du lieutenant de la garde-côte en l'abſence des deux, ſuivant l'art. 7 de ladite Ordonnance du 31 Janvier 1735, qui, en cette partie, avoit renouvellé l'art. 2, tit. 3 dudit Réglement de 1716 : mais cela a été changé par la derniere Ordonnance de 1757, qui, en ſubrogeant le titre d'aide-major à celui de lieutenant, ne lui a laiſſé de commandement qu'autant qu'il aura la commiſſion de capitaine ; & alors il ne commandera que ſuivant ſon rang d'ancienneté.

Du reſte, il y a actuellement des Inſpecteurs généraux qui ont le commandement de toutes les milices gardes-côtes de leur département, ſous l'autorité des Gouverneurs & Commandans généraux dans les provinces. Il y a auſſi dans chaque capitainerie, un capitaine général du guet & un lieutenant du guet, dont les fonctions ſont d'être chargés de faire exécuter par les commandans des paroiſſes, les ordres qui leur ſeront donnés par rapport au guet, & de rendre compte au capitaine général de la capitainerie de tout ce qui concernera le ſervice des compagnies du guet. Pour ces particularités, & pluſieurs autres changemens faits dans le ſervice des milices gardes-côtes, il faut voir ladite Ordonnance du 5 Juin 1757.

ARTICLE II.

CHaque capitainerie ſera composée d'un certain nombre de paroiſſes, dont les habitans ſeront ſujets au guet de la mer.

AUtrefois les capitaineries gardes côtes n'étoient pas multipliées comme elles le ſont aujourd'hui. Comme la garde-côte finiſſoit à une demie lieue de diſtance du bord de la mer, chaque capitainerie occupoit alors un terrein beaucoup plus étendu le long de la côte, parce qu'elle s'étendoit beaucoup moins loin dans les terres. La garde-côte, par le Réglement du 23 Novembre 1701, art. premier, confirmé par celui du 28 Janvier 1716, art. premier, tit. 5, ayant été étendue juſqu'à deux lieues, ce qui n'a point varié depuis, il a fallu néceſſairement augmenter le nombre des capitaineries pour l'exactitude du ſervice.

Suivant la diviſion faite des capitaineries, par le Réglement du 25 Novembre 1676, la Rochelle n'avoit qu'une capitainerie ; & elle comprenoit non-ſeulement les bourgs & villages de l'Aunis juſqu'à une demie lieue de la côte, mais encore ceux qui ſe trouvoient à une pareille diſtance le long de la côte du Poitou, à prendre depuis l'Abbaye royale de S. Jean d'Orbitiere, où elle commençoit ; ce qui comprenoit dans l'Amirauté des Sables d'Olonne, le château de Tallemont, les villages de Jard, de Tranche & de Saint-Benoît, la ville de Luçon, S. Michel en l'Herm, l'embouchure de la riviere du Lay, l'Aiguillon & le bourg de Pierre-menue.

Et dans l'Amirauté de la Rochelle, l'isle de Ré, les paroisses de Marans, Villedoux, Esnandes, Loziére, Nicœuil, Marsilly, Nantilly, le Plomb & Laleu, la ville de la Rochelle, la pointe de Coureille, Aytré, Angoulin, Chatellaillon, Yves, Fouras & Saint-Laurent de la Prée à l'embouchure de la Charente.

Il n'étoit plus possible que cette division subsistât, depuis l'extension donnée à la garde-côte jusqu'à deux lieues dans les terres, par le Réglement du 23 Novembre 1701 : mais il n'y eut point alors de Réglement général à ce sujet. Tout dépendoit de l'étendue du terrein que le Roi assignoit aux capitaines gardes-côtes, dans les commissions qu'il leur faisoit délivrer.

Il n'avoit pas même encore été pourvu à une nouvelle division des capitaineries gardes-côtes, lors du Réglement du 28 Janvier 1716, qui a commencé l'établissement du bel ordre qui régne aujourd'hui dans la garde-côte, comme il résulte de l'art. premier du titre 6, par lequel le Roi se réserva de le faire de l'avis de M. l'Amiral & des Gouverneurs ou Commandans Généraux dans les provinces, par un Réglement qui détermineroit l'étendue de chaque capitainerie, & le nombre des paroisses qui en dépendroient. Ce qui pourtant n'a été exécuté, au moins pour le pays d'Aunis, que par le Réglement du 5 Août 1721.

La distribution y est faite des côtes maritimes, en cinq capitaineries gardes-côtes.

La premiere appellée *de la Rochelle*, comprend les paroisses de Cogne-hors, faisant partie de la paroisse de Notre-Dame hors les murs, Laleu, Saint-Maurice, Lhommeau, Lagord, Nicœuil, Marsilly, Esnandes, Villedoux, Andilly, Saint-Ouën, Longesve, Sainte-Soule, Dompierre & Saint-Xandre. Dans la nouvelle division du 14 Avril 1758, on a ôté de cette capitainerie Andilly aussi-bien que Longesve, pour y mettre Saint-Medard.

La seconde *de Chatellaillon*, est composée des paroisses de Chatellaillon, Salles, la Jarne, Angoulin, Aytré, Périgny, Saint-Rogatien, Bourgneuf, Montroy, Clavette, la Jarrie, Croixchapeau, Saint-Vivien, Mortagne, Thairé, Ciré, Ballon & le Thou. Ces trois dernieres paroisses ont été retranchées de cette capitainerie par cette même nouvelle division du 14 Avril 1758.

La troisiéme appellée *de Loire ou Charente*, est mi-partie, c'est-à-dire, composée tout à la fois de paroisses de l'Aunis & de la Saintonge. Celles de l'Aunis qui en dépendent, sont le Vergerou, Saint-Laurent, Fouras, Yves & Voultron. Dans la nouvelle division promise par l'art. 2 de l'Ordonnance du 5 Juin 1757, on a conservé cette bigarrure, & l'on a ajouté à ces paroisses, celles de Loire, Ciré, Ballon & le Thou. Même Réglement du 14 Avril 1758.

La quatriéme nommée *de Marans*, n'est formée que des paroisses de Marans, de l'isle d'Elle & de Charon. Mais par la nouvelle division du 14 Avril 1758, on y a ajouté Andilly.

La cinquiéme & derniere est appellée *de l'isle de Ré*, & comprend toute l'isle.

Chacune de ces capitaineries a son capitaine général, son major & son aide-major, subrogé aujourd'hui à la place du lieutenant, mais avec moins d'autorité que celui-ci en avoit ; & ce sont ceux-là seuls qu'on appelle officiers majors gardes-côtes.

Ces capitaineries sont divisées en plusieurs compagnies, tant d'infanterie que de cavalerie & de dragons. A la tête de l'infanterie étoit ci-devant une compagnie de grenadiers ; mais elle a été supprimée, & tout est aujourd'hui distribué en compagnies de paroisses ou du guet, & en compagnies détachées. Chaque compagnie a pour officiers un capitaine, un ou deux lieutenans.

Pour la cavalerie & les dragons, il y a aussi dans chaque compagnie un premier capitaine, un capitaine en second, un lieutenant, un cornette & deux maréchaux des logis.

Par un nouvel arrangement porté par l'Ordonnance du 9 Avril 1758, toute la cavalerie garde-côte n'est aujourd'hui composée que de dragons, dont on a formé quelques compagnies détachées, à l'*instar* de ce qui a été pratiqué pour l'infanterie. Le reste des dragons est uniquement destiné pour le guet de la mer.

Précis de cette Ordonnance.

Par l'article premier, le Roi ordonne qu'il soit formé des compagnies détachées de dragons gardes-côtes, comme il en a été usé pour l'infanterie.

Il y en a deux dans le Poitou & deux dans l'Aunis, formant deux escadrons de cent hommes chacun.

En Saintonge, aussi deux escadrons de cent hommes chacun.

Ces quatre escadrons en huit compagnies détachées, ont un état-major composé d'un commandant avec rang de colonel, d'un major avec rang de lieutenant-colonel, & d'un aide-major avec rang de capitaine, art. 3.

Ces compagnies détachées de dragons doivent être assemblées un mois chaque année, pour être exercées par leur commandant & l'aide-major, art. 5.

Après le mois d'exercice, ces compagnies rentreront dans les capitaineries générales dont elles dépendent, art. 4 & 6.

Et néanmoins elles seront exercées une fois le mois par leurs capitaines, un jour de fête ou dimanche, après que la permission en aura été demandée au capitaine général de la capitainerie, ainsi qu'au commandant général des dragons, ou au major, même art. 6.

Les art. 7 & 8 concernent les appointemens & la paye, tant des officiers que des dragons, durant le mois d'assemblée.

Les dragons de ces compagnies détachées doivent servir six ans, comme les compagnies détachées d'infanterie; après quoi ils seront remis dans les compagnies du guet. Pendant les six ans de service, les dragons & leurs chevaux ne pourront être commandés pour les corvées des grands chemins, en temps de guerre seulement; & durant le même temps, les dragons *seront exempts d'être établis commissaires-sequestres.* Article 10.

Indépendamment de ces compagnies détachées, les habitans qui auront des chevaux composeront les compagnies du guet, & seront commandés par le capitaine général & le lieutenant du guet, sous les ordres du capitaine général de la capitainerie. Article 12.

Le service de ces dragons du guet consiste à être posés le long des côtes, en temps de guerre, de distance en distance, pour donner plus promptement connoissance de ce qui se passe sur les côtes, & porter les avis & ordres qui leur seront donnés. Article 13.

L'uniforme des officiers & dragons est rouge, & le chapeau des dragons aura un bord de laine jaune. Art. 14 & dernier.

Il y a aussi des dragons détachés en Guyenne, au nombre de cinq cens, en deux escadrons & demi, formés de dix compagnies de cinquante hommes chacune. *Vide* le Réglement du 13 Août 1757. Depuis, par une derniére Ordonnance du 21 Octobre 1758, ce corps de dragons a été porté à neuf cens hommes. Voyez l'article 6 du titre suivant.

L'établissement des compagnies détachées n'avoit été qu'indiqué par l'art. 11 du Réglement du 23 Novembre 1701. Il fut spécialement ordonné & rendu fixe, par le Réglement du 13 Juin 1708, art. 2 : & cet ordre, qui n'a point varié depuis, a été perfectionné par la derniére Ordonnance du 5 Juin 1757. Ces compagnies sont maintenant de quatre-vingt hommes chacune, les officiers compris. Leur nombre dépend de la force des capitaineries. Il y a dans chacune un certain nombre de canonniers exercés. Elles sont composées de la fleur des jeunes gens, & leur service est de six années consécutives, après lesquelles ils devront être licenciés, & remplacés par d'autres.

Il faut joindre à cette Ordonnance du 5 Juin 1757, le Réglement du 14 Avril 1758 qui porte entre autres choses, que le remplacement se fera par sixiéme partie d'année en année, à commencer de l'année 1760 ; & que ces compagnies en temps de paix seront réduites à cinquante hommes. Art. 2 & 4.

La différence qu'il y a pour le service, entre les compagnies des paroisses & les compagnies détachées, c'est qu'il n'y a que les premiéres qui soient sujettes au guet & garde sur les côtes ; la fonction des autres est d'occuper les postes qui leur sont marqués en cas d'allarme, & de se porter aux lieux pour lesquels ils sont commandés, pour s'opposer aux descentes des ennemis. Les preuves en seront indiquées sur l'art. premier du titre suivant.

Par l'art. 4 du Réglement du 13 Juin 1708, la nomination aux places vacantes de capitaines, lieutenans & enseignes des compagnies fut attribuée au capitaine général de chaque capitainerie ; avec défenses d'exiger aucuns droits des sujets qu'il choisiroit à cette fin parmi les gentilshommes par préférence, sur peine d'être déchu de ce droit de nomination. Mais le Roi se réserva celui de donner des commissions, brevets & lettres à ces officiers, sur la nomination du capitaine général, visée par le Gouverneur ou Lieutenant général de la Province.

Dans la suite, & par l'art. 3, tit. 2 du Réglement du 28 Janvier 1716, le capitaine général fut autorisé non-seulement à nommer les sujets propres à remplir ces places, mais encore à leur donner leur commission, avec déclaration toutefois qu'elle ne seroit valable qu'après avoir été visée par le Gouverneur ou Commandant Général de la Province.

Dans la suite encore, sur ce qui fut représenté au Roi que la nécessité de ce *visa* empêchoit que les places qui devenoient vacantes pendant l'absence des Gouverneurs & Commandans Généraux, ne pussent assez-tôt être remplies, ce qui interrompoit la discipline dans les capitaineries, il intervint une Ordonnance le 13 Juillet 1722, par laquelle il fut réglé » que pendant l'absence des Gouverneurs & Commandans » Généraux hors des provinces où ils commandent, les commissions données par les » capitaines des capitaineries aux officiers desdites capitaineries, seroient valables en- » core qu'elles n'eussent point été visées par lesdits Gouverneurs ou Commandans Gé- » néraux, à condition cependant que lesdites commissions fussent présentées auxdits » Gouverneurs ou Commandans Généraux, à leur arrivée dans lesdites provinces, » pour être par eux visées ; sans quoi elles demeureroient nulles, & sans effet.

Jusques-là le droit de pourvoir aux places d'officiers vacantes dans les capitaineries, n'appartenoit qu'au capitaine général, & il l'exerçoit absent comme présent. Mais, par une autre Ordonnance du 5 Avril 1724, il fut décidé » que lorsque les capi- » taines généraux seroient absens de la province où seroient situées leurs capitaineries, » les majors desdites capitaineries, & pareillement en l'absence desdits capitaines & » majors, les lieutenans desdites capitaineries pourroient nommer aux places vacantes

» de capitaines, lieutenans & enseignes des compagnies de leurs capitaineries «, le tout de la même maniére, & aux mêmes conditions que le capitaine général étoit fondé à le faire étant présent. Et cela au reste étoit d'autant plus naturel, que par l'art. 2, tit. 3, du Réglement du 28 Janvier 1716, il avoit déja été décidé que le major commanderoit dans la capitainerie en l'absence du capitaine, & le lieutenant au défaut de tous les deux; ce qui fut confirmé par l'art. 7 de l'Ordonnance du 31 Janvier 1735.

Par une suite du même principe, & pour pousser la comparaison jusqu'au bout, le lieutenant garde-côte, qui aux termes de l'art. 4, tit. premier dudit Réglement de 1716, n'avoit que le rang de lieutenant d'infanterie, tandis que le capitaine & le major avoient celui de capitaine d'infanterie, fut enfin décoré du même grade par l'art. 8 de ladite Ordonnance du 31 Janvier 1735.

Avant l'année 1734 le capitaine général, ou à son défaut le major, & au défaut de l'un & de l'autre le lieutenant, nommoit aux places vacantes, aussi-bien dans les compagnies détachées que dans celles des paroisses : mais ce droit fut restreint pour les capitaines aux compagnies des paroisses par l'Ordonnance du 4 Novembre audit an 1734, confimée par celle du 16 Juillet 1737, par lesquelles le Roi s'est réservé la nomination des capitaines des compagnies détachées, sans parler des autres officiers des mêmes compagnies; ce qui par conséquent en a laissé la nomination aux capitaines généraux ou leurs représentans, de même que des capitaines & autres officiers des compagnies des paroisses. Et c'est aussi ce que porte précisément l'art. 6 de ladite Ordonnance du 4 Novembre 1734, de même que l'art. 45 de la derniere Ordonnance du 5 Juin 1757 : à la charge néanmoins que les commissions seront visées par l'Inspecteur général, & approuvées par le Gouverneur ou Commandant général de la province. Du reste, l'aide-major subrogé au lieutenant n'a plus aucun droit de nomination, & son grade est réduit à celui de lieutenanr d'infanterie. A l'égard du major, il a comme ci-devant le rang de capitaine d'infanterie, & l'on y a joint le titre de premier capitaine de la garde-côte. Le capitaine général, au lieu que ci-devant il n'avoit que le rang aussi de capitaine d'infanterie, a aujourd'hui celui de lieutenant-colonel, & l'inspecteur général a celui de colonel. Art. 6 de la même Ordonnance de 1757.

Pour ce qui est de la nomination des capitaines des compagnies détachées, & du capitaine général du guet, que le Roi s'est réservée, elle se fait des sujets proposés à cette fin par le capitaine général, après toutefois qu'il les aura fait agréer par l'inspecteur général, lequel de son côté a le droit de proposer les sujets propres à remplir les places vacantes dans les états majors des capitaineries. Art. 16 & 17.

En ce qui concerne l'autorité de discipline du capitaine général, voir l'article suivant; & pour les privileges des officiers gardes-côtes, l'article 6 ci-après.

ARTICLE III.

LEs capitaines gardes-côtes feront la montre & revue des habitans des paroisses sujettes au guet de la mer, dans l'étendue de leurs capitaineries, le premier jour du mois de Mai de chacune année, en présence des Officiers de l'Amirauté, qui en garderont le controlle dans leur Greffe.

LE Commentateur, sous prétexte que du temps qu'il écrivoit il y avoit des Commissaires aux montres & revues en titre d'office, s'étoit imaginé que cet article étoit devenu inutile par rapport aux capitaines gardes-côtes; prétendant que ces Commissaires avoient seuls le droit de faire les revues, à l'exclusion des capitaines généraux des capitaineries. Il n'avoit pas pris garde aux articles 27 & 36 du Réglement du 13 Juin 1708, aux articles premier & second, titre des revues, de celui du 2 Mai 1712, ni aux quatre premiers articles de celui du 24 Septembre 1713; suivant lesquels le droit de ces Commissaires ne préjudicioit pas plus à celui des capitaines généraux, qu'à celui des Officiers de l'Amirauté, en ce qui concernoit les revues.

Ç'a été en effet dans tous les temps un des principaux attributs des capitaines généraux gardes-côtes, que celui de faire la revue de toutes les milices de leurs capitaineries, sans distinction des compagnies détachées de celles des paroisses, ni de la cavalerie de l'infanterie; & ce droit qui leur a été confirmé surabondamment par le Réglement du 28 Janvier 1716, art. 4 & 5, tit. 2, art. 6 & 8 du tit. 8, & art. 4 du tit. 9, n'est point censé révoqué par l'Ordonnance du 5 Juin 1757, sous prétexte qu'elle l'a passé sous silence, puisqu'elle laisse subsister les anciennes en ce qu'elles n'ont rien de contraire à ses dispositions.

Pour ce qui est des Officiers de l'Amirauté, dans tous les Réglemens où il est fait mention des montres & revues des troupes de la garde-côte, il est dit expressément qu'elles se feront en leur présence; de sorte que la disposition du présent article, relatif au neuviéme, titre second, du livre premier ci-dessus, n'a jamais souffert la moindre atteinte en cette partie. Le Réglement du 28 Janvier 1716, en le confirmant en tant que besoin, aussi-bien que les Réglemens intermédiaires, a même ajouté, art. 4 du tit. 2, comme une condition naturellement convenable aux fonctions d'inspecteurs que font dans ces revues les Officiers de l'Amirauté, que les capitaines généraux gardes-côtes, à qui la liberté est laissée de déterminer le lieu où se fera chaque revue, *auront soin d'en avertir huit jours auparavant les Officiers de l'Amirauté.*

Quant au droit que leur donne le présent article de garder le controlle de ces revues à leur Greffe; il a souffert une sorte d'interruption durant le temps qu'il y a eu des Commissaires aux montres & revues en titre d'Office, en ce que ces Commissaires étoient autorisés à tenir le controlle, & à dresser les rolles des défaillans aux revues, avec faculté de poursuivre le recouvrement des amendes prononcées à ce sujet, articles 12 & 13, tit. des amendes, du Réglement du 2 Mai 1712. Je dis une sorte d'interruption, comme n'étant pas absolue, puisqu'aux termes de l'art. 14 du même Réglement, il falloit que ces Commissaires remissent tous les six mois au Greffe de l'Amirauté un état des amendes payées, & de celles restantes à payer.

Quoiqu'il en soit, les Officiers de l'Amirauté ont été pleinement rétablis dans leur ancien droit à cet égard, tant par ledit art. 4, tit. 2, que par l'art. 6, titre 9 du Réglement de 1716, qui portent expressément, en conformité du présent article, qu'ils garderont le controlle des revues dans leur Greffe. Ce qui s'entend, soit qu'ils assistent aux revues ou non : de maniére que les capitaines gardes-côtes sont tenus de leur envoyer l'état & controlle de chacune de leurs revues. Et en effet, cela s'est s'est ainsi pratiqué jusqu'à présent, & doit être continué de même, quoique l'Ordonnance du 5 Juin 1757 ait passé cet objet sous silence; soit parce que pour ôter aux Officiers de l'Amirauté ce droit, qui leur a été attribué de tout temps, il faudroit une loi précise qui y dérogeât; soit parce que cette même Ordonnance, déclarant expressément, art. 49, qui est le dernier, que les dispositions des précédentes Ordonnances seront exécutées, c'est avoir tacitement par-là confirmé le droit desdits Officiers de l'Amirauté. Et qu'on ne dise pas que cette derniere Ordonnance ne parle, art. 18, que des inspecteurs généraux pour les revues : car s'il falloit s'en tenir là, il s'ensuivroit que les capitaines généraux n'auroient plus droit de faire les revues de leurs capitaineries; ce qui seroit absurde. Or s'ils sont fondés à les faire comme par le passé, ce qui est hors de doute, il s'ensuit que le droit de l'Amirauté par rapport à ces revues, est aussi le même que ci-devant.

Du temps que l'Amiral avoit le commandement & la direction des milices de la garde-côte, il en faisoit la revue, en temps de guerre quand bon lui sembloit, par lui-même ou par ses officiers; mais en temps de paix la revue ne se faisoit que de deux en deux ans, comme il sera observé sur l'article premier du titre qui suit.

La nécessité de discipliner & d'exercer ces milices s'est fait sentir dans tous les temps; mais la crainte de dérober à des paysans un temps précieux pour eux & pour leurs familles, a toujours fait pencher la balance en leur faveur.

Pour concilier ces deux objets, les exercices ont été distribués de maniére qu'en devenant propres à former assez promptement ces milices aux évolutions, leur travail n'en doit pas trop souffrir. A l'égard des revues générales, il parut d'abord que ce seroit assez d'une par an. Elle fut fixée au premier Mai de chacune année. Par notre article, & durant long-temps il ne fut pas permis aux capitaines généraux d'en faire d'autres : mais ils devoient une fois le mois, en temps de guerre, & trois fois l'année, en temps de paix, faire la visite de toutes les paroisses de leurs capitaineries; lors desquelles visites il assembleroient les capitaines, lieutenans & enseignes, pour savoir d'eux l'état de leurs compagnies. Art. 2 & 3 du Réglement du 23 Novembre 1701. Cela s'observe encore dans la paix. Art. 4 & 5 du Réglement du 28 Janvier 1716.

Par rapport à l'exercice, il fut ordonné par l'article 6 dudit Réglement de 1701, aux capitaines de chaque compagnie, de le faire faire une fois le mois en temps de paix, & deux fois au moins en temps de guerre, en choisissant toujours un jour de dimanche ou de fête. Au surplus, pour le soulagement des soldats de chaque compagnie, il fut enjoint aux capitaines de les assembler en tel lieu qu'ils pussent s'y rendre & s'en retourner chez eux dans l'espace d'un demi jour. Art. 32 du Réglement du 13 Juin 1708, confirmé par l'article 10, tit. 2, du Réglement du 28 Janvier 1716; & c'est dans le même esprit que ledit Réglement du 28 Janvier 1716 veut, art. 3 du tit. 4, que l'exercice se fasse dans le centre de chaque paroisse. Du reste, il a réduit, comme l'art. 7 du tit. 9, cet exercice à une fois le mois, & a ordonné qu'il seroit publié huit jours auparavant à l'issue de la Messe paroissiale. Outre cela l'usage est encore de battre le tambour la veille de l'exercice, pour avertir les soldats de s'y trouver.

En ce qui concerne les revues générales, le premier Réglement qui en ait ordonné deux par an, l'une le premier Mai, & l'autre à la fin d'Octobre ou au commencement de Novembre, est celui du 2 Mai 1712, art. 2 & 7; & quoique cela ne parut avoir été ainsi réglé qu'à l'occasion de la guerre, il en a pourtant été fait aussi une loi pour le temps de paix, par l'art. 2 du Réglement du 24 Septembre 1713, confirmé par le Réglement général du 28 Janvier 1716, art. 4, 5 & 6 du tit. 9.

Dans la derniere Ordonnance du 5 Juin 1757, il n'est parlé que d'une seule revue générale à faire chaque année, & c'est l'inspecteur général qui la doit faire, dont un extrait est envoyé au Sécretaire d'Etat de la Marine. Mais cela ne déroge point aux Ordonnances antérieures rendues sur le fait des revues, tant générales que particuliéres, dans chaque capitainerie, comme il a été observé ci-dessus.

L'autorité de discipline qu'a le capitaine général ou son représentant dans sa capitainerie, est la même que celle d'un colonel dans son régiment. En conséquence, aux termes du Réglement du 12 Mai 1696, il a le pouvoir d'interdire, suspendre & faire arrêter tous ceux des officiers de sa capitainerie qui manqueront à leur devoir; à la charge néanmoins d'en rendre compte aussi-tôt au Commandant dans la province. Cela a été renouvellé par le Réglement du 28 Janvier 1716, art. 5, tit. 2. Aujourd'hui c'est à l'inspecteur général, art. 39 & 40 de ladite Ordonnance du 5 Juin 1757.

Il a droit de même de faire châtier & mettre en prison les particuliers qui manquent à leurs gardes ou aux ouvrages qui leur sont commandés, ainsi que les sergens & caporaux qui seront en faute. Même Réglement du 12 Mai 1696, auquel il n'a point été dérogé.

Mais il ne peut les retenir plus de huit jours en prison; à moins qu'ils ne méritent d'être mis au Conseil de guerre : auquel cas leur procès sera instruit dans les régles. Art. 22, tit. premier du Réglement du 2 Mai 1712, confirmé par l'art. 43 de l'Ordonnance de 1757; à quoi il faut joindre le dernier Réglement du 14 Avril 1758, art. 37, 38 & 39.

Il est à observer au sujet de ce Conseil de Guerre, qu'aux termes de l'art. premier dudit Réglement du 2 Mai 1712, il ne doit connoître » que des crimes & dé» lits qui seront commis entre les officiers & soldats, pour les cas seulement où il s'a» gira du service de Sa Majesté, de la discipline militaire, de l'observation des Or» donnances; & ce dans le temps que les officiers & soldats seront commandés pour » le service, ou qu'ils seront sous les armes, ou en marche pour aller s'opposer aux » ennemis, ou qu'ils seront assemblés. « Et qu'à l'égard de tous autres crimes & délits commis hors lesdits cas, la connoissance en appartient aux Officiers de l'Amirauté, à l'exclusion de tous autres Juges, suivant l'art. premier, tit. 10 du Réglement du 28 Janvier 1716, relatif à l'art. 9, tit. 2 du liv. premier ci-dessus.

Les peines sont établies & distinguées dans le titre suivant dudit Réglement du 2 Mai 1712. L'art. 9 est pour le cas où les soldats de la garde-côte seront rencontrés tirant sur les pigeons ou chassant. Ils doivent être envoyés en prison, & déférés à la Justice pour être condamnés suivant les Ordonnances du Roi; & c'est pour prévenir ce délit que le Réglement du 24 Septembre 1713, leur a défendu, art. 8, de porter les armes hors les jours de revue & d'exercice, à peine de prison.

C'est par une suite du droit de discipline qu'a le capitaine général, qu'il est enjoint par l'art. premier, tit. 4 du Réglement du 28 Janvier 1716, à chaque capitaine de compagnie, de lui rendre compte de l'état où elle est, & de ce qui y manque; afin qu'il y soit pourvu.

Pour ce qui est du commandement, il l'a dans toute sa capitainerie, non-seulement sur toutes les troupes qui la composent, mais encore sur toutes celles qui y sont envoyées pour la défense de la côte, soit milices ou troupes réglées, conformément à l'art. 12 du Réglement du 13 Juin 1708. Ce qui s'entend néanmoins suivant l'art.

11, tant qu'il n'y aura point d'autre officier ou commandant qui ait un grade supérieur au sien.

Il a de même le commandement sur les autres capitaines généraux qui pourront être envoyés dans son département avec les troupes de leur capitainerie, pour la défense de la côte. Art. 13 dudit Réglement.

Mais dans le cas qu'il s'agira d'assembler les milices de plusieurs capitaineries, le commandement appartiendra au plus ancien capitaine garde-côte, suivant le grade dont il sera revêtu; & si leurs commissions sont de même date, celui qui aura servi dans les troupes commandera. Art. 7, tit. 2 du Réglement du 28 Janvier 1716, & art. 7 de l'Ordonnance du 5 Juin 1757.

Tout cela s'entend néanmoins sous les ordres du Commandant général de la province, & des autres Officiers généraux ou particuliers qui y commandent, sans l'aveu desquels le capitaine général ne peut rien ordonner d'extraordinaire, ni établir aucune imposition, charroi ni corvées dans les villages & paroisses. Il peut seulement, dans les cas pressans, ordonner ce qui lui paroîtra nécessaire pour le service, à condition d'envoyer sur le champ auxdits officiers, copie de l'ordre qu'il aura cru devoir donner, avec un mémoire des raisons qui l'y auront déterminé, sur peine de répondre de l'événement. Art. 8 du même titre 2 du Réglement de 1716. Voyez l'art. 19 de l'Ordonnance du 5 Juin 1757.

ARTICLE IV.

IL y aura dans l'étendue de chaque capitainerie un clerc du guet, qui sera commis par l'Amiral ou ses Lieutenans, tant pour avertir les habitans sujets au guet de se trouver aux revues, & de monter la garde, que pour tenir registre des défaillans.

IL ne fut plus question de clerc du guet, tant que les charges de Commissaires aux montres & revues subsistérent; mais ces offices ayant été supprimés par Edit du mois de Janvier 1716, les clercs du guet furent rétablis conformément à cet article par le Réglement du 28 du même mois de Janvier, art. 3 du tit. premier: ce qui n'a point varié depuis.

La nomination de ces clercs du guet se fait par les Officiers de l'Amirauté, qui leur en délivrent les commissions en leur faisant prêter serment de bien & fidélement s'acquitter de leurs fonctions.

Ces commissions ne se donnent par les Officiers de l'Amirauté, qu'en attendant que M. l'Amiral y ait pourvu. Mais ces places sont assujetties à des fonctions qui n'invitent pas à les rechercher avec une sorte d'empressement; c'est pourquoi M. l'Amiral n'a jamais jugé à propos d'y pourvoir sur le compte qui lui en a été rendu en différens temps.

Les fonctions de clerc du guet dans chaque capitainerie garde-côte sont exprimées dans cet article, auquel sont conformes, tant ledit article 3, titre premier du Réglement de 1716, que l'art. 7 du tit. 5; ce qui emporte par une conséquence naturelle que c'est à lui à faire le recouvrement des amendes, puisqu'il est chargé d'en tenir le rolle; & cela d'autant plutôt que le commissaire aux revues, qui le représentoit en cette partie, étoit effectivement chargé de cette recette, & d'en rendre compte, par les art. 13 & 14, tit. des amendes, du Réglement du 2 Mai 1712.

C'est encore une conséquence de l'obligation imposée au clerc du guet, par l'art. 4 du titre suivant, de mettre de six mois en six mois au Greffe de l'Amirauté un rolle des amendes payées, & de celles qui restent à payer.

Au reste, quoique par le Réglement de 1716, il soit dit qu'il y aura dans chaque capitainerie un ou plusieurs clercs du guet, selon l'étendue de la capitainerie, il n'en a jamais été nommé qu'un dans chacune, bien qu'il y en ait qui sont extrêmement nombreuses. Cela vient peut-être de ce que les capitaines des compagnies cherchent à rendre inutiles, autant qu'il est en eux, les fonctions de ces clercs du guet.

A la vue de l'Ordonnance du 5 Juin 1757, on pourroit penser qu'il n'est plus question des clercs du guet; à cause qu'elle a établi dans chaque capitainerie un capitaine général & un lieutenant du guet. Mais les fonctions de ces nouveaux officiers sont trop relevées, pour compatir avec celles des clercs du guet : ainsi il faut conclure qu'il n'y a rien de changé à cet égard.

ARTICLE V.

FAisons très-expresses inhibitions & défenses à tous capitaines gardes-côtes, de prendre aucune connoissance des bris, naufrages, échouemens, épaves & varechs, & de s'emparer des effets en provenans, à peine de suspension de leurs charges, de restitution du quadruple pour la premiere fois, & de punition exemplaire en cas de récidive.

CEs défenses avoient été suspendues ou modifiées durant le temps que les capitaines & autres officiers gardes-côtes étoient en titre d'office; & qu'en cette qualité il leur étoit attribué une portion des effets sauvés du naufrage par leurs soins. Art. 24 du Réglement du 13 Juin 1708.

Il est à observer à ce sujet que, pour donner du crédit à ces charges & pour engager à les lever, l'Edit du mois de Février 1705 avoit accordé à ces officiers, outre la noblesse & plusieurs autres priviléges, le dixiéme des débris des vaisseaux ennemis, naufragés ou échoués, avec la moitié des marchandises prohibées dont ils se feroient saisis, & qu'en conséquence les art. 22 & 23 dudit Réglement du 13 Juin 1708, leur avoit permis de veiller aux naufrages & échouemens, d'y établir un corps-de-garde pour empêcher le pillage, & de faire fournir par les paroisses voisines tous les hommes & les secours requis en pareil cas; à la charge néanmoins aux termes de l'art. 24, d'en donner avis aux Officiers de l'Amirauté, afin qu'ils pussent se transporter sur les lieux, & y faire les opérations convenables, telles qu'elles sont prescrites dans le titre des naufrages ci-après.

Ensuite de quoi il avoit été ordonné par le dernier article du Réglement du 2 Mai 1712, que ce dixiéme des effets naufragés, & cette moitié des marchandises prohibées, seroient partagées en vingt parts, dont dix appartiendroient au capitaine général, quatre au lieutenant général, trois au major, une & demie à l'aide-major, une au capitaine de la compagnie de la paroiſſe où le naufrage ſeroit arrivé, & la demie part reſtante au lieutenant de la même compagnie.

Mais ces offices en titre ayant été ſupprimés par l'Edit du mois de Janvier 1716, & par-là tous ces arrangemens ne ſubſiſtant plus, les choſes ont été remiſes aux termes du préſent article, qui, en tant que beſoin, a été ſpécialement confirmé par l'art. 3, tit. 10 du Réglement du 28 du même mois de Janvier 1716, toujours ſubſiſtant en cette partie, comme ſur pluſieurs autres points intéreſſans, auxquels il n'a pas été dérogé par la derniére Ordonnance du 5 Juin 1757.

ARTICLE VI.

LES capitaines gardes-côtes, leurs lieutenans & enſeignes jouiront de l'exemption du ban & arriere-ban.

A Cette exemption qui eſt ancienne, puiſqu'on la trouve dans l'art. 9 de l'Ordonnance du mois de Mars 1584, le Réglement du 28 Janvier 1716, revêtu de Lettres patentes enregiſtrées au Parlement, a ajouté, art. 5 du tit. premier, celle de tutelle & curatelle, nomination à icelles, & autres charges de ville.

Il y eſt dit encore, que le ſervice des officiers gardes-côtes leur tiendra lieu de celui qu'ils pourroient rendre dans les armées; de maniére qu'ils pourront mériter dans les occaſions d'être reçus dans l'Ordre de S. Louis, & que durant la guerre ils pourront obtenir des Lettres d'Etat, comme s'ils ſervoient dans les armées.

Mais cela ne regardoit alors que les officiers majors de la garde-côte, tels que ſont le capitaine général, le major & le lieutenant ou aide-major de chaque capitainerie. Les capitaines & autres officiers des compagnies, ſoit de paroiſſes, ſoit détachées, ne participoient point à ces priviléges, ſi ce n'eſt à celui de l'exemption du ban & arriére-ban, qui a toujours été commun à tous ceux qui ſont au ſervice militaire. Mais par la nouvelle Ordonnance du 5 Juin 1757, tous ces priviléges ont été étendus aux capitaines des compagnies détachées, & aux capitaines généraux du guet.

Les milices gardes-côtes ont auſſi leurs priviléges.

Le premier eſt celui qui les exempte du logement des gens de guerre & d'étape; lequel privilége leur a été accordé par la déclaration de Louis XIII du dernier Février 1625, dont Cleirac fait mention ſur l'art 50 de la Juriſdiction de la Marine. Ce même privilége, confirmé par l'art. 453 de l'Ordonnance du mois de Janvier 1629, ſe trouve rappellé dans une autre Déclaration de Louis XIV, du 31 Octobre 1647.

Le ſecond eſt celui qui exempte les paroiſſes ſujettes au guet & garde de la mer, de fournir des hommes pour les milices de terre. Il eſt porté par l'art. 10, tit. 5 du Réglement dudit jour 28 Janvier 1716, & il a été confirmé par l'art. 20 de l'Ordonnance du 5 Juin 1757. L'art. 13 ajoute qu'aucun milicien des compagnies détachées ne pourra être engagé dans les troupes de terre ni dans celles de mer, pendant les ſix années qu'il ſera employé dans leſdites compagnies.

Le troiſiéme enfin, mais qui eſt particulier aux cavaliers gardes-côtes, en conſidération de ce qu'ils peuvent être commandés à tout moment pour le ſervice du

Roi, ou pour donner main-forte au besoin, est celui en vertu duquel ils ne peuvent être établis commissaires sequestres sur des fruits saisis, s'ils ne veulent accepter la commission. Commentaire sur la Coutume de la Rochelle, art. 15, n. 19. Ce n'est qu'un usage, à la vérité ; mais le privilége n'en est pas moins réel, & Messieurs les Intendans ne souffrent pas qu'on y donne atteinte. Cependant ils n'interposent leur autorité à ce sujet, que lorsque la saisie sequestre des fruits est faite pour le payement de la taille ou autres deniers royaux.

Par Ordonnance du 9 Avril 1758, art. 10, ce privilége a été expressément confirmé en faveur des dragons des compagnies détachées, durant les six années de leur service. Au surplus ils ont été déclarés exempts, eux & leurs chevaux, pendant la guerre, des corvées pour l'entretien des grands chemins.

Par rapport à ces mêmes corvées, tous ceux qui composent les compagnies détachées de l'infanterie, en sont aussi déclarés exempts durant la guerre, par l'art. 30 du Réglement du 14 du même mois d'Avril 1758 ; mais non leurs chevaux, excepté les jours qu'ils seront commandés pour le service, parce qu'ils ne se trouveroient pas alors en état de conduire eux-mêmes leurs chevaux.

L'Ordonnance du 5 Juin 1757, art. 38, promet aux miliciens des compagnies détachées des exemptions pendant tout le temps qu'ils seront employés dans ces compagnies ; lesquelles exemptions seront expliquées par des réglemens particuliers pour chaque province.

Ces exemptions ne sont autres que celles portées par l'Ordonnance du 9 Avril 1758, & par le Réglement du 14 du même mois, dont il vient d'être parlé.

TITRE VI.

DES PERSONNES SUJETTES AU GUET DE LA MER.

Le guet & la garde sur les côtes du Royaume a toujours été regardé avec raison comme un objet extrêmement important : aussi y a-t-il eu une grande quantité de Réglemens pour en perfectionner le service.

Dans l'origine, le soin d'y veiller appartenoit spécialement à l'Amiral ; c'étoit un attribut de sa Charge, comme une dépendance naturelle du droit qu'il avoit de commander sur la mer & sur ses bords, pour empêcher les descentes des ennemis.

En conséquence il ordonnoit le guet & garde sur les côtes, quand il le jugeoit à propos, à tous ceux qui y étoient sujets ; c'est-à-dire, à ceux qui n'étoient pas à plus d'une demie lieue de distance de la mer : ce qu'il ne faisoit toutefois qu'en temps de guerre ou suspect. Mais comme, pour être en état de bien servir en temps de guerre, il faut avoir été exercé en temps de paix., il faisoit assembler en paix comme en guerre les milices gardes-côtes, dont il faisoit la revue par lui ou par ses officiers ; avec cette différence qu'en temps de guerre ces revues ou montres se renouveloient de six mois en six mois, & qu'en temps de paix elles n'avoient lieu que tous les deux ans.

Tout cela s'exécutoit aux lieux, jours & heures qu'il indiquoit dans les ordres qu'il envoyoit à cette fin aux capitaines de ces milices gardes-côtes. Chargés par état de les former au maniement des armes & à la discipline militaire, ils étoient à sa nomination, de même que tous les capitaines & les autres officiers de la Marine.

Pour l'ordre & l'exactitude de ces revues ou montres, il y avoit comme aujourd'hui dans chaque capitainerie un clerc du guet également à sa nomination, lequel étoit chargé de tenir un rolle, distingué par compagnies, de tous les habitans sujets au guet, & de les avertir du jour de chaque revue. Ceux-ci, comme ajourd'hui encore, étoient obligés de s'y trouver en armes, à peine d'amende au profit de l'Amiral.

Outre cela, il lui étoit dû par chaque feu une redevance annuelle, mais en temps de paix seulement, & non en temps de guerre ; à moins qu'on ne manquât au guet commandé : auquel cas la redevance étoit dûe, outre l'amende du défaut, & la peine de la prison pour la désobéissance.

La preuve de tout ceci se trouve dans les Ordonnances de 1517, art. 28, 29 & 30, de 1543, art. 7, 8, 9 & 10, de 1584, art. 16, 17, 18 & 19, & dans la Déclaration d'Henri IV du 23 Février 1605.

Du reste, par l'Ordonnance du 6 Août 1582, il avoit été expressément défendu à tous gouverneurs, lieutenans, capitaines & gardes des villes, châteaux & places maritimes ou autres, de prendre aucune connoissance desdits guet & garde, &c. avec injonction d'en laisser l'entiére disposition à l'Amiral & à ses Lieutenans.

Cet ordre subsista, non-seulement jusqu'à la suppression de la Charge d'Amiral en 1627, mais encore durant tout le temps que les fonctions de cette Charge furent exercées sous le titre de Grand-Maître, Chef & Surintendant de la Navigation.

En ce qui concerne la faculté qu'avoit le Grand-Maître de la Navigation de nommer aux places vacantes de capitaines gardes-côtes, par continuation du droit de l'Amiral, il n'en faut point d'autre preuve que l'Ordonnance du 13 Octobre 1672, rendue au sujet des capitaines & autres officiers gardes-côtes nommés par M. le Duc de Beaufort, » qui avoient, est-il dit, continué de faire les fonctions desdi- » tes charges, quoique leurs provisions *fussent devenues nulles par sa mort*; à raison de » quoi, il leur fut fait défenses de s'en servir, & à toutes personnes de les reconnoî- » tre en ladite qualité; sauf à eux à se pourvoir par devers Sa Majesté, pour en ob- » tenir de nouvelles provisions, ainsi qu'elle verroit bon être.

Alors la Charge d'Amiral étoit rétablie, & l'on voit que ce n'étoit plus à l'Amiral à nommer à ces places. C'est que, par le Réglement du 12 Novembre 1669, relatif à l'Edit du même mois portant rétablissement de cette Charge, le Roi s'étoit formellement réservé *le choix & provisions des capitaines gardes-côtes*, de même que de tous les officiers de la Marine. Réserve depuis renouvellée dans l'art. 14, tit. premier, du livre premier ci-dessus.

Ainsi il n'est pas étonnant que depuis ce temps-là l'Amiral n'ait plus nommé les capitaines gardes-côtes. Tout ce qui lui est resté de son ancien droit en cette partie, c'est que les commissions que le Roi leur donne sont assujetties à son attache, & à être enregistrées au Greffe de l'Amirauté, avec prestation de serment, comme il a été observé sur l'article premier du titre précédent.

A l'égard de la redevance annuelle par feu, payable en temps de paix par chaque chef de famille sujet à la garde des côtes; de tous les droits attachés originairement à la Charge d'Amiral, il n'en est peut-être point de plus ancien, ni qui ait été plus souvent confirmé en connoissance de cause.

Fixé pour la quotité à cinq sols, par Edit de Louis XI du mois d'Avril 1475, il existoit long-temps auparavant, & il a été confirmé depuis; savoir, sous la dénomination générique de devoir *au taux accoutumé*, par les Ordonnances de 1517, art. 30, de 1543, art. 9, & de 1584, art. 18; & formellement à raison de cinq sols par feu, par la Déclaration d'Henri IV, du 23 Février 1605, vérifiée au Parlement de Rouen le 10 Mai suivant, sous la condition toutefois qu'il n'en pourroit être demandé qu'une année; c'est-à-dire, que cette redevance n'arrérageroit point à l'*instar* de la dixme & du terrage ou champart. Ce qui fut ordonné de nouveau par un autre Arrêt du même Parlement, en date du 29 Mars 1610

Dans la suite, quoique ce droit eût encore été rappellé dans le préambule de la Déclaration du 31 Octobre 1647, il fut disputé à M. le Duc de Vendôme, tant par divers Seigneurs & Gouverneurs, dont les uns avoient tenté de l'usurper, & d'autres s'étoient opposés à sa perception, que par les habitans d'une quantité considérable de paroisses maritimes qui prétendoient à l'envi se défendre de le payer : mais M. de Vendôme y fut constamment & sans aucune interruption, maintenu par Arrêts du Conseil des 27 Mars 1654, 11 Juillet 1659, 5 Février & 6 Septembre 1661, 10 Mars & 12 Juillet 1662, & 25 Juin 1665. Ce dernier d'autant plus remarquable, que le Duc de Vendôme avoit en tête un plus grand nombre d'adversaires.

Il sembloit après cela que la perception de ce droit au profit de l'Amiral ne pouvoit plus cesser, qu'autant que la suppression en seroit formellement ordonnée

par

par quelque acte émané de l'autorité royale ; cependant il en est arrivé autrement, & ce droit s'est éteint comme de lui-même, & par le simple non-usage.

Si la recette en eût discontinué aussi-tôt après le rétablissement de la charge d'Amiral, ou même aussi-tôt après la promulgation de la présente Ordonnance, on pourroit présumer que l'intention du Roi auroit été de le supprimer effectivement, en ne le comprenant pas dans l'énumération des droits anciennement attachés à cette charge ; mais outre que depuis ces deux époques, il a été reconnu plus d'une fois que le Roi n'avoit pas entendu préjudicier aux autres droits de l'Amiral, sous prétexte qu'ils n'avoient pas été rappellés dans l'énumération qu'il en avoit faite ; c'est que par rapport à ce droit de guet & garde sur les côtes en particulier, il y a des monumens postérieurs à l'une & l'autre époques, qui prouvent que Louis XIV. l'a reconnu comme un droit toujours subsistant.

Ces monumens sont. 1°. La commission que ce Roi fit délivrer le 4 Octobre 1671 pour la régie & conservation des droits de l'Amiral, pendant la minorité du Comte de Vermandois, dans laquelle commission le droit de guet & garde est expressément établi.

2°. Une autre commission du 9 Décembre 1683 delivrée au sieur Fouyn pour le même sujet, à l'occasion de la minorité de M. le Comte de Toulouse, dans laquelle ce droit de guet & garde est pareillement exprimé.

3°. Un autre Arrêt du Conseil du 13 Décembre 1687, qui, sur la Requête de Madame la Princesse de Conty, en qualité d'héritiere de M. le Comte de Vermandois son frere, tendante à la restitution dudit droit de garde que divers particuliers s'étoient fait payer durant l'exercice de M. le Comte de Vermandois, par usurpation sur les droits de sa charge ; ordonna que les particuliers qui se trouveroient avoir reçu ledit droit de garde, seroient assignés à la requête de ladite Dame, pour représenter les titres en vertu desquels ils l'avoient perçu.

4°. Enfin un autre Arrêt du Conseil du 30 du même mois de Décembre, qui sans avoir égard aux titres & moyens produits par le sieur de la Feriére, Lieutenant de Roi de Grandville, dans la vue de se faire maintenir en possession dudit droit de garde, dans l'étendue du gouvernement de ladite Ville, lui fit défenses d'exiger à l'avenir ledit droit de garde, à peine de concussion. Dans cet Arrêt est visé celui du 25 Juin 1665, ci-dessus cité, rendu en faveur de M. le Duc de Vendôme, comme l'ayant confirmé & maintenu dans la possession de faire percevoir à son profit la redevance de 5 s. par feu en temps de paix, pour droit de guet & garde.

Ainsi dans ce temps-là M. l'Amiral étoit encore en possession & jouissance de ce droit, qui par conséquent étoit indépendant de la destination de l'emploi des amendes portées par l'article 3 ci-après. Comment ce droit s'est-il donc éclipsé dans la suite, ne paroissant pas avoir été supprimé par aucun Edit ni Arrêt du Conseil ? Voici sur cela mes conjectures.

Ce droit n'étoit dû par les habitans de la garde-côte qu'en temps de paix, & réguliérement la garde-côte étoit bornée anciennement à une demie lieue de distance du bord de la mer. Par l'article 1er. du Réglemenr du 23 Novembre 1701, elle fut étendue jusqu'à deux lieues : on étoit alors en guerre, & par conséquent la redevance des 5 s. par feu n'étoit pas exigible. D'ailleurs quand on auroit été en paix, il n'auroit pas été naturel de donner à la redevance la même extension qui avoit été donnée au terrein sujet à la garde-côte ; c'est-à-dire, d'y assujettir les habitans qui venoient d'être soumis nouvellement au service de la garde-côte.

Que l'augmentation de l'étendue de la garde-côte ne fût pas capable de faire perdre à l'Amiral le droit qu'il avoit sur l'étendue ancienne de la garde-côte, c'est-à-dire jusqu'à demi-lieue de distance du bord de la mer, à la bonne heure; mais par la raison contraire son droit ne pouvoit pas s'étendre jusqu'à deux lieues, sous prétexte de l'extension nouvellement donnée à la garde-côte jusqu'à cette distance de deux lieues. Il auroit falu pour cela que le Roi eût expressément donné à ce droit la même extension qu'il avoit donnée à l'étendue de la garde-côte, d'autant plutôt que le service de la garde-côte n'étoit plus le même qu'autrefois.

Il étoit changé en effet depuis que le Roi s'étoit reservé la nomination des capitaines gardes-côtes. M. l'Amiral n'y avoit plus la même influence, surtout depuis le réglement du 12 Mai 1696; & quoique celui du 23 Novembre 1701 portât que les capitaines garde-côtes ne commanderoient que sous l'autorité de M. l'Amiral, on y voit néanmoins que tout ce qui concernoit le service de la garde côte devoit se faire par les ordres des Gouverneurs généraux, ou des Commandans dans les provinces.

Le changement fut encore plus considérable au moyen de l'Edit du mois de Février 1705, par lequel le Roi érigea en titre d'office les capitaineries gardes-côtes du royaume, & des réglemens intervenus en conséquence.

Il est vrai que ces charges furent supprimées par autre Edit du mois de Janvier 1716, & que par un dernier réglement du 28 du même mois, qui est la régle encore aujourd'hui subsistante pour la majeure partie du service de la garde-côte, les choses ont été rétablies à peu près sur le pied qu'elles étoient au temps de notre présente Ordonnance; mais il est resté encore assez des changemens qui avoient interrompu la perception de la redevance de 5 s. par feu au profit de M. l'Amiral, pour en avoir empêché le rétablissement.

Et d'abord l'étendue de la garde-côte étant demeurée fixée à deux lieues, comme par le réglement du 23 Novembre 1701, il est évident que la redevance de 5 s. par feu ne pouvoit être prétendue par M. l'Amiral après la paix d'Utrecht, que sur l'ancien pied; c'est-à-dire, que jusqu'à une demi lieue de distance de la côte. Or cette distinction qui devoit mettre une différence notable entre les habitans sujets à la garde côte, & rendre leur condition inégale en cette partie, tandis que les charges du service étoient absolument les mêmes, formoit déjà un grand inconvenient, capable même, soit par la jalousie naturelle aux paysans, soit par l'esprit d'intérêt qui les domine singuliérement, d'engager plusieurs de ceux qui avoient eu leur domicile dans l'étendue de la demi lieue à le transférer au-delà, pour s'exempter du payement de la redevance; ce qui auroit dépeuplé d'autant les lieux les plus voisins de la côte, tandis que l'intérêt de l'état exige que ces mêmes lieux soient les plus habités, à raison de la promptitude du secours qui peut en résulter. Et si l'on oppose que ce changement de domicile n'étoit point arrivé du temps que la garde-côte ne s'étendoit pas au-delà de demie lieue; c'est qu'alors ils auroient perdu les priviléges attachés à la garde-côte, ce qu'ils n'auroient pas eu à craindre en allant s'établir au-delà de la demie lieue, dès-qu'ils auroient été sujets tout de même à la garde des côtes.

Cela tout seul n'auroit pas empêché à la vérité, que M. l'Amiral n'eût continué la perception de sa redevance de 5 s. par feu dans l'étendue de la demie lieue, sur ceux des habitans qui s'y seroient trouvés domiciliés ; mais outre les embarras de cette régie, à l'occasion de laquelle il auroit falu poser les bornes de la demie lieue, & faire dresser des rôles particuliers pour les habitans domiciliés dans l'étendue de la même demi-lieue ; c'est qu'au fond le droit de l'Amiral étoit devenu sujet à contestation, attendu que suivant les titres qui l'avoient établi ou confirmé en sa faveur, il n'étoit dû par les habitans de la garde-côte en temps de paix, qu'à cause qu'ils étoient dispensés du guet & garde sur les côtes durant le même temps, & qu'ils n'étoient assujettis à s'assembler pour passer en revue que de deux ans en deux ans ; au lieu que par les nouveaux réglemens concernant le service de la garde-côte, non-seulement ils étoient devenus sujets à passer en revue deux fois l'année, mais encore à faire l'exercice une fois le mois : ordre qui s'observe encore aujourd'hui.

La condition des habitans sujets à la garde des côtes ayant donc changé aussi considérablement, il n'étoit pas naturel qu'avec cette surcharge ils demeurassent encore assujettis à l'ancienne redevance de 5 s. par feu.

Telles sont les raisons qui vraisemblablement engagérent feu M. le Comte de Toulouse à y rénoncer, en le laissant tomber par simple prétermission. Aussi depuis ce temps-là n'en a-t'il plus été question.

ARTICLE PREMIER.

LEs *Habitans des Paroisses sujettes au guet de la mer, seront tenus de faire la garde* sur la côte, *quand elle sera commandée ; à peine de trente sols d'amende* contre le défaillant, pour la premiere fois, & d'amende arbitraire, pour la seconde.

LEs *habitans des paroisses sujettes au guet de la mer.* Anciennement la garde-côte ne s'étendoit, comme il vient d'être dit, que jusqu'à une demi-lieue de distance du bord de la mer : Ordonnance de 1543 art. 10, & de 1584 art. 19. Par le Réglement du 23 Novembre 1701 elle a été étendue jusqu'à deux lieues, ce qui a été confirmé par l'art. 1er. tit. 5 du Réglement du 28 Janvier 1716, qui est la loi générale toujours subsistante sur le fait de la garde-côte, & par l'article 20 de l'Ordonnance du 5 Juin 1757.

Ce sont donc les habitans des paroisses situées dans cette étendue de deux lieues qui sont sujets au guet de la mer & à la garde sur les côtes ; mais il en faut excepter :

1°. Non seulement ceux qui sont au-dessous de l'âge de 16 ans, (art. 20 de l'Ordonnance du 5 Juin 1757, auparavant le service ne commençoit qu'à 18 ans,) & ceux qui sont au-dessus de l'âge de 60 ans, mais encore les matelots, aux termes dudit Réglement du 28 Janvier 1716 art. 2 du tit. 2 ; ce qui avoit déjà été ainsi prescrit par le Réglement du 13 Juin 1708. A l'égard des matelots la raison de l'exemption est qu'ils doivent le service sur les vaisseaux du Roi : & pour ce qui est des autres, c'est l'âge avant lequel ou après lequel, on ne peut être forcé au service. Le matelot en est même dispensé à 50 ans, voyez le titre des matelots *suprà* art. 2.

2°. Ceux qui ont servi durant trente ans dans la garde-côte, puisqu'ils doivent avoir alors leur congé absolu, suivant l'art. 9, tit. 5 dudit Réglement de 1716; mais il semble que cela ne doit s'entendre que de trente années de guerre, de même que les vingt années de service qui opérent l'exemption de la taille en faveur de ceux qui se seront distingués dans quatre occasions.

3°. Ceux qui sont chargés du recouvrement des deniers royaux, durant tout le temps de leur exercice ou gestion.

4°. Les Commis des Postes, des Aydes & autres employés des Fermes.

5°. Les Gardes Etalons.

6°. Les Charpentiers de navires, calfats & autres ouvriers affectés au service de la marine; les Syndics des paroisses durant le temps de leur exercice. Art. 21 & 22 de l'Ordonnance du 5 Juin 1757.

7°. Enfin ceux qui sont commis par M. l'Amiral ou par les Officiers de l'Amirauté, pour veiller aux naufrages & au sauvement des effets qui viennent à la côte.

Par les anciennes Ordonnances ceux qui n'étoient taxés qu'à 5 f. de taille étoient exempts de la garde-côte; mais depuis longues années il n'y a plus de taux aussi modique.

Seront tenus de faire la garde. Aujourd'hui cela ne regarde plus que les habitans compris dans les compagnies des paroisses; ceux des compagnies détachées en sont dispensés, parce qu'ils ont un service séparé. Art. 2 du même tit. 5, art. 6 du tit. 7 & art. 1er, & 9 du tit. 8 dud. Réglement de 1716. Cela avoit déjà été ainsi ordonné par l'art. 3 du Réglement du 13 Juin 1708, & par l'art. 4, tit. des amendes du Réglement du 2 Mai 1712, & a encore été nouvellement confirmé par l'Ordonnance du 5 Juin 1757 art. 39 & suiv.

Quand elle sera commandée, par le capitaine général garde-côte ou son représentant, qui de son côté doit prendre les ordres du Gouverneur ou Commandant-général dans la province. Art. 5, 8 & 10, tit. 2 du même Réglement de 1716, en conformité de celui du 13 Juin 1708 art. 16, 17 & 32 : voyez aussi sur ce sujet l'Ordonnance du 5 Juin 1757.

Mais tout cela n'est que pour le service en temps de guerre. En temps de paix il n'y a point de guet & garde à faire sur la côte. Art. 13 du Réglement du 24 Septembre 1713; il n'est question que des montres ou revues & de l'exercice des soldats. Les revues sont au nombre de deux par an, au mois de Mai & au mois d'Octobre ou de Novembre, & l'exercice doit se faire une fois le mois. En cette partie il n'y a point de distinction entre les compagnies des paroisses & les compagnies détachées, tous ceux qui les composent sont également obligés de s'y trouver.

Pour ce qui est des revues, voir l'art. 4 du tit. 2, l'art. 6 du tit. 5, & l'art. 4 du tit. 9 du Réglement de 1716, dont les dispositions sont relatives aux art. 1er. & 2 du Réglement du 24 Septembre 1713; voir aussi le nouveau Réglement du 14 Avril 1758.

Et en ce qui concerne l'exercice, voir l'article 3 du tit. 4, l'article 6 du tit. 5 & l'article 4 du tit. 9, le tout conforme aux art. 6 & 7 dudit Réglement du 24 Septembre 1713.

A peine de trente sols d'amende, &c. Par l'article 9 du Réglement du 23 Novembre 1701, de même que par l'art. 36 du Réglement du 13 Juin 1708, l'amende avoit été laissée à l'arbitrage des Gouverneurs-généraux ou Commandans des provinces. Le Réglement du 2 Mai 1712 art. 1er. & 2 l'avoit fixée à 10 sols pour la premiere fois, à 20 sols pour la seconde, & en cas de recidive il la laissoit à l'arbitrage tout de même du Commandant de la province, suivant l'art. 10; ce qui avoit été confirmé par autre Réglement du 24 Septembre 1713 art. 7; mais par le Réglement du 28 Janvier 1716, elle ne peut être moindre de 10 sols, ni plus forte de 40 sols, art. 7 du tit. 5. Cela veut dire que pour le premier défaut il n'y a que 10 sols d'amende, & que pour le second elle peut être portée jusqu'à 40 sols à l'arbitrage du Juge.

Pour ce qui est du service en temps de guerre, l'art. 3 du tit. 8, conformément au Réglement du 2 Mai 1712, tit. des peines, art. 1er. soumet à 15 jours de prison & à 20 sols d'amende le soldat de compagnie qui ne se sera pas rendu à son poste, ou qui après y être venu aura quitté sa compagnie sans la permission du commandant; & s'il quitte pendant quelque action, il doit être condamné aux galéres perpétuelles. A l'égard de ceux qui doivent faire la garde sur la côte, étant commandés, aussi en temps de guerre, la peine du manquement est également de 20 sols d'amende & de prison en cas de recidive, art. 9 du même tit. 8. La derniere Ordonnance du 5 Juin 1757 art. 39 & 40, ne parle que de prison sans amende; mais cette Ordonnance qui laisse bien des choses à désirer, laisse subsister tout ce à quoi elle n'a pas dérogé: il y a quelque chose de plus dans le nouveau Réglement du 14 Avril 1758.

ARTICLE II.

N'Entendons toutefois comprendre les habitans des paroisses qui doivent le guet ès Villes, Châteaux & Places fortes situées sur la mer, lesquels seront tenus de l'y faire, & non sur la côte.

ON trouve la même disposition dans l'Ordonnance de 1543 art. 10, & dans celle de 1584 art. 19. Il n'auroit pas été naturel, en effet, que ceux qui étoient assujettis au guet & garde dans les Villes & Châteaux eussent encore été tenus de faire le guet sur la côte. Mais aujourd'hui cette distinction n'a plus lieu, parce que la garde de ces Villes, Châteaux & Places fortes situées sur le bord de la mer ou dans la mer, est confiée en tout temps à des troupes réglées ou aux invalides; de sorte que le soin de renforcer ces postes, en cas d'allarme, par les habitans de la garde-côte, regarde uniquement le Commandant de la province.

ARTICLE III.

LE Lieutenant de l'Amirauté jugera les amendes sur le rapport du clerc du guet, lequel en fera la recette : & les deniers seront appliqués à la diligence de notre Procureur, aux réparations du corps-de-garde.

C'Est encore aujourd'hui le Lieutenant de l'Amirauté qui doit prononcer les amendes contre ceux qui manquent de se trouver aux revues générales ou particulieres, & aux exercices. Ce droit avoit été attribué au Gouverneur-général ou Commandant de la province, par les art. 9 & 15 du Réglement du 23 Novembre 1701, par l'art. 36 du Réglement du 13 Juin 1708 & par l'art. 10 tit. des amendes du Réglement du 2 Mai 1712 ; mais il a été rendu au Lieutenant de l'Amirauté par le Réglement du 28 Janvier 1716 art. 7 du tit. 5 & art. 2 du tit. 10, à quoi il ne paroît pas qu'il ait été dérogé par la derniere Ordonnance du 5 Juin 1757, ni par le nouveau Réglement du 14 Avril 1758.

Les amendes se prononcent contre les défaillans, sur le rôle qu'en doit tenir le clerc du guet, aux termes de l'art. 3, tit. 1er. & du même art. 7, tit. 5 dudit Réglement. Il en fut autrement tant que les Offices des Commissaires aux montres & revues subsisterent ; c'étoit à eux alors à tenir le rôle des défaillans & à faire la recette des amendes, à la charge néanmoins de remettre au Greffe de l'Amirauté tous les six mois, un état des amendes payées & à payer, suivant les art. 12, 13 & 14, tit. des amendes du Réglement du 2 Mai 1712.

Le Réglement du 28 Janvier 1716 ne dit point par qui la recette des amendes sera faite ; mais puisqu'il a rétabli le clerc du guet pour tenir le rôle des défaillans, conformément à notre Ordonnance, il est évident, comme il a été observé sur l'art. 4 du précédent titre, qu'il a entendu que ce seroit aussi ce clerc du guet qui feroit la recette des amendes, relativement à la disposition du présent article & du suivant ; aussi est-ce l'usage qui s'observe actuellement.

Quant à la destination des amendes, qui aux termes de ce même article, doivent, à la diligence du Procureur du Roi, être appliquées aux réparations du corps-de-garde, cette disposition a été renouvellée par Ordonnance de M. le Comte de Toulouse, en exécution du Réglement du Roi, du 12 Mai 1696.

Depuis ce temps-là il fut ordonné par l'art. 8 du Réglement du 23 Novembre 1701, que la recette des amendes seroit faite par ceux que les Intendans des provinces y préposeroient, pour en être le produit employé par les ordres de Sa Majesté ; mais par l'art. 37 du Réglement du 13 Juin 1708, il a été réglé que le produit desdites amendes seroit employé *aux réparations des corps-de-garde & entretien du feu & chandelle d'iceux, sans qu'elles puissent être diverties à d'autres usages* ; & cette destination conforme à celle prescrite par le présent article n'a point changé depuis, n'y ayant rien de contraire dans les Réglemens postérieurs.

Cependant comme suivant le Réglement de 1716, il n'y a de subsistant en temps de paix que les corps-de-garde bâtis en pierres ou en briques, & que les dépenses de leur entretien sont peu considérables, l'usage s'est introduit d'appliquer les amendes aux réparations des drapeaux, guidons & étendarts, des tambours & des habits uniformes ; le tout sous la direction du Capitaine-général de chaque capitainerie, sans en communiquer au Procureur du Roi, comme si son ministére étoit borné en cette partie, à veiller au recouvrement des amendes ; encore est-on attentif à lui en ôter la connoissance, quoiqu'il ne soit pas douteux qu'il n'ait droit d'examiner si les amendes ont été payées, & l'emploi qui en a été fait.

Quant à la construction, la conservation & la démolition des corps-de-garde & magasins, voir le tit. 7 & les art. 1er. & 2 du tit. 9 du Réglement de 1716. L'article 3 parlant de l'inventaire des ustensiles, veut qu'il en soit remis une copie au Greffe de l'Amirauté.

ARTICLE IV.

LE Clerc du guet sera tenu, à peine de destitution, de mettre de six mois en six mois au Greffe de l'Amirauté, un rôle des amendes payées, & de celles qui resteront à payer.

TAnt qu'il y a eu des Commissaires aux montres & revues en titre d'Office, c'étoit à eux à remplir l'obligation imposée ici au clerc du guet, comme il résulte de l'art. 14, tit des amendes du Réglement du 2 Mai 1712 : ainsi notre article n'a jamais cessé d'avoir son exécution ; il n'y a eu de différence que par rapport au sujet qui y étoit astreint.

Aujourd'hui les choses sont au même état qu'elles étoient au temps de la promulgation de cette Ordonnance, puisque le clerc du guet a été rétabli par le Réglement du 28 Janvier 1716, qui en cette partie n'a souffert aucun changement par la derniere Ordonnance du 5 Juin 1757.

L'objet de cet article est de pourvoir au recouvrement des amendes contre ceux qui sont en demeure ou qui refusent d'en faire le payement ; & ce soin regarde naturellement le Procureur du Roi, qui au moyen de ce rôle est instruit de ce qui reste à payer des amendes. Mais comme il a été observé sur l'article précédent, on fait se passer de son ministére à cet égard. On se sert même pour cela d'un moyen qui n'est pas régulier, quoiqu'il semble autorisé par l'art. 10, tit. des amendes du Réglement du 2 Mai 1712. Ce moyen est d'emprisonner par voye de fait & exécution militaire, ceux qui sont en retard de payer ; & ce qui me fait dire que ce moyen n'est pas régulier, c'est la disposition des art. 1er. & 2 tit. 10 du Réglement du 28 Janvier 1716, qui a rétabli les Officiers de l'Amirauté dans leur ancien droit, par rapport à la garde-côte ; d'où il s'ensuit, que le recouvrement forcé des amendes ne doit se faire qu'à la diligence du Procureur du Roi. Il est pourtant vrai au fond, que l'emprisonnement est la voye la plus courte pour parvenir au payement des amendes ; ainsi cet usage peut être toleré absolument, pourvu néanmoins que l'on corrige l'abus où sont les capitaines, de faire grace de l'amende à qui il leur plaît de leurs soldats ; car que cette remise soit gratuite ou non, elle ne va pas moins contre le bien du service, ne fût-ce que par le sujet de murmurer qu'elle donne à ceux qui ne sont pas traités si favorablement. Il en est de même de l'exemption de service pour les revues, l'exercice & le guet de la mer : aussi tout cela leur est-il expréssement défendu par l'art. 9, tit. 2 du Réglement du 28 Janvier 1716 ; & plus particulierement encore sous de griéves peines, surtout l'exemption étant à titre onéreux & non gratuit, par les art. 10 & 11 du Réglement du 2 Mai 1712, titre des revues ; à quoi se rapporte la disposition de l'article 40 du nouveau Réglement, du 14 Avril 1758.

ARTICLE V.

LE signal se fera de jour par fumée, & de nuit par feu.

CEs signaux qui sont les mêmes que ceux indiqués par l'Ordonnance de 1517 art. 29, par celle de 1543 art. 8, & par celle de 1584 art. 17, ont été pratiqués de tout temps, comme il résulte des notes de Cleirac sur l'art. 83 de la Jurisdiction de la marine, pages 547 & 548, d'où le Commentateur a tiré tout ce qu'il a dit sur cet article.

Mais on ne s'en tient pas toujours à ces signaux *de jour par fumée, & de nuit par feu.* Il en est d'autres que l'on y peut joindre, ou substituer même, tels que ceux indiqués par l'art. 10 du Réglement du 13 Juin 1708 & par l'art. 11 tit. 8 du Réglement du 28 Janvier 1716, qui peuvent être faits avec des pavillons ou des coups de canon, qui soient vûs ou ouis d'un corps-de-garde à l'autre ; le tout sans préjudice des autres signaux qui peuvent être ordonnés par le Commandant, tels qu'il le jugera à props, avec ordre de les répéter, & qu'ils se fassent à des distances assez raprochées, pour qu'ils puissent être apperçus plus aisément & rendus plus composés, suivant l'art. 12 du même Réglement de 1716.

Cependant les signaux par fumée le jour, & par feu la nuit, comme se faisant remarquer de plus loin, sont préférés par le Réglement du 23 Novembre 1701 art. 13, qui en conséquence, ordonne qu'il y ait sur les lieux où ils se devront faire, les matiéres nécessaires pour cela, & qui charge les capitaines garde-côtes d'y tenir la main.

Mais ces signaux ne sont d'usage qu'en temps de guerre, & en cas d'allarme.

ARTICLE VI.

LEs habitans des paroisses sujettes au guet de la mer, seront tenus d'avoir en tout temps dans leurs maisons, chacun un mousquet ou fusil, une épée, une demie livre de poudre, & deux livres de bales, à peine de cent sols d'amende.

Nos

NOs anciennes Ordonnances ci-devant citées, s'étoient contentées de dire que l'Amiral contraindroit les habitans sujets à la garde des côtes, *à eux armer & embastonner comme il appartient.*

La maniére de faire la guerre ayant changé depuis, c'est la raison pour laquelle notre article, confirmé par l'Ordonnance du 5 Juin 1757 art. 44, a ordonné (mais *vide infrâ*) qu'ils fussent armés & pourvus de munitions de guerre, de la façon qui y est prescrite, & cela en tout temps; c'est-à-dire en temps de paix comme en temps de guerre. Cependant cela ne s'exécute pas à la rigueur en temps de paix pour les munitions, à moins que l'on ne prévoye une guerre prochaine. Au surplus, lorsque ces troupes sont commandées pour s'opposer aux descentes, c'est le Roi qui leur fait fournir les munitions de guerre & le pain, dès-le lendemain de leur arrivée pour le service de la garde-côte. Il y a pourtant une exception par l'Ordonnance du 5 Juin 1757 art. 31 en ce qui concerne la solde, qui ne doit courir qu'après le quatrième jour de service, lorsqu'il ne sera question que de détachemens pour la garde des redoutes, corps-de-garde, batteries ou autres postes.

Pour reprendre notre article, le Réglement du 13 Juin 1708 a ajouté art. 5, qu'outre le fusil, chaque habitant seroit muni d'une bayonnette, d'un porte bayonnette & d'un fourniment avec le cordon; ce qui ayant été passé sous silence dans l'art. 8, tit. des amendes du Réglement du 2 Mai 1712, qui ne parle que d'un fusil & d'une épée en bon état, a été expressément ordonné de nouveau par le Réglement du 28 Janvier 1716 art. 3, tit. 5. Aujourd'hui par la nouvelle Ordonnance du 5 Juin 1757 art 33, c'est le Roi qui fait fournir aux compagnies détachées les armes nécessaires pour le service; & ces armes qui doivent être déposées dans un magasin destiné à cette fin, pour n'en être tirées qu'à l'occasion des revues & du service, sont sujettes à y être rapportées aussi-tôt après le service fini.

Mais par l'art. 24 du nouveau Réglement du 14 Avril 1758, il est ordonné que les armes, au lieu d'être déposées dans les magasins, resteront pendant la guerre, entre les mains des soldats des ces compagnies détachées, lesquels soldats seront tenus d'entretenir leurs armes en bon état, &c.

A l'égard des milices des compagnies du guet, l'art. 25 les dispense pour l'avenir de se fournir d'armes & de munitions à leurs fraix; & veut que les paroisses soient tenues de pourvoir chacun des corps-de-garde, du nombre de fusils nécessaires pour la garde ordinaire du guet, & du même calibre que ceux des compagnies détachées, & qu'ils y soient entretenus pendant le temps de la guerre, ainsi que la poudre, les bales, pierres de réchange, tirre-boures & tourne-vis, proportionnement au nombre des soldats qui seront commandés pour le service de chacun desdits corps-de-garde.

Il en est de même en Bretagne, art. 50 de l'Ordonnance du 25 Février 1756, & en Normandie, art. 22 du Réglement du 15 Février 1758. *Secus* en Picardie art. 31 du Réglement du 30 Mars 1758, & en Guienne & en Languedoc, les Réglemens des 13 Août 1757 & 15 Mai 1758 n'en disant rien.

En Provence, c'est à la Province à fournir tout ce qui est nécessaire pour armer & équiper les garde-côtes. Ordonnances des 27 Avril 1746 & 1er. Mai 1748.

Quant à l'amende pour contravention à notre article, elle avoit été réduite à 50 sols par l'art. 8 du Réglement de 1712; mais par celui de 1716 elle a été rétablie à cent sols, conformément au présent article.

L'article 4 du même Réglement ordonne de plus, qu'il sera établi autant qu'il sera possible l'uniformité des armes, qu'à mesure qu'il manquera des fusils & des bayonnettes, ils seront remplacés par d'autres du modéle de ceux des soldats de la marine, & pris dans les magasins désignés, après en avoir fixé le prix & fait les épreuves convenables; mais il est entendu que les habitans garde-côtes doivent en être fournis à leurs frais, excepté aujourd'hui les miliciens enrôlés pour six ans dans les compagnies détachées, auxquels, comme il vient d'être observé, le Roi fait fournir les armes.

Tout cela, avec les exercices ordonnés une fois le mois, a pour objet de dresser les habitans sujets à la garde-côte, au maniement des armes, & de les rendre par-là plus propres à prévenir les descentes des ennemis ou à les repousser.

C'est pour cela encore que par l'art. 10 du Réglement du 23 Novembre 1701, il a été permis « au Commandant de la province, de donner ses ordres pour leur » faire brûler des amorces & les faire tirer ensuite, afin de les accoutumer au » feu, & pour les dresser à bien tirer; Sa Majesté faisant espérer qu'elle pour» roit accorder des prix pour ceux qui se distingueroient dans cet exercice; » ce qui a été renouvellé par l'art. 8, tit. 5 du Réglement du 28 Janvier 1716.

Dans ces dernieres années, les exercices ont été si multipliés & si réguliers, surtout par rapport aux compagnies détachées, qu'on en a fait des troupes très-bien disciplinées. On en a aussi dressé un certain nombre à l'exercice du canon, & en général le succès a été tel, que plusieurs après avoir remporté les prix proposés, ont été jugés capables de former d'autres canoniers, & que tous ont été reconnus également propres au service des batteries.

L'heureuse épreuve que l'on a faite de l'utilité de ce nouvel arrangement fera sans doute tenir exactement la main dans la suite à l'observation de la discipline parmi ces troupes garde-côtes, puisque c'est à leur ardeur pour le service, au courage qu'elles ont montré pour la défense de la patrie, & à leur bonne contenance dans le péril, que l'on doit en grande partie, attribuer le mauvais succès de la tentative des Anglois au mois de Septembre 1757.

Il est vrai que les belles dispositions de M. le Maréchal de Senecterre & les habiles manœuvres des Officiers généraux qui commandoient sous ses ordres, surtout de M. le Marquis de Langeron, Lieutenant-général des Armées du Roi, & de M. de Rouffiac, Maréchal de Camp, dont l'un avoit assis son Camp à Fouras, & l'autre à Angoulin, ont déconcerté toutes les mesures prises par les Anglois pour la descente, qui ne leur a pas paru pratiquable, malgré la force prodigieuse de leur armement; mais ces Généraux avec aussi peu de troupes réglées qu'ils en avoient, (elles ne consistoient qu'en trois bataillons & un régiment de dragons) n'auroient pu faire face partout aux ennemis, & leur présenter un front capable de les intimider, sans le secours des milices garde-côtes, dont les évolutions régulieres & multipliées, aux preuves de leur desir d'en venir aux mains, ajoutoient l'avantage de grossir considérablement leur nombre.

Tout cela joint à l'adresse de nos Généraux à faire passer continuellement des troupes de l'un à l'autre Camp, comme si c'eussent été de nouvelles troupes qui y arrivassent, en a imposé aux Anglois, de maniére qu'après avoir resté dix jours dans nos rades, ils ont pris le parti de la retraite, sans autre fruit de leur terrible expédition annoncée avec tant d'appareil & d'emphase, que la prise de la petite Isle d'Aix mal défendue, & la démolition de son Fort.

Mais sous prétexte que nos milices garde-côtes ont si bien servi dans cette circonstance critique, il seroit fort peu sûr de se reposer uniquement sur elles du soin de défendre nos côtes; non-seulement à raison de leur petit nombre, eu égard à l'étendue du terrein qu'il y a à garder; mais encore parce que de pareilles troupes, quelque courage qu'elles fassent paroître, ne sont pas en état de tenir ferme contre des ennemis aguerris, si elles ne sont soutenues par des troupes réglées, & accoutumées à vaincre.

C'est tout ce qu'il me convient de dire sur ce sujet. On trouvera dans une relation imprimée peu de temps après cet événément, (rélation à laquelle se référe l'Historien de la Rochelle dans son second volume) un récit également circonstancié & bien écrit de cette fameuse entreprise des Anglois, & des précautions prises pour faire échouer leur projet. L'Auteur de cette relation, au reste, n'a du tout point flatté les Rochellois, en faisant valoir le zèle qu'ils temoignérent à l'envi pour la défense de la Ville. Ce zèle, en effet, ne pouvoit aller plus loin, puisqu'en moins de trois jours il se forma un grand nombre de compagnies de jeunes gens de tous états, faisant ensemble plus de mille hommes qui montoient la garde tour à tour avec un détachement de milices, & qui par là se chargeoient de défendre la Ville à la place des deux bataillons campés à Fouras & à Angoulin pour disputer la descente.

Le Commerce se distingua aussi en particulier, en faisant élever diverses batteries de canons tirés de leurs vaisseaux pour défendre l'entrée du port, & cela aux frais des Négocians & Armateurs. Le Corps de Ville de son côté pourvut à l'approvisionnement de la Ville, & fit fournir des rafraichissemens aux différentes troupes répandues sur les côtes.

Ce même nouvel ordre introduit dans la garde-côte, s'est étendu à toutes les provinces maritimes du Royaume, excepté le Pays Boulonnois, dont les habitans ont le privilége de se garder eux-mêmes; mais si dans les divers Réglemens intervenus sur cette matiére on trouve des dispositions uniformes, il y en a aussi de particulieres pour quelques pays.

On peut voir à ce sujet, outre les piéces ci-dessus citées des 5 Juin 1757, 9 & 14 Avril 1758; pour la Provence, les Ordonnances des 21 Avril 1746 & 1er. Mai 1748; pour la Bretagne, l'Ordonnance du 25 Février 1756 & le Réglement du 10 Août audit an 1756; pour Belle-Isle, l'Ordonnance du 26 Mai 1755; pour la Guienne, le Réglement du 13 Août 1757; pour la Normandie, celui du 15 Février 1758; pour la Picardie, celui du 30 Mars aussi 1758; & pour le Languedoc, l'Ordonnance du 15 Mai encore de 1758. Enfin, l'Ordonnance du 12 Mars 1759, concernant les nouveaux Inspecteurs des milices garde-côtes.

En faisant le relevé de ces différens Réglemens, on trouve que les compagnies détachées qui composent l'élite de la garde-côte, forment:

En Picardie 1050 hommes, non compris le Boulonnois, dont les habitans, comme il a été observé, ont le privilége de garder leur pays, & qui pour cela entretiennent un corps de plus de 6000 hommes.

En Normandie 15200 hommes.

En Bretagne 10000 hommes.

A Belle-Isle 1200 hommes.

En Poitou 1920 hommes d'infanterie & 100 dragons.

En Aunix 1600 hommes d'infanterie & 100 dragons, non compris l'Isle de Ré qui fournit au moins 2000 hommes.

En Saintonge 1760 hommes d'infanterie & 200 dragons, sans y comprendre l'Isle d'Oleron, dont la garde-côte est aussi forte que celle de l'Isle de Ré.

En Guienne 2500 hommes d'infanterie & 500 dragons; mais par une derniere Ordonnance du 21 Octobre 1758, ce corps de dragons a été porté à 900 hommes en dix-huit compagnies de 50 hommes chacune, formant ensemble neuf escadrons.

En Languedoc 2000 hommes.

Et en Provence autres 2000 hommes.

Ce qui fait en tout plus de 50000 hommes de troupes d'élite & bien exercées.

Et comme ces compagnies détachées ne forment pas le tiers des milices garde-côtes, on peut compter sur 180000 hommes garde-côtes, outre les gens de mer.

ARTICLE VII.

FAisons défenses à tous Huissiers de saisir pour dettes, *même pour deniers royaux*, les armes & munitions ci-dessus, à peine de cinquante livres d'amende; en laquelle en cas de contravention, ils seront condamnés par les Officiers de l'Amirauté, bien que les actes & Jugemens en vertu desquels les saisies auront été faites, ayent été donnés par d'autres Juges, auxquels nous en interdisons la connoissance.

CEt article a été confirmé par le Réglement du 28 Janvier 1716, où il est répété mot à mot dans l'article 5 du tit. 5.

S'il n'est pas permis de saisir ces armes & munitions, *même pour deniers royaux*, à plus forte raison la saisie n'en est-elle pas licite pour toute autre dette de quelque nature que ce soit, même de la part du vendeur, qui doit s'imputer alors d'avoir fait crédit: le bien du service de la garde-côte l'exige de la sorte.

En vertu de l'attribution faite par cet article aux Officiers de l'Amirauté, il s'ensuit que l'opposition à une pareille saisie doit être portée pardevant eux; qu'il y auroit incompétence si elle étoit formée devant d'autres Juges, même devant ceux qui auroient rendus les jugemens en conséquence desquels la saisie auroit été faite. De-là il s'ensuit encore que si l'opposition étoit portée ailleurs qu'à l'Amirauté, les Juges de cette Jurisdiction seroient fondés à revendiquer la cause, en faisant défenses aux parties de plaider ailleurs que pardevant eux à peine d'amende, & que sans autre examen ils sont autorisés à déclarer la saisie nulle, & à condamner l'Huissier ou Sergent en 50 liv. d'amende de quelque Jurisdiction qu'il soit; laquelle amende qui est au profit de M. l'Amiral, puisqu'elle n'a pas de destination marquée, est payable par provision, nonobstant l'appel, & toutefois sans y préjudicier, aux termes de l'art. 2, tit. 10 du Réglement de 1716, entre les mains du Receveur de M. l'Amiral sur sa simple soumission, comme à l'égard des amendes prononcées en toute autre matiére.

La même raison qui a fait interdire la saisie de ces armes & munitions, a fait défendre aussi à quiconque, par l'art. 9, tit. des amendes du Réglement du 2 Mai 1712, de les acheter des habitans garde-côtes, à peine de confiscation & de 30 liv. d'amende, payable sans déport ni remise. Mais tout cela ne s'entend que des armes & munitions que doit nécessairement avoir le garde-côte, suivant ce qui a été remarqué sur l'article précédent; s'il en avoit en plus grand nombre, rien n'empêcheroit que cet excédant ne pût être valablement saisi sur lui, & qu'il n'eût la faculté de le vendre.

Il est quantité d'autres choses qu'on ne peut valablement saisir sur les gens de la campagne, & autres, sur quoi voir l'Ordonnance de 1667 & les Auteurs qui ont écrit sur ce sujet.

RÉGLEMENT

Que le Roi, de l'avis de son très-cher & très-amé Oncle le Duc d'Orleans Régent, veut être observé à l'avenir pour le service de la Garde-Côte.

Du 28 Janvier 1716.

TITRE PREMIER.

Des officiers garde-côtes.

ARTICLE PREMIER.

IL y aura dans chaque capitainerie un capitaine, un major & un Lieutenant.

II. Ces officiers garde-côtes seront pourvûs par Sa Majesté; & sur leurs commissions, ils prendront l'attache de l'Amiral de France, devant qui ils prêteront serment, ou devant ses lieutenans aux Siéges d'Amirauté, dans le détroit desquels ils seront établis, & y feront enrégistrer leurs commissions; & jusqu'à ce que les capitaines desdites capitaineries soient pourvûs, les capitaines & autres officiers des compagnies franches de milice garde-côte, ensemble ceux des compagnies des paroisses, continueront à faire les fonctions de leur emploi, & veilleront à la discipline desdites compagnies, ainsi qu'ils faisoient avant la suppression des offices de la garde-côte.

III. Il y aura dans l'étenduë de chaque capitainerie, un ou plusieurs clercs du guet, selon l'étenduë de ladite capitainerie, qui seront commis par l'Amiral ou ses lieutenans, tant pour avertir les habitans de se trouver aux revûes & de monter la garde, que pour tenir régistre des défaillans.

IV. Les capitaines des capitaineries garde-côtes auront rang de capitaines d'infanterie; & en cas que dans le service ils ayent eu un grade plus considérable, il leur sera donné le même par leurs commissions: à l'égard du major, il aura aussi rang de capitaine d'infanterie, & le lieutenant celui de lieutenant d'infanterie.

V. Lesdits officiers garde-côtes seront exempts de tutelle, curatelle, nomination à icelles, & autres charges de Ville; & ce service leur tiendra lieu de celui qu'ils pourroient rendre dans les armées, de même qu'au ban & arriere-ban, dont ils seront exempts; & pourront mériter dans les occasions d'être reçûs dans l'Ordre de Saint Louis. Pourront tous lesdits officiers garde-côtes, durant la guerre, demander & obtenir des lettres d'état comme s'ils servoient dans les armées.

TITRE II.

Des capitaines des capitaineries garde-côtes.

ARTICLE PREMIER.

Chaque capitaine garde-côte s'appliquera à acquerir une parfaite connoissance de sa capitainerie, dans toute son étendue tant par rapport aux paroisses qu'elle contient, leur situation, leur distance, & les chemins qui conduisent de l'une à l'autre, qu'au nombre & à la qualité des habitans de chaque paroisse, de même que de la nature & de l'étendue des côtes qu'ils auront à défendre, & des lieux où ils jugeront à propos de placer des retranchemens & des batteries en temps de guerre, afin d'en pouvoir rendre compte toutes les fois qu'on le leur demandera.

II. Les capitaines garde-côtes feront faire un rolle général de tous les habitans depuis l'âge de 18 ans jusqu'à 60 (sans qu'aucun matelot y puisse être compris) pour servir au guet & garde de la côte; & de ce rolle ils en tireront le nombre qui sera jugé nécessaire pour en former les compagnies détachées: mais cette disposition ne pourra avoir lieu, qu'après avoir été approuvée par le Gouverneur Général, ou Commandant de la Province.

III. Ils s'informeront des gentilshommes de la capitainerie, ou autres vivant noblement, & faisant profession des armes, & qui demanderont à commander les compagnies, ou à remplir les places de lieutenans & d'enseignes; ils choisiront les meilleurs sujets, à qui ils donneront leur commission, qui ne sera néanmoins valable qu'après qu'elle aura été visée par le Gouverneur ou Commandant Général de la Province.

IV. En temps de paix les capitaines garde-côtes feront la montre & revue des habitans qui sont dans l'étendue de leur capitainerie, deux fois l'année; savoir, le premier jour de Mai, & l'une des fêtes du commencement de Novembre; elle se fera dans le lieu qu'ils jugeront le plus convenable, ils auront soin d'en avertir huit jours auparavant les Officiers d'Amirauté, en présence de qui cette revue doit être faite, & qui en doivent garder le controlle dans leur greffe. Il ne sera point fait d'autre revue générale durant l'année ; mais Sa Majesté désire seulement que chaque capitaine fasse trois fois l'année la visite de chacune des paroisses de sa capitainerie.

V. Dans ces visites ils assembleront les capitaines, lieutenans & enseignes, pour savoir d'eux l'état de leurs compagnies, du nombre des hommes dont chacune sera composée, aussi-bien que des armes dont ils seront armés, dont ils dresseront des états avec ces officiers seulement, & sans détourner les habitans de leur ouvrage: ces visites seront pourtant annoncées au prône quelques jours auparavant, & on sonnera la cloche lorsqu'elles commenceront, afin que les habitans qui auront des plaintes à faire contre leurs officiers, puissent venir les faire librement aux capitaines garde-côtes, qui pourront, par provision, interdire ceux qui se trouveront en faute, & en rendront compte aux Gouverneurs Généraux ou Commandans des Provinces, pour recevoir leurs ordres.

VI. Ils examineront ces officiers, pour voir s'ils savent faire l'exercice, & s'ils sont capables de le montrer aux autres ; ils le leur feront faire en leur présence, & leur donneront les instructions dont ils auront besoin.

VII. En cas que les milices de plusieurs capitaineries soient obligées de s'assembler, le plus ancien capitaine garde-côte commandera, suivant le grade dont il sera revêtu ; & si leurs commissions sont de même date, celui qui aura servi dans les troupes, commandera.

VIII. Les capitaines garde-côtes ne pourront dans l'étendue de leur capitainerie, ni ailleurs, ordonner de leur authorité aucune imposition, charroi ni corvées aux villages & paroisses, qu'avec le consentement des Officiers Généraux ou particuliers de la Province, qui sont en droit & en usage d'en ordonner: pourront toutesfois dans les nécessités urgentes, ordonner ce qui sera absolument nécessaire pour le service, à condition d'envoyer sur le champ auxdits Officiers Généraux ou particuliers, copie de l'ordre qu'ils auront été obligés de donner & un mémoire des raisons qu'ils auront eu de le faire; sous peine pour ceux qui l'auront donné, d'en demeurer responsables en leur propre & privé nom, s'ils se trouvoient l'avoir donné mal-à-propos.

IX. Aucun officier de la garde-côte ne pourra donner d'exemption de service, pour quelque cause que ce puisse être, à aucun habitant, non plus qu'à ceux qui auront été une fois reçûs & incorporés dans les compagnies ; & ceux qui en demanderont, seront obligés de se pourvoir pardevant le Gouverneur ou Commandant de la Province.

X. Ils prendront les ordres du Commandant de la Province, pour le temps & les lieux de l'exercice des compagnies, en observant que les soldats desdites compagnies puissent y venir & retourner chez eux dans l'espace d'un demi-jour ; & lorsque le temps & les lieux auront été réglés, ils tiendront la main à ce que lesdites assemblées se fassent régulierement, & seront tenus d'y assister.

TITRE III.

Des majors & lieutenans des capitaineries garde-côtes

ARTICLE PREMIER.

Ces officiers seront obligés de se trouver aux revues & exercices des compagnies de leurs capitaineries, & auront soin, en temps de guerre, que les gardes soient régulierement montées, dont ils rendront compte au capitaine de la capitainerie.

II. Le major commandera dans la capitainerie, en l'absence du capitaine, & le lieutenant, au défaut de tous les deux.

TITRE IV.

Des capitaines des compagnies.

ARTICLE PREMIER.

Chaque capitaine de compagnie tiendra la main à ce que la discipline soit bien observée, & que les armes de ses soldats soient en bon état ; il rendra compte au capitaine garde-côte, de l'état où ils les aura trouvées, & de ceux qui en manqueront, afin qu'il y soit pourvû.

II Le capitaine de compagnie détachée, qui sera gentilhomme, commandera les autres capitaines qui ne le seront point ; entre deux gentilshommes, celui qui aura servi dans les troupes, commandera ; & entre les capitaines qui ne le seront point, le commandement appartiendra au plus ancien.

III. Ils feront faire l'exercice à leurs soldats une fois le mois, un jour de fête ou de dimanche, dans le centre des paroisses qui composent leurs compagnies, & ils le feront publier à l'issue de la messe paroissiale, huit jours auparavant.

TITRE V.

Des paroisses sujettes au guet & garde.

ARTICLE PREMIER.

Toutes les paroisses situées sur le bord de la mer, ou à la distance de deux lieuës dans les terres, seront sujettes au guet & garde.

II. Les habitans desdites paroisses seront destinés en général, à faire le guet & garde ordinaire sur la côte, dont toutesfois seront exempts ceux qu'on choisira pour entrer dans les compagnies détachées.

III. Les habitans desdites paroisses seront tenus d'avoir en tout temps chez eux, un fusil, une bayonnette, un porte-bayonnette, un fourniment avec le cordon, une demi-livre de poudre, & deux livres de balles, à peine de cent sol. d'amende.

IV. Il sera établi, autant qu'il sera possible, l'uniformité des armes pour les milices garde-côtes ; & à mesure qu'il manquera des fusils & des bayonnettes, ils seront remplacés par d'autres, qui seront du modele de ceux des soldats de la marine, & pris dans les magasins ou fabriques qui feront désignés, après en avoir fixé le prix, & fait les épreuves convenables.

V Il est défendu à tous huissiers, de saisir pour dettes, même pour deniers royaux, les armes & munitions ci-dessus, à peine de 50 liv. d'amende; en laquelle, en cas de contravention, ils seront condamnés par les Officiers d'Amirauté, bien que les actes & les jugemens en vertu desquels les saisies auront été faites, ayent été donnés par d'autres juges, auxquels la connoissance en est interdite.

VI. Ils auront soin de se trouver exactement aux revues & aux exercices, pour s'instruire de ce qu'ils auront à faire, tant pour le maniement des armes, que pour savoir les postes qu'ils doivent occuper, en cas d'alarme.

VII. Le clerc du guet tiendra le rolle des défaillants, qui seront condamnés à l'amende par les Officiers d'Amirauté; laquelle amende ne pourra être moindre que de dix sols, ni plus forte que de quarante sols.

VIII Il sera de temps en temps fourni de la poudre & des balles aux capitaines garde-côtes, pour exercer les soldats à tirer au blanc, & il sera assigné des prix à ceux qui se seront distingués par leur adresse.

IX. Tout soldat de compagnie, qui aura servi durant vingt années de guerre, & qui justifiera par des certificats de ses officiers, qu'il s'est distingué dans quatre occasions, sera exempt de taille le reste de sa vie; & s'il a servi trente ans, il aura son congé absolu.

X. Les paroisses sujettes au guet & garde seront exemptes de fournir des hommes pour les milices de terre.

TITRE VI.

Des capitaineries & des côtes.

ARTICLE PREMIER.

Les capitaineries seront divisées, sur l'avis de l'Amiral de France, & des Gouverneurs ou Commandans Généraux dans les Provinces, par un Réglement qui déterminera l'étendue de chaque capitainerie, & le nombre des paroisses qui y seront nommées.

II. Le conseil de marine sera chargé de faire visiter exactement, & en détail, les côtes de chaque capitainerie, par des ingénieurs & des officiers de marine, pour observer & déterminer les endroits où les descentes sont les plus aisées ou les plus difficiles; désigner les lieux, où, en temps de guerre, il faudra faire des retranchemens & des plates-formes pour des batteries; marquer la forme desdits retranchemens, déterminer les lieux où il conviendra d'établir les corps-de-garde, & des magasins pour les munitions qu'il y aura à distribuer sur toute la côte, en cas d'alarme.

III. Tout ce que dessus se fera avec le capitaine garde-côte, qui pourra donner ses avis, & en même temps s'instruire de tout ce qui regarde la défense de la côte qui lui est confiée; il en sera dressé des devis doubles, qui seront envoyés au conseil de marine, & auxquels sera joint le plan de la côte & des retranchemens, batteries, corps-de-garde & magasins qu'il conviendra d'établir: le tout signé par les officiers ingénieurs qui auront été commis pour faire cette visite.

TITRE VII.

Des corps-de-garde, plates-formes & magasins.

ARTICLE PREMIER.

Les corps-de-garde, lorsqu'on en aura besoin, seront construits par corvées des paroisses de la capitainerie où ils seront établis.

II. Lesdites paroisses fourniront ce qui sera nécessaire pour la construction desdits corps-de-garde, qui seront faits, suivant la nature des lieux, de planches ou de solives, avec de la terre entre deux, & couverts de chaume, ou autre matiére commune dans le pays: fourniront aussi les tables, bancs, chaises, rateliers & autres choses nécessaires, tant pour lesdits corps-de-garde, que pour les plates-formes; le tout sur l'avis du capitaine garde-côte, au bas duquel sera l'Ordonnance de l'Intendant de la Province.

III. Les corps-de-garde & batteries ainsi établis, seront consignés en l'état où ils se trouveront, & avec un inventaire de tous les ustensiles, à celui qui y viendra commander, & qui en demeurera responsable, jusqu'à ce qu'il les ait consignés à celui qui viendra le relever.

IV. Lorsque les corps-de-garde & plates-formes ne seront plus nécessaires, ils seront démolis par corvées des mêmes paroisses qui auront été employées à leur construction; & toutes les pieces qui pourront servir une autre fois, comme pieces de charpente, planches, portes, fenêtres, & autres choses semblables, seront transportées dans les paroisses les plus voisines, pour être déposées, ou dans la grange des dîmes, ou dans les voutes de la paroisse, & remises à la garde des marguilliers, syndics ou consuls, qui en demeureront responsables: & seront faites lesdites corvées, comme il a été dit ci-dessus, sur l'avis du capitaine garde-côte, au bas duquel sera l'Ordonnance de l'Intendant. A l'égard des corps-de-garde qui se trouveront bâtis de pierre ou de brique, ils ne seront point démolis; les fenêtres & les portes en seront bouchées, & les couvertures seront entretenues.

V. En temps de guerre les magasins seront établis dans une ou plusieurs paroisses, d'où les munitions seront plus aisément transportées par-tout où il sera besoin; & seront à la garde des marguilliers desdites paroisses, qui en seront responsables.

VI. Il y aura des corps-de-garde établis le long de la côte pour les compagnies détachées, & sur les hauteurs pour les habitans destinés au guet & à la découverte.

TITRE VIII.

Du service en temps de guerre.

ARTICLE PREMIER.

Les officiers des compagnies détachées feront monter la garde journellement dans les postes, & par le nombre de soldats qui sera réglé par le capitaine garde-côte, sous les ordres du Gouverneur ou du Commandant Général de la Province.

II. Il sera établi dans chaque capitainerie, des signaux & des correspondances, pour faire marcher les compagnies dans les endroits nécessaires pour s'opposer aux entreprises des ennemis, suivant les ordres du Commandant dans la Province, ou même du capitaine garde-côte, dans les occasions imprévues.

III. Tout soldat de compagnie qui ne sera pas rendu à son poste, ou qui après y être venu, quittera sa compagnie sans la permission du Commandant, sera condamné à quinze jours de prison, & à vingt sols d'amende, & s'il quitte pendant quelque action, aux galéres perpétuelles.

IV. Les retranchemens étant faits ou rétablis, le capitaine garde-côte assignera aux compagnies ou aux soldats les retranchemens qu'ils y devront occuper; & cela dans le plus grand détail qu'il sera possible, afin qu'en cas de besoin les postes se trouvent garnis sans confusion & sans retardement.

V. Il sera fait une visite des côtes, pour déterminer les lieux où, en temps de guerre, il faudra établir des retranchemens; ces lieux seront désignés, autant qu'il sera possible, par des marques permanentes & aisées à reconnoître, comme un arbre, rocher, fondriere ou autre chose pareille; & dans les lieux où il n'y aura pas de pareille connoissance, ils seront marqués par des pierres enfoncées en terre comme des bornes; ensorte qu'en cas d'alarme, sans avoir besoin d'ingénieur ni officiers fort expérimentés, l'officier garde-côte soit en état de pouvoir faire travailler à ces retranchemens, sur les plans qui lui en seront envoyés du dépôt du Conseil de la marine.

VI. Au lieu des revues ordinaires de Mai & de Novembre, qui se feront durant la paix, chaque capitaine garde-côte en fera une durant la guerre, à l'ouverture de la campagne, avec tous les officiers de sa capitainerie; tant de ceux des compagnies détachées de milice garde-côte, que de celles des compagnies des paroisses, pour régler les postes & établir un service bien réglé pendant les six mois de campagne, dont il dressera un état qu'il fera approuver par le Commandant dans la province.

VII. Au commencement des mois de Juillet, Août & Septembre, il visitera encore tous les postes, mais sans faire de revue.

VIII. Il sera fait une revue générale à la fin d'Octobre, de même qu'au mois de Mai, afin de disposer & régler toutes choses pour l'hiver.

IX. Tous les habitans des paroisses sujettes au guet de la mer, qui ne sont point incorporés dans les compagnies détachées, seront tenus de faire la garde sur la côte lorsqu'ils seront commandés, sous peine de vingt sols d'amende contre le défaillant, & de prison en cas de récidive.

X. De ces habitans non incorporés dans les compagnies détachées, il sera formé une compagnie dans chaque paroisse, dont le capitaine, le lieutenant & l'enseigne, seront choisis par le capitaine garde-côte, qui leur donnera des commissions, lesquelles seront visées par le Gouverneur ou Commandant dans la province.

XI. Le capitaine garde-côte leur donnera les instructions pour les signaux, tels qu'il jugera à propos de les établir; soit de feu, fumée, pavillons ou de coups de canons, qui soient vûs & ouis d'un corps-de-garde à l'autre, & même répétés par chacun d'eux, pour avertir des mouvemens qui se feront, & des vaisseaux ennemis qui paroîtront.

XII. Les lieux où on établira les signaux, seront les plus proches les uns des autres que faire se pourra, pour qu'ils puissent être apperçus plus aisément, & rendus plus composés.

XIII. Les officiers des compagnies uniquement destinées au guet, seront chargés du soin de placer journellement les habitans destinés pour les différens postes d'où l'on peut faire la découverte, & de les relever par d'autres; les postes aussi bien que le nombre des gens qui les doivent garder, seront réglés par le capitaine garde-côte.

XIV. Lorsque par le moyen du guet & de la garde, il aura connoissance des flottes ou des vaisseaux ennemis qui paroîtront à la mer, il en donnera avis au Commandant & à l'Intendant de la province, de même qu'au Commandant & à l'Intendant de la marine du port le plus prochain; & il observera que ces avis soient les plus détaillés & les plus circonstanciés qu'il sera possible.

XV. Pour faire passer les avis avec plus de diligence & de facilité, dans tous les endroits où il faudra les faire passer, il sera établi de paroisse en paroisse, des messagers à pied, qui seront, à toute heure du jour & de la nuit, en état de faire passer d'une paroisse à l'autre, les paquets qui leur seront apportés; leurs payemens seront réglés & ordonnés par l'Intendant, aussi bien que les amendes contre les paroisses, en cas de manquement au service.

XVI. Les compagnies commandées pour les retranchemens, batteries ou autres postes, seront tenues de se fournir de pain pour quatre jours, après quoi il leur en sera fourni aux dépens du Roi.

TITRE IX.

Du Service en temps de Paix.

ARTICLE PREMIER.

Dès que la paix sera faite, les corps-de-gardes, batteries & magasins seront démolis par corvées, ainsi qu'il a été dit ci-dessus; & tout ce qui pourra être serré & transporté, le sera dans les paroisses voisines, & mis à la garde des marguilliers, syndics ou consuls, qui s'en chargeront par un inventaire, & en demeureront responsables; à l'égard de ceux de maçonnerie, ils seront conservés & entretenus, comme il est dit ci-devant.

II. Il sera fait d'abord un inventaire général par les Officiers d'Amirauté, de tout ce qui sera en état d'être transporté; & à la confection duquel, assistera le capitaine garde-côte & ses officiers qui y signeront.

III. Il sera fait trois copies de cet inventaire, dont l'une demeurera au Greffe de l'Amirauté, la deuxieme sera envoyée à l'intendant de la province, & la troisiéme au capitaine garde-côte; la même chose sera observée à l'égard des inventaires particuliers.

IV. Pendant la paix, chaque capitaine garde-côte fera seulement deux revues, tant des

compagnies

compagnies détachées, que de tous les hommes des paroisses qui composent la capitainerie.

V. La premiere se fera le premier jour de Mai, & la deuxieme dans les premieres fêtes du mois de Novembre, & sera même retardée, dans les pays où les vendanges ne seront pas encore faites.

VI. On choisira toujours pour ces revues, un jour de Fête ou de Dimanche ; elles se feront en présence des Officiers de l'Amirauté, à l'ordinaire ; ils en tiendront le controlle, dont ils envoyeront copie au Conseil de marine, au Gouverneur ou Commandant dans la province, & en garderont une copie à leur greffe.

VII. Les capitaines des compagnies détachées, feront faire l'exercice à leurs soldats une fois le mois, un jour de Fête ou de Dimanche, dans le centre des paroisses qui composent leur compagnie, & le feront publier huit jours d'avance, à la messe de paroisse.

TITRE X.

Des Officiers d'Amirauté.

ARTICLE PREMIER.

Les Officiers d'Amirauté connoîtront, conformément à l'Ordonnance de 1681, de tout ce qui a rapport à la garde-côte, dont la connoissance est interdite à tous autres juges.

II. Dans les matieres qui regarderont la garde-côte, leurs sentences pour les amendes seront exécutoires, nonobstant & sans préjudice de l'appel, jusqu'à la somme de 50 liv.

III. Il est défendu à tous capitaines garde-côtes, de prendre aucune connoissance des bris & naufrages, échouemens, espaves & varech, sous les peines portées par l'Ordonnance de 1681.

MANDE & ordonne, Sa Majesté, à Monf. le Comte de Toulouse Amiral de France, aux Gouverneurs & Commandans généraux dans ses provinces, & autres officiers généraux, employés sous l'autorité desdits Gouverneurs & Commandans dans lesdites provinces, comme aussi aux intendans & commissaires départis dans les provinces & généralités, de tenir la main, chacun en droit soi, à l'exécution du présent réglement, lequel sera lû, publié & affiché partout où besoin sera. Fait à Paris, le 28 Janvier 1716. *Signé*, LOUIS. *Et plus bas*, PHELYPEAUX.

Régistré, oui & ce requerant le Procureur Général du Roi, pour être exécuté selon sa forme & teneur, suivant l'Arrêt de ce jour. A Paris en Parlement, le vingt-huitieme jour de Mai mil sept cent seize. Signé, DONGOIS.

LETTRES-PATENTES DU ROI,

sur le Réglement rendu pour le Service de la garde-côte, le 28 Janvier 1716.

Données à Paris le 4 Février 1716.

LOUIS, par la grace de Dieu, Roi de France & de Navarre : A tous ceux qui ces présentes Lettres verront, Salut. Nous avons supprimé par notre Edit du mois de Janvier dernier, tous les offices des capitaines généraux, lieutenans généraux, majors, aydes-majors, commissaires & archers, gardes-côtes, créés par Edits des mois de Février 1705, Juillet 1707, Septembre 1709 & Avril 1713. Nous avons aussi fait un réglement, en date du 28 du même mois, au sujet de ce que Nous voulons être observé à l'avenir pour le service de la garde-côte ; pour l'exécution duquel Nous avons jugé nécessaire de faire expédier nos Lettres-patentes adressantes à nos Cours, & d'y faire attacher ledit réglement sous le contre-scel : A ces causes, de l'avis de notre très-cher & très-amé oncle le Duc d'Orléans Régent, de notre très-cher & très-amé cousin le Duc de Bourbon, de notre très cher & très-amé oncle le Duc du Maine, de notre très-cher & très-amé oncle le Comte de Toulouse, & autres Pairs de France, grands & notables personnages de notre Royaume, Nous, en confirmant ledit réglement en date du 28 du mois dernier, ci-attaché sous le contre-scel de notre Chancellerie, l'avons autorisé & autorisons par ces présentes signées de notre main : voulons qu'il soit enregistré en nos Cours, & exécuté selon sa forme & teneur.

Si donnons en mandement à nos amés & féaux Conseillers les gens tenans notre Cour de Parlement à Paris, que ces présentes, ensemble ledit réglement, ils ayent à faire lire, publier & enregistrer, & le contenu en icelles garder & observer selon sa forme & teneur, nonobstant tous Edits, Ordonnances, Réglemens & autres choses à ce contraires, auxquels Nous avons dérogé & dérogeons. En témoin de quoi Nous avons fait appofer notre scel auxdites présentes : car tel est notre plaisir. Donné à Paris, le quatrieme jour de Février, l'an de grace mil sept cent seize, & de notre régne le premier. *Signé*, LOUIS. *Et plus bas*, Par le Roi, le Duc D'ORLÉANS Régent présent. *Signé*, PHELYPEAUX. Et scellé du grand sceau de cire jaune.

Régistrées, oui & ce requerant le Procureur général du Roi, pour être exécutées selon leur forme & teneur, suivant l'Arrêt de ce jour. A Paris en Parlement, le vingt-huitieme jour de Mai mil sept cent seize. Signé, DONGOIS.

ORDONNANCE DU ROI,

En interprétation de l'Article III. du Titre 2 du Réglement du 28 Janvier 1716 concernant la Garde-Côte.

Du 5 Avril 1724.

DE PAR LE ROI.

SA Majesté s'étant fait représenter le Réglement qu'Elle a rendu le 28 Janvier 1716, pour le service de la garde-côte, qui donne pouvoir seulement aux capitaines des capitaineries garde-côtes, de choisir & nommer les capitaines, lieutenans, & enseignes des compagnies de milices de leurs capitaineries : & étant informée que le service de la garde-côte souffre de l'absence des capitaines des capitaineries qui obtiennent des congés, les places d'officiers des compagnies qui viennent à vacquer n'étant point remplies ; Sa Majesté desirant y pourvoir, a ordonné & ordonne que lorsque les capitaines des capitaineries garde-côtes seront absens de la province où sont situées leurs capitaineries, les Majors desdites capitaineries, & pareillement en l'absence desdits capitaines & majors, les lieutenans desdites capitaineries pourront nommer aux places vacantes de capitaines, lieutenans & enseignes des compagnies de milices garde-côtes de leurs capitaineries, en se conformant pour le choix des sujets audit Réglement : déclare Sa Majesté que les commissions qu'ils délivreront ne seront valables qu'après qu'elles auront été visées par le Gouverneur ou Commandant général de la Province, ainsi qu'il est ordonné par ledit Réglement : veut cependant qu'en cas d'absence dudit Gouverneur ou Commandant général des provinces où ils commandent, lesdits majors ou lieutenans puissent donner des commissions, lesquelles auront lieu, à condition qu'à l'arrivée desdits Gouverneurs ou Commandans généraux elles leur seront présentées pour être par eux visées, conformément à l'Ordonnance du 13 Juillet 1722. Mande Sa Majesté à Monsieur le Comte de Toulouse Amiral de France, de tenir la main à l'exécution de la presente Ordonnance, qui sera lûe, publiée & affichée par tout où besoin sera. Fait à Versailles le cinquieme Avril mil sept cent vingt-quatre. *Signé*, LOUIS. *Et plus bas*, PHELYPEAUX.

ORDONNANCE DU ROI,

Qui régle le Rang entre les Capitaines des Compagnies détachées de la Garde-Côte.

Du 9 Juillet 1729.

DE PAR LE ROI.

SA Majesté voulant prévenir les difficultés qui pourroient arriver entre les capitaines des compagnies détachées de la garde-côte, pour le rang & le commandement entr'eux ; Elle a ordonné & ordonne, en interprétant le Réglement du 28 Janvier 1716, ce qui suit.

ARTICLE PREMIER.

Les capitaines des compagnies détachées auront rang entr'eux du jour & date de leurs commissions, soit qu'elles ayent été accordées par le feu Roi, ou qu'elles ayent été données depuis le Réglement du 28 Janvier 1716, & conformément à icelui, par les capitaines des capitaineries garde-côtes, & visées des Gouverneurs ou Commandans des provinces.

II. S'il se trouve plusieurs capitaines qui ayent des commissions du même jour, ceux qui seront Gentilshommes, & qui auront servi dans les troupes réglées, auront rang avant les autres ; & ceux qui ne seront point Gentilshommes, & qui auront servi dans lesdites troupes, auront rang avant ceux qui seront Gentilshommes, & qui n'y auront point servi.

III. Si ces capitaines pourvus de commissions du même jour, se trouvent être tous Gentilshommes, & avoir tous servi dans les troupes réglées, ils prendront rang entr'eux suivant l'ancienneté de leurs services en qualité d'officiers dans lesdites troupes : il en sera usé de même entre ceux qui ne seront point Gentilshommes, au cas qu'ils ayent tous servi dans lesdites troupes.

IV. S'il se trouve que tous ces capitaines pourvus de commissions d'une même date, n'ayent point servi dans les troupes réglées, le rang appartiendra à ceux qui seront Gentilshommes.

V. Veut Sa Majesté, que tous lesdits capitaines n'ayent le commandement que suivant le rang à eux attribué par la présente Ordonnance.

Mande & ordonne Sa Majesté à Monsieur le Comte de Toulouse Amiral de France, aux Gouverneurs & Commandans généraux dans ses provinces, & aux autres officiers généraux employés sous l'autorité desdits Gouverneurs & Commandans dans lesdites provinces, comme aussi aux intendans & commissaires départis dans les provinces & généralités, de tenir la main, chacun en droit soi, à l'exécution de la présente Ordonnance, qui sera registrée aux Greffes des Amirautés, lûe, publiée & affichée par tout où besoin sera. Fait à Marly le neufvieme Juillet mil sept cent vingt-neuf. *Signé*, LOUIS. *Et plus bas*, PHELYPEAUX.

ORDONNANCE DU ROI,

Qui régle que les Capitaines des Compagnies détachées de la Garde-Côte, seront pourvus de commissions de Sa Majesté.

Du 4 Novembre 1734.

DE PAR LE ROI.

SA Majesté estimant convenir au bien de son service, d'accorder des commissions aux capitaines des compagnies détachées des milices garde-côte de son Royaume, comme il a été pratiqué par le feu Roi son bisayeul : Elle a ordonné & ordonne ce qui suit.

ARTICLE PREMIER.

Il ne sera plus donné par les capitaines des capitaineries garde-côte, les commissions des emplois de capitaines des compagnies détachées de la garde-côte, nonobstant ce qui est porté par l'article 3 du titre 2 du Réglement pour le service de la garde-côte, du 28 Janvier 1716, auquel Sa Majesté a dérogé pour ce regard seulement, & sans tirer à conséquence.

II. Les capitaines desdites compagnies détachées seront pourvus à l'avenir de commissions de Sa Majesté, pour commander lesdites compagnies.

III. Il sera pris l'attache de l'Amiral de France sur lesdites commissions, qui seront registrées par extrait au Greffe de l'Amirauté du ressort, pour lequel enregistrement il sera payé par lesdits capitaines des compagnies détachées, vingt sols pour tous frais & droits.

IV. Les capitaines qui ont des commissions du feu Roi pour commander lesdites compagnies détachées, continueront de les commander, sans qu'il soit besoin d'obtenir de nouvelles commissions de Sa Majesté : ils seront néanmoins tenus de faire enregistrer lesdites commissions du feu Roi, au Greffe de l'Amirauté du ressort, de la même maniére portée par l'article précédent.

V. Les Capitaines desdites compagnies détachées, qui auront des commissions des capitaines des capitaineries garde-côte, ne pourront en faire aucunes fonctions en vertu desdites commissions, après le premier Mars de l'année prochaine; & seront tenus de se pourvoir par devers Sa Majesté, pour en obtenir de nouvelles commissions, qui seront accordées ainsi qu'Elle avisera bon être.

VI. Les lieutenans & enseignes des compagnies détachées, & les capitaines & autres officiers des compagnies des paroisses de la garde-côte, continueront d'être pourvus de commissions des capitaines des capitaineries, conformément audit Réglement du 28 Janvier 1716.

Mande & ordonne Sa Majesté à Monsieur le Comte de Toulouse Amiral de France, aux Gouverneurs & Lieutenans généraux dans ses provinces, & autres officiers généraux employés sous l'autorité desdits Gouverneurs & Lieutenans généraux, comme aussi aux intendans & commissaires départis dans les provinces & généralités, de tenir la main, chacun en droit soi, à l'exécution de la présente Ordonnance, qui sera registrée dans les Greffes des Amirautés du Royaume, lûe & publiée par tout où besoin sera. Fait à Fontainebleau, le quatrième Novembre mil sept cent trente-quatre. *Signé*, LOUIS. *Et plus bas*, PHELYPEAUX.

ORDONNANCE DU ROI,

Qui régle le rang entre les capitaines des compagnies détachées de la garde-côte.

Du 31 Janvier 1735.

DE PAR LE ROI.

SA MAJESTE' ayant réglé par son Ordonnance du 4. Novembre de l'année derniére, que les capitaines des compagnies détachées des milices gardes-côtes, seroient pourvus de ses commissions; & estimant convenable d'expliquer ses intentions pour le rang & le commandement entr'eux, elle a ordonné & ordonne, en interprétant le Réglement du 28 Janvier 1716, & l'Ordonnance du 9 Juillet 1729, ce qui suit:

ARTICLE PREMIER.

Les capitaines des compagnies détachées auront rang entr'eux du jour & date de leurs commissions, soit qu'elles ayent été accordées par le feu Roi, ou qu'elles soient données par Sa Majesté, en conformité de l'Ordonnance du 4 Novembre 1734.

II. Les capitaines qui auront des commissions du même jour, lesquels seront gentilshommes, & qui auront servi dans les troupes réglées, auront rang avant les autres capitaines des compagnies détachées des capitaineries; & ceux qui se trouveront dans ce cas, prendront rang entre eux suivant l'ancienneté du grade qu'ils avoient dans les troupes réglées.

III. Les capitaines qui auront des commissions du même jour, lesquels auront servi dans les troupes réglées, & qui ne seront point gentilshommes, auront rang après les capitaines qui seront gentilshommes & qui auront servi; & ceux qui se trouveront dans ce cas, prendront rang entr'eux suivant l'ancienneté du grade qu'ils avoient dans les troupes réglées.

IV. Les Capitaines pourvus de commissions du même jour, lesquels seront gentilshommes, & qui n'auront point servi dans les troupes réglées, auront rang après les capitaines qui y auront servi; & ceux qui se trouveront dans ce cas, prendront rang entr'eux suivant l'ancienneté de leurs services dans la Garde-côte.

V. Les capitaines pourvus de commissions du même jour, lesquels ne seront point gentilshommes, & qui n'auront point servi dans les troupes réglées, auront rang après ceux qui seront gentilshommes; & ceux qui se trouveront dans ce cas, prendront rang entr'eux suivant l'ancienneté de leurs services dans les milices garde-côtes.

VI. Lesdits capitaines auront le commandement entr'eux, suivant le rang à eux attribué par la présente Ordonnance.

VII. Les capitaines desdites compagnies détachées, ainsi que ceux des paroisses, continueront de servir sous l'autorité des capitaines des capitaineries gardes-côtes, des majors & des lieutenans d'icelles; & au défaut ou en l'absence du capitaine de la capitainerie, le major y commandera; & le commandement sera déféré au lieutenant, au défaut ou en l'absence du capitaine & du major: le tout conformément au Réglement du 28 Janvier 1716.

VIII. Les Lieutenans des capitaineries auront à l'avenir rang de capitaines d'infanterie, nonobstant ce qui est porté par ledit Réglement.

Mande & ordonne Sa Majesté à M. le Comte de Toulouse, Amiral de France, aux Gouverneurs & Commandans généraux dans ses provinces, & autres Officiers généraux employés sous l'autorité desdits Gouverneurs & Commandans dans lesdites provinces, comme aussi aux Intendans & Commissaires départis dans les provinces & généralités, de tenir la main, chacun en droit soi, à l'exécution de la présente Ordonnance, qui sera regiſtrée aux Greffes des Amirautés, lûe, publiée & affichée par tout où besoin sera. Fait à Versailles le 31 Janvier 1735.

Signé, LOUIS. *Et plus bas,* PHELYPEAUX.

ORDONNANCE DU ROI,

Qui régle que les commissions des capitaines de compagnies détachées gardes-côtes, seront enregistrées par extrait, sur la simple remise qui en sera faite aux Greffes des Amirautés, sans aucune autre formalité.

Du 16 Juillet 1737.

DE PAR LE ROI.

SA MAJESTE' s'étant fait représenter son Ordonnance du 4 Novembre 1734, portant que les capitaines des compagnies détachées de la garde-côte, seroient pourvus de ses commissions, sur lesquelles ils prendroient l'attache de l'Amiral de France; que lesdites commissions seroient registrées par extrait au Greffe de l'Amirauté du ressort, & qu'il seroit payé à cet égard vingt sols pour tous frais & droits : & estimant convenir de régler la maniére dont ledit enregistrement doit être fait, elle a ordonné & ordonne, veut & entend que les commissions des capitaines de compagnies détachées gardes-côtes, soient enregistrées par extrait, sur la simple remise qui sera faite desdites commissions au Greffe de l'Amirauté du ressort, sans qu'il soit besoin d'aucune autre formalité, en payant vingt sols pour tous droits d'enregistrement, conformément à l'Ordonnance du 4 Novembre 1734.

Mande & ordonne Sa Majesté à M. le Comte de Toulouse, Amiral de France, Gouverneur & Lieutenant Général en la province de Bretagne, de tenir la main à l'exécution de la présente Ordonnance, qui sera registrée aux Greffes des Amirautés, lûe, publiée & affichée par tout où besoin sera. Fait à Versailles, le seiziéme Juillet mil sept cent trente-sept. *Signé*, LOUIS.

Et plus bas, PHELYPEAUX.

ORDONNANCE DU ROI,

Concernant les milices gardes-côtes des provinces de Picardie, Normandie, Poitou, Aunis, Saintonge & Guyenne.

Du 5 Juin 1757.

DE PAR LE ROI.

SA MAJESTE' ayant été informée que le service des milices gardes-côtes avoit été entiérement négligé, elle a jugé à propos dès l'année derniére, dans la vûe d'y mettre plus d'ordre & de régle, de faire faire de nouvelles dispositions dans les capitaineries gardes-côtes de ses provinces maritimes de l'Océan, qui tendent principalement à exercer & discipliner les miliciens qui composent les compagnies détachées desdites capitaineries; à l'effet de quoi il lui a paru convenable d'établir des inspecteurs généraux, pour avoir le commandement des milices gardes-côtes dans chaque province. S.M. voulant dispenser aussi les miliciens desdites compagnies détachées, de se fournir d'armes & de munitions à leurs frais, ainsi qu'ils y ont été assujettis par l'Ordonnance de la Marine du mois d'Août 1681, & par le Réglement du 28 Janvier 1716; elle a ordonné qu'il leur en seroit fourni de ses magasins : & comme elle a déja prescrit par son Ordonnance particuliére du 25 Février 1756 ce qu'elle veut être observé à cet égard dans sa province de Bretagne, elle a ordonné & ordonne ce qui suit, qu'elle veut être exécuté dans ses provinces de Picardie, Normandie, Poitou, Aunis, Saintonge & Guyenne, en attendant qu'elle explique définitivement ses intentions par des Réglemens particuliers.

ARTICLE PREMIER.

S. M. révoque les provisions & commissions dont sont actuellement pourvus les capitaines, majors & lieutenans des capitaineries gardes-côtes desdites provinces, lesquels continueront néanmoins de jouir pendant leur vie des mêmes exemptions & priviléges dont ils jouissoient. Révoque aussi Sa Majesté les commissions dont sont actuellement pourvus les capitaines des compagnies détachées desdites capitaineries, & tous autres titres qu'elle avoit ci-devant fait expédier à divers officiers gardes-côtes, soit en qualité d'aides-majors ou autrement.

II. Il sera fait par la suite une nouvelle division des paroisses qui devront composer chaque capitainerie garde-côte, Sa Majesté se réservant de fixer, par des Réglemens particuliers, le nombre desdites capitaineries, ainsi que le nombre & la force des compagnies détachées, qui seront affectées à chaque capitainerie.

III. Il sera établi par Sa Majesté des Inspecteurs généraux qui auront le commandement des milices gardes-côtes sous l'autorité des Gouverneurs ou Commandans généraux dans lesdites provinces, lesquels Inspecteurs généraux seront obligés à résidence dans le département où ils seront placés, & rendront compte de toutes leurs opérations au Sécretaire d'Etat ayant le Département de la Marine.

IV. Chaque capitainerie garde-côte sera commandée par un capitaine général, qui aura sous lui un major & un aide-major, pour avoir particuliérement le détail de ce qui concernera les compagnies détachées; & en outre un capitaine général du guet, & un lieutenant du guet, pour avoir le détail de ce qui concernera les compagnies du guet.

V. Chaque compagnie détachée sera commandée par un Capitaine, qui aura sous lui un ou deux lieutenans, suivant la force des compagnies.

VI. Les inspecteurs généraux auront rang de colonel, les capitaines généraux de lieutenant-colonel, les majors de capitaines d'infanterie & premiers capitaines de la garde-côte, & comme tels commanderont à tous aides-majors des capitaineries, aux capitaines des compagnies détachées, & aux capitaines généraux du guet; & les aides-majors auront rang de lieutenant d'infanterie, à moins qu'ils n'eussent déja la commission de capitaine, auquel cas veut Sa Majesté que ceux qui en seroient pourvus en conservent le rang; & à l'égard de ceux qui n'avoient pas la commission de capitaine, elle pourra leur être accordée après deux années de service en qualité d'aide-major, sur le compte qui sera rendu de leur zéle & capacité au Secretaire d'Etat ayant le département de la Marine, par les inspecteurs généraux gardes-côtes.

VII. Les capitaines généraux gardes-côtes, de même que les majors, rouleront entr'eux, chacun dans leur grade, suivant l'ancienneté de leurs commissions. Si leurs commissions se trouvoient de même date, celui qui aura servi auparavant dans un grade supérieur, ou le plus long temps à grade égal dans les troupes réglées, commandera de préférence; en cas d'égalité de grade & d'ancienneté de service, ils tireront ensemble pour prendre le rang que le sort leur donnera; & s'ils n'avoient pas servi dans les troupes réglées, mais seulement dans les milices gardes-côtes avant la présente Ordonnance, ils prendront rang entr'eux suivant le grade & le temps qu'ils auront servi précédemment dans lesdites milices.

VIII. Les capitaines des compagnies détachées auront rang entr'eux du jour & date de leurs commissions, & au cas qu'elles fussent de même date, ils se conformeront aux dispositions portées par l'Ordon. du 31 Janvier 1735.

IX. Il sera expédié des provisions, commissions & brevets à tous les capitaines généraux, majors & aides-majors des capitaineries, & des commissions à tous les capitaines des compagnies détachées & capitaines généraux du guet qui ont été désignés l'année derniére par un état que Sa Majesté a approuvé, ainsi qu'à ceux qu'elle a aussi agréé depuis pour remplir les emplois qui sont devenus vacans.

X. Veut Sa Majesté qu'il soit pris sur les provisions, commissions & brevets accordés aux capitaines généraux, majors & aides-majors, l'attache de l'Amiral de France, devant qui lesdits officiers prêteront serment, ou devant les Lieutenans aux Siéges d'Amirauté dans le détroit desquels ils seront établis, & y feront enregistrer lesdites provisions, commissions & brevets. Il sera payé aux officiers d'Amirauté pour tous droits de prestation de serment, réception & enregistrement desdites provisions, commissions & brevets; savoir, par les capitaines généraux la somme de six livres, par les majors celle de cinq livres, conformément à l'Ordonnance de Sa Majesté du 3 Juillet 1725; & celle de vingt sols par les aides-majors.

XI. Les capitaines des compagnies détachées & les capitaines généraux du guet, prendront aussi l'attache de l'Amiral de France sur leurs commissions, qui seront enregistrées par extrait au Greffe de l'Amirauté du ressort; pour lequel enregistrement il sera payé par lesdits officiers vingt sols pour tous frais & droits, conformément à l'Ordonnance de Sa Majesté du 4 Novembre 1734.

XII. Jouiront les inspecteurs généraux, les capitaines généraux, majors & aides-majors, les capitaines des compagnies détachées, & les capitaines généraux du guet, de l'exemption de tutelle, curatelle, nominations à icelles, & autres charges de ville, & ce service leur tiendra lieu de celui qu'ils pourroient rendre dans les armées, de même qu'au ban & arriére-ban dont ils seront exempts.

XIII. Pour exciter tous les officiers ci-dessus à remplir avec zéle & exactitude les fonctions de leurs emplois, Sa Majesté veut bien leur faire espérer de participer aux graces qu'elle accorde aux officiers de ses troupes, sur le compte qui sera rendu de leur conduite & de leurs actions au Secretaire d'Etat ayant le département de la Marine, par les Gouverneurs & Commandans généraux desdites provinces, & par les inspecteurs généraux.

XIV. Se réserve Sa Majesté de fixer par les réglemens particuliers qui interviendront, les appointemens qu'elle jugera à propos d'accorder aux inspecteurs généraux par proportion à l'étendue de leur département, ainsi que ce qu'elle estimera devoir être payé chaque année aux officiers des Etats-majors des capitaineries gardes-côtes, pour les dédommager des dépenses qu'ils seront obligés de faire à l'occasion de leur service.

XV. Il sera fourni aux inspecteurs généraux un logement convenable dans le lieu de leur département qu'ils auront choisi pour y faire leur résidence.

XVI. Lesdits inspecteurs généraux, chacun dans leur département, proposeront au Secretaire d'Etat ayant le département de la Marine, les officiers qu'ils estimeront propres pour remplir les places qui seront vacantes dans les Etats-majors des capitaineries.

Le capitaine général de chaque capitainerie continuera de proposer audit Secretaire d'Etat ayant le département de la Marine, les officiers qui conviendront pour les places de capitaines de compagnies détachées & de capitaine général du guet qui seront vacantes, après toutefois qu'il les aura fait agréer par l'inspecteur général, & les uns & les autres desdits inspecteurs généraux & capitaines généraux des capitaineries, ne pourront proposer, sous quelque prétexte que ce soit, pour les emplois de la garde-côte, aucun officier employé au service de Sa Majesté, soit dans des places fixes ou attachés à quelques régimens, ni aucun autre dont l'habitation ordinaire seroit à plus de six lieues de la capitainerie pour laquelle il seroit proposé.

XVII. Les inspecteurs généraux ne pourront, en temps de guerre, s'absenter de leur département pour plus d'un mois, sans en informer le Secretaire d'Etat ayant le département de la Marine, à l'effet d'obtenir un congé de S. M.

Les capitaines généraux des capitaineries ne pourront aussi, en temps de guerre, s'absenter de leur résidence pour plus de quinze jours, sans en avoir obtenu la permission du Gouverneur ou Commandant général dans la province : lorsqu'ils seront dans le cas de s'absenter pour plus d'un mois, ils seront tenus de s'adresser audit Gouverneur ou Commandant général, pour leur faire obtenir un congé de Sa Majesté; & dès qu'ils l'auront obtenu, ils en donneront avis à l'inspecteur général.

Les majors, aides-majors & autres officiers des capitaineries ne pourront également, en temps de guerre, s'absenter de leur résidence pour plus de quinze jours, sans une permission de leurs capitaines généraux, qui seront tenus d'en rendre compte à l'inspecteur général, & pour plus d'un mois sans une permission du Gouverneur ou Commandant général de la province; laquelle sera demandée pour eux par leur capitaine général, qui en rendra compte à l'inspecteur général.

XVIII. Les inspecteurs généraux feront chaque année, les revues générales des capitaineries gardes-côtes de leur département; à cet effet, ils feront avertir chaque capitaine général, du jour qu'ils auront fixé pour la revue de sa capitainerie, & du rendez-vous ou elle devra s'assembler, & après ces revues faites, ils en enverront un extrait au Secretaire d'Etat ayant le département de la Marine.

XIX. Lesdits inspecteurs généraux, les capitaines généraux & autres officiers de la garde-côte, ne pourront ordonner aucune imposition, charroi, ni corvée dans les paroisses ou villages de leur district; & lorsqu'il y aura des munitions & ustensiles pour l'usage des compagnies détachées à voiturer, ils s'adresseront à l'intendant de la province ou à son subdélégué. Quant au service que les milices gardes-côtes doivent aux batteries, il y sera pourvu par les Réglemens particuliers qui interviendront.

XX. Tous les habitans non classés dans les paroisses des provinces de Picardie, Normandie, Poitou, Aunis, Saintonge & Guyenne, situés, tant sur le bord de la mer, qu'à la distance de deux lieues des côtes, depuis l'âge de seize ans jusqu'à soixante, qui ont été jusqu'à présent sujets au service de la garde-côte, continueront d'être assujettis audit service, & lesdites paroisses seront exemptes, comme par le passé, de fournir des hommes pour les milices de terre.

XXI. Les Charpentiers de navires, calfats & autres ouvriers uniquement affectés au service de la Marine ou à celui des particuliers qui équipent des vaisseaux, tant en guerre qu'en marchandise, & desquels, quoiqu'ils n'aillent pas à la mer, il est tenu registre dans les bureaux des classes, pour les envoyer, sur-tout en temps de guerre, travailler dans les ports de Sa Majesté, tant aux constructions & radoubs de ses vaisseaux, qu'à divers autres atteliers, ne seront point incorporés dans les compagnies détachées de la garde-côte, mais seulement dans celles du guet quand ils ne seront point employés pour le service de Sa Majesté, & qu'ils se trouveront chez eux.

XXII. Les syndics des paroisses, & les habitans chargés de la collectes des tailles & de la perception des vingtiémes, ne seront point non plus incorporés dans lesdites compagnies détachées, ni même dans celles du guet, pendant le temps qu'ils exerceront lesdits emplois, pour la nomination desquels l'ordre du tableau sera toujours suivi. Veut Sa Majesté que s'il s'en trouve quelques-uns actuellement en place, ou à la veille d'y entrer suivant l'ordre dudit tableau, qui ayent été incorporés dans lesdites compagnies, ils en soient tirés à l'instant pour vaquer aux fonctions de leur recouvrement, sauf à y rentrer après ledit recouvrement achevé.

XXIII. Les tailleurs de pierre, maçons & autres ouvriers qui seront demandés pour le service des bâtimens civils de Sa Majesté dans les ports ou dans les forts, ne pourront être dispensés de suivre cette destination quand bien même ils seroient incorporés dans les compagnies détachées. Ils seront tenus, avant leur départ, de présenter au capitaine de leur compagnie, l'ordre qu'ils auront reçu d'aller travailler à ce service, & à leur retour, ils rentreront dans les mêmes compagnies.

XXIV. Il sera libre aux habitans, depuis l'âge de seize ans jusqu'à trente-cinq, qui n'auront pas encore été à la mer, de s'engager, s'ils le jugent à propos, sur les navires qui font la course, le commerce ou le cabotage, quand bien même ils auroient été incorporés dans les compagnies détachées ou du guet; bien entendu cependant qu'ils seront déclarés navigateurs, & comme tels, sujets à être embarqués trois mois au plus tard après la déclaration qu'ils auront faite du dessein où ils seront de prendre le parti de la navigation; sans quoi ils seront rétablis sans difficulté dans leurs compagnies, & y continueront leur service.

XXV. Le service des sergens, caporaux, anspessades, fusiliers, tambours & canonniers des compagnies détachées, formées l'année derniére suivant l'intention de Sa Majesté, par les ordres du Commandant en chef des provinces maritimes de l'Océan, sera de six années consécutives, après lesquelles ils seront licenciés & remplacés par d'autres.

XXVI. Les hommes licenciés après avoir fini leur temps de service dans lesdites compagnies détachées, ne pourront être contraints à rentrer dans lesdites compagnies détachées, que lorsque tous les autres habitans des paroisses affectées à la composition de leurs compagnies, & qui seront propres pour le service, auront rempli le même service; mais ils seront employés dans les compagnies du guet.

XXVII. Lors des remplacemens à faire dans lesdites compagnies détachées, formées l'année derniére, chaque capitaine de compagnie détachée choisira les sergens, caporaux, anspessades, tambours & canonniers qu'il croira les plus capables de remplir ces places, lesquelles ne pourront être données qu'à des hommes qui auront encore trois années à servir ; & sera tenu ledit capitaine, pour les sergens, d'avoir l'approbation de son capitaine général.

XXVIII. Les habitans de l'intérieur des terres, qui viendront demeurer dans les paroisses sujettes à la garde-côte, ne pourront entrer dans les compagnies détachées, pendant les deux premiéres années de leur séjour dans lesdites paroisses de la côte. Ils seront sujets pendant lesdites deux années aux mêmes charges que ceux de la paroisse qu'ils auront quittée, & pourront en conséquence être réclamés comme fuyards de la milice de terre.

XXIX. Les habitans des paroisses sujettes à la garde-côte, qui abandonneront leur résidence pour se retirer dans celles de l'intérieur des terres, & qui ne seront ni classés, ni incorporés dans les milices gardes-côtes, pourront être pris pour miliciens de terre, dès avant la fin de la premiére année de leur séjour dans les paroisses où ils se seront retirés.

XXX. Aucun milicien des compagnies détachées de la garde-côte ne pourra s'engager dans les troupes de terre ni de mer pendant les six années qu'il sera employé dans lesdites compagnies, à peine d'être arrêté & conduit dans les prisons de la capitainerie, pour être jugé conformément à ce qui sera réglé par les Ordonnances qui interviendront. Défend Sa Majesté à tous ses Officiers de terre & de mer, d'engager aucun desdits miliciens, à peine de désobéissance & de nullité d'engagement.

XXXI. Le service des compagnies détachées gardes-côtes, ainsi que celui des compagnies du guet, sera réglé par le Gouverneur ou Commandant général dans chaque province, suivant l'exigence des cas ; & s'il étoit fait des détachemens aux redoutes, corps-de-garde, batteries ou autres postes, où les circonstances exigeroient plus de quatre jours de service par les mêmes détachemens, il seroit pourvu à la solde desdits détachemens à commencer du cinquiéme jour de service jusqu'à celui auquel ils seroient relevés, & ce, sur le pied qui sera déterminé par les réglemens particuliers qui interviendront.

XXXII. Dans les cas où lesdites compagnies détachées seroient assemblées en corps pour la défense & la garde de la côte, il seroit également pourvu à leur solde, ainsi qu'il est porté par l'article précédent.

XXXIII. Les armes qui seront fournies aux compagnies détachées gardes-côtes, seront déposées dans le magasin qui sera établi dans le lieu d'assemblée de chacune desdites compagnies détachées ; ne pourront lesdites armes être tirées dudit magasin que pour les revues, ou pour d'autres causes concernant le service, sur les ordres du capitaine général de la capitainerie, & elles seront rapportées audit magasin immédiatement après.

XXXIV. Il ne sera pareillement délivré que sur les ordres du commandant général de la capitainerie, de la poudre & des balles auxdites compagnies détachées.

XXXV. Les capitaines généraux, majors, aides-majors & autres officiers des compagnies détachées gardes-côtes, porteront toujours leur uniforme sous les armes, les officiers & sergens des compagnies détachées seront armés d'un fusil & d'un bayonnette, & porteront une giberne.

XXXVI. L'uniforme des miliciens des compagnies détachées gardes-côtes, sera blanc, avec un petit parement aux manches & un collet bleu, & des boutons plats de cuivre jaune. Il n'y aura point de boutons sur les manches, & le chapeau sera bordé de laine blanche.

L'habit des sergens aura sur le parement des manches un bordé de laine jaune & un second galon au milieu.

Celui des caporaux & anspessades aura un seul bordé sur le parement.

Celui des canonniers aura un galon qui couvrira la couture du parement.

Les tambours seront habillés de la petite livrée du Roi.

XXXVII. Les tambours de la garde-côte battront l'Ordonnance comme l'Infanterie françoise.

XXXVIII. Les miliciens des compagnies détachées gardes-côtes, jouiront en temps de guerre, pendant le temps seulement qu'ils seront employés dans lesdites compagnies, des exemptions qui seront expliquées par les réglemens particuliers pour chaque province.

XXXIX. Quand les compagnies détachées gardes-côtes devront s'assembler, soit lorsqu'elles en auront reçu l'ordre, ou en cas d'alarme, tout sergent, caporal, anspessade, canonnier, fusilier & tambour desdites compagnies détachées qui, sans une permission de son officier, dont il sera rendu compte sur le champ au commandant, ne se sera pas rendu au lieu indiqué pour l'assemblée, quoique averti, ou qui après s'y être rendu, quittera sa troupe sans permission par écrit de son commandant, sera par lui condamné à huit jours de prison ; & le capitaine général en rendra compte à l'inspecteur général de son département.

XL. Tout milicien desdites compagnies détachées, qui manquera à l'obéissance qu'il doit à ses officiers en ce qu'ils lui ordonneront pour le service de Sa Majesté, sera puni sur le champ de quatre jours de prison. Il en sera rendu compte au capitaine général, qui, suivant l'exigence pourra ordonner une plus longue détention, & en ce cas il en informera l'inspecteur général.

XLI. Tout milicien desdites compagnies détachées, qui quittera son poste sans ordre, étant en faction, ou qui se retirera pendant quelque action, sera condamné aux galéres & même à mort, suivant les circonstances.

XLII. Tout milicien desdites compagnies détachées, qui osera se révolter ou lever la main contre ses officiers pour les offenser ou frapper, sera condamné à mort.

XLIII. Veut Sa Majesté que les dispositions portées par le Réglement du 2 Mai 1712, soient observées par rapport aux Jugemens à rendre pour les crimes & délits militaires qui seront commis par les milices gardes-côtes ; & en conséquence elle défend à tous officiers assemblés

pour

pour juger lesdits crimes & délits, de faire exécuter les Jugemens qu'ils rendront, qu'après en avoir reçu l'ordre de Sa Majesté par le Sécretaire d'Etat ayant le département de la Marine, auquel lesdits Jugemens seront envoyés.

XLIV. Tous les habitans desdites paroisses sujettes à la garde-côte, depuis l'âge de seize ans jusqu'à soixante, qui ne seront point classés, qui seront sans infirmité, & qui n'auront pas été mis dans les compagnies détachées gardes-côtes, formeront comme ci-devant les compagnies du guet, & seront tenus comme par le passé de se fournir de fusils & de munitions.

XLV. Chaque compagnie du guet aura un commandant par paroisse, sous le titre de capitaine, lieutenant ou sergent, suivant la force de la paroisse, lequel sera pourvu par le capitaine général de la capitainerie d'une commission visée par l'inspecteur général, & approuvée par le Gouverneur ou Commandant général de la province.

XLVI. Indépendamment des capitaines & lieutenans de paroisses de la garde-côte pour commander les compagnies du guet, il y aura par chaque capitainerie un capitaine général du guet, & sous lui un lieutenant du guet, ainsi qu'il est porté par l'art. 4 de la présente Ordonnance; lesquels capitaine général & lieutenant du guet auront rang avec les capitaines & les lieutenans des compagnies détachées, & pourront, comme lesdits officiers des compagnies détachées, être pourvus aux emplois de l'état-major, sur le compte qui sera rendu à Sa Majesté de leur zéle & capacité. Lesdits capitaines généraux & lieutenans du guet seront chargés particuliérement de faire exécuter par les commandans des paroisses, les ordres qu'on les chargera de leur adresser, & ils rendront compte au capitaine général de la capitainerie de tout ce qui concernera le service desdites compagnies du guet.

XLVII. Les compagnies du guet ne seront assujetties à aucun service en temps de paix, mais en temps de guerre elles fourniront les gardes & détachemens qui leur seront ordonnés par le Gouverneur ou Commandant de la province.

XLVIII. Lorsque lesdites compagnies du guet, ou partie, seront commises en temps de guerre à la garde de quelques postes, elles seront alors sous les ordres des officiers de garde sur la côte, & seront tenues de leur obéir sans difficulté en tout ce qu'ils leur ordonneront pour le service de S. M. Se réserve au surplus S. M. d'expliquer plus amplement ses intentions, tant au sujet du service du guet, que sur les punitions à imposer à ceux qui tomberont en faute.

XLIX. Seront au surplus exécutées les dispositions des précédentes Ordonnances rendues pour le service de la garde-côte, en ce qui n'est point contraire à la présente.

Mande & ordonne Sa Majesté à M. le Duc de Penthiévre, Amiral de France, au Commandant en chef des provinces maritimes de l'Océan, aux Gouverneurs ou Commandans généraux esdites provinces de Picardie, Normandie, Poitou, Aunis, Saintonge & Guyenne, & autres Officiers qu'il appartiendra, comme aussi aux Intendans & Commissaires départis esdites provinces, de tenir la main, chacun en droit soi, à l'exécution de la présente Ordonnance, qui sera enregistrée aux Greffes des Amirautés desdites provinces. Fait à Versailles le 5 Juin 1757. *Signé*, LOUIS.

Et plus bas, PEIRENC DE MORAS.

ORDONNANCE DU ROI,

Concernant les Dragons Gardes-Côtes des Provinces de Poitou, Aunis & Saintonge.

Du 9 Avril 1758.

DE PAR LE ROI.

SA Majesté jugeant à propos d'établir une nouvelle forme dans la composition des compagnies détachées de dragons gardes-côtes de ses provinces de Poitou, Aunis & Saintonge, Elle a ordonné & ordonne ce qui suit.

ARTICLE PREMIER.

Il y aura dans la province de Poitou & dans le pays d'Aunis, quatre compagnies de dragons qui formeront deux escadrons; & dans la province de Saintonge, quatre compagnies de dragons qui formeront également deux escadrons, lesquels seront tirés des capitaineries dont l'état est ci-après,

SAVOIR:

Poitou.

La Capitainerie de Beauvoir, fournira . 20 hom. un Lieutenant.

La Capitainerie des Sables d'Olonne . . . 30 un Capitaine un Cornette.

La Capitainerie de Luçon . . . . 50 un Capitaine, un Lieutenant, un Cornette.

Un escadron de . . . . . 100 hom.

Pays d'Aunis.

La Capitainerie de la Rochelle . . 50 un Capitaine, un Lieutenant, un Cornette.

La Capitainerie de Chatelaillon . . 30 un Capitaine, un Cornette.

La Capitainerie de Charente . . . 20 un Lieutenant,

Un escadron de . . . . 100 hom.

Saintonge.

La Capitainerie de Marennes . . . un, Capitaine, un Lieutenant, un Cornette.	50
La Capitainerie de Royan . . . deux Capitaines, deux Lieutenans, deux Cornettes.	100
La Capitainerie de Mortagne . . . un Capitaine, un Lieutenant, un Cornette.	50
Deux escadrons de	200 hom.

II. Chacune desdites compagnies sera composée d'un capitaine, d'un lieutenant, d'un cornette, un maréchal-des-logis, deux brigadiers, un tambour & quarante-six dragons.

III. L'État-major des huit compagnies détachées de dragons formant quatre escadrons, sera composé d'un commandant avec rang de colonel, d'un major avec rang de lieutenant-colonel, & d'un aide-major avec rang de capitaine.

Tous les dragons gardes-côtes, tant des compagnies détachées que du guet, seront attachés aux capitaineries d'où ils dépendent, & ils continueront à servir sous les ordres des capitaines généraux desdites capitaineries ; mais lorsque les quatre cens dragons des compagnies détachées, qui composent les quatre escadrons, seront assemblés, soit pour les revues, exercices ou service extraordinaire sur la côte, ils seront alors aux ordres du commandant, du major & de l'aide-major desdits escadrons.

V. Ces assemblées se feront par deux escadrons, savoir : les deux escadrons du Poitou & de l'Aunis, dans le lieu le plus à portée desdites provinces, pendant un mois de l'année, qui sera désigné par le commandant général de la province, où ils seront exercés par le commandant des dragons & l'aide-major.

Les deux escadrons de Saintonge seront pareillement assemblés pendant un autre mois de l'année, dans le temps & au lieu désigné par le commandant général de la province, & ils seront exercés par le commandant des dragons & le major.

VI. Après le temps des assemblées, exercices ou service extraordinaire sur la côte, les compagnies détachées de dragons rentreront dans les capitaineries d'où elles dépendent, conformément à l'article 4 ci-dessus.

Les officiers desdites compagnies continueront à leur faire observer la même discipline qui aura été réglée pendant le mois d'assemblée par le commandant, major & aide-major des dragons, & ils les assembleront une fois le mois, un jour de Fête ou de Dimanche, dans le lieu le plus à portée de leurs paroisses, après néanmoins en avoir demandé la permission au capitaine général de la capitainerie, auquel ils rendront compte des exercices particuliers, ainsi qu'au commandant ou major des dragons.

VII. Il sera payé aux officiers de l'Etat-major des compagnies détachées de dragons gardes-côtes, savoir, au commandant général six cens livres, au major quatre cens vingt livres, & à l'aide-major trois cens soixante livres.

VIII. Les compagnies détachées de dragons, seront payées pendant le mois de chaque assemblée générale, à raison de quatre livres par jour au capitaine, trois livres au lieutenant, cinquante sols au cornette, trente sols au maréchal-des-logis, vingt-quatre sols aux brigadiers, vingt-quatre sols au tambour, & vingt sols à chaque dragon, y compris la nourriture de son cheval.

Il sera également payé aux officiers de l'Etat-major des dragons, indépendamment de leurs appointemens, pendant le temps qu'ils seront employés à un service extraordinaire, & le mois d'assemblée ; savoir, six livres par jour au commandant général, cinq livres au major, & trois livres à l'aide-major.

IX Les états d'appointemens des officiers de l'Etat-major ordonnés par l'article 7 ci-dessus, & ceux de la solde desdites compagnies détachées de dragons pendant le temps de l'assemblée, seront arrêtés par l'Intendant de chaque généralité, & payés par ceux qu'il commettra à cet effet ; & lesdits états d'appointemens & solde, ensemble les comptes de payement d'iceux, seront envoyés tous les ans par lesdits sieurs intendans au Secretaire d'Etat ayant le département de la marine.

X. Les dragons seront choisis parmi ceux ayant l'âge, la taille convenable & un cheval, de la même maniére que pour l'infanterie, & les garçons seront toujours préférés aux gens mariés. Chaque dragon servira six ans, après lequel temps il sera licencié & remis dans les compagnies du guet. Il en sera usé pour le licenciement & le remplacement des dragons, comme pour les autres milices gardes-côtes d'infanterie. Pendant les six ans de son service dans la compagnie détachée de dragons, il sera tenu d'avoir un cheval & de l'entretenir, lequel dragon & son cheval ne pourront être commandés pour les corvées des grands chemins, en temps de guerre seulement, pendant lequel temps veut bien Sa Majesté exempter lesdits dragons gardes-côtes des compagnies détachées desdites provinces d'être établis commissaires séquestres.

XI. L'inspecteur général aura le même commandement sur les dragons que sur l'infanterie garde-côte.

XII. Indépendamment des compagnies détachées de dragons, les habitans des paroisses gardes-côtes non compris dans lesdites compagnies, qui auront des chevaux, composeront les dragons du guet, & seront commandés par le capitaine général & le lieutenant du guet, sous les ordres du capitaine général de la capitainerie.

XIII. Les dragons gardes-côtes ayant été originairement établis & destinés pour donner plus promptement connoissance de ce qui se passe le long des côtes, ceux du guet, ainsi que les dragons de compagnies détachées, hors le temps de l'assemblée générale, seront posés pendant le temps de la guerre, de distance en distance, suivant les ordres des capitaines généraux des capitaineries. Ces dragons seront chargés de se rendre de main en main, & de faire parvenir sans retard les lettres & les avis concernant le service, tant au commandant général qu'à l'intendant de la province.

XIV. Les quatre cens dragons dont sont composés les quatre escadrons desdites provinces seront tenus de se monter, habiller, armer &

équiper ; à l'exception des tambours, auxquels il sera fourni un habit bleu, un chapeau & une caisse, par les soins des sieurs intendans des généralités.

L'uniforme des officiers & dragons sera rouge ; le chapeau des dragons aura un bord de laine jaune.

Mande & ordonne Sa Majesté à Monf. le Duc de Penthiévre, Amiral de France, aux Gouverneurs & Commandant général dans les provinces de Poitou, Aunis & Saintonge, & autres officiers généraux servant sous l'autorité desdits Gouverneurs & Commandant général, aux intendans & commissaires départis dans lesdites provinces, & à tous autres officiers qu'il appartiendra, de tenir la main, chacun en ce qui le regarde, à l'exécution de la présente Ordonnance. Fait à Versailles le neuf avril mil sept cent cinquante-huit. *Signé* LOUIS. *Et plus bas*, PEIRENC DE MORAS.

RÉGLEMENT

Concernant le service de la Garde-Côte dans les Provinces de Poitou, Aunis, Saintonge & Isles adjacentes.

Du 14 Avril 1758.

DE PAR LE ROI.

SA Majesté ayant jugé à propos, par son Ordonnance du 5 Juin 1757, détablir une nouvelle forme dans le service des milices garde-côtes des provinces de Picardie, Normandie, Poitou, Aunis Saintonge & Guienne : Et voulant fixer la division des capitaineries garde-côtes de Poitou, Aunis & Saintonge, le nombre & la force des compagnies détachées dont elles seront composées, les lieux d'assemblée, tant pour les revues particulieres de chacune desdites compagnies, que pour les revues générales, & la maniére de faire les remplacemens annuels pour compléter lesdites compagnies détachées, Elle a arrêté le présent Réglement qu'Elle veut être exactement observé à l'avenir.

ARTICLE PREMIER.

Il y aura à l'avenir cinq capitaineries garde-côtes dans la province de Poitou, cinq capitaineries dans le pays d'Aunis, & cinq capitaineries dans la province de Saintonge, savoir :

Pour le Poitou, les capitaineries de l'isle de Bouin, l'isle de Noirmoutier, Beauvoir, Sables-d'Olonne & Luçon.

Pour le pays d'Aunis, celles de Marans, la Rochelle, Chatelaillon, Charente & l'isle de Ré.

Pour la province de Saintonge, celles de Soubise, Marennes, Royan, Mortagne & l'isle d'Oleron, conformément à l'état & division qui sera joint au présent Réglement.

II. Pendant la guerre, chaque compagnie détachée sera composée de quatre-vingts hommes, commandés par un capitaine & deux lieutenans, & portera le nom du village où elle doit être assemblée : & comme l'intention de Sa Majesté est de soulager ses peuples, dès que les circonstances pourront le permettre, lesdites compagnies détachées seront & demeureront réduites pendant la paix à cinquante hommes.

III. On choisira dans le nombre des tambours des compagnies détachées de chaque capitainerie, celui qui aura été le mieux instruit à la batterie de l'ordonnance ; il aura le titre de tambour-major de la capitainerie, & il sera chargé d'exercer ceux desdites compagnies, sans cesser néanmoins de servir comme tambour dans celle où il est employé.

IV. Sa Majesté voulant qu'il soit licencié chaque année un sixiéme des compagnies détachées, & cependant prévenir l'inconvénient qu'il y auroit de commencer ce licenciement avant l'année 1760, Elle entend qu'à la revue générale qui se fera au mois de mars de ladite année, le premier sixieme de chacune desdites compagnies soit licencié, & les autres sixiemes successivement d'année en année, dont les remplacemens se feront à mesure desdits licenciemens. Les capitaines généraux enverront à l'intendant de la généralité, un état visé par l'inspecteur général des hommes qui devront être licenciés ; en conséquence duquel, ledit sieur intendant donnera des congés aux soldats garde-côtes desdites compagnies, qui seront licenciés. Entend Sa Majesté que toutes les plaintes qui pourroient survenir pour raison dudit licenciement, soient portées audit sieur intendant pour y être statué suivant l'exigence des cas.

V. Les états de remplacemens nécessaires pour compléter les compagnies détachées, seront constatés tous les ans, dans le courant des mois de Mars & d'Avril, par une revue qui sera faite par le capitaine général, en présence de l'inspecteur général ; & ledit capitaine général adressera lesdits états visés par l'inspecteur, à l'intendant de la généralité, pour être ensuite procédé au remplacement par ledit sieur intendant ou les subdélégués qu'il jugera à propos de commettre.

VI. L'inspecteur général indiquera à l'avance au capitaine général de la capitainerie, le jour qu'il aura fixé pour sa revue, qu'il fera, autant qu'il sera possible, un jour de Fête ou de Dimanche ; & le jour de ladite revue sera aussitôt annoncé & publié dans toutes les paroisses de la capitainerie, afin qu'aucun habitant n'en puisse prétendre cause d'ignorance.

VII. Les remplacemens seront faits à la charge

de la totalité des paroisses affectées à la composition de chaque compagnie détachée, sans qu'aucune autre paroisse des autres compagnies soit tenue d'y contribuer.

VIII. Entend Sa Majesté, qu'indépendamment de l'exemption du guet & garde sur la côte, attribuée par l'article 22 de l'Ordonnance du 5 Juin 1757, aux Syndics des paroisses & collecteurs des impositions royales, la même exemption de service sur la côte, soit accordée aux domestiques attachés à la personne des Gentilshommes portant leur livrée, & que toutes les contestations qui pourroient naître pour raison desdites exemptions, soient décidées par l'Intendant de la province.

IX. On choisira par préférence, pour compléter les compagnies détachées, les garçons depuis l'âge de seize ans jusqu'à quarante-cinq, de la hauteur de cinq pieds au moins, & les plus propres au service ; & à défaut de garçons, les hommes mariés y seront employés jusqu'à l'âge de quarante-cinq ans.

X. Les capitaines généraux, chacun dans leur capitainerie, se feront remettre à l'avance, par le capitaine général du guet, des rôles exacts & détaillés de tous les habitans des paroisses qui composent lesdites compagnies du guet, & les Subdélégués dresseront pareillement les rôles des habitans desdites paroisses.

XI. Le capitaine de chaque paroisse conduira au lieu d'assemblée pour le licenciement, tous les habitans compris au rôle qui aura été remis au capitaine général, sans qu'aucun desdits habitans puisse en être dispensé, si ce n'est dans le cas de maladie, que le capitaine sera tenu alors de justifier par un certificat, à peine contre les habitans qui auront fourni de faux certificats, d'être punis de quinze jours de prison, & de servir six ans de plus dans la compagnie détachée où ils seront employés.

XII. Le capitaine général du guet, & en son absence le lieutenant, fera assembler toutes les compagnies du guet, & les formera sur autant de rangs de hauteur qu'il y a de compagnies détachées, observant de mettre ces rangs à une distance raisonnable les uns des autres, de façon qu'on puisse les parcourir & les voir librement.

XIII. Les hommes des compagnies du guet qui auront été choisis par l'Intendant ou son Subdélégué, pour compléter les compagnies détachées, seront aussi-tôt enregistrés & signalés par le major ou l'aide-major de la capitainerie, qui aura à cet effet un registre pour y porter les noms, signalemens & demeures des habitans qui composent lesdites compagnies détachées, avec la date de leur entrée dans lesdites compagnies, afin d'y avoir recours lors du licenciement. Ledit sieur Intendant aura également un contrôle général par paroisse & par signalement de toutes les compagnies détachées des capitaineries de son département.

XIV. Indépendamment de la revue fixée au mois de Mars par l'article 4 ci-dessus, l'inspecteur général fera chaque année deux revues générales des compagnies détachées de chaque capitainerie, l'une dans le mois de Mai, & l'autre dans celui d'Octobre, un jour de Fête ou de Dimanche. Il avertira quinze jours à l'avance le capitaine général de la capitainerie, du jour qu'il aura fixé pour ladite revue d'inspection dans sa capitainerie, à l'effet par ledit capitaine général, de faire assembler au jour indiqué les compagnies détachées de sa capitainerie au lieu désigné ; & ledit inspecteur général, après chacune desdites revues, en enverra l'extrait au Secretaire d'Etat ayant le département de la marine.

XV. Les premiers Dimanches des mois d'Avril, Mai, Juin & Octobre, chaque capitaine de compagnie détachée assemblera sa compagnie au lieu d'assemblée particuliere de ladite compagnie, & le lieutenant sera tenu de s'y rendre. Il en fera la revue, & fera exécuter le maniement des armes aux soldats de sa compagnie. Il examinera si les armes de chaque soldat sont en bon état. Cette revue pourra être remise au Dimanche suivant, lorsque le temps ne permettra pas de les assembler.

XVI. Le capitaine général, le major & l'aide-major de chaque capitainerie assisteront ensemble ou séparement auxdites revues particulieres, de maniére que dans le courant de l'année chacun d'eux ait été présent à l'une des revues d'exercice de chaque compagnie détachée, & le capitaine général rendra compte au Secretaire d'Etat ayant le département de la marine, desdites revues particulieres.

XVII. Indépendamment desdites revues particulieres & d'exercice, les Sergens, Caporaux & Anspessades des compagnies détachées, exerceront pendant le temps de la guerre seulement, les soldats gardes-côtes de leurs paroisses, ensemble ou séparement pendant deux heures, sur le lieu qui aura été choisi par le capitaine, lequel doit avoir attention à ne commander ces exercices que les jours de Fête & de Dimanche, & dans les temps les plus convenables aux habitans desdites paroisses. Il n'en sera point fait pendant le mois de Juillet, Août & Septembre, pour ne point interrompre leurs travaux.

XVIII. Tout soldat garde-côte, qui sans excuse légitime ne se trouvera point aux revues générales & particulieres, sera puni d'un jour de prison par le capitaine général : & s'il étoit dans le cas de subir une punition plus sévere, ledit capitaine général en informera le Commandant général de la province, & en son absence, l'inspecteur général qui en rendra compte au Secretaire d'Etat ayant le département de la marine.

XIX. Veut Sa Majesté que pour dédommager les officiers des Etats-majors des capitaineries garde-côtes, des dépenses qu'ils seront obligés de faire à l'occasion de leur service, il leur soit payé par année, savoir, à l'inspecteur général trois mille livres ; aux capitaines généraux six cens livres, aux majors quatre cens vingt liv. & aux aides-majors trois cens soixante livres.

A l'égard des Etats-majors des capitaineries garde-côtes des isles de Noirmoutiers, Bouin, Ré, Oléron, entend Sa Majesté qu'ils soient payés par année, savoir :

Au capitaine général de la capitainerie de Noirmoutiers, six cens livres ; au major, quatre cens vingt livres, & a l'aide-major, trois cens soixante livres.

Au capitaine général de la capitainerie de l'isle de Bouin, quatre cens livres ; au major trois cens livres, & a l'aide-major deux cens liv.

L'Etat-major de chacune des capitaineries des isles de Ré & d'Oleron, sera composé à l'avenir d'un capitaine général & d'un major; & il y aura un aide-major affecté à chaque bataillon. Il sera payé par année, savoir : au capitaine général de la capitainerie de l'isle de Ré, neuf cens livres; au major, six cens livres, & à chacun des trois aides-majors de bataillon, trois cens soixante livres.

Au capitaine général de la capitainerie de l'isle d'Oleron, douze cens livres; au major, six cens livres, & à chacun des quatre aides-majors de bataillon, trois cens soixante livres.

XX. Les compagnies détachées étant assemblées pour un service extraordinaire pendant plus de quatre jours, seront payées, à commencer du cinquieme jour, sur le pied de cinq livres par jour au capitaine général, quatre livres au major, cinquante sols à l'aide-major; trois livres au capitaine, vingt-cinq sols à chacun des deux lieutenans, dix sols à chacun des quatre sergens, sept sols & six deniers à chacun des quatre caporaux, six sols six deniers à chacun des quatre anspessades & des deux tambours, & cinq sols six deniers à chacun des soixante-six fusiliers.

Sa Majesté ayant prescrit par l'article 36 de son Ordonnance du 5 Juin 1757, l'uniforme des milices garde-côtes desdites compagnies détachées, Elle entend qu'il soit fourni tous les six ans un justaucorps & un chapeau uniforme à chaque soldat desdites compagnies détachées, par les soins & sur les ordres de l'intendant de la province, qui fera pourvoir à la dépense dudit habillement sur les fonds qui y sont destinés.

Défend expressément Sa Majesté auxdits soldats garde-côtes, de se servir dudit habillement uniforme hors les temps où ils seront commandés pour le service.

XXII. Il sera accordé six livres de gratification aux sergens des compagnies détachées, qui auront instruit avec succès les soldats desdites compagnies, & une pareille gratification de 6 liv. par an au tambour-major de chaque capitainerie.

Il sera aussi payé trois livres par an à chaque tambour pour l'entretien de sa caisse.

XXIII. Les états des appointemens des officiers de l'Etat major, réglés par l'article 19 ci-dessus, & ceux de la solde des compagnies détachées, ainsi que de toutes les autres dépenses relatives auxdites compagnies, qui se trouvent énoncées au présent réglement, seront arrêtés par l'intendant de la province, & payés par ceux qu'il commettra à cet effet; & lesdits états, ensemble les comptes de payement qui auront été faits sur iceux, seront envoyés tous les ans par ledit sieur Intendant au Secretaire d'Etat ayant le département de la marine.

XXIV. Les armes, pulverins & gibernes qui ont été fournis aux compagnies détachées, au lieu d'être déposés dans les magasins établis dans les lieux d'assemblée desdites compagnies détachées, resteront, pendant le temps de la guerre seulement, entre les mains des soldats desdites compagnies, nonobstant ce qui est porté par l'article 33 de l'Ordonnance du 5 Juin 1757, à laquelle Sa Majesté a dérogé à cet égard; & pour la conservation desdites armes, il sera distribué à chaque soldat garde-côte desdites compagnies, un tournevis & un tirebourre, dont il demeurera responsable, ainsi que du fusil, bayonnette, giberne, pulverin & munitions qui lui auront été délivrés. Il sera tenu d'avoir en tout temps dans sa giberne deux pierres de rechange & une piéce grasse.

XXV. Sur ce qui a été représenté à Sa Majesté, que les milices garde-côtes des compagnies du guet, qui ne sont assujetties à aucun service en temps de paix, ne doivent être employées pendant le temps de la guerre, qu'à monter la garde aux corps-de-gardes qui leur sont désignés, Elle entend que nonobstant ce qui est porté par l'article 44 de son Ordonnance du 5 Juin 1757, qui leur enjoint de se fournir eux-mêmes de fusils & munitions, les paroisses soient seulement tenues de pourvoir chacun desdits corps-de-gardes qui leur sont affectés, du nombre de fusils nécessaires pour la garde ordinaire desdites compagnies du guet, & du même calibre que ceux des compagnies détachées, & qu'ils y soient entretenus pendant le temps de la guerre, ainsi que la poudre, les balles, pierres de rechange, tirebourres & tournevis, proportionnément au nombre des soldats desdites compagnies du guet qui seront commandés pour le service à chacun desd. corps-de-garde.

XXVI. Tous les fusils & autres effets appartenans au Roi, seront marqués du nom de chaque capitainerie, de celui de chaque compagnie & d'un N°. depuis 1 jusqu'à 80 : les caisses seront pareillement marquées & numérotées, ainsi que les équipemens. Le capitaine général fera dresser tous les ans des états particuliers par compagnie, contenant le nom de chaque soldat & le N°. du fusil & de l'équipement qui lui sera délivré. Le capitaine général enverra des doubles desdits états signés de lui à l'Intendant de la province.

XXVII. Les officiers auront une attention particuliere à ce que lesdites armes & effets soient bien entretenus, & les réparations qui seront à y faire, seront à la charge des soldats garde-côtes, lorsqu'elles seront occasionnées par leur négligence : le capitaine général s'en fera rendre compte exactement par les capitaines, après chaque revue particuliere, & il enverra à l'Intendant de la province l'état desdites réparations & les noms des soldats dont les armes seront à réparer, pour qu'il y soit pourvu par ses ordres & à leurs frais.

XXVIII. Tous les corps-de-garde seront pourvus d'un ratelier pour y poser les armes, d'un lit de camp, d'une table, d'un banc, d'un fanal & d'un chandelier de fer, & les bois & lumiere y seront fournis ainsi qu'il est d'usage pour les troupes de terre.

L'état desdites fournitures & ustensiles sera affiché dans le corps-de-garde; ils seront consignés à ceux qui releveront le poste; & en cas de dégradation, celui qui relevera le poste en donnera avis dans le jour à l'officier de garde sur la côte ou au capitaine de la compagnie, qui fera passer au capitaine général un état où sera spécifiée la nature de ladite dégradation & les noms des soldats qui y étoient de garde pendant qu'elle a été faite, afin d'obliger les soldats à la réparer à leurs frais.

XXIX. Les Intendans, chacun dans leur généralité, feront désigner dans le village le plus à portée de la côte & du rendez-vous général, une chambre où l'officier de garde pourra se tenir pendant le temps de son service, & les bois, lumiere & ustensiles nécessaires, lui seront fournis de la même maniére & ainsi qu'il est réglé pour les corps-de-garde des officiers des troupes de terre.

XXX. Tous les sergens, caporaux, anspessades, fusiliers & tambours des compagnies détachées, jouiront en temps de guerre seulement, de l'exemption de la corvée pour la construction & la réparation des grands chemins, bien entendu que ladite exemption n'aura lieu que pour leur personne & non pour leurs chevaux, lesquels néanmoins ne pourront être commandés les jours que le soldat garde-côte détaché sera de service, se trouvant alors hors d'état de les conduire lui-même.

XXXI. Les lieutenans des compagnies detachées, & le lieutenant général du guet, jouiront des mêmes priviléges & exemptions portés par l'article 12 de l'Ordonnance du 5 Juin 1757.

XXXII. Tout aide-major commandera tous les lieutenans, & ne pourra avoir rang & commission de capitaine qu'après deux ans d'exercice d'aide-major, conformément à ce qui est porté par l'article 6 de l'Ordonnance du 5 Juin 1757.

XXXIII. Le capitaine général de chaque capitainerie, conjointement avec le major & le capitaine général du guet, fera une division des paroisses sujettes au guet & garde, proportionnée au nombre de corps-de-garde où les compagnies du guet devront monter la garde, & il aura attention de n'affecter à chaque corps-de-garde que les paroisses qui en seront le plus à portée : laquelle division ne sera néanmoins exécutée qu'après qu'elle aura été approuvée par le Secretaire d'État ayant le département de la marine.

XXXIV. Le capitaine génral du guet tiendra un rôle exact des compagnies du guet qui devront monter la garde aux postes qui leur seront désignés, pour les faire relever successivement par d'autres, suivant l'état de contribution de chacune des paroisses qui y seront assujetties ; en sorte que les habitans d'une paroisse qui auront fait le service du guet & garde, ne puissent être commandés qu'après que tous les hommes de la paroisse auront rempli le même service.

XXXV. Les officiers des compagnies du guet, qui seront chargés de faire monter journellement les habitans aux postes qui leur seront indiqués, auront une attention particuliere à ne jamais commander à la fois plusieurs hommes d'une même maison ; & pour prévenir cet inconvenient, ils auront un rôle des habitans de leur paroisse, où ils distingueront les peres des enfans & les maîtres des domestiques, en sorte qu'il n'y ait qu'un seul homme de chaque maison commandé le même jour pour ce service.

XXXVI. Aucun officier ni sergent des compagnies du guet ne pourra faire monter sa garde par un soldat desdites compagnies, à peine d'être cassé ; mais lesdits officier ou sergent pourront, à grade égal, faire le service l'un pour l'autre, lorsque leurs affaires personnelles l'exigeront, & ils en donneront avis au capitaine général du guet, ou à son lieutenant, autant qu'il sera possible.

XXXVII. Tout soldat des compagnies du guet, qui aura manqué par mauvaise volonté, de se trouver au poste où il aura été commandé pour monter la garde, sera tenu d'y servir deux jours de suite, & pourra être mis un jour en prison, suivant l'exigence des cas, dont il en sera rendu compte au capitaine général de la capitainerie, qui ordonnera à cet effet de l'y faire conduire par des fusiliers de la compagnie détachée de la paroisse d'où sera le soldat

XXXVIII. Les soldats desdites compagnies du guet, qui manqueront à l'obéissance qu'ils doivent à leurs officiers en ce qu'ils leur ordonneront pour le service, seront punis de deux jours de prison, & subiront même une plus grande peine, suivant l'exigence des cas, dont il sera rendu compte au capitaine général & à l'inspecteur général, qui ne pourront l'ordonner sans en avoir reçu l'ordre de Sa Majesté par le Secretaire d'Etat ayant le département de la marine.

XXXIX. A l'égard des cas qui n'ont point été prévus dans les dispositions portées par le Réglement du 2 Mai 1712, par rapport aux jugemens à rendre pour les crimes & délits militaires qui seront commis par les milices garde-côtes, & qui ne se trouvent point également dans l'Ordonnance du 5 Juin 1757, l'intention de Sa Majesté est que le Conseil de guerre se conforme à son Ordonnance sur les crimes & délits militaires pour les troupes de terre ; défendant cependant à tous les officiers assemblés pour juger lesdits crimes & délits commis par les milices garde-côtes, de faire exécuter les jugemens qu'ils rendront, qu'après en avoir reçu l'ordre de Sa Majesté par le Secretaire d'État ayant le département de la marine, auquel lesdits jugemens seront envoyés.

XL. Veut Sa Majesté que les milices garde-côtes aient la liberté, dans les temps ordinaires, de vaquer à leurs travaux & affaires particulieres, sans qu'il puisse leur être imposé aucune contrainte, corvée ou service journalier par leurs officiers, qui ne pourront les assembler qu'aux jours indiqués par les inspecteurs généraux pour les exercices & revues, tant particulieres que générales, ou sur les ordres du commandant général de la province.

XLI. Veut au surplus Sa Majesté, que ses précédentes Ordonnances & Réglemens concernant la garde-côte, soient exécutés selon leur forme & teneur en tout ce qui n'est pas contraire au présent Réglement.

Mande & ordonne Sa Majesté à Monf. le Duc de Penthièvre, Amiral de France, aux Gouverneur & Commandant général dans les provinces de Poitou, Aunis, Saintonge & isles adjacentes, & autres Officiers généraux employés sous l'autorité desdits Gouverneur & Commandant général, aux Intendans & Commissaires départis dans lesdites provinces, à l'Inspecteur & Capitaines généraux des capitaineries garde-côtes, & autres Officiers qu'il appartiendra, de tenir la main, chacun en ce qui le regarde, à l'exécution du présent Réglement, lequel sera lû, publié & affiché par-tout où besoin sera. Fait à Versailles le quatorze Avril mil sept cent cinquante-huit. *Signé* LOUIS, *& plus bas*, PEIRENC DE MORAS.

TITRE VII.

DU RIVAGE DE LA MER.

PArmi les choses déclarées communes & à l'usage de tous, par les Loix romaines, fondées à cet égard sur les principes du droit naturel, la mer & ses bords tenant le premier rang, Domat tom. 2 du droit public, liv. 1er. tit. 8, sect. 1re. n. 1 & 2, *fol. 60*; il importoit d'autant plus de déterminer l'étendue du rivage de la mer & de défendre d'y faire aucunes entreprises préjudiciables à la navigation & au public, qu'il a été plus difficile d'obliger les Seigneurs des grands Fiefs voisins des côtes, d'abandonner leurs prétentions en cette partie, soit à titre de proprieté, soit à titre de jurisdiction, & de renoncer aux usurpations qu'ils y avoient faites, comme il sera observé sur le titre des naufrages.

Comment ces Seigneurs auroient-ils douté que le rivage de la mer ne leur appartenoit pas, eux qui par une affectation singuliere confrontoient leurs terres, les uns à l'Espagne, les autres à l'Angleterre, la mer entre deux ?

Il ne suffisoit donc pas de les avoir désabusé de ce côté-là, il falloit encore leur indiquer les limites de leurs terres, en fixant le rivage de la mer & en le mettant à couvert de nouvelles entreprises à l'avenir; & c'est à quoi il a été pourvu par les deux articles dont ce titre est seulement composé, en y joignant le titre de la pêche & celui des parcs & pêcheries.

ARTICLE PREMIER.

SEra réputé bord & rivage de la mer, tout ce qu'elle couvre & découvre pendant les nouvelles & pleines Lunes, & jusqu'où le grand flot de Mars se peut étendre sur les gréves.

LIttus est quo usque maritimus fluctus à mari pervenit. Leg. 96. ff. *de verb. signif.*

Littus publicum est eatenus, quà maximè fluctus exæstuat. Leg. 112, *eodem tit.*

La définition ou description que notre article fait du rivage de la mer, est plus exacte, parce que les observations ont appris que les hautes marées arrivent chaque mois à la nouvelle & à la pleine Lune; & que, des marées des équinoxes & des solstices, qui sont encore plus hautes, celle de l'équinoxe de Mars l'emporte. Ainsi puisque aux termes des loix ci-dessus, le rivage de la mer ne finit qu'à l'endroit où s'arrête le plus grand flot de la mer, & que l'expérience a fait voir que ce plus grand flot est celui de Mars; c'est avec raison que notre article l'a donné pour régle de l'étendue de la mer.

Cette fixation au reste n'est pas nouvelle, on la trouve la même dans l'article

1er. d'un ancien mémoire rapporté par Fontanon à la ſuite du titre de l'Amiral; & ce qui mérite encore plus d'attention, dans l'Ordonnance du 27 Février 1534, dans celle du 12 Févier 1596, & dans l'Arrêt du Conſeil du 14 Mars 1654. Elle a été auſſi confirmée & renouvellée par un autre Arrêt du Conſeil du 31 Octobre 1686, ſuivi d'une Déclaration du Roi du 31 Janvier 1694.

C'eſt donc ſur ce rivage ainſi déſigné, que l'article ſuivant défend de faire aucuns ouvrages qui puiſſent porter préjudice à la navigation. C'eſt auſſi ſur la même étendue de terrein que les Officiers de l'Amirauté, privativement à tous autres Juges, ſont fondés à exercer leur juriſdiction, tant civile que criminelle & de police.

Il y a plus, comme la mer refoule dans les fleuves & rivieres navigables qui y affluent, la juriſdiction de l'Amirauté s'étend tout de même dans ces rivieres & ne finit qu'à l'endroit où le grand flot de Mars ceſſe de s'y faire ſentir. C'eſt ce qui eſt diſertement exprimé dans les mêmes Ordonnances & Arrêts du Conſeil que l'on vient de citer, v. *ſuprà* art. 2, 5, 8 & 10, tit. de la compétence.

Mais par rapport au rivage, il ne faut entendre que la partie juſqu'où s'étend ordinairement le grand flot de Mars, laquelle partie eſt facile à reconnoître par le gravier qui y eſt dépoſé; & nullement l'eſpace où parvient quelquefois l'eau de la mer, par des coups de vent forcés, cauſes & ſuites, tout à la fois, des ouragans & des tempêtes. Arrêt d'Aix du 11 Mai 1742, prononcé par M. de Raguſe, ſuivant les concluſions de M. de Caſtillon, entre les freres Jourdan de Cannes & le Procureur du Roi de l'Amirauté d'Antibes, d'une part; & les freres Mus dudit lieu de Cannes, d'autre part.

ARTICLE II.

FAiſons défenſes à toutes perſonnes de bâtir ſur les rivages de la mer, d'y planter aucuns pieux, ni faire aucuns ouvrages qui puiſſent porter préjudice à la navigation, à peine de démolition des ouvrages, de confiſcation des matériaux, & d'amende arbitraire.

PAr la raiſon préciſement qu'une choſe eſt publique avec faculté à chacun d'en uſer ſelon ſa deſtination, il n'eſt pas permis à l'un d'en jouir au préjudice des autres, en s'y attribuant un droit permanent & excluſif, ou en y formant un établiſſement qui reſtreindroit le droit de la Communauté. Stypmannus *ad jus maritimum parte* 2°. *cap.* 4°. *n.* 139 *& ſeq. fol.* 304.

Pour prévenir les inconvenients qui ſeroient réſultés de pareilles entrepriſes, il étoit donc indiſpenſable que la liberté d'uſer d'une choſe publique eût des bornes; & ces bornes il n'y avoit que la puiſſance publique qui eût droit de les poſer.

C'eſt ce que Domat *loc. cit.* ſect. 2. note ſur le n. 1. *fol.* 61, explique admirablement en ces termes.

» Il eſt du droit naturel auſſi que cette licence commune à tous, étant une occaſion

» occasion continuelle de querelles, & d'une infinité de mauvaises suites, il y » soit pourvu par quelque police; & il ne pouvoit y en avoir de plus juste & » de plus naturelle que de laisser au Souverain à pourvoir à ces inconveniens. » Car comme il est chargé du soin du repos public, que c'est à lui qu'appar- » tient la police de l'ordre de la société, & que ce n'est qu'en sa personne que » peut résider le droit aux choses qui peuvent être communes au public, dont il » est le chef; c'est à lui que cette qualité donne la dispensation & l'usage de ce » droit pour le rendre utile au public; & c'est sur ce fondement que les Ordon- » nances ont réglé l'usage des navigations & de pêcher sur la mer & sur les » rivieres.

Sur ces principes le rivage de la mer devant être libre & accessible pour tous & pour quiconque y veut pêcher; *nemo igitur ad littus maris accedere prohibetur piscandi causâ*, leg. 4 ff. *de divisione rerum & qualitate*; de même que pour y aborder à l'effet de prendre terre, y décharger ce qui peut embarrasser le navire, y sécher des rets, &c. conformément à la loi suivante, qui s'exprime ainsi; *riparum usus publicus est jure gentium sicuti ipsius fluminis. Itaque navem ad eas appellere, funes ex arboribus ibi natis religare, retia siccare & ex mare reducere, onus aliquid in his reponere, cuilibet liberum est, sic ti per ipsum flumen navigare.*

Sur ce fondement, dis-je, les défenses portées par notre article, quoiqu'elles ne regardent directement que les ouvrages capables de faire préjudice à la navigation, doivent influer également sur toutes autres entreprises faites sur le rivage de la mer; soit parce qu'il n'est point de bâtiment qui y puisse être construit avec des pierres ou avec des pieux, qui ne donne atteinte au droit d'y pêcher, accordé à tous les sujets du Roi par l'article 1er., tit. 1er. du liv. 5 ci-après; soit encore parce que toute construction nouvelle de parcs ou écluses est expressément défendue par l'article 4 du titre concernant cette matière; soit enfin parce que tout établissement sur le rivage emporteroit par sa nature, un acte de propriété incompatible avec le droit du public, & qui plus est avec le droit de Souveraineté du Roi sur la mer & sur les rivages qui en dépendent. Toutes autres citations des Loix romaines & des Auteurs à ce sujet, pour ou contre, seroient superflues.

Il n'y auroit donc qu'une concession expresse du Roi, qui pût garantir de la démolition & des peines portées par cet article, les ouvrages que quiconque entreprendroit de construire sur le rivage de la mer; & cela quand ils ne seroient pas contraires à la navigation, ce qui pourtant seroit assez difficile à concevoir, puisque la navigation se fait avec de très-petits bâtimens capables d'aborder le rivage, aussi bien qu'avec d'autres qui tirent trop d'eau pour approcher si près des côtes sans un danger manifeste d'y échouer.

C'est aussi une entreprise sur le rivage de la mer, que d'y rompre la banche, & d'enlever les pierres, les grisons ou les cailloux, qui amoncelés servent de barriere aux flots de la mer. V. *suprà* art. 2, tit. 4 du présent livre.

En fait de riviere navigable, le chemin ou l'espace qui doit demeurer libre le long de la rive pour le halage des vaisseaux, & que les anciennes Ordonnances ont fixé à 24 pieds de largeur, est censé une dépendance de la rive, & par conséquent est de la compétence de l'Amirauté à l'égard des rivieres où le flux de la mer se fait sentir: *suprà* art. 6, tit. de la compétence. Je ne crois point qu'on en doive dire autant du bord de la mer; c'est-à-dire que l'espace qui régne le long de la falaise ou du rivage, soit censé en faire partie jusqu'à la distance de 24 pieds, à l'effet de le soumettre à la jurisdiction de l'Amirauté, puisque le motif du halage ne peut s'y rencontrer. Ce terrein appartient réellement aux propriétaires des terres qui confrontent au rivage, & par conséquent reléve de la justice du Seigneur du lieu. De sorte que s'il s'y commettoit un meurtre, ce seroit au Juge du Seigneur haut justicier du même lieu, à en connoître & à lever le cadavre, à l'exclusion des Officiers de l'Amirauté; à moins que ces Officiers ne se trouvassent alors là en fonction, à l'occasion d'un naufrage, pour faire sauver les effets; auquel cas par droit de territoire emprunté, ils connoîtroient sans difficulté de tous les crimes & délits qui s'y commettroient durant leurs opérations.

TITRE VIII.

DES RADES.

Tout ce que le Commentateur a dit fur ce fujet, fe trouve dans Cleirac fur l'art. 15 des jugemens d'Oleron n. 4 pag. 71, & dans le Dictionnaire de Trevoux au mot *rade.*

La rade différe du port, en ce que les vaiffeaux quoique en bon mouillage n'y font pas en fûreté comme dans le port. Il y a néanmoins des rades fi bonnes, qu'il n'y a pas plus à craindre pour les vaiffeaux qui y font que s'ils étoient dans le port.

Il y a auffi des rades fi voifines des ports, que les vaiffeaux y font regardés comme s'ils étoient dans les ports mêmes. On les diftingue des rades foraines; & celles-ci font appellées de ce nom, foit parce que le mouillage n'y eft pas fi fûr, foit parce que leur pofition eft telle qu'elles ne font pas cenfées être d'un port plutôt que d'un autre, & que les vaiffeaux qui y mouillent font à portée d'en partir & de prendre le large pour différentes navigations.

ARTICLE PREMIER.

Voulons que les rades foient libres à tous vaiffeaux de nos fujets & alliés dans l'étendue de notre domination; faifons défenfes à toutes perfonnes, de quelque qualité & condition qu'elles puiffent être, de leur apporter aucun trouble & empêchement, à peine de punition corporelle.

Non-feulement les rades font libres pour la navigation & le commerce, à tous les fujets du Roi & de fes *alliés*, dernier terme qui comprend également toutes les nations avec lefquelles le Royaume eft en paix, fans exclufion de commerce à certains égards; mais encore les différens ports du Royaume, puifque la raifon eft abfolument la même.

Cette liberté exigeoit donc que les vaiffeaux qui ont droit d'y arriver y fuffent à couvert d'infulte & de tout trouble ou empêchement; & c'eft fur ce principe que notre article en a fait des défenfes expreffes à toutes perfonnes fans exception, à peine de punition corporelle, ce qui emporte néceffairement outre cela, les dommages& intérêts.

Mais s'il eft libre à tous maîtres & capitaines de navires amis, de fréquenter nos rades & nos ports, ce n'eft qu'à condition de remplir les formalités prefcrites à ce fujet, tant aux François qu'aux étrangers; & entre-autres de faire leur rapport ou déclaration d'arrivée ou de relâche, au Greffe de l'Amirauté, & de ne fortir des ports qu'avec congé de l'Amiral. De forte que s'ils manquent à ce qu'ils ſont tenus de faire, les pourſuites qui pourront être faites contre eux, ne ſeront point un trouble & empêchement dont ils puiſſent ſe plaindre.

La liberté de fréquenter nos rades & nos ports, n'étant accordée qu'aux amis & alliés, il s'enſuit que ſi les vaiſſeaux des autres nations y arrivent, non-ſeulement il ne leur ſera pas permis d'y décharger des marchandiſes ni d'y faire aucun autre commerce; mais encore qu'ils pourront être arrêtés & mis en ſéqueſtre, à moins qu'ils n'y ſoient entrés par tempête ou autre force majeure; auquel cas devant être traités ſuivant le droit des gens, la faculté leur ſera laiſſée de ſe retirer après le danger paſſé, & il leur ſera fourni, en payant, les choſes néceſſaires pour reprendre & continuer leur navigation. Il eſt entendu néanmoins que ce ne ſeront ni des ennemis ni de pirates, qui, quelque part qu'ils ſoient rencontrés pevent être ſaiſis & arrêtés avec confiſcation de tout ce qu'ils ont avec eux.

ARTICLE II.

ENjoignons aux maîtres & capitaines de navires qui ſeront forcés par la tempête de couper leurs cables & de laiſſer quelques ancres dans les rades, d'y mettre des *hoirins*, *bouées* ou *gavitaux*, à peine de perte de leurs ancres, qui appartiendront à ceux qui les auront pêchées & d'amende arbitraire.

LA diſpoſition de cet article n'auroit rien de trop rigoureux, s'il y avoit preuve que le maître ou capitaine étant obligé de couper ſes cables ou de les filer par bout, avoit eu le temps & la facilité de mettre ſur ſes ancres des *hoirins*, *bouées* ou *gavitaux*: mais ceſſant cette preuve, qui eſt néceſſaire, parce que la préſomption contraire eſt de droit, il n'eſt pas poſſible que notre article ait entendu la punir de la maniére qui y eſt marquée, les raiſons en ſeront rendues ſur l'article 28 du tit. ſuivant.

Il eſt vrai que l'article 45 des jugemens d'Oleron paroît aſſez conforme à celui-ci; mais en le rapprochant du 15e. il eſt comme évident qu'il ſuppoſe un navire dans le havre, où il y a effectivement obligation de mettre des hoirins ou autre marque ſur les ancres, ſur peine de répondre de tout le dommage qui en arrivera; ce qui eſt conforme aux articles 28 & 51 de l'Ordonnance de Wiſbuy & à l'art. 5, tit. 1er. *ſuprà* du préſent livre 4; au lieu qu'il s'agit ici d'ancres dans les rades.

On trouvera facilement dans les Dictionnaires & ailleurs, l'explication de ces termes *hoirins*, *bouées* & *gavitaux*.

ARTICLE III.

LEs maîtres de navires venans prendre rade, mouilleront à telle diſtance les uns des autres, que les ancres & cables ne puiſſent ſe mêler & porter dommage, à peine d'en répondre, & d'amende arbitraire.

UN maître de navire ou autre bâtiment, arrivant le premier dans une rade ou dans un port, peut se placer où il le juge à propos, pourvu néanmoins qu'il ne se mette pas dans le canal qui conduit au havre, ou autrement sur le passage des autres navires, de maniére que sa position puisse incommoder naturellement les autres. Pour ce qui est de la place qu'il doit occuper dans un havre ou au quai, ce n'est point à lui à la choisir; mais au maître de quai à la lui indiquer, sur quoi celui-ci doit se comporter avec équité & prudence & sans partialité. V. *suprà*, art. 4, tit. 1er. & art. 2, tit. 2 du présent livre 4.

Qu'il y ait déjà des places occupées dans une rade ou dans un port, ou qu'il s'agisse d'en remplir plusieurs à la fois, les maîtres de navires qui arrivent ou qui surviennent, « doivent mouiller à telle distance les uns des autres, que les ancres » & les cables ne puissent se mêler & porter dommage, à peine d'en répondre » & d'amende arbitraire.

Tel est, conformément au ch. 200 du Consulat & à l'avis de Targa pag. 342, le Réglement de police porté par notre article, dont la sagesse doit naturellement faire loi par tout; mais dont l'exécution dépend toujours des circonstances. C'est-à-dire qu'en pareil cas il s'agira d'examiner si le capitaine arrivé le dernier aura été averti ou non de se placer un peu plus à l'écart; s'il aura dû raisonnablement acquiescer à l'avis, & enfin s'il l'aura pu.

J'en dis autant du cas où un navire en entrant dans la rade ou dans le port, a causé du dommage à un autre qui étoit à l'ancre, quoiqu'il y ait des autorités (Consulat ch. 197, 199. Targa pag. 340.) qui chargent le maître de réparer le dommage, s'il ne prouve que cela est arrivé par cas fortuit ou force majeure, en un mot sans sa faute, & quoique cela ait ainsi été jugé à Marseille le 13 Juillet 1754 contre le capitaine Fougeray en faveur de Calliot & Juliard.

Mais s'il s'agissoit d'un navire à l'ancre ou à la cape, qui reçût du dommage de la part d'un autre qui entreroit à pleines voiles, je ne douterois nullement que le capitaine de celui-ci ne dût réparer le dommage, suivant la décision de l'Arrêt du Parlement d'Aix du 30 Juin 1750 au profit du capitaine Villourse, contre un Suédois.

ARTICLE IV.

LOrsqu'il y aura plusieurs bâtimens en même rade, celui qui se trouvera le plus avancé vers l'eau, sera tenu d'avoir pendant la nuit le feu au fanal pour avertir les vaisseaux venant de la mer.

CEla est encore d'une police extrêmement sage, & cependant on ne l'observe point dans la pratique; ce qui n'empêcheroit pas néanmoins, que si, faute d'user de cette précaution, quelque bâtiment en recevoit du dommage, le maître du navire qui y auroit manqué, ne fût tenu d'en faire raison.

On entend que celui qui est le plus avancé vers l'eau, est celui qui l'est le moins dans la rade, & qui par conséquent peut être le premier rencontré & abordé par les navires venant de la mer, pour prendre rade & mouiller.

ARTICLE V.

QUand un vaiſſeau en rade voudra faire voile pendant la nuit, le maître ſera tenu dès le jour précédent de ſe mettre *en lieu propre pour ſortir*, ſans aborder ou faire dommage à aucun de ceux qui ſeront en même rade, à peine de tous dépens dommages & intérêts & d'amende arbitraire.

IL ſeroit bien difficile qu'un vaiſſeau deſtiné pour un voyage de long cours, fît voile pendant la nuit, tant il y a de préparatifs & de manœuvres à faire avant le départ, quoique on ſe ſoit précautionné pluſieurs heures auparavant. Quelle raiſon d'ailleurs de partir la nuit pour un pareil voyage? On ne s'y détermine que ſur une aſſurance morale d'un vent favorable, au moins pour quelques jours; & rien n'oblige à former cet augure pendant la nuit. Ce n'eſt pas dans ces occaſions qu'on peut dire qu'il faut profiter des inſtans; cela ne peut convenir qu'aux petits navires faiſant la pêche ou le cabotage; la marée, le vent changé tout-à-coup, peut être de conſéquence pour eux.

Quoiqu'il en ſoit, il eſt permis par notre article de faire voile & de quitter la rade durant la nuit; mais c'eſt à condition de la part du maître de s'y préparer dès la veille, en ſe mettant à l'écart & au large: en un mot, *en lieu propre pour ſortir*, ſans s'expoſer à aborder aucun autre bâtiment étant dans la même rade, ou autrement à y cauſer du dommage; ſi non il ſera tenu de tous les dommages & intérêts, & ſujet à une amende arbitraire.

Que l'on faſſe voile de nuit ou de jour, le navire qui part après un autre & qui le ſuit, doit prendre garde à ménager ſa marche de maniére à ne pas le heurter; ſans quoi il répondra du dommage. Ainſi jugé à l'Amirauté de Marſeille le 14 Février 1750, & par autre Sentence du 22 Mars 1751 au rapport de M. Emerigon, en faveur du patron Eſcofier, contre le capitaine Arnaud d'Agde.

Un des points de la police de la pêche des morues ſur le banc de Terre-Neuve, ou dans la baye de Canada, eſt que nul maître de navire ne peut quitter la pêche & faire voile durant la nuit ſans s'expoſer à une amende de 1500 liv. en cas d'abordage, & à punition corporelle, s'il arrive perte d'homme dans l'abordage, outre la réparation de tout le dommage qui s'en ſera enſuivi. Art. 13, tit. 6, liv. 5 ci-après.

TITRE IX.

DES NAUFRAGES, BRIS ET ECHOUEMENS.

IL est de l'humanité de s'intéresser au sort des malheureux & de travailler à leur adoucir le sentiment de leur infortune.

Jusques dans les siécles les plus grossiers & les plus barbares, la voix de la nature se faisoit encore assez entendre pour ouvrir les cœurs à la compassion ; de là ces lieux d'asile si respectables, & cette loi de l'hospitalité si religieusement observée.

Par quelle fatalité en usoit-on autrement à l'égard de ceux qui avoient le malheur de faire naufrage ou d'échouer sur des côtes étrangéres ? car il n'est que trop vrai que dans ces mêmes temps, ils n'échappoient à la fureur des flots que pour éprouver souvent un autre genre de mort, d'autant plus douloureuse, qu'elle leur étoit donnée de sang froid par des mains cruelles, dans le lieu même qui devoit être pour eux un port de salut. Les plus heureux étoient ceux à qui il n'en coûtoit que la perte de leur liberté ou de leurs biens.

Que l'injuste soif des richesses ait entretenu cette coutume barbare & inhumaine, c'est ce qu'il est aisé de comprendre ; mais elle n'en a pas vraisemblablement été le principe. Dans les premiers temps la navigation n'ayant pas le commerce pour objet direct, elle n'offroit pas à enlever aux navigateurs des biens capables d'exciter la cupidité, au mépris de tous sentimens humains. Il y a plus d'apparence que les premiers navigateurs faisant le métier de pirates & ravageans les côtes sur lesquelles ils faisoient des descentes, armérent les nations contre eux pour se défendre de leurs déprédations, & qu'ensuite la prévention les faisant regarder tous comme animés du même esprit, on crut devoir les sacrifier à la sûreté publique en les traitant indistinctement comme ennemis.

Que les anciens Gaulois ayent pratiqué cet usage odieux & détestable, cela est hors de doute ; mais c'est mal-à-propos qu'on leur en fait un crime personnel & particulier ; ils ne faisoient en cela que suivre l'exemple des autres peuples. On en peut juger par ce grand nombre de loix romaines, portées en vue d'abolir cette exécrable coutume. Il n'en auroit pas tant fallu s'il n'eut été question que des Gaulois.

Le mal venoit de plus loin, & au sentiment de plusieurs sçavans, du nombre desquels est Seldenus *de dominio maris*, c. 22, *fol.* 177, ce sont les Rhodiens qui ont introduit cette étrange coutume, quoiqu'ils l'ayent changée depuis, *infra* art. 5 *in fine*. A la verité Loccenius de *jure maritimo lib.* 1°. c. 7 n. 10, a entrepris de les sauver de ce reproche ; mais ç'a eté sans succès.

Quoiqu'il en soit, cette barbarie ayant passé chez les Romains, ils s'y accoutumérent de façon, que ce ne fut que bien tard qu'ils reconnurent que les effets naufragés ne devoient pas appartenir au premier occupant ni au fisc ; que celui à qui ils étoient avant le naufrage n'en avoit pas perdu la propriété ni la possession civile, & qu'ainsi la restitution devoit lui en être faite conformément à la loi naturelle & au droit des gens.

On n'avoit pu effectivement penser le contraire autrefois que par un oubli & un renversement de toute justice.

Pendant un certain temps, suivant Seldenus *loc. cit.* il n'étoit pas bien décidé si les effets naufragés ou venus à la côte, appartenoient à ceux qui les avoient sauvés ou trouvés, ou au fisc ; mais dans la suite la dévolution en fut généralement attribuée au fisc. C'est ce qui résulte de la supplique de Eumedon à Antonin, *ut bona naufragii sui à publicanis direpta, sibi restituerentur.*

Ce point ainsi décidé, le retour au droit naturel étoit beaucoup plus facile ; aussi les Empereurs Romains, amis de la justice, ne tarderent-ils pas à proscrire cette coutume inique, en permettant la réclamation des effets naufragés à ceux à qui ils appartenoient, comme n'ayant pu en perdre la proprieté par ce malheureux événement.

Les premiers Empereurs qui ont paru avoir la gloire de renoncer au droit de naufrage en faveur des malheureux naufragés, furent Adrien & Antonin. Leg. 7 & *ultima, de ruina, naufragio ; & leg. 1°. cod. de naufragiis.* Celle ci est conçue en ces termes. *Si quando naufragio navis expulsa fuerit ad littus, vel si quando aliquam terram attigerit, ad dominos pertineat, fiscus meus se non interponat. Quod enim jus habet fiscus in aliena calamitate, ut de re tam luctuosâ compendium sectetur ?*

Il est vrai que cette loi si pleine d'humanité, porte le nom de Constantin ; mais elle est véritablement d'Antonin, suivant la remarque de Godefroi & de plusieurs autres sçavans. C'est aussi ce qui résulte des loix 7 & derniere ci-dessus citées.

Ces mêmes loix ont servi de base à la 21e. ff. *de acquirenda vel amittenda poss.* à la 44e. ff. *de acquir, rerum dominio*, aux 3e. & suiv. ff. de *incendio* ; & c'est en conformité que *Julianus Basilic lib.* 53 *tit.* 3 *cap.* 8, a dit : *Si res naufragio in mari facto, in mare abjecta est, adhuc in dominio ejus manet qui anteà eam habuit ; & si maris æstu in terram ejecta fuerit, potest eam dominus vindicare.*

Mais le mal étoit trop invétéré pour que la sagesse & la vigilance des Legislateurs romains eussent le pouvoir d'y remedier. Ces mêmes loix d'ailleurs furent méprisées par ceux des Empereurs suivans, qui songérent plus à étendre les droits du fisc qu'à faire régner la justice. Enfin l'Empire approchant chaque jour de sa ruine & les bonnes loix demeurant sans vigueur, le désordre par rapport aux naufrages ne pouvoit que continuer. Les peuples croyoient ne s'approprier que les droits du fisc, trop foible alors pour les conserver, & ils ne s'appercevoient pas de l'injustice dont ils se rendoient coupables envers les malheureux ; tant il est difficile de revenir d'une erreur qu'un long usage a pour ainsi dire consacrée sous le spécieux prétexte d'une légitime défense.

Ce malheureux préjugé qui, au rapport du commun des écrivains, avoit gagné successivement les François, les Anglois, les Napolitains, les Siciliens & quantité d'autres nations, ne pouvoit encore que se fortifier par les fréquentes incursions des différens peuples du Nord, connus en général sous le nom de Saxons & de Normands, & par les horreurs qui laissoient par tout des traces de leur passage.

Il

Il n'étoit que trop naturel de chercher à se défaire de pareils hôtes & à les empêcher d'exercer leurs affreux brigandages. Le mal étoit que tout navigateur étant pris pour pirate, la punition étoit la même, sans examen & sans discernement. C'est que l'avidité des habitans, & sur-tout des Seigneurs des Fiefs voisins du rivage de la mer, vint se joindre à la crainte de ces redoutables ennemis.

Et voila pourquoi, ni les Loix romaines, ni les Ordonnances rendues sur le fait des naufrages, depuis même la cessation de ces terribles incursions, ne produisirent peu à peu d'autre effet que celui de sauver la vie à ceux des navigateurs que la tempête & les autres accidens maritimes avoient jettés sur les côtes.

De tant d'Ordonnances publiées par les Empereurs depuis la décadence de l'Empire, la seule qui soit venue jusqu'à nous est celle d'Andronic Comnene, Empereur d'Orient qui régnoit en 1183. Pasquier dans ses recherches en fait mention, liv. 2 ch. 14 *fol.* 118, & en rapporte les circonstances, qui sont trop remarquables pour être passées sous silence.

Ce Prince recevant continuellement des plaintes du peu de soin qu'apportoient les Magistrats à réprimer la licence du pillage dans les naufrages, & ayant pris la résolution d'y remédier, s'en ouvrit en plein Sénat.

Alors il lui fut remontré « par quelques Sénateurs, premiers & principaux de la » compagnie, que cette maladie avoit pris trait d'une si longue ancienneté qu'elle » étoit incurable, & que plusieurs Empereurs ses devanciers y avoient voulu mettre la main, mais envain, comme s'ils eussent écrit leurs Edits sur les vagues. » A quoi l'Empereur répondit sagement, « qu'il n'y avoit rien qui ne pût être réformé, de mal en bien, & de bien en mieux par un Empereur, ni crime qui » pût résister à son autorité ; que si mes prédécesseurs (ajouta-t'il) n'ont pû parvenir à chef de cet œuvre, il faut de deux choses l'une, ou que légérement » ils eussent entrepris cette querelle, ou bien passé par connivence, se contentant » de payer les navigateurs de quelque belle hypocrisie.

Telle est la traduction que donne Pasquier de la réponse de cet Empereur, qui est tout autrement énergique en latin. On la trouve dans Loccenius, *de jure maritimo*, *lib.* 1°. *cap.* 7°. *n.* 14, *fol.* 82, 83 : la voici.

Nihil est quin ab Imperatoribus emendari queat, nec ullum peccatum est quod vires eorum superet. Superiores autem imperatores, aut rem stultè sunt agressi, aut se dolore injuriis simularunt : non enim inutilibus litteris sed ense coërcere hoc malum debuissent, quod pravos mores non corrigendo confirmarunt.

Loccenius se contente d'ajouter que l'Empereur prononça de rigoureuses peines, non-seulement contre ceux qui seroient convaincus de pillage dans les naufrages : mais encore contre ceux qui pouvant l'empêcher ne s'y seroient pas opposés.

Mais Pasquier entrant dans le détail, observe que l'Edit de l'Empereur fut vérifié en plein Senat, « portant expresses inhibitions & défenses d'user de là en » avant de pareilles pilleries sur les vaisseaux submergés à peine d'être pendu & » étranglé au plus haut du mât, & s'il n'y en avoit point, au plus haut d'un arbre qui seroit pris en la plus prochaine Forêt & mis sur l'orée de la mer, afin » que par ce spectacle chacun se tînt assuré de quelle façon il se devoit comporter » en tel cas ; & au surplus que ceux qui auroient des maisons plus proches & voisines de la mer seroient responsables des délits, ores qu'ils n'y eussent consenti, » sauf leur recours contre les délinquans.

L'Auteur ajoute que l'Empereur ayant fait connoître par ce discours & par son air févére qu'il tiendroit la main à l'exécution de fon Edit, les Senateurs qui fa-voient d'ailleurs combien il étoit ferme dans fes réfolutions, « ne firent inftance „ au contraire, ores que, pour être par leurs maifons de plaifir proches de la mer, „ ils euffent par avanture part à ces butins; toutefois l'Edit ayant été publié ils „ l'envoyerent diverfement aux Juges des lieux, afin que nul n'en pût prétendre „ caufe d'ignorance, & qu'il fût bien & duement entretenu; de maniére que par „ ce moyen fe logea la tranquilité dedans la mer au milieu de la tempête.

La fureur du pillage n'ayant pas moins continué dans la fuite, & par fa généralité étant devenue comme un mal épidémique; il eft évident que l'Edit falutaire de cet Empereur, digne en cette partie des plus grands éloges, ceffa d'être exécuté après fa mort qui ne tarda pas. Eh! le moyen qu'il en fût autrement, puifque les Senateurs, eux-mêmes, qui ne s'y étoient foumis que par crainte, étoient affez lâches pour prendre part à la dépouille des malheureux naufragés!

Faut-il s'étonner après cela qu'en France les Seigneurs voifins des côtes maritimes, après avoir participé au pillage des vaiffeaux naufragés, comme particuliers, s'en fuffent fait peu à peu un droit exclufif, & comme un privilége attaché à leurs Seigneuries, par l'autorité en quelque forte defpotique qu'ils avoient acquife fur leurs fujets ou tenanciers.

Envain pour faire ceffer un défordre fi univerfellement répandu, le Concile de Latran tenu en 1179 fous Alexandre III. avoit-il frappé de l'anatême de l'excommunication, ceux qui s'en rendroient coupables, excommunication renouvellée par la Bulle *Cœna Domini*, au rapport de Seldenus, *mare claufum lib.* 1°. *cap.* 22. *fol.* 177; il falloit quelque chofe de plus que les foudres de l'Eglife, armes prefque toujours impuiffantes pour rétablir l'ordre de la juftice; c'eft-à-dire qu'il auroit fallu que l'autorité des loix fût venue à l'appui; & nos Rois qui non-feulement avoient alors peu de poffeffions voifines de la mer; mais encore qui n'étoient pas en termes de s'y faire obéir par leurs Vaffaux, auroient entrepris inutilement de réprimer ce qu'ils n'étoient pas en état de punir.

On ne doit point chercher d'autre caufe du filence de nos anciennes loix fur ce fujet: & il falloit bien que St. Louis fe trouvât dans ces circonftances, puifqu'au lieu de févir par quelque Ordonnance contre le pillage dans les naufrages, il préféra, à la réquifition des Bordelois & des Rochelois, felon Cleirac pag. 95 & 543, & à la fupplication de tout le pays, felon Pierre Garcie, dit Ferrande, dans fon grand Routier & Pillotage de l'an 1483, de compofer en 1231 avec Pierre de Dreux, dit Maucler, Duc de Bretagne, & de l'engager à renoncer au droit de naufrage qu'il exerçoit à la rigueur, à condition que les navigateurs prendroient de lui des brefs ou brieux, appellés les uns de fauveté, les autres de *conduite* & *de victuailles.*

A peu près dans le même temps parurent ces fameux jugemens d'Oleron, (voyez la préface. Mais ils doivent être d'une date beaucoup plus ancienne,) puifque l'opinion commune les attribue à la Princeffe Eléonor ou Aliénor, Ducheffe d'Aquitaine & à Richard fon fils; Réglemens faits uniquement pour la navigation le long des côtes de Guienne, du Poitou & de la Normandie, mais qui dans la fuite furent fi eftimés & refpectés, qu'on les prit généralement pour régle de décifion.

Or dans ces jugemens d'Oleron, on trouve plufieurs articles qui ont des difpofitions auffi curieufes que fingulières fur le fait des naufrages. Les principales feront rapportées ſur les articles 2 & 4 ci-aprés ; ici il doit ſuffire de remarquer, que le brigandage dans les naufrages n'étoit pas le même par tout. En quelques endroits on étoit aſſez inhumain pour aſſommer les naufragés , afin qu'il n'y eût aucun obſtacle au pillage, même d'attirer les navires dans les écueils pour les faire périr. En d'autres endroits on ſe bornoit au pillage ; & en d'autres encore , par un reſte d'humanité , on laiſſoit aux naufragés une petite partie de leurs effets , comme le tiers ou le quart , le ſurplus étant partagé entre le Seigneur du lieu , & ceux qui avoient ſauvé les effets.

C'eſt ce qui réſulte des art. 25 , 26 & 31 , qui prononcent des peines très-rigoureuſes contre les coupables, outre celle de l'excommunication , relative ſans doute à celle portée par le Concile de Latran dont il a été parlé. Du reſte il fut ordonné art. 29 , conformément à la droite raiſon & à l'équité , de fournir les ſecours convenables à ceux qui auroient le malheur de faire naufrage & de leur abandonner tous leurs effets ſans en rien retenir , & ſans exiger d'eux autre choſe que les frais de ſauvement , tels qu'ils ſeroient réglés par juſtice ; le tout ſur peine contre les tranſgreſſeurs , d'être *excommuniés de l'Egliſe , & d'être punis comme larrons.*

Par l'art. 30 il fut auſſi très-ſagement ordonné , qu'en cas de naufrage , où l'équipage auroit péri , le Seigneur feroit travailler ſes gens au ſauvement des effets & les mettroit en ſûreté pour les rendre aux propriétaires qui les réclameroient dans l'an , à la déduction des frais de ſauvement ; mais ce qui eſt bien ſingulier , c'eſt d'y voir ajouté qu'à défaut de réclamation , le Seigneur ſeroit tenu d'employer le prix de la vente des effets , en œuvres pies , comme *diſtribuer aux pauvres , marier pauvres filles , &c. ſelon raiſon & conſcience* , ſans en retenir *quart ni part* , ſur peine d'encourir *la malediction de notre Mere Ste. Egliſe & peines ſuſdites.*

C'étoit aſſurément paſſer le but & mettre à une trop rude épreuve la vertu des Seigneurs , que de leur enjoindre d'appliquer à des œuvres pies ce qui reſtoit du produit des effets naufragés , après les frais de ſauvement payés. Une pareille loi n'étoit pas faite pour être obſervée , elle exigeoit trop de perfection ; mais quoi ! le fiſc n'oſoit-il donc pas encore revendiquer cet excédant non réclamé , comme lui étant dévolu à titre de ſouveraineté.

Le problême , ſi c'en étoit un , ne demeura pas long-temps ſans être réſolu , & l'on n'eut pas non plus long-temps des reproches à ſe faire ſur l'infraction de cette loi trop gênante , par le déſintereſſement abſolu qu'elle exigeoit.

Henry III. Roi d'Angleterre , Duc de Normandie , d'Aquitaine , & Comte de Poitou & d'Anjou , y pourvut par ſon Edit de l'année 1226, la vingtième de ſon régne.

Cet Edit , que Cleirac rapporte ſur l'art. 26 des jugemens d'Oleron pag. 97 , a auſſi ſa ſingularité. Il y eſt dit qu'en cas de naufrage ſur les côtes de la mer d'Angleterre , de Poitou , de l'Iſle d'Oleron ou de Gaſcogne , ſi quelque homme du navire échappe & gagne la terre , les débris du navire & tous les effets en dépendans , ſeront remis à ceux à qui ils appartenoient , affranchis de tous droits de naufrage & de rivage ; car c'eſt ainſi , ſelon moi , qu'il faut entendre ces mots , *& eis non depereant nomine ejecti.*

Il eſt dit enſuite que tout l'équipage ayant péri , ſi quelque animal échappe au naufrage , ou s'il en eſt trouvé un en vie dans le navire , alors les officiers du Roi ou des Seigneurs du lieu , s'empareront des effets naufragés & les mettront ſous la garde de quatre perſonnes de probité & ſolvables, pendant trois mois, pour être reſtitués à ceux qui les réclameront dans ce terme de trois mois, & qui prouveront leur droit de propriété ; & qu'à défaut de réclamation dans les trois mois, les effets ſeront acquis au fiſc royal, *nomine ejecti*, ou à celui qui ſe trouvera fondé en droit de naufrage.

Enfin il eſt ajouté que ſi tout périt dans le naufrage, hommes & bêtes, les effets ſauvés appartiendront alors & ſans delai au fiſc, ou autre ayant pareillement droit de naufrage ; ce qui ne doit s'entendre qu'en vertu d'une conceſſion du Souverain.

Dans ces diſtinctions tout-à-fait extraordinaires, on ne trouve qu'une juſtice incomplete. Les deux premieres contenoient bien une dérogation à l'ancienne coutume obſervée dans les naufrages ; mais le delai pour la réclamation n'étoit que de trois mois, au lieu d'un an que les jugemens d'Oleron accordoient conformément au droit commun.

D'un autre côté nul delai pour réclamer dans le dernier cas, ce qui étoit contre toute juſtice.

Au ſurplus, nulle obligation d'employer en œuvres pies le produit des effets naufragés à défaut de réclamation, comme l'ordonnoient ces mêmes jugemens d'Oleron, ce qui étoit une bizarrerie pour vouloir trop donner à la perfection évangélique ; & enfin c'étoit faire rentrer la ſouveraineté dans ſes droits, que d'attribuer au fiſc les effets naufragés, à l'excluſion de ceux qui ne juſtifieroient pas par titres qu'ils étoient fondés en droit de naufrage.

Sans doute que cet Edit d'Henry III. Roi d'Angleterre, malgré ſes diſtinctions ſingulières eut ſon exécution encore long-temps après, puiſque dans le Traité de paix & de commerce conclu entre Henri VII. & Philippe Archiduc d'Autriche, Duc de Bourgogne, &c. le 14 Février 1495, il y fut dérogé, ch. 24, en tant qu'il y fut ſtipulé qu'en cas de naufrage, les débris & les effets ne ſeroient point ſujets à confiſcation, quoiqu'il ne fût échappé du naufrage ni homme, ni bête ; *licet in ipſa navi non remaneat vir, mulier, puer, cattus, canis vel gallus vivens* ; mais qu'ils ſeroient ſauvés & recueillis par les ſoins des officiers des parties contractantes, & mis ſous bonne garde pendant un an & jour, pour être rendus à ceux qui ſe préſentant dans ledit temps, prouveroient que les effets leur appartenoient, en payant ſeulement les fraix de ſauvement & de garde, ſuivant qu'ils ſeroient réglés convenablement,

Un Réglement auſſi ſage & auſſi judicieux, étoit moins une convention particulière entre deux Souverains, qu'une déclaration du droit commun qui devoit être obſervé à ce ſujet chez toutes les nations.

C'eſt auſſi la régle que ſuivit François premier dans les articles 11 & 12 de ſon Ordonnance du mois de Févrir 1543, qui eſt la premiere que nous ayons ſur cette matiére, en ordonnant au ſurplus qu'à défaut de réclamation dans l'an & jour, un tiers de ce qui auroit été tiré de mer à terre ou du fond de la mer, appartiendroit à ceux qui les auroient ſauvés, un autre tiers à l'Amiral, & le dernier tiers au Roi ou aux Seigneurs auxquels il auroit cédé ſon droit.

Mais il plut à la Cour de Parlement, par ſon Arrêt de vérification du 10 Mars de la même année, de modifier l'art. 12 concernant les effets ſauvés en mer ou tirés du fond de la mer ; & en conſéquence non-ſeulement de limiter à deux mois le temps de la réclamation, mais encore d'ordonner que malgré la réclamation le tiers des effets demeureroit acquis à ceux qui les auroient ſauvés.

Par rapport à cette seconde disposition, il n'y avoit rien à dire, en supposant toutefois des effets trouvés en pleine mer, ou tirés du fond de la mer, sans suite de la part des propriétaires, comme il sera observé sur l'art. 27 ci après ; mais pour la premiere, il y avoit de l'injustice à abréger le temps de la réclamation ; & néanmoins elle fut adoptée par l'article 21 de l'Ordonnance de 1584, ce qui a enfin été corrigé par la présente Ordonnance, tant dans l'art. 27 qui vient d'être énoncé, que dans les 24 & 26, d'après l'art. 447 de l'Ordonnance de 1629.

Avant l'Ordonnance de 1543, il y a apparence que malgré les jugemens d'Oleron & les premieres notions de la raison & de l'équité, les réclamateurs des effets naufragés sur nos côtes obtenoient difficilement justice. Ce qui le fait penser de la sorte, & en même temps que cette Ordonnance n'avoit pas encore eu l'autorité de subjuguer les esprits ; c'est non-seulement la note de Dumoulin sur le Traité de Jean Ferrault *de juribus & privilegiis regni Franciæ part. 4 stili Parlamenti* § 11, sur le mot *fractura*, où après avoir dit que le droit divin, le droit naturel & le droit civil, défendent également de s'approprier les biens de ceux qui font naufrage, & qu'il n'y a que le Prince qui ait droit de les recueillir pour les conserver & les rendre aux propriétaires, il ajoute, *sed hodie impii almiti, sibi applicant & sæpe de fidelibus subditis (eos crudeliter trucidando) impias prædas agunt* ; mais encore la réponse que fit Anne de Montmorenci Connétable, aux Ambassadeurs de l'Empereur qui réclamoient auprès d'Henry II. deux navires échoués sur une des côtes de France.

Cette réponse fut, selon Bodin *de repub. lib.* 1°. *cap. ultimo*, qu'il étoit d'usage chez toutes les nations, que tout ce qui étoit jetté par la mer à la côte appartenoit de plein droit au Souverain. Sur quoi Loccenius *de jure maritimo cap.* 7, *n.* 7, dit, *in eo magis causæ quam vero servivit ; verum quidem est, aliquot gentium instituto, sic observatum fuisse, non autem ab omnibus.*

Bodin, à la suite de la réponse du Connétable de Montmorenci, ajoute, qu'elle prévalut de maniére, que André Doria ne crut pas devoir réclamer des vaisseaux qui avoient ensuite fait naufrage sur les côtes de France. *Et ita jus invaluit ut ne Andreas quidem Doria quæstus sit de navibus in littore celtico ejectis & à præfecto classis Galliæ direptis.*

Cependant la réponse du Connétable étoit juste, en ce qu'elle attribuoit au Souverain le droit de naufrage à l'exclusion de tous autres ; mais il en faisoit une mauvaise application, en ce qu'il excluoit les propriétaires du droit de réclamer les effets échoués ou naufragés. Car quelque accreditée que fût l'ancienne coutume dont il exceptoit, elle n'en étoit pas moins injuste au sentiment de tous les Auteurs qui en ont parlé. Outre Vinnius sur Peckius *in tit. cod. de naufragiis fol.* 391 ; & Dumoulin, qui comme il vient d'être observé, l'a trouvée contraire au droit divin, au droit naturel & au droit civil, Loccenius entr'autres, *loc. cit.* n. 9 l'a traitée de barbare après Seldenus, *mare clausum lib.* 1°. c. 25, & Grotius *de jure belli & pacis. Ab ipsa tamen humanitate*, dit-il, *& æquitate abhorret. Nonne*, ajoute-t'il, *inhumanum & iniquum est calamitosos, absque suo facto re sua privari & fiscum ex alieno dispendio suum quærere compendium ? Undè qui cum humanitate aliquod commercium habent, hunc morem ut plané barbarum atque injustum passim damnant.*

Il observe ensuite *fol.* 76, qu'en conformité des Loix romaines & de l'équité naturelle, Sigismond Roi de Pologne rendit une Ordonnance l'an 1598, qui obligeoit de restituer les choses naufragées à ceux à qui elles appartenoient avant le naufrage ; mais c'étoit avoir attendu bien tard. Il ajoute pourtant que la Chambre Impériale avoit plusieurs fois décidé la même chose.

Cependant il y a encore en Allemagne des pays où la coutume de confisquer les biens naufragés n'est point abolie. Il y a même des endroits où les Ministres prédicateurs ne font pas difficulté de prier Dieu en chaire qu'il se fasse bien des naufrages sur leurs côtes. Et ces prieres, Thomasius a entrepris sérieusement de les justifier ; mais par des raisons si singuliéres, qu'elles ne valoient pas la peine que Barbeyrac a prise de les réfuter. V. la note sur Pufendorff traité du droit de la nature & des gens, tom. 2, liv. 4, ch. 13, § 4, pag. 381 édition de Londres 1740.

On ne sauroit dire en quel temps ce droit de réclamer, qui est de toute justice, a été généralement reconnu & autorisé en France dans la pratique. Tout ce qu'on peut conjecturer, c'est qu'il n'a plus été disputé depuis l'Ordonnance du mois de Mars 1584 ; à quoi n'a pas peu contribué la disposition des Edits des 12 Février 1576 & 2 Août 1582, & l'art 22 de ladite Ordonnance de 1584, portant attribution de Jurisdiction aux Officiers de l'Amirauté, avec droit de connoître des naufrages & de tous procès & différents mûs & à mouvoir à cette occasion, privativement à tous autres Juges.

D'ailleurs l'autorité Royale s'étant affermie depuis ce temps-là, de maniére que le gouvernement se trouvoit en état de réprimer tous ceux des Seigneurs qui prétendoient encore se maintenir dans la possession des droits d'Amirauté, de naufrage & de rivage qu'ils avoient usurpés ; c'étoit lever le plus grand obstacle qui s'opposoit au retour du droit des réclamateurs, que d'accoutumer les Seigneurs & les peuples à penser, qu'à défaut de réclamation des effets naufragés, le produit en étoit dévolu au Roi à raison de sa Souveraineté, comme il sera montré dans la suite sur l'art 26.

Mais il étoit réservé à Louis XIV. de mettre la derniere main à ce grand ouvrage, & il falloit que le respect qu'on ne pouvoit refuser à l'équité de ses loix en général & la crainte d'encourir son indignation, achevassent ce que les seules lumieres naturelles & la voix de la justice auroient dû pleinement opérer & qu'elles n'avoient pu néanmoins que foiblement ébaucher.

Ce grand Prince ne pouvoit mieux s'y prendre, qu'en commençant par déclarer dans l'article qui suit, qu'il mettoit sous sa protection & sauve-garde, tous les vaisseaux, leur équipage & chargement qui seroient jettés par la tempête sur les côtes du Royaume, ou qui autrement y auroient échoué, & généralement tout ce qui seroit échappé du naufrage.

Il y a là en effet un air de grandeur, de noblesse & d'autorité, qui rend encore plus respectable le motif de la loi. Le pillage dans les naufrages n'est plus défendu simplement comme une injustice, comme un vol, comme un crime qui rompt les liens de correspondance que la providence a voulu établir entre les hommes ; il l'est encore comme un acte qui mérite la qualification de crime de lèze-Majesté, puisque le coupable s'approprie, au mépris de la puissance publique, ce que le Souverain a mis spécialement sous sa protection & sauve-garde.

ARTICLE PREMIER.

DEclarons que nous avons mis & mettons ſous notre protection & ſauve-garde, les vaiſſeaux, leur équipage & chargement qui auront été jettés par la tempête ſur les côtes de notre Royaume, ou qui autrement y auront échoué, & généralement tout ce qui ſera échappé du naufrage.

IL n'y a point ici de diſtinction à faire entre les ſujets du Roi, ſes amis ou alliés, & ſes ennemis, même les pirates; tout eſt également ſous la protection du Roi; hommes & biens ſont indiſtinctement mis ſous ſa ſauve-garde; ainſi le Commentateur qui du reſte n'a fait que copier Cleirac ſur le 26e. art des jugemens d'Oleron pag. 95, s'eſt étrangement mépris, lorſqu'il dit en finiſſant, que l'ancien droit de naufrage a toujours lieu contre les ennemis de l'Etat & des pirates, & qu'il eſt même permis de les ſpolier.

Il eſt vrai que par l'art. 47 des jugemens d'Oleron, conforme en cette partie à la loi 18 cod. *de furtis*, chacun étoit autoriſé à piller les pirates & les ennemis de la foi catholique : mais dans un Royaume auſſi policé que celui de France, une pareille diſpoſition ne pouvoit pas être adoptée, quelque juſte & raiſonnable qu'elle ait paru à Cleirac.

D'ailleurs le Commentateur n'avoit qu'à jetter les yeux ſur l'art. 18 ci-après pour revenir de ſon erreur, puiſqu'il y auroit vu qu'en cas d'échouement des vaiſſeaux ennemis ou pirates, c'eſt aux Officiers de l'Amirauté qu'il eſt enjoint de s'aſſurer *des hommes, vaiſſeaux & marchandiſes*. Le pillage eſt donc auſſi ſévérement défendu à leur égard, qu'à l'égard de tous autres qui ont le malheur de faire naufrage. Et de cela il y en a deux raiſons ſans réplique; l'une que les voyes de fait étant prohibées, ce n'eſt point aux particuliers à ſe charger de la vindicte publique, indépendamment même des abus qui en pourroient réſulter : l'autre que la perte des biens en pareil cas n'ayant lieu qu'à titre de confiſcation, ce ſeroit un vol que les particuliers feroient au Souverain, à qui appartient eſſentiellement toute confiſcation des biens des ennemis de l'Etat.

D'un autre côté comme ce qui eſt trouvé au fond de la mer, ſur les flots ou ſur les gréves, n'eſt pas au premier occupant; qu'ainſi la réclamation peut en être faite, & qu'à défaut de réclamation les deux tiers en reviennent au Roi & à l'Amiral, à l'exception des ancres; il convenoit que la juſtice en demeurât ſaiſie pour en faire la délivrance aux termes de droit. Et c'eſt ce qui a été preſcrit par les articles 19 & 20 du préſent titre, au moyen de quoi toute juſtice eſt gardée.

ARTICLE II.

ENjoignons à nos ſujets de faire tout devoir pour ſecourir les perſonnes qu'ils verront dans le danger du naufrage. Voulons que ceux qui auront attenté à leurs vie & biens, ſoient punis de mort, ſans qu'il leur en puiſſe être accordé aucune grace, laquelle dès-à-préſent nous avons déclarée nulle, & défendons à tous Juges d'y avoir aucun égard.

PAr l'article précédent, tout navire naufragé ou échoué, François ou étranger, ami ou ennemi, même corſaire ou pirate, étant mis ſous la protection & ſauve-garde du Roi, avec les gens de l'équipage & ſon chargement, il étoit de la ſuite que par celui-ci, il fût enjoint à ceux qui ſeroient à portée & en état de donner du ſecours aux perſonnes en danger de naufrage, de s'y employer de tout leur pouvoir, avec défenſes d'attenter à leur vie & à leurs biens ſur peine de mort, ſans eſpoir de grace ou rémiſſion.

L'obligation de fournir les ſecours convenables en pareil cas, puiſée dans les ſentimens de la nature, indépendamment même de la charité chrétienne, avoit déjà été recommandée aſſez inutilement pluſieurs fois. Elle fut encore expreſſément renouvellée dans les articles 25, 29 & 30 des jugemens d'Oleron, avec défenſes d'enlever aux naufragés leurs biens & effets, ſur peine contre les tranſgreſſeurs d'être *maudits & excommuniés de l'Egliſe*, & *d'être punis comme larrons.*

A l'égard de ceux qui auroient la cruauté d'attenter à la vie de ces infortunés, ſuivant l'ancienne coutume barbare, les expreſſions de l'article 31 ſont remarquables.

Mais il advient, eſt-il dit, *qu'aucunes fois en beaucoup de lieux, qu'il y a des gens inhumains, plus cruels & felons que les chiens & loups enragés, leſquels meurtriſſent & tuent les pauvres patiens pour avoir leur argent, leurs vêtemens & autres biens. Icelles manières de gens, doit prendre le Seigneur du lieu & en faire juſtice & punition, tant en leurs corps qu'en leurs biens: & doivent être mis en la mer & plongés tant ils ſoient à demi morts, & puis les retirer dehors, & les lapider ou les aſſommer comme on feroit les loups ou les chiens enragés.*

Par rapport aux Seigneurs qui au lieu de réprimer pareils excès d'inhumanité, ſeroient aſſez ſcélérats pour y participer, ſur-tout à la déteſtable manœuvre des pilotes pour faire perir les navires, l'art. 26 pour marquer tout de même l'horreur qu'on en doit concevoir, vouloit que *ledit Seigneur* fût *prins, & tous ſes biens vendus & confiſqués en œuvres pitoyables, pour faire reſtitution à ceux à qui il appartiendra, & doit être lié à un étape au milieu de ſa maiſon; & puis on doit mettre le feu aux quatre cornieres de ſa maiſon, & faire tout brûler; & les pierres des murailles jettées par terre; & là faire place publique & le marché pour vendre les pourceaux à jamais perpétuellement.*

Il falloit que la fureur du pillage dans les naufrages, fût encore alors bien grande, & peut-être dans toute ſa fermentation, pour exiger qu'on en vint à de telles imprécations & à des remédes auſſi violens.

Ainſi

Ainsi la peine de mort prononcée par cet article, n'a rien de nouveau & d'extraordinaire ; elle avoit même déjà été ordonnée par l'Edit de l'Empereur Andronic cité sur le présent titre : mais la distinction que font les jugemens d'Oleron, entre ceux qui attentoient à la vie des naufragés, & ceux qui se contentoient de leur enlever leurs biens en tout ou partie, suivant laquelle distinction les premiers devoient être punis de mort & les autres comme larrons seulement, sert à déterminer sur qui doit tomber cette peine de mort portée par notre article. C'est-à-dire que pour mériter le dernier supplice, il ne suffiroit pas d'avoir attenté aux biens des naufragés, il faudroit avoir attenté en même temps à leur vie ; de maniére que ce n'est que l'attentat à la vie qui doive être jugé digne de mort, sans égard aux lettres de grace ou de remission que les coupables pourroient avoir obtenues.

La preuve au reste que c'est ainsi qu'il faut entendre le présent article, se tire des articles 5, 19 & 20 ci-après, en ce qu'ils assujettissent simplement à être punis comme receleurs, ceux qui ayant sauvé des effets naufragés auront manqué d'en faire leur déclaration aux Officiers de l'Amirauté dans 24 heures ; ce qui donne lieu de conclure que le simple vol d'effets naufragés ne merite pas la mort s'il n'est commis par les personnes désignées par l'art. 30 aussi ci-après, ou s'il n'est accompagné de violence ; ou enfin s'il ne s'agit d'un pillage extraordinaire, fait avec attroupement de dessein formé & avec complot.

Mais si la crainte des peines a rendu assez rare depuis long-temps ces exemples de barbarie qui dégradoient la religion & l'humanité tout ensemble, elle n'a pas de même ralenti l'ardeur du pillage dans ces tristes occasions. Il semble même qu'à mesure que les Seigneurs ont respecté la loi qui les privoit du droit de bris, comme d'un droit également injuste & usurpé, & qui leur défendoit de prendre aucune connoissance des naufrages ; les habitans des côtes maritimes ayent acquis plus de liberté de signaler dans ces cas malheureux, leur penchant naturel à la rapine & au brigandage.

Ce qui cause l'effroi des navigateurs, est pour eux un sujet de joye. Au premier choc d'une tempête ils abandonnent leurs travaux, pour roder jour & nuit sur les côtes ; non pour secourir conformément à cet article, ceux qu'ils pourront voir en danger de périr au milieu des flots ; mais pour s'emparer furtivement (& ce sont encore les moins coupables) des effets qu'ils trouveront sous leurs mains.

La loi qu'ils ne peuvent ignorer, les avertit inutilement que ces effets ne sont pas à eux ; ils ne la regardent que comme une injuste contrainte, dont l'objet est de les priver de ce que leur bonne fortune leur offre ; & leur illusion est telle sur ce point, qu'il ne leur vient pas le moindre scrupule sur cette sorte de rapine, quoiqu'ils la condamnent hautement par-tout ailleurs.

A la vue d'un désordre aussi universellement répandu, on s'est plaint quelquefois que les Officiers de l'Amirauté n'usoient pas avec assez d'exactitude des moyens prescrits par les Ordonnances pour le réprimer ; mais ceux qui leur ont fait ces reproches, n'ont pas fait attention à la difficulté des preuves, à raison de la multitude des coupables, ni à la distinction des différentes espéces de prévarications. Ils ignoroient aussi peut-être que des informations commencées, accompagnées de visites dans les maisons des particuliers les plus suspects, & de menaces de faire publier des monitoires, opéroient plus de restitutions d'effets soustraits, que des procédures équivoques poussées à toute rigueur. En un mot s'ils les connoissoient mieux ils leur feroient la justice d'être persuadés qu'ils font tout ce qui dépend d'eux pour prévenir les pillages, en arrêter les suites, & pour faire réunir à la masse des effets sauvés, ceux qui peuvent avoir été détournés.

ARTICLE III.

LEs Seigneurs & habitans des paroisses voisines de la mer, incontinent après les naufrages & échouemens arrivés le long de leurs territoires, seront tenus d'en avertir les Officiers de l'Amirauté dans le détroit de laquelle les paroisses se trouveront assises; & à cet effet commettront au commencement de chacune année, une ou plusieurs personnes pour y veiller, à peine de répondre du pillage qui pourroit arriver.

LEs Seigneurs haut justiciers des paroisses voisines de la mer, s'étant autrefois attribué les droits de rivages, bris & naufrages, & plusieurs d'entr'eux souffrant encore impatiemment de s'en voir privés, quoiqu'ils n'en eussent joui que par usurpation sur le domaine de la Couronne; c'étoit peut être trop exiger d'eux qu'ils avertissent les Officiers de l'Amirauté des naufrages ou échouemens arrivés le long de leurs territoires; cependant, & ceci fait l'éloge de leur amour pour la justice aussi bien que de leur soumission aux ordres du Roi, si ce n'est pas précisément par eux que les Officiers de l'Amirauté reçoivent pour l'ordinaire le premier avis de ces tristes événemens, c'est presque toujours par leurs soins que quantité d'effets sont sauvés du pillage avant l'arrivée des Officiers de l'Amirauté.

A l'égard de l'injonction qui leur est faite & aux habitans de ces paroisses, de commettre au commencement de chaque année une ou plusieurs personnes pour veiller aux naufrages, à peine de répondre du pillage qui pourroit arriver, ce que le Commentateur déclare mal-à-propos être conforme à la disposition de la Coutume de Normandie art. 597 & 598, puisqu'ils n'en disent rien; c'est une obligation dont le non-usage les a dispensés, & je ne sçai même si dans la pratique ils y ont jamais été assujettis.

Cependant le vœu de l'Ordonnance en cette partie, n'a pas été négligé pour cela; & c'est pour y satisfaire d'une maniére plus efficace peut être, que les Officiers de l'Amirauté sont depuis long-temps dans l'usage d'établir des personnes de confiance qu'ils chargent du soin de veiller aux naufrages & à tout ce qui se passe sur les côtes, avec ordre, chacun dans son district, de leur donner avis de tout ce qui y arrivera d'intéressant.

Ces surveillans appellés gardes-côtes pour l'Amirauté, sont établis de distance en distance sur les côtes pour y faire la garde nuit & jour. A cet effet les Officiers de l'Amirauté leur donnent des commissions de l'aveu de M. l'Amiral dont ils portent la bandouliere.

Si cet emploi n'étoit pas aussi rebutant qu'il l'est pour ceux qui l'exercent, par les fatigues qu'il exige, sans autre retribution que celle du salaire de leurs journées, lorsque les effets qu'ils sauvent ou font sauver à la côte, suffisent pour le payement des frais, & à raison des reproches & des injures qu'ils essuient continuellement de la part de ceux qui ont le plus d'inclination pour le pillage, il pourroit être recherché par les habitans les plus aisés des paroisses maritimes, qui alors seroient revêtus de commissions de M. l'Amiral.

A leur défaut les Officiers de l'Amirauté sont réduits à choisir dans le second ordre, ceux sur la fidélité & l'exactitude desquels ils croient pouvoir le plus compter; & cependant jusqu'ici dans cette Amirauté, il ne paroît pas qu'ils se soient trompés dans leur choix, de maniére à se voir obligés de révoquer aucune de leurs commissions, quelque attention qu'ils aient à écouter les plaintes qui leur sont portées contre ces garde-côtes.

Mais ce sont ces plaintes mêmes, quoique mal fondées presque toujours, ou exagerées, qui servent à les contenir dans leur devoir. Et comment se pourroit-il qu'ils ne fussent pas odieux au plus grand nombre, puisque leurs fonctions sont non-seulement de mettre sous la main du Roi & de la justice tous les effets & les débris qui arrivent à la côte, avec pouvoir de se faire remettre ceux qui auront été sauvés & recelés par les habitans des lieux; mais encore de veiller à ce que les écluses & bouchots soient tenus dans la régle prescrite par l'Ordonnance, & à ce que la pêche ne se fasse qu'avec les filets permis.

Reste de savoir, si, sur ces divers objets, au lieu des plaintes qui sont formées contre eux, ils ne mériteroient pas mieux le reproche d'user de trop d'indulgence ou de faire acception des personnes; & c'est ce que les Officiers de l'Amirauté ne peuvent guére vérifier, même lors des visites qu'ils font sur les côtes pour y maintenir la police, à l'occasion des parcs & pêcheries & des filets de pêche. Il est des abus qui trompent la vigilance la plus exacte des Magistrats préposés pour les réprimer.

ARTICLE IV.

SEront en outre tenus en attendant l'arrivée des Officiers, de travailler incessamment à sauver les effets provenants des naufrages & échouemens, & d'en empêcher le pillage, à peine aussi de répondre en leurs noms de toutes pertes & dommages, dont ils ne pourront être déchargés qu'en représentant les coupables, ou en les indiquant & produisant des temoins à justice.

IL est encore ici question des Seigneurs, aussi bien que des habitans leurs tenanciers; l'injonction de travailler, en attendant l'arrivée des Officiers de l'Amiraute, à sauver les effets naufragés & à en empêcher le pillage, leur est commune; ce qui est conforme aux art. 29 & 30 des jugemens d'Oleron. Il est vrai qu'alors chaque Seigneur avoit à sa garde ou consignation, les effets qu'il faisoit sauver; mais cette circonstance est indifférente, parce que dans tous les cas, il lui étoit défendu d'en retenir aucune portion, sur peine d'encourir *la malédiction de notre Mere Sainte Eglise* & d'être traités *comme larrons*, *sans ja-*

mais avoir rémission jusqu'à satisfaction. L'art. 46 ajoutoit que si les contrevenants étoient *Evêques ou Prélats, ou Clercs, ils devoient être déposés de leurs offices & privés de leurs bénéfices.*

Ce n'est donc pas par simple devoir de charité, que les Seigneurs, en conséquence de cet article, sont obligés d'employer leur autorité sur leurs tenanciers & autres habitans, à empêcher le pillage, & leur zéle à faire punir les coupables en les indiquant à Justice, avec les témoins qui pourront déposer contr'eux. C'est une obligation qui leur est imposée, sur peine de répondre des pertes & dommages résultans du pillage, conformément à l'Edit de l'Empereur Andronic rapporté ci-dessus, à la loi 7, *ff. de incendio, ruina, naufragio,* & au préjugé cité par Berault sur l'art. 598 de la Coutume de Normandie, dont il sera fait mention ci après sur l'art. 38. De sorte que s'il s'agissoit d'un pillage extraordinaire, fait pour ainsi dire sous leurs yeux, pouvant l'empêcher, il y auroit lieu de les impliquer, comme complices ou réputés tels, dans l'information qui seroit faite à ce sujet, ou en tout cas de les rendre responsables des dommages & intérêts, faute par eux de dénoncer les coupables, & de produire des témoins contr'eux, aux termes de cet article : mais, comme il a été observé sur l'article précédent, il n'y a en général qu'à se louer de la conduite qu'ils tiennent dans ces occasions.

Il n'en est pas de même à beaucoup près de celle des habitans ; non qu'ils manquent d'ardeur pour accourir aux naufrages avant l'arrivée des Officiers de l'Amirauté : mais c'est qu'ils n'y viennent presque tous que dans le dessein de piller, profitant du trouble inséparable de ces sortes de désastres. S'ils rencontrent des ballots ou des caisses de marchandises, ils les ouvrent pour en tirer ce qui peut s'emporter facilement ; ou si ce sont des bariques de vin ou d'eau-de-vie, ils les défoncent pour boire jusqu'à ce que, perdant les forces avec tout usage de raison, ils ne puissent plus exécuter la résolution qu'ils avoient prise d'abord d'emporter de la liqueur tout ce qu'ils pourroient chez eux.

Ce sont là les naufrages où il se commet le plus de désordres, malgré l'attention des gardes-côtes, des seigneurs & des bons bourgeois des lieux. Les Officiers de l'Amirauté ont même été insultés quelquefois, dans l'accès d'ivresse de la canaille, jusqu'à être obligés de se retirer pour ne pas s'exposer aux suites de la sédition. Il y en a des exemples mémorables dans cette Amirauté, par la punition des principaux coupables.

Tel est le secours que l'on retire ordinairement de ces hommes si ardens à courir aux naufrages, sous prétexte que l'Ordonnance leur en fait un devoir ; & c'est pour y remédier autant qu'il étoit possible, que les Officiers de l'Amirauté, d'un côté, ont augmenté en différens temps le nombre des gardes-côtes, avec ordre de s'entr'aider au besoin ; & que d'un autre côté, ils ont réglé que nul ne seroit reconnu pour avoir travaillé au sauvement des débris, à l'effet d'être payé en cette qualité, qu'il n'en eût pris l'aveu du garde-côte, ou qu'il ne lui eût fait la déclaration & représentation de ce qu'il auroit sauvé.

Au moyen de ces précautions le pillage est devenu beaucoup moins commun, & c'est tout ce qu'on pouvoit s'en promettre. Du côté des preuves, la difficulté est toujours restée la même, ces gens-là n'étant pas d'humeur de se déclarer les uns & les autres.

C'est vraisemblablement à cause que le pillage est si fréquent dans les naufrages, que par une loi de Zélande, rapportée par Peckius, *ad rem nauticam, fol. 353 &*

354, il étoit défendu à quiconque, sur peine de la vie, de courir aux naufrages, & d'entreprendre de sauver des effets sans la permission du Magistrat, ou des personnes par lui préposées. Mais ces défenses avoient cet inconvénient fâcheux, qu'elles privoient les malheureux des secours qu'ils ne sauroient recevoir trop promptement dans ces occasions; & ce sont ces secours salutaires que notre Ordonnance a voulu leur procurer, au même temps qu'elle a pris contre le pillage toutes les précautions qu'elle pouvoit prendre.

ARTICLE V.

FAisons défenses aux particuliers employés au sauvement, & à tous autres, de porter dans leurs maisons, ni ailleurs qu'aux lieux à cet effet destinés, sur les dunes, gréves ou falaises, & de receler aucune portion des biens ou marchandises des vaisseaux échoués ou naufragés; comme aussi de rompre les coffres, ouvrir les ballots, & couper les cordages ou mâtures, à peine de restitution du quadruple & de punition corporelle.

CEs défenses regardent aussi bien ceux qui travaillent sans ordre au sauvement des effets, que ceux qui y sont employés par l'ordre des gardes-côtes ou des Officiers de l'Amirauté. De maniére ou d'autre, en cas de naufrage ou échouement, il ne leur est pas permis de porter les effets dans leurs maisons. Il faut qu'ils les portent aux lieux indiqués, sur les dunes, gréves ou falaises; & supposé qu'il n'y ait encore aucun lieu indiqué pour les dépôts, ils doivent, après les avoir tirés à terre, & les avoir mis hors de la portée du flot, en donner avis à celui qui, le plus près de l'endroit, a la direction des travaux, afin qu'il en fasse faire le transport où il convient.

Il leur est pareillement défendu de receler aucune portion des effets naufragés; & ils seront coupables de recelé, s'ils sont convaincus, non-seulement d'en avoir porté dans leurs maisons, mais encore d'en avoir mis dans quelque endroit écarté ou caché de la côte, & à plus forte raison d'en avoir enfoui dans le sable.

Indépendamment même d'aucune de ces circonstances, c'est assez, aux termes des art. 19 & 20 ci-après, pour être coupable de recelé, d'avoir manqué de déclarer dans vingt-quatre heures, aux Officiers de l'Amirauté, les effets qu'on a trouvé sur les flots, ou sur les gréves & rivage de la mer. Mais comme, dans ces articles, il est question d'effets sauvés hors le temps du naufrage, il n'est pas défendu, comme par celui-ci, à ceux qui les ont trouvés, de les porter chez eux; puisque d'un côté il ne peut pas y avoir de lieu indiqué pour les y transporter; & que d'un autre côté, ils doivent mettre ces effets en sûreté: ce qui ne peut guere s'entendre que dans leurs maisons, ou en quelque maison empruntée à cette fin. C'est ainsi, selon moi, qu'il faut concilier ces articles avec celui-ci, en observant qu'en cas de naufrage, le seul transport des effets dans la maison forme le recelé; au lieu que, hors le cas de naufrage, il n'y aura recelé qu'à défaut de déclaration dans les vingt-quatre heures.

Du reste, la peine de recelé sera la même, telle qu'elle est prononcée par cet article ; c'eſt-à dire, que le coupable ſera ſujet à la reſtitution du quadruple de la valeur des choſes recelées, & à punition corporelle. Car, quoique cette peine ſuive immédiatement le délit réſultant de la rupture des coffres, de l'ouverture des ballots, & de la coupe des cordages ou mâtures, tous actes bien plus criminels que le recelé, je ne doute pas néanmoins que la punition ne doive influer ſur tous les cas ; ſauf à aggraver la punition corporelle dans ceux déſignés dans la derniére partie de l'article.

La peine du quadruple au reſte eſt également prononcée par la loi 44, *ff. de acquir. rerum dominio*, & par les loix premiére & troiſiéme, *ff. de incend. rui. naufr.* ; ſans préjudice de plus grande punition, ſuivant les circonſtances, aux termes de la loi 18, *cod. de furtis* ; toutes leſquelles loix ſont tirées de celles des Rhodiens, art. 48, 50 & 51. On les trouve à la tête du Commentaire de Peckius, & Vinnius, *de re nautica.*

Sur tout ceci on peut voir auſſi les loix 2, 4 & 5, *ff. eod. tit. de incendio.* De ces loix combinées avec la premiére & la troiſiéme, il réſulte 1°. que, pour être ſujet à la peine du quadruple & à la punition corporelle tout enſemble, il faut qu'on ait volé, *in ipſa naufragii trepidatione, in tempore & loco naufragii.* Alors que ce ſoit en mer ou ſur le rivage, c'eſt la même choſe. *Si in ipſo naufragii tempore id acciderit ; nihil inter eſt, utrum ex ipſo mari quiſque rapiat, an ex naufragiis, an ex littore. Dicta leg. 3.*

2°. Que ſi quelque temps après le naufrage on enleve frauduleuſement des effets ſur le rivage, on n'eſt coupable alors que de ſimple vol.

3°. Enfin que les receleurs ſont punis comme les principaux coupables ; c'eſt-à-dire, de la peine du quadruple ; & telle eſt auſſi la diſpoſition du Code des Wiſigots, *lib. 7 tit. 2, lege 18.*

ARTICLE VI.

INcontinent après l'avis reçu, les Officiers ſe tranſporteront au lieu du naufrage, feront travailler inceſſamment à ſauver les effets, ſe ſaiſiront des charte-parties, & autres papiers & enſeignemens du vaiſſeau échoué, recevront les déclarations des maîtres, pilotes & autres perſonnes de l'équipage, dreſſeront procès-verbal de l'état du navire, feront inventaire des marchandiſes ſauvées, les feront tranſporter & mettre en magaſin ou lieu de ſûreté, informeront des pillages, & feront le procès aux coupables, à peine d'interdiction de leurs charges, & de répondre en leurs noms de toutes pertes & dommages envers les intéreſſés.

PUiſque c'eſt une obligation étroite de la part des Officiers de l'Amirauté, de ſe tranſporter au lieu du naufrage, auſſi-tôt après l'avis qu'ils en ont reçu, & que l'expérience prouve aſſez que leur arrivée fait ordinairement ceſſer tout déſordre & tout pillage ; pourquoi, dans ces fâcheux accidens, les armateurs & les capitaines, au lieu de ſouhaiter leur préſence, la redoutent-ils en général ? C'eſt que, à la honte de la Magiſtrature, il s'eſt trouvé des Officiers d'Amirauté qui ont tenu une conduite plus qu'équivoque en pareilles circonſtances, ſans parler des pertes conſidérables qu'ils ont cauſées par imprudence, & des frais exhorbitans qu'ils ont faits, avec une affectation qui ne permettoit pas de douter que leur vue ne fût de multiplier leurs vacations.

Il n'a fallu que peu d'exemples de cette nature pour prévenir les esprits contre tous les Officiers d'Amirauté indistinctement, par rapport à ces sortes d'opérations. Il en est néanmoins qui les éviteroient, si le devoir le leur permettoit, loin de les souhaiter, pour avoir occasion de faire des gains illicites.

Inutilement les Officiers de l'Amirauté iroient-ils aux naufrages, s'ils ne faisoient travailler incessamment & sans perte de temps, à sauver les effets. Du reste, ils manqueroient tout de même à leurs obligations, s'ils négligeoient de faire ce qui leur est prescrit de plus par cet article : le texte en est clair, & n'a pas besoin de commentaire. Ce qu'il y a à observer seulement, c'est que les déclarations qu'ils doivent prendre du maître, du pilote & autres personnes de l'équipage, dont l'objet est de découvrir la cause du naufrage ou de l'échouement, tiennent lieu de celle que sans cela le maître ou son représentant seroit tenu de faire au Greffe de l'Amirauté. Il n'y a d'exception à cela que pour les naufrages qui arrivent en des endroits où le mauvais temps ou quelqu'autres circonstances ne permettent pas aux Officiers de se transporter. Comme ce sont alors les commis-greffiers qui sont chargés par état de vaquer aux naufrages, & qu'ils n'ont pas le pouvoir de recevoir les grands rapports des capitaines, quelque déclaration que ceux-ci fassent devant eux dans ces occasions, ils sont obligés de les réitérer au Greffe de l'Amirauté.

Mais si, pour cause d'indisposition, ou à raison des affaires extraordinaires de la Jurisdiction, le Juge ne pouvant se transporter au lieu du naufrage, commet quelque autre Officier, ou à son défaut un Licencié, pour faire ses fonctions; alors les déclarations du maître & des gens de l'équipage, faites devant ce commissaire, valent autant que si le Juge les recevoit en personne, sans qu'il soit besoin de les réitérer au Greffe.

A peine de répondre en leur nom, &c. La même peine avoit déja été prononcée par Arrêt du 26 Avril 1561, rendu au Parlement de Rennes, remarqué par Duboisgelin, Traité des droits royaux, bris, &c.

Depuis le Réglement du 23 Août 1739, les Officiers de l'Amirauté, avant d'aller aux naufrages, sont obligés d'en donner avis aux Officiers des Classes, au Trésorier des Invalides, & au Receveur de M. l'Amiral : mais c'est une formalité assez inutile, par rapport aux premiers, puisqu'ils n'y ont jamais assisté, non plus qu'aux ventes des effets, soit provisoires, soit définitives.

ARTICLE VII.

LEs voituriers, charretiers & mariniers, seront tenus de se transporter avec chevaux, harnois & bateaux, au lieu du naufrage, à la premiere sommation qui leur en sera faite de la part des Officiers de l'Amirauté, ou des intéressés au naufrage, à peine de vingt-cinq livres d'amende contre chacun des refusans.

DAns des circonſtances auſſi critiques, il en eſt comme dans un incendie : tout homme en état de donner du ſecours peut être commandé à cette fin, & il doit obéir ſur peine d'amende, ſur tout ſi c'eſt un homme de métier. Ainſi, non-ſeulement les voituriers, les charretiers & les mariniers, dont parle cet article, ſont ſujets à prêter le ſecours convenable dans ces occaſions ; mais encore les laboureurs & tous autres artiſans, ſans qu'ils puiſſent s'en défendre, d'autant plutôt encore que leur travail ne reſtera pas ſans ſalaire.

C'eſt donc à eux à obéir à la premiere ſommation qui leur ſera faite de la part des Officiers de l'Amirauté, ſur peine de 25 liv. d'amende contre chacun des refuſans. Le Commentateur obſerve que cette ſommation doit être faite par écrit, par le miniſtére d'un huiſſier ou ſergent de l'Amirauté, ſuppoſé qu'il y en ait un dans le moment ſur le lieu : mais il ſe trompe de tout point.

1°. Les Officiers de l'Amirauté ſe font toujours accompagner d'un de leurs huiſſiers, lorſqu'ils vont aux naufrages, ou faire la viſite des côtes, afin d'être en état de faire donner les aſſignations ſur le champ devant eux, ſelon l'exigence des cas.

2°. Il ſeroit abſurde que les ſommations pour le travail fuſſent faites par écrit ; ce ſeroit perdre trop de temps : il ſuffit d'un ordre verbal intimé de la part des Officiers de l'Amirauté, par qui que ce ſoit que l'ordre ſoit porté ; & le miniſtére d'un huiſſier n'eſt néceſſaire que pour aſſigner dans l'inſtant les refuſans, à l'effet de leur infliger l'amende de vingt-cinq livres, avec injonction d'obéir ſur plus grande peine, & même de priſe de corps, attendu la rébellion à Juſtice.

3°. Enfin il ne faut pas même d'aſſignation pour la condamnation à l'amende, ſi c'eſt le Juge en perſonne qui donne l'ordre de travailler. En cas de refus, ſur le ſimple réquiſitoire du Procureur du Roi, il peut prononcer l'amende *de plano*, & réitérer l'ordre ; & s'il n'opére pas plus que le premier, le Procureur du Roi, après avoir fait prononcer une ſeconde amende plus forte, avec auſſi peu de ſuccès, & après une information ſommaire du refus réitéré, pourra requérir le décret de priſe de corps contre les rébelles. La raiſon eſt que les Officiers de l'Amirauté ſont alors en plein exercice de la grande police, civile & criminelle, & que le cas eſt preſſant & privilégié, indépendamment même du mépris de leur autorité. Il n'eſt queſtion, pour la validité de toute cette procédure, que d'un procès-verbal en forme, à la ſuite de celui qu'ils auront commencé en arrivant au naufrage, & qu'ils auront continué jour par jour.

Ou des intéreſſés au naufrage. Il ne faut entendre ceci que du temps antérieur à l'arrivée de Officiers de l'Amirauté : car, eux préſens, tous les ordres doivent émaner d'eux, & nul n'en peut donner que de leur aveu, quelqu'intérêt qu'il ait à la choſe. Autrement, n'y ayant plus de ſubordination, la confuſion & le déſordre ſeroient inévitables.

Il ne ſiéroit pas néanmoins aux Officiers de l'Amirauté de déſapprouver toute manœuvre faite ſans leur aveu, préciſément parce qu'ils ne l'auroient pas ordonnée. Etant reconnue bonne, il convient qu'ils ſacrifient leur amour-propre au beſoin de la choſe, en prenant au ſurplus les meſures convenables pour le maintien de leur autorité. Le vrai moyen au reſte de la faire reſpecter en pareil cas, eſt qu'ils ne prennent pas tout ſur leur compte, ſe croyant plus habiles & plus intelligens que tous les autres : il convient au contraire qu'ils écoutent les avis propoſés par les gens du métier, & par les parties intéreſſées, pour ne prendre leur parti qu'après un mûr examen ; & en général

néral ils doivent se concilier autant qu'il est possible avec les intéressés au naufrage. Pour n'en avoir pas usé de la sorte, il en est qui, par leur imprudence, pour ne rien dire de plus, ont rendu tout à fait ruineux des naufrages où l'on auroit presque tout sauvé, si l'on s'y étoit bien pris, ou qui ont fait convertir un simple échouement dans un naufrage complet.

Les intéressés au naufrage sont nécessairement, le capitaine & les gens de l'équipage, l'armateur & ceux qui ont part dans le navire, ou dans les marchandises de son chargement. Ce sont encore ceux pour le compte desquels il a été fait quelques chargemens dans le navire; & enfin les assureurs, en cas d'abandon de la part des assurés. Tous ceux-là donc, ou l'un d'eux, ont droit, en attendant l'arrivée des Officiers de l'Amirauté, de requérir le secours des gens de métier en état de leur en donner; & en cas de refus, ils peuvent les assigner pour les faire condamner à l'amende de vingt-cinq livres, portée par cet article. Mais les Officiers présens, c'est à eux seuls, comme il a été observé, à faire les injonctions, & à donner les ordres nécessaires, en se conduisant néanmoins avec prudence & circonspection.

ARTICLE VIII.

LEs travailleurs seront employés par marées ou journées, & il en sera tenu rolle, dont l'appel sera fait au commencement & à la fin de chaque jour, sans qu'aucun autre puisse, après l'arrivée des Officiers, s'immiscer au travail, que ceux qui seront par eux choisis, à peine du fouet.

QUelle confusion n'y auroit-il point dans les opérations qu'entraînent les naufrages, s'il n'étoit pas tenu un état ou rolle des travailleurs, & si l'appel n'en étoit pas fait au commencement & à la fin de chaque jour, pour les reconnoître, & la nature de leur travail!

Comme les travaux, suivant les circonstances, ne peuvent pas toujours être continus, il convient de distinguer ceux qui se font par marée de ceux qui se font tout le long du jour, attendu que la taxe en doit être différente. Il y a aussi quelquefois des travaux de nuit, qu'il faut distinguer tout de même; sans compter ceux qui sont préposés à la garde des effets sauvés, sur les dunes ou falaises, & qui font la garde jour & nuit, jusqu'à ce qu'on ait eu le temps de mettre les effets en magasin. De toutes ces opérations & des autres accessoires, il en est reguliérement dressé procès-verbal, par séance, d'avant & après midi, jusqu'à la consommation de l'ouvrage & à la retraite des Officiers de l'Amirauté.

Du reste, comme c'est à eux à régler toutes les opérations & à ordonner les travaux, nul ne peut, après leur arrivée, s'immiscer au travail sans leur aveu; & cela sur peine du fouet, aux termes de cet article. La raison est, que des gens qui travailleroient à leur insu, & sans prendre leurs ordres, seroient de plein droit présumés agir à dessein de voler ou receler les effets qu'ils sauveroient, & que par l'art. 5 ci-dessus, ce cas est déclaré sujet à punition corporelle, outre la restitution du quadruple.

Cependant si des travailleurs, ayant ignoré l'arrivée des Officiers, avoient continué leur travail, & qu'ensuite ils leur eussent fait le rapport de ce qu'ils auroient sauvé ; non-seulement ils seroient exempts de la peine dont il s'agit, mais même on ne pourroit leur refuser un salaire compétent, sauf les prévarications qu'ils auroient pu commettre.

ARTICLE IX.

SEra pareillement tenu état par les mêmes Officiers, des voitures qui seront faites pour porter les effets sauvés dans les magasins ; & sera donné au voiturier, en partant du lieu du naufrage, un billet de sa charge, lequel il mettra entre les mains du gardien.

LEs précautions indiquées par cet article, sont une suite naturelle de celles prescrites par l'article précédent. Où en seroit-on si les voituriers ne recevoient pas par compte les effets qu'ils sont chargés de porter au magasin ou autre lieu désigné ? On leur donne donc pour chaque voyage qu'ils font, un billet de leur charge, qu'ils doivent remettre au gardien, afin qu'il puisse vérifier s'il ne manque rien à la charge ; & de peur qu'ils ne gardassent la charge avec le billet, les Officiers de l'Amirauté tiennent un état général de ce qui est confié à chaque voiturier, à l'effet de lui en faire rendre compte, au cas qu'il n'ait pas remis tous les billets au gardien, lequel alors est responsable de tout ce qui est porté par ces billets.

Malgré cela néanmoins, pour plus grande sûreté, & pour prévenir toute surprise, les Officiers de l'Amirauté portent l'attention, suivant les circonstances, jusqu'à se partager, de maniére que les uns restent au lieu du naufrage, & les autres se transportent au magasin, pour faire la vérification de tout ce qui y est porté. Ils en usent aussi de même lors de la décharge des prises.

ARTICLE X.

LE gardien tiendra état ou controlle de ce qui sera apporté par chaque voiturier.

CEla est tout naturel : mais, comme il vient d'être observé, ce sont souvent les Officiers de l'Amirauté eux-mêmes qui tiennent cet état ou controlle ; au moyen de quoi ils se passent alors de gardien, si le magasin est sous clef, & sans communication.

Ce magasin au reste, au cas que le propriétaire fît refus de le céder, pourroit être pris d'autorité ; par la même raison que, suivant l'art. 7, tous les voituriers, charretiers & mariniers peuvent être commandés pour travailler chacun dans son métier.

ARTICLE XI.

APrès le transport fait au magasin des marchandises sauvées, il sera par les Officiers procédé à la reconnoissance & vérification, tant sur les inventaires faits au lieu de l'échouement, que sur les billets fournis aux voituriers, & sur le controlle dressé par le gardien; & ensuite sera fait taxe raisonnable aux ouvriers pour leurs salaires, sur les états de leur travail.

QUelques précautions qu'on ait prises pour l'entrée des effets dans les magasins, il est de la régle d'en faire la vérification & reconnoissance par un inventaire général, concilié avec les procès-verbaux faits au lieu du naufrage ou de l'échouement, avec les billets délivrés aux voituriers, représentés par le gardien, & avec le controlle qui en a été tenu.

Il arrive quelquefois, soit par l'éloignement de toute habitation, soit parce que les frais du transport en magasin absorberoient la valeur des effets, & sur-tout des débris du navire, que l'on prend le parti de les laisser sur la falaise, à la consignation d'un ou de plusieurs gardes-côtes, qui sont chargés de veiller nuit & jour à leur conservation, sous des cabanes pratiquées à cette fin, suivant la rigueur de la saison.

La reconnoissance de ces effets s'en fait de même que de ceux qui sont en magasin, & nonobstant leur dispersion, tout est porté dans un tableau général de ce qui a été sauvé.

Les choses étant ainsi en régle & en sûreté, il est question de procéder à la taxe des salaires des ouvriers, sur les états qui ont été tenus de leur travail, & eu égard aux circonstances.

La taxe ordinaire des simples manœuvriers est de sept sols six deniers par marée, ou de quinze sols par jour : mais on l'augmente d'un quart, lorsque la saison est rigoureuse. Celle des voituriers se régle sur la distance des lieux; des maîtres de barques, suivant les risques qu'ils courent; & celle des gens de métier, sur le prix ordinaire de leurs journées, lorsqu'ils travaillent librement.

Sur ce que notre article dit, *sera fait taxe raisonnable*, le Commentateur fait cette observation par forme de restriction ou explication, *si les voituriers ou travailleurs n'ont été arrêtés ou pris à une certaine rétribution :* mais cela ne peut raisonnablement s'entendre que d'un prix convenu à forfait ou autrement, avec les Officiers de l'Amirauté, & nullement d'une convention faite avec le capitaine ou autres gens de l'équipage du navire naufragé ou échoué.

La raison de différence est que des Officiers, qui ont l'autorité & la force en main pour se faire obéir, ne peuvent que librement faire ces sortes de traités, auxquels ils ne se prêtent que pour le bien de la chose; au lieu que c'est, ou du moins ce peut être le contraire, la convention étant faite avec les gens de l'équipage du vaisseau, qui peuvent se trouver en telle position qu'ils accorderoient tout ce qu'on leur demanderoit pour les secourir.

C'est pour cela que leurs promesses comparées à celles que font les malades à leurs médecins & autres qui mettent leurs soins, ou services à trop haut prix, ont perpétuellement été déclarées nulles; & que, sans y avoir égard, il a toujours été recommandé aux Juges de régler le salaire qui pouvoit raisonnablement être dû dans ces occasions, suivant la nature du travail. Art. 4 des Jugemens d'Oleron, avec les notes; art. 89 de l'Ordonnance de 1584; art. 31, chap. 5 du Guidon, & art. 13 & 14, tit. 3 ci-dessus, concernant les pilotes lamaneurs.

Et cela doit avoir lieu, non-seulement à l'égard des promesses & conventions faites en danger de mort; mais encore lorsqu'il ne s'agit que d'un navire à relever de l'échouement, ou d'effets à sauver étant submergés, à l'occasion desquels il faut se servir de pêcheurs ou plongeurs, nonobstant que la Loi Rhodienne, n. 45 & 47, adoptée par les Suédois, au rapport de Loccenius, *de jure maritimo*, *lib. 1*, *c. 7*, *n. 10*, adjugeât aux plongeurs la moitié des effets qu'ils avoient tiré du fond de la mer, & que, par Arrêt de Réglement du Parlement de Paris du 10 Mars 1543, qui est celui de vérification de l'Ordonnance du mois de Février de la même année, ils dussent en avoir le tiers. C'est qu'aujourd'hui ces sortes d'opérations sont beaucoup plus faciles & moins périlleuses qu'autrefois, & que l'art. 27 ci-après n'est que pour le cas où les effets n'ont pas été indiqués par ceux qui ont été contraints de les jetter, pour éviter le naufrage.

Tout travail relatif au sauvement des effets naufragés doit donc être taxé par les Officiers de l'Amirauté, sans égard aux conventions & compositions à forfait, qui peuvent avoir été faites entre les charpentiers, machinistes, mariniers plongeurs ou autres gens accoutumés à ces sortes de travaux, & les propriétaires & maîtres des navires naufragés ou échoués, ou les gens de l'équipage, dès que le prix stipulé paroît exhorbitant.

Comme ces traités sont nuls de nullité d'Ordonnance, il ne faut point de lettres de rescision pour les faire rejetter. Il s'agit seulement d'examiner quelle est la rétribution qui peut être légitimement dûe, eu égard aux circonstances : à l'effet de quoi on exige de l'entrepreneur du travail, un état des dépenses qu'il a faites à cette occasion, en bois, planches, bateaux, cordages & autres matériaux qu'il a fournis, avec déclaration du temps & du nombre des hommes qu'il y a employés. Après quoi, sur les réponses des parties intéressées, on fixe, par avis d'experts, la rétribution qui peut être justement dûe, eu égard au temps employé, aux risques que l'entrepreneur a courus, & à son industrie : car tout cela est à considérer pour étendre ou resserrer la récompense, qui en général doit être gracieuse dans ces occasions.

Mais, sous aucun prétexte, il ne faut pas que les entrepreneurs de pareils travaux soient en droit d'exiger le prix qu'ils jugeront à propos d'y mettre. Il s'en est trouvé qui ont eu l'adresse de stipuler qu'il ne leur seroit rien payé absolument, s'ils ne réussissoient pas, & qui, à la faveur des risques qu'ils prétendoient avoir courus, soutenoient que la convention étant à forfait, ne pouvoit être attaquée. Mais cette convention-là même, n'en ayant paru que plus suspecte, au moyen de cette clause insidieuse, parce que ces gens-là n'auroient pas ainsi entrepris l'ouvrage, s'ils n'avoient été assurés du succès, on n'en a été que plus en garde contre eux. C'est aussi en pareilles circonstances que, par Sentences de l'Amirauté de cette ville des 5 & 30 Mai 1759, deux traités faits dans ce goût, entre Louis Porsin, charpentier de navire en l'isle de Ré, & les propriétaires ou maîtres de deux barques échouées vers la Tranche, côte de Poitou, ont été soumis à l'examen & au réglement. Il est vrai que Porsin en a déclaré appel; mais il y a tout lieu de présumer qu'il succombera.

Il sembleroit au reste, dans les termes que cet article est conçu, que la taxe devroit être faite aussi-tôt après l'inventaire général des effets : mais au fond il n'en fait pas une obligation ; & l'art. 13 ci-après en est une preuve , puisqu'il veut que les ouvriers attendent la vente des effets périssables pour être payés, s'il ne se présente pas de réclamateur ; laquelle vente ne peut se faire qu'après le mois ; ce qu'il faut entendre néanmoins s'il n'y a du péril dans la demeure.

Rien n'empêche donc que la taxe ne puisse être différée jusqu'au temps du payement des travailleurs ; & c'est aussi de cette maniére qu'on en use, d'autant plus volontiers que par-là on évite une seconde taxe ; savoir, celle du salaire des gardiens, du loyer des magasins, & des frais de la vente.

ARTICLE XII.

LEs procès-verbaux de reconnoissance des effets sauvés seront faits en présence du maître, si aucun il y a, sinon du plus apparent de l'équipage ; & signés de lui & du gardien, lequel en demeurera chargé.

QUand l'Ordonnance n'auroit pas chargé les Officiers de l'Amirauté d'appeller à la reconnoissance des effets sauvés, le capitaine ou à son défaut le plus distingué de l'équipage, l'intérêt de leur honneur, & le soin de mettre leur conduite à couvert de tout soupçon, leur en auroit fait un devoir.

Aussi ceux qui veulent éviter tous reproches, ne s'en tiennent-ils pas précisément à l'Ord. Entrant dans son esprit, ils font toutes les opérations, non-seulement en présence du capitaine ou de son représentant, & de tous ceux qui y peuvent prendre intérêt : mais encore avec eux tous, autant qu'il est possible de se concilier sans user despotiquement de leur pouvoir. Cela ne convient en effet qu'à l'esprit d'orgueil, toujours précédé de l'ignorance, & suivi de l'entêtement.

On comprend qu'ils ne manquent pas de faire signer toutes les séances de leurs procès-verbaux, par les parties comparantes, aussi-bien que par le gardien, lorsqu'il est question de lui mettre des effets en dépôt, ou de faire mention des causes pour lesquelles ils n'ont pas signé, de ce interpellés, parce que tout cela est de régle & d'Ordonnance en général.

ARTICLE XIII.

S'Il ne se présente point de réclamateurs dans le mois, après que les effets auront été sauvés, il sera procédé par les Officiers à la vente de quelques marchandises des plus périssables ; & les deniers en provenans seront employés au payement des salaires des ouvriers dont il sera dressé procès-verbal.

DÉs que les effets sauvés sont réclamés par parties capables, avec les preuves requises par l'art. 25 ci-après, ils cessent d'être sous la main de Justice ; c'est-à-dire, que la main-levée n'en peut être refusée, à la charge par les réclamateurs de payer les frais du sauvement, de garde & de Justice, chacun à proportion, suivant la liquidation & répartition à faire; pour raison de quoi, suivant les circonstances, on les oblige de donner caution : car enfin, il est d'une justice rigoureuse d'assurer le payement d'objets aussi privilégiés.

S'il ne se présente point de réclamateurs dans le mois après le sauvement des effets, l'article veut qu'il soit pourvu au payement des salaires des ouvriers, & qu'à cette fin les Officiers de l'Amirauté fassent la vente de quelques marchandises *des plus périssables*.

Rien n'est plus juste à tous égards. D'un côté, c'est bien assez que le payement des salaires des ouvriers ait été différé un mois, d'autant plutôt qu'on ne sauroit les satisfaire trop exactement, puisque c'est le moyen d'être mieux servi, plus promptement & de meilleure grace, dans ces cas malheureux; & d'un autre côté, comme le droit de réclamer est toujours subsistant, il convient non-seulement de ne vendre des effets que jusqu'à concurrence, ou à peu près, du montant des salaires qui sont à payer, mais encore de faire choix pour cela des effets qui ne peuvent que dépérir, ou dont la conservation difficile causeroit de nouveaux frais; ou enfin de ceux qui ne pourroient être naturellement réclamés que pour être vendus promptement, tels que sont les débris du navire, ou le sucre & autres marchandises trop avariées pour être remises en état de bonne vente.

Sur tout cela au reste, c'est la prudence qui doit décider : mais s'il n'y avoit aucuns objets de cette nature à vendre, ou s'ils ne suffisoient pas, nul doute qu'il ne fût permis d'en mettre d'autres en vente, en observant toujours de commencer par les moins précieux, & de n'en vendre qu'autant qu'il en faudroit pour le payement des frais.

Lorsque la vente se fait dans le lieu de la résidence des Officiers de l'Amirauté, c'est pardevant eux qu'elle est faite. Si elle se fait ailleurs, & que l'objet ne mérite pas leur transport, c'est par le ministére d'un huissier ou sergent; & ils chargent leur commis greffier du lieu, d'y veiller.

De maniére ou d'autre, la vente s'ordonne sur le réquisitoire du Procureur du Roi; tantôt à condition que la vente sera précédée de trois publications & affiches, tantôt après une seule publication, suivant la valeur & la quantité des effets à vendre; à laquelle vente on invite les Officiers des Classes, le Trésorier des Invalides & le Receveur de M. l'Amiral d'assister, conformément au Réglement du 23 Août 1739. Les deniers de la vente sont déposés entre les mains du greffier ou du commis-greffier, qui tout de suite est chargé du payement des salaires des ouvriers, & des autres frais, conformément à la taxe qui en a été faite; & s'il lui reste des deniers entre mains, il en demeure comptable, sur la représentation du procès-verbal de la vente, & de l'état de la taxe des frais; savoir, le commis-greffier au greffier en chef, à qui il doit remettre cet excédant, & le greffier en chef, pour en faire la délivrance à qui par Justice il sera ordonné.

ARTICLE XIV.

SI les marchandises déposées au magasin se trouvent gâtées, le gardien sera tenu, après visite & par permission des officiers, d'y faire travailler par gens à ce connoissans, pour les remettre en état autant que faire se pourra.

LEs Officiers de l'Amirauté n'attendent pas que le gardien des effets les avertisse qu'il y en a d'avariés, pour en faire la visite, & prendre les précautions convenables en pareil cas. Ils ont soin de faire mettre à part dans les magasins les marchandises qui ont souffert, & aussi-tôt ils les font visiter par des experts & gens à ce connoissans, dont ils prennent l'avis, sur lequel ils ordonnent ce qui paroît le plus expédient pour remettre ces marchandises au meilleur état qu'il se puisse.

Suivant les circonstances, & sur tout lorsque ces opérations ne sont pas trop longues, ils les font faire sous leurs yeux : mais le plus souvent ils en chargent quelques personnes de confiance, à défaut de gardien ; car il n'y en a pas, comme il a été observé, lorsque le magasin est fermé à clef, & qu'il est sans communication.

Dans toutes ces occasions, les Officiers de l'Amirauté dressent leur procès-verbal de l'état où les marchandises ont été trouvées par la visite, en distinguant leurs marques & numeros, autant que cela est possible, avec énonciation des mesures prises pour leur réparation & conservation. Et tout cela se fait en présence & de l'agrément tant du capitaine du navire, que de toutes les autres personnes intéressées, qui signent avec la personne établie à la garde & à l'amélioration des effets.

Ensuite les opérations étant achevées, nouveau procès-verbal, fait avec les mêmes précautions, pour constater l'état où les marchandises auront été mises : après quoi il n'est plus question que de faire la taxe des frais faits à l'occasion de chaque espéce qui doit les supporter en particulier.

ARTICLE XV.

EN cas que le dommage soit tel qu'il ne puisse être réparé, ni les marchandises gardées sans perte considérable, les Officiers de l'Amirauté seront tenus de les faire vendre, & de mettre les deniers en main sûre, dont il demeureront responsables.

TOut ce qui vient d'être dit, suppose que le dommage arrivé aux marchandises est de nature à être réparé ou diminué. Autrement, & si elles ne peuvent d'ailleurs être gardées sans dépérir davantage, il est du devoir des Officiers de l'Amirauté d'en faire faire la vente aux termes de cet article, après avoir constaté la nécessité de la vente par leur procès-verbal, de l'avis des experts & des parties intéressées, du nombre desquelles sont nécessairement le capitaine ou celui qui le représente, le Commissaire aux Classes, le Trésorier des Invalides & le Receveur des droits de M. l'Amiral, qui tous doivent être appellés à la vente, en conséquence du Réglement du 23 Août 1739, tit. des bris, art. 2.

Alors il n'est nullement question d'attendre le mois, conformément à l'art. 13 ci-dessus, quoique les deniers de cette vente puissent être appliqués au payement des salaires des ouvriers & des autres frais, sauf à en faire raison dans la répartition des frais, tant généraux que particuliers.

Pour ce qui est du dépôt des deniers de la vente, que cet article veut que les Officiers de l'Amirauté mettent *en main sûre, dont ils demeureront responsables*, on ne voit pas la raison de cette rigueur, tandis qu'en matière de prise il est décidé simplement par l'art.

29 tit. 9 du liv. 3 ci-dessus, que le prix de la vente sera mis entre les mains *d'un bourgeois solvable*, & qu'en cas de vente d'un vaisseau par décret, l'art. 10, tit. 14 du livre premier se contente d'ordonner que le prix sera consigné entre les mains d'un notable bourgeois, ou au Greffe de l'Amirauté, sans ajouter dans l'un ni dans l'autre cas, que les Officiers de l'Amirauté demeureront responsables de la solvabilité du dépositaire.

On conçoit néanmoins que s'ils étoient capables d'ordonner le dépôt des deniers entre les mains de quelqu'un, qui ne seroit pas notoirement reconnu solvable, ou dont la solvabilité seroit suspecte, il seroit juste qu'ils en demeurassent responsables s'ils choisissoient ce dépositaire plutôt que leur Greffier; sur-tout si c'étoit sans l'aveu des parties intéressées, & à plus forte raison sans avoir égard à leurs remontrances. Mais si le dépositaire qu'ils auroient choisi d'office, autre que leur Greffier, étoit un notable bourgeois, réputé solvable dans l'opinion publique, quelque chose qui arrivât dans la suite, nulle apparence de les rendre garants d'une insolvabitité qui ne pourroit pas naturellement leur être imputée, aux termes des deux articles qui viennent d'être cités, & qui doivent servir à l'interprétation de celui-ci, pour en restreindre l'application au seul cas où les Officiers de l'Amirauté auroient préféré, par caprice ou autrement, un dépositaire d'une solvabilité équivoque, sans le concours des parties intéressées. C'est aussi sur ce principe que le Lieutenant & le Procureur du Roi de l'Amirauté de Nantes, pris à partie pour avoir reçu à l'occasion d'une prise le cautionnement d'un négociant devenu insolvable, mais qui étoit en plein crédit lorsqu'il fut admis caution, furent renvoyés & déchargés, par Arrêt du Conseil d'Etat du Roi, en date du 10 Octobre 1705.

Il est entendu dans tous les cas, qu'ils peuvent ordonner la consignation des deniers au Greffe, sans qu'il y ait rien à dire, puisque cette consignation est exempte de frais, suivant l'art. 10 du titre de la saisie des vaisseaux ci-dessus cité. Mais lorsque la vente se fait hors le lieu de la résidence des Officiers de l'Amirauté, & par conséquent par d'autres que par eux; c'est-à-dire, sous la direction de leurs commis-greffiers, ce qui arrive presque toujours dans les ventes qui se font à l'isle de Ré; comme il ne seroit pas naturel alors d'obliger les adjudicataires d'apporter au Greffe le prix de leur adjudication, & encore moins ceux qui ont travaillé à sauver les effets d'y venir recevoir leur salaire : c'est le cas de choisir par provision un autre dépositaire que le Greffier en chef, & par conséquent un notable bourgeois du lieu, ou le commis-greffier chargé de veiller à la vente, lequel après avoir payé sur le lieu les frais de sauvement, conformément à la taxe dont un état lui est envoyé, remet au Greffe le surplus des deniers, dont le Greffier demeure chargé pour en compter ainsi que de raison.

C'est ainsi que cela s'est toujours pratiqué en ce Siége, sans qu'il en soit résulté aucun inconvénient. Si l'on a quelquefois suivi une autre méthode, c'est lorsque les réclamateurs & les autres parties intéressées l'ont souhaité; à quoi les Officiers de l'Amirauté n'ont eu garde de s'opposer, se faisant toujours un devoir de se conformer à ce qui paroissoit juste & raisonnable, & à ce qui étoit proposé par le plus grand nombre; au moyen de quoi on n'a jamais eu aucun sujet de reproche à leur faire.

L'art. 3 du Réglement de 1739 déja cité, porte que le produit de la vente sera remis, moitié au Receveur de M. l'Amiral, & moitié au Trésorier des Invalides, les frais préalablement levés; mais comme il n'est que la suite du précédent, où il ne s'agit que de la vente différée jusqu'à l'expiration du délai d'un an accordé aux

réclamateurs,

réclamateurs, il n'a aucune application à la vente prévue & ordonnée par le présent article; de maniére que la vente se faisant dans le délai de la réclamation, les deniers en provenans doivent demeurer déposés jusqu'à ce que le temps de la réclamation soit passé. Après quoi nulle difficulté d'en faire la remise au Receveur de M. l'Amiral & au Trésorier des Invalides, par moitié, tout comme si la vente ne se faisoit qu'après l'an & jour, sans qu'il se fût présenté de réclamateur.

ARTICLE XVI.

DÉfendons aux Officiers de l'Amirauté de se rendre directement ou indirectement adjudicataires des marchandises, à peine de restitution du quadruple, & de privation de leurs charges.

LEs mêmes défenses sont prononcées dans l'art. 34 du titre des prises; & quoique les peines y soient établies différemment, je pense néanmoins qu'il faut les concilier de maniére que la plus grande ait lieu; c'est-à-dire, que dans l'un & l'autre cas, il y aura privation des charges au lieu de la simple interdiction; que la confiscation des effets sera inévitable, quoiqu'elle ne soit prononcée qu'à l'article des prises, & que du reste la restitution du quadruple, ou l'amende de 1500 l., aura lieu suivant que par-là, l'Officier prévaricateur se trouvera plus griévement puni.

Il est vrai qu'en fait de peines, on ne doit rien ajouter à la loi; mais où la prévarication est égale, la peine doit être la même quoique la loi paroisse y avoir mis quelque différence. Or qu'il s'agisse d'une vente d'effets provenans d'une prise ou de la vente d'effets naufragés, la prévarication est absolument la même de la part de l'officier qui s'en rend adjudicataire. Il ne doit donc pas y avoir de différence dans la punition, & la loi ne doit pas être présumée avoir voulu qu'il y en eût, ne s'en étant pas formellement exprimée.

Je sçai ce qu'on peut répondre à cela. Mais quand je vois l'art. 10 tit. 3 liv. premier, dans un cas à peu près semblable & fondé sur les mêmes raisons, prononcer tout de même la peine de la privation des charges, je ne puis me défendre de penser, que l'artice des prises a entendu infliger la même peine sous le terme simple d'interdiction.

Un Officier après tout, interdit en pareil cas, pourroit-il naturellement reprendre ses fonctions? L'honneur une fois flétri ne peut plus recouvrer son premier lustre, & un Officier dont la réputation a souffert une atteinte publique, ayant perdu toute considération, n'a plus d'autre parti à prendre que celui de se défaire de sa charge. Ceux qui pourront trouver cette façon de penser un peu trop sévére, n'ont pas de la Magistrature l'idée qu'on en doit avoir, & n'ont jamais été dignes d'y parvenir.

Je dis un Officier interdit en pareil cas, parce que c'est pour cause de prévarication; & cela pour ne pas confondre ce cas-ci, avec quantité d'autres dans lesquels la présente Ordonnance & plusieurs Réglemens postérieurs, prononcent également l'interdiction, peut être avec trop de rigueur, puisqu'il n'est question que de l'omission simple de quelques formalités. Or une interdiction encourue en pareilles circonstances n'est qu'un malheur, plus capable de faire plaindre l'Officier que de le flétrir : au lieu que dans les espéces dont il s'agit, elle ne peut qu'imprimer une note d'infamie, comme étant la peine d'une prévarication réelle, punissable en tous Juges, parce qu'il est également défendu à tous Juges de se rendre adjudicataires des biens meubles & immeubles qui se vendent dans leur Jurisdiction, & de prendre intérêt dans les baux qui se font devant eux. De-Héricourt tr. de la vente des immeubles par décret, ch. 9 n. 24. Rousseau de la Combe rec. de Jurisprudence, *verbo* décret. n. 4. On ne doit pas être étonné que la punition soit plus grande à l'égard des Officiers de l'Amirauté, puisqu'à raison du grand nombre de subalternes sur lesquels s'étend leur autorité, & des fréquentes occasions qu'ils ont de faire des ventes de vaisseaux & d'effets, l'abus de leur pouvoir ou de leurs insinuations, est incomparablement plus à craindre. Ainsi étant plus exposés à la tentation de prévariquer en cette partie, il étoit d'autant plus naturel que la sévérité de la punition leur servît de frein ou de préservatif.

Et qu'on ne dise point qu'il faudroit au-moins distinguer les objets d'une certaine conséquence, de ceux de peu de valeur, pour faire une exception à l'égard de ces derniers ; car où la loi ne distingue point, nous ne devons pas non plus distinguer : & d'ailleurs tout relâchement dans l'observation des réglemens civils, étant aussi dangéreux que dans la morale ; le plus ou le moins devenant alors arbitraire, la régle seroit bientôt méconnue.

Au surplus, comme je l'ai observé sur l'art. 10 tit. 3 liv. premier, & sur l'art. 34 du tit. des prises ; sous la dénomination d'Officiers d'Amirauté il ne faut pas seulement entendre, le Lieutenant, les Conseillers, l'Avocat & le Procureur du Roi ; on doit encore y comprendre le Greffier en chef, les commis greffiers & même l'huissier de service, pour éviter toute connivence, & prévenir les suites de la complaisance que les principaux Officiers pourroient avoir pour leurs subalternes. Et cette décision ne doit pas paroître extraordinaire, puisqu'elle est fondée sur l'art. 117 de l'Ord. de 1629 : il est vrai qu'elle ne parle pas des huissiers ; mais la raison est la même que pour les clercs du Greffe.

ARTICLE XVII.

SI *lors de l'échouement*, les propriétaires ou commissionnaires auxquels les marchandises sont adressées par les connoissemens, ou ceux qui les auront chargées, se présentent pour y mettre ordre eux mêmes, enjoignons aux Officiers de l'Amirauté de se retirer, & de leur laisser la liberté entiére d'y pourvoir.

S*I lors de l'échouement* ; quoique cet article ne parle que de l'échouement, il faut l'appliquer tout de même au cas du naufrage, à cause de l'article suivant, qui, dans l'exception qu'il y apporte, parle du naufrage aussi-bien que de l'échouement ; & en effet la raison est la même dans les deux cas.

Avant que le droit inhumain des bris & naufrages eût été aboli & proscrit, ç'auroit été inutilement que des réclamateurs se seroient présentés ; on ne les auroit pas écouté & on les auroit renvoyés même sans aucun espoir. Aujourd'hui la faveur de la réclamation est telle qu'étant reconnue légitime, les Officiers de l'Amirauté, chargés par état de veiller à la sûreté des effets naufragés ou échoués sont obligés de se retirer sans rien mettre sous la main de justice, & de laisser aux réclamateurs la liberté de pourvoir au sauvement de leurs effets : ce qui est conforme à la loi 12 ff *de incendio* &c., en ces termes. *Licere unicuique naufragium suum impunè colligere constat.*

Le Commentateur observe que, » cette disposition est pour éviter aux frais de » justice qu'on sait être grands dans ces occasions, & qu'il est juste d'épargner » à de pauvres marchands.

Il est également malheureux pour les particuliers & honteux pour la Magistrature, qu'il se soit effectivement trouvé des Officiers d'Amirauté, assés lâches pour grossir avec affectation les frais de justice dans ces tristes conjonctures, & en assés grand nombre pour faire soupçonner tous les autres de se comporter de la même maniére.

Peut-être n'a-t'il fallu, comme il a été observé sur l'art. 6, que peu d'exemples de cette espéce pour fomenter le soupçon contre les autres. Peut-être aussi, & cela n'est que trop vraisemblable, a-t'on confondu, & a-t'on mis sur le compte des frais de justice ceux du sauvement, qui véritablement ne peuvent manquer d'être considérables, & qui néanmoins sont très-distincts de ceux de justice. Quoiqu'il en soit, cette idée jointe au souvenir des bevues de certains Officiers d'Amirauté, qui par ignorance, ou jalousie de leur autorité, ont rendu tout-à-fait ruineux des naufrages où l'on auroit sauvé la majeure partie des effets, a tellement prévenu les Armateurs & tous ceux qui ont intérêt dans les vaisseaux échoués ou naufragés, contre les Officiers de l'Amirauté, qu'ils croient leur malheur sans ressource quand ils ne peuvent éluder leur ministére.

Les étrangers qui ont pu souffrir de ces mauvaises opérations, s'étant imaginés que leur qualité d'étrangers y avoit eu part, sans prendre garde qu'en cette partie l'Ordonnance veut qu'on en use envers eux comme à l'égard des François; ces étrangers, dis-je, ayant fait entendre leurs plaintes en différens temps, il a été ordonné en conséquence, depuis quelques années aux Officiers de l'Amirauté, d'informer le Ministre de la Marine de tout naufrage de bâtiment étranger qui arrivera désormais sur les côtes de leur ressort, & de lui rendre un compte exact de tout ce qui aura été sauvé & recouvré, aussi bien que de la maniére dont il y aura été procédé, & des mesures qui auront été prises pour assurer aux intéressés leurs marchandises & effets. Lettre de M. Rouillé du 14 Décembre 1750.

Cependant, encore une fois, tous les Officiers d'Amirauté ne sont pas dans le cas de faire redouter leur présence dans ces fâcheuses occasions. Je pourrois citer plus d'un exemple dans cette Amirauté, tantôt pour prouver qu'on s'est mal trouvé de s'être passé du secours des Officiers ; tantôt pour montrer que lorsqu'on les a laissé agir, non-seulement ils ont empêché le pillage autant que cela étoit possible ; mais encore ils ont fait sauver plus d'effets, plus promptement & à moins de fraix, que lorsque les réclamateurs se sont chargés de ce soin.

Et cela n'est pas difficile à comprendre. Il suffit de considérer que des Officiers qui ont l'autorité en main, ont tout autrement le moyen de se faire obéir, & de rémedier au désordre inévitable dans ces occurences, lorsque le commandement n'eſt pas réglé, que de ſimples particuliers qui ne peuvent ſe faire ſervir qu'à force d'argent, & qui ont tout à craindre de la part des travailleurs qu'ils emploient.

Auſſi depuis bien des années, n'eſt-il point arrivé, qu'on ait requis les Officiers de l'Amirauté, qui par le devoir de leur charge ont été obligés de ſe préſenter aux naufrages ; il n'eſt point arrivé dis-je, qu'on les ait requis de ſe retirer. Il y a apparence qu'il en ſeroit par-tout de même ſi l'on ſuivoit par-tout les mêmes principes. Ceci ſoit dit ſans oſtentation, comme ſans deſſein de bleſſer perſonne.

Cela n'empêche pas néanmoins que les Officiers de l'Amirauté ne doivent ſe retirer ſans héſiter, ſi tous ceux qui ont intérêt à l'échouement ou au naufrage ſe préſentent pour y mettre ordre, ſoit par eux mêmes, ſoit par leurs commiſſionnaires, moyennant toutesfois que les réclamateurs prouvent leur droit de réclamer, conformément à la diſpoſition de l'article 25, cy après.

Je dis tous ceux qui y ont intérêt, *propriétaires ou commiſſionnaires auxquels les marchandiſes ſont adreſſées par les connoiſſemens ou ceux qui les auront chargées*, ce qu'il faut entendre pour leur compte ; car s'il ne s'en préſente que pour une partie, fût-ce la plus grande, ils ne doivent avoir la liberté de pourvoir par eux mêmes au ſauvement que de ce qui les concerne, ſans toucher au reſte, dont le ſauvement regarde eſſentiellement les Officiers de l'Amirauté, comme conſervateurs nés des intérêts des abſens.

C'eſt à quoi l'on n'a pas toujours fait aſſés d'attention. Des Officiers d'Amirauté ſe ſont retirés, ſans autre examen ſur la déclaration de l'armateur ou de ſon commiſſionnaire, qu'il entendoit mettre ordre au ſauvement des débris du navire & des marchandiſes, tandis qu'il y avoit quantité de marchandiſes étrangéres à la cargaiſon, & chargées pour le compte de divers particuliers, dont il ne repréſentoit pas les pouvoirs.

Quant à la réclamation du navire, ou de ſes débris, & des marchandiſes de la cargaiſon, il n'y avoit rien à dire ; mais par rapport aux marchandiſes chargées pour le compte des particuliers, c'étoit autre choſe. Il n'avoit pas droit de ſe charger de pourvoir à leur ſauvement, & parconſéquent ce n'étoit pas le cas où les Officiers de l'Amirauté duſſent ſe retirer ; & cela non-ſeulement en fait de bris & naufrage ce qui eſt indubitable, mais encore en matiére de ſimple échouement.

Envain oppoſeroit-on qu'aux termes de l'art. 11 du tit. du fret ou nolis, le maître peut faire radouber ſon vaiſſeau durant le voyage ; & que ſi ſon vaiſſeau ne peut être racommodé, il a la faculté d'en louer un autre pour tranſporter les marchandiſes au lieu de leur deſtination, & voudroit-on conclure de-là, que l'Armateur ou ſon Commiſſionnaire en cas de ſimple échouement, eſt fondé à ſe ſoumettre de relever & radouber le navire pour continuer ſon voyage, ou en cas de naufrage abſolu, à offrir de louer un autre navire, pour le tranſport des marchandiſes. La réponſe ſeroit que dans l'un & l'autre cas, pour être écouté il faudroit qu'il reconnût que les marchandiſes chargées pour le compte des particuliers, ſont ſaines & entiéres, avec ſoumiſſion de les remettre telles, au lieu de leur deſtination, ſauf les nouveaux périls & riſques de la mer. Alors à la vérité les Officiers de l'Amiraute n'auroient plus rien à faire pour l'intérêt des abſens : mais l'Armateur ou ſon Commiſſionnaire ne voulant pas ſe ſoumettre à ces conditions, fur-tout en fait de naufrage, où il eft comme impoffible qu'il n'y ait pas quantité de marchandifes avariées ; feroit-il naturel que les Officiers de l'Amirauté fe retiraffent, en lui laiffant la libre difpofition des marchandifes d'autrui comme des fiennes ? & n'eft-il pas de leur devoir au contraire de faire travailler au fauvement des effets de ceux dont les pouvoirs ne font pas repréfentés, pour conftater leur état, empêcher qu'ils ne foient confondus mal-à-propos avec d'autres, & veiller à leur confervation par tous les moyens poffibles ?

Encore un coup, c'eft à quoi l'on n'a pas toujours affez fait attention ; & parce que des Officiers d'Amirauté ont eu le fcrupule ou la facilité de fe retirer fur la fimple remontrance de l'Armateur ou de fon Commiffionnaire, il en eft réfulté de grandes pertes pour des particuliers chargeurs. N'y ayant plus perfonne pour veiller à leurs intérêts, il eft arrivé qu'on a ouvert leurs balots & défoncé leurs futailles, pour confondre leurs effets non avariés, ou qui l'étoient médiocrement, avec ceux de la cargaifon qui l'étoient d'une façon extraordinaire ; ou ce qui eft encore plus abominable, pour fubftituer à la place de leurs bonnes pelleteries celles de la cargaifon qui étoient viciées ; or rien de tout cela ne feroit arrivé, fi les Officiers de l'Amirauté, mieux inftruits de leur droit & de leur devoir, n'euffent pas eu la foibleffe de fe retirer en pareil cas.

C'eft donc à eux à refter alors pour l'intérêt des abfens ; & alors auffi leurs vacations, pour le temps feulement qu'ils refteront, feront uniquement pour le compte de ces abfens ; ceux du tranfport & du retour devant néceffairement être fupportés par la totalité des effets, au fol la livre.

En ceci au refte, je ne fais que prendre notre article dans fon fens naturel, fans le détourner en aucune façon ; car enfin il ne dit pas que dès-qu'il fe préfentera un ou plufieurs réclamateurs, les Officiers feront obligés de fe retirer ; mais feulement lorfque les propriétaires ou Commiffionnaires, ou les chargeurs des marchandifes fe préfenteront, &c. ce qui fuppofe évidemment que tous fe préfenteront par eux-mêmes ou par leurs Commiffionnaires, pour mettre ordre à l'échouement ou au naufrage ; & que s'il ne s'en préfente qu'une partie, ils n'auront la liberté d'y pourvoir que pour leur intérêt perfonnel.

Une preuve après-tout que je n'entends nullement reftreindre l'article, c'eft que quoiqu'il ne parle que des propriétaires ou leurs Commiffionnaires, j'admettrois le capitaine ou maître, en cas de fimple échouement, fans avaries aux marchandifes, à fe foumettre de relever fon navire & de le conduire au lieu de fa deftination ; & en conféquence je croirois que les Officiers de l'Amirauté, après avoir fait vifiter le navire & avoir reconnu par-là, la facilité de le relever effectivement, feroient dans le cas de fe retirer ; mais s'il s'agiffoit d'un vrai naufrage, ou fans cela même fi les marchandifes étoient avariées, quelque foumiffion que fît le capitaine, n'étant pas muni d'une procuration de l'Armateur & des autres intéreffés, il feroit de leur devoir de refter pour remédier au défaftre autant qu'il feroit en eux.

ARTICLE XVIII.

VOulons néanmoins que les Juges de l'Amirauté s'informent de la cause du naufrage ou échouement, de la nation du maître & des mariniers, de la qualité des vaisseaux & marchandises, & à qui elles appartiennent ; & en cas que l'échouement fût volontaire, que les vaisseaux fussent ennemis ou pirates, ou que les marchandises fussent de contrebande, qu'ils s'assurent des hommes, vaisseaux & marchandises.

QUe les Officiers de l'Amirauté qui vont à un naufrage ou échouement ; soient dans le cas de se retirer ou non, ils ont toujours droit, & c'est même leur devoir, de s'informer de la cause de l'échouement ou du naufrage, de la nation du maître & des mariniers, de la qualité du vaisseau, des marchandises dont il est chargé & à qui elles appartiennent ; à l'effet de quoi ils sont autorisés à se faire représenter la facture générale du chargement, avec les connoissemens & les autres papiers du navire ; & avant de se retirer, dans le cas où ils y seroient obligés, aux termes de l'article précédent, ils doivent dresser du tout leur procès-verbal qu'ils feront signer par le capitaine & les principaux de l'équipage, de même que par tous autres qu'ils auront interrogé sur la cause de l'échouement, s'ils savent signer, si non ils en feront mention.

Mais s'ils ont des indices que l'échouement ait été *volontaire* ; c'est-à-dire sans nécessité & par mauvais dessein, (car un échouement qui n'auroit pour cause que le danger évident de périr en mer ; n'auroit rien de criminel ;) alors au lieu de se retirer, ils doivent informer en régle du fait, & sur la preuve qu'ils en auront, *s'assurer des hommes, vaisseaux & marchandises.*

De même si c'est un vaisseau ennemi ou pirate, ou si les marchandises sont de contrebande, ils doivent aussi aux termes de notre article, s'assurer des hommes, vaisseaux & marchandises.

Dans le cas du naufrage ou échouement volontaire & frauduleux, comme c'est là un crime auquel tout l'équipage peut avoir participé, même l'Armateur ; il est naturel que les Officiers de l'Amirauté s'assurent, tout à la fois, des hommes du vaisseau & des marchandises, parce qu'on y pourra trouver de quoi constater le délit, & qu'il convient d'ailleurs d'en sauver tout ce qu'il sera possible.

Mais si l'Armateur n'est pas en termes d'être impliqué dans la poursuite criminelle, & qu'il se présente pour réclamer le navire ou ses débris, avec les marchandises qui lui appartiennent dans la cargaison entiére, nulle difficulté de lui en accorder la main levée & d'en user de même à l'égard de chaque Marchand chargeur ou Commissionnaire, à qui les effets seront adressés, à l'exception de tout ce qui pourra servir de piéces de conviction.

En ce qui concerne les vaisseaux ennemis ou pirates, qui ont échoué ou fait naufrage, il est naturel tout de même de s'assurer autant qu'il est possible des hommes, parce que les uns sont de droit prisonniers de guerre, & que les autres sont punissables de mort, suivant les Ordonnances & Réglemens dont il a été fait mention sur l'art. 3 du tit. des prises ; & des vaisseaux & marchandises, parce que tout est sujet à confiscation, à qui que ce soit que les marchandises appartiennent, sans distinction des alliés ni des sujets du Roi, suivant l'art. 7 du même titre des prises.

Dans l'un ni dans l'autre cas, il n'y a donc pas matiére à réclamation d'aucuns effets, à moins qu'il ne s'agisse, ou d'un vaisseau François pris par les ennemis, avant que d'avoir été conduit dans un port ennemi ; ou à l'égard des pirates, qu'il ne s'agisse d'effets appartenans à des François ou à des amis & alliés ; auxquels cas, il y aura lieu à la réclamation, relativement aux articles 9 & 10 du même titre encore des prises.

Mais vaisseaux ennemis ou pirates, dès que c'est aux Officiers de l'Amirauté qu'il est réservé de s'assurer des hommes, des vaisseaux & des marchandises, il s'ensuit que les particuliers n'ont pas droit de s'en emparer ; sçavoir des ennemis sous prétexte que par les Déclarations de guerre il est enjoint de leur courir sus, & des pirates à la faveur des anciennes loix, qui permettoient de s'en défaire & de les spolier. Les uns & les autres sont sous la protection & sauve-garde du Roi, de même que les vaisseaux des François & des alliés, comme il a été observé sur le présent titre ; de maniére que ce n'est que par les voyes de la justice qu'ils doivent subir les peines qu'ils méritent.

Qu'en cas de descente de la part des ennemis ou des pirates, dans l'intention de piller ou de mettre le feu en quelque endroit, il soit permis de faire main-basse sur eux, de leur enlever leur butin, & de les arrêter prisonniers, cela n'est pas douteux ; mais il faut aussi-tôt remettre les prisonniers & le butin entre les mains de la justice ; & en aucun cas, il n'est nullement permis de piller leurs vaisseaux, d'autant plutôt que ce seroit un vol fait au Souverain, à qui toute la dépouille des ennemis ou des pirates appartient par droit de confiscation. Si l'on eût pensé de même autrefois, ou plutôt si l'autorité eût toujours été en état de se faire obéir, on n'auroit pas à rougir du brigandage ancien qui a si long temps deshonoré la nation la plus polie de l'univers.

Pour ce qui est des marchandises *de contrebande*, il y en a de deux sortes : savoir les marchandises dont l'entrée ou la sortie sont également prohibées en temps de paix comme en temps de guerre ; & celles, qui non prohibées de leur nature, le sont seulement en temps de guerre, telles que sont les armes, poudres, boulets & autres munitions de guerre & de bouche destinées pour les ennemis. Ces dernieres, en temps de guerre, sont sujettes à confiscation, en quelque vaisseau qu'elles soient trouvées. Ainsi en cas de naufrage ou échouement, c'est aux Officiers de l'Amirauté à les saisir nonobstant toute réclamation.

A l'égard des autres, il est de leur devoir de les saisir tout de même, aux termes de cet article, de même que par l'art. 5 du tit. 5, liv. 1, il est enjoint aux huissiers visiteurs de les saisir pareillement ; mais la saisie ne s'étend pas sur les hommes & sur les vaisseaux ; ainsi en cette partie notre article ne regarde que les marchandises, & encore la saisie ne sera-t'elle suivie de confiscation, qu'autant qu'on aura négligé les formalités prescrites pour l'éviter, ou que la prohibition du transport des marchandises sera absolue.

Pour la compétence de l'Amirauté à ce sujet, voir les observations sur l'art. 10, tit. 2, liv. 1er. ci-dessus.

ARTICLE XIX.

ENjoignons à tous ceux qui auront tiré du fond de la mer, ou trouvé sur les flots, de effets procédans de jet, bris ou naufrage, de les mettre en sûreté, & vingt-quatre heures après au plus tard, d'en faire leur déclaration aux Officiers de l'Amirauté, dans le détroit de laquelle ils auront abordé, à peine d'être punis comme receleurs.

IL a déjà été observé sur l'art. 5 ci-dessus que le présent article & le suivant n'ont pour objet que des effets sauvés, hors le cas d'un naufrage connu, auquel on travaille actuellement. Cela est clair en effet par cet article, en ce qu'il ordonne que la déclaration soit faite dans 24 heures aux Officiers de l'Amirauté, dans le détroit de laquelle on aura abordé; ce qui suppose naturellement un vaisseau qui faisant sa route, aura rencontré des marchandises & des débris au loin, sur les flots, (aussi l'art. 27 ci-après dit, *effets trouvés en pleine mer*), ou un bateau de pêche, qui, au moyen de ses filets ou autrement, aura trouvé des effets au fond de la mer qu'il en aura tirés.

S'il s'agissoit d'effets flottans apperçus du rivage, ou d'autres jettés à pareille distance pour soulager le navire, & que quelque maître de bâtiment près de là, requis ou non de sauver ces effets, les sauvât effectivement à la vue des travailleurs; il seroit obligé, le pouvant sans danger, de prendre terre dans l'endroit, pour faire sa déclaration sur le champ aux Officiers de l'Amirauté, & faire porter les effets au lieu indiqué pour le dépôt général, relativement à l'art. 5 & sous les peines y portées.

Hors de-là & dans l'espéce précise de notre article, le maître de bâtiment qui aura trouvé des effets sur les flots, & qui les aura tirés du fond de la mer, est tenu de les mettre en sûreté; c'est-à-dire qu'il a le pouvoir de les faire conduire chez lui ou en magasin; mais à condition d'en faire sa déclaration 24 heures après son arrivée, aux Officiers de l'Amirauté dans le détroit de laquelle il aura abordé, le tout sur peine d'être puni comme receleur.

La raison est que ces effets appartiennent à quelqu'un qui peut les réclamer dans le temps prescrit, & qu'à défaut de réclamation, ils sont dévolus au Souverain à qui appartient le domaine de la mer, sauf le droit de celui qui les a sauvés, qui, non-seulement ne peut retenir le surplus sans se rendre coupable de vol; mais encore qui doit prendre son contingent des mains de la justice, soit pour prévenir les fraudes & les soustractions, soit pour le maintien du bon ordre, qui ne permet pas qu'on se fasse justice soi-même & par voye de fait.

Il y auroit donc lieu d'informer contre ceux qui, ayant trouvé des effets aux termes de cet article, auroient manqué d'en faire leur déclaration, & de les faire punir comme receleurs; ce qui emporte peine corporelle avec la restitution du quadruple relativement audit art. 5. Les loix qui y ont été citées ne parlent pas plus de la déclaration à faire dans les 24 heures, que celles que le Commentateur indique sur le présent article; mais elles sont plus précises pour la peine du quadruple.

ARTICLE

ARTICLE XX.

Enjoignons aussi sous les mêmes peines à ceux qui auront trouvé sur les gréves & rivages de la mer, quelques effets échoués ou jettés par le flot, de faire semblable déclaration dans pareil temps, soit que les effets soient du cru de la mer, ou qu'ils procédent de bris, naufrages & échouemens.

La mer étant du domaine du Souverain, il en est de même par une conséquence naturelle de ses gréves & rivages. Ainsi les effets qui y sont échoués ou jettés par le flot, doivent demeurer sous sa sauve-garde pour les faire restituer à ceux à qui ils appartiennent, ou pour lui être dévolus à défaut de réclamation par le titre de sa souveraineté. Ils n'appartiennent donc pas plus à celui qui les trouve, que ceux qui, rencontrés sur les flots, ou tirés du fond de la mer n'appartiennent à celui qui les a sauvés. L'un & l'autre sont également tenus, & sous les mêmes peines, d'en faire leur déclaration aux Officiers de l'Amirauté dans 24 heures; & cela que les effets soient du cru de la mer, ou qu'ils procédent de bris, naufrage ou échouement.

Il est vrai que par l'art. 29 ci-après, les choses du cru de la mer, comme ambre, corail, poissons à lard & autres semblables qui n'auront appartenu à personne, sont déclarées acquises en entier à ceux qui les auront tirées du fond de la mer ou pêchées sur les flots, & que la réduction au tiers ne regarde que ceux qui les auront trouvées sur les gréves; mais les uns & les autres me paroissent également sujets à déclaration, soit pour le bon ordre, soit parce qu'il se peut que ces choses ayent appartenu à quelqu'un, pour les avoir pêchées & ensuite perdues, ce qu'il est intéressant que l'on puisse vérifier; & cela est d'autant plus naturel, que ces sortes de déclarations sont exemptes de tous droits absolument.

Les article 34, 35 & 36 des jugemens d'Oleron sont singuliers au sujet des choses trouvées sur l'aréne du rivage de la mer. Il y est dit « que celles qui ne » furent *à personne quelconque* appartiennent à celui qui les a trouvées; que si » c'est or ou argent, il est tenu de le restituer sans en rien retenir que le salai- » re de sa journée, à moins qu'il ne soit pauvre, auquel cas il peut tout retenir; » mais ce n'est pas à lui à juger si son indigence le met aux termes d'appliquer le tout à son profit; « il doit pour cela prendre l'avis de *ses supérieurs*, qui lui » donneront conseil selon *Dieu & conscience.* » Et si dans le cas de rendre, il ne sçait à qui il le doit, « il lui est enjoint d'annoncer aux lieux circonvoisins l'ar- » gent qu'il a trouvé. » Comment concilier une aussi grande simplicité ou pureté de morale avec la dépravation des mœurs de ces temps-là! Pensoit-on en portant de telles loix qu'elles seroient fidélement observées?

Le Consulat ch. 249 ordonne à ceux qui trouveront des effets naufragés, de les consigner à la justice dans dix jours au plus tard, à peine d'être privés de toute recompense & d'être poursuivis comme voleurs.

Qui invenerit.... Tenetur ea proximo magistratui ad quem primò appulerit, tradere; jus hanseaticum tit. 9. art. 3 & ibi Kuricke fol. 797.

ARTICLE XXI.

LES effets procédants des naufrages & échouemens, trouvés en mer ou sur les grèves, seront incessamment proclamés aux Prônes des Paroisses du port & de la Ville maritime la plus prochaine, à la diligence de notre Procureur au Siége de l'Amirauté.

DEpuis l'Edit du mois d'Avril 1695 qui, art. 32 à dispensé, les Curés, leurs Vicaires & autres Ecclésiastiques de publier aux prônes ni pendant l'Office divin, les actes de Justice & autres qui regardent l'intérêt des particuliers, la disposition du présent article n'est plus en usage. Il n'a pas même été suppléé à cette formalité par celle de faire faire la publication par un huissier ou sergent au devant de la porte de l'Eglise, à l'issue de la Messe Paroissiale, comme il se pratique au sujet des criées & des autres proclamations; & cependant jusqu'ici, il n'y a eu aucunes plaintes à cette occasion.

C'est que la correspondance du commerce est si bien établie & si universellement, qu'il n'arrive point de naufrage ou d'échouement, dont la nouvelle ne puisse parvenir en peu de temps aux parties intéressées; aussi les réclamations se font-elles exactement long-temps avant l'expiration du délai; & s'il reste quelques effets qui ne soient pas reclamés, ce n'est qu'autant qu'ils n'en valent pas la peine, & que leur peu de valeur est absorbée par les frais de sauvement & de garde, que par cette raison il faut quelque fois réduire au-dessous de la taxe ordinaire.

ARTICLE XXII.

LES billets de proclamation contiendront la qualité des effets, le lieu & le temps auquel ils auront été trouvés; & les Curés seront tenus d'en faire la publication, à peine de saisie de leur temporel.

SI ces proclamations étoient encore en usage, sans doute qu'il faudroit que les billets fussent conformes à ce qui est prescrit par cet article; mais comme il a été observé, les Curés ne sont plus tenus de faire ces sortes de publications, & le Commentateur en ayant aussi fait la remarque sur l'art. précédent, ne devoit pas ajouter sur celui-ci que la publication doit être faite *gratis* & sans pouvoir exiger aucune rétribution.

Ce qui vraisemblablement a été cause qu'on n'a pas substitué à la formalité de cette publication au prône, celle de la faire faire par un huissier ou sergent au-devant de la porte de l'Eglise, c'est qu'il auroit fallu pour cela lui accorder un salaire compétant, & où le prendre, les effets étant de très peu de valeur?

La formalité n'auroit donc pu être utile que lorsque les effets auroient été considérables ; mais l'expérience a appris, qu'on pouvoit s'en passer, vu l'immensité de la correspondance du commerce, dont l'effet a toujours été tel qu'il n'est jamais resté d'effets naufragés d'une certaine valeur sans être réclamés.

Aussi n'est-il point de faits qui se répandent plus rapidement dans le public que ceux d'effets sauvés en mer ou sur les gréves ; & le Greffe de l'Amirauté est toujours ouvert pour tous ceux qui veulent en savoir les particularités, ou en avoir des indications,

ARTICLE XXIII.

LES charte-parties, connoissemens, & autres écrits en langue étrangère, trouvés parmi les effets, seront aussi à la diligence de nos procureurs, communiqués aux consuls des nations & aux interprétes ; auxquels nous enjoignons d'en donner avis aux personnes intéressées & aux Magistrats des lieux y désignés.

NOn seulement ce qui est prescrit par cet article est observé à la lettre ; mais encore, après que par le secours d'un interpréte ou autrement, on a reconnu de quelle nation est le navire échoué ou naufragé, si cette nation n'a pas de Consul sur le lieu, on donne avis de l'accident aux principaux négocians de la même nation, ou à quelques commissionnaires ou correspondans du pays ; afin qu'ils en informent les parties intéressées ou les Magistrats du lieu où le navire a été armé.

Et s'il n'y avoit rien de tout cela dans l'Amirauté où le naufrage seroit arrivé, le Procureur du Roi ne manqueroit pas d'en informer M. le Procureur Général ; même M. l'Ambassadeur ou résident de la nation.

ARTICLE XXIV.

LEs vaisseaux échoués, & les marchandises & autres effets provenans des bris & naufrages, trouvés en mer, ou sur les grèves, pourront être réclamés, dans l'an & jour de la publication qui en aura été faite, & ils *seront rendus aux propriétaires* ou à leurs commissionnaires *en payant les frais faits pour les sauver.*

AInsi a été abrogé sans retour ce misérable droit de bris & naufrage, qui, au mépris des loix divines & humaines a eu cours si long-temps dans ce Royaume à l'exemple des autres nations.

Envain avoit-on enfin reconnu plus d'un siécle avant cette Ordonnance, qu'il étoit de toute justice de rendre aux malheureux naufragés, les effets sauvés du naufrage, comme leur appartenans, pour n'en avoir pu perdre la propriété dans une si triste conjoncture ; la loi aussi impuissante que la raison n'étoit pas plus écoutée.

La difficulté n'étoit pas de réduire les simples particuliers, mais de réprimer l'usurpation des Seigneurs & des Gouverneurs & Commandans accoutumés depuis tant de siécles à s'attribuer par droit de confiscation ou d'épave tout ce qui étoit jetté à la côte ; & il falloit pour cela de la part du Gouvernement des coups de vigueur, que les circonstances ne permettoient pas toujours de porter ou de suivre.

Le reméde ne pouvoit donc opérer que lentement ; on peut dire même qu'il ne commença à se faire sentir que sous Louis XIII, par la fermeté du Cardinal de Richelieu son premier Ministre : mais ce n'étoit encore là que l'aurore qui annonçoit le Soleil. En ceci comme en tout le reste, ce n'étoit qu'une ébauche, & il étoit réservé à Louis XIV de rétablir l'ordre dans toutes les parties de l'Etat.

C'est donc maintenant un point de Jurisprudence incontestable, que les vaisseaux échoués, les marchandises ou autres effets provenants des bris & naufrages, trouvés en mer ou sur les gréves, peuvent être réclamés par les propriétaires ou leurs commissionnaires & cela dans l'an & jour.

Par rapport à ce délai d'an & jour, la même chose avoit déjà été réglée par les lettres patentes de Charles V. de l'an 1364, portant exemption du droit de naufrage en faveur des Castillans, & par l'Ordonnance de 1543, art. 11 & 12, conformément au droit romain, Leg. 1 ff. *de incendio ruina &c.* Leg. 2 *cod. de naufragiis* & Leg. 18 *cod. de furtis ;* & aux us & coutumes de la mer, art. 30, des jugemens d'Oleron. C'étoit aussi la disposition d'une ancienne ordonnance insérée dans le livre du consulat, au rapport de Servin dans ses plaidoyers tome 1er page 509, & de l'ancienne Coutume de Normandie tit. du Varec, confirmée par les art. 599 & suivans de la nouvelle coutume. C'étoit enfin le délai observé chez les Suédois, Loccenius *de jure maritimo lib 1 C. 7 N. 10 fol. 77*, & chez les Anglois & les Flamans, comme il résulte du traité de paix conclu entre Henri VII Roi d'Angleterre & Philipe Archiduc d'Autriche, le 14 Février 1495, dont il a été fait mention sur le présent titre.

Cependant la Cour de Parlement jugea à propos, en vérifiant cette Ordonnance, de modifier, par son Arrêt du 10 Mars, l'art. 12 concernant les effets trouvés sur les flots ou tirés du fond de la mer, & de réduire à deux mois le délai de la réclamation ; ce qui fut cause que dans l'Ordonnance de 1584, le délai fut réduit tout de même à 2 mois par l'article 21 pour le même cas ; le délai d'an & jour subsistant toujours pour ce qui étoit trouvé sur le rivage ou près de la côte.

A cette occasion Pasquier liv. 2 ch. 14 *fol.* 119, comparant l'Edit de l'Empereur Andronic, dont il a été parlé sur le présent titre, à l'Odonnance de 1543, & cette Ordonnance à l'Arrêt d'enregistrement, dit, « je trouve l'Edit de l'Empereur Andronic fort beau, mais celui du Roi François premier, plus beau ; mais » si j'en suis crû, la vérification faite par la Cour de Parlement plus belle.

Que l'on fasse attention que l'Edit d'Andronic ne fixoit point le tems de la réclamation, que l'Ordonnance de 1543 la déterminoit à un an, & que l'Arrêt l'avoit réduit à deux mois ; il sera aisé ensuite de juger de la solidité de la réflexion de Pasquier, sur-tout en la rapprochant de cet article, qui d'après le 447 de l'Ordonnance de 1629, a rétabli le délai d'un an, aux termes du droit commun.

Avant l'Ordonnance de 1629, le délai demeuroit donc toujours réduit à deux mois ; d'où il arriva que pour faire rendre aux Portugais les effets sauvés des vaisseaux Caraques naufragés sur les côtes du Royaume, & non réclamés dans le temps, il fallut que Louis XIII. rendît un Arrêt, par lequel Sa Majesté renonça à son droit de naufrage ; exemple de générosité qui fut imité par le Cardinal de Richelieu en qualité de Grand Maître, &c. Cet Arrêt donné au Camp devant la Rochelle, & daté du 5 Février 1628, est rapporté par Godefroi dans son traité des Amiraux *fol.* 40 avec l'ordre de remise du Cardinal.

Cet *an & jour*, notre article ne le fait courir encore que du jour de la publication qui aura été faite des effets, relativement à l'article 21 ci-dessus, tandis que les Ordonnances de 1543 & de 1584 le comptoient du jour de la perte. Il n'est pas douteux que notre article ne soit plus équitable, puisqu'il allonge le délai d'autant. Cependant aujourd'hui & depuis long-temps, cette formalité de la publication n'est plus en usage. Que résoudre donc à ce sujet ? Je pense qu'il convient de faire courir le délai du jour de la déclaration faite au Greffe de l'Amirauté, ou dans le cas du transport des Officiers au lieu du naufrage, du jour qu'ils auront clos leur procès-verbal ; & cela d'autant plus volontiers, que ce délai est sans conséquence ; c'est-à-dire qu'il n'est pas déclaré fatal, pas plus que celui accordé aux héritiers de ceux qui son décédés en mer, le Roi & M. l'Amiral ayant toujours voulu qu'on admît les réclamations quoique faites hors le temps prescrit. Trait d'équité qui tient plus de la grandeur d'ame que de la justice exacte ; car enfin, *Dominus qui intra tempus præscriptum quo commodè potuit, si non sistat & suum repetat pro derelicto habere presumuntur*, dit Loccenius *de jure marit. lib.* 1°. *cap.* 7 *n.* 10 *fol.* 77.

Il est néanmoins une sorte de naufrage qui a paru mériter que le délai de la réclamation fût abrégé, & cela en vue d'exciter, soit les parties intéressées, soit à leur défaut d'autres particuliers, à ne rien négliger pour relever & sauver le navire & les effets submergés.

C'est pour le cas d'un naufrage, *arrivé en pleine mer ou à la portée des côtes sans qu'il en reste aucun vestige permanent sur la surface des eaux.*

Il est ordonné en pareil cas par l'art. 2 de la Déclaration du Roi du 15 Juin 1735, que les propriétaires ou intéressés aux navires & effets ainsi naufragés, seront tenus de faire dans deux mois, à compter du jour de la nouvelle du naufrage, leur déclaration au Greffe de l'Amirauté du Ressort, où ledit navire sera arrivé, qu'ils entendent entreprendre de relever du fond de la mer les bâtimens & effets submergés ; après quoi il leur est enjoint d'y faire travailler dans le cours de six mois, à compter tout de même du jour de la nouvelle du naufrage ; si non & faute de déclaration dans les deux mois, ou de faire travailler au sauvement dans les six mois, ils demeureront déchus de tout droit de réclamation.

L'art. 3 veut ensuite, qu'après ces délais expirés (ce qu'il faut entendre de celui de deux mois sans déclaration, & de celui de six mois en cas de déclaration) il soit loisible à ceux qui en auront obtenu la permission du Roi par un brevet enregistré au Greffe de l'Amirauté du Ressort, de faire construire les vaisseaux & machines qu'ils jugeront à propos, à l'effet d'entreprendre le sauvement des choses submergées, lesquelles leur appartiendront en toute propriété, à l'exception toute-fois d'un dixième pour le Roi & de pareil dixième pour l'Amiral, qui seront prélévés sur le total de ce qui sera sauvé ; le Roi se réservant néanmoins la liberté de gratifier les entrepreneurs, de partie ou du total de son dixième selon les circonstances du sauvement.

A raison de la retenue de ce double dixième, il est prescrit par l'art. 4 qu'il sera établi sur les bâtimens destinés auxdites entreprises, un écrivain qui sera tenu de faire un inventaire exact & fidéle des choses qui seront sauvées; lequel inventaire sera signé, tant par le capitaine ou maître & autres principaux Officiers, que par ledit écrivain, dont sera remis un double au Greffe de l'Amirauté, pour, sur ledit inventaire, ainsi que sur les rapports & vérifications qui seront faits au retour, être procédé par les Officiers de l'Amirauté à la vente & aux liquidations desdits effets en la forme prescrite par l'Ordonnance.

Par l'art. 5 & dernier, il est réglé qu'en cas de contestation entre les propriétaires & intéressés tant aux bâtimens & machines destinés auxdites entreprises, que sur le partage du produit des effets sauvés, ensemble sur la liquidation d'iceux, circonstances & dépendances, elles seront jugées par les Officiers de l'Amirauté dans le ressort de laquelle l'armement aura été fait, & que les Sentences qui seront par eux rendues seront exécutées par provision, nonobstant les appellations qui en pourront être interjettées, & que les appellans seront tenus de mettre en état d'être jugées dans l'année, si non, elles sortiront leur plein & entier effet.

Je ne sçache pas qu'il se soit présenté aucune occasion de faire usage de cette Déclaration du Roi.

Seront rendus, *&c.* en nature, ou s'ils ont été vendus les deniers en provenans; mais pour le droit de vendre les effets durant le temps de la réclamation, les Officiers de l'Amirauté ne l'ont qu'en trois cas; savoir par l'art 13, pour payer les salaires des ouvriers, lorsqu'il ne se présente point de réclamateur dans le mois pour y satisfaire; & par l'art. 15 lorsque le dommage arrivé aux marchandises est tel qu'il ne peut être réparé, ou que les marchandises ne peuvent être gardées sans perte considérable; ce qui suppose, ou qu'en les gardant l'avarie ne pourroit qu'augmenter considérablement, ou que les fraix de garde en absorberoient ou diminueroient trop la valeur; & par l'art. 27 ci-après, lorsqu'à l'égard des effets sauvés sur les flots ou tirés du fond de la mer, il n'est pas possible d'en délivrer le tiers en nature à ceux qui les ont sauvés.

Hors de-là il y a nécessité de garder les effets en nature durant l'an & jour; & cela résulte tant du présent article & des deux autres ci-dessus, que de la disposition de l'art. 2 du Réglement du 23 Août 1739, tit. des bris, &c. qui ne parle de la vente des effets naufragés qu'après l'an & jour de la réclamation.

Mais après l'an & jour, tout ce qui n'aura pas été réclamé doit être vendu par les Officiers de l'Amirauté aux termes dudit article 2 du Réglement; & suivant l'art. 3 le produit de la vente doit être remis, moitié au Reveveur de M. l'Amiral, & l'autre moitié au Trésorier des Invalides, comme étant aux droits du Roi, les frais de justice & de sauvement préalablement levés.

En payant les frais faits pour les sauver. Rien n'est plus juste; mais les propriétaires n'en sont quittes pour cela, qu'à l'égard des effets sauvés pendant ou à la suite du naufrage, ou de ceux trouvés sur les gréves ou près du rivage. S'il s'agit d'effets trouvés sur les flots en pleine mer ou tirés du fond de la mer, la réclamation n'a d'effet que pour les deux tiers, l'autre tiers appartenant de plein droit à ceux qui ont sauvé les effets, & cela avec exemption de tous frais; *infrà* art. 27.

DÉCLARATION DU ROI,

Concernant les Naufrages Maritimes.

Donnée à Versailles le 15 Juin 1735.

LOUIS par la grace de Dieu Roi de France & de Navarre : A tous ceux qui ces présentes lettres verront, Salut. L'attention que nous donnons aux avantages que le commerce maritime peut procurer à nos Sujets, nous ayant porté à faire examiner les dispositions des Ordonnances concernant les naufrages qui arrivent tant en mer que sur les côtes, nous avons reconnu que quoiqu'il ait été pourvu par l'Ordonnance du mois d'Août 1681. Liv. IV. Tit. IX. & par celle du mois de Novembre 1684. Liv. IV. Tit. XI. à ce qui pouvoit regarder cette matiére, en accordant le délai d'une année aux propriétaires de navires & autres bâtimens de mer & des marchandises naufragés sur les côtes, pour en pouvoir faire les réclamations; l'expérience nous a fait connoître qu'il est des naufrages tels que ceux qui arrivent en pleine mer, ou à la portée des côtes, dont il ne reste aucun indice permanent sur la surface des eaux, & qui causent des pertes immenses pour nos Sujets, faute d'avoir prescrit ce que les propriétaires & intéressés doivent faire pour relever lesdits bâtimens & retirer les marchandises & effets naufragés dans un délai compétent, nous avons crû devoir exciter ceux de nos Sujets qui voudront faire les dépenses necessaires pour entreprendre de relever & retirer du fond de la mer lesdits bâtimens & effets naufragés, en leur en accordant la pleine propriété, sauf notre droit & celui de l'Amiral, ainsi qu'il sera ci-après expliqué : à quoi nous croyons devoir nous porter avec d'autant plus de justice, que sans cette attention tout ce qui se trouve ainsi submergé demeure totalement perdu, sans aucune ressource pour les parties intéressées, au lieu qu'en excitant l'émulation de ceux de nos Sujets qui se trouveront capables & en état de faire ces sortes d'entreprises, tout ce qui se trouvera ainsi sauvé peut former un objet d'utilité réelle pour notre État : A ces causes & autres à ce nous mouvans, nous avons dit & déclaré, disons, déclarons & ordonnons, voulons & nous plait.

ARTICLE PREMIER.

Que ce qui a été prescrit par nos Ordonnances de 1681 & 1684, concernant les naufrages, bris & échouemens des vaisseaux & chargemens sur les côtes de notre Royaume soit exécuté selon sa forme & teneur.

II. Ordonnons que pour ce qui concerne les naufrages qui sont arrivés & arriveront en pleine mer, ou à la portée des côtes, sans qu'il en reste aucun vestige permanent sur la surface des eaux, les propriétaires ou intéressés aux bâtimens & marchandises de leur chargement ainsi naufragés, ou leurs commissionnaires soient tenus de faire dans deux mois, à compter du jour de la nouvelle du naufrage, leur déclaration au Greffe de l'Amirauté du ressort où ledit naufrage sera arrivé, qu'ils entendent entreprendre le relevement du fond de la mer & le sauvement des bâtimens, marchandises & effets submergés, & d'y faire travailler dans le cours de six mois, à compter du jour de la premiere nouvelle du naufrage, sinon & à faute de ce faire dans ledit délai de deux mois, & de faire travailler au sauvement dans ledit délai de six mois ci-dessus prescrit, lesdits propriétaires & intéressés, demeurent déchus de tout droit de réclamation.

III Voulons qu'après lesdits délais expirés, il soit loisible à ceux de nos Sujets auxquels nous en accorderons la permission par des brevets qui seront expédiés par le Sécretaire d'Etat, ayant le département de la marine, & enregistrés au Greffe de l'Amirauté du ressort, de faire construire les vaisseaux & machines qu'ils jugeront à propos, à l'effet d'entreprendre le relevement & sauvement desdits bâtimens, marchandises & effets naufragés, lesquels bâtimens, marchandises & effets ainsi tirés du fond de la mer & sauvés, leur appartiendront en toute propriété, à l'exception toutefois d'un dixiéme pour nous, & de pareil dixiéme pour l'Amiral qui seront prélevés sur le total de ce qui sera sauvé, nous réservant néanmoins la liberté de gratifier lesdits entrepreneurs de partie ou du total de notre dixiéme, selon les circonstances du sauvement, par des brevets qui seront pareillement expédiés par le Sécretaire d'Etat, ayant le département de la Marine, & enregistrés au Greffe de l'Amirauté, sans aucune autre formalité.

IV Ordonnons qu'il sera établi sur les bâtimens destinés auxdites entreprises un écrivain qui sera tenu de faire un inventaire exact & fidéle des choses qui seront sauvées & tirées du fond de la mer, lequel inventaire sera signé, tant par le capitaine ou maître & autres principaux officiers, que par ledit écrivain, dont sera remis un double au Greffe de l'Amirauté, pour, sur ledit inventaire, ainsi que sur les rapports & vérifications qui seront faits au retour, être procédé par les Officiers de l'Amirauté à la vente & aux liquidations desdits effets, ainsi & en la forme prescrite par les Ordonnances de 1681 & 1684.

V. Voulons qu'en cas de contestation entre les propriétaires & intéressés tant aux bâtimens & machines destinés auxdites entreprises, que sur le partage du produit des effets tirés du fond de la mer & fauvés, enfemble fur la liquidation d'iceux, circonftances & dépendances, elles foient jugées par les Officiers de l'Amirauté, dans le reffort de laquelle l'armement aura été fait, & que les fentences qui feront par eux rendues foient exécutées par provifion, nonobftant les appellations qui en pourront être interjettées, & que les appellans feront tenus de mette en état d'être jugées dans l'année, finon & à faute de ce faire dans ledit temps & icelui paffé lefdites fentences fortiront leur plein & entier effet. Si donnons en mandement à nos amés & féaux Confeillers, les gens tenans nos Cours de Parlement que ces préfentes ils faffent lire, publier & regiftrer, & le contenu en icelles, garder & obferver felon leur forme & teneur, nonobftant tous Edits, Déclarations, Ordonnances, Arrêts, Réglemens, Coutumes & Priviléges à ce contraires, auxquels nous avons dérogé & dérogeons par ces préfentes. Voulons qu'aux copies d'icelles collationnées par l'un de nos Confeillers Sécretaires, foi foit ajoutée comme à l'Original. Car tel eft notre plaifir, en témoin de quoi nous avons fait mettre notre Scel à cefdites préfentes. Donné à Verfailles le 15 Juin 1735. Et de notre Regne le vingtiéme. *Signé*, LOUIS. *Et plus bas*, par le Roi, PHELYPEAUX. Et fcellée du grand Sceau de de cire jaune.

ARTICLE XXV.

LEs propriétaires feront tenus de juftifier leur droit par connoiffemens, polices de chargement, factures & autres femblables piéces; & les Commiffionnaires en outre leur qualité *par un pouvoir fuffifant.*

IL ne feroit pas naturel de remettre les effets à quiconque fe préfenteroit pour les réclamer; ainfi il faut que les réclamateurs juftifient leur droit & qu'ils en rapportent les preuves indiquées par cet article; favoir en ce qui concerne le corps du navire ou fes débris, l'acte de propriété ou la déclaration faite au Greffe de l'Amirauté avant le départ du vaiffeau. De forte qu'un contrat d'affrêtement ne fuffiroit pas, parce qu'il fe peut qu'on affrête un navire fans en être propriétaire en entier, & qu'il n'y a que les propriétaires qui ayent droit de réclamer. Il faut néanmoins excepter l'Armateur reconnu pour tel, parce qu'il repréfente de droit tous les propriétaires du vaiffeau, non le capitaine ou maître, fi ce n'eft au cas que le navire puiffe être relevé de fon échouement & mis en état de continuer fon voyage. Mais en fait de naufrage, fa qualité étant ceffée, il ne peut avoir droit de réclamer qu'en vertu d'une procuration de chaque intéreffé au navire, ou de l'Armateur.

Quant aux marchandifes, il faut diftinguer les effets de la cargaifon de ceux des marchands chargeurs. Pour être reçu à réclamer les premiers, à défaut de connoiffement ou polices de chargement, car c'eft la même chofe aux termes de l'Ordonnance, la facture générale de la cargaifon fuffira; mais à l'égard des chargemens des particuliers, il faut naturellement produire les connoiffemens, au moins en temps de paix, où il eft facile d'en envoyer des doubles par d'autres navires. Cependant comme notre article ajoute, *& autres femblables piéces*, il faut dire que la facture générale du chargement du navire fuffira auffi, & même que des factures particuliéres, accompagnées de lettres-d'avis de la part des chargeurs, feront des piéces fupplétives, du moins à l'effet d'accorder la main levée provifoire, fauf aux Officiers de l'Amirauté à exiger d'autres preuves en définitive fuivant les circonftances.

Mais il feroit dangereux d'admettre, comme le penfe le Commentateur, la fimple preuve teftimoniale, dans le cas où tous les papiers du navire feroient perdus dans

dans le naufrage ; non-seulement à l'égard du navire, parce que le droit de propriété n'est pas de nature à être prouvé par témoins, & qu'il est facile d'en avoir les preuves par de secondes grosses des actes s'il y en a eu ; mais encore en ce qui concerne les marchandises ; parce que les preuves de leur chargement s'envoyent par *duplicata* en d'autres navires. De sorte que je n'admettrois la preuve testimoniale même en cette partie, qu'autant qu'il y auroit un commencement de preuve par écrit, ou qu'il ne seroit question que de quelques effets, mis par des passagers ou autres dans leurs coffres ; ou enfin du cas particulier remarqué sur l'art. 12 du tit. du jet & de la contribution.

Du reste le plus ou le moins de preuves à exiger dépend de la prudence du Juge, qui ne décide jamais que sur les conclusions du Procureur du Roi, & sur la réponse tant du Receveur de M. l'Amiral que du Trésorier des Invalides. Mais qu'on ne soit pas effrayé du nombre de ces contradicteurs ; animés d'un même esprit, ils cherchent moins à former des difficultés, qu'à rendre exactement justice, en distinguant les vrais réclamateurs de ceux qui se présenteroient sans avoir droit de réclamer.

Par un pouvoir suffisant. C'est-à-dire par une procuration authentique & en bonne forme, générale ou spéciale, accompagnée des piéces justificatives que devroit produire celui au nom duquel la réclamation se fait, s'il se présentoit en personne. Un pouvoir sous signature privée ne suffiroit pas, si ce n'est pour une délivrance provisionnelle, le porteur d'ordre étant un homme de probité & d'une solvabilité reconnue.

ARTICLE XXVI.

SI les vaisseaux & effets échoués ou trouvés sur le rivage, ne sont point réclamés dans l'an & jour, *ils seront partagés également entre nous, ou les Seigneurs auxquels nous aurons cédé notre droit*, & l'Amiral ; les frais du sauvement & de justice préalablement pris sur le tout.

CEt article, le suivant, le 29e. & le 36e. qui, à défaut de réclamation des effets échoués ou trouvés sur le rivage, en ordonnant le partage égal entre le Roi ou les Seigneurs à qui il aura cédé son droit, & l'Amiral ; n'ont pas introduit un droit nouveau, puisque la même décision avoit déjà été portée par l'Ordonnance de 1543 art. 11 & 12, & par celle de 1584 art. 20 & 21 ; mais il n'étoit pas moins intéressant de la renouveller & de tenir la main à son exécution ; non plus à la vérité pour abolir & proscrire l'ancien usage barbare pratiqué durant tant de siécles dans les cas de bris & naufrages, puisque depuis long-temps il n'étoit plus observé : mais pour faire rentrer la Souveraineté dans la possession paisible d'un de ses plus beaux droits, que les Seigneurs avoient usurpé à l'envi, principalement ceux qui avoient des terres un peu considérables voisines de la mer.

Tous ou presque-tous s'étoient hautement attribué la propriété du rivage de la mer, avec droit de bris & naufrage & droit d'épave de mer. Ils affectoient de les employer dans leurs aveux & dénombremens ; il y en avoit même qui confrontoient leurs terres, les uns à l'Espagne, les autres à l'Angleterre, la mer entre-deux. A leur exemple de moindres Seigneurs, dès-qu'ils avoient la haute justice, s'arrogeoient les mêmes droits & se donnoient les mêmes licences. En Picardie, ces droits étoient connus sous le nom de *lagan*, & ce terme servoit à exprimer tout ce que le flot de la mer jette à la côte. *Jus istud appellabant quod dominis feudorum competebat in rebus, quas ad littus ejiciebat maris æstus, ratione cujus, quid quid navis naufragium passa contineret, eorum erat*, Ducange *verbo lagan*. C'étoit la manie du temps, & l'on ne pouvoit se persuader que c'étoient là des droits vraiment royaux. Il en est même encore aujourd'hui qui pensent que ce n'est que la loi du plus fort qui l'a décidé.

Cependant indépendamment même des preuves que fournissent les autorités les plus respectables & les exemples de tous les siécles ; les seules lumiéres de la raison & du bon sens, suffiroient pour montrer que ces droits sont effectivement & ne peuvent être que des droits de Souveraineté.

En effet le domaine de la mer servant de bornes aux côtes d'un état, domaine qui dans les premiers principes du droit appartenoit à la Communauté, est dévolu essentiellement au Souverain, comme réunissant dans sa personne tous les droits & les intérêts de la Communauté, à raison de la puissance publique qui réside en lui seul. A ce titre le domaine de la mer lui appartient donc au nom & comme chef de la nation, à l'exclusion de tous Seigneurs particuliers qui ne sont que des membres de la nation. Or si le domaine de la mer lui appartient, le rivage qu'elle baigne lui appartient aussi ; & par une autre conséquence également nécessaire, tout ce qui est trouvé sur les flots ou qui est tiré du fond de la mer, & tout ce qu'elle jette à la côte, lui appartient tout de même à défaut de réclamation de la part des propriétaires de ces choses.

Le droit de bris & naufrage & d'épave de mer, est donc essentiellement un droit régalien ; & delà il s'ensuit qu'étant imprescriptible de sa nature, nul ne peut en jouir ou dumoins en conserver la possession, qu'en vertu d'une concession expresse du Roi.

S'il faut après cela des autorités & des exemples, pour montrer qu'effectivement ce droit a toujours été régardé comme une annexe de la Souveraineté ; à Selden auteur Anglois, qui dans son traité intitulé *mare clausum, seu de dominio maris*, établit cette proposition en cent endroits, comme une vérité reconnue chez toutes les nations anciennes & modernes, & aux différens traits déjà rapportés sur le présent titre, du nombre desquels sont la supplique de Eumedon à l'Empereur Antonin, les loix mêmes par lesquelles le fisc avoit dérogé au droit de bris & naufrage, l'Edit de l'Empereur Andronic Comnene, l'Edit d'Henri III. Roi d'Angleterre, Duc d'Aquitaine de l'an 1226, la réponse du Connétable de Montmorenci aux Ambassadeurs de l'Empereur, avec la remarque de Bodin, & l'Ordonnance de Sigismond Roi de Pologne ; à tout cela, dis-je, on peut joindre ce passage de Juvenal, *res fisci est quodcumque natat*, & cet aveu des anciens Jurisconsultes ; *Lex est, naufragium esse publicanorum, ut naufragia ad publicanos pertineant*.

Loccenius, auteur Suedois, *de jure maritimo, lib. 1, cap. 7, n. 10*, établit aussi comme un principe incontestable, qu'au défaut de réclamation, les effets naufragés ou trouvés sur le rivage, appartiennent au fisc à titre de souveraineté ; il ajoute, *fol. 78*, que c'est un droit reconnu royal, tant en Suéde que dans tous les Pays du Nord, dans la Prusse & dans les Pays bas ; & cela ajoute-t'il encore, *fol.*

79, en considération des feux que les Souverains doivent entretenir pour la sûreté de la navigation, des précautions qu'ils prennent pour écarter les pirates, des dépenses où les engage la construction des ports & des forteresses qui en défendent l'entrée, enfin de la protection qu'ils accordent à ceux qui sont obligés de s'y refugier ; ensorte, poursuit-il, que c'est moins un gain qu'ils font en cela, qu'une sorte de dédommagement qui leur en revient, *ut jam non esset predæ species sed renumeratio quædam impensarum & operæ.*

Regnier Sixtein, d'autres écrivent Sixtin, célébre Jurisconsulte allemand, traité des droits royaux, liv. 2, chap. 2, justifie tout de même que ce droit-ci est royal; & c'est un principe que Pufendorff suppose universellement reçu, traité du droit de la nature & des gens, liv. 4, chap. 6.

Mais pour venir à des autorités qui nous touchent de plus près, comme particuliéres à la France; outre le passage de Hildeberg, cité par Cleirac, sur le 26e. art. des Jugemens d'Oleron, pag. 95, & par notre Commentateur, sur l'article premier ci-dessus; passage qui, en blâmant l'ancienne cruauté dont on usoit dans les naufrages, ne prouve pas moins que le profit en revenoit au fisc, en ces termes, *quidquid evadebat ex naufragiis totum sibi fiscus lege patriæ vindicabat, passosque naufragium miserabilius violentia principis spoliabat, quam procella* : nous avons aussi les Lettres-Patentes du mois d'Avril 1364, portant exemption du droit de naufrage en faveur des marchands du Royaume de Castille trafiquans en France; privilége accordé par Charles V, & confirmé en Juin 1391, Mars 1397, Janvier 1405, par Charles VI, Charles VII, Louis XI & Charles VIII. Or, pour accorder ainsi l'exemption du droit de naufrage, il falloit que ce droit fût reconnu appartenir à la Couronne. Aussi le même Roi, Charles V, en donnant le Gouvernement de l'Isle d'Oleron aux Montmort, freres, se réserva-t'il expressément le droit de bris & naufrage, avec le droit de ressort ès causes d'appel devant le Gouverneur de la Rochelle, dans la commission qu'il leur fit expédier le 18 Mars 1372.

Nous avons encore pour autre antique monument, la très-ancienne Coutume de Bretagne, rédigée en 1330, confirmée, tant dans la réformation qui en fut faite en 1539 que dans la derniere de l'an 1580. Dans les trois rédactions & réformations on trouve le même article, conçu en ces termes. *De toutes les noblesses qui sont dûes au Prince seulement, nonobstant qu'autres ayent accoutumé d'en user, ils n'en jouiront s'ils n'avoient titres certains.* Et sur cela tous les auteurs bretons, Duboisgelain, en son Traité des droits royaux, des bris & brefs ; d'Argentré, tant dans son Histoire de Bretagne, liv. 2, chap. 4, & liv, 5, chap. 12, que dans son Commentaire, soit sur l'art. 56 de l'ancienne coutume, soit sur le 51 de la nouvelle ; Belordeau & M. de Perchambaud, sur le même art. 51, demeurent d'accord que ce mot *noblesses*, comprend sans difficulté, entre plusieurs droits, celui de bris & naufrage.

Or, si de tout temps en Bretagne ce droit a appartenu au Duc de Bretagne à titre de souverain, à l'exclusion de tous Seigneurs, il est évident que dans le reste de la France ce droit appartenoit tout de même essentiellement au Roi.

C'est aussi ce qu'attestent tous nos Auteurs, qui ont traité la matiére, entr'autres Chopin, *de domanio, lib. 1, cap. 15*; la Popeliniere, Traité de l'Amiral, chap. 14, pag. 71 ; Carondas, sur le Code henri, liv. 20, tit. 7, art. 28, *fol.* 609 qui en donne cette raison décisive » que le Roi est souverain Seigneur des

» mers qui s'étendent à l'entour de son Royaume, par le moyen de ce qu'en » sa puissance est transferé tout le droit des choses qui étoient communes & uni- » verselles par le droit naturel ou des gens.

On seroit étonné après cela de voir que les Seigneurs se fussent attribués ce droit, si l'on ne savoit pas, qu'au passage de la 2e., à la 3e. race de nos Rois, les Seigneurs en s'appropriant & rendant héréditaires les fiefs qu'ils ne tenoient qu'à vie, usurpérent en même tems, non seulement la justice avec les droits en dépendans, mais encore les droits régaliens, jusqu'à celui de faire battre monnoye, d'accorder des lettres de légitimation, &c.

Il est vrai que nos Rois ayant peu-à-peu recouvré la majeure partie de ces droits, il y a encore lieu de demeurer surpris de ce qu'ils ne rentrérent pas de même en possession de celui de bris & naufrage, & d'épave de mer; mais la surprise cessera si l'on considére que ce n'est que par les Edits des 12 Février 1576 & 2 Août 1582, confirmés par l'Ordonnance de 1584, art. 22, que la connoissance des naufrages & échouemens a été spécialement attribuée aux Juges de l'Amirauté à l'exclusion de tous autres.

Avant ce temps-là, les Juges ordinaires des Seigneurs connoissant des naufrages arrivés dans leur district, il étoit d'autant plus naturel qu'ils suivissent leur penchant ordinaire à favoriser leurs Seigneurs, qu'en cette partie ils y trouvoient leur compte.

Par la même raison, depuis, & long-temps encore après, il en dut aussi être de même, soit parce que les jurisdictions de l'Amirauté n'étoient pas assez multipliées alors pour vaquer par-tout, soit parce que l'ordre observé aujourd'hui par le moyen des Garde-côtes, n'étoit pas encore établi; soit enfin parce qu'il faut du temps pour affermir toute attribution particuliére de jurisdiction contre la jalousie toujours renaissante des jurisdictions ordinaires.

Et voilà comment les Seigneurs furent se maintenir si long-temps dans leur usurpation, par rapport au droit de bris & naufrage, tant au préjudice du Roi que de l'Amiral; mais le pays où le reméde fut le plus difficile & vint le plus tard, ce fut la Bretagne, & cela parce qu'il n'y avoit aucun siége d'amirauté établi dans cette Province, n'y en ayant point eu d'érigé avant l'Edit de 1691.

Avant cette époque, c'étoient les Juges ordinaires des Seigneurs qui connoissoient des bris, naufrages & épaves de mer, & généralement de toutes les causes maritimes, comme des Procès ordinaires; & cet usage subsista jusqu'à l'Ordonnance de 1684, qui est pour la Bretagne ce qu'est la présente Ordonnance pour le reste du Royaume.

Il subsista, dis-je, jusqu'à cette Ordonnance de 1684, qui le supprima par l'art. 13, du tit. premier, au moyen des défenses qui furent faites à tous Juges & Officiers de la Province, autres que ceux des Justices ordinaires royales, de connoître en premiere instance des causes & matiéres maritimes. Nouvel arrangement, qui cessa sept ans après, au moyen de l'Edit de 1691, portant création des Siéges d'Amirauté en Bretagne, avec attribution spéciale de jurisdiction pour ces mêmes causes & matiéres maritimes, à l'exclusion de tous autres Juges ordinaires & royaux, nonobstant l'art. 13 de ladite Ordonnance de 1684, auquel il fut expressément dérogé.

Par-là, la régle se trouva uniforme par-tout le Royaume, sauf le privilége du varec pour la province de Normandie, dont il sera parlé ci-après, sur les articles qui en contiennent l'exception; & il ne resta plus de ressource ou de prétexte aux Seigneurs pour soutenir leur usurpation, que dans leur longue possession & dans ce qu'ils appelloient leurs titres.

Mais, du côté de la possession, ce qui comprenoit tous les actes de jurisdiction, les baux, les pancartes & généralement tous les actes justificatifs de la perception des droits de bris, naufrages & épaves de mer, c'étoit une foible ressource s'agissant de droits régaliens, attendu qu'ils sont imprescriptibles de leur nature : maxime généralement reconnue comme un principe incontestable & consignée, par rapport même à ce droit ci en particulier, dans la coutume de Bretagne.

A l'égard des titres, par la même raison que ces droits sont imprescriptibles, il étoit naturel de conclure sans hésiter qu'ils n'avoient pu être détachés de la Couronne que par une concession spéciale du Roi, ce qui imposoit par conséquent à chaque Seigneur la nécessité de produire l'acte précis de la concession, ou du moins quelques actes énonciatifs, formellement approuvés par le Roi ; ce qui fit naître la question de savoir si les aveux & dénombremens n'étoient pas des actes supplétifs au défaut de représentation du titre primordial, au moins lorsqu'ils avoient été reçus & vérifiés à la Chambre des Comptes.

Mais cette question-là même ne pouvoit plus faire de difficulté après la décision formelle de d'Argentré, sur la coutume de Bretagne, qui avoit déja réglé ce que porte le présent article de notre Ordonnance; savoir, que nul Seigneur ne peut prétendre les droits de bris, n'aufrages & d'épaves de mer, qu'en vertu d'une concession spéciale du Prince.

Or, d'Argentré, sur l'art. 56 de la coutume de Bretagne, not. 4 & 5, examinant d'abord de quelle nature doit être le titre, dit : *nec tamen in subjectâ materiâ regalium, qui vis titulus & vulgaris sufficit, sed est necessarium ab eo haberi qui omnino dare potuerit. Dari verò nequit nisi à principè summo in regalibus.*

Puis venant aux aveux & dénombremens, il ajoute : *undè fit ut nec dinumeramenta & professiones feudales, nec tenuræ ut loquuntur, ad id valeant, sivè intra tempora sint impugnandi, sivè preterierint, propter inutilitatem possessionis quæ titulo non confirmatur... nec quisquam ad confirmandam possessionem, patientiam officialium regiorum opponat, quæ regi obesse non debet.*

Non valet igitur possessio, quam libet continuata, ad obtinendum provisionem in materia regalium, nec ea rectè probatur tenuriis dinumeramentis aut professionibus, ubi omnino titulus probandus est, & jus commune possessioni resistit, & ordinatio eam infringit & debilitat.

Cette décision en effet est dans les vrais principes, dès qu'il est averé que les droits de bris & naufrage ne sont pas de simples droits seigneuriaux, mais des droits royaux & de souveraineté; car, suivant l'observation judicieuse de l'auteur du mémoire pour feu M. le Comte de Toulouse, contre Madame la Duchesse de Lesdiguiere : » des » aveux & dénombremens peuvent bien servir au défaut de la premiere investiture » pour régler les droits des fiefs entre le vassal & le suzerain, mais non pour décider des » droits royaux entre le Prince & le sujet. C'est inutilement qu'on comprendroit dans » des aveux des droits qui ne dépendent point du fief, qui par leur nature ne sont » point censés compris dans la concession du fief & qui ne sont point présumés cédés » par le Roi, si l'on n'en rapporte l'acte de cession en bonne forme, enrégistré en la » Chambre des Comptes; ensorte que quand, par négligence ou par facilité, les » Officiers du Roi auroient laissé passer un droit de cette qualité dans des aveux & » dénombremens, cela ne feroit point un titre contre le Roi, les aveux ne pouvant » établir qu'une possession, & toute possession étant inutile où il faut un titre exprès.

Du moins est-il vrai que des aveux ne pourroient suppléer le titre de concession, qu'autant que le premier vérifié feroit une mention expresse du titre, lequel seroit visé dans l'arrêt de vérification, ou qu'en cas de contestation sur quelques aveux, par rapport à ce droit, la vérification en eût été faite ensuite purement & simplement.

Mais, quelque titre qu'un Seigneur puisse avoir à ce sujet, son droit est nécessairement borné à celui du Roi, sans préjudice de celui de l'Amiral, c'est-à-dire que tout ce qu'il peut prétendre alors, comme ayant les droits cédés du Roi, c'est de partager par moitié avec l'Amiral le profit des bris, naufrages & épaves de mer. La raison est que le Roi ayant attribué à l'Amiral la moitié de ces profits éventuels dès l'instant de la création de cette importante charge : quelque cession qu'il ait pû faire dans la suite, concernant ces mêmes droits, elle a dû nécessairement être bornée à la moitié qu'il s'en étoit réservée.

Et c'est ce qui a été solemnellement jugé par arrêt du Parlement de Rennes du 8 Février 1707. Cet Arrêt intervenu sur le procès dont il vient d'être parlé, mû entre M. le Comte de Toulouse, Amiral de France & Gouverneur de Bretagne, & Madame la Duchesse de Lesdiguiere & de Retz, en maintenant cette Duchesse dans la possession de percevoir le droit royal des bris, naufrages & épaves de mer dans l'étendue de son Duché de Retz, comme en ayant la cession du Roi; maintint en même temps M. le Comte de Toulouse, comme Gouverneur de Bretagne, & en cette qualité Amiral de cette Province, dans la possession de lever la moitié de ce même droit, dont le partage seroit fait entre lui & la Duchesse, de la même maniére qu'il se faisoit entre le Roi & lui par-tout ailleurs où le Roi n'avoit pas cédé son droit.

La Duchesse de Retz ne bornoit pas là ses prétentions; elle vouloit encore non-seulement s'attribuer le droit de donner les congés aux vaisseaux sortant des ports de son Duché, mais encore que ses Officiers connussent, comme par le passé, des naufrages qui pourroient arriver aux côtes du même Duché; mais par ce même Arrêt elle fut déboutée de ces deux autres chefs de demande, & M. le Comte de Toulouse fut maintenu dans le droit exclusif de délivrer les congés aux vaisseaux sortant des ports du Duché de Retz, comme de tous autres ports de France; & en ce qui concerne la jurisdiction, il fut décidé que les Officiers de l'Amirauté de Nantes auroient seuls la connoissance des bris, naufrages & épaves qui arriveroient sur les côtes dudit Duché de Retz, comme dans le reste de leur district.

Une observation à faire, est que M. le Comte de Toulouse ne fut confirmé dans la possession de tous ces droits que comme Gouverneur de Bretagne, parce que ce n'étoit qu'en cette qualité qu'il avoit les droits d'Amirauté en Bretagne, l'Amirauté de France n'ayant aucune influence sur celle de Bretagne, comme je l'ai observé plus au long sur le tit. de l'Amiral. Cela n'a point changé depuis, & actuellement M. le Duc de Penthievre n'est Amiral de Bretagne comme du reste de la France, que parce qu'il est pourvu, comme l'étoit feu M. le Comte de Toulouse, du Gouvernement de la Bretagne.

D'un autre côté, si Madame la Duchesse de Retz fut maintenue dans le droit de partager les profits des bris, naufrages & épaves de mer avec M. le Comte de Toulouse, Gouverneur, & par-là Amiral de Bretagne, ce ne fut qu'en vertu des titres géminés qu'elle produisit en sa faveur. D'où il s'ensuit que ce n'est ni le titre des terres voisines de la mer, quelque éminent qu'il soit, comme celui d'ancienne Baronnie, de Comté, de Marquisat ni de Duché, qui peut faire maintenir des Seigneurs en possession de ce droit, quelque longue qu'elle soit; mais la seule concefsion du Roi rapportée en original ou énoncée dans des aveux anciens, bien suivis, ou autres actes anciens faisant pleine foi en justice.

Dans l'Amirauté de la Rochelle, il y a encore plusieurs Seigneurs qui prétendent le droit de bris, naufrages & échouemens sur les côtes de leurs Terres; il en est même qui, à l'insû des Officiers de l'Amirauté, ont pris connoissance, par les Officiers de leur jurisdiction, des effets échoués à la côte, & qui, à défaut de réclamation, en ont appliqué le produit à leur profit, au mépris de la présente Ordonnance. Mais de tous ces Seigneurs, il n'y a jusqu'à présent que ceux de Fourras & de la Baronnie de Châtellaillon qui ayent obtenu la confirmation de ce droit.

Depuis plusieurs années, M. François-Louis Gréen de St. Marsault, Seigneur Baron de Châtellaillon, s'étoit pourvu au bureau de la Commission établie pour la vérification des droits maritimes, & y avoit produit ses titres, à la faveur desquels & de son ancienne possession, il avoit presenté requête, tendante à être maintenu dans la jouissance des droits *d'eau*, *pêcherie & défend*, *rivage*, *épaves*, *bris & naufrage*, &c.

Après quelques Jugemens interlocutoires, il est enfin intervenu un Arrêt au Conseil d'Etat du Roi, le 27 Septembre 1757, qui, conformément à l'avis de Messieurs les Commissaires, a maintenu ledit Seigneur de Châtellaillon dans le droit de bris, naufrage & échouement sur les côtes de sa Baronnie, pour en jouir conformément à la présente Ordonnance; c'est-à-dire à l'effet de partager le produit des effets échoués par moitié avec M. l'Amiral, faute de réclamation dans l'an, & à la charge de prendre sa portion des mains des Officiers de l'Amirauté.

Si le Seigneur de Châtellaillon a été ainsi confirmé dans le droit de bris, naufrage & échouement, c'est sans doute parce que la Baronnie de Châtellaillon avoit été donnée originairement par le Roi, Charles VII, au Comte de Dunois, chef de la maison de Longueville, pour en jouir par lui & ses successeurs mâles, avec les mêmes droits que le Roi y avoit; que depuis cette donation le Comte de Dunois & ses successeurs de la maison de Longueville avoient toujours joui du droit de bris & naufrage, & qu'après eux, les auteurs du sieur Gréen de Saint Marsault, acquereurs de cette Baronnie depuis 1615 avoient continué la jouissance de ce même droit.

Il est vrai qu'après l'extinction de la ligne masculine du Comte de Dunois, finie en la personne de Louis, Charles d'Orléans de Longueville, décédé le 4 Février 1694, la Baronnie de Châtellaillon avoit été déclarée réunie à titre de réversion au domaine de la Couronne, par Arrêt du Conseil du 9 Mars de la même année; mais comme la maison de Saint Marsault avoit fait plusieurs augmentations & améliorations, qu'elle avoit unies & incorporées à cette Baronnie, & que la désunion de ces acquisitions & améliorations auroit été trop embarrassante; pour prévenir toutes difficultés & discussions à ce sujet, le Roi accepta l'échange qui lui fut proposé par le sieur Gréen de Saint Marsault de sa Terre & Seigneurie de Dompierre, contre l'ancien corps de la Baronnie de Châtellaillon; & en conséquence, par contrat du 5 Février 1699, Sa Majesté céda audit sieur Gréen de Saint Marsault tout ce qui, de ladite Baronnie, dépendoit du Domaine de la Couronne, sans aucune réserve, pour en jouir de la même maniére qu'il en avoit joui avant l'Arrêt de réunion, comme subrogé aux droits de la maison de Longueville.

De cette maniére, le sieur Gréen de Saint Marsault, Seigneur actuel de Châtellaillon, ayant conservé l'intégrité de la Baronnie, il n'est pas étonnant qu'il ait été maintenu & gardé par ledit Arrêt du Conſeil, du 27 Septembre 1757, dans le droit de bris, naufrage & échouement; d'autant plutôt qu'en continuant la poſſeſſion de ſes auteurs, ſucceſſeurs des Seigneurs de la maiſon de Longueville, il en avoit auſſi joui lui perſonnellement. De ſorte qu'il a été jugé par cet Arrêt, qu'il a les droits cédés du Roi en cette partie, à l'effet de partager avec M. l'Amiral le produit de ce qui ſe trouvera échoué ou jetté par la mer aux côtes de ſa Baronnie, à défaut de réclamation, ſans que les invalides de la Marine, à qui le Roi a cédé en général ſon droit de bris, naufrage & échouement dès l'année 1712, comme il a été obſervé ſur l'art. 11 du titre des loyers des matelots, y puiſſent rien prétendre.

Mais l'abus où étoit ledit Seigneur Baron de Châtellaillon de s'emparer, par les Officiers de ſa Juſtice, des effets naufragés & jettés aux côtes de ſa Seigneurie, & de connoître des réclamations à l'inſû des Officiers de l'Amirauté & au mépris de leur juriſdiction, a été réprimé par le même Arrêt, en tant qu'il ajoute, *& ſans que les Officiers de ſa Juſtice puiſſent prendre aucune connoiſſance deſdits bris & échouemens; mais ſeulement les Officiers de l'Amirauté.*

Du reſte, par rapport aux parcs & pêcheries, l'Arrêt a ordonné, avant faire droit, *qu'en préſence du Procureur du Roi de l'Amirauté de la Rochelle, il ſera, par les Officiers de ladite Amirauté, dreſſé procès-verbal de l'exiſtence actuelle deſdites pêcheries, de leur nature & du temps de leur établiſſement,* pour être enſuite, par Sa Majeſté, ordonné ce qu'il appartiendra.

Et à l'égard du ſurplus des demandes dudit Seigneur de Châtellaillon, concernant le droit *d'eau, pêcherie & défend, rivage, &c.* l'Arrêt l'a mis hors de Cour.

Suit le diſpoſitif dudit Arrêt.

Le Roi étant en ſon Conſeil, conformément à l'avis deſdits ſieurs Commiſſaires, a maintenu & maintient ledit ſieur Gréen de Saint Marſault, Seigneur de Châtellaillon, dans le droit de bris, naufrage & échouement ſur les côtes de ladite Baronnie de Châtellaillon, pour en jouir conformément à l'Ordonnance de la Marine de 1681, & ſans que les Officiers de ſa Juſtice puiſſent prendre aucune connoiſſance deſdits bris & échouemens, mais ſeulement les Officiers de l'Amirauté. Avant faire droit ſur la demande dudit ſieur de Saint Marſault, afin d'être maintenu en la poſſeſſion & jouiſſance des pêcheries par lui prétendues ſur leſdites côtes, a ordonné & ordonne, qu'en préſence du Procureur du Roi de l'Amirauté de la Rochelle, il ſera, par les Officiers de ladite Amirauté, dreſſé procès-verbal de l'exiſtence actuelle deſdites pêcheries, de leur nature & du temps de leur établiſſement, pour ce fait & rapporté, ſur l'avis deſdits ſieurs Commiſſaires, être par Sa Majeſté ordonné ce qu'il appartiendra; ſur le ſurplus des demandes dudit ſieur de Saint Marſault, l'a mis & met hors de Cour. Enjoint aux Officiers de ladite Amirauté de la Rochelle, de tenir la main à l'exécution du préſent Arrêt, lequel ſera enrégiſtré en leur Greffe, lû, publié & affiché par-tout où beſoin ſera. Fait au Conſeil d'État du Roi, Sa Majeſté y étant, tenu à Verſailles le 27 Septembre 1757. *Signé* Pereinc de Moras.

A l'égard des ſieurs Deſcoyeux, Seigneurs de Fouras, le même droit de bris & naufrage leur avoit déja été confirmé, ſans Arrêt du Conſeil, par Jugement de Meſſieurs les Commiſſaires, du 23 Août 1754, enrégiſtré à l'Amirauté le 14 Avril 1757, pour en jouir, eſt il dit ſimplement, conformément à leurs titres & aux Ordonnances & Réglemens; ſur quoi il eſt à obſerver qu'il faut que leurs titres ſe ſoient trouvés bien précis, & leur poſſeſſion bien exactement ſoutenue ſans interruption,

ruption, puisqu'ils ont si promptement obtenu la confirmation d'un droit qui est sans contredit du nombre des droits régaliens. Qu'ils continuent d'en jouir, à la bonne heure ; mais pour la maniére de l'exercer, il n'est pas douteux qu'ils ne doivent suivre la régle établie à ce sujet par l'Arrêt du Conseil ci-dessus, concernant le Seigneur Baron de Châtellaillon.

Venons maintenant au particulier de notre article, aux termes duquel les vaisseaux & effets échoués ou trouvés sur le rivage ne sont dévolus au Roi ou aux Seigneurs, ayant les droits cédés du Roi, & à l'Amiral, qu'autant que la réclamation n'en aura pas été faite par les propriétaires dans l'an & jour.

Ils seront partagés également entre nous, &c. Quoique ceci confirme ce qui a été observé ci-dessus, art. 24, que, hors les trois cas qui y ont été marqués, les Officiers de l'Amirauté sont obligés de garder les effets en nature pendant l'an & jour sans les vendre ; il ne s'ensuit nullement que l'an écoulé, sans qu'il se soit présenté de réclamateur, le partage effectif & en nature doive se faire des effets entre le Roi, ou ayant cause, & M. l'Amiral par moitié ; non-seulement parce que cet article veut, comme il est juste, que les frais de sauvement & de justice soient pris sur le tout, mais encore à cause des difficultés inséparables d'un partage effectif de pareils effets.

Par cette double raison, il y a donc nécessité de vendre au profit commun du Roi & de M. l'Amiral, les effets non réclamés, au lieu d'en faire le partage entre eux, d'autant plutôt encore que chacun seroit obligé de faire vendre sa portion. Aussi cette vente est-elle ordonnée expressément, au lieu du partage, par l'art. 2 du Réglement du 23 Août 1739 ; de sorte que le partage par moitié, ordonné par notre présent article, ne tombe que sur le prix de la vente, déduction faite des frais de sauvement & de justice.

Cette vente, au reste, suivant le même article 2 dudit Réglement, doit être faite par les Officiers de l'Amirauté, ceux des Classes, le Trésorier des invalides & le Receveur de M. l'Amiral présens ou dûement appellés, & par l'art. 3, le produit de la vente doit être remis, moitié au Receveur de M. l'Amiral, & moitié au Trésorier des invalides, comme étant aux droits du Roi en cette partie, par-tout & dans tous les cas où les Seigneurs ne sont pas aux droits du Roi, aussi à cet égard.

On comprend que si les effets échoués sont trouvés à la côte d'une Terre dont le Seigneur a le droit de bris, naufrage & échouement, c'est avec lui que la vente & toute la procédure doit être faite, aussi bien qu'avec le Receveur de M. l'Amiral, sans qu'il soit question alors du Commissaire aux Classes ni du Trésorier des invalides, comme n'y ayant plus d'intérêt ; mais c'est toujours aux seuls Officiers de l'Amirauté qu'il appartient d'en connoître à l'exclusion de ceux du Seigneur. C'est ce qui résulte des observations ci-dessus, & ce qui a été formellement décidé par l'Arrêt du Conseil du 27 Septembre 1757, dont il vient d'être parlé, concernant la Baronnie de Châtellaillon.

Comme cet article, le suivant & autres, attribuent à M. l'Amiral la moitié des vaisseaux & effets naufragés, échoués ou trouvés sur le rivage, sans distinction des personnes à qui ils appartenoient, c'est-à-dire sans aucune exception de ceux appartenans aux ennemis de l'Etat, & que, suivant qu'il a été observé sur les articles 1er & 18, la protection & sauve-garde du Roi s'étend indifféremment à tous vaisseaux naufragés, françois ou étrangers, amis ou ennemis, même corsaires ou pirates ; il sembloit qu'il n'y avoit pas plus lieu de disputer à M. l'Amiral le droit de partager avec le Roi les effets échoués ou naufragés, appartenans aux ennemis, que ceux appartenans aux amis, encore moins après l'Arrêt du Conseil du 22 Août 1690, qui avoit préjugé la question en sa faveur.

Cependant le contraire a été décidé depuis par deux autres Arrêts du Conseil, l'un du 10 Mars 1691 & l'autre du 3 Janvier 1693, en interprétation du présent article & dudit premier Arrêt du 22 Août 1690; c'est-à-dire qu'il a été jugé par ces deux derniers Arrêts, que le partage par moitié entre le Roi & M. l'Amiral, à défaut de réclamation, ne doit pas avoir lieu en cas de naufrage ou échouement de vaisseau ou d'effets des ennemis de l'Etat; qu'alors tout est confisqué au profit du Roi sans que M. l'Amiral ait rien à y prétendre; en conformité desquels Arrêts feu M. le Comte de Toulouse a toujours jugé depuis, & notamment par Jugement du 13 Avril 1711, par lequel il adjugea au Roi la confiscation en entier du navire le St. Jacques & St. Antoine de Gènes, naufragé sur les côtes de l'Amirauté de Quimper.

Dans la même affaire, les Officiers de l'Amirautéde Quimper avoient admis les réclamations faites par des François, des marchandises chargées pour leur compte dans ce navire; & par le Jugement de M. l'Amiral il leur fut fait défenses de rendre de pareilles Sentences à l'avenir.

Il faut respecter sans doute ces décisions; cependant si la question étoit entiére, il seroit difficile de goûter les raisons de cette distinction qui exclut M. l'Amiral du droit de prendre part dans les effets naufragés, sous prétexte qu'ils ont appartenus aux ennemis de l'Etat.

Car quand on dit que, dans le concours de deux droits différens appartenans à Sa Majesté, il est naturel de choisir celui qui lui est le plus avantageux, & par conséquent de préférer la confiscation procédante de la qualité de l'ennemi propriétaire des effets, au droit de bris & naufrage, ou d'épave de mer, parce que cette confiscation est dévolue au Roi seul, à raison de sa souveraineté; on ne prend pas garde qu'il y a là pétition de principe; c'est-à-dire, qu'on suppose la distinction déja établie, au lieu d'en prouver la légitimité.

Quant au droit de souveraineté, il influe aussi-bien sur le cas d'un naufrage d'effets appartenans aux sujets ou aux neutres, qui ont manqué de réclamer, que sur celui d'un naufrage d'effets ennemis; & ce droit sacré est également conservé dans ces deux cas, dès que M. l'Amiral n'y prend part qu'en vertu de la concession que le Roi lui en a faite pour une moitié.

L'autre raison qu'on allégue, savoir, que par le droit de la guerre toutes les confiscations des biens des ennemis appartiennent au Roi seul, par le titre de sa souveraineté, & cela avec d'autant plus de justice qu'il supporte seul tout le poids de la guerre, a quelque chose de plus imposant, sans être pour cela plus décisive.

En effet, la loi en fait de naufrage, ne mettant aucune différence entre les effets appartenans aux ennemis, & ceux qui appartiennent à d'autres, sur quel principe en faire la distinction pour restreindre la concession absolue faite à l'Amiral de la moitié de tous les effets naufragés, dont il n'y a pas de réclamation ?

Dès qu'il s'agit d'effets échoués ou naufragés, qu'importe à qui ils ayent appartenu au temps de l'accident ? Pour avoir appartenu aux ennemis, ce n'en ſont pas moins des effets naufragés, ſujets par conſéquent au partage par moitié, entre le Roi & l'Amiral ; puiſque la loi ordonne ce partage indiſtinctement, & qu'elle a dû prévoir néceſſairement que, parmi les effets échoués ou naufragés, il y en auroit quelquefois qui auroient appartenu aux ennemis.

Elle l'a prévu effectivement dans l'art. 18 ci-deſſus ; & n'ayant pas déclaré qu'alors les vaiſſeaux & leur chargement appartiendroient au Roi ſeul, on ne peut s'empêcher de conclure que cet article 18 a laiſſé le cas dans les termes du droit commun, expliqué dans notre article 26, qui, étant général & abſolu, exclut la diſtinction dont il s'agit.

Il eſt vrai, ſuivant la doctrine de Grotius, *de jure belli & pacis, lib. 3, cap. 6*, depuis le §. 8 juſqu'au 23, que les choſes priſes ſur les ennemis appartiennent de droit au Peuple ou au Souverain qui fait la guerre, & qu'elles ne peuvent être acquiſes à d'autres que par une conceſſion expreſſe ou tacite du même Souverain. Mais en tout ceci Grotius ne parle que des choſes priſes ſur l'ennemi dans une expédition militaire ; ce qui n'ayant rien de commun avec l'échouement ou le naufrage d'un vaiſſeau, ne pourroit en tout cas être tiré en argument, qu'autant que l'échouement ou le naufrage, ſeroit l'effet & la ſuite de la chaſſe qui auroit été donnée au navire ennemi par un vaiſſeau de guerre du Roi. Alors il ſeroit naturel de conſidérer l'échouement comme une priſe faite par une expédition militaire ; mais auſſi alors il en reviendroit du moins le dixiéme à M. l'Amiral, par le droi tattaché à ſa charge.

Mais notre hypothèſe n'eſt pas dans ces termes. Il eſt queſtion ſimplement d'un échouement ou d'un naufrage fortuit cauſé par la tempête ou autre fortune de mer : événement tout-à-fait indépendant d'une expédition militaire, qui par conſéquent exclut toute idée de priſe, & réduit l'eſpéce à un naufrage ordinaire. Or, je le répete, l'Ordonnance attribue à M. l'Amiral la moitié de tous les effets naufragés, & non réclamés, ſans excepter en aucune maniére ceux qui ont appartenu aux ennemis.

Si donc il faut examiner ce qui a précédé le naufrage, ce n'eſt que pour juger s'il y a lieu ou non à la réclamation ; & par conſéquent, pour décider ſi le partage doit ſe faire ſur le champ, ou s'il faut attendre que le temps de la réclamation ſoit paſſé. Ainſi les effets étant reconnus avoir appartenu aux ennemis, tout ce que doit opérer cette circonſtance, c'eſt que n'y ayant pas lieu à la réclamation, le partage entre le Roi & l'Amiral doit ſe faire ſans délai, comme il ſe feroit après l'an de la réclamation écoulé, ſi ces effets euſſent appartenu à d'autres qu'à des ennemis : car enfin c'eſt toute la même choſe, qu'il n'y ait pas ouverture à la réclamation, ou que le temps en ſoit paſſé. S'il en étoit autrement, & s'il étoit vrai de dire que la moitié des effets naufragés ne fût acquiſe à l'Amiral que dans le cas qu'il y auroit eu lieu à la réclamation, & qu'elle n'auroit pas été faite dans le temps ; il s'enſuivroit qu'il n'auroit rien à prétendre dans les vaiſſeaux & effets naufragés des pirates : attendu que ceux-là n'ont pas plus de droit de réclamer que les ennemis avec leſquels on eſt en guerre déclarée. Cependant on n'a jamais douté que l'Amiral n'eût part dans les effets naufragés des pirates.

Ceſſant donc la déciſion des Arrêts ci-deſſus, on ne voit pas qu'il y eût lieu d'admettre une diſtinction que ne fait pas notre Ordonnance, à l'effet d'exclure M. l'Amiral du droit de prendre part dans les effets naufragés appartenans aux ennemis.

Mais enfin, puisque cela est ainsi décidé, il faut s'y soumettre tant qu'il plaira au Roi de maintenir la rigueur de cette décision, en considérant alors ces effets comme pris sur les ennemis, plutôt que comme naufragés simplement. Mais aussi, sous ce point de vue, il me paroît juste d'en accorder le dixiéme à M. l'Amiral, puisque ce sont des effets maritimes, & que de toutes prises faites en mer, le dixiéme lui en a toujours été acquis, comme étant un des plus anciens droits de cette Charge éminente. A la vérité, ce dixiéme est aboli maintenant; mais il pourroit revivre dans la suite.

Par identité de raison, si dans le vaisseau ennemi échoué, il y avoit des marchandises chargées par des François, le dixiéme en seroit également dû à M. l'Amiral, le tout étant déclaré de bonne prise par l'art. 7 du tit. des prises.

Et cela me paroît faire d'autant moins de difficulté, que s'il ne s'agissoit que de faire valoir la confiscation à cet égard, abstraction faite de toute idée de prise en pareil cas; ce seroit à M. l'Amiral précisément qu'appartiendroit la confiscation des marchandises chargées pour le compte des François dans le navire ennemi. La raison est que la confiscation alors seroit une peine de la contravention commise par les François; en un mot d'un délit maritime, & que toute confiscation qui a pour cause une contravention à l'Ordonnance de la Marine, ou un délit maritime, est au profit de M. l'Amiral, suivant les preuves rapportées ci-dessus livre premier, titre premier, art. 10.

Il me semble que cette conséquence ne peut être éludée, qu'en considérant tous ces effets comme pris sur l'ennemi; & à ce titre il faut convenir qu'il en appartient nécessairement le dixiéme à l'Amiral.

Au surplus, que M. l'Amiral ait part ou non dans la confiscation des effets des ennemis en cas de naufrage ou d'échouement, elle n'est pas moins de la compétence de l'Amirauté, comme il résulte du Jugement ci-dessus daté, rendu par feu M. le Comte de Toulouse, & de quantité d'autres antérieurs & postérieurs: mais comme cela dépend de la matiére des prises, les Officiers de l'Amirauté n'en peuvent connoître que pour faire l'instruction & préparer la décision au Conseil des prises.

ARTICLE XXVII.

SI toutefois les effets naufragés ont été trouvés en pleine mer, ou tirés de son fond, la troisiéme partie en sera délivrée incessamment *& sans frais, en espece ou en deniers*, à ceux qui les auront sauvés; & les deux autres tiers seront déposés pour être rendus aux propriétaires, s'ils les réclament dans le temps ci-dessus; après lequel ils seront partagés également entre nous & l'Amiral, les frais de Justice préalablement pris sur les deux tiers.

L'Exception portée par cet article est juste à tous égards; mais il faut prendre garde à ne pas l'étendre au-delà de ses bornes: c'est-à-dire, comme il a été observé sur l'art. 19, à ne pas confondre les effets sauvés en pleine mer ou tirés de son fonds, hors le cas d'un naufrage connu auquel on travaille actuellement, avec ceux qui sont sauvés de la même maniére, par ordre ou sans ordre, à peu de distance du rivage, & à la vue des travailleurs.

Dans l'un & l'autre cas, ceux qui ont ainsi sauvé des effets, sont également tenus d'en faire la déclaration dans vingt-quatre heures aux Officiers de l'Amirauté, aux termes dudit article 19, sous les peines y portées, relatives à celles de l'article 5 : mais leur condition sera différente, en ce que, au premier cas, le tiers des effets appartiendra à ceux qui les auront sauvés, conformément à la disposition du présent art. ; & qu'au second, au lieu du tiers, ils n'auront que leurs frais de sauvement, suivant la taxe qui en sera faite, eu égard à la nature du travail. La raison est, qu'il ne s'agit pas dans ce dernier cas d'une chose perdue ou réputée abandonnée, comme dans le premier, puisqu'il est question d'un naufrage dont on est occupé à recueillir les restes & les débris.

L'espéce de notre article ainsi déterminée, il est juste, comme il l'ordonne effectivement, que le tiers des effets soit délivré sans délai à ceux qui les ont ainsi sauvés ; puisque, reclamés ou non, ce tiers leur est déclaré pleinement acquis, & qu'ainsi il ne peut y avoir aucune raison pour différer de leur faire la délivrance de leur tiers. Cela au reste avoit déja été ainsi réglé par l'Arrêt de vérification de l'Ordonnance de 1543, en expliquant l'art. 12 en cette partie.

L'art. 47 des Loix Rhodiennes, à l'égard des effets tirés du fond de la mer, en attribuoit le tiers à ceux qui les avoient sauvés à la profondeur de huit coudées, & la moitié s'ils les avoient tirés à quinze coudées. Pour ce qui est des effets sauvés sur les flots, l'art. 45 n'en accordoit que le quint. Il est mieux de ne point distinguer, & de donner le tiers dans tous ces cas.

Notre article ajoute *& sans frais* ; ce qui signifie simplement qu'ils auront leur tiers franc & quitte de tous frais de Justice, de garde & de loyers de magasin, & nullement qu'outre leur tiers ils seront payés sur les deux tiers restans de leurs frais de sauvement. Ces frais-là il est évident qu'ils les confondent en eux-mêmes, au moyen du tiers qu'ils ont dans les effets ; lequel tiers ne leur est acquis qu'en considération de leur travail, & des risques qu'ils peuvent avoir courus à ce sujet. Mais aussi il doit leur être permis de renoncer à ce tiers pour demander leurs frais de sauvement, s'ils croyent y trouver mieux leur compte : car enfin l'article est en leur faveur, quoiqu'on ne seroit pas recevable à leur disputer ce tiers, sous prétexte qu'il excéderoit de beaucoup les frais de sauvement.

Notre article ajoute encore, *en espéce ou en deniers* ; d'où il s'ensuit que si le partage des effets peut se faire de maniére que le tiers puisse leur en être délivré en nature, sans lésion ou inconvénient de part ni d'autre, il faudra le leur attribuer effectivement en nature, en appellant au partage toutes les parties intéressées ; & qu'au contraire si le partage n'est pas praticable, il faudra procéder à la vente judiciaire du total des effets, & délivrer sur le champ le tiers du prix en provenant à ceux qui les auront sauvés.

Reste de savoir sur cela, si, parce que l'article porte qu'ils auront ce tiers sans frais, & que ce seront les deux autres tiers qui supporteront seuls les frais de Justice, ils doivent avoir ce tiers, sans être tenus de supporter à proportion les frais du partage, dans le cas où il pourra se faire, ou de la vente dans le cas contraire ?

La raison de douter est, qu'aux termes du Droit commun, tout partage ou tout acte supplétif à partage, doit être fait aux frais de la chose, par conséquent aux dépens de tous les part-prenans dans la chose : mais la disposition de notre article est trop claire en faveur de ceux qui ont sauvé les effets de la maniére qui y est exprimée, pour qu'on ne les regarde pas comme affranchis de la régle générale. Aussi est-il vrai que dans l'usage, leur tiers leur a toujours été délivré sans aucune déduction pour raison des frais du partage ou de la vente, non plus que des autres frais de Justice, de garde & magasinage, dont la totalité a perpétuellement été à la charge des deux autres tiers, qu'ils ayent été réclamés ou non. Mais alors aussi il n'est plus question des frais de sauvement, ayant été payés ou compensés par le moyen du tiers qui a été délivré à ceux qui ont sauvé les effets.

A l'exemple des effets naufragés trouvés en pleine mer, il est naturel de conclure que si un navire abandonné de son équipage, soit après l'échouement, soit pour éviter le danger d'un naufrage imminent, soit enfin par la crainte d'être pris des pirates ou des ennemis, est trouvé en pleine mer & sauvé, le tiers en appartiendra à celui qui l'aura sauvé ; de maniére qu'il faudra lui payer le tiers de la valeur, tant du navire que de tout ce qui s'y trouvera, sauf le recours des propriétaires contre les assureurs chargés de la baraterie de patron, & des uns & des autres contre le capitaine du navire, pour le cas où il ne sera pas excusable de l'avoir abandonné. La raison en effet étant la même que dans les deux cas de notre article, la décision ne peut être différente, que celui qui a rencontré le navire ainsi abandonné à la merci des flots, soit de la même nation ou d'une autre. Il y en a au reste un exemple assez récent au sujet d'un navire abandonné durant la derniére guerre, qui avoit été rencontré par un allié, & qui l'avoit conduit à Bordeaux.

On prétend néanmoins que Regusse rapporte un Arrêt qui a jugé qu'en pareil cas, il n'étoit dû qu'une simple récompense au lieu du tiers, à celui qui avoit sauvé & amené un navire ainsi abandonné en pleine mer, sur ce principe qu'il n'y a pas là de naufrage ; mais qu'importe dès que le naufrage en pareil cas est inévitable ?

Le partage de ce tiers doit se faire entre le propriétaire du navire & les gens de l'équipage, comme en matiére de prises ; sur quoi voir l'art. 33 du tit. des prises, & l'art. premier du Traité des contrats maritimes de Cleirac.

Il n'est pas douteux que si le navire est à la part, le bénéfice dont il s'agit ne doive être rapporté à la masse commune : mais je douterois fort que les passagers dussent y prendre part, malgré l'avis contraire de Targa ; à moins qu'ils n'eussent fait le service dans le navire conjointement avec les gens de l'équipage : attendu que le profit dont il s'agit ici n'est acquis qu'à raison du travail, l'inventeur dans la régle générale n'ayant rien à prétendre dans l'épave qu'il trouve.

Comme cet article n'attribue spécialement le tiers des effets sauvés qu'à ceux qui les ont trouvés en pleine mer, ou qui les ont tirés de son fond, & que dans l'article précédent, où il est question d'effets échoués & trouvés sur le rivage, il est dit simplement qu'à défaut de réclamation dans l'an & jour, ils seront partagés entre le Roi & l'Amiral, sans autre déduction que des frais de sauvement & de Justice ; il est tout simple de conclure de-là, que l'esprit de l'Ordonnance est que ceux qui auront sauvé des effets naufragés, autrement qu'en les trouvant sur les flots en pleine mer, ou en les tirant de son fonds, n'en puissent prétendre le tiers, & qu'ils doivent se contenter des frais de sauvement dans les autres cas, que les effets ayent été rencontrés sur les gréves, & sauvés sur le rivage, dans le cours des travaux ordonnés à l'occasion d'un naufrage connu, ou en toute autre circonstance. Et cette conséquence paroît d'autant plus naturelle & mieux fondée, qu'il s'agit là d'une simple épave, appellée *varec* en Normandie. Or il est décidé par les articles de la Coutume de Normandie, compris sous le titre de *varec*, que tout ce qui est jetté par le flot sur le rivage de la mer, appartient au Seigneur voisin du rivage, sans que ceux qui l'ont trouvé y ayent aucune part; & d'un autre côté, la régle générale, en fait d'épave, est que celui qui l'a rencontrée n'y peut rien prétendre que ses frais de sauvement.

Cependant en matiére d'épave de mer, ce qui comprend tant ce qui est trouvé sur le rivage, que ce qui peut y être tiré avec le secours du flot, & de quelque instrument, on pourroit dire que le tiers en appartient à ceux qui ont ainsi trouvé & sauvé les effets naufragés; pourvu néanmoins que cela soit arrivé hors le temps d'un travail actuel, ordonné pour sauver les débris d'un naufrage, & qu'il ne se présente point de réclamateur dans l'an & jour.

Les raisons qui appuyent cette opinion, les voici. La présente Ordonnance n'a nullement dérogé aux art. 11 & 12 de l'Ordonnance de 1543, & aux 20 & 21 de celle de 1584; qui, sans distinguer les diverses maniéres de sauver des effets naufragés, en accordent indifféremment le tiers à ceux qui les ont trouvés & sauvés, dès qu'il n'est question que de l'intérêt du Roi & de l'Amiral. C'est aussi la régle que l'on suit en Suéde & dans toute la mer Baltique, au rapport de Loccenius, *de jure maritimo, lib. 1, cap. 7, n. 1*, quoique les Loix Rhodiennes, art. 45, n'accordassent que le cinquiéme à ceux qui avoient sauvé les effets sur les flots, & le dixiéme à ceux qui ne les avoient sauvés qu'à la distance d'une coudée du rivage, art. 47.

La seule différence qu'il y a à cet égard entre nos anciennes Ordonnances modifiées par l'Arrêt d'enregistrement du 10 Mars 1543, & la présente, est qu'à l'égard des effets sauvés sur les flots, ou tirés du fond de la mer, les propriétaires n'avoient que deux mois pour réclamer les deux tiers qui devoient être déposés; au lieu que, par la présente Ordonnance, ils ont l'an & jour pour réclamer les effets naufragés, de quelque maniére qu'ils ayent été sauvés.

Mais pour ce qui est du gain du tiers attribué par ces anciennes Ordonnances, à défaut de réclamation, à ceux qui auroient trouvé des effets sur les gréves & rivages de la mer; encore un coup, la présente Ordonnance n'y a du tout point dérogé dans le précédent article, qui ne regarde que les effets sauvés à la suite d'un naufrage, par des travaux faits sous les yeux & par les ordres des Officiers de l'Amirauté; & la preuve en résulte de la disposition des art. 29 & 36 ci-après.

En effet, l'art. 29, après avoir dit que les choses du crû de la mer demeureront entiérement à ceux qui les auront tirées du fond de la mer, ou qui les auront pêchées sur les flots, ajoute, & *s'ils les ont trouvées sur les gréves, ils n'en auront que le tiers, &c.*

Voilà donc le tiers de ce qui est trouvé sur les gréves formellement attribué à ceux qui en ont fait la rencontre & le sauvement, lorsqu'il ne s'agit que de l'intérêt du Roi & de l'Amiral. Et qu'on ne dise pas que c'est ici une espéce particuliére, puisqu'il est question de choses qui n'ont appartenu à personne, comme étant du crû de la mer : car la circonstance est tout-à-fait indifférente vis-à-vis du Roi & de l'Amiral. Par rapport à eux en effet, il est absolument égal que les effets n'ayent jamais eu de propriétaire, ou qu'ils ayent appartenu à quelqu'un, dès qu'ils n'ont pas été réclamés. Ainsi l'article décidant que des choses du crû de la mer trouvées sur les gréves, le tiers en appartient à ceux qui les ont sauvées, il en résulte nécessairement qu'il en doit être de même des choses qui ont appartenu à quelqu'un, & qui n'ont pas été réclamées dans le temps.

Il n'est plus permis au reste d'en douter à la vue de l'art. 36, qui, au sujet de l'argent monnoyé, des bagues, & autres effets de prix trouvés sur un cadavre, ordonne qu'à défaut de réclamation dans l'an & jour, le partage en soit fait entre le Roi, l'Amiral & celui qui aura trouvé le cadavre avec ces effets : car enfin il s'agit là de choses qui ont appartenu à quelqu'un. Au moyen de quoi, l'objection prise de ce que l'art. 29 ne parle que de choses qui n'ont appartenu à personne, est sans conséquence à tous égards.

Concluons donc, sans hésiter, ajoutent les partisans de cette opinion, qu'aux termes de notre Ordonnance, plus généreuse en cela que la Coutume de Normandie, le tiers des effets jettés par la mer sur les gréves & rivages, appartient à ceux qui les ont trouvés, lorsqu'ils ne sont pas réclamés dans l'an & jour; & que ce n'est que dans le cas de la réclamation qu'on peut les faire contenter des frais de sauvement; ou lorsqu'ils n'ont sauvé les effets que durant le cours des travaux ordonnés à l'occasion d'un naufrage, parce qu'alors ils ne peuvent pas être de meilleure condition que les autres travailleurs.

Il est vrai, continuent-ils encore, que dans la pratique ordinaire, ceux qui trouvent des effets à la côte hors le temps d'un naufrage, ne sont payés que de leurs frais de sauvement, tout comme ceux qui dans un naufrage sont commandés pour y travailler. Mais si l'on en use de la sorte, c'est d'un côté qu'ils aiment mieux être payés de leurs journées pour tout salaire, sans attendre le temps de la réclamation; & que d'un autre côté, ne s'agissant presque toujours que de quelques débris de peu de valeur, l'expérience fait voir qu'ils gagnent plus en recevant le salaire de leurs journées, que s'ils prenoient le tiers du produit de la vente de ces effets. Mais cela ne décide pas de leur droit, & il n'est pas douteux que s'ils vouloient attendre que le temps de la réclamation fût passé, ils ne fussent fondés à en prétendre le tiers, au lieu du payement de la taxe de leurs journées ou marées.

Quelqu'imposant que paroisse d'abord ce raisonnement, il n'est que spécieux néanmoins, & il ne peut tenir contre la combinaison simple & naturelle de cet article avec le précédent.

En effet, le précédent article, parlant des vaisseaux & effets échoués ou trouvés sur le rivage, veut en général & sans distinction, qu'ils soient partagés entre le Roi & M. l'Amiral, les frais de sauvement préalablement pris sur le tout.

Et celui-ci ne contient une exception que par rapport aux effets trouvés en pleine mer, ou tirés de son fond, pour en attribuer la troisiéme partie à ceux qui les auront sauvés de cette maniére.

Ce n'est donc qu'à ceux-là que le tiers est attribué; & pour ce qui est des effets trouvés sur le rivage ou près du rivage, il ne revient absolument à ceux qui les ont trouvés & sauvés que leurs frais de sauvement.

Il n'y a donc plus à raisonner après cela, & il ne faloit point une dérogation plus formelle aux Ordonnances de 1543 & 1584 en cette partie.

Quant à l'argument tiré des art. 29 & 36 ci-après, ce ne sont que des exceptions qui servent à confirmer la régle pour le surplus.

Après

Après tout, l'usage qui est le meilleur interpréte des loix, a toujours été de n'attribuer à ceux qui trouvent des effets échoués sur le rivage, & qui les sauvent, que leurs frais de sauvement.

Ce qui autoriseroit même cet usage indépendamment de la loi, si elle n'étoit pas aussi claire qu'elle l'est, c'est qu'au moyen de l'établissement des gardes-côtes dans les Amirautés, ou ce sont eux qui découvrent les premiers les effets qui arrivent à la côte, ou s'ils sont prévenus par d'autres, ils en sont informés d'abord, & aussi-tôt ils font travailler au sauvement. Or, d'une ou d'autre maniére, il n'échoit que le payement des journées au lieu de la délivrance du tiers; parce qu'ils sont préposés par les Officiers de l'Amirauté pour recueillir & mettre en sûreté tout ce qui vient à la côte.

Ne seroit-il pas ridicule au reste, que ceux qui trouveroient ainsi des effets sur le rivage, & qui les sauveroient sans aucun risque, comme sans grand travail, fussent aussi favorisés que ceux qui, avec des risques & beaucoup plus de dépense, les sauveroient sur les flots en pleine mer, ou les tireroient de son fond ?

Enfin ce qui est trouvé sur le rivage ou ailleurs n'est qu'une épave; & la régle est en fait d'épave, comme il a été observé, que celui qui la trouve ne peut prétendre que les frais par lui faits pour la sauver. Cette régle, confirmée encore par le Réglement du 23 Août 1739, art. 3, tit. des bris & naufrages, ne souffre d'exception que dans les cas exprimés, tant par cet art. 27, que dans les 29 & 36 ci-après. Il faut donc nécessairement s'en tenir là.

En cas de naufrage avec submersion totale, de maniére qu'il n'en reste aucun vestige permanent sur la surface des eaux, il y a la Déclaration du Roi du 15 Juin 1735, dont les dispositions ont été rapportées sur l'art. 24 ci-dessus. Le temps de la réclamation y est réduit à deux ou six mois, & le produit des effets sauvés est abandonné à ceux qui les ont retirés du fond de la mer, ayant obtenu la permission d'y faire travailler; sauf le dixiéme au profit du Roi, & un autre dixiéme en faveur de M. l'Amiral.

ARTICLE XXVIII.

LEs ancres tirées du fond de la mer, qui ne seront point réclamées dans deux mois après la déclaration qui en aura été faite, appartiendront entiérement à ceux qui les auront pêchées.

CEt article contient une nouvelle exception, bien plus avantageuse encore que celle de l'art. précédent, pour ceux qui tirent des effets du fond de la mer; puisque, si ce sont des ancres, il n'y a que deux mois pour leur réclamation, & qu'à défaut de réclamation, elles appartiennent en entier à ceux qui les ont pêchées, le Roi ayant bien voulu renoncer à son droit & à celui de M. l'Amiral en cette partie.

La raison de l'une & de l'autre de ces dispositions, est qu'il importe extrêmement à la sûreté de la navigation, qu'il ne reste point d'ancres dans les rades, à cause des avaries & des dommages considérables qu'elles pourroient faire aux navires ; soit au corps des bâtimens, soit à leurs cables, soit aux filets de pêche.

Pour prévenir ces inconvéniens, il étoit naturel d'un côté de rendre les propriétaires & les capitaines ou maîtres de navires, attentifs à faire pêcher les ancres qu'ils seroient forcés, par la tempête ou par quelqu'autre incident, de laisser ou abandonner, soit en coupant leurs cables, soit en les filant par bout, s'ils ne vouloient pas s'exposer à les perdre ; & d'un autre côté, d'inviter par l'attrait du gain ceux qui rencontreroient des ancres dans les rades ou le long des côtes, à les pêcher ; & c'est à quoi il a été pourvû par cet article de la maniére la plus convenable, en bornant le temps de la réclamation à deux mois, & en attribuant après ce temps la totalité de l'ancre à celui qui l'aura pêchée.

Comme l'article 2 du titre précédent enjoint aux maîtres & capitaines de navire qui seront obligés d'abandonner leurs ancres dans les rades, d'y mettre des hoirins, bouées ou gaviteaux, *à peine de perte de leurs ancres qui appartiendront à ceux qui les auront pêchées, & d'amende arbitraire*, on pourroit penser que celui-ci n'a d'application qu'aux ancres auxquelles il aura été laissé une marque pour les faire reconnoître ; c'est-à-dire, qu'il n'admet la réclamation pendant deux mois qu'en faveur des capitaines qui auront mis sur leurs ancres *des hoirins, bouées ou gaviteaux ;* & qu'à l'égard des autres, leurs ancres doivent être perdues sans retour.

Cependant nous ne l'avons jamais entendu de la sorte, & nous avons toujours tenu au contraire que cet article ne pouvoit regarder que les ancres laissées sans bouées dans les rades, par la raison qu'il a perpétuellement été défendu aux maîtres de barques ou autres bâtimens de lever celles qui seroient trouvées ayant les marques prescrites : défenses qui ont été renouvellées encore depuis peu par Réglement de cette Amirauté du 25 Mai 1751, art. 3 & 4.

Ces défenses sont fondées sur ce que rien n'est plus juste que de laisser aux maîtres ou capitaines de navire, la faculté de retirer leurs ancres, que le danger où ils se sont trouvés les a obligés d'abandonner en coupant leurs cables, les filant par bout, non-seulement afin de leur éviter par-là la perte du tiers de leurs ancres, si elles étoient pêchées par d'autres ; mais encore, ce qui est d'une toute autre conséquence, pour ne pas retarder quelquefois leur départ ou la continuation de leur voyage. Car, comme le dit fort bien l'article 45 des Jugemens d'Oleron, *tel a laissé son ancre au matin qui se pourra recouvrer au soir.*

Or sans ces défenses, il seroit difficile qu'un capitaine de navire pût recouvrer ses ancres promptement & à peu de frais ; ou plutôt il seroit comme impossible qu'il ne fût pas prévenu par les pilotes lamaneurs, les pêcheurs, les maîtres de traversiers, d'alleges ou autres bâtimens qui passent continuellement dans les rades ; sans compter qu'il pourroit y en avoir qui se fussent apperçus de la manœuvre qu'il auroit été obligé de faire en abandonnant ses ancres.

A la faveur de ces mêmes défenses, il est arrivé que tel capitaine de navire prêt à partir, ayant été forcé de quitter ses ancres, & les ayant ensuite recouvrées aussitôt après le danger passé, n'a essuyé qu'un retardement de vingt-quatre heures ou environ, tandis que si ses ancres eussent été pêchées par d'autres, son départ auroit été différé de huit jours au moins, même de quinze & plus, suivant les circonstances, ou qu'il auroit été obligé de se pourvoir d'autres ancres.

C'est par toutes ces considérations que les Officiers de l'Amirauté se sont toujours fait un devoir de tenir la main à l'exécution de ces défenses pour l'intérêt de la navigation, & qu'ils ont pris aussi d'autres précautions, tant pour réprimer les autres abus résultans de la pêche des ancres, que pour faire cesser les contestations qui naissoient fréquemment à ce sujet, comme on le verra dans la suite.

Mais, pour se borner actuellement au sens de cet article, il est évident qu'il ne peut s'entendre des ancres trouvées avec leurs bouées, au moyen des défenses faites aux maîtres de barques & autres bâtimens, de les lever dans cet état, à peine de restitution des ancres, sans espérance de rétribution pour droit de sauvement, & de 100 liv. d'amende. D'où il s'ensuit qu'il faut en faire l'application aux ancres trouvées sans bouées dans les rades, & qu'ainsi c'est aux propriétaires de ces ancres qu'il est permis d'en faire la réclamation dans les deux mois; mais après ce temps elles sont perdues pour eux sans retour.

Il est vrai, comme il a été observé ci-dessus, que l'art. 2 du titre précédent enjoint aux maîtres & capitaines, qui sont forcés de laisser leurs ancres, d'y mettre des bouées, à peine de perdre leurs ancres, qui appartiendront à ceux qui les auront pêchées; mais aussi il suppose qu'ils l'ont pu & qu'ils ne l'ont pas voulu, puisqu'il les assujettit en même temps à une amende arbitraire : peine qui ne peut être que la suite d'une prévarication ou d'un manquement volontaire.

Or cette supposition n'étant rien moins que naturelle, par l'intérêt pressant qu'a tout capitaine de recouvrer ses ancres promptement & par lui-même, ne fût-ce que pour se garantir de payer le tiers de leur valeur à ceux qui les auroient sauvées; il faudroit le convaincre de prévarication; c'est-à-dire, de n'avoir pas voulu mettre des bouées sur ses ancres, le pouvant facilement, pour l'exclure du droit de réclamer. Car enfin la présomption est toute en sa faveur, que le même danger qui l'a obligé d'abandonner ses ancres, ne lui a pas permis d'y mettre des bouées. Et où trouver des preuves capables de détruire cette présomption? comment même prouver qu'il n'y avoit pas de bouées sur les ancres? s'en rapporteroit-on à la déclaration intéressée de ceux qui auroient trouvé les ancres, après y avoir été si souvent trompé?

Si l'on oppose que cela n'arriveroit pas, si les capitaines ou maîtres, aussi-tôt après qu'ils ont jetté l'ancre dans une rade, y mettoient une bouée; la réponse est que cela n'a jamais été d'usage, & qu'il n'y a aucune loi qu'il les y oblige. Ce n'est en effet que dans les ports qu'il leur est enjoint expressément d'attacher une bouée à chaque ancre, à peine de cinquante livres d'amende, & de réparer tout le dommage qui en arrivera, aux termes de l'art. 5, titre premier ci-dessus, relatif à l'article 15 des Jugemens d'Oleron, & aux articles 28 & 51 de l'Ordonnance de Wisbuy.

Dans les rades, c'est autre chose; & le même article 2 du tit. précédent, en est une preuve, puisqu'il n'enjoint aux capitaines de mettre des bouées sur leurs ancres, que lorsque la tempête les oblige de les abandonner. La raison de différence au reste est sensible : c'est que dans les rades il y a toujours assez d'eau pour qu'un petit bâtiment puisse passer sur une ancre sans y toucher, & qu'à l'égard des gros navires, c'est à ceux qui les conduisent à éviter les autres gros navires qu'ils rencontrent, pour ne pas être incommodés de leurs ancres, dont ils ne peuvent ignorer la position. Au lieu que dans un port, où le terrein demeure à découvert à toutes les marées basses, & où par conséquent il ne peut y avoir au-dessus des ancres que quelques pieds d'eau aux marées hautes, tous les bâtimens qui passeroient sur les ancres en seroient incommodés, s'ils n'étoient avertis par des bouées de les éviter

De-là il faut donc conclure que l'article 2 du titre précédent, ne doit être pris à la lettre pour la perte absolue des ancres trouvées sans bouées, & pêchées, que lorsqu'elles sont rencontrées dans des ports ou havres; & qu'à l'égard des ancres trouvées sans bouées dans les rades, la réclamation en doit être admise dans les deux mois, en conformité du présent article, s'il n'y a preuve positive que le capitaine a manqué d'y mettre des bouées, ayant toute liberté de le faire lorsqu'il les a abandonnées.

Il reste à prévenir une objection que l'on pourroit faire au sujet des défenses de lever les ancres dans les rades, lorsqu'elles sont marquées par des bouées; & cette objection est, qu'au moyen de ces défenses, des ancres pouvant rester trop long-temps sans être relevées, c'est donner lieu aux inconvéniens que le présent article a eu intention d'éviter, en excitant par l'attrait du gain, ceux qui rencontrent des ancres, à les enlever.

A quoi l'on répond, en premier lieu, que tout capitaine qui se trouve forcé de laisser ses ancres, est extrêmement attentif à les recouvrer le plutôt qu'il se peut, par le pressant besoin qu'il en a; qu'il y ait mis des bouées ou non : & que lorsqu'elles ont effectivement des bouées, il est rare qu'il ne les rencontre pas promptement. En second lieu, que s'il arrivoit qu'un capitaine fût assez négligent pour ne pas faire la recherche de ses ancres en temps convenable, il y seroit pourvu par les Officiers de l'Amirauté, relativement à l'art. 4 du Réglement du 25 Mai 1751, dont il a déja été parlé : au moyen de quoi les défenses dont il s'agit sont de toute justice, sans être sujettes à aucun inconvénient.

La seule omission qui ait été faite dans ce Réglement, est de n'avoir pas fixé le temps dans lequel les capitaines seroient tenus d'aller à la recousse de leurs ancres, faute de quoi il seroit permis à quiconque de les relever; mais cette omission-là même a été faite à dessein, & il a paru convenable que les Juges se réservassent la liberté d'en décider suivant les circonstances.

Ce n'est donc qu'avec la permission des Juges que les maîtres de barques & d'autres bâtimens peuvent licitement relever les ancres trouvées dans les rades avec des bouées; & alors il en est pour le droit de les réclamer, comme de celles qui ont été laissées sans bouées; c'est-à-dire, que les propriétaires des unes & des autres, ont également deux mois pour en faire la réclamation, à compter du jour de la déclaration qui en aura été faite au Greffe de l'Amirauté; laquelle déclaration est sans frais, de même que toute autre concernant les effets naufragés & les épaves de mer.

La réclamation se trouvant bien fondée, ce qui git en preuve, elle n'a lieu qu'à la charge du payement du tiers de la valeur de l'ancre à ceux qui l'ont sauvée. Notre article ne le dit pas, à la vérité; mais c'est une conséquence nécessaire de l'article précédent, puisqu'il s'agit d'un objet tiré du fond la mer. Et s'il n'y a pas de réclamation dans les deux mois, l'ancre appartient alors entiérement à ceux qui l'ont pêchée; & cela sans retour (ce délai ayant toujours été jugé fatal contre les propriétaires), de même que sans partage avec le Roi & l'Amiral, Sa Majesté par une grace spéciale ayant bien voulu déroger à son droit en cette partie, contre la disposition de l'art. 45 des Jugemens d'Oleron.

La régle est que ceux qui ont perdu leurs ancres en fassent leur déclaration au Greffe de l'Amirauté, dans les 24 heures de leur arrivée, en même temps qu'ils font leur rapport, puisque c'est une avarie qu'ils ont souffert. Cela est même d'autant plus intéressant pour eux, que cette précaution les met sur la voie de suivre plus promptement leurs ancres & de les réclamer avec moins de difficultés à essuyer. Et parce que les difficultés augmentent ou diminuent suivant que les déclarations sont plus ou moins circonstanciées, il a été ordonné par l'art. premier du Réglement déja cité du 25 Mai 1751, que les déclarations qui seront faites par les maîtres & capitaines de navires, au sujet des ancres qu'ils auront été obligés de laisser ou d'abandonner dans les rades & sur les côtes de ce département, feront mention du lieu où les ancres auront été abandonnées; s'il y a été mis des bouées avec hoirins ou non; si le cable y a été laissé en entier ou en partie seulement, avec indication de sa grosseur & de sa longueur, de même que des autres marques capables de faire reconnoître l'ancre.

De leur côté, les lamaneurs, maîtres de traversiers, d'alleges & autres bâtimens, qui ont trouvé & levé des ancres, sont aussi tenus d'en faire leur déclaration au Greffe de l'Amirauté, aux termes de cet article, & cela dans les vingt-quatre heures de leur arrivée, relativement à la disposition de l'article 15, du tit. 3, concernant les pilotes lamaneurs, & encore par argument de l'article 19 ci-dessus, & sous les peines y portées; c'est-à-dire, d'être punis comme receleurs, conformément à l'art. 45 des Jugemens d'Oleron. A quoi l'article 2 du même Réglement de 1751 a ajouté, la privation de tout droit de sauvement, & cinquante livres d'amende; en leur enjoignant au surplus d'indiquer dans leur déclaration le poids & la marque de l'ancre, la qualité, la longueur & la grosseur de son cable, & dans quelles circonstances ils l'auront pêchée.

Ce n'est pas tout; comme il y avoit des plaintes fréquentes que les maîtres de traversiers & autres bâtimens, en vue d'empêcher la réclamation des ancres qu'ils avoient pêchées, les avoient porté dans les ports obliques de leur demeure, les tenant dans des lieux peu fréquentés; qu'il y en avoit même qui les avoient porté hors l'étendue de la Jurisdiction, & dans des lieux inhabités; d'où il étoit arrivé que des propriétaires & maîtres de navires, malgré toutes leurs recherches & perquisitions, n'avoient pu découvrir leurs ancres pour les réclamer dans le temps. Pour remédier à d'aussi grands abus, il a été enjoint à ces maîtres de barques, par le même article 2, & sous les mêmes peines, d'apporter sans délai, dans le port de cette ville, les ancres qu'ils auroient pêchées avec leurs cables, & de les déposer dans l'endroit indiqué par l'art. 5; avec défenses de les porter ailleurs, à peine pour, la première fois, de payer le double de la valeur de l'ancre & du cable, & de 100 liv. d'amende, applicable moitié au dénonciateur; pour la seconde fois, du double de l'amende applicable de la même maniére, & de plus grande peine selon l'exigence des cas.

Et parce que les maîtres de bâtimens des ports obliques se seroient trouvés par cet arrangement de pire condition que ceux du port de cette ville, s'il n'eût été pourvu à leur dédommagement; il a été ordonné par l'article 6, qu'outre & pardessus le tiers à eux acquis de la valeur des ancres & de leurs cables, il leur seroit payé par les réclamateurs la somme qui seroit réglée par les Officiers de l'Amirauté, pour les frais de leur voyage en ce port, pour apporter & déposer lesdites ancres: au moyen de quoi l'ordre a été pleinement rétabli, & toute justice observée à cet égard.

La réclamation des ancres se fait par requête, de même que de tous les autres effets naufragés, & des épaves; & la seule différence qu'il y ait à ce sujet, est qu'il n'y a que deux mois pour réclamer les ancres. Du reste la réclamation doit être soutenue de preuves dans cette occasion comme en toute autre; & c'est à ceux qui ont trouvé les ancres, à discuter les preuves, comme avant seuls intérêt à la chose, à l'effet de quoi la requête leur est communiquée pour avoir leur réponse; & ce n'est pas le cas de la communiquer, comme il se pratique dans les autres occasions, au Receveur de M. l'Amiral & au Trésorier des Invalides, attendu qu'ils n'y ont aucun intérêt, que la réclamation soit fondée ou non.

Lorsque la déclaration de la perte de l'ancre est bien circonstanciée, & qu'elle a été faite avant le sauvement, il ne faut rien de plus si le cable a été filé par bout; ou en tout cas, toute difficulté est lévée au moyen de l'attestation de deux personnes dignes de foi, ou de l'affirmation de l'armateur & du capitaine. Si le cable a été coupé, la preuve se fait par un témoin muet; c'est-à-dire, en comparant le bout du cable resté dans le navire avec celui resté à l'ancre.

Dans ce dernier cas, si cette preuve par comparaison des deux bouts du cable ne pouvoit se faire dans le temps, parce que le navire auroit été jetté par la tempête sur d'autres parages, ou parce qu'il auroit été forcé de faire route, comme il est arrivé quelquefois, & que les autres preuves qui pourroient être offertes par le réclamateur ne fussent pas suffisantes, il échoiroit alors de surseoir pendant un temps compétent pour le rapport des preuves : bien entendu néanmoins que la requête en réclamation eût été présentée dans les deux mois après la déclaration; sans quoi il y auroit fin de non-recevoir absolument, & l'ancre seroit adjugée en entier à celui qui l'auroit pêchée, avec pleine faculté d'en disposer. Cela s'ordonne sans hésiter, sur une simple requête présentée à cette fin aussi-tôt que les deux mois sont écoulés.

REGLEMENT DE L'AMIRAUTÉ DE LA ROCHELLE.

Pour la pêche des ancres.

Du 25 Mai 1751.

DE PAR LE ROI.

LOUIS-JEAN-MARIE DE BOURBON, DUC DE PENTHIEVRE, de Châteauvillain & de Rambouillet, Gouverneur & Lieutenant Général pour le Roi en sa Province de Bretagne, Pair & Amiral de France; à tous ceux qui ces présentes Lettres verront, Salut. Savoir faisons, que,

SUR la remontrance à nous faite par le Procureur du Roi, que très-souvent il survient des contestations entre les propriétaires ou les maîtres de navires, & les maîtres de traversiers, chaloupes, filadieres & autres bâtimens qui navigent ou font leur pêche le long des côtes de l'étendue de notre département, au sujet des ancres qui sont tirées du fond de la mer; qu'il est arrivé, que des ancres laissées dans les rades par des maîtres de bâtimens, forcés de couper leurs cables ou de les filer par bout, ne se sont plus trouvées, malgré la précaution prise par ces maîtres de laisser sur leurs ancres des bouées ou gaviteaux avec leurs hoirins, & leur diligence à les envoyer pêcher, après en avoir fait leur déclaration à notre Greffe, parce qu'elles avoient été pêchées & enlevées par des maîtres de traversiers, alleges ou filadiéres, qui quelques fois s'étant apperçu des manœuvres qui avoient obligé les capitaines d'abandonner leurs ancres, pouvoient d'autant plus aisément les prévenir, qu'ils étoient encore guidés par les bouées qu'ils disoient ensuite n'avoir point trouvé; qu'il est arrivé aussi, que de ceux qui ont pêché des ancres, les uns n'en ont point fait de déclaration & se les sont appropriées, d'autres les ont emporté dans les lieux & ports de leur demeure, les tenant dans des endroits peu fréquentés, attendant avec impatience que les deux mois fussent écoulés, pour demander qu'elles leur fussent adjugées : que ce dernier abus s'est tellement multiplié, que le Procureur du Roi est informé, que des maîtres de traversier & autres pêcheurs des ports obliques & isles adjacentes de ce département, qui ont pêché des ancres sans distinction, si elles étoient marquées ou non par des bouées & gaviteaux, non contents de les emporter dans le lieu de leur demeure & de les déposer devant leurs maisons ou en d'autres endroits écartés, les ont même porté hors de l'étendue de notre Jurisdiction, à l'éguillon & dans des lieux inhabités, & plus souvent sans en faire de déclaration, de peur qu'elles ne fussent reclamées, ne trouvant pas que le tiers de leur valeur fût un dédommagement suffisant pour eux; que par ce manége, les recherches que font les propriétaires & maîtres des navires dont les ancres ont été abandonnées dévenant d'ordinaire inutiles par l'incertitude des lieux où elles ont été portées, les négocians armateurs, ne font que trop fondés à se plaindre de la contravention de ces pêcheurs & maîtres de barques à l'esprit de l'Ordonnance; qu'il leur est arrivé plusieurs fois d'avoir fait faire les perquisitions les plus exactes de leurs ancres perdues, sans avoir pû les découvrir, & qu'ils avoient eu ensuite le désagrément d'apprendre au bout de deux ou trois mois, que des pêcheurs en avoient obtenu la délivrance & en avoient disposé; que la police & le bon ordre éxigeoient, qu'il fût remédié à desabus que la cupidité & l'impunité ne pourroient qu'augmenter de jour en jour, pourquoi il requeroit qu'il y fût par nous statué, & pourvu par un Réglement, qui en fixant la maniére de pêcher les ancres, ordonnât que le dépôt de celles qui seroient tirées du fond de la mer, dans les rades & l'étendue de ce département, fût fait à l'avenir dans un lieu public, fréquenté journellement, & où chacun pourroit facilement reconnoître son ancre perdue, afin qu'en prévenant par-là les inconvéniens, & les discussions, tout puisse se passer à cet égard dans l'ordre & dans les regles, à la satisfaction, tant de celui qui perd son ancre que celui qui la trouve.

Sur quoi nous avons audit Procureur du Roi, donné acte de sa remontrance, & après en avoir délibéré rélativement à différentes sentences rendues en ce Siége, conformément à l'Ordonnance de la Marine du mois d'Août 1681. Nous avons ordonné provisionnellement ce qui suit.

ARTICLE PREMIER.

Les Maîtres & capitaines de navires qui seront obligés de laisser ou abandonner leurs ancres dans les rades & sur les côtes de notre Département, seront tenus d'en faire leur déclaration circonstanciée à notre Greffe dans les vingt-quatre heures de leur arrivée, contenant le lieu où l'ancre aura été laissée & abandonnée, s'ils y ont mis une boüée avec l'hoirin ou non, s'ils y ont laissé le cable entier ou une partie seulement, sa grosseur, sa longueur & les marques qui peuvent faire distinguer leur ancre.

II. Tous maîtres de traversiers, alléges, filadiéres ou autres bâtimens & navires sans distinction, qui auront tiré des ancres du fond de la mer ou le long des côtes, seront tenus de les apporter avec leurs cables, sans délais, en cette Ville, & d'en faire pareillement leur déclaration à notre Greffe dans les vingt-quatre heures de leur arrivée, laquelle déclaration contiendra le poids & la marque de l'ancre, la qualité, la longueur & la grosseur du cable qu'ils y auront trouvé, & dans quelles circonstances ils l'auront pêchée & tirée du fond de la mer, à peine contre les contrevenans de la restitution de l'ancre, sans répétition de leur droits de sauvement, & de cinquante livres d'amende.

III. Défendons sous les mêmes peines à tous lesdits maîtres de traversiers, filadiéres & autres bâtimens, de toucher aux ancres qui auront une boüée ou gaviteau, ni de s'immiscer à les tirer du fond de la mer; comme aussi d'enlever les boüées, d'en séparer ou couper les hoirins sur peine de répondre de la perte des ancres & de cent livres d'amende.

IV. Leur faisons pareillement défenses, lorsqu'en draguant ou par quelque autre manœuvre, ils trouveront dans le fond de la mer ou sur les côtes une ancre, à la quelle sera attachée une boüée par un hoirin qui ne paroîtroit plus cependant, par envasement ou entortillement de l'hoirin, de lever ladite ancre; leur enjoignons au contraire, de remettre la boüée à flot, & d'en faire leur déclaration à notre Greffe dans les vingt-quatre heures, sauf après leur déclaration à être pourvu par Nous au sauvement & pêche de ladite ancre.

V. Ordonnons que les ancres qui seront apportées en cette Ville, conformément à l'article II. ci-dessus, seront déposées avec leurs cables sur la greve joignant l'ancien éperon proche le havre de cette Ville, entre la tour de la chaîne & la tour de la lanterne, lieu qui nous a été indiqué par les principaux Négocians & Armateurs, comme étant le plus propre, le plus commode & le plus fréquenté par les maîtres & capitaines de navires; en conséquence, avons fait défenses à tous maîtres de Traversiers & tous autres qui auront tiré lesdites ancres de la mer, de les porter & exposer en aucuns autres lieux, places, gréves ou rues, à peine contre les contrevenans, pour la premiere fois, de payer le double de la valeur de l'ancre & cable qu'ils auront aussi porté ailleurs, caché ou détourné, par forme de dommages & intérêts, & de cent livres d'amende applicable, moitié au Dénonciateur; pour la seconde fois, du double de l'amende aussi applicable moitié au Dénonciateur, & de plus grande peine selon l'exigence des cas.

VI. Indépendamment du tiers, attribué par l'Ordonnance de la Marine, de la valeur des ancres sauvées, à ceux qui les tireront & pêcheront du fond de la mer, sans dol & sans fraude, & avec l'observation des regles ci-dessus prescrites;

il sera encore alloué aux maîtres, qui ne sont pas de ce port, leurs frais de voyage en cette Ville, pour déposer & exposer lesdites ancres, suivant qu'ils seront par Nous taxés; lesquels frais seront aussi payés par les réclamateurs, qui après avoir reconnu lesdites ancres se trouveront fondés à en demander & obtenir la main-levée & délivrance, à la maniére accoutumée, dans le temps porté par ladite Ordonnance; laquelle sera au surplus exécutée selon sa forme & teneur. Et afin que notre présent Réglement soit rendu notoire, avons permis audit Procureur du Roi de le faire imprimer, lire, publier & afficher par-tout où besoin sera, ce qui sera exécuté non obstant oppositions ou appellations quelconques, comme Ordonnance de Police. FAIT & donné par Nous LOUIS-THEODORE BERAUDIN, Ecuyer, Conseiller du Roi, Lieutenant, Juge ordinaire, Civil & Criminel, Commissaire, Enquêteur, Examinateur & Garde-Scel, au Siége de l'Amirauté de la Ville de la Rochelle, de l'avis de M^e. Pierre-Jean-Baptiste Griffon, Conseiller du Roi en ce Siége, le vingt cinq Mai 1751. *Signé à la minute*, BERAUDIN, GRIFFON, VALIN, Procureur du Roi, & BOUTET, Greffier.

ARTICLE XXIX.

LEs choses du crû de la mer, comme ambre, corail, poissons à lard, & autres semblables qui n'auront appartenu à personne, demeureront aussi entiérement à ceux qui les auront tirées du fond de la mer, ou pêchées sur les flots; & s'ils les ont trouvées sur les gréves, ils n'en auront que le tiers, & les deux autres seront partagés entre nous, ou ceux à qui nous aurons donné notre droit, & l'Amiral.

PAr la raison qu'il s'agit dans cet article de choses réputées n'avoir appartenu à personne, il n'y est point parlé de leur réclamation. Cependant si elles avoient réellement appartenu à quelqu'un, pour les avoir pêchées & ensuite perdues, il n'est pas douteux que, moyennant la preuve du fait, elles ne fussens sujettes à être réclamées; & cela dans l'an & jour, relativement aux articles 26 & 27 ci-dessus, pour valoir la réclamation jusqu'à concurrence des deux tiers seulement, l'autre tiers demeurant nécessairement acquis à ceux qui les auroient tirées du fond de la mer ou pêchées sur les flots.

Et parce qu'il se peut que ces choses ayent effectivement appartenu à quelqu'un, il est de la régle, & d'ailleurs le bon ordre l'exige, que la déclaration en soit faite au Greffe de l'Amirauté dans les vingt-quatre heures, comme il a été observé *suprà* art. 20.

Si ces mêmes choses ont été trouvées sur les gréves, la déclaration est d'autant plus indispensable, que celui qui les a trouvées ne peut y prétendre que le tiers, les deux autres tiers étant dévolus au Roi & à M. l'Amiral. Aussi l'article 20 est-il précis pour la déclaration dans les vingt-quatre heures, aussi-bien, par rapport aux choses du crû de la mer, qu'au sujet de tous autres effets trouvés sur le rivage.

Dans ce dernier cas, s'il se présente un réclamateur dans l'an & jour, & que sa réclamation soit bien fondée, il ne sera plus question du partage ordonné par cet article, & les choses seront réglées par la disposition de l'article 24; c'est-à-dire, que le tout sera rendu au propriétaire ou la valeur, à la déduction simplement des frais de sauvement & de Justice. Mais alors il faut communiquer la requête en réclamation au Receveur de M. l'Amiral & au Trésorier des Invalides, comme ayant les droits cédés du Roi.

Je dis ou *la valeur*, parce que dans l'incertitude ſi ces choſes ont véritablement appartenu à quelqu'un ou non, ou plutôt la préſomption étant naturelle qu'elles n'ont appartenu à perſonne, il ne conviendroit pas de garder pendant un an celles qui pourroient effectivement être conſervées, ſans les vendre, ni d'en dépoſer auſſi le produit, dès qu'il ne ſe préſentera pas de réclamateur avant le partage du produit de ces effets entre le Roi, M. l'Amiral, & celui qui les aura ſauvés; rien n'empêchera qu'il ne ſe faſſe proviſionellement, ſauf le rapport à faire en cas de réclamation. De même, ſi ces choſes ont été trouvées ſur les flots, ou tirées du fond de la mer, rien ne doit empêcher qu'elles ne ſoient délivrées à celui qui les aura ainſi ſauvées, après en avoir toutefois fait faire l'eſtimation, à l'effet qu'en cas de réclamation les deux tiers de cette eſtimation ſoient rendus au réclamateur, à la déduction des frais de Juſtice en entier, relativement à l'art. 27.

Dans le cas du partage ordonné par cet article, il eſt entendu que ce n'eſt qu'après les frais de Juſtice prélevés ſur le tout; de ſorte qu'il n'y a de partage à faire, par tiers, que de ce qui reſte net, ſans déduction toutefois des frais de ſauvement; parce qu'ils ſont confondus dans le tiers que prend celui qui a trouvé ces effets, de même que dans le cas de l'art. 27.

L'article 34 des Jugemens d'Oleron, parlant des choſes qui ne furent à perſonne, comme pierres précieuſes, poiſſons & herbes marines, les attribue en entier à ceux qui les auront trouvées en la mer ou ſur le rivage, conformément au Droit Romain.

Par rapport aux poiſſons à lard, l'article 44 les donne auſſi à ceux qui les auront trouvés en pleine mer, s'il n'y a pourſuite; c'eſt-à-dire, réclamation. Et à l'égard de ceux qui ſeront trouvés ſur le rivage, l'article 37 veut qu'on ait égard à la Coutume du pays, pour régler la part qu'y doit avoir le Seigneur. Ce qui ſe rapporte à la province de Normandie.

Les poiſſons à lard ſont les baleines, les veaux-marins, les marſouins, les thons, les ſouffleurs, & autres poiſſons qui ont beaucoup de graiſſe propre à fondre pour en tirer de l'huile. Cleirac, ſur l'article 38 des Jugemens d'Oleron, n, 2, page 136. C'eſt auſſi la diſpoſition de l'article 2, titre 7, livre 5, ci-après.

Tels ſont les poiſſons qui, trouvés ſur le rivage de la mer, doivent être partagés conformément au préſent article, ſauf le droit de varech en Normandie, *infrà* art. 42; quoique de droit ils appartiennent au Souverain, ſuivant Selden, *de dominio maris*, *lib.* 1, *cap.* 24, *fol.* 178. Pour ce qui eſt des poiſſons royaux, qui ſont les dauphins, les eſturgeons, les ſaumons & les truites, l'article premier du même titre 7, déclare qu'ils appartiennent au Roi, étant trouvés échoués ſur le bord de la mer, en payant les ſalaires de ceux qui les auront rencontrés & mis en lieu de ſûreté. Mais parce que l'article 3 déclare auſſi que lorſque les poiſſons, tant royaux qu'à lard, auront été pris en pleine mer, ils appartiendront à ceux qui les auront pêchés, ſans payer aucun droit à cette occaſion à qui que ce ſoit, jamais dans cette Amirauté il ne s'eſt préſenté de cas pour y appliquer la diſpoſition de l'article premier, concernant les poiſſons royaux. Il s'eſt toujours trouvé, c'eſt-à-dire, qu'on a toujours ſuppoſé qu'ils avoient été pris en pleine mer; & il a fallu en paſſer par-là, à défaut de preuve contraire.

On comprend par la régle, *exceptio firmat regulam in cæteris*, qui eſt la même que celle-ci, *qui negat de uno affirmat de altero*; on comprend, dis-je, que tous poiſſons, autres que les royaux & ceux à lard, trouvés échoués ſur les côtes, appartiennent de plein droit & sans partage, à ceux qui les trouvent; puisqu'il n'y auroit que le Roi, comme Souverain du rivage de la mer, qui pourroit y prendre part, pour la partager avec l'Amiral, & que le Roi a bien voulu renoncer à son droit d'épave en cette partie. Mais il faut excepter la province de Normandie, à cause du droit de varech qui s'étend à tout ce qui est trouvé sur le rivage, & par conséquent à tous les poissons, sauf les poissons royaux.

ARTICLE XXX.

FAisons défenses à tous Seigneurs particuliers & Officiers de Guerre ou de Justice, de prendre aucune connoissance des bris & échouemens, & de s'en attribuer aucuns droits, à cause de leurs terres, offices ou commissions, & d'y troubler les Officiers de l'Amirauté, à peine de privation de leurs fiefs, offices & emplois; & à tous soldats & cavaliers de courir aux naufrages, à peine de la vie.

LE droit de bris & naufrage ou échouement, & d'épave de mer, ayant été déclaré royal, il étoit de la suite de faire défenses aux Seigneurs, & aux Officiers de Guerre & de Justice, & à toutes autres personnes, de prendre aucune connoissance des bris & échouemens, des naufrages & des épaves de mer, de s'attribuer aucuns droits à ce sujet, à cause de leurs terres, offices ou commissions, & d'y troubler les Officiers de l'Amirauté.

Ces défenses étoient même d'autant plus naturelles & nécessaires, que les Seigneurs ne s'étoient si long-temps maintenus dans l'usurpation de ces droits régaliens, qu'à la faveur de leurs Justices, leurs Juges étant en possession de connoître comme Juges ordinaires, non-seulement des bris & naufrages, mais encore de toutes autres causes maritimes, avant que l'attribution en eût spécialement été faite aux Officiers de l'Amirauté, comme il a été observé sur l'article 26 ci-dessus.

Aussi dès que les circonstances permirent au Gouvernement de prendre des mesures efficaces pour faire rentrer la Souveraineté dans la pleine jouissance de ses droits, des défenses pareilles à celles portées par cet article, ne tardérent-elles pas à paroître, comme on le peut voir dans l'Ordonnance de 1629, art. 450 & 451, & dans les divers Arrêts du Conseil intervenus en conséquence, cités sur l'art. 13 du tit. de l'Amiral, auxquels on peut joindre celui du 11 Mai 1673, rendu contre le Maire de Boulogne & le Seigneur de Busca, capitaine garde-côte, & celui du 4 Octobre 1707, rendu contre les officiers de la Seigneurie d'Usa, à l'occasion d'un naufrage arrivé près de Bayonne.

De sorte que tout ce que le présent article a fait de plus, ç'a été d'ajouter aux peines prononcées auparavant contre les réfractaires, celle de la privation *de leurs fiefs, offices & emplois*; ce qui étoit le plus sûr moyen de se faire obéir.

Pour ce qui est des défenses faites en même temps *aux soldats & cavaliers de courir aux naufrages*, *à peine de la vie*, elles ſont tirées ou imitées de la loi 7, *ff. de incendio*, *ruin. nauf.*, qui les étendoit pareillement aux eſclaves du Prince, en ces termes : *ſed nec intervenire naufragiis colligendis*, *aut militem*, *aut privatum*, *aut libertum*, *ſervum-ve Principis*, *placere ſibi ait Senatus.*

Le motif de ces défenſes eſt aiſé à pénétrer ; c'eſt pourquoi je doute que pour faire ſubir aux ſoldats trouvés ſans ordre aux naufrages, la peine de mort prononcée contre eux par cet article, il fût néceſſaire de les convaincre juridiquement d'avoir pillé & volé des effets. Le fait ſeul dépoſeroit contre eux, & feroit plus que les rendre ſuſpects, attendu ces défenſes qu'ils ne peuvent ignorer ; à moins qu'ils n'euſſent un officier à leur tête, & qu'ils ne paruſſent au naufrage que pour y maintenir l'ordre, en attendant l'arrivée des Officiers de l'Amirauté. Exception qu'il ſeroit peut-être même dangereux d'admettre, à cauſe des conſéquences, & même de l'article ſuivant.

Mais il ne faut pas confondre le cas d'un naufrage connu & inſtant, avec celui de la rencontre de quelques effets apportés de loin par la mer, & jettés ſur le rivage. A la vérité, des ſoldats invalides ou autres qui, ayant trouvé ces effets, ſe les ſeroient appropriés, au lieu d'en faire leur déclaration aux Officiers de l'Amirauté, ſeroient puniſſables ; mais ce ne ſeroit pas de la peine de mort : ils devroient ſeulement être punis comme receleurs, relativement à l'art. 20 ci-deſſus.

Par l'art. 5, tit. 5 auſſi ci-deſſus, pareilles défenſes ſont faites aux capitaines gardes-côtes, ſous des peines plus rigoureuſes encore que celles qui ſont prononcées ici contre les Seigneurs & Officiers. Ce qui a été renouvellé par l'art. 3, tit. 10 du Réglement du 28 Janvier 1716.

ARTICLE XXXI.

SEront néanmoins les Gouverneurs des places, & Commandans des garniſons des villes & lieux maritimes, tenus de donner main-forte aux Officiers de l'Amirauté & aux intéreſſés dans les naufrages, quand ils en ſeront par eux requis, & d'envoyer pour cet effet des officiers & ſoldats, dont ils répondront.

EN aucun cas, les ſoldats ne doivent donc pas paroître aux naufrages, s'ils n'en ſont requis par les Officiers de l'Amirauté, ou par les parties intéreſſées au naufrage, en l'abſence de ceux-ci. Alors ſeulement, les Gouverneurs des places & Commandans des garniſons des lieux & villes maritimes, peuvent donner des détachemens pour arrêter les déſordres qui ſont ſi communs dans les naufrages ; & non-ſeulement ils le peuvent, mais même ils doivent néceſſairement prêter main-forte aux Officiers de l'Amirauté qui réclament leur ſecours.

Et afin que ce ſecours ſoit utile, ſans mélange d'inconvéniens, non-ſeulement le Commandant doit nommer un ou pluſieurs officiers pour régler la conduite des ſoldats ; mais encore cet article le rend reſponſable de tout le tort que pourroient cauſer, & les ſoldats, & les officiers.

Le Commentateur observe que ce service des soldats doit être gratuit & sans frais : & il a raison, tant qu'il n'est question que de la main-forte ; parce que ce n'est alors qu'une suite du service militaire, qui ne peut pas plus être refusé qu'en cas d'incendie ou d'émeute populaire, lorsqu'il est requis par les Magistrats. Mais si les soldats étoient employés à sauver les effets naufragés, ou simplement à la garde de ces mêmes effets, nul doute qu'il ne fallût les payer sur le pied des autres travailleurs, ne s'agissant plus en ce cas du service militaire.

C'est pour cela aussi que ce secours peut être refusé par les Commandans, lorsqu'il n'y a pas de désordre à arrêter, ou qu'il peut être retiré lorsque l'ordre est rétabli. Si donc hors ces circonstances ils accordent des soldats pour les travaux, sur la demande qui leur en est faite, il est juste que ce soit à la charge d'une rétribution pareille à celle des autres travailleurs.

ARTICLE XXXII.

ENjoignons à ceux qui trouveront sur les gréves des corps noyés, de les mettre en lieu d'où le flot ne les puisse emporter, & d'en donner incontinent avis aux Officiers de l'Amirauté, auxquels ils feront rapport des choses trouvées sur les cadavres ; leur défendons de les dépouiller ou enfouir dans les sables, à peine de punition corporelle.

PAr l'article 8, titre 2, livre premier, auquel celui-ci se rapporte, au lieu d'y déroger, ce n'est pas seulement des corps noyés trouvés sur les gréves qu'il appartient aux Officiers de l'Amirauté d'en faire la levée privativement à tous autres Juges ; c'est encore des corps noyés en mer, ou dans les ports, même dans les riviéres navigables jusqu'où le flux & le reflux se fait sentir ; parce que tout cela est du territoire ou district de l'Amirauté.

Il est de l'humanité de tirer les corps noyés de dessus les gréves & de les mettre en lieu d'où le flot ne les puisse emporter, afin de leur procurer la sépulture, & de les empêcher de devenir la pâture des poissons ou des autres animaux. Cet acte de religion rempli, il est aussi du devoir de ceux qui ont trouvé ces cadavres d'en donner incontinent avis aux Officiers de l'Amirauté ; & c'est à quoi l'on est assez exact. Mais pour ce qui est du rapport ou aveu de choses trouvées sur les cadavres, tout se réduit ordinairement aux habillemens & à quelques bagatelles, outre les papiers, sans qu'il soit jamais question d'argent ni d'autre chose de prix.

Il est arrivé même quelquefois, contre les défenses expresses de cet article, & malgré la peine corporelle attachée à leur infraction, que des cadavres ont été trouvés dépouillés & nuds ; mais parce que cela ne s'est rencontré que dans des endroits écartés de la côte, on n'a pu que rarement en decouvrir les auteurs pour leur faire subir la peine méritée, quelques perquisitions qu'on ait faites à ce sujet.

Pour ce qui est du crime d'enfouir les corps dans le sable ; lorsque le fait a été découvert, la providence a permis qu'on ait reconnu les coupables, qui ont été punis avec plus ou moins de ſéverité ſuivant les circonſtances. Heureuſement que ces forfaits ſont extrêmement rares dans cette Amirauté.

ARTICLE XXXIII.

AUſſi-tôt après l'avis reçu, les Officiers ſe tranſporteront ſur les lieux pour dreſſer procès-verbal de l'état du cadavre & des choſes trouvées avec le corps.

LEs Officiers de l'Amirauté rempliſſent avec toute la diligence & l'exactitude poſſibles ce qui leur eſt preſcrit par cet article. La conduite qu'ils ont coutume de tenir dans ces occaſions, eſt détaillée ſur l'art. 8 tit. 2 liv. 1er.

ARTICLE XXXIV.

LEs Curés ſeront tenus d'inhumer les cadavres dans le cimetiere de leur paroiſſe, s'il eſt reconnu que les perſonnes fuſſent de la religion catholique, apoſtolique & Romaine; à quoi faire ils ſeront contraints par ſaiſie de leur temporel.

IL n'en faut jamais venir aux extrêmités avec les Curés pour l'inhumation des corps noyés. Lorſque les cadavres ſont reclamés par quelque parent ou ami qui offre de lui faire donner la ſépulture, on le lui abandonne; & à défaut de réclamation le Juge prie le Curé du lieu par un billet, de lui donner la ſépulture eccleſiaſtique, s'il n'y a aucune circonſtance qui indique que le défunt ne profeſſoit pas la religion catholique, parce que alors la préſomption eſt en faveur de la catholicité.

En conſéquence, le Curé fait l'enterrement dans le cimetiére de ſa paroiſſe, à quoi il n'y a jamais eu de difficulté. Cet enterrement ſe fait toujours par charité & gratuitement, lors qu'outre les vêtemens, il ne ſe trouve pas ſur le cadavre de quoi en faire les frais. Quand le corps eſt trouvé noyé dans le havre de cette Ville, comme il y a alors une affluence prodigieuſe de monde, que la curioſité appelle à la levée du cadavre; on a coutume de faire une quête pour les frais de l'enterrement, du produit de laquelle quête, on achete un ſuaire, & le ſurplus eſt remis au Curé pour le luminaire & ſes droits Curiaux; mais il eſt rare qu'il y ait de quoi ſuffire à tout.

Sur ce que le préſent article porte que l'enterrement ſe fera dans le cimetiére, le Commentateur dit « & non d'obligation dans l'Egliſe, à moins qu'il ne ſe trouve ſur le corps du défunt de l'argent ou autres effets propres à faire de l'argent » en les vendant. » Mais de quel droit ſous ce prétexte faire enterrer le cadavre dans l'Egliſe & par conſéquent avec pompe? En tout cas il faudroit pour cela qu'il fût queſtion d'une perſonne d'un certain rang; autrement il conviendroit de ſe borner à une ſépulture ſimple & commune, en un mot proportionnée à l'état & à la profeſſion connue ou préſumée du défunt.

S'il arrivoit que le Curé refuſât de déférer à la priere du Juge, le Procureur du Roi ſeroit fondé alors à lui faire une ſommation de donner la ſépulture au cadavre ; & ſur un nouveau refus, de l'aſſigner pour s'y voir condamner, ſur peine de la ſaiſie de ſon temporel, aux termes de cet article, même d'amende en cas de perſévérance dans le refus. Tout cela étant de la compétence du Juge laïque, comme dépendant de la Police civile & criminelle, & la Police en matiére maritime appartenant inconteſtablement aux Officiers de l'Amirauté, auſſi-bien contre les eccleſiaſtiques que contre les laïques.

Un refus au reſte qui auroit pour cauſe le défaut de preuve de catholicité, n'en ſeroit pas moins blâmable, parce que le Juge s'étant déterminé par la préſomption de la catholicité ; ce n'eſt point au Curé à élever des doutes à ce ſujet & à former des difficultés en conſéquence.

Au ſurplus ſi le cadavre étoit reconnu pour être d'un pays étranger, proteſtant ou infidéle, on ne lui donneroit la ſépulture eccleſiaſtique qu'autant qu'il y auroit preuve ſuffiſante de ſa catholicité. Sans cela on le feroit enterrer dans le cimetiére des étrangers, ou à défaut d'un tel cimetiére, en quelque lieu profane.

ARTICLE XXXV.

LEs vêtemens trouvés ſur le cadavre, ſeront délivrés à ceux qui l'auront tiré ſur les gréves *& tranſporté au cimetiére.*

CEla eſt juſte & s'eſt toujours obſervé de quelque valeur que fuſſent les vêtemens, afin d'engager par-là à la pratique de cet acte de piété & de religion. Le mal eſt que ceux qui trouvent des cadavres ſur le rivage, ſans conſidérer que leurs vêtemens leur ſont acquis légitimément, en mettant les corps hors de la portée des flots, & en les portant, après le procès-verbal de viſite des Officiers de l'Amirauté, au lieu de la ſépulture, ont quelquefois l'inhumanité de les dépouiller ; en quoi ils commettent gratuitement un crime qui les expoſe à une punition corporelle, & font un vol à ceux qui tranſportent le corps au cimetiére, en les privant de la part qu'ils auroient dû avoir dans ces vêtemens. Car il ne faut pas croire que ceux qui ont enlevé la dépouille, ſoient ceux-là même qui ſe préſentent pour porter le corps au lieu de la ſépulture ; ils auroient peur d'être découverts.

Dans l'hypothêſe de notre article, où le cadavre eſt trouvé avec ſes vêtemens, ſa dépouille eſt donc abandonnée à ceux qui l'ont tiré ſur le rivage & à ceux qui le porteront au cimetiére, pour en faire le partage entre eux par égales portions, ſans que le Curé, le Fabriqueur, le Sacriſtain ni aucun autre ait rien à y prétendre pour frais d'enterrement, ſous prétexte que ces vêtemens vaudroient beaucoup plus que le ſalaire qui ſeroit naturellement dû à ceux dont il eſt ici quſtion ; l'attribution qui leur eſt faite du profit de ces vêtemens par le préſent article, eſt trop formelle pour ſouffrir la moindre exception.

Mais auſſi ce ne ſont que les vêtemens qu'ils gagnent, & nullement ce qui s'y trouveroit en argent, bagues ou autres effets, billets ou obligations dont le dépôt feroit fait au Greffe de l'Amirauté, en exécution de l'article fuivant.

Au furplus ces mots, *tranfporté au cimetiére*, juftifient l'ufage où font les Curés de ne recevoir ces corps que près de l'Eglife ou du cimetiére, fans être obligés de les aller prendre fur le rivage où ils ont été trouvés.

ARTICLE XXXVI.

SIl fe trouve fur le cadavre argent monnoyé, bagues ou autre chofe de prix, le tout fera dépofé au Greffe de l'Amirauté, *pour être rendu à ceux à qui il appartiendra, s'il eft réclamé dans l'an & jour*; fi non, il fera partagé également entre Nous, l'Amiral & celui qui l'aura trouvé, *les frais de juftice & de l'inhumation préalablement pris.*

LE coupable ufage où font ceux qui rencontrent des cadavres fur le rivage de la mer, de les fouiller & d'en tirer tout ce qu'ils y trouvent fans en excepter même quelquefois les habillemens, eft caufe que le cas de cet article n'eft jamais arrivé qu'à l'égard des gens de mer ou des paffagers qui fe font noyés dans le port à leur arrivée, ou à l'égard des gens de mer avant d'avoir quitté le navire & d'avoir paffé en revue devant le Commiffaire aux Claffes. Alors non-feulement tout ce qui s'eft trouvé en effets fur ces cadavres outre leurs vêtemens; mais même tout ce qu'ils avoient à eux appartenans dans leurs coffres, ou autrement dans le navire, ou qui en étoit déjà forti, a été dépofé au Greffe de l'Amirauté, comme dépendant de leur fucceffion maritime. Elle eft compofée outre cela des gages à eux acquis, dont le dépôt doit être fait entre les mains du Tréforier des Invalides, aux termes du Réglement du Roi du 23 Août 1739. V. *fupra* l'art. 3 tit. 2 du liv. 1er.

Pour être rendu à ceux à qui il appartiendra; c'eft-à-dire aux héritiers, ou aux légataires, comme le porte l'art. 5 tit. 11 du liv. 3 ci-deffus. Il eft entendu néanmoins à l'égard des légataires, que le teftament foit repréfenté en bonne forme entériné avec les héritiers, ou à défaut d'héritiers connus, avec le Procureur du Roi du lieu du domicile du défunt. S'il s'agit d'un teftament fait dans le vaiffeau même, en ce cas l'entérinement pourra être ordonné au Siége de l'Amirauté faifie de la fucceffion, avec le Procureur du Roi, toutefois dans la même fuppofition qu'il n'y ait pas d'héritiers connus; & encore alors on exige que le légataire donne caution de rapporter fi faire fe doit, jufqu'à ce que le temps de la réclamation des héritiers foit paffé, la fomme qu'il touchera; s'il eft folvable on fe contente néanmoins de fa foumiffion.

Outre les héritiers & les légataires, il y a encore les créanciers légitimes, *fuprà* art. 9 tit. 11 du liv. 3, lefquels créanciers font préferables à eux tous, s'ils ont faifi entre les mains du Greffier, ou qu'autrement ils fe préfentent pour réclamre, avant que la délivrance ait été ordonnée & effectuée en faveur des héritiers ou des légataires. Mais on exige tout de même, avec raifon, des créanciers, qu'ils faffent reconnoître leurs créances par les héritiers, ou avec eux s'il y en a de connus; & fi l'on n'a pu en découvrir, après quelque délai, l'ufage eft, fi les créances paroiffent fincéres, d'admettre les créanciers à toucher jufqu'à concurrence de leur dû, en affirmant par ferment chacun, que les fommes qu'ils demandent, leur font bien & légitimement dûes, & en donnant caution, ou tout au moins fe foumettant, s'ils font d'une folvabilité non fufpecte, de rapporter s'il y écheoit, ce qui emporte la contrainte par corps.

En cas d'infuffifance pour les fatisfaire tous, ils touchent alors par contribution au fol la livre, fans préférence à raifon de la priorité des faifies; mais fauf le droit de ceux dont les créances font privilégiées, qui en ce cas font payés les premiers & en entier, tant en principal qu'intérêts & frais, aux termes du droit commun.

S'il eft réclamé dans l'an & jour. L'article 10 tit. 11 liv. 3 ci-deffus, ne donne tout de même, ou ne fuppofe que l'an & jour, pour la réclamation des effets des gens morts en mer, à compter du retour du vaiffeau; mais le Réglement du 23 Août 1739 déjà cité, accorde dans l'art. 6, deux ans au lieu d'un, conformément aux Edits des mois de Décembre 1712 & Juillet 1720, quoique à l'égard des bris, naufrages & échouemens le délai foit borné à l'an & jour, comme par la préfente Ordonnance.

Ainfi comme dans l'efpéce du préfent article, il s'agit précifément de la fucceffion d'un homme mort en mer, fût-il même avéré qu'il fût mort dans un naufrage, il faut dire que les héritiers ou autres intéreffés à la chofe, auront deux ans entiers pour réclamer; de maniére que ce ne fera qu'à défaut de réclamation dans les deux ans, que le partage ordonné par le même article pourra fe faire.

Si l'on oppofe que la fucceffion d'un homme noyé dans un naufrage ou échouement, ou par un accident particulier, doit être réglée abfolument par la préfente Ordonnance, indépendamment des Edits des mois de Décembre 1712, & Juillet 1720, & du Réglement de 1739, qui n'ont pour objet que les effets des gens morts en mer en général, pendant leurs voyages, & qu'ainfi dans le cas de notre article il ne doit y avoir que l'an & jour pour la réclamation; quoique les Edits & Réglemens donnent deux années entiéres: je répons,

1°. Qu'il n'y a aucune différence à faire, entre le cas d'un homme mort fur un vaiffeau durant le cours d'un voyage, & celui d'un homme noyé dans un naufrage ou par quelque autre accident; autrement il faudroit dire que la fucceffion d'un homme de mer, qui en faifant route, tomberoit en pleine mer & fe noyeroit, devroit fe régler différemment de celle d'un marin qui mourroit de mort naturelle dans le navire. Or il feroit abfurde de mettre aucune différence entre les deux efpéces d'ouvertures de fucceffion. Il en faut donc dire autant de la fucceffion d'un homme noyé dans un naufrage, puifqu'au fond c'eft dans tous les cas, un homme mort en mer. D'où il s'enfuit que dans tous ces cas auffi, il y a indiftinctement deux ans pour réclamer en vertu des Edits de 1712 & de 1720 & du Réglement de 1739, qui ont dérogé en cette partie au préfent article.

2°. Si cet article avoit borné la réclamation à l'an & jour par rapport à la fucceffion d'un homme noyé, c'eft qu'elle en avoit ufé de même au fujet des effets de l'homme mort en mer fur un vaiffeau pendant le voyage, comme il réfulte de l'art. 10 déjà cité tit. 11, liv. 3. Or fi comme on n'en peut douter, le le délai dans ce dernier cas a été prorogé & étendu à deux années par les Edits de 1712 & 1720 & par le Réglement de 1739; il est d'une nécessité indispensable de reconnoître que la prorogation du délai regarde également le cas de notre article, puisqu'on ne sçauroit assigner aucune raison de différence.

3°. Enfin, cela doit faire d'autant moins de difficulté, que les réclamateurs sont toujours favorables, & que dans les principes du droit, *favores sunt ampliandi*; en conséquence duquel principe, le Roi & M. l'Amiral se sont nettement expliqués qu'ils n'entendoient point que le défaut de réclamation dans le temps, opérât une fin de non-recevoir absolue, & qu'au contraire leur intention étoit que les réclamations fussent reçues en tout temps, dès-qu'elles se trouveroient fondées & suffisamment appuyées. Cela se trouve même formellement décidé tant par l'Edit du mois de Décembre 1712, que par la Déclaration du Roi du 30 Décembre 1720.

Concluons donc qu'au lieu de l'an & jour porté par le présent article, il y a nécessairement deux ans pour réclamer, depuis les Edits des mois de Décembre 1712 & Juillet 1720, la Déclaration du Roi du 30 Décembre audit an 1720, & le Réglement du 23 Août 1739; & qu'ainsi le partage qu'il ordonne ne peut avoir lieu qu'après les deux ans, entre le Roi, l'Amiral & celui qui aura trouvé le cadavre.

Mais il faut prendre garde qu'il n'y aura de sujet à ce partage par tiers, que ce qui se sera trouvé sur le cadavre en argent ou autres effets, aux termes de cet article; & qu'à l'égard de ce qui aura appartenu au défunt étant dans son coffre ou autrement dans le navire, de même que de ses gages, celui qui aura trouvé le cadavre n'aura rien à y prétendre; le tout, faute de réclamation, étant dévolu aux Invalides de la marine, comme étant aux droits du Roi, & à M. l'Amiral, avec les deux tiers qui leur reviendront du partage à faire avec l'inventeur du cadavre.

Au surplus ce partage est borné, à ce qui restera des effets, après le payement *des frais de justice & de l'inhumation.* Sur quoi il est à observer par rapport aux frais de justice, qu'ils comprennent non-seulement ceux de la vente des effets; mais encore ceux du procès-verbal de transport des Juges pour la levée du cadavre; car cette partie de leurs fonctions ne doit être gratuite de leur part, que lors qu'outre les vêtemens, qui ne se comptent pas à cause de l'article précédent, il ne se trouve pas sur le cadavre, ou appartenant au défunt dans le navire, ou provenant de ses gages, de quoi payer leurs vacations, outre les frais de l'enterrement qui ont encore la préférence.

S'il y a de quoi suffire à tout, il est juste en effet qu'ils soient satisfaits de leurs vacations, & cet article les autorise à les prendre, en parlant des frais de justice en général. Mais s'il n'y a rien après les frais d'inhumation, qui comme je l'ai dit, sont préférables, leur travail est gratuit, quoique le défunt ait laissé des biens qui passent à des héritiers connus. Faute d'être instruits de cet usage, les parens de ceux dont on leve les cadavres, refusent le plus souvent de les reconnoître pour leur faire donner la sépulture, s'imaginant que s'ils s'avouoient héritiers, même parens simplement, les Officiers de l'Amirauté leur demanderoient des vacations, quoiqu'il n'y en ait jamais eu d'exemple. Le peuple est peuple par tout & ne revient jamais de ses préventions.

Quant aux frais de l'inhumation ils sont pareillement justes dans le cas de notre article ; mais comme il a été observé ci-dessus, il ne s'agit pas d'excéder les bornes ordinaires, sous prétexte qu'il y a des effets d'une certaine valeur dans la succession. Il faut se régler sur l'état & la condition du défunt, autrement ce seroit faire tort aux parties intéressées, qu'il y eût dans la suite réclamation ou non.

ARTICLE XXXVII.

N'Entendons par la présente Ordonnance faire préjudice au droit de Varech, attribué par la Coutume de Normandie aux Seigneurs des Fiefs voisins de la mer, en satisfaisant par eux *aux charges y portées.*

POur l'intelligence de cet article & du suivant, mais principalement de celui-ci, il faut avoir recours à la Coutume de Normandie, tit. du Varech.

L'article 596 dit, sous ce mot de Varech & choses gayves, sont comprises, » toutes choses que l'eau jette à terre par tourmente & fortune de mer, ou qui » arrivent si près de terre, qu'un homme à cheval y puisse toucher avec sa lance.

Par-là nous avons une idée de ce qu'on entend en Normandie sous le nom de Varech & des choses gayves réputées Varech ; ce qui ne s'applique qu'aux choses jettées par le flot sur le rivage, ou si près de terre, qu'un homme à cheval y puisse toucher avec une lance.

Dans la même Coutume il est d'autres choses gayves, & suivant l'art. 603, ce sont choses qui ne sont appropriées à aucun usage d'homme, & qui ne sont réclamées par aucun. C'est ce qu'on appelle ailleurs épaves de terre, telles que sont les bêtes égarées ; mais il ne s'agit ici que des épaves de mer, toutes comprises en Normandie sous le terme de Varech, que les choses soient appropriées à l'usage de l'homme ou non.

Berault sur ledit art. 596 & C. B. R. en sa note que l'on trouve dans le Coutumier général sur l'art. 194 de la même Coutume, prétendent que ce mot *Varech* est tiré du mot Anglois *Vraich*, qui désigne cette herbe marine que notre Ordonnance appelle Varech ou Vraiq, sar ou gouêmon, dans le titre suivant, à la bonne heure ; mais que de là on ait appellé Varech tout ce que la mer jette sur le rivage, c'est ce qui n'a pu se faire que par une mauvaise application du terme, n'y ayant aucune analogie entre les deux significations qu'on lui a données.

Quoiqu'il en soit, le Varech ainsi spécifié & déterminé en Normandie appartient par la Coutume, au Seigneur du Fief sur lequel, c'est-à-dire sur le rivage duquel, il est trouvé s'il n'est réclamé dans l'an & jour. En conséquence il doit avoir la garde du Varech, après inventaire fait par la justice du Roi, pour être rendu au propriétaire qui le réclamera dans l'an & jour, si non il lui demeurera acquis. C'est là disposition des articles 597, 600 & 601, sauf les choses détaillées dans l'art. 602 qui sont dévolues au Roi.

C'est donc à ce droit de Varech que notre Ordonnance, dans le présent article, déclare n'entendre faire aucun préjudice ; ce qui est une exception unique

& privilégiée en faveur de la Province de Normandie. En vertu de ce privilége, tout Seigneur Féodal, noble ou roturier suivant l'art. 194 de la même Coutume, (qu'il ait la haute justice ou non, Berault pag. 927 & Pesnelle pag. 612,) ayant un Fief voisin de la mer, est fondé en droit de bris, naufrages & épaves, sur tout ce que la mer jette sur le rivage de son Fief, ou qui en approche assez pour qu'un homme à cheval y puisse toucher avec une lance; tandis que dans tout le reste du Royaume, nul Seigneur quelque qualifié qu'il soit, n'y peut rien prétendre, s'il n'en a une concession spéciale du Roi, comme il a été observé ci-dessus art. 26.

On ne voit point l'origine de ce privilége dont jouissent les Seigneurs Normands; on voit seulement que le droit municipal de leur Province le leur avoit attribué dès le temps de l'ancienne Coutume; & il suffit que l'autorité Royale l'ait confirmé dans le présent article, pour qu'il ne puisse plus leur être disputé, n'ayant pas besoin de titres particuliers pour s'en faire maintenir en possession.

Aux charges y portées. Ces charges ou plutôt ces conditions, sont 1°. de prendre le Varech des mains de la justice du Roi; c'est-à-dire, des Officiers de l'Amirauté, sans pouvoir s'en emparer d'autorité, ni par celle de sa justice, le cas étant déclaré Royal art. 597. 2°. De garder le Varech *sans l'empirer* & de faire vendre les effets périssables *en retenant marque ou échantillon*, &c. art. 599. 3°. Enfin de rendre le Varech au propriétaire qui le réclamera dans l'an & jour, sans exiger de lui autre chose que le payement des frais faits pour la garde & conservation des effets, suivant qu'ils seront réglés par justice, art. 600.

Au surplus ce droit de Varech doit être exactement resserré dans ses bornes; & puisqu'aux termes de la Coutume il ne s'entend que des effets jettés par la mer sur le rivage, ou poussés si près du rivage qu'un homme à cheval puisse y toucher avec sa lance; il faut dire que s'il s'agit d'effets naufragés, sauvés sur les flots ou à une distance plus grande, le Seigneur n'y peut rien prétendre, & qu'ils appartiennent au Roi & à M. l'Amiral, relativement au droit commun qui doit alors servir de régle; & c'est ce qui résulte au reste de l'art. 42 ci-aprés.

Dans le cas au contraire du véritable Varech, tout appartient au Seigneur à défaut de réclamation dans l'an & jour, *sans que puis après il en puisse être inquiété*, ajoute l'art. 601. C'est-à-dire, 1°. Que le Roi ni M. l'Amiral n'en peuvent demander aucune portion, s'il ne s'agit des choses énoncées dans l'article 602 & déclarées appartenir au Roi; dans lesquelles par conséquent M. l'Amiral prendroit la moitié comme dans les autres Provinces du Royaume.

2°. Qu'après l'an & jour, il n'y a plus de réclamation qui soit admissible, la fin de non-recevoir étant acquise contre les propriétaires; en quoi les Seigneurs sont moins généreux que le Roi & M. l'Amiral, qui ne tirent jamais à conséquence la fin de non-recevoir.

3°. Que le Varech après ce temps, appartient de plein droit au Seigneur qui en a eu la garde, sans qu'il soit obligé d'en demander la délivrance définitive aux Officiers de l'Amirauté.

4°. Enfin, que ceux qui ont trouvé & sauvé le Varech, doivent se contenter de leurs salaires, & ne sont pas fondés à prétendre le tiers des effets, conformément à l'art. 10 de l'Ordonnance de 1543 & à l'art. 20 de celle de 1584, attendu que le Parlement de Rouen, par son Arrêt de vérification du 17 Avril 1584, a modifié ces Ordonnances pour n'avoir lieu que suivant la Coutume du pays & les Arrêts de la Cour, & qu'en cette partie, la présente Ordonnance n'a du-tout point dérogé au droit & privilége des Seigneurs Normands.

ARTICLE XXXVIII.

LEur faisons toute-fois défenses de faire transporter les choses échouées, dans leurs maisons, avant l'arrivée des Officiers de l'Amirauté, & jusqu'à ce qu'elles ayent été par eux vues & inventoriées, *à peine de répondre de tout le chargement & de déchéance de leur droit.*

CEs défenses ne sont point nouvelles & n'ont rien que de conforme à la Coutume de Normandie, qui, dans l'article 597, *ne permet pas au* Seigneur *d'enlever ou de diminuer* le Varech, *jusqu'à ce qu'il ait été vu par la justice du Roi.* Or la justice du Roi, en cette partie n'a jamais été entendue que de la Jurisdiction de l'Amirauté, suivant l'observation de Berault sur ce même article & de Pesnelle page 614.

Notre article dit *vues & inventoriées*; ce qui semble ajouter quelque chose d'intéressant à celui de la Coutume de Normandie; mais Berault, *ibid*, déclare que la pratique a toujours été que les Seigneurs devoient prendre les effets des mains des Officiers de l'Amirauté, & que ce n'étoit qu'après un inventaire exact, que la garde leur en étoit confiée.

A peine de répondre de tout le chargement. Non-seulement dans ce cas, dit Berault, mais encore si les Seigneurs ont laissé piller & emporter des effets, sans s'y être opposés de tout leur pouvoir; ce qu'il appuye d'une Sentence de la Table de Marbre du 22 Novembre 1608, & ce qui est aussi conforme à la disposition de l'art. 4 ci-dessus.

Et de déchéance de leur droit. Non pour toujours, pour eux & leurs héritiers, ou ayant cause, comme l'a pensé mal-à-propos le Commentateur, puisque l'article ne le dit pas, & qu'une peine de cette conséquence doit être expressément prononcée par la loi pour avoir lieu; mais seulement pour cette fois. De maniére que le Seigneur qui sera contrevenu à la disposition de cet article, sera privé de son droit de Varech dans cette occasion, sans être exclus de la faculté de l'exercer à l'avenir; ce ne seroit qu'en cas de plusieurs récidives qu'il pourroit en être déclaré déchu à jamais.

ARTICLE XXXIX.

LEs Officiers de l'Amirauté établis sur les côtes de Normandie, après l'inventaire des effets sauvés, en chargeront les Seigneurs des Fiefs, ou personnes solvables en leur absence, à peine d'en répondre en leurs noms.

LE Commentateur observe fort bien, qu'il n'est parlé ici que des Officiers des Amirautés de Normandie, parce qu'il n'y a dans tout le Royaume que les Seigneurs des Fiefs situés dans cette Province qui ayent le droit de Varech; c'est-à-dire de bris, naufrage, échouement & d'épave de mer, sur-tout ce qui est jetté à la côte & échoué sur le rivage, sans avoir besoin de titres.

Mais comme le profit résultant de ce droit, ne peut leur être acquis qu'à défaut de réclamation dans l'an & jour, & qu'ainsi il est extrêmement intéressant pour les propriétaires, que les effets sauvés soient constatés par un inventaire fidéle, avant de passer sous la garde des Seigneurs, chacun en ce qui les concerne, & pour ce qui s'en est trouvé sur le rivage de leurs Fiefs; c'est par cette raison que l'article précédent leur défend de faire transporter aucuns de ces effets dans leurs maisons, avant l'inventaire qui en doit être fait par les Officiers de l'Amirauté, & que par celui-ci il est décidé, que ces Officiers, après l'inventaire, les en chargeront; c'est-à-dire, leur en laisseront ou confieront la garde, pour en faire la représentation & la remise aux propriétaires qui les réclameront dans l'an & jour.

Si le Seigneur se présente en personne sur le lieu, ou par un Procureur fondé de procuration suffisante; ce qui s'entend, ou d'un pouvoir spécial particulier, ou d'un pouvoir général pour tous les Varechs qui se trouveront sur son Fief; c'est à lui qu'il faut laisser la garde du Varech, en le chargeant de le représenter s'il y écheoit conforme à l'inventaire, dont à cette fin, je pense qu'il faut lui donner une copie; & ce n'est qu'en son absence ou d'un Procureur de sa part, que la garde en doit être confiée à d'autres personnes.

Tel est le privilége du Seigneur de Fief en Normandie; de sorte que ce n'est pas même le cas d'examiner s'il est d'une solvabilité suffisante ou non; pourvu toute-fois qu'il soit partie capable pour s'engager irrévocablement; sur quoi voir *infra* l'art. 43 : mais aussi, parce que le dépôt entre ses mains est nécessaire & que ce n'est qu'à raison ou à l'occasion de son Fief, je ne doute nullement que pour la restitution du Varech, les réclamateurs n'ayent une hypothéque privilégiée sur son Fief, préférable à tous autres créanciers, avec la contrainte par corps.

En son absence, cet article veut que les Officiers de l'Amirauté chargent de la garde du Varech, des personnes solvables; ce qui est conforme à l'art. 598 de la Coutume de Normandie, qui n'ajoute pas néanmoins comme notre article, *à peine d'en répondre en leurs noms*; mais Berault long-temps avant cette Ordonnance avoit cru que la peine étoit de droit, & comme telle il l'avoit suppléée dans ladite Coutume de Normandie pag. 920.

Cependant cette garantie de la solvabilité des dépositaires choisis par les Officiers de l'Amirauté, en l'absence du Seigneur ou de son porteur d'ordre, ne doit s'entendre que relativement aux observations qui ont été faites sur l'art. 15 ci-dessus.

Et cela feroit encore moins de difficulté, si le choix des dépositaires étoit fait de l'aveu des Officiers du Seigneur, ou de son homme d'affaires; ce qui s'entend néanmoins, pourvu que ce ne soient pas eux-mêmes qui soient choisis, s'ils ne sont d'une solvabilité bien reconnue, suivant la remarque du même Berault *ibidem* & de Pesnelle pag. 614.

Mais en aucun cas, les Officiers de l'Amirauté ne peuvent, selon moi, ordonner le dépôt à leur Greffe, soit parce que le présent article & le 598 de la Coutume de Normandie, en disposent autrement; soit parce que le Roi & M. l'Amiral n'ayant rien à prétendre à la chose, ce ne pourroit être que par affectation qu'ils seroient faire le dépôt à leur Greffe, sur-tout des effets en nature, à cause du droit de magasinage qui seroit censé avoir déterminé leur choix.

ARTICLE XL.

LE salaire des ouvriers employés à sauver & transporter les effets naufragés chez le Seigneur, sera taxé & payé en la maniére prescrite par les articles XI. & XIII. du présent titre, sans que les Officiers d'Amirauté puissent taxer aucune chose aux Seigneurs pour droit de sauvement, vacations ou journées par eux prétendues employées à la garde du Varech. Faisons défenses aux Seigneurs de rien exiger sous ce prétexte, à peine du quadruple, de quinze cens livres d'amende, & de privation de leurs droits.

OR par l'article 11 ci-dessus, il est dit *qu'il sera fait taxe raisonnable aux ouvriers pour leurs salaires sur les états de leur travail*, qui auront été tenus par les Officiers de l'Amirauté, aux termes des art. 8 & 9; & l'art. 13 auquel celui-ci se rapporte également, porte que, *s'il ne se présente point de réclamateurs dans le mois après que les effets auront été sauvés, il sera procédé par les Officiers à la vente de quelques marchandises des plus périssables, & les deniers en provenans seront employés au payement des salaires des ouvriers, dont sera dressé procès-verbal*; sur quoi voir ce qui a été observé sur ledit article 13.

A quoi il convient d'ajouter ici, conformément à l'article 15, que si le dommagé arrivé aux effets est tel qu'il ne puisse être réparé, ni les marchandises gardées sans perte considérable, la vente en sera faite, par les Officiers de l'Amirauté, pour les deniers en provenans être déposés entre les mains du Seigneur ou de personnes solvables en son absence, relativement à l'article précédent, & à la disposition de l'art. 599 de la Coutume de Normandie.

Tout cela suppose par conséquent, que ces diverses opérations doivent être faites avec le Seigneur s'il est présent, comme partie intéressée essentiellement, attendu qu'il se peut qu'il n'y ait pas de réclamation dans l'an & jour; ou dans son absence avec son porteur de procuration, ses Officiers ou gens d'affaires.

Mais dans tous ces cas, cet article défend expressément aux Officiers de l'Amirauté, d'allouer aucune somme aux Seigneurs, ni par conséquent à leurs représentans, pour droit de sauvement, vacation, ou journées par eux employées à la garde du Varech; & parce que sous main les Seigneurs pourroient se dédommager, l'article leur défend tout de même, de rien exiger des réclamateurs sous ce prétexte, à peine du quadruple, de 1500 livres d'amende & de privation de leurs droits.

Dans le premier cas, il y auroit en effet de l'indécence & quelque chose de plus de la part d'un Seigneur à demander le salaire de ses journées comme un manœuvre ; d'autant plutôt encore, que n'étant point obligé par état de se trouver au sauvement des effets, il n'y peut assister que pour son propre intérêt ; c'est-à-dire, que pour la conservation d'un Varech qui doit lui appartenir à défaut de réclamation dans l'an & jour ; & dans le second cas, c'est une exaction ou concussion dont il se rend coupable, en exigeant, par abus de son autorité, des droits que l'Ordonnance lui refuse absolument & à si juste titre.

Cependant comme notre article ne parle que des vacations pour journées employées par les Seigneurs au sauvement & à la garde du Varech ; je ne doute nullement, que s'ils ont fourni des magasins pour la garde des effets, ils ne soient fondés, comme tous autres dépositaires, à prétendre le loyer des magasins, suivant la taxe qui en sera faite par les Officiers de l'Amirauté, puisque ces loyers étant de nécessité, il auroit fallu les payer à d'autres personnes, si les Seigneurs n'avoient pas fourni eux-mêmes les magasins. Cela résulte au reste de la disposition de l'art. 600 de la Coutume de Normandie, auquel celui-ci ne paroît nullement avoir voulu déroger.

ARTICLE XLI.

NE pourront les Seigneurs sous prétexte de leur droit de Varech, empêcher les maîtres de se servir de leur équipage, pour alléger leurs bâtimens échoués & les remettre à flot ; ni les forcer de se servir de leurs valets & vassaux, sous pareille peine de quinze cens livres d'amende & de perte de leur droit.

LA disposition de cet article est si naturelle, & d'une justice si évidente, qu'on l'auroit suppléée, si elle eût été omise. Aussi n'avoit-elle pas échappé au législateur, Auteur de la compilation des jugemens d'Oleron, comme il résulte de l'art. 29.

Quoi de plus juste en effet, que de laisser au maître ou capitaine d'un navire, la faculté de travailler par lui-même & avec le secours des gens de son équipage à alléger son navire pour le retirer de l'échouement & le remettre à flot.

Du même principe il s'ensuit que le Seigneur ne peut le forcer non plus de se servir de ses valets, vassaux & tenanciers ; & il y en a même une raison de plus, sçavoir que ces hommes du Seigneur, au lieu de travailler de bonne foi à sauver le navire & à le remettre à flot, pourroient convertir l'échouement dans un naufrage complet ; & c'est sans doute par cette double considération, que cet article prononce contre le Seigneur coupable d'une telle prévarication, une amende de 1500 liv. & la perte de son droit.

Il n'en seroit pas même quitte pour cela, s'il étoit justifié que ses gens eussent percé le navire ou manœuvré de manière à le faire périr nécessairement. Ce seroit alors le cas de l'art. 44. ci-dessous, s'il y avoit preuve que ses gens n'auroient ainsi prévariqué que par son ordre ; ou le moins qui en pourroit arriver, à cause de la présomption trop naturelle qu'il y auroit trempé, ce seroit qu'il fût responsable de tout le dommage absolument, comme y ayant donné lieu.

Cet article au reste est dans toute la régle du droit de Varech, puisque ce droit ne peut s'étendre que sur les effets jettés par la mer sur le rivage, ou qui en approchent assez pour qu'un homme à cheval y puisse toucher avec sa lance, & qu'il est impossible qu'un navire échoue assez près du rivage pour se trouver dans ce cas. Mais quand il pourroit en arriver autrement, il ne seroit pas moins libre aux gens de l'équipage de travailler à relever le navire; & il seroit également défendu au Seigneur de les forcer de recevoir le secours de ses gens, dès qu'ils ne voudroient pas l'accepter.

Il n'y a en pareil cas que les Officiers de l'Amirauté qui puissent ordonner les manœuvres convenables pour le sauvement du vaisseau & de ses effets; & par conséquent obliger les gens de l'équipage d'accepter les secours dont ils croiroient pouvoir se passer. A l'égard des Seigneurs de Normandie, leur droit de Varech les rend trop suspects, pour qu'on ne doive pas se défier des secours qu'ils peuvent offrir. C'est à eux à attendre qu'on leur en demande, & alors ils rentrent dans la cathégorie des Seigneurs des autres Provinces; il faut qu'ils se conforment à la disposition de l'art. 4 ci-dessus sous les peines qui y sont portés.

Mais pour nous renfermer ici dans l'espéce du présent article, où il s'agit d'un bâtiment échoué, que le maître & les gens de son équipage s'éfforcent de relever, en l'allégeant, pour le remettre à flot; de ce qu'il est défendu au Seigneur de les troubler dans ce travail sous prétexte de son droit de Varech, il s'ensuit que s'ils viennent à bout de retirer le navire de son échouement, le Seigneur n'y peut rien prétendre, ni empêcher qu'on ne donne au bâtiment le radoub nécessaire pour qu'il remette en mer ou qu'il gagne un port; & cela quand même le secours de ses gens auroit été accepté, parce qu'en ce cas tout se réduit au payement de leurs salaires, suivant la taxe qui en sera faite par les Officiers de l'Amirauté.

Il s'ensuit aussi, non-seulement, qu'il est libre au maître ou capitaine de se servir d'alleges, bateaux de pêcheurs ou autres bâtimens, pour recevoir & mettre en sûreté les marchandises qui seront tirées du navire pour l'alléger; mais encore qu'il pourra faire tirer à terre par les gens de son équipage, les futailles & autres choses flottantes qui seront sorties naturellement du navire, ou qu'il aura fait jetter à la mer, sans que le Seigneur y puisse non plus rien prétendre à raison de son droit de Varech, qu'il ne peut faire valoir que sur les seuls effets que le flot aura jettés sur le rivage.

Mais il est entendu, que toutes ces manœuvres, le capitaine ne peut les faire faire de son chef qu'avant l'arrivée des Officiers de l'Amirauté ou en leur absence, parce que, eux présents, tout le travail doit être réglé & ordonné par eux, comme il a été observé *suprà* art. 6, 7 & 8.

ARTICLE XLII.

NE pourront non plus le Riverains, sous prétexte du même droit de Varech, prétendre aucune part aux effets *trouvés sur les flots ou pêchés en pleine mer*, & amenés sur les grèves en l'endroit de de leurs Seigneuries, ni sur les *poissons gras & autres qui y seront conduits & chassés par l'industrie des pêcheurs.*

C'Est parce que le droit de Varech en Normandie, comme il a déjà été remarqué plus d'une fois, n'a lieu que sur les effets jettés par la mer sur le rivage, ou qui en sont si près qu'un homme à cheval y puisse toucher avec sa lance.

Il ne peut donc pas influer sur les effets sauvés sur les flots ou pêchés en pleine mer; & c'est aussi ce que décide formellement cet article, quoique ces effets soient amenés sur les gréves contigues aux Fiefs des Seigneurs; ce qu'il faut entendre, par qui que ce soit que ces effets soient amenés sur les gréves, même par les gens des Seigneurs, sauf le payement de leurs salaires.

De sorte qu'en pareil cas, il faut distinguer ces effets, de ceux qui seront venus naturellement à la côte pour ne mettre que ces derniers sous la garde des Seigneurs, après que l'inventaire en aura été fait relativement à l'art. 39 ci-dessus, parce qu'il n'y a effectivement que ceux-là qui puissent être dévolus aux Seigneurs par droit de Varech, à défaut de réclamation dans l'an & jour. Quant aux autres effets, c'est aux Officiers de l'Amirauté à veiller à leur garde & conservation, conformément aux art. 6 & suiv., les choses à cet égard étant dans les termes du droit commun & devant absolument être réglées, tout comme si le naufrage ou l'échouement fût arrivé en toute autre Province que celle de Normandie; de maniére que sauf l'exécution de l'art. 27, ces effets, à défaut de réclamation aussi dans l'an & jour, appartiendront par moitié au Roi & à M. l'Amiral.

Par cette raison que ce droit de Varech est borné aux effets arrivés naturellement, & jettés par le flot à la côte, il faut prendre garde que cet article n'excepte pas simplement, comme le 27, *les effets trouvés en pleine mer ou tirés de son fond*; mais qu'il ajoute ceux qui seront *trouvés sur les flots.* Ce qui s'entend néanmoins de façon, qu'ils ne soient pas assez près du rivage pour qu'un homme à cheval y puisse toucher avec une lance, parce qu'alors ce seroit le cas du Varech; mais à une plus grande distance c'est autre chose, en telle sorte que quoique ces mêmes effets auroient pu naturellement être poussés par les flots sur le rivage, ils sont exempts du droit de Varech, dès qu'ils y sont amenés par main d'homme, parce que c'est les avoir trouvés & sauvés sur les flots, ce qui suffit aux termes de cet article.

Il en est de même des poissons, gras ou à lard, qui de droit sont également sujets au droit de Varech; c'est-à-dire qu'il faut pour cela qu'ils viennent à la côte naturellement, *& sans aide d'homme*, comme le décide l'art. 602 de la Coutume de Normandie, & plus disertement le présent article, en ces termes exclusifs du droit de Varech, *poissons gras & autres qui y seront conduits & chassés par l'industrie des pêcheurs.* Sur quoi il est à observer toutefois, que ce mot *pêcheurs* n'indique qu'une qualité relative à ceux qui conduisent & chassent le poisson, sans exiger qu'ils soient pêcheurs de profession, parce qu'en cette partie ils sont réellement pêcheurs, ce qui suffit.

Au reste les poissons gras dont parle cet article, sont les poissons à lard qui sont le sujet de l'art. 29 ci-dessus, *ubi vide notata.* Ce sont donc ces poissons, autres que les royaux, qui, venus à la côte, *sans aide d'homme*, appartiennent au

Seigneur en entier par droit de Varech. Il y a plus, & il en faut dire autant de tous autres poissons trouvés sur le rivage, non-seulement parce que cet article dit, *poissons gras & autres*; mais encore parce que l'article 603 de la Coutume de Normandie, n'excepte absolument que le poisson royal, attribuant tout le reste aux Seigneurs.

ARTICLE XLIII.

Les Seigneurs des Fiefs seront tenus six mois après la publication des présentes, *de faire borner entr'eux du côté de la mer, leurs terres qui aboutissent sur les grèves*, à peine des dommages & intérêts de qui il appartiendra.

Le motif de cet article a été de prévenir les contestations qui auroient pu s'élever entre les Seigneurs des Fiefs voisins du rivage, où se trouveroient des effets échoués ou naufragés, & d'en éviter les suites facheuses. C'est pour cela uniquement qu'il leur a été enjoint, *de faire borner entre eux du côté de la mer leurs terres qui aboutissent sur les grèves*, afin que l'étendue du Fief d'un chacun étant déterminée, il n'y eût aucune difficulté pour reconnoître & distinguer les effets sujets au droit de Varech, aussi d'un chacun.

Ce droit étant précisement attaché & inhérent au Fief, ne doit donc être considéré que comme un droit purement réel, abstraction faite de la personne du Seigneur propriétaire ou possesseur du Fief. Ainsi il importe peu que le Seigneur soit noble ou roturier; laïc ou écclesiastique. Et comme il suffit aux termes de la présente Ordonnance & de la Coutume de Normandie, d'être Seigneur Féodal, Seigneur de Fief, sans qu'il soit fait mention de la justice; il s'ensuit aussi qu'il importe peu tout de même, que le Fief ait la haute justice ou non, même qu'il n'ait aucun droit de Jurisdiction. De maniére que le vassal dont le Fief touche au rivage de la mer, doit jouir du droit de Varech, quoique son Fief soit sans aucune jurisdiction, à l'exclusion de son Seigneur suzerain, dont la haute justice s'étend sur ce même Fief.

De ce que ce même droit est purement réel, dû, *ratione fundi & non ratione personæ*, & qu'il est indépendant de tout droit de jurisdiction; il s'ensuit encore qu'il fait partie des fruits & profits du Fief; en un mot qu'il est, ce qu'on appelle *in fructu*, & par conséquent qu'il appartient non seulement à l'usufruitier du Fief ou à la douairiere; mais encore au Fermier si par l'Acte de Ferme le Seigneur bailleur n'en a fait une réserve expresse ou implicite: mais la réserve sera implicite, si le Seigneur a retenu en général les droits & profits casuels; parce que les lods & ventes y étant compris, le droit de Varech qui est incomparablement plus casuel encore, est à plus forte raison censé réservé.

Si le Fief appartient à l'Eglise, comme le bénéficier ne peut engager le fond du bénéfice, & que d'ailleurs en pareil cas, il n'y auroit pas lieu à la contrainte par corps contre le bénéficier; ce seroit inutilement qu'il demanderoit la garde du Varech, s'il n'offroit en même temps bonne & suffisante caution; ou les Officiers de l'Amirauté qui lui confieroient ce dépôt sans cette précaution, s'exposeroient à en répondre en leurs noms envers les propriétaires réclamateurs.

Il en faut dire autant si le Fief est possedé par une douairiere, les raisons étant absolument les mêmes.

A l'égard de l'usufruitier ordinaire, quoique sujet à la contrainte par corps pour la restitution du Varech qui lui seroit confié, comme il ne peut pas non plus engager le Fief au préjudice du propriétaire, il y auroit également de l'indiscretion à lui laisser la garde du Varech, sans exiger de lui une caution ; avec cette seule différence qu'on pourroit alors ne pas regarder d'aussi près à la solvabilité de la caution.

Même décision par rapport au Fermier qui, par la nature de sa Ferme, auroit le droit de Varech, quoiqu'on pourroit dire ce semble, que le Seigneur l'ayant subrogé en son lieu & place, devroit répondre subsidiairement de sa solvabilité. Mais cela seroit trop rigoureux, & d'ailleurs ne sauroit se soutenir en point de droit. Il ne faut pas confondre un Fermier avec un porteur de procuration, qui représente essentiellement celui dont il a le pouvoir, & qui par conséquent l'engage aux termes du pouvoir, suivant l'Axiome, *qui per alium facit, per se ipsum facere videtur.*

Enfin pour ce qui est du Seigneur de Fief en minorité, s'il a un tuteur, nul doute que la garde du Varech ne doive être confiée à ce tuteur, sans qu'on puisse exiger de lui caution, parce qu'il représente aussi essentiellement & qu'il engage aussi efficacement son mineur, pour tout ce qui regarde son administration, qu'un porteur de procuration engage le majeur dont il a le pouvoir.

Mais s'il n'a plus de tuteur parce qu'il est émancipé, sa majorité féodale ne suffisant pas en pareille hypothése pour l'engager sans espérance de restitution ; c'est le cas de ne lui laisser la garde du Varech que moyenant bonne & suffisante caution.

Au surplus dans les cas ci-dessus de l'usufruitier & du Fermier, les défenses portées par l'art. 40, au sujet des journées par eux employées au sauvement & à la garde des effets, les regardent absolument comme le Seigneur propriétaire du Fief, de même que celles des articles 38 & 41 & de celui qui suit.

Il reste à observer sur celui-ci, que si, faute par les Seigneurs d'avoir constaté & réglé entre eux les bornes de leurs Fiefs voisins de la mer, il s'éleve des contestations, qui arrêtent ou suspendent le sauvement & le transport des effets en lieu de sûreté, ou qui de quelque maniére que ce soit occasionnent des dommages & intérêts, ils en répondront aux termes de cet article, à qui il appatiendra ; c'est-à-dire, qu'ils en feront raison aux propriétaires réclamateurs, & cela solidairement, attendu la faute commune à tous les contendans ; sauf à eux à faire décider sur qui la faute devra être rejettée en particulier, & par conséquent qui devra en supporter la peine tant en principal que tous accessoires.

ARTICLE XLIV.

Seront punis de mort les Seigneurs des Fiefs voisins de la mer, & tous autres qui auront forcé les pilotes ou locmans, de faire échouer les navires aux côtes qui joignent leurs terres pour en profiter, sous prétexte de droit de Varech, ou autre, tel qu'il puisse être.

SI les Seigneurs riverains de Normandie ſont déſignés ici plus particuliérement que les Seigneurs des autres Provinces maritimes, c'eſt que l'intérêt de leur droit de Varech pourroit les tenter & les porter plus aiſément à pratiquer cet indigne & exécrable moyen de le faire valoir.

Mais parce que c'eſt un crime capital & horrible de forcer des pilotes ou locmans de faire échouer des navires, quel que ſoit le motif qui le faſſe commettre, notre article n'a rien de trop rigoureux ; & au contraire eſt extrêmement juſte en ſoumettant à la peine de mort tous ceux qui en ſeront coupables, Seigneurs & toutes autres perſonnes indiſtinctement.

Ainſi un capitaine de navire qui en aura uſé de la ſorte encourra la même peine ; & c'eſt auſſi la diſpoſition de l'article 36 tit. 1er. liv. 2 ci-deſſus, pour le cas où il a lui-même fait échouer ou périr ſon vaiſſeau. Mais comme ce même article ſuppoſe qu'il l'ait fait malicieuſement, & qu'il a été obſervé ſur le même article, qu'il n'y aura rien à lui imputer, ſi l'échouement eſt devenu néceſſaire pour ſe garantir d'un naufrage abſolu & inévitable ſans cela, pourvu néanmoins qu'il ne ſe ſoit déterminé à l'échouement que par l'avis du plus grand nombre de l'équipage ; il en faut dire autant du cas même où il y aura à bord un pilote côtier ou locman, quoique ce pilote ſe ſoit oppoſé à l'échouement, l'avis du plus grand nombre en pareilles circonſtances devant toujours l'emporter, & ſervir d'excuſe à un capitaine ; d'autant plutôt que l'expérience n'apprend que trop que les pilotes lamaneurs ne ſont pas exempts de fautes, même les plus lourdes, par imperitie ou autrement. Mais ſi de ſon chef & contre l'avis de ſon équipage il forçoit le pilote d'échouer le navire, il ſeroit dans le cas de notre article ; ou s'il y avoit quelques circonſtances capables de faire préſumer qu'il n'auroit pas eu deſſein de commettre en cela un crime, il ſeroit pour le moins reſponſable de tous les dommages & intérêts, & déclaré indigne de commander à l'avenir aucun navire.

Quoique l'article ne parle que de ceux qui auront forcé les pilotes d'échouer des navires, il eſt évident qu'il faut l'appliquer tout de même à ceux qui les y auront incités, portés & engagés moyennant argent ou promeſſe de recompenſe ; parce qu'alors ils ſeront tous coupables & complices du crime. Auſſi eſt-ce la diſpoſition formelle de l'article 26 des jugemens d'Oleron, cité ſur l'article 2 ci-deſſus, & qui eſt d'autant plus remarquable, que le genre de ſupplice prononcé contre les Seigneurs, aſſez cruels pour ſe prêter à d'auſſi déteſtables manœuvres, eſt plus ſingulier.

Pour ce qui eſt des pilotes locmans qui de deſſein prémédité font échouer ou périr les navires, leur punition eſt marquée à part & différemment, dans l'art. 25 des mêmes jugemens d'Oleron. Il en eſt parlé ci-deſſus art. 18 tit. 3 du préſent livre.

ARTICLE XLV.

CEux qui allumeront la nuit des feux trompeurs ſur les gréves de la mer, & dans les lieux perilleux, pour y attirer & faire perdre les navires ſeront auſſi punis de mort, & leurs corps attachés à un mât planté aux lieux où ils auront fait les feux.

AU moyen de ces feux trompeurs, les navigateurs n'en seroient pas quittes vraisemblablement pour un échouement simple de leur navire ; le naufrage complet s'ensuivroit, selon toute apparence, peut être même avec perte de la vie. Ainsi le crime étant encore plus grand que dans le cas du précédent article, il étoit tout naturel d'ajouter l'ignominie à la peine de mort, en ordonnant que les corps des coupables condamnés, fussent attachés à un mât ou poteau planté dans le lieu où le feu auroit été fait, afin que la honte & la sévérité du supplice servissent à détourner de pareils crimes.

Ces feux trompeurs, aux termes de notre article, sont ceux qui sont allumés la nuit sur les gréves & autres endroits périlleux pour y attirer & faire perdre les navires. Ainsi il ne faut pas les confondre avec les feux ordonnés pour la garde-côte par l'art. 5 tit. 6 ci-dessus, ni avec ceux que les pêcheurs doivent montrer, suivant plusieurs articles du tit. 5 du livre suivant ; encore moins avec les feux entretenus pour la sûreté de la navigation.

Il ne faut pas non plus les confondre avec les autres feux qu'il est défendu aux mêmes pêcheurs de montrer sur leurs bâtimens par l'art. 7 dudit tit. 5, puisqu'à ce sujet il n'échoit qu'une punition corporelle, au lieu que dans le présent article il s'agit de la peine de mort. Cependant, si ces pêcheurs se plaçoient près de la côte dans des endroits dangéreux, & qu'ils y fissent des feux capables d'attirer les navires près d'eux, il faudroit dire qu'ils seroient dans le cas de cet article.

Tel est aussi l'avis de Loccenius, *de jure maritimo lib. 3 cap. 9* n. 23 & 24 *fol. 315* : mais il semble exiger que la mort ou le naufrage s'ensuive, de même que Peckius *de re nauticâ* sur la loi 10 ff. *de incend. ruin. nauf. fol* 366. En quoi il y a trop d'indulgence ; car enfin ces feux n'étant montrés qu'à dessein de tromper les navigateurs, le crime est commis par ce seul fait, & il n'est pas question d'en juger par l'événement, Ce seroit enhardir les coupables à tenter l'aventure par l'espérance de l'impunité ou d'en être quittes pour un léger châtiment ; & de quelle conséquence ne seroient pas d'aussi pernicieux exemples !

C'est par cette raison au reste que Vinnius sur cet endroit de Peckius, après avoir dit *nam hæc res & pravissimi exempli est*, a ajouté, *& quid aliud est, ostenso lumine, dolo malo hominem in perniciem trahere, quam mortis causam præbere?* A quoi l'on peut joindre la loi 15 *ff. ad legem Corneliam de sicariis*, conçue en ces termes : *nihil interest occidat, quis, an causam mortis præbeat.*

TITRE X.

DE LA COUPE DU VARECH OU VRAICQ, SAR OU GOUESMON.

NOTRE Ordonnance a réuni ces termes, *varech ou vraicq*, *ſar ou goueſmon*, qui expriment la même choſe, pour ſe faire entendre dans les différens pays où cette choſe n'eſt connue que ſous l'un de ces noms.

En effet, l'herbe dont il eſt ici queſtion, s'appelle en Normandie varech ou vraicq; en Aunis, Saintonge & Poitou, ſar ou ſart; & en Bretagne, goueſmon.

On peut voir dans les Dictionnaires ce que c'eſt que cette herbe, qui croît ſur les rochers & ſur les banches, ou bancs de pierre, que la mer arroſe continuellement, ou à toutes les marées.

Il y a des côtes qui en ſont prodigieuſement garnies, d'autres où l'on en trouve peu, & d'autres enfin où l'on n'y en voit qu'autant que la mer y en apporte d'ailleurs. Il eſt à remarquer à ce ſujet, que dans les temps où la mer eſt extraordinairement agitée par la tempête & par des ouragans, la violence de ſes flots détache des rochers & des banches une grande quantité de cette herbe, qu'elle réunit & amoncéle par le mouvement qui la rapproche & l'éloigne continuellement du rivage; il eſt à remarquer, dis-je, qu'après avoir formé des maſſes prodigieuſes de ces brins d'herbes, qu'elle a recueillis de divers endroits, elle s'en décharge enfin ſur quelques plages, par des flots redoublés, à la faveur d'un vent impétueux.

C'eſt ordinairement dans des anſes ou enfoncemens qu'elle fait ces ſortes de dépôts, & ils y ſont plus ou moins conſidérables, ſelon que la tempête a été plus ou moins violente & longue.

Comme cette herbe eſt très-propre à engraiſſer & fertiliſer les terres, l'ardeur à la ramaſſer eſt telle, que les habitans des côtes ſuſpendent toute autre occupation pour aller recueillir celle qu'ils ſavent avoir été jettée par la mer ſur les gréves. Ils épient même le temps où ils prévoyent qu'il pourra y en avoir ſur le rivage, pour ne pas ſe laiſſer prévenir par d'autres : car, en cette partie, il n'y a de préférence pour perſonne; la choſe eſt au premier occupant, aux termes de l'art. 5 ci-après.

Il en eſt autrement du ſart attaché au rocher ou à la banche. L'Ordonnance veut qu'on le regarde comme faiſant partie du territoire; &, par cette raiſon, elle en attribue la récolte aux habitans voiſins du même territoire. Mais comme d'un côté la diſtribution en ſeroit néceſſairement inégale entr'eux, s'il n'y avoit pas un temps fixé pour la coupe, afin que tous puiſſent en profiter; & que, d'un autre côté, il eſt intéreſſant pour la conſervation du frai du poiſſon, que la coupe du ſart ne ſe faſſe pas en tout temps, il étoit néceſſaire d'y établir une police; & c'eſt à quoi l'Ordonnance a pourvu dans ce titre. Il eſt vrai que depuis long-temps cette police eſt négligée, ſur-tout en Aunis; mais, trop utile pour être ſujette à preſcription, il ſera facile de la faire revivre, dès que les habitans qui y ont intérêt le requerront, ou que quelque autre circonſtance l'exigera.

Une derniére propriété ou utilité du ſart, c'eſt qu'il eſt propre à la fabrication du verre; mais les priviléges accordés aux Directeurs & Entrepreneurs des Verreries, ne peuvent donner atteinte au droit attribué par notre Ordonnance aux habitans des paroiſſes ſituées ſur les côtes de la mer.

Il eſt intervenu ſur cette matiére une Déclaration du Roi du 30 Mai 1731, qui, en confirmant toutes les diſpoſitions des articles dont ce titre eſt compoſé, y en a ajouté de nouvelles. Il eſt vrai que cette Déclaration ne regarde que les provinces de Flandres, pays conquis & reconquis, Boulonois, Picardie & Normandie; mais, à cela près que les temps pour faire la coupe du ſart y ont trop variés pour faire régle ailleurs, on y trouve des déciſions qui conviennent à tous les pays où l'on fait uſage de cette herbe : c'eſt pourquoi elle ſera tranſcrite à la ſuite de ce titre.

ARTICLE PREMIER.

L*Es habitans des Paroiſſes ſituées ſur les côtes de la mer, s'aſſembleront* le premier Dimanche du mois de Janvier de chacune année, à l'iſſue de la Meſſe paroiſſiale, pour régler les jours auxquels devra commencer & finir la coupe de l'herbe appellée varech & vraicq, ſart ou goueſmon, croiſſant en mer à l'endroit de leur territoire.

IL réſulte inconteſtablement de la diſpoſition, tant de cet article que du troiſiéme & du quatriéme, que le ſart vif, c'eſt-à-dire, celui qui tient par la racine au rocher ou à la banche, eſt une dépendance du ſol, & qu'à ce titre la dépouille en appartient aux habitans de la paroiſſe du territoire, privativement à tous autres, à qui il eſt défendu, & de même au Seigneur, de les troubler dans l'exercice de ce droit : mais c'eſt à condition par eux de ſe ſervir de ce ſart pour améliorer leurs terres de la même paroiſſe, ſans pouvoir le tranſporter ailleurs ni le vendre aux forains, à peine de cinquante livres d'amende, & de confiſcation des chevaux & harnois.

La raiſon pour laquelle le ſart vif a été attribué aux habitans de chaque paroiſſe du territoire où il croît, eſt ſans doute l'incommodité & le dommage qu'ils reçoivent du voiſinage de la mer; ſoit par les vents impreignés de parties ſalées qui brûlent & deſſéchent ſi ſouvent la feuille & la fleur des arbres & des vignes, de même que les fruits de toute eſpéce, des terreins trop près des côtes;

ſoit par l'écume que la mer en courroux éléve en précipitant ſes flots à coups redoublés contre le rivage : écume qui, franchiſſant les falaiſes même les plus hautes, ſe décharge comme un brouillard épais ſur toutes les terres des environs, & même à une aſſez grande diſtance.

Il étoit donc juſte que les poſſeſſeurs des terres ſujettes à de pareils ravages, dont le moindre effet eſt de les rendre arides & brûlantes, reçuſſent une ſorte de dédommagement, au moyen de l'octroi du privilége de recueillir ſur leurs côtes une herbe propre à fertiliſer ces mêmes terres.

Mais, comme il a été obſervé, il étoit néceſſaire d'établir une police pour la coupe de cette herbe ; & cela par deux raiſons. La premiére pour garder l'égalité, autant qu'il étoit poſſible, entre ceux qui devoient participer au même privilége, en leur aſſignant un temps durant lequel ils pourroient tous concourir à cette ſorte de moiſſon ; de peur que ſans cela les plus âpres & les plus entreprenans, n'uſaſſent d'une diligence préjudiciable aux autres ; & la ſeconde pour conſerver le frai du poiſſon, auſſi-bien que le petit poiſſon, qui, trop foible pour lutter contre les vagues de la mer, lors même qu'elle n'eſt pas agitée, ou pour en ſoutenir la trop grande fraicheur, trouve ſous le ſart un abri qui tout à la fois le met hors d'inſulte de la part des vagues, de même que des gros poiſſons, & lui fait reſſentir une chaleur douce, cauſée par le ſoleil qui échauffe, dans la belle ſaiſon, la partie du rivage que la mer découvre pendant le reflux ou le temps qu'elle employe à ſe retirer.

Cette derniére raiſon, bien plus conſidérable encore que l'autre, ne frappe pas certaines gens, à qui il ſemble que c'eſt ſe défier de la providence que de prendre des précautions pour empêcher la deſtruction du petit poiſſon. Selon eux, & ce ne ſont pas toujours des gens du peuple qui tiennent ce langage, la mer eſt inépuiſable, & le petit poiſſon pris qu'on lui rendroit, en vue de le laiſſer groſſir, deviendroit la proye, ou d'un autre pêcheur, ou des gros poiſſons. Pitoyable raiſonnement ! qui ne vaut pas la peine d'être réfuté, ou plutôt qui ne l'eſt que trop par une funeſte expérience. La pêche du poiſſon frais eſt en effet extraordinairement diminuée ſur toutes les côtes du Royaume. A la Rochelle en particulier, il y avoit depuis moins de quarante ans, trente-trois maîtres de traverſiers, ou autres bâtimens faiſant la pêche, & actuellement on n'en compte que neuf. D'où cela procéde-t-il, ſi ce n'eſt de la ſtérilité de la pêche ? Et cette diſette, à quoi peut-on l'attribuer, ſinon à la dévaſtation du petit poiſſon & du frai, par le moyen des parcs & bouchots, où, malgré l'attention des perſonnes prépoſées pour y veiller, on ſe ſert d'engins & de filets avec leſquels les plus petits poiſſons ſe trouvent pris, ſans qu'il en puiſſe échapper aucuns ? Mais ce ſont-là des plaintes anticipées qu'il ne faut pas pouſſer plus loin ici ; il convient de les réſerver pour le livre ſuivant. Venons au détail de notre article.

Les habitans : ſoit propriétaires, ſoit cultivateurs à titre de ferme ou colonage, ſoit même qu'ils n'ayent aucun bien à faire valoir, puiſqu'ils n'en ſont pas moins habitans de la paroiſſe. Par rapport aux fermiers ou colons, leur droit à la coupe du ſart ne peut être révoqué en doute, attendu qu'il ne s'agit ici que d'engraiſſer des terres, pour leur faire produire les fruits qu'elles ne donneroient pas ſans cela, ou du moins en auſſi grande quantité. Or cet engrais ayant les fruits pour objet, doit être commun à tous ceux qui ont droit aux fruits, qu'ils ſoient propriétaires des terres ou qu'ils n'en ſoient que les fermiers ou colons. D'ailleurs une

terre

terre fumée est améliorée pour un certain temps ; ainsi le propriétaire y trouve toujours son compte.

A l'égard des habitans sans terrein à cultiver, l'objet de l'Ordonnance étant en sûreté, au moyen des défenses faites par l'art. 3 de transporter le sart sur d'autres territoires ; rien ne peut les exclure de la participation à la coupe du sart. En effet, puisqu'il faut nécessairement que le sart soit employé dans la même paroisse, qu'importe par qui il soit coupé & enlevé ? Cette proposition sera encore plus développée sur *ledit* art. 3.

D'un autre côté, pour être réputé habitant, à l'effet de prendre part à la coupe du sart, il suffit de posséder des terres dans la paroisse, quoiqu'on n'y demeure pas réellement. De sorte que si une même personne a des terres en plusieurs paroisses maritimes, elle aura droit de couper ou achetter du sart dans chacune de ces paroisses; pourvu néanmoins qu'elle n'employe pas le sart d'une paroisse dans les terres d'une autre. S'il en étoit autrement en effet, les bourgeois qui habitent les villes seroient privés de la ressource que donne le sart pour améliorer leurs domaines. Ainsi en cette partie, le droit d'habitant se tire indifféremment ou de la demeure effective sur la paroisse, ou de la qualité de possesseur de terreins dans la même paroisse.

Des paroisses situées sur les côtes de la mer. C'est-à-dire, de celles qui s'étendent jusqu'au rivage de la mer & qui l'ont pour bornes, à l'exclusion des paroisses supérieures qui sont plus avant dans les terres, & qui ne confinent pas à la mer ; & cela quoique les habitans de ces paroisses supérieures, soient sujets comme les autres au guet de la mer & à la garde des côtes : parce que le service de la garde-côte n'a rien de commun avec le motif qui a fait accorder aux riverains le privilége exclusif de couper le sart croissant sur leurs côtes ; c'est-à-dire, que ceux qui ne sont pas riverains n'éprouvent pas comme ceux-ci l'incommodité & le dommage inséparable du trop grand voisinage de la mer.

S'assembleront. L'article premier, tit. 3, de la Déclaration du Roi du 30 Mai 1731, veut tout de même que les habitans s'assemblent le premier Dimanche de l'année. Les onze premiers articles du titre premier, réglent le temps de la coupe du sart, & chacune des paroisses qui y sont dénommées a son temps distingué. Il est en général de trente jours ; mais ces trente jours se prennent suivant la différence des paroisses, depuis le quinze Janvier jusqu'à trois jours après la pleine lune d'Avril. Il y a long-temps que ces assemblées ne se tiennent plus dans le pays d'Aunis. Où elles ont été le plus pratiquées c'est dans l'isle de Ré, sur-tout à Sainte-Marie ; mais elles y ont cessé comme ailleurs depuis plus de vingt ans.

Les Mémoires qui m'ont été fournis, & où j'ai trouvé ces particularités, ajoutent que ces assemblées se faisoient le premier Octobre, & que de ce jour-là jusqu'au premier Mars suivant, il étoit défendu de couper le sart. Mais il est évident qu'on s'est trompé, & qu'on a voulu dire plutôt tout le contraire : car enfin ç'auroit été défendre de couper le sart dans le temps précisément qu'il convient de le cueillir, comme ne pouvant plus croître, & permettre de le couper non-seulement dans le temps de son croît ; mais encore dans la saison où il doit servir de refuge au petit poisson.

En supposant donc que la coupe du sart ne se fît que depuis le mois d'Octobre jusqu'au mois de Mars, il n'y avoit rien à dire ; quoique notre article, en fixant l'assemblée au premier Dimanche du mois de Janvier de chaque année, indique naturellement que l'usage étoit alors de couper le sart dans le même mois de Janvier, ou au plus tard dans le mois de Février : car on ne s'assemble pas à dessein de régler des opérations de cette nature, pour en reculer l'exécution.

Cela n'empêchoit pas néanmoins que les habitans ne pussent s'assembler avant le mois de Janvier, pour anticiper la coupe du sart, pourvu qu'elle ne commençât pas avant le mois d'Octobre, & qu'elle finît avant le mois de Mars, pour ne pas nuire au petit poisson, & à la reproduction de cette herbe.

La raison de cette anticipation du temps de la coupe du sart, est qu'en certains cantons on l'employe dans les terres comme dans les vignes, tel qu'on le tire de la côte, sans le laisser pourrir & devenir fumier, comme d'autres font au contraire, avant de s'en servir. A l'égard de ces derniers, il importoit peu en quel temps se fît la coupe du sart; mais les autres avoient intérêt qu'elle se fît dans les mois d'Octobre, de Novembre ou de Décembre.

Comme les côtes de l'Aunis sont presque toutes vignobles, & que le sart, quoique très-propre à rétablir les vignes, a ce défaut, d'altérer pendant quelques années la qualité du vin, jusqu'à lui communiquer son sel & son odeur, la plupart des cultivateurs ont négligé depuis long-temps d'en faire usage pour leurs vignes; & de-là l'emploi du sart étant devenu en quelque sorte le partage des seuls paysans, c'est la vraie cause de la cessation totale des assemblées ordonnées par cet article.

Il paroît néanmoins actuellement qu'à l'imitation des habitans de l'isle de Ré, plusieurs propriétaires de vignes sont déterminés à les sarter, nonobstant l'influence de cette herbe sur la qualité du vin. Et en effet, ceux-là ne doivent pas s'en embarrasser, qui sont dans l'usage de convertir chaque année leur vin en eau-de-vie. Si leur exemple est suivi d'un certain nombre d'autres, ce sera alors qu'on pourra faire revivre ces assemblées, pour l'indication des jours de la coupe du sart. Car, comme il a été observé, il n'y a point de prescription à alléguer contre un Réglement de Police tel que celui-ci, qui a pour objet de faire jouir sans trouble & sans confusion d'une chose déclarée commune, tous ceux qui ont droit d'y participer.

Mais jusqu'à ce qu'il soit expédient de rétablir ces assemblées; c'est-à-dire, jusqu'à ce qu'elles soient requises par un certain nombre d'habitans, ou qu'à l'occasion de la récolte du sart, il s'éléve des querelles qui engagent les Juges de l'Amirauté à en ordonner d'office le renouvellement; les choses doivent rester sur le pied où elles sont : de maniére que les riverains pourront sans offense continuer de couper le sart dont ils auront besoin sur les côtes de leurs paroisses, quand ils le jugeront à propos; pourvu toutefois que ce ne soit pas en temps prohibé; c'est-à-dire, depuis le premier Mars jusqu'au premier Octobre. Autrement ils seroient sujets à être poursuivis par le ministére public pour subir la condamnation à une amende de cinquante livres, avec confiscation des chevaux & harnois, dont la saisie auroit été faite, conformément à l'article 3 ci-après.

Il ne faut pas qu'on dise que l'amélioration des terres est un objet plus intéressant que la conservation du petit poisson, pour rendre la pêche plus utile & plus abondante : car, outre que la proposition trouveroit autant de contradicteurs pour le moins que de partisans, c'est que s'il étoit permis de couper le sart en tout temps, & lorsqu'il croît encore, aussi-bien que lorsqu'il a cessé de croître, ce seroit tout à la fois exposer le frai du poisson à périr, & se priver en grande partie de la ressource que l'on a pour engraisser les terres, en ne coupant le sart que lorsqu'il a reçu tout son accroissement.

Il est à obser er au reste que notre Ordonnance ne parle que de couper le sart, & nullement de l'arracher, parce que ce seroit en empêcher la reproduction. C'est bien assez de celui que la mer arrache, sans que la main de l'homme contribue à sa dévastation. Quiconque seroit convaincu d'avoir arraché du sart, au lieu de l'avoir coupé, seroit donc punissable d'amende arbitraire, pour la premiére fois, avec défenses de récidiver sur plus grande peine, & même d'être poursuivi extraordinairement.

L'article 4, tit. 2 de la Déclaration du Roi du 30 Mai 1731, prononce pour ce cas une amende de 300 liv., & menace de punition corporelle en cas de récidive; mais ce n'est que pour les pays qui en sont l'objet.

ARTICLE II.

L'Assemblée sera convoquée par les syndics, marguilliers ou trésoriers de la paroisse ; & le résultat en sera publié & affiché à la principale porte de l'Eglise à leur diligence, à peine de dix livres d'amende.

SI ces assemblées se rétablissent en Aunis, il s'agira de les tenir & d'en publier le résultat dans la forme prescrite par cet article, sur peine de l'amende qui y est portée ; parce qu'alors chacun ayant intérêt d'être informé du temps de la coupe du sart pour en profiter, plusieurs se trouveroient frustrés de leur droit, faute de notoriété du résultat qui auroit déterminé les jours auxquels la coupe devoit se faire. La Déclaration du Roi ci-dessus citée, après avoir renouvellé le présent article dans l'article 2 du titre 2, ajoute art. 3, que les syndics, &c. remettront au Greffe de l'Amirauté, sous la même peine de dix livres d'amende, un double du résultat de ladite assemblée deux jours après qu'elle aura été tenue.

Le bénéfice de la coupe du sart au reste, est tel, que chaque habitant a droit d'enlever ce qu'il en a coupé, amoncelé & mis sur le rivage, hors d'atteinte des flots de la mer. Le sart qu'il a ainsi déposé lui appartient, de maniére que si quelqu'autre en fait l'enlévement, il est fondé à se pourvoir en restitution, avec dépens, dommages & intérêts. Il en seroit de même du sart que la mer auroit jetté à la côte, dès qu'il l'auroit aussi amoncelé & mis à part sur le bord de la mer.

On en useroit encore de la sorte, dans le cas où l'usage de la coupe en commun seroit renouvellé. Chacun emporteroit tout de même, comme sien, le sart qu'il auroit coupé & mis en tas sur la côte ; sauf en cas de contestation à partager le territoire, & à en assigner une portion à chaque habitant, pour que tous pussent sans confusion & sans trouble, participer à la coupe du sart.

ARTICLE III.

FAiſons défenſes aux habitans de couper les vraicqs *de nuit & hors les temps réglés par la délibération de leur communauté*, de les *cueillir ailleurs que dans l'etendue des côtes de leurs paroiſſes, & de les vendre aux forains, ou porter ſur d'autres territoires*, à peine de cinquante livres d'amende, & de confiſcation des chevaux & harnois.

CEs défenſes de couper le ſart *de nuit & hors les temps réglés par la délibération de leur Communauté*, ſuppoſant des aſſemblées qui ne ſont plus en uſage depuis long-temps, il ſemble qu'il n'en devroit plus être queſtion. Cependant il faut tenir le contraire, & dire que ſi la défenſe de couper le ſart de nuit, n'a plus pour objet d'empêcher quelques habitans de couper le ſart en cachette au préjudice des autres, elle ſubſiſte au moins par un autre motif, qui eſt de s'aſſurer ſi le ſart n'eſt point arraché plutôt que coupé. De même, quoiqu'il n'y ait plus de temps réglé pour faire la coupe du ſart en commun, il y en a toujours un durant lequel toute coupe du ſart eſt prohibée. Ainſi la ſeconde défenſe ſubſiſte encore pour ce temps-là, qui eſt, comme il a été obſervé, depuis le premier Mars juſqu'au premier Octobre.

L'amende pour contravention à cet article eſt portée à 300 liv. par la Déclaration du Roi du 30 Mai 1731, art. 12 du titre premier, & art. 5 & 6 du tit. 2. La peine corporelle y eſt même ajoutée en cas de récidive.

Pour ce qui eſt des autres défenſes, qui ſont faites aux habitans des côtes *de cueillir* le ſart *ailleurs que dans l'étendue des côtes de leurs paroiſſes, & de le vendre aux forains, ou porter ſur d'autres territoires* que le leur ; comme elles ſont indépendantes de la tenue des aſſemblées, elles ſont toujours les mêmes, & leur infraction ſeroit néceſſairement ſuivie de la punition que cet article y a attachée.

Il réſulte donc de-là, ainſi qu'il a été obſervé ci-deſſus, que le ſart vif fait partie du territoire où il tient par la racine ; que par cette raiſon la dépouille en eſt attribuée aux habitans de la paroiſſe contigue à ce territoire, à l'excluſion de tous autres, quoiqu'il en ſoit autrement de la faculté d'y pêcher ; que cette attribution eſt tellement excluſive, que non-ſeulement un habitant non riverain n'a pas la faculté de couper du ſart nulle part, mais même que le riverain d'une paroiſſe n'a pas droit d'aller couper du ſart dans une autre paroiſſe que la ſienne, s'il n'y poſſéde des terres, parce que ce privilége eſt réſervé aux habitans de la paroiſſe ; que cependant ce même privilége a pour objet l'amélioration des terres de la même paroiſſe, puiſqu'il n'eſt pas permis de tranſporter le ſart ailleurs, ni d'en vendre ou céder aux *forains* : terme qui déſigne ici tous autres que les habitans de la paroiſſe.

Mais de ce que la défenſe ne regarde que les forains, il s'enſuit que le ſart peut être vendu par un habitant à un autre de la même paroiſſe ; &, par une ſeconde conſéquence également naturelle, qu'il n'eſt pas néceſſaire qu'un habitant, pour participer à la récolte du ſart, ait des terres à améliorer dans la paroiſſe. Sa qualité d'habitant lui suffit, pourvu qu'il ne dispose de sa part du sart qu'au profit de quelqu'autre de la paroisse. Et c'est ainsi qu'on voit chaque année des paysans riverains, vendre le sart qu'ils ont coupé, aux bourgeois de la même paroisse.

Il y auroit de la témérité au reste à les troubler dans cette possession, sous prétexte qu'ils n'ont pas de terres à engraisser.

1°. Ils sont habitans, & notre Ordonnance n'exige rien de plus, pour former le droit de participer à la coupe du sart. Il est vrai que l'objet de l'Ord. est l'amélioration des terres de la paroisse : mais cet objet n'est-il pas également rempli, dès que le sart ne sort pas de la paroisse ? Qu'importe en effet par qui le sart soit coupé ou enlevé, pourvu qu'il ne soit employé que dans les terres de la même paroisse.

2°. La permission que notre article donne, par argument *à contrario*, de vendre du sart aux habitans de la même paroisse, est absolument décisive en faveur du simple habitant qui n'a pas de terres à faire valoir; autrement il faudroit conclure que l'habitant possesseur de quelques terreins, ne pourroit couper du sart qu'à condition précisément de l'employer dans ses terres : ce qui seroit absurde. Or si un tel habitant peut couper du sart pour le vendre à un autre qui en a besoin. Pourquoi l'habitant non cultivateur, ne le pourroit-il pas tout de même ? Le coupant alors pour quelqu'un qui en a besoin, n'est-ce pas tout comme si ce dernier le coupoit lui-même ? Ce n'est guere que par ce moyen au reste, que les bourgeois peuvent avoir du sart.

ARTICLE IV.

FAisons aussi défenses à tous Seigneurs des Fiefs voisins de la mer, de s'approprier aucune portion des rochers où croît le varech, d'empêcher leurs vassaux de l'enlever dans le temps que la coupe en sera ouverte, d'exiger aucune chose pour leur en accorder la liberté, & d'en donner la permission à d'autres, à peine de concussion.

TEl est le droit acquis aux riverains, par rapport à la coupe du sart qui croît sur les côtes de leurs paroisses, qu'ils n'en peuvent être privés de la part des Seigneurs des Fiefs voisins de la mer, sous quelque prétexte que ce soit; & cela qu'ils soient leurs vassaux ou tenanciers, ou qu'ils ne possédent rien dans ces mêmes Fiefs.

C'est sur ce principe qu'il est défendu par cet article à tous Seigneurs de quelque qualité & condition qu'ils soient, de s'approprier aucune portion des rochers & autres terreins où croît le sart ou varech ; & en conséquence d'empêcher leurs vassaux ou autres habitans de l'enlever dans le temps permis ; d'exiger aucune chose pour leur en accorder la liberté, & d'en donner la permission à ceux qui n'en ont pas le droit. Ces défenses son réitérées dans l'art. premier, tit. 3. de la Déclaration du Roi du 30 Mai 1731.

La raison est qu'ils ne peuvent se dire propriétaires de ces terreins que la mer couvre & découvre à chaque marée, & que c'eſt au Roi ſeul qu'en appartient la propriété par le titre de ſa Souveraineté. Or le Roi ayant bien voulu ſe démettre de ſon droit en cette partie en faveur des habitans des paroiſſes maritimes, nul Seigneur ne pourroit y donner atteinte ſans crime, & ce crime eſt qualifié ici de concuſſion.

Les Seigneurs n'ont donc d'autre droit à cet égard que celui que leur donne le titre d'habitant, à l'effet de participer comme les autres à la coupe du ſart; & à la charge comme eux de ne point le tranſporter hors du territoire; ſans abuſer au reſte de leur qualité de Seigneur, pour gêner ou reſtreindre le droit des autres habitans.

Dans le titre précédent concernant les naufrages, il y a une exception portée par les articles 37 & ſuivans, en faveur du droit de varech attribué par la Coutume de Normandie aux Seigneurs des Fiefs voiſins de la mer; mais ce droit de varech n'a rien de commun abſolument avec l'herbe dont il eſt ici queſtion, appellée varech dans la même province de Normandie. De ſorte que les défenſes portées par cet article regardent auſſi-bien les Seigneurs de Normandie que ceux des autres provinces du Royaume; & l'article qui vient d'être cité de la Déclaration du Roi du 30 Mai 1731, en eſt une preuve ſans replique.

L'article 2 du même titre, permet même aux habitans d'aller couper le ſart dans le temps réglé pour la coupe, juſques dans les pêcheries excluſives, ſans que les propriétaires de ces pêcheries puiſſent s'y oppoſer; & s'ils le font, ils encourront l'amende de 50 liv.

ARTICLE V.

PErmettons néanmoins à toutes perſonnes de prendre indifféremment, en tout temps & en tous lieux, les vraicqs jettés par le flot ſur les gréves, & de les tranſporter où bon leur ſemblera.

ICi ceſſe le privilége des habitans des paroiſſes maritimes, parce qu'il ne s'agit plus de ſart vif, de ſart à couper, dépendant du territoire, & comme tel réputé faire partie du fonds; mais ſeulement du ſart que la mer a jetté ſur le rivage, qui par conſéquent ne peut être qu'une épave, la mer ayant pu le pouſſer & le dépoſer en tout autre endroit que celui où il eſt trouvé.

Dans la régle, les épaves de mer, par rapport aux choſes qui n'ont appartenu à perſonne, comme étant du crû de la mer; telles que ſont l'ambre, le corail, les poiſſons à lard & autres ſemblables, ne ſont pas acquiſes en entier à ceux qui les trouvent ſur les gréves. Il ne leur en revient que le tiers, & les deux autres tiers doivent être partagés entre le Roi & M. l'Amiral, *ſuprà* article 29 du titre précédent. Mais en ce qui concerne le ſart, il y a ici dérogation à la régle, puiſque notre article attribue au premier occupant tout celui que la mer aura jetté à la côte.

En cette partie, il n'eſt donc plus queſtion du privilége des riverains, ni de la police établie par les articles précédens. Il est permis à quiconque, aux habitans des paroisses non maritimes comme aux riverains, d'enlever ce sart indifféremment, en tout temps & en tous lieux, avec faculté de le transporter & de l'employer où bon semblera à ceux qui en auront fait l'enlévement.

De-là il s'ensuit, que les Seigneurs se rendroient coupables du crime de concussion, s'ils troubloient le premier occupant dans le droit d'enlever le sart jetté par la mer à la côte, tout comme s'ils empêchoient les riverains de prendre part à la coupe du sart vif, ou qu'autrement ils enfreignissent les défenses portées par l'article précédent. En effet, dans un cas comme dans l'autre, ils abuseroient également de leur pouvoir, leur droit dans les deux cas n'étant autre dans la réalité, que celui d'habitant ou de premier occupant. Or ce que les Seigneurs ne pourroient entreprendre sans crime, contre la permission accordée par le présent article au premier occupant, à plus forte raison, les riverains ne le pourroient-ils pas non plus, sans s'exposer à une amende arbitraire, & à tous dépens, dommages & intérêts. L'article 4, titre 3 de la Déclaration du 30 Mai 1731, fixe l'amende en ce cas à cinquante livres. Par l'article 3, il est permis aux particuliers & à tous autres d'aller avec bateaux & autres bâtimens cueillir en tout temps le sart qui croît sur les isles & rochers déserts en pleine mer, & de le transporter où bon leur semblera, avec défenses à quiconque de les y troubler, à peine tout de même de 50 liv. d'amende. La raison est que ce sart croissant dans les isles & sur les rochers en pleine mer, doit naurellement appartenir au premier occupant; attendu qu'il s'agit-là d'un terrein absolument détaché du continent & du rivage, sur lequel terrein par conséquent les riverains ne peuvent avoir un droit acquis exclusivement à d'autres. Il en doit donc être de même que du sart jetté par la mer sur les côtes, qui appartient à celui qui le premier s'en empare, à quelque usage qu'il le destine.

C'est pour cela qu'il y a quelques années, il fut fait défenses aux habitans de Laleu de troubler un fabriquant de verre dans le droit d'enlever le sart qu'il avoit ramassé sur la côte, & d'en disposer; en même temps que défenses lui furent aussi faites de son côté de toucher au sart vif: parce que, comme il a été observé, les priviléges accordés aux verreries sont subordonnés à celui que notre Ordonnance attribue aux riverains sur le sart croissant à la côte. De sorte que si ce fabriquant se fût borné à faire enlever le sart jetté par la mer sur le rivage, en le faisant transporter par bateau ou autrement, pour le brûler & en tirer la soude, en quelque endroit libre & non nuisible, il n'y auroit rien eu à lui dire. Mais ayant prétendu avoir droit de le faire brûler sur la falaise, & en conséquence y ayant établi ses fourneaux, dont la fumée se répandant au loin, incommodoit fort les habitans, leurs vignes & leurs bleds; sur les plaintes de ces habitans à cette occasion, & parce que d'ailleurs il ne s'en tenoit pas au sart venu à la côte, il lui fut défendu de continuer son travail, & enjoint de se retirer. Ce qui fut exécuté sans délai.

En cela au surplus les Officiers de l'Amirauté de la Rochelle ne firent que se conformer à ladite Déclaration du Roi du 30 Mai 1731, qui, en même temps qu'elle permet, art. 5, tit. 3, de convertir en soude le sart libre pour l'usage des verreries, défend de le brûler sur le rivage, autrement que dans le temps où le vent viendra de terre, & portera la fumée du côté de la mer, à peine de 300 livres d'amende.

DÉCLARATION DU ROI,

AU sujet des Herbes de Mer, connues sous les noms de Varech ou Vraicq, Sar ou Gouesmon, [sur] les côtes des Provinces de Flandres, Pays conquis & reconquis, Boulonnois, Picardie & Normandie.

Donnée à Versailles le 30 Mai 1731.

Registrée en Parlement.

LOUIS PAR LA GRACE DE DIEU, ROI DE FRANCE ET DE NAVARRE : A tous ceux qui ces présentes Lettres verront, SALUT. Nous avons été informés que les herbes de mer connues sous les noms de Varech ou Vraicq, Sar ou Gouesmon, qui croissent sur les rochers au bord de la mer, conservent le frai du poisson qui s'amasse autour de ces herbes ; que les poissons qui y éclosent y trouvent un abri & une pâture assurée ; qu'ils s'y fortifient & y séjournent pendant l'été & une partie de l'automne, jusqu'à ce que les eaux devenant froides, les obligent de se retirer dans le fond de la mer. Ces raisons Nous ont déterminé à donner des ordres pour la conservation de ces herbes, afin de rétablir l'abondance du poisson sur les côtes de notre Royaume, que les différens abus, tant par rapport à la pêche, que par rapport à la coupe de ces herbes auroient entiérement détruite ; Nous avons à cet effet renouvellé les dispositions de l'Ordonnance de la Marine, du mois d'Août 1681, au sujet de la coupe du Varech sur les côtes de nos Provinces de Normandie & de Picardie, & Nous avons en même temps défendu de faire cette coupe dans les temps que le frai du poisson & le poisson du premier âge séjournent à la côte ; cependant comme ces sortes d'herbes sont nécessaires à partie des habitans de ces Provinces pour l'engrais de leurs terres, Nous avons fait faire des visites exactes sur les côtes desdites Provinces, pour être informé des endroits où les habitans ne peuvent point s'en passer pour l'engrais de leurs terres, & de ceux où il y en a suffisamment pour pouvoir fournir à cet engrais, & à faire de la soude, (marchandise nécessaire pour la fabrication du verre), & du temps pendant lequel il convenoit d'en permettre la coupe, en conciliant la conservation du frai du poisson, & du poisson du premier âge, avec le besoin que les habitans pourroient avoir de ces herbes plutôt dans une saison que dans une autre ; il Nous a été remis à ce sujet des mémoires exacts, par lesquels Nous avons connu qu'il y avoit plusieurs Amirautés, & différentes paroisses dans d'autres Amirautés, où il ne croissoit point de ces sortes d'herbes, parce que toutes les côtes de ces paroisses étoient couvertes de sables ou de vases sans qu'il y eût aucuns rochers ; qu'il y avoit des endroits aussi où l'on ne faisoit aucun usage des ces herbes pour l'engrais des terres, parce que les habitans avoient par le moyen de leurs bestiaux des engrais plus que suffisans, & que Nous pourrions permettre la coupe de ces herbes sur les côtes de l'Amirauté de Cherbourg, pour être converties en soude, parce qu'il y en croît au-delà de ce qu'il en faut pour l'engrais des terres, & que cette coupe peut y être faite pendant l'été, sans qu'il en résulte un grand préjudice au frai du poisson & au poisson du premier âge. A CES CAUSES & autres à ce Nous mouvans, de notre certaine science, pleine puissance & autorité Royale, Nous avons dit, déclaré & ordonné, & par ces présentes signées de notre main, disons, déclarons & ordonnons, voulons & Nous plaît, ce qui suit.

TITRE PREMIER.

Des habitans des côtes de la mer des Provinces de Flandres, pays conquis & reconquis, Boulonnois, Picardie & Normandie, qui peuvent faire la coupe des herbes connues sous les noms de Varech ou Vraicq, Sar ou Gouesmon, & de ceux auxquels il est défendu de faire cette coupe.

ARTICLE PREMIER.

Les habitans de la paroisse de Criquebœuf & des hameaux qui en dépendent, pourront faire la coupe des herbes de mer, connues sous les noms de Varech ou Vraicq, Sar ou Gouesmon, pendant trente jours qui seront choisis par la Communauté, entre le troisiéme jour avant la pleine lune de Mars, & le troisiéme jour après la pleine lune d'Avril.

II. Ceux des paroisses d'Heugueville, Cauville, Octeville & ses hameaux, Bleville, Ste. Adresse, Ingouville, le Havre & la Grande-Haivre, pourront faire ladite coupe pendant trente jours, qui seront aussi choisis entre le troisiéme jour avant la pleine lune de Mars, & le troisiéme jour après la pleine lune d'Avril.

III. Ceux des paroisses d'Hermanville, Lion & ses hameaux, Luc, Langrunes & ses hameaux, Bernieres & Courseulles, pourront aussi faire ladite coupe des herbes de mer connues sous les noms de Varech ou Vraicq, Sar ou Gouesmon pendant lesdits trente jours, qui seront choisis entre le troisiéme jour avant la pleine lune de Mars, & le troisiéme jour après la pleine lune d'Avril.

IV. Ceux des paroisses d'Arromanches, Tracy,

cy, Mannieux, Fontenaille, Longe, Marigny, Cosme & ses hameaux, Port-en-bessin, Hupin, Villers, Sainte-Honorine-des-pertes, Colleville & Saint-Laurens, pourront aussi faire ladite coupe pendant les mêmes trente jours que dessus, qui seront choisis entre le troisiéme jour avant la pleine lune de Mars, & le troisiéme jour après la pleine lune d'Avril.

V. Les habitans des paroisses de Vierville, Saint-Pierre Dumont, Anglequeville & Grandcamp, pourront faire la coupe desdites herbes pendant trente jours, à compter du 15 Mars, jusqu'au 15 Avril suivant.

VI. Ceux des Paroisses de Fontenay & ses hameaux, Quineville, Laître & Saint-Vaast de la Hougue, pourront aussi faire la coupe desdites herbes, pendant trente jours des mois de Janvier & Février.

VII. Ceux des paroisses de Réville & ses hameaux, Montfarville & son hameau, Barfleur, Gatteville, Gouberville, Neville, Rotoville, Coqueville & ses hameaux, Fermanville & ses hameaux, Maupertus & Breteville, pourront faire la coupe desdites herbes de mer, connues sous les noms de Varech ou Vraicq, Sar ou Gouesmon, pendant trente jours, qui seront choisis depuis le quinze Janvier jusqu'au cinq Mars suivant.

VIII. Ceux des paroisses de Cherbourg, Equeurdreville, Henneville & son hameau, Querqueville, Nacqueville, Urville, Omonville la grande, Digulville, Omonville la petite, Saint-Germain-des-Vaux & ses hameaux, Auderville, Jobourg & ses hameaux, Herqueville, Séjouville, Flamanville & ses hameaux, Seirtot & son hameau & Rosel, qui voudront employer lesdites herbes de mer pour l'engrais de leurs terres, pourront en faire la coupe pendant trente jours, qui seront choisis entre le troisiéme jour avant la pleine lune de Mars, & le troisiéme jour après la pleine lune d'Avril.

Ceux desdites paroisses qui voudront employer lesdites herbes à faire de la soude, pourront en faire la coupe, à commencer du quinze Juillet jusqu'à la fin de Septembre.

IX. Ceux des paroisses des Moutiers-d'Alognes, Carteret, Barneville & ses hameaux, St. Géorges, Goüey, Portbail, Surville, Breteville & ses hameaux, & Saint-Germain-sur-Ay, pourront aussi faire ladite coupe pendant trente jours, qui seront choisis depuis le vingt Janvier, jusques & compris le huitiéme jour après la pleine lune de Mars.

X. Les habitans des paroisses de Créances & ses hameaux, Pirou & ses hameaux, Geffosse & ses hameaux, Anneville, Gouville, Moncarville, Linerville, Blainville & ses hameaux, Agon & ses hameaux, Grimonville & ses hameaux, Requeville, Montmartin & ses hameaux, Hauteville & ses hameaux, Annoville, Lingreville & ses hameaux & Briqueville, pourront faire la coupe des herbes de mer, connues sous les noms de Varech ou Vraicq, Sar ou Gouesmon, pendant trente jours qui seront choisis depuis le premier Février, jusqu'au huitiéme jour après la pleine lune de Mars.

XI. Ceux des paroisses de Donville, Granville, Saint-Pair & ses hameaux, Boüillon, Carolles, Champeaux & Saint-Jean-le-Thomas, pourront aussi faire ladite coupe pendant lesdits trente jours, qui seront choisis depuis le premier Février, jusqu'au huitiéme jour après la pleine lune de Mars.

XII. Ceux qui ne seront point habitans des paroisses dénommées au présent Titre, ne pourront y faire la coupe desdites herbes de mer pour quelque cause & sous quelque prétexte que ce puisse être, à peine de trois cens livres d'amende pour la première fois, & de punition corporelle en cas de récidive; & les habitans des autres paroisses maritimes desdites Provinces de Flandre, pays conquis & reconquis, Boulonnois, Picardie & Normandie, ne pourront aussi, sous les mêmes peines, faire dans aucuns temps de l'année la coupe desdites herbes de mer, soit qu'il y en ait actuellement sur les côtes de leur territoire, ou qu'il y en croisse par la suite.

TITRE II.

De la maniére de faire la coupe des herbes de mer, connues sous les noms de Varech ou Vraicq, Sar ou Gouesmon.

ARTICLE PREMIER.

Les habitans de chacune des paroisses dénommées dans le titre premier des présentes, s'assembleront le premier Dimanche du mois de Janvier de chaque année à l'issue de la Messe paroissiale, pour régler le nombre des jours qu'ils prendront d'entre ceux, fixés par ledit titre premier des présentes, pour la coupe des herbes de mer, connues sous les noms de Varech ou Vraicq, Sar ou Gouesmon.

II. L'assemblée sera convoquée par les Sindics, Marguiliers ou Tréforiers de chaque paroisse, & le Résultat en sera publié & affiché à la principale porte de l'Eglise à leur diligence; à peine de dix livres d'amende.

III. Lesdits Sindics, Marguiliers ou Tréforiers, remettront au Greffe de l'Amirauté du Ressort, sous la même peine de dix livres d'amende, un double du Résultat de ladite assemblée deux jours après qu'elle aura été tenue.

IV. La coupe ou récolte desdites herbes sera faite à la main avec coûteau ou faucille. Défendons de la faire d'une autre maniére, & d'arracher lesdites herbes avec la main & avec des rateaux & autres instrumens qui puissent les déraciner, à peine contre les contrevenans de trois cens livres d'amende pour la premiére fois, & de punition corporelle en cas de récidive.

V. Ladite coupe ou récolte ne pourra être faite ni pratiquée dans d'autres temps que ceux fixés par les articles du titre premier des présentes, sous la même peine de trois cens livres d'amende pour la premiére fois, & de punition corporelle en cas de récidive.

VI. Faisons défenses aux habitans desdites paroisses de couper lesdites herbes pendant la nuit, & hors les temps réglés par la délibération de la Communauté, de les ceuillir ailleurs que dans l'étendue des côtes de leurs paroisses, & de les vendre aux forains ou porter sur d'autres territoires, à peine de cinquante livres d'amende & de confiscation des chevaux & harnois.

TITRE COMMUN.

ARTICLE PREMIER.

Faisons défenses à tous Seigneurs voisins de la mer, de s'approprier aucune portion de rochers ou de côtes où croissent les herbes de mer, connues sous les noms de Varech ou Vraicq, Sar ou Gouesmon, d'empêcher leurs vassaux de les enlever dans les temps que la coupe en pourra être faite ; d'exiger aucune chose pour leur en accorder la liberté, & d'en donner la permission à d'autres, à peine de concussion.

II. Pourront les riverains dans les temps que ladite coupe pourra être faite, faire la récolte desdites herbes croissant dans l'étendue des pêcheries exclusives qui sont conservées, sans que les propriétaires de ces pêcheries puissent les en empêcher pour se les attribuer, exiger aucune chose pour leur en accorder la liberté, ni en donner la permission à d'autres, à peine de concussion, & sans aussi que ceux qui tiendront lesdites pêcheries exclusives, puissent empêcher lesdits riverains de faire la récolte de celles qui y auront crû, à peine de cinquante livres d'amende.

III. Permettons aux pêcheurs & autres d'aller avec bateaux pour ceuillir en tous temps & en toutes saisons lesdites herbes qui croissent sur les isles & les rochers déserts en pleine mer, & de les transporter où bon leur semblera ; sans qu'ils puissent y être troublés ni inquietés pour quelque cause que ce puisse être, à peine de cinquante livres d'amende.

IV. Permettons aussi à toutes personnes de prendre indifféremment en tous temps & en tous lieux, lesdites herbes détachées des rochers par l'agitation de la mer & jettées à la côte par le flot, & de les transporter où bon leur semblera, soit pour être employées à l'engrais des terres, ou à faire de la soude, défendons de les y troubler ni inquiéter, quand bien même ceux qui enleveroient ces herbes les auroient prises sur d'autres territoires que le leur, à peine contre les contrevenans de cinquante livres d'amende.

V. Voulons que lesdites herbes de mer qui seront destinées à être converties en soude, soit qu'elles ayent été coupées sur les rochers qui bornent les côtes de l'Amirauté de Cherbourg, où sur les isles & les rochers déserts en pleine mer, ou jettées par le flot sur les côtes de nos Provinces de Flandres, pays conquis & reconquis, Boulonnois, Picardie & Normandie, ne puissent être brulées pour quelque cause & sous quelque prétexte que ce puisse être, que dans les temps que le vent viendra de terre & portera du côté de la mer, à peine contre les contrevenans de trois cens livres d'amende.

VI. Les contraventions aux présentes seront poursuivies à la requête de nos Procureurs dans les Amirautés, & les sentences qui en interviendront contre les délinquans, seront exécutées pour les condamnations d'amende nonobstant l'appel & sans préjudice d'icelui, jusqu'à concurrence de trois cens livres, sans qu'il puisse être accordé de défenses, même lorsque l'amende sera plus forte, que jusqu'à concurrence de ce qui excédera ladite somme de trois cens livres.

VII. Ceux qui appelleront desdites sentences, seront tenus de faire statuer sur leur appel, ou de le mettre en état d'être jugé définitivement dans un an du jour & date d'icelui, sinon & à faute de ce faire, ledit temps passé, lesdites sentences sortiront leur plein & entier effet, & les amendes seront distribuées conformément auxdites sentences, & les dépositaires d'icelles bien & valablement déchargés.

Les dispositions contenues aux présentes, seront exécutées dans nos Provinces de Flandres, pays conquis & reconquis, Boulonnois, Picardie & Normandie.

SI DONNONS EN MANDEMENT à nos amés & féaux Conseillers les Gens tenans nos Cours de Parlement, que ces présentes, ils fassent lire, publier & registrer, & le contenu en icelles garder & observer selon leur forme & teneur, nonobstant tous Edits, Déclarations, Arrêts, Ordonnances, Réglemens & autres choses à ce contraires, auxquelles Nous avons dérogé & dérogeons par cesdites présentes ; voulons qu'aux copies d'icelles, collationnées par l'un de nos amés & féaux Conseillers-Secrétaires, foi soit ajoûtée comme à l'original : CAR TEL EST NOTRE PLAISIR ; en témoin de quoi Nous avons fait mettre notre Scel à cesdites présentes.

Donné a Versailles le trentième jour du mois de Mai, l'an de grace mil sept cent trente-un, & de notre Règne le seizième. *Signé*, LOUIS. *Et plus bas*, Par le Roi, PHELYPEAUX : Et scellée du grand Sceau de cire jaune.

Régistrée, oui & ce requérant le Procureur-Général du Roi, pour être exécutée selon sa forme & teneur, & copies collationnées envoyées aux Siéges des Amirautés d'Abbeville, de Boulogne-sur-mer, du Bourg d'Ault, de Calais, Dunkerque, Eu & Treport, Montreuil-sur-mer & Saint-Vallery, pour y être lues, publiées, & registrées : Enjoint aux Substituts du Procureur-Général du Roi d'y tenir la main, & d'en certifier la Cour dans le mois, suivant l'Arrêt de ce jour. A Paris en Parlement le vingt-huit Juin mil sept cent trente-un. Signé, YSABEAU.

LIVRE CINQUIEME.

De la pêche qui se fait en Mer.

TITRE PREMIER.

De la liberté de la pêche.

LA liberté de la navigation & de la pêche en pleine mer, est du droit naturel, du droit des gens & du droit civil tout ensemble. C'est que la mer est commune à tous les hommes, de même que l'air. *Instit. de rerum divisione* §. 10, & *leg. injuriarum* 13 §. *si quis me prohibeat ff. de injuriis.* D'où il s'ensuit que nul Potentat, nul Etat souverain n'a droit de s'attribuer l'empire de la mer.

Une vérité aussi fondamentale, n'a pourtant pas toujours fixé les esprits, tant la cupidité & l'ambition sont fertiles en ressources, à l'aide des subtilités, & soutenues par la force des armes.

Ainsi l'on vit vers le commencement du dernier siécle, s'élever la célébre question du domaine de la mer. Plusieurs Auteurs prirent parti pour ou contre; mais les deux plus fameux furent Grotius & Selden.

Grotius fit naître la dispute, à l'occasion des ordres que le Roi d'Espagne avoit envoyés aux Gouverneurs, d'empêcher toute navigation étrangére dans les mers des Indes.

Une nation qui n'a de ressource que dans son commerce, étant plus intéressée que toute autre à soutenir que rien ne peut en gêner la liberté, il étoit tout naturel qu'elle ne tardât pas à faire entendre ses plaintes.

Elle trouva dans Grotius toute l'ardeur que peut inspirer l'amour de la patrie, soutenu de l'intérêt le plus pressant. Il prit donc en main la cause des Hollandois ses compatriotes, en faveur desquels il produisit son fameux traité, intitulé *Mare liberum, sive de jure quod batavis competit ad indicana commercia.*

Ce traité qui parut pour la premiere fois en 1609, imprimé à Leyde fut réimprimé à Amsterdam en 1633 & adressé à tous les Princes & peuples libres du monde Chrétien, avec invitation de s'unir pour venger les Hollandois de l'injustice & de la tyrannie des Espagnols.

Aux termes de la seconde partie du titre de ce traité, il ne devoit être question que du point de sçavoir, si les Espagnols avoient droit, de s'attribuer le domaine des mers des Indes, à l'effet d'en interdire la navigation & le commerce aux Hollandois, comme aux autres nations; & effectivement Grotius s'attache par tout à leur contester ce droit. Mais comme il portoit ses vues plus loin, c'est-à-dire que son intention secréte étoit de favoriser indistinctement la liberté du commerce; c'est ce qui lui fit avancer comme un principe, que la mer est libre & à l'usage de toutes les nations; de maniére que nul Souverain n'a droit d'y défendre la navigation, le commerce, ni la pêche; la mer ne pouvant être du domaine de personne à aucun titre.

Il en dit autant dans son traité *de jure belli & pacis*. En quelques endroits de l'un & de l'autre ouvrage, il paroît à la vérité, ne parler que de l'Océan & nullement des mers particuliéres, des golphes, ni de l'étendue de la mer qu'on apperçoit du rivage; mais encore une fois il n'en soutient pas moins que le passage & la navigation sont libres en quelque mer que ce soit, de droit commun, à toutes les nations, de même que la pêche jusques sur les côtes.

Selden, sans prendre parti dans la querelle qui divisoit les Espagnols & les Hollandois, entra en lice avec Grotius, moins vraisemblablement pour combattre, par amour pour la vérité, les principes hazardés par son adversaire, que pour réaliser autant qu'il étoit en lui, la chimérique prétention de l'Angleterre sa patrie, dont les Rois ont fastueusement affecté le titre de dominateurs de la mer.

C'est dans cette vue qu'il intitula sa réponse, *mare clausum seu de dominio maris*, imprimée à Londres en 1636. Ainsi Moreri s'est trompé, en disant que Grotius n'a composé son traité, *mare liberum*, que pour refuter *mare clausum* de Selden. C'est précisément le contraire, comme il résulte de l'antériorité de l'ouvrage de Grotius, où il n'est nullement parlé de celui de Selden, tandis que celui-ci attaque directement Grotius, fort civilement néanmoins, comme l'observe Colomiers dans sa bibliothéque choisie, édition de Paris in-12 1731, p. 221.

La premiere partie du traité de Selden est destinée à prouver que les Souverains peuvent exercer leur domination sur la mer aussi bien que sur la terre; en conséquence qu'ils sont fondés, sur les mers qui leur appartiennent, à y interdire la navigation, le commerce & la pêche, sans pour cela donner atteinte au droit divin, au droit naturel, ni au droit des gens, considéré sous toutes ses faces; & il faut convenir qu'il appuye sa proposition de raisons sans réplique, soutenues avec cela d'exemples en grand nombre, tant anciens que modernes. Parmi ces derniers, les plus considérables sont, la mer Baltique & le golphe de Venise. En cela au reste il est d'accord tant avec Stypmannus *ad jus maritimum part. 1a. cap.* 5 & 6 & *part.* 5 *c.* 1°. & 4°. qu'avec le commun des Auteurs.

S'il s'en fût donc tenu là, ou plutôt s'il eût distingué l'Océan, des mers particuliéres, & même dans l'Océan, l'étendue de mer qui doit être censée appartenir aux Souverains des côtes qui en sont baignées, sa victoire eût été compléte; mais il avoit aussi sa chimere, savoir la souveraineté qu'il vouloit attribuer aux Rois d'Angleterre sur la mer, sans même y assigner aucunes bornes. Et voilà ce qui l'a fait échouer dans sa seconde partie, malgré tous les efforts qu'il a faits pour appuyer son assertion.

A la vérité il n'est pas possible de défendre avec plus d'esprit & d'adresse une cause de cette nature; mais enfin il n'employe aucun argument qu'on ne puisse facilement réfuter.

Et d'abord l'avantage qu'il prétend tirer de divers Auteurs, qui, en parlant des mers qui environnent l'Angleterre, les nomment chacune en particulier, *mare Britannicum*, jusqu'à y comprendre même les Isles du Nord, n'est pas capable de faire la moindre impression. La grande Bretagne dans ces temps-là, étant la partie maritime la plus connue & la plus considérable du côté du Nord, il étoit naturel que la mer voisine en prît la dénomination; à peu près comme on avoit dit auparavant, la mer d'Egypte, de Syrie, de Pamphilie, de Lydie, &c. sans que cela tirât à conséquence pour la souveraineté.

De même parlant de la Manche, il se prévaut aussi, de ce qu'elle a été appellée autrefois, *mer Britannique*; & en cela il est d'autant plus mal fondé, qu'il est plus vraisemblable que c'est la Bretagne Françoise qui lui avoit fait donner ce nom.

Les Auteurs qu'il cite, d'un autre côté, pour prouver que les Anglois avoient anciennement la sauve-garde des côtes de l'Angleterre & de la mer, bien appréciés, ne veulent rien dire autre chose, si-non que la garde que les Anglois faisoient sur la mer, n'avoit pour objet que de garantir leurs côtes des déprédations des pirates, & par là de mettre en sûreté leur navigation & leurs pêcheurs.

A l'égard des droits que les Amiraux d'Angleterre exigeoient des navires qui fréquentoient leurs parages, des saufs-conduits qu'ils accordoient pour le passage ou pour la pêche, & du salut qu'ils se faisoient donner par les vaisseaux, en les obligeant de baisser leurs voiles; il est évident que tout cela ne se faisoit qu'en cédant à la loi du plus fort.

Le pouvoir donné par les Rois d'Angleterre à leurs Amiraux, du temps que Calais, la Normandie & l'Aquitaine étoient sous leur domination, ne prouve rien non plus,

Ce que l'Auteur ajoute, que depuis que les François eurent enlevé à l'Angleterre les Provinces d'Aquitaine & de Normandie, les commissions des Amiraux Anglois, n'ont pas eu moins d'étendue qu'auparavant, ne prouve pas plus, que le titre également fastueux & chimérique de Rois de France, que les Rois d'Angleterre ont continué de prendre.

Une autre preuve tirée de ce que les Isles de Jersey & de Garnezay sont demeurées aux Anglois, n'est pas plus concluante : il en résulte seulement que les Anglois étoient encore alors les plus forts sur la mer, & non pas qu'ils fussent les Souverains de la Manche.

L'argument qu'il tire enfin de ce que les jugemens d'Oleron ont été recueillis, dressés & autorisés par les Rois d'Angleterre, ne vaut pas plus la peine qu'on s'y arrête; car quand il diroit vrai, qu'est-ce que cela auroit de commun avec le domaine de la mer, pris au moins dans le sens qu'il lui donne?

Il a dissimulé, cependant, que la premiere collection de ces jugemens d'Oleron, connus dans l'origine sous le nom de *Rôle d'Oleron*, a été faite par les ordres de la Princesse *Aliénor* ou *Eleonor*, épouse de Louis VII. Roi de France, à son retour du voyage de la Terre-Sainte, dans un temps par conséquent qu'elle n'étoit pas encore Reine d'Angleterre, mais seulement Duchesse d'Aquitaine; & que s'ils ont été ensuite confirmés & publiés par l'autorité de Richard son fils, ç'a été tout de même en sa qualité de Duc d'Aquitaine, abstraction faite de celle du Roi d'Angleterre, comme il a été observé dans la préface.

Grotius & Selden, ayant passé les bornes, chacun de son côté, l'un en soutenant indiſtinctement que les Souverains n'ont point d'empire à exercer légitimement ſur la mer, dont l'uſage doit être laiſſé libre à toutes les nations pour le commerce & la pêche; l'autre en ſoutenant au contraire auſſi ſans diſtinction, que la mer peut être aſſujetie au domaine d'un Etat ſouverain, avec le plein exercice des droits qui en dépendent : l'opinion mitoyenne que la raiſon a conſeillé de prendre, a été, en adoptant ce principe de Garcias auteur Eſpagnol, *mare eſt cujus eſt terra cui adjacet*, qu'il falloit l'entendre dans le ſens naturel qu'il renferme, ſans lui donner d'extenſion, & pour cela fixer l'eſpace où doit finir le domaine du Prince ſur la mer contigue à ſes Etats.

Sur cela quelques Auteurs, ſuivant Loccenius, *de jure maritimo lib.* 1°. *cap.* 4°. n. 6. *fol.* 39 ont étendu le domaine du Souverain ſur la mer, juſqu'à deux journées de chemin à prendre du rivage.

D'autres l'ont fixé à 100 milles, d'autres l'ont borné à 60 milles, ce qui revient à 20 lieues; & l'on peut dire que ç'a été un temps l'opinion commune, au rapport de Bodin *de repub. lib.* 1°. *cap.* 10. *jure quodammodo*, dit-il, *principum omnium maris accolarum, communi receptum eſt, ut ſexaginta milliaribus à littore, Princeps legem ad littus accedentibus dicere poſſit; atque id judicatum eſt in cauſa ducis allobrogum.*

D'autres encore l'ont borné à la diſtance qui peut être gardée par les armes; c'eſt-à-dire à la portée du canon. BINKERSHOEK cité par Barbeyrac ſur Pufendorff, traité du droit de la nature & des gens liv. 4 ch. 5 § 7. Pour ce qui eſt de Puſendorff, il ſe contente de dire que c'eſt ſur quoi on ne peut établir de régle fixe & générale, & que ce qu'il y a de certain, c'eſt « qu'il faudroit être exceſſivement » ombrageux pour vouloir ſous ce prétexte ſoumettre à ſa domination une étendue » d'eau de quelques centaines de lieues » : ce qui eſt ne rien dire.

D'autres enfin, ont pris pour régle l'étendue de mer qui peut être apperçue du rivage; mais cette meſure étant incertaine de ſa nature, il auroit été mieux peut-être de juger du domaine ſur la mer voiſine de la côte, par la ſonde, & d'en aſſigner les bornes préciſément à l'endroit où la ſonde auroit ceſſé de prendre fonds; de maniére que hors la portée de la ſonde, la mer eût été reconnue libre, pour la navigation & la pêche, comme ne pouvant être du domaine de perſonne.

Et s'il fût arrivé, qu'entre d'eux Etats, il y eût un bras de mer où l'on pût prendre fonds par tout, alors le milieu auroit ſervi de point de partage.

C'eſt ainſi que le domaine de la mer, auroit pu être réglé en point de droit, ſauf les côtes qui ſont tellement eſcarpées, qu'on n'y trouve pas le fond dès le bord, où l'on auroit étendu le domaine du Souverain juſqu'à la portée du canon & non au-delà. Car enfin l'Océan n'eſt à perſonne, & la concluſion qui ſe tire de là naturellement, c'eſt qu'il eſt permis à toutes les nations d'y naviger; en telle ſorte que cette liberté ne ſauroit être ôtée par une nation, à une autre, ſans injuſtice & ſans une ambition démeſurée, même extravagante, comme le prouve, d'une maniére ſans réplique, Puſendorff *loc. cit.* § 9.

Mais que ſervent les déciſions de droit, contre ceux qui ne reconnoiſſent que la loi du plus fort?

Il faut avouer néamoins, que nul Potentat n'a prétendu ſérieuſement, excepté le ſalut de ſon pavillon, s'arroger le domaine de l'Océan, comme Océan; mais ſeulement à raiſon du commerce qui pouvoit être entrepris à ſon préjudice ſur ſes poſſeſſions contigues à l'Océan.

La queſtion n'a donc jamais été, s'il pouvoit légitimement empêcher toute navigation étrangére ſur l'Océan ; mais l'interdire ou la reſſerrer de maniére qu'on n'en prît pas un prétexte pour faire un commerce clandeſtin dans ſes Etats ; & ſous ce point de vue, Grotius avoit tort de ſe plaindre des Eſpagnols, s'ils ne paſſoient pas les bornes ci-deſſus marquées, puiſqu'en cela ils ne faiſoient qu'uſer de leur droit ; tout Souverain, dans les principes de Pufendorff *loc. cit.* qui ſont inconteſtables, étant auſſi bien fondé à défendre le commerce étranger dans ſes poſſeſſions, qu'à les garantir d'inſulte, en empêchant qu'on n'en approche qu'à une certaine diſtance.

Cela reconnu pour certain, il ne s'agiſſoit donc plus que de convenir entre les Souverains, de la diſtance qu'il falloit obſerver dans la navigation, pour ne pas être cenſé méditer un commerce clandeſtin dans les poſſeſſions des Princes reſpectifs. Et c'eſt à quoi il a été pourvu par les traités de paix & de commerce, en fixant cette diſtance à deux lieues de la côte ; de maniére que au-delà de cette diſtance, la navigation doit abſolument être libre, & comme telle, exempte de toute viſite de la part des commandans des vaiſſeaux garde-côtes, & qu'en déçà on eſt ſuſpect de commerce interlope, à raiſon de quoi on eſt ſujet à viſite & même à la confiſcation des marchandiſes & du navire, s'il n'y a preuve que le mauvais temps ait forcé d'approcher ainſi des côtes.

Tout cela au reſte, comme l'obſerve fort judicieuſement M. le Chevalier d'Abreu, dans ſon traité des priſes ſur mer, part. 1re. ch. 5. §. 19. p. 86, 87, doit s'entendre néanmoins, ſauf la différence des plages ; de façon que le cours ordinaire de la navigation & le paſſage néceſſaire des navires ne ſoit pas empêché, ſous prétexte du voiſinage de certaines côtes ; ſur quoi voir le Journal étranger du mois de Février 1756 p. 173 & 174 au défaut de l'original.

Juſqu'à la diſtance de deux lieues, & avec cette reſtriction encore, la mer eſt donc du domaine du Souverain de la côte voiſine, & cela que l'on puiſſe y prendre fonds avec la ſonde ou non. Il étoit juſte au reſte d'uſer de cette méthode, en faveur des Etats dont les côtes ſont ſi eſcarpées, que dès le bord on ne peut trouver le fonds. Mais cela n'empêche pas que le domaine de la mer, quant à la juriſdiction & à la pêche, ne puiſſe s'étendre au-delà ; ſoit en vertu des traités de navigation & de commerce, ſoit par la régle ci-deſſus établie qui continue le domaine juſqu'où la ſonde peut prendre fonds, ou juſqu'à la portée du canon, ce qui eſt aujourd'hui la régle univerſellement reconnue. Jour. de Commerce Mai 1759 p. 40.

Mais au-delà, s'attribuer l'empire de la mer par la force des armes, c'eſt tyrannie ; ou l'affecter comme un droit acquis par une ancienne uſurpation, c'eſt une ambition inſenſée ; Pufendorff *ſuprà*. C'eſt auſſi ce qui a jetté un ridicule éternel ſur le manifeſte que publia le 7 Mai 1689, Guillaume Prince d'Orange uſurpateur du trône d'Angleterre, lorſqu'il déclara la guerre à la France. Manifeſte d'ailleurs ſi indécent & ſi injurieux, qu'il révolta les puiſſances même les plus jalouſes de la grandeur & de la proſpérité de Louis XIV.

On voit en effet dans cet étonnant manifeſte, que Guillaume, après avoir fait à Louis XIV. les reproches les plus odieux, ſans aucune ſorte de fondement, & après lui avoir prodigué les injures les plus outrageantes, ne lui donnant que le titre de Roi des François, & l'appellant l'ennemi général du monde chrétien, &c. On voit, dis-je après tout cela, dans ce manifeſte, que l'uſurpateur ne craignit point d'y employer pour dernier motif, *que le droit de pavillon qui appartient à la Couronne d'Angleterre a été disputé par son ordre (Louis XIV.) ce qui tendroit à la violation de notre souveraineté sur la mer, laquelle a été maintenue de tout temps par nos prédécesseurs, & que nous sommes aussi résolus de maintenir pour l'honneur de notre couronne & de la nation Angloise.*

La jalousie inquiéte de Guillaume pour l'honneur du pavillon d'Angleterre, s'étoit réveillée sans doute à l'occasion de l'Ordonnance du 15 Avril 1689 que Louis XIV, venoit de publier, par laquelle en ajoutant aux Réglemens qu'il avoit déja faits au sujet des saluts, non-seulement il défendoit à tous Officiers commandans ses vaisseaux, de saluer les premiers les vaisseaux des autres Princes portant des pavillons égaux aux leurs; mais encore leur enjoignoit au contraire d'exiger d'eux le salut & de les y contraindre par la force, s'ils en faisoient difficulté, en quelques mers ou côtes que se fît la rencontre. Art. 5 & 6 tit. 1er. liv. 3 de ladite Ordonnance,

On conçoit que la fierté Angloise en dut être humiliée; mais il n'étoit plus temps de mépriser la marine de France. Car sans parler, ni du secours qu'elle avoit fourni à l'Angleterre même, pour la mettre en état de résister aux forces navales de la seule Hollande, ni des batailles qu'elle avoit gagnées depuis dans les mers de Sicile, contre les Hollandois & les Espagnols; l'année suivante 1690 en manifesta la puissance, par le fameux combat de la Manche, où sans le secours d'aucuns alliés, elle remporta une victoire complette sur les flottes combinées de Hollande & d'Angleterre.

Le domaine de la mer au-delà des bornes naturelles, ou convenues par les traités, n'est donc plus qu'une chimere ou une prétention injuste; mais en deçà de ces mêmes bornes, le droit de chaque Souverain doit être respecté, de maniére que d'autres que ses sujets ne peuvent y naviger & commercer, ni à plus forte raison y faire la pêche, qu'en vertu des traités de paix, de navigation & de commerce, ou qu'avec sa permission.

C'est ainsi qu'il faut entendre la liberté de la pêche de nation à nation. Et comme les Puissances voisines, ou qui ont pour limites des mers qui leur sont communes, ont un égal intérêt à favoriser la pêche de leurs sujets respectifs, en quelque temps que ce soit; il semble que rien ne seroit plus naturel que de convenir entr'elles, que cette liberté de la pêche, au moins celle du poisson frais qui est journaliere, seroit toujours la même en temps de guerre comme en temps de paix, en dérogeant en cette partie au droit de la guerre, suivant lequel les pêcheurs sont de bonne prise comme les autres navigateurs.

Aussi anciennement, ces sortes de traités, étoient-ils d'une pratique assez commune. On les appelloit *tréves pêcheresses*; & de la part de la France, l'Amiral étoit autorisé à les conclure: c'étoit une des prérogatives de sa charge.

La preuve s'en tire de l'Ordonnance du mois de Février 1543 art. 49, confirmé en plein par le 79e. de celle du mois de Mars 1584. Ces deux articles sont conçus en ces termes.

» Quant à la harengaison & pêche d'autres poissons, voulons, entendons &
» nous plaît, qu'en temps de guerre, l'Amiral puisse accorder *tréves pêcheresses* à
» nos ennemis & à leurs sujets, si tant est que lesdits ennemis la veulent ensem-
» ble accorder à nos sujets: & là où ladite tréve ne se pourroit d'une part &
» d'autre conduire ou accorder, voulons & entendons que ledit Amiral puisse

» bailler

» bailler aux ſujets de nos ennemis, ſauf conduits pour la pêche, ſous telles & » ſemblables cautions, charges & précis, que leſdits ennemis les bailleront à nos » ſujets. »

La premiere de ces Ordonnances art, 50, & l'autre art. 80, portent auſſi « lorſ- » qu'il ſera queſtion de mettre navire en temps de guerre pour ſervir de gardes » aux pêcheurs, par la permiſſion de notre dit Amiral, leſdits navires ſeront mis » ſûs aux dépens deſdits pêcheurs, & payés ſelon le convenant ou accord deſdits » pêcheurs ou de leurs bourgeois. »

L'art. 51 de l'une, & le 81 de l'autre de ces Ordonnances, ajoutent encore : » *Item*, voulons qu'en temps de guerre notre dit Amiral puiſſe armer navires & » vaiſſeaux pour conduire à ſûreté nos ſujets & autres marchands nos alliés & » amis, quand il en ſera requis, & prendre pour ce faire le ſalaire accoutumé.

Cet ordre a ſubſiſté même après la ſuppreſſion de la charge d'Amiral en 1626, juſqu'à ſon rétabliſſement en 1669. Mais depuis ce temps-là, nul traité, ſoit pour la liberté de la pêche, ſoit pour toute autre cauſe, n'a été fait qu'au nom du Roi. De même les eſcortes pour la ſûreté de la pêche, auſſi bien que pour toute autre navigation, n'ont été données que par ordre du Roi ; l'ancien droit de l'Amiral par rapport à ces deux objets, n'ayant point été renouvellé lors du rétabliſſement de cette importante charge, ou plutôt ayant été révoqué implicitement, tant par le dernier article du Réglement du 12 Novembre 1669, que par l'article 14 du premier titre de la préſente Ordonnance. V. *ſuprà* art. 5 tit. de l'engagement & des loyers des matelots, qui eſt le 4e. du liv. 3, & l'art. 13 du tit. 6 ci-après concernant la pêche des molues.

Au ſurplus ces *tréves pêchereſſes*, même pour la pêche journaliere du poiſſon frais, n'ont preſque plus été pratiquées depuis la fin du dernier ſiécle ; & cela par l'infidélité de nos ennemis, qui abuſant de la bonne foi avec laquelle la France a toujours obſervé les traités, enlevoient habituellement nos pêcheurs, tandis que les leurs faiſoient leur pêche en toute ſûreté. L'injuſtice d'une telle conduite obligea enfin Louis XIV. à renoncer à ces ſortes de traités toujours déſavantageux aux François.

ARTICLE PREMIER.

DEclarons la pêche de la mer libre & commune à tous nos ſujets, auxquels nous permettons de la faire, tant en pleine mer que ſur les gréves avec les filets & engins permis par la préſente Ordonnance.

LA permiſſion de faire la pêche, tant ſur les gréves qu'en pleine mer, ſuppoſe néceſſairement dans celui qui la donne, le pouvoir de la défendre en vertu de ſon droit de propriété & domanial ſur les mêmes gréves & ſur la mer qui vient y briſer ſes flots

Il eſt de principe en effet, comme on l'a montré ſur l'art. 26 du tit. des naufrages, que ce qui n'eſt à perſonne en particulier, mais appartient à la République, c'eſt-à-dire à la Communauté d'un Etat ſouverain, eſt dévolu de plein droit au Prince dans un Etat monarchique, comme étant le chef de la nation, & comme réunissant à ce titre en sa personne, tous les droits communs à la nation, du nombre desquels est le domaine de la mer & de toutes les côtes & gréves qui en sont baignées. *Omne imperium in Cæsarem translatum est, omnisque populi & plebis potestas in principem translata. Inst. lib.* 1°. *de jure naturali, &c. tit.* 2 §. *sed & quod.*

Le Souverain pourroit donc s'en réserver l'usage & le droit d'y pêcher, ou le céder à qui bon lui sembleroit, par préférence à tous autres. Boutaric Inst. pag. 128, Duperier 2 pag. 463. Mais nos Rois toujours plus attentifs au bien général de leurs sujets, qu'à leurs intérêts propres; ou si l'on veut, parce que le bien général des sujets fournit toujours au Souverain, un ample dédommagement du sacrifice qu'il leur fait de ses droits particuliers; nos Rois, dis-je, se sont, dans tous les temps, fait une loi de laisser libre & commune à leurs sujets la pêche de la mer; & cette loi a été irrévocablement confirmée par le présent article.

De sorte que tout ce qui peut gêner cette liberté de la pêche, soit sur les gréves, soit en mer, est défavorable de sa nature, & ne doit par conséquent être toléré, qu'autant que ceux qui prétendent s'attribuer un droit de pêche exclusif, sont fondés en titres valables, ou en possession suffisante pour s'y faire maintenir, comme il sera montré sur les articles 4, 8, 9 & 10 tit. 3 ci-après.

Cependant, en même temps que nos Rois ont dérogé à leur droit de souveraineté en cette partie, en laissant à leurs sujets la liberté de la pêche en mer & sur les gréves, sans en exiger aucun tribut, ils se sont réservé le droit de veiller à la police de cette pêche, & par-là de régler la maniére de la faire, de prescrire les temps & les lieux, où elle pourroit être pratiquée ou interdite; enfin de déterminer la forme & la maille des filets & engins qui pourront y être employés.

Rien, après tout, de plus naturel & de plus conforme au bon ordre pour l'amélioration & la conservation même de la pêche, dont sans cela la source tariroit en peu de temps; car enfin que deviendroit la pêche, s'il étoit permis de la faire avec de filets, d'où le petit poisson, le frai même ne pourroit s'échapper?

Quelque simple que soit ce raisonnement qui a la force d'une démonstration, il se trouve néanmoins des personnes, d'ailleurs judicieuses, qui ont la foiblesse d'adopter les idées de la populace, & de répéter avec cette troupe imbecille; qu'il ne faut pas se défier de la providence; que la mer est inépuisable, & que c'est peut-être aux précautions employées pour restreindre la liberté indéfinie de la pêche, que l'on doit attribuer la disette de poisson que l'on éprouve depuis long-temps, sur toutes les côtes du Royaume. De sorte qu'il ne tient pas à eux qu'on ne pense, que cette diminution trop sensible de la pêche, est une punition du Ciel, en haine des mésures prises, dans la seule vue de la rendre plus abondante. Peut-on abuser ainsi du droit de raisonner? A ce compte, c'est mal-à-propos qu'il est défendu de couper le varecq, sart ou gouesmon dans les mois où il sert d'abri au frai du poisson; *suprà* art. 1er. tit. 10 du liv. précédent: c'est injustement tout de même qu'on a sévi contre ceux des riverains, qui, pour engraisser leurs terres faisoient des fumiers de tous les petits poissons qu'ils pouvoient attraper.

Heureusement le grand nombre des gens sensés ne pense pas de même. V. le traité de la police tom. 3, liv. 5, tit. 25, ch. 2 *in fine*, & tit. 40. ch. 3 *fol.* 292 *col.* 1. & cela serviroit à justifier, s'il étoit besoin, la sagesse de notre Ordonnance, de même que de celles qui l'ont précedée & suivie, en tant qu'elles ont travaillé à réprimer la licence de la pêche. Cela ferviroit également à difculper les Officiers de l'Amirauté du reproche que quelques-uns leur font, d'en ufer avec trop de févérité dans la recherche des filets prohibés, & dans leurs pourfuites contre les prévaricateurs dans ce genre, puifqu'enfin, quand la loi ne feroit pas auffi jufte & auffi falutaire au fond, ils ne feroient pas moins obligés de tenir la main à fon exécution.

Mais à quoi aboutit leur follicitude, leur vigilance ? La loi eft enfreinte tous les jours à leur infçu ; le mal augmente continuellement, & la pêche, par fa ftérilité eft maintenant réduite fur les côtes de l'Aunis, à tel point, que les pêcheurs, quoique leur nombre foit diminué des deux tiers depuis 30 ans, ne trouvent plus de quoi fubfifter, malgré le haut prix où ils font obligés de tenir le poiffon.

Au furplus ces mots, *filets & engins*, n'indiquent que la pêche du poiffon fans aucune influence fur la pêche du coquillage, dont par conféquent la liberté eft laiffée pleine & entiére, à tous ceux qui fe préfentent fur le rivage pour la faire. Il faut excepter toutefois, les parcs & pêcheries, où il n'eft pas permis d'aller pêcher ni poiffon ni coquillage, ni d'en approcher à cette fin plus près que de 10 braffes, fuivant l'art. 13 tit. 10 de la Déclaration du Roi du 18 Mars 1727; & cela que les poffeffeurs de ces parcs & pêcheries foient fondés ou non dans le droit d'en jouir, & de s'en faire maintenir en poffeffion. La raifon eft qu'il n'appartient pas aux particuliers de juger du droit des poffeffeurs de ces parcs & pêcheries, & de fe faire juftice eux-mêmes, en conféquence. Ce feroit une occafion continuelle de difputes & de voyes de fait, d'où pourroient s'enfuivre les plus grands malheurs.

Ce que peuvent faire légitimement ceux qui croient que des parcs & pêcheries font dans le cas de la démolition, c'eft d'en faire la dénonciation au Procureur du Roi de l'Amirauté ; après quoi ils doivent attendre la décifion, fans toucher à ces parcs & pêcheries, avant que leur démolition ait été ordonnée, à peine d'amende arbitraire & de tous dépens dommages & intérêts. Il fera traité de ceci plus au long fur le tit. 3 du préfent livre.

Mais excepté ces parcs & pêcheries, il eft permis à quiconque de pêcher fur les gréves de la mer, foit du poiffon, foit du coquillage ; favoir le poiffon avec les filets & engins autorifés feulement par notre Ordonnance, ou par les Réglemens poftérieurs, à condition encore de ne s'en fervir que de la maniére qui y eft prefcrite ; & le coquillage en toute liberté, fans autre limitation ou reftriction que celle portée par l'art. 18 du même tit. 3 ci-après, concernant les mouliéres & le frai des moules.

Cette liberté indéfinie de la pêche du coquillage mérite d'autant plus de faveur, qu'incapable de nuire, parce que le fond du coquillage eft véritablement inépuifable, elle procure au menu peuple des Villes maritimes, & aux habitans des côtes jufqu'à deux & trois lieues d'éloignement dans les terres, une reffource abondante, non-feulement pour leur nourriture & celle de leurs familles ; mais encore pour le payement d'une partie de leurs fubfides.

Pour ce qui concerne la pêche dans les étangs & les rivieres au-deffus de l'endroit où le flux & le reflux de la mer ceffe de fe faire fentir, il faut voir l'Ordonnance des Eaux & Forêts avec le judicieux Commentaire qui en a été donné au public depuis peu, & le favant traité de la police, tom. 3, liv. 5, tit. 40 & fuiv.

ARTICLE II.

NOs ſujets qui iront faire la pêche des molues, harengs & maquereaux ſur les côtes d'Irlande, Ecoſſe, Angleterre & de l'Amerique, & ſur le banc de Terre-Neuve, & généralement dans toutes les mers où elle ſe peut faire, ſeront tenus de prendre un congé de l'Amiral pour chaque voyage.

PAr la raiſon que les côtes d'un territoire appartiennent au Souverain de ce même territoire, juſqu'à la diſtance ci-deſſus marquée, ou convenue par les traités, les ſujets d'une puiſſance étrangére, n'ont droit d'y aller pêcher, qu'autant qu'ils y ſont autoriſés par quelque convention arrêtée entre leur Souverain & celui de ce territoire.

Ainſi, ou notre article, en déclarant les François en droit d'aller faire la pêche des molues, harengs & maquereaux ſur les côtes d'Irlande, Ecoſſe, Angleterre & de l'Amérique, a parlé d'après les traités de navigation & de commerce par leſquels il étoit ſtipulé que les ſujets reſpectifs des puiſſances contractantes, pourroient librement faire la pêche ſur les côtes de leurs Etats; ou il a ſuppoſé que la pêche ſe feroit à la diſtance des côtes, au-delà de laquelle, l'empire de la mer n'eſt à perſonne.

Quant au droit de pêcher ſur le banc de Terre-Neuve; comme l'Iſle de Terre-Neuve, qui eſt pour ainſi dire le ſiége de cette pêche, appartenoit alors à la France, il étoit tellement acquis aux François, que les autres nations ne pouvoient naturellement y pêcher qu'en vertu des traités. Cela a changé depuis au moyen de la ceſſion faite aux Anglois, de cette Iſle de Terre-Neuve, par le traité d'Utrecht : mais Louis XIV. lors de cette ceſſion, ayant fait une réſerve expreſſe du droit de pêcher ſur le banc de Terre-neuve, en faveur des François comme auparavant; leur pêche dans cette contrée de l'Amerique auroit toujours été la même; c'eſt-à-dire auſſi avantageuſe au Royaume, qu'autrefois, ſans l'intolérance & l'injuſtice des Anglois, toujours diſpoſés à violer les traités, pour ne les obſerver que dans les points qui leur ſont favorables.

L'objet direct de cet article, où il s'agit de toute pêche entrepriſe au-delà des côtes du Royaume, & qui par conſéquent exige un voyage exprès, rarement moindre de trois à quatre mois, eſt d'obliger tout propriétaire & capitaine de bâtiment deſtiné pour cette pêche de prendre un congé de l'Amiral pour chacun de ces voyages, comme pour tout voyage à frêt, ou entrepris pour cauſe de commerce.

Il n'eſt point dit, comme dans le tit. des congés art. 1er. *ubi vide*, à peine *de confiſcation*; mais cela eſt naturellement ſous-entendu, parce que dès-que les pêcheurs en voyage au long cours, ou au grand cabotage, ſont aſſujettis ici à prendre un congé de l'Amiral pour chaque voyage, il eſt évident que l'obligation leur en eſt impoſée ſous les mêmes peines que celles qui ſont prononcées contre les autres navigateurs.

Ainſi tout bâtiment qui ſeroit parti pour la pêche dont il eſt ici queſtion, ſans un congé de l'Amiral, feroit fans difficulté fujet à confifcation avec tout le produit de fa pêche, de la même maniére qu'un navire qui auroit auffi navigé fans congé, feroit confifqué avec fon chargement au profit de M. l'Amiral.

ARTICLE III.

ET quant à nos fujets qui font la pêche du poiffon frais, avec bateaux portant mât, voiles & gouvernail, ils feront feulement tenus de prendre un congé par chacun an; fans qu'ils foient obligès de faire aucun rapport à leur retour, fi ce n'eft qu'ils ayent trouvé quelques débris, vu quelque flotte ou fait quelque rencontre confidérable à la mer, dont ils feront leur déclaration aux Officiers de l'Amirauté qui la recevront fans aucuns frais.

CEt article contient une exception en faveur de ceux qui font la pêche du poiffon frais, pour laquelle on ne perd jamais volontairement la terre de vue, par l'intérêt qu'ont les pêcheurs de fe trouver à portée de débiter leur poiffon le plus avantageufement qu'il fe puiffe.

Par cette raifon, comme ces voyages en mer font fort courts, & que ç'auroit été furcharger les pêcheurs de cette efpéce, fi on les eût obligé de prendre un congé de l'Amiral pour chaque voyage; il a été réglé, par une jufte exception, qu'ils ne feroient tenus d'en prendre, qu'un par chacun an. Mais auffi ils y font aftreints, fous même peine de confifcation, & à faire renouveller le congé tous les ans, tant qu'ils veulent continuer la navigation pour la pêche.

Cette faculté au refte, donnée aux pêcheurs de poiffon frais, de ne prendre un congé de l'Amiral que par chacun an, n'eft point une grace que notre Ordonnance leur ait nouvellement accordée; ils la tenoient déjà de la générofité de M. le Duc de Vendôme, Grand-Maître de la navigation, comme il réfulte de fon Ordonnance du 27 Avril 1659.

Il y a plus; tout bateau précifement employé à la pêche du poiffon frais, ou du coquillage, n'eft pas affujetti, indiftinctement, à la formalité du congé, même annuel; il faut pour cela, aux termes de cet article, que ce foit un bateau *portant mât, voile & gouvernail*, conformément aux anciennes Ordonnances, notamment à celle du mois de Mars 1584. art. 78, qui ajoutoit affez inutilement, par rapport au gouvernail, que ce devoit être *un gouvernail à thucion, un gouvernail remuable*, puifqu'on n'en connoit point d'autre.

Une de ces conditions manquant, c'eft-à-dire, s'il y a gouvernail fans mât, (car il n'eft point de mât fans gouvernail, comme fans voile) on pourra fe fervir du bateau tant que l'on voudra, pour la pêche, fans prendre aucun congé de l'Amiral; mais à condition toujours de n'ufer que des filets & engins permis, & de la maniére prefcrite par l'Ordonnance & par les autres Réglemens.

Du refte il n'y a aucune diftinction à faire entre les bâtimens deftinés pour la pêche. Dès-qu'ils portent mât, voile & gouvernail, ils font fujets au congé d'un an; mais quelque difproportion qu'il y ait entre eux pour le port, le congé d'un an ſuffit pour chacun d'eux, ſans égard à l'avantage que les uns peuvent avoir ſur les autres, pour la pêche plus au moins abondante.

Il eſt entendu néanmoins, qu'ils ne feront que la pêche, ſans aucune ſorte de commerce; autrement pour chaque voyage de commerce qu'ils feront, ne fût-ce qu'en achetant du poiſſon, pour le porter revendre, ils feront tenus de prendre un congé ordinaire, comme il a été obſervé ſur l'art. 3. tit. des congés.

Ce qu'il y a de commun encore aux différens pêcheurs, c'eſt que ni les uns ni les autres, ne ſont point obligés de faire de rapport au Greffe de l'Amirauté, au retour de leur pêche, ſi ce n'eſt, comme le porte le préſent article, qu'ils ayent trouvé quelques débris, ou effets naufragés, ce qui s'étend aux ancres par eux ſauvées, qu'ils ayent vu quelque flotte, ou fait quelque rencontre conſidérable à la mer; en un mot remarqué à la mer quelque choſe qui mérite attention; auquel cas ils ſont tenus d'en faire leur déclaration aux Officiers de l'Amirauté: obligation à laquelle ils auroient d'autant plus grand tort de ſe ſouſtraire, que cette déclaration doit être reçue ſans frais.

Il arrive aſſez ſouvent que des pêcheurs s'aſſocient, ſoit pour la pêche du poiſſon frais ſur les côtes, ſoit pour celle des molues; & cet uſage eſt fort ancien, puiſqu'il en eſt parlé dans l'article 28 des jugemens d'Oleron. Les effets de ces ſortes de ſocietés, dépendent des conventions arrêtées entre les aſſociés: mais de droit, lorſque quelques-uns d'eux ſouffrent des pertes ou avaries, quelles ſont celles qui doivent être ſupportées en commun? V. l'art. 36 du tit. du capitaine, qui eſt le 1er. du liv. 2.

TITRE II.

DES DIVERSES ESPÉCES DE RETS OU FILETS.

U rapport de Pufendorff, tr. du droit de la nature & des gens, liv. 4 ch. 3 §. 6 page 241, un Philosophe Chinois donnoit pour maxime, qu'un Roi ne devoit permettre de pêcher qu'avec des filets à grande maille, afin qu'en ne prenant ainsi que de gros poissons, & laissant échapper les petits, il y en eût toujours assez pour les besoins de tout le monde.

De-là, ajoute-t'il, cette coutume parmi les Chinois, de ne tuer aucune bête qui ne soit venue aussi grosse, que le doivent être naturellement celles de son espéce,

Cela est observé par Pufendorff, pour montrer que l'homme, en abusant du pouvoir qu'il a sur les bêtes, cause en quelque façon du dommage à toute la société, en même temps qu'il outrage le créateur, dont il méconnoit la liberalité par l'abus qu'il en fait.

Cette morale, qui peut paroître un peu outrée dans son application, fera pitié sans doute à nos sensuels, aussi ennemis de la seconde maxime des Chinois, que partisans de la premiere concernant la pêche; mais enfin il en résulte que toute loi de police tendante à conserver, ou à améliorer la pêche, entre dans les vues du créateur, & va au bien général de la societé.

Or le vrai moyen d'améliorer la pêche, c'est d'empêcher autant qu'il est possible, qu'on ne pêche le frai du poisson, aussi bien que le poisson du premier âge. Il résulteroit encore de la cessation de cet abus, le précieux avantage de préserver le bas peuple des maladies qu'il contracte en se nourrissant du frai du poisson : nourriture qui, de l'aveu de tous les Medécins tant anciens que modernes, ne peut être que très pernicieuse.

Pour corriger les abus de la pêche, il n'y avoit pas d'autre parti à prendre que celui de régler la maille des filets & engins qui y doivent être employés, la maniére & le temps de s'en servir. C'est aussi à quoi il a été pourvu de toute ancienneté en France, par rapport à la pêche dans les rivieres & autres eaux douces, comme on peut le voir dans le docte Commentaire de M. Pecquet sur l'Ordonnance des Eaux & Forêts, tom. 2, *fol.* 124 & 125 édition de 1753.

En ce qui concerne la pêche en mer & sur ses gréves, c'est un peu tard qu'on a pensé à y remédier, puisque l'Ordonnance du mois de Mars 1584 est la premiere où l'on trouve des plaintes sur les désordres de cette pêche; & encore ne contient-elle que trois articles, savoir, les 83, 84 & 85, qui, au fond n'indiquent pas même la réforme des filets. On s'y plaint seulement de ce que l'ancienne pratique de la pêche a été changée, principalement à l'occasion des parcs & pêcheries, dont le nombre s'étoit prodigieusement accru depuis quelque temps.

La raison sans doute de ce silence de nos anciennes Ordonnances sur le sujet de la pêche du poiſſon frais en pleine mer, eſt qu'elle étoit fort rare, de même que la navigation, & qu'on ne s'apperçut du dépeuplement du poiſſon ſur les côtes, que par l'abus de la multiplication des parcs & pêcheries ſur les gréves de la mer, à la faveur deſquelles pêcheries, ceux qui les poſſedoient, détruiſoient tout le petit poiſſon, au moyen des filets qu'ils y tendoient, dont les mailles étoient ſi étroites, que le frai même du poiſſon s'y trouvoit retenu ſans pouvoir s'échapper.

Ainſi, pour le dire ici d'avance & en paſſant, c'eſt préciſement aux parcs & pêcheries qu'il faut attribuer aujourd'hui, comme du temps de cette Ordonnance de 1584, la ſtérilité de la pêche du poiſſon de mer ſur nos côtes, principalement ſur celles de l'Aunis.

L'Ordonnance de 1584 ayant laiſſé les pêcheurs de poiſſon frais à la mer, dans leur ancienne pratique, on doit juger, que, pour la maille de leurs filets, ils ſe conformoient à peu près, aux Réglemens faits à ce ſujet pour la pêche dans les rivieres; & il falloit bien qu'en cette partie on ne crût pas qu'il fût beſoin alors, & long-temps encore après, de porter des Réglemens particuliers, puiſque par l'art. 454 de l'Ordonnance de 1629, on ſe contenta d'ordonner de nouveau l'exécution de cette Ordonnance de 1584.

Il eſt vrai que par le même article, le Roi annonça qu'il ſeroit fait un Réglement, *pour empêcher les abus qui ſe commettoient diverſement & par différens moyens* ſur le fait de la pêche, *objet très important au public*; mais ce Réglement n'a point paru avant notre préſente Ordonnance, quoique le Cardinal de Richelieu en eût ſenti la néceſſité, en ſe plaignant dans ſon Ordonnance du 14 Mai 1642, *que la pêche du poiſſon s'en alloit ruinée ſur les côtes de France, où elle abondoit autrefois*, & cela au moyen *des parcs multipliés ſur les gréves de la mer au préjudice des Ordonnances, &c.* à raiſon de quoi il enjoignit aux Officiers de l'Amirauté de ſe tranſporter ſur les côtes de la mer & aux embouchures des rivieres, pour viſiter tous les parcs, pêcheries, filets, &c. avec ordre de confiſquer tous ceux qui ne ſeroient pas de la qualité requiſe.

M. le Duc de Vendôme, Grand-Maître de la navigation, ſe contenta tout de même de rendre une Ordonnance preſque ſemblable, le 27 Avril 1659; de ſorte que juſqu'à la préſente Ordonnance, nous voyons bien des plaintes concernant les abus de la pêche en mer & ſur les gréves, mais nul Réglement pour y remédier.

Au reſte ſi l'on eût ſuivi la maxime des Chinois, il n'auroit point été queſtion de diverſifier les filets de pêche. Des filets à grande maille, d'une ſeule eſpéce auroient ſuffi. Mais il eſt des poiſſons de pluſieurs ſortes qui ſeroient inutilement laiſſés à la mer; ils n'en groſſiroient pas d'avantage. Il convenoit donc d'en permettre la pêche avec des filets de petites mailles, & voilà la raiſon de la diverſité des filets. Le mal eſt que le plus grand nombre de ceux qui pêchent ſur les gréves, principalement dans les écluſes & bouchots, y emploient des rets prohibés, ou les filets de petite maille deſtinés à un autre uſage.

ARTICLE

ARTICLE PREMIER.

LEs pêcheurs pourront se servir des rets ou filets appellés folles, dreiges, tramaux ou tramaillades, & autres mentionnés en la présente Ordonnance, dans les temps & en la maniére ci-après réglée.

LE Commentateur s'est appliqué à donner l'explication des différentes sortes de filets & engins de pêche, exprimées dans notre Ordonnance : travail bien aisé, & pour le moins superflus, puisqu'il n'est point d'édition du texte de l'Ordonnance, où l'on ne trouve ces explications, aussi bien que de plusieurs autres termes de marine, dans la table alphabetique qui y est jointe. Le docte Lamare en a usé de même. Pour éviter cet inconvenient, on ne donnera d'explications à ce sujet que relativement aux Réglemens intervenus depuis notre Ordonnance.

Il y en a deux, entr'autres, d'une extrême importance ; ce sont les déclarations du Roi des 23 Avril 1726 & 18 Mars 1727. On y trouve de grands changemens, soit pour la forme & la maille des filets, soit pour le temps & la maniére de s'en servir. On y trouve aussi un très grand nombre d'autres noms de filets ; ils ne désignent pas pour l'ordinaire des filets différens, mais seulement leurs diverses dénominations, plusieurs étant connus dans une Province maritime, sous un certain nom, & en d'autres sous un nom différent.

Ce qui résulte de tout ceci, c'est qu'on ne peut faire la pêche qu'avec les filets permis, & de la maniére dont l'usage en est prescrit, tant par cette Ordonnance que par les Réglemens postérieurs.

ARTICLE II.

L*Es folles auront leurs mailles de cinq pouces en quarré*, & elles ne pourront être laissées à la mer plus de deux jours, à peine de confiscation & de vingt-cinq livres d'amende.

L*Es folles auront leurs mailles de cinq pouces en quarré*, pour le moins, ajoute l'art. 2 tit. 9 de la Déclaration du 18 Mars 1727. Il permet néanmoins de tendre de la même maniére, à la côte, les filets appellés demi-folles, grandes caniéres, grandes pentieres & grands rieux, pourvu que leurs mailles ayent au moins trois pouces en quarré.

L'art. 3 veut que les autres filets y dénommés ayent la maille de deux pouces en quarré au moins.

On conçoit que des filets de cette espéce, sur-tout les folles dont la maille doit être de cinq pouces en quarré, & avec lesquels on pêche les plus gros poissons, tels que les esturgeons, les thons, les marsouins, les maigres, &c. sont extrêmement forts & par là capables de causer du dommage aux petits bâtimens de mer qui les aborderoient, même aux vaisseaux, qui, en même temps pourroient aussi y faire du dommage par la violence du choc. C'est pour cela que notre article ne veut pas qu'ils soient laissés, c'est-à-dire qu'ils demeurent tendus à la mer, plus de deux jours, à peine de confiscation & de 25 liv. d'amende.

Tel est le motif de l'Ordonnance, au lieu de ceux que lui prête le Commentateur. Les pêcheurs n'ont pas besoin qu'on les avertisse de veiller à la conservation de leurs filets; encore moins sur peine de confiscation & de 25 livres d'amende.

ARTICLE III.

CEux qui pêcheront avec les folles, seront tenus d'être toujours sur leurs filets, tant qu'ils seront à la mer, pour les visiter de temps en temps & de marée à autre, s'ils n'en sont empêchez par la tempête ou par les ennemis.

C'Est encore par le même motif, que les pêcheurs *avec folles*, sont tenus d'être toujours sur leurs filets tant qu'ils seront à la mer, pour avertir les navigateurs de leur position & les mettre par là en état d'éviter l'abordage de ces filets.

Il leur est enjoint aussi de les visiter de temps en temps & de marée à autre, pour voir s'ils ne sont point dérangés dans leur tente, afin de les remettre dans leur premier état; le tout s'ils n'en sont empêchés par la tempête, ou par les ennemis qui leur donnent chasse.

ARTICLE IV.

LEs *rets de la dreige auront les mailles* d'un pouce neuf lignes en quarré, & les *trameaux ou hameaux*, qui sont attachez des deux côtés du filet, auront les leurs de neuf pouces en quarré; sans qu'ils puissent être chargés de plus d'une livre & demie de plomb par brasse, sous les peines ci-dessus ordonnées.

L*Es rets de la dreige.* Le filet appellé dreige étoit permis au temps de notre Ordonnance, parce que la maniére d'en user alors, étoit innocente & incapable de nuire à l'empoissonnement des côtes. Il n'étoit pas traînant sur les gréves dans ce temps-là, autrement il auroit été enveloppé dans la proscription générale des filets traînants, portée par l'art. 16 du tit. suivant. Dans la suite, la maniére de s'en servir devint si abusive, que, non-seulement le poisson du premier âge, mais même le frai du poisson s'y trouvoit pris sans pouvoir s'échapper; ce qui joint aux prévarications des pêcheurs dans les écluses & bouchots, causa une si grande diminution de la pêche maritime, qu'il s'éleva un cri universel à ce sujet sur toutes les côtes du Ponant.

Pour remédier à un mal qui avoit fait de si grands progrès, le Roi se crut obligé de rendre une déclaration le 23 Avril 1726, dans la vue de rétablir la pêche du poisson de mer, par tous les moyens possibles : mais il ne s'agit ici que du filet appellé dreige, le reste viendra dans la suite.

Ce filet reconnu si nuisible, parce que comme l'explique le préambule de la déclaration, *traînant avec rapidité sur les fonds, il gratte & laboure tous ceux sur lesquels il passe, de manière qu'il déracine & enleve les herbes qui servent d'abri & de réduit aux poissons, rompt les lits de leur frai, fait périr ceux du premier âge, &c.* Ce filet, dis-je, fut donc proscrit absolument, avec tous autres filets & instrumens traînans, tant par l'article premier, que par les articles 19 & 22 de ladite déclaration, avec défenses à toutes personnes indistinctement de s'en servir, à peine de confiscation des bateaux, rets, filets & poissons, & de 100 liv. d'amende contre le maître pêcheur & de déchéance de sa qualité de maître, sans pouvoir à l'avenir en faire aucunes fonctions, ni même être reçu pilote lamaneur ou locman ; & en cas de récidive, de 3 ans de galéres.

Le Roi excepta néanmoins le pourvoyeur de ses bouche & maison, auquel il feroit expédier des permissions, par le Secrétaire d'Etat de la Marine, pour faire la pêche de la dreige pendant un certain nombre d'années ; & cela en observant les conditions & les formalités prescrites dans les articles 2, 3 & suivans, jusqu'au 15e.

La disposition des côtes de l'Aunis est telle que la pêche du poisson frais n'y est presque pas praticable avec des rets sédentaires. De-là il étoit arrivé que la pêche ordinaire en mer s'y étoit faite de tout temps avec des bâtimens nommés traversiers, à une assez grande distance des côtes, même en été, & toujours en pleine mer en toute autre saison : au moyen de quoi le frai du poisson n'avoit pu en souffrir.

Comme le filet unique dont se servoient les pêcheurs avec ces bâtimens traversiers, rouloit sur les fonds, & qu'à cause de cela sans doute il s'appelloit *dreige*, quoiqu'improprement, il se trouva défendu pour l'avenir sous cette dénomination : ce qui consterna extrêmement les pêcheurs, tant de la Rochelle que des ports obliques de l'Aunis & de Marennes, auxquels par-là toute pêche étoit interdite.

Les plaintes qu'ils en portérent aussi-tôt aux Officiers de l'Amirauté de la Rochelle, semblérent d'abord trop suspectes pour y déférer ; mais les raisons dont ils les appuyérent ensuite, les fit paroître si légitimes, que, non-seulement les Officiers de l'Amirauté & le Commissaire de la Marine, mais encore tous les Ordres de la ville représentés par les Maire & Echevins, se trouvérent obligés de les porter aux pieds du Trône, pour supplier Sa Majesté de laisser à ces pêcheurs la liberté de continuer leur ancien usage ; attendu qu'il leur étoit impossible de pêcher d'une autre maniére.

Le mal étoit que ce filet portoit le nom de *dreige.* Ainsi, sans examiner si c'étoit véritablement cette dreige ou drague qui avoit presque ruiné la pêche, la premiére réponse fut que le Roi entendoit que sa Déclaration fût exécutée.

Il fallut obéir provisionnellement, & cependant on fit d'autres instances, accompagnées d'un Mémoire qui expliquoit la nature du filet en question, & la maniére dont les pêcheurs s'en servoient.

Le Conseil comprit alors que cette dreige étoit différente de celle qu'on avoit entendu proscrire ; & néanmoins, comme ce filet rouloit sur les sables, il restoit encore du scrupule sur son usage. C'est pourquoi le Roi, par sa Lettre à M. le Comte de Toulouse du 9 Octobre 1726, ne voulut le permettre, par dispense, que jusques au dernier Février suivant, & qu'à condition encore par les pêcheurs de ne s'en servir qu'à quatre lieues près des côtes & des bancs de sable.

Avant l'expiration de ce délai, il fut représenté au Roi que l'on seroit totalement privé de poisson de mer à la Rochelle, durant le Carême qui approchoit, si Sa Majesté n'avoit la bonté de proroger la permission déja accordée aux pêcheurs; sur quoi le Roi voulut bien en effet, par une seconde Lettre à M. l'Amiral en date du 11 Janvier 1727, proroger cette permission jusqu'au Samedi-saint.

De nouvelles représentations ayant encore été faites, dans lesquelles on insinuoit toujours que la dreige dont se servoient les pêcheurs de la Rochelle étoit différente de celle dont on avoit usé ailleurs, & qu'elle n'étoit nullement nuisible à l'empoissonnement des côtes de l'Aunis; le Sieur le Masson du Parc, Inspecteur des Pêches, fut nommé pour vérifier le fait, avec la situation des côtes, & rendre compte de l'impossibilité qu'il y avoit de pratiquer la pêche à la ligne, ou d'autres maniéres de pêcher permises & usitées sur les autres côtes du Royaume; & cependant, en attendant cette vérification, le Roi permit aux pêcheurs, par une autre Lettre du 11 Mai audit an 1727, de continuer leur pêche comme par le passé.

Le Sieur le Masson du Parc ayant reconnu dans sa visite, la vérité de tout ce qui avoit été exposé en faveur de nos pêcheurs traversiers; sur le compte qu'il en rendit au Roi, Sa Majesté se détermina à leur permettre, ainsi qu'à ceux de Marennes, de faire usage pendant toute l'année, mais à une lieue au moins de distance des côtes, de leurs filets qu'ils appelloient improprement dreige, par une derniére Lettre à M. l'Amiral datée du 27 Décembre de la même année 1727, aux conditions toutefois qui y sont exprimées.

Cette Lettre contenant la décision définitive, est conçue en ces termes.

LETTRE DU ROI à M. le Comte de Toulouse, du 27 Décembre 1727.

MON ONCLE, j'ai été informé que le filet de la dreige que j'ai toléré aux pêcheurs de l'Amirauté de la Rochelle, est improprement appellé de ce nom, que c'est une espéce de la forme d'un ret simple, & non tramaillé de sept à huit brasses de long tenu ouvert par une perche, que le haut de ce filet est garni de flottes de liége & le bas d'un gros cordage chargé au plus de trois quarterons de plomb par brasse, ensorte que dans l'opération de la pêche le bas du sac ne fait que rouler sur les fonds, ce qui est bien différent du filet de la dreige, dont le ret tramaillé a souvent deux à trois cens brasses de long, & dont le bas garni d'une ligne trés-fine & chargée ordinairement d'une livre-&-demie à deux livres de plomb par brasse, entre dans la superficie du sable qu'il gratte & laboure, de maniére qu'il amene tout ce qu'il trouve dans son passage; j'ai été informé aussi que les pêcheurs de cette Amirauté ne peuvent prendre avec ce filet que du poisson plat, & qu'ils ne connoissent point l'usage des rets sédentaires à la mer n'y de la pêche à l'hameçon quoi qu'ils pourroient s'en servir avec fruit, & que ces différentes sortes de filets pourroient suppléer à celui qu'ils appellent improprement dreige aujourd'hui, je veux bien néanmoins leur en tolérer l'usage aussi-bien qu'aux pêcheurs de l'Amirauté de Marennes qui se servoient du même filet avant les défenses portées par ma déclaration du vingt-trois Avril mil sept cent vingt-six, & qui se trouvent dans le même cas; & je vous fais cette lettre pour vous dire que mon intention est que les pêcheurs des Amirautés de la Rochelle & de Marennes puissent continuer de faire & pratiquer pendant toute l'année, la pêche avec le filet qu'ils nomment dreige, *à condition* que ledit filet ne sera que de sept à huit *brasses de long, que les* mailles *auront dix-huit lignes* au moins en quarré, qu'il sera fait en forme de sac dont le fond ne pourra être en pointe, qu'il sera tenu ouvert par une perche, que le haut dudit filet sera garni de flottes de liége & le bas d'un gros cordage chargé au plus de trois quarterons de plomb par brasse, & que la pêche avec ce filet ne pourra être pratiquée qu'à une lieue au large des côtes. Et la présente n'étant à autre fin, je prie Dieu qu'il vous ait MON ONCLE, en sa sainte & digne garde. Ecrit à Versailles le vingt sept Décembre mil sept cent vingt-sept. *Signé*, LOUIS. *Et plus bas*, PHELYPEAUX.

La nature du filet dont s'étoient toujours servi les pêcheurs de la Rochelle & de Marennes, ainsi reconnue, & son usage autorisé, la pratique en fut établie sur plusieurs autres côtes du Ponant, à la place de la dreige demeurée proscrite sans retour; & cette pratique devint si commune, qu'elle fut enfin approuvée par tout le Royaume, par la Déclaration donnée à Marly le 20 Décembre 1729 : toutefois avec quelques changemens, & à condition que ce filet ne porteroit que le nom de *ret traversier* ou *chalut*, pour empêcher les abus qui pourroient résulter, s'il continuoit d'être appellé *dreige* ou *drague*, *cauche* ou *chausse*.

Cependant un grand nombre de pêcheurs ayant prévariqué ensuite dans l'usage de ce filet, le Roi se crut obligé de défendre à tous pêcheurs de s'en servir, jusqu'à ce qu'il en eût été autrement ordonné. Son Ordonnance à ce sujet est du 16 Avril 1744; mais comme l'interdiction qu'elle prononçoit n'étoit que provisionnelle, en attendant un nouveau Réglement pour réformer les abus glissés dans la pratique de ce filet, elle fut levée par autre Ordonnance du 31 Octobre de la même année 1744, & l'usage du filet nommé *chalut* ou *ret traversier* fut rétabli (sans que cela ait changé depuis) par cette derniére Ordonnance, aux conditions y exprimées; dont une des plus remarquables, est qu'il n'est permis de s'en servir que depuis le premier Septembre jusqu'au dernier Avril de chaque année, la pratique en demeurant défendue depuis le premier Mai jusqu'au dernier Août, à cause que c'est le temps où le frai du poisson est retenu près des côtes.

On a supposé en cela que ce filet étoit de nature à enlever ou écraser le frai du poisson. Cependant le frai du poisson est naturellement déposé assez près de la côte; & la pêche avec ce filet n'étant permise qu'à la distance d'une lieue au moins des côtes, on ne voit pas le tort qu'il pourroit faire au frai du poisson, encore moins dans les parages où l'on ne sauroit guere s'en servir qu'à plus de deux lieues de la côte, tels que sont communément ceux de l'Aunis. Il a été observé d'ailleurs dans tous les temps, que ce n'étoient pas les pêcheurs en mer avec traversiers, qui détruisoient le frai du poisson, même le poisson du premier âge; mais les pêcheurs sur les gréves avec des rets sédentaires, ou avec des seines & avenaux, & sur-tout les possesseurs des écluses & bouchots.

Auront les mailles, &c. Il n'est plus question de ces mailles, puisque le filet de la dreige est absolument proscrit. La maille du *chalut* ou *traversier*, qui y a été substitué, doit être de dix-huit lignes, suivant tous les Réglemens faits à ce sujet.

Et les *trameaux* ou *hameaux*, *&c.* Ceux de la dreige sont proscrits avec elle par l'art. 21 de la Déclaration du Roi du 23 Avril 1726. Pour les trameaux sédentaires, voyez l'article 4, titre 9, de celle du 18 Mars 1727. On trouvera la premiére de ces deux piéces, & toutes les autres concernant les filets de pêche, à la suite de cet article; & la seconde, avec les autres concernant les parcs & pêcheries, sur le titre suivant.

DÉCLARATION DU ROI,

Pour le rétablissement de la pêche du Poisson de Mer ; & qui interdit à cet effet toutes les espèces de Dreige, & autres Filets traînans, excepté pour la pêche de l'Huitre ; & supprime l'usage des Bateaux sans quilles, Mâts, Voiles ni Gouvernail, pour faire la pêche en Mer, le long des Côtes & aux embouchûres des Riviéres.

Donnée à Versailles le 23 Avril 1726.

Registrée en Parlement.

LOUIS PAR LA GRACE DE DIEU, ROI DE FRANCE ET DE NAVARRE : A tous ceux qui ces présentes lettres verront, SALUT. L'attention que Nous avons à procurer l'abondance dans notre Royaume, Nous a déterminé à faire rechercher d'où provient la disette du poisson de mer ; il a été reconnu qu'elle ne peut être attribuée qu'à la pratique de la pêche avec le filet nommé dreige ou drague, lequel traînant sur les fonds avec rapidité, gratte & laboure tous ceux sur lesquels il passe, de maniére qu'il déracine & enleve les herbes qui servent d'abri & de réduit aux poissons, rompt les lits de leur fray, fait périr ceux du premier âge, fait fuir tous ceux qu'il n'arrête point, ou les éloigne si considérablement, que les pêcheurs sont obligés de les aller chercher au large, où la pêche se fait avec de plus gros risques & à plus grands frais : Il n'est pas possible d'espérer de trouver les côtes & la mer qui les avoisine, poissonneuse, tant que la pêche sera faite avec un pareil filet & avec les filets traînans dont les pêcheurs se servent. Le mauvais usage de la pêche avec la dreige a été reconnu depuis très-longtemps, aussi bien que celui des rets traînans ; ils furent défendus par l'Edit du mois de Mars 1584, à peine de punition corporelle, & il n'y avoit alors que deux seuls bateaux tolerés pour faire la pêche avec la dreige, pour nos bouche & maison : Les représentations des intéressés aux pêches, plus touchés de leur intérêt particulier, que de l'avantage du bien public, firent changer de si sages dispositions ; il est à présumer que ces intéressés exposérent différemment la maniére dont se fait la pêche avec la dreige, de ce qu'elle étoit effectivement, puisque, quoiqu'elle se fasse avec un ret traînant, elle fut permise par l'Ordonnance du mois d'Août 1681, pendant que cette même Ordonnane défend la pêche avec toutes sortes de rets traînans, à peine de punition corporelle. Il y eut d'abord un grand nombre de bateaux qui furent employés à faire la pêche avec la dreige, la quantité du poisson diminua considérablement, & les pêcheurs dreigeurs furent obligés d'eux-mêmes de se réduire à un moindre nombre de bateaux, connoissant, mais trop tard, que s'ils continuoient ils détruiroient absolument le fond de la pêche. L'usage des petits bateaux plats, sans quilles, mâts, voiles ni gouvernail n'est pas moins pernicieux à la multiplication des poissons & à l'empoissonnement des côtes, que la pratique de la dreige, parce que les pêcheurs riverains se servent de ces sortes de petits bateaux qu'ils appellent picots ou picoteurs, pour aller traîner aux bords des sables, le long des gréves & aux embouchures des riviéres, des seines, traînes, colleret, dranets & autres semblables espèces de rets défendus par l'Ordonnance du mois d'Août 1681, ce qui détruit absolument le fray du poisson : ces pêcheurs courent aussi de grands risques dans ces petits bateaux, & ils y périssent au moindre vent qui les y surprend, quand ils se trouvent un peu éloignés de la côte. Toutes ces raisons Nous ont déterminé à défendre la pêche avec la dreige, en Nous réservant néanmoins la faculté de laisser subsister quelques bateaux pour faire cette pêche pour le service de nos tables, dans des temps & dans des lieux où elle ne peut faire aucun tort au fray du poisson, ni aux poissons du premier âge, le nombre desquels bateaux sera diminué ainsi qu'il sera réglé par ces présentes, en sorte qu'ils seront tous supprimés après le carême de l'année 1734 expiré. Nous avons résolu aussi d'interdire l'usage de ces petits bateaux connus sous le nom de picots ou de picoteurs, & de renouveller sous des peines plus sévères les défenses faites par l'Ordonnance de 1681, de se servir de rets traînans, de quelque espèce & sous quelque nom que ce puisse être ; Nous estimons ces dispositions nécessaires pour empêcher les pêches abusives & contraires aux Ordonnances. A CES CAUSES, & autres à ce Nous mouvans, de notre certaine science, pleine puissance & autorité Royale, Nous avons dit, déclaré & ordonné, & par ces présentes signées de notre main, disons, déclarons & ordonnons, voulons & Nous plaît ce qui suit.

ARTICLE PREMIER.

Défendons à toutes personnes de quelque qualité & condition qu'elles puissent être, de faire faire la pêche du poisson avec les rets, filets ou trameaux nommés dreige ou dragues, à peine de confiscation des bateaux, rets, filets & poissons, & de cent livres d'amende contre le maître, & icelui déclaré déchû de sa qualité de maître, sans pouvoir en faire aucunes fonctions à l'avenir, ni même d'être reçû pifote, pilote lamaneur ou locman : Et en cas de récidive, de trois ans de Galères.

II. Nous accorderons au pourvoyeur de nos bouche & maison, des permissions qui seront expédiées par le Secrétaire d'Etat ayant le département de la Marine, pour faire la pêche avec la dreige à deux bateaux du port de 30 tonneaux & au-dessous, qui seront armés & équipés au port de dieppe situé dans le pays de Caux, pendant la présente année & les suivantes, jusques & compris l'année 1732, lesquels ne pourront cependant faire ladite pêche que depuis le premier Octobre, jusques & compris le quinze Mai de chacune desdites années.

III. Il sera en outre donné audit pourvoyeur de pareilles permissions pour faire faire la pêche avec la dreige, à quatre autres bateaux du même lieu & du même port, pendant les carêmes des années 1727, 1728, 1729, & 1730, passé lequel temps il ne lui en sera accordé que pour deux bateaux, pendant les carêmes de 1731, 1732, 1733 & 1734 seulement, sans que pour les années suivantes il puisse en être donné, pour quelque cause & sous quelque prétexte que ce soit ; & en conséquence défendons audit pourvoyeur, ses commis & préposés, après le carême de l'année 1734 expiré, de faire faire ni pratiquer la pêche avec la dreige, à peine de trois mille livres d'amende.

IV. Défendons aux Officiers des Classes, à peine d'interdiction, d'expédier aucun Rolle pour faire la pêche avec la dreige, qu'au préalable le maître ne lui représente la permission qu'il en aura obtenue de Nous, dont il remettra copie au Bureau des Classes, laquelle sera certifiée du maître qui en sera porteur.

V. Défendons sous pareille peine d'interdiction, aux Officiers de l'Amirauté de délivrer aucun congé pour aller faire la pêche avec la dreige, qu'après que le maître aura fait enregistrer à leur Greffe la permission qu'il aura obtenue de Nous, pour faire ladite pêche, & qu'il n'ait remis audit Greffe le Rolle de son Equipage.

VI. Les Expéditions, tant du Bureau des Classes, que de l'Amirauté, nécessaires aux bateaux qui auront permission de faire la pêche avec la dreige pendant le carême, seront délivrées aux maîtres desdits bateaux huit jours avant le Mercredi des cendres de chacune année.

VII. Les rets de la dreige dont se serviront les pêcheurs porteurs de nos permissions, auront les mailles de la toile, nape, flue ou ret du milieu de leur dreige, d'un pouce neuf lignes en quarré ; les tramaux ou hamaux qui sont attachés des deux côtés, auront les leurs de neuf pouces en quarré ; & le tramail monté sera chargé d'une livre & demie de plomb au plus par brasse, à peine, en cas de contravention, de confiscation des rets, filets, poissons & du bateau dans lequel ils se trouveront, de cent livres d'amende contre le maître, & d'être déchû de sa qualité de maître, sans pouvoir jamais en faire aucune fonction, ni pouvoir être reçu pilote, pilote lamaneur ni locman.

VIII. Pourront néanmoins lesdits pêcheurs porteurs de nos permissions, se servir pendant le carême d'une toile, nape ou flue ayant les mailles de dix-sept lignes en quarré, avec des hameaux de neuf pouces en quarré, & qui ne pourront de même être chargés que d'une livre & demie de plomb au plus par brasse, sous les peines portées par l'article précédent.

IX. Il y aura au Greffe de l'Amirauté de Dieppe un coin marqué d'un côté de nos Armes, & autour pour Legende *Pêche avec la dreige*, & de l'autre côté les Armes de l'Amiral, & pour Legende *Amirauté de Dieppe* ; & toutes les pièces de tramail qui formeront la dreige, seront marquées d'un plomb frappé dudit coin aux deux bouts, & le plomb sera rabattu sur la corde, & recouvert d'une légére rôture pour le conserver.

X. Les filets de la dreige ainsi marqués, seront renfermés dans un magasin appartenant au pourvoyeur de nos bouche & maison, lequel magasin sera fermé à deux serrures, dont une des clefs restera entre les mains des Officiers de l'Amirauté, & l'autre en celles du pourvoyeur, ses commis ou préposés ; & lesdits filets ne pourront être délivrés aux maîtres qui feront la pêche avec la dreige pour ledit pourvoyeur, que sur le reçû desdits maîtres pêcheurs & des commis ou préposés du pourvoyeur.

XI. Il sera délivré le 15 Sptembre de chaque année pour les deux bateaux qui auront permission de pêcher depuis le premier Octobre jusqu'au 15 Mai de l'année suivante, à chacun une tésure ou tissure de dreige, laquelle sera remise dans les magasins avant la fin dudit mois de Mai, à peine de cent livres d'amende, payable par moitié par les commis ou préposés du pourvoyeur, & par le maître.

XII. Les filets de la dreige qui serviront aux bateaux qui feront la pêche pendant le carême, seront délivrés quinze jours avant le Mercredi des cendres, & rapportés au magasin quinze jours aussi après le Samedi Saint, sous les peines portées par l'article précédent.

XIII. Les tramaux de la dreige qui deviendront hors de service pendant la durée de la pêche, seront rapportés par le maître au magasin, & il lui en sera délivré de nouveaux qui seront marqués comme il est ordonné par l'article IX. des présentes, après vérification faite par les Officiers de l'Amirauté, de la marque du plomb des anciens tramaux.

XIV. Défendons aux pêcheurs qui feront la pêche avec la dreige en vertu de nos permissions de traîner filets ou tramaux à quatre lieues près des côtes & des bancs de sable qui les bordent, à peine de confiscation du bateau, des filets & du poisson, de cent livres d'amende contre le maître pour la première fois ; & en cas de récidive, outre les cent livres d'amende, d'être déchû de sa qualité de maître, sans pouvoir jamais en faire aucune fonction ni être reçû pilote, ni pilote lamaneur ou locman.

XV. Enjoignons à notre Procureur au Siége de l'Amirauté de Dieppe, de se transporter de temps en temps à bord des bateaux dreigeurs porteurs de nos permissions, pour vérifier la marque de leurs filets, & si le poids du plomb & la grandeur des mailles sont conformes aux articles VII. & VIII. des présentes.

XVI. Enjoignons pareillement à nos autres Procureurs dans les Siéges d'Amirauté où il relâchera des bateaux dont les maîtres seront porteurs de nos permissions pour faire la pêche avec la dreige, de se transporter aussi à bord desdits bateaux, pour se faire représenter notre permission de faire ladite pêche, le rolle d'équipage & le congé donné en conséquence, & y faire la vérification ordonnée par l'article précédent.

XVII. Ordonnons à tous capitaines, maîtres & patrons qui auront vû pratiquer la pêche avec la dreige, d'en faire mention dans leur rapport aux Officiers de l'Amirauté, en marquant le parage & le signalement du bateau pêcheur.

XVIII. Ordonnons aussi à tous pêcheurs faisant la pêche du poisson frais, de faire leurs déclarations aux Officiers de l'Amirauté, des bateaux dreigeurs porteurs de nos permissions qu'ils pourront trouver faire la pêche avec la dreige dans les quatre lieues du bord des côtes, & des autres bateaux qu'ils pourroient avoir vû pratiquer la même pêche sans être porteurs de nos permissions, laquelle déclaration sera reçue sans frais; & tant sur icelle que sur celles des capitaines, Maîtres & patrons, seront les délinquans poursuivis à la requête & diligence de nos Procureurs dans les Siéges d'Amirauté.

XIX. Faisons défenses à toutes personnes de traîner à la mer, le long des côtes & aux embouchures des riviéres, des seines, collerets, rets, traînes, dranets, draignaux, dravenets & autres semblables filets & instrumens traînans, sous les peines portées par l'article premier des présentes.

XX. Défendons sous les mêmes peines, aux pêcheurs qui se servent de rets nommés picots, de traîner leurs filets à la mer, pour faire la pêche, ni de se servir pour battre l'eau, piquer & brouiller les fonds, de perches ferrées & pointues, de cabliéres, pierres, boulets, chaînes de fer & tous autres instrumens.

XXI. Faisons aussi défenses à tous pêcheurs & autres, sous les mêmes peines, de se servir de muletiéres & de tramaux dérivans à la marée, tant avec bateau que sans bateau, en quelque temps & sous quelque prétexte que ce puisse être; comme aussi de faire la pêche de la petite traîne, dreige ou drague, nommée cauche ou chausse, & celle de la dreige ou drague armée & montée de fer.

XXII. Les pêcheurs & tous autres de quelque qualité & condition qu'ils soient, qui auront des tramaux pour la dreige, des muletiéres, des tramaux dérivans, des chausses ou cauches, des sacs servant à la dreige ou drague armée de fer, des seines, collerets, corets, traînes, dranets, draignaux, dravenets, & toutes autres espéces de rets, filets, engins & instrumens traînans, connus sous quelque dénomination que ce puisse être, seront tenus de les démonter, & de les employer à d'autres usages, dans le terme d'un mois du jour de l'enregistrement des présentes au Siége de l'Amirauté de leur ressort, à peine, après ledit temps passé, de cent livres d'amende & de confiscation desdits rets, filets & instrumens, que Nous ordonnons être brulés publiquement, & les armures de fer confisquées & brisées.

XXIII. Défendons en conséquence aux marchands fabricateurs de rets, intéressés aux pêches, maîtres & compagnons pêcheurs, & à toutes sortes de personnes de quelque qualité & condition qu'elles puissent être, de faire ou fabriquer, vendre ou garder chez eux aucuns tramaux de dreige, tramaux & muletiéres dérivans, chausses ou cauches, sacs servans à la dreige ou drague armée de fer, & toutes autres espèces de rets, engins & instrumens défendus par l'article précédent, à peine de confiscation d'iceux & de trois cens livres d'amende, le tiers applicable au dénonciateur.

XXIV. Enjoignons aux Officiers de l'Amirauté, chacun dans leur ressort, de faire un mois après l'enregistrement des présentes, une exacte perquisition des tramaux de dreige, des muletiéres dérivans, des sacs, cauches ou chausses, pour la dreige armée de fer, des seines, collerets, traînes, dranets, draignaux & dravenets, de toutes autres espèces de rets, engins & instrumens défendus par nos Ordonnances & par ces présentes, qui pourroient se trouver, tant dans les maisons des pêcheurs que des autres riverains de la mer, privilégiés & non privilégiés, qui pourront être soupçonnés d'avoir des filets défendus; & de continuer la même recherche de trois mois en trois mois, à peine d'interdiction de leurs charges; & d'en dresser des procès-verbaux, qu'ils nous envoyeront quinzaine après la confection d'iceux.

XXV. Ordonnons aux Officiers des Classes, lorsqu'ils feront leurs revues dans les paroisses de leurs quartiers, de faire en même temps la visite des rets, filets, engins & instrumens des pêcheurs; & s'ils en trouvent d'abusifs & défendus par nos Ordonnances & par ces présentes, d'en donner avis à notre procureur au Siége de l'Amirauté du ressort, pour poursuivre les délinquans.

XXVI. Faisons défenses à tous pêcheurs qui font la pêche à la mer, le long des côtes, & aux embouchures des riviéres, de se servir de bateaux sans quilles, mâts, voiles ni gouvernail, à peine de confiscation desdits bateaux, des filets & poissons qui s'y trouveront, de cent livres d'amende contre le maître, & d'être déchu de sa qualité de maître, sans pouvoir jamais en faire aucunes fonctions à l'avenir, ni être reçû pilote, pilote lamaneur ou locman; & en conséquence défendons la construction des bateaux plats, connus sous le nom de picots & picoteurs, & autres semblables, à peine de confiscation desdits bateaux, de cent livres d'amende contre le charpentier constructeur, & d'être déchû pour toujours de sa maîtrise. Accordons néanmoins aux pêcheurs le terme de trois mois, du jour de la publication des présentes, pour se pourvoir de bateaux ayant quilles & portant mâts, voiles & gouvernail; & voulons qu'après ledit temps, tous les bateaux plats nommés picots ou picoteurs, & autres semblables, soient confisqués & dépecés, & les propriétaires d'iceux condamnés à cent livres d'amende.

XXVII. Enjoignons à nos procureurs dans les Amirautés, de donner avis aux Officiers des Classes, des maîtres qui pour contravention aux présentes seront déclarés déchûs de leur qualité de maîtres; & sur ledit avis voulons que lesdits Officiers des Classes les rayent du registre des maîtres, les portent sur celui des matelots, & les commandent en cette qualité pour servir

sur

sur nos vaisseaux.

XXVIII. Faisons défenses aux pêcheurs & à tous autres, sous les peines portées par le premier article des présentes, de pêcher ni faire pêcher avec quelque sorte de filets, instrumens & engins que ce soit, ni de quelque maniére que ce puisse être, aucun fray de poisson connu sous les noms de blanchemelie, menusse, saumonelle, guildre, manne, semence, & sous quelqu'autre nom & dénomination que ce puisse être, d'en saler, ni d'en vendre sous quelque prétexte & pour quelque usage que ce soit.

XXIX. Défendons à tous marchands chasse-marées, marayeurs, poissonniers, vendeurs & regratiers de poisson, d'acheter ni d'exposer en vente aucun fray de poisson, à peine de cinquante livres d'amende.

XXX. Faisons défenses aussi à toutes sortes de personnes de quelque qualité & condition qu'elles puissent être, d'enlever ou faire enlever du fray de poisson, soit pour nourrir les porcs, volailles, & autres animaux, fumer & engraisser les terres & le pied des arbres, & pour tout autre usage que ce puisse être, à peine de confiscation des chevaux & harnois, & de cinq cens livres d'mende pour la premiére fois, & de punition corporelle en cas de récidive.

XXXI. Déclarons comprendre sous le nom de fray de poisson, tous les petits poissons nouvellement éclos, & qui n'auront pas trois pouces de longueur au moins entre l'œil & la queue.

XXXII. Permettons néanmoins aux pêcheurs & à tous autres, de défouir des sables qui restent à sec de basse mer, les poissons qui s'ensablent, pour servir d'appât à leurs pêches tels que sont les éguilles, équilles, lançons & autres poissons de semblable espèce, tels qu'ils puissent être.

XXXIII. Défendons à toutes personnes de quelque qualité & condition que ce soit, de jetter dans les eaux de la mer le long des côtes, & aux embouchûres des riviéres, dans les marres & les étangs salés, aucune chaux, noix vomique, noix de cyprés, coques de levant, momie, musc & autres drogues pour servir d'appât & empoisonner le poisson, à peine de trois cens livres d'amende pour la premiére fois, & de mille livres en cas de récidive.

XXXIV. Les contraventions aux articles ci-devant des présentes, seront poursuivies à la requête de nos Procureurs dans les Amirautés; & les sentences qui en interviendront contre les délinquans, seront exécutées pour les condamnations d'amende, nonobstant l'appel & sans préjudice d'icelui, jusqu'a concurrence de trois cens livres, sans qu'il puisse être accordé de défenses, même lorsque l'amende sera plus forte, que jusqu'à concurrence de ce qui excédera ladite somme de trois cens livres.

XXXV Ceux qui appelleront desdites sentences, seront tenus de faire statuer sur leur appel, ou de le mettre en état d'être jugé définitivement dans un an du jour & date d'icelui; sinon & à faute de ce faire, ledit temps passé, ladite sentence sortira son plein & entier effet, & l'amende sera distribuée conformément à ladite sentence, & le dépositaire d'icelle bien & valablement déchargé.

XXXVI. La pêche de l'huitre continuera d'être faite avec la dreige armée de fer, de la même maniére & ainsi qu'il s'est pratiqué jusqu'à présent.

XXXVII. Le poisson qui proviendra de la pêche des bateaux dreigeurs pour lesquels Nous aurons accordé des permissions, & qui ne sera pas jugé par le commis de notre pourvoyeur être de la mesure & qualité réquise pour l'approvisionnement de nos tables, sera vendu publiquement à l'encan suivant l'usage local & ainsi qu'il se pratique pour la vente du poisson des autres pêches.

XXXVIII. Défendons au pourvoyeur de nos bouche & maison, & à ses commis & préposés, de faire commerce de poisson ni de chasser marée pour leur compte, directement ni indirectement, sous des noms supposés, ni par quelqu'autres personnes que ce puisse être, à peine de confiscation de la marée, harnois & chevaux, & de trois mille livres d'amende pour la premiére fois, & de six mille livres en cas de récidive, le tiers applicable au dénonciateur, & d'être en outre le commis destitué de son emploi, & de pareilles amendes contre ceux qui auront prêté leurs noms.

XXXIX. Les contraventions aux deux précédens articles, seront jugées par les Juges auxquels la connoissance en appartient.

XL Sera au surplus l'Ordonnance du mois d'Août 1681, concernant la pêche, exécutée selon sa forme & teneur en ce qui n'y est dérogé par ces présentes.

Si donnons en mandement à nos amés & féaux Conseillers les gens tenans nos Cours de Parlement, que ces présentes ils fassent lire, publier & registrer, & le contenu en icelles garder & observer selon leur forme & teneur, nonobstant tous Edits, Déclarations, Arrêts, Ordonnances, Réglemens, Clameur de Haro, Charte Normande & autres choses à ce contraires, auxquelles Nous avons dérogé & dérogeons par cesdites présentes. Voulons qu'aux copies d'icelles collationnées par l'un de nos amés & feaux Conseillers Secrétaires, foi soit ajoutée comme à l'Original. Car tel est notre plaisir. En témoin de quoi Nous avons fait mettre notre Scel à cesdites présentes. Donné à Versailles le vingt-troisiéme jour d'Avril, l'an de grace mil sept cent vingt-six, & de notre regne le onziéme. *Signé*, LOUIS. *Et plus bas*, Par le Roi, PHELYPEAUX. Et scellé du grand sceau de cire jaune.

Registrée, Oui & ce requérant le Procureur général du Roi, pour être exécutée selon sa forme & teneur, & copies collationnées envoyées aux Bailliages, Sénéchaussées & Amirautés du ressort, pour y être lûes, publiées & registrées; enjoint aux Substituts du Procureur général du Roi, d'y tenir la main & d'en certifier la Cour dans un mois, suivant l'Arrêt de ce jour. A Paris en Parlement, le dix-huit Mai mil sept cent vingt-six. Signé YSABEAU.

DÉCLARATION DU ROI,

Qui permet l'usage d'un filet nommé Ret Traversier & Chalut *pour faire la pêche du Poisson à la Mer.*

Donnée à Marly le 20 Décembre 1729.

Registrée en Parlement.

LOUIS PAR LA GRACE DE DIEU, ROI DE FRANCE ET DE NAVARRE : A tous ceux qui ces présentes lettres veront, SALUT. Nous aurions été informé qu'en interdisant par notre déclaration du 23 Avril 1726, la pêche avec la *dreige* ou *drague*, *cauche* ou *chausse*, Nous aurions défendu l'usage d'un filet tramaillé & traînant, qui brouilloit & labouroit les fonds sur lesquels il passoit ; mais que cependant cette défense a été cause que les pêcheurs de différens endroits de notre Royaume se sont trouvés privés de l'usage d'un autre filet qui porte le même nom, & qui s'appelle aussi *ret traversier* & *chalut*, lequel ne faisant que rouler sur le sable, ne peut faire aucun tort au fray du poisson ni au poisson du premier âge : Nous avons par ces raisons toléré depuis deux ans dans le ressort des Amirautés de Marennes, la Rochelle, Sables d'Olonne, Nantes, Vannes & Quimper, la pratique de ce dernier filet, dont il n'est résulté aucun préjudice pour la pêche, ce qui Nous détermine à permettre à tous les pêcheurs de notre Royaume, d'en faire usage sous les noms seulement de *ret traversier* & *chalut*, pour empêcher les abus qui pourroient résulter, s'il continuoit d'être appellé *dreige* ou *drague*, *cauche* ou *chausse*. A ces causes & autres à ce Nous mouvans, de notre certaine science, pleine puissance & autorité Royale, Nous, en interprétant notredite déclaration du 23 Avril 1726, avons dit, déclaré & ordonné disons, déclarons & ordonnons, voulons & Nous plaît ce qui suit.

ARTICLE PREMIER.

Les pêcheurs & tous autres pourront faire usage du filet nommé *ret traversier* ou *chalut*, en se conformant par eux à la police contenue dans les articles suivans.

II Ledit filet sera fait en forme de sac, dont le bout se terminera en quarré ou en pointe, il aura quatre à cinq brasses de large sur sept à huit brasses de long, & les mailles d'icelui seront lacées de suite & de largeur de dix-huit lignes au moins en quarré dans toute sa longueur.

III. La moitié de l'ouverture dudit filet sera garnie de flottes de liége, & l'autre moitié d'un cordage d'un pouce au moins de diamètre, qui sera chargé de trois quarterons de plomb par brasse, ou de pareil poids en pierres enveloppées dans des sacs de toile ou dans des faisceaux de cuir

IV. Il sera mis à chaque côté de l'ouverture dudit filet un échalon, genou ou genouiller de bois, qui ne sera chargé que du poids de vingt livres en pierres, & il pourra être attaché sur lesdits échalons, genoux ou genouillers une perche en forme d'arc, de quatre à cinq brasses de long, pour tenir ledit filet ouvert.

V. La pêche avec ledit filet pourra être pratiquée pendant toute l'année, à une lieue au large des côtes ; il ne pourra cependant en être fait usage dans les bayes, & autres endroits où se fait la pêche des sardines, pendant la durée de ladite pêche, & vingt jours au moins avant qu'elle y soit commencée.

VI. Les dispositions contenues aux articles ci-dessus des présentes seront exécutées, à peine contre les contrevenans, de confiscation des filets & du poisson, & de cent livres d'amende contre le maître pour la premiere fois, & en cas de récidive de confiscation du bateau, filets & poisson, & de cent livres d'amende contre le maître, & icelui déclaré déchu de sa qualité de maître, sans pouvoir en faire aucunes fonctions à l'avenir, ni même d'être reçu pilote, pilote lamaneur ou locman.

VII. Les contraventions aux articles des présentes, seront poursuivies à la requête de nos procureurs dans les Amirautés ; & les sentences qui interviendront contre les délinquans, seront exécutées pour les condamnations d'amende, nonobstant l'appel & sans préjudice d'icelui, jusqu'à concurrence de trois cens livres, sans qu'il puisse être accordé de défenses, même lorsque l'amende sera plus forte, que jusqu'à concurrence de ce qui excédera ladite somme de trois cens livres.

VIII. Ceux qui appelleront desdites sentences, seront tenus de faire statuer sur leur appel, ou de le mettre en état d'être jugé définitivement, dans un an du jour & date d'icelui ; sinon & à faute de ce faire, ledit temps passé, lesdites sentences sortiront leur plein & entier effet, & les amendes seront distribuées conformément auxdites sentences, & les dépositaires d'icelles bien & valablement déchargés.

Si donnons en mandement à nos amés & féaux Conseillers les gens tenans nos Cours de parlement, que ces présentes ils fassent lire, publier & registrer, & le contenu en icelles, garder & observer suivant leur forme & teneur, nonobstant tous Edits, Déclarations, Arrêts, Ordonnances, Réglemens, Clameur de Haro, Charte Normande, & autres choses à ce contraires, auxquelles Nous avons dérogé & dérogeons par cesdites présentes. Voulons qu'aux copies d'icelles, collationnées par l'un de nos amés & féaux Conseillers Secrétaires, foi soit ajoutée comme à l'original ; car tel est notre plaisir. En témoin de quoi Nous avons fait mettre notre Scel à cesdites présentes. Donné à Marly le vingtième jour de Décembre, l'an de grace mil sept cent vingt-neuf, & de notre régne le quinzième. *Signé*, LOUIS. *Et plus bas*, par le Roi, PHELYPEAUX. Et scellé du grand Sceau de cire jaune.

Registrée oui & ce requérant le Procureur général du Roi, pour être exécutée selon sa forme & teneur, & copies collationnées envoyées aux Amirautés du ressort, pour y être lues publiées & registrées Enjoint aux Substituts du Procureur général du Roi d'y tenir la main, & d'en certifier la Cour dans un mois, suivant l'Arrêt de ce jour. A Paris en Parlement le treize Février mil sept cent trente. Signé, YSABEAU.

ORDONNANCE DU ROI,

Qui défend à tous les Pêcheurs du poisson de Mer, de pratiquer la pêche avec le filet nommé Ret-Traversier ou Chalut, jusqu'à ce qu'il en ait été autrement ordonné par Sa Majesté.

Du 16 Avril 1744.

DE PAR LE ROI.

SA MAJESTE' s'étant fait représenter sa déclaration du 20 Décembre 1729, par laquelle, pour donner des marques de ses bontés en faveur des pêcheurs de différens endroits de son Royaume, Elle auroit permis l'usage d'un filet nommé chalut ou ret traversier, sur l'assûrance qu'on lui avoit donnée que ce filet ne faisant que rouler sur les sables, ne pouvoit faire aucun tort au frai ni au poisson du premier âge ; mais les plaintes réitérées qui lui ont été portées par les Officiers de différentes Amirautés, & par les pêcheurs zélés pour le rétablissement de la pêche, que ce filet râcle & entre tellement dans les sables, qu'il prend une si grande quantité de frai & de poisson du premier âge, que les pêcheurs se servent de pelles de bois pour les jetter hors de leurs bateaux à la mer, les deux tiers étant écrasés & tués par la pesanteur de la barre du chalut : & Sa Majesté estimant nécessaire de prévenir un pareil abus, en dérogeant aux Ordonnances qu'Elle a rendues pour permettre l'usage de ce filet pendant quelques saisons de l'année, & nommément à ladite déclaration du 20 Décembre 1729, Sa Majesté fait très-expresses inhibitions & défenses aux pêcheurs des endroits de son Royaume où ce filet est en usage, de se servir du filet nommé chalut ou ret traversier, à peine de confiscation des filets & du poisson, & de cent livres d'amende contre le maître pour la première fois, & en cas de récidive, de confiscation du bateau, filet & poisson, & de cent livres d'amende contre le maître, & icelui déclaré déchu de sa qualité de maître, sans pouvoir en faire à l'avenir aucunes fonctions, ni même être reçu pilote, pilote lamaneur ou locman. Veut Sa Majesté que les pêcheurs & tous autres pratiquant cette pêche sur les côtes, remettent dans la quinzaine du jour de la publication de la présente Ordonnance, chacun au Greffe du lieu de l'Amirauté de leur demeure, les filets nommés rets traversiers ou chaluts qui pourront leur appartenir, à peine de cinquante livres d'amende contre ceux chez qui il s'en trouvera passé ledit temps ; pour lesdits filets rester au Greffe jusqu'à ce qu'il en ait été autrement ordonné par Sa Majesté ; laquelle mande & ordonne à Mons. le Duc de Penthièvre Amiral de France, de tenir la main à l'exécution de la présente ordonnance, qui sera registrée aux Greffes des Amirautés, lûe publiée & affichée par-tout où besoin sera. Fait à Versailles, le seize Avril mil sept cent quarante-quatre. *Signé*, LOUIS. *Et plus bas*, PHELYPEAUX.

ORDONNANCE DU ROI,

Qui rétablit la pêche avec le filet nommé Chalut *ou* Ret Traversier, *depuis le premier Septembre jusqu'au dernier Avril de chaque année.*

Du 31 Octobre 1744.

DE PAR LE ROI.

SA MAJESTÉ ayant par son Ordonnance du 16 Avril 1744, interdit l'usage du filet nommé *chalut* ou *ret traversier*, jusqu'à ce qu'il en ait été autrement ordonné ; & ayant jugé nécessaire, sur les représentations qui lui ont été faites, de rétablir la pêche de ce filet, elle a ordonné & ordonne ce qui suit.

ARTICLE PREMIER.

Il sera désormais permis aux pêcheurs & à tous autres, de faire la pêche avec le filet nommé chalut ou ret traversier, en se conformant à la police prescrite dans les articles suivans.

II. Ledit filet sera fait en forme de sac, dont le bout se formera en quarré long émoussé, & aura sept à huit brasses de gueule ou d'ouverture, environ autant de profondeur, cinq à six brasses de long dans le fond ; & les mailles d'icelui seront lacées de suite, & de la largeur de dix-huit lignes au moins en quarré dans toute sa longueur.

III. La moitié de l'ouverture dudit filet sera garnie de flottes de liége, & l'autre moitié par le bas sera garnie d'un cordage d'environ deux pouces de grosseur, qui sera chargé d'une livre de plomb par brasse, tout au plus, ou de pareil poids en pierres envelopées dans des sacs de toile ou dans des fasceaux de cuir.

IV. Les deux coins du sac seront garnis d'un petit échalon de bois, dans lequel seront passés & amarrés la corde de la tente & le cablot du pied, qui forment l'ouverture du sac. On passera entre ces deux cordages une pierre, qui sera arrêtée entre l'échalon & les cordages : & on amarrera sur les échalons, dans la partie où sont attachées les flottes de liége, une ou plusieurs perches, pour en faire une de trente à trente-cinq pieds de long, pour mieux contenir l'ouverture du filet.

V. La pêche avec ledit filet ne pourra être pratiquée qu'à une lieue au large des côtes, & avec bateaux de six tonneaux au moins, & ne pourra commencer que du premier Septembre jusqu'au dernier Avril de chaque année : Elle sera interdite à tous pêcheurs & autres, depuis le premier Mai jusqu'au dernier Août, temps où le poisson dépose son frai.

VI. Les dispositions contenues aux articles ci-dessus, seront exécutées, à peine contre les contrevenans de confiscation des filets & du poisson, de vingt livres d'amende & de trois mois de prison pour la première fois ; & en cas de récidive, de confiscation du bateau, filets & poisson, & de quarante livres d'amende contre le maître, & de six mois de prison, & icelui déchu de sa qualité de maître, sans pouvoir en faire à l'avenir aucunes fonctions, ni même être reçu pilote lamaneur ou locman.

VII. Les contraventions aux articles des présentes seront poursuivies à la requête de nos Procureurs dans les Amirautés ; & les sentences qui interviendront contre les délinquans, seront exécutées nonobstant l'appel & sans préjudice d'icelui.

VIII. Ceux qui appelleront desdites sentences, seront tenus de faire statuer sur leurdit appel, ou le mettre en état d'être jugé dans un an du jour & date d'icelui, sinon & à faute de ce faire, ledit temps passé, lesdites sentences sortiront leur plein & entier effet, & les amendes seront distribuées conformément auxdites sentences, & les dépositaires d'icelles bien & valablement déchargés. Mande & ordonne Sa Majesté à Monf. le Duc de Penthièvre Amiral de France, de tenir la main à l'exécution de la présente Ordonnance, qui sera lûe, publiée, affichée & registrée par-tout où besoin sera. Fait au camp devant Fribourg le trente-un Octobre mil sept cent quarante-quatre.

Signé LOUIS. *Et plus bas*, PHELYPEAUX.

ARTICLE V.

PErmettons toutefois de faire la pêche des vives avec des mailles de treize lignes en quarré, depuis le quinze Février jusqu'au quinze Avril seulement.

LA pêche des vives se faisoit autrefois avec la dreige, & c'est pour cela qu'elle a été aussi appellée la pêche de la dreige, dans l'Arrêt du Conseil dont il va être parlé. Elle n'est guére pratiquée que sur les côtes où ce poisson est extrêmement abondant, & où par cette raison il s'en fait une pêche particuliére.

Au reste, la disposition de cet article est toujours subsistante par rapport à la maille; du moins il ne paroît pas qu'elle ait éprouvé aucun changement à cet égard par les Réglemens postérieurs, excepté qu'il ne doit plus être fait usage du filet de la dreige. Mais pour ce qui concerne le temps durant lequel cette pêche est permise, comme cette Ordonnance avoit en vue le temps du Carême, & que le Carême ne commence pas toujours au quinze Février pour finir au quinze Avril; par Arrêt du Conseil du 24 Mars 1687, rendu en interprétation de cet article, il a été ordonné qu'à l'avenir cette pêche commenceroit deux jours avant le premier du Carême, & dureroit jusqu'au dernier jour d'icelui seulement; avec défenses à tous pêcheurs de la commencer plutôt & de la continuer plus tard, à peine de confiscation des bateaux, chaloupes & équipages, de 100 liv. d'amende pour la premiére contravention, & de plus grande s'il y échoit.

ARREST DU CONSEIL D'ÉTAT,

Du 24 Mars 1687.

Extrait des Registres du Conseil d'Etat.

LE Roi étant informé que la permission de faire la pêche appellée dreige depuis le 15 Février jusqu'au 15 Avril seulement, accordée par son Ordonnance sur le fait de la Marine du mois d'Août 1681, article V. titre des diverses espèces de rets ou filets, étoit diversement observée, à cause que le carême ne vient pas tous les ans au jour fixé par ladite Ordonnance; & que sous ce prétexte ladite pêche commençoit en quelques lieux dès le premier Janvier, & continuoit jusques à la fin d'Avril contre l'intention que Sa Majesté a eue de ne l'accorder que pendant le carême seulement. A quoi étant nécessaire de pourvoir: Sa Majesté étant en son Conseil, interprétant ledit article V. de son Ordonnance du mois d'Août 1681, sur le fait de la Marine, titre des diverses espèces de rets ou filets, a ordonné & ordonne qu'à l'avenir la pêche appellée dreige, ou des vives, commencera deux jours avant le premier du carême, & durera jusqu'au dernier jour d'icelui seulement. Fait Sa Majesté défenses à tous pêcheurs, & autres personnes qui s'intéressent dans ladite pêche dans tous les ports & côtes du Royaume, de la commencer plutôt, ni la continuer après le dernier jour de carême, à peine de confiscation des bateaux, chaloupes, & équipages, cent livres d'amende pour la premiére contravention, & de plus grande peine s'il y échoit. Et sera au surplus ledit article de l'Ordonnance exécuté selon sa forme & teneur. Enjoint Sa Majesté aux Lieutenans & autres Officiers des Siéges de l'Amirauté de tenir la main à l'exécution du présent Arrêt, à peine d'en répondre en leurs propres & privés noms. Fait au Conseil d'Etat du Roi, Sa Majesté y étant, tenu à Versailles le vingt-quatrième jour de Mars mil six cent quatre-vingt-sept.
Signé COLBERT.

ARTICLE VI.

LEs pêcheurs qui voudront pêcher pendant la nuit, seront tenus de montrer trois différentes fois un feu, dans le temps qu'ils mettront leurs filets à la mer, à peine de cinquante livres d'amende, & de réparation de toutes pertes & dommages qui en pourroient arriver.

PAr l'art. 5, tit. 31 de l'Ordonnance des Eaux & Forêts de 1669, la pêche de nuit est défendue en eau douce, excepté aux arches des ponts, aux moulins & aux gords où se tendent des dideaux. Il en est autrement de la pêche maritime, parce que les raisons ne sont pas les mêmes : mais, pour éviter les avaries de l'abordage, il est enjoint ici aux pêcheurs pendant la nuit, de montrer par trois différentes fois un feu, dans le temps qu'ils mettront leurs filets à la mer, à peine de cinquante livres d'amende, & de réparation de tout le dommage qui en pourroit arriver.

Il faut observer que ces feux ne doivent pas être allumés, si les filets sont placés dans des lieux périlleux ; parce qu'alors ce seroient des feux trompeurs, qui exposeroient aux peines portées par l'article 45 du titre des naufrages ci-dessus.

Pour les feux que doivent montrer les pêcheurs de harengs, voyez les art. 2, 3, 5 & 6 du titre qui concerne cette pêche. Ils ne peuvent au reste en montrer d'autres sans nécessité, à peine de punition corporelle, aux termes de l'art. 7.

ARTICLE VII.

SI les filets d'un bateau dreigeur sont arrêtés & retenus par quelques ancres, rochers ou autres choses semblables, ensorte qu'il ne puisse dériver, l'équipage sera tenu sous les mêmes peines, de montrer pendant la nuit un feu, tant que le bateau demeurera sur le lieu où ses filets seront attachés.

IL n'y a plus de bateau dreigeur, puisque la pêche avec la dreige est expressément défendue aujourd'hui : mais comme le ret traversier ou chalut, a pris la place de ce filet, & que d'ailleurs cet article n'a parlé des filets d'un bateau dreigeur, que par maniére d'exemple ; il faut dire qu'il est applicable à tous filets de bâtimens, arrêtés & retenus par quelques ancres ou rochers ; & en conséquence que l'équipage du bâtiment est obligé de montrer un feu la nuit, pendant tout le temps que le bâtiment demeurera sur le lieu où les filets seront arrêtés : & cela sous les peines portées par l'article précédent, qui sont 50 liv. d'amende, & la réparation de tout le dommage.

Un autre motif de l'Ordonnance, selon Lamare, Traité de la Police, tome 3, liv. 5, tit. 25, chap. 2, fol. 35, est que ce feu annonçant le danger où se trouve le bateau pêcheur, avertira les autres pêcheurs d'aller à son secours.

Pour le même cas où se trouvera un pêcheur faisant la pêche du hareng, voyez l'art. 6 du titre concernant cette pêche.

ARTICLE VIII.

LEs mailles des filets appellés picots, seront de pareille grandeur que celles de la dreige, & seront chargées d'un quarteron de plomb au plus par brasse ; défendons de se servir pour battre l'eau de perches ferrées ou pointues, à peine de dix livres d'amende.

LEs filets appellés picots, ne sont plus permis aujourd'hui qu'autant qu'ils ne traîneront pas à la mer, art. 20 de la Déclaration du 23 Avril 1726.

Le même article défend, comme celui-ci, de se servir pour battre l'eau, piquer & brouiller les fonds, de perches ferrées ou pointues ; & ajoute, ni de cablieres, pierres, boulets, chaînes de fer, ou autres instrumens ; le tout sous les peines portées par l'article premier de ladite Déclaration, au lieu de l'amende de dix livres prononcée simplement par le présent article.

Ces défenses de battre l'eau, piquer & troubler les fonds, ont été réitérées par l'art. 3, tit. 10 de la Déclaration du 18 Mars 1727, sur peine de confiscation des filets & instrumens, & de 100 liv. d'amende pour la premiére fois, de pareille confiscation, & de trois ans de galéres, en cas de récidive.

On appelle aussi *picots* & *picoteurs*, de petits bâtimens sans quille ni gouvernail. Il en est parlé dans le préambule de la Déclaration du 23 Avril 1726, & l'usage en est absolument défendu par l'article 26 de ladite Déclaration. Il y a une exception pour l'Aunis au sujet du petit bateau nommé *acon*, comme on le verra sur le titre suivant.

Il est étonnant que le Commentateur, pour rendre raison de la défense de se servir de perches ferrées ou pointues pour battre l'eau, ait allégué » la crainte que les » pêcheurs ne pussent, avec ces instrumens, endommager leurs bateaux, par mal» heur ou autrement. «

ARTICLE IX.

FAisons défenses aux pêcheurs qui arriveront à la mer, de se mettre & jetter leurs filets en lieu où ils puissent nuire à ceux qui se seront trouvés les premiers sur le lieu de la pêche, ou qui l'auront déja commencée, à peine de tous dépens, dommages & intérêts, & de cinquante livres d'amende.

C'Eſt ici un Réglement de Police plein de ſageſſe, & dont l'utilité ſe fait d'autant plus ſentir, que de tous les gens de mer, les pêcheurs ſont peut-être les plus impolis & les plus rogues.

Au reſte, pour prévenir toute diſcuſſion à ce ſujet, il a été réglé par la Déclaration du 18 Mars 1727 ; ſavoir, par l'art. 3, titre premier, concernant les hauts parcs, que ces pêcheries doivent être éloignées les unes des autres de ſix braſſes au moins ; à l'égard des bas parcs, que la diſtance entr'eux doit être de dix ou de vingt braſſes, ſelon qu'ils ſeront placés, ou en ligne droite, ou au-deſſus, ou au-deſſous : c'eſt la diſpoſition de l'art. 6 du tit. 2. Entre les ravoirs, il faut un eſpace de dix braſſes, art. 4 du titre 4 ; & entre les pêcheries avec guidaux, &c. quinze braſſes d'intervalle, art. 5 du tit. 5. Pour la diſtance que doivent obſerver les pêcheurs de hareng, voyez l'art. 2 du tit. 5 ci-après, concernant cette pêche.

ARTICLF X.

FAiſons encore défenſes ſous pareilles peines, à tous pêcheurs qui ſe trouveront dans une flotte de pêcheurs, de quitter leur rumb ou rang pour ſe placer ailleurs, après que les pêcheurs de la flotte, auront mis leurs filets à la mer.

CEt autre Réglement de Police également ſage, n'a point varié non plus depuis notre Ordonnance. Pour ce qui regarde la police que doivent obſerver les pêcheurs de hareng, & ceux de morue ſur le banc de Terre-neuve, voir les titres ci-après concernans ces deux ſortes de pêche.

ARTICLE XI.

PErmettons de faire la pêche de la ſardine, avec des rets ayant des mailles de quatre lignes en quarré & au-deſſus.

LA pêche de la ſardine ne ſe fait avantageuſement que durant un certain temps de l'année ; c'eſt-à-dire, que depuis le mois de Mai juſqu'au mois d'Octobre.

Comme ce poiſſon eſt au-deſſous de la moyenne eſpéce ; qu'il ſe raſſemble de maniére qu'on en trouve des amas conſidérables, tantôt d'un côté, tantôt d'un autre ; & que d'ailleurs d'autres poiſſons ne ſe mêlent guére avec celui-ci ; c'eſt ce qui en a fait permettre la pêche avec des filets d'une auſſi petite maille que celle qui eſt énoncée dans cet article.

Où cette pêche eſt la plus abondante, c'eſt ſur la Méditerranée ; cependant elle eſt aſſez heureuſe pour l'ordinaire dans l'Océan, ſur les côtes de Bretagne & du Poitou. Et il faut bien que cela ſoit, puiſque Lamare, dans ſon Traité de la Police, tom. 3, liv. 5, tit. 27, chap. 2, ſection premiére, fol. 49, obſerve, qu'indépendamment de de la prodigieuse consommation qui se fait des sardines fraîches, on en sale à Saint-Malo & ailleurs, en telle quantité, que la seule ville de Port-Louis peut en fournir jusqu'à quatre mille bariques année commune, chaque barique composée de neuf à dix milliers ; & Belle-isle, mille à douze cens bariques.

Il n'a pas parlé de la ville des Sables-d'Olonne ; elle le méritoit cependant à bon titre, si ses habitans exposérent vrai à M. le Comte de Maurepas en 1744, lorsque dans leurs plaintes contre les pêcheurs de la Rochelle, ils firent monter à 150000 liv. la perte que ces pêcheurs avoient causée à leur pêche des sardines.

ARTICLE XII.

Faisons défenses aux pêcheurs d'employer de la *résure* pour attirer la sardine, & à tous marchands d'en vendre, qu'elle n'ait été visitée & trouvée bonne, à peine de trois cens livres d'amende.

La *résure* de mauvaise qualité ne peut qu'empoisonner la sardine ; c'est pourquoi il est expressément défendu par cet article, aux pêcheurs de s'en servir, & aux marchands d'en vendre, qu'elle n'ait été visitée & reconnue bonne, à peine de 300 liv. d'amende.

Il est également défendu, sous peine de pareille amende pour la premiére fois, & de 1000 liv. en cas de récidive, à toutes personnes indistinctement, de jetter dans la mer, le long des côtes & aux embouchûres des rivieres, dans les mares & les étangs salés, de la chaux, des noix vomiques ; noix de ciprès, coques du Levant, momie, musc & autres drogues, pour servir d'appât, & empoisonner le poisson. Art. 39 de la Déclaration du 23 Avril 1726.

Les mêmes défenses pour la pêche en eau douce, avoient déja été faites par l'art. 14, tit. 31 de l'Ordonnance des Eaux & Forêts.

Quelle honte pour l'humanité, que l'avarice des hommes donnne occasion de porter contr'eux de pareilles loix !

ARTICLE XIII.

Défendons de faire la pêche du gangui & du bregin, & celle du marquefeque ou du nonnat, pendant les mois de Mars, Avril & Mai, à peine de confiscation des filets & bateaux, & de cinquante livres d'amende.

L'Explication que l'on trouve par-tout de ces mots, *gangui*, *bregin* & *marquesseque*, porte à croire qu'il y a erreur dans le texte de cet article, de la maniére qu'il est conçu, quoiqu'il soit le même dans toutes les éditions.

Je ne sai si Lamare l'a réformé de son chef, ou sur l'original ; mais enfin il le rapporte différemment, & en termes mieux assortis, dans son Traité de la Police, tom. 3, liv. 5, tit. 26, chap. 4, fol. 40 : le voici.

» Défendons de faire la pêche avec le *gangui* ou le *bregin*, & le *marquesèque*, ou » de pêcher le *nonnat*, &c.

Au reste, si cette pêche est défendue en Mars, Avril & Mai, c'est que le poisson fraye dans ce temps-là.

ARTICLE XIV.

DÉfendons aussi sous les mêmes peines, de pêcher pendant les mêmes mois, avec *bouliers*, à deux cens brasses près des embouchures des étangs & riviéres.

PAr la même raison que le poisson fraye ordinairement dans ces mêmes mois, il n'est pas permis de le prendre dans ce temps-là, ni de pêcher de maniére que le frai du poisson puisse être enlevé ou détruit, soit par les *bouliers* dont il est ici parlé, soit par quelqu'autre espéce de filet que ce puisse être. Art. 28 de la Déclaration du 23 Avril 1726.

Et comme lorsque le poisson de mer fraye, & qu'il dépose son frai, même le poisson qui entre en riviére, se tient ordinairement assez près du rivage, ou vers l'embouchûre des étangs & riviéres ; c'est la raison pour laquelle il est défendu, par cet article, pendant les mêmes mois, de pêcher à une distance moindre de deux cens brasses des embouchûres des étangs & riviéres.

Au reste, le *boulier* étant une espéce de seine, & par-là un filet traînant, il se trouve aujourd'hui proscrit à ce double titre, tant par les art. 19, 20 & 22 de ladite Déclaration, que par l'art. 2, tit. 10 de celle du 18 Mars 1727; à moins qu'il n'ait été réduit en forme de ret traversier ou chalut : & encore dans cette supposition, faudroit-il s'abstenir d'en user depuis le premier Mai jusqu'au dernier Août ; & en tout autre temps, qu'à une lieue au moins de distance des côtes, comme il a été observé sur l'art. 4 ci-dessus.

ARTICLE XV.

FAisons en outre défenses aux pêcheurs qui se servent d'engins appellés fichures, de prendre les poissons enfermés dans les bastudes ou autres filets tendus dans les étangs salés, à peine de punition corporelle.

CEci n'est qu'un exemple. Dès qu'il s'agit de filets tendus, soit dans les étangs salés, soit en mer, il n'est pas permis à aucun autre pêcheur d'y aller prendre le poisson, ni avec des fichures, ni avec d'autres engins. Ce seroit un vol; & c'est pour cela que notre article soumet les contrevenans à la punition corporelle.

Pour ce qui est des pêcheurs qui, arrivant les derniers, voudroient jetter leurs filets en lieu où ils pourroient nuire aux premiers, & de ceux qui se trouvant en flotte, voudroient quitter leur rumb, &c. voyez ci-dessus les art. 9 & 10.

ARTICLE XVI.

IL y aura toujours au Greffe de chaque Siége d'Amirauté, un modéle des mailles de chaque espéce de filets, dont les pêcheurs demeurans dans l'étendue de la Jurisdiction se serviront pour faire leur pêche, tant en mer que sur les gréves : enjoignons à nos Procureurs de tenir soigneusement la main à l'exécution du présent article, à peine de répondre des contraventions en leur nom.

LA disposition de cet article a été expressément renouvellée par l'art. 5, tit. 10, de la Déclaration du Roi du 18 Mars 1727.

Ce n'est pas que les pêcheurs ayent besoin de recourir à ces modéles déposés au Greffe de chaque Amirauté, pour régler la maille que leurs filets doivent avoir; ils sont parfaitement instruits sur ce point, aussi-bien que ceux qui fabriquent les rets & filets. Mais ces modéles servent à reconnoître dans l'instant si leurs filets sont de la maille requise ou non, lorsque les Officiers de l'Amirauté en font la visite, comme ils le doivent, ainsi qu'il sera observé ci-après.

TITRE III.

DES PARCS ET PÊCHERIES.

SOUS le nom de parcs & pêcheries maritimes, on entend tout espace circonscrit sur les gréves, dont quelqu'un s'est mis en possession, à dessein de s'y attribuer un droit de pêche exclusif, soit pour le temps actuel de la pêche, soit en vue d'un établissement perpétuel.

Dans le premier cas, la liberté de la pêche n'est gênée que pour le moment, sauf à tout autre à s'emparer du même espace à l'occasion; ce qui par conséquent, loin de nuire à la liberté de la pêche, concourt à l'entretenir : mais dans les parcs à demeure, c'est autre chose. Quiconque s'en fait possesseur, affecte un droit de pêche à perpétuité sur ce terrein, à l'exclusion de tous autres. Rien n'est donc plus contraire à la liberté de la pêche; & de-là il s'ensuit, que ces pêcheries ne peuvent être tolérées, qu'autant que les possesseurs sont fondés en titres valables, ou en possession suffisante pour s'y faire maintenir.

Les titres, pour être valables, doivent porter l'empreinte de l'autorité royale, puisque le rivage & les gréves de la mer appartenans au Roi, à raison de sa Souveraineté, nul n'a pu s'en emparer d'autorité, que par usurpation. Il faut donc que celui qui s'attribue une certaine étendue du rivage ou des gréves, prouve qu'il a droit d'en jouir, en représentant un titre de concession du Roi en bonne forme, ou du moins, aux termes de l'art. 9 ci-après, des aveux & dénombremens reçus en la Chambre des Comptes avant l'année 1544; c'est-à-dire, antérieurs à nos Guerres civiles, durant lesquelles tant de titres originaux ont péri, qu'il a paru juste d'admettre pour titres supplétifs des aveux & dénombremens reçus en bonne forme avant ce même temps. Cela ne peut néanmoins avoir aucune influence sur les droits régaliens, pour la conservation desquels les Seigneurs ne peuvent s'aider de pareils titres, comme incapables de suppléer au défaut de représentation des titres de concession, suivant qu'on l'a montré sur l'art. 26 du tit. des naufrages.

A l'égard du droit acquis par la longue possession; quoique le Domaine de la Couronne soit imprescriptible, le Roi a bien voulu par l'art. 4 ci-après, conformément aux art. 84 & 85 de l'Ordonnance du mois de Mars 1584, confirmer les possesseurs des parcs & pêcheries dans leur jouissance, moyennant toutefois qu'elle eût commencé avant la même année 1544. Mais autant cette disposition toute gratuite en faveur de tels possesseurs doit-elle être respectée, autant convient-il de la resserrer dans ses justes bornes, pour ne pas faire prévaloir le droit équivoque des particuliers sur l'intérêt public, qui réclame continuellement la liberté de la pêche.

Les parcs les plus usités sur les gréves de la mer sont de deux sortes. Les uns sont construits avec des pierres seulement. Ils doivent avoir la forme prescrite par l'art. 5 ci-après. On les appelle en Aunis *écluses*. Ils servent à la pêche du poisson, & en même temps à y élever des huitres. Pour cet effet, on choisit de petites huitres bien configurées, que l'on trouve sur les gréves de la mer, à peu de distance du rivage. Placées enſuite dans ces parcs ou écluſes, au bout de deux à trois ans, ce ſont des huitres de bonne grandeur & épaiſſeur. Elles ſont d'un goût exquis, qui ne le céde qu'aux huitres vertes élevées dans des claires ou mares.

Les autres parcs, qui différent des premiers, en ce que ne pouvant être pratiqués que ſur un terrein vaſeux, on ne les conſtruit qu'avec des pieux entrelaſſés de clayonnage, s'appellent bouchots. Ils ſervent comme les écluſes à la pêche du poiſſon; & leur uſage particulier eſt conſacré à y élever des moules, comme celui des écluſes eſt d'y élever des huitres. Les moules de ces bouchots ſont d'un tout autre goût, beaucoup plus douces, plus graſſes & plus ſaines que celles qui ſont pêchées ſur les gréves. L'avantage que trouvent les poſſeſſeurs de ces bouchots, c'eſt qu'en moins de dix-huit mois les petites moules qu'ils y ont dépoſées, fourniſſent une récolte abondante, qui ſe renouvellant chaque année, ſuffit non-ſeulement à la nourriture des gens du pays; mais encore à former des cargaiſons entiéres de bâtimens pour les provinces voiſines. Mais il arrive aſſez ſouvent que l'entretien de ces bouchots, tout autrement coûteux que celui des écluſes, joint aux accidens qui ſont périr une bonne partie des moules certaines années, cauſent aux propriétaires de ces bouchots des pertes dont ils ont bien de la peine à ſe relever. Telle eſt la viciſſitude & l'inſtabilité des choſes de ce monde.

ARTICLE XV.

PErmettons de tendre ſur les gréves de la mer, & aux bayes & embouchures des riviéres navigables, des filets appellés hauts & bas parcs, ravoirs, courtines & venets, de la qualité & en la maniére preſcrite par les articles ſuivans.

LEs hauts & bas parcs dont il s'agit ici, n'ont rien de commun avec les écluſes & bouchots dont il vient d'être parlé, & dont il ſera encore queſtion dans la ſuite; puiſque ces hauts & bas parcs ne ſont que des filets diſpoſés avec des pieux plantés à cet effet dans les ſables ou dans la vaſe, ſur les gréves de la mer, ou aux bayes & aux embouchûres des riviéres navigables.

Ces rets & filets, de la maniére qu'ils ſont diſpoſés, ont vraiſemblablement été nommés parcs, ou parce qu'on leur donne à peu près la forme d'un demi-cercle comme aux écluſes & aux bouchots, ou parce qu'ils ſont ſédentaires, c'eſt-à-dire, arrêtés par des pieux, ſans avancer ni reculer, à la différence des filets tendus en pleine mer, ou plus avant dans la mer.

On diſtingue les hauts parcs des bas parcs, non-ſeulement à la différence de la maille de leurs filets; mais encore en ce que les filets des premiers ſont attachés à des perches qui peuvent avoir quinze pieds de hauteur hors des ſables, au lieu que les pieux, picquets ou piochons des autres ne doivent pas excéder la hauteur de quatre pieds, auſſi hors des ſables. Art. 2, titre premier, & article 2, titre 2 de la Déclaration du 18 Mars 1727.

Du reſte, la maniére d'en uſer eſt preſcrite, tant par les deux articles ſuivans, que par la même Déclaration.

ARTICLE II.

LEs mailles des bas parcs, ravoirs, courtines & venets auront deux pouces en quarré; & ils feront attachés à des pieux plantés à cet effet dans les fables, fur lefquels le ret fera tendu, fans qu'il y puiffe être enfoui.

L'Article premier, titre 2 de ladite Déclaration eft conforme à celui-ci, pour ce qui regarde les bas parcs, les courtines & les venets. Il eft fuivi de huit autres articles qui réglent la forme & l'étendue de ces parcs, la diftance qu'il doit y avoir de l'un à l'autre, la maniére d'en ufer, & les peines des contraventions qui feront commifes à cet égard.

En ce qui concerne les *ravoirs*, l'ufage en eft réglé par un titre particulier, qui eft le quatriéme compofé de cinq articles.

Les mailles de tous ces filets fédentaires doivent avoir deux pouces en quarré, afin qu'il ne s'y prenne que des poiffons d'une bonne groffeur, & que les autres puiffent s'échapper. C'eft auffi la raifon pour laquelle il eft expreffément défendu d'enfouir ces filets dans le fable ou dans la vafe; parce que fans cela, comme la mer en fe retirant emmene toujours avec elle du fart ou gouefmon, ou autres matiéres d'encombrement, il s'en formeroit au bas du filet une efpéce de cordon ou petite digue, qui retiendroit le petit poiffon, & l'empêcheroit de s'échapper.

ARTICLE III.

LEs mailles de hauts parcs auront un pouce ou neuf lignes au moins en quarré; & ils feront tendus en telle forte que le bas du filet ne touche point aux fables, & qu'il en foit éloigné de trois pouces au moins.

TElle eft auffi la difpofition de l'art. premier, tit. premier de la Déclaration du 18 Mars 1727; mais le même titre contient plufieurs autres articles, dont ceux qui pratiquent cette maniére de pêcher doivent être inftruits pour s'y conformer. Cette Déclaration fera rapportée ci-après dans fon entier.

On eft d'abord étonné de ce qu'il fuffit que la maille des filets appellés hauts parcs foit d'un pouce, même de neuf lignes, tandis que celle des bas parcs doit être de deux pouces en quarré : mais l'art. 7 de ladite Déclaration donne pour raifon de différence, que dans les hauts parcs, il ne s'y peut prendre que des poiffons paffagers à la côte, tels que font les harengs, celans, fardines, &c. Or des filets d'une plus grande maille n'arrêteroient pas des poiffons de cette efpéce, & ce feroit un fecours dont on fe trouveroit privé.

D'un autre côté, s'il eft permis de tenir ces filets à une maille fort au-deffous de celles des bas parcs, c'eſt à condition non-ſeulement que le bas du filet ne touche pas le ſable ou la vaſe; mais encore qu'il en ſoit éloigné de trois pouces au moins, afin que le petit poiſſon puiſſe paſſer aiſément deſſous, & s'échapper.

Par-là il y a une ſorte de compenſation. En effet, ſi par rapport aux filets des bas parcs, il eſt ſimplement défendu de les enfouir dans le ſable, ſans ajouter qu'ils ſeront tenus à trois pouces de diſtance du fond, ce qui ſuppoſe qu'ils peuvent effleurer le ſable ou la vaſe, c'eſt que leurs mailles devant être néceſſairement de deux pouces en quarré, elles laiſſent naturellement un paſſage libre au petit poiſſon. Le mal eſt que les pêcheurs ſur les gréves ne ſavent que trop éluder les diſpoſitions de l'un & l'autre de ces deux articles; & cependant ce n'eſt pas encore là ce qui nuit le plus à la propagation ou multiplication du poiſſon : ce ſont les prévarications continuelles des poſſeſſeurs des écluſes & bouchots, au moyen des filets & engins prohibés, qu'ils employent pour y faire la pêche.

ARTICLE IV.

Les parcs dans la conſtruction deſquels il entrera bois ou pierre, ſeront démolis, à la réſerve de ceux bâtis avant l'année 1544, dans la jouiſſance deſquels les poſſeſſeurs ſeront maintenus conformément aux articles 84 & 85 de l'Ordonnance du mois de Mars 1584, pourvu qu'ils ſoient conſtruits en la maniére ci-après.

Les articles 84 & 85 de l'Ordonnance de 1584, auxquels celui-ci ſe réfere, n'avoient pour motif déclaré, que le préjudice notable que cauſoient à la pêche les propriétaires & poſſeſſeurs des parcs & pêcheries, par la maniére abuſive dont ils en jouiſſoient. Ils y pratiquoient des foſſes ou cavités, pour y retenir l'eau, & par-là le frai du poiſſon.

Ce fut donc pour remédier à cet abus intolérable, qu'il fut ordonné par ces deux articles, que les pêcheries conſtruites depuis quarante ans, ce qui revient à l'année 1544, que notre préſent article a priſe auſſi pour époque, ſeroient raſées & démolies; & qu'à l'égard de celles établies auparavant, elles ſeroient conſervées, moyennant toutefois qu'elles fuſſent remiſes dans une forme convenable; c'eſt-à-dire, de maniére que l'eau n'y fût point retenue, & qu'à leur ouverture il n'y eût qu'un rêt ou filet dont les mailles fuſſent de la largeur preſcrite pour la pêche du hareng, incapable par conſéquent de nuire au frai du poiſſon.

C'eſt auſſi dans la même vue que notre article, expreſſément confirmé par Arrêt du Conſeil du 2 Mars 1737, a ordonné la démolition des pêcheries conſtruites en bois ou pierre, depuis l'année 1544, pour ne laiſſer ſubſiſter que celles bâties auparavant, & encore qu'à condition de les tenir de la maniére ci-après marquée.

Mais un autre motif a également influé ſur cette diſpoſition; c'eſt la liberté de la pêche ſur les gréves de la mer, que le Légiſlateur a voulu rétablir, prévoyant bien la difficulté que trouveroient les poſſeſſeurs des écluſes & bouchots à faire preuve d'une poſſeſſion aſſez ancienne pour remonter au-delà de l'année 1544.

Cette liberté de la pêche, en effet, à laquelle on n'a pas toujours aſſez fait attention eſt un objet extrêmement intéreſſant, puiſqu'elle communique à pluſieurs milliers de perſonnes, ſur les côtes de chaque province, une faculté de pêcher ſur les gréves, qui ne réſideroit plus que dans un petit nombre, ſi ces mêmes côtes étoient garnies d'écluſes & de bouchots, qui ſeroient autant de pêcheries excluſives.

En autoriſant & multipliant ces pêcheries excluſives, ce ſeroit transférer au petit nombre de ceux qui les poſſéderoient, ſans autre droit que celui du premier occupant, tout le profit d'une pêche capable de faire ſubſiſter une multitude prodigieuſe d'habitans des paroiſſes maritimes, comme le prouve une heureuſe expérience ſur les côtes où ces pêcheries excluſives ſont rares.

A cette conſidération du bien public, ſe joint le défaut de titre de quiconque poſſéde une pêcherie ſans une conceſſion du Roi, à qui appartiennent inconteſtablement le rivage & les gréves que la mer couvre & découvre.

Tous les poſſeſſeurs d'écluſes ou bouchots, ſans titres de cette nature, auroient donc pu être légitimement évincés, à raiſon de l'impreſcriptibilité du Domaine de la Couronne, & les terreins par eux occupés ſur les gréves, être aſſujettis indiſtinctement à la liberté de la pêche que le Roi a jugé à propos d'accorder à ſes Sujets en général, par l'article premier, titre premier du préſent livre. Cependant Sa Majeſté a bien voulu, dans le préſent article, avoir égard à l'ancienneté de la poſſeſſion des propriétaires de ces pêcheries, pourvu qu'elle remontât juſqu'à l'année 1544. D'où il s'enſuit, qu'autant que cette volonté doit être reſpectée, autant doit-on être attentif à ne ſouffrir que les pêcheries conſervées par ce même article, puiſqu'à l'autorité de la loi, ſe joint la conſidération de l'intérêt public.

Soit que les peuples ſoumis aux Empereurs Romains ne s'adonnaſſent pas autant à la pêche, ſur-tout du coquillage, que nos riverains; ſoit que ces Empereurs, qui levoient un tribut ſur les parcs & pêcheries, qu'on appelloit *remoræ piſcatoriæ*, préféraſſent leur intérêt particulier au bien général de leurs Sujets; l'uſage paſſé en force de loi attribuoit aux propriétaires des terres contigues au rivage de la mer, le droit de conſtruire des parcs ſur les gréves, dans toute la largeur de leurs terreins, en payant un tribut proportionné; & cela au préjudice de ce principe général conſigné dans la loi 4, *ff. de rerum diviſione*, en ces termes : *nemo ad littus maris accedere prohibetur piſcandi cauſâ.*

Et comme, au moyen de la diſtance qu'il falloit garder entre deux pêcheries, il ſe trouvoit des riverains qui ſéparément n'avoient pas aſſez de terrein pour y pratiquer des parcs, l'Empereur Léon, par ſa Novelle 102, leur ordonna de s'aſſocier pour bâtir des parcs en commun ſur leurs terreins réunis, ſans que l'un d'eux pût s'en défendre, en étant requis par l'autre.

Les termes dans leſquels le préambule de cette loi eſt conçu, ſont bien emphatiques pour un ſujet auſſi mince. Les motifs le ſont encore plus : les voici. *Tametſi damnum ſuum tales* (ceux qui refuſoient d'entrer dans une telle ſociété) *agnoſcere nolint, ſicque malè adminiſtrantes, utilitatem per improbitatem negligant, tanquam immanes belluæ, ut propinquos lædant, in ſua vulnera proruentes, non tamen iſtius modi malignitatem, in communi vita imperatoria noſtra majeſtas inſoleſcere patitur, neque, quia illi utili curâ digni non ſunt, auxilio vacuos relicturi ſumus. Quare in parte aliquâ ipſis, præcipuè verò vicino, quem iſta inhumanitas malè torquet proſpicientes, ſancimus, &c.*

Ce qu'il y a encore de plus ſingulier en ceci, c'eſt que, quoique les portions des particuliers

particuliers entrés ainsi en société de gré ou de force, fussent inégales, ce même Empereur, dans sa Novelle 103, ordonna que ces sortes de sociétés ne seroient point réglées comme les autres, dans lesquelles celui qui met le plus, a une plus grande part dans le fond de la société & dans le profit; mais que le produit de ces pêcheries communes seroit partagé également entre les associés, sans avoir égard à l'inégalité des portions d'un chacun dans le sol de chaque pêcherie.

Nos Rois, plus équitables & plus généreux, ont toujours sacrifié en cette partie l'intérêt même du fisc au bien général de leurs Sujets habitans des paroisses maritimes, en leur laissant toute liberté de pêcher sur les gréves de la mer, sans en exiger aucun tribut. Et parce que cette liberté auroit reçu trop d'atteinte, si l'on eût laissé établir dans la suite des parcs sur ces mêmes gréves, par ceux qui auroient jugé à propos d'y en construire; non-seulement il a été défendu à quiconque d'y en pratiquer à l'avenir : mais encore il a été ordonné que ceux qui avoient déjà été établis, sans concession du Roi, ou sans titres supplétifs, seroient démolis, à la réserve de ceux bâtis avant l'année 1544. Telles sont les dispositions du présent article & de l'art. 8 ci-après, relativement à l'Ordonnance de 1584.

Après cela on sera étonné sans doute de voir certaines côtes du Royaume tellement hérissées d'écluses & de bouchots, qu'il n'y a presque plus de terreins où le peuple puisse librement faire la pêche du coquillage sur les gréves. Mais l'étonnement cessera si, d'un côté, on considére que les plus utiles Réglemens trouvent presque toujours assez de contradicteurs, par intérêt personnel ou par caprice, pour que ceux-là même qui sont chargés de les faire exécuter, se relâchent peu à peu de leur premiére ardeur à y tenir la main; & si, d'un autre côté, l'on fait attention que les Seigneurs des Fiefs voisins de la mer, toujours jaloux de s'attribuer le domaine direct sur son rivage & sur ses gréves, ont continuellement affecté de bailler à cens ou autre redevance, autant de portions de terreins sur les gréves, qu'ils ont trouvé de gens disposés à y construire des écluses ou des bouchots. Et ce droit de disposer ainsi de ces terreins, ils ont prétendu le légitimer à la faveur de l'article 9 ci-après, en exceptant d'aveux & dénombremens reçus selon eux à la Chambre des Comptes avant l'année 1544.

Il est vrai que les Officiers de l'Amirauté auroient pu dans le temps examiner le droit prétendu par ces Seigneurs, & juger du mérite de leurs titres : mais depuis bien des années leur droit de Jurisdiction en cette partie est suspendu, au moyen, tant des Arrêts du Conseil des 27 Décembre 1730 & 2 Mars 1737, qui avoient déja ordonné que ces titres seroient représentés devant les Intendans, pour en être par eux dressé des procès-verbaux, que de la Commission établie pour juger de la validité ou invalidité des mêmes titres, par l'Arrêt du Conseil du 21 Avril 1739 Commission toujours subsistante, comme ayant été renouvellée depuis par autres Arrêts des 26 Octobre & 5 Décembre audit an 1739, 27 Mai 1740, 7 Octobre 1747, premier Janvier & premier Mai 1752, & 24 Janvier 1756. Le seul changement que ce dernier Arrêt ait apporté aux précédens, c'est qu'il a ordonné que les décisions sur cette matiére seroient rendues à l'avenir par Arrêts du Conseil.

Ce qui est arrivé de-là, c'est que depuis cette époque les Seigneurs riverains de la mer ont affecté, sur-tout en Aunis, de multiplier autant qu'il leur a été possible, les acensemens des terreins propres à y établir des écluses & bouchots; & tout ce qu'ont pu faire les Officiers de l'Amirauté qui ont eu connoissance de ces nouvelles constructions de parcs, ç'a été de sauver aux Seigneurs ayant pris le fait

& cause des particuliers assignés pour voir ordonner la démolition de leurs parcs & pêcheries, à se pourvoir pardevers Nosseigneurs les Commissaires nommés pour la vérification des droits maritimes; & cependant de faire défenses de continuer la construction des parcs commencés. *Vide suprà*, art. 5, tit. 2 du livre premier.

Jusqu'à présent la Commission n'a rien statué au sujet des parcs appellés écluses, dans la construction desquels il entre des pierres. Elle a seulement réglé, par rapport à la Seigneurie de Charon, le sort des bouchots où il n'entre que du bois. La démolition d'un certain nombre de ces parcs a été ordonnée par Jugement du 22 Avril 1741; mais cela n'a regardé proprement que ceux qui paroissoient nuisibles à la navigation. Les autres, en beaucoup plus grand nombre, ont été conservés au profit du Seigneur de Charon & de ses censitaires, moyennant qu'ils fussent tenus à l'avenir dans la régle prescrite par notre Ordonnance, & à certaines autres conditions qui y sont exprimées, en conformité de l'Arrêt du Conseil du 2 Mai 1739, concernant les bouchots établis sur les côtes des Seigneuries de l'Evêché de Luçon & de la Baronnie de Champagné.

Du reste, il a été fait défenses par ce Jugement du 22 Avril 1741, tant au Seigneur de Charon qu'à ses censitaires, de construire à l'avenir aucuns autres bouchots, à peine de 300 liv. d'amende, relativement à l'art. 8 ci-après.

Dans le nombre des bouchots conservés, il est certain qu'il y en avoit plusieurs d'une construction assez récente, qui par conséquent étoient dans le cas de la démolition aux termes de cet article. Sur cela, quelques personnes pensent qu'il en sera de même des écluses; c'est-à-dire, que celles qui existent actuellement seront pareillement conservées, excepté celles qui pourront être jugées nuisibles à la navigation, & qu'il sera simplement fait défenses d'en construire d'autres à l'avenir. Mais, sans vouloir entreprendre sur la décision de Nosseigneurs les Commissaires, j'ose exposer ici les raisons de différence qui m'ont frapé il y a déja bien du temps, & dont je pris la liberté de faire part à M. le Cler du Brillet, lorsqu'il étoit encore Procureur Général de la Commission.

Ces raisons sont, 1°. qu'il n'est point d'écluse, à proprement parler, qui ne soit nuisible à la navigation. 2°. Qu'à supposer qu'il en fût autrement par rapport à quelques écluses, elles attaquent tout autrement la liberté de la pêche, que les bouchots.

Que les écluses en général soient préjudiciables à la navigation, c'est ce qui résulte évidemment de leur construction en pierres, & de leur position. Bâties pour l'ordinaire à l'endroit où la mer cesse de se retirer, le flux les couvre à la vérité; mais avec trop peu de hauteur d'eau pour que le moindre bâtiment puisse passer dessus sans toucher, & par conséquent sans courir risque de s'y briser. Le moins qui arriveroit, en tout cas, c'est que le bâtiment engagé dans une écluse n'en pourroit plus sortir qu'avec une marée beaucoup plus forte que celle qui l'y auroit jetté.

Il est vrai qu'un gros bâtiment se trouvera le plus souvent échoué, avant d'arrriver jusqu'à une écluse : mais toute navigation ne se fait pas avec de gros navires seulement; & celle qui se fait avec de petits bâtimens mérite d'autant plus d'attention, que c'est la plus commune le long des côtes.

Si l'on répond que les bouchots peuvent en ceci être comparés aux écluses, je réponds en premier lieu, que comme les bouchots ne s'établissent que sur des fonds vaseux; c'est-à-dire, sur des terreins extrêmement plats, qui s'étendent fort loin dans la mer, il n'est presque point de bâtiment qui ne se trouve échoué avant que d'y arriver. En ſecond lieu, qu'à la différence des écluſes, les pieux qui forment les bras des bouchots ſont trop élevés pour que la mer les couvre en entier ; au moyen de quoi ces pieux ſont comme des baliſes qui avertiſſent les maîtres des bâtimens de ne pas en approcher, mais de paſſer, pour les éviter, s'ils ne peuvent réſiſter au coup de vent, dans les intervalles qui ſe trouvent entre les bouchots.

Par rapport à la liberté de la pêche, qui, après le motif de la ſûreté de la navigation, eſt celui qui a fait proſcrire, dans notre préſent article, tous les parcs d'un établiſſement poſtérieur à l'année 1544, afin de rendre commune à tous les riverains indiſtinctement la pêche ſur les gréves, il n'eſt pas beſoin de prouver que toute écluſe détruit cette liberté, puiſque c'eſt une pêcherie excluſive. Il s'agit ſeulement de montrer, que quoique les bouchots ſoient également des pêcheries excluſives, ils différent néanmoins eſſentiellement des écluſes en cette partie.

1°. En ce qu'on ne peut aller aux bouchots, ni ſur les terreins limitrophes, ſans un petit bateau qu'on appelle *acon* ; & toute perſonne n'eſt ni en état d'en avoir, ni aſſez habile pour s'en ſervir : au lieu que quiconque peut marcher, va ſur les terreins ſur leſquels les écluſes ſont conſtruites.

2°. Dans les bouchots, il n'y a de pêche à faire que celle du poiſſon, ſans aucun coquillage, ſi ce n'eſt des moules, qui ne s'y trouvent en abondance que par les ſoins des propriétaires de ces bouchots, qui les y ont portées d'abord, & enſuite entretenues à grands frais : au lieu que dans tout le terrein occupé par les écluſes, il y auroit à toutes les grandes marées de la nouvelle ou pleine lune, quantité de coquillages à l'uſage du public, ſi les propriétaires de ces écluſes ne s'en rendoient pas les maîtres, en empêchant quiconque d'y pêcher, ſous prétexte que le fonds leur apppartient, & qu'ils y entretiennent des huitres. Ils font plus, ils écartent même à main armée tous pêcheurs, du voiſinage de leurs écluſes ; dans la crainte, bien ou mal fondée, que ceux-ci n'y entrent : & par-là, ils s'approprient à droite & à gauche, en avant & en arriére, des terreins qu'ils ne peuvent pas dire leur appartenir ; tandis que, par l'article 13, titre 10, de la Déclaration du Roi du 18 Mars 1727, il leur eſt expreſſément défendu de troubler ni inquiéter les pêcheurs de pied, ou avec des filets, qui ſe tiendront à dix braſſes de diſtance du fonds de leurs pêcheries, à peine d'amende arbitraire, ni d'exiger deſdits pêcheurs aucune choſe, à peine de concuſſion. Par rapport aux madragues, voir l'art. 5 du tit. ſuivant.

Les bouchots & les écluſes n'ont donc rien de commun que la pêche excluſive qui s'y fait du poiſſon, & le tort qui en réſulte pour la pêche en général, en ce que les propriétaires des uns & des autres détruiſent le frai du poiſſon, & le poiſſon du premier âge, par la maniére abuſive dont ils y font la pêche. Pour tout le reſte, la différence eſt extrême. Les bouchots, ſans être auſſi nuiſibles à la navigation que les écluſes, à beaucoup près, ne gênent en rien la liberté de la pêche du coquillage, qui eſt l'objet eſſentiel de la pêche pour le peuple, puiſqu'on ne trouve point de coquillage dans les endroits où ils ſont conſtruits, & qu'on n'y voit des moules qu'autant que les propriétaires les y élévent. Ainſi, en détruiſant tous les bouchots, on n'auroit rendu au peuple qu'une plus grande abondance de moules qu'il auroit trouvé ſur les gréves. Mais en en cela même qu'auroit-il gagné, dès que la pêche des moules ne lui a jamais manqué par le fait des poſſeſſeurs des bouchots, qui n'y tranſportent, pour les repeupler au besoin, que des moules trop petites pour être bonnes à manger dans l'état qu'elles sont levées? au lieu qu'en démolissant les écluses, des terreins immenses qui ne sont qu'à l'usage de quelques particuliers, serviroient à la nourriture & au soulagement d'une multitude prodigieuse de personnes du peuple, tant des Villes que de la campagne, qui y trouveroient du coquillage en abondance. Objet d'autant plus précieux, qu'il n'intéresse du tout point la culture des terres, attendu que cette pêche se fait presque toujours par des femmes & des enfans.

A ce compte, dira-t-on, pourquoi donc avoir fait défenses de bâtir à l'avenir des bouchots, même dans les endroits où ils ne pourroient nuire à la navigation?

Pourquoi? c'est que ce sont des pêcheries exclusives & que par là elles préjudicient à la liberté de la pêche du poisson, que notre Ordonnance a voulu rétablir, à raison de quoi elle a défendu expressement dans l'art. 8 d'en construire de nouvelles.

C'est que ces pêcheries, par l'abus de la pêche qui s'y fait, sont peut-être encore plus préjudiciables au frai du poisson que les écluses, à cause de la difficulté d'y aller, qui empêche les Officiers de l'Amirauté de veiller comme il conviendroit aux contraventions qui s'y commettent journellement.

C'est encore si l'on veut, que quoique les bouchots ne soient pas de leur nature aussi nuisibles à la navigation que les écluses, il peut arriver néanmoins que de petits bâtimens viennent s'y briser, étant poussez par la violence de la tempête.

En voilà bien assez certainement pour justifier la prohibition de construire de nouveaux bouchots aussi bien que de nouvelles écluses; & si malgré ces inconveniens, des bouchots établis sur les vases de la Seigneurie de Charon, depuis notre Ordonnance, ont été conservés par le jugement dudit jour 22 Avril 1741, il faut l'attribuer bien plus à l'autorité des titres produits par le Seigneur de Charon pour appuyer son droit de pêcherie exclusive, qu'à la faveur que peuvent mériter ces bouchots, à raison de la quantité de moules qu'on y éleve pour l'utilité publique, puisque cette considération n'a pas empêché qu'il ne fût fait défenses d'en construire d'autres à l'avenir, conformément à notre Ordonnance.

Quoiqu'il en soit, de ce que ces bouchots ont été conservés, ce n'est pas une raison pour conclure qu'il en sera de même des écluses, après les preuves qui viennent d'être données, qu'elles sont tout autrement nuisibles au public que les bouchots; & il y a au contraire tout lieu d'espérer, qu'excepté certaines écluses de l'Isle de Ré, marquées il y a environ 30 ans, de toutes celles qui bordent les côtes de l'Aunis, il n'y aura de conservées que celles qui se trouveront dans le cas de notre présent article; c'est-à-dire, que celles dont l'existence sera exactement prouvée antérieure à l'année 1544. Cela paroit même préjugé par l'Arrêt du conseil déjà cité, du 2 Mai 1739, concernant les parcs & pêcheries des côtes de l'Amirauté des sables d'Olonne, puisqu'il a ordonné indistinctement la démolition de toutes les écluses qui y étoient établies au nombre de 37, en même temps qu'il a conservé tous les bouchots construits sur les vases de la mer, dans l'étendue des Seigneuries de Luçon & de Champagné, & qu'il a même permis aux Seigneurs desdites Seigneuries, d'y établir de nouvelles pêcheries exclusives, tant de cette nature qu'avec des filets.

Je dis, excepté certaines écluses de l'Isle de Ré, non que dans le nombre il n'y en ait plusieurs reconnues nuisibles à la navigation ; mais c'est que suivant l'avis des ingénieurs, il résulte de leur établissement un avantage qui l'emporte sur le tort qu'elles peuvent faire à la navigation : je veux dire la conservation de l'Isle dans son intégrité, ces écluses où viennent se briser les flots tumultueux de la mer en courroux, étant jugées la sauve garde de l'Isle, qui sans cela seroit bientôt séparée en deux.

ARTICLE V.

LEs parcs de pierre seront construits de pierres rangées en forme de demi cercle, & élevés à la hauteur de quatre pieds au plus, sans chaux, ciment ni maçonnerie, & ils auront dans le fond, du côté de la mer, une ouverture de deux pieds de largeur, qui ne sera fermée que d'une grille de bois ayant des trous en forme de mailles d'un pouce au moins en quarré, depuis la Saint Remy jusqu'à Pâques, & de deux pouces en quarré, depuis Pâques jusqu'à la Saint Remy.

LA structure des parcs de pierre, appellés écluses, est en général assez conforme à celle qui est prescrite par cet article ; mais la condition de ne fermer l'ouverture qu'avec une grille de bois, ou un filet, dont les trous ou mailles, ayent au moins un pouce en quarré depuis la Saint Remy jusqu'à Pâques, & de deux pouces en quarré depuis Pâques jusqu'à la Saint Remy, est très-mal observée. A la vérité on y voit assez régulierement une grille de bois ou un filet de cette espéce ; mais immédiatement après, les propriétaires de ces parcs aussibien que des bouchots, ont soin d'y placer des paniers d'osier, qu'on nomme en Aunis bourgnes & bourgnons, dont les mailles sont si étroites, que non-seulement le poisson du premier âge s'y trouve pris & arrêté ; mais encore le frai du poisson.

Cet abus si contraire aux vues de notre Ordonnance & des Réglemens postérieurs, comme extrêmement nuisible à l'empoissonnement des côtes ; abus auquel il est comme impossible de remédier, tant à cause de la multiplicité des écluses & bouchots, que par le soin que prennent les propriétaires de ces pêcheries de placer ces paniers plutôt la nuit que le jour ; cet abus, dis-je, est, après l'objet de la sûreté de la navigation, ce qui a toujours fait souhaiter tant aux Officiers de l'Amirauté, qu'aux personnes zélées pour le bien public, la destruction de ces écluses & bouchots, ou du moins, à l'égard de ces derniers, que le nombre en fût réduit, de maniére que la police y put être exercée avec une facilité qui en assurât le succés.

Il est singulier, que le Commentateur, n'ait pas compris le motif de notre Ordonnance, & qu'il ait imaginé, que la raison pour laquelle il suffit que les trous de la grille soient d'un pouce en quarré depuis la St. Remy jusqu'à Pâques, tandis que depuis Pâques jusqu'à la St. Remy, ils doivent être de deux pouces ; il est singulier, dis-je, qu'il ait imaginé pour raison de différence, que depuis la Saint Remy jusqu'à Pâques, il y a une plus grande abondance d'eau dans la mer, parce que c'eſt le temps de l'automne & de l'hyver, que depuis Pâques juſqu'à la Saint Remy qui eſt le printems & l'été, & que c'eſt pour cela que dans ces deux dernieres ſaiſons les trous de la grille doivent être plus grands que dans les deux autres, afin qu'il y entre plus d'eau. De pareilles obſervations ne peuvent que faire pitié. Il en eſt de même de ſes réflexions ſur l'article ſuivant. C'eſt ne connoître ni la mer, ni l'action de l'eau. C'eſt ignorer encore qu'on ne ſe met nullement en peine de la quantité d'eau qui peut entrer dans une écluſe ou autre pêcherie; mais ſeulement de l'eau qui s'en retire, afin qu'elle n'en ſorte pas par des ouvertures ſi étroites que le petit poiſſon puiſſe y être retenu.

Par la Novelle ou Conſtitution 57 de l'Empereur Léon, il fut ordonné, qu'il y auroit à l'avenir entre deux parcs ou foſſes à prendre le poiſſon, un eſpace libre de 365 pas, ſans préjudice néanmoins des pêcheries déjà établies. *Lex eſto*, y eſt-il dit, *remoræque illæ trecentorum ſexaginta quinque paſſuum intervallo, à conſuetudine approbato, inter ſeſe diſtanto. Idque ita, ut ab utrâque parte, hic intervalli modus deſumatur. Ut videlicet centum octoginta duo & ſemis ab unius partis finibus exporrigantur, reſiduum verò ad vicinum uſque pertingat. Atque hæc quidem de conſtituendis introducendiſque, poſt hanc legem remoratoriis dicimus. Quæ verò hoc decretum prævenerunt, tametſi præſtituto hoc intervallo non diſtent, ex ejus præſcripto tamen nihil novabitur, permanebuntque illæ ut initio conſtitutæ ſunt.*

Dans la ſuite, des conteſtations s'étant élevées ſur le point de ſavoir ſi les parcs qui n'avoient pas la diſtance preſcrite, étoient d'ancienne ou de nouvelle conſtruction; le même Empereur régla par ſa Novelle 104, que ceux qui avoient aſſez de terrein ſur le rivage de la mer pour réduire leurs parcs à la diſtance qu'il avoit ordonnée, ſeroient obligés de faire cette réduction; & à l'égard de ceux qui n'avoient pas aſſez de terrein pour réduire ainſi leurs parcs, que s'ils pouvoient prouver qu'ils avoient été bâtis 10 ans avant ſa premiere loi, ils les conſerveroient tels qu'ils étoient; mais à défaut de cette preuve, il leur étoit enjoint de les démolir.

Quoique nous n'ayons aucune loi qui ait ordonné que les parcs de pierre & les bouchots ſeroient conſtruits à une certaine diſtance les uns des autres, l'uſage s'eſt néanmoins introduit de laiſſer un intervalle entre eux; mais cette diſtance eſt arbitraire & ſans régle fixe. Il ſeroit pourtant bon qu'elle fût déterminée, ſoit pour ſervir de retraite aux bâtimens pouſſez ſur les côtes par la violence des flots & du vent, ſoit pour laiſſer un plus grand nombre d'eſpaces libres à l'uſage du public, pour la pêche du poiſſon & du coquillage.

Au ſujet des bas parcs, qui ne ſont formés que de filets attachés à des pieux, l'art. 6 tit. 2 de la Déclaration du 18 Mars 1727, veut qu'ils ſoient éloignés les uns des autres, de 20 braſſes au moins. Comme l'abordage des écluſes & des bouchots eſt tout autrement dangereux pour la navigation, l'on pourroit régler la diſtance ſur la Novelle 57 ci-deſſus de l'Empereur Léon, ou du moins exiger qu'elle fût de 200 braſſes, comme dans l'art. 11 ci-après; & en conſéquence ordonner que tous les parcs de pierres ou bouchots qui ne ſeroient pas éloignés les uns des autres de 200 braſſes, ſeroient démolis abſolument, ſans diſtinction de ceux conſtruits avant l'année 1544, de ceux qui ſe trouveroient d'un établiſſement poſtérieur.

Il n'y a rien de réglé non plus par rapport au terrein que doit occuper une écluſe; de là vient leur prodigieuſe inégalité. A cela il n'y a rien à dire, ſi les éclufes, quelques grandes qu'elles foient, font dans le cas d'être confervées. Il en a été autrement des bouchots, comme on va le voir.

ARTICLE VI.

LEs parcs appellés bouchots feront conftruits de bois entrelaffés, comme clayes, & auront dans le fond du côté de la mer une ouverture de pareille grandeur de deux pieds, qui ne pourra être fermée de filets, grilles de bois, paniers ni autre chofe, depuis le premier Mai jufqu'au dernier Août.

ICi les bouchots, (que le Commentateur déclare mal-à-propos avoir été ainfi nommés, parce que leur ouverture du côté de la mer eft en forme de bouche) font diftingués effentiellement des parcs de pierres ou éclufes, en ce qu'ils ne font conftruits que de bois entrelaffés de clayonnage, & que leur ouverture de deux pieds de largeur, comme celle des éclufes, ne peut être fermée d'aucuns filets, paniers ou autres engins, depuis le premier Mai jufqu'au dernier Août, tandis qu'à l'ouverture des éclufes il eft permis, dans le même temps de mettre une grille de bois, pourvu que les trous de cette grille foient de deux pouces en quarré.

La raifon de cette différence eft, que cette faifon eft celle du frai du poiffon, & que comme les bouchots font toujours établis fur des terreins vafeux & extrêmement plats, qui s'étendent fort avant dans la mer, le frai du poiffon qui s'y tient par préférence, parce que le peu d'eau qui couvre cette vafe, n'y apporte que le degré de fraicheur néceffaire pour tempérer l'ardeur du foleil, fe trouveroit pris dans ces bouchots, fi l'ouverture n'en étoit pas totalement libre durant la même faifon.

Et c'eft par cette raifon que le frai du poiffon fe trouve en grande abondance fur les terreins plats & vafeux, que par la déclaration du Roi du 23 Avril 1726 il a été défendu par l'art. 26, à tous pêcheurs à la mer le long des côtes, de fe fervir de bateaux fans quille fous les peines y portées.

Il a été obfervé ci-devant, qu'on ne peut aller aux bouchots d'Efnandes & de Charon, qu'avec le fecours d'un petit bateau nommé *acon*; & comme ce bateau compofé de trois planches feulement, eft néceffairement plat & fans quille, l'allarme des propriétaires des bouchots fut grande à la vue de cette Déclaration du Roi qui en profcrivoit l'ufage.

Les Officiers de l'Amirauté de la Rochelle, convaincus de la néceffité de fe fervir de ce petit bateau pour l'exploitation des bouchots, qui fans cela deviendroient abfolument inutiles, ne tardérent pas à faire fur ce fujet des repréfentations à M. le Comte de Maurepas; & ce fage Miniftre qui favoit que les loix, fur-tout celles de police, peuvent fouffrir des exceptions en faveur de quelques pays, eu égard aux circonftances, loin de fe roidir fur ce que la loi étoit portée par un principe général, fondé fur l'utilité publique, confentit d'écouter leurs raifons & leur demanda à cet effet un mémoire circonftancié fur la nature, la forme & l'ufage de ce bateau nommé *acon*.

Ce mémoire lui fut envoyé le 16 Novembre 1726, & il se trouva tellement fondé, que par Arrêt du Conseil du 11 Janvier suivant, l'usage des *acons* fut rétabli comme auparavant la Déclaration du Roi, pour le service des bouchots de Charon & d'Esnandes ; à condition néanmoins qu'il n'y en auroit qu'un seul pour chaque bouchot, & qu'il ne pourroit servir pour aucune autre pêche. On trouvera cet Arrêt à la suite du présent titre.

Du reste pour savoir ce que c'est que ce bateau appellé *acon*, on peut voir le mémoire inséré dans le recueil de l'Académie de la Rochelle, imprimé chez Thibouſt en 1752, pag. 79 & suiv. Ce même mémoire est également instructif & curieux, sur la structure des bouchots & la maniére d'y élever des moules, dont il contient aussi une description raisonnée. Les planches dont il est accompagné ne laissent aucun éclaircissement à désirer. On peut voir aussi sur ce sujet l'Histoire de la Rochelle, art. *Esnandes* pag. 139.

Notre article n'ayant point dit de quelle maniére l'ouverture des bouchots pourra être fermée hors le temps dont il parle ; pour suppléer à son silence sur ce point, on avoit recours à l'article précédent & à celui qui suit, jusqu'à l'Arrêt du Conseil du 2 Mai 1739. Depuis ce temps-là ç'a été autre chose, cet Arrêt, en dérogeant à notre Ordonnance sur le fait des bouchots, ayant introduit une police nouvelle à cet égard, en même temps qu'il a réglé la forme de ces mêmes pêcheries, & la maniére de les tenir dans la suite.

Il est vrai que cet Arrêt ne paroit avoir eu pour objet que les bouchots des Seigneuries de Luçon & de Champagné ; mais en cette partie, il n'en doit pas moins être considéré comme un Réglement général ; & ce qui ne permet pas d'en douter, c'est que ses dispositions à cet égard ont été répétées *in terminis* dans le Jugement de nos Seigneurs les Commissaires, dont il a été déjà parlé, du 22 Avril 1741, concernant les bouchots de la Seigneurie de Charon en Aunis.

En conséquence, il est donc de régle aujourd'hui, que les bouchots, pour être conservés, doivent être construits & exploités conformément aux art. 6, 7, 8 & 9 dudit Arrêt du Conseil & audit Jugement du 22 Avril 1741, ce faisant que leurs aîles, pannes, ou côtés ne peuvent avoir en longueur que cent brasses, & que l'ouverture du côté de terre ne doit être non plus que de cent brasses.

Que les pieux ou piquets entrelassés de clayonnage, ne doivent pas être élevés hors de terre de plus de cinq pieds, & que les deux aîles doivent venir en ligne diagonale de la côte à la mer.

Que le clayonnage doit être simple & uni, sans aucune tige ou branche en dedans. Qu'à l'extrêmité de l'angle il est nécessaire qu'il y ait une ouverture ou passe de deux pieds de largeur sur toute la hauteur du clayonnage, depuis le 1er. Octobre jusqu'au dernier Avril compris : que durant le même temps, l'ouverture ne soit close que d'un ret ou d'une grille de bois ayant les mailles de deux pouces en quarré ; permis néanmoins de tendre par delà des passes, des paniers &c. pourvu qu'entre les branches d'osier il y ait un intervalle de 18 lignes.

Que hors ce temps-là, & depuis le 1er Mai jusqu'au dernier Septembre, au lieu du dernier Août dont parle notre article, l'ouverture soit de six pieds de large au lieu de deux seulement ; à l'effet de quoi il doit être défait, si besoin est eft, de deux clayes formant les deux aîles de chaque bouchot, l'efpace qui conviendra pour ladite ouverture de fix pieds, laquelle ne pourra être fermée pendant ledit temps de filets, grilles, ni aucuns autres engins; le tout fur peine de 50 ou 100 liv. d'amende, de démolition de ce qui aura été fait en contravention, & de confifcation des filets & engins pour la premiere fois; de pareille amende & confifcation, & d'être privé de pouvoir tenir à l'avenir aucunes defdites pêcheries, en cas de récidive.

Ces peines au refte regardent les propriétaires comme les Fermiers, l'art. 5 dudit Arrêt du Confeil, rendant les propriétaires refponfables des contraventions de leurs Fermiers; ce qui s'entend, fauf le recours des premiers contre ceux-ci.

ARTICLE VII.

ET pour les parcs de bois & de filets, ils feront faits de fimples clayes d'un pied & demi de hauteur, auxquelles feront attachés des filets ayant les mailles d'un pouce en quarré; & les clayes auront dans le fond du côté de la mer, une ouverture auffi de deux pieds, qui ne pourra être fermée que d'un filet, dont les mailles feront de deux pouces en quarré, depuis Pâques jufqu'à la Saint Remy, & d'un pouce au moins depuis la Saint Remy jufqu'à Pâques.

LEs parcs compofés de bois & de filets tout enfemble, dont il eft ici uniquement queftion, ne font point connus fur les côtes d'Aunis. Je ne fçai même fi actuellement, on en ufe nulle part, n'y ayant rien qui s'y rapporte, ni dans la Déclaration du Roy du 18 Mars 1727, qui parle de tant d'efpéces de parcs, avec des bois & des filets, ni dans l'art. 13 de l'Arrêt du Confeil dudit jour 2 Mai 1739.

Cependant comme notre article ne paroît pas avoir été abrogé, rien n'empêcheroit ce femble de tolérer aujourd'hui des parcs de cette nature qui feroient tenus conformément à ce qui y eft prefcrit.

ARTICLE VIII.

FAifons défenfes à toutes perfonnes de quelque qualité & condition qu'elles puiffent être, de bâtir ci-après fur les gréves de la mer aucuns parcs, dans la conftruction defquels il entre bois ou pierre, à peine de trois cens livres d'amende, & de démolition des parcs à leurs frais.

Ainsi ces défenses regardent les Seigneurs, quelque qualifiés qu'ils soient, & de quelque mérite que puissent être leurs titres, comme les simples particuliers. Ce n'est point par la raison alleguée par le Commentateur, que dans les principes du droit Romain il n'est pas permis de bâtir sur les gréves de la mer, & qu'un parc dans la construction duquel il entreroit du bois de charpente, seroit un véritable édifice, puisque non-seulement il n'entre point de bois de charpente dans les parcs & bouchots ; mais encore que suivant les constitutions ci-devant citées de l'Empereur Léon, il étoit libre à tout particulier ayant des héritages contigus au rivage de la mer, d'établir des parcs & pêcheries sur la partie des gréves correspondante à l'étendue de son terrein : c'est que suivant les principes de notre droit François, le domaine du rivage & des gréves de la mer appartient au Roi, qui a bien voulu l'abandonner au public pour y pêcher librement, à condition néanmoins d'observer les Réglemens concernans la police de la pêche.

Sur ce plan & en exécution de cet article, tous parcs de pierre & bouchots construits depuis notre Ordonnance, étant donc sujets à démolition avec amende de 300 liv. & cela indistinctement sans aucun examen, attendu la généralité des défenses, il y a lieu de s'étonner qu'il en ait été autrement.

Il est vrai, pour ce qui concerne les parcs de pierre ou écluses, que la démolition en a été ordonnée absolument sur les côtes de l'Amirauté des sables d'Olonne, par l'Arrêt du Conseil du 2 Mai 1739, déjà tant de fois cité, & qui forme un préjugé pour ceux des autres côtes : il est vrai encore, qu'à l'égard des simples particuliers, les défenses portées par cet article ont été renouvellées pour les bouchots comme pour les écluses, & sous les mêmes peines par l'art. 12 dudit Arrêt du Conseil. Mais par une exception, dont on ne comprend pas le motif, M. l'Evêque de Luçon & le Seigneur de Champagné, sur le fondement d'autres Arrêts précédemment rendus à leur profit, les 10 Décembre 1732 & 10 Septembre 1735, ont été maintenus, non-seulement dans la jouissance des bouchots déjà construits dans l'étendue de leurs Seigneuries, mais encore dans le droit d'y en établir d'autres à l'avenir, aussi bien que d'autres pêcheries avec des filets, & de permettre à quiconque d'y en construire ou établir en leur payant des cens & rentes, &c.

La surprise augmente encore sur cela, lorsqu'on rapproche cet Arrêt du Conseil, du Jugement de Nosseigneurs les Commissaires du 22 Avril 1741, qui en même temps qu'il a maintenu le Seigneur de Charon dans la possession de plusieurs bouchots qui y sont énoncés, & dans le droit de se faire payer des cens & rentes par lui réservés lors de la concession des terreins occupés par ces bouchots, lui a fait défenses expresses, relativement au présent article, « d'établir » autres & plus grand nombre de bouchots ou pêcheries sur les vases de sa » Seigneurie de Charon que ceux » dans la possession desquels il a été maintenu « sous tel nom & dénomination que ce puisse être, à peine de 300 l. d'amende » & de démolition à ses frais.

Pour sauver une contradiction aussi frappante que celle qui se rencontre entre ces deux décisions, il faut supposer que les Seigneurs de Luçon & de Champagné ont eu l'avantage de produire en leur faveur, une concession formelle faite par le Roi à chacun d'eux, du domaine direct du rivage contigu à leurs Seigneuries ; tandis que le Seigneur de Charon s'est trouvé réduit à de simples Actes possessoires, accompagnés d'aveux & dénombremens présentés à la Chambre des Comptes avant l'année 1544.

ARTICLE IX.

FAisons aussi défenses aux Seigneurs des Fiefs voisins de la mer & à tous autres, de lever aucun droit en deniers ou en espéces, sur les parcs & pêcheries, & sur les pêches qui se font en mer ou sur les gréves ; & de s'attribuer aucune étendue de mer pour y pêcher à l'exclusion d'autres, si non en vertu d'aveux & dénombremens reçus en nos Chambres des Comptes avant l'année 1544, ou de concession en bonne forme ; à peine de restitution du quadruple de ce qu'ils auront exigé & de quinze cens livres d'amende.

TOutes les dispositions de cet article, qui n'a fait en quelque sorte que renouveller le 451e. de l'Ordonnance de 1629, méritent une attention particuliére ; il s'agit donc de les distinguer, après avoir observé, que la peine de la restitution du quadruple de ce qui aura été exigé & de 1500 liv. d'amende, porte indistinctement sur tous les objets détaillés dans le même article.

D'abord il est fait défenses aux Seigneurs des Fiefs voisins de la mer, & à tous autres, de lever aucun droit en deniers ou en espéce sur les parcs & pêcheries, ce qui ne regarde jusque-là que les écluses & les bouchots, & si l'on veut les autres parcs à demeure.

Ensuite pareilles défenses sont faites, de lever aucun droit tout de même sur les pêches qui se font en mer ou sur les gréves ; ce qui a pour objet & la pêche du coquillage, qu'elle se fasse à pied ou en bateau, & celle du poisson frais qui se fait avec des filets, de quelque maniére qu'ils soient tendus.

Enfin pareilles défenses à quiconque, de s'attribuer aucune étendue de mer pour y pêcher à l'exclusion d'autres ; ce qui sans toucher aux écluses & bouchots légitimement établis & qui sont dans la réalité des pêcheries exclusives, se rapporte à ceux qui prétendroient avoir droit, hors de ces pêcheries, de pêcher sur les gréves à l'exclusion d'autres, & d'affermer en conséquence la pêche qui peut s'y faire, soit du poisson, soit du coquillage.

Le tout, est-il dit, « si non en vertu d'aveux & dénombremens reçus en nos » Chambres des Comptes avant l'année 1544, ou de concession en bonne for- » me. » Dispositions renouvellées par l'art. 12, tit. 10 de la Déclaration du Roi du 18 Mars 1727.

Sur quoi il convient d'observer, 1°. que les aveux & dénombremens pour être admissibles doivent être antérieurs à l'année 1544, époque des troubles du Royaume. 2°. Que ces aveux & dénombremens doivent avoir été reçus ; c'est-à-dire vérifiés à la Chambre des Comptes, & qu'il ne suffiroit nullement qu'ils y eussent été présentés ; tout dénombrement, à l'égard du Roi sur-tout, étant absolument inutile, s'il n'a été que présenté à la Chambre des Comptes, sans y avoir été vérifié & approuvé. 3°. Que la concession en bonne forme, dont il est ici question, ne peut s'entendre absolument que d'une concession du Roi, antérieure ou postérieure à notre Ordonnance, attendu qu'à lui seul appartient le domaine de la mer, de ses gréves & de son rivage. 4°. Enfin, que les aveux & dénombremens étant mis ainsi en parallele avec les actes de concession en bonne forme, il faut, conformément à ce qui a été remarqué sur l'art. 26 du tit. des naufrages, pour la validité de ces aveux & dénombremens, qu'ils énoncent, ou du moins qu'ils présupposent clairement des Actes de concession du Roi, & qu'outre cela ils soient antérieurs à l'année 1544; & c'est peut être à quoi on n'a pas toujours fait assez d'attention.

Pour reprendre maintenant les divers objets de cet article, il ne paroît pas jusqu'à présent qu'aucun Seigneur ait été maintenu dans le droit d'avoir des parcs de pierre ou écluses sur les gréves de la mer, ni de lever aucunes redevances sur des parcs de cette nature, en conséquence des permissions par lui données à ses tenanciers d'y en établir; on voit au contraire dans l'Arrêt du Conseil du 2 Mai 1739, que la démolition des écluses a été ordonnée sans exception, avec suppression de toutes les rentes & redevances auxquelles elles avoient été assujetties dans le principe : mais il en a été autrement à l'égard des bouchots, comme il a été observé sur l'article précédent.

Que les parcs de pierre appellés écluses, ayent été proscrits, comme essentiellement nuisibles à la navigation, autant qu'à la pêche du coquillage pour le public, parce qu'ils étoient tous peut-être postérieurs à l'année 1544, à la bonne heure; mais ce n'étoit pas une raison pour conserver tous les bouchots établis jusqu'alors, en les supposant même hors d'état de nuire à la navigation, encore moins pour permettre aux Seigneurs de Luçon & de Champagné d'en construire de nouveaux, ou d'accenser des terreins à l'effet d'y en établir, autant qu'il seroit possible, sur les vases de la mer dans l'étendue de leurs Seigneuries. Il a donc fallu que les titres de ces Seigneurs se soient trouvés plus précis, que ceux du Seigneur de Charon, à qui il a été défendu d'établir aucuns nouveaux bouchots, en même temps qu'il a été maintenu dans la possession de tous ceux qui existoient alors, & qui n'ont pas été jugés préjudiciables à la navigation.

Quoiqu'il en soit, cela ne décide pas pour les autres Seigneurs à l'égard desquels il n'a encore rien été statué; & si leurs titres sont bien examinés, on trouvera vraisemblablement qu'ils n'énoncent que le droit de pêcherie en général. Or que résulte-t-il de-là? que le rivage de la mer leur appartient, à l'effet qu'ils ayent eu droit de concéder, moyennant des cens à leur profit, des terreins sur les gréves pour y construire des écluses & des bouchots? Nullement. Tout leur droit se borne à avoir en propre une pêcherie à leur usage particulier sur les gréves de leurs Seigneuries, sans aucune extension ou influence sur les autres pêcheries établies par les particuliers, quelque concession qu'ils leur ayent faite des terreins sur lesquels elles sont construites. La raison est qu'ils n'ont pas eu droit d'en disposer au préjudice du domaine du Roi; de sorte que tous les parcs & bouchots qui seront dans le cas d'être conservés, comme étant antérieurs à l'année 1544, doivent naturellement être jugés relevans nuement de la censive du Roi, avec réunion au domaine, de tous les cens que les Seigneurs y levent actuellement, sans autre titre que leur usurpation sur le domaine de la couronne.

Mais si cette réunion est juste contre les Seigneurs, comme n'ayant pas eu droit de s'approprier ces terreins & d'en faire des bailletes; il en seroit autrement si elle s'étendoit aux rentes fonciéres que les particuliers se sont réservées, en transportant à d'autres les écluses & bouchots qu'ils auroient fait construire, attendu que ces rentes ne doivent être considérées, que comme un juste dédommagement des dépenses par eux faites à ce sujet. Et c'est par ce principe d'équité, que Nosseigneurs les Commissaires ayant par leur Jugement du 13 Juin 1742, déclaré réunies au domaine du Roi, les écluses de l'Isle de Ré qui sont en termes d'être conservées par les raisons alléguées sur l'art. 4 ci-dessus, faute par les détenteurs d'avoir représenté leurs titres de propriété, avec réunion tout de même au domaine, de toutes les redevances dont ces écluses étoient chargées ; c'est, dis-je, par ce principe d'équité, que M. le Comte de Maurepas écrivit aux Officiers de l'Amirauté de la Rochelle, le 6 Septembre de la même année, que l'intention du Roi étoit que ce Jugement ne fût point mis à exécution,

Telle est donc la distinction qu'il paroît naturel d'admettre à cet égard, pour ne faire tomber la réunion que sur les redevances usurpées par les Seigneurs sur le domaine, sans toucher aux rentes fonciéres dues aux particuliers sur tous les parcs & bouchots qui se trouveront dans le cas d'être conservés.

Le second objet de notre article, comprend les droits prétendus par les Seigneurs ou autres, sur les pêches qui se font en mer ou sur les gréves.

Comme en cette partie, la liberté de la pêche est attaquée en plein, sans qu'il en résulte aucune sorte d'utilité publique, qui puisse compenser cette privation ; on a regardé de plus près aux titres produits par les Seigneurs pour appuyer leurs prétentions à cet égard : & en conséquence, en même temps que par Arrêt du Conseil du 2 Mai 1739, les Seigneurs de Luçon & de Champagné ont été maintenus en possession de lever des cens sur les bouchots de leurs Seineuries, avec faculté de concéder des terreins pour l'établissement de nouveaux bouchots, il leur a été expressément défendu par l'art. 4 « d'exiger aucuns cens » ni devoirs, ni de percevoir aucuns droits sur les pêcheurs qui font la pêche à » la mer & sur les gréves ; de même que sur les bateaux desdits pêcheurs » & cela sous les peines portées par le présent article.

On peut conclure de là, qu'il n'est aucun Seigneur, qui ait droit d'exiger aucune redevance de ceux qui font la pêche en mer ou sur les gréves, excepté les propriétaires des bouchots. Mais si ceux-ci sont sujets à des cens & rentes envers leurs Seigneurs, ce n'est pas à raison de la pêche du poisson qu'ils y font ; c'est uniquement parce qu'ils tiennent d'eux les terreins occupés par ces bouchots.

Aussi dans toute l'étendue des côtes de l'Aunis, n'est-il effectivement aucun Seigneur qui prétende actuellement assujettir les pêcheurs à la moindre redevance, pas même sous prétexte de droit de port ; le Seigneur d'Esnandes, qui seul dans l'Aunis est reconnu fondé en droit de port & havre, n'ayant point été maintenu par l'Arrêt du Conseil du 8 Août 1730 dans le droit de percevoir de chaque pêcheur traversier arrivant au port d'Esnandes, 5 deniers ou une sole, quoique les habitans d'Esnandes eussent reconnu dans un Acte d'assemblée, qu'il jouissoit de cette redevance de temps immémorial.

Enfin pour ce qui regarde le troisiéme objet de notre article, concernant les Seigneurs qui ont prétendu s'attribuer une certaine étendue de mer pour y pêcher à l'exclusion d'autres, il n'est point à présumer qu'aucun Seigneur ait produit des titres de nature à se faire maintenir en possession, d'un droit aussi exhorbitant que celui-là.

Par rapport à l'Aunis, c'étoit un des chefs de la remontrance que fit, le 28

Mars 1736 au Siége de l'Amirauté de la Rochelle, le Seigneur de Chatellaillon, sous le titre de *droit de pêcherie & défend*; sur laquelle remontrance il lui fut sauvé à se pourvoir par devers Sa Majesté, toutes choses néanmoins demeurant en état; depuis lequel temps il ne paroit pas qu'il ait fait aucun mouvement à cet égard.

Peu de temps auparavant, le Seigneur du Pont de la pierre, dont la Terre est un démembrement de la Baronnie de Chatellaillon, développant cette prétention singulière, avoit jugé à propos d'affermer la pêche exclusive sur toute l'étendue des gréves contigues à sa Terre; ce qui étant venu à la connoissance du Procureur du Roi de l'Amirauté, celui-ci prit des conclusions contre lui & contre ses fermiers, suivant lesquelles, par jugement du 12 Mai 1736, sans avoir égard audit Acte de ferme, qui fut déclaré nul & de nul effet, il fut ordonné que le terrein ou espace compris dans la ferme demeureroit libre, ainsi que le reste du rivage de la mer, de façon que chacun pût y pêcher librement, avec les rets & filets permis par l'Ordonnance & les Réglemens; en conséquence, défenses furent faites audit Seigneur du Pont de la pierre, de plus à l'avenir affermer ledit droit de pêche, & autrement s'attribuer la pêche exclusive; & pour l'avoir fait, il fut condamné à la restitution du quadruple des droits par lui perçus à ce sujet, ensemble à l'amende de 1500 liv. Défenses furent faites pareillement à ses fermiers & à tous autres de gêner quiconque dans la liberté de la pêche, sur peine de pareille amende de 1500 liv. sauvé leur recours & garantie, dont l'effet fut réduit à la restitution du coût de l'acte de ferme & aux dépens.

Le Seigneur du Pont de la pierre, entêté de son prétendu droit, au lieu de recourir d'abord à la clémence & à la générosité de M. l'Amiral, pour lui demander la remise de l'amende prononcée contre lui, prit le parti de l'appel à la Table de Marbre, & ce ne fut qu'après y avoir vu confirmer le Jugement de l'Amirauté de la Rochelle, qu'il se détermina à la démarche qui pouvoit seule faire sa ressource. Quoique tardive elle eut son effet, S. A. S. Monseigneur l'Amiral, ayant bien voulu lui remettre l'amende en plein, suivant l'ordre de remise qu'elle fit expédier à cette occasion, en date du 21 Septembre 1737.

Ce que cet exemple a produit, c'est qu'aucun autre Seigneur n'a osé renouveller la même prétention, ni rien tenter d'ailleurs au préjudice de la liberté de la pêche.

La conclusion de tout ceci, est qu'aucuns des droits énoncés dans cet article ne peuvent être légitimement prétendus par des Seigneurs ou autres, qu'autant que, sur le vu de leurs titres, ils auront été autorisés à les exercer en vertu de quelque Arrêt du Conseil, ou de quelque Jugement rendu par Nosseigneurs les Commissaires nommés pour la vérification des droits maritimes.

Mais vraisemblablement peu de Seigneurs se trouveront dans cette hypothése, puisque le Seigneur Baron de Chatellaillon, dont les titres ont été jugés suffisans pour le faire maintenir & garder dans le droit de bris, naufrage & échouement, par Arrêt du Conseil du 27 Septembre 1757, comme il a été observé sur l'art. 26 du tit. des naufrages, n'ont pu lui conserver les autres droits par lui prétendus, *d'eau, pêcherie & défend, de rivage, &c.* pour raison desquels droits, le même Arrêt l'a mis hors de Cour; & qu'à l'égard des parcs & pêcheries, il a été ordonné, avant faire droit, que procès verbal seroit dressé par les Officiers de l'Amirauté, en présence du Procureur du Roi, de l'existence actuelle desdites pêcheries, de leur nature & du temps de leur établissement, pour ce fait & rapporté, sur l'avis desdits sieurs Commissaires, être par Sa Majesté ordonné ce qu'il appartiendra.

Il y a apparence, qu'à cet égard, les choses en resteront là, & que le Seigneur de Chatellaillon abandonnera sa prétention par rapport aux pêcheries.

ARTICLE X.

FAisons pareillement défenses à tous gouverneurs, officiers & soldats des Isles & des Forts, Villes & Châteaux construits sur le rivage de la mer, d'apporter aucun obstacle à la pêche dans le voisinage de leurs places, & d'exiger des pêcheurs, argent ou poisson pour la leur permettre; à peine contre les officiers de perte de leurs emplois, & contre les soldats de punition corporelle.

SOus ces mots, *& à tous autres*, employés dans l'article précédent, étoient évidemment comprises les personnes dénommées dans celui-ci : mais le legislateur leur ayant déjà fait des défenses particuliéres de rien entreprendre sur la charge d'Amiral, de prendre connoissance des bris & naufrages, & de s'en attribuer aucuns droits, à raison de leurs offices & commissions &c. conformément aux art. 450 & 451 de l'Ordonnance du mois de Janvier 1629; il a jugé qu'il convenoit d'autant plus ici de leur faire tout de même des défenses à part, de troubler la liberté de la pêche & de rançonner en quelque sorte les pêcheurs de leur district, que c'est là un point sur lequel il a toujours été le plus difficile de les ramener à la régle. Il en est même encore aujourd'hui qui ne sont pas à l'abri de tout reproche à cet égard; & l'abus continuera, nonobstant que ces défenses ayent encore été réitérées par l'art. 14, tit. 10 de la Déclaration du Roi du 18 Mars 1727, tant que les pêcheurs n'oseront pas s'en plaindre.

ARTICLE XI.

LEs parcs & bouchots qui se trouveront construits à l'embouchure des rivieres navigables ou sur les gréves de la mer, à deux cens brasses du passage ordinaire des vaisseaux & au-dessous, seront démolis aux frais des propriétaires.

LE Commentateur a raison d'ajouter « quand même ils seroient bâtis avant » l'année 1544 » parce que des parcs & bouchots qui ne seroient pas à 200 brasses de distance du passage ordinaire des vaisseaux, étant jugés nécessairement nuisibles à la navigation, ne pourroient être conservés, de quelque ancienneté que fût leur établissement, fussent-ils même appuyés d'un acte de concession du Roi en bonne forme, parce que une conceſſion en pareil cas n'auroit pu être obtenue que par ſurpriſe.

La diſpoſition de cet article au reſte, a été expreſſément renouvellée par l'Arrêt du Conſeil, du 2 Mai 1739 art. 10, & par le Jugement de Noſſeigneurs les Commiſſaires nommés pour la vérification des droits maritimes, du 22 Avril 1741.

Il y a plus, & la même diſtance de 200 braſſes du paſſage ordinaire des vaiſſeaux doit être aujourd'hui obſervée par tous pêcheurs avec des rets ſédentaires; c'eſt-à-dire attachés à des pieux, piquets ou piochons, ſuivant la régle générale établie par la Déclaration du Roi du 18 Mars 1727, tit. 10 art. 1er. confirmée par l'art. 14 dudit Arrêt du Conſeil du 2 Mai 1739; & cela à peine, comme dans l'article qui ſuit, de confiſcation des rets & filets, pieux, piquets ou piochons, de 50 liv. d'amende, & de réparation des pertes & dommages que ces pêcheries auront cauſé.

De ſorte qu'en pareille occurrence, non-ſeulement les pêcheurs en contravention, ne feront pas en droit de demander, par contribution ou autrement, la réparation des avaries que leurs filets auront ſoufferts, par l'abordage des vaiſſeaux; mais qu'au contraire, ils ſeront tenus de tout le dommage que les vaiſſeaux auront reçu par cet abordage. *Vide ſuprà* l'article 6 titre 2 du livre 1er.

ARTICLE XII.

FAiſons défenſes à tous ceux qui font leur pêche avec des guideaux, de les tendre dans le paſſage ordinaire des vaiſſeaux, ni à deux cens braſſes près, à peine de ſaiſie & confiſcation des filets, de cinquante livres d'amende, & de réparation des pertes & dommages que les guideaux auront cauſés.

IL vient d'être obſervé, que ce n'eſt plus ſeulement pour la pêche avec des guideaux, qui ſont des filets poſés entre des pieux aſſez gros, qu'il eſt défendu d'en uſer plus près de 200 braſſes du paſſage ordinaire des vaiſſeaux; mais que les défenſes s'étendent à toute autre pêche qui ſe fait avec des filets ſédentaires.

Du reſte, dans le titre 5 de la Déclaration du Roi, du 18 Mars 1727, il y a de nouvelles régles établies pour la pêche avec des guideaux.

ARTICLE XIII.

ORdonnons que les pieux pour tendre les guideaux qui ſe trouveront plantés dans le paſſage des vaiſſeaux, ou à deux cens braſſes près, ſeront arrachés quinzaine après la publication de la préſente Ordonnance, aux frais des propriétaires, & à la diligence de nos Procureurs en chacun Siége, à peine dinterdiction de leurs charges.

La

LA diſpoſition de cet article, eſt naturellement appliquable à toute pêcherie qui ſe trouvera en contravention à notre Ordonnance & aux Réglemens poſtérieurs, dont l'exécution eſt toujours recommandée aux Officiers de l'Amirauté, avec injonction aux Procureurs du Roi d'y veiller.

ARTICLE XIV.

VOulons que le procès ſoit fait & parfait à ceux qui replanteront des pieux aux mêmes lieux d'où ils auront été arrachés, en exécution de la préſente Ordonnance, & que les délinquans ſoient condamnés au fouet.

LA rigueur de la peine meſurée ſur l'importance de l'objet, a contenu les pêcheurs de maniére, qu'aucun n'a été aſſez imprudent pour ſe mettre dans le cas de la ſubir; du moins je n'en ai pas vu d'exemple.

ARTICLE XV.

LEs pêcheurs dont les pieux & guideaux auront été ôtés comme nuiſibles à la navigation, ou les pêcheries démolies, ſeront déchargés de toutes rentes & redevances qu'ils pouvoient devoir pour raiſon de ce à notre domaine, ou à quelques Seigneurs particuliers; auxquels nous faiſons défenſes, ainſi qu'à nos Receveurs, d'en exiger le payement, à peine de concuſſion.

LA derniere réflexion du Commentateur ſur cet article, eſt pour le moins un hors d'œuvre; il falloit ſe contenter d'obſerver, qu'il eſt en effet de toute juſtice, que le détenteur d'une pêcherie à demeure, dont la démolition eſt ordonnée, ſoit comme nuiſible à la navigation, ſoit pour n'être pas aſſez ancienne, demeure déchargé de plein droit, de toutes les rentes & redevances Seigneuriales ou autres, qu'il devoit pour raiſon de cette même pêcherie.

Auſſi dans toutes les occaſions, où la démolition de quelques pêcheries a été ordonnée, cette décharge a-t'elle toujours été prononcée relativement au préſent article, qui n'a fait en cela que renouveller l'art. 84 de l'Ordonnance de 1584. Il y a entre autres preuves de ceci, l'Arrêt du Conſeil déjà tant de fois cité, du 2 Mai 1739 art. 3, & le Jugement de Noſſeigneurs les Commiſſaires également cité pluſieurs fois, en date du 22 Avril 1741.

ARTICLE XVI.

FAisons auſſi défenſes à toutes perſonnes de ſe ſervir de bouteux ou bout de quiévres, ruches, paniers & autres engins pour prendre crevetes, grenades ou ſalicots, depuis le premier Mars juſqu'au dernier du mois de Mai; & de pêcher en aucune ſaiſon de l'année avec colerets, ſeynes ou autres ſemblables filets qui ſe traînent ſur les gréves de la mer; à peine d'amende arbitraire, ſaiſie & confiſcation des filets pour la premiere fois, & de punition corporelle en cas de récidive.

LA premiere partie de cet article, concernant les *bouteux ou bout de quiévres, ruches, paniers, &c.* a reçu quelques changemens par la Déclaration du Roi du 18 Mars 1727, tit. 7, où en même temps la maille de cette ſorte de ret, & la maniére de s'en ſervir, ont été réglées.

Il y eſt preſcrit entre autres choſes, qu'il ne pourra pas plus en être fait uſage, dans les mois de Juin, Juillet & Août, que depuis le 1er. Mars juſqu'au dernier du mois de Mai.

Du reſte il y eſt permis de faire la pêche des crevetes ou ſalicots durant toute l'année, avec la chaudiére & autres inſtrumens ſédentaires, pourvu que les mailles des filets qui ſeront attachés auxdits inſtrumens, ayent au moins ſix lignes en quarré.

Quant à la ſeconde partie de notre article, qui, avec la ſeyne déjà proſcrite par l'art. 83 de l'Ordonnance de 1584, réprouve de même tous autres filets traînans ſur les gréves de la mer; ſa diſpoſition a été expreſſément renouvellée, tant par la Déclaration du Roi du 23 Avril 1726, art. 19 & 22, que par l'autre Déclaration ci-deſſus du 18 Mars 1727, art. 2, tit. 10; & cela ſous des peines plus grandes encore que celles portées par le préſent article, puiſque outre la confiſcation des bateaux, rets, filets & poiſſons, avec une amende de 100 liv. contre le maître, il doit être déclaré déchu de ſa qualité de maître, ſans pouvoir en faire aucunes fonctions à l'avenir, ni même être reçu pilote lamaneur ou locman; & qu'en cas de récidive il doit être condamné aux galéres pour trois ans.

De tous les filets traînans, celui qu'on appelle ſeyne, eſt le plus dangereux, parce qu'il n'eſt pas poſſible que le plus petit poiſſon en échappe : cependant c'eſt celui là préciſement, que les perſonnes de quelque rang que ce ſoit, qui veulent prendre le plaiſir de la pêche ſur les gréves, affectent de ſe ſervir, malgré les défenſes de l'Ordonnance, & les exemples de confiſcation aſſez fréquens des ſeynes qui ſont ſaiſies. Les perſonnes en place & de caractère, devroient du moins s'en abſtenir, pour ne pas partager avec le peuple ce reproche humiliant, *nitimur in vetitum &c.*

ARTICLE XVII.

DÉfendons en outre de faire parcs, ravoirs & venets, dont les mailles ſoient de moindre grandeur que celle ci-deſſus, & de faire des ſeynes & colerets, en vendre, ou receler, à peine de vingt-cinq livres d'amende.

IL n'eſt point de fabricant de filets, qui ne ſe conformât pour la maille à l'Ordonnance & aux Réglemens, ſi les pêcheurs étoient d'humeur de s'en contenter. C'eſt donc parce que ceux-ci veulent toujours avoir des filets de maille frauduleuſe, que les fabricans les ſervent dans leur goût. Mais ſi les premiers ſont les plus coupables, la tranſgreſſion de la loi de la part des autres, n'en mérite pas moins une punition. Elle n'eſt ici que de 25 liv. d'amende, tant pour les filets dont les mailles ſont au-deſſous de la grandeur preſcrite, que pour les ſeynes & autres filets totalement prohibés. Mais elle a été portée à 300 liv. outre la confiſcation, par l'art. 23 de la Déclaration du 23 Avril 1726 par rapport aux filets traînans, & à pareille ſomme de 300 liv. outre auſſi la confiſcation, par l'art. 7 tit. 10 de la Déclaration du 18 Mars 1727, & par l'art. 16 de l'Arrêt du Conſeil du 2 Mai 1739, en ce qui concerne les filets de maille non conforme à celle preſcrite. Du reſte l'amende eſt encourue tout de même, & par ceux qui vendent de ces filets, & par ceux qui les recelent.

ARTICLE XVIII.

FAiſons pareillement défenſes, & ſous les mêmes peines, de *dreiger* dans les *mouliéres*, d'en racler les fonds avec couteaux & autres ſemblables ferremens, d'arracher *le frai des moules*, & d'enlever celles qui ne ſont pas encore en état d'être pêchées.

DReiger. Cela ne veut pas dire ici pêcher avec le filet nommé dreige, dont il a été parlé fort au long ſur l'art. 4 du tit. précédent, c'eſt ſe ſervir d'un filet particulier pour la pêche du coquillage, en bateau. Ce filet diſpoſé en forme d'arc, à l'orifice eſt armé de fer; on l'appelle *drague* en Aunis.

C'eſt donc avec cet inſtrument qu'il eſt défendu de *dreiger* ou *draguer* dans les mouliéres. Mais l'uſage n'en eſt pas abſolument interdit; il eſt permis d'en uſer pour la pêche de l'huitre, conformément à l'art. 85 de l'Ordonnance de 1584, renouvellée en cette partie par l'art. 36 de la Déclaration du Roi, du 23 Avril 1726.

Mouliéres. Ce ſont les endroits où les moules ſe trouvent en abondance ſur les gréves de la mer. C'eſt ordinairement entre les rochers & ſur la banche. On en voit néanmoins ſur les terreins vaſeux, & ce ſont celles-là qui ſont les plus propres pour les bouchots.

Il y a des mouliéres qui découvrent de basse mer, & d'autres qui ne découvrent point La maniére d'y pêcher les moules est différemment prescrite par la Déclaration du Roi du 18 Décembre 1728, qui quoique rendue particuliérement pour les provinces de Flandres, Pays conquis & reconquis, Boulonnois, Picardie & Normandie, contient néanmoins des dispositions qui doivent servir de régle par tout.

Telle est entre autres celle de l'article 1er. du tit. 3, qui en défendant comme notre article de dreiger dans les mouliéres, augmente l'amende de moitié pour la premiere fois, & la porte à 100 livres en cas de récidive, le tout outre la confiscation des bateaux & instrumens, ensemble des moules qui auront été pêchées.

Mais pour ce qui est de l'art. 2 du même tit. qui défend, sous plus grandes peines encore, de faire aucun dépôt de moules dans des réservoirs ou parcs ; il ne faut l'entendre, suivant le préambule, que des dépôts momentanés qui se font par les marchands en attendant la vente, sans en faire aucune application aux parcs appellés bouchots, où l'on éleve les moules ; attendu que ces parcs, bien loin de nuire au frai des moules, servent précisément à le conserver, & à donner aux moules un dégré d'accroissement & de bonté, qu'elles n'acquerroient pas étant laissées dans les mouliéres sur les gréves.

C'est par cette considération qu'il a paru juste de permettre aux propriétaires des bouchots d'enlever des mouliéres, ces petites moules qu'ils appellent *nourrain* ou *norrain*, pour peupler ou repeupler leurs bouchots ; à condition toutefois de ne les employer qu'à cet usage.

Il est arrivé de là, qu'en Aunis, la pêche des moules a toujours été abondante & par conséquent d'une grande ressource pour le peuple.

Le fraï des moules. On conçoit qu'il est extrêmement intéressant de le conserver ; & c'est pour cela que notre article défend de racler les fonds des mouliéres avec des couteaux ou autres semblables ferremens, & d'enlever les moules qui ne sont encore en état d'être pêchées. C'est aussi ce qui a été confirmé par la Déclaration du Roi du 18 Décembre 1728, en y ajoutant de nouvelles dispositions.

La conservation du frai du poisson n'étant pas moins intéressante, c'est pour cela aussi que de tout temps, il a été fait défenses de pêcher avec des filets capables de le retenir, comme il résulte de l'art. 85 de l'Ordonnance de 1584. C'est encore dans cette vue que notre Ordonnance a réglé la maille des filets, & a interdit l'usage de tous filets traînans. Mais parce que l'abus de la pêche avoit augmenté dans la suite à tel point, que l'on se plaignoit par tout de la disette du poisson, intervint la déclaration du Roi du 23 Avril 1726.

Il en a été beaucoup parlé ci-dessus ; il ne s'agit ici que des dispositions qu'elle contient par rapport au frai du poisson.

L'article 28 défend aux pêcheurs & à tous autres, sous les peines portées par l'art. 1er. de pêcher de quelque maniére que ce puisse être « aucun frai de poisson, » connu sous les noms de blanchemelie, menusse, saumonelle, guildre, manne, » sémence, & sous quelque autre nom & dénomination que ce puisse être, d'en » saler ni d'en vendre sous quelque prétexte & pour quelque usage que ce soit.

Par l'art. 29, il est défendu à tous marchands, marayeurs, poissonniers, vendeurs & regratiers de poisson, d'acheter ni exposer en vente aucun frai de poisson, à peine de 50 liv. d'amende. La Déclaration du 24 Décembre suivant, art. 6, dit, pour la premiere fois, & de punition corporelle en cas de récidive.

Les peines portées par l'art. 30 sont tout autrement sévéres ; mais aussi elles tombent sur des cas tout autrement punissables. Elles regardent ceux qui portoient la prévarication, jusqu'à enlever le frai du poisson « soit pour nourrir les porcs, » volailles & autres animaux, fumer & engraisser les terres & le pied des arbres, » & pour tout autre usage que ce puisse être. » Il ne faut donc pas être étonné de voir que tout cela y soit défendu « à peine de confiscation des chevaux & har- » nois, & de 500 liv. d'amende pour la premiere fois, & de punition corporelle » en cas de récidive.

L'article 31 est remarquable singuliérement, en ce qu'il y est déclaré « que sous le » nom *de frai du poisson*, sont compris tous les petits poissons nouvellement éclos, » & qui n'auront pas *trois pouces de longueur au moins entre l'œil & la queue.*

Il est une sorte de poisson de petite espéce nommé *blanche* ou *blaquet*, qui n'a pas réguliérement plus de trois pouces & demi de long. Comme la Déclaration de 1726 ne l'avoit pas nommément placé au rang de ceux réputés frai de poisson, & qu'il sembloit même en être excepté comme ayant plus de trois pouces de longueur ; les pêcheurs se croyoient autorisés à en continuer la pêche dans les parcs, avec un filet vulgairement appellé *saveneau* ou plutôt *haveneau*, dont les mailles n'ont au plus que six à sept lignes de large ; au moyen duquel filet, poussé en avant & raclant les fonds, les pêcheurs prenoient ou écrasoient le frai du poisson.

Par là les précautions que le Roi avoit prises par sa Déclaration du 23 Avril pour la conservation du frai du poisson, se trouvant éludées, Sa Majesté se détermina à porter une autre Ordonnance le 2 Septembre de la même année 1726, par laquelle, elle proscrivit absolument la pêche de ce poisson nommé *blanche* ou *blaquet*, dans les parcs & ailleurs, sur peine de confiscation des filets & poissons, & de 100 liv. d'amende pour la premiere fois, & en cas de recidive de 3 ans de galéres. Il fut ordonné en outre que le parc où il auroit été pêché deux fois de cette espéce de poisson, seroit démoli sans pouvoir être rétabli par la suite, &c.

Cette Déclaration fut suivie d'une autre sur le même objet, en date du 24 Décembre de la même année. Toutes les dispositions de celle du 23 Avril, concernant le frai du poisson, y ont été appliquées à ce poisson appellé blanche ou blaquet ; du reste les peines portées par celle du 2 Septembre y ont été rappellées, & il y a été ajouté d'autres dispositions qu'il importe de connoître ; c'est pourquoi toutes ces piéces seront transcrites à la suite du dernier article du présent titre.

Il n'étoit pas possible de prendre de plus justes mesures pour empêcher la destruction du frai du poisson & du poisson du premier âge. Cependant cette précieuse ressource pour le rétablissement de la pêche, par l'empoissonnement des côtes, est altérée journellement. Le mal est d'un côté, que la multiplicité des écluses & bouchots, ne permet pas aux Officiers de l'Amirauté de reconnoître les contraventions qui s'y commettent dans ce genre, à la faveur de ce dangereux filet appellé *haveneau*, dont ils ne peuvent abolir l'usage, quelque soin qu'ils prennent d'en faire la recherche dans les maisons des pêcheurs, pour le confisquer & faire bruler : & d'un autre côté que leur inspection sur le poisson, est bornée à celui qui se trouve en bateau, sur le rivage ou sur les gréves, ou dans les maisons des pêcheurs, sans aucune extension sur celui qui est exposé en vente dans les marchés ou places publiques des villes & des bourgs ; la police en cette partie étant confiée aux juges ordinaires de police, qui pour le dire en passant, &

ſans deſſein de bleſſer perſonne, ſont d'une indifférence ſur ce point qui n'eſt pas concevable.

Dès-que la Déclaration du 23 Avril 1726 parut, les Officiers de l'Amirauté repréſenterent que le moyen le plus ſûr, ou plutôt l'unique, pour empêcher que le frai du poiſſon ne fût expoſé publiquement en vente, c'étoit de leur en attribuer la connoiſſance en quelque endroit que l'expoſition en fût faite : mais il leur fut répondu que dans les marchés des villes & bourgs, la connoiſſance en appartenoit aux Officiers ordinaires de police : & cela a été nettement décidé par l'art. 12 de la Déclaration du 24 Décembre 1726. Il fut enjoint néanmoins en même temps à ceux-ci, par l'art. 13, d'informer le Procureur du Roi de l'Amirauté, dans l'étendue de laquelle ils auroient ſurpris du frai de poiſſon, du nom des pêcheurs qui l'auroient vendu aux marchands, chaſſe-marées, marayeurs & autres; mais juſqu'à préſent on n'en a point vu d'exemple, quoique tous les jours on voye étalé dans les marchés, ſur-tout à la campagne, du frai de poiſſon.

ARTICLE XIX.

DÉclarons les peres & meres reſponſables des amendes encourues par leurs enfans, & les maîtres, de celles auxquelles leurs valets & domeſtiques auront été condamnés, pour contravention aux articles du préſent titre.

L'Art. 7e. de la Déclaration du Roi du 24 Décembre 1726, le 15e. tit. 10 de celle du 18 Mars 1727, & le 3e. tit. 4 de celle du 18 Décembre 1728, ajoutent après ces mots, *enfans*, ceux-ci, *qui demeureront encore avec eux*; & cela eſt juſte, les peres & meres ne pouvant naturellement être reſponſables des prévarications de leurs enfans ſur le fait de la pêche ou autrement, comme réputés leur en avoir donné l'ordre, ou y avoir conſenti, qu'autant que leurs enfans demeurent avec eux.

Mais par identité de raiſon, notre article eſt extenſible aux pillages qui ſe font en cas de naufrage ou échouement, & à toute contravention aux Réglemens de police concernant les ports & havres.

Et parce que les peres & meres, maîtres & maîtreſſes ſont ainſi déclarés reſponſables des amendes encourues par leurs enfans ou leurs domeſtiques, il s'enſuit qu'ils peuvent être aſſignés conjointement avec eux, pour ſubir la condamnation de l'amende auſſi avec eux; & même ſi les enfans ou domeſtiques ne ſont pas émancipés, les peres & meres, maîtres & maîtreſſes peuvent être pourſuivis ſeuls à ce ſujet.

Si les condamnations n'ont été prononcées que contre les enfans ou domeſtiques, en vertu de cet article, les peres & meres, maîtres & maîtreſſes, peuvent être appellés enſuite pour voir déclarer ces condamnations communes avec eux & exécutoires contre eux, même par corps, à l'égard des hommes, attendu qu'il s'agit là d'un délit ou quaſi délit, & ſur leurs biens.

ARTICLE XX.

PErmettons aux Officiers de l'Amirauté d'appliquer le tiers des amendes au payement des frais faits pour parvenir aux condamnations.

ON a cru peut être, exciter d'autant plus par là, la vigilance des Officiers de l'Amirauté ; & c'eſt préciſément ce qui a rendu moins fréquentes les condamnations d'amendes ſur cette matiére, de peur qu'on ne les accuſât de ſe conduire en cela, plus par leur intérêt perſonnel, que par zèle pour le bien public.

La crainte de ce reproche les a engagés preſque toujours à ſe contenter de faire brûler les filets prohibés, conformément à l'article qui ſuit, & il n'a été queſtion d'amende que dans les cas de récidive, où il paroiſſoit entrer de l'opiniâtreté. Par là ils ont fait à leurs dépens les viſites qu'ils ſont obligés de faire ſur les côtes, & ils ont eu pour dédommagement, la conſolation de voir qu'ils n'en étoient que plus eſtimés de ceux mêmes, qui d'abord ſe plaignoient de la rigueur de leur police.

ARTICLE XXI.

LEur enjoignons de faire brûler toutes les ſeynes, colerets, & autres filets qui ne ſeront de la qualité portée par la préſente Ordonnance ; à l'effet de quoi ils ſeront tenus, à peine d'interdiction de leurs charges, de faire de mois en mois leur viſite ſur les côtes, & de temps en temps la perquiſition dans les maiſons des pêcheurs & autres riverains de la mer.

CE ne ſont pas ſeulement les filets totalement prohibés, tels que ceux appellés ſeynes, colerets, haveneaux & autres filets traînans, qu'il eſt enjoint aux Officiers de l'Amirauté de faire brûler ; ce ſont encore tous les rets & filets qui n'ont pas la maille preſcrite par l'Ordonnance & les Réglemens. Sur ce dernier objet néanmoins, lorſque la maille eſt peu au-deſſous de la grandeur marquée, il eſt permis de faire grace au pêcheur qui s'en trouve ſaiſi, à condition qu'il lui en ſubſtituera un autre plus régulier dans un délai compétent qui lui eſt aſſigné, & M. le Comte de Maurepas a toujours approuvé cet arrangement, principalement par ſes Lettres des 18 Février 1738 & 5 Juillet 1740.

Comme ce n'eſt guére qu'en ſe tranſportant dans les endroits où ſe fait la pêche, & dans les maiſons des pêcheurs & autres riverains de la mer, que les Officiers de l'Amirauté peuvent découvrir ces filets prohibés ou défectueux, cet article leur avoit ordonné, à peine d'interdiction de leurs charges, de faire de mois en mois leur viſite ſur les côtes, & de temps en temps leur perquiſition dans les maisons des riverains ; mais comme il est des pays, où les chemins ne permettent pas d'aller visiter les côtes tous les mois, & que d'ailleurs des visites aussi multipliées étoient trop à charge aux Officiers de l'Amirauté, peu à peu, le Roi a bien voulu en diminuer le nombre.

Par l'article 24 de la Déclaration du 23 Avril 1726, ces visites furent réduites à quatre par an, de trois mois en trois mois ; & enfin elles ont été bornées à deux seulement, l'une au mois de Mars, l'autre au mois de Septembre, par les art. 9 & 10, tit. 10 de la Déclaration du 18 Mars 1727.

Dans l'une & dans l'autre Déclaration au reste, aussi bien que dans l'art. 22 de l'Arrêt du Conseil du 2 Mai 1739, il est permis aux Officiers de l'Amirauté de faire leur visite & perquisition, non-seulement dans les maisons des pêcheurs ; mais encore dans celles de tous les riverains de la mer, privilégiés & non privilégiés, qui pourront être soupçonnés d'avoir des filets défendus ; desquelles visites il leur est enjoint de dresser des procès verbaux, & d'en envoyer une expédition au Secrétaire d'Etat ayant le département de la marine, quinzaine après.

Ces visites ne doivent pas se borner à l'examen des rets & filets ; elles s'étendent encore à l'état des écluses & bouchots & autres pêcheries exclusives, pour examiner si elles sont tenues conformément à l'Ordonnance & aux Réglemens, & s'il n'y a point de prévarication du côté des engins & instrumens, qu'il est permis d'y employer.

Comme les Officiers de l'Amirauté sont alors en plein exercice de police, ils jugent aussi les contraventions *de plano*, sans aucune forme de procédure, contre l'avis du Commentateur. En conséquence, après s'être fait rapporter les filets & engins prohibés, trouvés chez les pêcheurs ou ailleurs, ils les condamnent au feu ; ce qui s'exécute sur le champ en leur présence, ces sortes de jugemens étant exécutoires sans appel.

Ce n'est que par rapport aux condamnations d'amendes, qu'il faut employer la forme de la procédure, & que l'appel est recevable ; mais nonobstant l'appel, & toute fois sans y préjudicier, les condamnations « sont exécutoires jusqu'à la somme de » 300 liv. sans qu'il puisse être accordé de défenses, même lorsque l'amende sera » plus forte, que jusqu'à concurrence de ce qui excédera ladite somme de 300 liv. »

Au surplus, « ceux qui appelleront desdites Sentences seront tenus de faire statuer sur leur appel, ou de le mettre en état d'être jugé définitivement, dans un » an du jour de la date d'icelui, si non & à faute de ce faire, ledit temps passé, » ladite Sentence sortira son plein & entier effet, & l'amende sera distribuée con» formément à ladite Sentence, & le dépositaire d'icelle bien & valablement » déchargé.

Telles sont les dispositions des art. 34 & 35 de la Déclaration du 23 Avril 1726 ; des art. 14 & 15 de celle du 24 Décembre de la même année ; des art. 1 & 2, tit. 11 de celle du 18 Mars 1727 ; des art. 1 & 2 tit. 4 de celle du 18 Décembre 1728, & des art. 17 & 18 de l'Arrêt du Conseil du 2 Mai 1739.

DECLARATION

DÉCLARATION DU ROI,

QUI défend la pêche du Poisson nommé Blanche ou blacquet.

Donnée à Fontainebleau le 2 Septembre 1726.

Registrée en Parlement.

LOUIS par la grace de Dieu, Roi de France & de Navarre : A tous ceux qui ces présentes lettres verront, SALUT. Nous aurions été informés que la pêche du poisson nommé blanche ou blacquet, qui se pratique dans les parcs, cause la destruction du frai du poisson & du poisson du premier âge, en ce que cette blanche ou blacquet n'ayant pas plus de trois pouces & demi de long, un demi pouce & quelques lignes de large, & n'étant épais que d'environ trois lignes, les pêcheurs sont obligés de se servir pour faire cette pêche dans les parcs, d'un filet vulgairement appellé saveneau, qu'ils poussent devant eux en raclant les fonds, & dont les mailles sont au plus de six à sept lignes de large, avec lequel ils prennent quantité de frai de poisson, & de poisson du premier âge, lequel périt aussi-tôt qu'on y touche & qu'il est froissé : ces épcheurs se croyant autorisés à pratiquer cette pêche, parce que quoique Nous ayons défendu par notre déclaration du 23 Avril dernier la pêche du frai du poisson, Nous avons déclaré en même temps comprendre seulement sous le nom de frai, tous les petits poissons nouvellement éclos, & qui n'auront pas trois pouces de longueur au moins entre l'œil & la queue ; mais comme la pêche de la blanche ou blacquet empêcheroit nos sujets de tirer l'utilité qu'ils doivent attendre de la défense que nous avons faite par notre déclaration. A ces causes, de notre certaine science, pleine puissance & autorité Royale, Nous avons dit, déclaré & ordonné, & par ces présentes signées de notre main, disons, déclarons, ordonnons, voulons & Nous plaît : que la pêche du poisson nommé blanche ou blacquet, ne puisse être faite dans les parcs, ni ailleurs, à peine contre les contrevenans de confiscation des rets, filets & poisson, & de cent livres d'amende pour la première fois, & en cas de récidive de trois ans de galères : voulons que le parc, où il aura été pêché deux fois de ladite blanche ou blacquet, soit démoli sans pouvoir être rétabli par la suite pour quelque cause & sous quelque prétexte que ce soit, & que le propriétaire d'icelui soit privé du droit de parc : défendons à tous marchands, chasse-marées, marayeurs, poissonniers, vendeurs & regratiers de poisson, d'achetter & exposer en vente aucune blanche ou blacquet, à peine de cinquante livres d'amende. Si donnons en mandement à nos amés & féaux Conseillers, les gens tenans nos Cours de Parlement, que ces présentes ils fassent lire, publier & registrer, même en temps de vacations, & le contenu en icelles garder & observer selon leur forme & teneur, nonobstant tous Edits, Déclarations, Arrêts, Ordonnances, Réglemens, Clameur de Haro, Charte Normande, & autres choses à ce contraires, auxquelles Nous avons dérogé & dérogeons, par cesdites présentes, voulons qu'aux copies d'icelles collationnées par l'un de nos amés & féaux Conseillers Secrétaires, foi soit ajoutée comme à l'original. Car tel est notre plaisir ; en témoin de quoi Nous avons fait mettre notre Scel à cesdites présentes. Donné à Fontainebleau le deuxième jour du mois de Septembre, l'an de grace mil sept cent vingt-six, & de notre regne le douzième. *Signé*, LOUIS. *Et plus bas*, par le Roi, PHELYPEAUX.

Registrées, oui & ce requérant le Procureur général du Roi, pour être exécutées selon leur forme & teneur ; à la charge que le présent enregistrement sera réitéré au lendemain de la Saint-Martin, & copies collationnées envoyées aux Siéges des amirautés du ressort, pour y être publiées & registrées : enjoint aux Substituts du Procureur général du Roi d'y tenir la main, & d'en certifier la Cour dans un mois, suivant l'Arrêt de ce jour. A Paris en Parlement, en vacations, le vingt-trois Octobre mil sept cent vingt-six. Signé, YSABEAU.

DÉCLARATION DU ROI,

QUI défend la pêche, le transport & la vente du Poisson nommé Blanche ou Blacquet, & du frai du poisson de Mer.

Donnée à Versailles le 24 Décembre 1726.

LOUIS par la grace de Dieu, Roi de France & de Navarre : A tous ceux qui ces présentes lettres verront, SALUT. Un des moyens des plus certains pour parvenir à rétablir l'abondance de la pêche du poisson de mer, étant d'empêcher la destruction du frai & des poissons du premier âge, Nous aurions par notre déclaration du 23 Avril dernier défendu l'usage de tous les filets traînans à la mer, sur les bords des côtes & aux embouchures des riviéres, parce que l'opération de ces filets qui grattent & labourent les fonds sur lesquels ils traînent, détruit nécessairement le frai ; Nous aurions aussi par les articles XXVIII. XXIX. & XXX. de cette même déclaration, fait défenses de pêcher ni faire pêcher, exposer en vente ni acheter, enlever ou faire enlever aucun frai de poisson connu sous quelque nom & dénomination que ce puisse être, pour quelque usage que ce soit ; Nous aurions encore par notre déclaration du 2 Septembre dernier défendu la pêche du poisson nommé blanche ou blacquet, qui ne se pouvoit faire sans prendre & faire périr en même temps beaucoup de frai qui se trouve toujours confondu avec cette blanche ; & étant informé que nonobstant ces dispositions, les pêcheurs continuent de faire la pêche du frai de poisson, & qu'il s'en vend publiquement dans plusieurs Villes de notre Royaume ; Nous avons résolu de renouveller les défenses que Nous avons faites à cet égard, & d'imposer des peines plus sévéres contre ceux qui y contreviendront. A ces causes & autres à ce Nous mouvans, de notre certaine science, pleine puissance & autorité Royale, Nous avons dit, déclaré & ordonné, & par ces présentes signées de notre main, disons, déclarons & ordonnons, voulons & Nous plaît ce qui suit.

ARTICLE PREMIER.

Faisons défenses aux pêcheurs faisant leurs pêches à la mer, & à tous autres, de pêcher ou faire pêcher avec quelques sortes de filets, instrumens & engins que ce soit, ni de quelque maniére que ce puisse être, le poisson nommé blanche ou blacquet, ni aucun frai de poisson connu sous les noms de blanche, melie, menusse, saumonelle, guildre, manne, semence, & sous quelqu'autre nom & dénomination que ce puisse être, d'en saler ni d'en vendre, sous quelque prétexte & pour quelque usage que ce soit, à peine de confiscation des bateaux, rets, filets, engins, instrumens & poissons, & de cent livres d'amende contre le maître, & icelui déclaré déchû de la qualité de maître, sans pouvoir jamais en faire aucunes fonctions, ni être reçû pilote, pilote lamaneur, ou locman, & en cas de récidive de trois ans de galéres.

II. Faisons pareillement défenses sous les mêmes peines aux pêcheurs riverains, tendeurs de basse eau, & à tous autres, faisans leurs pêches le long des Côtes & aux embouchures des riviéres, de pêcher ou faire pêcher, saler ou vendre ledit poisson nommé blanche ou blacquet, ni aucun frai de poisson.

III. Défendons aussi sous les mêmes peines, à tous pêcheurs fermiers des parcs & d'autres pêcheries exclusives, de pêcher ou faire pêcher dans l'enceinte desdits parcs ou pêcheries exclusives, de saler ni vendre ledit poisson nommé blanche ou blacquet, ni aucun frai de poisson, de quelque nature qu'il soit.

IV. Ordonnons que les parcs & autres pêcheries exclusives où il aura été pêché deux fois dudit poisson nommé blanche ou blacquet, ou du frai de poisson, seront détruits sans pouvoir être rétablis par la suite pour quelque cause & sous quelque prétexte que ce soit, & que les propriétaires d'iceux soient privés du droit de parc & de pêcherie exclusive.

V. Faisons défenses à toutes personnes de quelque qualité & condition qu'elles puissent être, d'enlever ou faire enlever le poisson nommé blanche ou blacquet, ni aucun frai de poisson, soit pour nourrir les porcs, volailles & autres animaux, fumer & engraisser les terres & le pied des arbres, & pour tout autre usage que ce puisse être, à peine de confiscation des chevaux & harnois, & de cinq cens livres d'amende pour la premiére fois, & de punition corporelle en cas de récidive.

VI. Défendons à tous marchands, chasse-marées, marayeurs, poissonniers, vendeurs, regratiers de poisson & à tous autres, ensemble à tous receveurs, commis & autres chargés de la vente du poisson forain & étranger, d'acheter ni d'exposer en vente le poisson nommé blanche ou blacquet, ni aucun frai de poisson, à peine de saisie & confiscation, & de cinquante livres d'amende pour la premiére fois, & de punition corporelle en cas de récidive.

VII. Déclarons les peres, meres & chefs des familles, responsables des amendes encourues par leurs enfans & autres qui demeureront encore avec eux, & les maîtres, de celles auxquelles leurs valets & domestiques auront été condamnés pour contravention aux présentes.

VIII. Dans les cas où la peine des galéres est ordonnée contre les hommes, la peine du fouet & du bannissement à temps ou à perpétuité sera ordonnée contre les femmes, les filles & les veuves, suivant la qualité du délit.

IX Déclarons comprendre sous le nom de frai de poisson, tous les petits poissons nouvellement éclos, & qui n'auront pas trois pouces de longueur au moins entre l'œil & la queue : permettons néanmoins aux pêcheurs & à tous autres de défouir des sables qui restent à sec de basse-mer les poissons qui s'ensablent, pour servir d'appât à leurs pêches, tels que sont les éguilles, équilles, lançons & autres poissons de semblable espéce.

X. Ordonnons aux Officiers des Amirautés, chacun dans leur ressort, de veiller exactement à ce qu'il ne soit point pêché du poisson nommé blanche ou blacquet, ni aucun frai de poisson ; qu'il n'en soit point aussi débarqué sur les gréves, quais, ports & havres : & seront les délinquans poursuivis à la requête & diligence de notre procureur à leur Siége.

XI. Enjoignons à nos procureurs dans les Amirautés de donner avis aux Officiers des Classes, des maîtres qui pour contravention aux présentes, seront déclarés déchus de leur qualité de maître ; & sur ledit avis, voulons que lesdits Officiers des Classes les rayent du regiftre des maîtres, les portent sur celui des matelots, & les commandent en cette qualité pour servir sur nos vaisseaux.

XII. Ordonnons à tous les Officiers chargés de la police dans les Villes de notre Royaume, d'empêcher la vente & le transport du poisson nommé blanche ou blacquet & du frai de poisson, dans les lieux & endroits qui sont de leur compétence, & feront les délinquans poursuivis à la requête & diligence de notre procureur à leur Siége.

XIII. Leur enjoignons d'informer notre procureur du Siége de l'Amirauté dans laquelle ledit poisson nommé blanche ou blacquet, où le frai de poisson aura été pêché, du nom des pêcheurs qui l'auront vendu auxdits marchands, chasse-marées, marayeurs, poissonniers, vendeurs & regratiers de poisson.

XIV. Les sentences qui interviendront contre les délinquans seront exécutées pour les condamnations d'amende, nonobstant l'appel & sans préjudice d'icelui, jusqu'à concurrence de trois cens livres, sans qu'il puisse être accordé de défenses, même lorsque l'amende sera plus forte que jusqu'à concurrence de ce qui excédera ladite somme de trois cens livres.

XV. Ceux qui appelleront desdites sentences, seront tenus de faire statuer sur leur appel, ou de le mettre en état d'être jugé diffinitivement dans un an du jour & date d'icelui, sinon & à faute de ce faire, ledit temps passé, ladite sentence sortira son plein & entier effet, & l'amende sera distribuée conformément à ladite sentence, & le dépositaire d'icelle bien & valablement déchargé. Si donnons en mandement à nos amés & féaux Conseillers les gens tenans nos Cours de Parlement, que ces présentes ils fassent lire, publier & régistrer, & le contenu en icelles garder & observer selon leur forme & teneur, nonobstant tous Edits, Déclarations, Arrêts, Ordonnances, Réglemens, Clameur de Haro, Charte Normande, & autres choses à ce contraires, auxquelles Nous avons dérogé & dérogeons par cesdites présentes : voulons qu'aux copies d'icelles collationnées par l'un de nos amés & féaux Conseillers Secrétaires, foi soit ajoutée comme à l'Original : Car tel est notre plaisir ; en témoin de quoi Nous avons fait mettre notre scel à cesdites présentes. Donné à Versailles le vingt-quatriéme jour de Décembre l'an de grace mil sept cent vingt-six, & de notre régne le douziéme. *Signé* LOUIS. Et *plus bas*, Par le Roi, PHELYPEAUX.

Vû au Conseil, LE PELETIER. Et scellée du grand sceau de cire jaune.

Registrée, oui ce requérant le Procureur général du Roi, pour être exécutée selon sa forme & teneur, & copies collationnées envoyées aux Bailliages, Sénéchaussées & Siéges des Amirautés du ressort, pour y être lûe, publiée & registrée ; enjoint aux Substituts du Procureur général du Roi d'y tenir la main & d'en certifier la Cour dans le mois, suivant l'Arrêt de ce jour. A Paris en Parlement le vingt-neuf Janvier mil sept cent vingt-sept.
Signé, YSABEAU.

ARREST DU CONSEIL D'ÉTAT DU ROI,

Qui permet l'usage des Bateaux nommés Acons, aux possesseurs des Bouchots établis sur les côtes d'Esnandes & de Charron, Amirauté de la Rochelle.

Du 11 Janvier 1727.

Extrait des Registres du Conseil d'État.

SUR ce qui a été représenté au Roi étant en son Conseil, qu'il est absolument nécessaire que les possesseurs des pêcheries nommées *bouchots*, établies sur les côtes des paroisses d'Esnandes & de Charron, Amirauté de la Rochelle, se servent de bateaux nommés *acons*, dans lesquels un homme seul s'embarque, & qu'il fait couler sur la vase ayant un pied dedans le bateau & l'autre déhors, pour aller chercher le poiffon qui fe trouve arrêté dans les filets & engins qui font tendus à l'ouverture defdits bouchots, & prendre les moules qui fe nourriffent & multiplient fur les pieux & clayonnages d'iceux; quoique lefdits bateaux ne foient compofés que de trois planches fans quilles, mâts, voiles ni gouvernail, & du genre de ceux défendus par la Déclaration du 23 Avril dernier: qu'il eft impoffible de communiquer auxdits bouchots d'une autre manière, attendu que toute la côte eft couverte d'une vafe molle fur laquelle il n'eft pas poffible de marcher; & que fi Sa Majefté n'a la bonté de permettre l'ufage defdits bateaux aux poffeffeurs defdits bouchots, ils feront forcés d'abandonner la pêche qu'ils y ont pratiquée jufqu'à préfent. A quoi Sa Majefté ayant égard, vu ladite Déclaration du 23 Avril dernier: oui le rapport & tout confidéré, Sa Majefté étant en fon Confeil, a ordonné & ordonne que nonobftant les difpofitions portées par ladite Déclaration du 23 Avril dernier, les poffeffeurs des pêcheries nommées *bouchots*, établies fur les côtes des paroiffes d'Efnandes & de Charron, pourront faire ufage des bateaux nommés *acons*, pour aller chercher le poiffon qui fe trouvera arrêté dans les filets & engins qui font tendus à l'ouverture defdits bouchots, & pour aller prendre les moules attachées aux pieux & clayonnages d'iceux; enforte cependant qu'il ne fubfiftera qu'un feul bateau pour le fervice de chacune defdites pêcheries: leur défend Sa Majefté de s'en fervir pour faire aucune autre pêche, à peine de faifie & confifcation defdits bateaux, & de cinquante livres d'amende pour la premiere fois, & de pareille amende & confifcation en cas de récidive, en outre de ne pouvoir plus faire ufage du bateau nommé *acon*. Veut au furplus Sa Majefté, que la Déclaration du 23 Avril dernier, foit exécutée felon fa forme & teneur; & en conféquence fait défenfes à toutes perfonnes, autres que les poffeffeurs des bouchots, d'avoir des bateaux fans quilles, mâts, voiles ni gouvernail.

Mande & ordonne Sa Majefté à Monf. le Comte de Touloufe Amiral de France, de tenir la main à l'exécution du préfent Arrêt, qui fera regiftré au Greffe de l'Amirauté de la Rochelle. Fait au Confeil d'Etat du Roi, Sa Majefté y étant, tenu à Marly le onzième Janvier mil fept cent vingt-fept. *Signé*, PHELYPEAUX.

DECLARATION DU ROI,

CONCERNANT les Pêches à pied & Tentes à la baffe eau fur les Côtes des Provinces de Flandres, Pays conquis & reconquis, Boulonnois, Picardie & Normandie.

Donnée à Verfailles le 18 Mars 1727.

LOUIS PAR LA GRACE DE DIEU, ROI DE FRANCE ET DE NAVARRE: A tous ceux qui ces préfentes Lettres verront, SALUT. Nous avons par notre Déclaration du 23 Avril dernier interdit l'ufage des filets & inftrumens traînans, & par celle du 24 Décembre auffi dernier, Nous avons défendu la pêche, le tranfport & la vente du frai de poiffon de mer; Nous n'avons rendu ces Déclarations que pour conferver le frai du poiffon, & le poiffon du premier âge, à l'effet de procurer l'abondance du poiffon de mer, & de rendre les côtes de notre Royaume auffi poiffonneufes qu'elles l'étoient par le paffé; mais comme il pourroit être commis des abus par rapport aux pêches permifes à la côte, qui détruiroient le frai du poiffon & le poiffon du premier âge, Nous avons réfolu de régler la forme dans laquelle elles pourront être faites, la grandeur des mailles des filets qui y feront employés, & la manière dont ils feront établis. A ces caufes, & autres à ce Nous mouvans, de l'avis de notre Confeil, & de notre certaine fcience, pleine puiffance & autorité Royale, Nous, en interprétant entant que de befoin l'Ordonnance du mois d'Août 1681, avons dit, déclaré & ordoné; difons déclarons & ordonnons, voulons & Nous plaît, que la pêche fur les bords de la mer foit & demeure libre & commune à tous nos fujets, qui pourront la faire & pratiquer avec les rets, filets, engins & inftrumens permis par ces préfentes; & en conféquence leur permettons de faire à la côte, dans les bayes, & aux embouchures des rivières, les pêcheries dont la police fera ci-après réglée, même d'y pratiquer les nouvelles pêcheries qu'ils pourront inventer, pourvu qu'ils fe conforment pour celles dont les filets feront montés fur des pieux, piquets ou piochons, à la police qui fera réglée pour les bas parcs; & pour celles qui feront pratiquées avec des filets flottés, à la police qui fera réglée pour les tentes de baffe eau, le tout à peine contre les contrevenans de confifcation des rets, filets, engins, inftrumens, pieux, piquets ou piochons, & de vingt-cinq livres d'amende pour la première fois, de pareille confifcation, & de cinquante livres d'amende en cas de récidive.

TITRE PREMIER.

Des Hauts Parcs.

ARTICLE PREMIER.

Les mailles des filets fervans aux pêcheries

nommées hauts parcs ou étangs, étates, hautes pentiéres, hauts étaliers, palis, marsaiques & haranguiéres, seront d'un pouce ou de neuf lignes en quarré, & le filet sera tendu en telle sorte que le bas ne touche point aux sables, & qu'il en soit éloigné de trois pouces au moins.

II. Les perches sur lesquelles les filets desdites pêcheries seront tendus, auront au plus quinze pieds de hauteur hors des sables, seront éloignées les unes des autres de huit pieds au moins & plantées en droite ligne d'un bout à terre, & de l'autre à la mer : permettons néanmoins aux pêcheurs de faire à l'extrémité de la ligne du côté de la mer une espéce de demie enceinte ou crochet, qui sera formée avec de pareilles perches, & garnie d'un semblable filet.

III. Ordonnons à tous ceux qui pratiqueront lesdites pêcheries de les éloigner les unes des autres de six brasses au moins.

IV. Les rets entre roches, taversis & muletiéres seront censés du genre des hauts parcs, & comme tels Nous permettons à ceux qui les voudront pratiquer, de les former avec des perches de quinze pieds de haut & des filets ayant les mailles d'un pouce ou neuf lignes au moins en quarré, à condition de se conformer pour le surplus à la police établie pour les hauts parcs.

V. Faisons défenses aux pêcheurs & à tous autres de se servir des filets des hauts parcs pour garnir aucune autre pêcherie que ce soit.

VI. Les dispositions contenues aux articles du présent titre seront exécutées, à peine contre les contrevenans de confiscation des filets & des perches sur lesquelles ils seront tendus, & de vingt-cinq livres d'amende pour la premiére fois, de pareille confiscation, & de cinquante livres d'amende en cas de récidive.

VII. Déclarons ne permettre les pêcheries contenues au présent titre avec les filets y mentionnés, dont les mailles sont au-dessous de deux pouces en quarré, que parce qu'il ne s'y peut prendre que des poissons passagers à la côte, tels que sont les harengs, celans, sardines, maquereaux, sansonnets, roblots, bars, mulets, lieux, colins & surmulets qui se maillent dans lesdits filets.

TITRE II.

Des Bas Parcs.

ARTICLE PREMIER.

Les filets servans aux pêcheries nommées bas parcs ou tournées, fourées, fouresses, courtines, bas étaliers & venets, auront les mailles de deux pouces au moins en quarré, & ils seront attachés à des pieux, piquets ou piochons plantés à cet effet dans les sables sur lesquels le filet sera tendu, sans qu'il y puisse être enfoui.

II. Les pieux, piquets ou piochons qui formeront lesdites pêcheries auront au plus quatre pieds de hauteur hors des sables, ils pourront être plantés en équerre, fer à cheval, demi-cercle ou crochet. & seront éloignés les uns des autres d'une brasse au moins

III. L'ouverture ou embouchure des pêcheries qui seront formées en équerre, fer à cheval & en demi-cercle, ne pourra être que de cinquante brasses au plus.

IV. Lesdites pêcheries formées en équerre ne pourront avoir les ailes, pannes, bras ou côtés que de cinquante brasses de long, & celles formées en fer à cheval, & en demi-cercle ou crochet, ne pourront avoir que cent brasses de contour : ensorte que pour la garniture de chacune desdites pêcheries, il ne puisse être employé que cent brasses de filets.

V. Ordonnons aux pêcheurs & à tous autres qui planteront les pieux, piquets, ou piochons de leurs pêcheries en forme d'équerre, de les placer en ligne droite, pour ne former qu'un seul angle dans le fond de la pêcherie.

VI. Lesdites pêcheries ne pourront être établies qu'à la distance de vingt brasses les unes des autres, il pourra néanmoins en être placé d'autres au-dessus & au-dessous des pêcheries déjà établies, pourvu qu'elles soient sur la même ligne, allant de la côte à la mer, & à la distance de dix brasses, au moins de l'angle ou du fond de la pêcherie qui en sera la plus proche.

VII. Toutes lesdites pêcheries, soit qu'elles soient placées les unes au-dessus des autres, ou qu'elles le soient à côté, seront censées du genre des bas parcs, & comme telles, ne pourront être montées que d'un filet, ayant les mailles de deux pouces en quarré qui ne pourra être enfoui dans le sable.

VIII. Il pourra être mis au fond desdites pêcheries, des guideaux, benatres, verveux & autres instrumens dénommés au titre V. des présentes, pourvu qu'ils soient faits dans la forme qui y sera prescrite.

IX. Les dispositions contenues aux articles du présent titre seront exécutées, à peine contre les contrevenans de confiscation des filets & des pieux, piquets ou piochons sur lesquels ils seront tendus, & de vingt-cinq livres d'amende pour la premiére fois, de pareille confiscation & de cinquante livres d'amende en cas de récidive.

TITRE III.

Des Parcs de Filets couverts & non couverts.

ARTICLE PREMIER.

Les rets servans à la pêcherie des parcs de filets, soit couverts ou non couverts, qui sont aussi connus sous le nom de perd-temps, auront les mailles de la chasse, de l'enceinte & de la couverture, de deux pouces au moins en quarré.

II. Ils seront attachés sur des pieux, piquets ou piochons qui ne pourront être élevés que de quatre pieds au-dessus des sables & seront tendus de maniére que le bas n'y soit point enfoui.

III. Les pieux, piquets ou piochons, tant de l'enceinte que de la chasse du parc, seront éloignés d'une brasse au moins les uns des autres.

IV. La longueur de la chasse qui aboutit à l'embouchure du parc, ne pourra être que de trente brasses au plus.

V. Les dispositions contenues aux articles du présent titre, seront exécutées, à peine contre les contrevenens de confiscation des filets & des pieux, piquets ou piochons sur lesquels ils seront tendus, & de vingt-cinq livres d'amende pour la premiére fois, de pareille confiscation & de cinquante livres d'amende en cas de récidive.

TITRE IV.

Des Ravoirs.

ARTICLE PREMIER.

Les filets servans aux pêcheries nommées ravoirs simples ou rets entre l'eau, auront les mailles de deux pouces au moins en quarré, & ceux servans aux ravoirs ou rets entre l'eau tramaillés, auront les mailles de la toile, nape, flue ou ret du milieu de deux pouces aussi en quarré au moins, & celles des tramaux ou hameaux qui sont des deux côtés, seront de neuf pouces au moins en quarré.

II. Lesdits filets seront attachés à des pieux, piquets ou piochons, & ils y seront tendus de maniére que le bas qui sera retroussé soit éloigné du sable de six pouces au moins.

III. Les pieux, piquets ou piochons qui formeront lesdites pêcheries, auront au plus quatre pieds de hauteur hors des sables, ils seront éloignés d'une brasse au moins les uns des autres, & plantés en droite ligne.

IV. Chacune desdites pêcheries sera éloignée l'une de l'autre de dix brasses au moins.

V. Les dispositions contenues aux articles du présent titre, seront exécutées, à peine contre les contrevenans de confiscation des filets & des pieux, piquets ou piochons sur lesquels ils seront tendus, & de vingt-cinq livres d'amende pour la premiére fois, de pareille confiscation, & de cinquante livres d'amende en cas de récidive.

TITRE V.

De la Pêcherie nommée Guideaux à bas étaliers, & de celles nommées Benâtres & Verveux, & autres Pêcheries non flottées montées sur Piquets.

ARTICLE PREMIER.

Les filets qui serviront aux pêcheries nommées guideaux à bas étaliers & guideaux volans, aux benâtres volans, baches, chausses, sacs, gonnes, tonnes & nasses; aux verveux, clirets, entonnoirs & tonnelles volans; & aux autres pêcheries non flottées, montées sur piquets, auront les mailles de deux pouces en quarré au moins.

II. Les filets qui serviront à la pêcherie des guideaux à bas étaliers ou guideaux volans seront faits en forme de chausse, & seront posés entre deux pieux, piquets ou piochons qui ne pourront être élevés plus de quatre pieds au-dessus des sables, & il sera observé une distance d'une brasse au plus de l'un à l'autre pieu, piquet ou piochon.

III. Les filets qui formeront la pêcherie des benâtres volans, bâches, chausses, sacs, gonnes, tonnes & nasses, seront faits dans la même forme que ceux des guideaux à bas étaliers, & attachés à un chassis ou carrure de bois, qui sera pareillement posé entre deux pieux, piquets ou piochons éloignés d'une brasse au plus l'un de l'autre, & qui ne pourront aussi être élevés plus de quatre pieds au-dessus des sables.

IV. Les filets qui serviront à la pêcherie des verveux, clirets, entonnoirs & tonnelles volans, seront faits en forme d'entonnoir, dont l'entrée sera amarrée sur un demi-cercle de bois qui sera arrêté par une traverse de corde, & le reste du filet sera tenu ouvert par plusieurs cercles de bois qui seront éloignés de deux pieds au moins les uns des autres : lesdits filets ainsi formés seront posés entre deux pieux, piquets ou piochons qui ne pourront aussi être élevés plus de quatre pieds au-dessus des sables, & qui seront éloignés l'un de l'autre de deux brasses au plus.

V. Les pêcheries ci-dessus nommées ne pourront être que de dix brasses de long au plus; il en pourra être établi d'autres au-dessus & au-dessous, pourvu qu'elles soient éloignées les unes des autres de quinze brasses au moins.

VI. Les filets & instrumens servans aux pêcheries mentionnées au présent titre, pourront être placés à l'ouverture ou égout des bouchots ou parcs de clayonnage, depuis le premier Octobre jusqu'au dernier Avril.

VII. Lesdits filets & instrumens pourront aussi être placés au fonds des bas parcs, pendant toute l'année.

VIII. Les dispositions contenues aux articles du présent titre, seront exécutées, à peine contre les contrevenans de confiscation des filets & instrumens, & des pieux, piquets ou piochons sur lesquels ils seront tendus, & de vingt-cinq livres d'amende pour la premiére fois, de pareille confiscation & de cinquante livres d'amende en cas de récidive.

IX. Les pêcheurs & tous autres qui voudront pratiquer les autres pêcheries non flottées montées sur pieux, piquets ou piochons connus sous tel nom & dénomination que ce puisse être, seront tenus d'observer la police réglée par le présent titre pour la maille des filets, la hauteur des pieux, piquets ou piochons, leur éloignement de l'un à l'autre, & la distance de chaque pêcherie, sous les peines y portées.

TITRE VI.

Des Havenets.

ARTICLE PREMIER

Les mailles des rets qui formeront les sacs des havenets, connus aussi sous les noms de havets, haveaux, bichettes, grands savenelles & sanonceaux, seront de quinze lignes au moins en quarré, à peine de confiscation des rets & filets & de vingt-cinq livres d'amende pour la premiére fois, de pareille confiscation & de cinquante livres d'amende en cas de récidive.

II. Lesdits filets seront montés sur deux perches croisées qui auront chacune douze à quinze pieds de long, & qui seront tenues ouvertes par une traverse de bois qui sera placée proche l'endroit où lesdites perches seront croisées : l'ouverture du filet ne pourra avoir que quinze pieds de large au plus, & la corde qui sera mise au bout desdites deux perches, pour soutenir ledit filet, ne pourra être chargée que d'un quarteron de plomb par brasse, le tout à peine de pareilles amendes & confiscations.

III. Faisons défenses sous les mêmes peines à ceux qui se serviront dudit instrument de le pousser ni traîner devant eux sur les fonds où ils feront la pêche.

TITRE VII.

Du Bouteux ou bout de Quieure, & autres instrumens qui servent pour la Pêche des Chevrettes & Salicots.

ARTICLE PREMIER.

Le ret qui formera le sac du bouteux ou bout de quieure, connu aussi sous les noms de buhautier, saunets, saures, lanets, paniers, ruches, ruchers, chapeau à sauterelles & grenadiers, aura la maille de six lignes au moins en quarré.

II. Il sera attaché sur une fourche ou sur un cercle, sans qu'il puisse y être mis au lieu de filet de la toile ou sac à tamis, sous prétexte de prendre des puces & des sauterelles de mer.

III. La traverse de cet instrument sera formée d'un bâton rond, ou d'une corde qui ne pourra être chargée que d'un quarteron de plomb au plus.

IV. Les pêcheurs & tous autres ne pourront se servir dudit instrument pour faire la pêche pendant les mois de Mars, Avril, Mai, Juin, Juillet & Août.

V. Les articles ci-dessus seront exécutés, à peine contre les contrevenans de confiscation des filets & instrumens, & de vingt-cinq livres d'amende pour la première fois, de pareille confiscation & de punition corporelle en cas de récidive.

VI. Sera néanmons permis aux pêcheurs & à tous autres de faire la pêche des chevrettes & salicots pendant toute l'année avec la chaudiére & autres instrumens sédentaires sur les fonds & entre les roches, pourvû que les mailles des filets qui seront attachés auxdits instrumens ayent au moins six lignes en quarré, à peine contre les contrevenans de confiscation des filets & instrumens, & de vingt-cinq livres d'amende pour la première fois, de pareille confiscation & de cinquante livres d'amende en cas de récidive.

VII. Leur permettons aussi de se servir de clayes, paniers, bouraques, nasses, caziers & autres semblables engins formés d'ozier à jour, pour faire la pêche de crables, homars, rocailles & poissons à croute; à condition que les verges seront éloignées les unes des autres de douze lignes au moins, à peine contre les contrevenans de pareilles amendes & confiscations.

TITRE VIII.

Du Carreau.

ARTICLE PREMIER.

Le filet du carreau connu aussi sous les noms de hunier & échiquier, aura les mailles de six lignes en quarré au moins, à peine de confiscation & de vingt-cinq livres d'amende pour la première fois, de pareille confiscation & de punition corporelle en cas de récidive.

II. Faisons défenses sous les mêmes peines aux pêcheurs & à tous autres, de faire la pêche avec ledit filet, pendant les mois de Février, Mars, Avril, Mai, Juin, Juillet, Août & Septembre.

TITRE IX.

Des Rets & Filets Flottés, & tentes à la basse eau.

ARTICLE PREMIER.

Pourront être tendus à la côte à la basse eau les filets nommés, folles, demi-folles, grandes & petites caniéres, grandes & petites pentiéres, grands & petits rieux, cibaudiéres, sixdoigts, mailles royales, lesques, bretelliéres, haussiéres, flues, flottées, muletiéres, rets à crocs, rets entre roches, traversis, maquereauliéres, trameaux & tous autres rets de pied flottés, pourvu que la maille soit de la grandeur ci-après prescrite.

II. Les mailles des folles auront cinq pouces en quarré au moins, & celles des demi-folles, grandes caniéres, grandes pentiéres & grands rieux, auront au moins trois pouces en quarré.

III. Les mailles des petites caniéres, petites pentiéres, petits rieux, cibaudiéres, sixdoigts, mailles royales, lesques, bretelliéres, haussiéres, flues, flottées, muletiéres, rets à croc, rets entre roches, traversis, maquereauliéres, trameaux & tous autres rets de pied flottés qui se tendent sur les sables & gréves, connus sous tels noms & dénominations que ce puisse être, auront au moins deux pouces en quarré.

IV. Les trameaux sédentaires & toutes autres espéces de rets tramaillés, auront les mailles de la toile, nape, flue, feuillure ou ret du milieu de deux pouces au moins en quarré, les mailles des trameaux ou hameaux des deux côtés seront de neuf pouces aussi en quarré, & le bas dudit filet ne pourra être garni que de pierres ou de torques de pailles.

V. Les articles contenus au présent titre, seront exécutés, à peine contre les contrevenans de confiscation, & de vingt-cinq livres d'amende pour la première fois, de pareille confiscation & de cinquante livres d'amende en cas de récidive.

TITRE X.

De la Police commune à toutes les Pêches à pied & tentes à la basse eau.

ARTICLE PREMIER.

Faisons défenses à tous ceux qui feront la pêche à la côte avec des rets, filets, engins & instrumens montés sur perches, piquets, pieux ou piochons, de les tendre dans le passage ordinaire des vaisseaux, ni à deux cens brasses près, à peine de saisie & confiscation des rets, filets, engins, instrumens, perches, piquets, pieux ou piochons, de cinquante livres d'amende, & de réparation des pertes & dommages que ces pêcheries auront causé.

II. Faisons pareillement défenses à toutes personnes de traîner à la côte, dans les bayes & aux embouchûres des riviéres aucuns des filets & instrumens dénommés dans les présentes, ni aucun autre, sous quelque dénomination que ce soit, & pour quelque cause & sous quelque prétexte que ce puisse être, à peine de confiscation des filets & instrumens, & de cent livres d'amende pour la premiére fois, de pareille confiscation & de trois ans de galères en cas de récidive.

III. Défendons aussi à toutes personnes sous les mêmes peines de se servir pour battre l'eau, piquer & brouiller les fonds, de perches ferrées & pointues, de cabliéres, pierres, boulets, chaînes de fer & tous autres instrumens.

IV. Défendons pareillement à toutes personnes de faire à la basse eau, soit à pied ou à cheval, la pêche avec des herses, rateaux & autres semblables engins & instrumens qui grattent & brouillent les fonds, à peine de confiscation des chevaux, harnois & instrumens, & de cent livres d'amende pour la premiére fois, de pareille confiscation & de trois ans de galères en cas de récidive.

V. Il y aura toujours au Greffe de chaque Siége d'Amirauté un modéle des mailles de chaque espéce de filets dont les pêcheurs de pied, riverains & tendeurs de basse eau demeurans dans l'étendue de la Jurisdiction, se serviront pour faire la pêche à la côte dans les bayes & aux embouchûres des riviéres : enjoignons à nos Procureurs des Amirautés de tenir soigneusement la main à l'exécution du présent article, à peine de répondre des contraventions en leur nom.

VI. Les pêcheurs & tous autres qui auront des filets pour les pêcheries dénommées dans les présentes, dont les mailles ne seront pas de la proportion qui y est marquée, seront tenus de les démonter & de les employer à d'autres usages, dans le terme d'un mois du jour de l'enregistrement desdites présentes au Siége de l'Amirauté de leur Ressort, à peine après ledit temps passé, de cent livres d'amende & de confiscation desdits filets, que Nous ordonnons être brulés publiquement.

VII. Défendons aux marchands fabricateurs de rets & filets, & tous autres, de faire ou fabriquer, vendre ou garder chez eux aucuns filets propres pour lesdites pêcheries, dont les mailles seront d'un calibre moindre qu'il n'est porté par les présentes, à peine de confiscation d'iceux, & de trois cens livres d'amende, le tiers applicable au dénonciateur.

VIII. Enjoignons aux Officiers de l'Amirauté, chacun dans leur ressort, de faire un mois après l'enregistrement des présentes, une exacte perquisition de tous les filets propres pour les pêcheries de pied & tentes de basse eau, dont les mailles ne seront pas de la proportion réglée par ces présentes, tant dans les maisons des pêcheurs que dans celles des autres riverains de la mer, privilégiés, & non privilégiés qui pourront être soupçonnés d'avoir des filets défendus, & d'en dresser des procès-verbaux qu'ils Nous envoyeront quinzaine après la confection d'iceux.

IX. Voulons que lesdits Officiers de l'Amirauté, chacun dans leur ressort, fassent dans les mois de Mars & de Septembre de chacune année, à peine d'interdiction de leurs charges, une visite exacte des rets, filets, engins & instrumens des pêcheurs de leur district, ensemble des pêcheries exclusives, & de celles qui sont libres & permises par ces présentes, à l'effet de faire exécuter les dispositions portées par cesdites présentes, par notre Déclaration du vingt-trois Avril dernier, & par les Ordonnances des Rois nos prédécesseurs,

X. Voulons aussi qu'ils fassent en même temps visite & perquisition chez tous les riverains de la mer, privilégiés ou non privilégiés, qui pourront être soupçonnés d'avoir des filets défendus, & que de chaque visite qu'ils feront ils dressent des procès-verbaux qu'ils Nous envoyeront, quinzaine après la confection d'iceux, à l'effet de quoi Nous les avons dispensés & dispensons des quatre visites, auxquelles ils étoient tenus par chaque année par l'article XXIV. de notre Décaration du vingt-trois Avril dernier.

XI. Ordonnons aux Officiers des Classes, lorsqu'ils feront la revue des gens de mer dans les paroisses de leurs quartiers, de faire en même temps la visite des pêcheries exclusives, & de celles qui sont libres & permises par ces présentes, ensemble des rets, filets, engins & instrumens des riverains, pêcheurs de pied & tendeurs de basse eau ; & s'ils en trouvent d'abusifs & défendus par nos Ordonnances & par ces présentes, d'en donner avis à notre procureur au Siége de l'Amirauté du ressort, pour poursuivre les délinquans.

XII. Faisons défenses aux Seigneurs des fiefs voisins de la mer, & à tous autres de lever aucun droit en deniers ou en espéces sur les pêcheries de pied & tentes de basse eau, & de s'attribuer aucune étendue de côtes & de gréves pour y pêcher à l'exclusion d'autres, sinon en vertu d'aveux & dénombremens rendus en nos Chambres des Comptes avant l'année 1544, ou de concession en bonne forme, à peine de restitution du quadruple de ce qu'ils auront exigé, & de quinze cens livres d'amende.

XIII. Défendons en conséquence aux propriétaires & fermiers des pêcheries exclusives conservées, de troubler ni inquiéter les pêcheurs de pied, riverains, tendeurs de basse eau & tous autres qui tendront leurs rets, filets, engins & instrumens tant flottés que non flottés à dix brasses du fond desdites pêcheries exclusives, à peine d'amende arbitraire, ni d'exiger desdits pêcheurs aucune chose, à peine de concussion.

XIV. Faisons défenses à tous Gouverneurs, officiers & soldats des isles & des forts, Villes & Châteaux construits sur le rivage de la mer, d'apporter aucun obstacle à la pêche dans le voisinage de leurs places, & d'exiger des pêcheurs, argent ou poisson, pour la leur permettre, à peine contre les officiers de perte de leurs emplois, & contre les soldats de punition corporelle.

XV. Déclarons les peres, meres & chefs de famille responsables des amendes encourues par leurs enfans & autres, qui demeureront encore avec eux, & les maîtres, de celles auxquelles leurs valets & domestiques auront été condamnés,

nés pour contravention aux présentes.

XVI. Dans les cas où la peine des galères est ordonnée contre les hommes, la peine du fouet & du bannissement à temps ou à perpétuité sera ordonnée contre les femmes, les filles & les veuves suivant la qualité du délit.

TITRE XI.

Des Amendes.

ARTICLE PREMIER.

Les contraventions aux articles des présentes seront poursuivies à la requête de nos procureurs dans les Amirautés, & les sentences qui en interviendront contre les délinquans seront exécutées pour les condamnations d'amendes, nonobstant l'appel & sans préjudice d'icelui jusqu'à concurrence de trois cens livres, sans qu'il puisse être accordé de défenses, même lorsque l'amende sera plus forte, que jusqu'à concurrence de ce qui excèdera ladite somme de trois cens livres.

II. Ceux qui appelleront desdites sentences seront tenus de faire statuer sur leur appel, ou de le mettre en état d'être jugé définitivement dans un an du jour & date d'icelui; finon & à faute de ce faire, ledit temps passé, ladite sentence sortira son plein & entier effet, & l'amende sera distribuée conformément à ladite sentence, & le dépositaire d'icelle bien & valablement déchargé.

Le contenu en nosdites présentes sera exécuté dans nos provinces de Flandres, pays conquis & reconquis, Boulonnois, Picardie & Normandie.

Sera au surplus l'Ordonnance du mois d'Août 1681, concernant la pêche, & la Déclaration du 23 Avril dernier, exécutées selon leur forme & teneur en ce qui n'y est dérogé par ces présentes.

Si donnons en mandement à nos amés & féaux Conseillers les gens tenans nos Cours de Parlement, que ces présentes ils fassent lire, publier & registrer, & le contenu en icelles, garder & observer selon leur forme & teneur, nonobstant tous Edits, Déclarations, Arrêts, Ordonnances, Réglemens, Clameur de Haro, Charte Normande & autres choses à ce contraires, auxquelles Nous avons dérogé & dérogeons par cesdites présentes; voulons qu'aux copies d'icelles collationnées par l'un de nos amés & féaux Conseillers Secrétaires, foi soit ajoutée comme à l'original. Car tel est notre plaisir. En témoin de quoi Nous avons fait mettre notre Scel à cesdites présentes. Donné à Versailles le dix-huitiéme jour du mois de Mars, l'an de grace mil sept cent vingt-sept, & de notre règne le douzième. *Signé* LOUIS. *Et plus bas*, Par le Roi, PHELYPEAUX. Et scellée du grand sceau de cire jaune.

Registrée, oui ce requérant le Procureur général du Roi, pour être exécutée selon la forme & teneur, & copies collationnées envoyées ès Siéges des Amirautés du Ressort, pour y être lues, publiées & registrées : enjoint aux Substituts du Procureur général du Roi d'y tenir la main & d'en certifier la Cour dans un mois suivant l'Arrêt de ce jour. A paris en Parlement le huit Mai mil sept cent vingt-sept. Signé, YSABEAU.

DECLARATION DU ROI,

AU sujet de la pêche des Moules dans les Provinces de Flandres, Pays conquis & reconquis, Boulonnois, Picardie & Normandie.

Donnée à Versailles le 18 Décembre 1728.

LOUIS PAR LA GRACE DE DIEU, ROI DE FRANCE ET DE NAVARRE : A tous ceux qui ces présentes lettres veront, SALUT. Les parcs ou réservoirs dans lesquels les Marchands & voituriers de moules déposent celles qu'ils achetent des pêcheurs, occasionnent la plus grande partie des abus qui se pratiquent dans la pêche des moules, ces marchands par le moyen de ces dépôts se rendent les maîtres du prix de ce coquillage, qu'ils augmentent suivant qu'ils le jugent à propos; ils engagent le plus de monde qu'ils peuvent pour faire cette pêche, & achetent d'eux à l'encombrement & sans distinction toutes les moules qui en proviennent, ce qui fait que celles qui sont en état d'être pêchées, celles qui ne le sont point, & même le frai sont cueillies indistinctement; ces moules livrées sont mises dans les parcs ou réservoirs, & lorsque les marchands veulent les vendre, ils sont obligés de les détacher les unes des autres, & ils laissent sur la côte au gré des flots celles qui par leur petitesse ne peuvent être consommées, lesquelles consistent ordinairement à plus de la moitié de celles qu'ils ont achetées; & comme cette maniére de pêcher qui est pratiquée en contravention de ce qui est porté par l'Ordonnance du mois d'Août 1681, a détruit plusieurs mouliéres, & en a rendu d'autres infructueuses, Nous avons résolu de renouveller les dispositions portées par ladite Ordonnance, & d'y en ajoûter de nouvelles pour conserver à nos sujets un coquillage dont il se fait un grand usage, particuliérement sur les côtes de la mer. A ces causes, & autres à ce Nous mouvans, de notre certaine science, pleine puissance & autorité Royale, Nous avons dit, déclaré & ordonné, & par ces présentes signées de notre main, disons, déclarons & ordonnons, voulons & Nous plaît ce qui suit.

TITRE PREMIER.

De la pêche des Moules sur les Mouliéres qui découvrent de basse Mer.

ARTICLE PREMIER.

Les pêcheurs & tous autres se serviront pour cueillir les moules qui seront en état d'être pêchées sur les mouliéres qui découvrent de basse mer, de couteaux de fer de deux pouces de large au plus, & qui ne pourront avoir que sept pouces de long, y compris le manche.

II. Leur défendons de se servir d'aucun autre instrument, soit de bois ou de fer, pour faire ladite cueillette, & pour arracher les moules des roches où elles peuvent être attachées.

III. Ils ne pourront faire ladite cueillette sans avoir ôté leurs chaussures, excepté pendant les mois de Novembre, Décembre, Janvier, Février & Mars.

IV. Leur faisons défenses de cueillir des moules qui ayent moins de quinze lignes de long, à la réserve de celles qui croissent sur les mouliéres de Luc, Lion & d'Hermanville Amirauté d'Oystreham, qui pourront être cueillies à douze lignes de longueur.

V. Leur faisons pareillement défenses d'arracher les moules en grosses poignées, ni le frai des moules, & de râcler les fonds des mouliéres avec couteaux ou autres instrumens de bois ou de fer.

VI. Les dispositions contenues aux articles du présent titre seront exécutées, à peine contre les contrevenans de confiscation des moules & instrumens, & de vingt-cinq livres d'amende pour la première fois; de pareille confiscation, & de cinquante livres d'amende en cas de récidive.

TITRE II.

De la pêche des Moules sur les Mouliéres qui ne découvrent point.

ARTICLE PREMIER.

Les pêcheurs & tous autres se serviront de rateaux de bois garnis de dents de fer, pour faire la pêche des moules sur les mouliéres qui ne découvrent point; leur faisons défenses de se servir pour ladite pêche d'aucun autre instrument.

II. Il sera observé une distance de quinze lignes entre chacune des dents desdits rateaux.

III. Les dispositions contenues aux articles du présent titre seront exécutées, à peine contre les contrevenans de confiscation des moules & instrumens, & de vingt-cinq livres d'amende pour la première fois; de pareille confiscation & de cinquante livres d'amende en cas de récidive.

TITRE III.

De la police commune à la pêche des Moules sur les Mouliéres qui découvrent de basse Mer, & sur celles qui ne découvrent point.

ARTICLE PREMIER.

Les pêcheurs & tous autres ne pourront déci-ger dans les mouliéres, à peine de confiscation des bateaux & instrumens, ensemble des moules qui auront été pêchées, & de cinquante livres d'amende contre le maître pour la premiére fois; de pareille confiscation & de cent livres d'amende en cas de récidive.

II. Il ne pourra être fait aucun dépôt de moules dans des réservoirs ou parcs, à peine de confiscation des moules & de trois cens livres d'amende contre ceux à qui lesdites moules appartiendront, & moitié de l'amende, ainsi que de la confiscation appartiendra au dénonciateur.

III. Faisons défenses à toutes personnes de jetter sur les mouliéres aucunes immondices de quelque nature qu'elles puissent être, ni le lest des vaisseaux, à peine de trois cens livres d'amende, dont moitié appartiendra au dénonciateur.

IV. Donnons pouvoir aux Officiers des Amirautés dans le ressort desquels il se trouvera des mouliéres en partie détruites, d'interdire la pêche sur lesdites mouliéres pendant le temps, & dans les saisons qu'ils estimeront convenables pour parvenir à les rétablir.

V. Leur donnons aussi pouvoir d'interdire la pêche des moules sur les mouliéres nouvellement découvertes, ou qui pourront l'être dans la suite, pendant le temps & dans les saisons qu'ils estimeront nécessaires pour que les moules puissent se former & acquérir leur grosseur naturelle.

VI. Voulons que les moules qui auront été pêchées dans les temps défendus par les Officiers des Amirautés, soient confisquées, & que ceux qui les auront pêchées soient condamnés à vingt-cinq livres d'amende pour la premiére fois, & en cas de récidive, à cinquante livres d'amende.

TITRE IV.

Des Amendes.

ARTICLE PREMIER.

Les contraventions aux articles des présentes seront poursuivies à la requête de nos Procureurs dans les Amirautés, & les sentences qui interviendront contre les délinquans seront exécutées pour les condamnations d'amende, nonobstant l'appel, & sans préjudice d'icelui, sans qu'il puisse être accordé de défenses.

II. Ceux qui appelleront desdites sentences seront tenus de faire statuer sur leur appel, ou de le mettre en état d'être jugé définitivement dans un an du jour & date d'icelui, sinon & à faute de ce faire, ledit temps passé, lesdites sentences sortiront leur plein & entier effet, & les amendes seront distribuées conformément auxdites sentences, & les dépositaires d'icelles bien & valablement déchargés.

III. Déclarons les peres, meres & chefs de famille responsables des amendes encourues par leurs enfans & autres qui demeureront encore avec eux; & les maîtres, de celles auxquelles leurs valets & domestiques auront été condamnés pour contravention aux présentes.

Le contenu en nosdites présentes sera exécuté dans nos Provinces de Flandres, pays conquis & reconquis, Boulonnois, Picardie & Normandie.

Si donnons en mandement à nos amés & féaux Conseillers les gens tenans nos Cours de Parlement, que ces présentes ils fassent lire, publier & registrer, & le contenu en icelles garder & observer selon leur forme & teneur, nonobstant tous Edits, Déclarations, Arrêts, Ordonnances, Réglemens, Clameur de Haro, Charte Normande & autres choses à ce contraires, auxquelles Nous avons dérogé & dérogeons par cesdites présentes; voulons qu'aux copies d'icelles collationnées par l'un de nos amés & féaux Conseillers Secrétaires, foi soit ajoutée comme a l'original : Car tel est notre plaisir; en témoin de quoi Nous avons fait mettre notre scel à cesdites présentes. Donné à Versailles le dix-huitiéme jour du mois de Décembre, l'an de grace mil sept cent vingt-huit, & de notre regne le quatorziéme. *Signé*, LOUIS. *Et plus bas*, Par le Roi, PHELYPEAUX. Et scellée du grand sceau de cire jaune.

Régistrée, ouï ce requérant le Procureur général du Roi, pour être exécutée selon sa forme & teneur, & copies collationnées envoyées aux Siéges des Amirautés du ressort, pour y être lûes, publiées & regisirées. Enjoint aux Substituts du Procureur général du Roi d'y tenir la main & d'en certifier la Cour dans un mois, suivant l'Arrêt de ce jour A Paris en Parlement, le cinq Févr er mil sept cent vingt-neuf. Signé, DUFRANC.

ARREST DU CONSEIL D'ÉTAT

DU ROI,

Concernant les Parcs & Pêcheries situés sur les gréves de l'Amirauté des Sables-d'Olonne : Qui ordonne la destruction de toutes les écluses ou parcs de pierres ; & qui conserve la faculté d'avoir des Bouchots, aux Seigneurs Evêque de Luçon & Baron de Champagné, sur les côtes de leurs seigneuries.

Du 2. Mai 1739.

Extrait des Registres du Conseil d'État.

VU par le Roi, étant en son Conseil, l'Arrêt rendu en icelui le 22 Mai 1732, par lequel Sa Majesté a ordonné, pour procurer l'abondance du poisson de mer, & empêcher la destruction du frai & du poisson du premier âge, que les articles LXXXIV. & LXXXV. de l'Ordonnance du mois de Mars 1584, & ceux du livre V. du titre III. de l'Ordonnance du mois d'Août 1681, seroient exécutés selon leur forme & teneur; qu'en conséquence, tous les parcs dans lesquels il entreroit bois ou pierres, & toutes pêcheries exclusives, comme bouchots, éclules, & autres, connues sous tels noms & dénominations que ce puisse être, situées sur les côtes de la province de Poitou & Isles adjacentes, seroient démolies, à la réserve de ceux dont l'existence ou la propriété sera justifiée, conformément à ce qui est prescrit par ladite Ordonnance de 1681, & que tous ceux qui prétendroient avoir droit de parcs, bouchots, écluses & autres pêcheries exclusives, connues sous tels noms & dénominations que ce puisse être, sur lesdites côtes de la province de Poitou & isles adjacentes, seroient tenus d'en représenter les titres, dans l'espace de trois mois du jour de la publication dudit Arrêt dans le lieu où est situé le Siége de l'Amirauté de ladite province, pardevant le sieur le Nain Intendant de la Généralité de Poitiers; pour par lui, dresser des procès-verbaux desdits titres, lesquels il envoyeroit avec son avis, pour, sur le tout, être ordonné par Sa Majesté ce qu'il appartiendroit; & que faute par lesdits propriétaires, d'y satisfaire pendant ledit temps, ils seroient évincés de la propriété desdits parcs, bouchots, écluses, & autres pêcheries exclusives : Les certificats de la publication qui a été faite dudit Arrêt, dans le ressort de l'Amirauté des Sables-d'Olonne, en date des 12 13 & 30 Juillet 1732. L'Arrêt du Conseil du 10 Décembre de ladite année 1732, par lequel Sa Majesté a maintenu le sieur Evêque de Luçon, en conséquence des titres par lui représentés audit sieur Intendant, dans le droit de construire des bouchots, de tendre des courtines & preschoirs, & dans celui de permettre de construire & d'établir desdites pêcheries, en lui payant cens ou rentes, & ce, seulement sur l'espace de côtes qu'il y a entre le vieux & le nouveau canal de Luçon, qui compose un terrein d'environ quinze cens toises de six pieds chacune, & qui est borné à l'Orient par l'embouchûre de la riviére de Sevre, qui se perd dans la mer, & à l'Occident par les terres de Saint-Michel en l'Herm; à la charge par ledit sieur Evêque de Luçon & ses fermiers, de se conformer, par rapport auxdites pêcheries, à la police mentionnée par les Ordonnances de Sa Majesté, sous les peines y portées : Autre Arrêt du Conseil du 10 Septembre 1735, par lequel Sa Majesté a maintenu le sieur Henry Gazeau de la Brandalsoiere, Baron de Champagné, en conséquence des titres par lui représentés audit sieur Intendant, dans le droit exclusif d'avoir & établir des bouchots sur les vases de la mer, dans l'étendue de ladite terre & seigneurie de Champagné, depuis l'embouchûre de la riviére de Sevre de Marans, jusqu'à l'achenal de la Charie en la mer; & dans le droit d'arrenter & de donner à titre de cens & devoirs nobles, des places dans ladite étendue, pour y construire des bouchots; le tout, à la charge, tant par ledit sieur de Champagné, que par ses fermiers, rentiers ou censitaires, d'observer, par rapport auxdites pêcheries, la police prescrite par les Ordonnances, sous les peines y portées; sans que ledit sieur de Champagné ni ses successeurs en ladite terre & seigneurie, puissent exiger aucuns cens ni devoirs, ni de percevoir aucuns droits sur les pêcheurs qui font les pêches à la mer sur les gréves, autres que celles desdits bouchots; & sans qu'il puisse, ni ses successeurs en ladite terre & seigneurie, exiger aucun droit sur les bateaux desdits pêcheurs, sous les peines portées par l'article IX. du titre III. au livre V. de l'Ordonnance de 1681. Autre Arrêt du Conseil, du 8 Septembre 1736, par lequel Sa Majesté a ordonné que ceux qui prétendoient avoir droit de parcs, bouchots, écluses & autres pêcheries exclusives, connues sous tels noms & dénominations que ce puisse être situés sur les côtes de la province de Poitou & isles adjacentes, seroient tenus dans un nouveau terme & délai de six mois, lequel seroit compté du jour de la publication dudit Arrêt dans le lieu où est situé le Siége de l'Amirauté dans ladite province, d'en représenter les titres pardevant ledit sieur le Nain, conformément audit Arrêt du 22 Mai 1732, & que, faute par eux d'y satisfaire dans ledit délai de six mois, lequel ne pourroit être prorogé à l'avenir, pour quelques causes & raisons que ce pût être, ils seroient déclarés déchûs du droit de parcs, bouchots, écluses & autres pêcheries exclusives, sans pouvoir être admis à produire aucuns titres pour y être maintenus, & comme tels, évincés de la propriété desdites pêcheries: les certificats de la publication qui a été faite dudit Arrêt dans le ressort de l'Amirauté des Sables-d'Olonne, en date des 10 Octobre, premier & 3 Novembre 1736. Vû aussi le mémoire de Sa Majesté, du premier Juin 1728, en forme d'instruction au sieur le Masson du Parc, Commissaire de la Marine & Inspecteur des pêches du poisson de mer, pour faire la visite des parcs & pêcheries situées sur les côtes des Amirautés des Sables-d'Olonne, Nantes, Vannes, & Quimper, & en vérifier le nombre & la situation: l'état dressé en conséquence par ledit sieur le Masson du Parc, le 26 Juillet suivant, par lequel il paroît qu'il y avoit le nombre de soixante-un parcs, ou pêcheries exclusives sur les gréves de l'Amirauté des Sables-d'Olonne, savoir, trente-sept parcs de pierres, ou écluses, appartenans à différens particuliers, dont quatre en mauvais état ou comblés, & qui paroissoient abandonnés, & vingt-quatre bouchots ou parcs de clayonnage, dont vingt-deux appartenans audit sieur de Champagné, & par lui loués ou fieffés, & les deux autres au sieur Evêque de Luçon. Oui le rapport, & tout considéré; Sa Majesté étant en son Conseil, veut & entend que les articles LXXXIV. & LXXXV. de l'Ordonnance du mois de Mars 1584, & ceux du titre III au livre V. de l'Ordonnance du mois d'Août 1681, soient exécutés selon leur forme & teneur, & en conséquence, a ordonné & ordonne ce qui suit.

ARTICLE PREMIER.

Les trente-sept parcs de pierres, gords ou écluses, ci-après marqués seront détruits par les propriétaires d'iceux, dans un mois du jour de la publication du présent Arrêt; & faute par eux d'y satisfaire dans ledit temps, & icelui passé, veut Sa Majesté qu'ils soient démolis aux frais & dépens desdits propriétaires.

SAVOIR:

Celui appartenant au sieur Comte de Rochechouart, placé au nord-est du bourg de Saint-Sauveur de l'isle d'Yeu, vis-à-vis la grande terre.

Celui appartenant au sieur Charles Brechard, placé dans l'anse de Normandech.

Celui appartenant au sieur Jacques Servanteau, placé à l'est de la pointe de l'aiguille.

Lesdits deux derniers parcs situés sur le territoire du bourg de la Chaume.

Les deux appartenans au nommé Jacques Tortero & consorts, contigus & se joignant, placés en-deça du fort & batterie du Tanchet.

Celui appartenant à la Dame de la Radeliere, placé sur le territoire de Noirpain, entre le fort Tanchet & les Mouliéres.

Celui appartenant au sieur Souraville, & occupé par ses fermiers, tirant vers les Sables-d'Olonne.

Celui appartenant aux Religieux de St. Jean d'Orbetier, placé sur le dîmage dudit prieuré; lesdits cinq derniers parcs situés sur le territoire & paroisse du Château d'Olonne.

Celui appartenant au sieur de Lessart, & nommé l'écluse de Lessart.

Celui appartenant au Chapitre de l'Eglise Cathedrale de la Rochelle, & occupé par Jean Vialis, nommé l'écluse de Bourguenay, & placé sous le village de ce nom; lesdits deux parcs situés sur le territoire de Saint-Hilaire de Talmont.

Celui appartenant à l'Abbaye de Jard & consorts, nommé la goule de Jard, placé à la rive d'ouest de la baye du Perray.

Celui appartenant au nommé Jean Hambart, nommé la Tréfiniere, placé vis-à-vis & par le travers de Saint-Nicolas-sous-Jard.

Celui appartenant au nommé Aimé Rotureau, appellé la banche du Procureur, placé par le travers de l'abbaye de Jard.

Celui appartenant au nommé Jacques Courroux, nommé le four-à-chaux, contigu au précédent.

Celui occupé par le nommé Pierre Jouen, nommé la ragonie, placé vis-à-vis ladite abbaye.

Celui appartenant au nommé François Dumont, & par lui occupé, nommé la Legere.

Celui appartenant au nommé François Durand, appellé les vignes à Madoros, tirant vers la pointe ou grouin de Jard.

Celui appartenant au sieur Denis Verdon, nommé la Galaise, étant ensuite.

Celui occupé par le nommé André Houin, nommé la Bironne.

Celui occupé par le sieur Gaudin & consorts, nommé la Banche, placé sous le moulin de la Conchette.

Celui occupé par Denis Verdon, nommé la grande écluse, aussi placé sous ledit moulin.

Celui occupé par le nommé Pierre Hebert, nommé la Reinette, un peu éloigné du précédent : lesdits douze derniers parcs situés sur le territoire du bourg & paroisse de Jard.

Celui nommé l'écluse ancienne ou vieille.

Celui nommé l'écluse neuve.

Celui nommé le Goulet : lesdits trois derniers parcs appartenans au nommé Jacques Masson & consorts, & situés sur le territoire de Saint-Vincent-sur-Jard.

Celui appartenant au nommé François Guitton & consorts, nommé la dernière écluse des Rocherots, placé du côté de Jard.

Celui appartenant au nommé Jacques Pierri & consorts, nommé la premiere écluse des Rocherots, contigu au précédent : lesdits deux derniers parcs situés sur le territoire de Longeville, village de la Reziniere.

Celui appartenant au nommé Jean Boucher, nommé l'écluse à Boucher.

Celui appartenant à Daniel Dupuis, nommé l'écluse de la vieille-roche, placé sous le port de la Tranche.

Celui appartenant au nommé André Poitevin & consorts, appellé la Calogeat, contigu au précédent.

Celui apartenant aux nommés Jacques Tanerons, Jean Pousset, Noël & Grolot, nommé l'écluse à Grolot.

Celui appartenant au nommé Pierre Guibert, du village d'Ecallet, nommé le Créant, placé en-deça de celui du Grouin, contigu au précédent.

Celui appartenant au nommé Pierre Perret & consorts, tirant vers la Tranche, aussi à la suite du précédent : lesdits six derniers parcs situés sur la paroisse & territoire de la Tranche.

II. Les quatre autres parcs de pierres cy-après désignés, lesquels paroissent avoir été abandonnés, étant en mauvais état ou comblés, seront pareillement détruits pour ce qui en reste, & les pierres enlevées par les propriétaires d'iceux, & ce dans un mois du jour de la publication du présent Arrêt ; & faute par lesdits propriétaires d'y satisfaire dans ledit temps, & icelui passé, veut Sa Majesté que lesdites pêcheries soient démolies à leurs frais & dépens.

SAVOIR :

Celui appartenant au sieur Lordre, des Sables-d'Olonne, nommé l'écluse du Veillon, situé sur le territoire de Saint-Hilaire de Talmont.

Celui appartenant à François Percot, nommé le parc du Contant, situé sur le territoire du Bourg & paroisse de Jard.

Celui appartenant au sieu d'Arsemal-fieffe-Barette, nommé la Joliette, placé sur le territoire de Saint-Vincent-sur-Jard.

Celui nommé la grande écluse du Grouin, placé à l'est de la riviére du Laï ou de Saint-Benoît, & appartenant a différens particuliers.

III Les pêcheurs & autres dont les parcs de pierres, gords ou écluses auront été détruits en exécution du présent Arrêt, seront déchargés de toutes rentes & redevances qu'ils pourroient devoir pour raison de ce, au domaine de Sa Majesté ou à des Seigneurs particuliers, auxquels Sa Majesté fait défenses, ainsi qu'à ses receveurs, d'en exiger le payement, à peine de concussion.

IV. Les Arrêts du Conseil de Sa Majesté des 10 Decembre 1732, en faveur du sieur Evêque de Luçon, & 10 Septembre 1735, en faveur du sieur Baron de Champagné, seront exécutés suivant leur forme & teneur ; & en conséquence, ils jouiront, savoir, ledit sieur Evêque de Luçon, du droit de construire bouchots, & de tendre des courtines & preschoirs, & de celui de permettre de construire & établir desdites pêcheries, en lui payant cens ou rentes, & ce seulement sur l'espace des côtes entre le vieux & le nouveau canal de Luçon, qui compose un terrein d'environ quinze cens toises : & ledit sieur Baron de Champagné, du droit exclusif d'avoir & établir des bouchots sur les vases de la mer, dans l'étendue de la terre & Seigneurie de Champagné, depuis l'embouchûre de la riviére de Sevre de Marans, jusqu'à l'achenal de la Charie en la mer ; & du droit d'arrenter & de donner à titre de cens & devoirs nobles, des places dans ladite étendue, pour y construire des bouchots ; sans que ledit sieur de Champagné ni ses successeurs en ladite terre & Seigneurie, puissent exiger aucuns cens ni devoirs, ni percevoir aucuns droits sur les pêcheurs qui font la pêche à la mer & sur les gréves, autres que celles desdits bouchots ; & sans qu'il puisse ni ses successeurs, exiger aucuns droits sur les bateaux desdits pêcheurs, sous les peines portées par l'article IX. du titre III. au livre V. de l'Ordonnance du mois d'Août 1681, & lesdits sieurs Evêque de Luçon & Baron de Champagné, ainsi que leurs fermiers, rentiers ou censitaires, seront tenus d'observer, par rapport auxdites pêcheries, la police qui sera prescrite par le présent Arrêt.

V. Ordonne Sa Majesté, que dans les afféagemens & baillettes, que lesdits sieurs Evêque de Luçon & Baron de Champagné feront par la suite, ils seront tenus d'y employer ces termes, à la charge par les fermiers & fieffataires, de se conformer à la police prescrite par le présent Arrêt sur les pêcheries & bouchots qui leur seront concédés ; à peine contre les propriétaires, d'être responsables des contraventions de leurs fermiers.

VI. Lesdits bouchots ou parcs de clayonnage auront les aîles, pannes ou côtés, de cent brasses de long seulement, & l'ouverture du côté de terre, aura cent brasses de largeur.

Ils seront construits de bois entrelacés comme clayes, autour des pieux ou piquets enfoncés dans le sable, lesquels ne pourront être élevés hors de terre de plus de cinq pieds.

Les pieux & clayes qui formeront lesdites pêcheries, viendront en ligne diagonale, de la côte jusqu'à la mer.

Les clayes seront simples, unies, & sans aucune tige ou branche en dedans ; & il sera laissé à l'extrémité de l'angle, une ouverture, gord, égoût ou passe, de deux pieds de large sur toute la hauteur du clayonnage ; laquelle ouverture ne pourra être de ladite largeur de deux pieds, que depuis le premier Octobre jusqu'au dernier Avril compris : le tout à peine contre les détenteurs, de cinquante livres d'amende & de démolition de ce qui aura été fait en contravention du présent article, pour la première fois ; de pareille amende, & d'être privés de pouvoir tenir à l'avenir aucunes desdites pêcheries, en cas de récidive.

VII. Ladite ouverture, gord, égoût ou passe, pourra être close, depuis ledit jour premier Octobre, jusques & compris le dernier Avril, d'un ret, ou filet, sac, verveu, loup, guideau, tonnelle, bache ou benâtre volant, ayant les mailles de deux pouces en quarré, ou d'une grille de bois ayant les trous en forme de mailles, aussi de deux pouces en quarré, de nasses, paniers, borgnes ou gonnes, gonnâtres, benâtres, bourgnons, bouters, bouterons & autres instrumens, dont les verges & les osiers qui formeront ces instrumens, auront au moins dix-huit lignes d'intervalle ; & ce à peine contre les détenteurs desdits bouchots, de confiscation des rets, filets, engins & instrumens qui seront d'un calibre plus petit, & de cent livres d'amende pour la première fois ; de pareille confiscation & amende, & d'être privé de pouvoir tenir à l'avenir aucunes desdites pêcheries, en cas de récidive.

VIII. L'ouverture ou l'extrémité de l'angle desdits bouchots ou parcs de clayonnage, sera de six pieds de large sur toute la hauteur du clayonnage, depuis le premier Mai jusques & compris le dernier Septembre ; & à cet effet, il sera défait, si besoin est, des deux clayes qui formeront les deux aîles desdits bouchots, l'espace qui conviendra pour opérer ladite ouverture ; laquelle ne pourra être fermée pendant ledit temps, de filets, grilles de bois, paniers, benâtres, ni de quelqu'espéce d'engins & instrumens que ce puisse être, à peine de cinquante livres d'amende, & de démolition de ce qui aura été fait en contravention du présent article, pour la première fois ; de pareille amende, & d'être privé de pouvoir tenir à l'avenir aucunes desdites pêcheries, en cas de récidive.

IX. Fait défenses Sa Majesté, sous les mêmes peines, aux pêcheurs occupant lesdits bouchots ou parcs de clayonnage, de clorre de clayonnage, en quelque temps que ce soit, ladite ouverture, gord, égoût ou passe desdites pêcheries, & d'y faire aucuns parcs, benâtres, gonnes, tonnes, ou enceintes avec pieux, piquets ou clayonnage.

X. Lesdits bouchots ou parcs de clayonnage ne pourront être placés qu'à deux cens brasses au moins du passage ordinaire des vaisseaux, à peine d'être démolis aux dépens des propriétaires, lesquels seront privés du droit de parc, en cas de récidive.

XI. Ordonne Sa Majesté, que s'il se trouvoit sur les côtes de ladite Amirauté, d'autres parcs, soit en pierres, bois ou clayonnage, ou autres pêcheries exclusives, que ceux dénommés & mentionnés dans l'article IV. du présent Arrêt, ils soient démolis dans un mois du jour de la publication d'icelui, par les propriétaires ; & faute par eux d'y satisfaire dans ledit temps, & icelui passé, veut Sa Majesté que lesdits parcs & pêcheries exclusives soient détruits aux frais & dépens desdits propriétaires ; en sorte qu'il ne reste plus aucunes autres pêcheries exclusives sur les côtes de ladite Amirauté, que les bouchots ou parcs de clayonnage, mentionnés dans ledit article IV.

XII. Fait Sa Majesté défenses à toutes personnes, de quelque qualité & condition qu'elles soient, autres que lesdits sieurs Evêque de Luçon & Baron de Champagné, de construire sur les côtes de ladite Amirauté, de nouveaux parcs, soit en pierres, bois ou clayonnage, ou autres pêcheries exclusives, sous tel nom & dénomination que ce puisse être ; à peine de trois cens livres d'amende, & de démolition des parcs & pêcheries, à leurs frais.

XIII. Veut Sa Majesté que les riverains, pêcheurs de pied & tendeurs à la basse eau, puissent continuer de tendre sur les bords des côtes & des gréves du ressort de ladite Amirauté des Sables-d'Olonne, autres que celles sur lesquelles ledit sieur Evêque de Luçon a droit d'établir des courtines & preschoirs, des rets ou filets de bas parcs, rets à courtines, rets noircis, lesquels ainsi que lesdites courtines & preschoirs seront montés sur des pieux piquets ou piochons, qui ne pourront être élevés de plus de quatre pieds hors des sables & vases ; & les mailles desdits rets ou filets, auront au moins deux pouces en quarré : lesdits filets pourront être enfouis, si les pieux, piquets ou piochons sur lesquels ils seront tendus, sont placés sur des fonds de sable ou de vase, & s'ils le sont sur des fonds de gravoirs ou de roches, ils y seront arrêtés avec des pierres de demi-pied de hauteur, ou avec des crochets de bois ou de fer : le tout, à peine de confiscation des rets ou filets, & des pieux, piquets ou piochons, & de vingt-cinq livres d'amende pour la première fois ; de pareille confiscation, & de cinquante livres d'amende, en cas de récidive.

XIV. Fait défenses Sa Majesté à tous ceux qui feront la pêche à la côte, avec lesdits rets ou filets de bas parcs, rets à courtines, rets noircis & preschoirs, & tous autres montés sur des pieux, piquets ou piochons, de les tendre dans le passage ordinaire des vaisseaux, ni à deux cens brasses près ; à peine de saisie & confiscation des rets ou filets, pieux, piquets ou piochons, de cinquante livres d'amende, & de réparation des pertes & dommages que ces pêcheries auront causées.

XV. Les pêcheurs & tous autres, de quelque qualité & condition qu'ils soient, qui auront des rets ou filets pour faire les petites pêcheries de bas parcs, rets à courtines, rets noircis, & preschoirs, dont les mailles ne seront point du calibre de deux pouces au moins en quarré, conformément à l'article XIII. du présent Arrêt, seront tenus de les démonter, & de les employer à d'autres usages, dans un mois du jour de la publication d'icelui ; à peine de cent livres d'amende, le tiers applicable au dénonciateur, & de confiscation des rets ou filets, & des pieux, piquets ou piochons, qui seront brûlés publiquement.

XVI. Fait Sa Majesté défenses aux marchands fabricateurs de rets ou filets, & à tous autres, d'en faire ou fabriquer, vendre ou recéler aucuns, propres pour lesdites pêcheries de bas parcs, rets à courtines, rets noircis & preschoirs dont les mailles ne seront point de deux pouces au moins en quarré; à peine de confiscation d'iceux, & de trois cens livres d'amende, le tiers applicable au dénonciateur.

XVII. Les contraventions aux articles ci-dessus, seront poursuivies à la requête du procureur de Sa Majesté au Siége de l'Amirauté des Sables-d'Olonne; & les sentences qui interviendront contre les délinquans, seront exécutées pour les condamnations d'amende, nonobstant l'appel, & sans préjudice d'icelui, sans qu'il puisse être accordé de défenses.

XVIII. Ceux qui appelleront desdites sentences, seront tenus de faire statuer sur leur appel, ou de le mettre en état d'être jugé définitivement, dans un an du jour & date d'icelui; sinon & à faute de ce faire, ledit temps passé, lesdites sentences sortiront leur plein & entier effet, & les amendes seront distribuées conformément auxdites sentences; & les dépositaires d'icelles bien & valablement déchargés.

XIX. Veut Sa Majesté que les Officiers de l'Amirauté des Sables-d'Olonne se transportent un mois après la publication du présent Arrêt, le long des côtes de leur ressort, dans les endroits où sont situés les trente-sept parcs de pierres, & écluses ou gords, dont la démolition est ordonnée par les articles I. & II. d'icelui, & dans ceux où seront placés les autres parcs & pêcheries exclusives, qui pourroient se trouver sur les côtes de ladite Amirauté, & dont il n'est point fait mention dans le présent Arrêt pour dresser procès-verbal, des pêcheries qui auront été démolies, & de celles qui ne l'auront point été: ordonne Sa Majesté que, faute par les propriétaires d'icelles, d'avoir fait faire dans ledit temps la démolition ordonnée, lesdites pêcheries exclusives seront détruites par des ouvriers qui y seront mis à cet effet par lesdits Officiers de ladite Amirauté, aux dépens desdits propriétaires, & à la diligence du procureur de Sa Majesté audit Siége, à peine d'interdiction de sa charge.

XX. Les Officiers de ladite Amirauté dresseront aussi procès-verbal par rapport aux bouchots ou parcs de clayonnage dont il est fait mention dans l'article IV. du présent Arrêt; dans lequel procès-verbal ils marqueront la longueur des asles, pannes ou côtes, la largeur de l'ouverture du côté de terre, la hauteur des pieux vers le fond de la pêcherie; si les pieux & clayes qui les formeront, viennent en ligne diagonale de la côte jusqu'à la mer; si les clayes sont simples, unies & sans tiges ou branches en dedans; de combien sera l'ouverture à l'extrémité de l'angle, la grandeur des mailles des filets, ou des instrumens qui serviront à clorre cette ouverture; si elle n'est point fermée de clayonnage; si on n'y a point établi quelques parcs ou filets avec pieux, & s'ils sont situés à deux cens brasses du passage ordinaire des vaisseaux: le tout, conformément à ce qui est ordonné par les articles VI. VII. VIII. IX & X. du présent Arrêt.

XXI. Ils feront en même temps la visite des petites pêcheries de bas parcs, rets à courtines, rets noircis, & preschoirs, dont ils dresseront procès-verbal, dans lequel ils feront mention si les rets qui y sont employés, ont les mailles du calibre prescrit par l'article XIII. du présent Arrêt; si les pieux, piquets ou piochons, sur lesquels lesdits rets ou filets seront tendus, sont de la hauteur marquée par ledit article, & s'ils sont placés conformément à l'article XIV. du présent Arrêt.

XXII. Lesdits Officiers de l'Amirauté feront aussi, après ledit mois passé, visite & perquisition dans les maisons des pêcheurs de leur ressort; & dans celles des riverains de la mer, privilégiés & non privilégiés, qui pourront être soupçonnés d'avoir des filets défendus par les Ordonnances & par le présent Arrêt, dont ils dresseront procès-verbal: duquel, ensemble de ceux ordonnés par les articles XIX. XX. & XXI. du présent Arrêt, ils envoyeront une expédition au Secrétaire d'Etat ayant le département de la Marine, quinzaine après la confection d'iceux.

XXIII. Et sera le présent Arrêt exécuté nonobstant oppositions ou empêchemens quelconques, pour lesquels ne sera différé. Mande & ordonne Sa Majesté à Monf. le Duc de Penthièvre Amiral de France, de tenir la main à l'exécution du présent Arrêt, qui sera registré au Greffe de l'Amirauté des Sables-d'Olonne, lû, publié & affiché dans toutes les paroisses maritimes du ressort, à ce que personne n'en n'ignore. Fait au Conseil d'Etat du Roi, Sa Majesté y étant, tenu à Versailles le deux Mai mil sept cent trente-neuf.

Signé, Phelypeaux.

TITRE IV.

DES MADRAGUES ET BORDIGUES.

U ſujet des madragues & bordigues, on peut voir le Traité de la Police de Lamare, tom. 3 liv. 5, tit. 26, chap. 4, ſect. 3 *fol.* 43, & 44. Ce qu'il dit à l'occaſion de ces filets & parcs, revient à peu près à l'explication qu'on en trouve à la ſuite de toutes les éditions de notre Ordonnance.

Ces ſortes de pêcheries ne ſont guère en uſage dans le Royaume, que ſur les côtes de la Méditerranée.

Suivant Decormis, tom. 2. pag. 1199, la pratique n'en eſt pas fort ancienne: c'eſt le Sieur Antoine Boyer qui l'a introduite; ſoit qu'il l'ait inventée, ſoit qu'il l'ait apportée d'Eſpagne.

» Les madragues ſont de grandes machines fixes & plantées dans la mer; elles ſont
» compoſées de pluſieurs chambres ou caſes attachées à terre par un long cordage,
» qu'on appelle la queue de la madrague. L'endroit où elles ſont poſées ne doit
» pas être éloigné de la mer au-delà d'un demi mille, parce qu'il faut que les filets
» touchent le fonds de la mer, & que les thons cotoyent la terre. Boniface,
» tom. 4 pag. 694.

Les bordigues ſont des parcs formés de roſeaux ou de cannes. On les conſtruit ordinairement ſur les canaux qui communiquent de la mer aux étangs ſalés, pour prendre le poiſſon dans le paſſage de l'un à l'autre. Lamare *loc. cit.*

ARTICLE PREMIER.

FAiſons défenſes à toutes perſonnes de poſer en mer des madragues ou filets à pêcher des thons, & d'y conſtruire des bordigues ſans notre expreſſe permiſſion, à peine de confiſcation & de trois mille livres d'amende.

QUoique les madragues & bordigues ſoient des parcs, nuiſibles par conſéquent de leur nature à la liberté de la pêche & à la ſûreté de la navigation; ils ne ſont pas néanmoins totalement interdits comme les parcs, appellés écluſes ou bouchots, dans la conſtruction deſquels, *il entre bois ou pierre*; art. 8 du tit. précédent : mais aux termes de cet article, il eſt défendu à toutes perſonnes, d'en poſer ou conſtruire, ſans une permiſſion expreſſe du Roi; à peine de de confiscation. Il est ajouté & de 3000 liv. d'amende ; ce qui surprend, attendu que l'amende prononcée par led. article 8 du titre précédent n'est que de 300 liv.

ARTICLE II.

CEux qui auront obtenu de nous les Lettres nécessaires pour l'établissement de quelque madrague ou bordigue, seront tenus de les faire enregistrer au Greffe de l'Amirauté, dans le détroit de laquelle ils devront faire leur pêche.

IL n'est pas douteux que la permission que le Roi accorderoit par Arrêt de son Conseil, ou par un simple brevet, pour l'établissement de quelque madrague ou bordigue, ne fût aussi valable que si elle étoit donnée par des Lettres du grand Sceau ; mais en quelque forme que soit la permission, il faut toujours avant d'en faire usage, qu'elle soit enregistrée au Greffe de l'Amirauté du lieu, sous les peines portées par l'article précédent.

ARTICLE III.

ENjoignons aux propriétaires des madragues, de mettre sur les extrémités les plus avancées en mer, des hoirins, bouées ou gaviteaux, à peine des dommages qui arriveront faute de l'avoir fait, & de privation de leurs droits.

LEs précautions que cet article exige, sont la preuve que les madragues sont naturellement préjudiciables à la navigation, & c'est pour prévenir les inconveniens, qu'à l'exemple des ancres jettées dans les ports, ou laissées dans les rades, *suprà* art. 5 tit. 1er, & art. 2 tit. 8 du liv. 4, il est enjoint aux propriétaires & possesseurs des madragues, de mettre sur les extrémités les plus avancées dans la mer, des hoirins, bouées ou gaviteaux, pour avertir les navigateurs ; à peine de répondre des dommages qui arriveront pour y avoir manqué, & de privation de leur droit de pêcherie.

ARTICLE IV.

FAisons aussi défenses sous les mêmes peines, de placer aucune madrague ou bordigue *dans les ports & autres lieux, où ils puissent nuire à la navigation*, & d'y laisser en levant leur madrague, les pierres ou baudes qui y étoient attachées.

Dans les ports. Celà ne souffre aucune exception. *Et autres lieux où ils puissent nuire à la navigation.* Ces autres lieux, sont non-seulement les avenues des ports ; mais encore tout espace non éloigne de 200 brasses du passage ordinaire des vaisseaux, suivant les art. 11 & 12 du tit. précédent, & les autres autorités qui y ont été rapportées.

De sorte que, quand bien même la permission du Roi auroit désigné l'emplacement des madragues & bordigues, leur démolition n'en seroit pas moins inévitable, la permission alors n'ayant pu être obtenue que par surprise ; & d'un autre côté les propriétaires des madragues & bordigues, ne seroient pas moins responsables, en pareil cas, de tout le dommage arrivé aux vaisseaux, quoiqu'ils y auroient fait mettre des hoirins, bouées ou gaviteaux, conformément à l'art. précédent, parce qu'il ne regarde que les établissemens de ces pêcheries faits dans les endroits convenables & non prohibés.

Par la même attention à prévenir les avaries, notre article veut encore que les propriétaires des madragues, en les levant, soient tenus, sous les mêmes peines, d'ôter les pierres ou baudes qui y étoient attachées, ces pierres étant trop grosses pour que les bâtimens puissent passer dessus sans toucher & sans en recevoir par conséquent du dommage.

ARTICLE V.

Ne pourront les capitaines de madragues, ôter la liberté aux autres pêcheurs, de tendre thonnaires ou combrieres, & de pêcher dans le voisinage de la madrague, pourvu qu'ils ne l'approchent point plus près de deux mille du côté du Levant, & abord des thons.

Il ne seroit pas juste en effet que les capitaines, propriétaires & fermiers des madragues, ôtassent aux autres pêcheurs la liberté de pêcher dans le voisinage de leurs madragues. Cependant cette liberté des autres pêcheurs est bien gênée, puisqu'il ne leur est pas permis d'approcher d'une madrague plus près de deux mille du côté du Levant & abord des thons ; tandis qu'à l'égard des écluses, bouchots & autres pêcheries exclusives, la défense d'en approcher, n'est que jusqu'à dix brasses, suivant l'art. 13 tit. 10 de la Déclaration du Roi du 18 Mars 1727, rapportée sur l'art. 4 du tit. précédent.

ARTICLE VI.

Les propriétaires & fermiers des bordigues seront tenus d'en curer annuellement les fossés & canaux, chacun à l'endroit & dans l'étendue de leur bordigue, en sorte qu'il y ait en tout temps quatre pieds d'eau au moins, à peine de trois cens livres d'amende, & d'y être mis ouvriers à leurs frais.

Ceci, comme les art. 3 & 4, ci-dessus, n'a encore pour objet que la sûreté & la facilité de la navigation pour les bâtimens qui seront forcés d'entrer dans ces fosses & canaux ; & l'on ne comprend pas comment le Commentateur a imaginé que les quatre pieds d'eau étoient exigés, « crainte que ces bordi» gues ne contractant l'odeur du poisson, qui de soi est très puant, particu» lierement quand il est vieux pêché, n'empuantissent l'air du voisinage.

ARTICLE VII.

Leur faisons défenses, sous même peine de trois cens livres d'amende, de fermer leurs bordigues, depuis le premier Mars jusqu'au dernier Juin : enjoignons aux Officiers de l'Amirauté de les faire ouvrir pendant ce temps, à peine de suspension de leurs charges.

Le Commentateur n'a pas compris non plus le motif de cet article, qui n'est autre que de conserver le frai du poisson. Comme le poisson dépose ordinairement son frai dans les mois de Mars, Avril, Mai & Juin, c'est la raison pour laquelle notre article défend de fermer les bordigues pendant ces mêmes mois, sous peine de 300 liv. d'amende, avec injonction aux Officiers de l'Amirauté de les faire ouvrir pendant le même temps, afin que le petit poisson puisse s'échapper.

C'est dans la même vue de conserver le frai du poisson, & le poisson du premier âge, que la maniére de tenir ouverts les parcs appellés écluses & bouchots, a été réglée par les art. 5, 6 & 7 du tit. précédent, & par les Réglemens postérieurs, intervenus sur ce sujet, qui y ont été rapportés.

Il a été pris aussi d'autres précautions pour la même fin, contre les pêcheurs en mer avec bateaux & filets. V. *suprà* les observations sur les art. 16 & 18 du tit. précédent, & sur l'art. 4 tit. 2 du même présent liv.

ARTICLE VIII.

Ne pourront les propriétaires ou fermiers prétendre aucuns dépens, dommages & intérêts contre les mariniers, dont les bateaux auront abordé leurs bordigues, s'ils ne justifient que *l'abordage a été fait par leur faute ou malice.*

Il en faut dire autant des madragues & autres pêcheries exclusives ; de même encore des parcs faits avec des filets sédentaires attachés à des pieux, n'étant pas naturel de présumer que des maîtres de navires, bateaux ou autres bâtimens, aillent exprès & par malice, aborder les parcs, aux risques d'en recevoir beaucoup plus de dommage qu'ils ne pourroient leur en causer.

La présomption étant donc en leur faveur, c'est-à-dire qu'ils n'ont pu naturellement éviter cet abordage ; il s'ensuit que pour les rendre responsables du dommage qu'ils auront causé par là, il faut les convaincre, par des preuves suffisantes, que *l'abordage a été fait par leur faute ou malice.* C'est aussi ce que décide cet article, relativement à l'art. 11 du tit. des avaries, *suprà* tit. 7 du liv. 3 en fait d'abordage de vaisseaux.

Mais sous prétexte qu'en cas d'abordage fortuit & involontaire, le maître du bâtiment qui a causé du dommage à une pêcherie, n'est pas tenu de le réparer en plein ; il ne s'ensuit nullement qu'il ne doive pas y contribuer ; & d'un autre côté qu'il n'ait pas droit de demander aussi la contribution du dommage qu'il a reçu en même temps. Ce n'est pas le cas de dire que chacun doit supporter son dommage. Il faut au contraire se régler comme dans la circonstance de l'abordage de deux vaisseaux, & dire, conformément à l'art. 10 du même tit. des avaries, que le dommage doit être payé également par le maître du navire & par le propriétaire de la bordigue, ou autre pêcherie, cumul fait, après estimation, du dommage reçu de part & d'autre.

Il n'y a d'exception à cela, contre le maître du bâtiment, qu'autant que l'abordage aura été fait par sa faute ou par malice ; & contre le propriétaire de la bordigue ou autre pêcherie, qu'au cas qu'il ne l'ait pas tenue en régle, conformément aux art. 3 & 4 ci-dessus, & aux autres Réglemens concernans les pêcheries exclusives. Alors celui qui est en faute ou contravention, non-seulement n'a pas de contribution de dommage à demander ; mais encore est tenu de réparer en entier le dommage qu'il a causé. V. *suprà* les observations sur l'art. 6, tit. 2 du liv. 1er ; sur les art. 10 & 11 dudit tit. des avaries ; sur l'art. 5 tit. 1er. & sur l'art. 2 tit. 8 du liv. 4.

Au reste dans l'estimation du dommage causé aux pêcheries & aux filets des pêcheurs, on ne doit faire attention qu'au dommage réellement reçu, à l'effet de le réparer & de remettre la pêcherie & les filets en état de servir comme auparavant ; & il n'est nullement question d'indemniser les pêcheurs, du poisson qu'ils auroient pu prendre. *Non verò (tenentur navigantes) ad æstimationem piscium, qui nondum capti erant, & incertum erat an caperentur. Casa regis, de commercio* tom. 1 *disc.* 23 n. 20 *fol.* 69. Mais je pense qu'il est dû toujours une indemnité du temps qu'a perdu celui qui a reçu ce dommage, sur-tout s'il lui a été causé par malice.

TITRE V.

DE LA PÊCHE DU HARENG.

CEtte pêche eſt aſſez ancienne, puiſqu'il en eſt parlé tant dans l'art. 28 des jugemens d'Oléron, que dans l'Ordonnance de 1543 art. 49, & dans celle de 1584 art. 79, 83 & 85; mais elles n'en ont point preſcrit les régles & les conditions.

La pêche des harengs ne ſe fait avantageuſement qu'en automne vers l'équinoxe. Ces poiſſons vont par troupes, ce qui en facilite la pêche. L'on ſe ſert pour cela de grands filets, & l'on en prend quelquefois une ſi grande quantité que les filets en rompent, ou que l'on a de la peine à les tirer hors de l'eau. Les harengs aiment la lumiere, & dès qu'ils l'apperçoivent ils s'y rendent en foule. C'eſt auſſi un artifice dont ſe ſervent les pêcheurs pour les attirer dans leurs filets; & c'eſt par cette raiſon que la pêche s'en fait ordinairement la nuit. Tr. de la Police de Lamare liv. 5 tit. 24 ch. 4 ſect. 11 *fol.* 17 *col.* 2ª.

Il eſt dit un peu plus bas, que comme cette pêche qui n'a qu'un temps eſt d'une grande reſſource pour les pauvres, il a été permis de la faire les jours de Fêtes & Dimanches, par une Décretale d'Alexandre III. de l'an 1160, adreſſée aux Prélats d'Allemagne qui en faiſoient difficulté.

Elle commence ordinairement ſur les côtes de France, au mois d'Octobre, à la St. Denis & finit vers Noël; mais la pêche de nos François ſur les côtes d'Angleterre, commence dès le mois d'Août & ils la continuent, juſques vers la mi-Octobre, qu'ils viennent la reprendre ſur les côtes de France juſqu'à Noël. Le même Auteur *ibid.* tit. 25 ch. 3 *fol.* 35, *col.* 2ª. & tit. 27 ch. 4 *fol.* 52. Vient enſuite la maniére de ſaler le hareng *ibid. fol.* 52, Il eſt queſtion du hareng ſaur ou ſor *fol.* 54.

La raiſon pour laquelle la pêche du hareng doit finir à Noël, c'eſt qu'alors le hareng ayant frayé, devient de mauvaiſe qualité, & que la quantité qu'on en prend fait tort à la pêche qui en a été faite dans la bonne ſaiſon. C'eſt pour cela, comme auſſi pour faire ceſſer l'abus où étoient les pêcheurs d'acheter du hareng à bord des vaiſſeaux étrangers, qu'intervint l'Arrêt du Conſeil du 24 Mars 1687, portant défenſes à tous pêcheurs de faire la pêche du hareng, après le mois de Décembre paſſé, ni d'en acheter à bord d'aucun vaiſſeau étranger, à peine de 500 liv. d'amende, confiſcation du hareng, des équipages & vaiſſeaux, & autres peines s'il y échoit.

Mais en temps de guerre, la pêche étant difficile, Louis XIV. depuis cet Arrêt, permit en différens temps de prolonger cette pêche juſqu'au 15 Mars; & enfin cette permiſſion fut réitérée & rendue authentique, pour avoir lieu juſqu'au 15 Mars lors prochain, par autre Arrêt du Conſeil du 17 Décembre 1695, qui au ſurplus ordonna l'exécution du premier. Ce qui veut dire non-ſeulement que les défenſes d'acheter du hareng d'aucun vaiſſeau étranger ſubſiſtérent toujours ; mais encore que pour l'avenir, même en temps de guerre, la pêche du poisson continueroit d'être défendue après le mois de Décembre, sans une nouvelle permission.

Suit le premier de ces Arrêts, commme le plus intéressant. Ceux au reste qui voudront voir l'autre, le trouveront dans le traité de la police *loc. cit. fol.* 53.

ARREST DU CONSEIL D'ÉTAT, DU ROI,

AU SUJET DE LA PÊCHE DU HARENG.

Du 24 Mars 1687.

Extrait des Registres du Conseil d'Etat.

SUr ce qui a été représenté au Roi, Sa Majesté étant en son Conseil, que la pêche des harengs se faisant tous les ans par les pêcheurs François, tant de Dieppe que des autres Ports de Normandie & Picardie, laquelle commence à la Saint Denis, & doit finir à Noël, jusques auquel temps les harengs qui se pêchent sont de bonne qualité pour approfiter, & être vendus & débités par tout le Royaume ; cet usage avoit été pratiqué de tout temps, sans qu'on eût entrepris de faire ladite pêche au-delà dudit temps, si ce n'est depuis environ six ans que lesdits pêcheurs ont entrepris de continuer ladite pêche après Noël, dans lequel temps le hareng ayant frayé devient de mauvaise qualité ; ce qui ruine entierement lesdites côtes, par la quantité qu'on en prend, & les pêches qu'on fait en bonne saison par le vil prix auquel on le vend : comme aussi que des particuliers, contre les prohibitions expresses portées par l'Ordonnance du mois de Juillet 1681 titre des droits d'abord & de consommation, achetent du hareng à bord des vaisseaux étrangers ; ce qui cause un grand préjudice au commerce, par le mélange qu'ils en font, & au débit de celui de la premiere pêche qui se fait dans la bonne saison. Ausquels abus étant nécessaire de remédier : Sa Majesté étant en son Conseil, a fait & fait très-expresses inhibitions & défenses à tous pêcheurs, & autres personnes, de quelque qualité & condition qu'elles soient, d'aller, ni d'envoyer à la pêche du hareng après le mois de Décembre passé, ni d'en acheter à bord d'aucun vaisseau étranger, en quelque saison que ce soit, à peine de cinq cens livres d'amende, confiscation du hareng, des équipages & vaisseaux, & autres peines s'il y échoit. Enjoint aux Officiers de l'Amirauté de tenir la main à l'exécution du présent Arrêt, à peine d'en répondre en leurs propres & privés noms. Fait au Conseil d'Etat du Roi, Sa Majesté y étant, tenu à Versailles le vingt-quatrieme jour de Mars mil six cens quatre-vingt-sept. *Signé*, Colbert.

LOUIS PAR LA GRACE DE DIEU, ROI DE FRANCE ET DE NAVARRE : A nos chers & bien amés les Officiers de l'Amirauté, SALUT. Par l'Arrêt dont l'extrait est ci-attaché sous le contre-scel de notre Chancellerie, ce jourd'hui donné en notre Conseil d'Etat, Nous y étant, Nous avons fait très-expresses inhibitions & défenses à tous pêcheurs & autres personnes, de quelque qualité & condition qu'elles soient, d'aller ni d'envoyer à la pêche du hareng après le mois de Décembre passé, ni d'en acheter à bord d'aucun vaisseau étranger en quelque façon que ce soit, à peine de cinq cens livres d'amende, confiscation du hareng, des équipages & vaisseaux, & autres peines s'il y échoit. A ces causes, Nous vous mandons & ordonnons par ces présentes signées de Nous, de tenir la main à l'exécution du présent Arrêt. Commandons au premier notre Huissier ou Sergent sur ce requis, de faire, pour l'entiére exécution d'icelui, tous commandemens, sommations, défenses sur les peines y contenues, & autres actes & exploits nécessaires, sans pour ce demander autre permission, nonobstant clameur de Haro, Chartre Normande, prise à partie, & autres choses à ce contraires. Voulons qu'aux copies dud t Arrêt & des présentes collationnées par l'un de nos amés & féaux Conseillers Secrétaires, foi soit ajoutée comme aux originaux : Car tel est notre plaisir. Donné à Versailles le vingt-quatrieme jour de Mars, l'an de grace mil six cens quatre-vingt-sept, & de notre Règne le quarante-quatriéme. *Signé*, LOUIS. Et plus bas, par le Roi, COLBERT. Et scellé du grand Sceau de cire jaune.

ARTICLE PREMIER.

LEs mailles des rets ou aplets pour faire la pêche du hareng, auront un pouce en quarré, sans que les pêcheurs y en puissent employer d'autres, ni se servir des mêmes filets pour d'autres pêches, à peine de cinquante livres d'amende & de confiscation des filets.

IL est très peu de rets ou filets permis, dont la maille n'ait qu'un pouce en quarré; & si l'usage en est toléré pour la pêche des harengs, de même que pour la pêche des sardines il est permis d'employer des filets, dont les mailles ne soient que de quatre lignes, *suprà* art. 11 tit. 2 du présent livre; c'est que ces deux sortes de poissons qui vont en troupes, n'en souffrent guére d'autres parmi eux.

Par là, il y a donc peu de danger que d'autres petits poissons se trouvent pris avec eux; & voilà la raison de la permission de faire cette pêche avec des filets d'une aussi petite maille. Ce qui le prouve encore, & d'une maniére à n'en pouvoir douter, c'est qu'il est expressément défendu aux pêcheurs, non-seulement d'employer des filets d'une moindre maille, mais encore de se servir de ceux-ci pour d'autres pêches, le tout à peine de 50 liv. d'amende & de confiscation des filets.

ARTICLE II.

LOrs qu'un équipage mettra ses filets à la mer pour faire la pêche du hareng, il sera tenu de les jetter dans une distance de cent brasses au moins des autres bateaux, & d'avoir deux feux hauts, l'un sur l'avant, & l'autre sur l'arriére de son bâtiment, sous pareille peine de cinquante livres d'amende, & de réparation de toutes pertes, dommages & intérêts résultans des abordages qui pourroient arriver, à faute de feu.

CEtte pêche ne se faisant point avec des rets sédentaires, mais avec des bateaux dérivant continuellement avec leurs filets, l'abordage seroit d'autant plus à craindre, que les pêcheurs font toujours cette pêche en grand nombre. Telle est la raison des précautions ordonnées par cet article & les suivans, avec beaucoup de sagesse, sous les peines qui y sont portées.

L'obligation de montrer des feux, est aussi imposée par l'art. 6 tit. 2 ci-dessus aux pêcheurs ordinaires, en mettant leurs filets à la mer, lorsqu'ils voudront pêcher durant la nuit.

ARTICLE III.

CHaque équipage après ses filets jettés à la mer, sera obligé sous les mêmes peines, de garder un feu sur l'arriére de son bateau, & *d'aller à la dérive le même bord au vent* que les autres pêcheurs.

D'*Aller à la dérive le même bord au vent.* Il faut joindre à ceci l'art. 10 du même tit. 2 ci-dessus, qui défend aux pêcheurs en général qui sont en flotte, de quitter leur rumb ou rang, pour se placer ailleurs.

ARTICLE IV.

ENjoignons, sous pareilles peines aux maîtres de barques, qui pendant la nuit voudront s'arrêter & jetter l'ancre, de se retirer si loin du lieu où se fait la pêche, qu'il n'en puisse arriver aucun dommage aux barques & bateaux etant à la dérive.

IL n'est donc pas défendu à un pêcheur, quoiqu'en flotte, de s'arrêter & jetter l'ancre durant la nuit, pourvu qu'il ait attention de se retirer si loin de la ligne de la pêche, qu'il ne puisse en arriver aucun dommage aux bateaux étant à la dérive, & qu'avec cela il observe ce qui est prescrit par l'article suivant; sans quoi il sera tenu de la réparation du dommage, comme l'ayant causé par sa faute.

ARTICLE V.

LOrsqu'un équipage sera forcé par quelque accident de cesser sa pêche ou de mouiller l'ancre, il sera tenu de montrer un feu par trois différentes fois; la premiere, lors qu'il commencera à tirer ses filets, la seconde quand ils seront à moitié levés, & la troisiéme après les avoir entierement tirés, & alors il jettera son feu à la mer.

L'Obligation de montrer ces trois feux, me paroît regarder aussi-bien le cas de l'article précédent, où le pêcheur s'arrête & jette l'ancre volontairement, que celui où il y est forcé par quelque accident. Ce que cet article a de particulier qui sert d'exception à l'autre; c'est que le pêcheur ainsi forcé de mouiller l'ancre, n'est pas blâmable de ne pas s'éloigner de la ligne de la pêche, puisqu'il est

eſt cenſé ne le pouvoir pas, à raiſon de ſon accident. D'où il s'enſuit que ſi réellement il ne l'a pas pu, & que ſon bateau ſoit abordé par un autre, le dommage qui en réſultera ne ſera pas à ſa charge en entier ; ce ſera ſeulement une avarie à ſupporter en commun, entre lui & l'autre pêcheur. Mais pour cela il faut qu'il ait ſoin de montrer les trois feux ordonnés par cet article, autrement tout le dommage ſera pour ſon compte.

ARTICLE VI.

SI les filets ſont arrêtés à la mer, l'équipage ne jettera point ſon troiſieme feu ; mais il ſera tenu d'en montrer un quatriéme, & d'en garder deux juſqu'à ce que les filets ſoient dégagés.

LE maître d'un bateau dreigeur, ſe trouvant dans le même cas, & ne pouvant plus dériver, parce que ſes filets ſont arrêtés & retenus par quelque ancre, roches ou autres choſes ſemblables, n'eſt obligé par l'art, 7 du tit. 2 ci-deſſus, de montrer qu'un ſeul feu tant qu'il demeurera ſur les lieux où les filets ſont arrêtés. Ici le pêcheur de hareng eſt tenu d'en montrer deux, juſqu'à ce que ſes filets ſoient dégagés; ſans doute parce que dans cette ſorte de pêche, les pêcheurs étant en plus grand nombre qu'à la pêche ordinaire du poiſſon frais, l'abordage eſt plus à craindre.

Du reſte cet article ne dit point quelle peine encourra le pêcheur qui manquera de ſe conformer à ſa diſpoſition ; ſur quoi il me ſemble qu'il faut recourir audit art. 7 du tit. 2, qui en ſe référant à l'article précédent, prononce la peine de 50 liv, d'amende & la réparation de tout le dommage qui en pourra arriver.

ARTICLE VII.

FAiſons déſenſes à peine de punition corporelle, à tous pêcheurs de montrer des feux ſans néceſſité, ni autrement que dans les temps & en la maniére ci-deſſus preſcrite.

TOus autres feux montrés hors les temps preſcrits par la préſente Ordonnance, ou d'une maniére différente de celle qui y eſt marquée, ne pourroient être que des feux trompeurs, capables par conſéquent de cauſer bien des déſordres, par les mépriſes auxquelles ils expoſeroient ceux qui les prendroient pour guide, & comme ces feux ne pourroient être montrés ſans néceſſité, qu'en vue de nuire & par malice ; c'eſt la raiſon pour laquelle notre article, veut que cette contravention ſoit ſujette à punition corporelle. A quoi il faut ajouter, qu'il y aura peine de mort, ſi ces feux ſont montrés dans des lieux perilleux, pour y attirer & faire perdre les navires, ſuivant l'art. 45 du tit. des naufrages, qui eſt le 9e. du liv. 4.

ARTICLE VIII.

SI la plus grande partie des pêcheurs d'une flotte cesse de pêcher, & mouille l'ancre, les autres seront tenus de faire de même, à peine de réparation de tout le dommage, & d'amende arbitraire.

C'Est une suite de la police établie par les précédens articles, dont l'objet est de prévenir le désordre de la pêche, & l'abordage des bateaux qui, la faisant en ligne, & toujours en dérivant, ne pourroient manquer de s'aborder, si les uns mouillant l'ancre, les autres continuoient de dériver sur eux.

Il est juste au reste que le plus grand nombre des pêcheurs fasse la loi aux autres de la flotte; & cela est conforme aux principes du droit, entre personnes qui ont le même intérêt à une chose. V. le Commentaire de la Coutume de la Rochelle, tom. 3 art. 66 n. 95 & suiv. Ainsi le plus grand nombre cessant de pêcher & mouillant l'ancre, il faut que les autres en fassent autant; sans quoi cet article les assujettit & à la réparation de tout le dommage & à une amende arbitraire.

On conçoit que cette manœuvre ne se peut faire que de jour, & qu'elle seroit impraticable la nuit.

En faveur de cette pêche, depuis quelques années on allume un feu à Calais toutes les nuits, deux heures avant, & deux heures après la pleine mer; & cela durant tout le temps de la pêche, à commencer du 15 Octobre. C'est un fanal placé au bout de la grande jettée du côté de l'Ouest, pour faciliter aux pêcheurs de hareng l'entrée du port. Journal historique du mois de Décembre 1754 pag. 474.

TITRE VI.

DE LA LA PÊCHE DES MOLUES.

Out ce qui concerne la pêche des morues, (car c'est le mot usité aujourd'hui & depuis long-temps,) son origine, ses progrès, la maniére de la faire, de saler & de faire sécher les morues, est exposé en détail & avec soin dans le traité de la police de Lamare tom. 3 liv. 5 tit. 27 ch. 5, depuis la pag. 54 jusques & compris la 61e.

On y voit par rapport à l'origine de cette pêche, que l'honneur en est dû aux François, principalement aux Basques du Cap Berton près Bayonne, qui découvrirent cent ans avant Christophe Colomb l'Amerique Septentrionale. Ils firent cette découverte à l'occasion de la pêche des baleines qu'ils avoient déjà pratiquée sur leurs côtes. Ayant observé qu'elles s'en éloignoient en certaines saisons, ils s'appliquerent à chercher la retraite de ces monstrueux poissons. Dans cette idée, ils pousserent leur navigation jusqu'aux côtes du Canada. Là ils trouverent, comme ils l'avoient prévu, plusieurs baleines; mais ils y firent en même temps une autre découverte, devenue dans la suite bien plus considérable & bien plus utile; c'est-à-dire une pêche extrêmement abondante de morues, sur le grand banc de Terre-Neuve & dans les parages voisins.

L'Auteur pour appuyer son assertion que ce sont effectivement les Biscayens qui ont découvert cette partie de l'Amérique Septentrionale, & qui ont les premiers pratiqué la pêche de la morue, apporte en preuve que l'une des Isles voisines porte encore aujourd'hui le nom de Cap Berton ou Breton, & qu'une autre est nommée *Baccaleos*, qui signifie morue en langue Biscayenne.

Ceci au reste, est une opinion qui passe aujourd'hui pour certaine, tant à la faveur de ces preuves, que des autres rapportées ci-dessus à la suite du préambule de la présente Ordonnance.

A l'exemple des Biscayens, les Normans & successivement les Bretons, les Rochelois, les Bourdelois & les habitans des Sables d'Olonne, s'appliquerent à cette pêche si lucrative, sur-tout depuis l'année 1604, que Henri le Grand favorisa l'établissement d'une nouvelle Colonie en Canada.

Cette pêche s'est toujours faite depuis avec succès, non-seulement sur le banc de Terre-Neuve & près des Isles voisines, principalement de celle de Plaisance; mais encore sur les côtes du Chapeau Rouge & du petit Nord, & dans la Baye de Canada.

Pendant un long temps, la côte du petit Nord étoit devenue en quelque sorte le partage des Bretons, & sur-tout des Malouins. Comme ils y alloient en grand nombre, & que leurs fréquentes contestations sur le choix des havres & galets les plus convenables pour la pêche, donnoient lieu à des divisions entre eux, dont les sauvages ne savoient que trop profiter; les principaux Négocians de St.

Malo intéressés dans cette pêche, pour faire cesser ces désordres, convinrent entre eux d'un Réglement, lequel ayant été approuvé dans une assemblée générale des notables habitans, du 26 Mars 1640, fut ensuite homologué au Parlement de Rennes par Arrêt du 31 du même mois.

Ce Réglement portoit en substance, que celui des maîtres de navires, qui arriveroit le premier & jetteroit l'ancre dans le havre du petit maître, demeureroit Amiral de la pêche, lequel pour signal mettroit l'enseigne sur son grand mât; qu'en cette qualité d'Amiral, il choisiroit tel havre qu'il jugeroit à propos, & le galet nécessaire eu égard au nombre d'hommes dont son équipage seroit composé; qu'en conséquence il seroit tenu, d'aller ou envoyer mettre à l'échaffaud du croc, un papier ou tableau, sur lequel il déclareroit le jour de son arrivée & le nom du havre qu'il auroit choisi, laquelle déclaration il signeroit ou feroit signer par quelqu'un de ses gens.

Que de même & dans le même ordre, à mesure que les autres maîtres de navires arriveroient, ils feroient sur le tableau la déclaration du jour de leur arrivée & du havre qu'ils auroient choisi; à l'effet de quoi ce tableau demeureroit à l'échaffaud du croc, sous la garde d'un homme de l'Amiral, jusqu'à ce que tous les maîtres de navires y eussent été inscrits, avec les noms des havres & galets par eux pris, après quoi le tableau seroit remis à l'Amiral.

Il fut décidé aussi par ce Réglement, que si quelque échaffaud étoit rompu ou brisé par les sauvages ou autrement, les débris en appartiendroient à celui qui en étoit le propriétaire, avec défenses à tous autres de s'en emparer, & de les transporter dans un autre havre ou galet.

Enfin défenses furent faites, à tout maître de navire de jetter son lest dans les havres, le tout sur peine de 400 liv. d'amende.

Tel étoit ce Réglement qui, comme il a été observé, fut approuvé & homologué au Parlement de Rennes le 31 dudit mois de mars 1640, pour être exécuté selon sa forme & teneur, avec défenses à tous propriétaires des navires, capitaines, pilotes, mariniers & tous autres d'y contrevenir, à peine de 500 liv. d'amende, au payement de laquelle demeureroient affectés les vaisseaux & cargaisons des contrevenans.

Au moyen de cet ordre établi par les Bretons pour la pêche à la côte du petit Nord, plusieurs François des autres Provinces y étant allés pour en partager les profits; de peur que quelques-uns d'eux ne refusassent de se soumettre au Réglement, sous prétexte qu'il n'avoit pas été fait avec eux, ce qui auroit causé les mêmes désordres que l'on avoit voulu éviter; le Roi jugea à propos, par Arrêt du Conseil du 28 Avril 1671, de déclarer commun, avec tous ses sujets qui iroient d'orénavant à la pêche des morues à la côte du petit Nord, ce Réglement & l'Arrêt du Parlement de Rennes qui l'avoit autorisé.

C'est aussi ce même Réglement qui a servi de base aux quatre premiers articles du présent titre.

Jusques-là & long-temps encore après, en un mot jusqu'à la paix d'Utrecht, les François étoient seuls en droit & en possession de faire la pêche des morues sur le banc & à l'Isle de Terre-Neuve, aussi bien que sur les côtes voisines; & si les Anglois les y troubloient, ce n'étoit que par un esprit d'intolérance & d'usurpation qui leur est propre, ou à la faveur des guerres élevées entre les deux nations. Mais depuis le traité d'Utrecht les choses ont changé au moyen de la cession faite aux Anglois de l'Isle de Terre-Neuve. Par là à la verité, la France n'a pas perdu le droit de pêcher, sur le banc de Terre-Neuve, ni sur les côtes de cette Isle, Louis XIV. l'ayant expressément réservé pour ses sujets, avec faculté d'avoir dans l'Isle des échaffauds & des cabanes dans le temps de la pêche, pour y préparer, saler & sécher leurs poissons sur les gréves, depuis le Cap de Bonavista, jusqu'à la Pointe riche : mais les Anglois, qui auparavant estimoient peu cette pêche, s'en sont fait depuis un objet capital, jusques-là qu'ils n'ont rien négligé pour en exclure les François ou les en dégoûter. Tentative injuste, ainsi que dans le projet d'envahir en pleine paix toutes nos possessions du Canada, & dont toute l'Europe a intérêt d'empêcher la réussite.

ARTICLE PREMIER.

Quand nos sujets iront faire la pêche des molues aux côtes de l'Isle de Terre-Neuve, le premier qui arrivera ou envoyera sa chaloupe au havre appellé du Petit-maître, aura le choix, & prendra l'étendue du galet qui lui sera nécessaire, & mettra au lieu dit, l'échaffaud du croc, une affiche signée de lui, contenant le jour de son arrivée, & le nom du havre qu'il aura choisi.

Cet article est tiré absolument du Réglement des Bretons du 26 Mars 1640 dont il vient d'être parlé, homologué au Parlement de Rennes par Arrêt du 31 du même mois, & déclaré commun avec tous les François qui iroient d'orénavant à la pêche des morues sur les côtes de Terre-Neuve & du petit Nord, par Arrêt du Conseil du 28 Avril 1671.

Il n'y a que le titre d'Amiral qui n'est pas donné ici, au maître de navire qui arrive le premier, *au havre appellé du Petit maître* ; mais l'usage ne s'en est pas moins conservé, en conséquence de ce Réglement & de l'Arrêt du Conseil qui l'a confirmé. Les avantages attribués par cet article & par l'art. 5 ci-après, au maître de navire le premier arrivé, ont excité dans tous les temps l'émulation des capitaines de navires allant à la pêche de la morue.

Comme ils partent quelquefois en flotte, & que ceux expédiés en différens ports, se rencontrent assez souvent à la mer, ils vont de compagnie, jusqu'à ce qu'il ne leur reste plus que quelques lieues à faire pour arriver au lieu de la pêche. Alors c'est à qui sera rendu le premier, & à cette fin chacun fait les derniers efforts pour devancer tous les autres.

En conséquence de cet article, qui en cette partie n'avoit fait que se conformer à l'usage, c'étoit le capitaine qui envoyoit le premier sa chaloupe au havre du Petit maître, qui étoit l'Amiral de la pêche. Il arrivoit de-là que les capitaines, quoiqu'il restât encore plusieurs lieues à faire pour atteindre le but, mettoient à l'envi leurs chaloupes à la mer avec leurs meilleurs matelots, & que les uns & les autres forçant de voiles & de rames, se disputoient la primauté de l'arrivée ; d'où s'ensuivoit assez souvent la perte de quantité de chaloupes avec leurs équipages. Pour remédier à un abus aussi dangereux, est intervenue l'Ordonnance du 8 Mars 1702, qui a fait défenses à tous capitaines allant à la pêche de la morue, d'envoyer leurs chaloupes à terre avant d'avoir mouillé l'ancre, à peine de 1000 liv. d'amende pour la premiere fois & de punition corporelle en cas de récidive. La même Ordonnance porte qu'à l'avenir, ce sera le capitaine du premier navire qui mouillera l'ancre sur les côtes où se fait la pêche, qui sera le maître du galet & qui aura les prérogatives qui y sont attachées par la présente Ordonnance de 1681, dont l'exécution est recommandée pour le surplus par ladite Ordonnance du 8 Mars 1702, avec injonction au Gouverneur & autres Officiers commandans pour le Roi sur la côte, d'y tenir la main.

ARREST DU CONSEIL D'ÉTAT DU ROI,

Qui déclare commun avec tous les sujets du Roi, le Réglement fait par les Négocians de Bretagne, au sujet de la pêche du petit Nort, & l'Arrêt du Parlement de Rennes, intervenu en conséquence au mois de Mars 1640.

Du 28 Avril 1671.

Extrait des Registres du Conseil d'État.

SUr ce qui a été représenté au Roi en son Conseil, que les Négocians de Saint Malo & autres de la Province de Bretagne, ont été les seuls jusqu'à présent, qui ont fait la pêche des molues de Terre-Neuve dans la côte du petit Nord; & comme il arrivoit des désordres par la mésintelligence des capitaines ou maîtres des vaisseaux pour le choix des havres où se fait ladite pêche, & que les Sauvages se prévalant de cette discussion, tuoient très-souvent les matelots, rompoient & ruinoient les échaffauds qui étoient dans les havres, cela auroit donné lieu à un Réglement fait par les principaux Négocians de ladite Provice de Bretagne, le 26 Mars 1640, confirmé par Arrêt du Parlement de Rennes du 31 dudit mois; par lequel il est entre autres choses ordonné que tous les vaisseaux qui iront à ladite côte pour y faire la pêche, seront tenus d'envoyer au havre du petit Maître, & que le premier qui mouilleroit l'ancre dans ledit havre, seroit reconnu pour Amiral, & pour cet effet qu'il mettroit l'enseigne sur son grand mât & auroit le choix de tel havre que bon lui sembleroit pour faire la pêche, & d'un galet nécessaire pour la quantité d'hommes dont son vaisseau seroit équippé; & d'autant qu'il y a à présent d'autres vaisseaux que ceux de ladite Province de Bretagne, qui vont à la pêche des molues audit havre du petit Maître, & que sous prétexte que lesdits Réglement & Arrêt ne sont pas rendus avec les intéressés auxdits vaisseaux, il pourroit arriver quelque difficulté pour l'exécution d'iceux, ce qui causeroit les mêmes désordres qu'on a voulu éviter; à quoi étant nécessaire de pourvoir, & oui le rapport du Sr. Colbert, Conseiller du Roi en tous ses Conseils, Controlleur général des Finances, & tout considéré: Sa Majesté en son Conseil, a déclaré lesdits Réglement & Arrêt du Parlement de Rennes desdits jours 26 & 31 Mars 1640 communs avec tous ceux de ses sujets qui iront d'orénavant à la pêche des molues de Terre-Neuve dans la côte du petit Nord; ordonne qu'ils seront exécutés selon leur forme & teneur: & à cette fin veut, Sa Majesté, que le présent Arrêt soit lû, publié & affiché dans tous les ports & havres du Royaume, & par tout ailleurs où besoin sera, afin que personne n'en ignore. Fait au Conseil d'Etat du Roi, tenu à Paris le 28 jour d'Avril 1671. *Signé:* COLBERT.

ORDONNANCE DU ROI,

Pour la pêche des Molues.

Du 8 Mars 1702.

DE PAR LE ROI.

SA Majesté a réglé par son Ordonnance du mois d'Août 1681 liv. 5 tit. 6, que quand ses sujets iroient faire la pêche de la molue aux côtes de l'Isle de Terre-Neuve, le premier qui arrivera ou envoyera sa chaloupe, aura le choix de prendre l'étendue du galet qui lui sera nécessaire; mais ayant été informée qu'il est arrivé depuis que les capitaines des vaisseaux, par le desir d'avoir ce choix, détachoient de fort loin leurs chaloupes, ce qui en a fait perdre plusieurs avec leurs équipages; & estimant nécessaire de remédier à un abus d'une si dangereuse conséquence, Sa Majesté a fait très-expresses inhibitions & défenses aux capitaines qui commanderont les vaisseaux de ses sujets, qui seront envoyés à la côte de Terre-Neuve pour y faire la pêche de la molue, d'envoyer leurs chaloupes à terre avant d'avoir mouillé, à peine de mille livres d'amende pour la premiere fois, & de punition corporelle en cas de récidive; & a ordonné & ordonne que ce sera à l'avenir le maître du premier navire qui mouillera l'ancre sur les côtes de ladite Isle, qui aura le choix & prendra l'étendue du galet qui lui sera nécessaire, Sa Majesté lui attribuant pour le surplus toutes les prérogatives & priviléges accordés par ladite Ordonnance de 1681, à celui dont la chaloupe aborderoit la premiere à ladite côte. Enjoint Sa Majesté au Gouverneur & autres Officiers commandans pour son service dans ladite Isle, de tenir la main à l'exécution de ladite Ordonnance, & aux Officiers de l'Amirauté de la faire publier & afficher afin que les capitaines desdits bâtimens n'en prétendent cause d'ignorance. Fait à Versailles le 8 Mars 1702. *Signé*, LOUIS. *Et plus bas*, par le Roi, PHELIPEAUX, & Scellé.

ARTICLE II.

TOus les maîtres qui arriveront ensuite seront tenus d'aller ou envoyer successivement à l'échaffaud du croc, & d'écrite sur la même affiche, le jour de leur arrivée, le nombre de leurs matelots, & les havres ou galets qu'ils auront choisis à proportion de la grandeur de leur vaisseau & de leur équipage.

ON voit encore une grande conformité entre cet article & ledit Réglement, le but que l'on s'y est proposé a été de prévenir les discussions pour le choix des havres ou galets entre les maîtres des navires. Il n'y avoit point de meilleur expédient que celui de régler que le choix appartiendroit à celui qui arriveroit le premier au havre du Petit maître, & successivement aux autres à mesure qu'ils y arriveroient, à la charge par eux néanmoins d'envoyer à l'échaffaud du croc écrire sur l'affiche ou tableau, le jour de leur arrivée, avec déclaration des havres ou galets par eux choisis, à proportion de la grandeur du vaisseau & de la force de l'équipage d'un chacun, à l'effet de quoi le nombre des matelots seroit indiqué.

Par là en effet les postes d'un chacun étant reconnus, avec défenses aux uns d'entreprendre sur ceux des autres, & de se placer ailleurs que dans leur rang & ordre de pêche, tout sujet de discorde devoit naturellement être banni.

Cependant le temps précis dans lequel, les maîtres de navires devoient faire leur choix des havres & galets, n'étant point déterminé par le Réglement de Bretagne de 1640, il s'élevoit des contestations entre eux, qui étoient suivies assez souvent de la démolition & du pillage des échaffauds ; ce qui donna lieu à deux Arrêts du Parlement de Rennes, des 15 Mars 1662 & 24 Avril 1687 pour y remédier en conformité des déliberations de la Communauté de St. Malo, des 31 Décembre 1661 & 7 Avril 1662. Et comme la présente Ordonnance n'avoit pas non plus fixé le temps de faire cette déclaration, il intervint au Conseil d'Etat du Roi l'Arrêt du 3 Mars 1684 qui suit, portant que les capitaines, maîtres & Officiers des vaisseaux François qui iroient pêcher aux côtes de Terre-Neuve, seroient tenus de déclarer par écrit, une heure après leur arrivée, les havres ou galets qu'ils auroient choisis pour faire leur pêche & sécherie, selon leur rang & ordre de leur arrivée, avec défenses d'y contrevenir, ni démolir aucuns échaffauds, loges ou autres ouvrages servants à ladite pêche, à peine de 500 liv. d'amende applicables aux hôpitaux du lieu, d'où les vaisseaux seroient partis.

ARREST DU CONSEIL D'ÉTAT DU ROI,

Au sujet de la pêche des Morues.

Du 3 Mars 1684.

Extrait des Registres du Conseil d'État.

LE Roi s'étant fait représenter en son Conseil, l'Arrêt rendu en la Cour de Parlement de Bretagne le 15 Mars 1662, par lequel ladite Cour auroit ordonné que les articles contenus en la déliberation de la Communauté de Saint Malo, du 31 Décembre 1661, portant que tous les vaisseaux qui arriveront à la côte du Chapeau-Rouge en l'Isle de Terre-Neuve pour y pêcher, seront obligés dans vingt-quatre heures après leur arrivée, de choisir le havre où ils voudront faire leur pêche & sécherie, & que défenses seroient faites à toutes personnes d'abattre ni démolir les échaffauds, ni se saisir d'aucune chose servant à ladite pêche, appartenant à d'autres, ensemble les articles contenus en l'état du 7 Avril 1662, contenant le nombre d'hommes que chaque galet ou havre peut contenir commodément, seroient exécutés; avec défenses à tous propriétaires de vaisseaux, capitaines, pilotes & autres d'y contrevenir, à peine de cinq cens livres d'amende, applicable à l'hôpital de la ville de Saint Malo : autre Arrêt de ladite Cour du 24 Avril 1681, par lequel elle auroit ordonné qu'en exécutant les précédens Arrêts, les capitaines, maîtres & officiers des vaisseaux déclareroient par écrit, aussi-tôt leur arrivée, ou au plus tard une heure après, les havres & galets où ils voudroient faire leur pêche & sécherie, selon le rang & ordre de leur arrivée, & que l'amende de cinq cens liv. portée par l'Arrêt du 8 Février 1681, seroit payée par les capitaines, maîtres & autres officiers qui auroient contrevenu seulement. Et Sa Majesté étant informée que quoique lesdits Arrêts du Parlement de Bretagne, soient conformes à l'Ordonnance de la Marine du mois d'Août 1681, néanmoins ils sont presque demeurés sans exécution, & plusieurs Négocians de la ville de St. Malo & autres du Royaume refusent d'y obéir : de sorte qu'en l'année derniere il y a eu plusieurs contestations entre les capitaines & maîtres de navires pour le choix des havres & galets, & presque tous les échaffauds du Chapeau-Rouge ont été rompus. A quoi voulant pourvoir : Sa Majesté étant en son Conseil, a ordonné & ordonne que conformément à l'Ordonnance de la Marine du mois d'Août 1681 & aux Arrêts du Parlement de Bretagne des 15 Mars 1662 & 24 Avril 1681, qui seront exécutés selon leur forme & teneur, les capitaines, maîtres & officiers des vaisseaux François qui iront pecher aux côtes de Terre-Neuve seront tenus de déclarer par écrit, une heure après leur arrivée, les havres ou galets qu'ils auroient choisi pour faire leur peche & sécherie, selon leur rang & ordre de leur arrivée, avec défenses d'y contrevenir, ni démolir aucuns échaffauds, loges ou autres ouvrages servans à ladite pêche, à peine de cinq cens liv. d'amende applicable aux hôpitaux des lieux d'où les vaisseaux teaux feront partis, laquelle sera payée par les capitaines, maîtres & autres officiers qui auront contrevenu. Fait au Conseil d'Etat du Roi, Sa Majesté y étant, tenu à Versailles le troisième jour de Mars mil six cens quatre-vingt quatre. *Signé*, COLBERT.

ARTICLE III.

LE capitaine arrivé le premier, fera garder l'affiche par un des hommes de son équipage, qu'il laissera sur le lieu, jusqu'à ce que tous les maîtres y ayent écrit leur déclaration, qui sera mise ensuite entre ses mains.

CEci est encore d'après ledit Réglement de 1640, & a pour but de rendre notoire les postes choisis par chaque maître de navire, afin que les uns n'entreprennent point sur les autres, ou qu'en cas de contravention de la part de quelqu'un, cette affiche serve de piéce de conviction contre lui ; à l'effet de quoi, le tableau étant rempli, doit être remis à l'Amiral, chargé par l'article 12 ci-après de dresser procès verbal de toutes les contraventions aux dispositions des articles du présent titre.

ARTICLE IV.

FAisons défenses à tous maîtres & mariniers, de s'établir en aucuns havres, ou s'accommoder d'aucuns galets, sans en faire leur déclaration en la forme ci-dessus, & de troubler aucuns maîtres dans le choix qu'ils auront fait, à peine de cinq cens livres d'amende.

LEs mêmes précautions avoient aussi été prises par le Réglement de 1640. Il n'y a de différence, qu'en ce que l'amende n'y étoit portée qu'à 400 liv. mais l'Arrêt du Parlement de Rennes l'avoit fixée comme ici à 500 liv. au payement de laquelle les navires & cargaisons des contrevenans demeureroient affectés, ce qui est de droit.

Au surplus, l'amende n'ayant point ici d'application particuliére, comme dans l'Arrêt du Conseil ci-dessus du 3 Mars 1684, il faut dire qu'elle appartient, comme toutes les autres que prononce cette Ordonnance, à M. l'Amiral. Savoir en entier, si elle est déclarée encourue dans une Amirauté particuliére, & pour moitié seulement, si c'est dans un Siége de Table de Marbre, l'autre moitié dévolue au Roi. *Suprà* art. 10 tit. 1er. du liv. 1er.

ARTICLE V.

LE premier de nos sujets qui arrivera aussi avec son vaisseau en la baye de Canada pour y faire la pêche des molues, sera le maître du galet pour y prendre la place qui lui sera nécessaire, même pour y marquer successivement à ceux qui viendront après lui, celles dont ils auront besoin, eu égard à la grandeur de leur vaisseau, & au nombre de gens dont ils seront équipés.

IL n'est plus question ici de la pêche du petit Nord, où il faut aller au havre du Petit maître & à l'échaffaud du croc; mais de la pêche dans la baye de Canada. & cependant comme l'ordre de la pêche y doit également être observé pour éviter la confusion & les disputes, il est réglé tout de même, que le maître de navire qui arrivera le premier dans la baye de Canada pour y faire la pêche des morues, sera le maître du galet pour y prendre la place qui lui sera nécessaire. Il a de plus le droit de marquer successivement à ceux qui viendront après lui, celles dont ils auront besoin, eu égard à la grandeur de chaque vaisseau, & du nombre des gens de l'équipage.

Il est entendu qu'il tiendra à cet effet un rolle, où il écrira les noms de chaque maître, avec indication des places qu'il leur aura assignées, & qu'au surplus, il n'abusera pas de son pouvoir dans la distribution des places.

ARTICLE VI.

FAisons défenses au Gouverneur ou Capitaine de la côte, depuis le Cap des Rosiers jusqu'au Cap d'Espoir, & à tous autres, sous peine de désobéissance, de troubler le premier maître arrivant dans la baye, au choix, & en la distribution des places sur le galet.

CEt article est dans le même esprit que l'article 10 du tit. 3 ci-dessus des parcs & pêcheries. La pêche pour être avantageuse & recherchée avec émulation, doit être libre, & à cette fin les Gouverneurs, Commandans, Capitaines & autres Officiers des troupes, ne doivent nullement s'en mêler. Ils favoriseroient qui bon leur sembleroit, & leur protection ne seroit pas toujours gratuite.

Il ne conviendroit pas même à cause des conséquences, que les maîtres de navires qui auroient à se plaindre de la partialité & de l'injustice du maître du galet dans la distribution des places de pêche, se pourvussent devant le Gouverneur ou Capitaine de la côte. Ils ne pourroient donc en porter leur plainte qu'au Siége de l'Amirauté du lieu, s'il y en avoit, si non, au retour, devant les Juges de l'Amirauté du lieu d'où seroit parti ce maître du galet.

Il y a pourtant un cas, où les capitaines de navires doivent se pourvoir devant le Gouverneur ou Commandant ; c'est lorsqu'ils entendent disputer à celui qui se prétend maître du galet, sa primauté, pour n'être arrivé le premier qu'avec sa chaloupe sans avoir mouillé l'ancre le premier ; parce que c'est là une contravention à l'Ordonnance du 8 Mars 1702, rapportée sur l'art, 1er. ci-dessus, à l'exécution de laquelle Ordonnance il est enjoint au Gouverneur & Commandant du lieu de tenir la main : mais à cela près elle ne déroge en rien à la disposition du présent article.

ARTICLE VII.

FAisons aussi défenses sous peine de cinq cens livres d'amende aux maîtres & équipages des vaisseaux qui arriveront, tant aux côtes de Terre-Neuve, qu'en la baye de Canada, *de jetter le lest dans les havres, de s'emparer des sels & huiles qui s'y trouveront*, & de rompre, transporter ou brûler les échaffauds, lesquels appartiendront aux maîtres qui auront fait choix des havres ou galets sur lesquels ils auront été laissés.

DE *jetter le lest dans les havres.* Ces défenses avoient déjà été faites dans le Réglement de 1640, & on comprend en effet de quelle conséquence il est, que les havres soient conservés dans leur profondeur & netteté, sans aucun encombrement, comme s'en explique l'art. 1er. tit. 1er. du liv. 4 ci-dessus. C'est aussi par la même raison qu'il est défendu également, de jetter le lest dans les ports, canaux, bassins & rades. Art. 6 tit. 4 du même liv. 4.

De s'emparer des sels & huiles qui s'y trouveront. On suppose ici qu'ils y ont été laissés d'une précédente pêche ; & comme par-là ils sont censés abandonnés en faveur du pêcheur qui viendra dans la suite occuper la même place ; c'est aussi à celui qui en a fait le choix, que notre article veut que cela appartienne, de même que les échaffauds qui y auront pareillement été laissés, avec défenses à tous autres de s'emparer de ces sels & huiles, & de rompre, transporter ou brûler ces échaffauds, sous la même peine de 500 liv. d'amende. Ces défenses regardent aussi bien le maître de navire qui, ayant laissé toutes ces choses, voudroit les reprendre en retournant une autre année à la pêche, que tous les autres capitaines de navires ; à moins qu'il ne fût arrivé à temps pour choisir de nouveau ce même havre ou galet. De sorte que sans cela il ne pourroit réclamer ces mêmes choses comme lui appartenantes, ni sous ce prétexte demander la préférence de ce havre, parce que ce seroit lui attribuer en quelque sorte un droit de propriété ou de possession exclusive sur des terreins dont notre Ordonnance, en vue d'exciter l'ardeur des pêcheurs, a voulu que le choix appartint indistinctement chaque année, à ceux qui arriveroient les premiers, avec pleine & entiére faculté de se servir des établissemens qu'ils y trouveroient.

Par la même raison qu'il y va de l'intérêt & de l'avantage de la pêche, je ne croirois point qu'il fût permis à ceux qui se seroient servis de ces établissemens, même à ceux qui les auroient faits, de les ruiner en se retirant de la pêche, pour empêcher d'autres d'en profiter.

ARTICLE VIII.

LEur défendons pareillement de s'emparer des chaloupes échouées sur le galet, ou laissées dans la petite riviere de la baye des molues, sans un pouvoir spécial des propriétaires des chaloupes, à peine d'en payer le prix & de cinquante livres d'amende.

IL n'en est pas des chaloupes qui ne peuvent pas être censées destinées à un havre ou galet, plutôt qu'à un autre, comme des autres objets compris dans l'article précédent. Elles ne sont pas censées abandonnées au premier venu; on présume qu'elles n'ont été laissées que parce que ceux à qui elles appartiennent n'ont pas pu faire autrement, ou que leur intention a été en tout cas, de s'en servir à leur retour pour une autre pêche, ce qui est assez ordinaire. Lamare *loc. cit. fol. 57 col. 1a. in fine.* C'est pour cela qu'il est défendu aux pêcheurs de s'en emparer sans un pouvoir spécial des propriétaires, à peine d'en payer la valeur & de 50 liv. d'amende. Et rien n'est plus juste, puisque les propriétaires de ces chaloupes en conservant leur droit de propriété & la faculté d'en disposer, n'empêchent pas ceux qui ont fait choix des havres où elles se trouvent, d'y faire librement leur pêche.

ARTICLE IX.

SI toutes fois les propriétaires des chaloupes ne s'en servent, ou n'en ont point disposé, ceux qui en auront besoin, pourront par la permission du capitaine le premier arrivé, s'en servir pour faire leur pêche, à condition d'en payer à leur retour les loyers aux propriétaires.

L'Exception que fait cet article est fondée sur le droit de convenance & d'équité. Le propriétaire de la chaloupe n'étant pas sur le lieu pour s'en servir, ou n'en ayant pas disposé; par quelle raison seroit-il défendu à un maître qui en auroit besoin, pour avoir perdu la sienne ou autrement, de s'en servir avec l'agrément du capitaine le premier arrivé, qui est l'Amiral ou maître du galet? Mais c'est à condition d'en payer au retour, le loyer au propriétaire; & rien n'est plus juste. J'ajouterois même ou de lui en payer la valeur à estimation, s'il l'a perdue dans l'usage qu'il en a fait, de quelque maniére que la perte soit arrivée.

Au surplus si le propriétaire n'étoit pas connu, il n'en seroit pas des chaloupes ainsi laissées & sans maître, comme des sels, huiles & échaffauds dont il est parlé dans l'art. 7 ; c'eſt-à-dire, qu'elles n'appartiendroient pas tout de même au premier occupant, & le Commentateur qui a penſé le contraire n'a pas pris garde aux deux articles qui ſuivent.

ARTICLE X.

LE capitaine ou maître qui ſe ſaiſira de quelques chaloupes, ſera tenu de mettre entre les mains du maître qui lui en aura donné la permiſſion, ou en ſon abſence en celles du capitaine établi ſur le galet voiſin, un état contenant le nombre des chaloupes, avec ſa ſoumiſſion, d'en payer le loyer, même de les remettre au propriétaire, s'il arrive à la côte, & à tout autre ayant pouvoir de lui.

SAns les précautions indiquées par cet article, un maître de navire qui ſe ſaiſiroit de quelques chaloupes pourroit ſe les approprier impunément, du moins dans le cas que le propriétaire ne ſeroit pas connu.

Pour prévenir cet abus, il eſt ordonné ici à ce maître de navire, de mettre entre les mains du maître du galet, ou du capitaine qui le repréſente en ſon abſence, un état contenant le nombre des chaloupes dont il aura eu permiſſion de ſe ſervir, avec ſoumiſſion de ſa part d'en payer le loyer aux propriétaires, même de les leur remettre s'ils arrivent à la côte, ou à ceux qui ſeront porteurs de leurs ordres.

Ceci au reſte doit s'entendre ſous les peines portées par l'art. 8 ci-deſſus en cas de contravention.

ARTICLE XI.

SEra auſſi tenu après ſa pêche, de remettre en lieu de ſûreté les chaloupes, & d'en tirer certificat du même capitaine, s'il eſt ſur le lieu, ſinon d'en prendre atteſtation d'un autre étant encore à la côte.

IL s'enſuit de là qu'en aucun cas, les chaloupes laiſſées ſur le lieu de la pêche, ne peuvent jamais appartenir au premier occupant, puiſque le maître qui les a trouvées & qui s'en eſt ſervi, en prenant les précautions ci-deſſus indiquées, eſt obligé après ſa pêche, de les mettre en lieu de ſûreté & d'en tirer un certificat du maître du galet ou de ſon repréſentant ; c'eſt-à-dire du capitaine qui ſe trouve le premier arrivé de ceux qui reſtent encore à la côte, après que les premiers s'en ſont retirés.

Au moyen de ce certificat, le maître de navire qui s'eſt ſervi des chaloupes d'autrui, n'eſt plus reſponſable des accidens qui peuvent leur arriver, & il n'en doit que le loyer aux propriétaires. Mais ſi les propriétaires ſont abſolument inconnus, le loyer sera-t'il dû & partagé comme le fruit d'une épave ? Il semble que non par argument de l'art. 7, & que c'est là une bonne fortune pour le maître de navire, qui ne doit pas plus lui être enviée qu'à celui qui a trouvé des sels, des huiles & des échaffauds sur son galet. La faveur de cette pêche l'exige de la sorte. Cependant ce maître dans le même cas que le propriétaire de la cha oupe soit inconnu, ne peut pas l'appliquer à son profit ; il est tenu de la mettre en sûreté, afin qu'elle puisse servir à d'autres dans la suite ; & s'il y manque, il sera sujet pour le moins à l'amende de 50 liv. portée par l'art. 8 ci-dessus ; on pourroit dire même qu'alors l'amende devroit être de la valeur de la cha oupe.

ARTICLE XII.

ENjoignons au capitaine du premier navire arrivé aux côtes de Terre-Neuve ou dans la baye de Canada, de dresser procès verbal de toutes les contraventions aux articles ci-dessus, de le signer & faire signer par les principaux Officiers de son équipage, & de le mettre à son retour entre les mains des Juges de l'Amirauté, pour y être pourvu.

C'Est encore ici un des priviléges du maître du galet, autrement de l'Amiral de la pêche ; mais en même temps, c'est aussi une obligation qui lui est imposée de dresser procès verbal de toutes les contraventions aux articles ci dessus ; lequel procès verbal il doit signer & le faire signer par les principaux officiers de son équipage, & le remettre à son retour entre les mains des Juges de l'Amirauté pour y être pourvu. Ce qui s'entend à la Requête, poursuite & diligence du Procureur du Roi de l'Amirauté, contre les contrevenans domiciliés dans le district de la même Amirauté. Et à l'égard des justiciables de quelque autre Amirauté, à la diligence du Procureur du Roi tout de même dans chaque Amirauté ; à l'effet desquelles poursuites, le Procureur du Roi du Siége où le procès verbal aura été déposé, leur en enverra des expéditions en forme, pour servir de piéce de conviction contre les contrevenans.

ARTICLE XIII.

DÉfendons à tous maîtres de navires, faisant la pêche des molues sur le banc de Terre-Neuve ou dans la baye de Canada, de faire voile pendant la nuit, à peine de payer le dommage qu'ils pourroient causer en cas qu'ils abordent quelque vaisseau, quinze cens livres d'amende, & de punition corporelle, s'il arrive perte d'homme dans l'abordage.

LES motifs de cet article y sont suffisamment expliqués c'est pour prévenir les abordages qui seroient comme inévitables, & le dommage qui en résulteroit, s'il étoit permis aux capitaines de navires de quitter la pêche & de faire voile pendant la nuit.

C'est dans le même esprit que dans l'art. 5 tit. 8 du liv. 4 ci-dessus, il est décidé, que quand un vaisseau en rade, voudra faire voile pendant la nuit, le maître sera tenu, dès le jour précédent, de se mettre en lieu propre pour sortir, de maniére qu'il le puisse faire sans aborder ou faire dommage à aucun de ceux qui seront en même rade; & si dans le cas de la pêche des morues, il est défendu indistinctement de faire voile durant la nuit, sans laisser la liberté au maître du navire de s'écarter & mettre en lieu propre à éviter tout abordage; c'est que cela n'est pas moralement pratiquable, attendu que les navires tant qu'ils sont à la pêche, sur-tout sur le grand banc, ne sont pas à l'ancre & qu'ils dérivent continuellement.

Le danger étant donc manifeste en laissant la pêche & faisant voile pendant la nuit; c'est pour cela que la peine prononcée par cet article est beaucoup plus grande que celle portée par ledit article 5 du tit. des rades, puisque au lieu d'une amende arbitraire, il est question ici d'une amende de 1500 liv. & même de punition corporelle, s'il arrive perte d'homme dans l'abordage.

Mais de ce qu'il est défendu aux pêcheurs de morues de faire voile indistinctement durant la nuit, il ne s'ensuit pas de même qu'il ne leur soit pas permis non plus de s'arrêter & jetter l'ancre. Il faut dire au contraire qu'ils le peuvent à l'exemple des pêcheurs de hareng qui pêchent aussi en ligne & en dérivant; mais c'est à condition de se retirer si loin du lieu de la pêche, qu'il n'en puisse arriver aucun dommage, conformément à la disposition de l'art. 4 du tit. précédent.

Le Commentateur à la suite de cet article renvoye sur le fait de la pêche des morues à un Arrêt du Conseil du 3 Mars 1685. Il s'est trompé, il n'y a point d'Arrêt de cette date; mais seulement du 3 Mars 1684, il est rapporté sur l'art. deux ci-dessus.

Pour prévenir aussi le danger du feu, par Ordonnance du Roi du 23 Juillet 1737, il est défendu aux gens de mer des équipages des navires destinés pour la pêche de la morue, d'embarquer des paillasses ni autres meubles, où il y ait de la paille, foin ou autres herbes séches, à peine de 50 liv. d'amende, dont la moitié applicable au dénonciateur. Ce qui a donné lieu à cette Ordonnance, c'est qu'un navire avoit été récemment consumé par les flammes à la rade de St. Malo, au moyen d'une paillasse où le feu avoit pris.

En temps de paix, il a toujours été libre d'aller à la pêche de la morue, comme à toute autre pêche, sans en obtenir une permission spéciale du Roi; mais en temps de guerre ç'a été souvent autre chose par rapport à cette pêche, à cause du danger où étoient les pêcheurs d'être pris par les ennemis dans ces parages éloignés.

De-là la précaution jugée nécessaire de leur donner des escortes. Dans l'origine c'étoit M. l'Amiral qui fournissoit ces escortes. Les preuves en sont rapportés sur l'art. 5 tit. des loyers des matelots, qui est le 4e. du liv. 3 ci-dessus, & sur le tit. 1er. du présent liv. Depuis le rétablissement de la charge d'Amiral, il n'y a plus eu d'escorte, qu'avec les vaisseaux du Roi.

Avant que Louis XIV. eût porté la marine Royale au degré de force, où il s'étoit proposé de la faire monter, ces escortes ne furent pas pleinement gratuites. En ce qui concerne la pêche de la morue, les capitaines des navires qui y alloient, étoient obligés de payer 3 liv. par tonneau du port de leurs vaisseaux, entre les mains du Trésorier général de la Marine, qui leur délivroit en conséquence des passeports du Roi, sans lesquels il ne leur étoit pas permis d'aller à cette pêche; & s'ils étoient rencontrés en mer, par le capitaine commandant les vaisseaux d'escorte, sans en être munis, leurs navires étoient sujets à confiscation. C'est ce qui résulte de l'Arrêt du Conseil du 27 Novembre 1675, confirmatif de deux Ordonnances des 8 & 11 Février de la même année, & renouvellé par autre Arrêt du Conseil du 2 Janvier 1677.

Il ne paroît pas que depuis cette époque, Louis XIV. ait renouvellé cette imposition de 3 liv. par tonneau, ni aucune autre pour droit d'escorte, quoiqu'il ait continué de fournir des vaisseaux d'escorte, & ensuite d'avoir des vaisseaux en croisiére pour la garde des côtes, tant en Europe qu'en Amérique; ce qui protégeoit le commerce & la pêche plus efficacement encore que les convois.

Les convois ont été remis en usage dans la derniere guerre, terminée par la paix d'Aix la Chapelle en 1748; sur quoi voir les observations sur ledit art. 5 du tit. des loyers des matelots. Les vaisseaux qui en profitoient étoient obligés de payer 4 pour cent de la valeur de leur cargaison pour l'aller, & autant pour le retour; mais cela ne regardoit que le commerce des Isles de l'Amerique, & nullement les vaisseaux qui alloient à la pêche de la morue, à l'Isle Royale ou en Canada. Ils n'étoient sujets à aucune imposition quoiqu'ils fussent souvent escortés par des vaisseaux du Roi.

ARREST DU CONSEIL D'ÉTAT

DU ROI,

Qui ordonne qu'à commencer du jour de la publication du présent Arrêt il sera délivré par les Commis du Trésorier Général de la Marine, en chacune des villes de la Rochelle, Bordeaux, Nantes, Saint Brieu. Saint Malo & le Havre de Grace, des Passeports de Sa Majesté, à tous capitaines & maîtres de vaisseaux que ses sujets envoyeront à la pêche des molues ès mers de Terre-Neuve & autres Isles & Terres de l'Amérique Septentrionale.

Du 2 Janvier 1677.

Extrait des Registres du Conseil d'État.

LE Roi ayant par Arrêt de son Conseil du 27 Novembre 1675, ordonné qu'il seroit délivré par les Commis du Trésorier de la Marine, en chacune des villes de la *Rochelle*, Bordeaux, Nantes, Saint Brieu, Saint Malo & le Havre de Grace, des passeports de Sa Majesté aux vaisseaux que ses sujets envoyeroient à la pêche des molues ès mers de Terre-Neuve & autres Isles & Terres de l'Amérique Septentrionale, en payant trois livres par tonneau du port desdits vaisseaux pour être employée à l'armement des vaisseaux de guerre destinés pour la sûreté de ladite pêche. Et voulant continuer de donner la même escorte auxdits vaisseaux, en faisant payer lesdites trois livres par tonneau pour servir au même armement qu'Elle a résolu pour

ARREST
DU CONSEIL D'ÉTAT
DU ROI,

Qui accorde des Encouragemens à ceux des Négocians qui enverront des Morues sèches, de pêche françoiſe, dans les îles du Vent de l'Amérique.

Du 31 Juillet 1767.

Extrait des Regiſtres du Conſeil d'État.

LE ROI s'étant fait repréſenter l'arrêt rendu en ſon Conſeil le 6 juin 1763, par lequel Sa Majeſté, en rétabliſſant ſur le poiſſon de pêche étrangère, les droits fixés par les anciens règlemens, auroit accordé au poiſſon de pêche françoiſe, une préférence ſur celui de pêche étrangère dans la conſommation intérieure: Et Sa Majeſté deſirant étendre le commerce de la pêche nationale, & encourager le tranſport des Morues sèches qui en proviendront dans les Isles & Colonies françoises en Amérique : Ouï le rapport du sieur Del'Averdy, Conseiller ordinaire, & au Conseil royal, Contrôleur général des finances; LE ROI ÉTANT EN SON CONSEIL, a ordonné & ordonne ce qui suit :

ARTICLE PREMIER.

IL sera accordé aux Armateurs & Négocians françois, pendant le cours & espace de six années, à compter du 1.er Juillet 1767, une gratification de vingt-cinq sous par quintal de morues sèches qu'ils transporteront, soit des ports de France, soit des lieux où ils auront fait leur pêche, dans les Isles françoises du Vent, à condition que lesdites morues sèches seront de pêche françoise. Défend Sa Majesté à tous Négocians & Armateurs, d'y transporter aucun poisson de pêche étrangère; comme aussi à tous Capitaines de navires françois pêcheurs, de prendre du poisson de pêche étrangère, à peine de confiscation des navires & cargaisons, & de trois mille livres d'amende argent de France, contre le Capitaine; lequel sera détenu à ses frais dans les prisons, jusqu'à parfait payement de ladite somme, & sera au surplus déclaré incapable de commander aucun navire.

II.

LES Capitaines des navires qui porteront leur morue directement du lieu de la pêche aux îles du Vent, seront tenus simplement d'en faire tant au greffe de l'Amirauté qu'au bureau du Domaine du lieu où ils aborderont, leur déclaration par écrit & signée d'eux, contenant la quantité de morue sèche qu'ils auront apportée, & ils se conformeront au surplus aux formalités qui devront être remplies auxdites Isles & qui seront prescrites ci-après. A l'égard de ceux qui chargeront des morues dans les ports de France pour les porter aux îles du Vent, ils seront tenus, pour jouir de la gratification accordée par l'article I.er de faire leur déclaration au bureau des Fermes du port de leur départ, de la quantité de morue sèche qu'ils porteront auxdites Iſles, & de repréſenter à leur arrivée auxdites Iſles, le congé qui leur aura été délivré dans le port de France d'où ils ſeront partis.

I I I.

Il ſera tenu au greffe de l'Amirauté un regiſtre particulier, coté & paraphé par le Juge de l'Amirauté; & au bureau du Domaine, pareil regiſtre, coté & paraphé par le ſieur Intendant, ou celui qui le repréſentera, pour y tranſcrire leſdites déclarations, enſemble les congés délivrés dans le port du départ de France, leſquelles déclarations ſeront encore ſignées & certifiées ſur leſdits regiſtres, par ceux qui les auront faites; après lequel enregiſtrement ainſi fait, les Officiers de l'Amirauté, enſemble le Commis du Domaine ſe tranſporteront ſur le port & dans leſdits navires, pour être préſens à la décharge, vérification & peſée des morues sèches apportées ſur leſdits navires.

I V.

Après leſdites décharge, vérification & peſée, le Greffier de l'Amirauté, délivrera au Capitaine ou Armateur dudit navire, une expédition par *triplicata* dans la forme ci-après, contenant la déclaration qu'il aura faite, & la quantité de morues sèches qu'il aura débarquées; laquelle ſera certifiée & ſignée, tant par le Greffier de l'Amirauté, que par les Commis du Domaine, le tout ſous peine de nullité & de privation de la gratification; & il ſera payé argent de France, par chaque Capitaine, ſavoir, ſix livres au Juge pour viſite à bord, quatre livres au Procureur du Roi, & neuf livres au Greffier pour expéditions & vacations, ſans que leſdits Officiers puiſſent prétendre rien au-delà à quelque titre que ce puiſſe être.

V.

Dans les ports deſdites îles, où il n'y auroit point de

bureau du Domaine, la déclaration prescrite par l'article II, sera seulement faite aux Officiers de l'Amirauté, dont le Greffier délivrera l'expédition prescrite par l'article précédent, après qu'il aura été procédé en leur présence à la décharge, vérification & pesée desdites morues sèches.

V I.

Les Capitaines ou Armateurs desdits navires, remettront au bureau des fermes du port de leur départ, les expéditions ou certificats qui leur auront été délivrés en conformité des deux articles précédens; lesquelles expéditions seront par eux certifiées véritables, & il leur en sera donné une reconnoissance au pied de copie, par le Directeur ou le Receveur des fermes, qui en enverra les originaux à l'Adjudicataire général des fermes, pour en faire l'examen; &, si lesdites expéditions se trouvent en règle & revêtues des formalités prescrites par les articles précédens, Veut Sa Majesté que ledit Adjudicataire leur fasse payer dans le port de leur départ, le montant de la gratification, à raison de vingt-cinq sous par quintal, & ce dans six mois au plus tard, après la remise des expéditions au bureau des fermes par lesdits Capitaines ou Armateurs.

V I I.

En rapportant, par ledit Adjudicataire général des fermes, les expéditions ou certificats ordonnés par les articles IV & V du présent arrêt, & les quittances des Capitaines ou Armateurs, justificatives du montant de la gratification qui leur aura été payée, il lui sera tenu compte chaque année desdites sommes sur le prix de son bail. Mande Sa Majesté à Monf. le Duc de Penthièvre, Amiral de France; & enjoint aux Gouverneurs, Lieutenans généraux & Intendans des îles du Vent, ou à ceux qui les représenteront; aux Officiers des Amirautés, tant des ports de France que desdites Isles; & à tous autres qu'il appartiendra, de tenir la main à l'exécution du présent arrêt. FAIT au Conseil d'État du Roi, Sa Majesté y étant, tenu à Compiegne le trente-un juillet mil sept cent soixante-sept. *Signé* CHOISEUL DUC DE PRASLIN.

LE DUC DE PENTHIÈVRE, Amiral de France, Gouverneur & Lieutenant général pour le Roi en sa province de Bretagne.

VU l'arrêt du Conseil ci-dessus & des autres parts, à nous adressé: MANDONS à tous ceux sur qui notre pouvoir s'étend, de l'exécuter & faire exécuter chacun en droit soi, suivant sa forme & teneur: Ordonnons aux Officiers des Amirautés, tant des ports de France que des Colonies, de le faire enregistrer au greffe de leur siége. FAIT à Compiege le vingt août mil sept cent soixante-sept. *Signé* L. J. M. DE BOURBON. *Et plus,* Par son Altesse Sérénissime. *Signé* DE GRANDBOURG.

POUR LE ROI. { *Collationné à l'original, par nous Écuyer, Conseiller-Secrétaire du Roi, Maison, Couronne de France & de ses finances.*

MODÉLE de la Déclaration à faire, tant au greffe de l'Amirauté, qu'au bureau du Domaine, par les Capitaines ou Armateurs qui débarqueront des Morues sèches dans les îles du Vent.

JE soussigné *Capitaine du navire* *le* *au port de* *tonneaux, armé à par le ſieur Négociant de ladite ville, déclare être parti dudit port, le & être arrivé a le avec morues sèches, provenantes de pêche françoiſe; ce que je certifie véritable. A le mil ſept cent* Signé

MODÉLE de l'Expédition à délivrer en conſéquence de ladite déclaration, par les Commis du bureau du Domaine, aux îles du Vent.

Nous ſouſſignés Receveur & Contrôleur du bureau du Domaine a certifions que ſur la déclaration qui nous a été faite le par le ſieur Capitaine du navire le du port de tonneaux, armé a par le ſieur Négociant de ladite ville, & abordé a nous nous ſommes transportés à bord dudit navire, & avons aſſiſté à la décharge & peſée deſdites morues sèches, montant à ce que nous certifions véritable. A le mil ſept cent

Signé

En ſuite doit être le Vu ci-après.

VU par nous, Greffier de l'Amirauté, & certifié conforme à la déclaration qui nous a été faite le & portée ſur le regiſtre tenu à cet effet, ainſi qu'au procès-verbal de vérification d'icelle, dreſſé par Officier de l'Amirauté, & pareillement dépoſé à notre greffe le mil ſept cent

Signé

MODÉLE de l'Expédition à délivrer en conſéquence de ladite déclaration, par le Greffier de l'Amirauté, dans les ports où il n'y aura point de bureau du Domaine.

NOUS ſouſſignés Greffier de l'Amirauté de certifions que ſur la déclaration faite en notre greffe le par le ſieur Capitaine du navire le du port de tonneaux, armé a par le ſieur Négociant de ladite ville, parti dudit port le & abordé a le nous nous ſommes tranſportés à bord dudit navire, avec M.rs Juges de l'Amirauté, où nous avons aſſiſté à la décharge & peſée deſdites Morues sèches, montant à quintaux: Ce que nous certifions véritable & conforme, tant à la déclaration qui nous en a été faite, & portée ſur le regiſtre tenu à cet effet en notre greffe, qu'au procès-verbal de vérification d'icelle, qui en a été dreſſé par les ſieurs & pareillement dépoſé en notre greffe. A le mil ſept cent

Signé

A PARIS,
DE L'IMPRIMERIE ROYALE.
M. DCCLXXVI.

ARREST
DU CONSEIL D'ÉTAT DU ROI,

Qui accorde pendant six années, à compter du 1.er Juillet prochain, une gratification de Vingt-cinq sous par quintal de Morues sèches de pêche Françoise, qui seront transportées dans les Isles françoises.

Du 19 Mai 1775.

Extrait des Registres du Conseil d'État.

LE ROI s'étant fait représenter l'arrêt rendu en son Conseil le 31 juillet 1767, par lequel Sa Majesté, dans la vue d'étendre le commerce de la pêche nationale, & d'encourager le transport des morues sèches qui en proviendroient, dans les Isles & Colonies françoises de l'Amérique, auroit accordé aux Armateurs & Négocians françois, pendant le cours & espace de six années, à compter du 1.er Juillet 1767, une gratification de Vingt-cinq sous par quintal de morues sèches, qu'ils transporteroient, soit des ports de France, soit des lieux où ils auroient fait leur pêche, dans les Isles françoises du Vent, à condition que lesdites morues sèches seroient de pêche françoise; laquelle gratification leur feroit payée par l'Adjudicataire général des fermes, en fe conformant aux formalités prefcrites par ledit arrêt; & auroit en même temps défendu à tous Négocians & Armateurs, d'y tranfporter aucun poiffon de pêche étrangère; comme auffi à tous Capitaines de navires françois-pêcheur, de prendre du poiffon de pêche étrangère, fous les peines énoncées audit arrêt. Sa Majefté étant informée que cette gratification, dont le terme eft expiré, eft encore néceffaire pour exciter le zèle de ceux qui s'adonnent à cette pêche, & defirant leur donner une nouvelle marque de fa protection, & les encourager à fuivre de plus en plus un commerce auffi important: Ouï le rapport du fieur Turgot, Confeiller ordinaire au Confeil royal, Contrôleur général des finances; LE ROI ÉTANT EN SON CONSEIL, renouvelle & continue pour le temps & efpace de fix années, à compter du 1.er Juillet prochain, la gratification de Vingt-cinq fous par quintal de morues sèches, accordée par l'arrêt du Confeil du 31 juillet 1767: Veut en conféquence Sa Majefté, que ladite gratification foit payée de la même manière, avec les mêmes formalités & aux mêmes conditions prefcrites par ledit arrêt du 31 juillet 1767, qui continuera à être exécuté fuivant fa forme & teneur. MANDE Sa Majefté à Monf. le Duc de Penthièvre, Amiral de France: MANDE & ordonne aux Gouverneurs, Lieutenans généraux & Intendans des Ifles du Vent, ou à ceux qui les repréfenteront, enfemble aux Confeils fupérieurs defdites Ifles, de tenir la main à l'exécution du préfent arrêt, qui fera enregiftré, lû, publié & affiché par-tout où befoin fera, afin que perfonne n'en prétende caufe d'ignorance. FAIT au Confeil d'État du Roi, Sa Majefté y étant, tenu à Verfailles le dix-neuf mai mil fept cent foixante-quinze. *Signé* DE SARTINE.

LE DUC DE PENTHIÈVRE, Amiral de France.

VU l'arrêt du Confeil d'État du Roi ci-deffus & des autres parts, à nous adreffé: MANDONS à tous ceux fur qui notre pouvoir s'étend, de l'exécuter & faire exécuter felon fa forme & teneur. Ordonnons aux Officiers d'Amirauté des Isles du Vent, de le faire enregistrer aux greffes de leurs siéges, lire, publier & afficher par-tout où besoin sera. FAIT à Paris le vingt-sept mars mil sept cent soixante-seize. *Signé* L. J. M. DE BOURBON. *Et plus bas,* Par son Altesse Sérénissime. *Signé* DE GRANDBOURG.

A PARIS,
DE L'IMPRIMERIE ROYALE.

M. DCCLXXVI.

our l'année présente : Sa Majesté étant en son Conseil a ordonné & ordonne qu'à commencer du jour de la publication du présent Arrêt, fera délivré par les Commis du Trésorier général de la Marine, en chacune des villes de la Rochelle, Bordeaux, Nantes, Saint Brieu, Saint Malo & le Havre de Grace, des passeports de Sa Majesté, à tous les capitaines & maîtres des vaisseaux que ses sujets envoyeront à la pêche des molues ès mers de Terre-Neuve & autres Isles & Terres de l'Amérique Septentrionale, en payant trois livres pour chacun tonneau du port desdits vaisseaux, pour être employées à l'armement & équipement des vaisseaux de guerre, que Sa Majesté a destinés pour l'escorte & la sûreté de ladite pêche ; lesquels passeports seront représentés au capitaine commandant lesdits vaisseaux qu'Elle envoyera audit pays, par les maîtres & capitaines desdits vaisseaux qui iront à ladite pêche ; & à faute de ce faire, ceux qui seront rencontrés en mer sans être munis desdits passeports, seront ramenés dans les ports du Royaume, sans souffrir qu'ils fassent ladite pêche, pour être procedé à la confiscation d'iceux. Enjoint Sa Majesté aux Officiers de l'Amirauté de tenir la main à l'exécution du présent Arrêt, en leur faisant défenses de délivrer les congés & permissions nécessaires aux maîtres & capitaines desdits vaisseaux qu'après qu'ils leur auront fait apparoir des passeports de Sa Majesté, & de la quittance de payement de ladite somme entre les mains desdits Commis. Fait au Conseil d'Etat du Roi, Sa Majesté y étant, tenu à Saint Germain en Laye le deuxiéme jour de Janvier mil six cens soixante-dix-sept. *Signé*, COLBERT.

LOUIS, par la grace de Dieu Roi de France & de Navarre : A nos chers & bien amés les Officiers de l'Amirauté de Ponant, Salut. Ayant par l'Arrêt dont l'extrait est-ci attaché sous le contre-scel de notre Chancellerie, ce jourd'hui donné en notre Conseil d'Etat, Nous y étant, ordonné qu'à commencer du jour de la publication dudit Arrêt, il sera délivré par les Commis du Trésorier général de la Marine en chacune des villes de la Rochelle, Bordeaux, Nantes, Saint Brieu, Saint Malo & le Havre de Grace, de nos passeports à tous les capitaines & maîtres des vaisseaux que nos sujets envoyeront à la pêche des molues ès mers de Terre-Neuve & autres Isles & Terres de l'Amérique Septentrionale, en payant trois livres par chacun tonneau du port desdits vaisseaux, pour être employées à l'armement & équipement des vaisseaux de guerre que Nous avons destinés pour l'escorte & la sûreté de ladite pêche. A ces causes, Nous vous mandons & ordonnons de tenir la main à l'exécution ponctuelle dudit Arrêt, & de le faire publier & afficher par tout où besoin sera. Commandons au premier notre Huissier ou Sergent sur ce requis, de faire tous actes & exploits nécessaires pour cet effet, sans pour ce demander autre permission : Car tel est notre plaisir. Donné à Saint Germain en Laye le deuxiéme jour de Janvier l'an de grace mil six cent soixante-dix-sept, & de notre regne le trente-quatriéme. *Signé*, LOUIS. *Et plus bas*, Par le Roi, COLBERT. Et scellé du grand Sceau.

ORDONNANCE DU ROI,

Qui défend aux gens de mer de l'équipage des navires destinés pour la pêche de la morue, d'embarquer des paillasses, ni autres meubles où il y ait de la paille, foin ou autres herbes seches.

Du 23 Juillet 1737.

DE PAR LE ROI.

SA Majesté étant informée qu'il s'est introduit dans quelques ports de son Royaume, l'usage d'embarquer des paillasses sur les navires destinés pour la pêche de la morue, ce qui a été cause qu'un vaisseau a été consumé par les flammes cette année, à la rade de St. Malo : et estimant convenir au bien du commerce de ses sujets, d'empêcher qu'il n'arrive à l'avenir de pareils accidens, Elle fait très-expresses inhibitions & défenses aux matelots & autres gens de mer, des équipages des navires destinés pour la pêche de la morue, d'embarquer pour leur usage aucunes paillasses, ni autres meubles dans lesquels il y ait de la paille ou du foin, ou autres herbes seches ; le tout à peine contre chacun des contrevenans, de cinquante livres d'amende, dont la moitié applicable au dénonciateur. Mande & ordonne Sa Majesté à Monf. le Comte de Toulouse Amiral de France, Gouverneur & Lieutenant général de la Province de Bretagne, & aux Intendans de la Marine & des Classes, de tenir la main, chacun en droit soi, à l'exécution de la présente Ordonnance, qui sera regiftrée aux Greffes des Amirautés, lûe, publiée & affichée par tout où besoin sera. Fait à Versailles le vingt-troisiéme Juillet mil sept cent trente-sept. *Signé*, LOUIS. *Et plus bas*, PHELYPEAUX

TITRE VII.

DES POISSONS ROYAUX.

'On mettoit autrefois au rang des poiſſons royaux, non-ſeulement ceux qui ſont déclarés tels par le premier article de ce titre ; mais encore les turbots les vives, les ſurmeuillets ou barbarins ; les haubars, haubins ou loubines, & généralement tous les poiſſons qui par leur rareté ou la délicateſſe de leur goût ſont dignes de la table du Roi, & y ſont ordinairement ſervis. Cleirac ſur l'art. 37 des jugemens d'Oleron. Lamare tr. de la police tom. 3, liv. 5, tit. 26, ch. 4, ſect. 7 *fol.* 46 *col.* 2ª. *in fine.* Le Dictionnaire de Trevoux *verbo* poiſſon.

ARTICLE PREMIER.

DÉclarons les dauphins, eſturgeons, ſaumons & truites, être poiſſons royaux, & en cette qualité nous appartenir, quand ils ſont trouvés échoués ſur le bord de la mer, en payant les ſalaires de ceux qui les auront rencontrés & mis en lieu de ſûreté.

IL vient d'être dit, qu'autrefois les poiſſons royaux étoient en plus grand nombre ; mais ici ils ſont reſtreints aux quatre eſpéces qui y ſont indiquées, & qui ſont les dauphins, les eſturgeons ou créacs, les ſaumons & les truites.

Ces poiſſons au reſte ne ſont déclarés royaux qu'à l'effet d'appartenir au Roi ſeul, quand ils ſont trouvés échoués ſur le bord de la mer ; de maniére que ni les Seigneurs de Normandie, ni M. l'Amiral ſur les autres côtes du Royaume, n'y peuvent rien prétendre à titre d'épave, ni même celui qui les a trouvés ſur le rivage. Il a droit ſimplement de prétendre le payement de ſon ſalaire & les frais qu'il a faits pour mettre ces poiſſons en ſûreté.

Mais ſi ces poiſſons ont été pris ou trouvés en pleine mer, ils appartiennent alors à ceux qui les ont pêchés, ſans que le Roi ou ſes Fermiers y puiſſent prétendre aucun droit, ſous quelque prétexte que ce ſoit. C'eſt la diſpoſition de l'art. 3 ci-après. Il ne parle pas à la verité du cas, où ces poiſſons ſont trouvés ſur les flots en pleine mer ; mais il eſt exprimé dans le 42ᵉ. du tit. des naufrages, en ces termes, *ni ſur les poiſſons gras & autres qui ſeront conduits & chaſſés* ſur les gréves *par l'induſtrie des pêcheurs.*

Au moyen de cette exception, jamais dans cette Amirauté il ne s'eſt préſenté de cas où l'on pût faire application de la diſpoſition de cet article, parce qu'on a toujours ſuppoſé que ces poiſſons avoient été pris en pleine mer, ou trouvés ſur les flots, & qu'à défaut de preuve contraire, il a fallu en paſſer par là, comme il a été obſervé ſur l'art. 29 du même tit. des naufrages.

L'eſturgeon eſt auſſi un poiſſon royal en Angleterre, comme le prouve Lamare tr. de la police tom. 3 liv. 5 tit. 24 ch. 5 ſect. 1re. *fol.* 20 *col.* 1a.

ARTICLE II.

LEs baleines, marſoins, veaux de mer, thons, ſouffleurs & autres poiſſons à lard, échoués & trouvés ſur les gréves de la mer, ſeront partagés comme épaves, & tout ainſi que les autres effets échoués.

AInſi, outre les poiſſons dénommés expreſſément dans cet article, tous ceux de grande eſpéce, dont on peut tirer de la graiſſe ou de l'huile, ſont des poiſſons à lard, dans le cas par conſéquent d'être partagés comme épaves, lorſqu'ils ſont trouvés échoués ſur les gréves de la mer.

C'eſt-à-dire que, conformément à l'article 29 du tit. des naufrages ci-deſſus, il en appartiendra un tiers à ceux qui les auront trouvés, & les deux autres tiers ſeront dévolus également au Roi ou à ceux à qui il aura cédé ſon droit, & à M. l'Amiral.

Il n'y a d'exception à cela, qu'en faveur des Seigneurs de Normandie, dont les Fiefs confinent au bord de la mer, à cauſe de leur ancien droit de Varech, que la préſente Ordonnance leur a conſervé dans le même tit. des naufrages qui vient d'être cité, art. 37 & ſuiv. *ubi vide notata.* Il y a été obſervé entr'autres choſes, ſur l'art. 42, qu'excepté les poiſſons royaux, tous les autres à lard ou d'une autre eſpéce, qui ſont trouvés échoués ſur le rivage, ou à ſi peu de diſtance qu'un homme à cheval y puiſſe toucher avec ſa lance, appartiennent pour le tout au Seigneur du lieu, à la charge ſeulement de payer les frais de ſauvement. Mais ſi ces poiſſons ont été trouvés ſur les flots & conduits ſur le rivage, par l'induſtrie des pêcheurs, le Seigneur n'y peut rien prétendre, ſous prétexte que ces poiſſons auroient pu naturellement être jettés par les flots ſur la côte.

Les art. 37 & ſuiv. des jugemens d'Oleron, partageoient les poiſſons à lard échoués ſur le rivage, entre ceux qui les avoient trouvés & le Seigneur du pays, ſuivant la coutume de chaque lieu. Les formalités qu'il falloit obſerver à ce ſujet y ſont exactement marquées, & les frais, conformément à l'équité & à la juſtice, devoient être pris ſur la choſe, afin que le Seigneur en ſupportât ſa part. Il en étoit de même des autres choſes échouées ſur le rivage, quoiqu'elles fuſſent de nature à avoir appartenu à quelqu'un, pourvu néanmoins qu'elles ne fuſſent pas préſumées provenir du naufrage de quelque navire; auquel cas ni le Seigneur ni l'inventeur, n'en pouvoient rien retenir *ſans encourir le jugement de Dieu*, & devoient en employer le prix, en œuvres pies, conformément à l'art. 30 auquel renvoye l'art. 43 qui contient cette déciſion ſinguliére.

C'étoit d'un côté passer le but, & mettre la vertu à une trop rude épreuve; comme il a été observé dans le préambule sur le titre des naufrages; & d'un autre côté ne pas faire attention que le droit de naufrage & d'épave maritime étant du nombre des droits régaliens, nul Seigneur ne pouvoit en jouir, sans concession du Roi, que par usurpation; titre incapable de légitimer une possession par quelque temps que ce fût.

Au sujet des baleines, il est à remarquer encore à l'avantage des François, que ce sont les Basques qui en ont inventé & pratiqué les premiers la pêche, de même que celle des morues. Troublés dans la suite par les Anglois, lorsqu'ils prenoient terre dans les Isles du Nord pour travailler à fondre les lards des baleines, ils trouverent le secret de fondre & cuire leurs graisses à bord de leurs vaisseaux en pleine mer, & sans être obligés de descendre à terre ni de mouiller l'ancre. Extrait d'un manuscrit de la bibliothéque de S. A. S. Monseigneur le Duc de Penthiévre n. 848 *fol.* 246.

Pour la sûreté de cette pêche, aussi bien que de celle des morues, furent établies en différens temps les compagnies du Nord, chargées de protéger cette double pêche, contre les Anglois & les Hollandois, *ibid.*

Les mêmes particularités sont rapportées par Cleirac, à la suite de l'article 44 des jugemens d'Oleron. Il parle en même temps de la saison & des lieux où se fait la pêche de la baleine, & de la maniére dont elle est pratiquée. Sur tout cela il entre dans un grand détail, depuis la page 144 jusques & compris la 155e. & quoique son stile soit difficile à supporter, on ne laisse pas de prendre beaucoup de plaisir à cette lecture.

Ceux qui voudront en voir le précis, en meilleur François, & avec de nouvelles circonstances, peuvent recourir au tr. de la police de Lamare tom. 3 liv. 5 tit. 28 *fol.* 64 & suiv. de même qu'au recueil de différens traités de physique & d'histoire naturelle de M. Deslandes, imprimé à Paris en 1750 in-12 tom. 2 art. 5. Il y en a un extrait fort bien fait dans le journal historique du mois de Novembre 1750 pag. 334 & suiv.

ARTICLE III.

LOrsque les poissons royaux & à lard auront été pris en pleine mer, ils appartiendront à ceux qui les auront pêchés, sans que nos Receveurs, ni les Seigneurs particuliers & leurs Fermiers y puissent prétendre aucun droit, sous quelque prétexte que ce soit.

LOrsque les poissons royaux sont pris en pleine mer, à quoi il faut ajouter, ou trouvés sur les flots, par les raisons alléguées sur l'article premier ci-dessus; ils appartiennent donc en entier à ceux qui les ont ainsi pris ou trouvés sur les flots, en pleine mer; le Roi ayant renoncé en pareil cas au droit d'y rien prétendre, pour n'user que de celui de s'emparer en entier de ces mêmes poissons, lorsqu'ils auront été trouvés échoués sur le rivage.

Il en est de même des poissons à lard, pris aussi en pleine mer, ou trouvés sur les flots, *suprà* art. 29 du tit. des naufrages; & cela quoiqu'ils ayent été conduits ou poussés ensuite sur la côte, par l'industrie des pêcheurs, comme s'en exprime l'art. 42 du même titre des naufrages.

Alors, ni le Roi, ni son Receveur, ni les Seigneurs particuliers ou leurs Fermiers (ce qui ne peut être entendu que des Seigneurs riverains de Normandie à cause de leur droit de varech) n'y peuvent rien prétendre, sous quelque prétexte que ce soit; & cela au reste avoit déjà été décidé de la sorte par l'art. 44 des jugemens d'Oleron, par la raison que ces choses n'ayant jamais été à personne, ne peuvent aussi à aucun titre, appartenir à aucun Seigneur, étant trouvées sur les flots en pleine mer, quoique ensuite amenées à terre & sur le rivage.

Ce n'est que lorsque ces poissons sont échoués naturellement sur les gréves, que le partage s'en doit faire comme d'épaves, aux termes de l'article précédent, & de l'art. 29 du tit. des naufrages, ou qu'ils sont échoués sur les côtes de Normandie; auquel cas, ils sont sujets au droit de varech des Seigneurs riverains.

TITRE HUITIEME ET DERNIER.

DES PÊCHEURS.

Es articles 4 & 5 de ce titre, suppofent que les pêcheurs faifant la pêche en mer, doivent par tout être en corps & communauté, & avoir un garde juré, lorfqu'ils fe trouvent au nombre de huit dans un même lieu; ou qu'étant au-deffous de ce nombre, ils doivent pour la même fin, convoquer les maîtres pêcheurs des paroiffes voifines, ou fe joindre à eux, pour ne faire qu'une même Communauté ou Jurande. Cependant il y a beaucoup d'Amirautés où les pêcheurs ne font point en Communauté & Jurande; celle de la Rochelle eft de ce nombre.

Celle de Marfeille au contraire eft du nombre de celles où les pêcheurs font en Communauté, & il y a fur cela des particularités qui méritent d'être remarquées.

Chaque année, la feconde Fête de Noël, les Patrons pêcheurs qui font en grand nombre à Marfeille, s'affemblent dans leur Salle; & là en préfence du Lieutenant ou fon repréfentant, & du Procureur du Roi de l'Amirauté, qui font invités d'y affifter, ils élifent quatre prud'hommes d'entre eux, qui deviennent leurs juges fouverains pour tout ce qui concerne la police de la pêche, auffi-tôt qu'ils ont prêté ferment, lequel ferment ils font le lendemain entre les mains du Lieutenant de l'Amirauté, ou de l'Officier qui a préfidé à leur élection. Elle s'eft faite en 1758, en préfence de M. Emerigon Confeiller à l'Amirauté, qui le lendemain reçut le ferment des prud'hommes.

La maniére dont ces prud'hommes exercent leur jurifdiction eft toute finguliére. Ils ne tiennent leurs audiences que le Dimanche à deux heures de relevée. Par le privilége qu'ils ont de juger fouverainement fans forme ni figure de procès, fans écriture ni qu'il foit queftion d'Avocats ou Procureurs, ils n'ont pas non plus de Greffier, parce que leurs Jugemens ne s'écrivent point, & qu'ils s'exécutent fur le champ.

Rien de plus fommaire que la procédure ufitée dans cette forte de Tribunal. Le pêcheur qui a quelque plainte à former contre fon confrere pour contravention à la police de la pêche, ou quelque demande à lui faire, à l'occafion de leur profeffion, va trouver le garde de la Communauté, & en mettant deux fols dans la boëte, il lui dit d'affigner un tel.

Le Dimanche fuivant, le défendeur avant d'être écouté met auffi deux fols dans la boëte; & ce font là toutes les épices des juges. Cela fait, les deux parties difent leurs raifons; après quoi les prud'hommes prononcent leur jugement. Celle des parties qui fuccombe, paye fur le champ, & fans appel, la fomme à laquelle elle eft condamnée pour amende ou autrement; faute de quoi le garde va faifir fa barque ou fes filets, dont main levée n'eft accordée que moyennant le payement du jugé.

On ne connoit point d'autres formalités dans cette jurifdiction, & la chicanne n'y a du tout point entrée. Si l'exécution de quelque jugement rendu par les prud'hommes étoit arrêtée par voye de fait, ou autre opposition, ce seroit au sous-Viguier à y tenir la main par ses Sergens, sur la requisition des prud'hommes, à peine de 500 livres d'amende & de suspension de leurs charges.

Cette jurisdiction a dequoi surprendre, par sa singularité & par le droit de souveraineté qui y est attaché; mais on ne sera pas moins étonné de son ancienneté & de l'attention que nos Rois ont eue à la maintenir dans tous les temps.

Son établissement remonte jusqu'au Roi René Comte de Provence, qui l'ayant formé, par Lettres-Patentes de 1452, le confirma par d'autres de 1477. Il a depuis été confirmé encore par diverses Lettres-Patentes de nos Rois; sçavoir de Louis XII. en 1481; de François I. en 1536; de Henry II. du 27 Juillet 1557, de Charles IX. du mois de Novembre 1564; de Louis XIII. des mois de Novembre 1622 & 30 Novembre 1629; de Louis XIV. des mois de Septembre 1647 & Mars 1660; enfin de notre Roi Louis XV. glorieusement regnant, du mois d'Octobre 1723, renouvellées par Arrêt du Conseil du 16 Mai 1738.

Cet Arrêt du Conseil a été rendu à l'occasion du refus fait par les pêcheurs Catalans, fréquentans les mers de Marseille, de reconnoître cette jurisdiction des prud'hommes & de contribuer aux charges de la Communauté des pêcheurs; à raison de quoi ils s'étoient pourvus d'abord à l'Amirauté de Marseille & ensuite sur l'appel au Parlement d'Aix.

Par l'Arrêt, la Sentence de l'Amirauté de Marseille fut cassée & annullée avec tout ce qui s'en étoit ensuivi, & les prud'hommes furent maintenus dans leur droit de jurisdiction souveraine, avec défenses tant aux Officiers de l'Amirauté de Marseille qu'à tous autres Juges, de prendre connoissance des causes soumises à leur autorité, &c.

Voici le dispositif de cet Arrêt, qui dispense du rapport de toutes autres piéces à ce sujet.

» Le Roi étant en son Conseil, faisant droit sur le tout, sans avoir égard à » la Sentence de l'Amirauté de Marseille du 9 Décembre 1735, que Sa Majesté » a cassée, révoquée & annullée, & à tout ce qui s'en est ensuivi, a maintenu » & confirmé les prud'hommes élus, en la maniére accoutumée, par la Com- » munauté des Patrons pêcheurs, de la ville de Marseille; & ce suivant & con- » formément à leurs titres, dans le droit de connoitre seuls, dans l'étendue des » mers de Marseille, *de la police de la pêche & de juger souverainement sans forme* „ *ni figure de procès & sans écritures*, *ni appeller Avocats ou Procureurs*, *les con-* „ *traventions à ladite police*, *par quelque pêcheurs*, *soit François ou étrangers fré-* „ *quentans lesdites mers*, *qu'elles soient commises*, & tous les différens qui peu- „ vent naître, *à l'occasion de ladite profession entre lesdits pêcheurs* : fait Sa Ma- „ jesté défenses aux Officiers de l'Amirauté de Marseille & à toutes ses Cours & „ Juges, de prendre connoissance de ladite police, & desdits différens; & à tous » pêcheurs de se pourvoir pour raison d'iceux, ailleurs que pardevant lesdits pru- „ d'hommes, à peine de nullité, cassation de procédures, 1500 liv. d'amende „ & de tous dépens dommages & intérêts. Ordonne Sa Majesté, que l'Arrêt de „ son Conseil du 6 Mars 1728, portant homologation de la déliberation prise par „ les prud'hommes desdits Patrons pêcheurs de la Ville de Marseille du 2 Dé- „ cembre 1725, pour l'imposition de la demie part, & celui du 23 Décembre „ 1729, concernant la levée de ladite imposition, seront exécutés selon leur for-

„ me & teneur : & en conséquence que les *pêcheurs Catalans* fréquentans lesdites „ mers, y seront & demeureront assujettis, *de même que les autres pêcheurs étran-* „ *gers, tant qu'ils vendront à Marseille & en Provence le produit de leurs pêches*, „ au payement de la demi-part, de la maniére & ainsi qu'il est porté par lesdits „ Arrêts ; & sur le surplus des demandes & contestations des parties, Sa Majesté „ les a mises hors de Cour & de procès. Fait au Conseil d'Etat du Roi, Sa Ma- „ jesté y étant, tenu à Versailles le 16 Mai 1738. *Signé*, PHELYPEAUX.

Il est à observer sur tout ceci.

1°. Que le pouvoir accordé aux prud'hommes pêcheurs de connoître des contraventions à la police de la pêche, commises par les pêcheurs, ne doit pas empêcher le Procureur du Roi de l'Amirauté de poursuivre les contrevenans, non-seulement au criminel, ce qui ne souffre aucune exception, s'il y a lieu de prendre la voye extraordinaire ; mais même par action civile, dans le cas où la contravention, par connivence ou autrement n'aura pas été portée devant les prud'hommes, ou n'aura pas été punie par eux.

2°. Que le pouvoir qu'ils ont encore de connoitre des différens mûs entre les pêcheurs, à l'occasion de leur profession, non-seulement ne les affranchit pas de la jurisdiction de l'Amirauté ou de la justice ordinaire dans les affaires indépendantes de leur profession ; mais encore n'a aucune influence sur les crimes & délits dont ils peuvent se rendre coupables les uns envers les autres, ou envers de tierces personnes, la connoissance desquels crimes & délits commis par les pêcheurs en mer, appartient à l'Amirauté, comme il a été jugé par Arrêt du Parlement d'Aix, du 17 Mai 1564 énoncé audit Arrêt du Conseil, *encore*, est-il dit, *que ce soit pour le fait de la pêcherie.*

3°. Enfin que tous les pêcheurs & les prud'hommes eux-mêmes n'en sont pas moins sujets à la police de l'Amirauté, soit pour la visite de leurs filets & la confiscation de ceux qui se trouveront prohibés, soit pour les contraventions qu'ils pourront commettre contre les Ordonnances & Réglemens concernans la pêche.

ARTICLE PREMIER.

TRois mois après la publication de la présente Ordonnance, il sera fait par le Lieutenant de l'Amirauté, à la diligence de notre Procureur en chaque Siége, une liste des pêcheurs allant à la mer, de l'âge de dix-huit ans & au-dessus, demeurans dans l'étendue de leur ressort ; dans laquelle seront spécifiés le nom, l'âge & la demeure de chaque pêcheur, & la qualité de la pêche dont il se mêle.

EN exécution de cet article, il y a toujours eu au Greffe de l'Amirauté de la Rochelle, (& sans doute qu'il en est de même ailleurs) une liste des maîtres pêcheurs du ressort, dans laquelle sont spécifiés, le nom, l'âge & la demeure de chaque pêcheur, avec la qualité de la pêche dont il se mêle ; ce qui ne compose guére en Aunis que deux Classes, l'une des pêcheurs usants de bâtimens appellés

pellés traverſiers, avec le filet nommé chalut ou ret traverſier ; l'autre des pêcheurs avec des filadiéres, qui, tantôt vont à la pêche du poiſſon frais, tantôt à celle des huitres & des moules, ſuivant la ſaiſon.

Lamare tr. de la police, tom. 3, liv. 5, tit. 25, ch. 2 *fol.* 34 *col.* 2ª. inſinue que l'objet de notre Ordonnance, en preſcrivant cette liſte des pêcheurs, & dans l'article qui ſuit, l'obligation de renouveller leurs rolles tous les ans, a été « de ſe précautionner contre la ſurpriſe des gens mal intentionnés, qui ſous pré» texte de la pêche mettroient des vaiſſeaux en mer, entreprendroient des voya» ges, ou formeroient quelques deſſeins contraires au bien de l'état » ; mais il eſt vrai de dire que cela eſt tiré de trop loin.

D'un autre côté, il n'eſt pas plus vraiſemblable, que le motif de l'Ordonnance ait été, comme l'a imaginé le Commentateur, de connoître, au moyen de cette liſte, le nombre des pêcheurs en état de ſervir de matelots, pour les employer ſur les vaiſſeaux du Roi, à l'occaſion & dans le beſoin de l'Etat ; non-ſeulement parce que l'enrollement des matelots par claſſes, étoit déjà fait avant notre Ordonnance, ſur leſquels rolles les pêcheurs étoient compris comme aujourd'hui avec les autres matelots & navigateurs ; mais encore parce que dans la plus grande diſette de matelots, on a toujours ménagé les pêcheurs, de maniére à en laiſſer une quantité ſuffiſante pour continuer la pêche, dont l'interruption ne ſçauroit être qu'extrêmement préjudiciable au public.

Il eſt donc plus naturel de penſer que l'objet de l'Ordonnance a été de faire connoître aux Officiers de l'Amirauté, tous les pêcheurs de leur reſſort ; afin qu'ils puſſent faire chez eux, tout auſſi bien que ſur les gréves, la viſite de leurs filets, & de découvrir par là, les contraventions que les uns ou les autres pourroient commettre au mépris des diſpoſitions de la préſente Ordonnance ſur le fait de la pêche.

ARTICLE II.

LEs deux plus anciens maîtres pêcheurs de chaque paroiſſe, ſeront tenus au premier jour de Carême de chaque année, d'envoyer au Greffe du Siége de l'Amirauté dans le reſſort duquel ils ſeront demeurans, un rolle de tous ceux de leur paroiſſe de l'âge de dix-huit ans & au-deſſus, qui ſe mêleront d'aller à la mer pour pêcher, à peine de dix livres d'amende ſolidaire contre les anciens maîtres.

CEt article ne ſe pratique plus depuis long-temps dans l'Amirauté de la Rochelle ; mais il y eſt ſuppléé, peut-être plus ſûrement, par l'obligation où ſont tous les maîtres de bâtimens pêcheurs, de prendre chaque année un congé de M. l'Amiral ; ſans quoi, & s'ils continuoient la pêche, après l'année finie, ſans être munis d'un nouveau congé, leurs bâtimens ſeroient ſujets à confiſcation.

Et comme il eſt défendu par les Réglemens, aux diſtributeurs des congés de M. l'Amiral, d'en délivrer à aucun maître de bâtiment de mer, qu'il n'ait dépoſé au Greffe de l'Amirauté un double de ſon rolle d'équipage ; il arrive de-là que l'on connoît à l'Amirauté non-ſeulement tous les pêcheurs & leurs matelots de l'âge de dix-huit ans & au-deſſus ; mais encore les jeunes gens qui y ſervent en qualité de mouſſes, & qui toujours ſont au-deſſous de dix-huit ans.

Il n'eſt pas à craindre au reſte qu'il ſe trouve des pêcheurs qui ſe hazardent de pêcher ſans prendre un congé. S'il y en avoit d'aſſez imprudens pour y manquer, les autres par jalouſie ne tarderoient pas à les dénoncer.

La pêche ſe faiſant en tout temps, & tout le long de l'année ſur les côtes d'Aunis, les pêcheurs n'attendent pas le Carême pour ſe munir de congés de pêche ; c'eſt au mois de Janvier de chaque année, qu'ils ſont dans l'habitude d'en prendre.

ARTICLE III.

CHaque maître de bateaux pêcheurs ſera auſſi tenu, ſous peine de dix livres d'amende, de mettre au Greffe de l'Amirauté en prenant ſon congé, une liſte de ceux qui compoſent ſon équipage, contenant leur nom, âge & demeure.

C'Eſt ce qui ſe pratique exactement au moyen du double du rolle d'équipage qui eſt dépoſé au Greffe de l'Amirauté, ſans quoi le congé ne ſeroit pas délivré. C'eſt auſſi ce qui a fait négliger l'exécution de l'article précédent, comme une choſe devenue ſuperflue.

ARTICLE IV.

LEs pêcheurs de chaque port ou paroiſſe où il y aura huit maîtres & au-deſſus, éliront annuellement l'un d'entr'eux pour Garde juré de leur Communauté, lequel prêtera ſerment par devant les Officiers de l'Amirauté, fera journellement viſite des filets, & rapport aux Officiers, des abus & contraventions à la préſente Ordonnance, à peine d'amende arbitraire.

LEs pêcheurs n'ayant jamais fait Corps & Communauté dans l'Amirauté de la Rochelle, il n'a pas été queſtion de faire uſage de cet article. On a compris ſans doute, que le Garde juré, peu fidéle à ſon ſerment, ou ne viſiteroit pas les filets de ſes confréres, ou ne ſeroit pas d'humeur de faire ſon rapport aux Officiers de l'Amirauté, des abus & contraventions qu'il appercevroit, d'autant plutôt qu'étant lui-même en contravention, il craindroit d'être dénoncé par ceux qu'il chargeroit. On aura conclu de-là qu'il valoit mieux lui épargner le crime de parjure, & que les Officiers de l'Amirauté redoublaſſent d'attention dans la viſite des filets de pêche.

ARTICLE V.

S'Il y a moins de huit maîtres dans quelque port ou paroisse, ils seront tenus d'en convoquer des paroisses voisines, ou de se joindre avec eux pour procéder à l'élection du juré, laquelle se fera sans frais, présens, ni festins, à peine de vingt livres d'amende contre chacun contrevenant.

PAr les raisons qu'on vient de donner de l'inexécution du précédent article, il en a été de même de celui-ci, l'un étant une suite de l'autre. Nul doute néanmoins que s'il falloit mettre les pêcheurs en Communauté & jurande, il ne fallût se conformer absolument aux dispositions de ces deux articles, qui sont extrêmement sages & réguliéres, principalement en ce qu'il est ordonné que l'élection du juré se fera sans frais, présens, ni festins, à l'exemple de ce qui est prescrit dans l'art. 6 tit. 9 du livre 2 ci-dessus, au sujet des apprentifs Charpentiers de navires.

ARTICLE VI.

DAns les lieux où il y a des prud'hommes, les pêcheurs s'assembleront annuellement pour les élire pardevant les Officiers de l'Amirauté, qui recevront le serment de ceux qui seront nommés, & entendront sans frais les comptes des deniers de leur Communauté.

IL n'est donc pas ordonné par là, que dans tous les lieux où il y a des pêcheurs, quoique au-dessus du nombre de huit, ils auront des prud'hommes. Mais où il y aura des pêcheurs prud'hommes, ils changeront tous les ans, à l'effet de quoi l'élection en sera faite annuellement pardevant les Officiers de l'Amirauté, à la différence du simple Garde juré, qui peut être élû hors leur présence, & qui est seulement obligé de prêter serment entre leurs mains, comme les prud'hommes.

Ce que ces deux élections ont de commun, c'est qu'elles doivent également être faites sans frais, présens ni festins.

A l'égard du compte que les prud'hommes doivent rendre des deniers de leur Communauté, ce qui suppose un compte de recette & de dépense ; il doit être réglé & apuré par les Officiers de l'Amirauté, en présence du Procureur du Roi ; & cela qu'il y ait contestation sur ce compte ou non. La raison est que par collusion, les pêcheurs pourroient passer aux prud'hommes des articles en recette, comme en dépense, qui seroient de véritables contraventions, lesquels articles seront relevés par le Procureur du Roi pour le rétablissement du bon ordre. Mais tout cela doit se faire gratuitement & sans vacations de la part des Officiers de l'Amirauté, à l'exemple de ce qui se pratique par les Officiers de police ordinaire pour la liquidation des comptes des Corps & Communautés qui sont portés devant eux.

A Marseille il y a quatre prud'hommes qui changent & sont élus tous les ans la seconde Fête de Noël, en présence du Lieutenant & du Procureur du Roi de l'Amirauté : mais ce n'est point le Lieutenant qui reçoit leur serment ; c'est, suivant l'ancien usage, entre les mains du Viguier & des Echevins qu'ils le prêtent, comme il a été observé ci-dessus.

Voulons que la présente Ordonnance soit gardée & observée *dans notre Royaume, terres & pays de notre obéissance* ; abrogeons toutes Ordonnances, Coutumes, Loix, Statuts, Réglemens, Stils & Usages contraires aux dispositions y contenues. Si donnons en mandement à nos amés & feaux les Gens tenans nos Cours de Parlement, Officiers des Siéges généraux & particuliers de l'Amirauté, & tous autres qu'il appartiendra, que ces présentes ils gardent, observent & entretiennent, fassent lire, publier, enrégistrer, observer & entretenir : Car tel est notre plaisir ; & afin que ce soit chose ferme & stable à toujours, Nous y avons fait mettre notre Scel. Donné à Fontainebleau au mois d'Août, l'an de grace, mil six cent quatre-vingt-un, & de notre regne le trente-neuvieme. *Signé*, LOUIS. *Et plus bas*, par le Roi, COLBERT. *Et à côté est écrit*, *visa*, LE TELLIER, pour servir à l'Ordonnance sur le fait de la Marine.

Dans notre Royaume, Terres & Pays de notre obéissance.

Ainsi cette Ordonnance est la loi qu'il faut suivre pour la police de la navigation sur mer, & pour la décision des affaires maritimes ; non-seulement en France, mais encore aux Colonies, & généralement dans tous les Pays de la domination du Roi ; sauf toute-fois les changemens, les modifications & restrictions que les Réglemens postérieurs y ont apporté.

FIN.

TABLE DES MATIERE CONTENUES DANS CE VOLUME.

A.

Abandon ou *Délaissement.*

Abordage.

Acon.

Appel.

Arbitrage, Arbitres.

Armateur. V. Course.

Arrêt de Prince.

Asyle.

Controlle.

Convois.

Corps noyés.

Côte. V. Rivage.

Coulage.

Course. V. Prises.

du

Epave. V. Effets naufragés.

Erreur.

Esclavage.

Estimation. V. Valeur.

Etrangers.

F.

Femme.

Feux.

Filets.

Fin de non-recevoir.

Frai de poisson.

Franc d'avaries.

Fraude.

Fret.

G.

Garantie.

Garde-côtes.

Garde-côtes, Officiers, &c. V. Officiers & guet de la mer.

Chaque

H.

Hardes.

Hareng.

Havre.

I. J.

Jet. V. Contribution.

Imputation.

Interdiction d'Officiers V. Officiers.

Interdiction de Commerce.

Invalides.

Inventaire.

Jurisdiction.

L.

Lamaneur ou Locman. V. Pilote côtier.

Marchandises de contrebande.

Marchands chargeurs.

Matelots.

Mer.

Mineur.

Morues ou Molues.

Moules.

Mouliéres.

N.

Naufrages.

Droit de naufrage en Normandie.

Officiers garde-côtes.

Ostage V. *Rançon.*

P.

Parcs & pêcheries. V. *Ecluses*, *bouchots.*

Passagers.

Peines.

Pillage.

Pilote côtier. V. *Lamaneur.*

Pirates.

Poisson V. *frai du poisson.*

Poissons à lard.

Poissons royaux.

Police d'assurance.

Prisonniers des prises.

Privilége.

Prix. V. valeur.

Proclamation.

Promesses.

Protestation.

Q.

Quai.

Quayage.

R.

Rachat.

Rade.

Rançon.

Réassurance.

Receleurs d'effets naufragés.

Réclamation.

Recousse ou Reprise

Représailles.

Scellé.

Secretaire général de la marine.

Seigneurs.

Semonce V. *course.*

Fin de la Table des Matiéres.

ADDITIONS.

A la suite de l'art. 2, tit. des Contrats à la grosse pag. 5, ajouter.

CEpendant rien n'est plus commun à présent que cette stipulation d'augmentation du profit aventureux, après un certain temps de navigation, à raison de demi pour cent par mois.

On dit pour légitimer cette stipulation, que sans cela le taux du profit aventureux seroit absolument arbitraire, au lieu qu'en admettant cette augmentation éventuelle, il se fait dans la pratique comme une espéce de tarif, où le profit de la grosse réglé au cours de la place, est proportionné à la durée ordinaire du voyage, eu égard à la distance du lieu de la destination du navire. Par ce moyen, ajoute-t'on, toute idée d'usure doit disparoitre, le demi-pour cent d'augmentation par mois, ne devant être considéré alors, que comme un juste supplément du profit aventureux, auquel le prêteur ne se seroit pas borné par la crainte de la prolongation du voyage.

En supposant que les choses se passent ainsi, de bonne foi, l'usage paroît véritablement devoir être toléré.

A l'art. 26, tit. des assurances, sur ces mots, & autres fortunes de mer, *pag. 72*; ajouter, *à la suite*.

Ces *autres fortunes de mer*, comprennent dans l'usage, la révolte ou la désertion de l'équipage, à tel point que le service du navire ne soit plus fait; & l'on juge en conséquence que les Assureurs, qui se sont soumis à la baraterie de patron, doivent répondre des avaries, pertes & dommages qui en auront résulté, de même que de la perte du navire & de la cargaison, si elle s'en est ensuivie.

Mais si le voyage n'a été malheureux, ou si la pêche n'a manqué qu'à l'occasion de la maladie de l'équipage, les Assureurs ne seront pas tenus alors des pertes que cet événement aura causé; parce que, quoique la maladie ait été contractée par un effet trop ordinaire d'une longue & pénible navigation, on ne peut pas dire néanmoins que ce soit une de ces fortunes de mer que les Assureurs soient censés prendre sur leur compte. Ce n'est au fond qu'un événement purement naturel.

Au reste dans tous les cas où les Assureurs sont tenus des avaries, il n'est jamais question que du dommage réel que l'Assuré a reçu, & nullement de l'indemnité des profits qu'il auroit pu faire, si son entreprise de pêche ou de toute autre expédition eût réussi.

Et à l'égard de la mutinerie, suivi de la révolte ou de la désertion des gens de l'équipage, en tel nombre que le navire ne puisse plus continuer le voyage; afin même que les Assureurs en soient garants, il faut bien faire attention aux circonstances, & voir si l'on ne pourra pas attribuer ce malheur à la mauvaise conduite de l'Armateur assuré, ou s'il n'y aura point eu de collusion de sa part; car enfin la fraude est à craindre en pareil cas: & c'est ce qui devroit naturellement faire proscrire des polices d'assurance, la clause de la baraterie de patron.

A la suite de l'art. 41, du même tit. des assurances page 91, ajouter.

Quoiqu'à la simple lecture de cet article, il soit évident que la peine qu'il prononce, est la même absolument contre l'Assureur ou l'Assuré, convaincu l'un d'avoir assuré sachant l'arrivée du navire, l'autre d'avoir fait assurer sachant la perte ; on a prétendu néanmoins depuis peu à Paris, que l'Assureur qui avoit reçu la prime d'avance, devoit être quitte en restituant cette prime, & en payant de plus une pareille somme pour la peine par lui encourue.

Il ne se peut rien de plus mal imaginé, puisque dans ce cas l'Assureur ne subiroit pas la peine de la double prime que notre article lui inflige. Il en seroit quitte pour une prime simple, attendu qu'en restituant la prime par lui reçue, il ne paye rien du sien, ne faisant que rendre cette prime qu'il n'avoit pas eu droit de recevoir, à cause de la nullité de l'assurance prononcée déjà par l'article 38 ci-dessus.

Mal-à-propos objecte-t'on, qu'en l'obligeant de restituer d'abord cette prime, & de payer ensuite deux fois la même somme par delà, c'est lui faire supporter la peine d'une triple prime : ce n'est réellement & dans le fait, lui faire payer qu'une double prime.

En effet, pour avoir reçu la prime d'avance, il ne peut pas être de meilleure condition que s'il ne l'eût pas touchée ; or dans ce dernier cas, il faudroit nécessairement qu'il payât à l'Assuré le double de la prime stipulée. En lui faisant d'abord restituer la somme qu'il a induement reçue pour la prime, on ne fait donc que remettre les choses au même état qu'elles seroient s'il ne l'avoit pas reçue. D'où il suit qu'il doit de plus la double prime, sans quoi il ne seroit pas puni conformément à cet article, en un mot comme le seroit l'Assuré, si la fraude venoit de sa part ; car il n'est pas douteux que celui-ci ne pourroit se dispenser de payer une double prime à l'Assureur. Cependant la peine est égale absolument pour celui des deux qui se trouvera coupable.

L'assurance étant nulle, il faut que l'Assureur commence par rendre la prime ; & cela ne doit pas être regardé comme une peine, mais seulement comme la restitution d'une somme induement perçue. Ensuite vient la peine, qui est le double de la prime stipulée. Cela est aussi inévitable de la part de l'Assureur que de celle de l'Assuré, s'il étoit le coupable. Aussi l'article, en disant que l'Assureur restituera la prime, s'il l'a reçue, ajoute-t'il, & en payera *le double à l'Assuré* ; ce qui ne peut s'entendre que de deux fois autant par de-là : au-lieu que de la maniére que les partisans de l'opinion favorable à l'Assureur opérent, il ne payeroit de ses deniers qu'une somme égale à la prime qu'il doit rendre, & par événement ne subiroit que la peine d'une prime simple, contre l'esprit & la lettre de notre article.

A l'art. 11 du titre des prises, page 247 vers le milieu, où il est parlé de l'exception faite en faveur des Danois par l'article 14 du Réglement du 21 Octobre 1744, ajouter à ce sujet ce qui suit.

Cette exception concernant les Danois a été tout récemment confirmée par une Lettre du Roi, à M. l'Amiral, du 17 Mai 1760. Mais il est arrivé tout le contraire à l'égard des habitans & sujets de la ville de Hambourg. Autre Lettre du

Roi, & Arrêt du Conseil du 24 du même mois de Mai, portant en même temps révocation des avantages qui leur étoient communs avec les Villes Anséatiques par le traité de Versailles du 28 Septembre 1716.

A l'art. 33 du même tit. des prises, pag. 372, avant l'alinea *qui commence par ces mots,* mais afin *&c. mettre ce qui suit.*

J'ajoûterai ici, que l'Amirauté de France à Paris, seroit bien éloignée de favoriser le systême des armateurs & de refuser à l'équipage le tiers des prises ainsi faites, puisque par sentence de Réglement du 4 Janvier 1760, elle a adjugé en entier à l'équipage du vaisseau *le Duc de Chaulnes* le tiers de la valeur du navire *le Samuel*, trouvé abandonné sur les flots en pleine mer, sans accorder autre chose aux propriétaires du vaisseau *le Duc de Chaulnes*, sur ce tiers, qu'une légere indemnité de 379 liv. d'une part pour les frais de secours & de sauvement, & de 120 liv. d'autre pour les gages & la nourriture des gens de l'équipage, pendant les cinq jours employés à conduire & mettre en sûreté le navire qui avoit été trouvé abandonné. Mais aussi en cela, cette sentence a passé le but & n'est pas juridique. Elle a trop donné à l'équipage, & elle a méconnu le droit des propriétaires du vaisseau, sans lequel, le sauvement n'auroit pas eu lieu. *V. infrà* l'art. 27, du titre des naufrages.

A l'art. 27. du tit. des naufrages pag. 590 avant le dernier alinea.

Je viens de dire que le partage de ce tiers doit être fait entre le propriétaire du navire & les gens de l'équipage comme en matiere de prise. C'est aussi ce que j'ai établi comme un principe sur l'art. 33. du tit. des prises, conformément à l'art. 1. ch. 11. du tr. des Contrats maritimes de Cleirac, où les deux cas, de prise & d'effets sauvés sur les flots, sont réglés de la même maniere.

Cependant sous prétexte que notre article, parlant des effets trouvés en pleine mer, déclare simplement que le tiers en appartiendra à ceux qui les auront ainsi sauvés, l'Amirauté de France à Paris, par Sentence de Réglement du 4 Janvier dernier 1760, prenant à la lettre ces mots, *ceux qui les auront sauvés*, a jugé que cela ne devoit s'entendre, que des hommes qui par leur travail, avoient fait le sauvement, sans égard au navire sur lequel étoient ces hommes; & en conséquence elle a adjugé en entier le tiers du navire *le Samuel*, sauvé sur les flots, aux gens de l'équipage du vaisseau *le Duc de Chaulnes*, à l'exclusion des propriétaires de ce vaisseau, auxquels elle n'a accordé qu'un léger dédommagement arbitraire de 379 liv. d'une part pour frais de secours & sauvement, & de 120 liv. d'autre pour indemnité des gages & de la nourriture de ce même équipage durant les cinq jours employés à mettre en sûreté ledit navire *le Samuel* trouvé abandonné sur les flots.

On seroit bien moins étonné d'une décision toute contraire, c'est-à-dire, qui, en pareil cas, auroit tout attribué aux propriétaires du navire, en n'accordant à l'équipage qu'une légere recompense proportionnée à son travail, qu'on ne l'est de celle-ci. Il y auroit du moins quelques raisons à alléguer pour soutenir l'autre décision, au lieu qu'il n'y a rien qui appuye celle-ci.

Car enfin, si l'on dit que ce sont les gens de l'équipage du vaisseau *le Duc de*

Chaulnes qui ont ſauvé le navire abandonné ſur les flots, & qu'ainſi le tiers leur appartient à eux ſeuls, aux termes de cet article ; la réponſe eſt que s'ils ont ſauvé le navire abandonné, ce n'a été aſſurément qu'à la faveur du vaiſſeau qu'ils montoient, tellement que ſans ce ſecours, ils n'auroient pu ni rencontrer le navire abandonné, ni le ſauver. D'où il s'enſuit néceſſairement que les propriétaires de ce vaiſſeau doivent partager la bonne fortune que cet événement a procuré, & qui plus eſt y prendre la plus grande part, comme ayant le plus contribué au ſauvement, au moyen des dépenſes par eux faites pour fournir le vaiſſeau, l'équiper & l'avitailler.

Cela ſuppoſé comme inconteſtable, de quelle maniere faut-il donc partager ce profit éventuel, entre les propriétaires & l'équipage du vaiſſeau par le moyen deſquels le ſauvement a été fait? Il n'y a pas, ce me ſemble, d'autre régle à ſuivre que celle qui s'obſerve en fait de partage de priſe. Auſſi Cleirac, dans l'endroit ci-deſſus cité, met-il les deux cas dans la même catégorie. Il y a d'autant plus de raiſon à cela en effet, qu'il ſe pouvoit fort bien que le navire qui paroiſſoit abandonné ne le fût pas réellement, & que ce fut une ruſe employée par des pirates ou des ennemis pour ſurprendre un équipage trop crédule, comme il y en a des exemples.

Les propriétaires du vaiſſeau *le Duc de Chaulnes* couroient donc le riſque de la priſe de leur vaiſſeau, lorſque l'équipage alla reconnoître le vaiſſeau qui paroiſſoit abandonné.

Ils couroient tout de même encore le riſque de la priſe de leur vaiſſeau, après que le navire eut été amariné. En effet, pour emmener ce navire il fallut ou le touer ou y jetter une partie de l'équipage de leur vaiſſeau; or d'une ou d'autre maniere il étoit tout autrement difficile de fuir en cas de pourſuite, que s'il eut été ſeul.

D'un autre côté la marche de leur vaiſſeau étant par-là retardée & gênée conſidérablement, & la manœuvre embarraſſée, l'équipage étoit bien moins en état de réſiſter aux coups de vent & de mer, qui l'auroient jetté vers les côtes; ou pour mieux dire, il lui auroit été comme impoſſible de s'élever en mer, en un mot, de garantir les deux navires de naufrage dès qu'il ſeroit ſurvenu quelque tempête.

Ces propriétaires du vaiſſeau *le Duc de Chaulnes* ayant donc couru tant de riſques par le fait du ſauvement du navire trouvé abandonné ſur les flots, comment leur refuſer les deux tiers du profit qui en eſt revenu, tandis, qu'abſtraction faite même de tous riſques, ces deux tiers leur ſeroient légitimement acquis, comme ayant fourni & équipé le vaiſſeau ſans lequel le ſauvement n'auroit pu ſe faire? Il eſt vrai que ſans l'équipage, le ſauvement n'auroit pas été fait non-plus; mais cet équipage étant gagé pour tout le ſervice du vaiſſeau, n'eſt-il pas abondamment récompenſé au moyen de l'autre tiers qu'il prend dans ce même profit éventuel, auquel il n'a contribué que par un léger travail de plus, que l'on pourroit même en quelque ſorte regarder comme une ſuite naturelle du ſervice dû au vaiſſeau.

La ſentence dont il s'agit n'eſt donc pas juridique, en ce qu'elle a adjugé tout à l'équipage, au lieu de le borner au tiers. Elle ne l'eſt pas non-plus en ce que le droit du capitaine y a été réduit à deux parts; tandis qu'il lui en falloit 12, conformément au Réglement du 25 Novembre 1693, puiſqu'il s'agit d'opérer dans ce cas comme en matiére de priſe.

Fin des additions.

www.ingramcontent.com/pod-product-compliance
Lightning Source LLC
Chambersburg PA
CBHW052009230326
41598CB00078B/2153